DIREITO DO TRABALHO

SERGIO PINTO MARTINS

DIREITO DO TRABALHO

37ª edição

2021

saraiva jur

saraiva EDUCAÇÃO | saraiva jur

Av. Paulista, 901, 3º andar
Bela Vista – São Paulo – SP – CEP: 01311-100

SAC | sac.sets@somoseducacao.com.br

Diretoria executiva	Flávia Alves Bravin
Diretoria editorial	Renata Pascual Müller
Gerência de projetos e produção editorial	Fernando Penteado
Planejamento	Josiane de Araujo Rodrigues
Novos projetos	Sérgio Lopes de Carvalho Dalila Costa de Oliveira
Edição	Clarissa Boraschi Maria (coord.) Daniel Pavani Naveira
Produção editorial	Daniele Debora de Souza (coord.) Verônica Pivisan Reis
Arte e digital	Mônica Landi (coord.) Camilla Felix Cianelli Chaves Claudirene de Moura Santos Silva Deborah Mattos Guilherme H. M. Salvador Tiago Dela Rosa
Projetos e serviços editoriais	Daniela Maria Chaves Carvalho Kelli Priscila Pinto Laura Paraíso Buldrini Filogônio Marília Cordeiro Nicoly Wasconcelos Razuk
Diagramação	Reginaldo Pedrosa
Revisão	Willians Calazans
Capa	Aero Comunicação
Produção gráfica	Marli Rampim Sergio Luiz Pereira Lopes
Impressão e acabamento	Gráfica Santa Marta Ltda

DADOS INTERNACIONAIS DE CATALOGAÇÃO NA PUBLICAÇÃO (CIP)
ANGÉLICA ILACQUA CRB-8/7057

Martins, Sergio Pinto
Direito do trabalho / Sergio Pinto Martins. – 37. ed. – São Paulo: Saraiva Educação, 2021.
1344 p.

Bibliografia
ISBN 978-65-5559-006-7 (impresso)

1. Direito do trabalho - Brasil. I. Título.

CDD 340
20-0479 CDU 349.2(81)

Índice para catálogo sistemático:

1. Direito do trabalho : Brasil

Data de fechamento da edição: 18-11-2020

Dúvidas? Acesse www.editorasaraiva.com.br/direito

CL 606758 CAE 736503

A
Maria Gualdani e
Cecília Pereira Pinto Salvadori,
in memoriam.

"É a dedicação ao trabalho que distingue
um indivíduo de outro;
não acredito em talentos."

Euryclides de Jesus Zerbini

TRABALHOS DO AUTOR

1. *Imposto sobre serviços – ISS*. São Paulo: Atlas, 1992.
2. *Direito da seguridade social*. 39. ed. São Paulo: Saraiva, 2020.
3. *Direito do trabalho*. 36. ed. São Paulo: Saraiva, 2020.
4. *A terceirização e o direito do trabalho*. 15. ed. São Paulo: Saraiva, 2018.
5. *Manual do ISS*. 10. ed. São Paulo: Saraiva, 2017.
6. *Participação dos empregados nos lucros das empresas*. 3. ed. São Paulo: Atlas, 2009.
7. *Práticas discriminatórias contra a mulher e outros estudos*. São Paulo: LTr, 1996.
8. *Contribuição confederativa*. São Paulo: LTr, 1996.
9. *Medidas cautelares*. São Paulo: Malheiros, 1996.
10. *Manual do trabalho doméstico*. 14. ed. São Paulo: Saraiva, 2018.
11. *Tutela antecipada e tutela específica no processo do trabalho*. 4. ed. São Paulo: Atlas, 2013.
12. *Manual do FGTS*. 5. ed. São Paulo: Saraiva, 2017.
13. *Comentários à CLT*. 23. ed. São Paulo: Saraiva, 2020.
14. *Manual de direito do trabalho*. 13. ed. São Paulo: Saraiva, 2020.
15. *Direito processual do trabalho*. 42. ed. São Paulo: Saraiva, 2020.
16. *Contribuições sindicais*. 5. ed. São Paulo: Atlas, 2009.
17. *Contrato de trabalho de prazo determinado e banco de horas*. 4. ed. São Paulo: Atlas, 2002.
18. *Estudos de direito*. São Paulo: LTr, 1998.
19. *Legislação previdenciária*. 23. ed. São Paulo: Saraiva, 2020.
20. *Síntese de direito do trabalho*. Curitiba: JM, 1999.
21. *A continuidade do contrato de trabalho*. 2. ed. São Paulo: Saraiva, 2019.
22. *Flexibilização das condições de trabalho*. 5. ed. São Paulo: Atlas, 2015.
23. *Legislação sindical*. São Paulo: Atlas, 2000.
24. *Comissões de conciliação prévia*. 3. ed. São Paulo: Atlas, 2008.
25. *Fundamentos de direito processual do trabalho*. 19. ed. São Paulo: Saraiva, 2016.
26. *Instituições de direito público e privado*. 18. ed. São Paulo: Saraiva, 2018.
27. *Direito do trabalho*. 21. ed. São Paulo: Saraiva, 2020. Série Fundamentos.
28. *Fundamentos de direito da seguridade social*. 17. ed. São Paulo: Saraiva, 2016.
29. *O pluralismo do direito do trabalho*. 2. ed. São Paulo: Saraiva, 2016.
30. *Greve no serviço público*. 2. ed. São Paulo: Saraiva, 2017.
31. *A execução da contribuição previdenciária na justiça do trabalho*. 5. ed. São Paulo: Saraiva, 2019.
32. *Manual de direito tributário*. 18. ed. São Paulo: Saraiva, 2019.
33. *CLT Universitária*. 25. ed. São Paulo: Saraiva, 2020.
34. *Cooperativas de trabalho*. 5. ed. São Paulo: Atlas, 2014.
35. *Reforma previdenciária*. 2. ed. São Paulo: Atlas, 2006.
36. *Manual da justa causa*. 7. ed. São Paulo: Saraiva, 2018.
37. *Comentários às súmulas do TST*. 16. ed. São Paulo: Saraiva, 2016.
38. *Constituição. CLT. Legislação previdenciária e legislação complementar*. 3. ed. São Paulo: Atlas, 2012.
39. *Dano moral decorrente do contrato de trabalho*. 5. ed. São Paulo: Saraiva, 2019.
40. *Profissões regulamentadas*. 2. ed. São Paulo: Atlas, 2013.
41. *Direitos fundamentais trabalhistas*. 2. ed. São Paulo: Atlas, 2015.
42. *Convenções da OIT*. 3. ed. São Paulo: Saraiva, 2016.
43. *Estágio e relação de emprego*. 5. ed. São Paulo: Saraiva, 2019.
44. *Comentários às Orientações Jurisprudenciais da SBDI-1 e 2 do TST*. 7. ed. São Paulo: Saraiva, 2016.
45. *Direitos trabalhistas do atleta profissional de futebol*. 2. ed. São Paulo: Saraiva, 2016.
46. *Prática trabalhista*. 9. ed. São Paulo: Saraiva, 2019.
47. *Assédio moral*. 5. ed. São Paulo: Saraiva, 2019.
48. Comentários à Lei nº 8.212/91. *Custeio da Seguridade Social*. São Paulo: Atlas, 2013.
49. Comentários à Lei nº 8.213/91. *Benefícios da Previdência Social*. São Paulo: Atlas, 2013.
50. *Prática previdenciária*. 5. ed. São Paulo: Saraiva, 2019.
51. *Teoria geral do processo*. 5. ed. São Paulo: Saraiva, 2020.
52. *Teoria geral do Estado*. 2. ed. São Paulo: Saraiva, 2018.
53. *Reforma trabalhista*. São Paulo: Saraiva, 2018.
54. *Introdução ao estudo do direito*. São Paulo: Saraiva, 2018.

ARTIGOS

1. A dupla ilegalidade do IPVA. *Folha de S. Paulo*, São Paulo, 12 mar. 1990. Caderno C, p. 3.
2. Descumprimento da convenção coletiva de trabalho. *LTr*, São Paulo, nº 54-7/854, jul. 1990.
3. *Franchising* ou contrato de trabalho? *Repertório IOB de Jurisprudência*, nº 9, texto 2/4990, p. 161, 1991.
4. A multa do FGTS e o levantamento dos depósitos para aquisição de moradia. *Orientador Trabalhista – Suplemento de Jurisprudência e Pareceres*, nº 7, p. 265, jul. 1991.
5. O precatório e o pagamento da dívida trabalhista da fazenda pública. *Jornal do II Congresso de Direito Processual do Trabalho*, p. 42. jul. 1991. (Promovido pela LTr Editora.)
6. As férias indenizadas e o terço constitucional. *Orientador Trabalhista Mapa Fiscal – Suplemento de Jurisprudência e Pareceres*, nº 8, p. 314, ago. 1991.
7. O guarda de rua contratado por moradores. Há relação de emprego? *Folha Metropolitana*, Guarulhos, 12 set. 1991, p. 3.
8. O trabalhador temporário e os direitos sociais. *Informativo Dinâmico IOB*, nº 76, p. 1.164, set. 1991.
9. O serviço prestado após as cinco horas em sequência ao horário noturno. *Orientador Trabalhista Mapa Fiscal – Suplemento de Jurisprudência e Pareceres*, nº 10, p. 414, out. 1991.
10. Incorporação das cláusulas normativas nos contratos individuais do trabalho. *Jornal do VI Congresso Brasileiro de Direito Coletivo do Trabalho e V Seminário sobre Direito Constitucional do Trabalho*, p. 43. nov. 1991. (Promovido pela LTr Editora.)
11. Adicional de periculosidade no setor de energia elétrica: algumas considerações. *Orientador Trabalhista Mapa Fiscal – Suplemento de Jurisprudência e Pareceres*, nº 12, p. 544, dez. 1991.
12. Salário-maternidade da empregada doméstica. *Folha Metropolitana*, Guarulhos, p. 7, 2-3 fev. 1992.
13. Multa pelo atraso no pagamento de verbas rescisórias. *Repertório IOB de Jurisprudência*, nº 1, texto 2/5839, p. 19, 1992.
14. Base de cálculo dos adicionais. *Orientador Trabalhista Mapa Fiscal – Suplemento de Legislação, Jurisprudência e Doutrina*, nº 2, p. 130, fev. 1992.
15. Base de cálculo do adicional de insalubridade. *Orientador Trabalhista Mapa Fiscal – Suplemento de Legislação, Jurisprudência e Doutrina*, nº 4, p. 230, abr. 1992.
16. Limitação da multa prevista em norma coletiva. *Repertório IOB de Jurisprudência*, nº 10, texto 2/6320, p. 192, 1992.
17. Estabilidade provisória e aviso-prévio. *Orientador Trabalhista Mapa Fiscal – Suplemento de Legislação, Jurisprudência e Doutrina*, nº 5, p. 279, maio 1992.
18. Contribuição confederativa. *Orientador Trabalhista Mapa Fiscal – Suplemento de Legislação, Jurisprudência e Doutrina*, nº 6, p. 320, jun. 1992.

19. O problema da aplicação da norma coletiva de categoria diferenciada à empresa que dela não participou. *Orientador Trabalhista Mapa Fiscal – Suplemento de Legislação, Jurisprudência e Doutrina*, nº 7, p. 395, jul. 1992.
20. Intervenção de terceiros no processo de trabalho: cabimento. *Jornal do IV Congresso Brasileiro de Direito Processual do Trabalho*, jul. 1992, p. 4. (Promovido pela LTr Editora.)
21. Relação de emprego: dono de obra e prestador de serviços. *Folha Metropolitana*, Guarulhos, 21 jul. 1992, p. 5.
22. Estabilidade provisória do cipeiro. *Orientador Trabalhista Mapa Fiscal – Suplemento de Legislação, Jurisprudência e Doutrina*, nº 8, p. 438, ago. 1992.
23. O ISS e a autonomia municipal. *Suplemento Tributário LTr*, nº 54, p. 337, 1992.
24. Valor da causa no processo do trabalho. *Suplemento Trabalhista LTr*, nº 94, p. 601, 1992.
25. Estabilidade provisória do dirigente sindical. *Orientador Trabalhista Mapa Fiscal – Suplemento de Legislação, Jurisprudência e Doutrina*, nº 9, p. 479, set. 1992.
26. Estabilidade no emprego do aidético. *Folha Metropolitana*, Guarulhos, 20-21 set. 1992, p. 16.
27. Remuneração do engenheiro. *Orientador Trabalhista Mapa Fiscal – Suplemento de Legislação, Jurisprudência e Doutrina*, nº 10, p. 524, out. 1992.
28. Estabilidade do acidentado. *Repertório IOB de Jurisprudência*, nº 22, texto 2/6933, p. 416, 1992.
29. A terceirização e suas implicações no direito do trabalho. *Orientador Trabalhista Mapa Fiscal – Suplemento de Legislação, Jurisprudência e Doutrina*, nº 11, p. 583, nov. 1992.
30. Contribuição assistencial. *Jornal do VII Congresso Brasileiro de Direito Coletivo do Trabalho e VI Seminário sobre Direito Constitucional do Trabalho*, nov. 1992, p. 5.
31. Descontos do salário do empregado. *Orientador Trabalhista Mapa Fiscal – Suplemento de Legislação, Jurisprudência e Doutrina*, nº 12, p. 646, dez. 1992.
32. Transferência de empregados. *Orientador Trabalhista Mapa Fiscal – Suplemento de Legislação, Jurisprudência e Doutrina*, nº 1, p. 57, jan. 1993.
33. A greve e o pagamento dos dias parados. *Orientador Trabalhista Mapa Fiscal – Suplemento de Legislação, Jurisprudência e Doutrina*, nº 2, p. 138, fev. 1993.
34. Auxílio-doença. *Folha Metropolitana*, Guarulhos, 30 jan. 1993, p. 5.
35. Salário-família. *Folha Metropolitana*, Guarulhos, 16 fev. 1993, p. 5.
36. Depósito recursal. *Repertório IOB de Jurisprudência*, nº 4, texto 2/7239, p. 74, fev. 1993.
37. Terceirização. *Jornal Magistratura & Trabalho*, nº 5, p. 12, jan. e fev. 1993.
38. Auxílio-natalidade. *Folha Metropolitana*, Guarulhos, 9 mar. 1993, p. 4.
39. A diarista pode ser considerada empregada doméstica?, *Orientador Trabalhista Mapa Fiscal – Suplemento de Legislação, Jurisprudência e Doutrina*, nº 3/93, p. 207.
40. Renda mensal vitalícia. *Folha Metropolitana*, Guarulhos, 17 mar. 1993, p. 6.
41. Aposentadoria espontânea com a continuidade do aposentado na empresa. *Jornal do Primeiro Congresso Brasileiro de Direito Individual do Trabalho*, 29 e 30 mar. 1993, p. 46-47. (Promovido pela LTr Editora.)
42. Relação de emprego e atividades ilícitas. *Orientador Trabalhista Mapa Fiscal – Suplemento de Legislação, Jurisprudência e Doutrina*, nº 5/93, p. 345.
43. Conflito entre norma coletiva do trabalho e legislação salarial superveniente. *Revista do Advogado*, nº 39, p. 69, maio 1993.
44. Condição jurídica do diretor de sociedade em face do direito do trabalho. *Orientador Trabalhista Mapa Fiscal – Suplemento de Legislação, Jurisprudência e Doutrina*, nº 6/93, p. 394.
45. Equiparação salarial. *Orientador Trabalhista Mapa Fiscal – Suplemento de Legislação, Jurisprudência e Doutrina*, nº 7/93, p. 467.
46. Dissídios coletivos de funcionários públicos. *Jornal do V Congresso Brasileiro de Direito Processual do Trabalho*, jul. 1993, p. 15. (Promovido pela LTr Editora.)
47. Contrato coletivo de trabalho. *Orientador Trabalhista Mapa Fiscal – Suplemento de Legislação, Jurisprudência e Doutrina*, nº 8/93, p. 536.
48. Reintegração no emprego do empregado aidético. *Suplemento Trabalhista LTr*, nº 102/93, p. 641.
49. Incidência da contribuição previdenciária nos pagamentos feitos na Justiça do Trabalho. *Orientador Trabalhista Mapa Fiscal – Suplemento de Legislação, Jurisprudência e Doutrina*, nº 9/93, p. 611.
50. Contrato de trabalho por obra certa. *Orientador Trabalhista Mapa Fiscal – Suplemento de Legislação, Jurisprudência e Doutrina*, nº 10/93, p. 674.
51. Autoaplicabilidade das novas prestações previdenciárias da Constituição. *Revista de Previdência Social*, nº 154, p. 697, set. 1993.
52. Substituição processual e o Enunciado 310 do TST. *Orientador Trabalhista Mapa Fiscal – Suplemento de Legislação, Jurisprudência e Doutrina*, nº 11/93, p. 719.
53. Litigância de má-fé no processo do trabalho. *Repertório IOB de Jurisprudência*, nº 22/93, texto 2/8207, p. 398.
54. Constituição e custeio do sistema confederativo. *Jornal do VIII Congresso Brasileiro de Direito Coletivo do Trabalho e VII Seminário sobre Direito Constitucional do Trabalho*, nov. 1993, p. 68. (Promovido pela LTr Editora.)
55. Participação nos lucros. *Orientador Trabalhista Mapa Fiscal – Suplemento de Legislação, Jurisprudência e Doutrina*, nº 12/93, p. 778.
56. Auxílio-funeral. *Folha Metropolitana*, Guarulhos, 22 dez. 1993, p. 5.
57. Regulamento de empresa. *Orientador Trabalhista Mapa Fiscal – Suplemento de Legislação, Jurisprudência e Doutrina*, nº 1/94, p. 93.
58. Aviso-prévio. *Orientador Trabalhista Mapa Fiscal – Suplemento de Legislação, Jurisprudência e Doutrina*, nº 2/94, p. 170.
59. Compensação de horários. *Orientador Trabalhista Mapa Fiscal – Suplemento de Legislação, Jurisprudência e Doutrina*, nº 3/94, p. 237.
60. Controle externo do Judiciário. *Folha Metropolitana*, Guarulhos, 10 mar. 1994, p. 2; *Folha da Tarde*, São Paulo, 26 mar. 1994, p. A2.
61. Aposentadoria dos juízes. *Folha Metropolitana*, Guarulhos, 11 mar. 1994, p. 2; *Folha da Tarde*, São Paulo, 23 mar. 1994, p. A2.
62. Base de cálculo da multa de 40% do FGTS. *Jornal do Segundo Congresso Brasileiro de Direito Individual do Trabalho*, promovido pela LTr, 21 a 23 mar. 1994, p. 52.
63. Denunciação da lide no processo do trabalho. *Repertório IOB de Jurisprudência*, nº 7/94, abr. 1994, p. 117, texto 2/8702.
64. A quitação trabalhista e o Enunciado nº 330 do TST. *Orientador Trabalhista Mapa Fiscal – Suplemento de Legislação, Jurisprudência e Doutrina*, nº 4/94, p. 294.
65. A indenização de despedida prevista na Medida Provisória nº 457/94. *Repertório IOB de Jurisprudência*, nº 9/94, p. 149, texto 2/8817.
66. A terceirização e o Enunciado nº 331 do TST. *Orientador Trabalhista Mapa Fiscal – Suplemento de Legislação, Jurisprudência e Doutrina*, nº 5/94, p. 353.

SUMÁRIO

Capítulo 19

Capítulo 20

Capítulo 21

Capítulo 22

Parte IV – Direito Tutelar do Trabalho

Capítulo 27

Capítulo 28

Capítulo 29

Capítulo 33

Capítulo 46

Capítulo 47

Capítulo 48

PREFÁCIO

Este livro, que tenho a honra de prefaciar, é obra de fôlego, ainda que se apresente sob o título, simples e eloquente, de *Direito do trabalho*.

Trata-se, na verdade, de um verdadeiro compêndio, que supera alguns dos manuais e compêndios até agora publicados. E trata-se de compêndio atualizadíssimo, na legislação, na doutrina e na jurisprudência.

A obra está dividida em cinco grandes partes: Introdução ao Direito do Trabalho, Direito Internacional do Trabalho, Direito Individual do Trabalho, Direito Tutelar do Trabalho e Direito Coletivo do Trabalho. Todos os principais capítulos do Direito do Trabalho aqui se encontram. É claro que o livro não cuida – nem seria o caso de fazê-lo – do Direito Processual do Trabalho e do Direito Previdenciário, disciplinas estas, aliás, já examinadas em livros anteriores de Sergio Pinto Martins.

E aqui será possível encontrar, em redação firme e segura, o que há de mais recente no campo do Direito do Trabalho, aí se incluindo os temas teóricos que fazem parte da Introdução (tais como história, conceito, denominação, autonomia, fontes e princípios do Direito do Trabalho), bem como todos os itens e capítulos do Direito Individual do Trabalho, do Direito Tutelar do Trabalho e do Direito Coletivo do Trabalho.

É estimulante, para qualquer interessado em Direito do Trabalho, seja estudante ou militante da advocacia, seja professor ou magistrado, rever conceitos, obter informações atualizadas e conhecer o pensamento de promissor jurista.

De fato, Sergio Pinto Martins, com grande tenacidade e constante dedicação ao trabalho, tem vencido etapas em suas atividades.

É com prazer que cumpro o agradável encargo de dizer algumas palavras sobre o Autor.

Paulistano, Sergio Pinto Martins fez em São Paulo os seus estudos e cursos, bacharelando-se em Direito e em Ciências Administrativas pela Universidade Mackenzie. Obteve o título de Mestre em Direito Tributário pela Faculdade de Direito da Universidade de São Paulo.

Aprovado em concurso público, foi nomeado Juiz do Trabalho Substituto da 2ª Região, em 1990. No início de 1994, foi promovido, pelo critério de merecimento, ao cargo de Juiz do Trabalho Presidente da 2ª J.C.J. de Osasco.

E, sem prejuízo de suas árduas tarefas de Juiz e de Professor, tem Sergio Pinto Martins se dedicado ao laborioso mister de elaborar obras jurídicas. Depois de publicar sua dissertação de mestrado, em 1992, sob o título de *Imposto Sobre Serviços – ISS*, Sergio Pinto Martins lançou outros livros – *Direito de seguridade social* e *Direito processual do trabalho*, ambos já com várias edições.

Este novo livro – *Direito do trabalho* – certamente terá êxito igual – ou maior ainda – do que as obras anteriores de Sergio Pinto Martins. E será um êxito merecido.

São Paulo, julho de 1994.

Floriano Corrêa Vaz da Silva
Desembargador aposentado
do Tribunal Regional do Trabalho da 2ª Região e advogado.

NOTA À 37ª EDIÇÃO

Nesta 37ª edição, foram feitas atualizações e revisões do texto.

Parte I

TEORIA DO DIREITO DO TRABALHO

Capítulo 1

HISTÓRIA DO DIREITO DO TRABALHO

1 INTRODUÇÃO

Ao se examinar o Direito do Trabalho, há necessidade de se lembrar de sua gênese e de seu desenvolvimento no decorrer do tempo, como também dos novos conceitos e instituições que foram surgindo com o passar dos anos.

O Direito tem uma realidade histórico-cultural, não admitindo o estudo de quaisquer de seus ramos sem que se tenha noção de seu desenvolvimento dinâmico no transcurso do tempo.

À luz da história, é possível compreender com mais acuidade os problemas atuais. A concepção histórica mostra como foi o desenvolvimento de certa disciplina, além das projeções que podem ser alinhadas com base no que se fez no passado, inclusive no que diz respeito à compreensão dos problemas atuais. Não se pode, portanto, prescindir de seu exame. É impossível ter o exato conhecimento de um instituto jurídico sem se fazer seu exame histórico, pois se verifica suas origens, sua evolução, os aspectos políticos ou econômicos que o influenciaram.

Ao analisar o que pode acontecer no futuro, é preciso estudar e compreender o passado, estudando o que ocorreu no curso do tempo. Heráclito já dizia: "O homem que volta a banhar-se no mesmo rio, nem o rio é o mesmo rio nem o homem é o mesmo homem". Isso ocorre porque o tempo passa e as coisas não são exatamente iguais ao que eram, mas precisam ser estudadas para se compreender o futuro. Para fazer um estudo sobre o que pode acontecer no futuro é necessário não perder de vista o passado. Não se pode romper com o passado, desprezando-o.

É impossível compreender o Direito do Trabalho sem conhecer seu passado. Esse ramo do Direito é muito dinâmico, mudando as condições de trabalho com muita frequência, pois é intimamente relacionado com as questões econômicas.

Será verificada a evolução do Direito do Trabalho, analisando-o sob o ângulo mundial e no Brasil.

2 EVOLUÇÃO MUNDIAL

Inicialmente, o trabalho foi considerado na Bíblia como castigo. Adão teve de trabalhar para comer em razão de ter comido o fruto proibido (Gênesis, 3).

Trabalho vem do latim *tripalium*, que era uma espécie de instrumento de tortura de três paus ou uma canga que pesava sobre os animais. Era um instrumento usado pelos agricultores para bater, rasgar e esfiapar o trigo, espiga de milho e o linho.

A primeira forma de trabalho foi a escravidão, em que o escravo era considerado apenas uma coisa, não tendo qualquer direito, muito menos trabalhista. O escravo, portanto, não era considerado sujeito de direito, pois era propriedade do *dominus*. Nesse período, constata-se que o trabalho do escravo continuava no tempo, até de modo indefinido, ou mais precisamente até o momento em que o escravo vivesse ou deixasse de ter essa condição. Entretanto, não tinha nenhum direito, apenas o de trabalhar. Faziam serviços que não eram feitos por cidadãos livres.

Na Grécia, Platão e Aristóteles entendiam que o trabalho tinha sentido pejorativo. Compreendia apenas a força física. A dignidade do homem consistia em participar dos negócios da cidade por meio da palavra. Os escravos faziam o trabalho duro, enquanto os outros poderiam ser livres. O trabalho não tinha o significado de realização pessoal. As necessidades da vida tinham características servis, sendo que os escravos é que deveriam desempenhá-las, ficando as atividades mais nobres destinadas às outras pessoas, como a política. Hesíodo, Protágoras e os sofistas mostram o valor social e religioso do trabalho, que agradaria aos deuses, criando riquezas e tornando os homens independentes. A ideologia do trabalho manual como atividade indigna do homem livre foi imposta pelos conquistadores dóricos (que pertenciam à aristocracia guerreira) aos aqueus. Nas classes mais pobres, na religião dos mistérios, o trabalho é considerado como atividade dignificante.

Em Roma, o trabalho era feito pelos escravos. A Lex Aquilia (284 a.C.) considerava o escravo como coisa. Era visto o trabalho como desonroso. A *locatio conductio* tinha por objetivo regular a atividade de quem se comprometia a locar suas energias ou resultado de trabalho em troca de pagamento. Estabelecia, portanto, a organização do trabalho do homem livre. Era dividida de três formas: (a) *locatio conductio rei*, que era o arrendamento de uma coisa; (b) *locatio conductio operarum*, em que eram locados serviços mediante pagamento; (c) *locatio conductio operis*, que era a entrega de uma obra ou resultado mediante pagamento (empreitada).

Num segundo momento, há a servidão. Era a época do feudalismo, em que os senhores feudais davam proteção militar e política aos servos, que não eram livres, mas, ao contrário, tinham de prestar serviços na terra do senhor feudal. Os servos tinham de entregar parte da produção rural aos senhores feudais em troca da proteção que recebiam e do uso da terra.

Nessa época, o trabalho era considerado um castigo. Os nobres não trabalhavam.

Num terceiro plano, são encontradas as corporações de ofício, em que existiam três personagens: os mestres, os companheiros e os aprendizes.

No início das corporações de ofício, só existiam dois graus: mestres e aprendizes. No século XIV, surge o grau intermediário dos companheiros.

Os mestres eram os proprietários das oficinas, que já tinham passado pela prova da *obra-mestra*. Os companheiros eram trabalhadores que percebiam salários dos mestres. Os aprendizes eram os menores que recebiam dos mestres o ensino metódico do ofício ou profissão. Havia nessa fase da História um pouco mais de liberdade ao trabalhador; os objetivos, porém, eram os interesses das corporações mais do que conferir qualquer proteção aos trabalhadores. As corporações de ofício tinham como características: (a) estabelecer uma estrutura hierárquica; (b) regular a capacidade produtiva; (c) regulamentar a técnica de produção. Os aprendizes trabalhavam a partir de 12 ou 14 anos, e em alguns países já se observava prestação de serviços com idade inferior. Ficavam os aprendizes sob a responsabilidade do mestre que, inclusive, poderia impor-lhes castigos corporais. Os pais dos aprendizes pagavam taxas, muitas vezes elevadas, para o mestre ensinar seus filhos. Se o aprendiz superasse as dificuldades dos ensinamentos, passava ao grau de companheiro. O companheiro só passava a mestre se fosse aprovado em exame de obra-mestra, prova que era muito difícil, além de os companheiros terem de pagar taxas para fazer o exame. Entretanto, quem contraísse matrimônio com a filha de mestre, desde que fosse companheiro, ou casasse com a viúva do mestre, passava a essa condição. Dos filhos dos mestres não se exigia qualquer exame ou avaliação de obra.

A jornada de trabalho era muito longa, chegando até a 18 horas no verão; porém, na maioria das vezes, terminava com o pôr do sol, por questão de qualidade de trabalho e não por proteção aos aprendizes e companheiros. A partir do momento em que foi inventado o lampião a gás, em 1792, por William Murdock, o trabalho passou a ser prestado em média entre 12 e 14 horas por dia. Várias indústrias começaram a trabalhar no período noturno.

Na indústria escocesa, os trabalhadores eram comprados ou vendidos com os filhos. Em 1774 e 1799 foram editados decretos parlamentares para extinguir a servidão vitalícia dos mineiros escoceses.

Um edito de 1776, inspirado nas ideias de Turgot, pôs fim às corporações de ofício. A exposição de motivos dizia que as corporações de ofício foram consideradas "instituições arbitrárias que não permitem ao indigente viver do seu trabalho". Dispunha o art. 1º sobre a liberdade de comércio e de profissões, considerando extintas todas as corporações e comunidades de mercadores e artesãos. Foram anulados os seus estatutos e regulamentos. Algumas corporações, porém, foram reconstruídas.

As corporações de ofício foram suprimidas com a Revolução Francesa, em 1789, pois foram consideradas incompatíveis com o ideal de liberdade do homem. Dizia-se, na época, que a liberdade individual repele a existência de corpos intermediários entre indivíduo e Estado. Outras causas da extinção das corporações de ofício foram a liberdade de comércio e o encarecimento dos produtos das corporações.

Em 1791, logo após a Revolução Francesa, houve na França o início de liberdade contratual. O Decreto D'Allarde, de 17 de março de 1791, determinou que a partir de 1º de abril do referido ano seria livre a qualquer pessoa a realização de qualquer negócio ou o exercício de qualquer profissão, arte ou ofício que lhe aprouvesse, sendo, contudo, ela obrigada a munir-se previamente de uma patente, a pagar as taxas exigíveis, e a sujeitar-se aos regulamentos de polícia aplicáveis (art. 7º). Suprimiu de vez as corporações de ofício, permitindo a liberdade de trabalho. D'Allarde usava os argumentos dos fisiocratas: "O direito ao trabalho é um dos primordiais do homem". O Decreto D'Allarde considera livre todo cidadão para o exercício de profissão ou ofício que considerasse conveniente, após receber uma patente e pagar o preço. A Lei Le Chapelier, de 1791, proibia o restabelecimento das corporações de ofício, o agrupamento de profissionais e as coalizões, eliminando as corporações de cidadãos. Determinava a Lei Le Chapellier: "(1) A eliminação de toda espécie de corporação de cidadãos do mesmo estado ou profissão é uma das bases essenciais da Constituição francesa, ficando proibido o seu restabelecimento sob qualquer pretexto e sob qualquer forma; (2) os cidadãos do mesmo estado social ou profissão, os obreiros e companheiros de uma arte qualquer, não poderão, quando se reunirem, designar presidente, secretário ou síndico, lavrar registro, tomar resoluções, sancionar regulamentações sobre seus pretensos direitos comuns; (3) fica proibido a todas as corporações administrativas ou municipais receber qualquer solicitação ou petição sob o nome de um estado social ou profissão, nem poderão respondê-la; estão obrigadas a declarar nulas as resoluções que foram tomadas".

A Revolução Francesa de 1789 e sua Constituição reconheceram o primeiro dos direitos econômicos e sociais: o direito ao trabalho. Foi imposta ao Estado a obrigação de dar meios ao desempregado de ganhar sua subsistência.

O liberalismo do século XVIII pregava um Estado alheio à área econômica, que, quando muito, seria árbitro nas disputas sociais, consubstanciado na frase clássica *laissez faire, laissez passer, laissez aller*.

A Revolução Industrial acabou transformando o trabalho em emprego. Os trabalhadores, de maneira geral, passaram a trabalhar por salários. Com a mudança, houve uma nova cultura a ser apreendida e uma antiga a ser desconsiderada.

Afirma-se que o Direito do Trabalho e o contrato de trabalho passaram a desenvolver-se com o surgimento da Revolução Industrial. Constata-se, nessa época, que a principal causa econômica do surgimento da Revolução Industrial foi o aparecimento da máquina a vapor como fonte energética. É a chamada primeira Revolução Industrial (1850-1900). A máquina de fiar foi patenteada por John Watt em 1738, sendo que o trabalho era feito de forma muito mais rápida com o referido equipamento. O tear mecânico foi inventado por Edmund Cartwright, em 1784. James Watt aperfeiçoou a máquina a vapor. A máquina de fiar de Hargreaves e os teares mecânicos de Cartwright também acabaram substituindo a força humana pela máquina, terminando com vários postos de trabalho existentes e causando desemprego na época. Os ludistas organizavam-se para destruir as máquinas, pois entendiam que eram elas as causadoras da crise do trabalho. Com os novos métodos de produção, a agricultura também passou a empregar um número menor de pessoas, causando desemprego no campo. Inicia-se, assim, a substituição do trabalho manual pelo trabalho com o uso de máquinas. Havia necessidade de que as pessoas viessem, também, a operar as máquinas não só a vapor, mas as máquinas têxteis, o que fez surgir o trabalho assalariado. Daí nasce uma causa jurídica, pois os trabalhadores começaram a reunir-se, a associar-se, para reivindicar melhores condições de trabalho e de salários, diminuição das jornadas excessivas (os trabalhadores prestavam serviços por 12, 14 ou 16 horas diárias) e contra a exploração de menores e mulheres. Substituía-se o trabalho adulto pelo das mulheres e menores, que trabalhavam mais horas, percebendo salários inferiores. A partir desse momento, surge uma liberdade na contratação das condições de trabalho. O Estado, por sua vez, deixa de ser abstencionista, para se tornar intervencionista, interferindo nas relações de trabalho.

Com o surgimento da máquina a vapor, houve a instalação das indústrias onde existisse carvão, como ocorreu na Inglaterra. Bem retrata o trabalho abusivo a que eram submetidos os trabalhadores nas minas Émile Zola, em *Germinal*. O trabalhador prestava serviços em condições insalubres, sujeito a incêndios, explosões, intoxicação por gases, inundações, desmoronamentos, prestando serviços por baixos salários e sujeito a várias horas de trabalho, além de oito. Ocorriam muitos acidentes do trabalho, além de várias doenças decorrentes dos gases, da poeira, do trabalho em local encharcado, principalmente a tuberculose, a asma e a pneumonia. Trabalhavam direta ou indiretamente nas minas praticamente toda a família, o pai, a mulher, os filhos, os filhos dos filhos etc. Eram feitos contratos verbais vitalícios ou então enquanto o trabalhador pudesse prestar serviços, implicando verdadeira servidão. Certos trabalhadores eram comprados e vendidos com seus filhos. Os trabalhadores ficavam sujeitos a multas, que absorviam seu salário. Isso só terminou por meio dos decretos parlamentares de 1774 e 1779, quando foram suprimidas essas questões nas minas escocesas.

As mulheres levavam os filhos às fábricas, enquanto elas ficavam trabalhando. Eram mantidos quietos com o uso de narcóticos, como o láudano. Eram usadas "chupetas sujas feitas de trapos, atadas a um pedação de pão embebido em leite e água, e podiam ser vistas, entre os dois ou três anos de idade, correndo pelos corredores das fábricas, com estes trapos na boca".[1]

Começa a haver necessidade de intervenção estatal nas relações do trabalho, dados os abusos que vinham sendo cometidos, de modo geral, pelos empregadores, a ponto de serem exigidos serviços em jornadas excessivas para menores e mulheres, de mais de 16 horas por dia ou até o pôr do sol, pagando metade ou menos dos salários que eram pagos aos homens.

No princípio, verifica-se que o patrão era o proprietário da máquina, detendo os meios de produção, tendo, assim, o poder de direção em relação ao trabalhador. Isso já mostrava a desigualdade a que estava submetido o trabalhador, pois este não possuía nada. Havia, portanto, necessidade de maior proteção ao trabalhador, que se inseria desigualmente nessa relação.

Passa, portanto, a haver um intervencionismo do Estado, principalmente para realizar o bem-estar social e melhorar as condições de trabalho. O trabalhador

---

[1] THOMPSON, Edward Palmer. *A formação da classe operária inglesa*: a maldição de Adão. Coleção Oficinas da História. 2. ed. Rio de Janeiro: Paz e Terra, 1997. v. 2, p. 197.

passa a ser protegido jurídica e economicamente. É como afirma Galart Folch (1936:16): a legislação do trabalho deve assegurar superioridade jurídica ao empregado em razão da sua inferioridade econômica. A lei passa a estabelecer normas mínimas sobre condições de trabalho, que devem ser respeitadas pelo empregador.

A Lei de Peel, de 1802, na Inglaterra, pretendeu dar amparo aos trabalhadores, disciplinando o trabalho dos aprendizes paroquianos nos moinhos e que eram entregues aos donos das fábricas. A jornada de trabalho foi limitada em 12 horas, excluindo-se os intervalos para refeição. O trabalho não poderia se iniciar antes das 6 horas e terminar após as 21 horas. Deveriam ser observadas normas relativas à educação e higiene. Em 1819, foi aprovada lei tornando ilegal o emprego de menores de 9 anos. O horário de trabalho dos menores de 16 anos era de 12 horas diárias, nas prensas de algodão.

Na França, em 1813, foi proibido o trabalho dos menores em minas. Em 1814, foi vedado o trabalho aos domingos e feriados. Em 1839, foi proibido o trabalho de menores de 9 anos e a jornada de trabalho era de 10 horas para os menores de 16 anos.

A máquina de coser foi inventada em 1830 por Thimonier. Com essa máquina, uma mulher fazia o trabalho de seis ou sete.

Na Espanha, as Leis de 24-7-1873, de 26-7-1878 e de 13-3-1900 estabelecem limitação do trabalho dos menores e as Leis de 13-3-1900 e de 20-2-1912 às mulheres. A Lei de 3-3-1904 estabelece o descanso semanal. Os direitos de associação e de greve são admitidos pela Lei de Huelgas de 27-4-1908. A Lei de 19-5-1908 cria os Conselhos de Conciliação e Arbitragem Industrial.

Na França, as Leis de 19 de março e de 2 de novembro de 1874 estabelecem o regime jurídico da proteção do trabalho das mulheres e das crianças. A Lei de 21 de março de 1884 reconhece a liberdade de associação profissional, extinguindo o regime da Lei Le Chapelier. A Lei de 12 de junho de 1893 dispõe sobre o regime da segurança e higiene nos estabelecimentos industriais.

A partir de 1880, passou a ser utilizada a eletricidade. Em consequência, as condições de trabalho tiveram de ser adaptadas.

O Estado estava atuando para a manutenção da ordem pública. Não intervinha nas relações privadas. Acarretava a exploração do homem pelo próprio homem. O trabalho era considerado mercadoria. Como havia muita oferta de trabalhadores e pouca procura, o empregado aceitava as condições impostas pelo patrão, recebendo salários ínfimos e trabalhando 15 horas por dia, sem descanso ou férias.

É interessante lembrar que, em seus primórdios, o Direito do Trabalho foi confundido com a política social. Estudavam-no cientistas sociais e outras pessoas que mais poderiam ser chamados de revolucionários, tanto oriundos das faculdades, como dos parlamentos. Não havia diferença clara, até por falta de suficiente elaboração científica, entre os dois ramos do conhecimento. Os reformadores foram sendo, pouco a pouco, substituídos pelos juristas, voltados para o estudo da própria norma.

A história do Direito do Trabalho identifica-se com a história da subordinação, do trabalho subordinado. Verifica-se que a preocupação maior é com a proteção do hipossuficiente e com o emprego típico.

Em 1º de maio de 1886, em Chicago, nos Estados Unidos, os trabalhadores não tinham garantias trabalhistas. Organizaram greves e manifestações, visando melhores condições de trabalho, especialmente redução da jornada de 13 para 8 horas. Nesse dia, a polícia entrou em choque com os grevistas. Uma pessoa não identificada jogou uma bomba na multidão, matando quatro manifestantes e três policiais. Oito líderes trabalhistas foram presos e julgados responsáveis. Um deles suicidou-se na prisão. Quatro foram enforcados e três foram libertados depois de sete anos de prisão. Posteriormente, os governos e os sindicatos resolveram escolher o dia 1º de maio como o dia do trabalho. Nos Estados Unidos e na Austrália, o dia do trabalho é considerado a primeira segunda-feira de setembro (*Labor's day*).

A Igreja também passa a preocupar-se com o trabalho subordinado. É a doutrina social. D. Rendu, Bispo de Annec, enviou um texto ao rei da Sardenha, em 15 de novembro de 1845, denominado *Memorial sobre a questão operária*, afirmando que "a legislação moderna nada fez pelo proletário. Na verdade, protege sua vida enquanto homem; mas o desconhece como trabalhador; nada faz por seu futuro, nem por sua alimentação, nem por seu progresso moral". O trabalho dignifica pessoalmente o homem, merecendo valoração. Tem a doutrina social um sentido humanista.

A legislação do trabalho é o resultado da reação contra a exploração dos trabalhadores pelos empregadores.

Proletário é o trabalhador que trabalhava jornadas extensas (14 a 16 horas), morava em condições subumanas, tinha muitos filhos e recebia salário ínfimo.

A Igreja também se preocupou com o tema trabalho. A Encíclica *Rerum Novarum* (coisas novas), de 1891, do Papa Leão XIII, pontifica uma fase de transição para a justiça social, traçando regras para a intervenção estatal na relação entre trabalhador e patrão. Dizia o referido Papa que "não pode haver capital sem trabalho, nem trabalho sem capital" (Encíclica *Rerum Novarum*, Capítulo 28). Leão XIII defendia a propriedade particular por ser um princípio do Direito Natural. Quem não tinha a propriedade, supria-a com o trabalho. Este é o meio universal de prover as necessidades da vida. As greves deveriam ser proibidas com a autoridade da lei. A encíclica tinha cunho muito mais filosófico e sociológico. A Igreja continuou a preocupar-se com o tema, tanto que foram elaboradas novas encíclicas: *Quadragesimo Anno*, de 1931, e *Divini Redemptoris*, de Pio XI, de 1937. Afirmava Pio XI na Encíclica Quadragesimo Anno que "da oficina só a matéria sai enobrecida, os homens, ao contrário, corrompem-se e aviltam-se"; *Mater et Magistra*, de 1961, de João XXIII; *Populorum Progressio*, de 1967, de Paulo VI. As encíclicas evidentemente não obrigam ninguém, mas muitas vezes serviram de fundamento para a reforma da legislação dos países.

O Direito do Trabalho surge para limitar os abusos do empregador em explorar o trabalho e para modificar condições de trabalho. É uma forma de contraposição à liberdade ou autonomia da vontade do Direito Civil, também com o objetivo de proteger o trabalho como a parte mais fraca da relação de emprego.

A segunda Revolução Industrial é decorrente do descobrimento da eletricidade (1900-1940).

A partir do término da Primeira Guerra Mundial, surge o que pode ser chamado de constitucionalismo social, que é a inclusão nas constituições de preceitos relativos à defesa social da pessoa, de normas de interesse social e de garantia de certos direitos fundamentais, incluindo o Direito do Trabalho.

A primeira Constituição que tratou do tema foi a do México, em 1917. O art. 123 da referida norma estabelecia jornada de oito horas, proibição de trabalho de menores de 12 anos, limitação da jornada dos menores de 16 anos a seis horas, jornada máxima noturna de sete horas, descanso semanal, proteção à maternidade, salário mínimo, direito de sindicalização e de greve, indenização de dispensa, seguro social e proteção contra acidentes do trabalho.

A segunda Constituição a versar sobre o assunto foi a de Weimar, de 1919. Disciplinava a participação dos trabalhadores nas empresas, autorizando a liberdade de coalização dos trabalhadores; tratou, também, da representação dos trabalhadores na empresa. Criou um sistema de seguros sociais e também a possibilidade de os trabalhadores colaborarem com os empregadores na fixação de salários e demais condições de trabalho. Previa a proteção à maternidade.

Daí em diante, as constituições dos países passaram a tratar do Direito do Trabalho e, portanto, a constitucionalizar os direitos trabalhistas.

A constitucionalização do Direito do Trabalho a partir de 1917 mostra a passagem do Estado Liberal para o Estado Social.

Surge o Tratado de Versalhes, de 1919, prevendo a criação da Organização Internacional do Trabalho (OIT), que iria incumbir-se de proteger as relações entre empregados e empregadores no âmbito internacional, expedindo convenções e recomendações nesse sentido.

Henry Ford criou a linha de montagem na indústria automobilística, por meio da esteira móvel. Acabou incentivando aumentos de salários, para que seus empregados comprassem também os automóveis que fabricava. O fordismo seria a aplicação do taylorismo em grande escala. Tinha as seguintes características: adotava um sistema generalizante, que não era especialista em determinada matéria; havia estratificação dos níveis hierárquicos na empresa; partia do pressuposto da autossuficiência; pretendia atingir mercados nacionais e não mercados globais, como ocorre hoje; envolvia o desenvolvimento de tecnologia de longa maturação, fazendo estoques de insumos e matérias-primas; havia um número muito grande de trabalhadores, com pagamento de baixos salários.

No modelo fordista, há concentração da produção, mecanização da produção e simplificação de tarefas.

Na Itália, aparece a *Carta del Lavoro*, de 1927, instituindo um sistema corporativista-fascista, que inspirou outros sistemas políticos, como os de Portugal, Espanha e, especialmente, do Brasil. O corporativismo visava organizar a economia em torno do Estado, promovendo o interesse nacional, além de impor regras a todas as pessoas. Havia centralização do poder no Estado. Surge o corporativismo na metade do século XIX com o fim de organizar os interesses divergentes da Revolução Industrial. O Estado interferia nas relações entre as pessoas com o objetivo de poder moderador e organizador da sociedade. Nada escapava à vigilância do Estado, nem a seu poder. O Estado regulava, praticamente, tudo, determinando o que seria melhor para cada um, organizando a produção nacional. O interesse nacional colocava-se acima dos interesses dos particulares. Mussolini dizia, na época: "Tudo no Estado, nada contra o Estado, nada fora do Estado" (*Tutto nello Stato, niente contro lo Stato, nulla al di fuori dello Stato*). As diretrizes básicas do corporativismo eram: (a) nacionalismo; (b) necessidade de organização; (c) pacificação social; (d) harmonia entre o capital e o trabalho. A estrutura do sistema era: sindicato único, reconhecido pelo Estado, que era uma *longa manus* do Estado; *contributo sindacale*, de forma a custear as atividades sindicais; proibição da greve; em razão da proibição da greve, havia o poder normativo da Justiça do Trabalho, para impor condições de trabalho nos conflitos coletivos.

Na França, a partir de 1936, são estabelecidos vários direitos trabalhistas. A Lei de 20 de junho de 1936 instituiu as férias anuais remuneradas. O estatuto especial das convenções coletivas assinadas pelas organizações sindicais mais representativas é definido pela Lei de 24 de junho de 1936. Os delegados de pessoal nos estabelecimentos industriais e comerciais foram criados pela Lei de 24 de junho de 1936. Os procedimentos de mediação e arbitragem obrigatórios foram estabelecidos pela Lei de 1º de outubro e 31 de dezembro de 1936. A Lei de 10 de março de 1937 tratou sobre a aprendizagem artesanal. A Lei de 18 de julho de 1937 versou sobe o estatuto dos viajantes e representantes comerciais.

A terceira Revolução Industrial é a do motor a explosão e da automação (1940-2000). A quarta é a Revolução Digital.

A Declaração Universal dos Direitos do Homem, de dezembro de 1948, prevê alguns direitos aos trabalhadores, como limitação razoável do trabalho, férias remuneradas periódicas, repouso e lazer etc.

O neoliberalismo prega que a contratação e os salários dos trabalhadores devem ser regulados pelo mercado, pela lei da oferta e da procura. O Estado deve deixar de intervir nas relações trabalhistas, que seriam reguladas pelas condições econômicas. Entretanto, o empregado não é igual ao empregador e, portanto, necessita de proteção.

Surge nova teoria pregando a necessidade de separação entre o econômico e o social, o que é verificado hoje na Constituição de 1988, que não mais trata dos dois temas de forma reunida, mas separadamente. Da mesma forma, preconiza-se um Estado neoliberalista, com menor intervenção nas relações entre as pessoas.

Há também uma classificação que divide os direitos em gerações. Os direitos de primeira geração são aqueles que pretendem valorizar o homem, assegurar liberdades abstratas, que formariam a sociedade civil. Os direitos da segunda geração são os direitos econômicos, sociais e culturais, bem como os direitos coletivos e das coletividades. Os direitos de terceira geração são os que pretendem proteger, além do interesse do indivíduo, os relativos ao meio ambiente, ao patrimônio comum da humanidade, à comunicação, à paz. Melhor seria falar em fases, que são conquistas de direitos.

O Papa João Paulo II, na encíclica *Solicitudo Rei Socialis*, de 1987, afirma a "centralidade do homem, que é sujeito e não objeto do trabalho". Na Encíclica *Laborem Exercens*, o Papa João Paulo II declara que o trabalho é para o homem e não o homem para o trabalho.

No toyotismo, a produção é enxuta. Utiliza-se da informatização e da robotização da produção. O sistema *just in time* consiste na redução de estoque e adequação da produção às necessidades do mercado. O trabalhador pode executar várias tarefas (polivalente). Necessita de qualificação.

O Direito do Trabalho não é estático, ele está em constante evolução.

3 EVOLUÇÃO NO BRASIL

Inicialmente, as Constituições brasileiras versavam apenas sobre a forma do Estado, o sistema de governo. Posteriormente, passaram a tratar de todos os ramos do Direito e, especialmente, do Direito de Trabalho, como ocorre com nossa Constituição atual.

A Constituição de 1824 apenas tratou de abolir as corporações de ofício (art. 179, XXV), pois deveria haver liberdade do exercício de ofícios e profissões.

A Lei do Ventre Livre dispôs que, a partir de 28-9-1871, os filhos de escravos nasceriam livres. O menino ficaria sob a tutela do senhor ou de sua mãe até o oitavo aniversário, quando o senhor poderia optar entre receber uma indenização do governo ou usar do trabalho do menino até os 21 anos completos. Em 28-9-1885, foi aprovada a Lei Saraiva-Cotegipe, chamada de Lei dos Sexagenários, libertando os escravos com mais de 60 anos. Mesmo depois de livre, o escravo deveria prestar mais três anos de serviços gratuitos a seu senhor. Em 13-5-1888, foi assinada pela Princesa Isabel a Lei Áurea (Lei nº 3.353), que abolia a escravatura.

Reconheceu a Constituição de 1891 a liberdade de associação (§ 8º do art. 72), que tinha na época caráter genérico, determinando que a todos era lícita a associação e reunião, livremente e sem armas, não podendo a polícia intervir, salvo para manter a ordem pública. Permitia a livre associação (§ 8º do art. 72). Era livre o exercício de qualquer profissão moral, intelectual e industrial (§ 24).

As transformações que vinham ocorrendo na Europa em decorrência da Primeira Guerra Mundial e o aparecimento da OIT, em 1919, incentivaram a criação de normas trabalhistas em nosso país. Existiam muitos imigrantes no Brasil que deram origem a movimentos operários reivindicando melhores condições de trabalho e salários. Começa a surgir uma política trabalhista idealizada por Getúlio Vargas em 1930.

Havia leis ordinárias que tratavam de trabalho de menores (1891), da organização de sindicatos rurais (1903) e urbanos (1907), de férias etc. O Ministério do Trabalho, Indústria e Comércio foi criado em 1930. Passou o Presidente da República a expedir decretos, a partir dessa época, sobre profissões, trabalho das mulheres (1932), salário mínimo (1936), Justiça do Trabalho (1939) etc. Getúlio Vargas editou a legislação trabalhista em tese para organizar o mercado de trabalho em decorrência da expansão da indústria. Realmente, seu objetivo era controlar os movimentos trabalhistas do momento.

A Constituição de 1934 é a primeira Constituição brasileira a tratar especificamente do Direito do Trabalho. É a influência do constitucionalismo social, que em nosso país só veio a ser sentida em 1934. Garantia a liberdade sindical (art. 120), isonomia salarial, salário mínimo, jornada de oito horas de trabalho, proteção do trabalho das mulheres e menores, repouso semanal, férias anuais remuneradas (§ 1º do art. 121).

A Carta Constitucional de 10-11-1937 marca uma fase intervencionista do Estado, decorrente do golpe de Getúlio Vargas. Era uma Constituição de cunho eminentemente corporativista, inspirada na *Carta del Lavoro*, de 1927, e na Constituição polonesa. O próprio art. 140 da referida Carta era claro no sentido de que a economia era organizada em corporações, sendo consideradas órgãos do Estado, exercendo função delegada de poder público. O Conselho de Economia Nacional tinha por atribuição promover a organização corporativa da economia nacional (art. 61, *a*). Dizia Oliveira Viana, sociólogo e jurista – que foi o inspirador de nossa legislação trabalhista da época – que o liberalismo econômico era incapaz de preservar a ordem social, daí a necessidade da intervenção do Estado para regular tais situações. A Constituição de 1937 instituiu o sindicato único, imposto por lei, vinculado ao Estado, exercendo funções delegadas de poder público, podendo haver intervenção estatal direta em suas atribuições. Foi criado o imposto sindical, como uma forma de submissão das entidades de classe ao Estado, pois este participava do produto de sua arrecadação. Estabeleceu-se a competência normativa dos tribunais do trabalho, que tinha por objetivo principal evitar o entendimento direto entre trabalhadores e empregadores. A greve e o *lockout* foram considerados recursos antissociais, nocivos ao trabalho e ao capital e incompatíveis com os interesses da produção nacional (art. 139). Em razão disso havia a imposição de condições de trabalho, pelo poder normativo, nos conflitos coletivos de trabalho. Essas regras foram copiadas literalmente da *Carta del Lavoro* italiana.

A comissão trabalhista para editar a Consolidação das Leis do Trabalho (CLT) era composta por Luiz Augusto Rego Monteiro, Oscar Saraiva (que posteriormente passou a fazer parte da comissão da Previdência Social), José de Segadas Viana, Dorval Lacerda e Arnaldo Lopes Süssekind. Após nove meses, a comissão apresentou o anteprojeto, em 9 de novembro de 1942, sendo ele concluído em 31 de março de 1943.

Harmoniza a CLT as três fases do Governo Vargas. A primeira fase era dos decretos legislativos de 1930 a 1934. A segunda fase foi aproveitar o material legislativo do Congresso Nacional de 1934 a 1937. A terceira fase era dos *decretos-leis* de 1937 a 1941. As inspirações da CLT foram o Primeiro Congresso Brasileiro de Direito Social, realizado em São Paulo, em 1941. Em segundo lugar, foram utilizadas as Convenções da OIT que tinham sido ratificadas e também as que não tinham, que eram citadas nos pareceres de Oliveira Vianna. Em terceiro lugar, foi utilizada a Encíclica *Rerum Novarum*, que preconiza a ideia de justiça social. Nem todas as Convenções da OIT tinham sido ratificadas em 1943. Por último, os pareceres dos consultores jurídicos do Ministério do Trabalho (Oliveira Vianna e Oscar Saraiva). No âmbito do Direito Coletivo do Trabalho, a fonte era a corporativista italiana.

A Comissão consolidou as normas já existentes, baixadas por decreto-lei, e acrescentou o Título I – "Introdução" (arts. 1º a 12) e a parte do Título IV – "Do contrato individual de trabalho" (arts. 442 a 476).

Existiam várias normas esparsas sobre os mais diversos assuntos trabalhistas. Houve a necessidade de sistematização dessas regras. Para tanto, foi editado o Decreto-Lei nº 5.452, de 1º-5-1943, aprovando a Consolidação das Leis do Trabalho (CLT). O objetivo da CLT foi apenas o de reunir as leis esparsas existentes na época, consolidando-as. Não se trata de um código, pois este pressupõe um Direito novo. Ao contrário, a CLT apenas reuniu a legislação existente na época, consolidando-a. Não foi inspirada na *Carta del Lavoro* italiana. A CLT não é cópia da *Carta del Lavoro*. Esta tinha 30 declarações. A CLT tem aproximadamente 922 artigos. A CLT é muito maior que a norma italiana.

A CLT compilou e ordenou os decretos-leis existentes até então. Uns acham que inovou, criou novos direitos e obrigações. Não é um código, por não inovar no Direito do Trabalho. Não trouxe sistematização às normas de Direito do Trabalho, pois juntou textos legais, inclusive fazendo repetições (arts. 10 a 448 da CLT) e contradições. Foi editada no período autoritário e corporativista do governo de Getúlio Vargas. O estabelecimento de direitos trabalhistas foi uma forma de fazer média com a classe trabalhadora, outorgando benefícios aos dirigentes sindicais em troca do sindicato único, da intervenção e interferência no sindicato.

O Direito do Trabalho surge nos países pela luta de classes, de baixo para cima. No Brasil, surge de cima para baixo, pois Getúlio Vargas estabelece a legislação. Ela não provém das partes, de forma autônoma, mas de forma heterônoma. Ela não decorreu de reivindicações dos trabalhadores, como em outros países, mas como forma de agradar a classe trabalhadora e de dominação pelo Estado.

A Constituição de 1946 é considerada uma norma democrática, rompendo com o corporativismo da Constituição anterior, pois foi votada pelo Congresso Nacional. Nela encontramos a participação dos trabalhadores nos lucros (art. 157, IV), repouso semanal remunerado (art. 157, VI), estabilidade (art. 157, XII), direito de greve (art. 158) e outros direitos que estavam na norma constitucional anterior.

A legislação ordinária começa a instituir novos direitos. Surge a Lei nº 605/49, versando sobre o repouso semanal remunerado; a Lei nº 3.207/57, tratando das atividades dos empregados vendedores, viajantes e pracistas; a Lei nº 4.090/62, instituindo o 13º salário; a Lei nº 4.266/63, que criou o salário-família etc.

A Constituição de 1967 manteve os direitos trabalhistas estabelecidos nas Constituições anteriores, no art. 158, tendo praticamente a mesma redação do art. 157 da Constituição de 1946, com algumas modificações. A Emenda Constitucional nº 1, de 17-10-1969, repetiu praticamente a Norma Ápice de 1967, no art. 165, no que diz respeito aos direitos trabalhistas.

No âmbito da legislação ordinária, é possível lembrar a Lei nº 5.889/73, versando sobre o trabalhador rural; a Lei nº 6.019/74, tratando do trabalhador temporário; o Decreto-Lei nº 1.535/77, dando nova redação ao capítulo sobre as férias da CLT etc.

Em 5-10-1988, foi aprovada a atual Constituição, que trata de direitos trabalhistas nos arts. 7º a 11. Na Norma Magna, os direitos trabalhistas foram incluídos no Capítulo II, "Dos Direitos Sociais", do Título II, "Dos Direitos e Garantias Fundamentais", ao passo que nas Constituições anteriores os direitos trabalhistas sempre eram inseridos no âmbito da ordem econômica e social. Para alguns autores, o art. 7º da Lei Maior vem a ser uma verdadeira CLT, tantos os direitos trabalhistas nele albergados.

Trata o art. 7º da Constituição de direitos individuais e tutelares do trabalho. O art. 8º versa sobre o sindicato e suas relações. O art. 9º especifica regras sobre greve. O art. 10 determina disposição sobre a participação dos trabalhadores em colegiados. Menciona o art. 11 que nas empresas com mais de 200 empregados é assegurada a eleição de um representante dos trabalhadores para entendimentos com o empregador.

A Lei nº 13.467/2017 alterou em torno de 100 artigos da CLT. É chamada de Reforma Trabalhista.

Questões

1. Quais foram as causas do surgimento do Direito do Trabalho na Revolução Industrial?
2. Havia direitos trabalhistas no feudalismo e na escravidão?
3. Qual foi a primeira Constituição a tratar do Direito do Trabalho e o que especificou?
4. Quais os direitos trabalhistas mais importantes encontrados na Constituição de 1946?
5. Como podemos entender a Constituição de 1937 sob o aspecto político?
6. A atual Constituição fala sobre direitos trabalhistas? Quais?

Capítulo 2

DENOMINAÇÃO

1 INTRODUÇÃO

Para começar o exame da matéria, é preciso, em primeiro lugar, estudar sua denominação. No Direito Romano usava-se a seguinte expressão *initium doctrinae sit consideratio nominis*, isto é, a doutrina deve começar a estudar certo assunto pelo nome.

Evidentemente, não será o nome que caracterizará o instituto em análise, mas seus elementos essenciais. O nome apropriado, contudo, ajuda a compreender o instituto em análise, sendo um começo para melhor entendê-lo.

Trabalho vem da raiz latina *trabs*, *trabis* = trave ou carga que se impunha aos escravos para obrigá-los a trabalhar.

Várias denominações são encontradas para designar a disciplina ora em estudo. São usadas as expressões *Legislação do Trabalho*, *Direito Operário*, *Direito Corporativo*, *Direito Social*, *Direito Industrial* etc. Há necessidade de verificá-las e confirmar qual o nome que melhor irá denominar a matéria ora analisada.

2 LEGISLAÇÃO DO TRABALHO

Inicialmente, o nome empregado para designar a matéria foi Legislação do Trabalho. Dizia-se que havia muitas leis tratando do tema, mas não existia um sistema, uma autonomia da matéria em análise. O § 1º do art. 121 da Constituição de 1934 usava a expressão "Legislação do Trabalho". Algumas faculdades de Ciências Econômicas, Contábeis e Administrativas ainda se utilizam da denominação Legislação do Trabalho.

A matéria a ser estudada não é apenas a contida na legislação. São estudados os princípios do Direito do Trabalho, seus institutos e também as convenções e acordos coletivos e o contrato de trabalho. Isso revela que a denominação empregada não é a adequada.

3 DIREITO OPERÁRIO

Vários autores se utilizam da denominação *Direito Operário*, principalmente na França, onde se emprega a expressão *Droit ouvrier* (Direito Operário); porém nesse mesmo país o operário (*ouvrier*) não tem os mesmos direitos do trabalhador (*employé*). Em nosso país, Evaristo de Moraes foi um dos pioneiros a tratar da matéria em estudo, utilizando-se da expressão *Direito Operário*. Seu trabalho, um dos marcos da literatura laboralista, datado do início do século XX, mais precisamente de 1905, era intitulado *Apontamentos de direito operário*, em que começava a versar sobre o assunto no capítulo segundo da referida obra, já empregando a denominação *Direito Operário* para justificar o nome da disciplina (1986:24). A Constituição de 1937 também emprega a expressão *Direito Operário*, pois competia privativamente à União legislar sobre esse tema (art. 16, XVI). O operário pode ser considerado, entretanto, o trabalhador braçal, o trabalhador da fábrica. O objetivo do Direito Operário da época era dar proteção a essa espécie de trabalhador, o que mostrava a evolução do Direito, que mais tarde iria abranger qualquer espécie de trabalhador. Nossa disciplina, porém, não se limita a estudar apenas os operários, mas também os patrões e outros trabalhadores.

4 DIREITO INDUSTRIAL

Na Revolução Industrial, o trabalho adquire papel fundamental. As normas civis não eram suficientes para regular a questão do trabalho.

O uso das denominações *Direito Industrial*, relações industriais, *industrial relations*, surge após a Revolução Industrial. Inicialmente, a denominação empregada era *Legislação Industrial*, para mais tarde se empregar a expressão *Direito Industrial*. Na época, as relações a serem disciplinadas diziam respeito à indústria, em razão da estrutura socioeconômica daqueles tempos.

A denominação é originária do século XIX, principalmente da Inglaterra e dos Estados Unidos.

Significa a forma de regular as relações entre o capital e o trabalho na indústria.

O presidente americano William Howard Taft propôs a criação de Comissão de Relações Industriais em virtude de protesto popular pela morte de 20 pessoas, em razão de bomba colocada por lideranças sindicais de metalúrgicos no edifício *Los Angeles Times*, em 1910.

As relações industriais eram consideradas como o conjunto de relações entre empregadores e empregados, bem como das associações por eles formadas, os meios de negociação e seus conflitos.

A crítica que se faz a tal denominação é que o Direito do Trabalho não se preocupa apenas com as relações industriais, mas com qualquer ramo de atividade em que haja trabalhadores, como no comércio, nos bancos, nas empresas prestadoras de serviços.

Hoje, Direito Industrial é parte do Direito Comercial, que estuda marcas, patentes, invenções etc.

Observa-se, contudo, que as questões trabalhistas, hoje, não dizem respeito apenas à indústria, mas também ao comércio, aos bancos, às empresas prestadoras de serviço etc.

5 DIREITO CORPORATIVO

A expressão *Direito Corporativo* foi utilizada em países onde houve a observância do regime totalitário fascista, como em Portugal ou na Itália. O corporativismo italiano ainda tinha por base a unificação da produção e não só do trabalho. Dizia respeito, principalmente, à organização da ação do Estado de forma a desenvolver a economia. No Brasil, o regime corporativo surge a partir de 1937, implantado por Getúlio Vargas, criando: o imposto sindical; o poder normativo, que foi atribuído à Justiça do Trabalho, de estabelecer normas e condições de trabalho por meio de sentença normativa e do sindicato único – hipóteses que ainda são observadas nos dias atuais. No Brasil, o maior protagonista dessa denominação foi Oliveira Viana, sociólogo e jurista, que defendeu suas ideias na obra denominada *Problemas de direito corporativo*.

O corporativismo diz respeito à organização sindical, a suas corporações ou associações, destinando-se a unificar toda a economia nacional, enquanto nossa matéria tem por objeto estudar, principalmente, o trabalho subordinado.

6 DIREITO SOCIAL

A denominação *Direito Social* origina-se da ideia da própria questão social. Cesarino Jr. foi o defensor dessa teoria no Brasil, afirmando que o Direito Social se destinaria à proteção dos hipossuficientes, abrangendo não só questões de Direito do Trabalho, mas também de Direito coletivo, assistencial e previdenciário. O Direito é social em razão da prevalência do interesse coletivo sobre o individual, como apregoado na Revolução Francesa. Para ele o Direito do Trabalho seria social por excelência, o mais social dos direitos. Seria um Direito reservado à promoção da justiça social (1957, v. 1:17 e 35).

Georges Gurvitch faz referência ao Direito Social como forma de demonstrar o pluralismo do Direito do Trabalho. São as normas oriundas dos grupos.[1]

A denominação utilizada, contudo, é totalmente genérica e vaga, não servindo para definir a matéria em estudo. Argumenta-se, ainda, que o Direito por natureza já é social, feito para vigorar na sociedade, e que todos os ramos do Direito têm essa característica.

Direitos sociais são garantias estabelecidas às pessoas para a proteção de suas necessidades básicas, visando garantir uma vida com um mínimo de dignidade.

São direitos sociais a educação, a saúde, a alimentação, o trabalho, a moradia, o transporte, o lazer, a segurança, a previdência social, a proteção à maternidade e à infância, a assistência aos desamparados, na forma da Constituição (art. 6º da Lei Maior).

O Direito Social seria mais amplo, pois abrange o conjunto de disciplinas voltadas para a proteção das pessoas, como na Seguridade Social (Previdência Social, Assistência Social e Saúde), segurança pública, educação etc.

7 DIREITO SINDICAL

O uso da expressão *Direito Sindical* também não serve para justificar a denominação de nossa matéria, pois diz respeito apenas ao sindicato, ou a ser observado no âmbito dessa organização, estando restrito, portanto, a um dos segmentos do Direito do Trabalho.

8 DIREITO DO TRABALHO

A expressão *Direito do Trabalho* surge na Alemanha por volta de 1912. A matéria em estudo vai ser concentrada nas relações do trabalho em geral e não de certas particularidades, como o trabalho na indústria ou no sindicato.

---

1 GURVITH, Georges. *L'idée du droit social*, Paris: Librairie du Recueil Sirey, 1932. p. 15-16; e *Le temps présent et l'idée du droit social*. Paris: J. Vrin, 1931.

A Lei nº 2.724/56 muda a denominação da cadeira nas Faculdades de Direito, passando a empregar a expressão *Direito do Trabalho*, determinando a incorporação do Direito Industrial ao Direito Comercial.

A Constituição de 1946 e as que se seguiram passaram a utilizar a expressão *Direito do Trabalho*, como se observa na atual Constituição, no inciso I do art. 22.

Adoto, portanto, a denominação Direito do Trabalho, que é mais corrente, como se verifica nos países de língua inglesa (*Labor Law*), nos de língua francesa (*Droit du Travail*), nos de língua espanhola (*Derecho del Trabajo*), nos de língua italiana (*Diritto del Lavoro*) e nos de língua alemã (*Arbeitsrecht*). Em Portugal e no Brasil, é utilizada a denominação Direito do Trabalho, que mais individualiza a matéria, dizendo respeito, assim, não só ao trabalho subordinado, mas também ao trabalho temporário, aos trabalhadores avulsos, domésticos etc.

O Direito do Trabalho deveria dizer respeito a qualquer tipo de trabalhador, mas, na verdade, tutela o trabalho subordinado e condições análogas.

Questões

1. Quais eram as denominações para designar nossa matéria?
2. Como se justificava o nome *Legislação do Trabalho*?
3. Como se justificava o emprego da expressão *Direito Operário*?
4. Como se justificava a denominação *Direito Industrial*?
5. Como se justificava a denominação *Direito Corporativo*?
6. Como se justificava a denominação *Direito Social*?
7. Como se justificava o emprego da expressão *Direito Sindical*?
8. Como se pode explicar atualmente o emprego da expressão *Direito do Trabalho*?

Capítulo 3

CONCEITO DE DIREITO DO TRABALHO

Os conceitos do Direito do Trabalho podem compreender os seguintes aspectos: (a) subjetivos, em que se verificam os tipos de trabalhadores. Alguns autores entendem que seriam todos os trabalhadores e outros apenas os trabalhadores subordinados; (b) objetivos, em que será considerada a matéria do Direito do Trabalho e não os sujeitos envolvidos. Para alguns autores diria respeito a todas as relações de trabalho, enquanto outros afirmam que compreenderia apenas a relação de trabalho subordinado; (c) mistos, abrangendo pessoas e objeto.

Direito do Trabalho é o conjunto de princípios, regras e instituições atinentes à relação de trabalho subordinado e situações análogas, visando assegurar melhores condições de trabalho e sociais ao trabalhador, de acordo com as medidas de proteção que lhe são destinadas.

A palavra *conjunto* revela que o Direito do Trabalho é composto de várias partes organizadas, formando um sistema, um todo.

Contém o Direito do Trabalho princípios que são proposições genéricas das quais derivam as demais normas. Com o conhecimento dos princípios do Direito do Trabalho, há um tratamento científico dado à disciplina, justificando, também, sua autonomia.

Tem o Direito do Trabalho inúmeras regras que versam sobre a matéria. A maioria delas está contida na CLT.

No Direito do Trabalho, não existem apenas conjuntos de princípios e regras, mas também de instituições, de entidades, que criam e aplicam o referido ramo do Direito. O Estado é o maior criador de normas de Direito do Trabalho. O Ministério do Trabalho edita portarias, resoluções, instruções normativas etc. A Justiça do Trabalho julga as questões trabalhistas.

As instituições perduram no tempo. Não são institutos, que compreendem um conjunto de regras a respeito da mesma matéria. Exemplo: aviso-prévio.

O objeto do Direito do Trabalho é o estudo do trabalho subordinado. Daí o emprego de duas teorias para conceituar a matéria em estudo: a subjetiva e a objetiva.

No Direito do Trabalho, o trabalhador é sujeito de direito e não objeto de direito.

A teoria subjetiva toma por base os tipos de trabalhadores a que se aplica o Direito do Trabalho. Não se pode conceber, porém, que qualquer trabalhador será amparado pelo Direito do Trabalho, como ocorre com o funcionário público e o trabalhador autônomo, que são espécies do gênero trabalhadores, não sendo assistidos por nossa matéria. O Direito do Trabalho vai estudar uma espécie de trabalhador: o empregado, que é o trabalhador subordinado ao empregador, que não tem autonomia em seu mister. As teorias objetivistas partem do ângulo da matéria a ser analisada e não das pessoas. O Direito do Trabalho estuda não o trabalho autônomo, mas o trabalho subordinado.

Com o emprego da expressão *situações análogas*, pretendo tratar das situações que têm semelhança com o trabalho subordinado, mas que necessariamente não são iguais a ele. O trabalhador temporário e o empregado doméstico não deixam de ser subordinados. O trabalhador avulso não é subordinado, mas será estudado pelo Direito do Trabalho.

A finalidade do Direito do Trabalho é assegurar melhores condições de trabalho, porém não só essas situações, mas também condições sociais ao trabalhador. Assim, o Direito do Trabalho tem por fundamento melhorar as condições de trabalho dos obreiros e também suas situações sociais, assegurando que o trabalhador possa prestar seus serviços num ambiente salubre, podendo, por meio de seu salário, ter uma vida digna para que possa desempenhar seu papel na sociedade. O Direito do Trabalho pretende corrigir as deficiências encontradas no âmbito da empresa, não só no que diz respeito às condições de trabalho, mas também para assegurar uma remuneração digna a fim de que o operário possa suprir as necessidades de sua família na sociedade. Visa o Direito do Trabalho melhorar essas condições do trabalhador.

A melhoria das condições de trabalho e sociais do trabalhador vai ser feita por meio da legislação que, antes de tudo, tem por objetivo proteger o trabalhador, que é considerado o polo mais fraco da relação com seu patrão. Este é normalmente mais forte economicamente, suportando os riscos de sua atividade econômica.

No Direito do Trabalho a lei estabelece um mínimo, mas as partes podem convencionar direitos superiores a esse mínimo.

As medidas protetoras a serem observadas são previstas na própria legislação, quando limita a jornada de trabalho, assegura férias ao trabalhador depois de certo tempo, possibilita intervalos nas jornadas de trabalho, prevê um salário que é considerado o mínimo que o operário pode receber etc.

O Direito do Trabalho visa equilibrar a relação entre empregado e empregador, que é desigual.

Tem o Direito do Trabalho por funções: a – tutelar: de estabelecer regras mínimas para o trabalhador; b – social: para garantir a condição social do trabalhador.

Questões

1. Qual o conceito de Direito do Trabalho?
2. Quais são os elementos principais dessa definição?
3. Como justificar que o Direito do Trabalho visa melhores condições de trabalho e sociais ao trabalhador?
4. De que modo essas condições serão asseguradas?

Capítulo 4

DIVISÕES DA MATÉRIA

Várias são as divisões utilizadas pelos autores para mostrar o estudo do Direito do Trabalho. Alguns autores entendem que seriam parte de nossa disciplina: a Introdução ao Direito do Trabalho; o Direito Internacional do Trabalho; o Direito Individual do Trabalho, que trataria do contrato de trabalho e seu conteúdo; o Direito Sindical; o Direito Público do Trabalho, que se subdividiria em Direito Processual do Trabalho, Direito Administrativo do Trabalho, Direito Penal do Trabalho, Direito da Previdência e Assistência Social, incluído no penúltimo o acidente do trabalho.

O Direito Internacional do Trabalho, embora vá ser estudado, pertence ao Direito Internacional, como um de seus segmentos, não fazendo parte do Direito do Trabalho.

O Direito Sindical não se justificaria como um dos ramos do Direito do Trabalho, pois diz respeito apenas ao sindicato, enquanto o Direito do Trabalho não vai estudar apenas o sindicato, mas também sua organização, normas coletivas das quais ele participa etc.

Não se poderia admitir um Direito Público do Trabalho, embora o Direito do Trabalho tenha regras de ordem pública, principalmente as normas protetivas do trabalho, ou que disciplinam certas garantias mínimas dos trabalhadores, que seriam irrenunciáveis por estes.

O Direito Processual do Trabalho não faz parte integrante do Direito do Trabalho, não obstante o primeiro seja a forma como o segundo vai ser exercitado em juízo, porém pertence ao ramo do Direito Processual, que pode ser subdividido em Direito Processual Civil, Penal, do Trabalho, Militar etc. Não tratarei do Direito Processual do Trabalho. Remeto o leitor ao meu livro *Direito processual do trabalho* (2020), que versa mais pormenorizadamente sobre o tema.

Embora muitos autores empreguem a expressão *Direito administrativo do trabalho*, inclusive no exterior, essa expressão diz respeito à Administração, abrangendo inclusive questões de funcionários públicos, tema que o Direito do Trabalho não vai analisar.

O mesmo se pode dizer do Direito Penal do Trabalho, em que essa matéria seria uma parte do Direito Penal, principalmente quando trata dos crimes contra a organização do trabalho.

O Direito da Previdência Social e o Direito da Assistência Social estão incluídos, hoje, no gênero Direito da Seguridade Social, que é autônomo, já não fazendo parte do Direito do Trabalho, como antigamente se dizia, mormente diante dos arts. 194 a 204 da Constituição, incluídos no capítulo "Da Seguridade Social". Nesse ponto, remeto o leitor ao meu estudo *Direito da seguridade social*, no qual a matéria é analisada de forma melhor, até mesmo quanto à autonomia (2020).

Prefiro adotar a seguinte divisão: Teoria do Direito do Trabalho, Direito Individual do Trabalho, Direito Tutelar do Trabalho e Direito Coletivo do Trabalho.

Na Teoria do Direito do Trabalho, serão estudados o histórico, a denominação, o conceito, a autonomia, a posição enciclopédica, as relações, as fontes e a aplicação do Direito do Trabalho, os princípios, entre outras questões.

No Direito Individual do Trabalho, tratarei do contrato de trabalho, seu nascimento, seu desenvolvimento e sua cessação, além de outras regras com pertinência ao referido pacto, como o FGTS, a estabilidade etc.

No Direito Tutelar do Trabalho, versarei sobre regras que tratam da proteção do trabalhador, como as normas de segurança e medicina do trabalho, regras sobre a jornada de trabalho, sobre os repousos do trabalhador, sobre a fiscalização trabalhista etc.

No Direito Coletivo do Trabalho, examinarei a organização do sindicato, as normas coletivas, pertinentes ao sindicato, suas funções, ou conflitos coletivos, principalmente a greve etc.

Assim será, por conseguinte, analisada a matéria.

Questões

1. Como é que se poderia justificar de maneira ampla a divisão de nossa matéria?
2. Qual a divisão que será desenvolvida no curso?
3. O que vem a ser a Teoria do Direito do Trabalho a ser estudada?
4. O que vem a ser o Direito Individual do Trabalho?
5. O que vem a ser o Direito Tutelar do Trabalho?
6. O que estuda o Direito Coletivo do Trabalho?

Capítulo 5

AUTONOMIA DO DIREITO DO TRABALHO

1 INTRODUÇÃO

Discute-se a autonomia do Direito do Trabalho em relação ao Direito Civil, principalmente se o primeiro não seria um apêndice do segundo.

O Direito do Trabalho nasce a partir do momento em que começam a ser reguladas as antigas locações de serviço, normalmente previstas na legislação civil.

Nosso Código Civil, nos arts. 593 a 609, trata da prestação de serviços e os arts. 610 a 626 versam sobre a empreitada. O contrato de prestação de serviços subordinados nada mais foi do que um desenvolvimento no tempo da locação de serviços. Com o aprimoramento da locação de serviços, surgiu o contrato de trabalho, que passou a ser tratado em normas especiais, assim como foram surgindo outras regras para regular as demais condições inerentes à relação de trabalho.

Dentro dessa evolução natural das coisas, mister se faz verificar se realmente há autonomia do Direito do Trabalho e como ela se realça.

2 CARACTERÍSTICAS DA AUTONOMIA DE UMA CIÊNCIA

Autonomia vem do grego: *auto*, próprio; *nomé* ou *nomia*, regra ou norma.

Segundo Alfredo Rocco (1928:72), para caracterizar a autonomia de uma ciência é mister que: (a) seja ela vasta a ponto de merecer um estudo de conjunto, adequado e particular; (b) ela contenha doutrinas homogêneas dominadas por conceitos gerais comuns e distintos dos conceitos gerais que informam outras disciplinas; (c) possua método próprio, empregando processos especiais para o conhecimento das verdades que constituem objeto de suas investigações. Na verdade, não existe método próprio, que é o mesmo de qualquer ramo do Direito.

Haverá autonomia da matéria dentro da ciência do Direito se seus princípios e regras tiverem identidade e diferença em relação aos demais ramos do Direito.

Vou examinar os aspectos levantados pelo ilustre jurista sob o ângulo do desenvolvimento legal, doutrinário, didático, e sob o aspecto jurisdicional e científico, para verificar se há autonomia do Direito do Trabalho.

3 DESENVOLVIMENTO LEGAL

As normas de Direito do Trabalho são inicialmente encontradas no art. 7º da Constituição, que prevê, em vários incisos, os direitos dos trabalhadores urbanos, rurais, domésticos etc. A maioria das normas trabalhistas está na CLT, nos arts. 1º a 642. Existem outras leis esparsas que tratam de Direito do Trabalho, como a Lei nº 605/49 (repouso semanal remunerado), a Lei nº 5.889/73 (trabalhador rural), a Lei nº 6.019/74 (trabalhador temporário), a Lei nº 7.418/85 (vale-transporte), a Lei nº 8.036/90 (FGTS) e outras.

Não temos um Código de Trabalho, como se verifica na França, que iria justificar uma plena autonomia legal do Direito do Trabalho, mas a CLT já cumpre esse papel. Com a CLT e a legislação esparsa, já existe autonomia legislativa do Direito do Trabalho, principalmente diante do volume de regras legais sobre o tema. O Direito do Trabalho pode ser estruturado de acordo com corpos normativos organizados.

4 DESENVOLVIMENTO DOUTRINÁRIO

Do ponto de vista doutrinário, há autonomia do Direito do Trabalho.

São várias as obras de fôlego que são encontradas em nosso país que tratam da matéria em comentário. Basta lembrar as obras de José Martins Catharino, Cesarino Jr., Amauri Mascaro Nascimento, Octavio Bueno Magano, Orlando Gomes e Elson Gottschalk, Evaristo de Moraes Filho, que já se constituem em clássicos sobre o tema. Mesmo no estrangeiro existem autores renomados que escrevem sobre o tema, como Mario Deveali, Manuel Alonso Olea, Mario de La Cueva, Paul Pic, Paul Durand, Gino Giugni, entre outros.

5 DESENVOLVIMENTO DIDÁTICO

No que diz respeito ao desenvolvimento didático, todas as faculdades de Direito têm pelo menos em um ano ou em dois semestres a matéria Direito do Trabalho. Nas Faculdades de Ciências Econômicas, Administrativas, Contábeis e Sociais e até nas de Engenharia há uma cadeira denominada *Legislação Social*, em que a matéria efetivamente lecionada é o Direito do Trabalho, mas não fizeram a devida modificação na nomenclatura da disciplina.

Os exames da Ordem dos Advogados do Brasil têm exigido conhecimentos específicos do Direito do Trabalho para habilitar o bacharel a atuar como advogado, dando ao candidato a possibilidade da escolha da referida matéria para ser sabatinado.

6 AUTONOMIA JURISDICIONAL

A autonomia jurisdicional do Direito do Trabalho está consagrada principalmente a partir da edição da CLT e dos julgamentos dos pleitos trabalhistas por órgãos administrativos pertencentes ao Poder Executivo. Com a Constituição de 1946, consagra-se a autonomia jurisdicional da Justiça do Trabalho, que passa a fazer parte integrante do Poder Judiciário, tendo, portanto, o Judiciário um ramo especializado que aplica o Direito do Trabalho.

7 AUTONOMIA CIENTÍFICA

No tocante à autonomia científica, verifica-se que os institutos do Direito do Trabalho são diversos das demais áreas do Direito. O Direito do Trabalho tem institutos próprios, que são o conjunto de regras que pertencem a seu sistema, possuindo regras próprias e específicas sobre cada tema, totalmente distintas das do Direito Civil, bastando lembrar o descanso semanal remunerado (Lei nº 605/49), o FGTS (Lei nº 8.036/90), a greve (Lei nº 7.783/89). Assim, verifica-se que o Direito do Trabalho está totalmente desenvolvido e separado do Direito Civil, do qual se originou como uma forma de contrato, saindo do bojo da legislação civil e passando para um conjunto de regras consolidadas, além da existência de normas sobre o tema na própria Constituição (art. 7º).

O Direito do Trabalho possui princípios próprios, como o da proteção do trabalhador, o da irrenunciabilidade de direitos, da continuidade do contrato de trabalho, que irei estudar destacadamente, sendo completamente distintos dos princípios de Direito Civil.

Há conceitos próprios, como de empregado, empregador, FGTS etc.

O inciso I do art. 22 da Constituição também indica a autonomia do Direito do Trabalho, pois compete à União legislar privativamente sobre Direito do Trabalho, mostrando que é uma matéria diferente das demais contidas no referido inciso.

É possível concluir, portanto, que há plena autonomia do Direito do Trabalho em relação às demais disciplinas da ciência do Direito. Há princípios próprios, copiosa legislação sobre o tema, que importa uma vasta matéria, com institutos distintos de outros ramos do Direito, tendo por inspiração normas que irão proteger a hipossuficiência do trabalhador, visando à modificação e melhoria de suas condições de trabalho e sociais. Existem conceitos próprios do Direito do Trabalho que empregam um método para estudar seu sistema, justificando, dessa forma, sua autonomia.

Questões

1. De onde se originou o Direito do Trabalho?
2. Como podemos explicar se há ou não autonomia do Direito do Trabalho em relação a outros ramos do Direito?
3. O que vem a ser a autonomia didática? Ela existe em relação a nossa matéria?
4. O Direito do Trabalho possui institutos próprios, princípios distintos e vasta matéria para justificar sua autonomia?

Capítulo 6

POSIÇÃO ENCICLOPÉDICA DO DIREITO DO TRABALHO

1 INTRODUÇÃO

Posição Enciclopédica ou taxionomia é o lugar em que o Direito do Trabalho está inserido dentro da ciência do Direito.

Ulpiano já dividia o Direito em público e privado, embora entendendo tal classificação como meramente didática, pois o Direito enquanto ciência é gênero, tendo seus diversos ramos, que são considerados as espécies. Cada ramo do Direito mantém relações e conexões com as demais espécies do gênero.

No Direito Romano clássico, o Direito Público tinha por objeto o estado das coisas em Roma. O Direito Privado preocupava-se com a utilidade de cada cidadão.

No século XIX, os juristas de tradição romanista entendiam que o Direito Público era o que compreendia a organização do Estado. Já o Direito Privado era o que dizia respeito ao interesse dos particulares. Esta orientação permanece nos dias atuais.

É preciso analisar as várias teorias para verificar a qual ramo pertence o Direito do Trabalho, inclusive em relação aos desdobramentos dessas teorias.

2 TEORIA DO DIREITO PÚBLICO

Para Miguel Reale, o Direito do Trabalho faz parte do Direito Público (1996:345). Em primeiro lugar, verifica-se que no Direito do Trabalho há normas de natureza administrativa, principalmente as de fiscalização trabalhista e de segurança e medicina do trabalho. Em segundo lugar, as normas trabalhistas têm natureza tuitiva, de proteção ao trabalhador. Em consequência, são regras imperativas, que não podem ser olvidadas pelo empregador, mormente com o objetivo de impedir, fraudar ou desvirtuar a aplicação desses preceitos (art. 9º da CLT). Dentro dessa concepção, proclamam que os direitos trabalhistas são irrenunciáveis pelo trabalhador, o que mostraria a natureza pública de suas normas. Terceiro, alguns autores entendem que a empresa é uma instituição, tendo, portanto, as relações com seus empregados natureza pública, equiparando-as às normas de natureza administrativa, como as que regem o Estado-administração e os funcionários públicos.

As normas de fiscalização trabalhista, porém, servem apenas para verificar o cumprimento das regras trabalhistas, não se podendo justificar a predominância de tais disposições sobre outras. O que se observa no contrato de trabalho é que há a possibilidade de as próprias partes acordarem a respeito das condições gerais de trabalho. O fato de se falar em irrenunciabilidade de direitos trabalhistas não quer dizer que outros direitos, que não trabalhistas, previstos em outras leis, não sejam irrenunciáveis, por força da aplicação cogente da lei, de sua compulsoriedade, e não da existência de uma facultatividade.

3 TEORIA DO DIREITO PRIVADO

Para aqueles que consideram o Direito do Trabalho ramo do Direito Privado apenas, argumenta-se que houve um desenvolvimento do contrato de trabalho em relação à locação de serviços do Direito Civil, do qual se originou. Verifica-se que os sujeitos do contrato de trabalho são dois particulares: o empregado e o empregador. A maioria das regras de Direito do Trabalho é de ordem privada, regulando o contrato de trabalho, que tem preponderância sobre a minoria das regras de Direito Público existentes na referida matéria.

É possível lembrar que mesmo o Código Civil tem dispositivos de ordem pública, como os que dizem respeito às coisas públicas ou à família; entretanto, o Direito Civil ainda faz parte do ramo do Direito Privado.

A relação entre as pessoas envolvidas é privada, pois existem dois particulares (empregado e empregador). O Direito do Trabalho não vincula o cidadão ao Estado.

4 TEORIA DO DIREITO SOCIAL

Cesarino Jr. entende que o Direito do Trabalho deve ser chamado de Direito Social. Seria um *tertium genus*, que nem seria público nem privado. Seria o Direito destinado a amparar os "hipossuficientes", que seriam as pessoas economicamente desprotegidas na relação de emprego, ou seja: os empregados (1957, v. 1:35). Entretanto, é possível afirmar que o Direito, por natureza, é social, é feito para a sociedade, não se justificando que um dos ramos do Direito tenha esse nome. Assim, todos os ramos do Direito teriam natureza social, já destinados a promover o bem-estar dos indivíduos perante a sociedade. Não pode haver Direito a não ser na sociedade. *Ubi societas, ibi ius*.

5 TEORIA DO DIREITO MISTO

Alfredo Montoya Melgar (1978:42) esclarece que o Direito do Trabalho não pertenceria nem ao Direito Público nem ao Direito Privado, mas compreenderia necessariamente ambos os Direitos. Pondera que existem relações privadas no Direito do Trabalho, como se verifica no contrato de trabalho, assim como existem relações públicas, em que o Estado é o garantidor da ordem pública e administrador da aplicação das referidas regras. Em razão da existência dessas normas de Direito Privado e de Direito Público é que o Direito do Trabalho teria uma natureza mista.

Eugênio Perez Botija afirma que a concepção mista decorre de um "conúbio indissociável e inseparável de instituições de Direito Público e Direito Privado" (*Curso de derecho del trabajo*. 4. ed. Madri: Tecnos, 1955. p. 14).

Não há dúvida de que o Direito do Trabalho contém normas de Direito Público e de Direito Privado. Contudo, isso ocorre em outros ramos do Direito, como no Direito Civil, no qual existem normas de Direito Público relativas à família ou ao adolescente; entretanto, há a preponderância das regras de Direito Privado sobre as de Direito Público, como também ocorre no Direito do Trabalho. A maioria das normas existentes no Direito do Trabalho é de Direito Privado, que preponderam sobre as de Direito Público. Lembre-se, por exemplo, da possibilidade de a negociação das condições do contrato de trabalho ser feita pelos envolvidos. Não se pode dizer, portanto, que existe um Direito misto, híbrido de Direito Privado e Público ao mesmo tempo. Tal fato iria negar, inclusive, a autonomia do Direito do Trabalho, que não poderia ser e deixar de ser alguma coisa ao mesmo tempo. O que tem que ser observado é seu conjunto, em que predominam as regras de Direito Privado.

6 TEORIA DO DIREITO UNITÁRIO

Evaristo de Moraes Filho (1991:111) defende a tese de que o Direito do Trabalho é um Direito unitário, que seria oriundo da fusão de ramos de Direito Público e Privado. Há, assim, um todo orgânico, diferente de outros, possuindo uma substância nova, criando-se uma nova combinação de elementos que formam algo totalmente distinto, que não seria produto de uma simples mistura. Na teoria do Direito misto, haveria a coexistência de normas de Direito Público e Privado, que não se fundem. Na teoria do Direito unitário, o que existiria seria a fusão de normas de Direito Público e Privado, dando origem a uma terceira realidade, distinta e nova em relação às anteriores.

Não se pode dizer que houve a criação de um terceiro gênero, distinto do Direito Público e Privado, resultado da fusão desses ramos, pois em alguns ramos do Direito é possível notar a existência de normas de Direito Público e Privado. Não há como afirmar que houve um amálgama entre normas de Direito Público e Privado, criando um Direito heterogêneo.

7 MINHA POSIÇÃO

O Direito do Trabalho pertence ao ramo do Direito Privado. Não nego a existência de normas de Direito Público e Privado no âmbito do Direito do Trabalho, mas elas não chegam a constituir-se num *tertium genus*, nem há a criação de um Direito unitário ou misto. O que ocorre é que há preponderância da maioria das regras de Direito Privado, como se verifica no contrato de trabalho, diante das regras de Direito Público, o que também se observa no Direito Civil e no Direito Comercial, que nem por isso deixam de ser parte do ramo do Direito Privado. Liberdade sindical, negociação coletiva, norma coletiva, contrato de trabalho, regulamento de empresa e sindicatos têm natureza privada.

Mostra o art. 444 da CLT a possibilidade de empregado e empregador estabelecerem condições de trabalho, indicando a natureza privada da matéria. As exceções são as disposições de proteção ao trabalho, as normas coletivas e as decisões das autoridades competentes, que devem ser respeitadas.

Questões

1. Qual a divisão que Ulpiano faz a respeito do Direito?
2. Como a teoria de Direito Público justifica que o Direito do Trabalho a ela pertence?
3. Esclarecer sobre a teoria do Direito Privado para justificar a natureza jurídica do Direito do Trabalho.
4. Como se justifica a teoria do Direito social?
5. Quais são as bases da teoria de Direito misto?
6. Quais são as bases da teoria de Direito unitário?

Capítulo 7

RELAÇÕES DO DIREITO DO TRABALHO COM OS DEMAIS RAMOS DO DIREITO

O Direito do Trabalho relaciona-se, como não poderia deixar de ser, com outros ramos da ciência do Direito.

1 DIREITO CONSTITUCIONAL

A relação do Direito do Trabalho com o Direito Constitucional é muito estreita, pois a Constituição estabelece uma série de direitos aos trabalhadores de modo geral, principalmente nos arts. 7º a 11. Mais especificamente no art. 7º, a Lei Maior garante direitos mínimos aos trabalhadores urbanos e rurais, especificando-os em 34 incisos. O empregado doméstico tem direitos reconhecidos no parágrafo único do art. 7º. Mesmo o trabalhador avulso tem assegurados seus direitos no inciso XXXIV do art. 7º da Lei Fundamental, que prevê igualdade com os direitos dos trabalhadores com vínculo empregatício permanente. No art. 8º da Norma Ápice, são previstos os direitos decorrentes da organização sindical. O art. 9º da Lei Magna trata do direito de greve. O art. 6º da Lei Maior prevê, entre os direitos sociais, o trabalho.

Dispõe o inciso I do art. 22 da Lei Magna que compete à União legislar privativamente sobre Direito do Trabalho. Isso se deve ao fato de que o Direito do Trabalho deve ser uniforme no território nacional. Não é possível que cada Estado e cada Município legislem sobre Direito do Trabalho, o que implicaria muitas leis distintas sobre o tema.

2 DIREITO CIVIL

O contrato de trabalho tem origem no Direito Civil. Como uma espécie do gênero *contrato*, o contrato de trabalho começa a ser desenvolvido com base na locação de serviços (*locatio operarum*) que era encontrada nos arts. 1.216 e s. do Código Civil de 1916. Mesmo no conceito de empreitada (*locatio operis*), é possível notar certas relações com o contrato de trabalho, que podem, inclusive, dar origem a discussões na Justiça do Trabalho. É o que se observa no art. 652, *a*, III, da CLT, que dá competência à Justiça do Trabalho para julgar questões de operários ou artífices ou pequenos empreiteiros, mas não para reivindicar direitos previstos na CLT, apenas o preço contratado da obra e a multa contratual, se houver.

O Direito do Trabalho utiliza-se, subsidiariamente, do Direito Civil, principalmente da parte de obrigações e contratos previstos no Código Civil, pois o § 1º do art. 8º da CLT determina que o Direito comum será fonte subsidiária do Direito do Trabalho.

As normas do Direito Civil são, portanto, fontes integrativas das lacunas do Direito do Trabalho. Para a aplicação subsidiária é preciso que não haja incompatibilidade com o Direito do Trabalho e omissão da norma trabalhista.

No Direito Civil as partes são iguais no contrato. No Direito do Trabalho, o empregado é tratado com superioridade jurídica.

3 DIREITO COMERCIAL

A relação com o Direito Comercial também é nítida, pois esse Direito regula as várias formas de sociedades mercantis, sendo que a empresa é uma das partes do contrato de trabalho. Mesmo na falência ou recuperação judicial do empregador, o trabalhador terá direito de reivindicar as verbas que lhe são devidas, o que importa a verificação de como isso será feito. Em casos de mudança na estrutura jurídica e na propriedade da empresa, os direitos dos trabalhadores serão assegurados (arts. 10 e 448 da CLT).

O Direito comum, que pode ser considerado também o Direito Comercial, tem aplicação subsidiária ao Direito do Trabalho (§ 1º do art. 8º da CLT).

4 DIREITO INTERNACIONAL

O Direito do Trabalho relaciona-se com o Direito Internacional. O Direito Internacional Público do Trabalho diz respeito a normas de ordem pública, de âmbito internacional, como as da OIT, que edita uma série de normas a serem aplicadas àqueles que as ratificarem. São as convenções e recomendações em matéria trabalhista. Mesmo ao falar em grupos de empresas de âmbito internacional – as multinacionais, com sede no exterior –, é possível verificar assuntos de Direito Internacional. Há que se lembrar de outras fontes de Direito Internacional, como a Declaração Universal dos Direitos do Homem (1948), a Convenção Europeia de Direitos Humanos (1950) etc.

O Direito Internacional Privado do Trabalho versa sobre a aplicação da lei no espaço. É o que ocorreria com um trabalhador que foi contratado em Buenos Aires, trabalhou em Tóquio e foi dispensado no Brasil. Qual a lei aplicável?

5 DIREITO PENAL

A prática de um delito penal pode influir no campo do Direito do Trabalho, inclusive podendo dar motivo ao despedimento do empregado por justa causa. Alguns autores também entendem que o poder disciplinar do empregador poderia ser considerado como integrante do Direito Penal, de estabelecer punições aos empregados, decorrentes do poder de direção do empregador. O Código Penal também regula crimes contra a organização do trabalho, o direito de livre associação sindical, a frustração de direito assegurado pela lei trabalhista, o aliciamento de trabalhadores etc., o que se observa nos arts. 197 a 207. A Lei nº 9.029/95 estabelece normas penais para a discriminação da mulher (art. 2º).

6 DIREITO DA SEGURIDADE SOCIAL

O Direito do Trabalho também se relaciona com o Direito da Seguridade Social, que hoje contém um capítulo próprio na Constituição, nos arts. 194 a 204, principalmente no que diz respeito à previdência social, quando visa à proteção à maternidade, especialmente à gestante (art. 201, II), além da assistência social, quando menciona o amparo à infância e à adolescência (art. 203 e inciso II), a promoção da integração ao mercado de trabalho (art. 203, III) etc.

7 DIREITO ADMINISTRATIVO

As normas de medicina e segurança do trabalho e, também, de fiscalização do trabalho podem ser consideradas atinentes à administração do Estado, e são feitas por meio das Delegacias Regionais do Trabalho, órgãos vinculados ao Ministério do Trabalho. Alguns autores falam em Direito Administrativo do Trabalho, e outros em Direito Tutelar do Trabalho, para justificar essa relação.

O próprio Estado contrata servidores sob o regime da CLT ou regime temporário ou precário, o que mostra a aproximação entre a Administração e o Direito do Trabalho.

Mesmo quando o Estado admite funcionários públicos sob o regime estatutário, há relação de trabalho, não de trabalho subordinado, mas que mostra certa semelhança com a matéria que será estudada.

Os decretos regulamentam as leis. Têm natureza administrativa, de regulamento de execução. Há vários decretos que regulamentam leis trabalhistas, como o Decreto nº 27.048/49 que regulamenta a Lei nº 605/49, tratando do repouso semanal remunerado.

A Portaria nº 3.214/78, do Ministério do Trabalho, trata de segurança e medicina do trabalho, especialmente sobre condições de insalubridade (NR) e periculosidade (NR 16).

8 DIREITO TRIBUTÁRIO

As relações com o Direito Tributário também são relevantes, principalmente quando se fala em fato gerador, incidência de tributos, ou contribuições sobre certas verbas trabalhistas, base de cálculo das referidas verbas, contribuintes etc. As contribuições do FGTS e do PIS-Pasep realçam ainda mais essa relação, pois a primeira incide sobre uma série de verbas trabalhistas e a segunda, paga pela empresa, dá posteriormente certos direitos aos empregados que ganham baixos salários.

Por último, o imposto sobre a renda e proventos de qualquer natureza incide sobre salários, remuneração e outras verbas de natureza trabalhista, de acordo com certos limites.

9 DIREITO ECONÔMICO

O Direito Econômico tem por objetivo disciplinar juridicamente as atividades desenvolvidas nos mercados, buscando uma forma de organização do sistema e também visando ao interesse social.

A relação com o Direito do Trabalho ocorre quando se verifica a obtenção de uma política de pleno emprego (art. 170, VIII, da Lei Maior) e a valorização do trabalho humano (art. 170 da Constituição), que são, entre outros, os objetivos a serem assegurados pela ordem econômica. A própria política econômica e salarial terá grandes reflexos na relação de emprego, ao se ter em vista o desenvolvimento geral do país e a garantia do bem-estar da nação. O inciso IV do art. 1º da

Constituição declara, ainda, que um dos objetivos fundamentais da República Federativa do Brasil é dar respaldo aos "valores sociais do trabalho e da livre-iniciativa".

O Direito do Trabalho não faz parte do Direito Econômico. Este é matéria pluridisciplinar, como afirmam Orlando Gomes e Antunes Varela.[1] O Direito Econômico irá estudar os vários processos econômicos, entre os quais incluem a terra, o capital e o trabalho no sistema de produção.

A Lei nº 13.667, de 17-5-2018, dispõe sobre o Sistema Nacional de Emprego (Sine), criado pelo Decreto nº 76.403, de 8-10-1975.

10 DIREITO PROCESSUAL DO TRABALHO

O Direito Processual do Trabalho vem a ser a forma de se assegurar o cumprimento dos direitos materiais do empregado, sendo que as controvérsias surgidas sobre a aplicação da legislação trabalhista serão dirimidas pela Justiça do Trabalho.

A CLT contém, nos arts. 643 a 910, regras atinentes ao processo do trabalho, estabelecendo normas de competência, para a propositura da ação, recursos etc. Tais regras serão aplicadas para assegurar o direito material do obreiro.

11 COM OUTRAS ÁREAS

O Direito do Trabalho também irá relacionar-se com outras ciências que não a do Direito.

11.1 Sociologia

A Sociologia vai-se preocupar em estudar os fenômenos sociais. Nesse estudo, serão utilizados dados estatísticos, pesquisas de campo etc. Não tem por objetivo a Sociologia a interpretação da norma jurídica.

Irá a Sociologia analisar as sociedades, os conflitos existentes nela, quanto aos fatos sociais que dão origem às questões trabalhistas, os grupos, as classes, as instituições, os processos, os movimentos sociais, que acabam influenciando na formação das leis, principalmente trabalhistas.

A Sociologia preocupa-se com o estudo social da empresa, do sindicato, da greve, do emprego, enquanto fatos sociais.

Irá a Sociologia do Trabalho estudar as coletividades humanas formadas pelo trabalho.

---

1 GOMES, Orlando; VARELA, Antunes. *Direito econômico*. São Paulo: Saraiva, 1977. p. 6.

11.2 Economia

A Economia é a ciência que tem por objetivo o estudo da distribuição de riquezas, da produção e do consumo.

O Direito do Trabalho relaciona-se com a Economia a partir do momento em que o Estado intervém no sistema produtivo, estabelece políticas que têm reflexos no nível de emprego. A relação entre empregado e empregador tem causa econômica. A Economia tem por objetivo primordial o estudo da produção, distribuição e consumo de bens indispensáveis ou úteis à vida coletiva. Os fatos econômicos dão ensejo, porém, a modificações na estrutura jurídica. Exemplos são a globalização, o Mercosul, as crises econômicas etc. O governo intervém na economia estabelecendo uma política econômica, uma política salarial, que terão influência na relação de emprego.

Não pode o Direito do Trabalho ignorar os fatores macroeconômicos, como a relação entre população e população ativa, as modificações decorrentes da tecnologia, o grau de investimento público ou privado, o grau de consumo, a capacidade de poupança, a distribuição da renda nacional, o nível de emprego, a produtividade, os preços etc.

Após 1946, com o final da Segunda Guerra Mundial, há a consagração do regime de economia de mercado com finalidade social, sendo a busca do pleno emprego um dos objetivos das políticas governamentais. Exemplos dos reflexos da política governamental no Direito do Trabalho são a limitação da jornada de trabalho, que pode influir no volume da produção. Em certas regras mínimas trabalhistas, até mesmo de segurança e higiene do trabalho, pode ocorrer o aumento dos custos das mercadorias e dos serviços. O mesmo se pode dizer sobre o aumento do salário mínimo, que, em contrapartida, pode gerar um aumento do poder de venda e de compra de mercadorias e serviços.

Na verdade, existe uma interação entre o Direito do Trabalho e a Economia. Os fatos econômicos influenciaram a história do Direito do Trabalho, como se verifica com a Revolução Industrial. Entretanto, o Direito do Trabalho também pode influenciar a Economia, como ocorre com determinações legislativas, como de política salarial etc.

O trabalho é visto como elemento de produção. A mão de obra é elemento essencial nesse sentido. São também aspectos importantes: o nível de oportunidades de emprego, a mobilidade dos trabalhadores e os efeitos da inflação sobre os salários.

A Economia Social visa proporcionar a elevação do nível de vida das pessoas, mediante a utilização da assistência, da mutualidade, da proteção à mulher e ao menor, do uso adequado das horas de descanso e das férias.

A Economia do Trabalho estuda o salário, a produção, o desemprego etc.

A teoria dos jogos serve para mostrar a tomada de decisões nas negociações coletivas e os resultados que dependam parcialmente das ações de uma das partes.[2]

O trabalho, do ponto de vista econômico, é a produção de bens ou serviços para o mercado. É um dos fatores da produção, juntamente com a terra e o capital.

O salário é analisado sob o enfoque da oferta e da procura também para se buscar uma remuneração justa e suficiente.

As políticas públicas ajudam a verificar os problemas do trabalho, de acordo com uma política de trabalho, política salarial e política macroeconômica.

A política salarial não existe no momento. Estabelece o art. 10 da Lei nº 10.192 que os salários e as demais condições referentes ao trabalho continuam a ser fixados e revistos, na respectiva data-base anual, por intermédio da livre negociação coletiva. Essa política vem do tempo do governo Collor, com a Lei nº 8.030/90, que revogou a Lei nº 7.788/89, que previa o reajuste pelo IPC.

A teoria do mercado de trabalho é apenas uma parte da teoria geral dos mercados.

11.3 Administração de empresas

A Administração de Empresas preocupa-se com a organização da empresa, sua forma de produção. Vai estabelecer quantos funcionários necessita, cargos, salários etc.

A organização da empresa implica o exercício do poder de organização da empresa, que está incluído no poder de direção do empregador.

Uma das partes da Administração de Empresas é a Administração de Recursos Humanos, que estuda a estrutura de retribuições no mercado de trabalho.

Os recursos humanos estão divididos em direção, no nível intermediário (gerência e assessoria), no nível operacional (técnicos, funcionários e operários).

Frederick Taylor estabelece uma forma de organização e racionalização do trabalho, por meio dos seus "Princípios de Administração Científica" (1895). Seriam quatro os princípios: (1) o estudo científico traria melhores métodos de trabalho; (2) seleção e treinamento científico da mão de obra; (3) estima e colaboração sincera entre a direção e a mão de obra; (4) distribuição uniforme do trabalho e das responsabilidades entre a administração e a mão de obra.

---

2 MARSHAL, F. Ray; BRIGGS JR., Vernon M.; KING, Allan G. *Economía laboral*: salários, empleo, sindicalismo y política laboral. Madri: Ministerio de Trabajo y Seguridad Social, 1987. p. 21.

A teoria do comportamento humano é indicada por Douglas McGregor, que desenvolve a Teoria X e a Teoria Y. Na primeira, o ser humano não gosta de trabalho e o evitará. Na segunda, o trabalho pode ser uma fonte de satisfação ou de sofrimento, dependendo das condições controláveis.

William Ouchi desenvolve a Teoria Z, tratando da concepção japonesa de administração. A produtividade seria a administração de pessoas, muito mais importante do que a tecnologia. O gerenciamento humano é fundamentado na filosofia e cultura organizacionais adequadas de tratamentos tradicionais fundados na organização. O processo decisório é participativo e consensual.

A participação na gestão tem relação com a Administração de Empresas, pois será a forma de gerir a empresa juntamente com os empregados. Tem previsão o tema no inciso XI do art. 7º da Constituição e no art. 621 da CLT, que permite que a participação seja estabelecida por convenção ou acordo coletivo. Até o momento, não foi disciplinada por meio de lei.

Os Recursos Humanos compreendem recrutamento, técnicas de recrutamento, critérios de seleção de pessoal. A movimentação interna dos recursos humanos, como as promoções, os planos de cargos e salários, remuneração indireta dos participantes, visando inclusive a produtividade, benefícios sociais que podem ser concedidos, motivação da força de trabalho, ambiente de trabalho agradável, inclusive quanto à segurança e higiene do trabalho, estudo relativo à rotação de pessoal ou *turnover*. Muito se fala nas dispensas dos trabalhadores que já estão treinados na empresa e que acabam indo para o concorrente. Há, portanto, necessidade de manter esses trabalhadores na empresa. É preciso identificar por que existe rotatividade de pessoal na empresa, que pode ser decorrente de vários fatores.

11.4 Contabilidade

A relação do Direito do Trabalho com a Contabilidade diz respeito aos cálculos das verbas trabalhistas, à escrituração das contas das empresas, podendo ser verificado o pagamento dos salários e de outras verbas aos empregados.

A Contabilidade aplica o Direito do Trabalho na elaboração de folha de pagamentos, na observância de pagamentos aos empregados e recolhimentos do FGTS nos prazos definidos na lei.

11.5 Estatística

Não havia preocupação sobre tal aspecto no Direito.

São importantes dados estatísticos os relativos à evolução do desemprego, da demanda e oferta de trabalho, do salário mínimo, do custo da subsistência.

11.6 Medicina

A Medicina do Trabalho é uma das espécies da Medicina.

Estudos importantes sobre a prevenção e reparação da saúde do trabalhador foram feitos por Bernardino Ramazzini, na Itália, na cidade de Módena, em 1700. Escreveu o livro *As doenças dos trabalhadores*. O referido trabalho foi considerado o texto básico da Medicina Preventiva até por volta do século XIX.[3] São dele os aforismos "mais vale prevenir do que remediar" e "todo trabalho torna-se perigoso se praticado em excesso".

Na CLT há o capítulo sobre segurança e medicina do trabalho, conforme os arts. 154 a 201, na redação determinada pela Lei nº 6.514/77.

Os citados artigos são complementados pela NR 15 da Portaria nº 3.214/78, que indica elementos químicos, físicos ou biológicos que trazem malefícios à saúde do trabalhador e que são analisados pela Medicina do Trabalho para efeito do trabalho insalubre.

Durante o trabalho são produzidas substâncias nocivas, como o ácido lático e o ácido carbônico. Quando essas substâncias se acumulam no organismo, há a fadiga.

Preocupa-se a Medicina do Trabalho com a saúde dos trabalhadores. Pretende limitar a jornada de trabalho para evitar a fadiga. Estabelece intervalos, descansos semanais, férias e medidas preventivas em relação a acidentes do trabalho. A redução da jornada em trabalho insalubre e o aumento de dias de férias nesse mister são recomendados na Medicina do Trabalho.

A Medicina pode ser importante fundamento para verificar seguros de enfermidade, de maternidade, de situações de trabalho insalubre.

11.7 Psicologia

A Psicologia do Trabalho é uma parte da Psicologia. É o estudo das técnicas para adaptação do trabalhador a sua atividade.

O trabalho é um comportamento para o psicólogo.[4]

A Tecnopsicologia estuda a maneira de trabalhar.

As relações entre empregado e empregador dizem respeito à Psicologia Social ou Econômica.

---

3 ROSEN, George. *Uma história de saúde pública*. Rio de Janeiro: Associação Brasileira de Pós-Graduação em Saúde coletiva, 1994. p. 85.

4 LEPLAT, Jacques; CUNY, Xavier. *Introdução à psicologia do trabalho*. Lisboa: Fundação Calouste Gulbenkian. 1983. p. 29.

A Psicologia vai estudar não só a adaptação do homem ao trabalho, mas também do trabalho ao homem. Analisa os processos em que se divide a atividade humana para então utilizar os conhecimentos da Psicologia, conforme as reações das pessoas.

A adaptação do homem ao trabalho compreende a seleção e a formação profissional. Vai estudar os movimentos profissionais, o ambiente de trabalho, inclusive as instalações, máquinas e utensílios.

O trabalhador contribui para o funcionamento da estrutura da empresa.

É campo de trabalho o estudo das interações entre o homem, os instrumentos de trabalho e o ambiente técnico.

Os testes psicotécnicos são feitos pelo psicólogo, visando ao recrutamento do trabalhador. Muitas vezes em testes de seleção é usada a dinâmica de grupo para verificar como a pessoa se sai em situações grupais.

A seleção procura escolher as pessoas com as aptidões necessárias para o trabalho. O psicólogo do trabalho pode ter o interesse de aumentar o rendimento do trabalhador e sua satisfação pessoal no trabalho. Isso pode evitar prejuízos no trabalho.

A Psicologia pode estudar o trabalho objetivando maior rendimento, de forma que o trabalhador preste serviços na posição mais conveniente. As máquinas também deveriam levar em conta quem irá operá-las, sob o aspecto do operador.

O trabalho deve ser adaptado ao homem e não o contrário, assim como a máquina deve ser adaptada ao homem e não este à máquina, principalmente tomando por base as questões relativas à fadiga, ao ritmo de trabalho e ao repouso.

O tempo pode trazer pressões sobre o trabalho. A decisão e a satisfação também devem ser estudadas no trabalho, o que é feito pelo psicólogo.

A Psicologia pode estudar o caráter, os gostos, as tendências do trabalhador para o trabalho na empresa. Vê o esforço do trabalhador para produzir.

O estudo da ergonomia também é feito pelo psicólogo do trabalho, no sentido de verificar a adaptação do homem ao trabalho e vice-versa. A NR 17 da Portaria nº 3.214/78 trata da ergonomia no trabalho, como de iluminação, postura no trabalho etc.

O psicólogo do trabalho pode tentar melhorar a segurança no trabalho, diminuir a carga do trabalho, tentar reduzir o absenteísmo, aumentar o grau de satisfação.

A Psicologia preocupa-se também com os estudos das causas e efeitos da fadiga.

11.8 Filosofia do trabalho

Uma das partes da Filosofia é a Filosofia do Trabalho.

Há pelo menos dois estudos importantes sobre o tema: *Filosofia do trabalho*, de Felice Battaglia, e *Filosofia do trabalho*, de Luigi Bagolini.

Na Bíblia, o trabalho foi considerado um castigo por Adão ter comido o fruto. Adão e Eva foram expulsos do Paraíso. Deus disse que "do suor do teu rosto comerás o teu pão".[5] Cristo libertou o mundo do pecado original. Assim, mediante o trabalho, o homem modela o mundo à imagem e semelhança de Deus. Trabalho também seria a criação do bem comum.

Homero afirma que os deuses odeiam os homens e precisamente aparece o trabalho como consequência desse ódio.[6]

Os gregos afirmavam que o trabalho era o castigo dos deuses. Os nobres não trabalhavam. Mencionava Aristóteles que "a escravidão de uns é necessária para que outros possam ser virtuosos". O trabalho impediria o homem de atingir a perfeição. Platão asseverava que "os trabalhadores da terra e os outros operários conhecem só as coisas do corpo; se, pois, sabedoria implica conhecimento de si mesmo, nenhum destes é sábio em função da sua arte".

Os sofistas tinham entendimento diverso. Para Pródico, "nada do que é bom e belo concederam os deuses ao homem sem esforço e sem estudo; se queres que a terra te produza frutos abundantes, deves cultivá-la".

No Renascimento, a consciência do trabalho era considerada como um valor.

Smith entendia que a riqueza era o resultado do trabalho.

Palmieri menciona que a riqueza das nações é a soma dos trabalhos nelas executados.

Para Hegel, o trabalho é o próprio meio de o homem encontrar-se.

Trabalho é um valor na ordem ético-jurídica conferido ao homem.[7]

Leão XIII afirma que o "trabalho é a atividade humana ordenada para prover às necessidades da vida, e especialmente à sua conservação".[8]

O trabalho é um direito da pessoa. É uma atividade lícita.

---

5 Bíblia, Gênesis, 3, 19.

6 Homero, *Ilíada*, XIII. p. 104.

7 BATTAGLIA, Felice. *Filosofia do trabalho*. São Paulo: Saraiva, 1958. p. 15.

8 *Rerum Novarum*, 18.

O direito ao trabalho é uma forma de dignidade da pessoa e da independência como homem. O homem deve ser tratado como pessoa e não como coisa.

O inciso III do art. 1º da Constituição consagra a dignidade da pessoa humana. O trabalho é um direito social (art. 6º da Constituição). O trabalho dignifica o homem.

Um dos fins do Estado é assegurar as condições necessárias para que as pessoas se tornem dignas.

O homem realiza-se por intermédio do trabalho. Precisa do trabalho para poder viver. O trabalho dá dignidade ao trabalhador. Assegura a sua realização como ser humano.

O direito ao trabalho é um dever que deveria ser exigido do Estado. A existência digna do homem implica o direito ao trabalho, para que possa existir. Deve ser proporcionado trabalho ao homem.

O direito ao trabalho tem como consequência o dever de trabalhar se há trabalho.

Seria o direito ao trabalho uma liberdade pública. Entretanto, seria liberdade pública se o trabalhador pudesse ir a juízo e exigir do Estado o direito de trabalhar. É o direito que todo homem tem de viver, proporcionando-se, pelo próprio trabalho, os recursos necessários.[9]

Não pode haver uma intervenção excessiva do Estado na relação de trabalho, sob pena de destruir a liberdade das pessoas de contratarem, importando até em servidão pública.

O trabalho, porém, não pode ser considerado como mera mercadoria.

A valorização do trabalho é pressuposto da existência digna. Com o trabalho se atinge a essência. O trabalho somente atinge seu valor social se for digno.

Questões

1. O Direito do Trabalho relaciona-se com outras disciplinas? Quais?
2. Qual a relação do Direito do Trabalho com o Direito Constitucional?
3. Qual a relação do Direito do Trabalho com o Direito Econômico e Tributário?
4. Qual a relação do Direito do Trabalho com as outras ciências afins?
5. Como se justifica a relação do Direito do Trabalho com a Economia, a Contabilidade e a Administração de Empresas?

---

9 COLLIARD, *Libertés publiques*. 4. ed. 1972. p. 641.

Capítulo 8

FONTES DO DIREITO DO TRABALHO

1 INTRODUÇÃO

Fonte vem do latim *fons*, com o significado de nascente, manancial.

No significado vulgar, fonte tem o sentido de nascente de água, o lugar donde brota água. Figuradamente, refere-se à origem de alguma coisa, de onde provém algo. Fonte de Direito tem significado metafórico, em razão de que o Direito já é uma fonte de várias normas.

Claude du Pasquier (1978:47) afirma que fonte da regra jurídica "é o ponto pelo qual ela sai das profundezas da vida social para aparecer à superfície do Direito".

José de Oliveira Ascensão (1978:39) menciona que fonte tem diferentes significados: (a) histórico: considera as fontes históricas do sistema, como o Direito Romano; (b) instrumental: são os documentos que contêm as regras jurídicas, como códigos, leis etc.; (c) sociológico ou material: são os condicionamentos sociais que produzem determinada norma; (d) orgânico: são os órgãos de produção das normas jurídicas; (e) técnico-jurídico ou dogmático: são os modos de formação e revelação das regras jurídicas.

O estudo das fontes do Direito pode ter várias acepções, como o de sua origem, o de fundamento de validade das normas jurídicas e da própria exteriorização do Direito.

Fontes formais são as formas de exteriorização do Direito. Exemplos: leis, costumes etc.

Fontes materiais são o complexo de fatores que ocasionam o surgimento de normas, compreendendo fatos e valores. São analisados fatores sociais, psicológicos, econômicos, históricos etc., ou seja, os fatores reais que irão influenciar na criação da norma jurídica, valores que o Direito procura realizar.

Eduardo García Máynez (1968:51) afirma que as fontes formais são como o leito do rio, ou canal, por onde correm e manifestam-se as fontes materiais.

Há autores que entendem que a relevância é apenas o estudo das fontes formais. As fontes materiais dependem da investigação de causas sociais que influenciaram na edição da norma jurídica, matéria que é objeto da Sociologia do Direito.

Alguns autores afirmam que o Estado é a única fonte do Direito, pois ele goza do poder de sanção. Uma segunda corrente prega que existem vários centros de poderes, de onde emanam normas jurídicas.

Miguel Reale (1999:162) prefere trocar a expressão *fonte formal* por *teoria do modelo jurídico*. Esta é a estrutura normativa que ordena fatos segundo valores, numa qualificação tipológica de comportamentos futuros, a que se ligam determinadas consequências.

As fontes de Direito podem ser heterônomas ou autônomas. Heterônomas: são as impostas por agente externo. Exemplos: Constituição, leis, decretos, sentença normativa, regulamento de empresa, quando unilateral. Autônomas: são as elaboradas pelos próprios interessados. Exemplos: costume, convenção e acordo coletivo, regulamento de empresa, quando bilateral, contrato de trabalho.

Quanto à origem, as fontes podem ser: (a) estatais, quando provenientes do Estado. Exemplos: Constituição, leis, sentença normativa; (b) extraestatais: quando emanadas dos grupos e não do Estado. Exemplos: regulamento de empresa, costume, convenção e acordo coletivo, contrato de trabalho; (c) profissionais: são estabelecidas pelos trabalhadores e empregadores interessados; convenção e acordo coletivo de trabalho.

Quanto à vontade das pessoas, as fontes podem ser: (a) voluntárias, quando dependem da vontade das partes para sua elaboração. Exemplos: contrato de trabalho, convenção e acordo coletivo, regulamento de empresa, quando bilateral; (b) imperativas, quando são alheias à vontade das partes. Exemplos: Constituição, leis, sentença normativa.

Há fontes comuns a todos os ramos do Direito, como a Constituição, a lei etc. Há, porém, fontes que são peculiares ao Direito do Trabalho, como as sentenças normativas, as convenções e os acordos coletivos, os regulamentos de empresa e os contratos de trabalho.

Afirma-se, para justificar as fontes do Direito, que as normas de maior hierarquia seriam o fundamento de validade das regras de hierarquia inferior.

O art. 8º da CLT dá orientação a respeito das fontes do Direito do Trabalho, ao afirmar: "As autoridades administrativas e a Justiça do Trabalho, na falta de disposições legais ou contratuais, decidirão, conforme o caso, pela jurisprudência, por analogia, por equidade e outros princípios e normas gerais de direito, principalmente do direito do trabalho, e, ainda, de acordo com os usos e costumes, o direito comparado, mas sempre de maneira que nenhum interesse de classe ou particular prevaleça sobre o interesse público".

Não se pode afirmar, entretanto, que a analogia e a equidade sejam fontes do Direito, mas métodos de integração da norma jurídica, assim como o seria o Direito comparado. Quanto aos princípios gerais de Direito, entendo que se trata de uma forma de interpretação das regras jurídicas.

A jurisprudência pode ser considerada como fonte do Direito do Trabalho. Ela não se configura como norma obrigatória. Ela indica o caminho predominante em que os tribunais entendem de aplicar a lei, suprindo, inclusive, eventuais lacunas desta última. As decisões definitivas de mérito, proferidas pelo STF, nas ações diretas de inconstitucionalidade e nas ações declaratórias de constitucionalidade produzirão eficácia contra todos e efeito vinculante, relativamente aos demais órgãos do Poder Judiciário e à Administração Pública direta e indireta, nas esferas federal, estadual e municipal (§ 2º do art. 102 da Constituição).

O STF poderá, de ofício ou por provocação, mediante decisão de dois terços dos seus membros, após reiteradas decisões sobre matéria constitucional, aprovar súmula que, a partir de sua publicação na imprensa oficial, terá efeito vinculante em relação aos demais órgãos do Poder Judiciário e à Administração Pública direta e indireta (art. 103-A da Constituição).

O parágrafo único do art. 28 da Lei nº 9.868, de 10-11-1999, determina que a declaração de constitucionalidade ou de inconstitucionalidade, inclusive a interpretação conforme a Constituição e a declaração parcial de inconstitucionalidade sem redução de texto, têm eficácia contra todos e efeito vinculante em relação aos órgãos do Poder Judiciário e à Administração Pública federal, estadual e municipal.

O TST vinha expedindo prejulgados, com base no art. 902 da CLT, que vinculavam os demais juízes. A Lei nº 7.033, de 5-10-1982, revogou o art. 902 da CLT, pois o juiz não está atrelado a não ser à Constituição e à lei, o que mostrava que os prejulgados interferiam na livre convicção do magistrado em julgar. Entretanto, o TST edita súmulas de sua jurisprudência predominante, revelando qual é o pensamento daquela Corte quanto à matéria nelas ventilada, sendo que os antigos prejulgados foram transformados em súmulas, como se verifica das Súmulas 130 a 179, que aproveitaram vários dos prejulgados. A partir de 28-6-1985, as antigas súmulas passaram a chamar-se enunciados. A partir de 20-4-2005 voltaram a ser chamadas de súmulas (Resolução Administrativa nº 129/2005 do TST).

O CPC de 2015 estabelece que os tribunais devem uniformizar sua jurisprudência e mantê-la estável (art. 926). Os juízes observarão a orientação do plenário ou do órgão especial aos quais estiverem vinculados (art. 927, V, do CPC). Dispõe o inciso VI do § 1º do art. 489 do CPC que não se considera fundamentada a sentença que deixar de seguir enunciado de súmula, jurisprudência ou precedente invocado pela parte, sem demonstrar a existência de distinção no caso em julgamento ou a superação do entendimento. A súmula, a jurisprudência ou o precedente passam a ser fontes de direito. Assim, passamos de um sistema de *civil law* para um sistema de *common law*, em que a jurisprudência e os precedentes são considerados fonte de direito e devem ser respeitados.

Súmulas e outros enunciados de jurisprudência editados pelo Tribunal Superior do Trabalho e pelos Tribunais Regionais do Trabalho não poderão restringir direitos legalmente previstos nem criar obrigações que não estejam previstas em lei (§ 2º do art. 8º da CLT).

A doutrina também constitui-se em valioso critério para a análise do Direito do Trabalho, mas também não posso dizer que venha a ser uma de suas fontes, justamente porque os juízes não estão obrigados a observar a doutrina em suas decisões, tanto que a doutrina muitas vezes não é pacífica, tendo posicionamentos opostos.

Assim, é possível enumerar como fontes do Direito do Trabalho: a Constituição, as leis, os decretos, os costumes, as sentenças normativas, os acordos, as convenções, o regulamento de empresa e os contratos de trabalho.

2 FONTES

2.1 Constituição

A primeira Constituição a tratar de normas de Direito do Trabalho foi a de 1934. As demais Constituições continuaram a versar sobre o tema, tanto que os arts. 7º a 11 da Norma Ápice de 1988 especificam vários direitos dos trabalhadores.

Há que se lembrar de que é de competência privativa da União legislar sobre Direito do Trabalho (art. 22, I, da Constituição), o que impede os Estados-membros e os Municípios de o fazerem.

Assim, as demais normas irão originar-se da Constituição, que em muitos casos especifica sua forma de elaboração e até seu campo de atuação.

2.2 Leis

Há diversas leis que tratam de Direito do Trabalho. A principal delas é uma compilação da legislação, a que se deu o nome de Consolidação das Leis do Trabalho (CLT), consubstanciada no Decreto-Lei nº 5.452, de 1º-5-1943. Houve, portanto, uma reunião de normas esparsas que culminaram na CLT. Não se trata, assim, de um código, de algo novo, que iria instituir as normas de Direito do Trabalho, mas de uma consolidação, que vem justamente reunir a legislação esparsa sobre o tema existente no período anterior a 1943 e suas posteriores modificações. Um código importa a criação de um Direito novo, revogando a legislação anterior. A CLT apenas organiza e sistematiza a legislação esparsa já existente, tratando não só do Direito individual do trabalho, mas também do tutelar, do coletivo e até mesmo de normas de processo do trabalho. São encontradas também não só regras pertinentes à relação entre empregado e empregador, mas também normas sobre segurança e medicina do trabalho, sobre fiscalização trabalhista etc.

Não é apenas a CLT que versa sobre regras de Direito do Trabalho. Há também a legislação não consolidada que outorga outros direitos aos trabalhadores, como a Lei nº 605/49 (repouso semanal remunerado), a Lei nº 5.889/73 (trabalhador rural), a Lei nº 6.019/74 (trabalhador temporário), a Lei nº 7.783/89 (greve), a Lei nº 8.036/90 (FGTS), entre outras.

Os decretos legislativos aprovam tratados e convenções internacionais.

2.3 Atos do Poder Executivo

Não apenas as leis emanadas do Poder Legislativo são fontes do Direito do Trabalho, mas também as normas provenientes do Poder Executivo.

Em certos períodos, o Poder Executivo podia expedir decretos-leis que, posteriormente, eram ratificados pelo Congresso. Assim é o caso da CLT, pois a sua consolidação se fez por meio de decreto-lei (Decreto-Lei nº 5.452/43). Lembre-se, por exemplo, de que os arts. 129 a 152 da CLT, que tratam de férias, foram modificados por meio do Decreto-Lei nº 1.535, de 13-4-1977. O título VI da CLT, que compreende os arts. 611 a 625, versa sobre convenção e acordo coletivo de trabalho, tendo sido modificado pelo Decreto-Lei nº 229, de 28-2-1967. É a hipótese também do Decreto-Lei nº 691, de 18-7-1969, que versa sobre os técnicos estrangeiros.

Edita o Poder Executivo medidas provisórias, que têm força de lei no período de 60 dias (art. 62 da Constituição), prorrogável uma vez por igual período.

O Poder Executivo também tem competência para expedir decretos e regulamentos (art. 84, IV, da Constituição). Nesse ponto, foram editados vários decretos, visando ao cumprimento da legislação, como o Decreto nº 27.048/49 (repouso semanal remunerado), o Decreto nº 57.155/65 (13º salário), o Decreto nº 73.626/74 (trabalhador rural), entre outros.

O Ministério do Trabalho também expede portarias, ordens de serviço etc. (art. 87, parágrafo único, II, da Constituição). Exemplo é a Portaria nº 3.214/78, que especifica questões sobre medicina e segurança do trabalho.

2.4 Sentença normativa

A sentença normativa constitui realmente uma das fontes peculiares do Direito do Trabalho. Chama-se sentença normativa a decisão dos tribunais regionais do trabalho ou do TST no julgamento dos dissídios coletivos. O art. 114, *caput*, e seu § 2º, da Constituição, dão competência à Justiça do Trabalho para estabelecer normas e condições de trabalho. É, portanto, por meio da sentença normativa em dissídio coletivo que serão criadas, modificadas ou extintas as normas e condições aplicáveis ao trabalho, gerando direitos e obrigações a empregados e empregadores. A sentença normativa terá efeito *erga omnes*, valendo para todas as pessoas integrantes da categoria econômica e profissional envolvidas no dissídio coletivo.

2.5 Convenções e acordos coletivos

Outra fonte peculiar do Direito do Trabalho são as convenções e os acordos coletivos, que vêm exteriorizar a autonomia privada dos sindicatos nas negociações coletivas.

Reconhece o inciso XXVI do art. 7º da Constituição as convenções e os acordos coletivos de trabalho. As convenções coletivas são os pactos firmados entre dois ou mais sindicatos – estando de um lado o sindicato patronal e do outro o sindicato profissional (dos trabalhadores) – a respeito de condições de trabalho para a categoria (art. 611 da CLT). Os acordos coletivos são os pactos celebrados entre uma ou mais de uma empresa e o sindicato da categoria profissional a respeito de condições de trabalho (§ 1º do art. 611 da CLT).

Assim, as regras que forem estabelecidas em convenções e acordos coletivos serão de observância nas categorias respectivas, sendo, portanto, uma das fontes de Direito do Trabalho.

2.6 Regulamentos de empresa

Discutem os doutrinadores se o regulamento de empresa pode ser considerado como fonte de Direito do Trabalho. O empregador está fixando condições de trabalho no regulamento, disciplinando as relações entre os sujeitos do contrato de trabalho. O regulamento de empresa vai vincular não só os empregados atuais da empresa, como também aqueles que forem sendo admitidos nos seus quadros. É, por conseguinte, uma fonte formal de elaboração de normas trabalhistas, uma forma como se manifestam as normas jurídicas, de origem extraestatal, autônoma, visto que não são impostas por agente externo, mas são organizadas pelos próprios interessados. Geralmente, o regulamento de empresa é preparado unilateralmente pelo empregador, mas é possível a participação do empregado na sua elaboração. Evaristo de Moraes Filho (1991:141) ensina que, pelo fato de serem estabelecidas condições de trabalho no regulamento, este vem a ser uma fonte normativa do Direito do Trabalho, pois as suas cláusulas aderem ao contrato de trabalho.

2.7 Disposições contratuais

O art. 8º da CLT faz menção expressa às disposições contratuais como fonte do Direito do Trabalho. São as determinações inseridas no contrato de trabalho, ou seja, no acordo bilateral firmado entre os convenentes a respeito de condições de trabalho, que irão dar origem a direitos e deveres do empregado e do empregador.

Determina o art. 444 da CLT que as relações contratuais de trabalho podem ser objeto de livre estipulação das partes interessadas em tudo quanto não contravenha às disposições de proteção ao trabalho, às convenções e aos acordos coletivos e às decisões das autoridades competentes.

A livre estipulação aplica-se às hipóteses previstas no art. 611-A da Consolidação, com a mesma eficácia legal e preponderância sobre os instrumentos coletivos, no caso de empregado portador de diploma de nível superior e que perceba salário mensal igual ou superior a duas vezes o limite máximo dos benefícios do Regime Geral de Previdência Social (parágrafo único do art. 444 da CLT). Há presunção legal de que esse empregado tem plena capacidade para negociar com o empregador. Ao contrário, se o empregado ganha menos do dobro do limite máximo dos benefícios do Regime Geral de Previdência Social, não poderá negociar diretamente com o empregador. É exigido também que o empregado tenha curso superior. É o que tem sido chamado de empregado hipersuficiente ou supersuficiente, que tem mais esclarecimento para negociar com o empregador. O diploma de curso superior é relativo. O empregado está subordinado ao empregador e, portanto, deve observar o seu poder de direção. Empregados que têm curso superior aceitam alterações no contrato de trabalho feitas pelo empregador por medo de perder o emprego.

2.8 Usos e costumes

Na reiterada aplicação de certo costume pela sociedade é que se pode originar a norma legal.

Antecedeu o costume à lei, pois os povos não conheciam a escrita. O direito costumeiro era ligado à religião e as modificações eram feitas muito lentamente.

Nos países que adotam o sistema da *common law*, não existe lei escrita. As normas são decorrentes dos costumes e da tradição. Há os precedentes judiciais, que influenciam outras decisões. É um direito originário das decisões judiciais: *jude made law*.

As sociedades modernas passaram a se utilizar das leis, sendo que o costume passou a ocupar posição secundária entre as fontes do Direito.

Os romanos usavam a palavra *consuetudo* para significar costume. Empregavam também a palavra *mores*, que indica os costumes em geral e *mores maiorum* para designar os costumes dos antepassados.

Em muitas legislações usam-se indistintamente as palavras *uso* e *costume*. Em outras legislações, utiliza-se a expressão *usos* e *costumes*, como na brasileira e na espanhola.

O costume é a vontade social decorrente de uma prática reiterada, de certo hábito, de seu exercício.

O uso envolve o elemento objetivo do costume, que é a reiteração em sua utilização. A observância do uso não é, porém, sempre garantida. No uso nem sempre há o elemento subjetivo da *opinio iuris*, da convicção de sua obrigatoriedade pelas pessoas. O costume tem valor normativo e existe sanção por seu descumprimento, que pode até mesmo ser moral. O uso não é fonte do direito objetivo, enquanto o costume tem essa característica, não podendo deixar de ser observado. Na Espanha, o uso de empresa é considerado como condição do contrato de trabalho ou serve de interpretação da declaração de vontade, mas não tem natureza de fonte (art. 1º, nº 3, do Código Civil).

Distingue-se a lei do costume, pois a primeira é escrita.

Surge o costume da prática de certa situação. Não tem forma prevista ou é escrito, nem é controlado. Perde sua vigência pelo desuso, pois esta é decorrência de sua eficácia. Não tem prazo certo de vigência.

O costume é espontâneo. É elaborado e cumprido pelo grupo.

A lei é decorrente do Poder Legislativo, tem um processo técnico para sua elaboração, sendo escrita. O costume não se promulga, é criado, formado no curso do tempo.

Adapta-se o costume à realidade, correspondendo a ela, pois, do contrário, desaparece. A lei, de modo geral, é rígida diante da realidade social evolutiva, e perde, muitas vezes, correspondência com a realidade.

Havendo um conflito entre a lei e o costume, prevalece a primeira.

Se o ato deve ser observado por sua consciência, sujeita-se a uma regra moral. Se deve ser observado por todos, é uma regra jurídica ou costume com eficácia jurídica.

Só haverá o costume jurídico quando: (a) seja habitual um comportamento durante certo período; (b) esse comportamento obrigue a consciência social.

No costume há dois fatores: (a) objetivo: que é seu uso prolongado; (b) subjetivo: a convicção jurídica e a certeza de sua imprescindibilidade (*opinio iuris est necessitatis*).

Torna-se o costume Direito quando as pessoas que o praticam reconhecem-lhe a obrigatoriedade, como se fosse uma lei.

Não basta, porém, que haja um uso prolongado do costume, mas que seja observado pelas pessoas obrigatoriamente.

Muitas vezes, é do costume que acaba surgindo a norma legal, servindo de base para a criação desta última regra.

Classifica-se o costume em: (a) *extra legem* (fora da lei) ou *praeter legem*, que atua na hipótese da lacuna da lei (art. 4º do Decreto-Lei nº 4.657/42); (b) *secundum legem*, segundo o que dispõe a lei e que a interpreta; (c) *contra legem*, que contraria o disposto na norma legal, como pelo desuso da norma diante da realidade ou pelo costume ab-rogatório, que cria uma nova regra.

Pode o costume ser proveniente de determinado lugar, onde é observado, ou de certo ofício ou profissão, tendo característica profissional.

As funções do costume são: (a) supletiva ou integrativa, em que serve para suprir as lacunas da lei; (b) interpretativa, aclarando o conteúdo da norma legal.

Dispõe o art. 4º da Lei de Introdução às Normas do Direito Brasileiro que, sendo a lei omissa, o juiz decidirá o caso de acordo com os costumes.

O art. 8º da CLT permite que as autoridades administrativas e a Justiça do Trabalho, na falta de disposições legais e contratuais, decidam, conforme o caso, de acordo com os usos e costumes, mas sempre de maneira que nenhum interesse de classe ou particular prevaleça sobre o interesse público. Indica o art. 8º da CLT que os usos e costumes são fontes supletivas, na falta de disposições legais e contratuais sobre questões trabalhistas.

Muitas vezes, dos usos e costumes, na sua reiterada aplicação pela sociedade, é que se origina a norma legal. Mesmo na empresa costumam aparecer regras que são aplicadas reiteradamente, mas que não estão disciplinadas na lei. A gratificação é um pagamento feito pelo empregador que tem por natureza o costume. De tanto os empregadores pagarem uma gratificação natalina, ela passou a ser compulsória, dando origem ao atual 13º salário (Lei nº 4.090/62).

O próprio contrato de trabalho não precisa ser necessariamente feito por escrito, podendo ser regido por aquelas regras do costume, ou seja, do que foi acordado tacitamente pelas partes (art. 443 da CLT).

As horas extras passaram a integrar outras verbas (férias, 13º salário, FGTS, DSRs, aviso-prévio etc.) por força do costume, da habitualidade no seu pagamento. Nesse sentido, é tranquila a jurisprudência (S. 45, 63 e 172 do TST). Inicialmente, não havia previsão sobre tais fatos na legislação, que posteriormente passou a adotá-la. Logo, naquele primeiro momento havia um costume *praeter legem*, que veio suprir as lacunas da legislação.

As parcelas do salário pagas em utilidades (alimentação, vestuário, habitação, transporte etc.) só integrarão o salário se houver habitualidade no seu pagamento, ou seja, por força do costume (art. 458 da CLT). São costumes chamados de *secundum legem*: aqueles que a lei manda observar.

O § 3º do art. 270 da CLT, que foi revogado pela Lei nº 8.630/93, tratava de uma hipótese em que o salário poderia ser estabelecido de acordo com a praxe (leia-se costume) adotada em cada região, em relação aos trabalhadores das embarcações.

Inexistindo a estipulação de salário, o empregado terá direito de perceber importância igual à daquele que fizer serviço equivalente na mesma empresa, ou do que for pago habitualmente (costumeiramente) para serviço semelhante (art. 460 da CLT).

2.9 Normas internacionais

As normas internacionais são fontes de direitos e obrigações, como ocorre com os tratados e as convenções da OIT, que obrigam seus signatários.

Pode a norma internacional estabelecer condições de trabalho mais benéficas do que as previstas em nossa legislação.

A hierarquia das normas internacionais pode ser analisada sob o ângulo de duas teorias: a teoria monista, que prega a unidade do sistema do Direito Internacional e do Direito interno do país, e a teoria dualista, que entende que existem duas ordens jurídicas distintas, a internacional e a interna.

Na corrente monista, seria possível sustentar duas situações: (a) a que entende que haveria primazia da ordem internacional sobre o direito interno, tese defendida por Haroldo Valladão (1971:95); (b) a que equipara o direito internacional ao direito interno, "dependendo a prevalência de uma fonte sobre a outra da ordem cronológica de sua criação" (Dolinger, 1994:83), isto é, o direito interno prevalece sobre o direito internacional, se aquele for posterior a este.

A Constituição de 1988 não é clara no sentido de que observou uma teoria ou outra. Tudo indica que adotou a teoria monista, em virtude da qual o tratado ratificado complementa, altera ou revoga o Direito interno, desde que se trate de norma autoaplicável e já esteja em vigor no âmbito internacional. O Brasil, em suas relações internacionais, rege-se pelo princípio da independência nacional (art. 4º, I), não podendo haver, portanto, a coexistência de duas ordens ao mesmo tempo. O § 2º do art. 5º da Lei Maior determina que os direitos e garantias expressos na Constituição não excluem outros decorrentes do regime e dos princípios por ela adotados, ou dos tratados internacionais em que o Brasil seja parte. O inciso VIII do art. 84 da Lei Magna reza que compete privativamente ao Presidente da República celebrar tratados, convenções e atos internacionais, sujeitos a referendo do Congresso Nacional. A Convenção da OIT tem natureza de lei federal, tanto que o Congresso Nacional tem competência exclusiva para resolver definitivamente sobre tratados internacionais (art. 49, I), o que é feito por meio de decreto legislativo, que também tem natureza de lei federal (art. 59, VI, da Constituição). A alínea *b* do inciso III do art. 102 da Constituição esclarece que compete ao STF, em grau de recurso extraordinário, julgar as causas em única ou última instância, para declarar a inconstitucionalidade de tratado, mostrando que o tratado fica hierarquicamente logo abaixo da Constituição. Se o tratado é declarado inconstitucional (art. 102, III, *b*, da Constituição), é porque ele tem hierarquia de lei ordinária. A alínea *a* do inciso III do art. 105 da Lei Maior dispõe que compete ao STJ julgar, em recurso especial, as decisões que contrariem o tratado, ou negar-lhes vigência, indicando que o tratado tem hierarquia de lei federal. Adotam a teoria monista a Alemanha, o México, o Uruguai, os Estados Unidos, a França e outros países.

A teoria dualista afirma que não há a aplicação da norma internacional sem que a norma interna a regulamente. O país tem o compromisso de legislar na conformidade do diploma internacional. Amílcar de Castro (1995:123), que é adepto de tal teoria, afirma que o tratado "só opera na ordem internacional, que é independente da nacional, e entre ordens independentes não podem as normas de uma provir da outra. É aceitável, por isso, a opinião de Azilotti no sentido de que 'as normas internacionais não podem influir sobre o valor obrigatório das normas internas, e vice-versa'". A Argentina adota esse sistema, em que a norma internacional e a interna vigoram ao mesmo tempo. Adotam, ainda, esse sistema a Austrália, o Canadá e a Inglaterra, entre outros.

Inicialmente, o STF entendia que os tratados internacionais tinham prevalência sobre a legislação infraconstitucional (AC 7.872/1943, Rel. Min. Philadelpho Azevedo; AC 9.587/1951, Rel. Min. Orozimbo Nonato).

Embora o § 18 do art. 19 da Constituição da OIT declare que a adoção de convenção não importa na revogação ou alteração de qualquer lei, sentença, costume ou acordo que garanta aos trabalhadores condições mais favoráveis, o STF, em 1977, entendeu que a norma posterior ao tratado prevalece sobre o instrumento internacional, ainda que não tenha sido ele denunciado pelo Brasil.[1] Sua natureza é de lei ordinária federal. O STF entendeu que "os tratados concluídos pelo Estado Federal possuem, em nosso sistema normativo, o mesmo grau de autoridade e de eficácia das leis mencionadas".[2] Não há necessidade, portanto, de aprovação de uma lei ordinária para que o tratado tenha validade interna no país. Entretanto, é possível justificar que a norma internacional tem sua forma própria de revogação, a denúncia, e só pode ser alterada por outra norma de categoria igual ou superior, internacional ou supranacional, e jamais pela inferior, interna ou nacional.

Se o tratado for anterior à Constituição, prevalece a Constituição se esta for mais recente. Se o tratado for posterior à Constituição, o primeiro é inconstitucional, tanto que é cabível o recurso extraordinário para declarar sua inconstitucionalidade (art. 102, III, *b*, da Constituição). Nesse sentido, foi acolhida representação do Procurador-Geral da República para afirmar a ineficácia jurídica de determinadas normas da Convenção nº 110 da OIT, por se atritarem com disposições da Constituição no momento da ratificação (STF, Pleno, Representação nº 803, j. 14-6-1974, Rel. Min. Djaci Falcão). Estabelece o art. 60 da Constituição o processo de emenda à Constituição, e o tratado não está nele incluído.

Determina o art. 98 do CTN que os tratados e as convenções internacionais revogam ou modificam a legislação tributária interna, e serão observados pela que lhes sobrevenha, justamente porque têm hierarquia de lei federal.

Estabelece o § 3º do art. 5º da Constituição que os tratados e convenções internacionais sobre direitos humanos que forem aprovados, em cada Casa do Congresso Nacional, em dois turnos, por três quintos dos votos dos respectivos membros, serão equivalentes às emendas constitucionais.

O STF atualmente entende que os tratados estão acima da lei e abaixo da Constituição. O tratado internacional sobre direitos humanos tem posição hierárquica supralegal (RE 466.343/SP, Rel. Min. Cezar Peluso, *DJ* 5-6-2009).

---

1 STF, Pleno, RE 80.004, j. 1º-6-1977, Rel. Min. Cunha Peixoto, *RTJ* 83/809.

2 STF, ADIn 1.347-5, Rel. Min. Celso de Mello, *DJU* I, 1º-12-1995, p. 41.685.

3 HIERARQUIA

O art. 59 da Constituição dispõe quais são as normas existentes no sistema jurídico brasileiro. Não menciona que haja hierarquia entre umas e outras. A hierarquia entre as normas somente viria a ocorrer quando a validade de determinada norma dependesse de outra, em que esta regularia inteiramente a forma de criação da primeira norma. É certo que a Constituição é hierarquicamente superior às demais normas, pois o processo de validade destas é regulado na primeira. Abaixo da Constituição estão os demais preceitos legais, cada qual com campos diversos de atuação: leis complementares, leis ordinárias, decretos-leis (nos períodos em que existiram), medidas provisórias, leis delegadas, decretos legislativos e resoluções.

Há hierarquia entre normas quando a norma inferior tem seu fundamento de validade em regra superior. O conteúdo de validade ou não de uma norma decorre da comparação segundo o critério de localização na hierarquia das normas, no sentido de que a regra inferior retira seu fundamento de validade da norma superior, sem contrariá-la, pois, se houver contradição, considera-se inválida a norma inferior. A lei deve ser elaborada conforme as regras formais previstas na norma superior; seu conteúdo material deve conformar-se com o modelo previsto na regra superior e deve ser editado pelo Poder Legislativo competente. Entre a lei complementar, ordinária, delegada e a medida provisória não existe hierarquia, uma vez que todas retiram seus fundamentos de validade da própria Constituição; somente são inferiores hierarquicamente à Constituição. Cada uma tem campo próprio ou função própria a ser observada, de acordo com o que determina a Constituição. A diferenciação que existe entre elas seria da iniciativa, do *quorum* de aprovação, formalidades a observar.

Não há dúvida de que os decretos são hierarquicamente inferiores às leis, até porque não são emitidos pelo Poder Legislativo, mas pelo Poder Executivo. Após os decretos, há as normas internas da Administração Pública, como portarias, circulares, ordens de serviço etc., que são hierarquicamente inferiores aos decretos. O próprio TST expede também provimentos, instruções normativas, normalmente visando dar o correto entendimento da norma no tribunal e a sua respectiva aplicação. Temos também acordos, convenções coletivas e sentenças normativas (proferidas em dissídios coletivos) que vão ser hierarquicamente inferiores à lei.

O art. 619 da CLT determina que "nenhuma disposição do contrato individual de trabalho que contrarie normas de Convenção ou Acordo Coletivo de Trabalho poderá prevalecer na execução do mesmo, sendo considerada nula de pleno direito".

No caso, o contrato de trabalho está posicionado hierarquicamente abaixo da convenção e do acordo coletivo; se houver disposição que contrariar aquelas normas, não poderá ser observada. O art. 623 da CLT também dispõe que não terá validade o acordo ou a convenção coletiva de trabalho que contrariar a política salarial governamental, o que mostra que aquelas normas são inferiores hierarquicamente à lei.

O ápice da pirâmide da hierarquia das normas trabalhistas é a norma mais favorável ao trabalhador.

Os princípios constitucionais, embora alguns sejam mais abrangentes e importantes do que outros, também estão hierarquizados dentro do sistema, com a prevalência do princípio de hierarquia superior sobre o de hierarquia inferior. Os direitos e garantias fundamentais previstos na Constituição trazem indicação fundamental, pois outras regras devem ser analisadas e interpretadas a partir dos direitos e garantias fundamentais, como, por exemplo, o sistema tributário. O princípio da legalidade tributária é um princípio decorrente ou um desdobramento do princípio da legalidade genérica (art. 5º, II, da Constituição).

4 CLASSIFICAÇÃO DAS NORMAS TRABALHISTAS

Podem as normas trabalhistas ser classificadas da seguinte forma: normas de ordem pública, que podem ser absolutas ou relativas; normas dispositivas e normas autônomas individuais ou coletivas.

As normas de ordem pública absoluta são as que não podem ser derrogadas por convenções das partes, em que prepondera um interesse público sobre o individual. Há o interesse do Estado em estabelecer regras mínimas para o trabalhador e em que essas regras sejam cumpridas pelo empregador. São regras de natureza tuitiva, tutelar, que tratam, por exemplo, do interesse psicossomático do trabalhador, sendo indisponíveis por parte do obreiro, nem poderão deixar de ser cumpridas pelo empregador, sob pena de multa. São as normas que tratam de medicina e segurança do trabalho, da fiscalização trabalhista, do salário mínimo, das férias, do repouso semanal remunerado.

Normas de ordem pública relativa são as que, embora haja interesse do Estado em ver cumpridas as determinações, podem ser flexibilizadas. Exemplo é a possibilidade de redução de salários por meio de convenções ou acordos coletivos (art. 7º, VI, da Lei Fundamental); da compensação e redução da jornada de trabalho mediante acordo ou convenção coletiva (art. 7º, XIII, da Lei Maior); do aumento da jornada nos turnos ininterruptos de revezamento por intermédio de negociação coletiva (art. 7º, XIV, da Constituição).

As normas dispositivas são aquelas em que o Estado tem interesse em tutelar os direitos do empregado, porém esse interesse é menor, podendo haver a autonomia da vontade das partes em estabelecer outras regras. Pode-se dizer que a legislação apenas estabelece um mínimo, que pode ser complementado pelas partes. Não dispondo as partes de modo diverso, prevalece o mínimo previsto na lei. É possível exemplificar com dispositivos previstos na própria Constituição, como o adicional de horas extras de 50% (art. 7º, XVI), aviso-prévio de no mínimo 30 dias (art. 7º, XXI); ou na CLT, como o adicional noturno de pelo menos 20% (art. 73) etc. Mediante negociação coletiva ou individual pode ser estabelecido porcentual superior de horas extras, de adicional noturno ou aviso-prévio maior do que 30 dias.

As normas autônomas são aquelas em que o Estado não interfere estabelecendo regras de conduta no campo trabalhista; as partes é que estabelecem preceitos, fruto do entendimento direto entre elas. No campo coletivo, seria a hipótese de o acordo ou convenção coletiva estabelecer regras não previstas na lei, como cesta básica para toda a categoria. No campo individual, seria a contratação mediante cláusula inserida no contrato de trabalho a respeito de complementação de aposentadoria. Como se vê, são regras que atuam no vazio deixado pela lei e que com ela não colidem.

Normas autônomas que vierem a colidir com regras de ordem pública, sejam absolutas, sejam relativas, não são válidas. Exemplo seria a hipótese de uma convenção coletiva que viesse a contrariar a política governamental de salários, pois o art. 623 da CLT determina a nulidade de disposição de acordo ou convenção coletiva que contrarie norma disciplinadora da política econômico-financeira do governo ou concernente à política salarial vigente, não produzindo qualquer efeito.

Questões

1. Quais as acepções que podem ser analisadas para justificar as fontes do Direito?
2. A analogia e a equidade são fontes do Direito do Trabalho?
3. A jurisprudência e a doutrina podem ser consideradas como fontes do Direito do Trabalho?
4. O regulamento de empresa pode ser considerado como fonte do Direito do Trabalho? Por quê?
5. O que vem a ser sentença normativa? Pode ela ser considerada como fonte do Direito do Trabalho?
6. Como é que se observam os usos e costumes no Direito do Trabalho?
7. Como se dá a hierarquia das normas em relação às regras de Direito do Trabalho?

Capítulo 9

APLICAÇÃO DAS NORMAS DE DIREITO DO TRABALHO

Havendo duas ou mais normas sobre a mesma matéria, começa a surgir o problema de qual delas deve ser aplicada.

1 INTERPRETAÇÃO

A interpretação decorre da análise da norma jurídica que vai ser aplicada aos casos concretos. Várias são as formas de interpretação da norma jurídica:

a) *gramatical ou literal* (*verba legis*): consiste em verificar qual o sentido do texto gramatical da norma jurídica. Analisa-se o alcance das palavras encerradas no texto da lei;

b) *lógica* (*mens legis*): em que se estabelece conexão entre vários textos legais a serem interpretados;

c) *teleológica ou finalística*: a interpretação será dada ao dispositivo legal de acordo com o fim colimado pelo legislador;

d) *sistemática*: a interpretação será dada ao dispositivo legal conforme a análise do sistema no qual está inserido, sem se ater à interpretação isolada de um dispositivo, mas a seu conjunto;

e) *extensiva ou ampliativa*: em que se dá um sentido mais amplo à norma a ser interpretada do que ela normalmente teria;

f) *restritiva ou limitativa*: dá-se um sentido mais restrito, limitado, à interpretação da norma jurídica. Mostra o art. 114 do Código Civil que os negócios jurídicos benéficos e a renúncia devem ser interpretados restritivamente;
g) *histórica*: o Direito decorre de um processo evolutivo. Há necessidade de se analisar, na evolução histórica dos fatos, o pensamento do legislador não só à época da edição da lei, mas também de acordo com a sua exposição de motivos, mensagens, emendas, as discussões parlamentares etc. O Direito, portanto, é uma forma de adaptação do meio em que vivemos em razão da evolução natural das coisas;
h) *autêntica*: é a realizada pelo próprio órgão que editou a norma, que irá declarar seu sentido, alcance e conteúdo, por meio de outra norma jurídica. Também é chamada de interpretação legal ou legislativa;
i) *sociológica*: em que se verifica a realidade e a necessidade social na elaboração da lei e em sua aplicação. O juiz, ao aplicar a lei, deve ater-se aos fins sociais a que ela se dirige e às exigências do bem comum (art. 5º da Lei de Introdução às Normas do Direito Brasileiro e § 1º, art. 852-I da CLT).

Não há apenas uma única interpretação que pode ser feita, mas devem-se seguir os métodos de interpretação mencionados nas alíneas *a* a *i* supra.

Muitas vezes, a interpretação literal do preceito legal, ou a interpretação sistemática (ao se analisar o sistema no qual está inserida a lei, em seu conjunto), é que dará a melhor solução ao caso que se pretenda resolver.

Quando houver no contrato de adesão cláusulas ambíguas ou contraditórias, dever-se-á adotar a interpretação mais favorável ao aderente (art. 423 do Código Civil). Ao empregado deve ser feita a interpretação mais favorável, pois ele é o aderente.

Ao se interpretarem as diversas normas jurídicas aplicáveis ao caso concreto, deve-se levar em conta a norma mais favorável ao empregado. A norma coletiva pode dispor de forma mais favorável do que a lei (art. 611-A da CLT).

O mesmo raciocínio pode ser levado em consideração em relação a outras normas: se o regulamento de empresa prevê melhores condições de trabalho do que a lei ou a norma coletiva, ele irá prevalecer sobre estas últimas.

No exame de convenção coletiva ou acordo coletivo de trabalho, a Justiça do Trabalho analisará exclusivamente a conformidade dos elementos essenciais do negócio jurídico, respeitado o disposto no art. 104 do Código Civil, e balizará sua atuação pelo princípio da intervenção mínima na autonomia da vontade coletiva (§ 3º do art. 8º da CLT).

2 INTEGRAÇÃO

Integrar tem o significado de completar, inteirar. O intérprete fica autorizado a suprir as lacunas existentes na norma jurídica por meio da utilização de técnicas jurídicas. As técnicas jurídicas são a analogia e a equidade, podendo também ser utilizados os princípios gerais do Direito e a doutrina.

O art. 8º da CLT autoriza o juiz, na falta de expressa disposição legal ou convencional, a utilizar a analogia ou a equidade. Inexistindo lei que determine a solução para certo caso, pode o juiz utilizar, por analogia, outra lei que verse sobre questão semelhante.

A analogia não é um meio de interpretação da norma jurídica, mas de preencher os claros deixados pelo legislador. Consiste na utilização de uma regra semelhante para o caso em exame. A Súmula 229 do TST mostra a aplicação da analogia das horas de sobreaviso do ferroviário (§ 2º do art. 244 da CLT) em relação ao eletricitário.

Em grego, equidade chama-se *epieikeia*, tendo o significado de complemento da lei lacunosa; porém, era vedado julgar contra a lei. Para Aristóteles, equidade é sinônimo de justiça. Era o processo de retificação das injustiças da lei. Tem por objetivo corrigir a lei, quando está incompleta. Seria a justiça do caso particular. No Direito Romano, a equidade (*aequitas*) era um processo de criação da norma jurídica para sua integração no ordenamento jurídico. Tem também um significado de igualdade, de benignidade, de proporção, de equilíbrio.

A decisão por equidade só poderá, porém, ser feita nas hipóteses autorizadas em lei (parágrafo único do art. 140 do CPC). A equidade é a possibilidade de suprir a imperfeição da lei ou torná-la mais branda de modo a moldá-la à realidade. Daí por que os romanos já advertiam que a estrita aplicação do Direito poderia trazer consequências danosas à Justiça (*summus jus, summa injuria*). Assim, o juiz pode até praticar injustiça num caso concreto quando segue rigorosamente o mandamento legal, razão pela qual haveria, também, a necessidade de se temperar a lei, para aplicá-la ao caso concreto e fazer justiça. O juiz, no procedimento sumaríssimo, adotará em cada caso a decisão que reputar mais justa e equânime (§ 1º do art. 852-I da CLT).

Dispõe o art. 766 da CLT que nos dissídios na estipulação de salários sejam estabelecidas condições que, assegurando justos salários aos trabalhadores, permitam também justa retribuição às empresas interessadas. Nos dissídios coletivos ao serem fixados salários, é usado um juízo de equidade.

3 EFICÁCIA

Eficácia significa aplicação ou execução da norma jurídica.

É a produção de efeitos jurídicos concretos ao regular as relações. Tal conceito não se confunde com validade, que é a força imponível que a norma tem, isto é, a possibilidade de ser observada. A vigência da norma diz respeito ao seu tempo de atuação.

Aplicabilidade tem o sentido de pôr a norma em contato com fatos e atos.

A eficácia compreende a aplicabilidade da norma e se ela é obedecida ou não pelas pessoas.

Eficácia global ocorre quando a norma é aceita por todos.

Diz respeito a eficácia parcial ao fato de a norma ser aceita parcialmente, implicando ineficácia parcial.

A eficácia da norma jurídica pode ser dividida em relação ao tempo e ao espaço.

3.1 Eficácia no tempo

A eficácia no tempo refere-se à entrada da lei em vigor. Normalmente, as disposições do Direito do Trabalho entram em vigor a partir da data da publicação da lei, tendo eficácia imediata. Inexistindo disposição expressa na lei, esta começa a vigorar 45 dias depois de oficialmente publicada (art. 1º do Decreto-Lei nº 4.657/42). Nos Estados estrangeiros, a obrigatoriedade da lei brasileira, quando admitida, inicia-se três meses depois de oficialmente publicada (§ 1º do art. 1º do Decreto-Lei nº 4.657/42).

O § 1º do art. 5º da Constituição dispõe que os direitos e garantias fundamentais previstos na Constituição, entre os quais se arrolam os direitos sociais, têm aplicação imediata.

É claro, porém, que, se um contrato de trabalho já está terminado, a lei nova não vai irradiar efeitos sobre o referido pacto, pois no caso deve-se observar o princípio da irretroatividade das normas jurídicas.

Se o ato, contudo, ainda não foi praticado, deve-se observar a lei vigente à época de sua prática. O art. 142 da CLT é claro nesse sentido, dizendo que o empregado perceberá a remuneração de férias que lhe for devida na data de sua concessão, ou seja: de acordo com a legislação que estiver em vigor nessa época.

As leis, de maneira geral, entram em vigor na data de sua publicação no *Diário Oficial*. Entretanto, quando inexistir determinação em contrário, entra a norma legal em vigor 45 dias após sua publicação. Algumas normas têm um espaço de tempo que levam para entrar em vigor, a *vacatio legis*. A Lei nº 13.467, de 13-7-2017, somente entrou em vigor em 11 de novembro de 2017. As convenções ou acordos coletivos entram em vigor três dias após o depósito na DRT (§ 1º do art. 614 da CLT). O art. 867 da CLT dispõe que a sentença normativa entra em vigor, de maneira geral, depois de publicada, salvo se as negociações tiverem se iniciado 60 dias antes do término da data-base, quando vigorarão a partir da data-base.

3.2 Eficácia no espaço

A eficácia da lei trabalhista no espaço diz respeito ao território em que vai ser aplicada a norma. Nossa lei trabalhista irá aplicar-se no Brasil tanto para os nacionais como para os estrangeiros que se socorrerem das vias judiciais trabalhistas em nosso país. Tanto o empregado nacional como o estrangeiro que laborar em nosso país poderão socorrer-se da legislação trabalhista brasileira.

O Decreto-Lei nº 691, de 1969, determina que aos técnicos estrangeiros residentes e domiciliados no exterior que vierem a prestar serviços no Brasil deverá ser aplicada a referida norma. Os arts. 352 a 358 da CLT regulam a proporcionalidade entre empregados brasileiros e estrangeiros que deve existir na empresa brasileira, sendo que 2/3 dos empregados serão brasileiros e 1/3 poderá ser de estrangeiros, mas a referida legislação será aplicável ao estrangeiro que preste serviços em nosso país.

O § 2º do art. 651 da CLT dá competência à Justiça do Trabalho para resolver questões ocorridas em empresa que possua agência ou filial no estrangeiro, desde que o empregado seja brasileiro e não haja convenção internacional em sentido contrário.

O art. 114 da Constituição dá competência à Justiça do Trabalho para resolver questões dos entes de Direito Público externo (I), o que mostra também que a lei trabalhista brasileira será a eles aplicável, desde que existam empregados sujeitos às determinações da CLT no Brasil.

A OIT preocupa-se em pretender estabelecer um critério mínimo uniforme por intermédio das convenções e recomendações em matéria de Direito do Trabalho, apesar de haver disparidade muito grande de condições sociais e econômicas existentes em cada país.

Há vários elementos de conexão que podem ser observados para a solução do conflito trabalhista no espaço. Entre eles podem ser destacados: lei do local da prestação de serviços, lei do local da contratação, nacionalidade, norma mais favorável etc.

O critério mais aceito pelas legislações é o da lei da execução do contrato de trabalho (*lex loci laboris* ou *lex loci executionis*). Importa, segundo esse critério, onde o empregado efetivamente presta serviços, sendo-lhe aplicável a respectiva lei do local.

A antiga Lei de Introdução ao Código Civil, revogada em 1942, previa no parágrafo único do art. 13 que "sempre se regerão pela lei brasileira: II – as obrigações contraídas entre brasileiros, em país estrangeiro". Clóvis Bevilácqua criticava a referida norma dizendo que a imposição da lei nacional, sem espaço para a adoção da *lex loci contractus*, não "se harmoniza com a pureza da doutrina do direito internacional (...) em matéria de contratos".[1]

À primeira vista, dever-se-ia aplicar o art. 7º do Decreto-Lei nº 4.657/42, dizendo que "a lei do país em que for domiciliada a pessoa determina as regras sobre o começo e o fim da personalidade, o nome, a capacidade e os direitos de família". Entretanto, essa regra não se aplica ao contrato de trabalho. O art. 9º da mesma norma esclarece que, "para qualificar e reger as obrigações, aplicar-se-á a lei do país em que se constituírem", e, "destinando-se a obrigação a ser executada no Brasil e dependendo de forma essencial, será esta observada, admitidas as peculiaridades da lei estrangeira, quanto aos requisitos extrínsecos do ato. A obrigação resultante do contrato reputa-se constituída no lugar em que residir o proponente".

Esclarece o art. 198 do Código de Bustamante que "também é territorial a legislação sobre acidentes do trabalho e proteção social do trabalhador". O contrato de trabalho é regido pela lei do local da prestação do serviço. Não se observa, portanto, a vontade das partes na celebração do contrato. Foi o Código de Bustamante ratificado pelo Brasil e promulgado pelo Decreto nº 18.871, de 13 de agosto de 1929. Importante lembrar que o Código de Bustamante só se aplica nos casos em que haja interesses de nacionais dos Estados americanos que o ratificaram, não sendo observado se houver interessados nacionais de um mesmo Estado. Ensina Octavio Bueno Magano que "a regra básica é, portanto, a da *lex loci laboris*, cuja justificativa repousa na ideia de que trabalhadores de um mesmo território não devem estar sujeitos a regimes jurídicos diferentes".[2] Seria, assim, aplicável a lei do local da prestação dos serviços tanto no curso do contrato de trabalho, como em razão do término da relação laboral. Normalmente, utiliza-se a *lex loci laboris*, entre vários elementos de conexão, porque o Estado de origem não iria permitir que seus súditos viessem a submeter-se a condições de trabalho inferiores ao padrão mínimo por ele determinado.[3] Com isso, há igualdade de tratamento em relação aos empre-

---

[1] BEVILÁCQUA, Clóvis. *Código Civil*. São Paulo: Francisco Alves, 1944. v. 1, p. 145. Tinha o mesmo entendimento J. M. de Carvalho Santos (*Código Civil brasileiro interpretado*. Rio de Janeiro: Freitas Bastos, 1937. p. 165).

[2] MAGANO, Octavio Bueno. *Conflito de leis trabalhistas no espaço*: lineamentos. São Paulo: LTr 51-8/917.

[3] RODIÈRE, Pierre. *Conflits de lois en droit du travail*: étude comparative. *Droit Social*, Paris, nº 2, p. 125, fév. 1986.

gados que prestam serviços numa mesma localidade. Na maioria das vezes, as prestações recíprocas entre empregado e empregador, compreendendo direitos e obrigações, incluem o local da prestação dos serviços.

A atual Lei de Introdução às Normas do Direito Brasileiro não teria revogado o art. 198 do Código de Bustamante, pois a lei geral não revoga a especial (§ 2º do art. 2º do Decreto-Lei nº 4.657/42). Assim, prevalece a regra contida no art. 198 do Código de Bustamante para efeito da solução de conflitos de leis no espaço, aplicando-se a lei do local da prestação dos serviços.

A doutrina entende que deve ser aplicada a lei da execução do contrato de trabalho para a solução dos conflitos de lei no espaço.

Ressalte-se que não é apenas a legislação trabalhista que é territorial. O art. 5º do Código Penal também mostra a territorialidade da aplicação da lei brasileira, sem prejuízo de convenções, tratados e regras de direito internacional, ao crime cometido no território nacional.

A Convenção de Roma, de 19-6-1980, prevê que a lei aplicável é "a lei do país onde o trabalhador presta normalmente seu trabalho" (art. 6º), salvo se houver acordo entre as partes. Se o trabalhador presta serviços em vários países, aplica-se "a lei do país onde se encontra o estabelecimento que contratou o trabalhador". "Se os interessados decidirem escolher outra lei aplicável ao contrato, esta escolha não poderá ser realizada em detrimento da proteção do trabalhador".

A jurisprudência trabalhista firmou-se no sentido da aplicação da lei do local da execução do contrato de trabalho. Tem fundamento no Código de Bustamante (art. 198).

Nossa jurisprudência tomou por base a orientação de Henri Batiffol, no sentido de que "a jurisprudência foi levada a decidir que a evidente intenção do legislador era a aplicação de seus preceitos a todo contrato de trabalho executado em seu território. As ideias de proteção da pessoa humana que inspiram esta legislação exigem que ela seja, em princípio, imposta em benefício de qualquer indivíduo que trabalhe no país".[4]

Não trata, porém, o § 2º do art. 651 da CLT de conflitos de leis trabalhistas no espaço, apenas fixa a competência da Justiça do Trabalho brasileira para resolver os conflitos entre empregados brasileiros contratados para trabalhar no exterior, salvo se houver tratado internacional dispondo em sentido contrário. Na

---

4 BATIFOL, Henri. *Les conflits de lois en matière de contrats*. Sirey: Paris, 1938. p. 262.

jurisprudência brasileira, a regra não seria a aplicação da legislação brasileira caso o empregado trabalhe no exterior, mas sim a lei do local da prestação dos serviços.

A *lex loci laboris* não resolve todos os problemas jurídicos. O exemplo seria o caso de um empregado brasileiro que tivesse trabalhado dois anos no Brasil, posteriormente passou seis meses no Uruguai, dois meses na Itália, cinco meses na Inglaterra e por fim foi dispensado na França, onde trabalhou um ano. Qual a lei trabalhista a ser aplicada a tal trabalhador? Seria aplicável ao trabalhador cada lei do respectivo país em que houve a prestação dos serviços, isto é, nos dois primeiros anos seria aplicada a lei brasileira, nos seis meses seguintes a lei uruguaia, nos dois meses seguintes a lei italiana, nos cinco meses subsequentes a lei inglesa e no último ano a lei francesa. Isso porque a maioria dos países adota o entendimento de que se deve aplicar a lei do local da prestação de serviços, tratando-se de questões trabalhistas. A Convenção de Roma de 1980 estabelece, porém, que o contrato de trabalho regula-se alternativamente "pela lei do país em que se situa a sede da empresa responsável pela contratação do trabalhador, quando este não desenvolva habitualmente o seu trabalho em determinado país".

Admite a doutrina que se o trabalhador domiciliado no país é contratado por empresa nacional, visando à prestação de serviços no exterior, devem ser asseguradas as garantias mínimas decorrentes da lei do país das partes contratantes, sem prejuízo da aplicação das condições de trabalho mais favoráveis do país da prestação de serviço.[5]

Informa Felice Morgenstern que na jurisprudência europeia os trabalhadores satisfeitos de trabalhar sob as condições de um contrato de trabalho regido pela lei norte-americana buscam a proteção de um direito europeu quando da cessação do contrato de trabalho.[6] Isso se justifica porque a legislação americana não traz proteção ao trabalhador dispensado. Seria mais vantajosa, por exemplo, a aplicação da lei brasileira do que a americana na rescisão do contrato de trabalho, pois há direito a aviso-prévio, férias proporcionais, 13º salário proporcional, indenização de 40% sobre os depósitos do FGTS, liberação dos depósitos fundiários e seguro-desemprego.

Na Espanha, o Estatuto dos Trabalhadores dispõe que "a legislação do trabalho espanhola será aplicada no trabalho prestado pelos trabalhadores contratados na Espanha a serviço de empresas espanholas no exterior, sem prejuízo das normas de ordem pública aplicáveis no lugar do trabalho" (art. 1º, alínea 4ª).

---

5 RODIÈRE, Pierre. Conflits de lois en droit du travail: étude comparative. *Droit Social*, Paris, nº 2, p. 126, fév. 1986.

6 MORGENSTERN, Felice. *Les conflits de lois en droit du travail*. Genebra: BIT, 1986. p. 2.

Leciona Manuel Alonso Olea que "a lei espanhola atua como condição mínima, o que significa que as partes podem optar, se mais favorável para o trabalhador, pela lei do lugar da execução".[7]

Gérard Lyon-Caen menciona que na Comunidade Econômica Europeia é aplicável o princípio da lei mais favorável, como forma de solucionar os conflitos de leis no espaço em matéria trabalhista.[8]

No Brasil, a Lei nº 7.064, de 6-12-1982, regulamentada pelo Decreto nº 89.339, de 31-1-1984, traz orientação diferente da contida na *lex loci laboris*. Essa norma aplica-se aos trabalhadores contratados no Brasil ou transferidos para prestar serviços no exterior (art. 1º). A Lei nº 7.064/82 não se aplica apenas a empregados de empresas de engenharia, projetos e obras, mas a qualquer empresa. O sentido da palavra *trabalhador* no *caput* do art. 1º da Lei nº 7.064 é de empregado, pois a lei faz referência que o empregador é que faz transferência. Não dispõe a referida norma que o empregado deve ser brasileiro, o que dá a entender que pode ser qualquer trabalhador, inclusive o estrangeiro, desde que seja contratado no Brasil. O art. 3º do citado mandamento legal estabelece que "a empresa responsável pelo contrato de trabalho do empregado transferido assegurar-lhe-á, independentemente da observância da legislação do local da execução dos serviços: II – a aplicação da legislação brasileira de proteção ao trabalho, naquilo que não for incompatível com o disposto nesta Lei, quando mais favorável do que a legislação territorial, no conjunto de normas e em relação a cada matéria".

É certo que nossa legislação ou a estrangeira pode conter regras menos favoráveis, sendo que a última não possui o FGTS, o PIS etc. Assim, dever-se-ia verificar cada instituto para constatar o mais benéfico ao empregado, isto é, cada conjunto de regras relativas à mesma matéria, de modo a observar a disposição legal que se refere "ao conjunto de normas e em relação a cada matéria". A legislação aplicável ao empregado será a legislação brasileira de proteção ao trabalho, naquilo que não for incompatível com o disposto na Lei nº 7.064, quando mais favorável do que a legislação do local da prestação dos serviços, no conjunto de normas e em relação a cada matéria (art. 3º, II, da Lei nº 7.064). Assim, é possível dizer que a regra é a aplicação da norma mais benéfica em seu conjunto e em relação a cada matéria. O inciso II do art. 3º da Lei nº 7.064 mostra a aplicação da teoria do con-

---

7 ALONSO OLEA, Manuel. *El estatuto de los trabajadores*: texto y comentario breve. Madri: Civitas, 1980. p. 21.

8 LYON-CAEN, Gérard. *Droit social international et européen*. 3. ed. Paris: Dalloz, 1974. p. 97.

globamento e não da acumulação. Em princípio, se o trabalhador brasileiro é contratado em nosso país para trabalhar para empresa estrangeira no exterior seria aplicável a *lex loci executionis*.

Não seria possível deixar de aplicar aos trabalhadores domiciliados no Brasil a lei brasileira, que seria mais favorável do que a estrangeira, ainda que a prestação de serviços estivesse se desenvolvendo no exterior.

A aplicação da norma mais favorável objetiva evitar que o empregador imponha ao empregado no contrato de trabalho norma menos vantajosa, que seria um abuso na forma de contratação.

Mostra a Orientação Jurisprudencial 232 da SBDI-1 do TST que o FGTS incide sobre todas as parcelas de natureza salarial pagas ao empregado em virtude de prestação de serviços no exterior.

Felice Morgenstern apresenta a orientação jurisprudencial na Itália, indicando que em decisão de 6-9-1980, a Corte de Cassação italiana decidiu que, se a lei aplicável a um trabalho executado na Itália for menos favorável para o trabalhador do que a lei italiana, é esta que deve ser aplicada. Em decisão de 9-11-1981, a Corte de Cassação aplicou a lei italiana a um contrato celebrado entre nacionais italianos, que deveria ser executado na Argentina e para o qual as partes haviam escolhido a lei argentina a ser observada, em razão de que a lei italiana era mais favorável para o trabalhador.[9]

Exemplo seria o caso do empregado transferido do Brasil para os Estados Unidos. Neste país, não há praticamente direitos trabalhistas, que ficam a cargo da negociação entre as partes, salvo, por exemplo, salário mínimo. Não é possível que a legislação trabalhista seja fracionada, sendo aplicada a cada período uma lei diferente, mas deve ser aplicada a mesma: a brasileira, por ser mais favorável.

Vários fundamentos podem indicar que deve ser aplicada a lei brasileira quando o empregado é transferido, por exemplo, do Brasil para os Estados Unidos: (a) nos casos em que o empregado for brasileiro; (b) se o obreiro sempre teve residência no Brasil; (c) por ser mais benéfica que a americana; (d) porque os americanos não iriam querer aplicar a lei brasileira, caso aqui prestassem serviços.

Se houver várias leis trabalhistas a aplicar, que se observe a mais favorável. Não tem sentido o autor prestar serviços no Brasil com certos direitos trabalhistas e passar a prestar serviços para a mesma empresa no exterior com outros direitos, principalmente tendo prejuízo nesses direitos.

---

9 MORGENSTERN, Felice. Op. cit., p. 55-56 (nota 42).

Em certos casos, surge o problema de saber qual a lei mais favorável e como aplicá-la: se em seu conjunto ou instituto por instituto. Deveria ser aplicada a norma que em seu conjunto representasse mais vantagens ao empregado e não instituto por instituto, de forma a pinçar cada um deles. Haroldo Valladão bem esclarece sobre como identificar a norma mais favorável: "basta perguntar ao empregado ou ao empregador e eles o dirão logo".[10]

O fato de o empregado ser transferido para o exterior para trabalhar para o grupo da mesma empresa não quer dizer que o contrato de trabalho brasileiro fica extinto, mas há a continuidade do contrato de trabalho, pois o empregador é o grupo de empresas (§ 2º do art. 2º da CLT). Existe, portanto, unicidade do contrato de trabalho.

A norma coletiva brasileira não pode, porém, ser aplicada no estrangeiro, pois a empresa estrangeira não foi parte na relação, tendo observância apenas no território brasileiro. É uma norma de aplicação territorial, circunscrita ao local que está sendo prestado o serviço e não no estrangeiro. Ressalte-se que os sindicatos têm base territorial e é nessa base que a norma coletiva é aplicada.

Os empregados da embaixada são regidos pela CLT se forem brasileiros ou residirem no Brasil, pois aplica-se, no caso, a lei nacional.

Se o empregador cumprir espontaneamente a legislação trabalhista brasileira, estará acordado tacitamente o cumprimento da referida legislação, que será aplicada ao empregado.

Para a aeronave, vale a lei do país da sua matrícula ou registro, conforme Convenção de Paris, de 1919 (art. 6º), Convenção de Chicago de 1944 (art. 17).

Em relação a tripulantes de embarcações, a orientação geral é a utilização da lei da bandeira do navio (arts. 274 e 281 do Código de Bustamante e art. 91, 1, 2ª parte da Convenção sobre Direitos do Mar – Montego Bay, de 10-12-1982). A lei da bandeira do navio não será o critério absoluto a ser observado, pois a relação de emprego se estabelece entre a empresa que explora a embarcação ou aeronave e o empregado-tripulante e não entre este e o proprietário do navio ou aeronave.

O pavilhão também poderia ser mudado constantemente. Nesse sentido, seria observada a lei do pavilhão definitivo do navio ou aeronave. Se a transferência do navio ou aeronave é provisória, aplica-se a lei anterior. Se é definitiva aplica-se a lei do pavilhão novo.

---

[10] VALLADÃO, Haroldo. *Direito internacional privado*. Rio de Janeiro: Freitas Bastos, [s.d.]. v. 3, p. 100.

Seria possível navegar sob bandeira falsa, para aplicar a lei de determinado país, visando fraudar os direitos do trabalhador e pagar valores inferiores aos devidos. Poderia também o navio ser matriculado ou inscrito em país que tenha deficiente legislação trabalhista, sendo desfavorável aos empregados. O empregador teria por objetivo fraudar a aplicação das leis trabalhistas, sendo observado o art. 9º da CLT. Nesses casos, admitem-se a aplicação da *lex loci contractus* e a observância de norma de ordem pública sobre a lei do pavilhão.[11]

Os grupos internacionais operam em vários países. Em certos casos, há muitas fusões de empresas internacionais, pertencentes a países diversos. Há, portanto, uma multiplicidade dos grupos internacionais e das sociedades multinacionais, com a transformação das relações de trabalho, como assevera Michel Buy.[12]

A teoria do centro de gravidade foi adotada nos Estados Unidos no precedente *Spector x Norwegian Cruise Line*, de 2005, em que se adotou a teoria do *most significant relationship*, afastando a lei de pavilhão, pois o centro da atividade econômica era nos Estados Unidos.

Octavio Bueno Magano afirma que a *lex loci executionis* deve deixar de prevalecer para os grupos de empresas, pois a situação de fato mostra mais conexão com a lei do país de origem do empregado do que com a lei do local de trabalho.[13] O contrato de trabalho não mais ficaria vinculado à lei do local de prestação dos serviços, mas à do local em que esteja o centro de direção econômica do grupo empregador. O grupo de empresas é que fixa a remuneração do empregado, pois a direção do grupo é que dá as regras gerais na empresa, havendo diretriz uniforme da gestão de pessoal e de como devem desenvolver o serviço, o que é feito por determinação de sua sede e não muitas vezes da filial no país da prestação dos serviços. Quem dirige o empregado é a matriz da empresa, daí por que seria aplicável a lei da matriz do grupo de empresa. A exceção seria a observância da lei trabalhista mais favorável ao trabalhador, a do local da prestação dos serviços ou a do local da contratação.

Leciona Pietro Magno que "a lei aplicável ao contrato de grupo é a lei da sede. No caso de ser mudada a sede, pode mudar a lei aplicável".[14]

---

11 Nesse sentido é o entendimento de Atilio Malvagni – *Derecho laboral de la navegación*. Buenos Aires, 1949. p. 390. O Tratado sobre Navegação Comercial de Montevidéu, de 1940, tem a mesma previsão nos arts. 20 e 21.

12 BUY, Michel. *Le structure juridique de l''expatriation en le salarié expatrié*. Aix-en-Provence: Presses Universitaires d'Aix-Marseille, 1990. p. 11.

13 MAGANO, Octavio Bueno. Internacionalização das relações de trabalho. In: *Direito e comércio internacional*: tendências e perspectivas – Estudos em homenagem ao prof. Irineu Strenger. São Paulo: LTr, 1994. p. 211.

14 MAGNO, Pietro. Il lavoro All'Estero. Pádua: Cedam, 1990. p. 140-141.

A Convenção de Roma prevê que no caso de inexistir prestação habitual de serviços pelo trabalhador em determinado país, deve ser aplicada a lei da sede da empresa. O II Congresso Internacional de Direito do Trabalho, realizado em Genebra, em 1957, já havia entendido pela submissão do contrato de trabalho à lei da sede da empresa na hipótese de prestação de serviços apenas "ocasionais ou temporários em outro país ou, interinamente, nos dois territórios".[15]

Em caso de trabalho ocasional, provisório, eventual, seria possível aplicar a lei do local da contratação. Exemplo seria o trabalhador prestar serviços eventualmente em outro país, mas trabalhar de forma habitual em certo país. Nesse caso, não se aplicaria a lei do local da prestação de serviços provisórios, pois estes serão eventuais, mas a do local em que os serviços são prestados com habitualidade. É o caso da aplicação da lei onde o serviço é normalmente prestado, onde o trabalhador reside com ânimo permanente.

A exceção à regra ocorreria em relação a dispositivos relativos à saúde e segurança do trabalhador, duração do trabalho, proteção do trabalho das mulheres e crianças.[16] O art. 17 do Decreto-Lei nº 4.657/42 dispõe que se deve observar a lei brasileira em se tratando de normas de ordem pública, como ocorre com as anteriormente mencionadas, pois a lei estrangeira não poderia ser aplicada em razão de ofender normas de ordem pública. A soberania do Estado em relação a seu nacional leva à aplicação da lei do referido país e não da norma do local da prestação dos serviços, principalmente se for mais benéfica ao empregado. No âmbito internacional, Felice Morgenstern tem o mesmo entendimento, de que é universalmente admitido que o Estado do foro pode recusar a aplicação de certas disposições de uma lei estrangeira, quer tenha ela sido escolhida pelas partes quer seja aplicável por outro fundamento, se for contrária à ordem pública.[17] Exemplo no Brasil seria se a legislação estrangeira permitisse que menor de 18 anos, contratado no estrangeiro para prestar serviços em nosso território, trabalhasse em período noturno, pois o inciso XXXIII do art. 7º da Constituição veda o trabalho noturno do menor nessa idade. Nesse caso, por força até da Constituição, teria de ser aplicada a lei brasileira, e não a estrangeira.

A lei do local da contratação pode ser afastada em razão de norma de ordem pública. No Brasil o art. 301 da CLT proíbe o trabalho em minas de menores de 21

---

15 Apud SÜSSEKIND, Arnaldo. *Comentários à consolidação das leis do trabalho e à legislação complementar*. Rio de Janeiro: Freitas Bastos, 1960. v. 1, p. 46-47.

16 BUY, Michel. Le structure juridique de l'expatriation. In: *Le salarié expatrié*. Ain-en-Provence: Presses Universitaires de D'Aix-Marseille, 1991. p. 17.

17 MORGENSTERN, Felice. *Les conflits de lois en droit du travail*. Genebra: BIT, 1986. p. 2.

anos e maiores de 50 anos. Se a lei do país da contratação o permite, isso não seria possível no Brasil.

Num caso em que o empregado de uma empresa de Luxemburgo transportava flores entre esse país e a Alemanha, o contrato estabeleceu que a lei a ser aplicada era a de Luxemburgo. O Tribunal de Justiça da União Europeia entendeu que se o trabalho é feito em mais de um país, é preciso definir em qual nação se dá a maior parte dele. Para essa definição, o tribunal orientou o Judiciário nacional a considerar fatores como: onde as ferramentas de trabalho ficavam armazenadas, onde o funcionário recebia instruções e onde cumpria as tarefas.

São vários os elementos de conexão utilizados na prática: lei do local da prestação dos serviços, lei do local da contratação, lei da sede da empresa, lugar da celebração do contrato, lugar de onde são emitidas as ordens de serviço, moeda utilizada para o pagamento do salário, língua na qual foi redigido o contrato, nacionalidade comum, autonomia da vontade, norma mais favorável. Em certos casos, não se aplica apenas um dos elementos de conexão, mas a combinação de vários deles, com critérios flexíveis. A observância da autonomia da vontade nem sempre pode ser utilizada, pois o empregador pode impor ao empregado a norma a ser aplicada, daí a necessidade de proteção do trabalhador. Entretanto, a aplicação da lei mais favorável é que irá trazer maiores vantagens ao empregado, fazendo, muitas vezes, a verdadeira Justiça.

O trabalhador pode ser considerado capaz no local da contratação, mas não ter essa capacidade no local da prestação de serviços. A legislação de um país pode considerar a pessoa capaz aos 18 anos e a de outro país somente aos 21 anos. O art. 301 da CLT não permite, no Brasil, o trabalho em minas de subsolo do menor de 21 anos e do maior de 50 anos, mas outro país pode permitir.

Dépeçage é a possibilidade de fracionamento do contrato de trabalho. Tem previsão no art. 3, 1, da Convenção de Roma de 1980 e no art. 7 da Convenção do México de 1994.

O *dépeçage* não pode ser observado quando a norma é de ordem pública, como salário mínimo, férias, repouso semanal remunerado, normas de segurança e medicina do trabalho etc. As contribuições sociais incidentes sobre o salário, como FGTS e contribuição previdenciária, têm de ser observadas no local da prestação de serviços.

A Lei nº 7.064, de 6-12-1982, dispõe sobre a situação de trabalhadores contratados ou transferidos para prestar serviços no exterior. Ela foi editada com objetivo de resolver casos de contratação de brasileiros para trabalhar em obras de construção civil no Iraque, em razão de que havia muita demanda nesse sentido na época.

Reza o art. 1º da Lei nº 7.064 que a referida regra regula a situação de trabalhadores contratados no Brasil ou transferidos para prestar serviços no exterior.

Ao trabalhador que é contratado no exterior para trabalhar no exterior se aplica a lei do local da prestação de serviços. Se o empregado não foi contratado ou transferido do Brasil para o exterior, não se observa a Lei nº 7.064/82.

A citada norma não se aplica ao empregado designado para prestar serviços de natureza transitória, por período não superior a 90 dias, desde que: a) tenha ciência expressa dessa transitoriedade. A ciência não pode ser tácita, mas expressa, porém pode ser verbal ou escrita, como o contrato de trabalho; b) receba, além da passagem de ida e volta, diárias durante o período de trabalho no exterior, as quais, seja qual for o respectivo valor, não terão natureza salarial.

Os arts. 12 a 20 da Lei nº 7.064/82 versam sobre a contratação do trabalhador por empresa estrangeira, mas não sobre transferência de empregados para o exterior.

De modo geral, aplica-se a lei do local da prestação de serviços em matéria trabalhista (*lex loci laboris*) ou lei do local da execução do contrato (*lex loci executionis*).

Estabelece o art. 14 da Lei nº 7.064 orientação no mesmo sentido: "Sem prejuízo da aplicação das leis do país da prestação dos serviços, no que respeita a direitos, vantagens e garantias trabalhistas e previdenciárias, a empresa estrangeira assegurará ao trabalhador os direitos a ele conferidos neste Capítulo".

Em princípio, poderia o intérprete entender que, tratando-se de contratação no Brasil para trabalhar no exterior, seria aplicável o art. 3º da Lei nº 7.064, que determina a aplicação da legislação trabalhista brasileira, mesmo havendo a prestação de serviços no exterior.

Entretanto, o art. 14 da Lei nº 7.064 é bastante claro no sentido de que não se observa todo o contido na referida lei para o contratado no Brasil para prestar serviços no exterior, mas apenas o previsto no capítulo no qual está inserido o art. 14. O capítulo é o III, que compreende apenas os arts. 12 a 20 e não toda a lei. Logo, não é observado o art. 3º da mencionada norma.

A contratação de trabalhador, por empresa estrangeira, para trabalhar no exterior está condicionada à prévia autorização do Ministério do Trabalho (art. 12 da Lei nº 7.064). A *contrario sensu*, a contratação de trabalhador no Brasil por empresa brasileira não estará condicionada à autorização do Ministério do Trabalho.

A autorização somente poderá ser dada a empresa de cujo capital participe com, pelo menos, 5% pessoa jurídica domiciliada no Brasil.

A empresa estrangeira manterá no Brasil procurador bastante, com poderes especiais de representação, inclusive o de receber citação (art. 18 da Lei nº 7.064).

Correrão obrigatoriamente por conta da empresa estrangeira as despesas de viagem de ida e volta do trabalhador ao exterior, inclusive a dos dependentes com ele residentes.

A permanência do trabalhador no exterior não poderá ser ajustada por período superior a três anos, salvo quando assegurado a ele e a seus dependentes o direito de gozar férias anuais no Brasil, com despesas de viagem pagas pela empresa estrangeira (art. 16 da Lei nº 7.064/82).

Dentro do período de três anos, poderá haver o ajuste de qualquer prazo, desde que seja inferior a 90 dias, quando o empregado é designado para prestar serviços de natureza transitória (parágrafo único do art. 1º da Lei nº 7.064).

A contratação poderá ser superior a três anos desde que o empregado e seus dependentes tenham direito de gozar férias anuais no Brasil, com despesas de viagem pagas pela empresa estrangeira.

A empresa estrangeira assegurará o retorno definitivo do trabalhador ao Brasil: a) quando houver terminado o prazo de duração do contrato, ou o pacto for rescindido; b) por motivo de saúde do trabalhador devidamente comprovado por laudo médico oficial que o recomende. A empresa estrangeira não estará obrigada a assegurar o retorno em definitivo do trabalhador ao Brasil por motivo de saúde do seu dependente.

A pessoa jurídica domiciliada no Brasil será solidariamente responsável com a empresa estrangeira por todas as obrigações decorrentes da contratação do trabalhador (art. 19 da Lei nº 7.064). A solidariedade não se presume, resulta da lei ou da vontade das partes (art. 265 do Código Civil). No caso, ela resulta de dispositivo de lei. O objetivo da solidariedade é fazer com que o trabalhador possa acionar empresa no Brasil e dela receber o que lhe é devido, pois o recebimento no exterior seria bastante dificultado.

Alguns dispositivos da Lei nº 7.064/82 são comuns à transferência do trabalhador para o exterior e à contratação por empresa estrangeira, que são os arts. 21 e 22. Independentemente de o trabalhador ser transferido do Brasil para o exterior ou ser contratado aqui para trabalhar no exterior as disposições abaixo serão observadas.

As empresas devem fazer seguro de vida e acidentes pessoais a favor do trabalhador, cobrindo o período do embarque para o exterior, até o retorno ao Brasil (art. 21 da Lei nº 7.064/82).

O valor do seguro não poderá ser inferior a 12 vezes o valor da remuneração mensal do trabalhador (parágrafo único do art. 21 da Lei nº 7.064). A base de cálculo é a remuneração e não apenas o salário, que é o valor pago diretamente pelo empregador ao empregado em decorrência da prestação de serviços.

As empresas deverão garantir ao empregado, no local de trabalho no exterior ou próximo a ele, serviços gratuitos e adequados de assistência médica e social.

No caso de empregado que passa a prestar serviços no exterior, sem ser contratado no Brasil, deve ser aplicada a lei do local da prestação de serviços, com base no art. 198 do Código Bustamante.

Questões

1. É possível se interpretar uma norma de acordo com a condição mais favorável ao trabalhador? Por quê?
2. Quais são as formas de interpretação das normas trabalhistas?
3. Como se dá a eficácia da norma trabalhista no espaço e no tempo?
4. Nossa lei trabalhista se aplica ao estrangeiro que presta serviços no Brasil?
5. Quais são os métodos de integração da lei trabalhista e como se aplicariam?

Capítulo 10

PRINCÍPIOS DO DIREITO DO TRABALHO

1 CONCEITO DE PRINCÍPIO

Como é um ramo específico do Direito, o Direito do Trabalho também tem princípios próprios.

Antes de se examinarem os princípios propriamente ditos do Direito do Trabalho, cabe dar uma breve noção sobre o conceito de princípio.

Inicialmente, poder-se-ia dizer que princípio é onde começa algo. É o início, a origem, o começo, a causa. O princípio de uma estrada seria seu ponto de partida. É o momento em que algo tem origem. Todavia, não é esse conceito geral de princípio que é preciso conhecer, mas seu significado perante o Direito.

Princípio vem do latim *principium*, *princippi*, com o significado de origem, começo, base. Num contexto vulgar, quer dizer o começo da vida ou o primeiro instante. Na linguagem leiga, é o começo, o ponto de partida, a origem, a base. São normas elementares, requisitos primordiais, proposições básicas.

Princípio é, portanto, começo, alicerce, ponto de partida, "vigas mestras", requisito primordial, base, origem, ferramenta operacional.

Evidentemente, não é esse o conceito geral de princípio que é necessário conhecer, mas seu significado perante o Direito.

Platão usava a palavra *princípio* no sentido de fundamento do raciocínio. Para Aristóteles, era a premissa maior de uma demonstração. Kant seguia aproximadamente essa última orientação, dizendo que "princípio é toda proposição geral que pode servir como premissa maior num silogismo".[1]

Seria possível indicar princípios morais, religiosos e políticos, com base num contexto moral, religioso ou político em determinado período. É uma forma de entender o mundo contemporâneo ou como a sociedade vê esse mundo nos dias de hoje, resultantes da prática cotidiana observada nesse meio. Servem de parâmetros de como agir nesse contexto.

Os princípios poderiam ser considerados como fora do ordenamento jurídico, pertencendo à ética. Seriam regras morais, regras de conduta que informariam e orientariam o comportamento das pessoas. Entretanto, os princípios do Direito têm características jurídicas, pois se inserem no ordenamento jurídico, inspiram e orientam o legislador e o aplicador do Direito. Os princípios podem originar-se da ética ou da política, mas acabam integrando-se e tendo aplicação no Direito.

Outra corrente entende que os princípios estão no âmbito do Direito Natural, do jusnaturalismo. Seriam ideias fundantes do Direito, que estariam acima do ordenamento jurídico positivo. Seriam regras oriundas do Direito Natural. Os princípios estariam acima do direito positivo, sendo metajurídicos. Prevaleceriam sobre as leis que os contrariassem. Expressam valores que não podem ser contrariados pelas leis.

São os princípios as proposições básicas que fundamentam as ciências. Para o Direito, o princípio é seu fundamento, a base, a estrutura, o fundamento que irá informar e inspirar as normas jurídicas.

São os princípios como as vigas ou alicerces que dão sustentação ao edifício. Este é o ordenamento jurídico, que é subdividido em tantos andares quantos são seus ramos.

A norma é prescrição objetiva e obrigatória por meio da qual organizam-se, direcionam-se ou impõem-se condutas. Também não deixa a norma de ser prescrição de vontade impositiva para estabelecer disciplina a respeito de uma conduta dirigida ao ser humano. O conceito de norma não é, contudo, pacífico. A norma tem um sentido de orientação, de regular conduta, tendo caráter imperativo (de superioridade, que mostra quem ordena e quem recebe a ordem, que pode compreender obrigação ou proibição). Jhering entende que a norma jurídica é im-

---

1 KANT, Immanuel. *Crítica da razão pura*. Dialética, II, A.

perativo abstrato dirigido ao agir humano. A norma não deixa de ser uma proposição – proposição que diz como deve ser o comportamento. De maneira geral, toda norma define comportamento. As normas, geralmente, têm sanção por seu descumprimento, porém há normas interpretativas, por exemplo, que não têm sanção.

Em determinado sistema jurídico, não se encontram apenas normas, mas também princípios, que podem estar ou não positivados, isto é, previstos na legislação.

Os princípios e as normas são razões de juízo concreto do dever-ser.

Princípios são *standards*[2] jurídicos. São gerais. As normas são atinentes, geralmente, a uma matéria.

Têm os princípios grau de abstração muito maior do que o da norma. São as normas gerais, visando ser aplicadas para um número indeterminado de atos e fatos, que são específicos. Não são editadas para uma situação específica. Os princípios servem para uma série indefinida de aplicações.

Trazem os princípios estimações objetivas, éticas, sociais, podendo ser positivados. Exemplo no Direito do Trabalho seria o princípio da irredutibilidade salarial, que não era expresso em nosso ordenamento jurídico e hoje está explicitado no inciso VI do art. 7º da Constituição da República. Os princípios em forma de norma jurídica são, entretanto, regras, pois estão positivados, mas não deixam também de ser princípios, como ocorre com o princípio da irredutibilidade salarial.

Norma jurídica é gênero, englobando como espécies regras e princípios. Princípios são normas jurídicas.

Os princípios diferenciam-se das regras por vários aspectos. As regras estão previstas no ordenamento jurídico. Os princípios nem sempre estão positivados, expressos no ordenamento jurídico, pois em alguns casos estão implícitos nesse ordenamento, contidos em alguma regra. Decorrem os princípios de estimação ética e social.

A regra serve de expressão a um princípio, quando, por exemplo, este é positivado, ou até como forma de interpretação da própria regra, que toma por base o princípio. Os princípios não servem de expressão às regras. As regras são a aplicação dos princípios, ou operam a concreção dos princípios sobre os quais se apoiam.

Sustentam os princípios os sistemas jurídicos, dando-lhes unidade e solidez. São, portanto, vigas mestras do ordenamento jurídico. Princípio é a bússola que norteia a elaboração da regra, embasando-a e servindo de forma para sua interpretação. Os princípios influenciam as regras.

---

2 DWORKIN, Ronald. *Taking right seriously*. Londres: Duckworth, 1987. p. 22.

Os princípios inspiram, orientam, guiam, fundamentam a construção do ordenamento jurídico. Sob certo aspecto, podem até limitar o ordenamento jurídico, erigido de acordo com os princípios. Não são, porém, axiomas absolutos e imutáveis, pois pode haver mudança da realidade fática, que implica a necessidade da mudança da legislação, do Direito em razão da realidade histórica em que foi erigido.

As regras são instituídas tomando por base os princípios. Orientam os princípios a formação de todo o sistema, enquanto a regra está inserida nele, sendo influenciada pelos princípios. O princípio pode ser levado em consideração para a interpretação da regra, enquanto o inverso não ocorre. A aplicação dos princípios é um modo de harmonizar as regras.

Tem o princípio acepção filosófica, enquanto a regra tem natureza técnica.

É o princípio o primeiro passo na elaboração das regras, pois dá sustentáculo a elas. O princípio é muito mais abrangente que uma simples regra; além de estabelecer certas limitações, fornece fundamentos que embasam uma ciência e visam a sua correta compreensão e interpretação. Violar um princípio é muito mais grave do que violar uma regra. A não observância de um princípio implica ofensa não apenas a específico dispositivo, mas a todo o sistema jurídico.

As vigas que dão sustentação ao sistema são abaladas pela violação dos princípios.

Têm os princípios grau de abstração relativamente elevado. Podem ser vagos, indeterminados, amplos. São *standards* juridicamente vinculantes, fundados na exigência de justiça ou na ideia de direito. Fundamentam regras e permitem verificar a *ratio legis*. As regras podem ser normas vinculativas, com conteúdo meramente funcional, prescrevendo imperativamente uma exigência (de imposição, permissão ou proibição).

A norma tem característica genérica, enquanto a regra tem natureza específica. As regras trazem muitas vezes a concreção dos princípios.

As regras aplicam-se diretamente, não comportando exceções. Ou são aplicadas por completo ou não são aplicadas.

Havendo situação de fato que se encaixa no pressuposto fático, a norma é aplicada. Determina o inciso II do art. 1.864 do Código Civil que há necessidade de que duas testemunhas presenciem o testamento público. Apenas uma testemunha não poderá presenciá-lo, pois o requisito básico não foi observado.

Coexistem os princípios entre si. Permitem interpretação de valores e de interesses, de acordo com seu peso e ponderação. Os princípios devem ser interpretados da mesma maneira como se interpretam as leis, inclusive sistematicamente. Quando os princípios se entrecruzam, deve-se verificar o peso relativo de cada um deles. A adoção de um princípio implica o afastamento do outro, porém o último não desaparece do sistema. Um princípio pode ser hierarquicamente superior a outro, por ser mais abrangente, ou por ser desdobramento do primeiro ou de outro. Não se pode negar que há uma hierarquia entre os princípios. Se há conflito entre um e outro, a solução decorre sempre da interpretação que faz prevalecer o mais recente sobre o anterior, o de maior grau sobre o de menor grau. Entretanto, os princípios especiais de certa disciplina, quando existentes, devem prevalecer sobre um princípio geral. O intérprete somente irá socorrer-se dos princípios gerais de direito, caso não existam princípios de certa matéria. Os princípios constitucionais, apesar de alguns serem mais abrangentes e importantes do que outros, também estão hierarquizados dentro do sistema, com a prevalência do princípio de hierarquia superior sobre o de hierarquia inferior. Nos jogos de princípios, deve-se observar a preponderância do princípio do interesse público sobre o particular, ou a prevalência do princípio do interesse público.

Em relação às regras, não há como verificar a que tem mais importância, pois, se há conflito entre duas regras, uma delas não é válida, deixando de existir. As regras antinômicas excluem-se. O ordenamento jurídico pode ter critérios para resolver o conflito de regras. Dependendo do caso, a regra de maior hierarquia tem preferência sobre a de menor hierarquia, ou a mais nova tem preferência sobre a mais antiga (§ 1º do art. 2º do Decreto-Lei nº 4.657/42) ou a mais específica sobre a mais genérica.

A regra, de modo geral, é instituída para ser aplicada a uma situação jurídica determinada, embora aplique-se a vários atos ou fatos. O princípio acaba, porém, sendo aplicado a uma série indeterminada de situações. Não tem por objetivo o princípio ser aplicado apenas a determinada situação jurídica.

Os princípios não têm sanção por intermédio da lei, por seu descumprimento. A sanção que pode existir é moral.

As regras são normas fundamentais que informam a elaboração e a interpretação do Direito, sendo identificadas, portanto, nos textos legais, nas teorias e na doutrina. A regra tem por objetivo ordenação, pôr ordem, regrar, espelhando uma regulamentação de caráter geral. Princípios são construções que servem de base ao Direito como fontes de sua criação, aplicação ou interpretação.

Os princípios e as regras são razões de juízos concretos de dever-ser.

Permitem os princípios o balanceamento de valores e interesses, de acordo com seu peso e a ponderação de outros princípios conflitantes. As regras não deixam espaço para outra solução, pois ou têm validade ou não têm. Os princípios compreendem problemas de validade e peso, de acordo com sua importância, ponderação, valia. As regras colocam apenas questões de validade. Têm os princípios função sistemática.

Aplicam-se os princípios automática e necessariamente quando as condições previstas como suficientes para sua aplicação manifestam-se. A regra é geral porque estabelecida para número indeterminado de atos ou fatos, não sendo editada para ser aplicada a uma situação jurídica determinada. O princípio é geral porque comporta série indefinida de aplicações, não admitindo hipóteses nas quais não seria aplicável, porém não contém nenhuma especificação de hipótese de estatuição.

Princípios distinguem-se de diretrizes. Diretrizes são objetivos almejados, que podem ou não ser atingidos. É uma pretensão desejada. Princípios não são objetivos, pois fundamentam o sistema jurídico.

Diferenciam-se os princípios das peculiaridades. Princípios são gerais, enquanto as peculiaridades são restritas. Princípios informam, orientam e inspiram regras legais. Das peculiaridades não são extraídos princípios, nem derivam outras normas. Os princípios sistematizam e dão organicidade a institutos. As peculiaridades esgotam-se num âmbito restrito. Princípios são as regras. Peculiaridades são as exceções.

Para o Direito, o princípio é observado dentro de um sistema. O papel dos princípios nesse sistema será fundamental, pois irá informar e orientar tanto o legislador como o intérprete.

Dentro da Ciência do Direito, o princípio é uma proposição diretora, um condutor para efeito da compreensão da realidade diante de certa norma. Os princípios do Direito não são, porém, regras absolutas e imutáveis, que não podem ser modificadas, mas a realidade acaba mudando certos conceitos e padrões anteriormente verificados, formando novos princípios, adaptando os já existentes e assim por diante. Têm, também, de ser os princípios examinados dentro do contexto histórico em que surgiram. Dentro da dinâmica histórica, podem ser alterados ou adaptados diante da nova situação.

Atuam os princípios no Direito inicialmente antes de a regra ser feita, ou numa fase pré-jurídica ou política. Nessa fase, os princípios acabam influenciando a elaboração da regra, como proposições ideais. Correspondem ao facho de luz que irá iluminar o legislador na elaboração da regra jurídica. São fontes materiais do Direito, pois muitas vezes são observados na elaboração da regra jurídica.

2 FUNÇÕES DOS PRINCÍPIOS

Os princípios têm várias funções: informadora, normativa e interpretativa.

A função informadora serve de inspiração ou orientação ao legislador, dando base à criação de preceitos legais, fundamentando as normas jurídicas e servindo de sustentáculo para o ordenamento jurídico. São descrições informativas que irão inspirar o legislador. Num segundo momento, os princípios informadores servirão também de auxílio ao intérprete da norma jurídica positivada.

Atua a função normativa como fonte supletiva, nas lacunas ou omissões da lei, quando inexistam outras normas jurídicas que possam ser utilizadas pelo intérprete. Irão atuar em casos concretos em que inexista uma disposição específica para disciplinar determinada situação. Nesse caso, são utilizados como regra de integração da norma jurídica, preenchendo as lacunas existentes no ordenamento jurídico, completando-a, inteirando-a. Seria também uma espécie de função integrativa, como instrumentos de integração das normas jurídicas, como ocorre, por exemplo, nas lacunas.

A interpretação de certa norma jurídica também deve ser feita de acordo com os princípios. Irá a função interpretativa servir de critério orientador para os intérpretes e aplicadores da lei. Será uma forma de auxílio na interpretação da norma jurídica e também em sua exata compreensão. De modo geral, qualquer princípio acaba cumprindo também uma função interpretativa da norma jurídica, podendo servir como fonte subsidiária do intérprete para a solução de um caso concreto.

Têm ainda os princípios função construtora. Indicam a construção do ordenamento jurídico, os caminhos que devem ser seguidos pelas normas.

O art. 8º da CLT autoriza o intérprete a utilizar-se da analogia, da equidade, dos princípios gerais de Direito, principalmente do Direito do Trabalho, dos usos e costumes, na falta de disposições legais ou contratuais específicas, porém desde que nenhum interesse de classe ou particular prevaleça sobre o interesse público. O art. 4º do Decreto-Lei nº 4.657/42 permite ao juiz, quando a lei for omissa, decidir o caso concreto que lhe foi submetido de acordo com a analogia, os costumes e os princípios gerais de direito. O juiz não se exime de sentenciar ou despachar alegando lacuna ou obscuridade da lei (art. 140 do CPC). No julgamento da lide, caber-lhe-á aplicar as normas legais; não as havendo, recorrerá à analogia, aos costumes e aos princípios gerais de direito. O juiz, porém, só decidirá por equidade nos casos previstos em lei (parágrafo único do art. 140 do CPC), como ocorre no Direito do Trabalho com a autorização do art. 8º da CLT. Da forma como o art. 8º da CLT está redigido, os princípios têm função integrativa da norma jurídica, pois apenas na falta de disposições legais ou contratuais é que serão aplicados. Isso significa que serão utilizados quando houver lacuna na lei, completando a norma jurídica. Poderão também ser utilizados como forma de interpretação, quando a norma não seja suficientemente clara para o caso a ser dirimido.

Em nosso sistema, os princípios não têm função retificadora ou corretiva da lei, pois só são aplicáveis em caso de lacuna da lei. A finalidade dos princípios é de integração da lei. Se há norma legal, convencional ou contratual, os princípios não são aplicáveis.

Os princípios serão o último elo a que o intérprete irá se socorrer para a solução do caso que lhe foi apresentado. São, portanto, os princípios espécies de fontes secundárias para aplicação da norma jurídica, sendo fundamentais na elaboração das leis e na aplicação do Direito, preenchendo lacunas da lei.

Os princípios são usados como critérios de interpretação e de integração.

3 PRINCÍPIOS GERAIS DE DIREITO

Existem princípios que são comuns ao Direito em geral. É de se destacar, por exemplo, que ninguém poderá alegar a ignorância do Direito. O art. 3º da Lei de Introdução às Normas do Direito Brasileiro é claro no sentido de que ninguém se escusa de cumprir a lei, alegando que não a conhece.

O princípio do respeito à dignidade da pessoa humana é hoje encontrado até mesmo na Constituição (art. 1º, III), como um dos objetivos da República Federativa do Brasil, como um Estado Democrático de Direito. Há de se respeitar a personalidade humana, como um direito fundamental. O inciso X do art. 5º da Lei Maior prevê a inviolabilidade à intimidade, à vida privada, à honra e à imagem das pessoas, assegurando o direito à indenização pelo dano material ou moral decorrente de sua violação.

O princípio da proibição do abuso de direito ou do lícito exercício regular do próprio direito é fundamental no Direito. O inciso I do art. 188 do Código Civil mostra que não constituem atos ilícitos os praticados no exercício regular de um direito reconhecido. Logo, se o ato é praticado mediante seu exercício irregular, estar-se-á diante de um ato ilícito. Silvio Rodrigues afirma que o abuso do direito constitui uma das dimensões do ilícito.[3]

Veda também o Direito o enriquecimento sem causa. Uma pessoa não poderá locupletar-se de outra, enriquecendo às custas dela, sem que haja causa para tanto.

Tem ainda o Direito função social, que é regular a vida humana na sociedade, estabelecendo regras de conduta que devem ser respeitadas por todos. No Direito Romano já se dizia que, onde existe sociedade, aí existirá Direito (*ubi societas, ibi*

---

[3] RODRIGUES, Silvio. *Direito civil*. São Paulo: Max Limonad, 1962. p. 338.

ius) e, reciprocamente, onde existe Direito, aí existirá sociedade (*ubi ius, ibi societas*). Entretanto, pode-se dizer que o Direito é que está a serviço da sociedade e não esta a serviço do Direito. Não há como negar, porém, que o Direito desempenha função social, que é fundamental para regular a vida humana em sociedade.

As pessoas devem agir com razoabilidade. Na aplicação da norma isso também deve ocorrer.

O princípio da proporcionalidade deve ser entendido no sentido de que não se pode impor condutas a não ser para o estrito cumprimento do interesse público. Não se pode agir com excessos, nem de modo insuficiente.

O princípio da segurança jurídica mostra a necessidade da manutenção das relações jurídicas.

É aplicável o princípio da boa-fé, inclusive nos contratos (art. 422 do Código Civil), seja no Direito Civil ou no Comercial, mas também no Direito do Trabalho. É observado inclusive no processo civil. Presume-se a boa-fé. A má-fé deve ser provada. Assim, não se pode dizer que se trata de um princípio específico de Direito do Trabalho, como quer Américo Plá Rodriguez (1990:305). Todo e qualquer contrato deve ter por base a boa-fé. O empregado deve cumprir sua parte no contrato de trabalho, desempenhando normalmente suas atividades, enquanto o empregador também deve cumprir com suas obrigações, daí se falar numa lealdade recíproca.

Não se pode alegar a própria torpeza como forma de deixar de cumprir certa relação. Determinada situação não pode ser considerada como nula em razão de a própria parte lhe ter dado causa. É a aplicação da regra latina *nemo suam propriam turpitudinem profitare potest*.

Ulpiano entendia que são preceitos do Direito: viver honestamente, não lesar a outrem e dar a cada um o que lhe pertence (*iuris praecepta sunt haec – honest vivere, allerum non suum cuique tribuere*).

Os princípios gerais cumprem, assim, função primordial de assegurar a unidade do sistema, como um conjunto de valores e partes coordenadas entre si.

Há também princípios relativos a contratos, como o de que o contrato faz lei entre as partes, ou da força obrigatória dos contratos. Disso decorre o *pacta sunt servanda*, ou seja: os acordos devem ser cumpridos.

É claro que o *pacta sunt servanda* sofre certas atenuações, como da cláusula *rebus sic stantibus contractus qui habent tractum sucessivum et dependentiam de futuro, rebus sic stantibus intelligentur*. Enquanto as coisas permanecerem como estão, devem ser observadas as regras anteriores. Se houver alguma modificação substancial, deve haver revisão da situação anterior. É o que ocorreria com o empregador que se obriga a pagar adicional de insalubridade ao empregado que presta serviços em condições prejudiciais a sua saúde. Entretanto, esse pagamento pode ser revisto em decorrência da utilização de equipamentos de proteção individual que eliminem a insalubridade existente no ambiente de trabalho. O mesmo se pode dizer quando há mudança na realidade econômica, que pode implicar grave desequilíbrio contratual entre as partes, que não era previsto na relação inicial, necessitando também haver revisão das condições anteriormente pactuadas.

Lembre-se, ainda, do princípio da *exceptio non adimpleti contractus*, ou seja: nenhum dos contraentes pode exigir o implemento de sua obrigação antes de cumprir sua parte no pactuado (art. 476 do CC).

O empregado só recebe salários se prestar serviços. Existe, também, o sinalagma inerente a qualquer contrato, em que há uma reciprocidade de direitos e obrigações. O contrato tem função social (art. 421 do CC), gerando direitos e obrigações para as partes, assim como busca-se a paz social com o referido pacto, acertando as partes suas divergências, em que cada uma cede para chegar a um resultado.

4 PRINCÍPIOS DE DIREITO DO TRABALHO

No art. 427, 1, do Tratado de Versalhes foram mencionados os princípios fundamentais do Direito do Trabalho. O primeiro princípio é que o trabalho não pode ser considerado como mercadoria ou artigo de comércio.

Hoje existe liberdade de trabalho (art. 5º, XIII, da Constituição), pois não impera a escravidão ou a servidão, sendo as partes livres para contratar, salvo em relação a disposições de ordem pública.

O inciso III do art. 1º da Constituição prevê que um dos fundamentos da República Federativa do Brasil é a dignidade da pessoa humana e, portanto, da dignidade do trabalhador. A dignidade da pessoa humana é trabalhar livremente.

Dispõe o inciso IV do art. 1º da Lei Maior sobre os valores sociais do trabalho. O art. 170 da Constituição faz referência à valorização do trabalho humano.

No âmbito doutrinário, porém, são poucos os autores que tratam dos princípios do Direito do Trabalho. Mesmo entre os poucos autores que versam sobre o tema não há unanimidade sobre quais seriam os princípios da disciplina, dependendo da ótica de cada autor.

O autor que melhor estudou o assunto foi o uruguaio Américo Plá Rodriguez. Elenca o citado autor (1990:18) seis princípios como do Direito do Trabalho:

(a) princípio da proteção; (b) princípio da irrenunciabilidade de direitos; (c) princípio da continuidade da relação de emprego; (d) princípio da primazia da realidade; (e) princípio da razoabilidade; (f) princípio da boa-fé. O princípio da boa-fé nos contratos não se aplica apenas ao Direito do Trabalho, mas também a qualquer contrato. A boa-fé é prevista nos arts. 113, 187 e 422 do Código Civil e arts. 4º, III e 51, IV, do CDC.

O princípio da razoabilidade esclarece que o ser humano deve proceder conforme a razão, de acordo como faria qualquer homem médio ou comum. Estabelece-se, assim, um padrão comum que o homem médio teria em qualquer situação.

O empregador é que deve fazer a prova de que a despedida foi por justa causa, pois normalmente o empregado não iria dar causa à extinção do contrato de trabalho, justamente porque é a forma de obter o sustento de sua família.

Da mesma forma, o empregador é que deve fazer a prova de que o empregado presta serviços embriagado, pois o homem comum não se apresenta nessas condições. O mesmo se pode dizer do abandono de emprego. O empregado, por presunção, não tem interesse em abandonar o emprego, pois é dele que irá conseguir seu salário, com o qual sobreviverá. Assim, cabe ao empregador provar que o empregado abandonou o emprego, pois o homem médio não abandonaria o emprego sem nenhum fundamento.

Entretanto, essa regra da razoabilidade diz respeito à interpretação de qualquer ramo do Direito, e não apenas do Direito do Trabalho. Lógico que é aplicada ao Direito do Trabalho, mas não se pode dizer que se trata de um princípio do Direito Laboral, pois é aplicada à generalidade dos casos, como regra de conduta humana.

Assim, ficam excluídos os princípios da razoabilidade e da boa-fé em relação àqueles que entendo ser os específicos do Direito do Trabalho.

Os princípios abaixo têm sido mais aceitos nos países da América Latina.

4.1 Princípio da proteção

Como regra, deve-se proporcionar uma forma de compensar a superioridade econômica do empregador em relação ao empregado, dando a este último superioridade jurídica em razão da sua inferioridade econômica (Galart Folch, 1936:16). Esta é conferida ao empregado no momento em que se dá ao trabalhador a proteção que lhe é dispensada por meio da lei. O princípio protetor pode ser uma forma de justificar desigualdades, de pessoas que estão em situações diferentes.

O princípio protetor protege o empregado e não qualquer trabalhador.

Pode ser desmembrado o princípio da proteção em três: (a) o *in dubio pro operario*; (b) o da aplicação da norma mais favorável ao trabalhador; (c) o da aplicação da condição mais benéfica ao trabalhador.

Na dúvida, deve-se aplicar a regra mais favorável ao trabalhador ao se analisar um preceito que encerra regra trabalhista, o *in dubio pro operario*.

O *in dubio pro operario* não se aplica integralmente ao processo do trabalho, pois, havendo dúvida, à primeira vista, não se poderia decidir a favor do trabalhador, mas verificar quem tem o ônus da prova no caso concreto, de acordo com as especificações dos arts. 373 do CPC, e 818 da CLT.

A regra da norma mais favorável está implícita no *caput* do art. 7º da Constituição, quando prescreve "além de outros que visem à melhoria de sua condição social". O art. 7º da Constituição estabelece direitos mínimos, que são completados ou melhorados pela legislação ordinária ou pela vontade das partes. O objetivo não é piorar, mas melhorar as condições de trabalho. O art. 19, 8, da Constituição da OIT determina a aplicação da norma mais favorável ao trabalhador.

A aplicação da norma mais favorável pode ser dividida de três maneiras: (a) a elaboração da norma mais favorável, em que as novas leis devem dispor de maneira mais benéfica ao trabalhador. Com isso se quer dizer que as novas leis devem tratar de criar regras visando à melhoria da condição social do trabalhador; (b) a hierarquia das normas jurídicas: havendo várias normas a serem aplicadas numa escala hierárquica, deve-se observar a que for mais favorável ao trabalhador. Assim, se o adicional de horas extras previsto em norma coletiva for superior ao previsto na lei ou na Constituição, deve-se aplicar o adicional da primeira. A exceção à regra diz respeito a normas de caráter proibitivo; (c) a interpretação da norma mais favorável: da mesma forma, havendo várias normas a observar, deve-se aplicar a regra mais benéfica ao trabalhador. O art. 611-A da CLT mostra que é possível estabelecer condições mais favoráveis ao trabalhador, até porque o referido preceito é exemplificativo, pois usa a expressão "tais como".

A condição mais benéfica ao trabalhador deve ser entendida como o fato de que vantagens já conquistadas, que são mais benéficas ao trabalhador, não podem ser modificadas para pior. É a aplicação da regra do direito adquirido (art. 5º, XXXVI, da Constituição), do fato de o trabalhador já ter conquistado certo direito, que não pode ser modificado, no sentido de se outorgar uma condição desfavorável ao obreiro (art. 468 CLT). Ao aprendiz é garantido o salário mínimo horário, salvo condição mais favorável (§ 2º do art. 428 da CLT).

Esclarece a Súmula 51 do TST que "as cláusulas regulamentares, que revoguem ou alterem vantagens deferidas anteriormente, só atingirão os trabalhadores admitidos após a revogação ou alteração do regulamento" (I). Assim, uma cláusula menos favorável aos trabalhadores só tem validade em relação aos novos obreiros admitidos na empresa e não quanto aos antigos, aos quais essa cláusula não se aplica.

4.2 Princípio da irrenunciabilidade de direitos

Temos como regra que os direitos trabalhistas são irrenunciáveis pelo trabalhador. Não se admite, por exemplo, que o trabalhador renuncie a suas férias. Se tal fato ocorrer, não terá qualquer validade o ato do operário, podendo o obreiro reclamá-las na Justiça do Trabalho.

Dispõe o art. 3º da Lei do Trabalho da Venezuela que "em nenhum caso serão renunciáveis as normas e disposições que favoreçam os trabalhadores". O parágrafo único prevê que "a irrenunciabilidade não exclui a possibilidade de conciliação ou transação sempre que se realize por escrito e contenha uma relação circunstanciada dos fatos que a motivem e os direitos nela compreendidos".

O art. 9º da CLT é claro no sentido de que "serão nulos de pleno direito os atos praticados com o objetivo de desvirtuar, impedir ou fraudar a aplicação dos preceitos trabalhistas".

Poderá, entretanto, o trabalhador renunciar a seus direitos se estiver em juízo, diante do juiz do trabalho, pois nesse caso não se pode dizer que o empregado esteja sendo forçado a fazê-lo. Estando o trabalhador ainda na empresa é que não se poderá falar em renúncia a direitos trabalhistas, pois poderia dar ensejo a fraudes. É possível, também, ao trabalhador transigir, fazendo concessões recíprocas, o que importa um ato bilateral.

Feita a transação em juízo, haverá validade em tal ato de vontade, que não poderá ocorrer apenas na empresa, pois, da mesma forma, há a possibilidade da ocorrência de fraudes. Em determinados casos, a lei autoriza a transação de certos direitos com a assistência de um terceiro. O parágrafo único do art. 444 da CLT autoriza o empregado a tratar diretamente com o empregador se ganhar mais de duas vezes o limite máximo dos benefícios da Seguridade Social e tiver diploma de curso superior.

A transação pressupõe incerteza do direito para que possam ser feitas concessões mútuas.

Para haver transação é preciso que exista dúvida na relação jurídica (*res dubia*). Se não há dúvida, uma das partes faz doação para outra, dependendo do caso.

Não se pode falar em transação quanto ao direito às verbas rescisórias, que são, inclusive, irrenunciáveis pelo trabalhador. Nesse caso, não há *res dubia*, pois as verbas rescisórias são devidas. A Súmula 276 do TST mostra que aviso-prévio é irrenunciável pelo trabalhador.

Inexiste transação em relação às verbas que estão sendo pagas no termo de rescisão do contrato de trabalho por adesão a plano de desligamento ou de aposentadoria, pois inexiste *res dubia*. Da mesma forma, inexiste coisa julgada em relação ao referido termo, pois não foi homologado em juízo.

A transação interpreta-se restritivamente (art. 843 do CC), assim como os negócios jurídicos benéficos interpretam-se estritamente (art. 114 do CC); porém a rescisão do contrato de trabalho não importa transação, pois inexistem *res dubia* e concessões mútuas no pagamento das verbas rescisórias (art. 840 do CC), apenas são saldadas as importâncias devidas ao empregado. Assim, a transação tem de ser interpretada restritivamente (art. 114 do CC), mas não pode implicar renúncia a direitos trabalhistas.

Compreende a transação concessões recíprocas. Por isso, é bilateral. A renúncia é unilateral. Objetiva a transação prevenir litígios.

A transação compreende direito duvidoso. A renúncia diz respeito à extinção do direito. A transação concerne à extinção da obrigação.

Direitos de indisponibilidade absoluta são, por exemplo, os direitos relativos à segurança e medicina do trabalho.

Direitos de indisponibilidade relativa são os que podem ser alterados desde que não causem prejuízo ao empregado (art. 468 da CLT) ou haja expressa autorização constitucional (reduzir salários – art. 7º, VI) ou legal (reduzir intervalo – § 3º do art. 71 da CLT).

O art. 855-B da CLT permite que o juiz homologue acordo extrajudicial mediante apresentação de petição conjunta das partes, sendo obrigatória a representação das partes por advogado distinto.

Plano de Demissão Voluntária ou Incentivada, para dispensa individual, plúrima ou coletiva, previsto em convenção coletiva ou acordo coletivo de trabalho, enseja quitação plena e irrevogável dos direitos decorrentes da relação empregatícia, salvo disposição em contrário estipulada entre as partes (art. 477-B da CLT).

4.3 Princípio da continuidade da relação de emprego

Presume-se que o contrato de trabalho terá validade por tempo indeterminado, ou seja, haverá a continuidade da relação de emprego. A exceção à regra são os contratos por prazo determinado, inclusive o contrato de trabalho temporário. A ideia geral é a de que se deve preservar o contrato de trabalho do trabalhador com a empresa, proibindo-se, por exemplo, uma sucessão de contratos de trabalho por prazo determinado.

A Súmula 212 do TST adota essa ideia ao dizer que "o ônus de provar o término do contrato de trabalho, quando negados a prestação de serviço e o despedimento, é do empregador, pois o princípio da continuidade da relação de emprego constitui presunção favorável ao empregado".

São exemplos da continuidade do contrato de trabalho encontrados na legislação: a transferência do empregado (art. 469 da CLT), que preserva a relação de emprego; a estabilidade ou a garantia de emprego, que impedem a dispensa do trabalhador por parte do empregador; a suspensão e a interrupção dos efeitos do contrato de trabalho, especialmente a suspensão para qualificação profissional (art. 476-A da CLT), pois o empregado tem os efeitos de seu contrato de trabalho suspensos, recebe prestações do FAT, mas mantém seu posto de trabalho; a mudança na estrutura e na propriedade da empresa (arts. 10 e 448 da CLT), que não alteram o contrato de trabalho; as hipóteses de redução de salários (art. 7º, VI, da Constituição) e de redução da jornada (art. 7º, XIII, da Lei Maior), que promovem flexibilização de condições de trabalho temporárias com a fiscalização do sindicato de trabalhadores, evitando dispensas nas crises econômicas.

4.4 Princípio da primazia da realidade

Os fatos prevalecem sobre a forma. A essência se sobrepõe à aparência.[4]

No Direito do Trabalho os fatos são muito mais importantes do que os documentos. Por exemplo, se um empregado é rotulado de autônomo pelo empregador, possuindo contrato escrito de representação comercial com o último, o que deve ser observado realmente são as condições fáticas que demonstrem a existência do contrato de trabalho. Muitas vezes, o empregado assina documentos sem saber o que está assinando. Em sua admissão, pode assinar todos os papéis possíveis, desde o contrato de trabalho até seu pedido de demissão, daí a possibilidade de serem feitas provas para contrariar os documentos apresentados, que irão evidenciar realmente os fatos ocorridos na relação entre as partes.

São privilegiados, portanto, os fatos, a realidade, sobre a forma ou a estrutura empregada.

Questões

1. O que são princípios?
2. Que princípios do Direito Civil seriam aplicáveis ao Direito do Trabalho?

---

[4] RODRIGUEZ, Américo Plá. *Princípios*. 3. ed. São Paulo: LTr, 2000, p. 339 e 341.

3. Quais são os princípios do Direito do Trabalho?

4. Como explicar o princípio da condição mais favorável?

5. No que consiste o princípio da continuidade?

6. O que vem a ser o princípio da razoabilidade?

Parte II

DIREITO INTERNACIONAL PÚBLICO DO TRABALHO

Capítulo 11

DIREITO INTERNACIONAL PÚBLICO DO TRABALHO

1 INTRODUÇÃO

O Direito Internacional Público do Trabalho não faz parte do Direito do Trabalho, mas é um dos segmentos do Direito Internacional. Há necessidade, entretanto, de se estudar o Direito Internacional do Trabalho para serem compreendidas certas regras internacionais que abrangem o trabalho, principalmente as emanadas da Organização Internacional do Trabalho (OIT).

É o momento de tratar do Direito Internacional Público do Trabalho, pois dele advirão certos conceitos que empregarei daqui em diante, principalmente os decorrentes de convenções e recomendações da OIT.

Em português, são usadas as palavras *acordo, ajuste, arranjo, ata, ato, carta, código, compromisso, constituição, contrato, convenção, convênio, declaração, estatuto, memorando, pacto, protocolo* e *regulamento*. São termos de uso livre e aleatório, segundo Francisco Rezek.[1]

Carta e *constituição* vêm a ser usados nos tratados constitutivos de organizações internacionais, como a OIT.

1 REZEK, José Francisco. *Direito internacional público*. 7. ed. São Paulo: Saraiva, 1998. p. 17.

Ajuste, *arranjo* e *memorando* são empregados na denominação de tratados bilaterais de importância reduzida.

Concordata é utilizada para o tratado bilateral em que uma das partes é a Santa Sé e que tem por objeto a organização do culto, a disciplina eclesiástica, missões apostólicas, relações entre a Igreja católica local e o Estado copactuante.

O inciso I do art. 49 da Constituição faz referência a tratados, acordos ou *atos internacionais*. O inciso VIII do art. 84 da mesma norma menciona *tratados*, *convenções* e *atos internacionais*. O § 2º do art. 5º usa a expressão *tratados internacionais*. O § 3º do art. 5º usa a expressão *tratados e convenções internacionais*. Em princípio, poderia se entender que seriam institutos diversos.

Convenção parece ter um sentido específico, pois é empregado para as determinações oriundas da Conferência da OIT.

Tratado é uma norma jurídica escrita celebrada entre Estados, para solucionar ou prevenir situações ou estabelecer certas condições. No âmbito trabalhista, seria o estabelecimento de regras de trabalho ou a solução de certas situações de trabalho. Exemplo: o tratado que o Brasil mantém com o Paraguai, no que diz respeito a Itaipu, quanto a questões de natureza trabalhista e previdenciária.

O inciso I do art. 49 da Constituição declara que é de competência exclusiva do Congresso Nacional resolver definitivamente sobre tratados, acordos ou atos internacionais que venham a acarretar encargos ou compromissos ao patrimônio nacional. Ao Presidente da República compete privativamente celebrar tratados, convenções e atos internacionais, sujeitos a referendo do Congresso Nacional (art. 84, VIII, da Constituição). Assim, o Presidente da República tem a iniciativa de celebrar os tratados, que serão submetidos à apreciação do Congresso Nacional, que resolverá definitivamente sobre o tema.

Implica o tratado direitos e obrigações.

Consiste a ratificação no "ato pelo qual o Poder Executivo, devidamente autorizado pelo órgão para isso designado na lei interna, confirma um tratado ou declara que este deve produzir seus devidos efeitos".[2]

O tratado não se confunde com o costume, pois o tratado é um ajuste formal, segue certas formas. Não precisa necessariamente ser escrito.

Distingue-se o tratado de *gentleman agreement* porque este não compreende sujeitos de direito internacional. É um mero acordo de cavalheiros.

---

[2] ACCIOLY, Hildebrando. *Tratado de direito internacional público*. 2. ed. Rio de Janeiro: IBGE, 1956. v. 1, p. 574.

Os tratados podem ser classificados em bilaterais, que abrangem duas partes, ou multilaterais ou plurilaterais, em que há várias partes. É também encontrada a expressão *tratado coletivo*, quando as partes são muito numerosas.

Hildebrando Accioly prefere a classificação de tratados-contratos e tratados-leis ou tratados normativos. Os tratados normativos são celebrados entre muitos Estados, fixando normas de direito internacional, podendo ser comparados a verdadeiras leis. Os tratados-contratos regulam interesses recíprocos dos Estados convenentes, resultando de concessões mútuas, tendo aparência de contratos. Alguns tratados têm as duas qualidades, de contrato e de lei, como acontece com os tratados de paz.

A aprovação é feita por decreto legislativo do Senado Federal.

Há quem entenda que as normas internacionais teriam vigência imediata, por compreenderem direitos e garantias fundamentais, tendo por fundamento o § 1º do art. 5º da Constituição. Seria desnecessária a promulgação da norma internacional.

Quem faz menção aos tratados internacionais são os §§ 2º e 3º do art. 5º da Lei Magna, e não o § 1º do mesmo artigo. Outros direitos podem ser especificados em tratados internacionais que o Brasil tenha ratificado.

Leciona Hildebrando Accioly que promulgação "é o ato jurídico, de natureza interna, pelo qual o governo de um Estado afirma ou atesta a existência de um tratado por ele celebrado e o preenchimento das formalidades exigidas para sua conclusão e, além disso, ordena sua execução dentro dos limites aos quais se estende a competência estatal".[3] Menciona ainda o mestre que "essa publicação tem em vista apenas a produção de efeitos na ordem interna e é regulada pelo direito público interno de cada Estado".[4]

A vigência da norma internacional exige publicidade, tornando público o texto oficial, o que é feito por intermédio de decreto de promulgação, isto é, por decreto do presidente da República.

Não existe determinação constitucional no sentido de a promulgação ser feita por decreto. Assevera Francisco Rezek que é uma praxe "tão antiga quanto a Independência e os primeiros exercícios convencionais do Império". Vale o decreto "como ato de publicidade da existência do tratado, norma jurídica de vigência atual ou iminente. Publica-os, pois, o órgão oficial, para que o tratado

---

[3] ACCIOLY, Hildebrando. *Tratado de direito internacional público*. 2. ed. Rio de Janeiro: Ministério das Relações Exteriores, 1956. v. 1, p. 602.

[4] Idem, ibidem, p. 601.

– cujo texto completo vai em anexo – se introduza na ordem legal, e opere desde o momento próprio. A simples publicação no *Diário Oficial*, autorizada pelo Ministro das Relações Exteriores e efetivada pela Divisão de Atos Internacionais do Itamaraty, garante a introdução no ordenamento jurídico nacional dos acordos celebrados no molde 'executivo' – sem manifestação tópica do Congresso ou intervenção formal, a qualquer título, do Presidente da República".[5]

A Constituição da OIT não dispõe, porém, que a convenção deve ser promulgada.

A norma internacional só vige "depois de oficialmente publicada" (art. 1º da Lei de Introdução às Normas do Direito Brasileiro), o que é feito com o decreto de promulgação publicado no *Diário Oficial da União.* Com isso, a norma internacional é traduzida para o português, é tornada pública, sendo indicada a data de sua vigência.

A publicação do texto da norma internacional no *Diário do Congresso Nacional* não tem o condão de torná-la obrigatória, o que só é realizado com a publicação no *Diário Oficial da União*, quando é fixada a data do início de sua vigência.

2 OIT

O estudo do Direito Internacional do Trabalho passa a assumir especial importância com o Tratado de Versalhes, de 1919. A OIT é constituída na Parte XIII do referido tratado, tendo sido complementada posteriormente pela Declaração de Filadélfia, de 1944.

Em 1920, a OIT foi transferida para Genebra.

É composta a OIT de três órgãos: a Conferência ou Assembleia Geral, o Conselho de Administração e a Repartição Internacional do Trabalho.

A Conferência ou Assembleia Geral é o órgão de deliberação da OIT, que se reúne no local indicado pelo Conselho de Administração. As reuniões são realizadas em junho de cada ano em Genebra, mas podem ser realizadas em outro país, como já ocorreu em São Francisco (Convenção 87). A Conferência é constituída de representantes dos Estados-Membros. São realizadas sessões, pelo menos uma vez por ano, em que comparecem as delegações de cada Estado-Membro. As delegações têm estrutura tripartite. Cada delegação tem quatro membros: dois do governo, um dos trabalhadores e um dos empregadores. Cada delegação pode se fazer acompanhar de conselheiros técnicos. A Conferência traça as diretrizes básicas a serem observadas no âmbito da OIT quanto à política social. É na Conferência que são elaboradas as convenções e recomendações internacionais da OIT.

---

[5] REZEK, José Francisco. *Direito internacional público*. 7. ed. São Paulo: Saraiva, 1998. p. 84.

O Conselho de Administração exerce função executiva, administrando a OIT, sendo também composto de representantes de empregados, empregadores e do governo. Tem função financeira e administrativa. Coordena as atividades da organização. O Conselho de Administração fixa a data, local e ordem do dia das reuniões da Conferência, elege o Diretor-Geral da Repartição Internacional do Trabalho e institui comissões permanentes ou especiais. Reúne-se o Conselho de Administração três vezes por ano em Genebra. O Conselho é eleito de três em três anos pela Conferência Geral. Há um presidente e dois vice-presidentes. É composto, atualmente, de 56 membros. São 28 representantes dos governos, 14 dos empregadores e 14 dos empregados. Dos 28 representantes governamentais, dez são nomeados pelos Estados-Membros de maior importância industrial e 18 são nomeados pelos Estados-Membros designados para esse fim pelos delegados governamentais da conferência.

A Repartição Internacional do Trabalho é a secretaria da OIT, dedicando-se a documentar e divulgar suas atividades, publicando as convenções e recomendações adotadas, editando a *Revista Internacional do Trabalho* e a *Série Legislativa*, de maneira a expor as leis trabalhistas dos países-membros. Faz a preparação técnica da abertura da Conferência e cooperação técnica aos governos. Exerce atividade de pesquisa e de publicação. Edita a *Revista Internacional do Trabalho*. A Repartição Internacional do Trabalho é dirigida pelo Diretor-Geral nomeado pelo Conselho de Administração, de quem receberá instruções.

A OIT é uma organização especializada. A ONU é uma organização geral.

O protocolo é a forma em que é feito o acordo entre os negociadores a respeito de um tratado.

A ratificação é a maneira de se dar validade ao tratado, mostrando que o governo aprova o pacto, que passa a integrar sua ordem jurídica. No Brasil, os tratados e convenções internacionais são considerados normas supralegais pelo STF.

As convenções da OIT são normas jurídicas provenientes da Conferência da OIT, que têm por objetivo determinar regras gerais obrigatórias para os Estados que as ratificarem, passando a fazer parte de seu ordenamento jurídico interno. São aprovadas as convenções da OIT pela Conferência Internacional por maioria de dois terços dos delegados presentes na conferência (art. 19.2, da Constituição da OIT). Para terem validade, devem ser ratificadas pelos países signatários. Os Estados, porém, não são obrigados a ratificá-las, só o fazendo quando assim têm interesse. Têm por objetivo determinar regras gerais obrigatórias para os Estados que as ratificarem, passando a fazer parte de seu ordenamento jurídico interno. É obrigatória a convenção depois de ratificada. Firma direitos e obrigações. As Convenções da OIT têm natureza de tratados multilaterais, pois podem ter várias partes, por gerarem direitos e obrigações para as partes acordantes. São abertas, pois permitem a ratificação sem qualquer limite de prazo. Todos os países-membros da ONU são automaticamente membros da OIT. É objeto de ratificação. É considerada fonte formal de Direito. O não cumprimento da Convenção por um país implica sanção moral aplicada pela OIT. Na prática, certos países podem impor limitações ou sanções econômicas a outros pelo fato de não ratificarem as Convenções da OIT, como opor embargos comerciais a produtos do referido país por ter trabalho escravo ou infantil etc.

Dispõe o § 3º do art. 5º da Constituição que os tratados e convenções internacionais sobre direitos humanos que forem aprovados, em cada Casa do Congresso Nacional, em dois turnos, por três quintos dos votos dos respectivos membros, serão equivalentes às emendas constitucionais.

As convenções da OIT podem ser divididas em:

a) autoaplicáveis, que dispensam qualquer regulamentação;
b) de princípios, que apenas estabelecem normas gerais dirigidas aos Estados, que irão regular a matéria;
c) promocionais, que estabelecem programas a ser disciplinados pela legislação nacional a médio e longo prazos.

Até 1939, as convenções eram detalhistas. Após esse ano, são convenções de direitos humanos fundamentais. Posteriormente, convenções de princípios, de acordo com condições socioeconômicas. Eram acompanhadas de recomendações detalhistas.

A vigência internacional de uma convenção da OIT passa a ocorrer geralmente a partir de 12 meses após o registro de duas ratificações por Estados-Membros na Repartição Internacional do Trabalho. Normalmente, no campo internacional a Convenção tem vigência por prazo indeterminado. Se a Convenção não estiver em vigor no país que a ratificou, não terá eficácia nesse país.

Após ser a Convenção aprovada pela Conferência Internacional do Trabalho, o governo do Estado-Membro deve submetê-la, no prazo máximo de 18 meses, ao órgão nacional competente (art. 19, § 5º, *b*, da Constituição da OIT), que, em nosso caso, é o Congresso Nacional (art. 49, I, da Constituição). O chefe de Estado poderá ratificá-la em ato formal dirigido ao Diretor-Geral da Repartição Internacional do Trabalho (art. 19, § 5º, *d*, da Constituição da OIT). A Convenção entrará em vigor no país, depois de certo período da data em que haja sido registrada na OIT sua ratificação, e que normalmente é especificado na referida norma internacional. A ratificação tem validade decenal. No Brasil, a Convenção é aprovada por meio de decreto legislativo. Há necessidade, ainda, de que a Convenção seja tornada pública, para efeito de divulgação de seu texto, o que é feito por meio de decreto do Presidente da República, pois a lei ou a norma internacional só vige "depois de oficialmente publicada" (art. 1º do Decreto-Lei nº 4.657/42) no *Diário Oficial*.

As Convenções da OIT têm natureza de tratado-lei, de tratado internacional, de tratado multilateral e não de tratado-contrato, pois formulam regras, condições ou princípios de ordem geral, destinados a reger certas relações internacionais, estabelecendo normas gerais de ação, como ocorre com a Convenção sobre o mar territorial. As Convenções da OIT não correspondem, porém, a leis supranacionais, pois a Conferência da OIT não tem natureza de um Parlamento Universal com a possibilidade de impor normas aos Estados. O ato-regra é a Convenção aprovada pela Conferência. O ato-condição é a ratificação pelo Estado-Membro.

Para a OIT, são princípios fundamentais: (a) livre associação sindical e negociação coletiva; (b) abolição do trabalho forçado; (c) não discriminação ou igualdade; (d) abolição do trabalho infantil (item 2 da Declaração sobre os princípios fundamentais e direitos ao trabalho da OIT, de 1998).

A OIT considera as convenções que promovem trabalho decente: (1) 87, sobre liberdade sindical; (2) 98, sobre negociação coletiva; (3) 29, trabalho forçado; (4) 105, abolição do trabalho forçado; (5) 138, idade mínima para o trabalho; (6) 182, piores formas de trabalho infantil; (7) 100, igualdade de remuneração; (111) não discriminação. Essas convenções também são consideradas pela OIT como fundamentais.[6]

São consideradas prioritárias para a OIT certas convenções: 81, sobre Inspeção do Trabalho; 129, sobre Inspeção do Trabalho na Agricultura; 144, sobre consulta tripartite; 122, sobre Política de Emprego. O órgão encoraja os países a ratificá-las, em razão da sua importância para o funcionamento de um sistema internacional de padrões para o trabalho.[7]

Atualmente, 75 convenções da OIT são consideradas relevantes pela organização. As demais não são consideradas relevantes, pois perderam interesse no curso do tempo, foram revistas por outras mais recentes. Exemplo é a Convenção número 3 que foi revista pela de número 103.

---

6 *Freedom of association in practice*: lessons learned. Genebra: Oficina Internacional do Trabalho, 2008. p. 8.

7 *Rules of the game*. A brief introduction to International Labour Standards. Genebra: Oficina Internacional do Trabalho, 2005. p. 13.

O Trabalho 3-D não deve ser permitido: *dirty* (sujo), *dangerous* (perigoso) e *degrading* (degradante).

A livre associação sindical e a negociação coletiva são consideradas direitos fundamentais pela OIT.[8] Elas têm raízes na Constituição da OIT e na Declaração de Filadélfia anexada à Constituição da OIT. A Convenção 87 da OIT não trata de pluralismo sindical. Cabe ao trabalhador escolher livremente entre pluralismo ou monopólio, ingressando ou saindo livremente do sindicato. A lei não pode impor nada.

Recomendação é uma norma da OIT em que não houve número suficiente de adesões para que ela viesse a transformar-se numa Convenção. Para tanto, passa a ter validade apenas como sugestão ao Estado, como mera indicação, de modo a orientar seu Direito interno. Ela não é ratificada pelo Estado-Membro, ao contrário do que ocorre com a Convenção, mas é submetida à autoridade competente no Direito interno. É facultativa a recomendação, não obrigando os países-membros da OIT, servindo apenas como indicação ou orientação, de guia (*guideline*). Normalmente, a recomendação tem a finalidade de completar as disposições de uma Convenção da OIT. Antecede, muitas vezes, a elaboração de uma convenção. É precária. Não cria direitos e obrigações. Não existe entrada em vigor, denúncia e revisão. O tema é incerto para adoção pelos países de convenção. A matéria ainda não está madura para ser adotada sob a forma de Convenção. Precisa ser melhor debatida. É considerada mera fonte material de Direito, servindo de inspiração para o legislador nacional tratar de seu conteúdo. Trata de tema que não tem solução a ser aplicada de maneira geral nos países, que ainda não é aceita ou é controversa. Deve haver informação periódica para a OIT sobre o estado da legislação interna sobre o tema.

Apesar de a recomendação não precisar ser aprovada ou promulgada, o Decreto nº 3.597, de 12-1-2000, promulgou a Recomendação nº 190 da OIT. O Decreto Legislativo nº 51, de 30-6-1974, aprovou a Recomendação nº 139 da OIT.

Tanto para a Convenção como para a Recomendação, há necessidade de que sejam aprovadas pela Conferência em duas sessões seguidas, que são realizadas em dois anos seguidos, visando, assim, à maior segurança.

A Conferência poderá pronunciar-se pela aceitação de uma convenção ou de uma recomendação, quando não for possível adotar a primeira. Não é, portanto, aprovada automaticamente a recomendação se não for aprovada a convenção (art. 19 da Constituição da OIT). Em ambos os casos, há necessidade de voto de dois terços dos presentes.

---

8 *Freedom of association in practice*: lessons learned. Genebra: Oficina Internacional do Trabalho, 2008. p. 5.

Inglês e francês são as línguas dos textos autênticos. Espanhol é a língua de trabalho da OIT.

A OIT prega universalidade, pois suas normas devem ser observadas no mundo todo. Não pretende criar uniformidade de procedimentos nos países. Não tem por objetivo impor determinações, mas persuadir os países a aplicarem certos procedimentos; flexibilidade, em razão de que remete à legislação de cada país ou a Convenção permite que o país escolha a idade mínima para o trabalho (C. 138); tripartismo, com participação do governo, trabalhadores e empregadores nas discussões e decisões. Objetiva a OIT promover justiça social, por meio de padrões internacionais de trabalho.

As resoluções da OIT servem para dar seguimento aos procedimentos das normas internacionais, como se fossem decisões ordinatórias.

Denúncia é o aviso-prévio dado pelo Estado de que não tem interesse em continuar aplicando uma norma internacional. No caso da Convenção da OIT, é o ato pelo qual o Estado avisa a OIT que já não tem interesse em continuar observando aquela norma em seu ordenamento jurídico interno. Só é possível denunciar uma Convenção da OIT no decurso do décimo ano, sendo que há prorrogação por iguais períodos se o Estado não observar a referida faculdade.

Revisão é o ato pelo qual a norma internacional vai ser adaptada à realidade econômica e social do país acordante. Geralmente, as próprias convenções já tratam da forma como serão revistas. A Convenção 3 foi revista pela Convenção 103 da OIT.

Reclamação é a forma de que dispõem as organizações profissionais de trabalhadores ou de empregadores para mostrar o não cumprimento de convenção ratificada por parte de um Estado-Membro. A reclamação é dirigida ao Conselho de Administração.

Queixa é o processo instaurado contra Estado-Membro que não adotou as medidas necessárias ao cumprimento de uma convenção por ele ratificada. Pode ser feita por qualquer Estado-Membro que tenha ratificado a convenção, como, *ex officio*, pelo Conselho de Administração ou pela representação de qualquer delegação à Conferência Internacional do Trabalho. A queixa é apresentada à Repartição Internacional do Trabalho, que a encaminha ao Conselho de Administração, no caso do Estado-Membro.

O sistema de controle de aplicação das Convenções ratificadas pelos países é feito por meio da Comissão de Peritos em Aplicação de Convenções e Recomendações da Conferência Internacional do Trabalho.

A Comissão de Peritos é um órgão técnico, composto por pessoas independentes e que se reúnem anualmente para verificar, com base em relatórios apresentados pelos governos, se estes efetivamente cumprem as convenções ratificadas. As observações dos peritos são submetidas anualmente à Comissão da Conferência que discute com as delegações dos governos envolvidos as discrepâncias observadas pela Comissão de Peritos, visando a sua eliminação. A Comissão de Peritos é formada de 20 membros de diferentes nacionalidades e não tem composição tripartite.

A ideia de se estabelecer um padrão internacional para o trabalho é válida para a resolução de problemas decorrentes da globalização, mas tem de ser analisada de acordo com a soberania de cada país, que precisa submeter a matéria ao seu parlamento. Existem diferentes legislações em cada país. Cada um adota um sistema trabalhista. O ideal seria se fazer harmonização entre as legislações e não padronização.

Alguns problemas podem ser resolvidos pelo estabelecimento de certos padrões, como entre imigrantes, que saem de um país e vão trabalhar em outro; de se considerar como direitos mínimos ou direitos fundamentais; papel dos salários mínimos combinado com emprego condicional de benefícios, como foi feito no Reino Unido e na Irlanda; ou então se estabelecer certas Convenções da OIT como princípios mínimos, como de liberdade sindical, de negociação coletiva etc.

Outros problemas não são resolvidos pelo estabelecimento de padrões internacionais de trabalho, como a pobreza, a desigualdade, o fluxo de capital, o desemprego ou a criação de empregos, a economia informal, pois são questões que dependem da Economia.

A Declaração Tripartite de Princípios sobre Empresas Multinacionais e Política Social afirma que devem ser respeitadas as soberanias dos Estados, obedecidas as leis e regulações nacionais. Deve haver a estimulação do desenvolvimento e do crescimento econômico visando à promoção do emprego. A promoção da igualdade de oportunidade e tratamento no emprego objetiva eliminar qualquer discriminação baseada em cor, raça, sexo, religião, opinião política, nacionalidade ou origem social. O governo deve proporcionar treinamento vocacional. Os salários, benefícios e condições de trabalho oferecidos pela multinacional não podem ser menos favoráveis para os trabalhadores em relação àquelas que são oferecidas a empregados do seu país de origem. O governo deve assegurar segurança e saúde adequadas como padrões para os referidos empregadores.

Propõe a OIT agenda de trabalho decente, consistente em promover o diálogo social, proteção social e criação de empregos. Esclarece que o trabalho não é mercadoria, pois não pode ser negociado pelo maior lucro ou pelo menor preço.

Deve haver política de resultados nos países, com distribuição de renda, fiscalização trabalhista, permitindo que as pessoas possam trabalhar com dignidade.

A Declaração fundamental de princípios e direitos no trabalho, de 1998, verifica os desafios da globalização, que tem sido o foco em debate na OIT desde 1994. Há necessidade de se observar certas regras sociais de piso, fundada em valores comuns. O objetivo é estimular esforços nacionais para assegurar que o progresso social caminha de mãos dadas com o progresso econômico e precisa respeitar as diversidades das circunstâncias, possibilidades e preferências nos países. Foi estabelecido um mínimo social para responder às realidades da globalização.

A OIT editou em 2008 a Declaração de Justiça Social para uma globalização mais justa. É a terceira declaração de princípios e políticas adotada pela Conferência desde a Constituição de 1919. Expressa a visão atual da OIT a respeito da era da globalização. É enfatizado que a chave da questão é a organização tripartite. A Declaração foi editada num momento crucial politicamente importante, refletindo o consenso de se trabalhar uma dimensão social para o aperfeiçoamento contínuo da relação trabalhista. É o compasso para a promoção de uma globalização justa fundada no trabalho decente, como uma prática ferramenta para acelerar o progresso e implementar uma agenda para o trabalho decente nos países.

Os países devem apresentar anualmente relatório sobre as medidas por eles tomadas para execução das convenções a que aderiram (art. 22 da Constituição da OIT). Podem ser bienais os relatórios a respeito do cumprimento das Convenções: 87, sobre liberdade sindical; 98, sobre negociação coletiva; 29, sobre trabalho forçado; 105, sobre abolição de trabalho forçado; 100, sobre igualdade de remuneração; 111, sobre discriminação no emprego e ocupação; 138, sobre idade mínima para o trabalho; 182, sobre as piores formas de trabalho das crianças; 122, sobre política de emprego; 81, sobre inspeção do trabalho; 129, sobre inspeção do trabalho na Agricultura; 144, sobre consultas tripartites. Para as demais convenções os relatórios devem ser apresentados a cada cinco anos.

O Conselho de Administração poderá recomendar à Conferência a adoção de qualquer medida que lhe pareça conveniente para assegurar a execução das recomendações da Comissão de Inquérito (art. 33 da Constituição da OIT).

3 DECLARAÇÕES INTERNACIONAIS

As declarações internacionais são atos que indicam regras genéricas, geralmente inspiradas por critérios de justiça, de modo a servir de base a um sistema jurídico. De certa forma, seriam equiparadas a uma norma programática, que traçaria critérios gerais. Não são regras imperativas, mas apenas uma orientação geral. Não criam direitos e obrigações. Exemplos: a Declaração Universal dos Direitos do Homem, a Carta Social Europeia etc.

A Declaração Universal dos Direitos do Homem foi aprovada pela Assembleia Geral das Nações Unidas em 1948. Prevê alguns direitos trabalhistas:

> "Art. XXIII. 1. Todo homem tem direito ao trabalho, à livre escolha de emprego, a condições justas e favoráveis de trabalho, e à proteção contra o desemprego. 2. Todo homem, sem qualquer distinção, tem direito a igual remuneração por igual trabalho. 3. Todo homem que trabalha tem direito a uma remuneração justa e satisfatória, que lhe assegure, assim como a sua família, uma existência compatível com a dignidade humana, e a que se acrescentarão, se necessário, outros meios de proteção social. 4. Todo homem tem direito a organizar sindicatos e a neles ingressar para proteção de seus interesses"; "Art. XXIV. Todo homem tem direito a repouso e lazer, inclusive a limitação razoável das horas de trabalho e a férias remuneradas periódicas". Não se diz qual é a jornada de trabalho nem quantos são os dias de férias. "Art. XXV. 1. Todo homem tem direito a um padrão de vida capaz de assegurar a si e a sua família saúde e bem-estar, inclusive alimentação, vestuário, habitação, cuidados médicos e os serviços sociais indispensáveis, e direito à segurança em caso de desemprego, doença, invalidez, viuvez, velhice, ou outros casos de perda dos meios de subsistência em circunstâncias fora de seu controle. 2. A maternidade e a infância têm direito a cuidados e assistências especiais. Todas as crianças, nascidas dentro ou fora do matrimônio, gozarão da mesma proteção social".

O Brasil ratificou a Convenção Americana sobre Direitos Humanos, de 22 de novembro de 1969, promulgada pelo Decreto nº 678, de 6-11-1992. A referida norma internacional proíbe a escravidão e a servidão (art. 6º). Todas as pessoas têm o direito de associar-se livremente com fins ideológicos, religiosos, políticos, econômicos, trabalhistas, sociais, culturais, desportivos ou de qualquer outra natureza. O exercício de tal direito só pode estar sujeito às restrições, previstas pela lei, que sejam necessárias, numa sociedade democrática, no interesse da segurança nacional, da segurança ou da ordem pública, ou para proteger a saúde ou a moral públicas ou os direitos e liberdades das demais pessoas. Não se priva do exercício do direito de associação aos membros das Forças Armadas e da Polícia (art. 16).

4 TRATADOS INTERNACIONAIS

Na Comunidade Econômica Europeia, os Regulamentos, ao serem publicados no *Diário Oficial* da Comunidade, têm alcance geral e obrigatório, sendo aplicáveis diretamente em cada Estado-Membro. As Diretivas são obrigatórias para o Estado-Membro, porém as autoridades nacionais escolherão a forma e os meios próprios para sua consecução. As Decisões são atos particulares para determinado caso concreto, sendo consideradas normas individualizadas.

O Pacto Internacional dos Direitos Econômicos, Sociais e Culturais foi aprovado na XXI Sessão da Assembleia Geral das Nações Unidas, em Nova York, em 19-12-1966. Foi aprovado pelo Decreto Legislativo nº 226, de 12-12-1991, e promulgado por meio do Decreto nº 591, de 6-7-1992. Prevê, entre outras coisas, que não pode haver discriminação por motivo de raça, cor, sexo, língua, religião, opinião política, situação econômica (art. 2º, 2). Deve-se assegurar uma remuneração que proporcione, no mínimo, a todos os trabalhadores, um salário equitativo e uma remuneração igual por trabalho de igual valor; a segurança e higiene do trabalho; descanso, lazer e limitação razoável das horas de trabalho e férias periódicas remuneradas, assim como a remuneração dos feriados (art. 7º) etc.

O Tratado de Itaipu foi firmado em Brasília, em 26-4-1973, para tratar de direitos e obrigações da usina hidrelétrica de Itaipu, pertencente ao Brasil e ao Paraguai. Trata de normas jurídicas relativas a Direito do Trabalho e Previdência Social para os trabalhadores da usina.

O Mercosul foi criado em 26-3-1991, em Assunção, por Argentina, Brasil, Uruguai e Paraguai. Foi promulgado o tratado do Mercosul pelo Decreto nº 350, de 21-11-1991. Trata do livre comércio entre os países, mas prevê a livre circulação dos trabalhadores. Objetiva-se a harmonização das legislações, em virtude da impossibilidade de sua unificação. Seriam ratificadas as principais Convenções da OIT, que valeriam como normas mínimas.

Questões

1. Quais são os órgãos da OIT?
2. O que faz a Conferência?
3. O que faz o Conselho de Administração?
4. O que faz a Repartição Internacional do Trabalho?
5. Quem tem competência para celebrar tratados internacionais e quem irá ratificá-los no Brasil?
6. O que vem a ser Convenção da OIT?
7. O que significa Recomendação da OIT?
8. O que é declaração?
9. Quais os direitos trabalhistas previstos na Declaração Universal dos Direitos do Homem?

Parte III

DIREITO INDIVIDUAL DO TRABALHO

Capítulo 12

DIREITO INDIVIDUAL DO TRABALHO

1 CONCEITO

O Direito Individual do Trabalho é o segmento do Direito do Trabalho que estuda o contrato individual do trabalho e as regras legais ou normativas a ele aplicáveis.

Como se vê, o Direito Individual do Trabalho não é um ramo autônomo, mas parte do Direito do Trabalho, ou mais precisamente uma de suas divisões.

O Direito Individual do Trabalho estuda a relação individual do trabalho e não as relações coletivas de trabalho, que ficam a cargo do Direito Coletivo do Trabalho. Não vou tratar aqui de regras em que há interesse primordial do Estado, assegurando direitos mínimos ao trabalhador, que serão estudadas no Direito Tutelar do Trabalho. No Direito Individual do Trabalho, são verificadas muitas regras de natureza privada, contratuais, ou decorrentes do contrato de trabalho mantido entre empregado e empregador. Constata-se a incidência da lei ou das normas coletivas sobre o pacto laboral.

2 DIVISÃO

Na análise do Direito Individual do Trabalho, observa-se a formação do contrato de trabalho, sua natureza jurídica, suas partes, suas modalidades, sua transformação e extinção e os limites ao poder de despedimento do empregador.

A matéria a ser analisada é vasta, sendo encontrada na Constituição, na CLT e na legislação esparsa.

Questões

1. O que é Direito Individual do Trabalho?
2. O que ele estuda?

Capítulo 13

CONTRATO DE TRABALHO

1 DENOMINAÇÃO

O contrato de trabalho era anteriormente denominado locação de serviços, sendo que eram utilizados os arts. 1.216 a 1.236 do Código Civil de 1916.

A doutrina já usava a referida denominação, como se verifica em 1905, com Evaristo de Moraes, em *Apontamentos de Direito Operário*.

A denominação contrato de trabalho surge com a Lei nº 62, de 5-6-1935, que tratou da rescisão do pacto laboral.

No exame de nossa legislação, será encontrada tanto a expressão *contrato de trabalho* como *relação de emprego*. O termo mais correto a ser utilizado deveria ser *contrato de emprego* (Catharino, 1982:218) e *relação de emprego*, porque não será tratada a relação de qualquer trabalhador, mas o pacto entre o empregador e o empregado, o trabalho subordinado. Para a relação entre empregado e empregador, deve-se falar em contrato de emprego. Não se usa a expressão *empregado autônomo* ou *empregado eventual*. Se o indivíduo é empregado, não é autônomo ou eventual, pois tem subordinação e presta serviços com continuidade. A legislação brasileira não faz distinção entre empregado e operário, no sentido de que o contrato de trabalho compreenderia o trabalho manual e o de emprego, o trabalho intelectual.

Relação de trabalho é o gênero, que compreende o trabalho autônomo, eventual, avulso etc. Relação de emprego trata do trabalho subordinado do empregado em relação ao empregador.

A CLT disciplina a relação de empregados. A Justiça do Trabalho, de modo geral, julga questões de empregados.

Contrato de trabalho é gênero, e compreende o contrato de emprego. Contrato de trabalho poderia compreender qualquer trabalho, como o do autônomo, do eventual, do avulso, do empresário etc. Contrato de emprego diz respeito à relação entre empregado e empregador e não a outro tipo de trabalhador. Daí por que se falar em contrato de emprego (art. 507-B da CLT), que fornece a noção exata do tipo de contrato que estaria sendo estudado, porque o contrato de trabalho seria o gênero e o contrato de emprego, a espécie.

Entretanto, a denominação corrente é *contrato de trabalho*, inclusive encontrada no art. 442 da CLT, que será utilizada.

A CLT usa mesmo a expressão *contrato individual de trabalho* em contraposição ao que existia na época (1943), que era o *contrato coletivo de trabalho*, hoje correspondente à convenção e ao acordo coletivo de trabalho (art. 611 da CLT).

2 CONCEITO

Na Argentina, a Lei nº 20.744, de 20-9-1974, ordenada pelo Decreto nº 390, de 13-5-1976, estabelece que haverá contrato de trabalho, qualquer que seja sua denominação, sempre que uma pessoa física se obrigue a realizar atos, executar obras ou prestar serviços em favor da outra e sob a dependência desta última, durante período determinado ou indeterminado de tempo, mediante o pagamento de uma remuneração (art. 21). Haverá relação de trabalho quando uma pessoa realize atos, execute obras ou preste serviços em favor de outra, sob a dependência desta última, em forma voluntária e mediante o pagamento de uma remuneração, qualquer que seja o ato que lhe dê origem (art. 22).

A Lei Federal do Trabalho do México, de 1970, esclarece que "entende-se por relação de trabalho, qualquer que seja o ato que lhe dê origem, a prestação de um trabalho pessoal subordinado a uma pessoa, mediante o pagamento de um salário. Contrato individual de trabalho, qualquer que seja sua forma ou denominação, é aquele em virtude do qual uma pessoa se obriga a prestar a outra um trabalho pessoal subordinado, mediante o pagamento de um salário. A prestação de um trabalho a que se refere o parágrafo primeiro e o contrato celebrado produzem os mesmos efeitos" (art. 20).

Em Portugal, "contrato de trabalho é aquele pelo qual uma pessoa se obriga, mediante retribuição, a prestar a sua atividade a outra ou outras pessoas, no âmbito de organização e sob a autoridade destas" (art. 11 do Código do Trabalho).

Estabelece o art. 442 da CLT que contrato individual de trabalho é o acordo, tácito ou expresso, correspondente à relação de emprego.

Critica-se falar em contrato individual do trabalho, pois poderia existir o contrato plurilateral ou plúrimo, com vários empregados, como ocorre com o contrato de equipe.

Não se pode dizer que contrato de trabalho é algo que corresponde à relação de emprego. Se o contrato de trabalho corresponde à relação de emprego, não é igual à relação de emprego, pois a lei emprega o verbo corresponde. Se corresponde, não representa a mesma coisa. Ou é a relação de emprego ou não é. Uma coisa não pode ser e deixar de ser ao mesmo tempo. A referida definição nada explica, representando, na verdade, um círculo vicioso. O contrato cria uma relação jurídica, não podendo a ela corresponder. Aliás, não é função da lei estabelecer definições, que já são inclusive discutíveis na doutrina. O contrato é, inclusive, fonte de obrigações, gerando, em consequência, direitos.

A CLT ajuda a confundir o assunto, ora usando a expressão *relação de emprego* (§ 1º do art. 2º, art. 6º), ora empregando *contrato de trabalho* (arts. 443, 445, 448, 451, 468, 477, § 3º do art. 651), ora relação de trabalho (art. 233-A), ora vínculo empregatício (parágrafo único do art. 442).

Octavio Bueno Magano (1993, v. 2:47) conceitua o contrato de trabalho como "o negócio jurídico pelo qual uma pessoa física se obriga, mediante remuneração, a prestar serviços, não eventuais, a outra pessoa ou entidade, sob a direção de qualquer das últimas".

Não é o caso de indicar no conceito quais os elementos caracterizadores do contrato de trabalho, mas mostrar do que se trata. Assim, contrato de trabalho é o negócio jurídico entre uma pessoa física (empregado) e uma pessoa física ou jurídica (empregador) sobre condições de trabalho. No conceito é indicado o gênero próximo, que é o negócio jurídico, como espécie de ato jurídico. A relação se forma entre empregado e empregador, que são as pessoas envolvidas. O que se discute são condições de trabalho a serem aplicadas à relação entre empregado e empregador, que é o objeto.

O contrato de trabalho é o tronco da árvore. De um lado, há os galhos que são os direitos. Do outro, há os galhos que são as obrigações. As raízes são a Constituição, as leis, os tratados e as convenções internacionais.

Representa o contrato de trabalho um pacto de atividade, pois não se contrata um resultado. Deve haver continuidade na prestação de serviços, que deverão ser remunerados e dirigidos por aquele que obtém a referida prestação. Tais características evidenciam a existência de um acordo de vontades, caracterizando a autonomia privada das partes.

3 DIFERENCIAÇÃO

O contrato de trabalho não se confunde com vários outros contratos de natureza civil.

Carnelutti entendia que o contrato de trabalho tinha natureza de venda e compra. O salário era o preço do serviço e o trabalho, a energia ou mercadoria vendida, como ocorria com a energia elétrica. O objeto do contrato de trabalho seria a energia despendida pelo trabalhador, que dele se desprende com o exercício do mister, não retornando, como a energia elétrica, à fonte de que se originou. Na verdade, não se trata de venda e compra, pois o trabalho não é mercadoria. Deve-se considerar a dignidade da pessoa humana que trabalha. O contrato de venda e compra tem natureza instantânea, que se aperfeiçoa com o pagamento do preço e a entrega da mercadoria, enquanto o contrato de trabalho é um pacto de trato sucessivo.

Planiol e Josserand viam o contrato de trabalho como um arrendamento, em que o trabalhador arrendava sua força de trabalho por meio de um contrato comum. No contrato de arrendamento não existe subordinação, enquanto no contrato de trabalho este elemento é essencial. O contrato de trabalho é feito, necessariamente, com a participação de uma pessoa física, que é o empregado. O arrendamento pode ser realizado entre duas pessoas jurídicas. No contrato de trabalho não se pode restituir o empregado à situação anterior, devolvendo-lhe a energia de trabalho. No arrendamento, é possível, em que se devolve a terra a seu dono.

Na locação de serviços (*locatio operarum*), atual prestação de serviços, contrata-se uma atividade e não um resultado, inexistindo subordinação entre o locador dos serviços e o locatário. Contrata-se uma atividade profissional ou um serviço, mas nunca um resultado. Normalmente, a locação de serviços tem por preponderância atividade intelectual, enquanto a empreitada compreende atividade braçal. Na locação de serviços, há autonomia, independência em sua prestação. Inexiste subordinação. Temos como exemplo de locação de serviços o trabalho do advogado ao cliente, do médico ao paciente, do arquiteto que faz a planta de uma casa a seu cliente etc. A locação de serviços pode ser feita por pessoas jurídicas, enquanto o contrato de trabalho só pode ser realizado por pessoas físicas. Na locação de serviços não há subordinação, há autonomia em sua prestação, enquanto no contrato de trabalho o requisito subordinação é elemento essencial. O cliente contrata o advogado, em princípio, para um resultado, que é ganhar o processo. Isso, porém, nem sempre é possível, por independer especificamente da vontade do advogado para esse fim. O contrato é de meio, de prestação de serviço, e não de resultado.

A empreitada (*locatio operis*) é o contrato pelo qual uma das partes vem a fazer certa obra para outra pessoa, mediante o pagamento de uma remuneração fixa ou proporcional ao serviço realizado.

A empreitada se distingue da locação de serviços pelo fato de na primeira contratar-se um resultado e na segunda uma atividade, embora em ambas haja independência e autonomia na prestação de serviços. Exemplo de empreitada é o pedreiro que constrói uma casa ou levanta um muro. Na empreitada, o empreiteiro tanto pode ser pessoa física quanto jurídica, enquanto empregado só pode ser pessoa física (art. 3º da CLT). O empreiteiro não é subordinado, enquanto o empregado deve subordinação ao empregador. A empreitada é um contrato de resultado; por exemplo, compreende a construção de um muro, a pintura de uma casa. No contrato de trabalho, não se contrata um resultado, mas uma atividade, em que o empregador exerce seu poder de direção sobre a atividade do trabalhador de prestar serviços. O empreiteiro não está submetido a poder de direção sobre seu trabalho, exercendo-o com autonomia, livremente.

A diferença entre o contrato de trabalho e o contrato de sociedade é feita principalmente pela inexistência do elemento *affectio societatis*, ou seja, o interesse dos sócios para a realização de um mesmo fim, na colaboração que há entre eles para alcançar um objetivo comum. Seus sujeitos são diversos. Enquanto no contrato de trabalho os sujeitos são empregado e empregador, no contrato de sociedade seus sujeitos são os sócios. A sociedade é uma pessoa jurídica. O empregado é pessoa física. O objeto do contrato de trabalho é a prestação de serviços subordinados do empregado ao empregador, enquanto no contrato de sociedade é a obtenção de lucros, que é o fim comum almejado pelos sócios, que têm uma relação de igualdade entre si e não de subordinação. No contrato de sociedade, os sócios podem ter prejuízos; no contrato de trabalho, não, pois os riscos da atividade econômica devem ser do empregador. O trabalhador pode, entretanto, receber participação nos lucros, mas essa não é a regra. No contrato de trabalho, há uma relação de credor e devedor entre as partes, pois o empregado deve prestar serviços, sendo credor do salário fixado; o empregador deve remunerar o empregado para receber a prestação de serviços. Na sociedade não existe essa relação de devedor e credor, que pode haver em relação aos sócios com a sociedade. O salário do empregado deve ser normalmente um valor fixo e periódico, não podendo deixar de receber o referido valor, enquanto a remuneração dos sócios nem sempre é fixa, podendo ser variável. Os sócios recebem lucro, quando há resultado positivo na empresa, mas podem nada receber durante meses, se a sociedade tem prejuízo. Não é a forma de remuneração do trabalho que irá determinar sua natureza jurídica. Os sócios têm relação de igualdade e participam ativamente na direção do empreendimento. O empregado tem relação de subordinação para com o empregador.

A ideia principal do contrato de mandato é a representação que o mandatário faz em relação aos poderes que lhe foram outorgados pelo mandante. A procuração é o instrumento do mandato (art. 653 do Código Civil). Entretanto, o mandatário presta contas e o empregado normalmente não o faz. O empregado nem sempre tem procuração do empregador. No contrato de trabalho pode até haver a representação do empregador pelo empregado, como ocorre nos cargos de confiança, mas não é a regra. O mandato é geralmente gratuito, porém o contrato de trabalho é sempre oneroso. No mandato, não há subordinação, enquanto no contrato de trabalho esse é o requisito fundamental. O mandato objetiva um resultado, que é a realização do ato pretendido pelo mandante; no contrato de trabalho não se pretende um resultado, mas a atividade do empregado. A relação existente no mandato envolve três pessoas: o mandante, o mandatário e a terceira pessoa; no contrato de trabalho existem apenas duas partes: empregado e empregador, inexistindo uma terceira pessoa nessa relação. O mandato é revogável, enquanto no contrato de trabalho em certos casos não é possível sua rescisão, como ocorre em relação aos empregados estáveis.

Distingue-se o contrato de trabalho do contrato de parceria. No contrato de trabalho, existe subordinação. Na parceria, há autonomia na prestação dos serviços. Se existir subordinação na parceria, provavelmente o contrato firmado entre as partes será de trabalho. No contrato de parceria, há divisão de lucros e prejuízos pelas partes, enquanto no contrato de trabalho o empregado não assume prejuízos. Parceria é um contrato de risco. O trabalhador assume os riscos de sua atividade. Aquele que vai explorar a terra pode ser pessoa jurídica. O contrato de parceria pode ser escrito ou verbal. O inciso V do art. 127 da Lei nº 6.015/73 exige que o contrato de parceria agrícola ou pecuária seja inscrito no Registro de Títulos e Documentos. O contrato de parceria pode ser celebrado entre pessoas jurídicas. No contrato de trabalho, o empregado necessariamente tem de ser pessoa física e não assume riscos de atividade.

A relação de consumo tem por objeto o produto ou serviço a ser comercializado. O objeto não é o trabalho prestado, ao contrário do que ocorre no contrato de trabalho. O consumidor e o fornecedor podem ser pessoas físicas ou jurídicas. No contrato de trabalho, o empregado só pode ser pessoa física.

4 NATUREZA JURÍDICA

Analisar a natureza jurídica de um instituto é procurar enquadrá-lo na categoria a que pertence no ramo do Direito. É verificar a essência do instituto analisado, no que ele consiste, inserindo-o no lugar a que pertence no ordenamento jurídico.

Léon Duguit (1926:76-81) classifica os atos jurídicos em ato-regra, ato-condição e ato jurídico subjetivo. O ato-regra se observa quando se pretende modificar a ordem jurídica, com a criação de novas disposições que irão substituir as anteriores, como na assembleia de acionistas de uma sociedade ou na convenção coletiva de trabalho. O ato-condição implica a observância da lei existente, como no caso da nomeação de um funcionário público. O ato jurídico subjetivo decorre de situações especiais momentâneas, que dizem respeito às partes interessadas, como no contrato ou no quase-contrato. Georges Scelle menciona que o ato-condição originário seria o engajamento do empregado na empresa, que não geraria uma situação contratual, subjetiva, mas colocaria o empregado em situação objetiva. Trouxe Georges Scelle as ideias de Duguit para o campo do Direito do Trabalho, informando que a efetividade da relação de trabalho depende de um ato original, chamado por ele *embauchage* (engajamento), que diz respeito à vontade do trabalhador de passar a prestar serviços ao empregador e que pode ou não ter natureza contratual, produzindo automaticamente os efeitos determinados pela legislação trabalhista (Scelle, 1922:109), com livre discussão de cláusulas e consideração subjetiva dos agentes. O alistamento é o ato-condição por força do qual "um indivíduo se tornará um assalariado, um operário, poderá efetuar prestações de trabalho que criarão para ele o crédito de salário". É o alistamento "a mola essencial do pseudo contrato de trabalho" (Scelle, 1927:174).

Antônio de Lemos Monteiro Fernandes (1976:60) afirma que o contrato de trabalho é o fato gerador da relação de trabalho. O contrato faz nascer a relação entre as partes. É a dinâmica dessa relação.

Outros entendem que o contrato não é a fonte que produz a relação de emprego. O contrato e a relação de emprego podem dar origem ao vínculo entre as partes. Quando as partes estabelecem o contrato, há ajuste de vontades. Quando o vínculo decorre de um fato, que é a prestação dos serviços, há relação de emprego, mesmo que não tenha havido o ajuste de vontades.

O contrato de trabalho compreende obrigação de fazer por parte do empregado, de prestar serviços.

As teorias mais modernas que pretendem explicar a natureza jurídica do contrato de trabalho são a teoria contratualista e a teoria anticontratualista.

4.1 Teoria anticontratualista

A teoria anticontratualista ou acontratualista defende que não existe relação contratual entre empregado e empregador. A referida teoria pode ser dividida em: da instituição, defendida por autores franceses, e da relação de trabalho ou da incorporação, preconizada pelos autores alemães.

4.1.1 Teoria da instituição

A teoria da instituição é defendida por Georges Renard, Maurice Hauriou e, no Brasil, por Luiz José de Mesquita (1991:13-14). Maurice Hauriou (1925:10) afirma que a instituição é "uma ideia de obra ou de empreendimento que se realiza e dura juridicamente num meio social; para a realização dessa ideia um poder se organiza, o qual se investe de órgãos; de outro lado, entre os membros do grupo social interessado na realização da ideia, produzem-se manifestações de comunhão, que são dirigidas pelos órgãos investidos do poder e que são reguladas por processos adequados". Georges Renard esclarece que a instituição se impõe a terceiro, escapa à vontade de seus fundadores, é feita para durar. Na instituição, a regra é a hierarquia (Renard, 1930:363-364). Informa Renard (1930:331) que o estatuto é o reflexo da instituição. Michel Despax (1970:93) assevera que a empresa é uma comunidade de trabalho, marcada por um interesse superior comum a todos os seus membros, havendo, em consequência, uma situação estatutária e não contratual entre as partes do referido pacto, em que o estatuto prevê as condições do trabalho, mediante o poder de direção e disciplinar do empregador. Na verdade, o trabalhador entraria na empresa e começaria a prestar serviços, inexistindo a discussão em torno das cláusulas do contrato de trabalho.

Savatier (1948:58) afirma que "a existência de um contrato tornou-se quase indiferente. As relações existentes entre as partes ligadas por uma relação de trabalho são quase totalmente idênticas às que surgiriam se tivesse havido contrato. É, nada mais, do que uma relação de fato paracontratual".

Para Dorval Lacerda, um dos redatores da CLT, a empresa é uma instituição.[1]

Na CLT, a concepção institucional é encontrada no art. 2º, quando menciona que o empregador é a empresa, quando, na verdade, o empregador é a pessoa física ou jurídica. O mesmo se observa nos arts. 10 e 448 da CLT, quando mencionam que a mudança na estrutura jurídica da empresa ou em sua propriedade não alteram os direitos adquiridos pelos empregados ou seus contratos de trabalho, justamente porque o empregador é a empresa.

4.1.2 Teoria da relação de trabalho

A natureza jurídica do contrato de trabalho seria estatutária. É a chamada teoria da relação de trabalho (*Arbeitsverhaltnis*), que nega a existência da vontade na constituição e desenvolvimento da relação de trabalho. Há um fato objetivo independente de qualquer manifestação subjetiva quanto à relação jurídica trabalhista. O trabalhador teria de se submeter a um verdadeiro estatuto, que compreenderia a previsão legal, os regulamentos da empresa, o contrato de trabalho e a negociação coletiva. O estatuto é que vai estabelecer as condições de trabalho, como ocorre em relação ao funcionário público. O empregador tem o poder

---

[1] LACERDA, Dorval. *Direito individual do trabalho*. Rio de Janeiro: A Noite, 1949. p. 36-37.

disciplinar, dirigindo a prestação de serviços do empregado. Não são discutidas as condições de trabalho.

Os autores alemães defendem a teoria da incorporação, em que o contrato nada mais cria do que uma relação obrigacional, sujeita aos princípios gerais do direito das obrigações. É a teoria da relação de ocupação fática (*faktische Beschaeftigungsverhaeltnis*).

Heinz Potthof estabeleceu a oposição entre o contrato e a relação de trabalho. A relação de trabalho não se vincula à relação de troca. O empregado não promete uma prestação material, mas presta serviços por si próprio. Na verdade, os membros de uma empresa formam uma associação de trabalho (*Arbeitsverband*), como se fosse a organização da família. A empresa forma um conjunto orgânico, submetido a um estatuto pelo Direito do Trabalho. Existem regras decorrentes do contrato de trabalho e outras ditadas pela sociedade. A relação de fato no trabalho é verificada pelo Direito. Existem normas atinentes à regulamentação do trabalho que são aplicáveis independentemente da existência de contrato ou até em razão de o contrato ser nulo.

Siebert e Nikisch desenvolveram as ideias de Potthof. O ajuste preliminar não cria a relação de trabalho, que depende da efetiva prestação de serviços. A comunidade da empresa é criada a partir do momento em que o trabalhador é incorporado ao estabelecimento. Nesse momento, deixa de existir o ajuste preliminar e surge a relação de trabalho. A relação jurídica é decorrente da sociedade profissional. Para Wolfgang Siebert (1935:19), há a incorporação do trabalhador na comunidade de exploração, pressupondo certo acordo de vontades, porém, sem força suficiente para transformá-lo em contrato. Nessa comunidade só existe relação de trabalho e não relações contratuais.

Molitor (1925:4) afirma que o empregado passa a fazer parte da empresa, quando nela se insere (*Eingliederung*), se incorpora (*Einordnung*). O empregador tem o dever de oferecer ocupação efetiva ao trabalhador e o empregado tem a obrigação de prestar o serviço. Nikisch (p. 137) menciona que a relação só se constitui quando surge o elemento fatual da ocupação (*Bechaeffigungsverhaeltnis*), da instalação do empregado no trabalho, a incorporação na organização da empresa, não sendo decorrente do contrato.

Talvez a base da relação estatutária seja a lei alemã do trabalho nacional (*Gesetz zur Ordnung der nationalen Arbeit*), de 30-1-1934. O § 1º menciona que, "em toda empresa, o empregador, como chefe da empresa, e os empregados e operários, como pessoal (*Gefolgschaft*), trabalham de acordo com os fins da empresa e para o bem comum do povo e do Estado. § 2º O chefe da empresa decide a respeito do pessoal sobre todas as matérias de interesse da empresa regulamentadas pela presente lei. Ele vela pelo bem-estar do pessoal. Este deve-lhe a fidelidade que se acha fundada na continuidade da empresa".

Na Alemanha nazista, o trabalhador era recrutado pelo Poder Público e imposto às empresas. Estas eram estabelecidas num sistema de hierarquia e de comunidade, conferindo-se a seu chefe (*Fuehrer*) a plenitude da direção e proclamando-se sua responsabilidade frente ao Estado (Deveali, 1948:240). A incorporação à comunidade representa o mesmo que a adesão à instituição. A teoria da incorporação desapareceu na Alemanha após 1945 (Däubler, 1994:543).

Na Itália, ainda se falava no regulamento da empresa como a origem da relação de trabalho, pois a empresa é um ente dotado de soberania. Nos regimes totalitaristas e corporativos, o trabalhador se incorpora à comunidade de trabalho, visando cumprir os objetivos almejados pela produção nacional, sem existir autonomia de vontade na discussão das cláusulas contratuais. Messineo afirma que a relação de trabalho pode estruturar-se sem a existência prévia de um contrato.

Mario Deveali leciona que as normas constitutivas do Direito do Trabalho dizem respeito mais a sua execução, à prestação de serviços, do que ao ato jurídico, a sua estipulação. Mais vale a forma de prestação de trabalho do que a cláusula contratual. As normas prescindem da existência e da validade do contrato de trabalho, sendo aplicadas mesmo que ocorra nulidade. Define relação de emprego como o conjunto de "direitos e obrigações que nascem entre as partes pelo fato do trabalho, por aplicação das normas legais e das contratuais, enquanto existam estas e sejam compatíveis com aquelas" (Deveali, 1948:163).

Mario de la Cueva (1954:349) ensina que o pacto laboral é um contrato-realidade, pois não existe um acordo abstrato de vontades, mas o próprio trabalho como determinação do ajuste entre as partes. Há a inserção do trabalhador na empresa, mesmo não havendo contrato. "Os efeitos fundamentais do Direito do Trabalho principiam unicamente a produzir-se a partir do momento em que o trabalhador inicia a prestação de serviço, de maneira que os efeitos que derivam do Direito do Trabalho se produzem, não pelo simples acordo de vontades entre o trabalhador e o patrão, senão quando aquele cumpre, efetivamente, a obrigação de prestar um serviço" (Cueva, 1954:471). Na origem, há um contrato. Indica vontade de contratar. A relação compreende a realidade. Suas afirmações são uma adaptação da teoria institucional, principalmente das ideias dos autores alemães.

Difere a teoria da incorporação da teoria institucional. Na teoria da incorporação, há o desprezo pelo ajuste de vontades para o estabelecimento da relação de trabalho, importando a incorporação do trabalhador à empresa a partir da prestação dos serviços. Na teoria institucional, o elemento vontade não é desprezado.

4.2 Teoria contratualista

A teoria contratualista considera a relação entre empregado e empregador um contrato.

Na primeira fase dessa teoria, procurava-se explicar o contrato de trabalho com base nos contratos do Direito Civil, sendo chamada de fase clássica, compreendendo os contratos de: arrendamento, pois o empregado arrenda seu trabalho ao empregador; venda e compra, porque o empregado vende seu trabalho ao empregador, mediante o pagamento de um preço, que é o salário; sociedade, porque o empregado e o empregador combinam esforços em comum para a produção de bens e serviços para o mercado; mandato, em que o empregado é o mandatário do empregador. Essas teorias, porém, não mais prevalecem, estando, assim, superadas, pois hoje se considera que a relação entre empregado e empregador é contratual, com forte intervenção do Estado, pois as leis trabalhistas se aplicam automaticamente aos contratos de trabalho, vindo a restringir a autonomia da vontade das partes.

Hueck e Nipperdey (1963:105) afirmam que a relação jurídica de trabalho é constituída e modelada pelo contrato. A celebração do pacto investe empregado e empregador em direitos e deveres. A relação de trabalho corresponde a uma situação de fato, resultante da efetiva prestação do serviço, e é chamada de relação de trabalho fática (Hueck e Nipperdey, 1963:84). Declaram que a teoria preponderante é a do contrato, por ser mais coerente com a teoria geral do Direito, harmonizando-se com as ideias de liberdade, enquanto a teoria da incorporação pode conduzir a resultados insustentáveis (1963:86).

A teoria predominante entende que o contrato de trabalho tem natureza contratual. Trata-se de um contrato, pois depende única e exclusivamente da vontade das partes para sua formação. Há, portanto, um ajuste de vontades entre as partes. Os efeitos do contrato não derivam apenas da prestação de serviços, mas daquilo que foi ajustado entre as partes. A execução é decorrente do que foi ajustado. O mero ajuste de vontades produz, portanto, efeitos jurídicos. A eficácia jurídica ocorre desde o ajuste das partes, adquirindo eficácia com a execução do trabalho. A liberdade em assentir, em ajustar o contrato de trabalho, é fundamental. O trabalho do empregado é livre, assim como é livre a vontade da pessoa passar a trabalhar para a empresa. Como bem esclarece Amauri Mascaro Nascimento (2001:149), "ninguém será empregado de outrem senão por sua própria vontade. Ninguém terá outrem como seu empregado senão também quando for da sua vontade. Assim, mesmo se uma pessoa começar a trabalhar para outra sem que expressamente nada tenha sido combinado entre ambas, isso só será possível pela vontade ou pelo interesse das duas". A existência do contrato de trabalho pode também ocorrer com a prestação de serviços sem que o empregador a ela se oponha, caracterizando o ajuste tácito.

4.3 Teorias mistas

4.3.1 Teoria da concepção tripartida do contrato de trabalho

Segundo a teoria da concepção tripartida do contrato de trabalho seriam três seus elementos:

a) haveria um contrato preliminar destinado a futura constituição da relação de emprego, devendo o trabalhador se apresentar em determinada data e o empregador permitir o trabalho;

b) relação de inserção na empresa. O trabalhador iria se inserir na empresa, cumprindo o contrato de trabalho;

c) o acordo de vontades, estabelecido pelo contrato, em que seriam estabelecidas as condições de trabalho.

Essa teoria tem concepção contratual, ainda que se possa fazer a subdivisão acima mencionada. Afirma-se que o contrato preliminar estaria inserido no contrato de trabalho ou seria uma das cláusulas do pacto laboral.

4.3.2 Teoria do trabalho como fato

De Ferrari (1969, v. 2:111-113) leciona que seria possível distinguir a teoria do trabalho como fato e o trabalho como objeto do contrato. O objeto do contrato é a prestação de serviços subordinados. O empregado aquiesceria que o empregador dirigisse sua atividade. O cumprimento do disposto ocorre pelo simples fato relacionado à direção da atividade por parte do empregador. Haveria um fato, representado pela execução do trabalho e não decorrente do contrato. A execução do contrato e seus atos materiais a que dá lugar seu cumprimento não estão sujeitos às normas do contrato e sim a normas que regulam o trabalho como fato. Essa teoria se aproxima da ideia dos autores alemães no sentido da importância da prestação de serviços para a configuração da relação de emprego, quando o importante é o ajuste de vontades.

4.4 A CLT

Mostra a redação do art. 442 da CLT uma concepção mista, pois até mesmo equipara o contrato de trabalho à relação de emprego. A Comissão encarregada de elaborar o projeto da CLT era integrada por dois institucionalistas (Rêgo Monteiro e Dorval Lacerda) e dois contratualistas (Arnaldo Süssekind e Segadas Vianna)

(Süssekind, 1964, v. 3:189). O consenso acabou por levar a redação do art. 442 da CLT a ter aspectos contratualistas, quando faz referência a acordo tácito ou expresso (acordo de vontades), e institucionalistas, quando usa a expressão *relação de emprego*.

A redação do art. 442 da CLT é semelhante à do Projeto de Lei de Relação de Trabalho, elaborado em 1938, pela Academia do Direito Alemão, que era presidida por Alfred Hueck, tendo a seguinte redação: "O contrato de trabalho é o acordo pelo qual se estrutura e funda a relação de trabalho".

Alguns artigos da CLT indicam a concepção contratualista da relação entre empregado e empregador, como o 444, em que as relações contratuais de trabalho podem ser "objeto de livre estipulação das partes interessadas". O art. 468 da CLT permite alterações no contrato de trabalho, porém exige "mútuo consentimento".

Embora haja uma forte interferência estatal e não exista exatamente autonomia da vontade entre empregado e empregador, há um sistema de proteção ao trabalhador, de forma que as normas de ordem pública incidem automaticamente sobre o contrato de trabalho, restringindo a autonomia da vontade dos sujeitos do pacto laboral. A limitação da autonomia da vontade também ocorre em outros campos do Direito, como no de locações, em que a lei procura tutelar o locatário; nas relações de consumo, em que o consumidor é protegido etc. A relação entre empregado e empregador não é igual, por isso há necessidade de proteção ao economicamente mais fraco, visando equilibrar a relação entre os envolvidos e evitar o abuso do poder econômico, de forma a que o empregador não imponha sua vontade ao empregado.

Em certos casos, o trabalhador aceita as imposições do empregador, porque precisa do emprego e da remuneração correspondente. Orlando Gomes (1966:118) afirma que o contrato de trabalho é um contrato de adesão, em que o empregado adere às cláusulas determinadas pelo empregador, sem possibilidade de discuti-las (Gomes e Gottschalk, 1990:130,142). O empregado aceita em bloco as cláusulas do contrato ou as rejeita em bloco e não tem o emprego. A adesão é decorrente da situação econômica do trabalhador que precisa do emprego. Entretanto, pode-se dizer que algumas cláusulas são contratadas, como o salário e o horário de trabalho. O empregado não irá aceitar o salário, se for muito baixo, salvo se precisar do emprego. Se tiver outro emprego no mesmo horário, não irá aceitar o horário fixado pelo novo empregador e irá tentar negociá-lo. Isso mostra que, mesmo que o contrato seja de adesão, alguma coisa pode ser negociada entre as partes, indicando a liberdade de fazer parte da relação e não de participar da elaboração do ajuste. Em outros casos, quem impõe as condições de trabalho ao empregador é o empregado, como ocorre em relação a trabalhadores altamente especializados (ex.: especialistas em programação de computador). Na maioria das hipóteses, porém, o contrato de trabalho é de adesão.

Se a natureza da relação é contratual, sua causa também deve ser contratual, mesmo que haja apenas a adesão às cláusulas do contrato. Mesmo assim, existe manifestação da vontade da pessoa. Não parece correta a afirmação de Cotrim Neto (1944:31-32) quando menciona que a relação de trabalho constituiria um fato jurídico e o contrato de trabalho, um ato jurídico. A relação de trabalho não tem exatamente uma qualificação jurídica, enquanto o contrato de trabalho é juridicamente qualificado.

As determinações impostas pelo Estado são apenas limitações negativas à autonomia da vontade das partes (Ferri, 1969:11), mas, mesmo assim, existe a vontade de fazer parte da relação de emprego.

Mesmo quando se fala na integração do trabalhador na empresa, ela só existe porque o empregado tem vontade de trabalhar e o empregador, interesse em contratá-lo. Do contrário, não há contrato de trabalho.

Haverá também contrato de trabalho com a prestação de serviços sem que o empregador a ela se oponha, caracterizando o ajuste tácito.

Contrato de trabalho poderia ser o decorrente das condições pactuadas entre empregado e empregador. Relação de trabalho seria proveniente de um fato, da prestação subordinada de serviços e não da vontade das partes.

Para uns, a relação de emprego seria o vínculo obrigacional, decorrente da subordinação que deve o empregado ao empregador. Para outros, há distinção entre relação de emprego e contrato de trabalho. A primeira representa a inserção do trabalhador na empresa, sendo posterior ao contrato de trabalho. Só existe relação de trabalho enquanto está havendo a prestação de serviços e enquanto perdure esta. Outra afirmação poderia ser de que relação de trabalho é a que emerge da estipulação de um contrato de trabalho (Martins, 1985:166). A relação de emprego é o aspecto objetivo da relação. O contrato de trabalho é o aspecto subjetivo da relação.

Antônio Lamarca (1969:96) afirma que o contrato de trabalho mesmo não iniciado já se apresenta como relação jurídica, pois gera consequências de ordem patrimonial para ambas as partes. Se o empregador quiser rescindir o contrato de trabalho tem de pagar aviso-prévio ao empregado. Certas cláusulas contratuais produzem efeitos mesmo depois do término da prestação de serviços, como as relativas à complementação de aposentadoria. Não se pode confundir a data da celebração do contrato, com o início da prestação dos serviços. O contrato pode ter sido assinado no dia 1º de abril, porém a prestação de serviços começou a ser feita apenas no dia 17 de abril. Os efeitos do contrato efetivamente irão se iniciar a partir da data da assinatura do pacto, gerando direitos e obrigações. Normalmente, o contrato é assinado em determinado dia e nesse mesmo dia se inicia a prestação de serviços.

A relação de trabalho é a relação jurídica objetiva, que cria direitos e obrigações derivados da prestação de trabalho. A relação é o conteúdo do contrato. O contrato é a estrutura jurídica da relação. O contrato de trabalho dá origem a relação de trabalho.

O contrato de trabalho, na verdade, já é uma relação jurídica de trabalho, mesmo não existindo prestação de serviços, pois gera direitos e obrigações. Se para a existência da relação de emprego é preciso um ajuste, ainda que verbal ou tácito, mesmo que não expresso, há uma interação entre o contrato e a relação e um não pode subsistir sem o outro. A relação é o efeito do contrato e não a causa.

Todo contrato de trabalho é uma relação de trabalho, mas nem sempre a relação de trabalho é um contrato de trabalho, como no caso do trabalho autônomo, do eventual etc.

Há várias teorias para identificar a natureza da relação se o empregado tem mais de um contrato de trabalho com empregador que exerce várias atividades. Para a teoria da preponderância, deve-se observar qual é a atividade preponderante do empregador. A segunda teoria importa a possibilidade de cumulação de direitos em relação a contratos distintos. A outra teoria é a da aplicação da norma mais favorável.

4.5 Conclusão

O contrato de trabalho tem natureza contratual.

É o pacto laboral um contrato típico, nominado, com regras próprias, distinto do contrato de locação de serviços do Direito Civil, de onde se desenvolveu e se especializou.

Relação de trabalho é gênero, englobando a prestação de serviços do funcionário público, do empregado, do avulso, do autônomo, do eventual, do empresário. Relação de emprego é sua espécie. Contrato de trabalho é gênero, sendo espécie o contrato de emprego.

Mesmo no regime em que a legislação estabelece cotas para admissão do empregado, como de deficientes, de aprendizes, o empregado só irá trabalhar na empresa se assim o desejar, indicando também o ajuste de vontades entre as partes.

5 DIRIGISMO CONTRATUAL

Num primeiro momento, não existia proteção ao trabalhador, que ficava sujeito a jornadas excessivas, a salários baixos, sendo explorado pelo empregador.

Posteriormente é que o Estado passa a proteger o trabalhador, em razão de que a relação entre empregado e empregador não é igual, necessitando, portanto, o primeiro de proteção jurídica para se igualar economicamente ao segundo. É o que preconiza Galart Folch.

O dirigismo contratual[2] sempre existiu, com maior ou menor grau de intensidade. As leis passam a interferir no conteúdo dos contratos. O contrato de trabalho não desaparece, mas é adaptado às crises, à globalização, à informatização, tendo novas características, como a telessubordinação. A economia acaba provocando uma série de consequências e alterações sobre o contrato. Não existe uma decadência do contrato, mas uma transformação e renovação de seu conceito tradicional.

Já havia um dirigismo contratual em relação aos contratos de seguro, de transportes, no próprio contrato de trabalho e também nos contratos de previdência privada, de complementação de aposentadoria, de consumo, em que há necessidade de certas regras serem estabelecidas pelo legislador, visando evitar abusos do economicamente mais forte. Daí o fato de que, principalmente, os contratos de adesão devem ser tutelados pelo Estado, visando evitar os abusos de imposição de regras do mais forte em relação ao mais fraco, limitando-se a liberdade de contratar.

Fala-se, portanto, em "decadência do voluntarismo jurídico", crise do contrato, chegando-se à afirmação da "publicização" do contrato.

Tem havido uma série de transformações sociais, mas não implicaram, por enquanto, o desaparecimento do contrato de trabalho.

6 ASPECTOS

As características do contrato de trabalho envolveriam três aspectos: (a) pessoal; (b) patrimonial; (c) misto.

A relação pessoal seria fundamentada pelo fato de que o trabalho não é mais destinado apenas aos escravos, não podendo ser considerado como mercadoria. Logo, a relação é pessoal, havendo um dever recíproco de fidelidade.

---

2 A expressão *dirigismo contratual* é atribuída a Louis Josserand.

A característica patrimonial é evidenciada pelo fato de que o objetivo do trabalho é alcançar fins econômicos, patrimoniais, pois o empregado trabalha em troca de receber um valor pecuniário pela prestação de seus serviços.

No contrato de trabalho tanto existe uma relação pessoal como patrimonial. Há uma combinação indissolúvel desses dois elementos. Ela é pessoal, pois compreende determinada e específica pessoa que é o empregado. É também uma relação que diz respeito a duas pessoas: empregado e empregador. Ao mesmo tempo, é patrimonial, pois o empregado trabalha para receber salário. O empregador também tem direito de receber a prestação de serviços para pagar o salário.

Quanto à atividade do empregador, pode ser urbano, rural ou doméstico.

Quanto ao local de trabalho, pode ser no estabelecimento do empregador ou no domicílio do empregado.

Quanto às partes, o contrato pode ser bilateral, como o de trabalho; pode ser triangular, como o trabalho temporário, a vigilância e segurança, a limpeza e conservação.

7 OBJETO

O objeto direto do contrato de trabalho é a prestação de serviço subordinado e não eventual do empregado ao empregador, mediante o pagamento de salário. O trabalho autônomo prestado a uma pessoa física ou jurídica não gera o contrato de trabalho, pois não há o elemento subordinação.

A obrigação principal no contrato de trabalho é: prestar serviços (empregado), pagar salário (empregador). São obrigações acessórias fornecer EPI, emitir Comunicação de Acidente do Trabalho, anotar a CTPS do empregado, proporcionar meio ambiente saudável.

8 REQUISITOS

São requisitos do contrato de trabalho: (a) continuidade, (b) subordinação, (c) onerosidade, (d) pessoalidade, (e) alteridade.

8.1 Continuidade

O trabalho deve ser prestado com continuidade. Aquele que presta serviços eventualmente não é empregado. Orlando Gomes e Elson Gottschalk (1990:134) afirmam, com propriedade, que o contrato de trabalho é um contrato de trato sucessivo, de duração. Certos contratos exaurem-se com uma única prestação, como ocorre com a venda e compra, em que, entregue a coisa e pago o preço, há o término da relação obrigacional. No contrato de trabalho, não é isso que ocorre, pois há um trato sucessivo na relação entre as partes, que perdura no tempo. A continuidade é da relação jurídica, da prestação de serviços.

8.2 Subordinação

O obreiro exerce sua atividade com dependência ao empregador, por quem é dirigido. O empregado é, por conseguinte, um trabalhador subordinado, dirigido pelo empregador. O trabalhador autônomo não é empregado justamente por não ser subordinado a ninguém, exercendo com autonomia suas atividades e assumindo os riscos de seu negócio.

8.3 Onerosidade

Não é gratuito o contrato de trabalho, mas oneroso. O empregado recebe salário pelos serviços prestados ao empregador. O empregado tem o dever de prestar serviços e o empregador, em contrapartida, deve pagar salários pelos serviços prestados. Aqueles religiosos que levam seu lenitivo aos pacientes de um hospital não são empregados da Igreja, porque os serviços por eles prestados são gratuitos.

O parágrafo único do art. 1º da Lei nº 9.608, de 18-2-1998, estabelece que o serviço voluntário não gera vínculo empregatício, nem obrigação de natureza trabalhista, previdenciária ou afim. O art. 1º dispõe que serviço voluntário é a atividade não remunerada. O contrato de trabalho é oneroso. Se não há remuneração, inexiste vínculo de emprego.

8.4 Pessoalidade

O contrato de trabalho é *intuitu personae*, ou seja, realizado com certa e determinada pessoa. O contrato de trabalho em relação ao trabalhador é infungível. Não pode o empregado fazer-se substituir por outra pessoa, sob pena de o vínculo formar-se com a última. O empregado somente poderá ser pessoa física, pois não existe contrato de trabalho em que o trabalhador seja pessoa jurídica, podendo ocorrer, no caso, prestação de serviços, empreitada etc.

8.5 Alteridade

O empregado presta serviços por conta alheia (alteridade). Alteridade vem de *alteritas*, de *alter*, outro. É um trabalho sem assunção de qualquer risco pelo trabalhador. O empregado pode participar dos lucros da empresa, mas não dos prejuízos. Quando está prestando um serviço para si ou por conta própria, não será empregado, podendo ocorrer apenas a realização de um trabalho, ou a configuração do trabalho autônomo. É requisito do contrato de trabalho o empregado prestar serviços por conta alheia e não por conta própria.

O parágrafo único do art. 6º da CLT mostra que empregado é o que presta serviços por conta alheia e não por conta própria, ao usar da expressão "supervisão do trabalho alheio".

8.6 Requisitos não essenciais

Não é necessária a exclusividade da prestação de serviços pelo empregado ao empregador. O obreiro pode ter mais de um emprego, visando ao aumento de sua renda mensal. Em cada um dos locais de trabalho, será considerado empregado. A legislação mostra a possibilidade de o empregado ter mais de um emprego. O art. 138 da CLT permite que o empregado preste serviços em suas férias a outro empregador, se estiver obrigado a fazê-lo em virtude de contrato de trabalho regularmente mantido com aquele. O art. 414 da CLT mostra que as horas de trabalho do menor que tiver mais de um emprego deverão ser totalizadas. O fato de o contrato de trabalho prever a exclusividade na prestação de serviços pelo empregado não o desnatura. Caso o trabalhador não cumpra tal disposição contratual, dará apenas justo motivo para o empregador rescindir o pacto laboral.

Não é óbice para a existência do contrato de trabalho o fato de o trabalhador não ser profissional ou não ter grau de escolaridade. Em nosso país, predomina o fato de que o empregado muitas vezes não tem qualquer grau de escolaridade ou de profissionalização. Se se aplicasse ao pé da letra essa orientação, não poderiam ser celebrados contratos de trabalho, pois ausente na maioria dos casos o requisito escolaridade. O trabalhador pode inclusive exercer na empresa atividade diversa daquela que é sua especialidade.

Poderá, porém, a escolaridade ser exigida para o exercício de uma profissão, como por exemplo: médico, advogado, engenheiro etc.

Para o exercício da profissão de vigilante é preciso ter instrução correspondente à quarta série do primeiro grau e ter sido aprovado em curso de formação de vigilante, realizado em estabelecimento com funcionamento autorizado (art. 16 da Lei nº 7.102/83).

A intenção do trabalhador pode ser um dos elementos subjetivos a considerar para a caracterização do contrato de trabalho. Se o trabalhador tinha a intenção de ser sócio da empresa, não se pode dizer que era empregado.

9 CARACTERÍSTICAS

O contrato de trabalho é bilateral, consensual, oneroso, comutativo e de trato sucessivo. Não é real, pois não há entrega de coisa.

É bilateral o contrato de trabalho, por ser celebrado apenas entre duas pessoas, o empregado e o empregador. Não existe a participação de um terceiro nessa relação.

Não é o contrato de trabalho um pacto solene, pois independe de quaisquer formalidades, podendo ser ajustado verbalmente ou por escrito (art. 443 da CLT). Havendo consenso entre as partes, mesmo verbalmente, o contrato de trabalho estará acordado. Não há necessidade para seu aperfeiçoamento da entrega de qualquer coisa, como ocorre na venda e compra.

A um dever do empregado corresponde um dever do empregador. O dever de prestar o trabalho corresponde ao dever do empregador de pagar salário, que se constitui num direito do empregado, daí sua comutatividade e bilateralidade.

Há onerosidade no contrato de trabalho, que não é gratuito, pois o serviço prestado pelo empregado deve ser remunerado. Se o empregado presta serviços gratuitamente por vários meses ou anos, não há contrato de trabalho.

O contrato de trabalho também é sinalagmático, pois as partes se obrigam entre si, com a satisfação de prestações recíprocas em relação ao outro. Não é o contrato sinalagmático em cada prestação, mas no conjunto das prestações.

No contrato de trabalho deve haver a continuidade na prestação de serviços, daí por que se dizer que é de trato sucessivo ou de duração, pois não é instantâneo, não se exaurindo no cumprimento de uma única prestação.

No pacto laboral contrata-se atividade. As prestações são feitas continuamente no tempo. O empregador exerce poder de direção sobre a atividade do obreiro, não havendo um contrato de resultado.

O contrato de trabalho não é contrato de risco, como o contrato de seguro.

As partes no contrato de trabalho são obrigadas a cumprir o ajuste estabelecido (*pacta sunt servanda*).

O empregado deve proceder com boa-fé, diligência, fidelidade, assiduidade, colaboração. Não pode concorrer com o empregador.

O empregador deve atuar com boa-fé, observar as normas de segurança e medicina do trabalho e não discriminar.

Tem o empregado a obrigação de prestar os serviços para receber seu salário. O empregador paga os salários depois de receber a prestação de serviços do empregado.

Está o empregado submetido ao poder hierárquico e disciplinar do empregador. Fica, portanto, subordinado ao empregador.

Os contratantes são obrigados a guardar, tanto na execução como na conclusão do contrato, os princípios da probidade e boa-fé (art. 422 do Código Civil). Em qualquer contrato, inclusive no de trabalho, ambas as partes devem estar imbuídas de boa-fé (arts. 113 e 187 do Código Civil). A inobservância por parte do empregador da boa-fé implica a rescisão indireta do contrato de trabalho pelo empregado. O dever de boa-fé pode perdurar até depois da cessação do contrato de trabalho, se o empregado, por exemplo, assim tiver de fazer por força de cláusula do pacto laboral.

O empregado deve ser diligente. Não pode faltar constantemente sem qualquer motivo. Deve ser pontual, dedicado ao serviço. Deve produzir adequadamente, de acordo com suas condições físicas, zelando pelos equipamentos e máquinas do empregador.

A fidelidade é requisito fundamental na relação de emprego. O empregado não pode divulgar dados do empregador, nem pode estabelecer em relação a ele concorrência desleal. O empregador deposita fé no empregado e confia nele. Se fica abalada a fidúcia entre as partes, por ato do empregado, o contrato de trabalho poderá ser rescindido por justa causa.

O empregado tem o dever de colaborar com o empregador, no desenvolvimento das atividades deste. A colaboração não deixa de ser uma forma de diligência do empregado. O trabalho é realizado em comum entre empregado e empregador, visando aos fins deste último. Deve abster-se o empregado de praticar atos prejudiciais à empresa. O empregado deve guardar sigilo sobre aquilo que tem conhecimento em relação aos negócios e procedimentos do empregador. Colaboração é uma característica do contrato de trabalho, e não exatamente uma obrigação. O empregado moderno é chamado de colaborador.

Não pode o empregado concorrer com o empregador em suas atividades, como de fazer comércio paralelo, divulgar dados de sua clientela etc. A alínea *c* do art. 482 da CLT tipifica como justa causa a concorrência desleal à empresa.

O empregador deve cumprir as normas de segurança e medicina do trabalho, como de fornecer equipamentos de proteção adequados ao empregado, observar as normas relativas à Cipa.

Como o empregado fica sujeito ao poder hierárquico do empregador, a seu poder de direção, pode ser revistado, desde que a revista seja moderada e não viole a intimidade do trabalhador.

Não pode o empregador discriminar o empregado por sexo, religião, raça, cor etc.

Deve o empregador respeitar as invenções do empregado, de acordo com a previsão legal.

Tem o empregador obrigação de proporcionar trabalho ao empregado na vigência do contrato de trabalho. O empregado não pode ficar num local ou sala sem nada fazer durante o dia inteiro. Se o empregador não proporciona trabalho ao empregado, este tem o direito de pedir a rescisão do contrato de trabalho, pois o primeiro não está cumprindo as obrigações do pacto. O empregado tem obrigação de prestar serviços.

10 CLASSIFICAÇÃO

Classificar significa dividir ou ordenar em classes. Dividir significa desmembrar um todo em partes.

O contrato de trabalho pode ser classificado de várias formas.

Contratos comuns dizem respeito a qualquer empregado e é aplicada a CLT. Contratos especiais compreendem algumas particularidades que lhes são aplicáveis. Muitas vezes, são regidos por legislação especial ou estão numa parte específica da CLT. Nessa categoria, é possível incluir o contrato de trabalho dos professores, que percebem por aula dada e não por hora; dos marítimos, que ficam no interior da embarcação por longo período, durante o qual podem ser exigidos serviços por até 24 horas; de menores, que não podem prestar serviços em atividades insalubres ou perigosas.

Muitos contratos de trabalho têm certas regras especiais decorrentes da política legislativa ou de vantagens que foram asseguradas à categoria. É o que ocorre com os bancários, que conquistaram a jornada de trabalho de 6 horas; mas, retirada essa peculiaridade, as demais regras são as mesmas que em relação a outros empregados.

Classifica-se o contrato de trabalho, quanto à jornada, em: (a) tempo total, em que o empregado trabalha 8 horas por dia; (b) tempo parcial, em que o obreiro presta serviços, por exemplo, por 4 ou 5 horas por dia, sendo que a duração do trabalho não pode exceder a 30 horas na semana, podendo ser de 26 horas na semana com prestação de até 6 horas extras semanais.

Quanto à manifestação da vontade, o contrato de trabalho pode ser expresso ou tácito. Quanto à duração, pode ser de prazo determinado ou indeterminado.

Nos contratos de trabalho mistos, parte deles tem característica de contrato de trabalho e parte de outro tipo de contrato. Exemplo pode ser a coexistência de contrato de trabalho e parceria ao mesmo tempo.

11 CONDIÇÕES

O Código Civil de 2002 faz referência a negócio jurídico e não mais a ato jurídico.

Fato jurídico é o acontecimento em que a relação jurídica nasce, se modifica e se extingue. Exemplos seriam o nascimento, a morte etc.

Ato jurídico é o fato proveniente da ação humana, de forma voluntária e lícita, com o objetivo de adquirir, resguardar, transferir, modificar ou extinguir direitos. Ato jurídico é, portanto, espécie de fato jurídico. São exemplos o casamento, os contratos etc.

O fato jurídico independe da vontade do homem, enquanto o ato jurídico depende de sua vontade.

Negócio jurídico é a declaração de vontade da pessoa para adquirir, modificar, alterar ou extinguir uma relação jurídica. A pessoa adquire quando compra um bem; modifica quando cede direitos; altera quando faz novação; extingue quando faz pagamento, faz distrato de sociedade etc.

Representa o negócio jurídico espécie de ato jurídico lícito, como um contrato.

O contrato de trabalho é espécie de negócio jurídico.

Não se fala mais em nulidade dos atos jurídicos, mas em invalidade do negócio jurídico.

Afirma Clóvis Bevilácqua que "a nulidade é a declaração legal de que a determinados atos se não prendem os efeitos jurídicos, normalmente produzidos por atos semelhantes. É uma reação da ordem jurídica para restabelecer o equilíbrio perturbado pela violação da Lei".[3]

Nulidade é a sanção estabelecida em lei pelo descumprimento de regras previstas na norma jurídica.

O negócio jurídico não é exatamente nulo, pois só pode ser considerado nulo se assim for declarado. Antes disso, produz efeitos jurídicos.

Assim, a denominação mais correta é invalidade do negócio jurídico.

A nulidade no Código Civil diz respeito a negócio jurídico. Se a manifestação de vontade não visa a determinados efeitos, não há que se falar em nulidade.

Elementos essenciais do contrato de trabalho são os contidos no art. 104 do Código Civil.

O contrato de trabalho é normalmente estabelecido por prazo indeterminado. A exceção é o contrato de trabalho de prazo determinado. É o elemento acidental.

A validade do negócio jurídico requer: (a) agente capaz, objeto lícito, possível, determinado ou determinável; (b) forma prescrita ou não defesa em lei (art. 104 do Código Civil).

---

3 BEVILÁCQUA, Clóvis. *Código civil dos Estados Unidos do Brasil*. Edição histórica. v. 1, p. 410.

Como qualquer negócio jurídico, o contrato de trabalho deve respeitar as condições determinadas pelo art. 104 do Código Civil, que exige para sua validade agente capaz, objeto lícito, possível, determinado ou determinável e forma prescrita ou não defesa em lei.

De acordo com o art. 1º do Código Civil, capacidade é a aptidão para adquirir direitos e contrair obrigações.

O art. 3º do Código Civil estabelece que são absolutamente incapazes de exercer pessoalmente os atos da vida civil os menores de 16 anos. São relativamente incapazes para certos atos ou à maneira de os exercer: (a) os maiores de 16 e menores de 18 anos; (b) os ébrios habituais e os viciados em tóxicos; (c) aqueles que, por causa transitória ou permanente, não puderem exprimir sua vontade; (d) os pródigos (art. 4º do Código Civil). A capacidade dos indígenas será regulada por legislação especial. Aos 18 anos cessa a menoridade, quando a pessoa fica habilitada à prática de todos os atos da vida civil (art. 5º do Código Civil).

No Direito do Trabalho, o inciso XXXIII do art. 7º da Constituição proíbe o trabalho do menor de 16 anos, salvo na condição de aprendiz, a partir de 14 anos. É permitido o trabalho do menor aprendiz de 14 a 24 anos (art. 428 da CLT). Assim, o menor de 16 anos não tem capacidade para o trabalho, exceto se for aprendiz e a partir dos 14 anos. A capacidade absoluta só ocorre com 18 anos completos. Entre 16 e 18, os menores são relativamente capazes. O responsável legal do menor tem a faculdade de pleitear a extinção de seu contrato de trabalho, desde que o serviço possa acarretar a ele prejuízos de ordem física ou moral (art. 408 da CLT). O menor, entretanto, poderá firmar recibo de salários; porém, na rescisão de seu contrato de trabalho, há necessidade da assistência dos responsáveis legais para efeito de dar quitação ao empregador pelo recebimento das verbas que lhe são devidas (art. 439 da CLT). O trabalho proibido pela lei pode ser exemplificado como o do estrangeiro que está no Brasil como turista, que não pode exercer atividade remunerada. É proibido o trabalho noturno, perigoso ou insalubre ao menor de 18 anos e qualquer trabalho a menores de 16 anos (art. 7º, XXXIII, da Constituição).

O menor adquire capacidade plena com o estabelecimento civil ou comercial ou pela existência da relação de emprego, desde que, em razão deles, o menor com 16 anos completos tenha economia própria (art. 5º, parágrafo único, V, do Código Civil). Se o menor trabalha, mas não tem economia própria, não adquire a capacidade civil. A economia própria é adquirida quando o menor tem remuneração suficiente para seu sustento ou de sua família.

A capacidade trabalhista está regulada na CLT. O fato de o menor passar a ter economia própria não o torna maior para fins trabalhistas, pois aplica-se a CLT, que não é omissa sobre o tema. A lei geral civil não revoga a lei especial trabalhista.

Objeto determinado é o especificado, como comprar um veículo Volkswagen, modelo Gol, motor 1.0. A prestação será determinável quando no momento do cumprimento ela for especificada.

Será vedado também o trabalho em atividades que tenham objetos ilícitos. Distingue-se a atividade proibida, como a do menor de 18 anos em atividades insalubres, que lhe prejudicam a saúde, da atividade ilícita, que é contrária à moral e aos bons costumes.

Haveria objeto ilícito quando fosse contratado um empregado para fazer apostas de jogo do bicho, trabalhar num prostíbulo ou para vender drogas etc.

Não é possível retornar ao estado anterior, devolvendo ao empregado a energia de trabalho. Assim, deve haver pagamento de salário se existe a prestação de serviços.

É nulo o negócio jurídico quando:

I – celebrado por pessoa absolutamente incapaz, que são os menores de 16 anos, os que por enfermidade ou deficiência mental não tiverem o necessário discernimento para a prática desses atos; os que, mesmo por causa transitória, não puderem exprimir sua vontade. O contrato de trabalho celebrado com menor de 16 anos é válido, pois a regra contida na legislação não pode ser interpretada contra o menor. Assim, mesmo não podendo o menor de 16 anos trabalhar, existe contrato de trabalho se estiverem presentes os requisitos para a configuração do vínculo de emprego;

II – for ilícito, impossível ou indeterminável seu objeto. É ilícita a prestação de serviços em que o empregado vende drogas. É impossível o negócio jurídico no contrato que previr a entrega da Lua;

III – o motivo determinante, comum a ambas as partes, for ilícito. É o que ocorre com empregada que mantiver contrato de trabalho com empregador que explore a prostituição, em que a primeira tivesse de manter relações sexuais com os clientes do segundo;

IV – não revestir a forma prescrita em lei. É a hipótese em que o empregado é contratado pela Administração Pública, porém não presta concurso público (art. 37, II, da Constituição). Se o órgão público estava proibido de contratar pessoas sem concurso público, o trabalhador também deveria ter conhecimento de que, para ser admitido, deveria prestar concurso, pois não pode alegar a ignorância da lei (art. 3º do Decreto-Lei nº 4.657/42). Os contratos de trabalho celebrados com índios em processo de integração ou habitantes de parques ou colônias agrícolas dependerão de prévia aprovação do órgão de proteção ao índio (art. 16 da Lei nº 6.001/73);

V – for preterida alguma solenidade que a lei considere essencial para sua validade. É o exemplo da inscrição no Cartório de Registro de Imóveis para validar venda e compra perante terceiros. No âmbito do Direito do Trabalho, é a hipótese de se contratar aprendiz sem contrato escrito (art. 428 da CLT);

VI – tiver por objetivo fraudar lei imperativa;

VII – a lei taxativamente o declarar nulo (art. 9º CLT), ou proibir-lhe a prática, sem cominar sanção.

Os incisos III e VI do art. 166 do Código Civil não tinham previsão no Código anterior.

O Código Civil de 2002 classificou a simulação como caso de nulidade do negócio jurídico. No Código Civil de 1916, a simulação era hipótese de anulabilidade do ato jurídico.

É nulo o negócio jurídico simulado, mas subsistirá o que se dissimulou, se válido for na substância e na forma (art. 167 do Código Civil).

Haverá simulação nos negócios jurídicos quando: (a) aparentarem conferir ou transmitir direitos a pessoas diversas daquelas às quais realmente se conferem, ou transmitem; (b) contiverem declaração, confissão, condição ou cláusula não verdadeira; (c) os instrumentos particulares forem antedatados, ou pós-datados.

Ficam ressalvados os direitos de terceiros de boa-fé em relação aos contraentes do negócio jurídico simulado.

O objetivo da simulação é fraudar a lei ou causar prejuízo a outrem.

É muito comum no âmbito trabalhista que logo após a distribuição e antes da audiência seja feito acordo entre empregado e empregador. É a chamada "casadinha", que visa a fazer o empregado levantar o FGTS e sacar o seguro-desemprego, com pagamento de alguns valores ao empregado, mas quitando todo o contrato de trabalho com efeito de coisa julgada. Descoberta a simulação, o juiz deve extinguir o processo sem julgamento de mérito.

Se o negócio jurídico nulo tiver conexão com outro negócio, subsistirá este se demonstrado que era o desejo dos contratantes (art. 170 do Código Civil).

É anulável o negócio jurídico:

a) por incapacidade relativa do agente. São relativamente incapazes os maiores de 16 e menores de 18 anos; os ébrios habituais; os viciados em tóxicos; os que, por deficiência mental, tenham o discernimento reduzido; os excepcionais, sem desenvolvimento mental completo, e os pródigos;
b) por vício resultante de erro, dolo, coação, estado de perigo, lesão ou fraude contra credores.

A anulabilidade do negócio jurídico só pode ser arguida pelas partes. Não pode ser arguida de ofício pelo juiz, mas deve ser declarada na sentença (art. 177 do Código Civil).

O negócio anulável pode ser confirmado pelas partes, salvo direito de terceiro (art. 172 do Código Civil).

O ato de confirmação deve conter a substância do negócio celebrado e a vontade expressa de mantê-lo (art. 173 do Código Civil). Exemplo pode ser a celebração de contrato de trabalho de menor entre 16 e 18 anos, sem a anuência dos pais. Estes podem convalidar posteriormente o ato do menor.

Quando a anulabilidade do ato resultar de falta de autorização de terceiro, será validado se este a der posteriormente (art. 176 do Código Civil). É a mesma hipótese em que o pai dá validade posteriormente ao contrato de trabalho celebrado por menor de 18 anos.

A nulidade dos negócios jurídicos do Direito do Trabalho é diferente da nulidade dos negócios jurídicos no Direito Civil. Somente no Direito do Trabalho há situações específicas nesse sentido.

Não será nulo todo o contrato de trabalho, caso uma ou algumas de suas cláusulas contrariem o ordenamento jurídico, mas apenas as cláusulas que não observarem as prescrições legais. A cláusula contrária ao ordenamento jurídico estatal é substituída por este, deixando de ser aplicada. É como se não estivesse escrita. Aproveita-se, portanto, a parte válida do ato.

No contrato de trabalho não há como repor as partes ao estado anterior (art. 182 do Código Civil), pois é impossível devolver a energia de trabalho ao empregado. Assim, muitas vezes o correto é o pagamento da indenização respectiva.

Preenchidos os requisitos do art. 3º da CLT, é legítimo o reconhecimento de relação de emprego entre policial militar e empresa privada, independentemente do eventual cabimento de penalidade disciplinar prevista no Estatuto da Polícia Militar (S. 386 do TST). No caso, o negócio jurídico não é ilícito, mas proibido.

Nos contratos com o Estado, em que não há prestação de concurso público (art. 37, II, da Constituição), o contrato é considerado nulo. Não produz efeitos entre as partes. O TST entende que devem ser pagos apenas os salários ao empregado com incidência do FGTS (S. 363 do TST).

A contratação de pessoal para prestação de serviços nas campanhas eleitorais não gera vínculo empregatício com o candidato ou partido contratantes (art. 100 da Lei nº 9.504/97).

As relações decorrentes de transporte de cargas "são sempre de natureza comercial, não ensejando, em nenhuma hipótese, a caracterização de vínculo de emprego" (art. 5º da Lei nº 11.442/2007).

O contrato de trabalho entre cônjuges é possível, desde que o prestador de serviços receba remuneração e tenha subordinação. Se a relação é decorrente da comunhão do casamento, é afetiva ou familiar, não existe vínculo de emprego. Será mais difícil existir contrato de trabalho doméstico entre cônjuges, em razão da comunhão familiar entre eles.

É possível a existência de contrato de trabalho entre pai e filho, pois não há nenhuma vedação legal a esse respeito, nem é possível se presumir a existência de fraude. Deve haver, contudo, subordinação e a efetiva prestação dos serviços.

O parágrafo único do art. 2.035 do Código Civil prevê que nenhuma convenção prevalecerá se contrariar preceitos de ordem pública. Essa regra se aplica tanto ao contrato de trabalho, que tem correspondente mais específico no art. 444 da CLT, como às convenções e aos acordos coletivos.

São nulas as cláusulas que estipulem a renúncia antecipada do aderente a direito resultante da natureza do negócio (art. 424 do Código Civil). No plano de demissão voluntária ou na aposentadoria do empregado não pode renunciar o trabalhador às verbas rescisórias em troca de qualquer pagamento.

Nos contratos de adesão, são nulas as cláusulas que estipulem a renúncia antecipada do aderente a direito resultante da natureza do negócio (art. 424 do Código Civil).

O art. 429 do Código Civil é aplicado no Direito do Trabalho quando o empregador faz anúncio em jornal procurando empregado e especificando salário. Por se tratar de oferta ao público, vincula o salário do empregado ao que foi ofertado.

A interpretação do negócio jurídico deve lhe atribuir o sentido que:

I – for confirmado pelo comportamento das partes posterior à celebração do negócio. É o que pode se verificar se o comportamento das partes é ou não é de contrato de trabalho, apesar de ser celebrado contrato de prestação de serviços, inclusive por pessoa jurídica. Deve ser observada a realidade verificada no comportamento das partes no desenvolvimento do contrato;

II – corresponder aos usos, costumes e práticas do mercado relativas ao tipo de negócio;

III – corresponder à boa-fé. Mesmo no contrato de trabalho, as partes devem proceder com boa-fé;

IV – for mais benéfico à parte que não redigiu o dispositivo, se identificável. Como o contrato de trabalho geralmente é de adesão, deve-se analisar quem redigiu o contrato ou a cláusula, que normalmente não é o empregado;

V – corresponder à qual seria a razoável negociação das partes sobre a questão discutida, inferida das demais disposições do negócio e da racionalidade econômica das partes, consideradas as informações disponíveis no momento de sua celebração (§ 1º do art. 113 do Código Civil).

A CLT não se aplica às atividades de direção e assessoramento nos órgãos, institutos e fundações dos partidos, assim definidas em normas internas de organização partidária (art. 7º, *f*, da CLT).

11.1 Atividades ilícitas

Há necessidade de serem tecidas algumas considerações sobre os trabalhadores que prestam serviços a empresas ou pessoas que têm por objeto atividades ilícitas, para verificar se existe contrato de trabalho entre essas pessoas.

Para os que defendem a existência da relação de emprego, mesmo na prestação de serviços em atividades ilícitas, como jogo do bicho ou de bingo, em prostíbulos, casas de contrabando ou que vendem entorpecentes, é impossível devolver ao trabalhador a energia gasta na prestação de serviços, devendo o obreiro ser indenizado com o equivalente, em razão de as partes não poderem retornar ao estado anterior em que estavam (art. 182 do CC), mormente porque haveria enriquecimento do tomador do serviço, em detrimento do prestador do serviço. Assim, teria direito o obreiro às verbas de natureza trabalhista.

A outra corrente entende que, sendo ilícita a atividade do empregador, a prestação de serviços a este não gera qualquer direito de natureza trabalhista, pois o negócio jurídico é inválido.

Para a validade do contrato de trabalho, como qualquer negócio jurídico, requer-se agente capaz, objeto lícito e forma prescrita ou não defesa em lei (art. 104 do CC). Será considerado nulo o negócio jurídico quando for ilícito ou impossível seu objeto (art. 166, II, do CC).

O item 2 do art. 129 do Código Comercial também declarava a nulidade dos contratos comerciais quando recaíssem sobre objeto proibido por lei, ou cujo uso ou fim fosse manifestamente ofensivo à moral e aos bons costumes.

A Constituição garante o livre exercício de qualquer trabalho, ofício ou profissão, atendidas, porém, as determinações legais (art. 5º, XIII), remetendo o intérprete, inclusive, às prescrições do art. 104 do Código Civil, para a validade do negócio jurídico que for praticado.

Inexistirá contrato de trabalho entre trabalhador e cambista de jogo do bicho ou de outras atividades ilícitas previstas em lei, como contravenções penais, e é nulo de pleno direito o ato praticado que não produz nenhum efeito no mundo jurídico. O próprio trabalhador não poderá dizer que desconhecia a ilicitude da atividade do tomador dos serviços, pois "ninguém se escusa de cumprir a lei, alegando que não a conhece" (art. 3º do Decreto-Lei nº 4.657/42).

Há, contudo, que se distinguir entre contrato de trabalho cujo objeto é ilícito e aquele que é apenas proibido. É proibido o trabalho noturno, perigoso ou insalubre a menores de 18 anos e qualquer trabalho a menores de 16 anos (art. 7º, XXXIII, da Constituição), o trabalho da mulher em serviços que demandem força muscular além de certo parâmetro (art. 390 da CLT). Mesmo havendo proibição de o policial militar fazer atividades privadas, a Súmula 386 do TST reconhece o vínculo de emprego entre o policial militar e o tomador dos serviços, desde que presentes os requisitos do art. 3º da CLT. Será ilícito o contrato de trabalho se não atendidos os requisitos do art. 104 do Código Civil.

A Lei do Contrato de Trabalho da Argentina bem demonstra a diferença entre objeto ilícito, que é o contrário à moral e aos bons costumes, não tendo nenhuma validade (art. 39), e trabalho proibido, em que é vedado o emprego de determinadas pessoas ou determinadas tarefas, épocas ou condições (art. 40). Ensina Ramírez Gronda (1945:222) que "se a locação tiver por objeto a prestação de serviços impossíveis, ilícitos ou imorais, aquele a quem tais serviços sejam prestados não terá direito de demandar a outra parte pela prestação desses serviços, nem para exigir a restituição do preço que tenha pago".

No caso do trabalho proibido, não há como justificar a nulidade total do pacto laboral. Ao contrário, trata-se de um ato jurídico anulável, em que prepondera o interesse privado individual, embora com a garantia de norma cogente, sendo protegido o interesse particular. Por isso, desrespeitada a lei, como na hipótese de o menor de 16 anos trabalhar ou de o menor trabalhar à noite, em razão do inciso XXXIII do art. 7º da Lei Maior, terá direito o obreiro ao reconhecimento da relação de emprego, no primeiro caso, e ao pagamento do adicional noturno, no segundo caso. Nas atividades proibidas, embora o negócio jurídico seja anulável, são produzidos efeitos jurídicos.

Ensina Délio Maranhão (1993, v. 1:244) que "se a nulidade, entretanto, decorre da ilicitude do objeto do contrato, a menos que o empregado tenha agido de boa-fé, ignorando o fim a que se destinava a prestação de trabalho, já não poderá reclamar o pagamento do serviço prestado: *nemo de improbitate sua consequitur actionem*". Dessa forma, se o empregado trabalha numa clínica de abortos, mas não tem conhecimento dessa atividade da empresa, o fato de ser ilícita a atividade do empregador não contamina o empregado, que está de boa-fé, cumprindo com suas obrigações contratuais. O mesmo ocorreria com os serviços prestados pelo pedreiro num prostíbulo, em que o seu trabalho não seria considerado ilícito, apesar de a atividade empresarial o ser. É o que se depreende do inciso III do art. 166 do Código Civil, que exige ser o motivo determinante, comum a ambas as partes, ilícito. Se há desconhecimento de uma pessoa da ilicitude do ato, para ela o negócio jurídico é válido.

O jogo do bicho é considerado atividade ilícita, contravenção penal (art. 58 do Decreto-Lei nº 3.668/41). Logo, não pode ser considerado válido o contrato de trabalho, pois é ilícito o objeto do contrato. Se é ilícito, não gera efeitos jurídicos.

De outro modo, se o empregado tem ciência da atividade ilícita do empregador e com ela contribui diretamente, ou não existe nenhuma razão para ignorá-la, não se pode dizer que há contrato de trabalho. É o que ocorre com o cambista do jogo do bicho, que sabe que a atividade do tomador de serviços é ilícita, assim como o é sua própria atividade, de recolher as apostas do referido jogo. Nesse caso, nenhum direito nascerá para as partes envolvidas.

Não se diga que o empregador vai enriquecer com a prestação de serviços ilícitos, pois o próprio trabalhador sabia que também prestava serviços ilícitos.

Mesmo que as autoridades sejam complacentes com o jogo do bicho, deve-se aplicar a lei e considerar inexistente a relação de emprego, pois é impossível transformar um ato considerado pela legislação como ilícito, sob pena de subverter a ordem jurídica.

A ineficiência do Estado em coibir atividades ilícitas não as torna lícitas. O fato de o Estado acabar tolerando a atividade não a torna lícita.

A nulidade é absoluta em relação à prestação de serviços em atividades ilícitas, e independe de provocação das partes. É certo que, se o salário já foi pago ao obreiro, não pode ser devolvido. No entanto, se ele não foi pago, não será devido, nem as verbas rescisórias, porque inexiste relação de emprego. O TST entende de forma contrária, no que diz respeito à falta de concurso público para admissão de empregado em órgão público, afirmando que o trabalhador tem direito ao salário pelo serviço prestado e aos valores referentes aos depósitos do FGTS (S. 363).

A Orientação Jurisprudencial 199 da SBDI-1 do TST mostra que o contrato de trabalho abrangendo jogo do bicho é nulo, por conter objeto ilícito.

Proposta ação trabalhista para reconhecimento de relação de emprego em atividade ilícita, principalmente em casos que abrangem jogo do bicho, o processo deverá ser extinto sem julgamento de mérito, por falta de interesse processual do autor de postular em juízo (art. 17 do CPC), em virtude da ilicitude do objeto do contrato de trabalho, pois este deve observar a moral, a ordem pública e os bons costumes, como deve ocorrer em qualquer negócio jurídico.

12 FORMA

O contrato individual de trabalho poderá ser acordado tácita ou expressamente, verbalmente ou por escrito, por prazo determinado ou indeterminado, ou para prestação de trabalho intermitente (art. 443 da CLT).

O contrato de trabalho não tem necessariamente uma forma para ser realizado. Pode tanto ser feito por escrito como verbalmente (art. 443 da CLT). Lembre-se que qualquer contrato pode ser feito verbalmente, bastando haver o ajuste entre as partes.

No Direito comparado, a Lei Federal de Trabalho do México de 1970 estabelece que as condições de trabalho devem ser fixadas por escrito quando inexistam contratos coletivos aplicáveis (art. 34); a falta de disposição escrita não priva o trabalhador dos direitos que derivam das normas de trabalho e dos serviços prestados, pois se imputará ao patrão a falta dessa formalidade (art. 26).

Na Argentina, a Lei nº 20.744/74, ordenada pelo Decreto nº 390/76, estabelece que "as partes podem escolher livremente sobre as formas a observar para a celebração do contrato de trabalho, salvo o que dispuserem as leis e as convenções coletivas em casos particulares" (art. 48).

O Estatuto dos Trabalhadores da Espanha estabelece que o contrato de trabalho pode ser celebrado por escrito ou verbalmente (art. 8.1).

Devem constar por escrito os contratos de trabalho quando o exigir uma disposição legal e, em todo caso, os celebrados para a formação, por tempo ou obra ou serviço determinado, cuja duração seja superior a quatro semanas. O mesmo ocorre com os contratos a tempo parcial, de prática e a domicílio, assim como os dos espanhóis contratados na Espanha a serviço de empresas espanholas no estrangeiro. Não observada essa exigência, o contrato de trabalho será considerado por tempo indeterminado, exceto se houver prova em sentido contrário, demonstrando sua natureza transitória (art. 8.2). Em todo caso, qualquer das partes pode exigir que o contrato se formalize por escrito, inclusive durante o transcurso da relação de trabalho (art. 8.4).

Em Portugal, não se exige formalidade especial para o contrato de trabalho, salvo se a lei assim o determine. O contrato escrito tem cabimento nos contratos a prazo, de profissionais de espetáculo (art. 18 do Decreto nº 43.190/60), no de trabalho a bordo ou de matrícula (art. 186 e § 2º do Decreto nº 45.969/64), do exercício da medicina (art. 83 do Decreto-Lei nº 40.651/56).

Na França, o contrato de trabalho não tem qualquer formalidade a ser seguida, podendo as partes adotar a forma que desejarem.

Algumas normas estabelecem que o contrato de trabalho tem que ser necessariamente escrito, como o do atleta profissional de futebol, o de artistas (art. 9º da Lei nº 6.533/78), o de aprendizagem (art. 428 da CLT) e o contrato de trabalho temporário (art. 11 da Lei nº 6.019/74). O contrato entre a empresa tomadora de serviços e a empresa de trabalho temporário também tem de ser feito, necessariamente, por escrito.

O ajuste das disposições contratuais pode ser tácito (art. 443 da CLT), mesmo que as partes não façam nenhum arranjo claro, inequívoco, nenhum entendimento direto e taxativo. O acordo tácito mostra que o contrato de trabalho pode ser decorrente dos fatos, sem que exista nenhum ajuste entre as partes. Com a continuidade da prestação de serviços, revela-se a vontade, a concordância na pactuação do contrato de trabalho. Quando o empregador não se opõe à prestação de serviços feita pelo empregado e utiliza-se do serviço deste, pagando-lhe salário, está evidenciado o contrato de trabalho acordado tacitamente (Russomano, 1990, v. 1:394). A frase popular "quem cala consente" bem revela a existência do acordo tácito, que pode ser transposto para o contrato de trabalho.

É possível que haja a contratação de um grupo de empregados ao mesmo tempo. É o que se denomina contrato de equipe e que costuma ocorrer com a contratação de uma banda, em que o grupo todo é contratado para prestar serviços. O contrato de equipe não deixa de ser um contrato individual.

13 DURAÇÃO

Os contratos de trabalho podem ser por prazo determinado ou indeterminado (art. 443 da CLT). No contrato de prazo determinado, as partes ajustam antecipadamente seu termo, enquanto no contrato de prazo indeterminado não há prazo para a terminação do pacto laboral. Na prática, predomina o ajuste por prazo indeterminado. Quando as partes nada mencionam quanto a prazo, presume-se que o contrato seja por prazo indeterminado, que é o mais empregado. O contrato de trabalho de prazo indeterminado não é, porém, um contrato eterno, mas apenas que dura no tempo.

14 CONTRATO DE TRABALHO POR TEMPO DETERMINADO

Contrato de trabalho por tempo determinado é "o contrato de trabalho cuja vigência dependa de termo prefixado ou da execução de serviços especificados ou ainda da realização de certo acontecimento suscetível de previsão aproximada" (§ 1º do art. 443 da CLT).

Exemplo de serviço condicionado à execução de serviço específico seria a contratação de técnico para treinamento de operadores, na implantação de equipamento altamente sofisticado. Termo prefixado pode ser um projeto.

A CLT estabelece quais são as hipóteses em que é possível a celebração do contrato de trabalho por prazo determinado. Não cumprido o prazo estabelecido, o contrato passa a ser por prazo indeterminado.

No Direito do Trabalho, a regra é a contratação por tempo indeterminado. O contrato de trabalho é um contrato de prestações sucessivas, de duração. Em razão do princípio da continuidade do contrato de trabalho, presume-se que este perdura no tempo. A exceção é a contratação por prazo determinado, de acordo com as determinações específicas contidas na lei.

O contrato de trabalho por tempo determinado pode ser celebrado verbalmente, como se verifica no art. 443 da CLT. O ideal é que o pacto por tempo determinado só fosse estabelecido por escrito, visando evitar fraudes na contratação.

O término do pacto por tempo determinado pode ser medido em razão do número de dias, semanas, meses ou anos, ou em relação a certo serviço específico, como o término de uma obra, ou, se for possível fixar aproximadamente, quando houver o término de um acontecimento, como o término de uma colheita, que se realiza periodicamente em certas épocas do ano. É o contrato de safra, que tem a duração dependente de variações estacionais de atividade agrária (parágrafo único do art. 14 da Lei nº 5.889/73).

O fato de o último dia do contrato de trabalho por tempo determinado cair em feriado, domingo ou dia não útil não o prorroga para o dia seguinte. Caso se observe o dia seguinte ao término do pacto, este já será de prazo indeterminado.

O contrato de trabalho por tempo determinado só é válido em se tratando de: (a) serviço cuja natureza ou transitoriedade justifique a predeterminação do prazo; (b) atividades empresariais de caráter transitório; (c) contrato de experiência (§ 2º do art. 443 da CLT).

O serviço de natureza transitória é o que é breve, efêmero, temporário. Aqui está-se falando de serviço transitório e não de atividade empresarial de caráter transitório. Seria o caso de contratar um empregado temporariamente para atender a um breve aumento de produção em certo período do ano. A transitoriedade deverá ser observada em relação às atividades do empregador e não do empregado, de acordo com as necessidades de seu empreendimento. Serviços cuja natureza justifique a predeterminação de prazo são, a rigor, os serviços transitórios.

As atividades empresariais de caráter transitório dizem respeito à empresa e não ao empregado ou ao serviço. Seria o caso de criar uma empresa que apenas funcionasse em certas épocas do ano, como a de venda de fogos nas festas juninas; a que produzisse ovos de Páscoa; a que fabricasse panetone para o Natal; a empresa que explorasse temporariamente atividade diversa da normal para atender a uma oportunidade de mercado etc.

Não se poderia, entretanto, dizer que a atividade da empresa é transitória ou o serviço seria transitório na contratação de pedreiro para trabalhar na construção civil, em que a atividade da empresa de construção civil é permanente. É possível, contudo, admitir o pedreiro para trabalhar em certa obra, pois há uma previsão aproximada de seu término.

São considerados por tempo determinado os seguintes contratos: de safra (parágrafo único do art. 14, da Lei nº 5.889/73), de atleta profissional (art. 30 da Lei nº 9.615/98), de artistas (art. 9º da Lei nº 6.533/78), de técnico estrangeiro (Decreto-Lei nº 691/69), de obra certa (Lei nº 2.959/56), de aprendizagem (art. 428 da CLT), da Lei nº 9.601/98.

O empregado doméstico pode ser contratado por prazo determinado para atender necessidades familiares de natureza transitória e para substituição temporária de empregado doméstico com contrato de trabalho interrompido ou suspenso (art. 4º, II, da Lei Complementar nº 150/2015). Natureza transitória poderia ser a contratação de professor para dar reforço de aulas ao filho do empregador. Contratação em decorrência de contrato de trabalho interrompido poderia ser em decorrência de férias. Contratação em razão de contrato suspenso poderia ser em razão de aposentadoria por invalidez. A duração do contrato de trabalho é limitada ao término do evento que motivou a contratação, obedecido o limite máximo de dois anos.

Previa o art. 1.220 do Código Civil de 1916 que o contrato de locação de serviços não poderia ser convencionado por mais de quatro anos.

A redação original do art. 445 da CLT utilizava a ideia contida no Código Civil de 1916 quanto ao prazo máximo de duração do pacto: "O prazo de vigência do contrato de trabalho quando estipulado ou se dependente da execução de determinado trabalho ou realização de certo acontecimento, não poderá ser superior a quatro anos".

Atualmente, o contrato de trabalho não pode ser superior a dois anos, inclusive para o doméstico (parágrafo único do art. 4º da Lei Complementar nº 150/2015).

Mesmo na vigência da redação original do art. 445 da CLT já se discutia se o contrato de trabalho por tempo determinado poderia ser prorrogado por mais quatro anos, caso o pacto laboral de prazo certo já tivesse sido fixado originariamente pelo mesmo prazo. Essa dúvida também se aplicava ao contrato de obra certa, previsto na Lei nº 2.959/56, que é um contrato de trabalho por tempo determinado.

O art. 451 da CLT, que ainda tem sua redação original de 1943, dispõe que o contrato de trabalho por tempo determinado só pode ser prorrogado uma única vez.

Havia aqueles que entendiam que a prorrogação por mais quatro anos era possível, porque o contrato só estava sendo prorrogado uma vez e pelo mesmo prazo, além do que o art. 445 da CLT não mandava observar o art. 451 da CLT. No caso ora em análise, o art. 451 da CLT estava sendo respeitado, em razão de que o contrato estava sendo prorrogado uma única vez.

O STF editou a Súmula 195, que está assim redigida: "Contrato de trabalho para obra certa, ou de prazo determinado, transforma-se em contrato de prazo indeterminado, quando prorrogado por mais de 4 (quatro) anos". Essa súmula, porém, foi editada antes da mudança da redação do art. 445 da CLT, que foi feita pelo Decreto-Lei nº 229, de 28-2-1967.

Pela redação do antigo art. 445 da CLT, era possível discutir sobre a prorrogação do contrato por tempo determinado por uma única vez (art. 451 da CLT), que implicaria o contrato poder ter até oito anos.

Não se poderia tolerar, porém, a prorrogação do contrato pelo dobro do prazo, totalizando oito anos, quando o empregado estava prestes a adquirir a estabilidade, o que ocorria com 10 anos de casa (art. 492 da CLT). Com esse argumento, o empregado poderia ser dispensado sem receber qualquer indenização.

A contratação e a prorrogação em seu prazo total não poderiam exceder a quatro anos. Do contrário, estaria violado o art. 445 da CLT, que não permitia que o contrato de trabalho por tempo determinado excedesse a quatro anos.

O Decreto-Lei nº 229/67 deu nova redação ao art. 445 da CLT, que está assim redigido: "O contrato de trabalho por prazo determinado não poderá ser estipulado por mais de 2 (dois) anos, observada a regra do art. 451".

A atual redação do art. 445 da CLT não faz referência às hipóteses em que o contrato de trabalho por tempo determinado pode ser celebrado, que era o termo certo, quando dependente da execução de determinado trabalho ou realização de certo acontecimento, como estava previsto na redação anterior do citado dispositivo. As referidas hipóteses já estão descritas hoje no § 1º do art. 443 da CLT, que anteriormente era o parágrafo único do mesmo artigo. Não havia, portanto, necessidade de fazer referência aos casos em que se pode celebrar contrato de trabalho por tempo determinado, que já estão contidos no § 1º do art. 443 da CLT.

O contrato de trabalho por tempo determinado de dois anos pode ser prorrogado por mais dois anos?

Em qualquer hipótese, o contrato de trabalho por tempo determinado não pode exceder a dois anos, mesmo quando da prorrogação. Era o que se depreendia da Súmula 195 do STF, que interpretava a antiga redação do art. 445 da CLT, dizendo que o contrato por tempo determinado prorrogado por mais de quatro anos transformava-se em contrato por tempo indeterminado.

Atualmente, o legislador é expresso no sentido de se observar o art. 451 da CLT. Assim, é possível prorrogar uma vez o contrato de trabalho por tempo determinado, porém, mesmo na prorrogação, o contrato de trabalho de prazo certo não poderá exceder a dois anos. É a interpretação sistemática da CLT, mediante a combinação dos arts. 445 e 451 da citada norma. Dessa forma, é possível fazer um contrato de trabalho por tempo determinado de um ano e prorrogá-lo por mais um ano.

O fato de a atual redação do art. 445 da CLT determinar a observância do art. 451 da CLT, de haver uma única prorrogação, veio a terminar com a controvérsia sobre a possibilidade de se prorrogar por mais dois anos o pacto por tempo determinado já acordado por dois anos. Isso quer dizer que o contrato de trabalho pode ser prorrogado por uma única vez (art. 451 da CLT), porém deve observar o prazo máximo de dois anos (art. 445 da CLT). Assim, não é possível fazer um contrato de trabalho por tempo determinado ou de obra certa de dois anos e prorrogá-lo por mais dois anos, pois a regra contida no art. 445 da CLT está sendo desrespeitada, ou seja, o prazo máximo do contrato de trabalho por tempo certo ser de dois anos, incluída a prorrogação.

A prorrogação nada mais é do que a continuação do contrato anterior e não um novo contrato. Logo, não poderia haver a prorrogação do contrato de trabalho por tempo determinado fixado em dois anos, por igual período, ou seja, por mais dois anos. Nesse caso, haverá um contrato de trabalho por tempo indeterminado.

A determinação da lei é aditiva: deve ser observado o prazo máximo de dois anos e ao mesmo tempo só pode ser feita uma única prorrogação, desde que não exceda o prazo máximo de dois anos.

Essa orientação também se aplica ao contrato de trabalho de obra certa, que da mesma forma é um contrato de trabalho por tempo determinado, devendo observar o prazo máximo de dois anos e uma única prorrogação. Assim, nesse caso também o contrato de obra certa fixado em dois anos não pode ser prorrogado por outros dois anos.

O fato de o empregado já ter trabalhado as horas necessárias a mais por dia, para não prestar serviços no sábado, tem influência no dia final do contrato por tempo determinado?

Suponha-se que o contrato de trabalho por tempo determinado terminasse em 18 de setembro (sexta-feira). Nessa semana o empregado trabalhou nove horas diárias de terça-feira a sexta-feira para não trabalhar no sábado. Foram trabalhadas 44 horas na semana. Já compensou, portanto, o sábado. Já prestou serviços para as horas que seriam trabalhadas no sábado, mas que foram compensadas durante a semana.

Os efeitos jurídicos do pacto laboral são projetados para o sábado, em razão do acordo de compensação. Embora o empregado não tenha trabalhado nenhum dia a mais em seu contrato de trabalho, os efeitos do pacto laboral foram estendidos para o sábado, pelo fato de já ter compensado as horas para esse fim. Como o pacto laboral deveria terminar na sexta-feira, o fato de cessar no sábado implica transformá-lo em contrato por tempo indeterminado.

Para que o empregado tenha direito ao descanso semanal remunerado deve ter pontualidade durante a semana inteira e ter assiduidade no mesmo período (art. 6º da Lei nº 605/49). Se o obreiro faltar durante a semana ou chegar atrasado, perde o direito ao descanso semanal.

Admita-se que o empregado foi assíduo no trabalho durante a semana e ao mesmo tempo teve pontualidade, não chegando nenhum dia atrasado para o início do serviço. O contrato de trabalho por tempo determinado que terminaria no sábado é projetado mais um dia, implicando ser transformado em prazo indeterminado?

Não há dúvida de que o obreiro já tem direito ao pagamento do descanso semanal, pois cumpriu as condições previstas em lei: pontualidade e assiduidade. O empregado já adquiriu o direito ao repouso semanal e também ao seu pagamento. A empresa deverá, portanto, remunerar o empregado com o repouso semanal.

O empregado não trabalhou, por exemplo, mais de 90 dias, em caso de contrato de experiência, nem seu contrato de trabalho é prorrogado por um dia. Logo, o seu pacto laboral termina efetivamente no sábado e não um dia depois.

O mesmo ocorre no caso de o empregado trabalhar um ano, adquirindo o direito a férias. O fato de fazer jus a férias indenizadas não projeta os efeitos do contrato de trabalho por mais 30 dias.

Se o prazo final do contrato for no dia imediatamente anterior ao domingo ou feriado, o empregado tem direito ao descanso semanal ou ao feriado, porém não tem direito à prorrogação do contrato de trabalho por tempo determinado, que são coisas diversas. Uma coisa é o tempo do contrato, outra coisa é o pagamento do descanso semanal remunerado e do feriado. O empregado não trabalhou no repouso semanal ou no feriado. Logo, seu contrato termina efetivamente no último dia trabalhado, não se projetando mais um dia e o transformando por tempo indeterminado.

Para resolver as questões acima basta que o empregador celebre o contrato de trabalho com o empregado com um dia a menos do prazo de 90 dias ou dois anos. Se o contrato terminar numa quinta-feira, não haverá que se falar em direito ao repouso semanal, nem de que já houve a compensação para o obreiro não trabalhar no sábado, muito menos haverá discussão sobre a projeção do pacto. O empregador poderá ajustar que o último dia contratado caia na quinta-feira, de modo que não haverá que se falar em contrato por tempo indeterminado.

A CLT não proíbe a prorrogação automática dos contratos de prazo determinado.

O contrato de trabalho do jogador de futebol é de prazo determinado, com vigência nunca inferior a três meses e nem superior a cinco anos (art. 30 da Lei nº 9.615/98). Objetiva-se a formação do jogador.

O contrato de trabalho do treinador de futebol não pode ser estabelecido por mais de dois anos (art. 6º, I, da Lei nº 8.650/93).

É impossível fazer novo contrato de trabalho por tempo determinado com o mesmo empregado senão após seis meses da conclusão do pacto anterior (art. 452 da CLT), exceto se a expiração do pacto dependeu da execução de serviços especializados ou da realização de certos acontecimentos. O presente caso não revela prorrogação de contratos, mas sucessão, pois é celebrado novo contrato. É o que ocorre com empregados de pousadas ou hotéis, em que estes necessitam de um número maior de empregados apenas em certas épocas do ano, como as de férias, feriados prolongados etc. Há, assim, a possibilidade da renovação sucessiva de tais pactos, pois dependem da realização de certos acontecimentos.

Não há aviso-prévio nos contratos por tempo determinado, pois as partes conhecem antecipadamente quando o contrato irá terminar.

Os contratos por tempo determinado que contiverem cláusula permitindo às partes a rescisão imotivada antes do termo final estarão regidos pelas mesmas regras dos contratos por tempo indeterminado (art. 481 da CLT), ou seja, são aqueles contratos que contêm cláusula de aviso-prévio.

Nos contratos de trabalho por tempo determinado, o empregador não terá de observar a garantia de emprego, mesmo que, por exemplo, a empregada fique grávida no curso do pacto laboral, pois as partes sabiam desde o início que o contrato de trabalho terminaria no último dia acordado. Nesse dia, o pacto laboral estará encerrado. O TST entende de forma contrária (S. 244, III).

Não se pode falar em nulidade e violação do art. 9º da CLT, inclusive pela norma ser de ordem pública. A norma é realmente de ordem pública, mas o fundamento não é esse. O motivo é o fato de que as partes já sabiam desde o início quando terminaria o pacto laboral. Assim, não há prorrogação, suspensão ou interrupção do contrato de trabalho, mas no último dia termina o pacto laboral, pouco importando se a pessoa tem ou não garantia de emprego. Tanto o empregador como o empregado sabiam desde o primeiro dia do pacto quando este terminaria.

Assim, o empregador não está impedindo o empregado de trabalhar, nem violando a lei, apenas há a cessação do contrato de trabalho no último dia acordado.

A única hipótese em que o período de afastamento deixaria de ser contado ocorreria no caso de haver cláusula no contrato de trabalho dispondo nesse sentido (§ 2º do art. 472 da CLT).

O § 4º do art. 1º da Lei nº 9.601/98 é claro no sentido de que nas hipóteses de garantia de emprego (chamada na prática de estabilidade provisória), o dirigente sindical, o cipeiro, o acidentado e a gestante não podem ser dispensados antes do prazo estipulado pelas partes. A *contrario sensu*, entende-se que, terminado o prazo acordado, mesmo havendo garantia de emprego, haverá a cessação do contrato de trabalho por tempo determinado, pois as partes sabiam desde o primeiro dia de vigência do contrato quando este iria terminar. A garantia de emprego não vigora após o prazo final do contrato de trabalho por tempo determinado.

Dispensando o empregado antes do termo final do contrato, o empregador deverá pagar-lhe, a título de indenização, e por metade, a remuneração a que teria direito até o término do contrato (art. 479 da CLT). O mesmo ocorre em relação ao doméstico (art. 6º da Lei Complementar nº 150/2015).

Condições especiais devem ser anotadas na CTPS do empregado (art. 29 da CLT), como o contrato de prazo determinado.

O produtor rural pessoa física poderá realizar contratação de trabalhador rural por pequeno prazo para o exercício de atividades de natureza temporária (art. 14-A da Lei nº 5.889/73). Essa contratação só pode ser feita por pessoa física e não por pessoa jurídica. A contratação de trabalhador rural por pequeno prazo que, dentro do período de um ano, superar dois meses, fica convertida em contrato de trabalho por prazo indeterminado. O contrato de trabalho por pequeno prazo deverá ser formalizado mediante a inclusão do trabalhador na GFIP e:

I – mediante a anotação na CTPS e em livro ou Ficha de Registro de Empregados; ou

II – mediante contrato escrito, em duas vias, uma para cada parte, onde conste, no mínimo:

a) expressa autorização em acordo coletivo ou convenção coletiva;

b) identificação do produtor rural e do imóvel rural onde o trabalho será realizado e indicação da respectiva matrícula;

c) identificação do trabalhador, com indicação do respectivo Número de Inscrição do Trabalhador.

Se o trabalhador deve ser incluído na GFIP, mostra que é empregado. Por isso, não deixa de ter direitos de empregado.

A contratação de trabalhador rural por pequeno prazo só poderá ser realizada por produtor rural pessoa física, proprietário ou não, que explore diretamente atividade agroeconômica. Não pode, portanto, ser contratado por pessoa jurídica. A não inclusão do trabalhador na GFIP pressupõe a inexistência de contratação, sem prejuízo de comprovação, por qualquer meio admitido em Direito, da existência de relação jurídica diversa. Na verdade, prevalece a realidade dos fatos sobre a forma. São assegurados ao trabalhador rural contratado por pequeno prazo, além de remuneração equivalente à de trabalhador rural permanente, os demais direitos de natureza trabalhista. Todas as parcelas devidas ao trabalhador serão calculadas dia a dia e pagas diretamente a ele mediante recibo. Será também devido o FGTS.

Contrato de trabalho temporário é o contrato de emprego, especial, regido pela Lei nº 6.019/74 e de prazo determinado. Seu prazo máximo é de 180 dias contínuos ou não, podendo ser prorrogado por mais 90 dias contínuos ou não.

Dispõe o art. 442-A da CLT que: "Para fins de contratação, o empregador não exigirá do candidato a emprego comprovação de experiência prévia por tempo superior a 6 (seis) meses no mesmo tipo de atividade".

É sabida a dificuldade de colocar os jovens de até 24 anos no mercado de trabalho, além do alto índice de desemprego nessa idade.

Não vejo inconstitucionalidade no dispositivo legal, pois não impede a empresa de exercer sua atividade econômica. A empresa pode exercer sua atividade contratando ou não trabalhadores. Pode contratar autônomos, terceirizar determinadas atividades e até usar a informática, substituindo o trabalhador pela máquina.

O art. 442-A da CLT será empregado apenas para fins de contratação do empregado e não no curso do contrato de trabalho ou na despedida.

O dispositivo não trata de contrato de experiência, mas da contratação do trabalhador.

A CLT tem regra sobre contrato de experiência de 90 dias (parágrafo único do art. 445), que permite ao empregador verificar se o trabalhador pode ou não exercer a função e obter experiência.

O período de comprovação da experiência do empregador não poderá ser superior a seis meses no mesmo tipo de atividade. Para outra atividade, poderá haver prazo maior.

Com isso, talvez sejam admitidos trabalhadores que têm pouca experiência, até seis meses.

O objetivo da norma foi facilitar o acesso dos jovens ao mercado de trabalho. As empresas, na prática, vão continuar a exigir experiência sem colocá-la em anúncios ou torná-la explícita. Poderão simplesmente não admitir o trabalhador e não dizer a razão. O empregado vai acabar não sendo contratado por não ter experiência.

Até seis meses é possível exigir a experiência. Acima de seis meses não será possível exigir experiência.

A finalidade é não se exigir experiência do candidato superior a seis meses, pois muitas vezes a pessoa não tem essa experiência e fica privado de trabalhar.

A experiência do empregado será analisada pelo seu currículo ou pela anotação em sua CTPS.

O dispositivo não proíbe a exigência de escolaridade para o empregado ser admitido em certa função, principalmente quando esta exige isso. Em certos casos, a lei pode fazer essa determinação, como para ser advogado, contador etc.

O projeto que deu origem à lei considera discriminação exigir experiência superior a seis meses do candidato a emprego. *Discriminar* vem do latim *discriminare*. Tem o sentido de diferenciar, discernir, distinguir, estabelecer diferença, separar. *Discriminação* significa tratar diferentemente os iguais. Não parece ser discriminação, mas ver se o empregado tem experiência profissional. Haveria discriminação se fosse exigida idade para ingressar no trabalho.

O empregador é que irá ter de qualificar o trabalhador, tarefa que é inerente ao Estado, ao proporcionar a educação necessária às pessoas. O empregador passa a ter a função de qualificar as pessoas, independentemente de terem experiência.

A não observância do art. 442-A da CLT importa a aplicação da multa administrativa prevista no art. 510 da CLT.

14.1 Contrato de experiência

São encontradas várias denominações para o contrato de experiência: período de experiência, contrato de prova, pacto de prova, pacto de experiência, contrato de experiência, período de prova. A CLT usa a expressão *contrato de experiência* (§ 2º do art. 443 da CLT e parágrafo único do art. 445 da CLT).

Distingue-se o contrato de experiência do contrato de aprendizagem. Neste, o empregado estuda para exercer a profissão, para adquirir capacidade. No contrato de experiência, verifica-se um período em que, por exemplo, vai ser testado o empregado, sem ter uma característica de aprendizado.

Diferencia-se o contrato de experiência do contrato de trabalho temporário previsto na Lei nº 6.019/74. Neste, o prazo máximo é de 180 dias, consecutivos ou não (§ 1º do art. 10 da Lei nº 6.019). No contrato de experiência, o prazo máximo é de 90 dias. No primeiro pacto, o contrato é estabelecido em meses, no segundo o prazo é determinado em dias. O contrato de trabalho é bilateral. O contrato de trabalho temporário é triangular (trabalhador temporário, empresa de trabalho temporário, tomador ou cliente). O contrato de experiência compreende a verificação da aptidão do empregado. O contrato de trabalho temporário diz respeito, por exemplo, à necessidade transitória de substituição regular e permanente do pessoal da tomadora ou a acréscimo extraordinário de serviços.

Alguns autores entendem que o contrato de experiência seria um pacto preliminar ao contrato de trabalho. Outros mencionam que o contrato de experiência seria uma das cláusulas do contrato por tempo indeterminado, em que em certo período iria verificar-se se o empregado tem aptidão ou condições de se adaptar ao novo local de trabalho.

Durante muito tempo se considerou o contrato de experiência como cláusula do contrato de trabalho por tempo indeterminado. Falava-se em contrato de prova. O § 1º do art. 478 da CLT é claro em mostrar essa orientação, esclarecendo que "o primeiro ano de duração do contrato por tempo determinado é considerado como período de experiência". Somente em 28-2-1967 o contrato de experiência passou a ser considerado contrato por tempo determinado, com a nova redação oferecida ao art. 443 da CLT pelo Decreto-Lei nº 229, e não mais como cláusula do contrato por tempo indeterminado.

Diante da previsão da alínea *c* do § 2º do art. 443 da CLT, não se pode mais dizer que se trata de pré-contrato de trabalho ou de contrato de trabalho por tempo indeterminado com período de experiência, mas de espécie ou modalidade de contrato de trabalho por tempo determinado. Não se trata apenas de uma cláusula inserida num contrato.

O contrato de experiência é um pacto de avaliação mútua. É uma forma de experimentar o empregado. Normalmente, no contrato de experiência o empregador vai testar se o empregado pode exercer a atividade que lhe é determinada. Esse contrato pode ser desenvolvido em relação a qualquer pessoa, tanto para o profissional que tem curso universitário como para o pedreiro, visando verificar sua aptidão. Um dos objetivos do contrato de experiência é verificar também se o empregado tem condições de se adaptar ao ambiente de trabalho, com os colegas etc. É válido para qualquer natureza de atividade, pois visa avaliar a capacidade técnica do empregado. Se este se adapta ao novo trabalho, de verificar seu comportamento. Serve, ainda, o contrato de experiência para verificar o empregado as condições de trabalho às quais irá se submeter, se se adapta à empresa e seus colegas. Há, portanto, reciprocidade na experiência, tanto em relação ao empregado, como ao empregador.

O contrato de experiência não deixa de ser um contrato de trabalho por tempo determinado. Assim, há necessidade de anotação na CTPS do empregado do referido pacto, que dará ao obreiro todos os direitos e obrigações pertinentes ao citado acordo.

A anotação na CTPS não é requisito essencial para a validade do contrato de experiência, pois o pacto laboral poderá ser celebrado verbalmente e provado por qualquer meio de prova (art. 456 da CLT).

Havendo ajuste escrito da prorrogação do contrato de experiência, desnecessária a anotação na CTPS. Implica apenas infração administrativa a falta de anotação.

O prazo máximo do contrato de experiência é de 90 dias (parágrafo único do art. 445 da CLT), inclusive para o doméstico (art. 5º da Lei Complementar nº 150/2015). Se o referido prazo for excedido por mais de 90 dias, vigorará como se fosse contrato por tempo indeterminado.

Pode o contrato de experiência ser prorrogado. Essa prorrogação apenas pode ser feita por uma única vez (art. 451 da CLT).

Em hipótese alguma, pode exceder o contrato de experiência a 90 dias, seja na prorrogação (S. 188 do TST), seja por uma única contratação. Assim, não é possível prorrogar um contrato de experiência de 90 dias por mais 90 dias, pois o prazo máximo de 90 dias contido no parágrafo único do art. 445 da CLT foi excedido. Entretanto, será possível a contratação por 30 dias e a prorrogação por mais 60 dias, ou ser combinado o pacto por 20 dias e a prorrogação por mais 70 dias, ou o ajuste por 45 dias e a prorrogação por mais 45 dias. Nesses casos, o prazo máximo foi observado e também foi feita apenas uma única prorrogação. O mesmo deve ser observado em relação ao doméstico (§ 1º do art. 5º da Lei Complementar nº 150/2015).

Não é possível fazer um contrato de experiência por 30 dias, prorrogá-lo por mais 30 dias, e no vencimento novamente prorrogá-lo por mais 30 dias. Não obstante o prazo final de 90 dias não tenha sido excedido, o contrato por tempo determinado só pode ser prorrogado uma única vez (art. 451 da CLT). No caso mencionado, estar-se-ia diante de um contrato por tempo indeterminado e não por período certo de tempo.

Entretanto, a CLT não dispõe que a prorrogação do contrato de experiência ou do contrato de trabalho por tempo determinado tem de ser feita no mesmo prazo da contratação, ou seja: contratação de 30 dias e prorrogação de mais 30 dias. O que importa é que não seja excedido o prazo máximo de 90 dias ou de dois anos e haja apenas uma única prorrogação. Logo, nada impede que seja feita a contratação por 10 dias e a prorrogação por mais 80 dias. O contrato citado é válido e por tempo determinado.

Se o empregado cumpre a experiência e sai da empresa, não pode o empregador, ao recontratá-lo para a mesma função, exigir novamente a experiência, pois o obreiro já foi testado. Incidiria aqui, também, a regra do art. 452 da CLT que impede nova contratação por tempo determinado sem a observância do interregno de seis meses.

Não é possível a celebração de contrato de experiência após término de contrato de trabalho temporário, pois o empregado já foi provado.

14.2 Contrato de trabalho por obra certa

14.2.1 Contrato de trabalho por tempo determinado

O contrato de obra certa é uma espécie de contrato por tempo determinado, podendo ser enquadrado na condição de "serviços especificados" de que trata o § 1º do art. 443 da CLT e também de um "acontecimento suscetível de previsão aproximada", encontrado no mesmo mandamento legal. Nessa última hipótese, é possível entender que no contrato de obra certa há uma previsão aproximada do tempo necessário para a realização da obra. O mesmo acontece com o contrato de safra, em que é possível dizer aproximadamente quando a safra será colhida.

Na Venezuela, por exemplo, o art. 28 da *Ley del Trabajo* é claro no sentido de que o contrato de trabalho pode ser realizado para uma obra determinada, por tempo determinado, ou por tempo indeterminado. O art. 45 do *Codigo Sustantivo del Trabajo*, da Colômbia, especifica que o contrato de trabalho pode ser celebrado pelo tempo que durar a realização da obra. O art. 51 do *Codigo Paraguayo del Trabajo* reza que há a possibilidade de o contrato de trabalho ser firmado por obra ou serviço determinado. Na legislação francesa, só se admite o termo no contrato de trabalho quando se faz um detalhamento com precisão do término do pacto; todavia, é possível o contrato sazonal, cujo termo final não é conhecido com exatidão (art. L 1.242-7).

Os serviços realizados em obra certa são transitórios "ou, muitas vezes, não passa a obra certa de atividade empresarial de caráter transitório" (Sampaio, 1973:41). A empresa de construção civil, porém, tem por escopo uma atividade permanente, pois a necessidade de mão de obra é constante. Considerando-se, porém, o serviço como transitório, é possível também enquadrar a obra certa na alínea *a* do § 2º do art. 443 da CLT, sendo, assim, um contrato por tempo determinado.

É evidente que, se o empregado trabalhar ao mesmo tempo em várias obras, ou prestar serviços uns dias numa obra e outros dias em outra, não se poderá falar em contrato de obra certa, mas em contrato de trabalho por tempo indeterminado.

14.2.2 Evolução legislativa

Antigamente, inexistia uma legislação que viesse a tratar do contrato de obra certa, deixando o empregado numa situação difícil, inclusive dando ensejo a fraudes para o não pagamento de verbas trabalhistas. As empresas tinham por costume celebrar contratos por obra certa com seus empregados, com a finalidade de desvirtuar o pagamento das indenizações trabalhistas, pois sabiam quando a obra iria terminar.

Com base nessa situação fática é que foi elaborada a Lei nº 2.959, de 17-11-1956, tratando do contrato de trabalho por obra certa.

É mister, contudo, esclarecer que o contrato de obra certa, segundo o art. 1º da Lei nº 2.959/56, só pode ser feito com construtor de obras de construção civil, ou seja: a obra deve ter natureza material, sendo impossível fazer contrato de obra certa quanto a obras de natureza imaterial, como v. g. numa operação cirúrgica ou num concerto musical. Aí haverá a prestação de serviços, matéria disciplinada pelos arts. 593 e s. do Código Civil.

14.2.3 Vigência

Alguns autores argumentam que a Lei nº 2.959 teria sido revogada pelo Decreto-Lei nº 229/67, que deu nova redação ao art. 443 da CLT. Preconizam que a construção de edifícios é atividade permanente de empresa de construção civil, sendo que o serviço não é de natureza transitória, inexistindo as condições do contrato de trabalho por prazo determinado para se aplicar a Lei nº 2.959/56.

A atividade da empresa de construção civil realmente é permanente, mas o serviço prestado é sempre transitório. Ora se precisa de mais pedreiros na obra, ora de menos. Em certo momento, são necessários azulejistas (fase de acabamento da obra) e em outros momentos não são. O pintor só é necessário na fase final da obra, enquanto nessa fase já não são necessários tantos pedreiros. O tempo do contrato dependerá do serviço a ser executado, como menciona a própria lei, ou do término da obra. De outro modo, nem sempre há imóveis para construir, ou nem sempre se constroem tantos imóveis, pois há dependência de financiamento e das condições do mercado. É sabido que em épocas de crises econômicas ou de recessão a construção de imóveis, como qualquer outro tipo de atividade empresarial, diminui, aumentando o desemprego, mostrando que o serviço é transitório.

O Decreto-Lei nº 229/67, ao dar nova redação ao art. 443 da CLT, não revogou expressamente a Lei nº 2.959/56, não é incompatível com a mesma norma, nem disciplinou inteiramente a matéria da referida disposição legal (§ 1º do art. 2º do Decreto-Lei nº 4.657/42). O art. 443 da CLT é uma norma geral, enquanto a Lei nº 2.959 é uma norma especial (§ 2º do art. 2º do Decreto-Lei nº 4.657/42). Dessa forma, a Lei nº 2.959 continua em vigor, não tendo sido revogada pelo Decreto-Lei nº 229.

14.2.4 Licitude do contrato de obra certa

A obra certa tem que ser considerada como um evento extrínseco e alheio à vontade das partes, mas isso não quer dizer que a contratação por essa forma seja ilícita.

O fato de o empregador dedicar-se à construção civil não desnatura o contrato de trabalho de previsão aproximada, como é o caso do contrato de obra certa, pelo fato de não ter sido estipulado o dia do seu término. O art. 104 do Código Civil prevê que, para a validade do ato jurídico, é preciso observar a forma prescrita ou não proibida por lei. Ora, o contrato de obra certa atende à previsão da Lei nº 2.959/56, que o disciplina, quanto a sua utilização na construção civil. Logo, não há que se falar em nulidade ou ilicitude do contrato de obra certa. O mesmo entendimento tem Eduardo Gabriel Saad (1990:273).

14.2.5 Prazo

O contrato por obra certa não poderá exceder dois anos, atendendo à regra do art. 445 da CLT, visto que se trata de um contrato por tempo determinado. No entanto, o contrato de obra certa não poderá ser prorrogado por mais de uma vez, como menciona o art. 451 da CLT. Caso isso ocorra, transformar-se-á em contrato por tempo indeterminado. No contrato de obra certa há a dependência da realização de um serviço especificado (obra). Ao se realizar a obra, cessa o contrato. Combinando as partes a execução de outros serviços especificados, haverá outro contrato de trabalho, outra relação contratual, e não o contrato de obra certa.

A sucessão de contratos por obra certa, porém, não modifica os referidos pactos para contrato por tempo indeterminado, pois é possível que haja a contratação por obra certa. Terminada esta, o empregado é contratado para outra obra certa, havendo uma sucessão de contratos de obra certa.

Como regra, todo contrato que suceder dentro de seis meses a outro contrato por tempo determinado é um contrato por tempo indeterminado em seu todo (art. 452 da CLT). A exceção à regra está inserida na parte final do art. 452 da CLT, quando se utiliza da expressão "salvo se a expiração deste (contrato) depender da execução de serviços especificados ou da realização de certos acontecimentos". Tanto pode enquadrar-se a sucessão de contratos por obra certa na expressão "execução de serviços especializados" (obra), como "na realização de certos acontecimentos": construção do edifício.

Logo, é perfeitamente possível que a obra vá terminando por etapas e aos poucos vão sendo dispensados os funcionários, à medida que o serviço vai acabando.

A cada etapa da obra pode não haver necessidade do mesmo número de empregados. Se no começo da obra são necessários 10 serventes, no final dela um servente talvez seja o suficiente para a realização dos serviços finais.

Caso o pintor seja contratado para fazer a pintura dos apartamentos na obra, terminada a citada pintura, há a cessação de seu contrato de trabalho. Assim, os empregados vão sendo paulatinamente dispensados à proporção que o serviço vai rareando. O fato de outros trabalhadores continuarem a trabalhar na obra não quer dizer que certo obreiro não possa ser dispensado, desde que para a empresa não mais sejam necessários os serviços daquela pessoa. Mesmo assim, estará evidenciado o contrato por obra certa, pois a contratação dependeu de serviços especificados ou da realização de certos acontecimentos, como o término de cada etapa da obra.

14.2.6 Requisitos

O art. 1º da Lei nº 2.959/56 exige que a anotação do contrato por obra certa na CTPS do obreiro seja feita pelo construtor, que será o empregador segundo a referida norma, desde que exerça a atividade em caráter permanente.

Nota-se que a Lei nº 2.959/56 determina que o próprio construtor deva fazer as anotações na CTPS do operário, visto que é comum o construtor querer transferir a responsabilidade para o empreiteiro. Tratando-se de obra certa, as anotações deverão ser feitas pelo construtor, que será considerado empregador, desde que exerça seu mister em caráter permanente. O § 1º do art. 15 da Lei nº 8.036/90 (FGTS) também considera o tomador de mão de obra como empregador. Caso o construtor não faça as anotações na CTPS do operário, sofrerá multa administrativa, nos termos do art. 3º da Lei nº 2.959/56.

Recomenda-se que o contrato de obra certa seja feito por escrito, visando evitar qualquer dúvida sobre a forma como o empregado foi contratado. É possível que o contrato de obra certa seja celebrado verbalmente, como ocorre com qualquer contrato de trabalho (art. 443 da CLT) ou outro tipo de contrato.

Deve também ser observado o art. 29 da CLT, quando determina que as condições especiais devem ser anotadas na CTPS do empregado, das quais uma delas seria a inscrição do contrato de obra certa, sob pena de desnaturar o referido pacto de obra certa, a não ser que o operário admita ter sido contratado daquela forma ou se faça prova por qualquer outro meio permitido em Direito (parte final do art. 456 da CLT) do acordo de vontades realizado.

14.2.7 Verbas rescisórias

Como o contrato de obra certa é um pacto por tempo determinado, não há direito a aviso-prévio, pois este instituto é previsto para contratos por tempo indeterminado (art. 487 da CLT). As partes de antemão sabem quando cessará o contrato de trabalho: em razão do término da obra ou dos serviços especificados. Como o art. 2º da Lei nº 2.959/56 prevê a possibilidade de rescisão do contrato de obra certa em duas hipóteses: término da obra ou dos serviços, mesmo que não haja o término da obra, mas terminem os serviços necessários para os quais foi contratado o empregado, não terá direito este a aviso-prévio. Já decidiu o TRT da 2ª Região que "empregado contratado para obra certa não faz jus a aviso-prévio quando seu desligamento ocorreu com o término progressivo dos serviços atribuídos ao empregado, não sendo indispensável a ocorrência do término de toda a obra" (RO 478/79, AC 1.126/80, Rel. Juiz Wilson de Souza Campos Batalha, conforme Carrion, 1989:354).

O 13º salário é devido na cessação dos contratos a prazo certo, como acontece quanto ao contrato de obra certa, ainda que a relação de emprego se tenha findado antes de dezembro. Terá direito o operário também às férias proporcionais, mesmo não tendo trabalhado um ano na empresa, em razão do término do contrato por tempo determinado (art. 147 da CLT).

Fará jus o obreiro ao levantamento do FGTS (art. 20, IX, da Lei nº 8.036/90). A indenização de 40% do FGTS será indevida, porque não houve despedida por parte do empregador, mas término do contrato de trabalho por tempo determinado (art. 18 da Lei nº 8.036/90).

14.3 Contrato de trabalho por tempo determinado da Lei nº 9.601/98

14.3.1 Introdução

O contrato de trabalho por tempo determinado foi aprovado pela Lei nº 9.601, de 21-1-1998.

Foram objetivos do governo, ao enviar ao Congresso Nacional o projeto que deu origem à Lei nº 9.601/98, diminuir o desemprego e legalizar a situação informal de certos trabalhadores, que eram contratados sem carteira assinada.

O Decreto nº 2.490, de 4-2-1998, regulamentou a Lei nº 9.601/98.

14.3.2 Denominação

Na prática, o pacto em estudo tem sido chamado de contrato de trabalho temporário ou contrato de trabalho provisório. Tem sido usada essa denominação talvez para justificar a provisoriedade da validade do referido acordo.

Essa denominação, entretanto, é incorreta. A ementa da Lei nº 9.601/98 indica que seu conteúdo trata de "contrato de trabalho por prazo determinado". O art. 1º da Lei nº 9.601/98 também dispõe que "as convenções e os acordos coletivos de trabalho poderão instituir **contrato de trabalho por prazo determinado**, de que trata o art. 443 da CLT". Este artigo versa realmente sobre as hipóteses de contrato de trabalho por tempo determinado.

A Lei nº 6.019/74 é que dispõe sobre o contrato de trabalho temporário, celebrado entre a empresa tomadora ou cliente e a empresa de trabalho temporário.

Assim, a Lei nº 9.601/98 instituiu outra espécie de contrato de trabalho por tempo determinado, com requisitos próprios, distintos em parte dos previstos na CLT. Não corresponde, portanto, ao contrato de trabalho por tempo determinado previsto na Lei nº 6.019/74.

14.3.3 Contratação

Dispõe o art. 1º da Lei nº 9.601/98 que a contratação do pacto por tempo determinado pode ser feita em relação a qualquer atividade da empresa, como de seus estabelecimentos. É usada a conjunção "ou", que indica alternatividade. O parágrafo único do art. 3º da Lei nº 9.601/98 também faz referência a estabelecimento. A contratação também poderá ser feita tanto em relação à empresa, como quanto a seu estabelecimento. Poderia ser utilizada a contratação temporária em um estabelecimento da empresa e em outro não.

O art. 1º da Lei nº 9.601/98 dispõe que a contratação pode ser feita em qualquer atividade. Isso quer dizer que tanto poderá ser feita a contratação na atividade-meio da empresa, como em sua atividade-fim.

Na área rural, também poderá ser feita a contratação por tempo determinado com base na Lei nº 9.601/98, pois esta é expressa no sentido de que pode ser feita em qualquer atividade. Ao que parece, poderá ser feita a contratação por tempo determinado até nos contratos de safra, pois não há proibição nesse sentido na lei.

Assim, a contratação poderá ser feita tanto no comércio, na indústria, nos serviços, no âmbito rural, nos bancos etc.

Não se aplica, porém, a Lei nº 9.601/98 ao empregador doméstico, que não é empresa nem tem estabelecimento.

Para o contrato de trabalho por tempo determinado não são exigidas as condições especificadas no § 2º do art. 443 da CLT. O art. 1º da Lei nº 9.601/98 é expresso em excluir do novo contrato por tempo determinado as referidas condições, disciplinando que, independentemente das condições previstas no citado § 2º do art. 443 da CLT, poderá ser feita a contratação por tempo determinado. Assim, não será preciso que o contrato de trabalho por tempo determinado seja feito apenas para serviço cuja natureza ou transitoriedade justifique a predeterminação do prazo ou em razão de atividades empresariais de caráter transitório. Agora, é possível a contratação por tempo determinado em qualquer hipótese, sem que haja a observância das condições determinadas no § 2º do art. 443 da CLT.

Não há inconstitucionalidade da lei em razão de que uns empregados na empresa terão contrato por tempo determinado e outros, indeterminado. Aqui, a questão é de contratação. Inexiste violação ao princípio da isonomia pelo fato de que a Lei nº 9.601/98 não exige a motivação da contratação, como ocorre no § 2º do art. 443 da CLT ou no art. 9º da Lei nº 6.019/74.

Não se pode dizer que a Lei nº 9.601/98 é inconstitucional, por violar o inciso I do art. 7º da Constituição, visto que não se está tratando de garantia de emprego, de relação de emprego protegida contra dispensa arbitrária ou sem justa causa, nem de estabilidade, mas apenas de contrato de trabalho por tempo determinado.

O § 1º do art. 1º da Lei nº 9.601/98 dispõe expressamente que a contratação é feita mediante convenção ou acordo coletivo. Não usa a expressão acordo ou convenção coletiva, que poderia indicar que o acordo é individual. Nesse caso, o acordo é coletivo e não individual. Para a validade do contrato por tempo determinado, a contratação coletiva com o sindicato passa a ser imprescindível, isto é, a contratação deve ser feita mediante convenção ou acordo coletivo. Não será possível a contratação individual. O melhor será a contratação por acordo coletivo, pois no acordo são atendidas as peculiaridades de cada empresa, enquanto na convenção coletiva há a contratação com a categoria toda, sem fazer as distinções peculiares entre cada empresa.

Tratando-se de empregado pertencente a categoria diferenciada, as contratações devem ser feitas com o sindicato de trabalhadores da categoria diferenciada e não da atividade preponderante da empresa. Dessa forma, se uma empresa metalúrgica vai estabelecer condições de trabalho de motoristas, deverá fazer a negociação coletiva com o sindicato dos motoristas e não dos metalúrgicos.

O contrato de trabalho por tempo determinado previsto na Lei nº 9.601/98 não pode ser aplicado a funcionários públicos, pois a estes não são observadas as convenções ou os acordos coletivos, em razão de que o § 3º do art. 39 da Constituição não faz referência ao inciso XXVI, do art. 7º da mesma norma. Entretanto, a Lei nº 9.601/98 pode ser observada em relação às empresas públicas e sociedades de economia mista, que têm de aplicar a legislação trabalhista (§ 1º do art. 173 da Lei Magna), desde que o empregado faça concurso público (art. 37, II, da Constituição).

O parágrafo único do art. 1º do Decreto nº 2.490/98 dispõe que é vedada a contratação de empregados por tempo determinado para substituição de pessoal regular e permanente contratado por tempo indeterminado. A determinação do regulamento é correta, porém não é prevista expressamente na lei. Se o art. 1º da Lei nº 9.601/98 dispõe que pode ser feita a contratação em qualquer atividade desenvolvida pela empresa ou estabelecimento, independentemente dos requisitos previstos no § 2º do art. 443 da CLT, a determinação do decreto é ilegal, pois vai além do disposto na lei. Assim, a contratação temporária poderá ser feita para substituição de pessoal regular e permanente contratado por tempo indeterminado, pois não há vedação na lei nesse sentido. Dentro da regra de que o que não é proibido é permitido, pode ser realizada a contratação pela empresa de empregados por tempo determinado para substituir seu pessoal regular e permanente. O empregador apenas terá de observar os porcentuais descritos no art. 3º da Lei nº 9.601/98. Inobservados os porcentuais previstos no citado artigo e a necessidade de acréscimo no número de empregados, será ilegal a contratação de trabalhadores por tempo determinado para substituir o pessoal regular e permanente da empresa. Esta, porém, deverá tomar cuidado em relação ao procedimento de contratar pessoal com base na Lei nº 9.601/98 para substituir seus funcionários permanentes, pois o entendimento da fiscalização será o contido no Decreto nº 2.490/98, sendo que poderá ser autuada pelo inspetor do trabalho.

Na contratação feita por tempo determinado com base na Lei nº 9.601/98, deverá o empregado ser registrado desde o primeiro dia do ajuste de vontades entre as partes, pois a lei não dispõe que o obreiro deixará de ser registrado. Aqui, a regra geral a ser aplicada é a do art. 29 da CLT, que determina que o empregador deve anotar a CTPS do empregado em cinco dias.

Correta a determinação do decreto de que o empregador deve anotar na CTPS do trabalhador a condição de contratado por tempo determinado, indicando a lei de regência (Lei nº 9.601/98), discriminando sua remuneração separadamente na folha de pagamento dos empregados, porque os encargos serão diferenciados. A exigência da anotação da condição de contrato por tempo determinado é decorrente da parte final do art. 29 da CLT, que dispõe que as condições especiais devem ser anotadas na CTPS do obreiro. A condição especial seria justamente a contratação por tempo determinado.

Na ficha ou no livro de registro de empregados, também deverá constar a anotação de que o empregado está sendo contratado na forma da Lei nº 9.601/98, para diferenciar que seu contrato de trabalho é feito por tempo determinado, regido por lei especial.

O contrato de trabalho por tempo determinado será feito por escrito, pois o inciso II do art. 4º, e o § 2º do mesmo artigo mencionam que deverá haver o depósito do contrato no Ministério do Trabalho. Para que haja o depósito, o pacto só poderá ser escrito e não verbal. Nesse caso, não se aplicará o art. 443 da CLT, que permite a contratação verbal do trabalhador. O objetivo da contratação por escrito é evitar fraudes, tanto que a contratação deverá ser anotada na CTPS do empregado, inclusive indicando que foi feita sob a égide da Lei nº 9.601/98 (art. 2º do Decreto nº 2.490/98).

Não será necessário registrar o contrato por tempo determinado no sindicato, pois, embora o projeto inicial do governo o previsse no art. 4º, a atual determinação da Lei nº 9.601/98 nada dispõe sobre o tema. O objetivo do dispositivo inicial era de que o sindicato pudesse fiscalizar a contratação do trabalhador, mas o sindicato acaba fiscalizando a contratação do trabalhador em razão de ser necessário o estabelecimento de convenção ou acordo coletivo de trabalho, que naturalmente tem a participação da agremiação na elaboração do respectivo instrumento.

Os salários dos contratados por tempo determinado deverão ser iguais aos dos empregados contratados por tempo indeterminado que exerçam a mesma função. Se a diferença de tempo de função for superior a dois anos, poderá haver distinção no aspecto salarial (§ 1º do art. 461 da CLT). Fixando a norma coletiva da empresa piso salarial, este deve ser observado em relação aos empregados contratados por tempo determinado. Caso o empregado receba salário profissional, fixado em lei, como médicos, engenheiros etc., a empresa deverá obedecer a norma legal para os empregados contratados por tempo determinado.

A inobservância dos requisitos previstos na Lei nº 9.601/98 transforma automaticamente o contrato por tempo determinado em indeterminado, tendo o empregado todos os direitos pertinentes a esse último tipo de pacto, como aviso-prévio, indenização de 40% do FGTS.

Existindo norma específica, não se aplica o contrato por tempo determinado instituído pela Lei nº 9.601/98. Assim, a aprendizagem, o trabalho temporário (Lei nº 6.019/74), o contrato de técnico estrangeiro (Decreto-Lei nº 691/69) regem-se pelas respectivas normas e suas características.

14.3.4 Empresas com até 20 empregados

O § 3º do art. 1º da Lei nº 9.601/98 tinha a seguinte redação: "As empresas com até vinte empregados, bem como aquelas nas localidades em que os trabalhadores não estejam representados por organizações sindicais de primeiro grau, poderão celebrar o contrato de trabalho previsto neste artigo, mediante acordo escrito entre empregado e empregador, observado o limite estabelecido no inciso I do art. 3º desta lei".

Nota-se do § 3º do art. 1º da Lei nº 9.601/98, que foi vetado pelo Presidente da República, a regra de que nas empresas com até 20 empregados a negociação poderia ser individual, sem a participação dos sindicatos. Se se entender que a matéria era de contratação individual, de contrato de trabalho, está incorreto o veto, independendo da participação do sindicato para a validade do pacto, pois a Constituição não exige para o caso que fosse coletiva a negociação, sendo válida a tratativa individual. Ao contrário, se a regra é de contratação coletiva, mediante convenção ou acordo coletivo, deveria evidentemente ter a participação do sindicato (art. 8º, VI, da Constituição).

A regra determinada na Lei nº 9.601/98 é da contratação de empregados mediante convenção ou acordo coletivo, como indica a interpretação sistemática do art. 1º, do parágrafo único do art. 2º, do § 2º do art. 4º. Dispõe o art. 1º da citada norma que o contrato de trabalho por tempo determinado será instituído mediante convenção ou acordo coletivo. Reza o art. 3º que o número de empregados será especificado no instrumento decorrente da negociação coletiva.

Logo, a contratação, para ter validade, deve ter a participação do sindicato, só podendo ser coletiva. Inexistindo sindicato no local, a representação é da federação. Na falta desta, será da confederação. É a regra do § 2º do art. 611 da CLT.

Nas empresas com menos de 20 empregados, será necessária também a contratação coletiva. Se for contratado um único empregado de acordo com a Lei nº 9.601/98, a contratação terá de ser feita com o sindicato. Isso na prática é inviável, pois os sindicatos não terão condições de atender a tantos pedidos de pequenas empresas. A lei cria, portanto, uma situação burocrática para a contratação de empregados nas pequenas empresas, que são a maioria. A pequena empresa, que geralmente não negocia coletivamente, não saberá como fazer para contratar com o sindicato, tendo provavelmente de se socorrer de um advogado, trazendo maiores custos nessa contratação. Para essas empresas, o ideal é que o acordo fosse escrito com os empregados e não coletivo. O que poderá ocorrer é que as pequenas empresas contratarão os empregados conforme a Lei nº 9.601/98, porém sem a participação do sindicato, o que tornará o pacto ilegal, sendo considerado por tempo indeterminado.

Assim, embora a determinação da lei seja na prática inadequada para as pequenas empresas, é constitucional o veto feito pelo Presidente da República. O veto mostra que os sindicatos conhecem a realidade de cada categoria, atendendo ao inciso VI do art. 8º da Constituição.

14.3.5 Médias

Para a contratação de empregados com base na Lei nº 9.601/98, deve-se observar o limite estabelecido no instrumento decorrente de negociação coletiva, não podendo ultrapassar os seguintes porcentuais, que serão aplicados cumulativamente:

a) 50% do número de trabalhadores, para a parcela inferior a 50 empregados;

b) 35% do número de trabalhadores, para a parcela entre 50 e 199 empregados;

c) 20% do número de trabalhadores, para a parcela acima de 200 empregados.

O estabelecimento de porcentual sobre o quadro de pessoal, para a contratação por tempo determinado, tem por objetivo que o empregador não dispense todos os seus empregados por tempo indeterminado, contratando obreiros apenas por tempo determinado.

Os porcentuais são cumulativos, devendo ser aplicados separadamente e depois somado o número obtido em cada um deles, para se saber o total de empregados que podem ser contratados.

Os porcentuais determinados no art. 3º da Lei nº 9.601/98 tomam por base o número de empregados admitidos por tempo indeterminado. Nesse contexto, não estarão inseridos empregados contratados por tempo determinado, contratos de experiência, obra certa, de aprendizagem etc.

O cálculo será feito de forma mensal, mediante a verificação da respectiva média aritmética. Observar-se-ão, para o cálculo, os seis meses anteriores ao da publicação da Lei nº 9.601/98.

Se a empresa tem mais de um estabelecimento, o cálculo será feito em relação a cada um dos estabelecimentos e não pelo total de empregados da empresa. A única hipótese em que o cálculo será feito em relação a todos os empregados da empresa será quando esta não tiver estabelecimentos.

Os estabelecimentos instalados ou os que não possuírem empregados contratados por tempo indeterminado a partir de 1º-7-1997 terão sua média aritmética aferida contando-se o prazo de seis meses a começar do primeiro dia do mês subsequente à data da primeira contratação por tempo indeterminado (§ 2º do art. 5º do Decreto nº 2.490/98).

14.3.6 Duração e prorrogação

O contrato por tempo determinado não poderá ser feito por mais de dois anos, pois o art. 445 da CLT é observado no caso presente, visto que a lei dispõe que apenas o art. 451 da CLT não deve ser aplicado.

No entanto, o contrato por tempo determinado poderá ser prorrogado mais de uma vez, sucessivamente, não sendo observado o art. 451 da CLT, que veda a prorrogação por mais de uma vez do contrato por tempo determinado; apenas deve haver a limitação do prazo máximo em dois anos. As empresas, portanto, poderão prorrogar o mesmo contrato de trabalho por tempo determinado quantas vezes quiserem, tendo de observar apenas o prazo máximo de dois anos para os contratos por tempo determinado, previsto no art. 445 da CLT. Tanto poderá haver uma única prorrogação, como mais de uma ou várias.

Para a prorrogação do contrato por tempo determinado, o § 2º do art. 7º do Decreto nº 2.490/98 exige que haja o depósito do novo instrumento no órgão regional do Ministério do Trabalho. Essa exigência é ilegal, por não estar prevista em lei, além do que o termo de prorrogação pode estar no próprio contrato de prazo determinado, como é comum encontrar nos impressos vendidos nas papelarias.

Será possível a sucessão de um contrato por tempo determinado por outro indeterminado (parágrafo único do art. 3º do Decreto nº 2.490/98). Poderá acontecer que, se o empregado for bom funcionário, seu contrato seja transformado de tempo determinado para indeterminado. Será possível também acontecer de, após a contratação por tempo determinado, haver acréscimo permanente de serviço na empresa, sendo necessária a contratação definitiva do obreiro.

O art. 452 da CLT será observado no contrato por tempo determinado. Dispõe o citado artigo que "considera-se por prazo indeterminado todo contrato que suceder, dentro de 6 (seis) meses, a outro contrato por prazo determinado, salvo se a expiração deste depender da execução de serviços especializados ou da realização de certos acontecimentos".

Com base no art. 452 da CLT, é impossível fazer novo contrato de trabalho por tempo determinado com o mesmo empregado senão após seis meses da conclusão do pacto anterior, exceto se a expiração do pacto dependeu da execução de serviços especializados ou da realização de certos acontecimentos.

Inexistiu a revogação do art. 452 da CLT pela Lei nº 9.601/98. A lei especial não revoga a geral, nem a modifica (§ 3º do art. 2º do Decreto-Lei nº 4.657/42). A Lei nº 9.601/98 não revogou expressamente o art. 452 da CLT, nem é com ele incompatível, pois não o exclui de sua aplicação, apenas o art. 451 da CLT.

Prorrogar é continuar o contrato que está em vigor. A Lei nº 9.601/98 permite que o contrato por tempo determinado nela previsto seja prorrogado mais de uma vez, sem estar adstrito ao limite previsto no art. 451 da CLT. No caso do art. 452 da CLT, há novo contrato de trabalho com o mesmo empregado, observado um espaço de tempo, e não prorrogação. Há, portanto, outro contrato.

Dessa forma, será considerado por tempo indeterminado todo contrato feito com o mesmo empregado que suceder, dentro de seis meses, a outro contrato por tempo determinado, salvo se a expiração deste dependeu da execução de serviços especializados ou da realização de certos acontecimentos.

O art. 481 da CLT também pode ser aplicado ao contrato por tempo determinado da Lei nº 9.601/98, pois esta não o exclui. Se houver cláusula assecuratória do direito recíproco de rescisão antes de expirado o termo ajustado, aplicam-se, caso seja exercido tal direito por qualquer das partes, os princípios que regem a rescisão dos contratos por tempo indeterminado, isto é, o pagamento de aviso-prévio. A única hipótese em que não seria possível a existência da referida cláusula seria em relação a empregados detentores de garantia de emprego. Nem mesmo com o pagamento de indenização esses empregados poderão ser dispensados (§ 4º do art. 1º da Lei nº 9.601/98).

14.4 Contrato de trabalho intermitente

Intermitente é o período interrompido, que tem intervalos, descontínuo. Seria o período que ocorre entre o trabalhador trabalhar e ficar sem prestar serviços.

Considera-se como intermitente o contrato de trabalho no qual a prestação de serviços, com subordinação, não é contínua, ocorrendo com alternância de períodos de prestação de serviços e de inatividade, determinados em horas, dias ou meses, independentemente do tipo de atividade do empregado e do empregador, exceto para os aeronautas, regidos por legislação própria (§ 3º do art. 443 da CLT). É chamado de contrato de trabalho zero hora.

No exterior, o contrato intermitente exige que a atividade do empregador seja intermitente. Em Portugal, em empresa que exerça atividade com descontinuidade ou intensidade variável, as partes podem acordar que a prestação de trabalho seja intercalada por um ou mais períodos de inatividade (art. 157º, 1, do Código do Trabalho).

O contrato intermitente serve para contratar garçons extras quando há necessidade em razão de maior movimento em *buffets* ou restaurantes.

Não é possível que o empregado seja contratado pelo trabalho intermitente para trabalhar todo sábado e domingo, em razão do maior movimento da empresa. Nesse caso, não há trabalho intermitente, mas contínuo.

O empregado não fica à disposição do empregador, podendo fazer outros trabalhos e até ter outros empregos.

No período em que o empregado não trabalha, não tem direito a verbas trabalhistas. Se o empregado não trabalha, não tem direito a salário.

O empregador não tem obrigação legal de pagar salário.

Pode não existir habitualidade na prestação de serviços, justamente porque o trabalho é intermitente.

Este dispositivo pode dar ensejo à fraude, de muitas contratações serem feitas sem fundamento como contrato intermitente, em que o empregado não sabe quando vai trabalhar e por quanto tempo.

O contrato intermitente, por ser contrato de trabalho, mantém o elemento subordinação. Subordinação é o estado de sujeição do empregado às ordens ou determinações do empregador.

Se a continuidade do contrato de trabalho intermitente for muito espaçada, o elemento continuidade do contrato de trabalho deixa de existir.

O contrato intermitente alterna períodos de prestação de serviços e de inatividade, sendo determinado em horas, dias ou meses.

O contrato intermitente não se aplica aos aeronautas, que são regidos por legislação própria (Lei nº 13.475, de 28-8-2017). O Sindicato Nacional dos Aeronautas fez pressão para ser excluído o aeronauta da aplicação da norma.

O contrato de trabalho intermitente deve ser celebrado por escrito e conter especificamente o valor da hora de trabalho, que não pode ser inferior ao valor horário do salário mínimo ou àquele devido aos demais empregados do estabelecimento que exerçam a mesma função em contrato intermitente ou não (art. 452-A da CLT).

O contrato intermitente deve ser necessariamente firmado por escrito (art. 452-A da CLT). Não pode ser celebrado verbalmente. Para a validade do negócio jurídico (art. 104 do CC) deve o contrato intermitente observar a forma prevista em lei, que é ser celebrado por escrito. Em Portugal, deve ser feito por escrito (art. 158, I, do Código do Trabalho). Na Itália, o Decreto Legislativo nº 81/2015 exige ser por escrito e no máximo 400 dias, em três anos.

A hora de trabalho do empregado não pode ser inferior ao salário mínimo hora, que é a divisão do salário mínimo por 220. Se a categoria tem piso salarial, o salário hora não pode ser inferior ao piso salarial da categoria calculado por hora.

O empregador convocará, por qualquer meio de comunicação eficaz, para a prestação de serviços, informando qual será a jornada, com, pelo menos, três dias corridos de antecedência (§ 1º do art. 452-A da CLT). Meio eficaz é um tipo aberto. Deve ser um meio de comunicação eficiente pelo qual fique comprovado que o empregado tomou ciência da comunicação. Poderá ser escrito, por carta, por telegrama, por notificação em cartório etc. O objetivo é o empregado saber que terá de trabalhar, pois pode ter outro emprego ou trabalho em andamento.

O empregador deverá informar qual será a jornada com, pelo menos, três dias corridos de antecedência. O empregado não poderá, portanto, ser convocado com dois dias corridos de antecedência. O prazo não é contado em dias úteis.

Recebida a convocação, o empregado terá o prazo de um dia útil para responder ao chamado, presumindo-se, no silêncio, a recusa (§ 2º do art. 452-A da CLT). No silêncio do empregado, presume-se que houve a recusa e não que houve a aceitação.

A recusa da oferta não descaracteriza a subordinação para fins do contrato de trabalho intermitente (§ 3º do art. 452-A da CLT). A recusa é para o trabalho, que tem característica intermitente, e não para o desenvolvimento do trabalho, que caracterizaria a subordinação.

Aceita a oferta para o comparecimento ao trabalho, a parte que descumprir, sem justo motivo, pagará à outra parte, no prazo de 30 dias, multa de 50% da remuneração que seria devida, permitida a compensação em igual prazo.

Ao final de cada período de prestação de serviço, o empregado receberá o pagamento imediato das seguintes parcelas: (a) remuneração: é o pagamento dos dias trabalhados. Como a lei faz referência à remuneração, ela compreende salário mais gorjetas (art. 457 da CLT); (b) férias proporcionais com acréscimo de um terço de cada período trabalhado; (c) décimo terceiro salário proporcional; (d) repouso semanal remunerado; (e) adicionais legais, como de horas extras, de insalubridade, de periculosidade, noturno.

O recibo de pagamento deverá conter a discriminação dos valores pagos relativos a cada uma das parcelas referidas no § 6º do art. 452-A da CLT (§ 7º do art. 452-A da CLT).

A cada doze meses, o empregado adquire direito a usufruir, nos doze meses subsequentes, um mês de férias, período no qual não poderá ser convocado para prestar serviços pelo mesmo empregador (§ 9º do art. 452-A da CLT). Parece contraditória a lei, pois mandar pagar férias proporcionais mais 1/3 a cada prestação de serviço e, logo após, dispõe que o empregado tem direito a usufruir depois de 12 meses um mês de férias. O empregado pode ter deixado de trabalhar por mais de 30 dias durante os 12 meses e terá direito a um mês de férias?

Durante o período de inatividade, o empregado poderá prestar serviços de qualquer natureza a outros tomadores de serviço, que exerçam ou não a mesma atividade econômica, utilizando contrato de trabalho intermitente ou outra modalidade de contrato de trabalho.

O empregador efetuará o recolhimento da contribuição previdenciária e o depósito do FGTS, na forma da lei, com base nos valores pagos no período mensal e fornecerá ao empregado comprovante do cumprimento dessas obrigações (§ 8º do art. 452-A da CLT). O pagamento do FGTS é feito até o dia 7 do mês seguinte ao vencido. A contribuição previdenciária é recolhida até o dia 20 do mês seguinte ao vencido.

A extinção do contrato de trabalho intermitente não autoriza o ingresso no Programa de Seguro-Desemprego. Não há desemprego involuntário.

15 CLÁUSULA DE NÃO CONCORRÊNCIA

No âmbito do Direito, há vários de seus ramos preocupando-se com a concorrência desleal. O Direito Penal estuda o crime de concorrência desleal (art. 195 da Lei nº 9.279/96), em que há atividade ilícita que prejudica o direito de outra pessoa. No Direito Comercial são estudadas as questões de não concorrência, em que um sócio retirante da empresa se obriga a não atuar em empresa concorrente ou em determinado espaço territorial em sua empresa concorrente. No Direito do Trabalho, o empregado pode ser dispensado por justa causa quando: (a) praticar ato de concorrência à empresa para a qual trabalha, ou for prejudicial ao serviço (art. 482, c, da CLT); (b) violar segredo da empresa (art. 482, g, da CLT).

Não vou analisar as referidas questões, mas a cláusula que é inserida no contrato de trabalho, determinando que o empregado não pode trabalhar para outra empresa concorrente num prazo de meses ou anos, ou de não se estabelecer por conta própria no mesmo ramo do anterior empregador.

Sabe-se que o empregado assina qualquer papel enquanto está em vigor o contrato de trabalho, com medo de perder o emprego. Posteriormente, após ser dispensado, é que vai discutir a questão na Justiça do Trabalho. Assim, muitas vezes a cláusula de não concorrência é estabelecida no momento em que o empregado está sendo contratado, quando assina o contrato de trabalho.

São encontradas as denominações *cláusula de não restabelecimento, cláusula de não concorrência em contrato social, cláusula de não concorrência em contrato de trabalho, cláusula de não concorrência, proibição de concorrência, pacto de não restabelecimento, proibição negocial de concorrência, cláusula de interdição da concorrência, pacto de não concorrência, pacto de abstenção de concorrência, pacto de exclusão de concorrência* etc. Muitas dessas denominações dizem respeito ao Direito Comercial e não propriamente ao Direito do Trabalho.

Em espanhol, é empregada a expressão *pacto de no competencia*. Em italiano, *patto di non concorrenza*. Em alemão, *Wettbewerbsabrede*. Em francês, *clause de non concorrence*.

A denominação cláusula de não concorrência pode não ser adequada, pois o empregado pode não concorrer com o empregador. Se a cláusula é para não divulgar informações, a melhor denominação pode ser cláusula de confidenciabilidade.

A cláusula de não concorrência é a obrigação pela qual o empregado se compromete a não praticar pessoalmente ou por meio de terceiro ato de concorrência para com o empregador.

Trata-se de uma obrigação de natureza moral, de lealdade.

São princípios da ordem econômica a livre-iniciativa (art. 170, *caput*, da Constituição) e a livre concorrência (art. 170, IV, da Constituição).

No Direito Comercial são estabelecidas limitações para efeito do exercício da cláusula de não concorrência. A primeira limitação diz respeito ao prazo. Não se pode estabelecer essa cláusula por prazo indeterminado, pois impediria o direito de livre concorrência, de livre-iniciativa. Quanto à limitação territorial, esta deve ser feita em determinado espaço territorial, não sendo justificável que, mesmo distante do local anterior, haja a observância da cláusula de não concorrência. Quanto ao objeto, a limitação deve ser feita em relação à atividade igual ou semelhante à anterior e não a qualquer atividade.

No contrato social, é considerada lícita cláusula que estabeleça que os sócios não podem associar-se com empresa concorrente, por questão de boa-fé e dos costumes comerciais.

O contrato de trabalho tem por pressuposto a confiança entre as partes, a fidúcia. Se a confiança deixa de existir, o contrato de trabalho pode cessar, inclusive por justa causa.

O empregado deve guardar sigilo em relação às informações que recebe do empregador ou pelo desenvolvimento de seu trabalho, não podendo divulgá-las, principalmente a terceiros, notadamente quando sejam concorrentes do empregador. Deve guardar o dever de fidelidade para com o empregador. A confidencialidade é, portanto, essencial nessa relação.

Muitas vezes, o empregador paga ao empregado um valor decorrente do pacto de não concorrência.

Seria possível afirmar que, terminado o contrato de trabalho, a cláusula de não concorrência também não mais teria validade. Entretanto, é sabido que algumas cláusulas do contrato de trabalho podem ter validade após sua cessação. Há a cessação da prestação de serviços do empregado, mas a cláusula continua em vigor.

Prevê o art. 122 do Código Civil que "são lícitas, em geral, todas as condições não contrárias à lei, à ordem pública ou aos bons costumes". Em princípio, a cláusula é lícita. "Entre as condições proibidas se incluem as que privarem de todo efeito o ato, ou o sujeitarem ao arbítrio de uma das partes", que seria a cláusula puramente potestativa. Logo, se for estabelecida no contrato de trabalho cláusula puramente potestativa, não terá validade a referida disposição, como, por exemplo, de o empregado não poder trabalhar.

Determina, ainda, o art. 444 da CLT que "as relações contratuais de trabalho podem ser objeto de livre estipulação das partes interessadas em tudo quanto não contravenha às disposições de proteção ao trabalho, aos contratos coletivos que lhes sejam aplicáveis e às decisões das autoridades competentes". A cláusula de não concorrência não versa exatamente sobre proteção ao trabalho. Geralmente, as normas coletivas não trazem regras sobre o assunto, nem se trata de decisão de autoridade competente. Logo, pode ser pactuada.

Dispõe o inciso XIII do art. 5º da Constituição que "é livre o exercício de qualquer trabalho, ofício ou profissão, atendidas as qualificações profissionais que a lei estabelecer". Essa regra tinha disposições semelhantes na Constituição de 1824 (art. 179, nº 24), na Constituição de 1891 (art. 72, § 24), na Lei Maior de 1934 (art. 113, nº 13), na Carta Magna de 1937 (art. 150, § 23) e na Emenda Constitucional nº 1/69 (art. 153, § 23). A lei é que vai estabelecer as condições para o exercício da profissão, como duração do curso, qualificações para esse fim, exame perante o órgão de fiscalização da profissão etc. Essa lei é de competência da União, pois diz respeito a Direito do Trabalho (art. 22, I, da Constituição).

O STF já teve oportunidade de julgar questão semelhante na vigência do § 23 do art. 153 da Constituição de 1967, que tinha a seguinte redação: "É livre o exercício de qualquer trabalho, ofício ou profissão, observadas as condições de capacidade que a lei estabelecer". O acórdão não conheceu do recurso extraordinário, tendo a seguinte ementa:

> "Liberdade de trabalho. Cláusula pela qual o empregado, que fez cursos técnicos às expensas do empregador, obrigou-se a não servir a qualquer empresa concorrente nos 5 anos seguintes, ao fim do contrato. Não viola o art. 153, § 23, da Constituição o acórdão que declarou inválida tal avença" (STF, RE 67.653, Rel. Min. Aliomar Baleeiro, *DJ* 3-11-1970, p. 5.294, *RTJ* 55, 1971, p. 42).

O empregado pode ser processado por responsabilidade civil de divulgação de segredo do empregador, mas não pode ser impedido de trabalhar.

Exceção ocorreria se o empregador pagasse, como compensação financeira, um valor ao empregado pelo não exercício de atividade concorrente.

Por analogia, pode ser utilizada a regra do art. 608 do Código Civil, segundo a qual a pessoa que aliciar outras obrigadas em contrato escrito a prestar serviço a outrem pagará a este a importância que ao prestador de serviço, pelo ajuste desfeito, houvesse de caber durante dois anos.

A legislação trabalhista brasileira não estabelece regra sobre o tema. Havendo omissão sobre o assunto em nossa legislação, é o caso de se aplicar o direito comparado, por expressa previsão do art. 8º da CLT, desde que o interesse particular não prevaleça sobre o interesse público.

Há referência na OIT ao fato de que "dispositivos legislativos e contratuais tendem, às vezes, a regular a interdição de fazer concorrência, não somente após a cessação do contrato de trabalho, mas também durante sua duração. Não nos ocupamos senão das interdições previstas para o período que se segue à cessação do contrato. Quando disposições intervêm referindo-se à interdição para um empregado fazer concorrência a seu empregador durante a duração do contrato, nada mais fazem do que precisar ou reforçar medidas gerais de proteção que decorrem do direito comum. Estas medidas parecem de tal modo justificadas que não suscitam nenhuma oposição".[4]

Como não existe norma legal tratando do assunto no Brasil, é o caso de se aplicar as orientações do direito comparado em relação aos contratos de trabalho que tiverem execução em nosso país.

A cláusula inserida no contrato de trabalho tem eficácia apenas após a cessação do pacto laboral, mas tanto pode ser estabelecida quando da contratação, no curso do contrato ou quando de sua rescisão, pois, nesse ponto, as partes têm liberdade de contratar.

Não pode haver a proibição total do trabalho do empregado, apenas para certa atividade. Se ocorrer a primeira hipótese, a cláusula será considerada abusiva e ilícita, porque o empregado não pode renunciar a sua liberdade de trabalho.

O empregado pode exercer qualquer outra atividade, menos aquela a que foi determinada a cláusula de não concorrência. Logo, não está proibido de exercer outras atividades, nem de trabalhar.

A proibição do exercício da atividade pode ser estabelecida tanto para a condição de empregado, de autônomo, como para criar empresa concorrente.

---

4 *Revue Internationale du Travail*, v. 19, p. 425, Mars 1929.

O estabelecimento da cláusula deve ser feito por escrito no contrato de trabalho. Não se pode admitir cláusula implícita ou tácita, visando evitar problemas para o empregado, justamente de não poder trabalhar, pois daria margem a incertezas.

A cláusula de não concorrência deverá ser estipulada por tempo determinado e para certo local. Não pode ser, portanto, perpétua, pois impediria o empregado de trabalhar na atividade. Deve a limitação estar balizada dentro do princípio da razoabilidade, de acordo com o que for pactuado entre as partes. O ideal é que fosse estabelecida por um prazo máximo de dois anos, que é o período máximo de vigência do contrato de trabalho por tempo determinado e não seria um prazo muito longo. Certas atividades não precisam de um prazo muito longo de abstenção, como de produtos de bancos e na área de informática, em que em algumas semanas ou em seis meses os demais concorrentes já absorveram o novo produto ou a nova tecnologia.

Por analogia, pode ser aplicada a regra do art. 1.147 do Código Civil, segundo a qual, não havendo autorização expressa, o alienante do estabelecimento não pode fazer concorrência ao adquirente, nos cinco anos subsequentes à transferência. A autorização não pode ser tácita.

O art. 2.125 do Código Civil italiano limita no tempo e no lugar a cinco anos para o dirigente e três anos para os demais empregados. O art. 136 do Código do Trabalho português limita a dois ou três anos.

Não terá valor a cláusula em locais em que a empresa não venha a competir com outras no mesmo mercado. Assim, ela deve ser estabelecida para certa área geográfica.

Para a validade da cláusula, o empregado deve receber compensação financeira, que lhe permita fazer frente a seus compromissos, como se estivesse trabalhando, visando a que o trabalhador não enfrente dificuldades financeiras para manter seu mesmo nível de vida, pois o pagamento terá natureza alimentar. Daí, a solução é o pagamento da compensação financeira no valor da última remuneração do empregado, multiplicado pelo número de meses em que deixará de exercer outra atividade. Do contrário, pode ocorrer de o empregado não ter condições de exercer outra atividade, por não possuir habilidade para esse fim, hipótese em que estaria sendo impedido de exercer seu mister, além do que diminuiria seu padrão de vida, ante a impossibilidade de exercer aquela atividade. O pagamento deve ser feito ao término do contrato de trabalho ou então mensalmente, em relação ao período em que o empregado não poderá exercer a atividade. Se a empresa não pagar a remuneração a que se obrigou, o empregado poderá praticar a concorrência contra o empregador, que é a aplicação da *exceptio non adimpleti contractus* (art. 476 do CC).

O valor da indenização deve ser maior se, por exemplo, o empregado vai deixar de trabalhar em todo território nacional. Deveria ser no valor mensal que o trabalhador ganharia se estivesse empregado nas mesmas condições.

O pagamento da indenização pode ser estabelecido tanto para o empregado como também para seus herdeiros. Contudo, será mais comum estabelecer o pagamento mensal apenas enquanto o empregado estiver vivo, extinguindo-se a obrigação com sua morte, pois a obrigação é personalíssima. A exceção diz respeito ao fato de que o *de cujus* deixe fórmulas, plantas etc., em que a cláusula contratual pode obrigar os herdeiros à não concorrência, se essa for a vontade do ex-empregado, razão pela qual devem continuar a receber a indenização pelo período estabelecido.

Mesmo que o empregado seja dispensado com justa causa, sem justa causa, peça demissão, haja rescisão indireta ou venha a se aposentar, o pagamento da indenização será devido, assim como a obrigação de não concorrência, pois a cláusula diz respeito à não concorrência após o término do contrato de trabalho. No caso, pouco importa a forma de rescisão do contrato de trabalho, mas a obrigação de cumprimento da cláusula após a cessação do contrato de trabalho. A exceção ocorrerá se outra hipótese for convencionada.

Será nula a cláusula do contrato de trabalho que determinar a não concorrência se não atender cumulativamente aos seguintes requisitos: não conter indenização pela possibilidade do exercício da atividade, for estabelecida por tempo excessivo, não for fixada a região e a atividade em que é vedada a concorrência.

Caso o empregado vier a descumprir a cláusula de não concorrência, deve devolver a indenização ou deixar de receber as parcelas restantes, poderá o empregador exigir que cesse a não concorrência, requerendo a aplicação de cláusula penal ou responsabilizar o trabalhador por perdas e danos pelo prejuízo que sofreu, pois o pactuado foi descumprido.

O valor da multa pelo descumprimento da cláusula pode ser estabelecido no contrato de trabalho. Entretanto, o valor da cominação não pode exceder o da obrigação principal (art. 412 do CC), aplicando-se o Direito Civil, pelo fato de que a CLT é omissa sobre o assunto (§ 1º do art. 8º da CLT). Poderá, porém, o juiz reduzir proporcionalmente a pena estipulada quando a obrigação já tiver sido cumprida em parte (art. 413 do Código Civil).

Será possível fixar multa diária pelo descumprimento da obrigação no próprio contrato de trabalho, pois sua natureza é cominatória, de ser cumprida a obrigação de não fazer. Não se trata de multa por desconto salarial, que seria vedada, mas de multa para fins de cumprimento do que foi acordado. A Justiça do Trabalho poderá rever a multa pelo descumprimento da cláusula, caso esta seja excessiva.

No período em que o empregado fica impossibilitado de exercer outra atividade, não está à disposição do empregador, aguardando ou executando ordens (art. 4º da CLT). Logo, esse período não é considerado tempo de serviço.

O pagamento que lhe é feito não é decorrente da prestação de serviços, pois o contrato de trabalho terminou, nem existe previsão legal no sentido de que tal pagamento tenha natureza salarial. Logo, o referido pagamento não pode ser salário, mas espécie de indenização, pelo fato de que o empregado não pode exercer atividade concorrente, recebendo um pagamento pela obrigação de não fazer.

O valor pago pelo trabalhador ao ex-empregador pelo descumprimento da cláusula de não concorrência tem natureza de cláusula penal.

Na cláusula de não divulgação, o empregado pode trabalhar para quem quiser, mas não pode divulgar informação privilegiada ou segredo do negócio.

Na cláusula de não solicitação, os ex-empregados são proibidos de solicitar clientes ou recrutar empregados do seu antigo empregador. Visa proteger interesse do empregador. Deve ser fixada por prazo determinado e estar restrita a certa zona geográfica.

Na cláusula de duração mínima, o empregado faz um curso técnico, custeado pela empresa, e deve prestar serviços para o empregador por certo período. Não cumprida a obrigação, o empregado tem de indenizar o empregador.

15.1 Cláusula de permanência no emprego

O empregador muitas vezes proporciona um curso, a faculdade etc. ao empregado. Em contrapartida, é estabelecida cláusula de permanência no emprego, consistente em o trabalhador não poder sair da empresa dentro de certo prazo depois do término do curso.

Às vezes, a cláusula de permanência já está inserida desde o início do contrato de trabalho. Outras vezes é feito adendo ao contrato de trabalho, com a inserção da cláusula de permanência no emprego.

A Convenção nº 144 da OIT faz referência à orientação profissional e formação profissional, com o aperfeiçoamento de sistemas abertos e flexíveis na formação profissional.

Determina o art. 390-C da CLT que "as empresas com mais de cem empregados, de ambos os sexos, deverão manter programas especiais de incentivos e aperfeiçoamento profissional de mão de obra".

Prevê o art. 444 da CLT que "as relações contratuais de trabalho podem ser objeto de livre estipulação das partes interessadas em tudo quanto não contravenha às disposições de proteção ao trabalho, às convenções coletivas que lhes sejam aplicáveis e às decisões das autoridades competentes".

Reza o art. 122 do Código Civil que "são lícitas, em geral, todas as condições não contrárias à lei, à ordem pública ou aos bons costumes; entre as condições defesas se incluem as que privarem de todo efeito o negócio jurídico, ou o sujeitarem ao puro arbítrio de uma das partes".

Não existe previsão legal impedindo as partes de inserir no contrato de trabalho a cláusula de permanência. Não se está contrariando as disposições de proteção ao trabalho, nem a cláusula é considerada puramente potestativa para se aplicar o art. 122 do Código Civil.

O empregado decide livremente em aceitar ou não fazer o curso e, em contrapartida, se fizer o curso, deve ficar tanto tempo na empresa. O empregador não pode fazer um investimento no empregado e depois esse, com melhor capacitação, pedir demissão e ir para a concorrência.

O art. 424 do Código Civil estabelece que nos contratos de adesão são nulas as cláusulas que estipulem a renúncia antecipada do aderente a direito resultante da natureza do negócio. No caso da cláusula de permanência, não se está renunciando antecipadamente a direito resultante da natureza do negócio, mas sendo estabelecido prazo em que o empregado não pode sair da empresa depois de fazer o curso, sob pena de ter de pagar o prejuízo incorrido pelo empregador.

O empregado recebe treinamento, capacitação, aperfeiçoamento e qualificação com o curso proporcionado pelo empregador. Não deixa de ser uma forma de valorizar o trabalho humano.

Implica também uma forma de continuidade do contrato de trabalho, pois o empregado faz o curso e continua a trabalhar na empresa, tendo melhor qualificação profissional e até melhor salário.

Deve o empregado provar que foi coagido a assinar o contrato ou o adendo contendo a cláusula de permanência.

O § 2º do art. 458 da CLT prevê que não serão consideradas como utilidades concedidas pelo empregador: "II – educação, em estabelecimento de ensino próprio ou de terceiros, compreendendo os valores relativos a matrícula, mensalidade, anuidade, livros e material didático".

A letra *t* do § 9º do art. 28 da Lei nº 8.212/91 não considera salário de contribuição: "o valor relativo a plano educacional, ou bolsa de estudo, que vise à educação básica de empregados e seus dependentes e, desde que vinculada às atividades desenvolvidas pela empresa, à educação profissional e tecnológica de empregados, nos termos da Lei nº 9.394, de 20 de dezembro de 1996".

A cláusula que estabelece que o empregado não pode deixar a empresa durante tanto tempo deve ter um prazo razoável.

O prazo máximo de validade da cláusula de permanência poderia ser de até dois anos, que é o prazo máximo do contrato de trabalho de prazo determinado (art. 445 da CLT). É um prazo razoável em razão do investimento que o empregador fez no empregado.

Na Espanha, no pacto de permanência, o trabalhador recebe uma especialização profissional, a cargo do empregador, com a finalidade de executar projetos determinados ou realizar um trabalho específico. O pacto de permanência é limitado a dois anos. Se o trabalhador abandonar o posto antes do prazo, é obrigado a pagar perdas e danos ao empregador (art. 21, 4, do Estatuto do Trabalhador).

O contrato de trabalho é bilateral e deve ser estabelecido de acordo com o princípio da boa-fé nos contratos.

O empregado não pode se beneficiar do curso proporcionado pelo empregador e depois não cumprir a sua parte no pactuado. Viola, portanto, a boa-fé nos contratos.

Não há previsão legal para o empregado devolver em dobro o que recebeu do empregador durante o período do curso.

Prescreve o art. 408 do Código Civil que "incorre de pleno direito o devedor na cláusula penal, desde que, culposamente, deixe de cumprir a obrigação ou se constitua em mora".

Determina o art. 409 do Código Civil que "a cláusula penal estipulada conjuntamente com a obrigação, ou em ato posterior, pode referir-se à inexecução completa da obrigação, à de alguma cláusula especial ou simplesmente à mora".

O valor da cominação imposta na cláusula penal não pode exceder o da obrigação principal (art. 412 do Código Civil).

A penalidade deve ser reduzida equitativamente pelo juiz se a obrigação principal tiver sido cumprida em parte, ou se o montante da penalidade for manifestamente excessivo, tendo-se em vista a natureza e a finalidade do negócio (art. 413 do Código Civil).

O § 1º do art. 462 da CLT permite o desconto no salário do empregado causado por dolo ou culpa dele.

Assim, nada impede que o empregado pague o prejuízo incorrido pelo empregador, com base no art. 186 do Código Civil, ou então que reembolse ao empregador o valor gasto com o curso.

O desconto de verbas rescisórias sob a forma de compensação está limitado a um mês de remuneração do empregado (§ 5º do art. 477 da CLT). Entretanto, nada impede que a questão seja discutida em juízo, sem que exista a referida limitação.

16 TRABALHO A TEMPO PARCIAL

16.1 Denominação

Na língua inglesa é encontrada a denominação *part time*, que significa parte do tempo a ser destinado ao trabalho.

Na Europa, é empregada a expressão trabalho *just in time*, ou seja, dentro de certo momento.

16.2 Conceito

Considera-se trabalho a tempo parcial o que não exceda 30 horas semanais, sem a possibilidade de horas suplementares semanais, ou, ainda, aquele cuja duração não exceda a vinte e seis horas semanais, com a possibilidade de acréscimo de até seis horas suplementares semanais (art. 58-A da CLT).

O trabalho a tempo parcial tem sido utilizado para operadores de empilhadeira e enfermeiros.

O trabalhador comum terá módulo semanal de 44 horas. O trabalhador a tempo parcial prestará serviços por, no máximo, 30 horas por semana. Isso corresponde a 5 horas por dia vezes 6 dias úteis, totalizando 30 horas por semana.

Poderá o trabalhador ser contratado para trabalhar menos de cinco horas por dia, como quatro ou três horas.

O doméstico também pode ser contratado para trabalhar 25 horas por semana (art. 3º da Lei Complementar nº 150/2015).

Não se confunde o trabalho a tempo parcial com certas categorias que têm jornada diferenciada, como médicos (4 horas), ascensoristas (6 horas) etc.

A natureza jurídica do contrato de trabalho a tempo parcial é de ajuste especial, em que prepondera um número de horas por semana de trabalho, que pode ser distribuído entre os dias trabalhados.

16.3 Direito internacional

A Convenção nº 175 da OIT, de 1994, considera como trabalhador a tempo parcial o que, assalariado, tem atividade laboral com duração inferior à normal dos trabalhadores a tempo completo, calculada semanalmente, desde que este tenha a mesma atividade, efetuando o mesmo trabalho no mesmo estabelecimento (art. 1). Essa norma internacional não foi ratificada pelo Brasil. Visa a estabelecer proteção aos que escolherem o trabalho a tempo parcial e a possibilidade de criação de novos empregos. O salário do trabalhador será calculado proporcionalmente (por peça, tarefa, hora), de modo que não seja inferior ao salário básico do trabalho a tempo completo, calculado pela mesma maneira (art. 5).

Em Portugal, considera-se trabalho a tempo parcial o que corresponda a um período normal de trabalho semanal inferior ao praticado a tempo completo em situação comparável (art. 150, 1, do Código do Trabalho). O trabalho a tempo parcial pode ser prestado apenas em alguns dias por semana, por mês ou por ano, devendo o número de dias de trabalho ser estabelecido por acordo (art. 150, 3, do Código do Trabalho).

16.4 Finalidade

É bom o trabalho a tempo parcial para pessoas que não podem laborar a jornada completa, como estudantes, que precisam trabalhar e estudar, mulheres, que têm seus afazeres domésticos ou que cuidam de crianças; idosos, que têm algumas horas para trabalhar por dia e receber uma renda adicional etc. Essas pessoas precisam compatibilizar seus compromissos com o trabalho, podendo ocupar postos de trabalho e ter remuneração. Mesmo a tecnologia pode criar empregos a tempo parcial, dada a necessidade de um menor número de horas de trabalho por dia.

16.5 Legislação

A legislação brasileira não impedia a contratação por tempo parcial. O trabalho a tempo parcial já poderia ser feito anteriormente, pois o empregado pode ser contratado à base horária, como ocorre, por exemplo, na construção civil. O salário mínimo é fixado à base horária à razão do divisor 220 (§ 1º do art. 6º da Lei nº 8.542/92), que corresponde ao número de horas mensais, observado o módulo semanal de 44 horas.

Deve ser anotado na CTPS do empregado o trabalho a tempo parcial, por se tratar de condição especial.

16.6 Transformação de contratos

Dispôs o § 2º do art. 58-A da CLT que "para os atuais empregados, a adoção do regime de tempo parcial será feita mediante opção manifestada perante a empresa, na forma prevista em instrumento decorrente de negociação coletiva". A previsão legal é expressa no sentido de que a negociação será coletiva e não mediante opção individual, isto é, por meio de convenção ou acordo coletivo. Do contrário, não terá nenhuma validade (art. 7º, XIII, da Constituição).

Para a transformação de um contrato a tempo parcial para tempo integral não é preciso convenção ou acordo coletivo, pois, inclusive, não está sendo reduzido o salário do empregado, além do que, sob o ponto de vista da continuidade do pacto laboral, a situação é mais vantajosa ao empregado.

Questões

1. O que é contrato de trabalho?
2. Qual a sua natureza jurídica?
3. Como podemos diferenciar o contrato de trabalho de outros contratos do Direito Civil?
4. Qual é o objeto do contrato de trabalho?
5. Quais são os requisitos do contrato de trabalho?
6. Quais são as características do contrato de trabalho?
7. Exige-se alguma forma para o contrato de trabalho?
8. Qual a duração do contrato de trabalho?
9. O que é contrato de equipe?
10. O que é contrato por tempo determinado?
11. O que é contrato de experiência?
12. Como se caracteriza o contrato de obra certa?

Capítulo 14

EMPREGADO

1 CONCEITO E REQUISITOS

Empregado poderia ser considerado, num sentido amplo, o que está pregado na empresa, o que é por ela utilizado.

Dispõe o art. 3º da CLT que "considera-se empregado toda pessoa física que prestar serviços de natureza não eventual a empregador, sob a dependência deste e mediante salário".

O empregado é sujeito da relação de emprego e não objeto.

Da definição de empregado é preciso analisar cinco requisitos concomitantes: (a) pessoa física; (b) não eventualidade na prestação de serviços; (c) dependência; (d) pagamento de salário; (e) prestação pessoal de serviços.

O primeiro requisito para ser empregado é ser pessoa física. Não é possível o empregado ser pessoa jurídica ou animal. A legislação trabalhista tutela a pessoa física do trabalhador. Os serviços prestados pela pessoa jurídica são regulados pelo Direito Civil.

Todo empregado é trabalhador, mas nem todo trabalhador é empregado, como os autônomos.

O serviço prestado pelo empregado deve ser de caráter não eventual, e o trabalho deve ser de natureza contínua, não podendo ser episódico, ocasional. Um dos requisitos do contrato de trabalho é a continuidade na prestação de serviços, pois aquele pacto é um contrato de trato sucessivo, de duração, que não se exaure numa única prestação, como ocorre com a venda e compra, em que é pago o preço e entregue a coisa. No contrato de trabalho, há a habitualidade, regularidade na prestação dos serviços, que na maioria das vezes é feita diariamente, mas poderia ser de outra forma, por exemplo: bastaria que o empregado trabalhasse uma vez ou duas por semana, toda vez no mesmo horário, para caracterizar a continuidade da prestação de serviços. Muitas vezes, é o que ocorre com advogados que são contratados como empregados para dar plantão em sindicatos duas ou três vezes por semana, em certo horário, em que a pessoa é obrigada a estar naquele local nos períodos determinados. Às vezes, isso se observa em relação aos médicos. A CLT não usa a expressão *trabalho cotidiano*, *diário*, mas mostra *continuidade*, *habitualidade*. Pode não ser trabalho diário, mas que tem continuidade.

O terceiro requisito é a *subordinação*.

Subordinação vem do latim *subordinatione* ou de *subordinatio*, *onis*, significando submissão, sujeição. A submissão ou sujeição não podem, porém, levar o trabalhador à escravidão ou à servidão.

Encontra-se também a origem da palavra *subordinação* em *sub* (baixo) *ordine* (ordens), que quer dizer estar debaixo de ordens, estar sob as ordens de outrem.

Emprega o art. 3º da CLT a denominação *dependência*. Essa palavra não é adequada, pois o filho pode ser dependente do pai, mas não é a ele subordinado. A denominação mais correta é, portanto, subordinação. É também a palavra mais aceita na doutrina e na jurisprudência.

Subordinação é a obrigação que o empregado tem de cumprir as ordens determinadas pelo empregador em decorrência do contrato de trabalho. É o estado jurídico em que fica o empregado em relação ao empregador. É o objeto do contrato de trabalho. Subordinação é submissão do empregado ao poder de direção do empregador.

O empregador não é um senhor, como ocorria no feudalismo, pois o empregado não é um servo. Não se trata de uma sujeição pessoal do empregado. Daí se falar em subordinação.

Distingue-se a subordinação da coordenação, pois esta implica um objetivo comum das partes, que pode não existir na primeira. Na coordenação, geralmente existe autonomia.

Supondo-se que o contrato de trabalho fosse uma moeda. O empregado vê um lado da moeda como subordinação, enquanto o empregador enxerga o outro lado da moeda como poder de direção. A subordinação é o aspecto da relação de emprego visto pelo lado do empregado, enquanto o poder de direção é a mesma acepção vista pela óptica do empregador.

Isso quer dizer que o trabalhador empregado é dirigido por outrem: o empregador. Se o trabalhador não é dirigido pelo empregador, mas por ele próprio, não se pode falar em empregado, mas em autônomo ou outro tipo de trabalhador. A subordinação é o estado de sujeição em que se coloca o empregado em relação ao empregador, aguardando ou executando ordens.

A subordinação jurídica do contrato de trabalho não pode ser confundida com orientações gerais ou conselhos.

Não pode ser considerada a subordinação como *status* do empregado. Subordinação é decorrente da atividade do empregado, ao prestar serviços ao empregador.

São várias as espécies de subordinação:

a) econômica. Paul Cuche fazia referência à dependência econômica. O emprego é a única ou principal fonte de sobrevivência do trabalhador. Os serviços são prestados de forma exclusiva pelo trabalhador. O empregado dependeria economicamente do empregador para poder sobreviver. Seria o fato de que o prestador de serviços tem o seu único ou principal meio de subsistência. Contudo, essa orientação não é precisa, pois o filho depende economicamente do pai até certa idade, porém, à primeira vista, não é empregado deste último. O empregado rico não depende economicamente do patrão. Pode trabalhar apenas para manter-se ocupado. O empregado tem no emprego sua única ou principal fonte de subsistência.[1] Entretanto, o empregado pode ter mais de um emprego, por não haver exclusividade no contrato de trabalho, além de poder, em tese, ter outras fontes de renda, como aplicações financeiras, aluguéis etc. O empregado poderia receber uma herança; juiz aposentado que trabalha como professor para ter ocupação;
b) técnica. A subordinação técnica tem o sentido de que o empregado dependeria das determinações técnicas do empregador, de como tecnicamente o trabalho deve ser desenvolvido. O empregador detém os conhecimentos técnicos e científicos da produção. Sabe quanto produzir, quando produzir, com que qualidade. Assim, estaria sob as ordens do empregador.[2] Associa Herz a subordinação técnica à econômica. Entretanto, verifica-se que os altos

---

[1] CUCHE, Paul. Du rapport de dependence, élément constitutif du contrat de travail. *Revuel Critique*, 1913. p. 412.

[2] HERZ, E. *Le contrat de travail*. p. 989.

empregados, executivos, não dependem do empregador, mas este depende tecnicamente daqueles. É o que ocorre muitas vezes com uma pessoa altamente especializada em programação de computadores. O empregador é que acaba dependendo tecnicamente dessa pessoa. O médico e o engenheiro muitas vezes têm total autonomia técnica, pois empregam sua técnica no respectivo mister que é desenvolvido em prol do empregador, mas são subordinados. Nem sempre, porém, é o caso de se observar determinações técnicas do empregador, como quando o empregado tem técnica aperfeiçoada;

c) moral. Carlos de Bonhomme S. W. entende que há subordinação moral do empregado, que seria sua obrigação de cooperar, com eficiência e lealdade, para o fim econômico da empresa.[3] Cooperação, lealdade e eficiência são deveres do empregado para com o empregador;
d) social. Jean Savatier afirmava que certos trabalhadores seriam dependentes sociais de seus empregadores, no sentido da subsistência do trabalho proporcionado pelo empregador, dos instrumentos oferecidos e no fato de não assumir riscos de sua atividade. A subordinação social seria uma segunda etapa da subordinação econômica. O empregado dependeria socialmente do empregador para poder realizar seus compromissos sociais. Essa teoria foi defendida no Brasil por Oliveira Viana, na condição de consultor jurídico do Ministério do Trabalho, Indústria e Comércio;[4]
e) hierárquica. A subordinação hierárquica significa a situação do trabalhador na empresa, por se achar inserido no âmbito da organização empresarial, recebendo ordens de superiores e reportando-se a essas pessoas;
f) jurídica. A subordinação jurídica decorre do contrato de trabalho (parágrafo único do art. 6º da CLT). O empregado está sujeito a receber ordens em decorrência do pacto laboral, sendo proveniente do poder de direção do empregador, de seu poder de comando, que é a tese mais aceita. O empregado está subordinado ao empregador em razão do contrato de trabalho e da lei (art. 3º da CLT). É no contrato de trabalho que são observados os limites e os fundamentos da subordinação;
g) objetiva. Verifica-se o modo da realização da prestação dos serviços, como ocorre quando alguém trabalha para outrem. Importante é a atividade desenvolvida pelo trabalhador no contrato de trabalho. Decorre a

---

[3] *Revista dos Tribunais*. p. 352, jun. 1943.

[4] VIANA, Oliveira. Boletim do Ministério do Trabalho, Indústria e Comércio, nº 33, p. 101; *Revista dos Tribunais*, p. 161, 1937.

subordinação objetiva da previsão da lei. Envolve a integração do trabalhador na vida empresarial. O trabalhador se integra na atividade da empresa, nos objetivos do empregador;

h) subjetiva. O empregado está sujeito a ser dirigido pelo empregador. Este tem o direito de dirigir, comandar, fiscalizar o empregado. É o estado em que fica o trabalhador, sujeito a ordens e fiscalização do empregador. Toma-se por base a pessoa envolvida na relação de emprego, que é o empregado;

i) estrutural. É a que ocorre pelo fato de o trabalhador estar inserido na estrutura da empresa, na sua organização. O trabalhador não é subordinado à estrutura da empresa. Se esta está desestruturada ou não tem estrutura, então não haveria subordinação. A subordinação não ocorre apenas pelo fato de o trabalhador se integrar à empresa, mas por estar sujeito ao poder de direção do empregador. Se o trabalhador não recebe ordens, não há subordinação, pois a subordinação diz respeito à pessoa e não à estrutura. A subordinação é decorrente do contrato, da hierarquia. O empregado é subordinado em geral a alguma pessoa e não à estrutura da empresa. A estrutura não dá ordens ao empregado. O teletrabalhador não é subordinado à estrutura da empresa, pois não trabalha dentro da empresa. O empregado que não trabalha dentro da empresa, mas à distância, como teletrabalho ou como vendedor externo, não fica sujeito à estrutura da empresa.

Se o trabalhador entra na empresa, já estaria sujeito à subordinação estrutural, o que não pode ser, pois somente se estiver sujeito a ordens de serviço será empregado. Uma pessoa visitante que entrar na empresa também estaria sujeita às determinações da empresa, por somente ter entrado na empresa e ter de cumprir determinações de não fumar, de passar por detector de metais etc.

Na subordinação estrutural-reticular, a organização produtiva cria a empresa-rede. As empresas são interligadas em rede. Havendo subordinação econômica entre a empresa prestadora de serviços e a tomadora, esta seria diretamente responsável pelos empregados daquela, configurando a subordinação estrutural reticular (José Eduardo de Resende Chaves Jr. e Marcus Menezes Barberino Mendes);

j) direta ou imediata, que ocorre com o empregador;

k) indireta ou mediata. É a verificada com o tomador dos serviços. Da Súmula 331, III, do TST depreende-se a existência de subordinação indireta com o tomador dos serviços, que estabelece como o serviço deve ser feito, mas quem dirige efetivamente o trabalho do empregado é o empregador;

l) típica. É a inerente ao contrato de trabalho. Ocorre com o empregado urbano, rural, doméstico, o trabalhador temporário, o diretor empregado, o aprendiz e nos contratos de trabalho especiais. O trabalhador temporário não deixa de ser subordinado à empresa de trabalho temporário durante os três meses da prestação de serviços. É a empresa que determina onde o trabalhador deve prestar serviços. Em contratos de trabalho especiais pode haver subordinação diferenciada, como de artistas (Lei nº 6.533/78), jogador de futebol (Lei nº 9.615/98), treinador de futebol (Lei nº 8.650/93) etc.;

m) atípica. É a pertinente a outros contratos, como no trabalho do eventual, do estagiário, no serviço voluntário, no representante comercial autônomo. O representante comercial autônomo tem, em certos casos, na lei ou no contrato a previsão de subordinação, ao determinar que deve prestar contas, que tem zona exclusiva de vendas, de apresentar relatórios;

n) integrativa. Ocorre quando o empregado passa a integrar as atividades exercidas pelo empregador, de acordo com a sua organização empresarial.

Manuel-Ramón Alarcón Caracuelo fala em alienação no mercado. Haveria desconexão jurídica entre o trabalhador e o destinatário final do produto.[5] O cliente, porém, não faz parte da relação de emprego. O empregado vende a força do seu trabalho e não mercadoria.

Rolf Wank entende que a noção de subordinação deve ser teleológica, para que o Direito do Trabalho cumpra a sua missão de proteção e tutela (*Diversifing employment parerns: the scope of labour law and notion of employees*).

A inserção ou integração do trabalhador na organização da empresa também pode ocorrer com o trabalhador autônomo.

A subordinação diz respeito ao modo de realização do serviço.

No *teletrabalho* a subordinação acaba ficando mitigada. Em alguns casos, poderá se verificar muito mais autonomia do que subordinação. São diluídas as ordens de serviço. Um executivo pode não ter a quem dar ordens de serviço, pois não há escritório, trabalho interno, subordinados etc.

O trabalhador não terá exatamente jornada de trabalho, pois não se sabe a hora que começa e a que termina de prestar serviços, salvo se houver controle específico nesse sentido.

Acaba criando a nova tecnologia uma nova forma de subordinação, pois o empregado pode até não ficar subordinado diretamente ao empregador, mas

---

5 CARACUELO. Manuel-Ramón. *Dipendenza e alienitá nella discussione spagnola sul contratto di lavoro*. p. 300.

indiretamente. Passa a existir uma *telessubordinação*. Na *telessubordinação* ou "subordinação virtual", há subordinação à distância, uma subordinação mais tênue do que a normal. O empregador também passa a utilizar a *teledireção*, ou seja, o poder de direção do empregador passa a ser empregado à distância. Entretanto, o empregado pode ter o controle de sua atividade por intermédio do próprio computador, pelo número de toques, por produção, por relatórios, pelo horário da entrega dos relatórios ou do serviço etc.

Prevê o parágrafo único do art. 6º da CLT que "os meios telemáticos e informatizados de comando, controle e supervisão se equiparam, para fins de subordinação jurídica, aos meios pessoais e diretos de comando, controle e supervisão do trabalho alheio".

Os meios pessoais e diretos de comando, controle e supervisão do trabalho alheio são feitos por intermédio do poder de direção do empregador, que dirige o empregado. Este se subordina ao empregador.

Meios de controle informatizados podem ser feitos por *login* ou *logout*, no controle de dados na entrada e saída por registros feitos no computador, que inclusive indicam horário, no controle da produção por toques no teclado.

O trabalho *on-line* é o realizado de forma interativa, bidirecional, e a tempo real. O empregado fica conectado com o computador central da empresa. O empregador pode fiscalizar ou controlar o trabalho do empregado. O trabalhador prestaria serviços como se estivesse dentro da empresa. A subordinação pode ser feita por meio da informática. O trabalho pode ser feito também com o uso da Internet.

Caso o trabalhador trabalhe de forma desconectada (*off-line*), haverá maior dificuldade em medir o tempo despendido pelo empregado na prestação de serviços ao empregador. Nesse caso, a comunicação é feita por telefone. O empregador, de modo geral, não controla o trabalho do empregado, salvo se isto for feito por outros meios, mas não mediante conexão do computador do trabalhador ao da empresa.

Há também o trabalho chamado de *one way line* ou unidirecional. A conexão é simples, num único sentido. O empregador não tem controle direto do trabalho do empregado.

A autonomia do trabalhador poderá ser medida pelo fato de que o empregador é que dele depende tecnicamente e não o contrário, porque só o trabalhador é que sabe como se faz o programa do computador. É a pessoa que sabe empregar a tecnologia ou que a desenvolve. Muitas vezes é uma pessoa altamente especializada.

A jurisprudência espanhola sobre o teletrabalho faz distinção entre empregado e outro tipo de trabalhador em razão de quem é o proprietário do programa de computador. Se o programa é da empresa, há contrato de trabalho. Caso o programa seja do trabalhador, não existe contrato de trabalho. Esse critério é relativo, pois o trabalhador pode usar sua ferramenta de trabalho e, mesmo assim, ser empregado, como de usar sua caneta, sua colher de pedreiro etc. O fato de o programa de computador e o computador serem do trabalhador não quer dizer que ele é autônomo. Pode ser, como pode não ser.

Faz referência o art. 3º da CLT à dependência. O parágrafo único do art. 6º da CLT está mais atualizado e faz menção à subordinação jurídica, que é um dos elementos caracterizadores do vínculo de emprego. O fato de o empregado ser dependente do empregador não é a questão fundamental, mas sim se há subordinação, que é a sujeição a que está submetido o empregado, às ordens de serviço do empregador.

As novas tecnologias não estão fazendo desaparecer a subordinação jurídica. Há apenas necessidade de se adaptar a legislação existente diante dessas novas tecnologias ou então editar lei específica para tratar do assunto. A subordinação continua existindo, mesmo à distância.

Parassubordinação provém do italiano *parasubordinazione*. O prefixo *para* tem o sentido de além de. Seria, portanto, o que está além da subordinação.

Giuseppe Ferraro afirma que a parassubordinação seria uma variedade da relação de trabalho autônomo, compreendida também num contrato de obra ou de obra profissional (art. 2.229 e s. do Código Civil italiano).[6] Assevera que o elemento conectivo da relação em questão pode ser genericamente individualizado no vínculo de dependência substancial e de disparidade contratual do prestador de obra em relação ao sujeito que usufrui de sua prestação. Seria uma situação análoga à do trabalho dependente.[7] É o reconhecimento jurídico de uma categoria de relação afim ao trabalho subordinado, com um resultado semelhante.[8] Exemplos são o contrato de agência e dos profissionais liberais, entre outros.[9]

O nº 3 do art. 409 do CPC italiano faz referência ao contrato de agência, de representação comercial e outras relações de colaboração que se concretizam em uma prestação de trabalho continuativa e coordenada, prevalentemente pessoal, que não se caracteriza como subordinada. No contrato de agência, o agenciado só faz o agenciamento, não tendo liberdade de agir, enquanto na representação comercial o representante representa o representado.

---

6 FERRARO, Giuseppe. *Il contrati di lavoro*. Pádua: Cedam, 1991. p. 225.

7 Ibidem, p. 226.

8 Ibidem, p. 226-227.

9 Ibidem, p. 233-234.

Giuseppe Tarzia afirma que a parassubordinação compreende relações de trabalho que, embora sejam desenvolvidas com independência e sem a direção do destinatário do serviço, inserem-se na organização deste.[10]

A diferença básica entre a parassubordinação e a subordinação é que a primeira diz respeito a um regime de colaboração entre as partes e não exatamente de subordinação, pois há autonomia na prestação de serviços. O regime de colaboração pressupõe que as partes têm objetivos em comum a ser atingidos. A coordenação mostra a ideia de "ordenar juntos". O trabalhador parassubordinado organiza sua própria atividade. O empregado fica submetido ao poder de direção do empregador. A coordenação implica ligação entre o prestador e o tomador dos serviços quanto à atividade desenvolvida. Vincula-se a resultados.

Tanto na subordinação como na parassubordinação o trabalhador presta serviços com continuidade. Não existe um contrato de natureza instantânea.

Na parassubordinação, o trabalhador presta serviços com auxiliares. O empregado não presta serviços com auxiliares, mas sozinho.

Na Itália, depreende-se que a parassubordinação está ligada a certos contratos com autônomos, que têm certa dependência com o tomador dos serviços, mas que não se confunde com a típica subordinação, em que o trabalhador também assume os riscos de sua atividade, ao contrário do empregado. A parassubordinação seria uma espécie intermediária entre o trabalho autônomo e o subordinado.

É chamado de colaboração, coordenação, continuidade (co.co.co).

No contrato de trabalho a projeto (co.co.pro), o tomador deve especificar o projeto em que o tomador vai atuar.

Se o trabalhador é colaborador, não tem subordinação, mas autonomia.

No Direito do Trabalho o empregado não pode impor sanções ao empregador. Em outros contratos, uma parte pode impor multa ou retenção de pagamento à outra. Isso não ocorre no Direito do Trabalho, salvo em relação à multa imposta aos atletas profissionais.

O empregado é uma pessoa que recebe salários pela prestação de serviços ao empregador. É da natureza do contrato de trabalho ser este oneroso. Não existe contrato de trabalho gratuito.

Assim, o empregador recebe a prestação de serviços por parte do empregado. Em contrapartida, deve pagar um valor pelos serviços que recebeu daquela pessoa.

---

[10] TARZIA, Giuseppe. *Manuale del processo del lavoro*. Milão: Giufrè, 1987. p. 9.

Se a prestação de serviços for gratuita, como a do filho que lava o veículo do pai, não haverá a condição de empregado do primeiro. O padre não é empregado da Igreja, pois apesar de estar subordinado a uma hierarquia, não recebe nenhum valor da Igreja pelo trabalho que faz. Se o eclesiástico passa a lecionar ou trabalhar em escola ou hospital, não em decorrência de ofício da Igreja, mas recebendo remuneração e subordinado a horário, haverá vínculo de emprego.

A prestação de serviços deve ser feita com pessoalidade. O contrato de trabalho é feito com certa pessoa, daí se dizer que é *intuitu personae*. O empregador conta com certa pessoa específica para lhe prestar serviços. Não quer outra pessoa que preste os serviços, mas aquele trabalhador, no qual tem confiança. Se o empregado faz-se substituir constantemente por outra pessoa, como por um parente, inexiste o elemento pessoalidade na referida relação. Esse elemento é encontrado na parte final da definição de empregador (art. 2º da CLT). O empregado pode ser substituído quando está em férias, em licença-maternidade, doente etc. Entretanto, não pode ser substituído o empregado por determinação dele mesmo com constância, sob pena de descaracterizar a relação pessoal que existe no contrato de trabalho por parte do empregado. O parágrafo único do art. 456 da CLT faz menção a condições pessoais, indicando a pessoalidade.

Prefiro, assim, conceituar empregado como a pessoa física que presta serviços de natureza contínua a empregador, sob subordinação deste, mediante pagamento de salário e pessoalmente.

A CLT não exige como requisito à configuração da relação de emprego que o empregado preste serviços no próprio estabelecimento do empregador, tanto que existe o empregado em domicílio, que presta serviços em sua própria residência.

Dispõe o art. 129 da Lei nº 11.196/2005 que: "Para fins fiscais e previdenciários, a prestação de serviços intelectuais, inclusive os de natureza científica, artística ou cultural, em caráter personalíssimo ou não, com ou sem a designação de quaisquer obrigações a sócios ou empregados da sociedade prestadora de serviços, quando por esta realizada, se sujeita tão somente à legislação aplicável às pessoas jurídicas, sem prejuízo da observância do disposto no art. 50 da Lei nº 10.406, de 10 de janeiro de 2002 – Código Civil".

As vantagens da prestação de serviços por pessoa jurídica são: (a) a pessoa jurídica pode pagar o Imposto de Renda pelo lucro presumido à razão de 12% e mais o imposto sobre serviços; (b) a retenção na fonte do Imposto de Renda é 1,5% e não 15 ou 27,5% em relação à prestação de serviços por pessoas físicas; (c) pode deduzir despesas operacionais, que não seria possível na declaração de imposto de renda da pessoa física. Deverá o sócio recolher a contribuição previdenciária como segurado contribuinte individual.

As desvantagens para o trabalhador são: (a) perde férias mais 1/3, 13º salário, repouso semanal remunerado, intervalos, licenças, hora extra, adicional noturno e FGTS; (b) assume riscos do seu negócio, arcando com despesas e prejuízos.

O dispositivo em comentário não faz referência a fins trabalhistas, mas apenas a aspectos fiscais e previdenciários.

Não houve, portanto, revogação da CLT, pois a lei especial não revoga a geral (§ 2º do art. 2º da Lei de Introdução). São dispositivos autônomos, que coexistem. A Lei nº 11.196 não regulou inteiramente a matéria, nem dispõe de forma diferente ao que está na CLT.

O art. 129 da Lei nº 11.196 menciona que a prestação de serviços intelectuais, inclusive os de natureza científica, artística ou cultural, em caráter personalíssimo ou não, com ou sem a designação de quaisquer obrigações a sócios ou empregados da sociedade prestadora de serviços, quando por esta realizada, se sujeita tão somente à legislação aplicável às pessoas jurídicas. Isso significa que seriam observados os arts. 593 a 609 do Código Civil, que tratam da prestação de serviços.

É claro, ainda, o art. 593 do Código Civil, no sentido de que a prestação de serviço, que não estiver sujeita às leis trabalhistas ou à lei especial, reger-se-á pelas disposições do referido Capítulo do Código Civil. Isso quer dizer que se a prestação de serviços atender os requisitos dos arts. 2º e 3º da CLT, será o prestador considerado empregado.

Refere-se o art. 129 da Lei nº 11.196 a pessoas jurídicas que prestam serviços por meio de seus sócios, que, de um modo geral, não têm empregados.

Faz menção a serviços intelectuais, inclusive os de natureza científica, artística ou cultural. Assim, de acordo com o art. 129 da Lei nº 11.196 sua aplicação diz respeito apenas a serviços intelectuais e não a fornecimento de mão de obra, que compreende atividade braçal e não intelectual. Será aplicável, portanto, a engenheiros, arquitetos, jornalistas, médicos, contadores, advogados, economistas, que prestam serviço por meio de empresa. Se cientistas prestarem serviços por meio da pessoa jurídica, também será observado o dispositivo.

No Direito do Trabalho prevalece a realidade dos fatos sobre a forma empregada. Vige o contrato-realidade. Há necessidade de considerar a situação de fato. Pouco importa, portanto, a forma utilizada pelo empregador. Aplica-se o art. 9º da CLT, no sentido de que toda vez que o empregador tiver por objetivo desvirtuar, impedir ou fraudar a aplicação de preceito trabalhista, haverá nulidade.

Se o prestador de serviços é pessoa física, trabalha com continuidade, subordinação, pessoalmente e recebe um valor pela prestação de serviços, é empregado. Está, portanto, sujeito às leis trabalhistas.

Ao contrário, se de fato o trabalhador presta serviços por meio de sua empresa, inclusive para outras empresas, sem subordinação, não será considerado empregado.

A subordinação na atividade intelectual, artística ou literária é diferente. É mais tênue se o prestador de serviços for empregado. Se não é empregado, deve ater-se à determinação do contrato.

A real intenção das partes pode ser um elemento a verificar para se constatar a existência da relação de emprego.

2 ESPÉCIES DE TRABALHADORES

2.1 Empregado em domicílio

O trabalho em domicílio é originário do trabalho artesanal, da pequena indústria caseira. A confecção era feita em casa, por vários membros da família, sendo vendida ao consumidor final ou a intermediários que a revendiam.

A Convenção 177 da OIT, de 1996, trata do trabalho em domicílio. Não foi ratificada pelo Brasil. É o trabalho que uma pessoa, designada como trabalhador em domicílio, realiza em seu domicílio ou em outros locais que escolher, mas distintos dos locais de trabalho do empregador, em troca de remuneração, com o fim de produzir um produto ou prestar um serviço, conforme as especificações do empregador, independentemente de quem proporcione os equipamentos, materiais ou outros elementos utilizados. Fica excetuado dessa condição o que tiver nível de autonomia e de independência econômica suficiente para ser considerado trabalhador independente, em virtude da legislação nacional ou de decisões judiciais. Uma pessoa que tenha a condição de assalariada não deve ser considerada trabalhadora em domicílio pelo fato de realizar ocasionalmente o seu trabalho como assalariada em seu domicílio, em vez de realizá-lo em seu local de trabalho habitual (art. 1º, *b*). O empregador é entendido como uma pessoa física ou jurídica que, de modo direto ou por um intermediário oferece trabalho em domicílio por conta de sua empresa (art. 1º, *c*). Prevê no art. 4º que, na medida do possível, a política nacional em matéria de trabalho em domicílio deve promover a igualdade de tratamento entre os trabalhadores em domicílio e os outros trabalhadores assalariados, levando em conta as características particulares do trabalho em domicílio e, se for o caso, as condições aplicáveis a um trabalho idêntico ou similar realizado na empresa. A Recomendação nº 184 da OIT versa sobre a necessidade de designar a autoridade encarregada de definir e aplicar a política nacional em matéria de trabalho em domicílio e de manter atualizadas as informações sobre o referido trabalho.

A expressão *trabalho em domicílio* refere-se tanto ao trabalho realizado na casa do empregado, em sua habitação ou moradia, mas também domicílio legal. É o que ocorre, muitas vezes, com as costureiras, que trabalham em suas residências. O art. 83 da CLT usa a expressão oficina de família. Se o trabalho for realizado em oficina de família, também será considerado como domicílio do empregado.

O domicílio é o lugar escolhido pelo empregado para a prestação dos serviços ao empregador ou até na casa do intermediário. Poderia ser até o realizado no interior de um presídio. Desde que o trabalho seja desenvolvido fora da fiscalização imediata e direta do empregador, estará caracterizado o trabalho em domicílio.

O empregado tanto pode trabalhar na sede do empregador, como no seu próprio domicílio. É certo que em seu domicílio poderá fazer o horário que desejar, mostrando que a subordinação pode ser menos intensa.

Distingue-se o empregado em domicílio do trabalhador autônomo, pois este, apesar também de poder trabalhar em casa, não tem subordinação, mas autonomia na prestação dos serviços. O trabalhador autônomo assume os riscos de sua atividade, enquanto os riscos do empreendimento são do empregador. Presta serviços o trabalhador autônomo por conta própria, enquanto o empregado trabalha por conta alheia, do empregador. Esses elementos poderão ajudar a verificar se o trabalhador em domicílio é ou não empregado.

Não distingue o art. 6º da CLT entre o trabalho realizado no estabelecimento do empregador, o executado no domicílio do empregado e o realizado à distância, desde que estejam caracterizados os pressupostos da relação de emprego (art. 6º da CLT).

É preciso verificar, também, quem determina onde o trabalho deve ser desenvolvido. Se é o empregador, há subordinação. Na hipótese de o trabalhador, espontaneamente, fizer o serviço em sua residência, talvez seja autônomo, desde que não estejam presentes os requisitos do art. 3º da CLT.

É comum as costureiras prestarem serviços em sua própria residência, indo buscar a costura na empresa ou recebendo as peças em sua própria casa. Não podendo a obreira vender as peças ou não ficando com o lucro da venda, será considerada empregada, desde que haja subordinação.

O fato de o trabalhador ter uma pluralidade de atividades nada quer dizer, pois exclusividade não é requisito do contrato de trabalho.

A forma de pagamento do trabalhador também é relativa, pois há empregados que ganham por peça ou tarefa, assim como o autônomo também pode receber dessa forma.

Para a caracterização do vínculo de emprego com o empregador, é preciso que o empregado em domicílio tenha subordinação, que poderá ser medida pelo controle do empregador sobre o trabalho do obreiro, como estabelecendo cota de produção, determinando dia e hora para a entrega do produto, qualidade da peça etc.

A pessoalidade também será necessária para a confirmação do contrato de trabalho, pois se o trabalhador é substituído por familiar na prestação de serviços, não há pacto laboral. Os familiares poderão colaborar, porém não de forma frequente. O trabalho deve ser pessoal. Não pode ser feito por toda a família.

No Direito italiano, descaracteriza-se o trabalho em domicílio se o trabalhador fornece a matéria-prima. Esse elemento é relativo, pois certos trabalhadores só prestam serviços com seu material: o pedreiro, com sua colher; o executivo, com sua caneta etc., mas mesmo assim podem ser subordinados, sendo considerados empregados.

Configurado o vínculo de emprego, dificilmente o empregado terá direito a horas extras, por trabalhar em sua própria casa e desde que não haja alguma forma de controle, pois se existir, haverá tal direito, salvo se determinada produção só puder ser alcançada com mais de oito horas diárias de serviço. Geralmente, a empregada em domicílio trabalha no horário que melhor lhe aprouver, combinando o serviço com seus afazeres domésticos.

Trabalho em domicílio é o executado na habitação do empregado ou em oficina de família, por conta de empregador que o remunere (art. 83 da CLT).

Se houver piso salarial estabelecido em norma coletiva, deve-se assegurar essa remuneração ao empregado e não o salário mínimo.

Recebendo o empregado por peça ou tarefa, deverá fazer jus a pelo menos um salário mínimo por mês, ainda que o valor relativo às peças ou tarefas produzidas não alcance a importância do salário mínimo (art. 83 da CLT).

2.2 Teletrabalho

A origem do trabalho à distância é a utilização do telégrafo em 1857, nos Estados Unidos, na Companhia Estrada de Ferro Penn, que passou a usar o equipamento para gerenciamento do pessoal que trabalhava distante do escritório central.[11]

---

11 KUGELMAS, Joel. *Telecommuting*: a manager´s guide to flexible work arrangements. Nova York: Lexington Books, 1995.

A palavra teletrabalho é um neologismo de duas palavras: *tele* de origem grega, que significa longe, ao longe, ou longe de, distância; e trabalho, originada do latim *tripalium*, que é uma espécie de instrumento de tortura ou canga (peça de madeira que prende os bois pelo pescoço e os liga ao carro ou ao arado) que pesava sobre os animais. É chamado o *teletrabalho* de trabalho periférico, à distância, remoto.

Nos Estados Unidos, usa-se a palavra *telecommuting*, que significa trocar o transporte pela telecomunicação, visando evitar o deslocamento casa-trabalho e trabalho-casa.[12] *Telecomutters* são pessoas que trabalham em suas residências, onde têm computadores conectados com suas empresas. Seria uma forma de trabalho à distância. *Networking* é trabalhar ligado à rede. *Remote working* é o trabalho remoto ou à distância. *Flexible working* é o trabalho flexível. *Home working* é o trabalho em casa. No Reino Unido usa-se *teleworking*.

Em alemão utiliza-se a expressão trabalho por telecomunicação (*telearbeit* ou *fernarbeit*). *Telearbeiter* é o "teletrabalhador".

Em italiano é usada a palavra *telelavoro*. Em espanhol, *teletrabajo*.

Em francês usa-se *telependulaire*, *télétravail*.

O trabalho à distância é o gênero. Entre suas espécies há o trabalho em domicílio e o teletrabalho.

O trabalho em domicílio pode ser feito por meio de teletrabalho, mas isso não é a regra, pois pode não ocorrer.

A Lei italiana 191, de 16 de junho de 1998, dispõe sobre a implantação do teletrabalho na Administração Pública. Afirma que teletrabalho é "a prestação de trabalho realizada por um trabalhador em uma das administrações públicas (...) em um lugar considerado idôneo, situado fora da empresa, onde a prestação seja tecnicamente possível e com prevalente suporte de uma tecnologia da informação e da comunicação que permita a união com a Administração de que depende".

O art. 165º do Código de Trabalho de Portugal afirma que teletrabalho é "a prestação laboral realizada com subordinação jurídica, habitualmente fora da empresa e através do recurso a tecnologias de informação e de comunicação".

Considera-se teletrabalho a prestação de serviços preponderantemente fora das dependências do empregador, com a utilização de tecnologias de informação e de comunicação que, por sua natureza, não se constituam como trabalho externo (art. 75-B, *caput*, da CLT).

---

[12] Jack Nilles usa a referida palavra (*Telecommuting happen*. A guide for telemanagers and telecommuters. Nova York. International Thonson, 1994).

Teletrabalho é o trabalho à distância com uso de tecnologia e de recursos eletrônicos. O trabalho não é realizado na sede da empresa. É feito à distância, que é o elemento espacial. É fundamental a utilização de meios telemáticos.

Não será teletrabalho o enviado ao empregador por meios de comunicação comuns, como telefone, correio.

O comparecimento às dependências do empregador para a realização de atividades específicas que exijam a presença do empregado no estabelecimento não descaracteriza o regime de teletrabalho (parágrafo único do art. 75-B da CLT).

A Convenção nº 177 da OIT trata do trabalho em domicílio. Esta convenção não foi ratificada pelo Brasil. O art. 1º prevê que o trabalho em domicílio significa o trabalho que uma pessoa, designada como trabalhador em domicílio, realiza em seu domicílio ou em outros locais que escolher, mas distintos dos locais de trabalho do empregador, em troca de remuneração, com o fim de produzir um produto ou prestar um serviço, conforme as especificações do empregador, independentemente de quem proporcione os equipamentos, materiais ou outros elementos utilizados. Fica excetuado dessa condição o que tiver nível de autonomia e de independência econômica suficiente para ser considerado trabalhador independente, em virtude da legislação nacional ou de decisões judiciais. Uma pessoa que tenha a condição de assalariado não deve ser considerada trabalhador em domicílio pelo fato de realizar ocasionalmente o seu trabalho como assalariado em seu domicílio, em vez de realizá-lo em seu local de trabalho habitual (art. 1º, *b*). O empregador é entendido como uma pessoa física ou jurídica que, de modo direto ou por um intermediário oferece trabalho em domicílio por conta de sua empresa (art. 1º, *c*). Prevê no art. 4º que na medida do possível, a política nacional em matéria de trabalho em domicílio deve promover a igualdade de tratamento entre os trabalhadores em domicílio e os outros trabalhadores assalariados, levando em conta as características particulares do trabalho em domicílio e, se for o caso, as condições aplicáveis a um trabalho idêntico ou similar realizado na empresa. Foi complementada pela Recomendação 184.

É chamado o *teletrabalho* de trabalho periférico, à distância, remoto. O computador é um instrumento do trabalho.

Hoje se fala em enviar o trabalho à pessoa e não a pessoa ao trabalho.

O *teletrabalho* não se confunde com certos trabalhadores da área de informática, como analistas, programadores, digitadores e operadores, pois é o realizado à distância, fora do ambiente normal de trabalho, que é feito dentro da empresa. O trabalho daquelas pessoas também pode ser realizado fora da empresa, mas não é feito por meio de comunicação eletrônica, mas desenvolvido no tomador dos serviços.

Todo teletrabalho é considerado trabalho à distância, mas nem todo trabalho à distância pode ser considerado teletrabalho. O trabalho em domicílio também é um trabalho à distância, mas pode usar tecnologia ou não. As costureiras não usam tecnologia ou aparelhos eletrônicos para trabalhar. Logo, não é teletrabalho, mas trabalho à distância.

Trabalho em domicílio é mais frequente em atividades manuais, como de costureiras. O teletrabalho é mais comum em atividades em que a pessoa deve ter conhecimentos especializados, como de jornalistas, de tradução.

Nem todo teletrabalho é trabalho em domicílio, pois o trabalhador pode trabalhar no seu veículo, conectado com o empregador por meio de computador, *smartphone*, *iphone* etc.

O trabalho realizado por vendedores e representantes comerciais autônomos é trabalho à distância, mas não é teletrabalho, caso não haja utilização de tecnologia.

Teletrabalho é usado para o trabalho à distância com o uso de tecnologia. *Telecommuting* é usado no caso de substituição do deslocamento do trabalhador até a empresa.

A natureza jurídica da relação vai depender do tipo de situação fática que envolva as partes. Pode ser um contrato de trabalho, um contrato de prestação de serviços sem vínculo de emprego etc. O teletrabalho representa uma modalidade de organização da atividade do empresário.[13] São utilizadas normas previstas para outros contratos, que são adaptadas. Poderá ser um contrato de natureza civil, comercial, trabalhista, ou a mistura dos dois primeiros.

Entretanto, deverá ocorrer fora do âmbito da empresa, utilizando tecnologia.

Pinho Pedreira indica três grupos de teletrabalho:

a) trabalho em telecentros, locais das próprias empresas, porém situados fora da sede central. Seriam pequenos estabelecimentos da empresa, separados da sede central, mas dela dependentes e que se comunicam por meios eletrônicos;

b) teletrabalho em domicílio. É chamado de telecabana ou vicinal. Os americanos e ingleses o denominam de ABC (*Advance Business Center*). Pode ocorrer com qualquer trabalhador que presta serviços na sua residência para outra pessoa;

---

[13] RAY, Jean-Emmanuel. Le droit du travail à l'épreuve du teletravail, *Droit Social*, nº 2, fev. 1996, p. 123.

c) teletrabalho nômade, que é o realizado por pessoas que não têm lugar fixo para a prestação dos serviços e passam a maior parte do tempo fora da empresa.[14] É encontrado no trabalho dos autônomos, representantes comerciais etc.

O teletrabalho pode ser esporádico, em que é realizado alguns dias por mês e não todos os dias fora da sede da empresa e mediante conexão virtual com ela. Pode ser realizado apenas fora da empresa. Pode ser misto, em que parte do tempo é feito na empresa e parte em local distante da empresa, como pode ocorrer com vendedores, que vêm para a empresa apenas quando haja necessidade de reuniões presenciais.

A nova tecnologia pode influir no tempo em que o empregado fica à disposição do empregador, surgindo o "teletrabalho", o trabalho à distância e ressurgindo o trabalho em domicílio, em que o trabalhador fica em casa e aí trabalha, comunicando-se com outras pessoas por fax, telefone, telefone celular, Internet, *pager*, "bip", "modem" etc. O prestador dos serviços passa a se utilizar de outros tipos de equipamentos, como *lap top, palm top, handhelds, notebook, scanners*, computador, impressoras portáteis, telefone celular multifunção (que compreendem *pager/palm top*/telefone) ou os *pagers two ways* ou bidirecionais, *smartphones, tablet* etc.

O trabalhador pode fazer seu serviço em qualquer parte do mundo e enviar seu relatório via *e-mail*, fax etc. Muitas vezes, só comparece na empresa quando há necessidade de reuniões. Nos Estados Unidos, empresas de programas de computadores têm contratado indianos, na Índia, para desenvolverem programas, sendo o trabalho enviado pela Internet. Esses trabalhadores são usados por serem altamente especializados e pelo fato de que o custo do seu trabalho é mais baixo do que o de obreiros de outros países. *Call centers* são estabelecidos na Índia para atendimento de seguros ou de outras modalidades visando ao atendimento nos Estados Unidos. Isso ocorre em razão de o custo ser baixo e de os indianos falarem inglês.

Certos correspondentes de jornais e revistas já escrevem textos a distância e mandam o artigo por fax. É o que ocorre com correspondentes internacionais, mas também ocorre com jornalistas locais, que muitas vezes nem sequer vão à redação do jornal. Podem trabalhar em qualquer lugar e enviam seu artigo pela Internet para o jornal.

É comum encontrar nos aeroportos pessoas com computadores abertos, verificando gráficos, lendo textos, conectados à Internet, enviando mensagens e

---

[14] PEDREIRA, Luiz de Pinho. O teletrabalho, *LTr* 64-05/583.

consultando *e-mails* pelo telefone. Executivos levam seu *lap top* em viagens e trabalham no quarto do hotel. Estes fornecem gratuitamente ou mediante pagamento o uso de Internet.

Em vez de o trabalho ser feito em um escritório comum, passa a ocorrer em um escritório virtual.

O trabalhador poderá ficar mais tempo em casa com a família, aprimorando-se culturalmente e até dedicando-se ao lazer. Pode ser uma forma de manter a continuidade do contrato de trabalho e de evitar as dispensas.

As mulheres podem se adaptar ao teletrabalho em razão dos afazeres domésticos, que também demandam tempo. Seria possível a combinação dos afazeres domésticos com o próprio trabalho na residência da pessoa, como já acontece com o trabalho em domicílio. Mulheres que têm crianças podem melhor ajustar suas necessidades ao trabalho desenvolvido em sua residência.

Estudantes podem fazer o trabalho em casa, conciliando a prestação de serviços com seu horário escolar.

As vendas podem ser feitas até pela Internet ou por telefone. A tradução de documentos ou textos pode ser realizada na casa do tradutor e enviada por fax ou pela Internet ao editor. Seriam formas de trabalho em domicílio. O vendedor, viajante ou pracista, pode trabalhar no seu próprio veículo, que é dotado de telefone celular e fax.

Deficientes físicos também poderão melhor utilizar o teletrabalho, pois não precisarão fazer deslocamentos de uma localidade para outra.

Surge também o tele-ensino, como já ocorre nos telecursos de 1º e 2º graus, em que o ensino é feito pela própria televisão. Os professores e alunos não precisam estar necessariamente dentro da escola, podendo as aulas ser ministradas e assistidas pela internet.

Permite o *teletrabalho* a formação de novos campos de trabalho.

A empresa não precisará ter mesas, salas e outros equipamentos para os empregados. Quando forem necessárias reuniões, a empresa poderá alugar salas para esse fim. O espaço físico da empresa poderá diminuir bastante, trazendo diminuição do custo para a manutenção da própria empresa. Esta não precisará ter certos equipamentos. Poderão as empresas contar com trabalhadores em qualquer parte do mundo, bastando a utilização de equipamentos de comunicação entre as pessoas.

O *teletrabalho* pode trazer certos problemas para o trabalhador, como o de não ter exatamente uma carreira dentro da empresa, mas trabalhar fora dela. Deixa de haver a interação do trabalhador dentro da empresa. O trabalhador não terá, porém, um horário rígido a cumprir. Se o trabalhador passa a prestar serviços como autônomo, perde a condição de empregado e benefícios indiretos decorrentes do contrato de trabalho, como cesta básica, assistência médica etc. Em caso de dispensa, o obreiro não terá direito a verbas rescisórias, indenização. Isolado, o trabalhador terá mais dificuldades em se defender,[15] em fazer reivindicações. Pode haver a diluição da categoria. As despesas do trabalhador podem coincidir com despesas domésticas, confundindo-se necessidades familiares com as de trabalho. Diminuem, porém, as despesas externas (condução, combustível etc.).[16] O risco de acidentes do trabalho diminui, mas se o trabalhador faz digitação pode ter problemas de lesão por esforços repetitivos (LER), como tenossinovite etc. Pode ocorrer desemprego em razão da falta de formação do trabalhador. O descanso do trabalhador fica reduzido, pois se confunde o trabalho com a casa. O trabalhador pode comer mais e engordar, por ficar em casa. Quando o trabalhador tem problemas de locomoção não vai trabalhar. Isso não o impede, porém, de trabalhar em casa no computador.

Traz vantagens o *teletrabalho*, como a redução do deslocamento e da perda de tempo com ida e volta ao trabalho, esperando horas no trânsito caótico das cidades. O desgaste físico do trabalhador com a ida e volta para o emprego e dispêndio de muito tempo parado no trânsito é menor. Pode diminuir o trânsito nas cidades e o dióxido de carbono na atmosfera. Melhora o transporte nas cidades e até a qualidade de vida das pessoas. Diminui o consumo de combustíveis e melhora a qualidade do ar. O empregador não tem que pagar o transporte do empregado, nem horas extras, pois não há controle de horário. O empregado pode ser contactado por telefone, telefone celular, fax, "modem", *pager*, Internet, *smartphone* etc. Permite a circulação das informações de forma mais rápida. O acesso é generalizado.

As faltas ao serviço ficarão, porém, mitigadas, pois o trabalhador presta serviços em casa ou em outro local, mas não na empresa.

Haverá maior flexibilidade de horário ou até sua ausência. O trabalhador não prestará serviços nas dependências da empresa.

Em alguns casos o empregado passa a ter contato com determinados segredos do empregador, acessados no computador mediante senhas e que não podem ser divulgados a outras pessoas. Esses dados podem ser de interesse das empresas concorrentes, como lista de clientes, produtos etc.

---

[15] BARROS, Cassio Mesquita. *Teletrabalho. Direito e internet*, coordenadores Marco Aurélio Greco e Ives Gandra da Silva Martins, São Paulo: Revista dos Tribunais, 2001. p. 40.

[16] MARTINS, Sergio Pinto. *A continuidade do contrato de trabalho*. São Paulo: Atlas, 2000. p. 270.

O teletrabalhador deverá ser uma pessoa que tem certa qualificação ou escolaridade, pois precisará ter conhecimentos de certas tecnologias para usar o computador, acessar a Internet etc.

O empregador não terá como saber quem tem efetivamente acesso ao computador utilizado pelo trabalhador. Isso pode representar um problema em relação à segurança de dados.

A prestação de serviços na modalidade de teletrabalho deverá constar expressamente do contrato individual de trabalho, que especificará as atividades que serão realizadas pelo empregado (art. 75-C da CLT). O contrato no teletrabalho deve ser feito por escrito. Não poderá ser celebrado de forma verbal ou tácita. Poderá ser realizada a alteração entre regime presencial e de teletrabalho desde que haja mútuo acordo entre as partes, registrado em aditivo contratual (§ 1º do art. 75-C da CLT). Poderá ser realizada a alteração do regime de teletrabalho para o presencial por determinação do empregador, garantido prazo de transição mínimo de quinze dias, com correspondente registro em aditivo contratual (§ 2º do art. 75-C da CLT).

Geralmente, o teletrabalhador será um trabalhador mais especializado. Não será uma pessoa ignorante. Logo, terá noção do que foi contratado e da forma como foi contratado, principalmente se é contratado como autônomo. Assim, se for contratado como autônomo, terá de fazer uma prova robusta no sentido de que a situação contratada foi completamente diferente, representando um contrato de trabalho. O juiz irá verificar a escolaridade do trabalhador para efeito de interpretar o que foi contratado entre as partes e a intenção delas no momento da contratação.

O art. 6º da CLT dispõe que "não se distingue entre o trabalho realizado no estabelecimento do empregador, o executado no domicílio do empregado e o realizado à distância, desde que estejam caracterizados os pressupostos da relação de emprego". Considera o art. 83 da CLT trabalhador em domicílio a pessoa que executa seu serviço na habitação do empregado ou em oficina de família por conta de empregador que o remunere, devendo receber pelo menos um salário mínimo por mês.

É preciso verificar os requisitos cumulativos: pessoa física, continuidade, subordinação, onerosidade e pessoalidade na prestação dos serviços para a caracterização da relação de emprego. Havendo, fraude, será utilizado art. 9º da CLT, que dispõe ser nula a contratação com o objetivo de desvirtuar, impedir ou fraudar a aplicação de preceitos trabalhistas.

Parece que o teletrabalho não é um contrato de trabalho atípico. É um contrato de trabalho, pois se estiverem presentes os requisitos legais estará caracterizado o vínculo de emprego. A forma como o serviço é desenvolvido pode ser diferente e pode ter características próprias.

O Código de Trabalho de Portugal, de 2009, prevê que o trabalhador em regime de teletrabalho tem os mesmos direitos e deveres dos demais trabalhadores, nomeadamente no que se refere à formação e promoção ou carreira profissionais, limites do período normal de trabalho e outras condições de trabalho, segurança e saúde no trabalho e reparação de danos emergentes de acidente de trabalho ou doença profissional (art. 169, nº 1).

Se houver a contratação de um trabalhador pela Internet no estrangeiro, haverá o problema de se verificar qual a lei aplicável. Difícil será saber qual é o local da prestação de serviços, pois o serviço é prestado à distância, pela Internet.

As disposições relativas à responsabilidade pela aquisição, manutenção ou fornecimento dos equipamentos tecnológicos e da infraestrutura necessária e adequada à prestação do trabalho remoto, bem como ao reembolso de despesas arcadas pelo empregado, serão previstas em contrato escrito (art. 75-D da CLT). As utilidades mencionadas não integram a remuneração do empregado.

No *teletrabalho* a subordinação acaba ficando mitigada. Em alguns casos, poderá se verificar muito mais autonomia do que subordinação. São diluídas as ordens de serviço. Um executivo pode não ter a quem dar ordens de serviço, pois não há escritório, trabalho interno, subordinados etc.

O trabalhador não terá exatamente jornada de trabalho, pois não se sabe a hora que começa e a que termina de prestar serviços. Não têm direito a horas extras os empregados em regime de teletrabalho (art. 62, III, da CLT), salvo se houver controle específico nesse sentido. Exemplos podem ser os de controles de entrada e saída de dados no computador, do número de toques no teclado etc.

Acaba criando a nova tecnologia uma nova forma de subordinação, pois o empregado pode até não ficar subordinado diretamente ao empregador, mas indiretamente. Passa a existir uma *telessubordinação*. Na *telessubordinação* ou "subordinação virtual"[17] há subordinação à distância, uma subordinação mais tênue do que a normal. O empregador também passa a utilizar a *teledireção*, ou seja, o poder de direção do empregador passa a ser empregado à distância. Entretanto, o empregado pode ter o controle de sua atividade por intermédio do próprio computador, pelo número de toques, por produção, por relatórios, pelo horário da entrega dos relatórios ou do serviço etc.

Prevê o parágrafo único do art. 6º da CLT que "os meios telemáticos e informatizados de comando, controle e supervisão se equiparam, para fins de subordinação

---

17 RAY, Jean-Emmanuel. Le droit du travail à l´epreuve: le statut du travailleur. Paris: Droit Social, *Librarie Sociale et Economique*, nº 4, 1996. p. 351-358.

jurídica, aos meios pessoais e diretos de comando, controle e supervisão do trabalho alheio".

Telemática é a ciência que trata da manipulação e utilização da informação por meio do uso combinado de computador e meios de telecomunicação. É a utilização do computador em rede, de modem, e-mail, *notebook, tablet, smartphone, cloud computing* (acesso a banco de dados virtuais), *logmein* (computador acessado por meio de celular ou *tablet*), *icloud* (dados que podem ser colocados no computador-mãe da Apple e acessados de qualquer lugar por computador ou celular).

Informática é a ciência que visa ao tratamento da informação por meio do uso de equipamentos e procedimentos da área de processamento de dados.

Comando é dirigir, mandar, governar, liderar, conduzir, ordenar.

Controle é ter o domínio.

Supervisionar é dirigir, orientar ou inspecionar.

Os meios pessoais e diretos de comando, controle e supervisão do trabalho alheio são feitos por intermédio do poder de direção do empregador, que dirige o empregado. Este se subordina ao empregador.

Meios de controle informatizados podem ser feitos por *login* ou *logout*, no controle de dados na entrada e saída por registros feitos no computador, que inclusive indicam horário, no controle de produção por toques no teclado.

O trabalho *on-line* é o realizado de forma interativa, bidirecional, e a tempo real. O empregado fica conectado com o computador central da empresa. O empregador pode fiscalizar ou controlar o trabalho do empregado. O trabalhador prestaria serviços como se estivesse dentro da empresa. A subordinação pode ser feita por meio da informática. O trabalho pode ser feito também com o uso da Internet.

Caso o trabalhador trabalhe de forma desconectada (*off-line*), haverá maior dificuldade em medir o tempo despendido pelo empregado na prestação de serviços ao empregador. Nesse caso, a comunicação é feita por telefone. O empregador, de um modo geral, não controla o trabalho do empregado, salvo se isso for feito por outros meios, mas não mediante conexão do computador do trabalhador ao da empresa.

Há também o trabalho chamado de *one way line* ou unidirecional. A conexão é simples, num único sentido. O empregador não tem controle direto do trabalho do empregado.

A autonomia do trabalhador poderá ser medida pelo fato de que o empregador é que dele depende tecnicamente e não o contrário, porque só o trabalhador é quem sabe como se faz o programa do computador. É a pessoa que sabe empregar a tecnologia ou que a desenvolve. Muitas vezes é uma pessoa altamente especializada.

Em determinado processo que julguei em primeira instância, uma trabalhadora foi contratada para desenvolver *sites* para certa empresa, visando colocá-los na Internet. No caso, a prestação de serviços foi realizada por aproximadamente um mês. O trabalho ficou malfeito e teve de ser refeito. A obreira postulava o reconhecimento do vínculo de emprego. Ficou constatado que o trabalho foi desenvolvido na casa da trabalhadora, sem qualquer subordinação, horário de trabalho, pois foi contratado apenas o resultado do serviço, o desenvolvimento do site. Demonstrou-se que ela podia e fazia serviços para outras pessoas, não tendo exclusividade na prestação dos serviços. O vínculo de emprego não foi reconhecido. Ela era uma trabalhadora autônoma.

A jurisprudência espanhola sobre o teletrabalho faz distinção entre empregado e outro tipo de trabalhador em razão de quem é o proprietário do programa de computador.[18] Se o programa é da empresa, há contrato de trabalho. Caso o programa seja do trabalhador, não existe contrato de trabalho. Esse critério é relativo, pois o trabalhador pode usar a sua ferramenta de trabalho e, mesmo assim, ser empregado, como de usar sua caneta, sua colher de pedreiro etc. O fato de o programa de computador e o computador serem do trabalhador não quer dizer que ele é autônomo. Pode ser, como pode não ser.

Faz referência o art. 3º da CLT à dependência. O parágrafo único do art. 6º da CLT está mais atualizado e faz menção à subordinação jurídica, que é um dos elementos caracterizadores do vínculo de emprego. O fato de o empregado ser dependente do empregador não é a questão fundamental, mas sim se há subordinação, que é a sujeição a que está submetido o empregado, às ordens de serviço do empregador.

As novas tecnologias não estão fazendo desaparecer a subordinação jurídica. Há apenas necessidade de se adaptar a legislação existente diante dessas novas tecnologias ou então editar lei específica para tratar do assunto. A subordinação continua existindo, mesmo à distância.

Pode ocorrer de um trabalhador laborar em casa e outros não. Haverá discriminação? Depende. Um trabalhador poderá trabalhar em casa, em razão de que seu trabalho é específico, pois pode usar tecnologia e outro não. Certos trabalhadores se adaptam em trabalhar em casa e produzem, e outros não.

Se o serviço for desenvolvido no estrangeiro, por meio da Internet, haverá problemas de se saber qual a legislação aplicável ao trabalhador.

---

[18] GALLARDO MOYA, Rosario. *El viejo y el nuevo trabajo a domicilio*. Madrid: Ibidem, 1998, p. 72, nota 93.

Dependendo da hipótese, o elemento pessoalidade na relação de emprego por parte do empregado também pode ser de difícil apuração. O empregador não terá como verificar quem efetivamente presta os serviços: se é o empregado ou um preposto deste, como seu filho, sua esposa, pois não há o controle pessoal do trabalho do obreiro e o serviço não é desenvolvido dentro da empresa.

O empregador deverá instruir os empregados, de maneira expressa e ostensiva, quanto às precauções a tomar a fim de evitar doenças e acidentes de trabalho (art. 75-E da CLT). É uma forma de prevenir acidentes de trabalho. O empregado deverá assinar termo de responsabilidade comprometendo-se a seguir as instruções fornecidas pelo empregador.

Quem faz muita digitação pode ficar sujeito à tendinite, que é a inflamação da bainha dos tendões. O empregador deverá instruir os empregados a fazer pausas periódicas para evitar doenças e acidentes do trabalho. A instrução por parte do empregador deve ser expressa e ostensiva. Ostensivo vem do latim *ostensivus*, no sentido de mostrar de forma expressa, de modo a chamar a atenção do empregado para a necessidade de precauções quanto a evitar doenças e acidentes do trabalho.

O empregado deverá assinar termo de responsabilidade no sentido de ter precauções sobre acidente ou doenças do trabalho, de acordo com instruções fornecidas pelo empregador. O não atendimento dessas instruções poderá ser fundamento para aplicação de justa causa.

2.3 Empregado aprendiz

A Constituição proíbe o trabalho do menor de 16 anos (art. 7º, XXXIII), salvo na condição de aprendiz, a partir de 14 anos.

Aprendiz é a pessoa que está entre 14 e 24 anos (art. 428 da CLT) e que irá se submeter à aprendizagem, salvo o deficiente.

O menor aprendiz não poderá perceber menos de um salário mínimo por mês, calculado à base horária.

A aprendizagem é um contrato de trabalho especial, ajustado por escrito e por prazo determinado. É, portanto, um contrato de trabalho, devendo o empregado ser registrado desde o primeiro dia de trabalho, embora haja ao mesmo tempo caráter discente. Poderá a aprendizagem ser, porém, tanto industrial como comercial ou rural.

2.4 Empregado doméstico

O trabalho doméstico não dispunha de regulamentação específica, aplicando-se certos preceitos do Código Civil, no que diz respeito à locação de serviços.

O Decreto nº 16.107, de 30-7-1923, regulamentou os serviços dos domésticos, especificando quais seriam esses trabalhadores.

O Decreto-Lei nº 3.078, de 27-11-1941, tratou do empregado doméstico, dizendo que este era o que prestava serviços em residências particulares mediante remuneração. Tinha direito a aviso-prévio de oito dias, depois de um período de prova de seis meses. Poderia rescindir o contrato em caso de atentado à sua honra ou integridade física, mora salarial ou falta de cumprimento da obrigação do empregador de proporcionar-lhe ambiente higiênico de alimentação e habitação, tendo direito à indenização de oito dias.

Em 1943, a CLT especificou no art. 7º que "os preceitos constantes da presente Consolidação, salvo quando for, em cada caso, expressamente determinado em contrário, não se aplicam: a) aos empregados domésticos, assim considerados os que prestam serviços de natureza não econômica à pessoa ou à família, no âmbito residencial destas".

A situação do empregado doméstico só foi efetivamente resolvida com a Lei nº 5.859, de 11-12-1972, que foi regulamentada pelo Decreto nº 71.885, de 9-3-1973.

A Emenda Constitucional nº 72 estendeu direitos ao empregado doméstico. Houve necessidade de nova regulamentação do tema, o que foi feito pela Lei Complementar nº 150/2015.

Empregado doméstico é a pessoa física "que presta serviços de forma contínua, subordinada, onerosa e pessoal e de finalidade não lucrativa à pessoa ou à família, no âmbito residencial destas, por mais de 2 (dois) dias por semana" (art. 1º da Lei Complementar nº 150/2015).

São exemplos de empregados domésticos o mordomo, a cozinheira, o jardineiro, o motorista, a copeira, a governanta, a arrumadeira etc.

O empregador doméstico não tem por intuito atividade econômica, não visando à atividade lucrativa, pois é uma pessoa ou família que recebe a prestação de serviços do trabalhador. Exercendo a pessoa ou família atividade lucrativa, a empregada que lhe presta serviços passa a ser regida pela CLT, não sendo doméstica. Em caso de empregado que presta serviços para chácara, há necessidade de se verificar se a chácara tem finalidade lucrativa ou não. Se se destina apenas a lazer, o empregado será doméstico; se a chácara tem produção agropastoril que será comercializada, o empregado será rural.

Os empregados porteiros, zeladores, faxineiros e serventes de prédios de apartamentos residenciais são regidos pela CLT, desde que a serviço da administração do edifício e não de cada condômino em particular (art. 1º da Lei nº 2.757, de 23-4-1956).

É imprescindível, porém, que o doméstico preste serviços a pessoa ou a família *para* o âmbito residencial destas, como entende Amauri Mascaro Nascimento (1992a:112). O serviço prestado não é apenas no interior da residência, mas pode ser feito externamente, como ocorre com o motorista, desde que, evidentemente, o seja para pessoa ou família. Daí, se pode dizer ser incorreto quando o art. 1º da Lei Complementar nº 150/2015 determina que o serviço deve ser prestado no âmbito residencial, pois o motorista não presta serviços no âmbito residencial, mas externamente, *para* o âmbito residencial. Assim, deve-se empregar a expressão "*para* o âmbito residencial" para se verificar, também, a situação dos domésticos que prestam serviços externamente, como o motorista.

Se a empregada presta serviços contínuos a pessoa ou família, passando posteriormente a trabalhar para a empresa de seu patrão, pode deixar de ser doméstica para ser empregada, regida pela CLT.

O serviço a ser prestado pelo doméstico deve ser de natureza contínua. É justamente aqui que reside a controvérsia da interpretação se a faxineira presta ou não serviços de natureza contínua para o âmbito familiar.

Na Argentina, não se consideram domésticos os trabalhadores que prestem serviços por tempo inferior a um mês, os que laborem menos de quatro horas diárias ou que trabalhem menos de quatro dias na semana, para o mesmo empregador (art. 1º do Decreto-Lei nº 326, de 14-1-1956).

Ensina Octávio Bueno Magano (1992, v. 2:124) que "no Peru e na República Dominicana adota-se a mesma ideia, sob a expressão sintética, trabalho de forma *habitual* e *contínua*; no Chile, fala-se só em trabalho de forma *contínua*, mas acrescenta-se que precisa ser para um *único patrão*. No Paraguai usa-se também a locução *habitual* e *contínua*".

Na Alemanha, é considerado empregado doméstico, "em sentido amplo, aquele prestado à casa alheia e, em sentido estrito, o prestado por empregado admitido na comunidade familiar. Pelo primeiro, será doméstico não só o trabalhador admitido, isto é, incorporado na casa (residindo ou não), como aquele que lhe preste serviços em determinados dias da semana, contínua ou alternadamente, em horário reduzido ou integral. Na categoria destes trabalhadores aponta-se a doméstica a dia(...)" (Vilhena, 1975:287).

Nossa legislação emprega a palavra *contínua* para caracterizar a natureza da prestação de serviços do empregado doméstico (art. 1º da Lei Complementar nº 150/2015).

Deve-se interpretar a palavra *contínua*, empregada na lei, como não episódica, não eventual, não interrompida, seguida, sucessiva.

Paulo Emílio Ribeiro de Vilhena (1975:288) pondera que a permanência é requisito do contrato de trabalho, mas a continuidade constitui-se em exigência mais rigorosa, aplicável apenas ao trabalho do doméstico.

Não vejo como fazer a distinção entre continuidade, prevista no art. 1º da Lei Complementar nº 150/2015 para caracterizar o empregado doméstico, e não eventualidade, encontrada na definição de empregado do art. 3º da CLT. Octavio Bueno Magano (1992, v. 2:49-50) entende que um dos requisitos do contrato de trabalho é a continuidade, mostrando ser este pacto um contrato de trato sucessivo, de duração.

A Lei Complementar nº 150/2015 agora é expressa no sentido de que é preciso trabalhar por mais de duas vezes, ou seja, por três vezes por semana para o mesmo empregador para caracterizar a relação de emprego doméstico.

A faxineira será, porém, considerada trabalhadora autônoma se por acaso escolher os dias da semana em que pretende trabalhar, mudando-os constantemente, de modo a casar o horário das outras residências onde trabalhe, mas sempre sob sua orientação e determinação própria. Nesse caso, ela trabalha por conta própria, explora economicamente, em proveito próprio, sua força de trabalho. A própria legislação previdenciária a considera trabalhadora autônoma, desde que preste serviços de natureza não contínua a pessoa ou família, no âmbito residencial desta, sem fins lucrativos (art. 9º, § 15, VI, do RPS).

É importante, no caso, se a faxineira tem a obrigação de comparecer sempre a partir das oito horas da manhã até as 16 horas, ficando evidenciada a subordinação pela existência de imposição patronal quanto ao dia e horário de trabalho.

Ao contrário, não se pode dizer que seja doméstica ou empregada a faxineira que faz limpeza em vários escritórios ao mesmo tempo, por exemplo, aos sábados, sem qualquer horário ou ordem na limpeza daqueles, começando por qualquer um, conforme o desejar, muitas vezes até não comparecendo para fazer o serviço, a seu bel-prazer.

Se a diarista não tem dia certo para trabalhar, ou quando é chamada para auxiliar em dias de festa ou efetuar faxina extraordinária na residência ou, ainda, para tomar conta esporadicamente dos filhos do casal, para fazer faxina uma vez por mês na casa de praia ou de campo, não há relação de emprego, pela falta do requisito continuidade.

Outros aspectos do contrato de trabalho devem ser analisados, no que diz respeito à diarista.

O contrato de trabalho do empregado comum, assim como do doméstico, não tem por requisito a exclusividade. O empregado pode prestar serviços a outras pessoas. Analisando sistematicamente os arts. 138 e 414 da CLT, chega-se à mesma conclusão.

Assim, não há óbice legal para que o doméstico tenha mais de um emprego, ou trabalhe em mais de uma residência, desde que exista compatibilidade de horários de trabalho.

O contrato de trabalho do empregado doméstico também é *intuitu personae*, ou seja, tem como requisito a pessoalidade na prestação de serviços. Se a doméstica faz-se substituir constantemente por filha ou outra pessoa, deixa de existir a relação de emprego, pois a pessoalidade é traço necessário da relação de emprego, inclusive para o empregado doméstico.

É indiferente se o trabalho da diarista não é realizado em tempo integral, mas em determinado número de horas diárias ou semanais, porque o importante é a continuidade na prestação dos serviços.

O fato de a faxineira receber por dia, por semana ou quinzena não desnatura sua condição de empregada doméstica. O parágrafo único do art. 459 da CLT, de acordo com a redação determinada pela Lei nº 7.855, prevê apenas pagamento salarial por mês, mas não veda outros períodos para pagamento de salário.

Inexiste regra infalível ou fórmula matemática para se dizer se a diarista é ou não doméstica, pelo fato de prestar serviços em alguns dias da semana. Cada caso em concreto terá que ser examinado de acordo com as circunstâncias a ele inerentes.

Anteriormente à Constituição de 1988, o doméstico podia perceber menos de um salário mínimo (§ 1º do art. 5º da Lei nº 5.859/72), não fazia jus a 13º salário, aviso-prévio e repouso semanal remunerado (art. 5º, *a*, da Lei nº 605/49). Agora, no entanto, tem esses direitos. De fato, são direitos do empregado doméstico, assegurados pelo parágrafo único do art. 7º da Constituição: salário mínimo, irredutibilidade do salário, 13º salário, repouso semanal remunerado, férias anuais mais um terço, licença à gestante, licença-paternidade, aviso-prévio, aposentadoria, FGTS etc.

O crédito pelos salários do empregado doméstico do devedor, em seus derradeiros seis meses de vida, goza de privilégio geral sobre os bens do devedor, e está em sétimo lugar na preferência (art. 965, VII, do Código Civil). A Lei do Doméstico não trata do tema, sendo aplicável o dispositivo do Código Civil.

Sobre o tema, ver o meu *Manual do trabalho doméstico* (Saraiva, 2018).

2.5 Empregado rural

A Convenção nº 141 da OIT, de 1975, define trabalhador rural como toda pessoa que se dedica, em região rural, a tarefas agrícolas ou artesanais ou a serviços similares ou conexos, compreendendo não só os assalariados, mas também aquelas pessoas que trabalham por conta própria, como arrendatários, parceiros e pequenos proprietários.

No Brasil, a Lei nº 4.214, de 2-3-1963, tratava do tema. Era o chamado Estatuto do Trabalhador Rural, que estabelecia quase os mesmos direitos trabalhistas do trabalhador urbano. O trabalho rural era disciplinado pelo Estatuto da Terra (Lei nº 4.504, de 30-11-1964). Os avulsos, provisórios ou volantes, após um ano de serviço passavam a ser considerados empregados permanentes (art. 6º da Lei nº 4.214/63). O art. 179 da Lei nº 4.214 dispunha que "estendem-se aos trabalhadores rurais os dispositivos da Consolidação das Leis do Trabalho que não contradigam ou restrinjam o disposto nesta lei".

A norma que cuida atualmente do trabalhador rural é a Lei nº 5.889, de 8-6-1973, que revogou a Lei nº 4.214/63 (art. 21). A referida regra foi regulamentada pelo Decreto nº 73.626, de 12-2-1974.

A Constituição de 1988 igualou os direitos dos trabalhadores urbanos e rurais.

Não se aplica a CLT ao empregado rural, salvo se houver determinação em sentido contrário (art. 7º, *b*, da CLT).

O empregado rural é a pessoa física que, em propriedade rural ou prédio rústico, presta serviços com continuidade a empregador rural, mediante dependência e salário (art. 2º da Lei nº 5.889/73). O empregador rural é a pessoa física ou jurídica, proprietária ou não, que explore atividade agroeconômica, em caráter permanente ou temporário, diretamente ou por meio de prepostos e com auxílio de empregados (art. 3º da Lei nº 5.889/73). Como regra geral a Lei nº 5.889/73 vai se aplicar ao trabalhador subordinado.

Prédio rústico é o destinado à exploração agrícola, pecuária, extrativa ou agroindustrial. É o que não tem água encanada, gás, luz elétrica, asfalto. Pode ser mal acabado. Pode até estar localizado no perímetro urbano, mas deve ser utilizado na atividade agroeconômica. Não é, portanto, a localização que irá indicar se o prédio é rústico ou urbano, mas se é destinado à atividade agroeconômica.

Na verdade, não é apenas quem presta serviços em prédio rústico ou propriedade rural que será considerado empregado rural. O empregado poderá prestar serviços no perímetro urbano da cidade e ser considerado trabalhador rural. O elemento preponderante, por conseguinte, é a atividade do empregador. Se o empregador exerce atividade agroeconômica com finalidade de lucro, o empregado será rural, mesmo que trabalhe no perímetro urbano da cidade.

O empregado rural tem que atender aos mesmos requisitos já mencionados quanto ao empregado urbano para ser considerado empregado: ser pessoa física, prestar serviços de natureza contínua, mediante subordinação, pessoalmente e com pagamento de salário.

Mesmo o empregado rural deverá trabalhar com continuidade. Se, na fazenda, for preciso uma pessoa para consertar um estábulo, que vai ao local apenas para realizar o referido serviço, não haverá vínculo de emprego, porque essa pessoa prestará um serviço eventual. É claro que será possível, porém, ser feito contrato por safra, que é o que tem sua duração dependente de variações estacionais de atividade agrária (parágrafo único do art. 14 da Lei nº 5.889/73).

Será empregado rural o que planta, aduba, ordenha e cuida do gado, o tratorista, o peão, o boiadeiro etc.

Os contratos rurais típicos, como o de parceria, meação, são regidos pelo Direito Civil. De acordo com o art. 17 da Lei nº 5.889/73, a citada norma se aplica a qualquer trabalhador, mesmo que não seja empregado rural. As parcerias e meações fraudulentas que configurarem vínculo de emprego darão todos os direitos trabalhistas aos trabalhadores, que serão considerados empregados rurais.

A diferença entre o empregado urbano e o rural é que este trabalha no campo e o primeiro, no perímetro da cidade considerado urbano. A distinção entre o trabalhador rural e o doméstico reside em que este presta serviços, a pessoa ou família, que não têm finalidade de lucro, enquanto, em relação ao primeiro, a atividade rural deve ser lucrativa. Se há plantação no sítio, mas não há comercialização, o caseiro será empregado doméstico; porém, se houver venda de produtos, o mesmo caseiro será empregado rural.

A Constituição igualou de vez os direitos do trabalhador urbano e do rural no *caput* do art. 7º. Assim, trabalhadores urbanos e rurais têm os mesmos direitos.

Tem privilégio especial sobre o produto da colheita, para a qual houver concorrido com seu trabalho, e principalmente a quaisquer outros créditos, ainda que reais, o trabalhador agrícola, quanto à dívida de seus salários (art. 964, VIII, do Código Civil).

2.6 Empregado público

O empregado público é o servidor da União, Estados, Municípios, suas autarquias e fundações que seja regido pela CLT, tendo todos os direitos igualados aos do empregado comum. Não é regido por estatuto do funcionário público.

No âmbito da União, foi instituído o regime jurídico único pela Lei nº 8.112, de 11-12-1990, que trata de funcionários estatutários.

Funcionário público ocupa cargo. Empregado público tem função. Funcionário público tem regime legal, estatutário. Empregado público tem regime contratual, o da CLT. O funcionário público é regido pelo Direito Administrativo. O empregado público é regido pelo Direito do Trabalho.

O pessoal admitido para emprego público na Administração federal direta, autárquica e fundacional terá sua relação de trabalho regida pela CLT e legislação trabalhista correlata (art. 1º da Lei nº 9.962/2000). Carreiras específicas serão reguladas pela Lei nº 8.112/90 ou por legislação especial, como de magistrados, promotores, diplomatas, auditores-fiscais, delegados etc.

A contratação de pessoal para emprego público deverá ser precedida de concurso público de provas ou de provas e títulos (art. 37, II, e S. 331, II, do TST), inclusive nas autarquias, fundações, empresas públicas e sociedades de economia mista, conforme a natureza e a complexidade do emprego. A contratação de servidor público, após a Constituição de 1988, sem prévia aprovação em concurso público, somente lhe dá direito ao pagamento da contraprestação pactuada, em relação ao número de horas trabalhadas, respeitado o valor da hora do salário mínimo e dos valores referentes aos depósitos do FGTS (S. 363 do TST).

Os Estados, Municípios, suas autarquias e fundações costumam contratar empregados pelo regime da CLT, que não irão diferir do empregado comum. Muitos desses entes públicos ainda continuam utilizando-se do regime da CLT para a contratação de empregados, em vez da utilização do regime estatutário; ou o fazem contratando trabalhadores braçais ou outros funcionários menos qualificados sob o mencionado regime.

Os funcionários de empresas públicas, sociedades de economia mista e outras entidades que explorem atividade econômica sujeitam-se ao regime jurídico das empresas privadas, inclusive quanto às obrigações trabalhistas (art. 173, § 1º, II, da Constituição), mostrando que são verdadeiros empregados, com todos os direitos previstos na CLT.

2.7 Diretor de sociedade

Discute-se qual a condição jurídica do diretor da sociedade: se ele é empregado ou prestador de serviços sem vínculo empregatício.

Em primeiro lugar, é mister analisar a condição jurídica do diretor no Direito Comercial, que pode trazer-nos subsídios para a configuração de sua situação jurídica em relação ao Direito do Trabalho.

As teorias que informam a condição jurídica do diretor, no âmbito do Direito Comercial, podem ser divididas em duas: teoria do mandato e teoria do órgão da sociedade.

A teoria tradicional é a que entende que o diretor age como mandatário da sociedade, sendo o mandato revogável a qualquer tempo. O art. 295 do Código Comercial dispunha que as sociedades anônimas seriam "administradas por mandatários revogáveis, sócios ou não sócios". A antiga Lei das Sociedades por Ações, Decreto-Lei nº 2.627/40, previa que a assembleia geral de acionistas poderia "nomear e destituir os membros da diretoria, do conselho fiscal ou de qualquer outro órgão criado pelos estatutos" (art. 87, *a*). Trajano de Miranda Valverde (1953, v. 2:278) entendia, na vigência da antiga Lei das Sociedades por Ações, que o diretor não era mandatário da sociedade, mas membro de um dos órgãos decorrentes "do aparelhamento da pessoa jurídica".

Preconiza a teoria contemporânea que o diretor não é mandatário da sociedade, mas um dos órgãos desta, agindo aquele em nome e como órgão da companhia, pois a representa e pratica os atos necessários a seu funcionamento regular, como menciona a atual Lei das Sociedades por Ações (Lei nº 6.404/76, art. 144). A situação jurídica do diretor estaria totalmente divorciada da de empregado, inexistindo contrato de trabalho, pois o diretor integra um dos órgãos da sociedade, não podendo ser empregado e empregador ao mesmo tempo, visto que não se subordina a si próprio.

A Lei nº 6.404/76 estabelece que o Conselho de Administração é um órgão intermediário entre a assembleia geral e a diretoria, sendo obrigatório nas sociedades de capital aberto e autorizado (§ 2º do art. 138). Não é, portanto, obrigatório em sociedades anônimas de capital fechado. Havendo Conselho de Administração na companhia, o diretor não responde diretamente perante a Assembleia Geral. Os membros do Conselho de Administração têm que ser necessariamente acionistas, enquanto os diretores podem ser acionistas ou não (art. 146). Ao Conselho de Administração compete eleger e destituir os diretores, fixando suas atribuições (art. 142, II). O mandato do diretor será de, no máximo, três anos (art. 143, III).

No Direito italiano existe tendência de considerar o diretor estatutário como espécie de trabalhador parassubordinado.

No Direito do Trabalho, existem duas teorias para justificar a situação em que figura o diretor da empresa, embora sejam encontrados seus desdobramentos: a primeira considera o diretor um mandatário da sociedade, não gozando este de quaisquer direitos trabalhistas, mas de vantagens estatutárias; a segunda, em que o diretor é um verdadeiro empregado, subordinado aos dirigentes máximos da empresa e até mesmo ao Conselho de Administração, nas sociedades que o possuem.

Não se pode dizer, porém, que os altos empregados prescindem de proteção da legislação trabalhista, pois o Direito do Trabalho protege o trabalhador subordinado, independentemente de sua posição hierárquica na empresa.

Se o empregado for eleito diretor da empresa, são encontradas quatro orientações para justificar sua situação na sociedade: (a) há a extinção do contrato de trabalho; (b) há a suspensão do contrato de trabalho; (c) há a interrupção do contrato de trabalho; (d) não se altera a situação jurídica do empregado eleito para o cargo de diretor.

Mozart Victor Russomano (1990:17) ensina que se extingue o contrato de trabalho do empregado quando passa a exercer o cargo de diretor, ante a incompatibilidade da existência do pacto laboral e do mandato de diretor. Ocorre a renúncia por parte do trabalhador de sua condição de empregado. Terminado o mandato de diretor, este não tem direito de ocupar o cargo que anteriormente ocupara na empresa. Existiria, assim, uma contradição entre a condição de diretor e de empregado, entre a pessoa que dirige a sociedade e a pessoa subordinada à mesma sociedade.

Délio Maranhão e Luiz Inácio B. Carvalho (1992:58) sustentam a tese de que se dá a suspensão do contrato de trabalho quando o empregado é eleito diretor. Não seria computado o tempo de serviço em que o diretor laborou na sociedade, para efeito do contrato de trabalho, fazendo jus o diretor apenas a retornar ao *statu quo ante*, após terminado o mandato na companhia. Inexistiria, portanto, a rescisão do contrato de trabalho.

Evaristo de Moraes Filho (1976:180) defende a posição de que o contrato de trabalho fica interrompido, computando-se o tempo de serviço no cargo de diretor para todos os efeitos legais. Seria a hipótese de se aplicar o art. 499 da CLT, em que não há estabilidade no exercício de cargo de diretoria, "ressalvado o cômputo do tempo de serviço para todos os efeitos legais". O Supremo Tribunal Federal já adotou esse pensamento, ao decidir que "o período em que o trabalhador presta serviços como diretor computa-se como tempo de trabalho para todos os efeitos" (AI 71.057/MG – Ac. TP, j. 8-9-1977, Rel. Min. Cordeiro Guerra, *LTr* 42/65).

Por último, J. Antero de Carvalho (*LTr* 41/205) entende que a eleição do empregado para ser diretor de sociedade não altera sua situação jurídica, que continua a ser a de empregado. Somente se o diretor for considerado dono do negócio ou acionista controlador é que não será empregado. A essa posição adere Octávio Bueno Magano (1992, v. 2:139-140).

A jurisprudência sufraga seis posições:

a) o exercício do cargo de diretor não importa a suspensão do contrato de trabalho;
b) persistindo a subordinação inerente à relação de emprego, o vínculo empregatício subsiste;
c) pode haver concomitância das duas funções, de diretor e de empregado, permanecendo inalteradas as atribuições anteriores;
d) o fato de o empregado ser eleito diretor faz com que o contrato de trabalho fique suspenso;
e) o diretor é subordinado ao conselho de administração das sociedades anônimas, configurando, dessa forma, o vínculo empregatício;
f) o diretor tem sua situação regida pela Lei das Sociedades Anônimas, não sendo empregado.

A questão é controvertida, não disciplinando a lei a situação jurídica do diretor. A legislação apenas considera que diretor é o que exerce "cargo de administração previsto em lei, estatuto ou contrato social, independentemente da denominação do cargo" (art. 16 da Lei nº 8.036/90 que trata do FGTS).

O Código Civil italiano pelo menos dispõe que os dirigentes administrativos ou técnicos são trabalhadores subordinados (art. 2.095), não perdendo, assim, a condição de empregados.

O TST, porém, aprovou a Súmula 269, esclarecendo que "o empregado eleito para ocupar cargo de diretor tem o respectivo contrato de trabalho suspenso, não se computando o tempo de serviço deste período, salvo se permanecer a subordinação jurídica inerente à relação de emprego". O verbete, contudo, não prevê outras hipóteses, como a de o diretor nunca ter sido empregado na empresa.

Certas disposições da Lei das Sociedades Anônimas têm que ser trazidas à colação para melhor elucidar a questão.

À primeira vista, verifica-se que os diretores podem ser destituídos *ad nutum* pelo Conselho de Administração (art. 143), o que importaria dizer que haveria subordinação do diretor ao conselho de administração, como órgão intermediário entre a assembleia geral e a diretoria, que exerce controle sobre os atos dos diretores.

Outra ponderação que deve ser analisada é a de que a alínea *d* do § 1º do art. 157 da Lei nº 6.404/76 mostra o dever de informar do administrador, que deve revelar "as condições dos contratos de trabalho que tenham sido firmados pela companhia com os diretores e empregados de alto nível".

Segundo Alessandro Borgioli (1975:144-145), "o diretor geral depende do Conselho de Administração; é colocado sob a sua imediata vigilância; esta relação de dependência ou subordinação não pode considerar-se senão como manifestação da existência de um contrato de trabalho subordinado".

O diretor apenas executaria as deliberações do Conselho de Administração, que tem o poder de o destituir.

O fato de o diretor estar sujeito a determinações do Conselho de Administração ou da Assembleia Geral não o torna empregado, pois a sujeição ocorre em relação a órgãos da sociedade e não a pessoas. A relação do diretor quanto à Assembleia Geral é, porém, estatutária, de Direito Comercial. O órgão da sociedade não dá ordens.

Algumas distinções devem ser feitas quanto ao diretor, inicialmente lembrando que as pessoas jurídicas têm existência distinta da dos seus membros.

O empregado pode ser eleito diretor e passar a exercer o cargo de diretoria, podendo ser considerado diretor-empregado ou diretor-órgão, dependendo do caso. Pode existir outra situação de fato, quando a pessoa é contratada para ser diretor, por suas qualificações técnicas, o que vai depender do elemento subordinação para a configuração da relação de emprego.

Se o diretor é eleito para a Diretoria por ser detentor do capital, dono do negócio ou acionista controlador, não será empregado, mas será regido pela legislação comercial. O diretor não pode ser subordinado a si mesmo.

As empresas poderão equiparar seus diretores não empregados aos demais trabalhadores sujeitos ao regime do FGTS (art. 16 da Lei nº 8.036/90). Ao término do mandato na sociedade, o diretor poderá levantar o FGTS. Deixando o diretor o cargo, por sua iniciativa, só sacará o FGTS nas hipóteses descritas no art. 4º da Lei nº 6.919/81.

Mais se aproxima o diretor da condição de empregado se verificado o requisito subordinação. É o caso de o diretor ter horário fixo para trabalhar, ser controlado pelo empregador por intermédio de cartão de ponto, livro de ponto ou folha de ponto.

Estando o "diretor" obrigado a cumprir ordens de serviço dos superiores, sofrendo fiscalização, penalidades e advertências, estará evidenciada a relação de emprego. O diretor subordinado à presidência, ou à vice-presidência ou a diretor superintendente da empresa, que praticamente decide tudo e a quem presta contas, não lhe dando margem a qualquer decisão, é um verdadeiro empregado. O mesmo ocorre se para admitir ou dispensar funcionários tenha o diretor que consultar superiores, mostrando que não tem nenhuma autonomia.

Quando o diretor é recrutado do quadro de funcionários da própria empresa, a relação de emprego torna-se mais aparente. Se antes a pessoa era empregada e continua a fazer o mesmo serviço como diretor, sem qualquer acréscimo de atribuições, em que não se verifica nenhuma mudança, será considerado empregado. Não tendo a diretoria eleita nenhuma autonomia, pois é apenas figurativa, sendo o diretor subordinado ao diretor-geral, nota-se também a existência do elemento subordinação. É o caso de todas as decisões que envolvem grandes valores, como vendas e investimentos, ou quanto a aumentos de salário e outras decisões estratégicas, dependentes da decisão de uma pessoa na empresa, a quem cabe a palavra final sobre tais aspectos e a quem o diretor é subordinado.

O fato de o diretor nunca ter sido empregado da sociedade depois de eleito para essa condição pode mostrar que não existe continuidade de uma única relação.

Há casos em que o diretor passa por várias empresas de um grupo econômico, tendo mantido em muitas delas contrato de trabalho, sendo admitido e readmitido em curtos períodos, o que pode mostrar fraude.

Como os honorários do diretor são reajustados pela legislação salarial ou dissídio coletivo da categoria, pode haver um indício de sua condição de empregado, pelo pagamento de salário e não de honorários.

O volume de ações ou cotas da sociedade possuídas pelo diretor ou empregado nem sempre determinará a condição de dirigente. O diretor pode ter cotas ou ações da empresa como investimento. É o caso de se lembrar do caixa do banco que possui algumas ações do Banco do Brasil, não se querendo dizer com isso que seja dirigente do banco. Como leciona Amauri Mascaro Nascimento (2001:189), "não são incompatíveis as condições de empregado e acionista da sociedade anônima, desde que o número de ações não se eleve a ponto de transformar o empregado em subordinante e não em subordinado. Não há um critério exato para definir qual o número de ações que transformará a condição do empregado. Será um número que lhe dê condições de influir nos destinos da sociedade em dimensão expressiva".

O TST já decidiu que "o fato de o empregado ser elevado à condição de diretor, por eleição da assembleia geral da sociedade empregadora, não determina a perda daquela qualidade, a não ser que comprove que ele é proprietário de ações a tal ponto que configure vultoso capital, e a qualidade de proprietário das ações tenha sido o motivo primordial de sua investidura". (TST, Pleno, Ac. 2.294/78 – Proc. E-RR 662/76, j. 23-10-1978, Rel. Min. Raymundo de Souza Moura, *DJ* 16-3-1979, p. 1.846.)

Pode, assim, a pessoa ter influência nas decisões da sociedade como acionista ou cotista, tendo 51% das ações ou cotas, ou mesmo possuindo quantidade inferior, bastando que tenha o controle das deliberações da sociedade, pelo fato de a maioria das ações estar pulverizada entre várias pessoas. Seria o caso de ter, por exemplo, 10 ou 20% das ações ou cotas, estando as demais ações ou cotas nas mãos de várias pessoas, que, isoladamente, nada representam.

Prestando o diretor serviços para uma sociedade limitada, o vínculo de emprego pode existir entre as partes, mormente quando o diretor não tem qualquer cota da sociedade ou tem um número reduzido delas, que não implique possibilidade de influir nos destinos da empresa.

Mesmo quando o diretor possui procuração da empresa, podendo admitir e dispensar funcionários, tendo padrão mais elevado de vencimentos, mas ainda é subordinado a alguém na empresa, existe o vínculo empregatício. Apenas o empregado não teria direito a horas extras, caso as prestasse, segundo o inciso II do art. 62 da CLT.

Assim, o nome dado ao cargo pouco importa. Se a empresa rotula o empregado de *diretor*, mas permanece algum elemento do contrato de trabalho, principalmente a subordinação, nada irá mudar sua situação de empregado.

Nos exemplos apontados, o suposto *diretor* mais se caracteriza como empregado de confiança do que como órgão da sociedade. Seria o caso de se aplicar o art. 499 da CLT que se refere ao diretor-empregado. Não haveria, assim, estabilidade no cargo de diretor, mas seria computado o tempo de serviço para todos os efeitos legais.

Para que o diretor não seja considerado empregado, deve ter autonomia para tomar deliberações e não ser subordinado a outra pessoa. Não pode ter controle de horário.

A situação jurídica do diretor de sociedade é uma questão de fato, de prova a respeito de como era o seu trabalho.

Cada caso em concreto terá que ser examinado em particular, para se verificar se existem elementos da relação de emprego ou não quanto ao diretor da empresa. O que vai realmente importar é o que ocorre no mundo dos fatos, diante do princípio da primazia da realidade, que informa o Direito do Trabalho.

Evidenciada a fraude ou desvirtuamento da relação de emprego, quando a prestação de serviços por parte do diretor é feita com subordinação, atrai-se a aplicação do art. 9º da CLT, considerando-se nulo o mascaramento da relação tida como de diretor-órgão da sociedade, sendo despiciendo o argumento de que haja representação pelo diretor em relação à empresa e irrelevante o fato de ter sido *eleito* para ocupar cargo de direção.

Muitas vezes, as fraudes são verificadas nas sociedades de capital e indústria, em que o sócio que empresta seu trabalho é subordinado, nada tendo de sócio, mas de verdadeiro empregado.

2.8 Trabalhador temporário

A norma que cuida do trabalhador temporário é a Lei nº 6.019, de 3-1-1974, que foi regulamentada pelo Decreto nº 10.060, de 14-10-2019.

O trabalhador temporário é a pessoa física "contratada por empresa de trabalho temporário, colocada à disposição de uma empresa tomadora de serviços ou cliente, destinada a atender a necessidade de substituição transitória de pessoal permanente ou a demanda complementar de serviços" (art. 3º, III, do Decreto nº 10.060/2019).

Difere o contrato de trabalho temporário do contrato de experiência. No primeiro, o trabalhador temporário é empregado da empresa de trabalho temporário, embora preste serviços no estabelecimento do tomador de serviços ou cliente. No contrato de experiência, o obreiro presta serviços nas próprias dependências do empregador. Enquanto o trabalho temporário é previsto em lei especial (Lei nº 6.019/74), o contrato de experiência é previsto na CLT.

O trabalhador temporário é empregado de empresa de trabalho temporário. Trata-se de um contrato de trabalho, de prazo determinado, regido por lei especial (Lei nº 6.019/74). O contrato de trabalho temporário, com relação ao mesmo empregador, não poderá exceder ao prazo de 180 dias, consecutivos ou não (§ 1º do art. 10 da Lei nº 6.019/74). O referido prazo permite a contratação de substituto para a empregada grávida, durante os 120 dias de afastamento dela. O contrato poderá ser prorrogado por até 90 dias, consecutivos ou não, além do prazo mencionado, quando comprovada a manutenção das condições que o ensejaram (§ 2º do art. 10 da Lei nº 6.019/74).

Trabalho temporário é aquele prestado por pessoa física contratada por empresa de trabalho temporário que a coloca à disposição de uma empresa tomadora de serviços, para atender à necessidade de substituição transitória de pessoal permanente ou à demanda complementar de serviços (art. 2º da Lei nº 6.019/74).

A empresa de trabalho temporário coloca o trabalhador para prestar serviços por um prazo máximo de 180 dias, consecutivos ou não, na empresa tomadora de serviços ou cliente, cobrando um preço para tanto, que compreende os encargos sociais do trabalhador e sua remuneração pelo serviço. É o caso de o trabalhador temporário ir trabalhar numa empresa por motivo de férias de um empregado desta última, ou por necessidade transitória de substituição de pessoal regular e permanente ou acréscimo extraordinário de tarefas da referida empresa. É o trabalhador temporário subordinado à empresa de trabalho temporário, embora preste serviços à empresa tomadora de serviços ou cliente, recebendo sua remuneração também da empresa de trabalho temporário. Não é, portanto, empregado da empresa tomadora dos serviços. Continuando, porém, a prestação de serviços do trabalhador para a empresa tomadora por mais de 180 dias, consecutivos ou não, o vínculo de emprego forma-se diretamente com a última.

Não se aplica ao trabalhador temporário, contratado pela tomadora de serviços, o contrato de experiência previsto no parágrafo único do art. 445 da CLT (§ 4º do art. 10 da Lei nº 6.019/74).

O trabalhador temporário que cumprir o período estipulado nos §§ 1º e 2º do art. 10 da Lei nº 6.019/74 somente poderá ser colocado à disposição da mesma tomadora de serviços em novo contrato temporário, após 90 dias do término do contrato anterior (§ 5º do art. 10 da Lei nº 6.019/74).

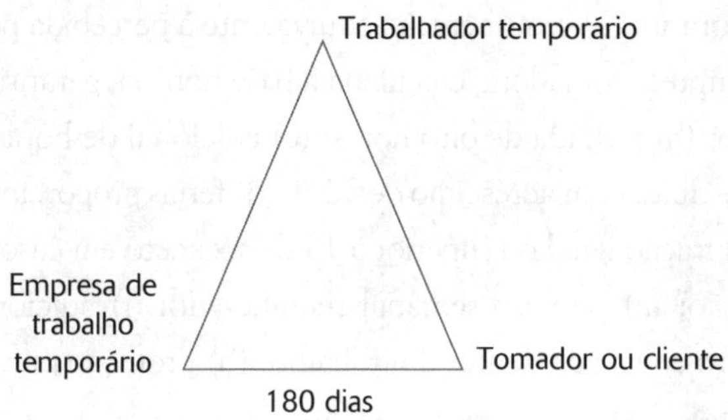

A empresa de trabalho temporário não poderá cobrar qualquer importância do trabalhador, mesmo a título de mediação, podendo apenas efetuar os descontos previstos em lei (art. 18 da Lei nº 6.019/74).

Não se confunde o trabalhador temporário com o empregado contratado a prazo determinado, pois o primeiro é empregado da empresa de trabalho temporário, embora preste serviços nas dependências da empresa tomadora, por determinação da empresa de trabalho temporário; já o segundo é empregado da própria empresa onde presta serviços. A semelhança é que os dois contratos de trabalho são por prazo determinado, apenas.

O trabalhador temporário não tem, porém, todos os direitos que são assegurados pela CLT, mas de acordo com a previsão do art. 12 da Lei nº 6.019/74. Não deixa de ser, por conseguinte, empregado, porém um empregado especial, com direitos limitados à legislação especial.

A Lei Fundamental ressalva a igualdade de direitos entre o trabalhador com vínculo empregatício permanente e o trabalhador avulso (art. 7º, XXXIV); assegura ao trabalhador doméstico uma série de direitos previstos no art. 7º (parágrafo único do art. 7º); elenca vários direitos trabalhistas dos servidores públicos (§ 3º do art. 39). Não menciona, contudo, nenhum direito ao trabalhador temporário, não excepcionando qualquer benefício a seu favor. Nada impede, entretanto, que a legislação ordinária venha a tratar do assunto, como o fez a Lei nº 6.019/74, pois a Constituição apenas estabelece direitos mínimos dos trabalhadores, podendo a norma infraconstitucional prescrever outros direitos aos obreiros, inclusive aos trabalhadores temporários.

Não se argumente que o trabalhador temporário poderia estar enquadrado no conceito de trabalhador urbano. O trabalhador autônomo é geralmente um trabalhador urbano e não tem nenhum direito previsto na Norma Ápice, nem na CLT, pois não é empregado.

O art. 12 da Lei nº 6.019/74 é que estabelece quais são os direitos aplicáveis ao trabalhador temporário: (a) remuneração equivalente à percebida pelos empregados da categoria da empresa tomadora, calculada à base horária, garantido o pagamento do salário mínimo; (b) jornada de oito horas; (c) adicional de horas extraordinárias não excedentes de duas, com acréscimo de 50%; (d) férias proporcionais, de 1/12 por mês de serviço ou fração igual ou superior a 15 dias, exceto em caso de justa causa e pedido de demissão; (e) repouso semanal remunerado; (f) adicional por trabalho noturno; (g) seguro contra acidentes do trabalho; (h) proteção previdenciária.

Havendo falência da empresa de trabalho temporário, a empresa tomadora é solidariamente responsável pelo pagamento da remuneração e da indenização devidas ao trabalhador temporário (art. 16 da Lei nº 6.019/74). A solidariedade aqui decorre da previsão da lei e somente diz respeito a caso de falência. Não se aplica na hipótese de recuperação judicial.

2.9 Trabalhador autônomo

Autonomia vem do grego auto, próprio; *nomé* ou *nomia*, regra ou norma.

A CLT não se aplica ao trabalhador autônomo, apenas a empregados. Desse modo, não é encontrada a definição de trabalhador autônomo na norma consolidada.

A legislação previdenciária indica o conceito de trabalhador autônomo, pois este é considerado segurado de seu sistema. Verifica-se na alínea *h* do inciso V do art. 12 da Lei nº 8.212/91 que trabalhador autônomo é "a pessoa física que exerce, por conta própria, atividade econômica de natureza urbana, com fins lucrativos ou não".

O trabalhador autônomo é, portanto, a pessoa física que presta serviços habitualmente por conta própria a uma ou mais de uma pessoa, assumindo os riscos de sua atividade econômica.

Necessariamente, o trabalhador autônomo é pessoa física. Não pode, portanto, o serviço ser desenvolvido por pessoa jurídica ou por animal.

O contrato de representação comercial exige onerosidade e continuidade. Admite pessoalidade e exclusividade.

Requisito fundamental para se verificar a condição de trabalhador autônomo é a habitualidade. A definição contida na Lei nº 8.212 esqueceu desse elemento. O autônomo é a pessoa que trabalha com continuidade, com habitualidade e não uma vez ou outra para o mesmo tomador dos serviços.

O trabalhador autônomo não é subordinado como o empregado, não estando sujeito ao poder de direção do empregador, podendo exercer livremente sua atividade, no momento que o desejar, de acordo com sua conveniência. Estabelece onde, como e o que fazer.

Assume o autônomo os riscos de sua atividade, enquanto os riscos da atividade no contrato de trabalho ficam a cargo do empregador, como se verifica do art. 2º da CLT, que não podem ser transferidos ao empregado.

É incorreta a definição da Lei nº 8.212 quando menciona que o autônomo é apenas quem exerce atividade de natureza urbana, pois o engenheiro agrônomo ou o veterinário podem exercer suas atividades no âmbito rural, como geralmente ocorre, e nem por isso deixam de ser autônomos. Parece que a Lei nº 8.212 quis diferenciar o autônomo do eventual com a especificação de que o primeiro exerce atividade urbana e o segundo desempenha tanto atividade urbana como rural. O autônomo, entretanto, também exerce atividade rural, como foi mencionado nos exemplos indicados. O significado almejado pela Lei nº 8.212 talvez tenha sido de que o autônomo é um profissional que tem certa formação escolar, ao contrário do eventual, que não a possui. Por isso, teria indicado que o autônomo é quem exerce uma atividade urbana, quando, na verdade, pode exercer qualquer atividade, inclusive rural.

O § 15 do art. 9º do Regulamento da Previdência Social indica uma série de pessoas que são consideradas trabalhadores autônomos para os fins da Seguridade Social: o condutor autônomo de veículo rodoviário; o auxiliar do condutor autônomo de veículo rodoviário, regido pela Lei nº 6.094/74; o trabalhador associado a cooperativa de trabalho; o membro do conselho fiscal da sociedade por ações; o ambulante; a faxineira ou diarista; o notário ou tabelião; o feirante-comerciante; a pessoa física que edifica obra de construção civil. Outras pessoas poderiam ser indicadas como trabalhadores autônomos, como o piloto de aeronave, o corretor, o leiloeiro, o vendedor de bilhetes de loteria, o cabeleireiro, a manicure, o esteticista, o maquiador, o médico residente (Lei nº 6.932/81), a pessoa física que vende livros religiosos etc.

Distingue-se o trabalhador autônomo do eventual, pois o primeiro presta serviços com habitualidade e o segundo, ocasionalmente, esporadicamente, apenas em determinada ocasião ao tomador do serviço.

O empregado e o trabalhador autônomo prestam serviços com continuidade, com habitualidade ao tomador dos serviços. A diferença fundamental entre os referidos trabalhadores é a existência do elemento subordinação, o recebimento de ordens por parte do empregador, a direção por parte do último. O empregado trabalha por conta alheia, enquanto o autônomo presta serviços por conta própria.

Diferencia-se o trabalhador autônomo do trabalhador avulso. O primeiro não é arregimentado por sindicato ou órgão gestor de mão de obra, enquanto o segundo tem essa característica. O serviço do autônomo é feito de forma habitual para o mesmo tomador dos serviços. O trabalho do avulso nem sempre é feito para o mesmo tomador dos serviços.

Subordinação é o estado de sujeição em que se coloca o empregado em relação ao empregador, aguardando ou executando suas ordens. O poder de direção representa o aspecto ativo da relação de emprego, enquanto o aspecto passivo é a subordinação. O trabalhador empregado é dirigido por outrem: o empregador. Se o trabalhador não é dirigido pelo empregador, mas por ele próprio, não se pode falar em empregado, mas em autônomo ou outro tipo de trabalhador. O empregador comanda, determina, ordena, manda; o empregado obedece, ao executar as ordens que lhe são determinadas. O autônomo vai determinar quando trabalhar, como trabalhar, onde trabalhar, o número de vezes que vai trabalhar, pois não tem subordinação.

O art. 3º da CLT usa a palavra *dependência* em vez de *subordinação*. A palavra *subordinação* (parágrafo único do art. 6º da CLT) indica, contudo, de forma mais precisa e técnica um dos elementos da relação de emprego.

Há, entretanto, dificuldades, em certos casos, em se verificar se existe ou não esse elemento para a definição da relação de emprego. Em outras oportunidades, é preciso analisar a quantidade de ordens a que está sujeito o trabalhador, para se notar se pode desenvolver normalmente seu mister sem qualquer ingerência do empregador. A questão, geralmente, é de fato. É preciso o estudo dos fatos inerentes à relação das partes para constatar se o trabalhador é empregado ou autônomo; daí por que dizer que o contrato de trabalho é um contrato-realidade.

A contratação do autônomo, cumpridas por este as formalidades legais, com ou sem exclusividade, de forma contínua ou não, afasta a qualidade de empregado prevista no art. 3º da CLT (art. 442-B da CLT). Muitas vezes, o autônomo presta serviços com continuidade ao mesmo tomador. Exclusividade, porém, não é requisito do contrato de trabalho. O autônomo poderá prestar serviços de qualquer natureza a outros tomadores de serviços que exerçam ou não a mesma atividade econômica, sob qualquer modalidade de contrato de trabalho, inclusive como autônomo.

O autônomo pode se recusar a realizar atividade demandada pelo contratante, garantida a aplicação de cláusula de penalidade prevista em contrato. A possibilidade de recusa diz respeito ao fato de que o autônomo não tem subordinação, mas autonomia.

Presente a subordinação jurídica, será reconhecido o vínculo empregatício, desde que estejam presentes os demais requisitos do contrato de trabalho.

Os casos mais comuns em que se discute a relação de emprego são os de vendedores ou dos representantes comerciais autônomos (Lei nº 4.886/65). Se existir o elemento subordinação, surge a figura do empregado; caso contrário, será autônomo o trabalhador. O trabalhador autônomo irá trabalhar por conta própria, enquanto o empregado trabalhará por conta alheia (do empregador). O trabalhador autônomo é independente, enquanto o empregado é dependente do empregador, subordinado. Se os riscos de sua atividade são suportados pelo trabalhador, será autônomo; se os riscos são suportados por outra pessoa, o empregador, será considerado empregado. Muitas vezes, verifica-se quem é o possuidor das ferramentas de trabalho: se são do trabalhador, será considerado autônomo; se são da empresa, será considerado empregado. Este último fato não resolve a questão, pois o trabalhador poderá trabalhar com sua colher de pedreiro, sua caneta, ou sua máquina, e mesmo assim será considerado empregado, assim como o eletricista poderá usar as ferramentas da empresa, por não as possuir, continuando a ser trabalhador autônomo.

A questão de o trabalhador prestar serviços externamente não irá dirimir a zona cinzenta que se revela entre a relação de emprego e o trabalho autônomo. O motorista trabalha externamente e é considerado empregado. Os vendedores, viajantes ou pracistas, se têm subordinação, são considerados empregados, regidos pela Lei nº 3.207/57, embora prestem serviços externos.

Não se exige como requisito do trabalho autônomo o diploma de curso superior. Tanto é autônomo o advogado, o médico, o engenheiro, o contador, como o vendedor de tecidos, o representante comercial autônomo etc.

O fato de o trabalhador não ter exclusividade na prestação de serviços também é um elemento relativo para a análise do caso. O contrato de trabalho não tem por requisito a exclusividade na prestação dos serviços. O empregado pode prestar serviços a outras pessoas. Teoricamente, o empregado poderia ter mais de um emprego, desde que houvesse compatibilidade de horários. O art. 1º da Lei nº 4.886 mostra que o representante comercial autônomo presta serviços a "*uma* ou *mais pessoas*", denotando a inexistência de exclusividade na prestação dos serviços. A disposição da lei é alternativa. O trabalhador tanto pode prestar serviços a uma pessoa, como a mais de uma pessoa. Tanto num caso como no outro será considerado autônomo. A inexistência de exclusividade poderá, porém, indicar, dependendo do caso, que o trabalhador é autônomo, que não presta serviços pessoalmente ou que assume os riscos de sua atividade.

A prática de enviar empregados para a venda de produtos é muito antiga. Eles recolhiam os pedidos dos clientes que eram enviados à empresa. Os viajantes eram os empregados externos dos estabelecimentos. Eram chamados de "cometas" ou "viáticos", em razão de sua mobilidade. A Lei nº 3.207, de 18-7-1957, regulamentou as atividades dos empregados vendedores, viajantes ou pracistas.

No Direito das Gentes, o instituto da representação comercial já era conhecido e utilizado. Somente a partir da Idade Média é que passou a ser regulado em lei.

A partir de 1850, quando foi editado o Código Comercial, como não havia lei específica para o representante comercial autônomo, utilizava-se da comissão mercantil para as questões sobre o tema, regulada nos arts. 165 a 190 do referido diploma legal.

O contrato de representação comercial é, hoje, previsto na Lei nº 4.886, de 9-12-1965, com as alterações decorrentes da Lei nº 8.420, de 8-5-1992.

De modo geral, qualquer contrato pode tanto ser escrito como oral, salvo quando a lei dispõe em sentido contrário. O art. 443 da CLT permite que o contrato de trabalho seja acordado tanto oralmente como por escrito. O mesmo pode ocorrer com o representante comercial autônomo.

O § 3º do art. 27 da Lei nº 4.886 considera por prazo indeterminado todo contrato que suceder, dentro de seis meses, a outro contrato, com ou sem determinação de prazo. O art. 452 da CLT tem disposição semelhante.

O contrato de representação comercial pode ser acordado por prazo certo ou indeterminado (art. 27, c, da Lei nº 4.886). O contrato de trabalho também pode ser celebrado tanto por prazo determinado como indeterminado (art. 443 da CLT).

A remuneração do empregado é o salário (art. 457 da CLT), que pode ser pago mediante comissão (§ 1º do art. 457 da CLT). A remuneração do representante comercial autônomo é feita por comissão.

A ideia da representação, da existência de mandato, não é inerente ao contrato de trabalho. Somente uns poucos empregados é que representam o empregador, como, por exemplo, os gerentes. Os demais empregados não têm poderes de representação em relação ao empregador. Entretanto, na representação comercial o mandato é fundamental, pois o trabalhador representa os interesses do representado, geralmente para a venda de produtos ou até de serviços.

A prestação dos serviços do representante comercial pode ser feita tanto a pessoa jurídica como a pessoa física, como ocorre em relação ao empregado.

O representante comercial autônomo exerce sua atividade "em caráter não eventual" (art. 1º da Lei nº 4.886). O mesmo ocorre com o empregado (art. 3º da CLT).

Poderá ou não haver exclusividade na representação comercial autônoma (art. 27, *i*, da Lei nº 4.886). Acontece o mesmo em relação ao empregado.

Será também possível existir a fixação de zona fechada para o representante comercial autônomo atuar, como se depreende das alíneas *d* e *e* do art. 27 da Lei nº 4.886. O vendedor, viajante ou pracista empregado também pode ter zona fechada para trabalhar, como se verifica do art. 2º e seus parágrafos da Lei nº 3.207/57.

No caso de ter sido reservada, expressamente, com exclusividade, uma zona de trabalho para o empregado, terá direito às comissões sobre as vendas ali realizadas diretamente pela empresa ou por um preposto desta (art. 2º da Lei nº 3.207). O art. 31 da Lei nº 4.886 tem disposição semelhante: "Prevendo o contrato de representação a exclusividade de zona ou zonas, ou quando este for omisso, fará jus o representante à comissão pelos negócios aí realizados, ainda que diretamente pelo representado ou por intermédio de terceiros".

O art. 35 da Lei nº 4.886 trata de motivos justos para a rescisão do contrato de representação pelo representado: desídia, prática de atos que importem descrédito comercial do representado, falta de cumprimento das obrigações do contrato, condenação definitiva por crime considerado infamante, força maior. Algumas dessas hipóteses são casos de rescisão do contrato por justa causa em relação ao empregado (art. 482 da CLT). O art. 36 da Lei nº 4.886 versa sobre justos motivos para a rescisão do contrato pelo representante: redução de esfera de atividade do representante em desacordo com as cláusulas do contrato, quebra direta ou indireta da exclusividade prevista no contrato, fixação abusiva de preços em relação à zona do representante, não pagamento de sua retribuição na época devida, força maior. Os casos de rescisão indireta do contrato de trabalho, em razão de ato do empregador, são previstos no art. 483 da CLT.

Na rescisão do contrato do representante, será devida indenização, não sendo inferior a 1/12 do total da retribuição auferida durante o tempo em que exerceu a representação (art. 27, *j*, da Lei nº 4.886). Os arts. 477, 478 e 496 da CLT preveem indenização pela ruptura do contrato de trabalho, caso o empregado não tenha seu tempo de serviço coberto pelo FGTS.

A função principal do representante comercial autônomo é fazer a mediação, aproximando o vendedor do comprador. O empregado nem sempre irá desempenhar função de mediação.

O mesmo art. 1º da norma mencionada dispõe que o representante comercial pode tanto ser pessoa física como jurídica, enquanto no contrato de trabalho o empregado só pode ser pessoa física (art. 3º da CLT). Assim, se o trabalho é feito por intermédio de pessoa jurídica, inexistirá contrato de trabalho entre as partes, mas, provavelmente, representação comercial autônoma. Quando o trabalho é prestado por pessoa jurídica, pode não existir pessoalidade na prestação dos serviços, pois o serviço é prestado por qualquer representante da pessoa jurídica, o que não ocorre no contrato de trabalho.

O contrato de representação comercial é um pacto de resultado, pois a remuneração do representante depende do resultado que alcançar no negócio. O contrato de trabalho é um contrato de atividade, em que o elemento preponderante é a prestação dos serviços e não o resultado alcançado pelo empregado.

O representante comercial autônomo irá assumir os riscos de sua atividade, enquanto os riscos da atividade na relação de emprego são do empregador (art. 2º da CLT). Assim, se o representante tem de pagar as despesas de viagem, de estada, alimentação e transporte, será considerado como autônomo.

Exerce o representante comercial autônomo uma atividade empresarial, ainda que seja realizada a representação por pessoa física. O empregado não tem por objetivo atividade empresarial, mas o recebimento de seu salário no final do mês, em razão dos serviços que prestou. Entretanto, a atividade empresarial pode ficar mitigada, principalmente quando o trabalhador é pessoa física.

Implica elemento relativo o representante ser ou não inscrito no Conselho de Registro de sua profissão ou na Prefeitura, pagando ou não imposto sobre serviços ou recolhendo como autônomo a contribuição da Seguridade Social, pois o que importa é a realidade dos fatos, que irá indicar se existe autonomia ou subordinação na prestação dos serviços. A inscrição não gera um efeito constitutivo de direito, mas apenas declaratório de quem fez o registro. Embora o art. 2º da Lei nº 4.886 disponha que é obrigatório o registro nos Conselhos Regionais dos representantes comerciais autônomos dos que exerçam a representação comercial autônoma, não é a inscrição no registro do comércio que irá configurar o fato de a pessoa ser ou não comerciante. O STF já decidiu que "a matrícula, vale dizer o registro por si só, não efetiva a qualidade de comerciante" (STF, RE nº 37.099, in *RTJ* 5/122). Os Conselhos Regionais não verificam se a pessoa está efetivamente exercendo a profissão, mas apenas fiscalizam o exercício profissional.

O fato de ser constituída uma empresa ou microempresa pelo trabalhador também é um elemento relativo para se diferenciar se é empregado ou representante comercial autônomo. O importante é que a prestação de serviços seja efetivamente realizada pela empresa e não pela pessoa física. Ao contrário, se a empresa é aberta apenas com a finalidade de fraudar a aplicação da legislação trabalhista, pois, na verdade, o serviço é prestado pela pessoa física e não pela jurídica, pode existir o vínculo de emprego, desde que haja subordinação.

A inclusão de cláusula *del credere* no contrato entre as partes será elemento relativo para a configuração da relação entre os envolvidos. O significado da cláusula *del credere* era encontrado no art. 179 do Código Comercial: "A comissão *del credere* constitui o comissário garante solidário ao comitente da solvabilidade e pontualidade daqueles com quem tratar por conta deste, sem que possa ser ouvido com reclamação alguma. Se o *del credere* não houver sido ajustado por escrito, e todavia o comitente o tiver aceitado ou consentido, mas impugnar o quantitativo, será este regulado pelo estilo da praça onde residir o comissário, e na falta de estilo, por arbitradores".

A cláusula *del credere* é uma espécie de cláusula acessória ao contrato de comissão mercantil. Tem natureza de cláusula de garantia ou espécie de seguro. É a cláusula *del credere* incompatível com o contrato de trabalho, pois o empregado não pode ser solidário pelo inadimplemento do comprador, porém é cláusula que pode ser ajustada na representação comercial autônoma. Entretanto, caso esteja presente no contrato de trabalho, será considerada nula, pois os riscos do negócio são do empregador (art. 2º c/c art. 9º da CLT).

A característica fundamental do representante comercial autônomo é sua autonomia, tanto que o art. 1º da Lei nº 4.886 prevê que não há vínculo de emprego entre as partes. O representante comercial autônomo não é dirigido ou fiscalizado pelo tomador de serviços. Não tem obrigação de cumprir horário de trabalho, de produtividade mínima, de comparecer ao serviço etc. O trabalhador autônomo não tem de obedecer a ordens, de ser submisso às determinações do empregador. Age com autonomia na prestação dos serviços. O representante comercial autônomo recebe apenas diretivas, orientações ou instruções de como deve desenvolver seu trabalho, não configurando imposição ou sujeição ao tomador dos serviços, mas apenas de como tem de desenvolver seu trabalho, caso queira vender os produtos do representado.

O art. 27 da Lei nº 4.886 reza que no contrato de representação comercial constarão obrigatoriamente vários requisitos, entre os quais se destacam as obrigações e responsabilidades das partes contratantes (art. 27, *h*). O art. 28 da mesma norma indica que "o representante comercial *fica obrigado* a fornecer ao representado, segundo as disposições do contrato ou, sendo este omisso, quando lhe for solicitado, informações detalhadas sobre o andamento dos negócios a seu cargo, devendo dedicar-se à representação, de modo a expandir os negócios do representado e promover os seus produtos".

São motivos justos para a rescisão do contrato de representação comercial pelo representado a desídia do representante (art. 35, *a*, da Lei nº 4.886) e a falta de cumprimento de quaisquer obrigações inerentes ao contrato de representação comercial (art. 35, *c*, da Lei nº 4.886). Esses elementos poderiam indicar subordinação, porém o representante comercial autônomo será a pessoa que exerce suas atividades com liberdade e independência em seu mister, indicando autonomia. Será autônomo quem define seu próprio itinerário, o número de visitas aos clientes, que dispõe de seu tempo como entende melhor, sem estar subordinado a horário de trabalho. Ao contrário, se o trabalhador tem quota mínima de vendas, obrigação de comparecer a reuniões predeterminadas, horário de trabalho, determinação de horário de visita aos clientes e o número delas, exigência de contato mínimo diário com clientes, é punido por algum motivo, haverá vínculo de emprego, pois estará evidenciado o elemento subordinação.

O fato de o representante comercial autônomo ter de prestar contas não quer dizer que é empregado, mas é obrigação de uma pessoa diligente e proba em relação às vendas que fez para o representado, inclusive para serem calculadas as comissões pelas vendas realizadas. A alínea *e* do art. 19 da Lei nº 4.886 dispõe que o representante comercial tem de prestar contas ao representado, constituindo falta no exercício da profissão se não o fizer.

A apresentação de relatórios não é um elemento exclusivo para a indicação da subordinação. Para prestar contas, o trabalhador poderá ter de emitir relatórios das vendas realizadas. Entretanto, se o trabalhador tem de emitir relatórios, mas também tem outros elementos caracterizadores da subordinação, como presença obrigatória em reuniões, horário de trabalho, será considerado empregado.

Se o trabalhador pode fixar o preço da venda da mercadoria, acrescentando uma margem de lucro, estabelecer desconto ou dilação de prazo, será autônomo e não empregado. O art. 29 da Lei nº 4.886 indica que deve haver autorização expressa no contrato de representação para o representante conceder abatimentos, descontos ou dilações. O empregado, porém, não pode, de modo geral, estabelecer descontos, fixar preço da mercadoria etc., nem assume os riscos da atividade na venda da mercadoria.

Cuidado maior deve-se ter quando a pessoa era empregado e posteriormente passa a ser representante comercial autônomo. É comum as empresas substituírem seus empregados vendedores pelas mesmas pessoas na condição de autônomos. Se o trabalhador continua a desempenhar as mesmas atividades que sempre fez na empresa, em relação à época em que era empregado, não se pode dizer que passa a ser autônomo, principalmente se continua a trabalhar no mesmo espaço físico, ocupando o mesmo lugar e tendo subordinação.

Normalmente, é o requisito subordinação que irá dirimir a controvérsia entre ser o trabalhador autônomo ou empregado, verificando-se o número de ordens a que a pessoa está sujeita, para evidenciar ou não o vínculo de emprego.

Quanto maior a regulamentação feita pelo tomador dos serviços em relação ao prestador dos serviços, maior será a possibilidade da existência do elemento subordinação, caracterizando o contrato de trabalho.

As relações decorrentes do contrato de transporte de cargas são sempre de natureza comercial, não ensejando, em nenhuma hipótese, a caracterização de vínculo de emprego (art. 5º da Lei n. 11.442/2007).

A Lei nº 20, de 11-6-2007, aprovou o Estatuto dos Trabalhadores Autônomos da Espanha. Há dois tipos de autônomos: o chamado autônomo clássico e o autônomo dependente. Este é o que realiza atividade econômica ou profissional de forma habitual, pessoal, direta e predominantemente para uma pessoa física ou jurídica, denominada cliente, do qual aufere pelo menos 65% de seus ganhos (art. 11). Ele não pode ter empregados nem subcontratar os serviços (art. 2º). Deve ter estrutura produtiva e materiais próprios.

2.10 Trabalhador eventual

A alínea *g* do inciso V do art. 12 da Lei nº 8.212/91 indica o que vem a ser o trabalhador eventual: "aquele que presta serviço de natureza urbana ou rural em caráter eventual, a uma ou mais empresas, sem relação de emprego".

Trabalhador eventual é a pessoa física que presta serviços esporádicos a uma ou mais de uma pessoa.

Para a teoria do evento, eventual é o trabalhador contratado para trabalhar em certo evento ou obra. O trabalhador deve prestar serviços em razão de necessidade esporádica de trabalho, ocasional, episódica, incerta em relação ao tomador de serviços. Ex.: o eletricista que repara a instalação elétrica da empresa.

Para a teoria dos fins da empresa, eventual é o que trabalha numa atividade que não coincide com os fins da empresa. Ex.: o eletricista que faz reparação de instalação elétrica de uma escola.

A teoria dos fins da empresa mostra que o empregado presta serviços em razão de necessidades normais da atividade econômica do empregador. Há serviços que demandam poucas horas de trabalho por um dia. Um operador de empilhadeira pode trabalhar apenas três horas por dia, pois não se necessita do seu serviço durante todo o dia.

Para a teoria da descontinuidade ou da fixação jurídica do trabalhador na empresa, eventual é o trabalhador que não presta serviços para o mesmo tomador ou não se fixa numa pessoa dadora do trabalho. O eventual presta serviços a vários tomadores, em intervalos certos de tempo, ligados ao evento.

O eventual é a pessoa física contratada apenas para trabalhar em certa ocasião específica: trocar uma instalação elétrica, consertar o encanamento etc. Terminado o evento, o trabalhador não mais irá à empresa.

Ao se falar em eventualidade, ou em ausência de continuidade na prestação de serviços, já se verifica que inexiste relação de emprego, pois o traço marcante do contrato de trabalho é a continuidade. Havendo a prestação de serviços eventuais a uma ou mais empresas, o trabalhador será considerado eventual. Temos como exemplo o pedreiro, o pintor, que fazem serviços eventuais, indo uma ou outra vez à empresa para construir um muro, pintar uma parede etc.

O trabalho prestado em caráter eventual é o ocasional, fortuito, esporádico, episódico. Não é possível, contudo, considerar como eventual o fato de que o trabalho não se insere na vida normal da empresa. Existem trabalhadores que prestam serviços a empresa, embora não estejam incorporados a sua atividade normal. É o caso do eletricista que trabalha na indústria automobilística. Apesar de essa indústria não ter por atividade questões de eletricidade, mas a produção de veículos automotores, o trabalhador que presta serviços com habitualidade é considerado empregado. De outro modo, se o eletricista vai uma vez ou outra para reparar as instalações elétricas daquela empresa, aí, sim, estará caracterizada a eventualidade, pois o trabalhador foi contratado apenas para determinado evento na empresa, ou seja, reparar sua instalação elétrica.

O eventual vai ser aquela pessoa que trabalha de vez em quando para o mesmo tomador dos serviços, ao contrário do empregado que trabalha habitualmente. Há uma descontinuidade na prestação de serviços. É o que ocorre com os *chapas* que trabalham para várias empresas, carregando e descarregando mercadorias. O mesmo acontece com o *boia-fria* que um dia trabalha para uma fazenda, noutro dia presta serviços a outra, e assim por diante.

Não se fixa o eventual a nenhuma empresa, enquanto o empregado presta serviços numa única fonte de trabalho, como regra geral.

Distingue-se o trabalhador eventual do autônomo. O autônomo presta serviços com habitualidade ao mesmo tomador dos serviços. O eventual presta serviços ocasionalmente ao mesmo tomador.

O trabalho eventual não se confunde com o trabalho intermitente. Neste, o trabalhador é empregado e trabalha a cada período de tempo. É o que ocorre, por exemplo, com uma faxineira de hotel. Ela pode trabalhar a cada temporada, em que há necessidade de mais faxineiros.

2.11 Trabalhador avulso

Avulso vem do latim *avulsus*, com o sentido de separar, destacar, desligar.

Num sentido geral, avulso é o que pertence a uma coleção incompleta, que está desirmanado, solto, isolado.

Inicialmente, confundia-se o avulso com o trabalhador eventual. No entanto, a previdência social começou a preocupar-se com o referido trabalhador, passando a conceituá-lo.

O art. 3º da Lei nº 605/49, que trata do repouso semanal remunerado, estende seu regime àqueles que, sob forma autônoma, trabalhem agrupados, por intermédio de sindicato, caixa portuária ou entidade congênere. Pela referida definição, o avulso que presta serviços agrupado em sindicato seria autônomo.

O § 2º do art. 1º da Lei Complementar nº 7/70, que versa sobre o PIS, define o trabalhador avulso como o que presta serviços a diversas empresas, sem relação empregatícia. Tal conceito pode confundir-se com o de autônomo ou eventual.

A primeira definição de trabalhador avulso foi feita pela Portaria nº 3.107, de 7-4-1971: "Entende-se como trabalhador avulso, no âmbito do sistema geral da previdência social, todo trabalhador sem vínculo empregatício que, sindicalizado ou não, tenha a concessão de direitos de natureza trabalhista executada por intermédio da respectiva entidade de classe".

Com a edição da Lei nº 5.890/73 o trabalhador avulso foi integrado no sistema previdenciário na condição de autônomo. A CLPS (Decreto nº 89.312/84), em seu art. 5º, esclarece que avulso é "quem presta serviço a diversas empresas, pertencendo ou não a sindicato, inclusive o estivador, conferente ou semelhado".

A atual Lei de Custeio da Seguridade Social (Lei nº 8.212/91) considera avulso "quem presta, a diversas empresas, sem vínculo empregatício, serviços de natureza urbana ou rural definidos no regulamento" (art. 12, VI). O regulamento

(Decreto nº 3.048/99) esclarece que o trabalhador avulso é "aquele que, sindicalizado ou não, presta serviços de natureza urbana ou rural, sem vínculo empregatício, a diversas empresas, com intermediação obrigatória do sindicato da categoria ou do órgão gestor de mão de obra" (art. 9º, VI).

O trabalhador avulso é, assim, a pessoa física que presta serviço sem vínculo empregatício, de natureza urbana ou rural, a diversas pessoas, sendo sindicalizado ou não, com intermediação obrigatória do sindicato da categoria profissional ou do órgão gestor de mão de obra. Não é de qualquer categoria, mas de categoria profissional.

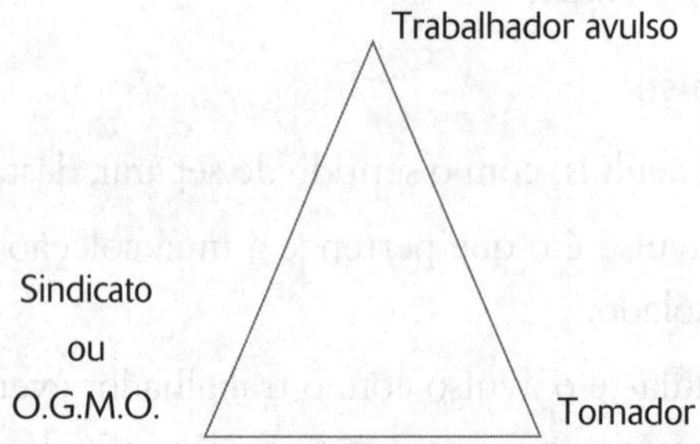

O avulso é uma espécie de trabalhador eventual, pois presta serviços esporádicos ao mesmo tomador dos serviços.

Distingue-se, porém, o avulso do trabalhador eventual, pois o primeiro tem todos os direitos previstos na legislação trabalhista, enquanto o eventual só tem direito ao preço avençado no contrato e à multa pelo inadimplemento do pacto, quando for o caso. O avulso é arregimentado pelo sindicato, enquanto o eventual não tem essa característica.

Distingue-se também o avulso do autônomo. Este presta serviços com continuidade a uma ou mais de uma empresa, enquanto o avulso não o faz. O autônomo não é arregimentado pelo sindicato da categoria profissional, enquanto o avulso tem essa característica.

Não é o trabalhador avulso subordinado nem à pessoa a quem presta serviços, muito menos ao sindicato, que apenas arregimenta a mão de obra e paga os prestadores de serviço, de acordo com o valor recebido das empresas. O sindicato ou o órgão gestor de mão de obra apenas colocam a mão de obra e pagam os prestadores de serviço, de acordo com o valor recebido das empresas, que é rateado entre os que prestam serviço. Não há poder de direção do sindicato ou do órgão gestor de mão de obra sobre o avulso, nem subordinação deste com aqueles.

O avulso não presta serviços com pessoalidade, pois o trabalhador pode ser substituído por outra pessoa. Ao tomador não interessa normalmente que o serviço seja feito por determinada e específica pessoa, mas que o trabalho seja realizado. Pouco importa quem irá fazer o trabalho. A relação, portanto, não é *intuitu personae*.

O tomador paga ao sindicato ou OGMO um valor geral, que é rateado pelos segundos entre os trabalhadores que prestaram serviços. Não é o tomador que paga diretamente ao trabalhador avulso a sua remuneração. A remuneração é definida por tabelas estabelecidas pelo sindicato.

O avulso pode ser: (a) urbano, que trabalha na cidade; (b) rural, que presta serviço no campo; (c) portuário, regido pela Lei nº 12.815/2013; (d) o que trabalha com minério; (e) o que presta serviços na indústria do sal. Sempre haverá necessidade de existir intermediação do sindicato ou do órgão gestor de mão de obra. Tanto é avulso o trabalhador que presta serviços no CEASA, sem vínculo empregatício, mas arregimentado pelo sindicato, como o trabalhador rural que presta serviços mediante colocação do sindicato, fazendo carga e descarga de produtos na fazenda.

Se não houver participação obrigatória do sindicato ou do órgão gestor de mão de obra na colocação do trabalhador, não se configura a condição de avulso. Não é preciso que o trabalhador avulso seja sindicalizado. O que importa é que haja a intermediação obrigatória do sindicato ou do órgão gestor de mão de obra na colocação do trabalhador na prestação de serviços às empresas que procuram a agremiação buscando trabalhadores.

São características do avulso: (a) a liberdade na prestação de serviços, pois não tem vínculo nem com o sindicato, muito menos com as empresas tomadoras de serviço; (b) há a possibilidade da prestação de serviços a mais de uma empresa, como na prática ocorre; (c) o sindicato ou o órgão gestor de mão de obra fazem a intermediação da mão de obra, colocando os trabalhadores onde é necessário o serviço, cobrando posteriormente um valor pelos serviços prestados, já incluindo os direitos trabalhistas e os encargos previdenciários e fiscais, e fazendo o rateio entre as pessoas que participaram da prestação de serviços; (d) o curto período em que o serviço é prestado ao beneficiário.

São exemplos de trabalhadores avulsos:

a) o estivador, inclusive o trabalhador de estiva em carga e minério. A atual Lei dos Portuários (Lei nº 12.815/2013) considera, no inciso II do § 1º do art. 40, a estiva como a atividade de movimentação de mercadorias nos conveses ou nos porões das embarcações principais ou auxiliares, incluindo transbordo, arrumação, peação e despeação, bem como carregamento e descarga, quando realizados com equipamentos de bordo. A estiva compreende normalmente uma atividade que empregue força muscular. O estivador usa equipamentos do navio e não do porto. A movimentação é feita apenas no convés ou porão do navio. O estivador fica dentro do navio. No caso em tela, o estivador é tanto aquele que trabalha no porto como o que faz serviços de estiva em carga e minério;

b) o trabalhador em alvarenga. É o trabalhador que presta serviços em grande barcaça de transporte de carga e descarga de navios;

c) o conferente de carga e descarga. O inciso III do § 1º do art. 40 da Lei nº 12.815 estabelece que a conferência de carga é a contagem de volumes, a anotação de suas características, procedência ou destino, a verificação do estado das mercadorias, a assistência à pesagem, a conferência do manifesto, e os demais serviços correlatos nas operações de carregamento e descarregamento de embarcações;

Nessa atividade não há o emprego de força muscular, necessitando que o trabalhador tenha apenas alguma formação escolar para realizar a conferência;

d) o consertador de carga e descarga. O inciso IV do § 1º do art. 40 da Lei nº 12.815 determina que o conserto de carga se refere ao reparo e à restauração das embalagens de mercadorias, nas operações de carregamento e descarga de embarcações, reembalagem, marcação, remarcação, carimbagem, etiquetagem, abertura de volumes para vistoria e posterior recomposição;

e) o vigia portuário. A vigilância de embarcações é definida no inciso V do § 1º do art. 40 da Lei nº 12.815 como a atividade de fiscalização de entrada e saída de pessoas a bordo de embarcações atracadas ou fundeadas ao largo, bem como da movimentação de mercadorias em portalós (local onde se entra no navio; abertura por onde se faz o serviço do navio), rampas, porões, conveses, plataformas e em outros locais da embarcação;

f) o amarrador da embarcação. É a pessoa que amarra a embarcação quando o navio chega ao cais;

g) o trabalhador em serviço de bloco. Considera-se bloco a atividade de limpeza e conservação de embarcações mercantes e de seus tanques, incluindo batimento de ferrugem, pintura, reparos de pequena monta e serviços correlatos (inciso VI do § 1º do art. 40 da Lei nº 12.815). É nomeado serviço de bloco devido às pessoas que usavam uniforme sujo (era o bloco dos sujos);

h) o trabalhador em capatazia. A capatazia é a atividade de movimentação de mercadorias nas instalações dentro do porto, compreendendo o recebimento, conferência, transporte interno, abertura de volumes para a conferência aduaneira, manipulação, arrumação e entrega, bem como carregamento e descarga de embarcações, quando efetuados por aparelhamento portuário (inciso I do § 1º do art. 40 da Lei nº 12.815). O capataz usa equipamento do porto e não do navio e trabalha em terra e não dentro do navio;

i) o arrumador;

j) o ensacador de café, cacau, sal e similares;

k) o trabalhador na indústria de extração de sal;

l) o carregador de bagagem em porto;

m) o prático de barra em portos. É a pessoa que conduz o navio até a barra do porto;

n) o guindasteiro;

o) o classificador, o movimentador e o empacotador de mercadoria;

p) outros que forem classificados pelo Ministério do Trabalho.

Podem ser considerados como avulsos o classificador de frutas, os escamadores de peixes, o trabalhador em estiva de carvão e minérios.

O § 4º do art. 40 da Lei nº 12.815/2013 faz referência à capatazia, estiva, conferência de carga, vigilante de embarcação como categorias diferenciadas.

A Convenção nº 137 da OIT dá prioridade aos avulsos para as atividades de capatazia e bloco. Foi aprovada pelo Decreto Legislativo nº 29, de 22 de dezembro de 1993. Foi promulgada pelo Decreto nº 1.574/95. Trata do processamento de cargas nos portos.

O art. 3º da Lei nº 12.023/2009 permite que a movimentação de mercadorias seja feita pelo trabalhador avulso, mas também por trabalhadores com vínculo de emprego. O trabalho portuário de capatazia, estiva, conferência de carga, conserto de carga, bloco e vigilância de embarcações, nos portos organizados, será realizado por trabalhadores portuários com vínculo de emprego por prazo indeterminado e por trabalhadores portuários avulsos (art. 40 da Lei nº 12.815/2013).

O exercício das atividades do órgão gestor de mão de obra do trabalhador portuário avulso não implica vínculo empregatício com o trabalhador portuário avulso (art. 34 da Lei nº 12.815/2013), desde que inexistam os elementos contidos nos arts. 2º e 3º da CLT.

O trabalhador avulso vinha conquistando uma série de direitos. A Lei nº 5.480, de 10-8-1968, determinava o pagamento do 13º salário e FGTS; foi revogada pela Lei nº 8.630/93. O art. 3º da Lei nº 605, de 5-1-1949, estendeu-lhe o direito ao repouso semanal remunerado. O Decreto nº 53.153, de 10-12-1963, concedeu-lhe o salário-família. O Decreto nº 61.851, de 6-12-1967, outorgou-lhe o direito a férias. A Lei Complementar nº 7, de 7-9-1970, instituidora do PIS, considerou-o beneficiário do abono.

A Constituição estabeleceu igualdade de direitos entre o trabalhador com vínculo empregatício permanente e o trabalhador avulso (art. 7º, XXXIV). Logo, o trabalhador avulso terá os mesmos direitos que o trabalhador urbano e rural.

É facultado aos titulares de instalações portuárias sujeitas a regime de autorização a contratação de trabalhadores a prazo indeterminado, observado o disposto no contrato, convenção ou acordo coletivo de trabalho (art. 44 da Lei nº 12.815/2013).

A mão de obra do trabalho portuário avulso deverá ser requisitada ao órgão gestor de mão de obra (art. 1º da Lei nº 9.719/98).

A escalação do trabalhador portuário avulso, em sistema de rodízio, será feita pelo órgão gestor de mão de obra (art. 5º da Lei nº 9.719/98).

Cabe ao operador portuário recolher ao órgão gestor de mão de obra os valores devidos pelos serviços executados, referentes à remuneração por navio, acrescidos dos porcentuais relativos a 13º salário, férias, FGTS, encargos fiscais e previdenciários, no prazo de 24 horas da realização do serviço, para viabilizar o pagamento ao trabalhador portuário avulso. O órgão gestor de mão de obra irá efetuar o pagamento da remuneração pelos serviços executados e das parcelas referentes a 13º salário e férias, diretamente ao trabalhador portuário avulso (art. 2º da Lei nº 9.719/98). Depositará o órgão gestor de mão de obra as parcelas referentes às férias e ao 13º salário, separada e respectivamente, em contas individuais vinculadas, a serem abertas e movimentadas às suas expensas, especialmente para este fim, em instituição bancária de sua livre escolha, sobre as quais deverão incidir rendimentos mensais com base nos parâmetros fixados para atualização dos saldos dos depósitos de poupança. Os depósitos serão efetuados no dia 2 do mês seguinte ao da prestação do serviço, prorrogado o prazo para o primeiro dia útil subsequente se o vencimento cair em dia em que não haja expediente bancário.

A liberação das parcelas referentes a 13º salário e férias, depositadas nas contas individuais vinculadas, e o recolhimento do FGTS e dos encargos fiscais e previdenciários serão efetuados conforme regulamentação do Poder Executivo.

O pagamento da remuneração pelos serviços executados será feito no prazo de 48 horas após o término do serviço.

Os prazos previstos anteriormente podem ser alterados mediante convenção coletiva firmada entre entidades sindicais representativas dos trabalhadores e operadores portuários, observado o prazo legal para recolhimento dos encargos fiscais, trabalhistas e previdenciários.

O operador portuário e o órgão gestor de mão de obra são solidariamente responsáveis pelo pagamento de encargos trabalhistas, vedada a invocação de benefício de ordem.

É vedado ao órgão gestor de mão de obra ceder trabalhador portuário avulso cadastrado a operador portuário, em caráter permanente.

A escalação do trabalhador portuário avulso, em sistema de rodízio, será feita pelo órgão gestor de mão de obra.

O sindicato deve repassar aos beneficiários, no prazo máximo de 72 horas úteis, contados a partir da arrecadação, os valores devidos e pagos pelas tomadoras de serviço, relativos à remuneração do trabalho avulso (art. 5º, III, da Lei nº 12.023/2009).

As empresas tomadoras do trabalho avulso respondem solidariamente pela efetiva remuneração do trabalho contratado e são responsáveis pelo recolhimento dos encargos fiscais e sociais no limite do uso que fizerem do trabalho intermediado pelo sindicato (art. 8º da Lei nº 12.023/2009). Essa regra não se aplica para o trabalho portuário (art. 11 da Lei nº 12.023/2009). O órgão gestor de mão de obra responde, solidariamente, com os operadores portuários, pela remuneração devida ao trabalhador portuário avulso e pelas indenizações decorrentes de acidente do trabalho (§ 2º do art. 33 da Lei nº 12.815/2013).

2.12 Estagiário

Anteriormente, não existia uma regra legal tratando do estágio, apenas a Portaria nº 1.002, do Ministério do Trabalho, de 29-12-1967, disciplinando a relação entre as empresas e os estagiários, no que diz respeito a seus direitos e obrigações. O art. 3º da citada portaria explicitava que inexistia relação de emprego entre as partes.

O estágio foi regulado pela Lei nº 6.494, de 7-12-1977. Foi regulamentada a referida norma pelo Decreto nº 84.497, de 18-8-1982.

A Lei nº 11.788, de 25 de setembro de 2008, passou a tratar do estágio dos estudantes, revogando expressamente as Leis nºs 6.494/77 e 8.859/94 (art. 22).

Reza o art. 1º da Lei nº 11.788/2008 que estágio "é ato educativo escolar supervisionado, desenvolvido no ambiente de trabalho, que visa à preparação para o trabalho produtivo de educandos que estejam frequentando o ensino regular em instituições de educação superior, de educação profissional, de ensino médio, da educação especial e dos anos finais do ensino fundamental, na modalidade profissional da educação de jovens e adultos".

O estágio é, portanto, considerado ato educativo escolar. É uma forma de integração entre o que a pessoa aprende na escola e aplica na prática na empresa.

Faz parte o estágio do projeto pedagógico do curso, além de integrar o itinerário formativo do educando (§ 1º do art. 1º da Lei nº 11.788).

Visa o estágio ao aprendizado de competências próprias da atividade profissional e à contextualização curricular, objetivando o desenvolvimento do educando para a vida cidadã e para o trabalho (§ 2º do art. 1º da Lei nº 11.788).

Distingue-se o estagiário do aprendiz. O aprendiz não é empregado, desde que cumpridas as determinações da Lei nº 11.788/2008. O aprendiz sempre será empregado, tendo contrato de trabalho (art. 428 da CLT). Trata-se de uma espécie de contrato de trabalho especial. O aprendiz terá entre 14 e 24 anos, salvo se for deficiente. O estagiário não tem idade máxima para fazer o estágio.

Diferencia-se também o estagiário do empregado em domicílio. Este executa o trabalho na sua própria habitação ou em oficina de família, por conta do empregador que o remunere (art. 83 da CLT). O trabalhador em domicílio é empregado, enquanto o estagiário não o é.

A diferença entre o estágio e o contrato de trabalho é que no primeiro o objetivo é a formação profissional do estagiário, tendo, portanto, finalidade pedagógica, embora haja pessoalidade, subordinação, continuidade e uma forma de contraprestação.

O estágio pode ser obrigatório ou não obrigatório, conforme determinação das diretrizes curriculares da etapa, modalidade e área de ensino e do projeto pedagógico do curso (art. 2º da Lei nº 11.788/2008).

Estágio obrigatório é o definido como tal no projeto do curso, cuja carga horária é requisito para aprovação e obtenção de diploma (§ 1º do art. 2º da Lei nº 11.788/2008). Cursos de Administração de Empresas exigem que o aluno faça estágio em empresas e apresente relatórios para efeito da obtenção de diploma.

Estágio não obrigatório é o desenvolvido como atividade opcional, acrescida à carga horária regular e obrigatória (§ 2º do art. 2º da Lei nº 11.788/2008). Não está dentro da carga horária, mas é acrescido a ela. O § 1º do art. 9º da Lei nº 8.906/94 (Estatuto da OAB) prevê que o estágio profissional de advocacia, com duração de dois anos, realizado nos últimos anos do curso jurídico, pode ser mantido pelas respectivas instituições de ensino superior, pelos Conselhos da OAB, ou por setores, órgãos jurídicos e escritórios de advocacia credenciados pela OAB. O referido estágio é facultativo, pois a lei emprega a palavra *pode*. Não é, portanto, obrigatório para se poder terminar o curso de Direito e prestar o exame da OAB.

Há vantagens para as partes envolvidas com o estágio:

a) a escola tem a possibilidade de dar ensino prático ao aluno, sem custo da parte prática desenvolvida na empresa;
b) o estudante adquire experiência prática no campo de trabalho, mesmo ainda fazendo o curso;

c) a empresa passa a contar com pessoa que está se qualificando profissionalmente, porém sem serem reconhecidos direitos trabalhistas e sem qualquer encargo social incidente sobre os pagamentos feitos ao estagiário.

As instituições de ensino que farão a supervisão do estágio poderão ser públicas ou privadas.

São obrigações das instituições de ensino, em relação aos estágios de seus educandos (art. 7º da Lei nº 11.788):

"I – celebrar termo de compromisso com o educando ou com seu representante ou assistente legal, quando ele for absoluta ou relativamente incapaz, e com a parte concedente, indicando as condições de adequação do estágio à proposta pedagógica do curso, à etapa e modalidade da formação escolar do estudante e ao horário e calendário escolar;

II – avaliar as instalações da parte concedente do estágio e sua adequação à formação cultural e profissional do educando;

III – indicar professor orientador, da área a ser desenvolvida no estágio, como responsável pelo acompanhamento e avaliação das atividades do estagiário. A escola deverá indicar um professor orientador para verificar se o estágio está sendo produtivo e avaliar as atividades do estagiário. Para as escolas, haverá encarecimento da atividade para efeito de indicar professor orientador. Este, para ser orientador, irá querer ser remunerado, até pelo fato de que também passará a ter responsabilidade perante o estagiário, pois irá orientá-lo e acompanhá-lo;

IV – exigir do educando a apresentação periódica, em prazo não superior a seis meses, de relatório das atividades;

V – zelar pelo cumprimento do termo de compromisso, reorientando o estagiário para outro local em caso de descumprimento de suas normas;

VI – elaborar normas complementares e instrumentos de avaliação dos estágios de seus educandos;

VII – comunicar à parte concedente do estágio, no início do período letivo, as datas de realização de avaliações escolares ou acadêmicas".

O plano de atividades do estagiário, elaborado em acordo das três partes compreendidas no estágio (estagiário, instituição de ensino, concedente), será incorporado ao termo de compromisso por meio de aditivos à medida que for avaliado, progressivamente, o desempenho do estudante (parágrafo único do art. 7º da Lei nº 11.788).

A apresentação de relatórios pelo estagiário e a necessidade de supervisão do estágio pela instituição de ensino implicam maior controle para verificar se o estagiário está desenvolvendo a aprendizagem e também para que não seja explorado pelo concedente.

A escola também passa a ter responsabilidade em avaliar e monitorar o estagiário, evitando abusos que possam ser cometidos, como de exploração do estagiário pelas empresas, só para não ser reconhecido o vínculo de emprego entre as partes e não serem devidas verbas de natureza trabalhista.

É facultado às instituições de ensino celebrar com entes públicos e privados convênio de concessão de estágio, nos quais se explicitem o processo educativo compreendido nas atividades programadas para seus educandos e as condições de que tratam os arts. 6º a 14 da Lei nº 11.788 (art. 8º).

A celebração de convênio de concessão de estágio entre a instituição de ensino e a parte concedente não dispensa a celebração do termo de compromisso (parágrafo único do art. 8º da Lei nº 11.788).

O art. 9º da Lei nº 11.788 estabelece que as pessoas jurídicas de direito privado, os órgãos da Administração Pública direta, autárquica e fundacional de qualquer dos Poderes da União, dos Estados, do Distrito Federal e dos Municípios, os profissionais liberais de nível superior devidamente registrados em seus respectivos conselhos de fiscalização profissional podem oferecer estágio. Agora, os profissionais liberais de nível superior também poderão conceder estágio. Outros profissionais que não tenham nível superior não poderão fazê-lo.

As empresas públicas e sociedades de economia mista também poderão conceder estágio, pois ficam sujeitas ao regime jurídico próprio das empresas privadas, inclusive quanto aos direitos e obrigações civis e trabalhistas (art. 173, § 1º, II, da Constituição).

São obrigações da parte concedente:

> "I – celebrar termo de compromisso com a instituição de ensino e o educando, zelando por seu cumprimento;
>
> II – ofertar instalações que tenham condições de proporcionar ao educando atividades de aprendizagem social, profissional e cultural;
>
> III – indicar funcionário de seu quadro de pessoal, com formação ou experiência profissional na área de conhecimento desenvolvida no curso do estagiário, para orientar e supervisionar até 10 estagiários simultaneamente;
>
> IV – contratar em favor do estagiário seguro contra acidentes pessoais, cuja apólice seja compatível com valores de mercado, conforme fique estabelecido no termo de compromisso;
>
> V – por ocasião do desligamento do estagiário, entregar termo de realização do estágio com indicação resumida das atividades desenvolvidas, dos períodos e da avaliação de desempenho;
>
> VI – manter à disposição da fiscalização documentos que comprovem a relação de estágio;
>
> VII – enviar à instituição de ensino, com periodicidade mínima de seis meses, relatório de atividades, com vista obrigatória ao estagiário".

O número máximo de estagiários em relação ao quadro de pessoal das entidades concedentes de estágio deverá atender às seguintes proporções (art. 17 da Lei nº 11.788):

> "I – de um a cinco empregados: um estagiário;
>
> II – de seis a 10 empregados: até dois estagiários;
>
> III – de 11 a 25 empregados: até cinco estagiários;
>
> IV – acima de 25 empregados: até 20% de estagiários".

A ideia do número máximo de estagiários tem por objetivo evitar a transformação de postos de trabalho em estágio para não ter vínculo trabalhista e diminuir encargos. Visa evitar que a empresa substitua mão de obra permanente por estagiários, com custo mais barato.

Não se aplica o disposto acima aos estágios de nível superior e de nível médio profissional. Logo, só se aplica em relação às demais modalidades de estágio: educação profissional, de educação especial e dos anos finais do ensino fundamental.

Considera-se quadro de pessoal o conjunto de trabalhadores empregados existentes no estabelecimento do estágio.

Na hipótese de a parte concedente contar com várias filiais ou estabelecimentos, os quantitativos previstos nos incisos acima serão aplicados a cada um deles.

Quando o cálculo do porcentual disposto no item IV resultar em fração, poderá ser arredondado para o número inteiro imediatamente superior.

Fica assegurado às pessoas portadoras de deficiência 10% das vagas oferecidas pela parte concedente do estágio. Não são 10% dos postos de trabalho da empresa, mas 10% das vagas oferecidas na empresa a título de estágio. Assim, se forem oferecidas 10 vagas de estágio, uma será para os deficientes.

Podem as instituições de ensino e as concedentes de estágio, a seu critério, recorrer a serviços de agentes de integração públicos e privados, mediante condições acordadas em instrumento jurídico apropriado, devendo ser observada, no caso de contratação com recursos públicos, a legislação que estabelece as normas gerais de licitação (art. 5º da Lei nº 11.788). Não existe, portanto, obrigação de recorrer aos agentes de integração, mas apenas faculdade.

Os agentes de integração podem ser públicos ou privados.

Cabe aos agentes de integração, como auxiliares no processo de aperfeiçoamento do instituto do estágio:

I – identificar oportunidades de estágio;

II – ajustar suas condições de realização;

III – fazer o acompanhamento administrativo;

IV – encaminhar negociação de seguros contra acidentes pessoais;

V – cadastrar os estudantes.

O § 2º do art. 5º da Lei nº 11.788 veda a cobrança de qualquer valor dos estudantes, a título de remuneração, pelos serviços acima mencionados. Entretanto, não há impedimento legal que os agentes de integração cobrem da instituição de ensino ou da parte concedente.

Os agentes de integração serão responsabilizados civilmente se indicarem estagiários para a realização de atividades não compatíveis com a programação curricular estabelecida para cada curso, assim como estagiários matriculados em cursos ou instituições para as quais não há previsão de estágio curricular (§ 3º do art. 5º da Lei nº 11.788).

Dá-se o estágio em relação a alunos regularmente matriculados que frequentam efetivamente cursos vinculados à estrutura do ensino público e particular, em instituições de ensino superior, de educação profissional, de ensino médio, da educação especial e dos anos finais do ensino fundamental, na modalidade profissional da educação de jovens e adultos (art. 1º da Lei nº 11.788). A Lei nº 11.788 não permite que seja feito estágio em relação a supletivos.

O estagiário irá, assim, trabalhar para aprender. É uma forma de dar ao estudante a experiência do cotidiano, da profissão, que só é adquirida com a prática.

O estágio pode ser tanto o curricular, como o realizado na comunidade. O curricular é desenvolvido de forma a propiciar a complementação do ensino e da aprendizagem e ser planejado, executado, acompanhado e avaliado em conformidade com os currículos, programas e calendários escolares.

A Lei nº 11.788 não prevê estágio na comunidade ou em atividades comunitárias ou de fim social.

Dispõe o § 3º do art. 2º da Lei nº 11.788 que as atividades de extensão, de monitorias e de iniciação científica na educação superior, desenvolvidas pelo estudante, somente poderão ser equiparadas ao estágio em caso de previsão no projeto pedagógico do curso.

A realização de estágios aplica-se aos estudantes estrangeiros regularmente matriculados em cursos superiores no país, autorizados ou reconhecidos, observado o prazo do visto temporário de estudante, na forma da legislação aplicável (art. 4º da Lei nº 11.788).

É realizado o estágio mediante compromisso celebrado entre o estudante e a parte concedente, com interveniência obrigatória da instituição de ensino (art. 3º, II, da Lei nº 11.788/2008). Será o compromisso documento obrigatório para se verificar a inexistência do vínculo de emprego. Chama-se acordo de cooperação o celebrado entre a pessoa jurídica de direito público ou privado e a instituição de ensino a que pertence o estudante. A interveniência da instituição de ensino é requisito essencial à validade do ato jurídico. Este deve se ater à forma prescrita em lei para ter validade, como se verifica dos arts. 104, III, e 107 do Código Civil, tornando nula a relação que não observar a referida forma. Na maioria dos casos, esse requisito não é atendido, tornando o suposto estágio um verdadeiro contrato de trabalho.

O termo de compromisso deverá ser firmado pelo estagiário ou com seu representante ou assistente legal e pelos representantes legais da parte concedente e da instituição de ensino, vedada a atuação dos agentes de integração como representante de qualquer das partes (art. 16 da Lei nº 11.788). Será o termo de compromisso um contrato derivado, que não se viabiliza sem que haja o contrato originário (contrato escrito entre a instituição de ensino e a pessoa jurídica). O termo de compromisso necessariamente será feito por escrito, visando evitar fraudes. Se houver a prestação de trabalho pelo suposto estagiário, sem que haja o contrato escrito, presume-se que o contrato seja de trabalho, diante do princípio da primazia da realidade. Quem terá de provar que o contrato é de estágio e não de trabalho é o sujeito concedente.

O estagiário será representado se for menor de 16 anos. Será assistido se tiver entre 16 e 18 anos (art. 1.634, V, do Código Civil).

Os agentes de integração não têm autorização legal para representar tanto o estagiário como a parte concedente.

O local de estágio pode ser selecionado a partir de cadastro de partes concedentes, organizado pelas instituições de ensino ou pelos agentes de integração (art. 6º da Lei nº 11.788).

Dispõe o art. 3º da Lei nº 11.788 que o estágio não cria vínculo empregatício de qualquer natureza, desde que observados os seguintes requisitos:

> "I – matrícula e frequência regular do educando em curso de educação superior, de educação profissional, de ensino médio, da educação especial e nos anos finais do ensino fundamental, na modalidade profissional da educação de jovens e adultos e atestados pela instituição de ensino".

É preciso que o aluno esteja regularmente matriculado na escola e tenha frequência efetiva às aulas. Havendo irregularidade na matrícula ou frequência eventual, estará descaracterizado o estágio. A pessoa continuará sendo estudante, mas não estagiário. Se o aluno não estiver frequentando curso regular, deixará de existir o estágio, pois é requisito previsto no inciso I do art. 3º da Lei nº 11.788. É o que acontece muitas vezes, porque o estagiário acaba cumprindo jornada excessiva de trabalho, sem que consiga frequentar regularmente as aulas. A escola deveria, inclusive, comunicar à empresa proporcionadora do estágio que o aluno não está frequentando as aulas. Não se poderá também exigir horário no estágio incompatível com o horário das aulas. A pessoa concessora do estágio deverá verificar a regularidade do desenvolvimento do curso do estagiário, em razão de conclusão, abandono, trancamento de matrícula etc.

Terminado o curso que o estagiário estava fazendo, não mais se pode falar em estágio, pois este depende do curso. Se o curso terminou, não há que se falar em estágio. Muitas vezes é isso que ocorre em certos casos, principalmente de estagiários de Engenharia e de Direito, que enquanto estão fazendo o curso fazem o estágio e posteriormente continuam a desempenhar a mesma atividade anterior, mas já com o diploma, porém não são registrados.

"II – celebração de termo de compromisso entre o educando, a parte concedente do estágio e a instituição de ensino".

A celebração do termo de compromisso também é fundamental. Sem o termo de compromisso entre o educando, a parte concedente do estágio e a instituição de ensino haverá vínculo de emprego;

"III – compatibilidade entre as atividades desenvolvidas no estágio e aquelas previstas no termo de compromisso".

Não é possível, portanto, que o estagiário de grau universitário exerça atividade de contínuo na empresa, pois não complementa o ensino e pode ser realizado por qualquer pessoa. O curso deve ser, portanto, compatível com a atividade desempenhada pelo estagiário na empresa, com as tarefas desenvolvidas, de modo a se fazer a complementação do ensino. O estágio deve proporcionar experiência prática na linha de formação profissional do estagiário. Isto quer dizer que o estágio só poderá ser realizado em unidades que tenham condições de proporcionar experiência prática na linha de formação, devendo propiciar complementação do ensino e da aprendizagem, de maneira prática no curso em que o estagiário estiver fazendo, devidamente planejado, executado, acompanhado e avaliado em conformidade com os currículos, programas e calendários escolares. Assim, o estudante de Direito não poderá desenvolver tarefas rotineiras de uma entidade financeira, como de caixa ou escriturário, mas deverá trabalhar no departamento jurídico; um estudante de medicina não poderá estagiar numa empresa de construção civil, salvo se for em seu departamento médico, caso este existir. A experiência prática na linha de formação deve ser ligada à complementação do ensino e da aprendizagem. Se houver experiência prática, mas não for de complementação do ensino ou da aprendizagem, também não haverá estágio. É, portanto, necessário que o estágio propicie, realmente, a complementação de ensino e da aprendizagem, sob pena de restar descaracterizado o referido contrato. Se o estagiário executar serviços não relacionados com os programas da escola, será empregado.

Se a pessoa trabalhou nas mesmas condições antes e depois do registro, existe vínculo de emprego.

A prática da profissão só se adquire com o trabalho. Esta é a finalidade do estágio, de proporcionar o trabalho para a complementação do ensino do curso que a pessoa está fazendo. Se realiza trabalho diverso do curso que frequenta, não é estagiário, mas empregado. A alínea *h* do inciso I do art. 9º do Decreto nº 3.048/99 considera empregado, como segurado obrigatório da Previdência Social, o bolsista e o estagiário que prestam serviços a empresa, em desacordo com a Lei nº 11.788.

O estágio, como ato educativo escolar supervisionado, deverá ter acompanhamento efetivo pelo professor orientador da instituição de ensino e por supervisor da parte concedente, comprovado por vistos nos relatórios e por menção de aprovação final (§ 1º do art. 3º da Lei nº 11.788).

O descumprimento de qualquer dos incisos do art. 3º da Lei nº 11.788 ou de qualquer obrigação contida no termo de compromisso caracteriza vínculo de emprego do educando com a parte concedente do estágio para todos os fins da legislação trabalhista e previdenciária (§ 2º do art. 3º da Lei nº 11.788). O vínculo não se caracteriza, portanto, com a instituição de ensino, mas com a parte concedente, a quem estava subordinado. O estagiário será então considerado empregado e terá todos os direitos relativos a empregados e também os direitos previdenciários de empregados. Isso significa que será segurado obrigatório da Previdência Social na condição de empregado.

No serviço público há um obstáculo para o reconhecimento da condição de empregado do estágio feito em desacordo com a lei, que é a existência de concurso público. Inexistindo este, não há que se falar na condição de empregado, conforme o inciso II do art. 37 da Constituição e inciso II da Súmula 331 do TST.

A instituição de ensino deve (art. 7º da Lei nº 11.788): II – avaliar as instalações da parte concedente do estágio e sua adequação à formação cultural e profissional do educando; III – indicar professor orientador, da área a ser desenvolvida no estágio, como responsável pelo acompanhamento e avaliação das atividades do estagiário; IV – exigir do educando a apresentação periódica, em prazo não superior a seis meses, de relatório das atividades; V – zelar pelo cumprimento do termo de compromisso, reorientando o estagiário para outro local em caso de descumprimento de suas normas. Isso mostra que o monitoramento será feito pela instituição de ensino em relação ao estagiário para que haja efetivamente estágio e aproveitamento prático do aluno.

A parte concedente tem obrigação de fazer o monitoramento do estagiário. O art. 9º da Lei nº 11.788 exige como obrigações da parte concedente: III – indicar funcionário de seu quadro de pessoal, com formação ou experiência profissional na área de conhecimento desenvolvida no curso do estagiário, para orientar e supervisionar até 10 estagiários simultaneamente; V – por ocasião do desligamento do estagiário, entregar termo de realização do estágio com indicação resumida das atividades desenvolvidas, dos períodos e da avaliação de desempenho; VII – enviar à instituição de ensino, com periodicidade mínima de seis meses, relatório de atividades, com vista obrigatória ao estagiário.

Logo, o monitoramento do estagiário deve ser feito tanto pela instituição de ensino para verificar a aplicação prática do estágio como pela empresa concedente.

A Lei nº 11.788 é clara no sentido de serem feitas avaliações e de serem apresentados relatórios.

A duração do estágio, na mesma parte concedente, não poderá exceder dois anos, exceto quando se tratar de estagiário portador de deficiência (art. 11 da Lei nº 11.788/2008). É o mesmo prazo dos contratos de trabalho previstos por prazo determinado na CLT (art. 445 da CLT).

Se o estágio for feito por mais de dois anos, haverá configuração de vínculo de emprego, pois não estará sendo cumprido o requisito previsto em lei para a validade do negócio jurídico (art. 104 do Código Civil).

Os deficientes poderão fazer estágio por mais de dois anos, sem que a lei tenha estabelecido o período máximo de duração do estágio.

Dispõe o art. 12 da Lei nº 11.788 que o estagiário poderá receber bolsa ou outra forma de contraprestação que venha a ser acordada, sendo compulsória a sua concessão, bem como a do auxílio-transporte, na hipótese de estágio não obrigatório. A redação do artigo é contraditória, pois menciona que o estagiário poderá receber bolsa, o que seria facultativo e depois dispõe que a concessão da bolsa é compulsória, quer dizer: independentemente da vontade do concedente. Ou é facultativa ou é obrigatória a bolsa. Não pode ser e deixar de ser ao mesmo tempo. A concessão da bolsa é obrigatória no estágio não obrigatório.

Não haverá incidência de contribuição previdenciária ou de FGTS sobre a bolsa. O imposto de renda incidirá no caso de ser excedido o limite de isenção.

A eventual concessão de benefícios relacionados a transporte, alimentação e saúde, entre outros, não caracteriza vínculo empregatício (§ 1º do art. 12 da Lei nº 11.788). O que caracteriza o vínculo de emprego é o descumprimento das determinações da Lei nº 11.788. A concessão de transporte, alimentação e saúde implica outras vantagens ao estagiário. Os benefícios alimentação e saúde não são obrigatórios. Seriam, portanto, um plus.

Estagiário tem jornada de atividade e não jornada de trabalho. A jornada de atividade em estágio será definida de comum acordo entre a instituição de ensino, a parte concedente e o aluno estagiário ou seu representante legal, devendo constar do termo de compromisso ser compatível com as atividades escolares (art. 10 da Lei nº 11.788). Deverá haver consenso entre as partes para a definição da jornada do estagiário. Do termo de compromisso deve, portanto, constar que há compatibilidade da duração do trabalho com as atividades escolares.

A duração do trabalho não deve ultrapassar:

> "I – quatro horas diárias e 20 horas semanais, no caso de estudantes de educação especial e dos anos finais do ensino fundamental, na modalidade profissional de educação de jovens e adultos;
> II – seis horas diárias e 30 horas semanais, no caso de estudantes do ensino superior, de educação profissional de nível médio e do ensino médio regular".

Essas, portanto, serão as durações máximas dos trabalhos do estagiário. A mínima poderá ser estabelecida pelas partes.

A ideia da jornada de trabalho é limitar o número de horas de trabalho por dia para menos de oito horas, fazendo com que o estágio não atrapalhe a frequência às aulas ou o próprio aprendizado, havendo tempo para o estagiário poder estudar o que aprende na escola. Exemplo pode ser o fato de o estagiário trabalhar oito horas por dia, frequentar a escola por quatro horas, despender tempo no transporte de ida e volta, de haver necessidade de período de alimentação e de higiene pessoal. Não ficaria tempo razoável para o estagiário poder estudar.

Não há previsão legal de pagamento de horas extras para o estagiário, em relação ao que exceder o que foi acima exposto. Não existe também previsão de se pagar adicional de horas extras.

O estágio relativo a cursos que alternam teoria e prática, nos períodos em que não estão programadas aulas presenciais, poderá ter jornada de 40 horas semanais, desde que isso esteja previsto no projeto pedagógico do curso e da instituição de ensino (§ 1º do art. 10 da Lei nº 11.788).

Se a instituição de ensino adotar verificações de aprendizagem periódicas ou finais, nos períodos de avaliação, a carga horária do estágio será reduzida pelo menos à metade, segundo estipulado no termo de compromisso, para garantir o bom desempenho do estudante (§ 2º do art. 10 da Lei nº 11.788).

Se o estagiário tiver o estágio de duração igual ou superior a um ano, terá ele recesso de 30 dias, a ser gozado preferencialmente durante suas férias escolares (art. 13 da Lei nº 11.788). A lei passa a denominar de recesso o período em que o estagiário não irá trabalhar, pois as férias são para empregados.

O recesso é remunerado quando o estagiário receber bolsa ou outra forma de contraprestação, o que não tinha previsão na lei anterior. Se o estagiário não receber bolsa ou outra forma de contraprestação, não será remunerado.

Para os estágios com duração inferior a um ano, o recesso será proporcional.

Não há previsão na lei de pagamento de um terço a mais na remuneração. O inciso XVIII do art. 7º da Constituição trata de férias anuais remuneradas e não de recesso. Logo, não se estende ao estagiário.

Não há previsão expressa na Lei nº 11.788 de pagamento de gratificação de Natal ao estagiário. Logo, não há obrigação legal. As partes, se quiserem, poderão estabelecer o referido direito no contrato.

O estagiário terá direito a auxílio-transporte na hipótese de estágio não obrigatório (art. 12 da Lei nº 11.788). O art. 12 dá a entender que o auxílio-transporte só é devido em caso de estágio não obrigatório, ou seja, no que é desenvolvido como atividade opcional, acrescida à carga horária regular e obrigatória, pois usa entre vírgula a expressão *na hipótese de estágio não obrigatório*.

A lei faz referência a auxílio transporte e não a vale-transporte. Logo, não se aplicam ao estagiário as regras da Lei nº 7.418/86, que trata do vale-transporte.

Dispõe o inciso IV do art. 9º da Lei nº 11.788 que é obrigação da parte que concede o estágio contratar em favor do estagiário seguro contra acidentes pessoais, cuja apólice seja compatível com valores de mercado, conforme for estabelecido no termo de compromisso. Não se trata, portanto, de faculdade, mas de direito do estagiário.

O seguro estabelecido na lei diz respeito a acidentes pessoais e não acidentes do trabalho, pois o estagiário não é empregado para se falar em acidente do trabalho.

No caso de estágio obrigatório, a responsabilidade pela contratação do seguro de que trata o inciso IV poderá, alternativamente, ser assumida pela instituição de ensino (parágrafo único do art. 9º da Lei nº 11.788). Dificilmente a instituição de ensino irá assumir a contratação do seguro, pelo fato de que a regra contida na lei é opcional e de que seria mais um custo para ela. Instituições públicas de ensino não irão fazer seguro, pois na maioria das vezes não têm verbas até para comprar livros, quanto mais para fazer seguro.

Observa-se ao estagiário a legislação relacionada à saúde e segurança no trabalho, sendo sua implementação de responsabilidade da parte concedente do estágio (art. 14 da Lei nº 11.788). Assim, devem ser observadas as regras de segurança e medicina do trabalho para o estagiário, como as contidas entre os arts. 154 a 201 da CLT e na Portaria nº 3.214/78 do Ministério do Trabalho.

Ao adolescente empregado, aprendiz, em regime familiar de trabalho, aluno de escola técnica, assistido em entidade governamental ou não governamental é vedado o trabalho em certas condições (art. 67 da Lei nº 8.069/90). O adolescente é a pessoa que está entre 12 e 18 anos (art. 2º da Lei nº 8.069/90). Pode o aluno de escola técnica ser estagiário. Por analogia ao art. 67 do Estatuto da Criança e do Adolescente (Lei nº 8.069/90) será vedado ao menor de 18 anos exercer trabalho noturno (inciso I), perigoso, insalubre ou penoso (inciso II) e realizado em horários e locais que não permitam a frequência à escola (inciso IV).

A manutenção de estagiários em desconformidade com a Lei nº 11.788 caracteriza vínculo de emprego do educando com a parte concedente do estágio para todos os fins da legislação trabalhista e previdenciária (art. 15 da Lei nº 11.788).

A instituição privada ou pública que reincidir na irregularidade de que trata este artigo ficará impedida de receber estagiários por dois anos, contados da data da decisão definitiva do processo administrativo correspondente (§ 1º do art. 15 da Lei nº 11.788).

A penalidade de que trata o parágrafo anterior limita-se à filial ou agência em que for cometida a irregularidade (§ 2º do art. 15 da Lei nº 11.788). Logo, não se aplica a todas as unidades da empresa.

A Lei nº 11.788 não determina a obrigatoriedade de anotação do estágio na CTPS, porém é recomendável para que se verifique a realidade do estágio e não da relação de emprego. Não deve haver, porém, a anotação na CTPS na parte referente ao contrato de trabalho. As anotações poderão ser sobre o curso frequentado e o ano, o nome da escola, da empresa concedente e o início e término do estágio.

Não existe nenhum dispositivo na Lei nº 11.788 que estabeleça multa administrativa pelo descumprimento de seus artigos.

A sanção pela não observância da lei é o reconhecimento do vínculo de emprego com o concedente.

A multa administrativa será a prevista no art. 54 da CLT pela falta de anotação na CTPS do empregado.

Reconhecido o vínculo de emprego, o trabalhador terá todos os direitos trabalhistas, como férias mais 1/3, gratificação de Natal, depósitos do FGTS etc.

O estagiário não é segurado obrigatório da previdência social, mas poderá se inscrever na condição de segurado facultativo do Regime Geral de Previdência Social (§ 2º do art. 12 da Lei nº 11.788), para que haja a contagem do tempo de serviço, conforme o art. 14 da Lei nº 8.212. Deverá, porém, ter 16 anos, que é a idade exigida para o trabalho de qualquer pessoa (art. 7º XXXIII, da Constituição).

A Lei nº 11.788/2008 é uma lei mais moderna do que a anterior, pois traz regras mais atualizadas da experiência prática do estágio. É também mais detalhista, pois faz previsão de várias hipóteses que não eram estabelecidas na lei anterior, além de ser mais complexa do que a anterior.

A contratação de estagiário não deve ter por objetivo apenas o aproveitamento de mão de obra mais barata, sem pagamento de qualquer encargo social, mascarando a relação de emprego, exigindo do trabalhador muitas horas diárias de trabalho. É o que se chama de *escraviário* ou de *office boy de luxo*. Deve realmente proporcionar o aprendizado ao estagiário. Estando o estágio em desacordo com as regras da Lei nº 11.788/2008, haverá vínculo de emprego entre as partes, atraindo a aplicação do art. 9º da CLT. Nesse ponto, havia muitos abusos na prática, que a lei pretende inibir.

Os sistemas de ensino estabelecerão as normas de realização do estágio em sua jurisdição, observada a lei federal sobre a matéria (art. 82 da Lei nº 9.394, de 20-12-1996).

2.13 Trabalhador voluntário

Em francês, se usa a palavra *bénévolat*, que é o trabalho gratuito. *Bénévole* é a pessoa que faz o trabalho gratuito.

O trabalho voluntário existe no Brasil há muito tempo. O serviço voluntário já era prestado na Casa de Misericórdia da vila de Santos, capitania de São Vicente, em 1543.

As igrejas usavam e continuam utilizando-se de serviços filantrópicos.

A partir de 1942, a LBA passou também a se utilizar de serviços voluntários.

Na maioria das vezes, são serviços prestados por solidariedade a outras pessoas ou em benefício da comunidade.

O deputado Paulo Borhaunsen apresentou projeto de lei para regular o trabalho voluntário, tendo por base a solidariedade social entre as pessoas. Parece que o referido projeto teve por fundamento a Lei italiana nº 266/91, que faz menção à solidariedade. O citado projeto foi convertido na Lei nº 9.608, de 18-2-1998.

Considera-se serviço voluntário a atividade não remunerada prestada por pessoa física a entidade pública de qualquer natureza ou a instituição privada sem fins lucrativos, que tenha objetivos cívicos, culturais, educacionais, científicos, recreativos ou de assistência social (art. 1º da Lei nº 9.608/98).

O trabalho voluntário não poderá, portanto, ser prestado por pessoa jurídica, mas apenas por pessoa física, que é o trabalhador.

Será o serviço voluntário uma doação do trabalho da pessoa, sem qualquer contraprestação pecuniária por parte do tomador dos serviços. São trabalhos humanitários, caritativos, desinteressados de qualquer retribuição pecuniária.

Distingue-se o trabalho voluntário do religioso. Este tem por fundamento os votos feitos pela pessoa, de consagrar sua vida a Deus, da fé a certa crença. O trabalho voluntário não tem essa característica, pois não abrange a fé da pessoa, mas o fato de o trabalho ser feito sem remuneração.

O trabalho voluntário tem como antônimo o trabalho obrigatório, a obrigação de trabalhar, que no primeiro não existe. O trabalho forçado é proveniente do cumprimento de pena, decorrente de sentença penal transitada em julgado.

O contrato de trabalho não deixa de ser voluntário, pois depende da vontade das partes em sua formação. Entretanto, não se confunde com o trabalho voluntário, em que não há remuneração. Daí melhor se falar em trabalho gratuito e não exatamente em trabalho voluntário, porque vontade a pessoa tem de trabalhar, mas apenas não recebe pelos serviços prestados. Será o trabalho voluntário apenas no que diz respeito a inexistir sanção caso o serviço não seja prestado, justamente por não ser obrigatório.

Deverá ser feito um termo de adesão entre a entidade, pública ou privada, e o prestador de serviço voluntário (art. 2º da Lei nº 9.608). Isso mostra que a natureza da prestação de serviços voluntários é contratual, pois ninguém irá prestar serviços contra sua própria vontade. Está desobrigado de prestar serviços. Não são serviços militares, nem serviços forçados.

Assim, a natureza jurídica do trabalho voluntário é contratual, de contrato de adesão.

Mesmo que não exista a elaboração do contrato escrito, o pacto pode ser verbal ou até tácito, pela continuidade da prestação de serviços sem oposição de outra pessoa, mas abrange acordo entre as partes.

O trabalho voluntário tem as seguintes características: (a) é prestado por pessoa física, de forma pessoal; (b) não há pagamento de remuneração; (c) há espontaneidade na prestação de serviços; (d) o serviço deve ser prestado para entidade pública ou privada de qualquer natureza ou instituição privada sem fins lucrativos; (e) deve existir termo de adesão, constando objeto e condições de trabalho a serem prestados.

Pode até haver subordinação, no sentido do que o trabalhador vai ou não fazer, pois é feito um contrato de adesão. Dessa forma, o trabalhador estará subordinado às determinações do contrato. O trabalhador poderá estar obrigado a cumprir ordens em decorrência da forma da divisão do trabalho, ou então da própria escala de trabalho estabelecida. Essa subordinação é menor do que a existente no contrato de trabalho, mas pode existir. Entretanto, não se confunde exatamente com o poder de direção do empregador, como no contrato de trabalho, pois o trabalhador não será punido.

Pode também existir continuidade na prestação dos serviços, que, geralmente, ocorre. Entretanto, o trabalho, por natureza, é gratuito.

O serviço voluntário não gera vínculo de emprego ou qualquer obrigação de natureza trabalhista, como, por exemplo, férias, 13º salário, horas extras e recolhimento de contribuição previdenciária (parágrafo único do art. 1º). Não há incidência do FGTS. Tal serviço não gera direitos para o prestador dos serviços, nem o empregador é obrigado a pagar verbas de natureza trabalhista ou a recolher contribuições sociais. Não há contrato de trabalho porque falta o elemento remuneração. O trabalhador presta serviços gratuitos. No contrato de trabalho, o elemento remuneração é essencial. O empregado não presta serviços gratuitos, mas remunerados. Não havendo pagamento de salário, inexiste relação de emprego.

Ao autorizar o serviço voluntário, a lei não se cercou de todos os meios necessários para coibir a fraude. Penso que seria até desnecessário, pois a lei deve ser geral. Se houver fraude, aplica-se o art. 9º da CLT. Aliás, a lei não precisaria dizer o que é trabalho voluntário, pois ele já é de conhecimento geral. Se houver pagamento de alguma remuneração, poderá existir contrato de trabalho, desde que estejam presentes os demais elementos constantes da relação de emprego.

Não se pode dizer que houve revogação ou derrogação do § 1º do art. 2º da CLT pela Lei nº 9.608, pois o trabalho prestado com subordinação e pagamento de salário a instituições de beneficência, às associações recreativas, ou outras instituições continua a ser contrato de trabalho e a relação diz respeito a empregado e empregador.

Deverá ser feito um termo de adesão entre a entidade, pública ou privada, e o prestador de serviço voluntário, dele devendo constar o objeto e as condições do seu exercício (art. 2º da Lei nº 9.608). O objeto será a finalidade do trabalho voluntário. As condições de exercício serão os dias de trabalho, duração do trabalho, horário de entrada e saída, local de trabalho, serviço a ser desenvolvido.

Da redação da lei não se sabe quem irá aderir a que, parecendo que a adesão diz respeito ao prestador dos serviços.

Não se pode dizer que o termo de adesão é substancial para a validade do negócio jurídico, pois a lei assim não exige expressamente. A validade da declaração de vontade não dependerá de forma especial, senão quando a lei expressamente o exigir (art. 104 do Código Civil). Será possível provar por todos os meios em Direito admitidos que o trabalho não é voluntário, principalmente se for demonstrado que não há remuneração, o que caracteriza o trabalho voluntário. A falta de adesão não irá, portanto, gerar o vínculo empregatício.

O termo de adesão poderá ser firmado por prazo determinado ou indeterminado, como ocorre, em princípio, em relação a qualquer contrato.

No termo de adesão poderá ser estabelecida a autorização para o reembolso e a forma como isso será feito. O reembolso terá natureza de devolver ao trabalhador o valor que despendeu com gastos necessários ao exercício da atividade, como alimentação, transporte etc.

O trabalho voluntário será prestado por pessoa física a entidade pública de qualquer natureza, ou a instituição privada sem fins lucrativos (art. 1º da Lei nº 9.608).

Entidade pública de qualquer natureza tanto pode ser da Administração Pública direta (União, Estado, Distrito Federal e Municípios), como de parte da Administração Pública indireta (autarquias e fundações). Muitas vezes, são as fundações públicas que prestam serviços assistenciais, de ajuda mútua etc.

É lícito, portanto, o serviço voluntário de natureza administrativa, porque a própria lei o autoriza. Os arts. 1º e 2º da Lei nº 9.608 mencionam que o serviço voluntário é o prestado a entidade pública de qualquer natureza. Isso não significa que o trabalho voluntário somente pode ser prestado a órgãos públicos que se dediquem a finalidades filantrópicas, mas a entidade pública de qualquer natureza.

A prestação de serviços a entidade privada só poderá ocorrer em relação a entidade sem fins lucrativos e não com fins lucrativos, segundo a Lei nº 9.608. Assim, não se enquadram nessa hipótese as empresas públicas e sociedades de economia mista, que, embora tenham natureza privada e contratem empregados, têm por objetivo lucro e, portanto, não se enquadram na hipótese legal.

Da forma como a Lei nº 9.608 está redigida é impossível a prestação de trabalho voluntário para empresas, pois a referida norma faz menção a "entidade pública de qualquer natureza" e instituição privada de fins não lucrativos. A empresa, por natureza, tem por objetivo o lucro. Assim, não será possível o trabalho para empresas que tenham por objetivo o comércio, a indústria e o serviço com finalidade lucrativa, de acordo com as disposições da Lei nº 9.608.

O cabo eleitoral que presta serviços ao candidato não estará enquadrado na Lei nº 9.608, pois o candidato não é entidade pública ou privada. O art. 100 da Lei nº 9.504, de 30-9-1997, determina que a contratação de pessoal para a prestação de serviços nas campanhas eleitorais não gera vínculo empregatício com o candidato ou partido contratante. Entretanto, seria possível acrescentar ao dispositivo o seguinte: desde que não haja subordinação e pagamento de remuneração.

A pessoa beneficiária da prestação de serviços da pessoa física terá objetivos cívicos, culturais, educacionais, científicos, recreativos ou de assistência social, inclusive mutualidade (art. 1º da Lei nº 9.608).

Atividades cívicas são relativas à pátria, como para seu desenvolvimento.

Atividades de assistência social podem ser de tomar conta de crianças na creche, de deficientes físicos, de excepcionais, de idoso, de menores carentes, de distribuição de refeições para pessoas carentes ou de abrigo a mendigos, como nos albergues; de mutirão para construção, reforma ou pintura de uma escola pública etc. Muitas vezes a atividade social é prestada por instituição de beneficência, como as Santas Casas de Misericórdia, que não têm por objetivo o lucro. Pouco importa se a entidade tem característica religiosa ou não. Importa se presta serviços beneficentes de assistência social.

A utilização da palavra *mutualidade* não é correta, pois pode dar a ideia de empréstimo (mútuo) entre as pessoas para obter um benefício comum, que não é o caso. Pode significar o mutualismo da Previdência Social, em que as pessoas fazem cotizações mútuas para formar um fundo, que será distribuído nas contingências incorridas pelas pessoas. O que a lei quer dizer é ajuda mútua entre as pessoas para obter um fim comum.

O serviço voluntário atende a um imperativo de solidariedade social, que é a ideia de solidariedade para a realização de um bem comum das pessoas, de ajuda mútua entre as pessoas.

A lei não descreve quais são as atividades que podem ser feitas sob a forma de trabalho voluntário. O termo de adesão é que irá fazer referência a tal aspecto.

Nada impede que o trabalho voluntário seja realizado em entidades religiosas ou políticas, desde que não exista pagamento de remuneração, daí por que a Lei nº 9.608 não estabelece disposição exaustiva sobre atividades, mas exemplificativa.

Se o trabalhador voluntário recebe ajuda de custo, não se pode falar que tem exatamente retribuição por seu trabalho. A ajuda de custo não integra o salário, pois o § 1º do art. 457 da CLT a ela não se refere como integrante do salário. O § 2º do mesmo artigo menciona que "não se incluem no salário as ajudas de custo".

O objetivo da ajuda de custo poderá ser o de pagar um valor ao trabalhador pela maior dificuldade que ele tem para desenvolver os serviços. Entretanto, a Lei nº 9.608 não faz referência a ajuda de custo, mas a reembolso de despesas.

O prestador de serviço voluntário poderá ser ressarcido das despesas que comprovadamente realizar no desempenho das atividades voluntárias (art. 3º da Lei nº 9.608).

Reembolso de despesas compreende o fato de que o trabalhador gasta numerário para prestar os serviços e, posteriormente, é ressarcido pela entidade.

Menciona a lei a faculdade do reembolso e não a obrigação da empresa em o fazer.

Deverá o prestador dos serviços comprovar não só a despesa que incorreu, mas que ela foi realizada no desempenho das atividades voluntárias. Isso pode ser feito mediante a apresentação da nota fiscal da despesa. Seriam exemplos de despesas com representação da entidade, transporte, combustível, estacionamento do automóvel do voluntário, alimentação, estadia etc.

Haverá obrigatoriedade do reembolso se assim for estabelecido no termo de adesão. Entretanto, as despesas a serem reembolsadas devem dizer respeito ao desempenho das atividades voluntárias e não de outras atividades do prestador do serviço. Isso se justifica para que o prestador não incorra em gastos que seriam próprios da entidade tomadora para que possa desempenhar os serviços.

As despesas a serem ressarcidas deverão estar expressamente autorizadas pela entidade a que for prestado o serviço voluntário (parágrafo único do art. 3º da Lei nº 9.608).

De preferência, as despesas deveriam ser autorizadas por escrito, justamente para evitar dúvidas se foram ou não autorizadas; mas nada impede que fossem autorizadas verbalmente, pois teriam sido expressadas. Ao trabalhador caberia provar que houve autorização verbal para o ressarcimento das despesas.

Caso a entidade não autorize que o voluntário incorra em despesas, não haverá necessidade de reembolsá-las.

Se o empregador tiver por objetivo fazer pagamentos mascarados ao trabalhador por meio de reembolso de despesas que, na verdade, seriam salário, estando presentes os demais requisitos do contrato de trabalho, haverá vínculo de emprego entre as partes.

A Lei nº 9.608 não dispõe que o tomador dos serviços terá de fazer seguro contra acidentes pessoais do trabalhador voluntário.

Os Estados e o Distrito Federal poderão instituir a prestação voluntária de serviços administrativos e de serviços auxiliares de saúde e de defesa civil nas Polícias Militares e nos Corpos de Bombeiros Militares (art. 1º da Lei nº 10.029/2000). Têm direito ao auxílio mensal, de natureza indenizatória, para custear despesas necessárias à execução dos serviços (art. 6º da Lei nº 10.029/2000).

Podem começar a surgir questões como de trabalho gratuito do empregado para ensinar língua estrangeira durante o expediente a outros funcionários da empresa. No caso ventilado, o empregado não estará desenvolvendo trabalho gratuito, mas estará à disposição do empregador, já recebendo para tanto seu salário.

Situação diversa ocorrerá se a empresa exigir o trabalho após o horário de expediente. Se o serviço tiver relação com o empregador, poderá ser considerado prorrogação da jornada de trabalho, tendo o empregado direito a horas extras.

Questão que pode ser discutida é o fato de que a empresa passa a exigir trabalho voluntário para alguma instituição de beneficência por parte de seu funcionário. Alega que seria esse o fundamento para obtenção de promoção. No caso, tanto pode haver demonstração de fraude, no sentido de que, na verdade, o beneficiado direto é a empresa, como de o trabalho ser feito na instituição de beneficência, sem qualquer remuneração e não ter qualquer ligação com o empregador. Cada caso terá de ser examinado com acuidade para verificar ou não a existência de fraude.

Desnecessária era a regularização do trabalho voluntário, pois a Lei nº 9.608 diz o óbvio, que não gera vínculo de emprego porque inexiste remuneração. O contrato de trabalho, por natureza, é oneroso e não se assemelha ao trabalho voluntário. Talvez houvesse necessidade de regulamentação apenas da questão das despesas autorizadas e não exatamente do trabalho voluntário em si. Entretanto, a Lei nº 9.608 não regula todas as formas de trabalho voluntário.

Indiscutível o fato de que o prestador tenha um proveito apenas moral ou espiritual, em ajudar o próximo ou o necessitado. O prestador dos serviços pode elevar sua autoestima com o trabalho voluntário, seja na ajuda a idosos, ao tomar conta de crianças etc.

É, porém, melhor ter trabalho, para que as pessoas preencham seu tempo livre e fiquem ocupadas, mostrando seu valor, ainda que num trabalho voluntário, podendo ajudar outras pessoas, do que nada ter a fazer e dedicar-se ao ostracismo, ficando a pessoa doente e esclerosada. A disposição da Lei nº 9.608 não deixa de ser uma forma de prestigiar a dignidade da pessoa humana e a valorização social do trabalho (art. 1º, III e IV, da Constituição).

2.14 Salão-parceiro

Dispõe a Lei nº 12.592, de 18 de janeiro de 2012, sobre o exercício das atividades profissionais de cabeleireiro, barbeiro, esteticista, manicure, pedicure, depilador e maquiador. Essas pessoas são profissionais que exercem atividades de higiene e embelezamento capilar, estético, facial e corporal dos indivíduos (parágrafo único do art. 1º).

A Lei nº 13.352, de 27 de outubro de 2016, deu nova redação a Lei nº 12.592/2012 em relação a alguns de seus dispositivos. Passou a tratar do contrato de parceria entre os profissionais que exercem as atividades de cabeleireiro, barbeiro, esteticista, manicure, pedicure, depilador e maquiador e pessoas jurídicas registradas como salão de beleza.

Os salões de beleza poderão celebrar contratos de parceria, por escrito, com os profissionais que desempenham as atividades de cabeleireiro, barbeiro, esteticista, manicure, pedicure, depilador e maquiador (art. 1º-A da Lei nº 12.592). O contrato de parceria não poderá ser feito de forma verbal. Necessariamente precisará ser feito por escrito. Esse é um requisito para a validade desse negócio jurídico (art. 104 do Código Civil), pois se configura o vínculo de emprego se não houver sido celebrado tal contrato (art. 1º-C, I, da Lei nº 12.592).

Os estabelecimentos e os profissionais, ao atuarem nos termos da Lei nº 12.592, serão denominados salão-parceiro e profissional-parceiro, respectivamente, para todos os efeitos jurídicos. O salão-parceiro será responsável pela centralização dos pagamentos e recebimentos decorrentes das atividades de prestação de serviços de beleza realizadas pelo profissional-parceiro na forma da parceria estabelecida.

Ao se falar em parceria, o ideal seria que fossem assumidos riscos de atividades por ambas as partes, tanto em relação aos lucros obtidos com a exploração do negócio, como, por exemplo, com despesas de contas de água, luz, telefone, gás etc. Deve haver colaboração, coordenação entre os parceiros e não subordinação.

Uma teoria entende que para efeito de se saber se há autonomia na prestação de serviços é preciso verificar de quem são as ferramentas de trabalho. Se elas são do trabalhador, ele é autônomo. Se elas são do tomador dos serviços, o trabalhador é empregado. Essa afirmação é relativa e depende do exame de outros elementos de fato. Se o parceiro tem suas próprias ferramentas, como escovas, pentes, tesouras, secadores, assim como utiliza os produtos que compra como talco, tinta, xampu ou outros, pode ser autônomo.

O salão-parceiro realizará a retenção de sua cota-parte porcentual, fixada no contrato de parceria, bem como dos valores de recolhimento de tributos e contribuições sociais e previdenciárias devidos pelo profissional-parceiro incidentes sobre a cota-parte que a este couber na parceria.

A cota-parte retida pelo salão-parceiro ocorrerá a título de atividade de aluguel de bens móveis e de utensílios para o desempenho das atividades de serviços de beleza e/ou a título de serviços de gestão, de apoio administrativo, de escritório, de cobrança e de recebimentos de valores transitórios recebidos de clientes das atividades de serviços de beleza, e a cota-parte destinada ao profissional-parceiro ocorrerá a título de atividades de prestação de serviços de beleza.

Determina o § 1º-A do art. 13 da Lei Complementar nº 123 que os valores repassados aos profissionais de que trata a Lei nº 12.592/2012, contratados por meio de parceria, nos termos da legislação civil, não integrarão a receita bruta da empresa contratante para fins de tributação, cabendo ao contratante a retenção e o recolhimento dos tributos devidos pelo contratado.

A cota-parte destinada ao profissional-parceiro não será considerada para o cômputo da receita bruta do salão-parceiro ainda que adotado sistema de emissão de nota fiscal unificada ao consumidor.

O profissional-parceiro não poderá assumir as responsabilidades e obrigações decorrentes da administração da pessoa jurídica do salão-parceiro, de ordem contábil, fiscal, trabalhista e previdenciária incidentes, ou quaisquer outras relativas ao funcionamento do negócio.

Os profissionais-parceiros poderão ser qualificados, perante as autoridades fazendárias, como pequenos empresários, microempresários ou microempreendedores individuais.

O contrato de parceria será firmado entre as partes, mediante ato escrito, homologado pelo sindicato da categoria profissional e laboral e, na ausência desses, pelo órgão local competente do Ministério do Trabalho, perante duas testemunhas.

O profissional-parceiro, mesmo que inscrito como pessoa jurídica, será assistido pelo seu sindicato de categoria profissional e, na ausência deste, pelo órgão local competente do Ministério do Trabalho. A lei exige que o profissional-parceiro seja assistido pelo Sindicato. Se ele é autônomo, não tem sentido ser assistido pelo Sindicato. Não seria também hipossuficiente para se falar em assistência.

São cláusulas obrigatórias do contrato de parceria as que estabeleçam: I – porcentual das retenções pelo salão-parceiro dos valores recebidos por cada serviço prestado pelo profissional-parceiro; II – obrigação, por parte do salão-parceiro, de retenção e de recolhimento dos tributos e contribuições sociais e previdenciárias devidos pelo profissional-parceiro em decorrência da atividade deste na parceria; III – condições e periodicidade do pagamento do profissional-parceiro, por tipo de serviço oferecido; IV – direitos do profissional-parceiro quanto ao uso de bens materiais necessários ao desempenho das atividades profissionais, bem como sobre o acesso e circulação nas dependências do estabelecimento; V – possibilidade de rescisão unilateral do contrato, no caso de não subsistir interesse na sua continuidade, mediante aviso-prévio de, no mínimo, 30 dias, podendo, portanto, ser maior, se assim quiserem as partes; VI – responsabilidades de ambas as partes com a manutenção e higiene de materiais e equipamentos, das condições de funcionamento do negócio e do bom atendimento dos clientes; VII – obrigação, por parte do profissional-parceiro, de manutenção da regularidade de sua inscrição perante as autoridades fazendárias.

O profissional-parceiro não terá relação de emprego ou de sociedade com o salão-parceiro enquanto perdurar a relação de parceria. Configurar-se-á vínculo empregatício entre a pessoa jurídica do salão-parceiro e o profissional-parceiro quando: I – não existir contrato de parceria formalizado; II – o profissional-parceiro desempenhar funções diferentes das descritas no contrato de parceria (art. 1º-C). Deverá, também, ser observada a efetiva realidade dos fatos, pois, se o empregador tiver por objetivo desvirtuar, impedir ou fraudar a aplicação da CLT (art. 9º da CLT), haverá vínculo de emprego.

Cabem ao salão-parceiro a preservação e a manutenção das adequadas condições de trabalho do profissional-parceiro, especialmente quanto aos seus equipamentos e instalações, possibilitando as condições adequadas ao cumprimento das normas de segurança e saúde (art. 1º-B).

O processo de fiscalização, de autuação e de imposição de multas é regido pelo disposto no Título VII da CLT (arts. 626 a 642 da CLT) (art. 1º-D).

Os profissionais mencionados deverão obedecer às normas sanitárias, efetuando a esterilização de materiais e utensílios utilizados no atendimento a seus clientes (art. 4º).

3 CARGOS DE CONFIANÇA

Confiar vem do latim *confidere*. Confiança é palavra composta de *com + fé*. Tem o sentido de fé, convicção, credulidade, segurança, certeza, esperança.

Os altos empregados são assim chamados no México, Argentina e Uruguai. Na França, são denominados *cadres*. Na Itália são chamados de empregados dirigentes.

No Brasil, usa-se a denominação cargo de confiança. Na verdade, o certo seria se falar em função de confiança e não em cargo, pois o empregador não tem cargo na empresa, mas função. Cargo existe no funcionalismo público. A primeira parte do § 2º do art. 224 da CLT menciona que "as disposições deste artigo não se aplicam aos que exercem *funções* de direção (...)". O art. 461 da CLT mostra que a equiparação salarial ocorre entre pessoas que exercem idênticas funções. Entretanto, o parágrafo único do art. 468, o § 1º do art. 469 e a parte final do § 2º do art. 224 da CLT fazem referência a *cargo* e *cargo de confiança*.

O cargo de confiança hoje tem de ser analisado em razão da utilização das novas tecnologias, do trabalho à distância, principalmente do trabalho pela Internet, das novas técnicas de administração das empresas.

Exerce cargo de confiança o empregado que tem encargo de gestão, tem parcela delegada do poder do empregador, podendo, por exemplo, admitir, dispensar, punir outras pessoas, exercer mandato, além de ter padrão mais elevado de vencimentos do que outros empregados da empresa.

O conceito estabelece hipóteses exemplificativas e não taxativas para efeito da identificação do cargo de confiança.

É certo que a ideia de admissão ou dispensa pode ser feita nas grandes empresas por certo setor especializado, como o Departamento de Pessoal ou o Departamento de Recursos Humanos.

Pode ocorrer também de o empregado não ter poderes para substituir o empregador.

O empregado também pode não ter subordinados, como "operador" da mesa de captação de uma instituição financeira. Essa pessoa contrata negócios em montante tão elevado, que pode causar riscos de segurança operacional ao banco. O mesmo pode ocorrer com um operador da Bolsa de Valores que faz vendas e compras em nome da empresa, podendo decidir em nome da Corretora de Valores.

O empregado de confiança exerce funções que são mais próximas das do empregador, por delegação de poderes deste.

Se o poder de direção do empregado puder comprometer o negócio do empregador, o trabalhador exerce cargo de confiança.

O empregado não precisa ser considerado o *alter ego* do empregador para dizer que exerce cargo de confiança. Na empresa moderna, as decisões podem também ser tomadas em graus inferiores, em razão da estrutura que a empresa tem.

É certo que quanto maior for o cargo de confiança exercido pelo empregado menor será o seu grau de subordinação em relação ao empregador.

O padrão mais elevado de vencimentos é o que ocorre na peculiaridade de cada empresa. É proporcional ao tamanho de cada empresa.

De um modo geral, quem exerce trabalho intelectual não tem cargo de confiança, mas, dependendo do caso, função técnica.

Os altos empregados têm um contrato misto de trabalho e mandato.

Não é comum um empregado normal ser investido de mandato pelo empregador, mas isso pode ocorrer com certos empregados. O fato de o empregado ter mandato do empregador não desqualifica o contrato de trabalho.

A denominação do cargo, dada pelo empregador, não implica que o empregado exerce cargo de confiança. Importante é a situação de fato.

Nélio Reis faz divisão em confiança especial, confiança geral, cargos de direção e confiança técnica.[19]

Leciona Nélio Reis que cargo de confiança especial é o "que o empregador delega ao empregado a responsabilidade de uma determinada tarefa ou função especial dentro dos demais interesses primordiais da empresa. Assim o Caixa de um banco, o Tesoureiro (empregado) de uma associação, o Chefe de Clínica de um Hospital etc.".[20]

O gerente pode representar o empregador em audiência (§ 1º do art. 843 da CLT).

O comandante da embarcação tem atribuições especiais do empregador. O § 1º do art. 248 da CLT delega atribuições especiais ao comandante: "a exigência de serviço contínuo ou intermitente ficará a critério do comandante".

O empregador teria uma confiança especial no caixa, porque ele lida com dinheiro do banco, faz e recebe pagamentos. Entretanto, se o caixa de banco não exerce nenhuma representação especial, não pode fazer aplicações sem alçada, não exerce cargo de confiança. O inciso VI da Súmula 102 do TST mostra que "o caixa bancário, ainda que caixa executivo, não exerce cargo de confiança. Se perceber gratificação igual ou superior a um terço do salário do posto efetivo, essa remunera apenas a maior responsabilidade do cargo e não as duas horas extraordinárias além da sexta". Se o caixa ou caixa executivo têm de prestar fiança ou caução nas suas operações, não se pode falar que exercem cargo de confiança, pois se denota que o empregador não tem confiança no empregado, tanto que exige fiança ou caução.

Na confiança geral, o empregado recebe poderes de gestão, fiscalizando também os serviços. Dizem respeito aos principais interesses da empresa.

Na confiança especial, o empregado recebe um posto específico ou especial, que o empregador lhe dá certa delegação.

Exemplo de confiança geral é o gerente previsto no inciso II do art. 62 da CLT ou o encarregado geral.

Os cargos de direção são de confiança do empregador. O empregador não iria deixar alguém dirigir o seu empreendimento se não tivesse confiança especial no empregado.

---

19 REIS, Nélio. *Contratos especiais de trabalho*. 2. ed. Rio de Janeiro: Freitas Bastos, 1961. p. 131.

20 Idem, ibidem, p. 131.

Nos cargos de direção, a função diretiva é primordial.

Não se confunde cargo técnico com cargo de confiança técnica.

Cargo técnico tem empregado qualificado para certo mister, como engenheiro de produção, eletricista de máquinas etc., mas não tem autonomia ou poderes delegados pelo empregador. O art. 357 da CLT faz referência a funções técnicas especializadas. O químico é um responsável técnico (art. 335 da CLT). O que interessa é a técnica que o empregado tem.

É claro que o empregador sempre confia na competência técnica do seu empregado para o desenvolvimento do seu trabalho.

Cargo de confiança técnica implica ter o empregado qualificação técnica, mas o empregador também lhe delega poderes. Tem liberdade para o exercício da sua profissão, em razão da técnica que necessita ser aplicada.

O empregado de confiança técnica pode substituir o empregador em três hipóteses, segundo José Luiz Ferreira Prunes:

> "1. quando o empregador, embora tendo capacidade técnica, deseja ser substituído por um empregado.
> 2. quando o empregador, não possuindo capacidade técnica, confia estes serviços especiais ao empregado.
> 3. quando, por determinação legal, exista a necessidade de substituição, passando o empregado a responsável técnico".[21]

Os jornalistas também podem ter cargo de confiança técnica: "os dispositivos dos arts. 303, 304 e 305 não se aplicam àqueles que exercem as funções de redator-chefe, secretário, subsecretário, chefe e subchefe de revisão, chefe de oficina, de ilustração(...)" (art. 306 da CLT).

Mozart Victor Russomano divide a confiança em: genérica, específica, excepcional e estrita.[22]

O empregador tem confiança genérica no empregado. O contrato de trabalho é baseado na confiança. Se deixa de existir confiança entre as partes, não tem mais sentido a manutenção do contrato de trabalho.

A prática de um ato grave que abale a confiança das partes pode implicar a cessação do contrato de trabalho por justa causa ou por rescisão indireta.

A confiança específica é a dos bancários. É prevista no art. 224 da CLT e no seu § 2º. Essa regra também é chamada de confiança bancária.

---

21 PRUNES, José Luiz Ferreira. *Cargos de confiança no direito brasileiro do trabalho*. São Paulo: LTr, 1975. p. 57.

22 RUSSOMANO, Mozart Victor. *Comentários à CLT*. 17. ed. Rio de Janeiro: Forense, 1997. v. I, p. 138.

O objetivo da norma é excluir da jornada de 6 horas o bancário que exerce função de confiança, tendo jornada de 8 horas.

O citado dispositivo é mais amplo e não faz referência expressa a exercício de cargo de confiança, mas também confunde função e cargo.

Fiscalização exerce, por exemplo, o supervisor, o inspetor, que têm a característica de inspeção. Não é necessário que essas pessoas tenham subordinados para ser enquadrados no referido parágrafo.

Apresenta, também, enumeração exemplificativa e não taxativa, pois utiliza a expressão *e equivalentes* e *outros cargos de confiança*. São tipos abertos, que permitem a inclusão de vários cargos de confiança. Equivalentes são outras pessoas que exerçam funções análogas à de chefia, fiscalização, gerência, diretoria etc. A simples nomenclatura dada ao cargo não irá caracterizá-lo como de confiança, além do que a prova do cargo de confiança pertence à empresa, por se tratar de fato impeditivo do direito à 7ª e 8ª horas como extras.

Exige, porém, que as pessoas que exerçam cargo de confiança bancária recebam gratificação não inferior a 1/3 do salário do cargo efetivo.

Tem função de fiscalização o auditor, que não precisa ter subordinados para demonstrar que exerce cargo de fiscalização. Basta auditar as contas do banco. O auditor tem acesso a documentos sigilosos da empresa para poder fazer a auditoria.

Exerce cargo bancário de confiança o gerente de atendimento, o gerente de contas desde que não tenham alçada para fazer aplicações financeiras ou concessão de empréstimos, a pessoa que tenha assinatura autorizada, o que assina sozinho sem a presença de outra pessoa. Geralmente a necessidade de duas pessoas assinarem mostra a segurança da operação e não exatamente a questão de confiança.

Não são considerados cargos de confiança o funcionário de Organização e Métodos, a secretária, analista de recursos humanos, principalmente quando não têm subordinados.

Da mesma forma, programador de computação, operador de sistemas e analista de sistemas, que têm simples senhas para entrar no sistema, também não exercem cargo de confiança. Exercem, na verdade, função técnica.

O inciso V da Súmula 102 do TST é claro no sentido de que "o advogado empregado de banco, pelo simples exercício da advocacia, não exerce cargo de confiança, não se enquadrando, portanto, na hipótese do § 2º do art. 224 da CLT".

A Súmula 287 do TST esclarece que "a jornada de trabalho do empregado de banco gerente de agência é regida pelo art. 224, § 2º, da CLT. Quanto ao gerente-geral de agência bancária, presume-se o exercício de encargo de gestão, aplicando-se-lhe o art. 62 da CLT". A presunção é relativa, admitindo-se prova em sentido contrário.

A regra do art. 237 da CLT mostra ferroviários que exercem cargos de confiança especial: "funcionários da alta administração, chefes e ajudantes de departamentos e seções, engenheiros, residentes, chefes de depósitos, inspetores e demais empregados que exercem funções administrativas e fiscalizadoras".

A confiança estrita é prevista no art. 499 da CLT.

O § 4º do art. 53 do Decreto nº 20.465/31 previa: "Não se compreendem neste artigo os cargos de diretoria e gerência das empresas e os da confiança imediata dos governos e das administrações superiores das empresas".

A redação do art. 499 da CLT é a seguinte: "Não haverá estabilidade no exercício dos cargos de diretoria, gerência ou *outros cargos de confiança* imediata do empregador". Esses empregados administram ou dirigem os negócios do empregador". Confiança imediata é a direta. O artigo não trata, porém, de confiança mediata, que seria a indireta. Não são especificados quais são os "outros cargos de confiança imediata do empregador".

Geralmente o empregado recebe valor superior ao de outros empregados da empresa, tem poderes de admitir e demitir funcionários e tem subordinados, pois não pode ser gerente ou diretor de si mesmo sem ter subordinados.

A confiança excepcional está prevista no art. 62 da CLT.

A Lei nº 8.966, de 27 de dezembro de 1994, deu nova redação ao art. 62:

> "Art. 62. Não são abrangidos pelo regime previsto neste capítulo: (...)
> II – os gerentes, assim considerados os exercentes de cargos de gestão, aos quais se equiparam, para efeito do disposto neste artigo, os diretores e chefes de departamento ou filial.
> Parágrafo único. O regime previsto neste capítulo será aplicável aos empregados mencionados no inciso II deste artigo, quando o salário do cargo de confiança, compreendendo a gratificação de função, se houver, for inferior ao valor do respectivo salário efetivo acrescido de 40% (quarenta por cento)".

O artigo trata de situação que exclui do Capítulo II, da Duração do Trabalho, ou seja, o empregado não faz jus a horas extras, adicional noturno, hora noturna reduzida.

A mera nomenclatura do cargo é irrelevante, pois é preciso que a pessoa exerça encargo de gestão na empresa.

Gerente é a pessoa que gere um determinado setor da empresa. Gerir tem o sentido de administrar, governar, dirigir. A maior dificuldade consiste em dizer quem é gerente, pois o empregado pode ser rotulado de gerente, mas efetivamente não o ser, ou não ter poderes para tanto. É gerente o que tem poderes de gestão, como de admitir ou dispensar funcionários, adverti-los, puni-los, suspendê-los, de fazer compras ou vendas em nome do empregador, sendo aquele que tem subordinados, pois não se pode falar num chefe que não tem chefiados.

Diretor é quem dirige a empresa. Está acima do gerente. O gerente lhe deve subordinação.

Chefes de departamento ou filial são as pessoas que chefiam determinados departamentos ou filiais, cumprindo determinações do escalão superior da empresa para dirigir e estabelecer disciplina interna nos respectivos setores.

Não mais consta do artigo a necessidade de o gerente ser investido de mandato, na forma legal. Isso significa que o mandato tanto pode ser expresso como tácito, verbal ou escrito (art. 656 do Código Civil). Se a lei não distingue, não cabe ao intérprete fazê-lo. O importante é que ele exista, para que a pessoa que exerce cargo de confiança exercer os poderes de chefia ou de direção, para administrar o empreendimento do empresário. Embora a atual norma mencione apenas "cargos de gestão", é possível entender que a pessoa que tem cargo de gestão é a que tem mandato, ainda que verbal ou tácito.

O art. 450 da CLT prevê que "ao empregado chamado a ocupar, em comissão, interinamente, ou em substituição eventual ou temporária, cargo diverso do que exercer na empresa, serão garantidas a contagem do tempo naquele serviço bem como a volta ao cargo anterior". Quem ocupa cargo em comissão exerce cargo de confiança do empregador, tanto que permite a contagem do tempo do referido cargo e a volta ao cargo anterior. O artigo faz distinção em relação a quem ocupa interinamente, temporariamente, o cargo em comissão e não para quem o exerce de forma definitiva.

O parágrafo único do art. 468 da CLT dispõe que "não se considera alteração unilateral a determinação do empregador para que o respectivo empregado reverta ao cargo efetivo, anteriormente ocupado, deixando o exercício de função de confiança". É o que se chama de reversão.

O art. 469 da CLT prevê o adicional de transferência. A redação do § 1º do referido artigo é a seguinte: "§ 1º Não estão compreendidos na proibição deste artigo: os empregados que exerçam cargo de confiança e aqueles cujos contratos tenham como condição, implícita ou explícita, a transferência, quando esta decorra de real necessidade de serviço".

A lei não faz descrição do que seria o cargo de confiança e quais as suas atribuições.

O empregador tem confiança maior no empregado, tanto que a lei permite a mobilidade, a transferência do empregado de um lugar para outro.

A norma legal não tem previsão expressa no sentido de que essas pessoas devem ter poder de mando ou gestão, como no inciso II do art. 62 da CLT.

O parágrafo único do art. 468 e o § 1º do art. 469 da CLT não visam definir o cargo de confiança, mas dispor, no primeiro caso, sobre não poder ser alterado o contrato de trabalho, mas permite a reversão ao cargo anteriormente ocupado, ou seja, pode ser feita a alteração do contrato de trabalho, com retorno ao cargo anteriormente ocupado; no segundo caso, permitir a transferência de quem exerce cargo de confiança.

Não existe fórmula matemática para estabelecer com certeza absoluta uma definição de cargo de confiança. Cada caso tem de ser examinado em separado para verificar as suas particularidades.

É certo que o cargo de confiança precisa ser mais bem pensado diante da utilização das novas tecnologias, do trabalho à distância, principalmente do trabalho pela Internet, das novas técnicas de administração das empresas.

Parece que o objetivo do legislador não foi estabelecer conceito uniforme de cargo de confiança, mas determinar em cada artigo uma disposição específica ou então restringir certos direitos, como no art. 62, II da CLT (excluir a duração do trabalho), no § 2º do art. 224 da CLT (permitir o trabalho por 8 horas diárias para o bancário), no § 1º do art. 468 da CLT (permitir o retorno à função anterior), no § 1º do art. 469 da CLT (permitir a transferência da pessoa que exerce cargo de confiança), e no art. 499 da CLT (excluir o direito de estabilidade).

Foi dada nova redação à CLT em relação a vários artigos no curso do tempo, porém não se estabeleceu uniformidade para esclarecer o que é cargo de confiança ou então quais são as funções ou os cargos de confiança.

O exercício do cargo de confiança não ocorre apenas para quem admite ou demite funcionários, tem subordinados, mas para quem age em nome do empregador, para quem tem grau de comprometimento em relação ao empregador.

Talvez, o ideal seria que o legislador estabelecesse um único e claro conceito do que é cargo de confiança ou então que dispusesse a respeito dos elementos para a caracterização do referido cargo e isso valesse para várias hipóteses.

Questões

1. O que é empregado?
2. Quais são suas características?
3. O que vem a ser subordinação e como ela pode ser explicada?
4. É possível o empregado trabalhar em sua residência?

5. O que é empregado aprendiz?
6. Qual o conceito de empregado doméstico?
7. O que vem a ser empregado rural?
8. O trabalhador temporário é considerado empregado? De quem?
9. Conceitue trabalhador eventual.
10. Conceitue o trabalhador avulso, exemplificando.
11. Quais são os requisitos para a configuração do estágio?

Capítulo 15

EMPREGADOR

1 CONCEITO

Na prática, costuma-se chamar o empregador de patrão, empresário, dador do trabalho. O art. 2º da CLT considera empregador "a empresa, individual ou coletiva, que, assumindo os riscos da atividade econômica, admite, assalaria e dirige a prestação pessoal de serviços". O § 1º do mesmo artigo equipara a empregador, "para os efeitos da relação de emprego, os profissionais liberais, as instituições de beneficência, as associações recreativas ou outras instituições sem fins lucrativos, que admitirem trabalhadores como empregados".

2 EMPRESA

A empresa tem característica eminentemente econômica e seu conceito é encontrado, principalmente, na Economia.

As atividades empresariais são voltadas para o interesse da produção, em oposição ao sistema anterior em que as atividades eram mais artesanais ou familiares.

Numa concepção econômica, a empresa é a combinação dos fatores da produção: terra, capital e trabalho. Hodiernamente, a empresa tem, portanto, suas atividades voltadas para o mercado.

A empresa é um centro de decisões, em que são adotadas as estratégias econômicas.

Na concepção jurídica, a empresa é a atividade exercida pelo empresário.

2.1 Conceito

Determina o art. 16 da Lei Federal do Trabalho do México que "para os efeitos das normas do trabalho, se entende por empresa, a unidade econômica de produção ou distribuição de bens ou serviços, e estabelecimento, a unidade técnica que como sucursal, agência ou outra forma semelhante, seja parte integrante e contribua para a realização dos fins da empresa".

Empresa é a atividade organizada para a produção ou circulação de bens e serviços para o mercado, com fito de lucro.

O essencial em qualquer empresa, por natureza, é que ela é criada com a finalidade de se obter lucro na atividade. Normalmente, o empresário não tem por objetivo criar empresa que não tenha por finalidade o lucro. A exceção à regra são as associações beneficentes, as cooperativas, os clubes etc. Lógico também que a empresa pode ter por finalidade a obtenção de outros fins, mas o principal é o de alcançar o lucro; mas também é possível dizer que a finalidade principal da empresa não é o lucro, pois este constitui o resultado da atividade empresarial.

Antigamente, resolvia-se o estudo de um conceito sempre pela ideia da propriedade, do contrato, da sociedade etc. Hoje, é preciso analisar ainda outros fatores. O Estado também se imiscui na empresa, retirando dela tributos. Os acionistas procuram conjugar seus esforços com seus empregados, daí surgindo a participação nos lucros e na gestão, propiciando a melhor interação das partes para que a empresa possa produzir. Mesmo a liberdade das condições de contratação no trabalho passa a ser ceifada pelo interesse de proteção do Estado.

A empresa também não deixa de ser explicada como uma abstração como entidade jurídica, entendendo-se que seria uma *ficção legal*.

A relação entre as pessoas e os meios para o exercício da empresa leva à abstração, em que a figura mais importante seria, na verdade, o empresário, em que o que prepondera é a organização do capital e do trabalho pelo último.

Do exercício da atividade produtiva somente se tem, portanto, uma ideia abstrata.

Enfim, o conceito de empresa não é essencial no Direito do Trabalho, nem é pacífico no âmbito dos doutrinadores, mas ajuda a desenvolver e estudar o conceito de empregador, que precisa ser analisado, pois há inclusive definição legal no art. 2º da CLT, apesar de o Direito do Trabalho mais se preocupar com a organização do trabalho.

O certo é que o conceito de empresa é principalmente utilizado no Direito do Trabalho, Comercial, Tributário e Econômico. A empresa é de certa forma a principal arrecadadora de tributos. No Direito do Trabalho, a empresa normalmente é o empregador. A própria CLT define o empregador como a empresa (art. 2º). No Direito Comercial, o centro de suas preocupações é a empresa, como ela nasce, vive e morre, inclusive de maneira anormal, como na falência e na recuperação judicial. No Direito Econômico, também se estuda a empresa, pois esta é um dos principais polos da atividade econômica.

2.2 Distinção

A empresa, entretanto, não se confunde com o *estabelecimento*, que é o lugar em que o empresário exerce suas atividades. Estabelecimento é o complexo de bens materiais e imateriais organizado, para exercício da empresa, por empresário, ou por sociedade empresária (art. 1.142 do Código Civil). O estabelecimento é parte da empresa. Serve o estabelecimento para explicar o lugar em que são formados os preços, a distribuição dos recursos, onde ficam os estoques. O estabelecimento ou *fundo de comércio* (*azienda*) é o conjunto de bens operados pelo comerciante, sendo uma universalidade de fato, ou seja, objeto e não sujeito de direitos. O estabelecimento compreende as coisas corpóreas existentes em determinado lugar da empresa, como instalações, máquinas, equipamentos, utensílios etc., e as incorpóreas, como a marca, as patentes, os sinais etc. Não se pode, porém, dizer que a empresa é a unidade econômica e o estabelecimento a unidade técnica, pois, nos casos em que a empresa possuísse um único estabelecimento, a unidade econômica se confundiria com a técnica. De outro modo, há empresas que são móveis, como as teatrais, os circos etc.

Distingue-se também a empresa da pessoa do proprietário, pois uma empresa bem gerida pode durar anos, enquanto o proprietário falece. É a ideia do conceito de *instituição*, em que instituição é o que perdura no tempo. O empresário é a pessoa que exercita profissionalmente a atividade economicamente organizada, visando à produção ou circulação de bens ou serviços para o mercado (art. 966 do CC). Nesse conceito, verifica-se que o empresário não é aquele que exerce sua atividade eventualmente, mas habitualmente, com características profissionais. Quem assume os riscos do empreendimento é o empresário, que se beneficia dos lucros e se expõe ao prejuízo. Algumas das regras do Direito Tutelar do Trabalho destinam-se, porém, ao estabelecimento, como as relativas à medicina e segurança do trabalho, sem se esquecer também de que no conceito de empresa devem ser analisados os grupos de empresas.

2.3 Natureza jurídica

Várias concepções da empresa podem ser estudadas. O aspecto subjetivo, que corresponderia ao sinônimo de empresário; o aspecto funcional, que compreende a atividade econômica organizada; o aspecto objetivo, em que se utiliza a expressão italiana *azienda*, que compreende o conjunto de bens patrimoniais destinados ao exercício da atividade empresarial; o corporativo ou institucional, que diz respeito à organização de pessoas, incluindo o empresário e seus auxiliares (Barreto Filho, LXXII/400). Essas teorias foram desenvolvidas pelo jurista italiano Asquini.

A posição subjetiva é a que considera a empresa como sujeito de direito, sendo decorrente da definição de empresário do art. 2.082 do Código Civil italiano. Antigamente, essa teoria via a empresa como o empresário, que é a ideia decorrente do Direito italiano. Havia, porém, a necessidade de se distinguir o empresário da empresa, que não se confundem. Assim, a empresa é fonte de condições de trabalho e de organização e, em decorrência, traz consequências jurídicas.

A posição funcional compreende o desenvolvimento profissional de uma atividade e a organização dos meios para tanto, como da produção, visando à prestação de serviços ou à produção de bens. É a combinação do capital e do trabalho na produção. A atividade pressupõe continuidade, duração e, ao mesmo tempo, orientação, que tem por objetivo dirigir a produção para o mercado. Alguns autores costumam dizer que a empresa é o fundamento do comércio. O empresário seria, entretanto, o sujeito da empresa. Esta seria a atividade, e o estabelecimento, o meio destinado à consecução dos objetivos da empresa. Assim, seria possível dizer que a empresa se caracteriza como a atividade profissional do empresário, porém não de qualquer maneira, mas de forma organizada.

A posição objetiva entende que tanto a empresa como o estabelecimento constituem a finalidade do empresário. A empresa também poderia ser a forma do exercício do estabelecimento. O estabelecimento seria estático e a empresa seria compreendida num conceito dinâmico, correspondendo, portanto, a um bem imaterial. Seria possível ver a empresa não como pessoa jurídica, mas como objeto e não como sujeito de direito, porque a empresa é uma forma de atividade do empresário. O sujeito de direito, assim, seria o empresário. Se se entender, porém, que a atividade pode constituir-se em objeto de direito sob certa tutela jurídica, a empresa pode ser considerada como objeto de direito.

A teoria institucional é defendida por Maurice Hauriou e Rennard. (*La théorie de l'institution*. Paris: Sirey, 1930). A instituição seria uma coisa imóvel, que vai modificando-se em estágios sucessivos. Seria, portanto, a instituição o que perdura no tempo, tendo acepção de algo durável, contínuo. Seria, assim, o que surge para durar. Seria possível lembrar a expressão popular: os homens passam, as instituições ficam. À medida que o conceito de empresa vai-se desenvolvendo é que ela vai adquirindo autonomia jurídica. Não se pode negar que uma empresa tem um aspecto real, de instituição, pois, mesmo que a lei dissesse que a empresa não seria empresa, ela continuaria existindo, ou as coisas continuariam existindo. A empresa desprende-se de seu criador e passa a ter uma realidade objetiva, cumprindo os fins que lhe são inerentes.

No âmbito do Direito do Trabalho, o predomínio da análise da empresa como instituição foi-se desenvolvendo a partir de vários estudos. A empresa seria, assim, uma instituição de direito privado, que tem por objetivo desenvolver uma função econômico-social, predominando sobre o interesse particular ou individual das partes. O que interessa é o social, o grupo (Mesquita, 1991:37).

O certo é que na economia moderna a empresa tem várias funções, em que são múltiplos os interesses a serem analisados: dos proprietários, dos administradores, dos empregados, da comunidade, do Estado etc. A empresa, portanto, não se subordina apenas aos interesses dos empresários. Uma das principais características desse desenvolvimento foi a dissociação entre a propriedade e o controle. Os proprietários que têm maioria na empresa é que detêm seu controle; mas este pode ser, inclusive, exercido pela minoria. Pode acontecer de haver uma pulverização das ações ou cotas da empresa, em que ninguém, efetivamente, detenha seu controle; porém quem dirige a empresa é um gerente ou algo semelhante. Os próprios trabalhadores têm crescente participação na empresa, já se falando hoje em participação nos lucros e, inclusive, na gestão.

A empresa tem a característica de atividade ou de objeto de direito e não de sujeito de direito.

3 EMPREGADOR

A CLT dispõe que empregador é a empresa. Para uns, empresa é sujeito de direito, enquanto para outros é objeto de direito, analisada como um conjunto de bens, que não seria equiparável a sujeito de direito. Empregador deveria ser a pessoa física ou jurídica para aqueles que entendem que o empregador não é sujeito, mas objeto de direito. Não deixa de ser empregador aquela atividade organizada que vende bens ou serviços no mercado, mas que não tem finalidade de lucro, como as associações, as entidades de beneficência etc.

A equiparação do empregador à empresa tem por base a teoria institucionalista. A empresa é algo que perdura no tempo, feita para durar, duradoura.

Numa concepção mais objetiva, empregador é o ente destituído de personalidade jurídica. Não é requisito para ser empregador ter personalidade jurídica. Tanto é empregador a sociedade de fato, a sociedade irregular que ainda não tem seus atos constitutivos registrados na repartição competente, como a sociedade regularmente inscrita na Junta Comercial ou no Cartório de Registro de Títulos e Documentos. Será, também, considerado como empregador o condomínio de apartamentos, que não tem personalidade jurídica, mas emprega trabalhadores sob o regime da CLT (Lei nº 2.757/56).

As entidades que não têm atividade econômica também assumem riscos, sendo consideradas empregadores. A CLT mostra que essas pessoas são consideradas empregadoras por equiparação, como as entidades de beneficência ou as associações.

Outras pessoas também serão empregadores, como União, Estados-membros, Municípios, autarquias, fundações, massa falida, espólio, microempresa. A empresa pública, a sociedade de economia mista e outras entidades que explorem atividade econômica têm obrigações trabalhistas, sendo consideradas empregadoras (§ 1º do art. 173 da Constituição).

A pessoa física, que, v.g., explora individualmente o comércio, também é considerada empregadora. É a chamada empresa individual. A microempresa também será considerada empregadora, apesar de ter tratamento diferenciado em relação à empresa comum quanto a certas obrigações trabalhistas.

Na Espanha, o Estatuto dos Trabalhadores esclarece que suas disposições se aplicam aos trabalhadores que voluntariamente prestem serviços retribuídos por conta alheia e no âmbito de organização e direção de outra pessoa física ou jurídica, chamada de empregador ou empresário (art. 1.1). Considera-se empresário a pessoa física ou jurídica ou a comunidade de bens que recebam a prestação de serviços dos trabalhadores (art. 1.2).

Na verdade, seria possível dizer que é empregador aquele que tem empregado.

Muitas vezes, a condição de empregador fica dissimulada, não se sabendo se realmente aquela pessoa é empregador. Nessas ocasiões, há necessidade de desmascará-la para descobrir se efetivamente é empregador. Para tanto, utiliza-se da teoria da desconsideração da pessoa jurídica (*disregard of legal entity*) ou é preciso levantar o véu que encobre a corporação (*to lift the corporate veil*) para se verificar a existência da condição de empregador.

A desconsideração da personalidade jurídica é prevista no art. 50 do Código Civil. Em caso de abuso da personalidade jurídica, caracterizado pelo desvio de finalidade, ou pela confusão patrimonial, pode o juiz decidir, a requerimento da parte, ou do Ministério Público quando lhe couber intervir no processo, que os efeitos de certas e determinadas relações de obrigações sejam estendidos aos bens particulares dos administradores ou sócios da pessoa jurídica. Dois são, portanto, os requisitos para se aplicar a desconsideração da personalidade jurídica: (a) abuso da personalidade jurídica, que é caracterizado pelo desvio de sua finalidade, como, por exemplo, por fraude; (b) confusão patrimonial, como na hipótese em que o patrimônio da microempresa se confunde com o de seus sócios, como no caso da utilização da conta bancária do sócio para pagar dívidas da empresa.

Uma das características do empregador é assumir os riscos de sua atividade, ou seja, tanto os resultados positivos como os negativos. Esses riscos da atividade econômica não podem ser transferidos para o empregado, como ocorre na falência, na recuperação judicial e quando da edição de planos econômicos governamentais.

O empregador admite o empregado, contrata-o para a prestação de serviços, pagando salários, ou seja, remunerando-o pelo trabalho prestado. *Admitir* do Latim *admitio* (*ad* + *mitio, misi, missum*), significa dar acesso, acolher, deixar entrar. O empregador admite, acolhe o empregado na empresa, dá acesso a ele na empresa.

Há a direção do empregador em relação ao empregado, decorrente do poder de comando do primeiro, estabelecendo, inclusive, normas disciplinares no âmbito da empresa. O empregador dirige a atividade da pessoa e não a pessoa. Do contrário, o trabalhador seria escravo.

Não se exige o requisito pessoalidade do empregador. Esse requisito é essencial para o empregado, mas não para o empregador. O dono do empreendimento pode ser substituído, mas o empregado não pode se fazer substituir de forma permanente.

O contrato de trabalho é personalíssimo em relação ao empregado, mas não quanto ao empregador, salvo se for pessoa física e vem a falecer, sem que haja continuidade do negócio.

Prevê o art. 236 da Constituição que o serviço notarial e de registro são exercidos em caráter privado. Logo, os funcionários dos cartórios são empregados, regidos pela CLT. Mostra o art. 20 da Lei nº 8.935/94 que os escreventes e outros prepostos dos cartórios são contratados sob o regime da legislação do trabalho.

4 ESPÉCIES DE EMPREGADOR

4.1 Empresa de trabalho temporário

A empresa de trabalho temporário é a pessoa jurídica, devidamente registrada no Ministério do Trabalho, responsável pela colocação de trabalhadores à disposição de outras empresas temporariamente (art. 4º da Lei nº 6.019/74). O § 1º do art. 15 da Lei nº 8.036/90 considera empregador o fornecedor de mão de obra para os efeitos do FGTS, que é justamente a empresa de trabalho temporário. Não pode, portanto, a empresa de trabalho temporário atuar sob a forma de pessoa física.

É permitida a celebração de contrato de trabalho temporário na área rural, porque não há mais restrição na Lei nº 6.019/74.

O contrato de trabalho temporário pode versar sobre o desenvolvimento de atividades-meio e atividades-fim a serem executadas na empresa tomadora de serviços (§ 3º do art. 9º da Lei nº 6.019/74).

Considera-se complementar a demanda de serviços que seja oriunda de fatores imprevisíveis ou, quando decorrente de fatores previsíveis, tenha natureza intermitente, periódica ou sazonal (§ 2º do art. 2º da Lei nº 6.019/74).

Empresa tomadora de serviços é a pessoa jurídica ou entidade a ela equiparada que celebra contrato de prestação de trabalho temporário com a empresa de trabalho temporário (art. 5º da Lei nº 6.019/74).

É proibida a contratação de trabalho temporário para a substituição de trabalhadores em greve, salvo nos casos previstos em lei (§ 1º do art. 2º da Lei nº 6.019/74).

A empresa de trabalho temporário deve ter capital mínimo de R$ 100.000,00 (art. 6º, III, da Lei nº 6.019/74). O objetivo é garantir o pagamento de suas dívidas, especialmente as trabalhistas.

É responsabilidade da empresa contratante garantir as condições de segurança, higiene e salubridade dos trabalhadores, quando o trabalho for realizado em suas dependências ou em local por ela designado (§ 1º do art. 9º da Lei nº 6.019/74).

A contratante estenderá ao trabalhador da empresa de trabalho temporário o mesmo atendimento médico, ambulatorial e de refeição destinado aos seus empregados, existente nas dependências da contratante, ou local por ela designado (§ 2º do art. 9º da Lei nº 6.019/74).

Qualquer que seja o ramo da empresa tomadora de serviços, não existe vínculo de emprego entre ela e os trabalhadores contratados pelas empresas de trabalho temporário (art. 10 da Lei nº 6.019/74).

A solidariedade existente entre a empresa de trabalho temporário e a tomadora dos serviços é parcial, pois se verifica apenas em caso da falência da primeira (art. 16 da Lei nº 6.019/74) e para efeito de remuneração e indenização previstas na Lei nº 6.019/74.

A contratante é subsidiariamente responsável pelas obrigações trabalhistas referentes ao período em que ocorrer o trabalho temporário, e o recolhimento das contribuições previdenciárias observará o disposto no art. 31 da Lei nº 8.212/91 (§ 7º do art. 10 da Lei nº 6.019/74), desde que a empresa tomadora tenha participado do processo (S. 331, IV, do TST).

4.2 Empregador rural

Empregado rural é toda pessoa física que, em propriedade rural ou prédio rústico, presta serviços de natureza não eventual a empregador rural, sob a dependência deste e mediante salário (art. 2º da Lei nº 5.889/73).

Prédio rústico é o prédio ou a propriedade imobiliária situados no campo ou na cidade que se destine à exploração agroeconômica. É um prédio que não tem, por exemplo, água encanada, luz elétrica, gás, esgoto, asfalto – daí ser rústico.

Empregador rural não é apenas a pessoa que está na área rural. O sítio pode estar no âmbito urbano e o empregador ser rural. Logo, o importante é a atividade exercida pelo empregador, atividade agroeconômica, de agricultura ou pecuária.

Empregador rural é a pessoa física ou jurídica, proprietária ou não, que explore atividade agroeconômica, em caráter permanente ou temporário, diretamente ou por meio de prepostos e com auxílio de empregados (art. 3º da Lei nº 5.889/73). O art. 3º da Lei nº 5.889/73 traz o conceito de empregador rural, mas faz referência a quem tem empregados no plural. Se o tomador dos serviços tiver um empregado, não será empregador rural? Será, pois a situação de fato mostrará se é empregador ou se tem empregados.

É incluída na atividade agroeconômica a exploração industrial em estabelecimento agrário não compreendido no âmbito da CLT e a exploração do turismo rural ancilar à exploração agroeconômica (§ 1º do art. 3º da Lei nº 5.889/73).

Equipara-se ao empregador rural a pessoa física que, habitualmente, em caráter profissional, e por conta de terceiros, execute serviços de natureza agrária mediante utilização do trabalho de outrem (art. 4º da Lei nº 5.889/73).

Difere o empregador rural do urbano, pois o primeiro exerce sua atividade no campo, e o segundo, na cidade. Distingue-se o empregador rural do doméstico, pois este é a pessoa ou família que não tem atividade lucrativa, enquanto o primeiro tem atividade lucrativa.

O empregador rural pode ter atividade permanente e temporária. Tanto faz. Pode tanto ser proprietário como não ser proprietário.

Se a atividade tirar a condição de matéria-prima, a atividade não é rural, mas industrial. O cortador de cana-de-açúcar é empregado rural.

O empregado que trabalha em empresa de reflorestamento, cuja atividade está diretamente ligada ao manuseio da terra e de matéria-prima, é rurícola e não industriário, nos termos do Decreto nº 73.626, de 12-2-1974, art. 2º, § 4º, pouco importando que o fruto de seu trabalho seja destinado à indústria (OJ 38 da SBDI-1 do TST).

Inclui-se na atividade econômica a exploração industrial em estabelecimento agrário (§ 3º do art. 2º do Decreto nº 73.626/74).

Consideram-se como exploração industrial em estabelecimento agrário, para os fins do parágrafo anterior, as atividades que compreendem o primeiro tratamento dos produtos agrários *in natura* sem transformá-los em sua natureza, tais como:

> "I – o beneficiamento, a primeira modificação e o preparo dos produtos agropecuários e hortigranjeiros e das matérias-primas de origem animal ou vegetal para posterior venda ou industrialização;
> II – o aproveitamento dos subprodutos oriundos das operações de preparo e modificação dos produtos *in natura*, referidas no item anterior".

Não será considerada indústria rural aquela que, operando a primeira transformação do produto agrário, altere a sua natureza, retirando-lhe a condição de matéria-prima.

As normas contidas na Lei nº 5.889/73 são aplicáveis "aos trabalhadores rurais não compreendidos na definição do art. 2º, que prestem serviços a empregador rural". Assim, se autônomos, eventuais e avulsos prestarem serviços ao empregador rural, são beneficiários das disposições da Lei nº 5.889/73.

4.3 Empregador doméstico

O empregador doméstico é a pessoa ou família que, sem finalidade lucrativa, admite empregado doméstico para lhe prestar serviços de natureza contínua para seu âmbito residencial (art. 1º da Lei Complementar nº 150/2015). Não pode, portanto, o empregador doméstico ser pessoa jurídica nem ter atividade lucrativa.

4.4 Grupo de empresas

Na Alemanha, os grupos societários são chamados de *Konzerns*, evidenciando a concentração de empresas sob uma única direção econômica. Nos países anglo-saxônicos, aparecem os *trusts*, as *holdings*. Outros países usam as denominações sociedades-mães e *cappo-grupo* (na Itália).

A Lei das Sociedades por Ações, Lei nº 6.404/76, não define diretamente o grupo de sociedades, apenas menciona suas características no art. 265, estabelecendo que a sociedade controladora e suas controladas podem constituir grupo de sociedades, mediante convenção pela qual se obriguem a combinar recursos ou esforços para a realização dos respectivos objetos, ou a participar de atividades ou empreendimentos comuns.

Declara o art. 266 da mesma norma que as relações entre as sociedades, a estrutura administrativa do grupo e a coordenação ou subordinação dos administradores das sociedades filiadas serão estabelecidas na convenção do grupo. Deixa, porém, bem claro que "cada sociedade conservará personalidade e patrimônio distintos". A designação do grupo será feita pela expressão *grupo de sociedades* ou *grupo* (art. 267 da Lei nº 6.404/76).

O consórcio é disciplinado nos arts. 278 e 279 da Lei nº 6.404/76. O primeiro comando legal esclarece que as companhias e quaisquer outras sociedades, sob o mesmo controle ou não, podem constituir consórcio para executar determinado empreendimento; contudo, não têm personalidade jurídica e as consorciadas somente se obrigam nas condições previstas no respectivo contrato, respondendo cada uma por suas obrigações, sem presunção de solidariedade (§ 1º).

A redação original do § 2º do art. 2º da CLT é praticamente cópia da Lei nº 435, de 17 de maio de 1937:

> "Art. 1º Sempre que uma ou mais empresas, tendo, embora, cada uma delas, personalidade jurídica própria, estiverem sob a direção, controle ou administração de outra, constituindo grupo industrial ou comercial, para efeitos da legislação trabalhista serão solidariamente responsáveis a empresa principal e cada uma das subordinadas.
> Parágrafo único. Essa solidariedade não se dará entre as empresas subordinadas, nem diretamente, nem por intermédio da empresa principal, a não ser para o fim único de se considerarem todas elas como um mesmo empregador" (Lei nº 62, de 1935).

A redação atual do § 2º do art. 2º da CLT é semelhante à redação do § 2º do art. 3º da Lei nº 5.889/73.

Reza o § 2º do art. 2º da CLT que: "Sempre que uma ou mais empresas, tendo, embora, cada uma delas personalidade jurídica própria, estiverem sob a direção, controle ou administração de outra, ou ainda quando, mesmo guardando cada uma sua autonomia, integrem grupo econômico, serão responsáveis solidariamente pelas obrigações decorrentes da relação de emprego".

O Direito do Trabalho vai verificar o grupo de empresas sob outro enfoque que não o do Direito Comercial, no sentido do grupo como empregador. A legislação trabalhista conceitua o grupo de empresas para os efeitos da relação de emprego e não para outros fins.

O grupo econômico não se caracteriza pela natureza das sociedades que o integram.

Denota-se da orientação da CLT que o grupo econômico pressupõe a existência de pelo menos duas ou mais empresas que estejam sob comando único. Não existe grupo de uma empresa só.

A relação que deve haver entre as empresas do grupo econômico é de dominação, mostrando a existência de uma empresa principal, que é a controladora, e as empresas controladas. A dominação exterioriza-se pela direção, controle ou administração.

A palavra controle vem do francês *contrôle*. Em francês, o significado administrativo de controle é verificação.[1] Controle é a possibilidade do exercício de uma influência dominante, de uma empresa sobre outra, podendo-se dizer que controlar uma empresa é subordinar os bens a ela atribuídos à consecução de suas finalidades.[2] É a dominação de uma pessoa em relação à outra. Controle é o poder de alguém de submeter outrem à sua vontade, ao seu poder de decisão ou ao seu livre-arbítrio. O controle é um dos fundamentos da direção, ou seja, é sua efetivação.

O requisito principal é o controle de uma empresa sobre outra, que consiste na possibilidade de uma empresa exercer influência dominante sobre outra. Assim, o controle é exercido pelo fato de uma empresa deter a maioria das ações de outra, ou mesmo que tenha a minoria das ações, mas detendo o poder pelo fato de haver dispersão na titularidade das ações entre várias pessoas. A caracterização do controle pode ser evidenciada pelo fato de haver empregados comuns entre uma ou mais empresas, assim como acionistas comuns, mesmo que sejam de uma mesma família, e administradores ou diretores comuns, quando as empresas possuem o mesmo local ou a mesma finalidade econômica.

Como afirmam Adolf A. Berle e Gardiner C. Means, o controle pode ser da minoria, em que a habilidade do grupo minoritário em atrair, entre proprietários dispersos, um número suficiente de procurações que, combinado com os seus votos compactos, lhes assegura, nas assembleias das sociedades, um controle duradouro.[3]

Considera-se controlada a sociedade na qual a controladora, diretamente ou por meio de outras controladas, é titular de direitos de sócio que lhe assegurem, de modo permanente, preponderância nas deliberações sociais e o poder de eleger a maioria dos administradores (§ 2º do art. 243 da Lei nº 6.404/76). Há influência significativa quando a investidora detém ou exerce o poder de participar nas decisões das políticas financeira ou operacional da investida, sem controlá-la (§ 4º do

---

1 *Dicionário da Academia Francesa*. 8. ed. Paris: Librairie Hachette, 1932.

2 CHAMPAUD, Claude. *Le pouvoir de concentration de la societé par actions*. Paris: Sirey, 1962. p. 161.

3 BERLE, Adolf A. MEANS, Gardiner C. *The modern corporation and private property*. New York: Harcout, Brace & Word, 1967. p. 75.

art. 243 da Lei nº 6.404/76). É presumida influência significativa quando a investidora for titular de 20% ou mais do capital votante da investida, sem controlá-la (§ 5º do art. 243 da Lei nº 6.404/76).

O parágrafo único do art. 140 da Lei nº 6.404 prevê que "o estatuto poderá prever a participação no conselho de representantes dos empregados, escolhidos pelo voto destes, em eleição direta, organizada pela empresa, em conjunto com as entidades sindicais que os representem". Se os trabalhadores fizerem parte do Conselho de Administração, poderão verificar a diluição do controle nas sociedades anônimas.

Direção vem do latim *directione*. É um ato de agir exercendo autoridade. Compreende governo, comando.

Nem sempre a propriedade determinará a direção, pois muitas vezes nas empresas modernas há clara diferenciação entre a propriedade e o controle, pois acionistas minoritários podem dirigir a sociedade. Mesmo que se entendesse que a direção seria decorrente da teoria da instituição, que considera a empresa como verdadeira instituição, ainda assim iria verificar-se que a direção decorre dos órgãos que controlam a empresa. O poder de direção pode ser dividido em poder diretivo, de fiscalização e disciplinar, que será estudado mais adiante.

Administração tem o sentido de reger, gerir. É a organização, orientação para um fim. A administração decorre da organização do grupo, do poder de que uma empresa se investe em relação a outra, quanto à orientação e ingerência de seus órgãos. Dentro dessa concepção, se uma empresa é arrendada a outra, há possibilidade de se admitir a existência do grupo, pois ambas são administradas por uma só pessoa.

A mera existência de sócio em comum pode não indicar a existência do grupo econômico se não houver administração, controle ou direção comum.

O § 3º do art. 2º da CLT passa a exigir que o grupo econômico pode não se caracterizar pela mera identidade de sócios. As expressões interesse integrado, comunhão de interesses e atuação conjunta parecem tipos abertos que poderão trazer diferentes interpretações. Deve haver um interesse comum entre as empresas visando um objetivo comum para que se possa falar no grupo.

É preciso que estejam presentes três elementos cumulativos: a demonstração do interesse integrado, a efetiva comunhão de interesses e a atuação conjunta das empresas dele integrantes. A lei não usa a conjunção alternativa ou, mas a conjunção aditiva e.

Parece que o dispositivo foi estabelecido em razão das alegações genéricas a respeito da existência do grupo de empresas.

Os §§ 2º e 3º do art. 2º da CLT parecem contraditórios, pois o grupo de empresas se forma por direção, controle ou administração comum, mas depois se exige demonstração de interesse integrado, comunhão de interesses e atuação conjunta.

Interesse integrado ocorre no grupo formado horizontalmente.

O empregado, porém, vai ter dificuldades em provar a existência do grupo de empresas, pois dificilmente vai demonstrar o interesse integrado, a efetiva comunhão de interesses e a atuação conjunta das empresas.

O grupo de empresas pode não ter personalidade jurídica e existir de fato. As empresas pertencentes ao grupo é que devem ter personalidade jurídica própria.

No grupo de empresas não há necessidade de hierarquia entre elas para ser observada a previsão do § 2º do art. 2º da CLT.

Pode haver coordenação horizontal entre as empresas, de forma a indicar que o grupo exista por haver controle, administração ou direção comuns. Leciona Maria do Rosário Palma Ramalho que "os grupos horizontais caracterizam-se pelo fato de as sociedades intervenientes estabelecerem relações igualitárias entre si".[4] Pode haver subordinação entre as empresas, o que indica que o grupo se forma de maneira vertical, no sentido da determinação da empresa *holding* em relação às empresas secundárias, como indica o § 2º do art. 2º da CLT.

O grupo de empresas deverá ter atividade industrial, comercial ou outra atividade qualquer, desde que seja econômica. Assim, o requisito básico é o de ter o grupo característica econômica. Assim, não pertencem ao grupo de empresas as associações de direito civil, os profissionais liberais, a Administração Pública. Embora os profissionais liberais exerçam atividade econômica e possam ser agrupados, não se irá considerá-los para efeito trabalhista, como grupo econômico, porque assim não entendeu o legislador, visto que no § 1º do art. 2º da CLT equipara tais pessoas a empregador, o que mostra que não desejou considerá-los como grupo. O mesmo ocorre com as associações, entidades beneficentes e com os sindicatos, que não são considerados como grupo de empresas, pois não têm finalidade lucrativa e prestam serviços de natureza administrativa. A sociedade de economia mista, porém, poderá formar grupo de empresas, pois nesse caso ela está exercendo atividade privada, sujeita às regras do Direito Privado, inclusive do Direito do Trabalho (art. 173, § 1º, II, da Constituição). Não é necessário que entre as empresas haja controle acionário, nem que exista a empresa-mãe, a *holding*. O importante é que existam obrigações entre as empresas, determinadas por lei. É possível, também, a configuração do grupo de empresas quando o citado grupo seja dirigido por pessoas físicas com controle acionário majoritário de diversas empresas, havendo um controle comum, pois há unidade de comando, unidade de controle. A Lei nº 6.404/76 estabelece que o grupo deve ser necessariamente de sociedades, mas no Direito do Trabalho o grupo é mais amplo, pois

---

4 RAMALHO, Maria do Rosário Palma. *Grupos empresariais, e societários*. Incidências laborais. Coimbra: Almedina, 2008. p. 97.

é grupo de empresas, dando margem à existência do grupo de fato ou do grupo formado por pessoas físicas. Assim, as pessoas físicas de uma mesma família que controlam e administram várias empresas formarão o grupo econômico, pois comandam e dirigem o empreendimento, não importando que tipo de pessoa detenha a titularidade do controle, se pessoa física ou jurídica.

Cada empresa do grupo é autônoma em relação às demais, mas o empregador real é o próprio grupo. Mesmo que o grupo não tenha personalidade jurídica própria, não haverá sua descaracterização para os efeitos do Direito do Trabalho, pois é possível utilizar a teoria da desconsideração da personalidade jurídica (*disregard of legal entity*) ou levantar o véu que encobre a corporação (*to lift the corporate veil*).

Aparece também o grupo de empresas na atividade rural. Sempre que uma ou mais empresas, embora tendo cada uma delas personalidade jurídica própria, estiverem sob direção, controle ou administração de outra, ou ainda quando, mesmo guardando cada uma sua autonomia, integrem grupo econômico ou financeiro rural, serão responsáveis solidariamente nas obrigações decorrentes da relação de emprego (§ 2º do art. 3º da Lei nº 5.889/73). Na Lei nº 5.889/73, verifica-se que há a possibilidade de se estabelecer o grupo por coordenação e não apenas por subordinação, como ocorre com o § 2º do art. 2º da CLT. É o que se observa quando a Lei nº 5.889/73 dispõe que as empresas podem guardar cada uma sua autonomia, ou seja, que as empresas não se submetem a controle de uma em relação a outra, mas há, entretanto, a direção única. É o que ocorre com empresas agroeconômicas que detêm a direção de outra em razão de participação acionária minoritária.

É mister examinar se o grupo de empresas é o empregador único.

Na solidariedade passiva, o credor tem direito de exigir e receber de um ou de alguns dos devedores, parcial ou totalmente, a dívida comum (art. 275 do Código Civil de 2002).

A teoria da solidariedade passiva entende que o grupo de empresas não é o empregador único, pois existe apenas responsabilidade comum entre as empresas, além do que a lei preservou a personalidade jurídica de cada uma das empresas coligadas.[5]

Na solidariedade ativa, cada um dos credores solidários tem direito de exigir do devedor o cumprimento da prestação por inteiro. A previsão sobre o tema está no art. 267 do Código Civil.

---

[5] BARROS Jr., Cássio de Mesquita de. *Transferência de empregados e a Lei nº 6.203, de 17.4.75*. São Paulo: Unidas, 1977. p. 319. Entendem que a solidariedade é apenas passiva: Antonio Cesarino Jr. *Direito social*. 6. ed. São Paulo: Saraiva, 1970. v. II, p. 60; Rezende Puech, *Direito individual e coletivo do trabalho*. São Paulo: Revista dos Tribunais, 1960. p. 235; Antonio Lamarca, *Manual de legislação do trabalho*. São Paulo: Revista dos Tribunais, 1967. p. 4, Aluysio Sampaio, Contrato de trabalho. *Revista de Direito do Trabalho*. São Paulo. Revista dos Tribunais, jan.-mar. 1976, ano I, p. 36.

A teoria da solidariedade ativa entende que o empregador é um só (o grupo), sendo que o empregado que trabalha para uma empresa presta serviços para o grupo todo. O grupo é credor do trabalho do empregado.[6]

Pode existir débito sem responsabilidade, como ocorre na prescrição e nas dívidas de jogo. Há responsabilidade sem débito, como na garantia real e na fiança.

Embora cada empresa seja autônoma das demais, tendo personalidade jurídica própria (§ 2º do art. 2º da CLT), o empregador é uma só pessoa – o grupo –, pois o empregado pode ser transferido de uma empresa para outra do grupo. Pode ocorrer que determinada atividade seja transferida de uma para outra empresa do grupo econômico, o que também poderá acarretar a mudança do empregado para aquela empresa do grupo, sendo plenamente lícita essa transferência.

Será possível a soma do tempo de serviço prestado para as diversas empresas do grupo para efeito de férias, 13º salário, estabilidade etc., o que se chama *accessio temporis*. Se o empregado foi transferido do exterior para trabalhar no Brasil, também será computado o tempo de serviço trabalhado no exterior para o mesmo grupo de empresas, para os efeitos do contrato de trabalho em nosso país.

Como existe responsabilidade solidária do grupo para os efeitos da relação de emprego, é porque o grupo é o empregador único, do contrário não haveria dívida.

Se a solidariedade fosse apenas passiva, cada empresa do grupo seria responsável apenas pelas obrigações assumidas por ela.

A anotação na CTPS do empregado será feita na empresa em que o obreiro prestar os serviços. Nada impede, porém, que o empregado seja registrado no nome da *holding*, já que o empregador é o grupo. Na prática, o empregado normalmente é registrado na empresa em que presta serviços. Se o empregado for transferido de uma empresa para outra, deve-se fazer a anotação da transferência nas anotações gerais da CTPS do obreiro, de modo a indicar a referida condição. Nada impede também que a admissão seja feita no nome de uma empresa do grupo e a baixa em nome de outra, diante do fato de que o empregador é o grupo.

---

[6] A teoria que adota a solidariedade ativa é representada, entre outros, pelos seguintes autores: Arnaldo Süssekind (*Comentários à CLT*. São Paulo: Freitas Bastos, 1960. v. 1, p. 79; José Martins Catharino, *Compêndio universitário de direito do trabalho*. São Paulo: Jurídica e Universitária, 1972. p. 169; Evaristo de Moraes Filho, *Tratado elementar de direito do trabalho*, São Paulo: Freitas Bastos, 1960. p. 444; Délio Maranhão, *direito do trabalho*. 16. ed. Rio de Janeiro: Fundação Getulio Vargas, 1992. p. 75-76; Amaro Barreto, *Tutela geral do trabalho*. Rio de Janeiro: Edições Trabalhistas, 1964. p. 16; Octavio Bueno Magano, *Manual de direito do trabalho*. Direito individual do trabalho. 2. ed. São Paulo: LTr, 1986. v. 2, p. 82-84.

O empregado, porém, não terá direito a mais de um salário se prestar serviços a mais de uma empresa do grupo econômico, mas apenas a um salário, pois empregador é o grupo. A Súmula 129 do TST esclarece que "a prestação de serviços a mais de uma empresa do mesmo grupo econômico, durante a mesma jornada de trabalho, não caracteriza a coexistência de mais de um contrato de trabalho, salvo ajuste em contrário".

Havendo, porém, ajuste em contrário, o empregado poderá ter mais de um contrato de trabalho e, portanto, mais de um salário. Mesmo que o empregado não tenha trabalhado para uma das empresas do grupo, esta será responsável pelas dívidas trabalhistas de outra ou outras empresas do grupo, pois o empregador é o grupo econômico. A solidariedade tanto é passiva como ativa, pois vale "para os efeitos da relação de emprego", visto que o empregador é o grupo.

Trabalhando o empregado para duas empresas, mediante um único contrato de trabalho, terá direito apenas a um único período de férias. Se trabalhar para mais de uma empresa do grupo econômico, por intermédio de dois ou mais contratos de trabalho, terá direito o obreiro a gozar férias em cada emprego.

Segundo o art. 265 do Código Civil, só se pode falar em solidariedade se houver previsão em lei ou decorrer da vontade das partes.

No âmbito do Direito do Trabalho, a solidariedade do grupo de empresas é prevista no § 2º do art. 2º da CLT.

O responsável solidário, para ser executado, deve ser parte no processo desde a fase de conhecimento. Não é possível executar uma das empresas do grupo econômico que não foi parte na fase processual de cognição, incluindo-a no polo passivo da ação apenas a partir da fase da execução, quando já há coisa julgada.

Entretanto, o empregado pode escolher de quem quer receber a obrigação, considerando o grupo como se fosse um só devedor. O credor tem direito de exigir a dívida de um ou de qualquer dos outros devedores solidários. Assim, para que o empregado possa cobrar a dívida trabalhista de outras empresas do grupo terá de incluí-las no polo passivo do processo desde o início do litígio.

Seria possível a reintegração de um empregado em uma empresa que não participou do processo, mas era do mesmo grupo econômico? Por questões processuais não. O grupo pode não estar formalizado, existindo sem a configuração de uma empresa *holding*, mas controlado de fato pelas mesmas pessoas. Se uma empresa não participou da relação processual, não pode ser condenada a reintegrar empregado, ainda que pertencente ao mesmo grupo econômico.

O sucessor não responde solidariamente por débitos trabalhistas de empresa não adquirida, integrante do mesmo grupo econômico da empresa sucedida, quando, à época, a empresa devedora direta era solvente ou idônea economicamente, ressalvada a hipótese de má-fé ou fraude na sucessão (OJ 411 da SBDI-1 do TST).

Enquanto no Direito Comercial o grupo de empresas é formado em decorrência da previsão da lei, o grupo de empresas no Direito do Trabalho pode ser de fato e de direito.

A solidariedade prevista no § 2º do art. 2º da CLT é ativa e passiva. O grupo de empresas é o empregador único.

4.5 Consórcio de empregadores rurais

O consórcio de produtores rurais é formado pela união de produtores rurais pessoas físicas, que outorga a um deles poderes para contratar, gerir e demitir trabalhadores para prestação de serviços, exclusivamente, aos seus integrantes, mediante documento registrado em cartório de títulos e documentos (art. 25-A da Lei nº 8.212/91). O documento deverá conter a identificação de cada produtor, seu endereço pessoal e o de sua propriedade rural, bem como o registro no INCRA ou informações relativas à parceria, arrendamento ou equivalente e a matrícula no INSS de cada um dos produtores rurais. O consórcio deverá ser matriculado no INSS em nome do empregador a quem hajam sido outorgados os poderes. Nesse conceito não se verifica a existência de pessoas jurídicas, mas apenas de pessoas físicas.

Tem por objetivo regular as relações de trabalhadores que prestam serviços para várias pessoas na área rural.

Em Rolândia (PR), a cooperativa dos produtores rurais assinou um termo de ajuste de conduta com o Ministério Público do Trabalho para usarem em 1997 apenas seus próprios trabalhadores para a colheita de cana.

Os produtores obtiveram liminar na justiça de Rolândia, que permitia que conseguissem matrícula coletiva no INSS. Este entendeu que o consórcio era uma nova empresa. O juiz afirmou que não existia o ânimo de ser sócio (*affectio societatis*) e não havia prova efetiva da formação da sociedade. Nesse aspecto, verifica-se um embrião da formação de um consórcio de pessoas para a contratação de trabalhadores.

No âmbito rural, têm sido utilizadas muitas cooperativas fraudulentas, como intermediadoras de mão de obra, em que o trabalhador não tem qualquer garantia, sendo ignorados seus direitos trabalhistas. Daí houve a ideia de se formar o consórcio de empregadores rurais, visando regularizar o trabalho no campo. O Ministério do Trabalho resolveu editar a Portaria nº 1.964/99, para regularizar a relação.

Não se pode dizer que o instituto em análise tem o nome de condomínio de empregadores rurais, pois o condomínio implica a existência de propriedade em comum. No consórcio, os produtores têm cada um propriedade individualizada e não há área em comum.

O verbo *consorciar* tem o sentido de unir, associar, combinar, ligar.

Consórcio tem o significado de associação, ligação, união. No Direito Comercial, indica a reunião de empresas ou de interesses para um fim comum.

No Direito Comercial, o art. 278 da Lei nº 6.404/76 prevê que as companhias e quaisquer outras sociedades, sob o mesmo controle ou não, podem constituir consórcio para executar determinado empreendimento. É o que ocorre nas *joint ventures*, em que existe uma iniciativa em comum das empresas para determinado fim.

Não tem o consórcio comercial personalidade jurídica e as consorciadas somente se obrigam nas condições previstas no respectivo contrato, respondendo cada uma por suas obrigações, sem presunção de solidariedade (§ 1º do art. 278 da Lei nº 6.404/76). Será o consórcio comercial constituído mediante contrato aprovado pelo órgão da sociedade competente para autorizar a alienação de bens do ativo permanente. No contrato, será especificada a participação de cada uma das consorciadas na iniciativa em comum.

O consórcio previsto na Portaria nº 1.964 não corresponde ao consórcio do Direito Comercial, em razão de que a formação é de pessoas físicas e não de pessoas jurídicas, que apenas têm uma iniciativa em comum.

O grupo de empresas tem natureza jurídica societária. No Direito do Trabalho, o § 2º do art. 2º da CLT dispõe que o grupo de empresas é o empregador.

O consórcio é um contrato, um pacto de solidariedade entre os produtores rurais. Tem natureza temporária, dizendo respeito a situação específica. Pode ser celebrado por tempo determinado ou indeterminado. Nesse pacto, a Portaria nº 1.964 determina que as partes deverão declarar a responsabilidade solidária, que gerará efeitos trabalhistas.

O consórcio de empregadores rurais pode contratar empregados para "prestação de serviços, exclusivamente, aos seus integrantes" e não a outras pessoas.

Como vantagens do consórcio para o trabalhador podem ser apontadas as seguintes: (a) irá regularizar os contratos de trabalho na área rural, diminuindo a informalidade; (b) o obreiro terá maior proteção quanto a seus direitos trabalhistas, pois os referidos direitos serão os mesmos de qualquer empregado; (c) continuidade no tipo de relação, por ser considerado empregado e ter estabilidade econômica, sem que o trabalhador tenha que ficar parado entre a safra e a entressafra; (d) o trabalhador poderá fixar-se em determinada área para a prestação de serviços, em vez de ficar trabalhando cada dia em locais muito distantes; (e) o consórcio oferece ao trabalhador equipamentos de proteção individual, banheiro móvel, água potável e insumos para a produção; (f) ratear despesas entre os consorciados; (g) diminuir despesas com a rescisão do contrato de trabalho. Em Rolândia, houve a contratação de um agrônomo para orientar os trabalhadores.

Haverá dificuldades na aplicação da norma, pois o empregado poderá trabalhar em diferentes fazendas, em diversos Municípios. Existirão dúvidas quanto ao recolhimento das contribuições sindical, assistencial e confederativa, em razão do mesmo motivo.

O âmbito de aplicação da Portaria nº 1.964 será apenas na área rural, pois foi idealizada com essa finalidade. Não será, portanto, aplicada na área urbana.

Em muitos casos, a prestação de serviços do trabalhador pode ser eventual, pois num dia trabalha para a pessoa física A, no outro para a pessoa física B, no próximo para a pessoa física C etc. É a mesma situação do chamado volante rural ou boia-fria, que a cada dia presta serviços numa fazenda ou onde é necessário. Em hipóteses como essas, não há vínculo de emprego, pela ausência do elemento continuidade, pois o que ocorre realmente é a descontinuidade na prestação dos serviços para o mesmo tomador.

Para que o consórcio fosse reconhecido como empregador, deveria haver lei regulando o tema. Diante do princípio da legalidade, a matéria não pode ser regulamentada por meio de norma administrativa do Ministro do Trabalho e Emprego (portaria), pois ninguém é obrigado a fazer ou deixar de fazer algo a não ser em virtude de lei (art. 5º, II, da Constituição) e não por portaria, que não é norma editada pelo Poder Legislativo, mas pelo Executivo.

A exceção ocorreria se o empregador fosse o grupo de empresas (§ 2º do art. 2º da CLT) ou houvesse consórcio formado por várias empresas, que constituíam uma nova empresa, como, por exemplo, Nova Dutra, Ecovias, Autoban, Via Norte ou outras concessionárias que exploram rodovias. Aí, sim, se poderia falar em empregador.

O grupo de empresas compreende direção única e várias empresas que são juridicamente independentes, havendo solidariedade entre elas para os fins trabalhistas e previdenciários.

No consórcio da Portaria nº 1.964, não há a formação de uma empresa, mas a reunião de pessoas físicas para uma iniciativa em comum. Não existe dominação de uma pessoa sobre outra, nem direção única, mas apenas iniciativa em comum. Os proprietários rurais são individualizados, não formando grupo de empresas.

As propriedades não serão utilizadas de forma comum, mantendo cada uma sua individualidade. A produção também será individualizada para cada proprietário.

Não existe previsão na lei no sentido de que a contratação de empregados pelo consórcio de empregadores seja feita apenas por prazo indeterminado. Logo, pode ser por prazo determinado.

O auditor-fiscal do trabalho, quando da fiscalização em propriedade rural em que haja prestação de trabalho a produtores rurais consorciados, fará levantamento físico, objetivando identificar os trabalhadores encontrados em atividade, fazendo distinção entre os empregados diretos do produtor e aqueles comuns ao grupo consorciado.

Feito o levantamento físico e tendo o auditor-fiscal do trabalho identificado trabalhadores contratados por "Consórcio de Empregadores Rurais", deverá solicitar os seguintes documentos, que deverão ser centralizados no local de administração do consórcio:

a) matrícula coletiva – CEI (Cadastro Específico do INSS) – deferida pelo INSS;
b) pacto de solidariedade, consoante o previsto no art. 265 do Código Civil, devidamente registrado em cartório;
c) documentos relativos à administração do consórcio, inclusive de outorga de poderes pelos produtores a um deles, ou a um gerente/administrador, para contratar e gerir a mão de obra a ser utilizada nas propriedades integrantes do grupo;
d) livro, ficha, ou sistema eletrônico de registro de empregados;
e) demais documentos necessários à atuação fiscal.

O nome especificado na matrícula do CEI deverá constar como empregador no registro do empregado e em todos os documentos decorrentes do contrato único de prestação de trabalho entre cada trabalhador e os produtores rurais consorciados.

A solidariedade não se presume, decorre da lei, ou da vontade das partes (art. 265 do CC). Não se pode dizer que há responsabilidade solidária, porque a lei assim não estabelece, salvo se for combinado entre as partes. Quando muito, pode-se falar em responsabilidade subsidiária, porque as pessoas foram beneficiadas da prestação dos serviços. O próprio § 1º do art. 278 da Lei nº 6.404 não prevê a existência de solidariedade entre as empresas consorciadas.

No pacto de solidariedade, os produtores rurais se responsabilizarão solidariamente pelas obrigações trabalhistas e previdenciárias decorrentes da contratação dos trabalhadores comuns, justamente para que o empregado possa exigir de um ou todos eles ao mesmo tempo a obrigação trabalhista não cumprida. Deverá constar do termo a identificação de todos os consorciados com nome completo, CPF, documento de identidade, matrícula CEI individual, endereço e domicílio, além do endereço e domicílio das propriedades rurais onde os trabalhadores exercerão suas atividades (§ 2º do art. 3º da Portaria nº 1.964).

Os consorciados indicarão um gerente, que irá administrar com amplos poderes a colocação dos trabalhadores. Essa pessoa poderá ser o preposto em eventual reclamação trabalhista.

Deverá o consórcio indicar sua sede, para que também possa ser citado na propositura de reclamação trabalhista.

Constatada a violação de preceito legal pelo Consórcio, deverá o auditor-fiscal do trabalho lavrar o competente auto de infração em nome contido na CEI coletiva, citando, ainda, o CPF do produtor que encabeça a matrícula e fazendo constar no corpo dessa peça as informações necessárias à caracterização da prestação de trabalho a produtores consorciados. É a aplicação do *caput* do art. 41 da CLT, no sentido de ser lavrado o competente auto de infração em nome do proprietário ou possuidor da propriedade em que o empregado sem registro for encontrado em atividade.

O auditor-fiscal do trabalho deverá, sempre que possível, juntar ao auto de infração a cópia da CEI coletiva e do pacto de solidariedade, a fim de garantir a perfeita identificação de todos os produtores rurais.

Muitos não irão querer ser o cabeça do consórcio ou ter o nome contido na CEI, justamente para não serem responsabilizados posteriormente pela existência do vínculo de emprego. Há, porém, a vantagem de que essa pessoa poderá ressarcir-se em relação às demais, por haver o pacto de solidariedade.

Não tem, contudo, competência o fiscal do trabalho para dizer se existe ou não o vínculo de emprego. A matéria só pode ser dirimida pela Justiça do Trabalho, conforme a previsão do art. 114 da Constituição. Será cabível mandado de segurança contra o fiscal, por haver direito líquido e certo do autuado de só poder ser reconhecido o contrato de trabalho pela Justiça do Trabalho, que é a competente para esse fim. Cada caso poderá evidenciar ou não a existência de vínculo de emprego, analisando-se principalmente o elemento continuidade.

O consórcio pode não ser uma garantia de que a lei será cumprida. As fraudes poderão continuar a ocorrer na área rural, como tem acontecido em relação às cooperativas montadas para burlar os direitos dos trabalhadores, em razão do custo trabalhista e previdenciário do trabalhador.

Sem lei que defina o consórcio de empregadores rurais, não se pode dizer sobre a existência de vínculo de emprego com o grupo de pessoas, visto que pode existir eventualidade na prestação dos serviços, pelo rodízio que é feito em relação a cada tomador.

4.6 Dono de obra

Discute-se se o dono de obra que está construindo ou reformando sua residência é empregador da pessoa que lhe presta serviços de construção.

No Direito Civil, distingue-se a empreitada (*locatio operis*), em que se contrata uma obra, determinado resultado – a realização de certa obra – da prestação de serviços, em que prepondera a própria força de trabalho, não se contratando uma obra, mas a atividade da pessoa, por exemplo: a do advogado, do contador, do médico etc. O contrato de trabalho distancia-se da prestação de serviços em razão da subordinação existente entre empregado e empregador, ao passo que na prestação de serviços há autonomia do prestador de serviços, que não é subordinado ao tomador de serviços.

O dono de obra não pode ser considerado empregador, pois não assume os riscos da atividade econômica, nem tem intuito de lucro na construção ou reforma de sua residência. O aumento de patrimônio, em razão da construção realizada, não pode ser considerado risco da atividade econômica, nem se enquadra o dono da obra no conceito de empresa. Esta, do ponto de vista econômico, é a atividade organizada para a produção ou circulação de bens e serviços para o mercado, com fito de lucro.

No caso, não estão sendo produzidos bens para o mercado com intuito lucrativo, visto que o dono da obra não exerce a atividade de construção civil. A necessidade de moradia não implica a assunção de riscos de atividade econômica, pois inexiste lei que determine a imprescindibilidade de se construir uma residência por intermédio de construtora. É plenamente lícito contratar um empreiteiro para a construção ou reforma da casa própria.

Não há equiparação do dono da obra com os profissionais liberais, instituições de beneficência, associações recreativas ou outras instituições sem fins lucrativos (§ 1º do art. 2º da CLT), pois o dono da obra não se assemelha a tais pessoas.

O contrato entre o dono da obra e o prestador de serviços não é de trabalho doméstico. Na verdade, o empreiteiro não é subordinado ao dono da obra, pois assume os riscos de sua própria atividade, pode ter mais de uma obra em andamento, com várias pessoas que o auxiliam, além de os serviços prestados muitas vezes não serem contínuos, nem para o âmbito residencial, como o de motorista, jardineiro, mordomo, cozinheira etc.

Não se pode falar também em contrato de trabalho por prazo determinado para a construção da obra, porque os elementos subordinação e assunção dos riscos da atividade econômica não estão presentes.

No TST, há acórdão entendendo pela inexistência da relação de emprego: "O dono da obra não pode ser considerado empregador porque não exerce, na construção, atividade econômica, sendo que na hipótese do § 1º do art. 2º da CLT não existe alusão ao mesmo. Revista conhecida e provida para julgar o reclamante carecedor da ação proposta" (TST, 1ª T., Proc. RR 4672/84, Rel. Min. Fernando Franco, *DJ* 106/85).

Se o dono da obra é uma construtora ou incorporadora, que tem intuito de comercializar a moradia, ou se é uma imobiliária, que tem interesse em vendê-la ou alugá-la, aí, sim, pode haver a relação de emprego com o prestador dos serviços, pois tanto uma como outra exercem atividade econômica, assumindo os riscos do empreendimento, desde que, naturalmente, haja, também, subordinação.

4.7 Igreja

A pessoa que se dedica a mister religioso atua na condição de missão, de natureza espiritual. O sacerdócio é uma devoção, uma missão dedicada a Deus, de devoção ao criador. Há dedicação abnegada, desinteressada, do religioso em relação à Igreja. Objetiva-se a orientação espiritual e divulgação do evangelho. A finalidade é espiritual.

A Igreja é considerada pessoa jurídica de direito privado (art. 44, I, do Código Civil). O art. 2º da CLT não faz distinção em relação à atividade econômica do empregador. Nada impede que a Igreja seja empregadora, desde que tenha trabalhadores que lhe prestem serviços com subordinação, continuidade, salário e pessoalmente.

O religioso é uma espécie de integrante da instituição, de acordo com a organização hierárquica da Igreja. Existe subordinação à hierarquia da Igreja. Essa subordinação seria eclesiástica.

Alguns regimentos de Igrejas preveem a ascensão do religioso para posto superior. O religioso deve cumprir ordens de superiores, como bispos, determinações religiosas e filosóficas.

O tema dos sermões geralmente é de livre escolha da pessoa que o expressa. É claro que a Igreja pode dar certas diretrizes dos temas que devem ou não ser falados.

Caso o religioso possa alterar o horário do culto, de acordo com a sua vontade, isso indica que não há subordinação.

Se o religioso pode ser substituído por outra pessoa na tarefa, também não existe vínculo de emprego, pois está ausente o elemento pessoalidade.

Se a relação que se forma entre as partes é religiosa não existe *animus contrahendi* de se ajustar um contrato de trabalho.

Se o religioso está sujeito a metas de arrecadação, verifica-se espécie de subordinação, que é inerente à relação de emprego.

Geralmente, o trabalho do religioso é permanente. Isso indica continuidade, mas deve ser conjugado com os demais elementos do contrato de trabalho para a configuração do vínculo de emprego.

A Igreja, de modo geral, não tem atividade lucrativa. Em certos casos a Igreja explora atividade econômica como em escolas e hospitais. Nessas hipóteses, se estão presentes os requisitos pessoa física, continuidade, subordinação, salário e pessoalidade, haverá vínculo de emprego.

O membro da Igreja tem missão, vocação, ministério. Exerce seu ministério em decorrência da fé, pois seu trabalho tem por objetivo divulgar os ensinamentos de Deus. Sua profissão é de fé. Não tem contrato de trabalho com a Igreja.

O religioso geralmente não tem por objetivo receber pelo serviço que presta. Trabalha de forma espontânea.

No trabalho voluntário previsto na Lei nº 9.608/98 não há recebimento de remuneração pelo serviço prestado. Isso descaracteriza o contrato de trabalho.

Pode haver em certos casos o pagamento de uma espécie de ajuda de custo para que o religioso possa subsistir.

A subsistência do pastor também pode ser decorrente das contribuições recolhidas pelos fiéis.

O § 13 do art. 22 da Lei nº 8.212/91 dispõe que "não se considera como remuneração direta ou indireta, para os efeitos desta Lei, os valores despendidos pelas entidades religiosas e instituições de ensino vocacional com ministro de confissão religiosa, membros de instituto de vida consagrada, de congregação ou de ordem religiosa em razão do seu mister religioso ou para sua subsistência desde que fornecidos em condições que independam da natureza e da quantidade do trabalho executado".

Cada caso entre o religioso e a Igreja tem de ser examinado em particular para verificar se estão presentes todos os requisitos do contrato de trabalho.

4.8 Terceirização

Vários nomes são utilizados para denominar a contratação de terceiros pela empresa para prestação de serviços ligados à sua atividade-meio. Fala-se em terceirização, subcontratação, terciarização, filialização, reconcentração, desverticalização, exteriorização do emprego, focalização, parceria etc.

Entende-se que terciarização é vocábulo não contido nos dicionários e que seria um neologismo. *Terciariu* seria originário do latim, proveniente do ordinal três.

Argumenta-se que o correto seria o termo *terciarização*, em razão de que o setor terciário na atividade produtiva seria o setor de serviços, pois o primário corresponderia à agricultura e o secundário, à indústria.

O uso da denominação *terceirização* poderia ser justificado como decorrente da palavra latina *tertius*, que seria o estranho a uma relação entre duas pessoas. No caso, a relação entre duas pessoas poderia ser entendida como a realizada entre o terceirizante e seu cliente, sendo que o terceirizado ficaria fora dessa relação, daí, portanto, ser terceiro. A terceirização, entretanto, não fica restrita a serviços, podendo ser feita também em relação a bens ou produtos.

Consiste a terceirização na possibilidade de contratar terceiro para a realização de atividades na empresa. Essa contratação pode compreender tanto a produção de bens, como de serviços, como ocorre na necessidade de contratação de empresa de limpeza, de vigilância ou até para serviços temporários.

Considera-se prestação de serviços a terceiros a transferência feita pela contratante da execução de quaisquer de suas atividades, inclusive sua atividade principal, à pessoa jurídica de direito privado prestadora de serviços que possua capacidade econômica compatível com a sua execução (art. 4º-A da Lei nº 6.019/74). Logo, é possível terceirizar tanto a atividade-meio, como a atividade- fim da empresa, como ocorre na indústria automobilística ou na construção civil, desde que não exista fraude.

Empresa prestadora de serviços a terceiros é a pessoa jurídica de direito privado destinada a prestar à contratante serviços determinados e específicos (art. 4º-A da Lei nº 6.019/74).

A empresa prestadora de serviço deve ter capital social compatível com o número de empregados: a) empresas com até dez empregados – capital mínimo de R$ 10.000,00; b) empresas com mais de dez e até vinte empregados – capital mínimo de R$ 25.000,00; c) empresas com mais de vinte e até cinquenta empregados – capital mínimo de R$ 45.000,00; d) empresas com mais de cinquenta e até cem empregados – capital mínimo de R$ 100.000,00; e) empresas com mais de cem empregados – capital mínimo de R$ 250.000,00 (art. 4º-B, III, da Lei nº 6.019/74).

Contratante é a pessoa física ou jurídica que celebra contrato com empresa de prestação de serviços relacionados a quaisquer de suas atividades, inclusive sua atividade principal (art. 5º-A da Lei nº 6.019/74).

É vedada à contratante a utilização dos trabalhadores em atividades distintas daquelas que foram objeto do contrato com a empresa prestadora de serviços (§ 1º do art. 5º-A da Lei nº 6.019/74).

Os serviços contratados poderão ser executados nas instalações físicas da empresa contratante ou em outro local, de comum acordo entre as partes (§ 2º do art. 5º-A da Lei nº 6.019/74).

É responsabilidade da contratante garantir as condições de segurança, higiene e salubridade dos trabalhadores, quando o trabalho for realizado em suas dependências ou local previamente convencionado em contrato (§ 3º do art. 5º-A da Lei nº 6.019/74).

A contratante poderá estender ao trabalhador da empresa de prestação de serviços o mesmo atendimento médico, ambulatorial e de refeição destinado aos seus empregados, existente nas dependências da contratante, ou local por ela designado (§ 4º do art. 5º-A da Lei nº 6.019/74).

São asseguradas aos empregados da empresa prestadora de serviços a que se refere o art. 4º-A da Lei nº 6.019/74, quando e enquanto os serviços, que podem ser de qualquer uma das atividades da contratante, forem executados nas dependências da tomadora, as mesmas condições:

I – relativas a: (a) alimentação garantida aos empregados da contratante, quando oferecida em refeitórios; (b) direito de utilizar os serviços de transporte; (c) atendimento médico ou ambulatorial existente nas dependências da contratante ou local por ela designado; (d) treinamento adequado, fornecido pela contratada, quando a atividade o exigir.

II – sanitárias, de medidas de proteção à saúde e de segurança no trabalho e de instalações adequadas à prestação do serviço (art. 4º-C da Lei nº 6.019/74).

O TST tem algumas súmulas que tratam da possibilidade da terceirização. A Súmula 257 indica que o vigilante, contratado diretamente por banco ou por intermédio de empresas especializadas, não é bancário. Mostra a Súmula 331 várias hipóteses: (I) a contratação de trabalhadores por empresa interposta é ilegal, formando-se o vínculo diretamente com o tomador dos serviços, salvo no caso de trabalho temporário (Lei nº 6.019/74); (II) a contratação irregular de trabalhador, por meio de empresa interposta, não gera vínculo de emprego com os órgãos da Administração Pública direta, indireta ou fundacional (art. 37, II, da Constituição); (III) não forma vínculo com o tomador a contratação de serviços de vigilância (Lei nº 7.102/83), de conservação e limpeza, bem como a de serviços especializados, desde que inexistente a pessoalidade e a subordinação direta; (V) os entes integrantes da Administração Pública direta e indireta respondem, subsidiariamente, nas mesmas condições do item IV, caso evidenciada a sua conduta culposa no cumprimento das obrigações da Lei nº 8.666, de 21-6-1993, especialmente a fiscalização do cumprimento das obrigações contratuais e legais da prestadora de serviço como empregadora. A aludida responsabilidade não decorre de mero inadimplemento das obrigações trabalhistas assumidas pela empresa regularmente contratada; (VI) a responsabilidade subsidiária da tomadora de serviços abrange todas as verbas decorrentes da condenação referente ao período da prestação laboral. Esclarece a Súmula 239 do TST que é bancário o empregado de empresa de processamento de dados que presta serviço a banco integrante do mesmo grupo econômico, salvo se a empresa de processamento de dados prestar serviços a banco e a empresas não bancárias do mesmo grupo econômico ou a terceiros. Isso significa que a referida súmula só é aplicada em casos de fraude.

O STF entendeu que é possível a terceirização na atividade-fim, pois decorre da livre-iniciativa e não há proibição em lei (STF, Pleno, RE 958.252/MG, j. 30-8-2018, Rel. Min. Luiz Fux).

A contratação de servidor público, após a Constituição de 1988, sem prévia aprovação em concurso público, encontra óbice no respectivo inciso I do art. 37 da Constituição e seu § 2º, somente lhe conferindo direito ao pagamento da contraprestação pactuada, em relação ao número de horas trabalhadas, respeitado o valor da hora do salário mínimo, e dos valores referentes aos depósitos do FGTS (S. 363 do TST).

O empregado que for demitido não poderá prestar serviços para esta mesma empresa na qualidade de empregado de empresa prestadora de serviços antes do decurso de prazo de dezoito meses, contados a partir da demissão do empregado (art. 5º-D da Lei nº 6.019/74). Há necessidade de que a empresa tomadora dos serviços tenha participado da relação processual e conste também do título executivo judicial (S. 331, IV, do TST), em razão de culpa *in eligendo* e *in vigilando*.

A empresa contratante é subsidiariamente responsável pelas obrigações trabalhistas referentes ao período em que ocorrer a prestação de serviços, e o recolhimento das contribuições previdenciárias observará o disposto no art. 31 da Lei nº 8.212/91 (§ 5º do art. 5º-A da Lei nº 6.019/74).

4.9 Cooperativas

Cooperativa é uma forma de união de esforços coordenados entre pessoas para a consecução de determinado fim.

Os membros da cooperativa não têm subordinação entre si, mas vivem num regime de colaboração.

Diferenciam-se as cooperativas das demais sociedades pelas seguintes características: (a) adesão voluntária, com número ilimitado de associados; (b) variabilidade do capital social representado por cotas-partes; (c) limitação do número de cotas-partes do capital para cada associado, facultado, porém, o estabelecimento de critérios de proporcionalidade, se assim for mais adequado para o cumprimento dos objetivos sociais; (d) impossibilidade de cessão das cotas-partes do capital a terceiros, estranhos à sociedade; (e) singularidade de voto, podendo as cooperativas centrais, federações e confederações de cooperativas, com exceção das que exerçam atividade de crédito, optar pelo critério da proporcionalidade; (f) quórum para o funcionamento e deliberação da assembleia geral baseado no número de associados e não no capital; (g) retorno das sobras líquidas do exercício, proporcionalmente às operações realizadas pelo associado, salvo deliberação em contrário da assembleia geral; (h) indivisibilidade dos fundos de reserva e de assistência técnica, educacional e social; (i) neutralidade política e indiscriminação religiosa, racial e social.

A relação entre o cooperado e a cooperativa é de associação.

São as sociedades cooperativas sociedades de pessoas, com forma e natureza jurídicas próprias, tendo natureza civil. Possuem capital variável.

O trabalho por intermédio de cooperativa não deixa de ser uma espécie de terceirização. Entretanto, o cooperado é autônomo, não tem horário de trabalho, não sofre punições, subscreve capital, participa de sobras e de prejuízos, comparece a assembleias. O empregado é subordinado, não tem o intuito de ser sócio de outra pessoa, não assume riscos da atividade econômica do empregador.

A Lei nº 8.949, de 9 de dezembro de 1994, acrescentou parágrafo único ao art. 442 da CLT determinando que, "qualquer que seja o ramo de atividade da sociedade cooperativa, não existe vínculo empregatício entre ela e seus associados, nem entre estes e os tomadores de serviços daquela".

Já dispunha o art. 90 da Lei nº 5.764 que, "qualquer que seja o tipo de cooperativa, não existe vínculo empregatício entre ela e seus associados", o que agora é repetido no parágrafo único do art. 442 da CLT.

A diferença entre os dois preceitos legais é que a Lei nº 8.949 acrescentou a expressão relativa à inexistência de vínculo de emprego entre os associados da cooperativa e seus tomadores de serviços.

O parágrafo único do art. 442 da CLT, ao empregar a expressão *qualquer ramo de atividade*, indica que tal regra se aplica a qualquer cooperativa e não somente às cooperativas de trabalho.

Estabelece, ainda, o parágrafo único do art. 442 da CLT uma presunção *iuris tantum* (relativa) da inexistência do vínculo de emprego, que pode ser elidida por prova em sentido contrário, diante do princípio da realidade que informa o Direito do Trabalho.

Não se poderá utilizar da cooperativa para substituir a mão de obra permanente ou interna da empresa, pois seu objetivo é ajudar seus associados. A cooperativa não poderá ser, portanto, intermediadora de mão de obra.

O empregador não poderá dispensar seus empregados para posteriormente recontratá-los sob a forma de cooperativa, se persistir o elemento subordinação e os demais pertinentes à relação de emprego.

O importante é que os cooperados prestem serviços pela cooperativa com total autonomia, isto é, sem subordinação.

Na cooperativa, haverá sociedade entre as partes, com o objetivo de um empreendimento comum, ou da exploração de uma atividade. Inexistirá vínculo de emprego entre associados da cooperativa e esta, justamente em razão da condição dos prestadores dos serviços, que são os associados da cooperativa, além de inexistir subordinação.

Entretanto, se não houver esse interesse comum de sociedade entre as partes, mas, ao contrário, existir subordinação, e os demais elementos previstos no art. 3º da CLT, existirá vínculo de emprego com a empresa tomadora dos serviços. Na prática, as empresas vão-se utilizar desse procedimento e serão criadas cooperativas com o objetivo de evitar a configuração da relação de emprego.

Provada a existência de fraude, o vínculo de emprego se formará normalmente, sendo aplicado o art. 9º da CLT, que impede procedimentos escusos com vistas a burlar a configuração da relação de emprego ou a se preterir direitos trabalhistas dos empregados. Os abusos, assim, serão coibidos pela Justiça do Trabalho.

Assim, para que haja a real prestação de serviços por intermédio da sociedade cooperativa e não exista o vínculo de emprego, é mister que os serviços sejam geralmente de curta duração, de serviços especializados (art. 4º, II, da Lei nº 12.690/2012). Quando a prestação dos serviços é feita por prazo indeterminado, deve haver um rodízio dos associados na prestação dos serviços para não se discutir a existência do vínculo de emprego.

A Cooperativa de Trabalho não pode ser utilizada para intermediação de mão de obra subordinada (art. 5º da Lei nº 12.690/2012), pois desvirtuaria plenamente seus objetivos e tal procedimento contrariaria a Lei nº 6.019/74, que tem por objetivo disciplinar o trabalho temporário.

A Cooperativa de Trabalho deve garantir aos sócios os seguintes direitos, além de outros que a Assembleia Geral venha a instituir:

> "I – retiradas não inferiores ao piso da categoria profissional e, na ausência deste, não inferiores ao salário mínimo, calculadas de forma proporcional às horas trabalhadas ou às atividades desenvolvidas;
>
> II – duração do trabalho normal não superior a 8 horas diárias e 44 horas semanais, exceto quando a atividade, por sua natureza, demandar a prestação de trabalho por meio de plantões ou escalas, facultada a compensação de horários;
>
> III – repouso semanal remunerado, preferencialmente aos domingos;
>
> IV – repouso anual remunerado;
>
> V – retirada para o trabalho noturno superior à do diurno;
>
> VI – adicional sobre a retirada para as atividades insalubres ou perigosas;
>
> VII – seguro de acidente de trabalho" (art. 7º da Lei nº 12.690/2012).

5 EMPREGADOR POR EQUIPARAÇÃO

O § 1º do art. 2º da CLT equipara a empregador certas pessoas.

Na verdade, não há equiparação, pois se as pessoas mencionadas no parágrafo tiverem empregados, o tomador dos serviços será empregador. A utilização da expressão *empregador por equiparação* se deve à utilização da teoria institucionalista pela CLT, que considera o empregador a empresa. Logo, pessoas físicas não seriam empregadores, apenas por equiparação, segundo a lei.

Dessa forma, embora não sejam "empresas" no sentido estrito da palavra o profissional autônomo, as instituições de beneficência, as associações recreativas ou outras instituições sem fins lucrativos, como os sindicatos, se admitirem empregados, serão equiparados a empregador, exclusivamente para os efeitos da relação de emprego.

Logo, se o profissional autônomo ou o sindicato tiverem empregados, serão considerados empregadores, segundo a CLT, *por equiparação*.

Melhor seria se a definição da CLT dissesse que empregador é a pessoa física ou jurídica que tivesse empregados, pois acabaria com essa distinção em falar em empregador por equiparação.

O condomínio de apartamentos também pode ser considerado empregador, desde que possua empregados. O condomínio não é empresa, pois não visa ao lucro. Os direitos dos empregados não são exercitados contra os moradores do condomínio em particular, mas contra a administração do edifício. Para que o condomínio seja considerado empregador, é preciso que seus empregados (porteiros, zeladores, faxineiras) estejam a serviço da administração do edifício e não de cada condômino em particular (art. 1º da Lei nº 2.757/56). Os condôminos responderão apenas proporcionalmente pelas obrigações previstas nas leis trabalhistas, inclusive as judiciais e extrajudiciais (art. 3º da Lei nº 2.757/56).

6 ALTERAÇÕES NA EMPRESA

A Lei nº 62, de 5-6-1935, dispunha no seu art. 3º que nas empresas de trabalho contínuo, a mudança de proprietário não rescinde o contrato de trabalho, conservando os empregados, para com o novo empregador, os direitos que tinham em relação ao antigo.

Estabelecia a Constituição de 1937 que "nas empresas de trabalho contínuo, a mudança de proprietário não rescinde o contrato de trabalho, conservando os empregados, para com o novo empregador, os direitos que tinham em relação ao antigo" (art. 137, *g*).

A alteração da empresa pode ser feita, assim, de dois modos: em sua estrutura jurídica ou na mudança de sua propriedade.

A CLT tem dois artigos que tratam do tema: o art. 10 estabelece que "qualquer alteração na estrutura jurídica da empresa não afetará os direitos adquiridos por seus empregados"; e o art. 448: "a mudança na propriedade ou na estrutura jurídica da empresa não afetará os contratos de trabalho dos respectivos empregados". O art. 10 da CLT diz respeito aos direitos do empregado, enquanto o art. 448 da CLT está ligado ao contrato de trabalho.

Ocorre mudança na estrutura jurídica da empresa na transformação da empresa individual para sociedade ou vice-versa; na alteração de sociedade anônima para limitada ou de uma para outra forma de sociedade. A mudança na propriedade da empresa diria respeito aos detentores do capital, do número de cotas ou ações. Tais alterações não poderiam, evidentemente, prejudicar o empregado. Por esse motivo, a lei faz expressa ressalva de que os direitos adquiridos dos empregados, ou o próprio contrato de trabalho, não poderão ser afetados.

Transformação é a operação pela qual a sociedade passa, independentemente de dissolução e liquidação, de um tipo para outro (art. 220 da Lei nº 6.404/76). Incorporação é a operação pela qual uma ou mais sociedades são absorvidas por outra, que lhes sucede em todos os direitos e obrigações (art. 227 da Lei nº 6.404). Fusão é a operação pela qual se unem duas ou mais sociedades para formar sociedade nova, que lhes sucederá em todos os direitos e obrigações (art. 228 da Lei nº 6.404). Cisão é a operação pela qual a companhia transfere parcelas de seu patrimônio para uma ou mais sociedades, constituídas para esse fim ou já existentes, extinguindo-se a companhia cindida, se houver versão de todo seu patrimônio, ou dividindo-se o seu capital, se parcial a versão (art. 229 da Lei nº 6.404). Não se poderia falar, porém, em sucessão de empresas, mas em sucessão de empresários no comando da empresa, quando houvesse mudança em sua propriedade. Seria possível aplicar por analogia os arts. 10 e 448 da CLT nos casos citados, pois o empregado não poderá ser prejudicado com as alterações na empresa.

Sucessão vem a ser a modificação do sujeito em dada relação jurídica. Assim, há necessidade de que exista a mesma relação jurídica, porém sujeitos diversos, que se sucedem.

Na transformação não existe sucessão, pois o empregador continua sendo o mesmo, apenas houve alteração na sua estrutura jurídica.

O empregado não tem um direito real, de crédito, contra o empregador, pois não grava determinado bem de seu patrão.

Haverá sucessão pela: (a) transferência total ou parcial da empresa ou estabelecimento; (b) continuidade do empreendimento; (c) continuidade da prestação de serviços.

Poderá ser: (a) lícita: a que observa os direitos dos trabalhadores; (b) ilícita: é a que visa burlar os direitos dos trabalhadores para não pagá-los.

A empresa é a mesma, houve sucessão de empresários ou de proprietários. O nome mais correto seria sucessão de empregadores. A venda de um estabelecimento não implicaria sucessão de empresas, mas de empregadores.

Só se poderia falar em sucessão de empregadores na hipótese de a empresa ter vários estabelecimentos e transferir um deles para terceiros, sem que houvesse solução de continuidade na prestação dos serviços. No caso, os empregados do estabelecimento transferido teriam novo empregador.

O empregado não poderá recusar-se a prestar serviços ao sucessor. O tempo de serviço será computado na mudança, inclusive para efeito de indenização e férias. Será desnecessária a elaboração de novo registro de empregado, exceto se houver alteração na razão social da empresa, quando será preciso fazer a anotação na CTPS do empregado e na ficha de registro da respectiva mudança.

A empresa sucessora assume as obrigações trabalhistas da empresa sucedida e a sua posição no processo. Podem os bens da sucessora ser penhorados no processo, pois o empregador é a empresa, independentemente da mudança na sua estrutura ou na sua propriedade.

Evaristo de Moraes Filho fala que não se trata de sucessão de empresa, mas sucessão de empregadores,[7] pois o empregador nem sempre é a empresa, mas pode ser pessoa física.

---

7 MORAES FILHO, Evaristo. *Introdução ao direito do trabalho*. São Paulo: LTr, 1978. p. 227.

O contrato de trabalho segue o estabelecimento, mesmo que este seja vendido a outra pessoa e não a empresa toda.

O sucessor fica responsável pelas obrigações do sucedido. Não existe responsabilização do sucedido, mas apenas do sucessor, que é o empregador.

Na sucessão mudam-se os sujeitos da relação.

Na questão trabalhista não há essa mudança, pois o empregador continua sendo o mesmo, apenas há mudança na propriedade ou estrutura jurídica da empresa. A mudança da titularidade da empresa não implica sucessão de empregadores, porque não há substituição do empregador. O empregador, na verdade, é o mesmo. Mudam os proprietários da empresa.

Na sucessão, não importa que a atividade do sucessor seja a mesma do sucedido. Pode ser diferente.

Não tem qualquer valor acordo ou convenção das partes de forma a elidir os direitos trabalhistas dos empregados, como de se colocar numa cláusula que o antigo proprietário é que deve pagar os débitos trabalhistas. Empregador é quem está atualmente dirigindo a empresa.

Se persiste a finalidade econômica do conjunto patrimonial e são mantidos os contratos de trabalho, empregador é quem continua nessa atividade.

Pode ocorrer: (a) entre arrendatários que se substituem na exploração de mesmo serviço; (b) entre pessoas de direito público e privado; (c) na sucessão por fusão; (d) a sucessão num só estabelecimento da empresa desde que seja um núcleo diferenciado, capaz de sobrevivência autônoma juridicamente.

A empresa pública e a sociedade de economia mista podem ser sucessoras de outra empresa. O fato de os anteriores empregados não terem prestado concurso público não torna nulos seus contratos de trabalho, pois à época não se exigia concurso público para admissão e é inerente à sucessão a absorção dos empregados da sucedida.

Em caso de criação de novo Município, por desmembramento, cada uma das novas entidades responsabiliza-se pelos direitos trabalhistas do empregado no período em que figurarem como real empregador (OJ 92 SBDI-I do TST).

A mera substituição da pessoa jurídica na exploração de concessão de serviço público, não caracteriza sucessão de empresas. Se persiste o mesmo ponto, clientes, móveis, máquinas, organização e empregados, haverá sucessão.

É comum os empregados de uma empresa concessionária serem mantidos prestando serviços ao mesmo concedente. Entretanto, com o término da concessão são dispensados da empresa anterior, com o pagamento das verbas rescisórias e admitidos na outra empresa. Esta tem sede e bens completamente distintos da anterior.

Há sucessão do atual titular do cartório notarial ou registral em relação ao anterior se passa a exercer suas atividades no mesmo imóvel, com os mesmos móveis, arquivos, utilizando as anteriores firmas dos clientes.

Caracterizada a sucessão empresarial ou de empregadores prevista nos arts. 10 e 448 da CLT, as obrigações trabalhistas, inclusive as contraídas à época em que os empregados trabalhavam para a empresa sucedida, são de responsabilidade do sucessor (art. 448-A da CLT). A empresa sucedida responderá solidariamente com a sucessora quando ficar comprovada fraude na transferência, podendo a obrigação ser exigida de qualquer um dos dois. Não havendo fraude, não se poderá falar em solidariedade.

Na cisão, há responsabilidade solidária de sucessor e sucedido (art. 233 da Lei nº 6.404).

Para o Direito do Trabalho a sucessão tem um aspecto mais econômico do que jurídico.

Na falência, os empregados do devedor contratados pelo arrematante serão admitidos mediante novos contratos de trabalho e o arrematante não responde por obrigações do contrato anterior (§ 2º do art. 141 da Lei nº 11.101/2005). Se o arrematante responder pelos créditos dos empregados em decorrência da falência, não irá contratá-los. Não se pode falar em sucessão, em razão da disposição da Lei de Falência. Não se aplicam os arts. 10 e 448 da CLT.

Reza o inciso II do art. 141 da Lei nº 11.101 que em relação à falência, na alienação conjunta ou separada de ativos, inclusive da empresa ou de suas filiais, o objeto da alienação estará livre de qualquer ônus e não haverá sucessão do arrematante nas obrigações do devedor, inclusive as de natureza tributária, as derivadas da legislação do trabalho e as decorrentes de acidentes do trabalho. O objetivo da disposição legal é permitir que o adquirente compre os ativos da massa, transformando-os em dinheiro para o pagamento dos credores, sem que exista responsabilidade trabalhista ou tributária por sucessão. Do contrário, as pessoas não terão interesse em adquirir bens e, posteriormente, serem responsabilizadas como sucessoras. É uma forma de verter dinheiro para a massa para pagar os credores.

O parágrafo único do art. 60 da Lei nº 11.101 não foi claro em excluir da sucessão trabalhista na alienação na recuperação judicial: "O objeto da alienação estará livre de qualquer ônus e não haverá sucessão do arrematante nas obrigações do devedor, inclusive as de natureza tributária, observado o disposto no § 1º do art. 141".

A expressão *obrigações do devedor* poderia ser entendida num sentido amplo, compreendendo as dívidas de natureza trabalhista.

Não há referência expressa no parágrafo único do art. 60 da Lei nº 11.101 à expressão *legislação do trabalho*. Isso significa que o legislador teve intuito deliberado em não incluir créditos decorrentes da legislação do trabalho na alienação de bens na recuperação judicial.

A interpretação histórica mostra que o legislador ordinário tinha por objetivo incluir na recuperação judicial a sucessão em relação a créditos trabalhistas. A Emenda n. 12-Plen. visava excluir a sucessão trabalhista na venda de bens na recuperação judicial. Entretanto, essa proposta foi rejeitada sob o fundamento de que, diferentemente do crédito tributário, protegido pela certidão negativa ou positiva com efeito de negativa para a concessão da recuperação judicial, o crédito trabalhista fica desguarnecido caso a empresa seja vendida e o valor apurado seja dissipado pela administração da empresa em recuperação judicial, já que não há, na recuperação judicial, ao contrário da falência, vinculação ou destinação específica desses valores.

A interpretação sistemática da Lei nº 11.101 mostra que o legislador teve por objetivo incluir na alienação de bens na recuperação judicial a sucessão por créditos trabalhistas. Do contrário, teria disposto claramente em sentido diverso, como ocorreu com o inciso II do art. 141 da Lei nº 11.101 em relação à falência. O parágrafo único do art. 60 da Lei nº 11.101 faz referência apenas a obrigações de natureza tributária.

Se o legislador não foi expresso na exclusão de créditos trabalhistas na alienação de bens na recuperação judicial, foi porque não teve interesse nesse sentido. As exceções têm de ser interpretadas de forma restritiva.

O § 1º do art. 161 da Lei nº 11.101 estabelece que a recuperação extrajudicial não abrange créditos decorrentes da legislação do trabalho.

O parágrafo único do art. 60 da Lei nº 11.101 faz remissão ao § 1º do art. 141 da mesma lei e não ao inciso II do art. 141, que faz a ressalva em relação às verbas de natureza trabalhista.

Não havendo exceção na Lei nº 11.101 quanto à sucessão trabalhista na alienação na recuperação judicial, devem ser observados os arts. 10 e 448 da CLT.

Entendo que se houver alienação de bens na recuperação judicial o adquirente responde pelos débitos trabalhistas por sucessão, desde que esta fique efetivamente comprovada, pois não há exceção no parágrafo único do art. 60 da Lei nº 11.101.

O STF entendeu que não há inconstitucionalidade da Lei nº 11.101 (ADIn 3.934/DF, Rel. Min. Ricardo Lewandowski, j. 27-5-2009). O patrimônio alienado nos autos de uma ação de recuperação judicial não responde por obrigações trabalhistas da empresa sujeita à recuperação judicial, afastando a possibilidade de afetação do patrimônio transferido em hasta pública.

Questões

1. O que é empregador?
2. O que é empresa de trabalho temporário?
3. O que é empregador doméstico?
4. Como se caracteriza o grupo de empresas?
5. Podemos dizer que o grupo de empresas é o empregador único? Por quê?
6. Como se dá a solidariedade no grupo de empresas?
7. Existe grupo de empresas na atividade rural?
8. O dono de obra pode ser considerado empregador?
9. A Igreja é empregador?

Capítulo 16

PODER DE DIREÇÃO DO EMPREGADOR

1 INTRODUÇÃO

A palavra *poder* vem do latim vulgar *potere* ou do latim clássico *potes, pote,* no sentido de capaz, poderoso.

Como o empregado é um trabalhador subordinado, está sujeito ao poder de direção do empregador.

Poder de direção é a forma como o empregador define como serão desenvolvidas as atividades do empregado decorrentes do contrato de trabalho.

O fundamento legal do poder de direção é encontrado no art. 2º da CLT, na definição de empregador, pois este é quem dirige as atividades do empregado.

Várias seriam as teorias que procuram justificar o poder de direção do empregador. O empregador dirige o empregado, pois é proprietário da empresa. Sinzheimer afirmava que "é do poder sobre as coisas que decorre o poder sobre as pessoas". O trabalho não é mercadoria para que haja poder sobre as pessoas. O poder sobre as coisas não tem como consequência o poder sobre as pessoas. O empregador não é proprietário do empregado.

A segunda teoria esclarece que o empregado está sob subordinação do empregador, ou seja, sujeita-se às ordens de trabalho. O reverso da subordinação seria o poder de direção do empregador, dirigindo a atividade do empregado. O poder de direção, assim como a subordinação, é decorrente do contrato de trabalho.

A terceira teoria entende que a empresa é uma instituição. Considera-se instituição aquilo que perdura no tempo. O poder de direção seria decorrente do fato de o empregado estar inserido nessa instituição, devendo obedecer às suas regras.

Para alguns autores, o poder de direção seria um direito potestativo, ao qual o empregado não poderia opor-se. Esse poder, porém, não é ilimitado, pois a própria lei determina as limitações do poder de direção do empregador. O empregado não está obrigado a cumprir ordens ilegais.

Decorre o poder de direção da lei (art. 2º da CLT) e do contrato de trabalho. O empregado está subordinado ao empregador por força do contrato de trabalho.

O poder de direção decorre da existência do contrato de trabalho. O empregado está subordinado, sujeito às ordens do empregador, por força do contrato de trabalho. O poder de direção do empregador é exercido em relação ao serviço do empregado e não em relação à pessoa do empregado. Do contrário, o empregado seria escravo ou servo.

O poder de direção não é um direito função, essa não é sua natureza. A natureza do poder de direção é o seu fundamento de validade. No caso, não é de não proporcionar prejuízo ao empregado. Essa regra está no art. 468 da CLT.

Representa o poder de direção do empregador uma forma de limitação à autonomia da vontade do empregado, que fica sujeito às determinações do empregador.

O poder de direção do empregador é unilateral, mas não é um direito absoluto. Só por ser um direito, tem limites. O direito de uma pessoa termina onde começa o direito de outra pessoa. Limites externos: Constituição, leis, norma coletiva, contrato. Limites internos: boa-fé objetiva e exercício regular do direito. Se for irregular, o negócio jurídico é ilícito (art. 188, I, do Código Civil).

Compreende o poder de direção não só o de organizar suas atividades, como também de controlar e disciplinar o trabalho, de acordo com os fins do empreendimento.

2 PODER DE ORGANIZAÇÃO

O empregador tem todo o direito de organizar seu empreendimento, decorrente até mesmo do direito de propriedade. Estabelecerá o empregador qual a atividade que será desenvolvida: agrícola, comercial, industrial, de serviços etc., diante da livre-iniciativa (art. 170 da Constituição).

A estrutura jurídica também será determinada pelo empregador, que estabelecerá ser melhor o desenvolvimento de suas atividades mediante sociedade limitada, por ações, capital aberto, capital fechado etc.

O empregador determinará o número de funcionários de que precisa, os cargos, funções, local e horário de trabalho, o horário de funcionamento da empresa etc., de acordo com as suas necessidades.

Dentro do poder de organização, está a possibilidade de o empregador regulamentar o trabalho, elaborando o regulamento de empresa.

3 PODER DE CONTROLE

O empregador tem o direito de fiscalizar e controlar as atividades de seus empregados. O controle é feito sobre o trabalho e não sobre a pessoa do trabalhador. Os empregados poderão ser revistados no final do expediente. A revista pode ser feita em razão de questões de segurança. É uma forma de salvaguarda do patrimônio da empresa. A revista pode ser feita pelo empregador, desde que de maneira impessoal e respeitosa, mediante a abertura e o esvaziamento das respectivas bolsas e sacolas diante de câmeras (ERR 1489-73.2010.5.19.0000, j. 24-10-2013, Rel. Min. Dalazen, *LTr* 78-02-2014). A revista moderada é considerada válida como um direito de proteção ao patrimônio da empresa (RR 1328-42.2010.5.19.0007, 4ª T., Rel. Min. Calsing, *DEJT*, 17-5-2013). Não poderá ser a revista feita de maneira abusiva ou vexatória, ou seja, deverá ser moderada. Vedada será a revista que violar a intimidade do empregado (art. 5º, X, da Constituição), além do que ninguém será submetido a tratamento desumano ou degradante (art. 5º, III, da Lei Magna). As revistas íntimas não podem ser feitas tanto em mulheres (art. 373-A, VI, da CLT) como em homens, por violarem a intimidade do empregado. A revista não pode ser realizada em local não apropriado e na presença de clientes, pois se torna vexatória. Meios de controle eletrônicos de mercadorias podem ser usados para evitar furtos, além de câmeras.

É autorizada a revista quando o objetivo é a segurança dos presídios, que visa a evitar a entrada de drogas e em benefício da população. A razão pública suplanta a limitação da intimidade do trabalhador (TST RR83-23-2012.5.11.0015, 4ª T., Rel. Min. Calsing, j. 6-8-2014, *DEJT* 8-8-2014).

As empresas privadas, os órgãos e entidades da Administração Pública, direta e indireta, ficam proibidos de adotar qualquer prática de revista íntima de suas funcionárias e de clientes do sexo feminino (art. 1º da Lei nº 13.271/2016). A norma deveria ter usado a palavra empregadas ou servidoras. Funcionárias pode ter sentido de funcionários públicos.

Pelo não cumprimento do art. 1º da Lei nº 13.271/2016 ficam os infratores sujeitos a: I – multa de R$ 20.000,00 ao empregador, revertidos aos órgãos de proteção dos direitos da mulher; II – multa em dobro do valor estipulado no inciso I, em caso de reincidência, independentemente da indenização por danos morais e materiais e sanções de ordem penal (art. 2º da Lei nº 13.271/2016). As sanções do art. 2º da Lei nº 13.721 só podem ser aplicadas ao empregador em razão de revistas de empregadas. Não pode ser aplicada em caso de revista em homens. As penalidades devem ser interpretadas restritivamente. O inciso II do art. 2º da Lei nº 13.271/2016 faz referência a dano moral e material. Não se aplica apenas em caso de reincidência.

A própria marcação do cartão de ponto é decorrente do poder de fiscalização do empregador sobre o empregado, de modo a verificar o correto horário de trabalho do obreiro, que inclusive tem amparo legal, pois nas empresas de mais de 20 empregados é obrigatória a anotação da hora de entrada e de saída, em registro manual, mecânico ou eletrônico, devendo haver a assinalação do período de repouso (§ 2º do art. 74 da CLT).

O empregador exerce poder de direção sobre o empregado, determinando-lhe ordens de serviço. No caso do teletrabalho, pode se falar em teledireção, telefiscalização, televigilância (*telesurveillance*). Poderá, portanto, monitorar a atividade do empregado no computador.

Poderá o empregador monitorar a atividade do empregado no computador. Isso de certa forma já é feito, como no controle de produção por toques no teclado; verificação de entrada e saída de dados por registros feitos pelo próprio computador, que inclusive indicam horário; da Intranet etc.

O empregador deverá tomar cuidado de não fazer um controle vexatório e quanto a dados pessoais do empregado, pois um dos princípios da República Federativa do Brasil é a dignidade da pessoa humana (art. 1º, III, da Constituição). A intimidade da pessoa é um direito relativo à personalidade. Determina o inciso X do art. 5º da Constituição que são invioláveis a intimidade, a vida privada, a honra e a imagem das pessoas, assegurado o direito à indenização pelo dano material ou moral decorrente de sua violação. O inciso XII do art. 5º da Lei Maior prevê que "é inviolável o sigilo da correspondência e das comunicações telegráficas, de *dados* e das comunicações telefônicas, salvo no último caso, por ordem judicial, nas hipóteses e na forma que a lei estabelecer para fins de investigação criminal ou instrução processual penal". O sigilo de comunicação de dados, como o *e-mail*, é também inviolável. Entretanto, essa regra não pode ser entendida de forma absoluta, principalmente diante da má-fé do empregado. Em casos de interesses relevantes, que podem, posteriormente, ser examinados pela Justiça, o empregador poderá monitorar os *e-mails* do empregado, desde que digam respeito ao serviço.

Não se pode dizer que haveria violação da privacidade do empregado quando o empregador exerce fiscalização sobre equipamentos de computador que lhe pertencem.

Ressalte-se que o correio eletrônico, em muitos casos, é da empresa e não do empregado. O telefone e o sistema utilizados para acesso à Internet são do empregador. Assim, o recebimento da comunicação é do empregador e não do empregado, como na hipótese de questões relacionadas apenas com o serviço.

Entendo que o empregador poderá verificar a utilização de *e-mails*, visando constatar se o computador não está sendo usado, no horário de serviço, para fins pessoais do empregado, ainda mais quando há proibição expressa para uso pessoal do equipamento.

Durante o horário do trabalho o empregado está à disposição do empregador. Deve produzir aquilo que o empregador lhe pede. Logo, pode ser fiscalizado para verificar se não está enviando *e-mails* para outras pessoas sem qualquer relação com o serviço, pois está sendo pago para trabalhar e não para se divertir. O empregador é responsável pelos atos que seus empregados pratiquem contra terceiros.

O empregador é proprietário do computador e do sistema. Pode, portanto, verificar os *e-mails*.

O empregador tem de fiscalizar o empregado em razão da responsabilidade civil por ato de seus prepostos (art. 932, III, do Código Civil).

Dispõe o Código do Trabalho de Portugal que "o empregador deve respeitar a privacidade do trabalhador e os tempos de descanso e de repouso da família deste, bem como proporcionar-lhes boas condições de trabalho, tanto do ponto de vista físico como psíquico" (art. 170, nº 1). Sempre que o teletrabalho for realizado no domicílio do trabalhador, a visita ao local de trabalho só deve ter por objeto o controle da atividade laboral, bem como dos instrumentos de trabalho, e apenas pode ser efetuada entre as 9 e as 19 horas, com a assistência do trabalhador ou de pessoa por ele designada (art. 170, nº 2).

Considera-se lícita a instalação de câmeras ou microfones no local de trabalho para fiscalizar o empregado, desde que não violem a intimidade do trabalhador, nem sejam vexatórios. Será vedado ao empregador utilizar de tais mecanismos em locais de intimidade do empregado, como em banheiros, vestiários etc. Logo, também será possível o monitoramento do computador do empregado no horário de serviço. A câmera do vídeo posicionada na entrada do banheiro não representa abuso do poder de direção do empregador, pois não está dentro do banheiro. Pode servir para verificar se o empregado fica muito tempo no banheiro.

O empregador não pode usar detector de mentiras (polígrafo) na admissão ou durante o curso da relação de emprego, por se tratar de procedimento invasivo, que fere a intimidade do empregado. Para fazer o teste geralmente são feitas perguntas íntimas ao empregado, como: se usa drogas, se manteve relações sexuais etc. O uso do aparelho pode não dar resultados normais em razão do cansaço, angústia ou até por cefaleia do trabalhador.

A proteção ao direito à intimidade não pode ser fundamento para a prática de atos ilícitos ou imorais.

É dever do motorista profissional submeter-se a exames toxicológicos com janela de detecção mínima de 90 dias e a programa de controle de uso de droga e de bebida alcoólica, instituído pelo empregador, com sua ampla ciência, pelo menos uma vez a cada dois anos e seis meses, podendo ser utilizado para esse fim o exame obrigatório previsto no Código de Trânsito, desde que realizado nos últimos 60 dias (art. 235-B, VII, da CLT). É uma questão de segurança. Os pilotos de avião, máquinas de composição ferroviária também devem se submeter a exames toxicológicos, pois põem em risco a segurança e a vida das pessoas.

A recusa do empregado em submeter-se ao teste e ao programa de controle de uso de droga e de bebida alcoólica será considerada infração disciplinar, passível de punição nos termos da lei (parágrafo único do art. 235-B da CLT). O teste de controle de uso de drogas e de bebidas alcoólicas é importante, justamente porque o motorista pode colocar a vida de outras pessoas em risco, não só dos passageiros, mas também das pessoas que trafegam pelas ruas e estradas. A ampla ciência do empregado parece que diz respeito ao conteúdo do exame. O fato de o motorista não se submeter a teste e ao programa de controle de uso de droga e de bebida alcoólica é considerado infração disciplinar, isto é, justa causa para a dispensa do empregado.

Cabe ao empregador definir o padrão de vestimenta no meio ambiente laboral, sendo lícita a inclusão no uniforme de logomarcas da própria empresa ou de empresas parceiras e de outros itens de identificação relacionados à atividade desempenhada (art. 456-A da CLT). O uso de uniforme decorre do poder de direção do empregador. O jogador de futebol usa uniforme para jogar, com patrocínios nas roupas. Não se considera ilícita a inclusão de tais itens, nem sujeitam o empregador a pagar indenizações ao empregado. A higienização do uniforme é de responsabilidade do trabalhador, salvo nas hipóteses em que forem necessários procedimentos ou produtos diferentes dos utilizados para a higienização das vestimentas de uso comum. Com a previsão do art. 456-A da CLT, o empregado deve fazer a limpeza do seu uniforme. Caberá ao empregador fazer a limpeza do uniforme quando houver necessidade de procedimentos ou produtos diversos dos utilizados para a higienização das vestimentas.

4 PODER DISCIPLINAR

Poder disciplinar é o poder que o empregador tem de aplicar punições ao empregado.

As teorias que fundamentam o poder disciplinar podem ser resumidas nas seguintes: (a) negativista; (b) civilista; (c) penalista; (d) administrativista.

A teoria negativista esclarece que o empregador não pode punir o empregado, pois o direito de punir é pertencente ao Estado, que detém o direito privativo inerente ao *ius puniendi*. Argumentam certos autores que, se não se admitisse o direito de punir como prerrogativa do Estado, o empregado também poderia punir o empregador. Pondera-se, ainda, que no Direito moderno uma pessoa não pode exercer um poder coativo sobre outra. Na verdade, o Estado não possui todo o poder, ou seu monopólio, pois o poder disciplinar está num nível inferior ao poder do Estado, podendo o empregador estabelecer sanções, principalmente para manter a ordem e a disciplina na empresa. Lembre-se mesmo que o pai, no exercício do pátrio poder, pode punir seu filho, ou mesmo as agremiações podem determinar punições a seus associados, como acontece, inclusive, nos clubes.

A teoria civilista ou contratualista estabelece que o poder disciplinar decorre do contrato de trabalho. As sanções disciplinares estariam equiparadas às sanções civis, como se fossem cláusulas penais. Entretanto, as sanções civis dizem respeito a indenizar uma pessoa pelo prejuízo causado por outra, ou seja, restabelecer a situação patrimonial da pessoa atingida. O objetivo da sanção disciplinar é impor ordem e disciplina no ambiente de trabalho. As sanções disciplinares dizem respeito a qualquer falta ocorrida no âmbito da empresa, enquanto a sanção civil decorre quase exclusivamente do inadimplemento do contrato. A sanção civil tem por objeto recompor o dano causado ao patrimônio de uma pessoa por ato de outrem; a sanção disciplinar, porém, não tem esse objetivo, podendo ter um efeito meramente moral e pedagógico, como ocorre na advertência.

A teoria penalista informa que as penas têm o mesmo objetivo: assegurar a ordem na sociedade. A diferença seria que a pena prevista no Código Penal visa assegurar a repressão em relação a todo indivíduo que cometer um crime, enquanto a pena disciplinar está adstrita apenas aos empregados e no âmbito da empresa. A pena, entretanto, no Direito Penal deve estar prevista em lei (art. 5º, XXXIX, da Constituição), enquanto necessariamente a sanção disciplinar não é prevista em lei. Nota-se, contudo, que o direito de punir deve ser exercido independentemente da vontade da pessoa que irá aplicar a lei, enquanto no poder disciplinar o empregador pode perdoar o empregado e não puni-lo. No âmbito do Direito Penal a pena é determinada pelo juiz, como órgão dotado de jurisdição, enquanto o poder disciplinar não é aplicado por um juiz, mas pelo empregador.

A teoria administrativista entende que o poder disciplinar decorre do poder de direção, de o empregador administrar a empresa de maneira que ela venha a funcionar adequadamente. Derivaria a teoria administrativista da ideia de que a empresa é uma instituição, equiparando-se ao ente público, podendo, assim, o empregador impor sanções disciplinares ao empregado, até mesmo porque é o dono do empreendimento, devendo manter a ordem e a disciplina no âmbito da empresa.

Não deixa de ser, portanto, o poder disciplinar um complemento do poder de direção, do poder de o empregador determinar ordens na empresa, que, se não cumpridas, podem gerar penalidades ao empregado, que deve ater-se à disciplina e respeito a seu patrão, por estar sujeito a ordens de serviço, que devem ser cumpridas, salvo se ilegais ou imorais. Logo, o empregador pode estabelecer penalidades a seus empregados.

O empregado poderá ser advertido (verbalmente e por escrito) e suspenso. Não poderá ser multado, salvo o jogador de futebol (art. 48, III, da Lei nº 9.615). Como sinônimo de advertência são usadas as palavras *admoestação*, *repreensão*. A advertência muitas vezes é feita verbalmente. Caso o empregado reitere o cometimento de uma falta, aí será advertido por escrito. Na próxima falta, deveria ser suspenso. O empregado não poderá, porém, ser suspenso por mais de 30 dias, o que importará a rescisão injusta do contrato de trabalho (art. 474 da CLT). Normalmente, o empregado é suspenso por um a cinco dias.

Não é necessário, contudo, que haja gradação nas punições do empregado. O empregado poderá ser dispensado diretamente, sem antes ter sido advertido ou suspenso, desde que a falta por ele cometida seja realmente grave. O melhor seria que na primeira falta o empregado fosse advertido verbalmente; na segunda, fosse advertido por escrito; na terceira, fosse suspenso; na quarta fosse demitido.

O empregador só estará obrigado a primeiro advertir e depois suspender, se houver norma coletiva ou previsão do regulamento interno da empresa.

O poder de punição do empregador deve ser exercido com boa-fé e razoabilidade. O objetivo da punição deve ser pedagógico, de mostrar ao funcionário que está errado e que não deve cometer novamente a mesma falta. O uso do poder de punição por parte do empregador em desacordo com suas finalidades implica excesso ou abuso de poder.

É claro que o Poder Judiciário poderá controlar a pena aplicada pelo empregador, como ocorreria se o empregado não tivesse cometido a falta ou a falta fosse inexistente. O mesmo pode-se dizer se o poder disciplinar for exercido ilicitamente ou arbitrariamente pelo empregador. Entende-se, entretanto, que o Poder Judiciário não poderá graduar a penalidade, que está adstrita ao empregador, pois, caso contrário, poderia, também, aumentar a pena imposta, mas pode adequá-la à previsão normativa, diminuindo-a ou extinguindo-a.

5 REGULAMENTO DE EMPRESA

5.1 Introdução

Nossa legislação não trata especificamente do regulamento de empresa, definindo-o ou explicitando seu conteúdo. As únicas disposições que são encontradas em nosso direito positivo são bastante genéricas e inespecíficas. O parágrafo único do art. 391 da CLT menciona que é vedado o regulamento fazer qualquer restrição quanto ao direito da mulher a seu emprego, por motivo de casamento ou de gravidez. O art. 144 da CLT esclarece que o abono de férias concedido em regulamento de empresa, desde que não excedente de 20 dias de salário, não integrará a remuneração do empregado para efeitos trabalhistas. Algumas súmulas do TST, porém, tratam do assunto, como as de números 51, 72, 77, 84, 87, 92, 97, 186, 288, 313, 326 e 327.

Antes de se analisar o regulamento de empresa no Brasil, mister se faz a verificação do que ocorre em outros países, mormente se existem normas legais sobre o tema.

5.2 Direito comparado

Em Portugal, o regulamento de empresa não é obrigatório. Nas empresas que o possuírem, há necessidade de que seja submetido à aprovação do Instituto Nacional do Trabalho e Previdência, devendo ser ouvidas as comissões corporativas. Se no prazo de 30 dias, a contar da entrada no serviço competente, não forem objeto de despacho, seja pelo deferimento ou indeferimento, serão considerados aprovados (art. 39.3 do Decreto-Lei nº 49.408/69). O Decreto-Lei nº 49.408 explicita, ainda, que na hipótese de a empresa ter regulamento interno, aprovado pela autoridade competente, o conteúdo do regulamento deve ser tornado público, sendo afixado na sede da empresa e nos locais de trabalho, de modo que os trabalhadores possam, a qualquer momento, ter conhecimento de seu conteúdo (art. 39.4).

Na França, o regulamento de empresa era chamado de *règlement d'atélier*. Por uma Ordenança de 1945, os regulamentos de empresa foram tornados quase obrigatórios e seu conteúdo às vezes imperativamente determinado. Atualmente, é chamado de *règlement intérieur*. É estabelecido por escrito o regulamento de empresa (art. L1.321-1 do Código do Trabalho). O regulamento de empresa deve ser submetido à opinião do Comitê de Empresa, caso existente (art. L1.321-4 do Código do Trabalho).

Na Itália, o regulamento de empresa (*regolamento aziendale, regolamento di azienda, regolamento di fabrica*) deve ser submetido à comissão interna da empresa, não sendo elaborado exclusivamente pelo empregador.

No México, a Lei Federal do Trabalho de 1970, no art. 474, I, determina que o regulamento interno de trabalho seja formulado por uma comissão mista de representantes dos trabalhadores e do patrão. A doutrina mexicana entende que o regulamento é um ato legislativo (Guerreiro, 1977:326).

5.3 Denominação

O regulamento de empresa pode ser encontrado sob várias denominações, como regulamento de comércio, regulamento de ordem, regulamento de ordem interior, regulamento de oficina. No Brasil, costuma-se utilizar as expressões *regulamento interno, regulamento de trabalho, regulamento de fábrica* ou *regulamento de serviço*. Normalmente, nos países de língua espanhola utiliza-se a denominação *regulamento de taller*. A denominação *regulamento de empresa* é a mais corrente, dando a ideia de que ela se refere às regras internas a serem observadas no âmbito da empresa e não apenas no estabelecimento. Não se pode, porém, tentar distinguir a denominação sob o ramo de atividade, como regulamento de comércio, indústria etc. O mesmo se pode dizer ao se usar as expressões *regulamento de fábrica* ou *de serviços*, que mostram o ramo de atividade da empresa. Da mesma forma, não se pode falar em regulamento de ordem ou de ordem interna, que não têm significado preciso, nem demonstram a que se refere a ordem e em que âmbito.

O termo mais correto deveria ser regimento de empresa, pois é um conjunto de regras propostas para ordenar o trabalho na empresa.

O art. 144 da CLT faz referência a regulamento de empresa.

5.4 Conceito

Regulamento de empresa é um conjunto sistemático de regras, escritas ou não, estabelecidas pelo empregador, com ou sem a participação dos trabalhadores, para tratar de questões de ordem técnica ou disciplinar no âmbito da empresa, organizando o trabalho e a produção.

O regulamento de empresa é um conjunto sistematizado de regras, o que exclui os avisos e circulares existentes na empresa. Trata-se de normas que se inter-relacionam, tendo em vista questões de ordem técnica ou disciplinar no âmbito da empresa.

Pode o regulamento de empresa ser escrito ou não, pois até mesmo o contrato de trabalho pode ser feito verbalmente (art. 443 da CLT), sendo que o mesmo pode ocorrer com o regulamento. As regras são estabelecidas pelo costume na empresa. De preferência, deveria ser feito por escrito.

Normalmente, o regulamento de empresa é imposto unilateralmente pelo empregador, mas nada impede que haja a participação dos trabalhadores em sua elaboração.

Observa-se pelo referido conceito que o regulamento de empresa decorre do poder de direção do empregador, não só de organizar a produção e o trabalho, mas também de estabelecer regras disciplinares dentro da empresa.

No Brasil, o regulamento de empresa independe de qualquer homologação por parte do Estado para que possa ter validade. Pode, contudo, a empresa ter quadro de carreira e não ter regulamento e vice-versa, porém o regulamento sempre será mais amplo do que o quadro de carreira; geralmente, este estará incluído naquele.

5.5 Distinção

Distingue-se o regulamento de empresa do contrato de trabalho. O contrato de trabalho existe entre as partes, mesmo sendo verbal o pacto. Certas empresas podem não ter regulamento de empresa. Geralmente o regulamento de empresa é imposto pelo empregador ao empregado, enquanto no contrato de trabalho há um ajuste de vontades, ainda que tácito.

Não se confunde o regulamento de empresa com o quadro de carreira. Este apenas serve para verificar as promoções por antiguidade e merecimento. O regulamento de empresa pode conter o quadro de carreira. No regulamento de empresa também pode estar incluído o plano de cargos e salários, mas este, porém, não é obrigatório. Tanto no quadro de carreira como no plano de cargos e salários não estão incluídas certas normas inerentes apenas à empresa, como seu horário de funcionamento.

Difere o regulamento de empresa da convenção coletiva e do acordo coletivo de trabalho, apesar de tanto um como outro conterem condições de trabalho. No regulamento de empresa, essas condições podem ser impostas aos trabalhadores, enquanto naquelas normas sempre há um acordo de vontades. Entretanto, as regras estabelecidas no regulamento não poderão ser contrárias às daquelas normas coletivas, a não ser para fixar condições mais benéficas ao trabalhador. No acordo e na convenção coletiva há a participação do sindicato.

5.6 Natureza jurídica

Há várias teorias que procuram justificar a natureza jurídica do regulamento de empresa, como as contratualistas, as institucionalistas e as mistas. A teoria contratualista esclarece que o regulamento de empresa tem natureza contratual, decorrente do contrato de trabalho. Com base na teoria institucional, a empresa seria considerada uma instituição, tendo poderes normativos e disciplinares sobre seus funcionários; o empresário elaboraria uma lei dentro da empresa. Para a teoria mista, o regulamento tem características contratuais (fixação da jornada de trabalho, de salários etc.) e institucionais (decorrentes do poder de direção do empregador).

O regulamento de empresa não deixa de ser um contrato, ainda que sob a modalidade de contrato de adesão, ao qual o empregado adere quando inicia o trabalho na empresa. Mesmo que o regulamento seja elaborado apenas pelo empregador, a partir do momento em que o empregado toma conhecimento do regulamento, este adere a seu contrato de trabalho. Mais se justifica a natureza contratual do regulamento quando ele é elaborado em conjunto pelo empregador e pelo empregado, em decorrência do ajuste feito entre as partes.

Não se pode dizer, contudo, que o regulamento seja uma lei material, pois decorre do contrato de trabalho, nem que o empregador passe a ser legislador. É possível dizer que a norma legal independe da vontade da aceitação dos destinatários, visto que é compulsória, ou seja: não é facultativa. Mesmo que a pessoa não aceite a lei, ela deverá ser cumprida. Ao contrário, o regulamento da empresa somente tem validade com a aceitação dos empregados, ainda que tacitamente, quando da feitura do contrato de trabalho, pois este, segundo a CLT (art. 443), pode ser tácito ou expresso.

No entanto, verifica-se na natureza jurídica do regulamento de empresa a predominância da teoria mista, pois há realmente tanto aspectos contratuais, em que as próprias partes podem fixar condições de trabalho (salários, férias, horário de trabalho etc.), como institucionais, decorrentes do poder de direção do empregador, de estabelecer regras no âmbito da empresa, de uma verdadeira lei interna do empregador.

5.7 Finalidade

A finalidade do regulamento de empresa é estabelecer normas disciplinares a respeito da organização do trabalho na empresa, especificando certas particularidades desta, além de fixar as condições técnicas em que o trabalho vai ser exercido no âmbito empresarial. Quem organiza pode regulamentar. O regulamento vai uniformizar as questões de trabalho dentro da empresa, estabelecendo certos padrões que deverão ser seguidos pelo empregador e pelos empregados. Não se pode pretender, entretanto, que o regulamento de empresa vá regular todas as atividades desenvolvidas no seio da empresa, nem que vá tratar apenas das atividades do trabalhador; ao contrário, vai versar sobre direitos e deveres do empregador e do empregado.

5.8 Classificação

Os regulamentos de empresa podem ser divididos em várias modalidades, quanto à forma, validade, natureza e obrigatoriedade:

a) quanto à forma de elaboração, os regulamentos de empresa podem ser unilaterais ou bilaterais. Unilaterais, quando elaborados exclusivamente pelo empregador, sendo impostos aos trabalhadores. Bilaterais, quando elaborados pelo empregador e os empregados ou com a participação do sindicato profissional ou comitê de empresa. Normalmente, os regulamentos de empresa são elaborados unilateralmente pelo empregador, embora a tendência moderna seja a participação dos trabalhadores em sua confecção, até mesmo para dar caráter democrático ao estabelecimento das regras a serem observadas dentro da empresa;

b) quanto à validade, os regulamentos podem ser dependentes ou não de homologação por parte do Poder Público. No Brasil, o regulamento de empresa independe de homologação por qualquer órgão ou autoridade para que possa ter validade, muito menos há necessidade de que seja elaborado em conjunto com o sindicato ou com comitê de empresa ou órgão de representação dos trabalhadores;

c) quanto à natureza, os regulamentos podem ser públicos ou privados. São públicos se emanados do Estado, como ocorre nos regimes totalitários. Privados ou particulares, quando se originam na empresa ou são elaborados pelo empregador em conjunto com os empregados;

d) quanto à obrigatoriedade, os regulamentos podem ser obrigatórios ou facultativos. Obrigatórios, quando são impostos por lei. Facultativos, quando os próprios interessados verificam a conveniência de elaborar o regulamento. No Brasil, os regulamentos de empresa são facultativos, pois não há nenhuma lei que imponha sua observância.

5.9 Conteúdo

No regulamento de empresa, podem ser distinguidas algumas espécies de cláusulas: (a) contratuais, que irão estabelecer regras complementares ao contrato de trabalho, criando direitos em favor do empregado; (b) disciplinares, decorrentes do poder disciplinar do empregador, que irá estabelecer normas técnicas na empresa, determinando punições para quem descumprir as regras especificadas. Alguns autores afirmam, ainda, que haveria cláusulas de natureza mista, pertencentes ao mesmo tempo às duas espécies anteriormente enunciadas, e que, assim, com elas se confundiriam, como seria, por exemplo, o estabelecimento do horário de trabalho na empresa, que teria natureza contratual, num primeiro momento, e de disciplinar a produção, num segundo plano.

O regulamento de empresa pode tratar a respeito de abono de férias (art. 144 da CLT).

Será vedado no regulamento serem feitas restrições ao direito da mulher ao seu emprego, por motivo de casamento ou de gravidez (parágrafo único do art. 391 da CLT).

É possível a convenção e o acordo coletivo tratarem sobre regulamento empresarial (art. 611-A, VI, da CLT). Não tem sido comum, pois o empregador normalmente não tem interesse em negociar com o sindicato sobre esse tema.

O Anteprojeto de Código do Trabalho, de Evaristo de Moraes Filho, em seu art. 520 arrolava o conteúdo do regulamento:

> "I – nome da firma e denominação da empresa, dos estabelecimentos ou dos locais de trabalho aos quais se aplica; II – condições que regem o recrutamento do pessoal, aprendizagem e contrato de prova, quando for o caso; III – o horário de trabalho (diurno, noturno, misto, com revezamento), horas e locais de início e término da jornada de trabalho, horas extraordinárias, montantes de acréscimo salarial etc.; IV – modos de cálculo (tempo, peça, tarefa, comissões etc.) e pagamento do salário (dia, hora e local); V – critérios para cálculo e participação nos lucros; VI – disposições sobre higiene e segurança do trabalho, notadamente nas atividades perigosas ou insalubres; VII – trabalhos proibidos a mulheres e menores; VIII – o sistema de promoções, quando houver, organizado em carreira; IX – precauções para evitar acidentes do trabalho e instruções concernentes aos socorros de urgência em caso de acidentes; X – datas e condições para prestações médicas a cargo do empregador ou medidas profiláticas, exames médicos etc.; XI – os princípios disciplinares do estabelecimento ou serviço; XII – os direitos e deveres do pessoal, de natureza técnica e moral; XIII – ordem hierárquica dos representantes do empregador, chefes de serviço, contramestres e demais encarregados da disciplina; XIV – menção dos cargos ou funções não efetivas e as de confiança".

Na prática, constam do regulamento de empresa, além das regras já referidas, não apenas direitos, mas também obrigações do empregado e do empregador, como estabelecimento de turnos de trabalho; horário dos turnos; horário de funcionamento da empresa; condições, local, natureza, qualidade, quantidade de serviços; adicional por tempo de serviço (adicional de antiguidade, prêmio por tempo de serviço); complementação de aposentadorias; aumentos de salários; planos de cargos e salários; uso de uniformes, vestimentas, EPIs; modo de o empregado se vestir ou se portar, proibindo cabelos longos ou trajes esportivos; gratificação de férias; licenças; concessão de aviso-prévio superior ao normal; gratificações, gratificações de balanço, de resultado; prêmios de produção, de zelo, de assiduidade; revista do empregado; normas a respeito da disciplina no trabalho, órgãos de controle disciplinar que estabelecerão penalidades de acordo com certa gradação, inclusive assegurando direito de defesa ao empregado; condições gerais e especiais do trabalho; utilização de ferramentas e máquinas, vestiários, armários e serviço médico; proibição de jogos dentro da empresa, a não ser esportivos, de uso de bebida alcoólica ou de cigarro, de uso de impressos da empresa sem autorização e para fins particulares; normas a respeito de danos causados pelo empregado à empresa etc.

O regulamento de empresa pode, portanto, permitir melhores condições de trabalho na empresa do que aquelas previstas em lei ou normas coletivas, aderindo ao contrato de trabalho.

5.10 Validade

O requisito básico para a validade do regulamento de empresa é sua publicidade. Assim como a lei, para ter validade, deve ser publicada, o mesmo ocorre com o regulamento da empresa. Para que o regulamento de empresa se torne público, deve o empregador afixá-lo em local visível no estabelecimento, seja no quadro de avisos dos empregados, no grêmio dos trabalhadores, seja em qualquer outro lugar, de modo que os obreiros dele tomem conhecimento. É comum que o empregado, ao ser admitido, receba um exemplar do regulamento de empresa, assinando um recibo de que o recebeu, ou, se o regulamento é instituído no curso do contrato de trabalho, a empresa se encarregue de fornecer um exemplar para cada trabalhador. Assim, para que o regulamento de empresa possa ter validade, basta haver o conhecimento por parte do empregado.

5.11 Prazo de vigência

O prazo de vigência do regulamento de empresa pode ser por tempo indeterminado, mas, também, pode ser por prazo determinado, se assim for disposto. Normalmente, o regulamento de empresa tem sido elaborado para viger por prazo indeterminado, sendo que os trabalhadores que estão ingressando na empresa vão automaticamente aderindo a suas cláusulas, que passam a fazer parte integrante de seus contratos de trabalho. Assim, o regulamento de empresa passa a ter validade para o obreiro a partir da data de sua admissão na empresa, quando toma conhecimento do regulamento, até a data de sua dispensa.

5.12 Interpretação

O regulamento de empresa será interpretado como se interpretam as normas jurídicas em geral, podendo isso ser feito pelo juiz do trabalho, pelo jurista ou pela própria empresa que o editou, fazendo interpretação autêntica de seu conteúdo e fixando o exato sentido do regulamento. O empregador não poderá restringir a aplicação do regulamento a pretexto de interpretá-lo, de modo a alterar ou suprimir alguma vantagem já conquistada pelo trabalhador, ou contrariar a lei ou norma coletiva da categoria.

Deve o regulamento também ser interpretado restritivamente, de acordo com a vontade de quem se obrigou. Não se pode conceber que o regulamento seja interpretado de modo a ampliar seu conteúdo ou alcance, o que implicaria determinar questões que não estavam na vontade de quem o especificou, proporcionando encargos que não eram originariamente previstos. É a orientação que, em princípio, se infere do art. 112 do Código Civil: nas declarações de vontade se atenderá mais à sua intenção que ao sentido literal da linguagem. Essa regra é completada, mais especificamente, pelo art. 114 do mesmo *Codex*: os negócios jurídicos benéficos interpretar-se-ão estritamente, ou mais particularizadamente em se tratando de fiança: "A fiança dar-se-á por escrito, e não admite interpretação extensiva" (art. 819 do CC).

5.13 Limites

A elaboração do regulamento de empresa vai ter como limites, em primeiro lugar, a Constituição e a lei. Reza o art. 444 da CLT que podem ser estipuladas quaisquer condições de trabalho, desde que não contrariem as normas legais de proteção ao trabalho. Em segundo lugar, o regulamento não vai poder contrariar as normas coletivas da categoria, nem as decisões das autoridades competentes, aplicando-se por analogia o mesmo comando legal. A única exceção à regra seria o fato de o regulamento estabelecer condições mais favoráveis ao empregado. As normas coletivas, quando estabelecerem condições mais favoráveis de trabalho, irão, porém, modificar as orientações contidas no regulamento de empresa. O regulamento, portanto, obrigará até onde não colida com a lei ou a norma coletiva, devendo observar a razoabilidade e a proporcionalidade.

Não se poderá também estabelecer regras no regulamento que venham contrariar a moral, os bons costumes e a ordem pública, nem que desrespeitem a dignidade do trabalhador como pessoa humana.

As cláusulas do regulamento que versem a respeito da punição do empregado não poderão ir além de advertência verbal e escrita, suspensão (que não poderá ser superior a 30 dias, sob pena de se considerar rescindido injustamente o contrato de trabalho, conforme o art. 474 da CLT) e dispensa. Na prática, ao atleta profissional de futebol, é aplicada multa pelos clubes (art. 48, III, da Lei nº 9.615/98), em razão de atos de indisciplina. Fora dessas penalidades o regulamento não poderá aplicar outras, por falta de previsão legal.

5.14 Campo de aplicação

O regulamento vai ter que ser observado não só pelo empregado, mas também pelo empregador, sendo que será aplicável a essas pessoas, mas também a todos os que estiverem no âmbito da empresa, como trabalhadores autônomos, avulsos, eventuais etc., mesmo que não façam parte do quadro efetivo da empresa, como os visitantes. O regulamento contém, de maneira geral, regras de organização aplicáveis às pessoas que se encontrarem na empresa, em caráter permanente ou transitório.

Como o próprio nome diz, ao se falar em regulamento de empresa, estamos dizendo que ele será aplicado não apenas no estabelecimento, mas também em toda a empresa ou em relação ao grupo de empresas. Nada impede, entretanto, que cada empresa pertencente ao grupo tenha regulamento distinto. O empregado da empresa terá direito a reivindicar os direitos decorrentes do regulamento de sua empresa, que passarão a fazer parte integrante de seu contrato de trabalho, não podendo reivindicar direitos pertinentes a outro regulamento pertencente a determinada empresa do grupo. Não poderá o empregado também pretender aplicar a seu contrato de trabalho o regulamento da empresa que lhe for mais favorável, justamente porque o regulamento de empresa que adere a seu contrato de trabalho é o da empresa para a qual presta serviços, e não outro.

5.15 Alteração

As cláusulas do regulamento de empresa inserem-se no contrato de trabalho, sendo parte integrante deste último.

O empregado obriga-se a respeitar as normas do regulamento interno da empresa, quando é admitido. Por conseguinte, o regulamento passa a fazer parte integrante do contrato de trabalho.

As alterações unilaterais no regulamento da empresa ou mesmo que bilaterais, mas prejudiciais ao empregado, encontrarão obstáculo no art. 468 da CLT. O empregador poderá modificar as cláusulas do regulamento que digam respeito a questões técnicas da empresa. Contudo, as modificações de cláusulas que importem violar direitos dos trabalhadores deverão ser analisadas em consonância com o mencionado dispositivo legal.

O TST editou a Súmula 51, que explicita que "as cláusulas regulamentares que revoguem ou alterem vantagens deferidas anteriormente só atingirão os trabalhadores admitidos após a revogação ou alteração do regulamento" (I). Mesmo que o empregado concorde com a mudança do regulamento, mas lhe traga uma situação jurídica desfavorável, não terá nenhuma validade tal alteração. A alteração no regulamento apenas valerá para os empregados que forem admitidos após a referida modificação e não para os empregados mais antigos. Logo, qualquer alteração feita pelo empregador no regulamento, sem a concordância do empregado, ou mesmo que com sua concordância, mas prejudicial a seus direitos, será considerada como ilícita.

Na hipótese de coexistência de dois regulamentos de planos de previdência complementar, instituídos pelo empregador ou por entidade de previdência privada, a opção do beneficiário por um deles tem efeito jurídico de renúncia às regras do outro (S. 288, II, do TST).

5.16 Controle externo

Será possível que sobre o regulamento haja controle externo, que poderá ocorrer tanto pelo Poder Judiciário, como pelos sindicatos, pela fiscalização trabalhista e pelo Ministério Público do Trabalho.

O Poder Judiciário, quando instado a manifestar-se num caso concreto, poderá verificar se existe ilegalidade de cláusula do regulamento da empresa, se foi suprimido ou preterido algum direito do trabalhador ou se o regulamento está colidindo frontalmente com a lei ou a norma coletiva da categoria. Os efeitos da sentença, porém, estarão adstritos apenas às partes no processo e não a outras pessoas. Não poderá, contudo, a Justiça do Trabalho decretar a nulidade genérica do regulamento, pois estaria interferindo diretamente no poder de comando da empresa, o que não se pode admitir.

O sindicato ou a fiscalização trabalhista também poderão exercer controle externo do regulamento de empresa, mormente se este contrariar normas legais ou coletivas da categoria ou, ainda, determinações administrativas do Ministério do Trabalho.

5.17 Considerações finais

No Brasil, os regulamentos de empresa são facultativos, privados, independem de homologação para ter validade, sendo geralmente unilaterais. A Súmula 77 do TST mostra que o regulamento de empresa tem efeitos obrigatórios, pois, se o empregador se obriga a fazer de certa forma no regulamento, posteriormente não pode orientar-se de maneira contrária, olvidando-se do que fora estabelecido. Não se poderá também pretender alterar posteriormente o regulamento, em prejuízo do trabalhador, por meio de preceito interpretativo.

Há a possibilidade de o regulamento conter direitos não conferidos por lei, mas que, se mais benéficos ao trabalhador, deverão ser observados, como ocorre em relação a melhores condições de trabalho por ele determinadas, que irão aderir ao contrato de trabalho dos empregados. Assim, o empregador deve evitar colocar direitos no regulamento de empresa que não possa cumprir ou que posteriormente pretenda modificar, como seria o caso de conceder estabilidade a seus funcionários, dependendo do atendimento de certos requisitos.

O regulamento de empresa não poderá conter discriminações de qualquer natureza, em razão do princípio da igualdade, devendo observar os direitos já adquiridos pelos trabalhadores, que não poderão ser modificados pelo empregador a seu bel-prazer.

Do regulamento de empresa não deverão constar direitos previstos em lei, pois tais normas já devem ser observadas, sendo totalmente dispensável sua inclusão naquele.

Vantagens que o empregador entender de conferir aos empregados, mas que forem dependentes de regulamentação, não irão vincular o empregador enquanto não forem regulamentadas. Seria uma forma de aplicação da Súmula 97 do TST.

A partir do momento em que o empregado não mais presta serviços à empresa, deixa de estar obrigado a cumprir o regulamento, que decorre do contrato de trabalho. O empregador, entretanto, não poderá deixar de cumprir aquelas regras a que se obrigou em relação ao empregado, durante a vigência de seu contrato de trabalho, por força da aplicação do regulamento da empresa.

Questões

1. O que vem a ser o poder de direção do empregador?
2. O que é poder disciplinar do empregador?
3. O que é poder de controle?
4. O que é poder de organização?
5. Qual o conceito de regulamento de empresa?
6. Qual sua natureza jurídica?
7. Qual seu conteúdo?
8. Pode o regulamento de empresa ser controlado pelo Poder Judiciário?

Capítulo 17

REMUNERAÇÃO

1 DENOMINAÇÃO

Remuneração vem de *remuneratio*, do verbo *remuneror*. A palavra é composta de *re*, que tem o sentido de reciprocidade, e *muneror*, que indica recompensar.

Salário deriva do latim *salarium*. Esta palavra vem de sal, do latim *salis*; do grego, *hals*. Sal era a forma de pagamento das legiões romanas; posteriormente, foram sendo empregados outros meios de pagamento de salários, como óleo, animais, alimentos etc.

Vários nomes são empregados para se referir ao pagamento feito pelo que recebe a prestação de serviços e por aquele que os presta. Usa-se a palavra *vencimentos* para denominar a remuneração dos professores, magistrados e funcionários públicos. Vencimento é a retribuição pecuniária pelo exercício de cargo público, com valor fixado em lei (art. 40 da Lei nº 8.112/90); ultimamente, tem sido empregada a palavra *subsídios* para designar a remuneração dos magistrados (art. 95, III, da Constituição). Subsídio era pagamento feito a quem exercia cargo eletivo; *honorários* em relação aos profissionais liberais; *soldo*, para os militares; *ordenado*, quando prepondera o esforço intelectual do trabalhador em relação aos esforços físicos; *salário*, para os trabalhadores que não desenvolvem esforço intelectual, mas apenas físico. *Proventos* é a palavra empregada para estabelecer o recebimento dos aposentados ou de funcionários públicos aposentados. Algumas leis salariais se utilizaram da palavra *estipêndio*, que é derivada do latim *stipendium* (soldo, paga) de *stips* (moeda de cobre) e *pendere* (pesar, pagar). Em italiano, a palavra *stipendio* significa salário. Antigamente, era o pagamento feito a pessoa incorporada ao Exército, tendo significado equivalente ao de soldo. Mais tarde, veio a se generalizar, no sentido de que seria qualquer espécie de salário ou retribuição por serviços prestados.

O art. 457 da CLT usa o termo *remuneração*, que se constitui num conjunto de vantagens, compreendendo o valor pago diretamente pelo empregador ao empregado, que é o salário, como o pagamento feito por terceiros, que corresponde às gorjetas.

O salário surge como forma de transformação do regime de trabalho escravo para o regime de liberdade de trabalho.

2 CONCEITO

O art. 457 da CLT não define remuneração ou salário, apenas enuncia os elementos que o integram, pois utiliza a expressão "compreendem-se na remuneração do empregado(...)".

Remuneração é o conjunto de prestações recebidas habitualmente pelo empregado pela prestação de serviços, seja em dinheiro ou em utilidades, provenientes do empregador ou de terceiros, mas decorrentes do contrato de trabalho, de modo a satisfazer suas necessidades básicas e de sua família.

Caracteriza-se a remuneração como uma prestação obrigacional de dar. Não se trata de obrigação de fazer, mas de dar, em retribuição pelos serviços prestados pelo empregado ao empregador, revelando a existência do sinalagma que é encontrado no contrato de trabalho. Essa remuneração tanto pode ser em dinheiro como em utilidades, de maneira que o empregado não necessite comprá-las, fornecendo o empregador tais coisas. O art. 458 da CLT admite o pagamento do salário em utilidades. O Estatuto dos Trabalhadores da Espanha também admite o pagamento em utilidades (art. 26).

A remuneração tanto é a paga diretamente pelo empregador, que se constitui no salário, como é a feita por terceiro, em que o exemplo específico é a gorjeta, cobrada na nota de serviço ou fornecida espontaneamente pelo cliente. Assim, a remuneração é o conjunto de pagamentos provenientes do empregador ou de terceiro em decorrência da prestação dos serviços subordinados. O Estatuto dos Trabalhadores da Espanha esclarece que o salário compreende "a totalidade das percepções econômicas recebidas pelos trabalhadores(...)" (art. 26).

O objetivo da remuneração é que ela possa satisfazer as necessidades básicas do empregado e de sua família. É sabido, entretanto, que, muitas vezes o salário mínimo não alcança essa finalidade, porém deveria fazê-lo, para que com ele o empregado pudesse comprar todas as coisas de que necessitasse para ter uma vida razoável juntamente com sua família. O inciso IV do art. 7º da Constituição determina que o salário mínimo deve ser suficiente para atender às necessidades básicas e vitais do trabalhador e de sua família com moradia, alimentação, educação, saúde, lazer, vestuário, higiene, transporte e previdência social.

De acordo com a redação do art. 457 da CLT, a remuneração é igual ao salário mais as gorjetas. Remuneração é o gênero. Salário e gorjetas são espécies.

O salário correspondia ao valor econômico pago diretamente pelo empregador ao empregado em razão da prestação de serviços do último, destinando-se a satisfazer suas necessidades pessoais e familiares. Dentro dessa concepção, verifica-se que o salário corresponde ao pagamento feito pelo empregador e não por terceiros, ao contrário da remuneração, que engloba tanto o pagamento feito pelo empregador como o recebido de terceiros (a gorjeta). O salário é a importância paga pelo empregador ao obreiro em virtude de sua contraprestação dos serviços. Essa última afirmação mostra a natureza jurídica do salário, que é a forma de remunerar a prestação de serviços feita pelo empregado ao empregador. Poder-se-ia discutir que o salário não remuneraria efetivamente a prestação dos serviços, pois quando o contrato de trabalho está suspenso não há salário, ou quando o empregado estiver aguardando ordens, mas à disposição do empregador, em que não há prestação de trabalho, porém existe a obrigação do pagamento dos salários. É por isso que se costuma dizer que o salário seria uma forma de prestação daquilo que foi contratado, do contrato de trabalho, embora se possa dizer que o salário não remunere prestação por prestação, mas sim o conjunto do trabalho prestado, havendo exceções na lei que determinam que o empregador deva pagar o salário mesmo não havendo trabalho, pois, do contrário, o empregado não poderia subsistir. O salário não representa, portanto, uma contraprestação absoluta pelo trabalho prestado.

A teoria do salário como contraprestação do trabalho entendia que inexistiria salário se não houvesse trabalho (*kein Arbeit, kein Lohn*). Essa teoria não explicava integralmente certas situações, como o fato de o empregado estar adoentado e o salário ser devido nos 15 primeiros dias, nas férias etc. Os arts. 76 e 457 da CLT fazem referência à contraprestação, mostrando que a CLT adotou tal teoria.

Surge a teoria da contraprestação da disponibilidade do trabalhador. Mario Deveali afirmava que o trabalhador põe sua energia à disposição do empregador.

Se este não a utiliza, não desaparece a obrigação de pagar o salário. O art. 4º e o parágrafo único do art. 492 da CLT determinam que se considera tempo à disposição do empregador aquele em que o empregado fica aguardando ordens. Assim, mesmo no período em que o empregado não trabalha, mas está aguardando ordens, o salário será devido. O trabalhador fica inativo porque o empregador não determinou serviço ao obreiro. Isso mostra que não existe correspondência absoluta entre o trabalho prestado e o salário, pois mesmo quando o empregado não está trabalhando, mas está à disposição do empregador aguardando ordens, o salário é devido.

A teoria da contraprestação do contrato de trabalho mostra que o pagamento feito a título de salário é decorrente do contrato de trabalho. Em Portugal, qualquer pagamento feito como contrapartida do contrato de trabalho é retribuição (art. 258, 1, do Código do Trabalho). Critica-se tal teoria, pois nem tudo que é pago ou prestado pelo empregador é salário, como, por exemplo, a indenização pela dispensa.

A última teoria entende que o salário é o conjunto de percepções econômicas do trabalhador. Tal conceito é desvinculado do plano objetivo. O art. 26 do Estatuto dos Trabalhadores da Espanha de 1980 considera salário "a totalidade das percepções econômicas dos trabalhadores, em dinheiro ou espécie, pela prestação profissional dos serviços laborais por conta alheia, quer retribuam o trabalho efetivo, qualquer que seja a forma de remuneração, ou os períodos de descanso computáveis como de trabalho". Tal teoria não considera, porém, as interrupções do contrato de trabalho.

Nota-se que, hoje, a natureza salarial do pagamento não ocorre apenas quando haja prestação de serviços, mas nos períodos em que o empregado está à disposição do empregador, durante os períodos de interrupção do contrato de trabalho ou outros que a lei indicar. Inexiste, portanto, rígida correlação entre o trabalho prestado e o salário pago.

Por isso, salário é a prestação fornecida diretamente ao trabalhador pelo empregador em decorrência do contrato de trabalho, seja em razão da contraprestação do trabalho, da disponibilidade do trabalhador, das interrupções contratuais ou demais hipóteses previstas em lei.

O salário integra a remuneração e não o contrário.

remuneração	=	salário	+	gorjetas
(cjto)		(diretamente)		(3º)

Trabalho feito é salário ganho.

A força despendida no trabalho é insuscetível de restituição.

3 DISTINÇÃO

A remuneração não se confunde com a indenização, que, no Direito Civil, decorre da reparação de um dano, de um ato ilícito. A indenização não tem por objetivo retribuir o trabalho prestado ou a disponibilidade ao empregador. Visa recompor o patrimônio ou bem jurídico da pessoa, enquanto o salário tem por objetivo o pagamento da prestação dos serviços do empregado. Geralmente, a indenização é paga uma única vez, enquanto o salário tem pagamento continuado. Na indenização existe um dano. O salário é pago em razão do serviço prestado e não decorre da existência de dano. A indenização não tem por objetivo remunerar o trabalho prestado.

Difere a remuneração da complementação de aposentadoria, pois nesta o empregador ou empresa especializada paga a diferença entre o benefício previdenciário do INSS e o salário que o empregado receberia se estivesse trabalhando. Os benefícios e as condições contratuais previstas nos estatutos, regulamentos e planos de benefícios das entidades de previdência privada não integram o contrato de trabalho dos participantes, nem a remuneração deles (§ 2º do art. 202 da Constituição). No mesmo sentido o art. 68 da Lei Complementar nº 109/2001.

O salário não se confunde com os direitos autorais ou os direitos de invenção, que são aqueles em razão de um invento feito por determinada pessoa.

Invento difere de descoberta. Esta não tem característica de criação, mas de constatação. O invento compreende a criação de algo novo ou para novo uso.

A invenção pode ser de serviço, livre ou de empresa ou estabelecimento.

Na invenção de serviço, o empregado faz a pesquisa, mas o invento é de propriedade do empregador, que paga salário ao empregado pelo serviço prestado. A patente é do empregador, que pode explorar livremente o invento.

Na invenção livre, o empregado é o único proprietário do invento.

Na invenção de empresa ou de estabelecimento, vários empregados fazem o trabalho, não podendo ser indicado o responsável pela invenção. Entende-se que o proprietário da empresa é o dono da invenção.

A Lei nº 5.772, de 21-12-1971, revogou tacitamente o art. 454 da CLT, que tratava dos inventos do empregado.

O inciso XXIX do art. 5º da Constituição dispõe que a lei assegurará aos autores de inventos industriais privilégio temporário para sua utilização, bem como proteção às criações industriais, à propriedade das marcas, aos nomes de empresas e a outros signos distintivos, tendo em vista o interesse social e o desenvolvimento tecnológico e econômico do país.

A Lei nº 9.279, de 14-5-1996, revogou a Lei nº 5.772/71 (art. 244). A invenção e o modelo de utilidade pertencem exclusivamente ao empregador quando decorrerem de contrato de trabalho cuja execução ocorra no Brasil e que tenha por objeto a pesquisa ou a atividade inventiva, ou resulte esta da natureza dos serviços para os quais foi o empregado contratado (art. 88). Salvo se houver expressa disposição contratual em contrário, a retribuição pelo trabalho limita-se ao salário ajustado.

A menos que haja prova em contrário, consideram-se desenvolvidos na vigência do contrato a invenção ou o modelo de utilidade cuja patente seja requerida pelo empregado até um ano após a extinção do vínculo empregatício.

O empregador, titular da patente, poderá conceder ao empregado autor de invento ou aperfeiçoamento participação nos ganhos econômicos resultantes da exploração da patente, mediante negociação com o interessado ou conforme disposto em norma da empresa. A participação a qualquer título não se incorpora ao salário do empregado (art. 89).

Pertencerá exclusivamente ao empregado a invenção ou o modelo de utilidade por ele desenvolvido desde que desvinculado do contrato de trabalho e não decorrente da utilização de recursos, meios, dados, materiais, instalações ou equipamentos do empregador (art. 90). É a chamada invenção livre.

A propriedade de invenção ou de modelo de utilidade será comum, em partes iguais, quando resultar da contribuição pessoal do empregado e de recursos, dados, materiais, instalações ou equipamentos do empregador, ressalvada expressa disposição contratual em contrário. Sendo de mais de um empregado, a parte que lhes couber será dividida igualmente entre todos, salvo ajuste em contrário (art. 91). É a chamada invenção casual. É garantido ao empregador o direito exclusivo de licença da exploração e assegurada ao empregado a justa remuneração. A exploração do objeto da patente, na falta de acordo, deverá ser iniciada pelo empregador dentro do prazo de um ano, contado da data de sua concessão, sob pena de passar à exclusiva propriedade do empregado a titularidade da patente, ressalvadas as hipóteses de falta de exploração por razões legítimas.

Salvo estipulação em contrário, pertencerão exclusivamente ao empregador contratante de serviços ou órgão público os direitos relativos ao programa de computador, desenvolvido e elaborado durante a vigência do contrato ou de vínculo estatutário, expressamente destinado à pesquisa e desenvolvimento, ou em que a atividade do empregado, contratado de serviço ou servidor, seja prevista, ou, ainda, que decorra da própria natureza dos encargos concernentes a esses vínculos (art. 4º da Lei nº 9.609, de 19-2-1998). Ressalvado ajuste em contrário, a compensação do trabalho ou serviço prestado limitar-se-á à remuneração ou ao salário convencionado (§ 1º). É a chamada invenção livre. Pertencerão, com exclusividade, ao empregado, contratado de serviço ou servidor, os direitos concernentes a programa de computador gerado sem relação com o contrato de trabalho, prestação de serviços ou vínculo estatutário, e sem a utilização de recursos, informações tecnológicas, segredos industriais e de negócios, materiais, instalações ou equipamentos do empregador, da empresa ou entidade com a qual o empregador mantenha contrato de prestação de serviços ou assemelhados, do contratante de serviços ou órgão público (§ 2º). O tratamento ora previsto será aplicado nos casos em que o programa de computador for desenvolvido por bolsistas, estagiários e assemelhados (§ 3º). Os direitos sobre as derivações autorizadas pelo titular dos direitos de programa de computador, inclusive sua exploração econômica, pertencerão à pessoa autorizada que as fizer, salvo estipulação contratual em contrário (art. 5º da Lei nº 9.609/98).

4 ELEMENTOS DA REMUNERAÇÃO

São elementos da remuneração: (a) habitualidade; (b) periodicidade; (c) quantificação; (d) essencialidade; (e) reciprocidade.

A habitualidade é o elemento preponderante para se saber se o pagamento feito pode ou não ser considerado como salário ou remuneração. O contrato de trabalho é um pacto de trato sucessivo, em que há a continuidade na prestação de serviços e, em consequência, o pagamento habitual dos salários.

O art. 458 da CLT realça que só se considera o salário *in natura* quando há habitualidade no fornecimento das utilidades. A jurisprudência mostra que um dos requisitos para se considerar se determinada verba tem ou não natureza salarial é a habitualidade. Em relação às horas extras, por exemplo, se forem habituais integram a indenização de antiguidade (S. 24 do TST), o 13º salário (S. 45 do TST), o FGTS (S. 63 do TST), o aviso-prévio indenizado (§ 5º do art. 487 da CLT), as férias (§ 5º do art. 142 da CLT) e o repouso semanal remunerado (S. 172 do TST). Quanto aos adicionais de insalubridade (S. 139 do TST) e periculosidade (S. 132 do TST), se são habitualmente pagos, devem integrar o pagamento das demais verbas trabalhistas. O adicional noturno que é recebido com habitualidade deve integrar o salário (S. 60 do TST). O prêmio de produção pago com habitualidade não pode ser suprimido unilateralmente pelo empregador (S. 209 do STF). Os adicionais e as gratificações que se tenham incorporado pela habitualidade no salário devem compor o cálculo da indenização (S. 459 do STF).

A remuneração deve ser quantificável. O empregado deve saber quanto ganha por mês, de acordo com certos padrões objetivos. O salário-base não pode ser pago mediante condição. O obreiro não pode ficar sujeito ao pagamento de seu salário de acordo com critérios aleatórios, à álea, ao azar, pois na contratação deve-se ter certeza do valor a ser pago mediante salário, ainda que sob a forma de peça ou tarefas. O risco do empreendimento deve ser do empregador, como se verifica do art. 2º da CLT. O operário não poderia ficar na dependência de receber salários apenas se o empregador vendesse suas mercadorias ou obtivesse lucro na exploração de seu negócio. Entretanto, pode-se dizer que uma parte do que o empregado recebe pode decorrer de tais fatores, como ocorre com a participação nos lucros ou resultados, mas não sua totalidade.

Será vedado, porém, ao empregador fazer o pagamento do salário complessivo (S. 91 do TST). *Complessivo* é o conjunto de uma ou mais coisas conexas. Salário complessivo ou complexo é o pagamento englobado, sem discriminação das verbas pagas, como de salário e horas extras. Pode dar ensejo à fraude.

A periodicidade do pagamento da remuneração irá depender de certos critérios objetivos previstos na lei, em certos prazos máximos que a norma legal fixa para seu pagamento. O pagamento do salário deverá ser feito após a prestação dos serviços.

A remuneração é elemento essencial da relação de emprego, pois o contrato de trabalho é oneroso, sendo de sua essencialidade a prestação da remuneração. Não haverá a existência da relação de emprego se não houver o pagamento de remuneração, pois verifica-se da definição de empregador que este é quem assalaria o empregado (art. 2º da CLT). O empregado é aquele que presta serviços subordinados ao empregador mediante salários (art. 3º da CLT). O trabalho gratuito não é característica do contrato de trabalho – mas pode qualificar outro tipo de relação –, pois necessariamente haverá pagamento de remuneração pelos serviços prestados pelo empregado ao empregador.

A reciprocidade é outro elemento da remuneração, caracterizando o caráter sinalagmático da relação de emprego, dos deveres e obrigações a que o empregado e o empregador estão sujeitos. O empregador tem de pagar salários em razão dos serviços que foram prestados pelo empregado. O empregado tem a obrigação de prestar serviços para receber os salários correspondentes.

O salário não vai depender apenas da prestação de serviços, pois pode ocorrer de o empregado ter alguma falta considerada pela lei como justificada e irá receber seu salário, como o fato de ter de se alistar eleitor, ou nos 15 primeiros dias do afastamento por doença, hipóteses em que o empregador terá de pagar salários independentemente da prestação de serviços. De outro modo, o art. 4º da CLT estabelece que o empregado está à disposição do empregador tanto no período em que executa suas ordens como no período em que não está trabalhando, mas aguardando as determinações do empregador.

O salário tem caráter alimentar, pois o trabalhador sobrevive com o respectivo valor. O § 1º do art. 100 da Constituição mostra o caráter alimentar do salário. O inciso IV do art. 7º da Constituição mostra que o salário mínimo tem a alimentação como uma das suas utilidades.

Os riscos do empreendimento não podem ser fundamento para não pagar o salário, pois são do empregador (art. 2º da CLT). O empregado não poderia receber salário apenas se o empreendimento tiver resultado positivo.

5 CLASSIFICAÇÃO DA REMUNERAÇÃO

É certo que a remuneração diz respeito ao pagamento feito pelo empregador ao empregado em decorrência do contrato de trabalho. Contudo, certas formas de pagamento também podem dizer respeito ao contrato de trabalho. É o que ocorre com a comissão, que também mostra uma forma de participação do empregado no negócio realizado pelo empregador, ou na participação nos lucros, que é proveniente do contrato de sociedade, mas que pode ser oferecida ao trabalhador. O salário também pode ser pago por unidade de obra, que é o pagamento comum na empreitada, como acontece com aqueles que recebem por peça ou tarefa, não vindo a desnaturar a relação de emprego.

A remuneração poderia ser, assim, verificada sob o enfoque do modo de aferição (por unidade de tempo ou por unidade de obra) ou da natureza do pagamento (em dinheiro ou em utilidades).

Divide-se, ainda, o salário em: fixo, variável e misto.

Salário fixo é o estipulado em quantia certa, invariável. Fixo é o salário calculado com base na unidade de tempo, como hora, dia, mês etc. O salário fixo independe do número de horas trabalhadas pela pessoa, se foi fixada uma remuneração por hora, como, por exemplo, de R$ 1,50 por hora trabalhada.

Salário variável é o estabelecido de acordo com a produção do empregado, podendo ser por peça, tarefa, comissão etc. Não tem o salário variável qualquer parte fixa.

Compreende o salário misto parte fixa e parte variável. É um salário composto.

Salário a *forfait* é o fixado para cada uma das parcelas devidas pelo empregador na execução do contrato de trabalho.

5.1 Salário por unidade de tempo

O salário por unidade de tempo independe do serviço ou da obra realizada, mas depende do tempo gasto para sua consecução. Assim, seria a fixação do salário por hora, por dia, por semana, por quinzena ou por mês. O salário mensal seria para trabalhar 8 horas por dia e 44 por semana (art. 7º, XIII, da Constituição).

Lembre-se que o critério de remuneração por unidade de tempo não se confunde com os períodos de pagamento. O empregado horista pode ter como época de pagamento o final do mês, ou seja, receber mensalmente.

Américo Plá Rodriguez, citado por Amauri Mascaro Nascimento (1992A:298), aponta alguns inconvenientes no salário por unidade de tempo: (a) é impreciso, pois remunera igualmente o trabalho, independentemente de o trabalhador ser mais ativo, hábil; (b) é injusto, porque o trabalhador faz um esforço que beneficia o empregador, mas não rende ao obreiro nenhuma compensação; (c) o empregado não tem interesse no rendimento do trabalho, pois não lhe interessa o resultado.

O salário dos empregados a tempo parcial será proporcional à sua jornada em relação aos que cumprem, nas mesmas funções, tempo integral. Isso quer significar que o empregado contratado a tempo parcial deve ganhar o mesmo salário horário que outro empregado exercente da mesma função. Será impossível pagar salário inferior ao mencionado. Não se aplica aqui a regra do art. 461 da CLT, que permite ao paradigma que tem mais de dois anos de tempo de serviço na função ou maior produtividade e perfeição técnica ganhar mais do que o equiparado. A lei, no caso, dispõe que o salário deve ser igual para o exercício da mesma função, calculado de forma horária, observando-se, se for o caso, o salário mínimo horário.

5.2 Salário por unidade de obra

O salário por unidade de obra aproxima-se bastante da empreitada, em que se visa a um resultado, mas nada impede que no contrato de trabalho o empregado perceba salário por essa forma. Normalmente, constitui-se num serviço de natureza preponderantemente manual.

No salário por unidade de obra, não se leva em consideração o tempo gasto na consecução do serviço, mas sim o próprio serviço realizado, independentemente do tempo despendido. A unidade de obra é que será levada em conta para o cálculo do salário e não o tempo que foi gasto para sua realização. O empregado, porém, para auferir rendimento maior, pode exaurir suas forças e não ganhar um valor suficiente para se manter.

A remuneração por unidade de obra verifica-se na própria CLT. A alínea g do art. 483 mostra que é possível o pagamento por peça, porém o empregador não poderá reduzir o trabalho do empregado, de forma a afetar sensivelmente a importância dos salários, o que acarreta a rescisão indireta do contrato de trabalho. Isso evidencia que o empregado pode suportar o risco de ganhar por aquilo que produz, mas o empregador não poderá diminuir o número de peças fornecidas ao obreiro com o objetivo de pagar um salário menor. O empregador também não poderá alterar unilateralmente o critério de remuneração do empregado, se já havia pactuado que o salário do obreiro seria por unidade de obra.

5.3 Salário por tarefa

O salário por tarefa é uma forma mista de salário, que fica entre o salário por unidade de tempo e de obra. O empregado deve realizar durante a jornada de trabalho certo serviço que lhe é determinado pelo empregador. Terminado o referido serviço, mesmo antes do fim do expediente, pode o empregado se retirar da empresa, pois já cumpriu suas obrigações diárias.

A CLT permite o salário por tarefa, como se observa do § 2º do art. 142, que determina que se o salário for pago por tarefa, toma-se como base a média da produção do período aquisitivo, aplicando-se o valor da remuneração da tarefa na data da concessão das férias. A alínea *g* do art. 483 da CLT também evidencia que se o empregador reduzir o trabalho por tarefa, de modo a afetar sensivelmente o salário, estará configurada a rescisão indireta. A alínea *c* do art. 7º da Lei nº 605/49 estabelece que se o empregado trabalha por tarefa, o repouso semanal remunerado é considerado o equivalente ao salário correspondente às tarefas feitas durante a semana, no horário normal de trabalho, dividido pelos dias de serviços efetivamente prestados ao empregador.

Américo Plá Rodriguez (1956:105) denomina *salário progressivo* a combinação entre o salário-tarefa e o prêmio. O elemento básico seria o tempo ou as peças produzidas e o elemento suplementar seria o prêmio em razão da maior produção ou de certas normas. O prêmio seria a quantidade de obra produzida além da contida na tarefa.

5.4 Salário em dinheiro

O salário deve ser pago em dinheiro, em moeda de curso forçado (art. 463 da CLT). O art. 463 da CLT não deveria referir-se à prestação em espécie para significar o salário pago em moeda, pois nos países de língua espanhola se usa a palavra *espécie* para designar o salário pago em utilidades, que também é permitido em nosso país.

O objetivo principal do pagamento em dinheiro é evitar o *truck system*, ou seja, o pagamento em vales, cupons, bônus etc., e também o pagamento em moeda estrangeira.

Reza o art. 463 da CLT: "A prestação, em espécie, do salário será paga em moeda corrente do País. Parágrafo único. O pagamento do salário realizado como inobservância deste artigo considera-se como não feito".

O uso da expressão *pagamento do salário em espécie* causa certa confusão, pois no Direito espanhol esse sistema representa o pagamento em utilidades. O legislador quer dizer que se o salário for pago em valor, deverá ser feito em moeda corrente no país, em moeda de curso forçado, que hoje é o real. Não será possível o pagamento em moeda de outro país, como em dólar ou euro.

O fundamento é que o salário não pode ficar sujeito a oscilações da moeda de outro país e ainda à necessidade de o empregado pagar deságio ao vender a moeda estrangeira.

A Convenção nº 95 da OIT, aprovada pelo Decreto Legislativo nº 24, de 29-5-1956, e promulgada pelo Decreto nº 41.721, de 25-6-1957, prevê que o salário deve ser pago em moeda de curso forçado (art. 3.1). Poderá ser permitido pagamento por meio de cheque ou vale postal (art. 3.2).

São considerados "nulos de pleno direito os contratos, títulos e quaisquer documentos, bem como as obrigações que, exequíveis no Brasil, estipulem pagamento em ouro, em moeda estrangeira, ou, por alguma forma, restrinjam ou recusem, nos seus efeitos, o curso legal do cruzeiro" (art. 1º do Decreto-Lei nº 857, de 11-9-1969).

Prevê o art. 6º da Lei nº 8.880/94 que "é nula de pleno direito a contratação de reajuste vinculado à variação cambial, exceto quando expressamente autorizado por lei federal e nos contratos de arrendamento mercantil celebrados entre pessoas residentes e domiciliadas no país, com base em captação de recursos provenientes do exterior".

Dispõe o art. 318 do Código Civil que "são nulas as convenções de pagamento em ouro ou em moeda estrangeira, bem como para compensar a diferença entre o valor desta e o da moeda nacional, excetuados os casos previstos na legislação", como ocorre com a legislação trabalhista (Decreto-Lei nº 691/69).

O Código Civil não permite a estipulação de pagamento em moeda estrangeira. A moeda nacional pode sofrer desvalorização, mas não poderá ser estipulado o pagamento em moeda estrangeira como forma de compensar o referido fato.

O Decreto-Lei nº 691/69 trata dos técnicos estrangeiros contratados no exterior para trabalhar no Brasil. Na época havia necessidade de trazer técnicos estrangeiros, pois não havia mão de obra especializada. Permite que os contratos sejam estipulados em moeda estrangeira (art. 1º). A taxa de conversão da moeda estrangeira será a da data do vencimento da obrigação (art. 3º). Logo, não é a data da contratação para os técnicos estrangeiros.

As estipulações de pagamento de obrigações pecuniárias exequíveis no território nacional deverão ser feitas em real, pelo seu valor nominal (art. 1º da Lei nº 10.192/2001). "São vedadas, sob pena de nulidade, quaisquer estipulações de: I – Pagamento expressas em, ou vinculados a ouro ou moeda estrangeira, ressalvado o disposto nos arts. 2º e 3º do Decreto-Lei nº 857, de 11 de setembro de 1969, e na parte final do art. 6º da Lei nº 8.880, de 27 de maio de 1994" (parágrafo único do art. 1º da Lei nº 10.192/2001).

O pagamento efetuado em moeda estrangeira não é válido, pois a nossa lei exige que o pagamento seja feito em moeda corrente do país, isto é, o real.

Não é proibida a contratação em moeda estrangeira, mas apenas o pagamento do salário dessa forma.

Entretanto, se a obrigação tiver que ser cumprida no exterior, não será vedado o pagamento do salário em moeda estrangeira.

Se o pagamento for feito em moeda estrangeira, deve haver a conversão para a nossa moeda pelo câmbio da data da celebração do contrato, aplicando-se sobre o referido salário os reajustes legais ou da categoria, pois do contrário estar-se-ia negando vigência à política salarial prevista em lei e às normas coletivas da categoria, além de se estar dando validade à cláusula proibida pelo Decreto-Lei nº 857/69. Os salários e demais condições referentes ao trabalho devem ser revistos na respectiva data-base anual por intermédio de livre negociação coletiva (art. 10 da Lei nº 10.192/2001).

Se o contrato não produz efeitos no Brasil, é a partir da data em que produz efeitos que será feita a conversão, a partir da data em que o empregado passou a trabalhar no Brasil.

No que diz respeito aos técnicos estrangeiros, "a taxa de conversão da moeda estrangeira será, para todos os efeitos, a da data do vencimento da obrigação" (art. 3º do Decreto-Lei nº 691, de 18-7-1969), não se observando as determinações do Decreto-Lei nº 857/69.

O salário-base do empregado contratado ou transferido para prestar serviços no exterior será obrigatoriamente estipulado em moeda nacional, mas a remuneração devida durante a transferência do empregado, computado o adicional de transferência, poderá, no todo ou em parte, ser paga no exterior, em moeda estrangeira. Por opção escrita do empregado, a parcela da remuneração a ser paga em moeda nacional poderá ser depositada em conta bancária. São asseguradas ao empregado, enquanto estiver prestando serviços no exterior, a conversão e a remessa dos correspondentes valores para o local de trabalho (§ 2º do art. 5º da Lei nº 7.064/82).

Se o salário for pago de forma contrária ao preconizado no art. 463 da CLT, considera-se que não foi feito o pagamento, em razão da inobservância da forma prescrita na lei (art. 104, III, do Código Civil), devendo o empregador repeti-lo. O empregado, portanto, não estará obrigado a devolvê-lo. Trata-se de sanção estabelecida pela lei.

O ideal seria que se o salário fosse pago de forma contrária ao preconizado no art. 463 da CLT, não se falasse em novo pagamento, pois o empregado já recebeu o valor do salário. Implicaria enriquecimento sem causa do empregado em detrimento do empregador, além de violar a boa-fé nos contratos. Podem existir eventuais diferenças em razão da conversão da moeda estrangeira para o real. Entretanto, deveria haver mudança do conteúdo do parágrafo único do art. 463 da CLT.

5.5 Salário em utilidades

São empregadas as expressões salário-utilidade, salário *in natura*, salário em espécie ou salário indireto. O termo salário *in natura* nem sempre revela seu conteúdo, pois o empregador muitas vezes não paga o salário com coisas, mas em serviços.

O salário-utilidade irá decorrer do contrato ou do costume.

O art. 458 da CLT permite o pagamento em utilidades, ou seja, além do pagamento em dinheiro, o empregador poderá fornecer utilidades ao empregado, como alimentação, habitação, vestuário ou outras prestações *in natura*.

O inciso IV do art. 7º da Constituição, ao tratar do salário mínimo, mostra as utilidades que estão nele contidas: moradia, alimentação, educação, saúde, lazer, vestuário, higiene, transporte.

Hoje, já se verifica, em relação a altos executivos, que o salário destes é também pago pela empresa mediante utilização de cartão de crédito, pagamento de clube ou de escolas de seus filhos, fornecimento de passagens aéreas e outros salários indiretos, que serão considerados como salário-utilidade.

Para a configuração da utilidade dois critérios básicos são necessários: (a) habitualidade, que inclusive está indicada no art. 458 da CLT. Se a utilidade for fornecida uma vez ou outra, eventualmente, provisoriamente, não será considerada salário *in natura*; (b) gratuidade. O salário-utilidade é uma prestação fornecida gratuitamente ao empregado. A utilidade não deixa de ter um aspecto de compensação econômica pelo trabalho prestado, ainda que seja fornecida gratuitamente. Havendo cobrança da utilidade pelo empregador, deixará de ter natureza salarial a prestação fornecida ao obreiro.

Se a utilidade não fosse fornecida, o empregado teria de comprá-la ou de despender numerário próprio para adquiri-la, mostrando que se trata realmente de um pagamento ou um ganho para o obreiro, uma vantagem econômica. Entretanto, o salário-utilidade deve ser fornecido gratuitamente ao empregado, pois se a utilidade for cobrada não haverá que se falar em salário.

Não representa salário-utilidade o fornecimento de bebidas alcoólicas ou drogas nocivas (parte final do art. 458 da CLT). Se a empresa fabrica cigarros, estes não serão considerados salário *in natura*, pois o cigarro não deixa de ser uma droga nociva à saúde do ser humano (S. 367, II, do TST).

Os vestuários, equipamentos e outros acessórios fornecidos ao empregado e utilizados apenas no local de trabalho para a prestação de serviços não serão considerados salário (inciso I do § 2º do art. 458 da CLT). Assim, se a vestimenta (uniforme) não é usada apenas no emprego, ou o veículo é usado também nos finais de semana e férias do empregado, representando vantagem concedida pelo trabalho e não apenas para o trabalho, serão considerados como salário *in natura*. O equipamento de proteção individual do trabalhador, que lhe é fornecido gratuitamente pelo empregador (art. 166 da CLT), não é considerado salário-utilidade, pois destina-se a ser usado exclusivamente no local de trabalho para proteger o empregado durante a prestação de serviços.

Pode-se estabelecer um critério para verificar se a prestação constitui ou não utilidade, tendo fundamento no § 2º do art. 458 da CLT. Não serão considerados como salário os vestuários, equipamentos e outros acessórios fornecidos ao empregado, desde que utilizados no local de trabalho, **para** a prestação dos respectivos serviços (§ 2º do art. 458 da CLT).

Com base no § 2º do art. 458 da CLT é possível distinguir entre a prestação fornecida **pela** ou **para** a prestação dos serviços.

Se a utilidade é fornecida **pela** prestação dos serviços, terá natureza salarial. Decorre da contraprestação do trabalho desenvolvido pelo empregado, representando remuneração. Tem caráter retributivo.

Ao contrário, se a utilidade for fornecida **para** a prestação de serviços, estará descaracterizada a natureza salarial, como ocorre com os equipamentos de proteção individual, que servem para ser utilizados apenas no serviço. Tem natureza instrumental. Nesse caso, o equipamento serve como meio ou condição para o empregado poder trabalhar, sem que haja a contraprestação pelo serviço efetuado pelo obreiro. É nessa hipótese que se enquadra a moradia fornecida ao zelador ou ao caseiro, servindo para o desempenho do serviço, possibilitando que fiquem à disposição do condomínio ou do empregador quando for necessário. A moradia facilita o desempenho da função pelo empregado. É uma forma de o empregado poder realizar o trabalho. Seria uma espécie de ferramenta ou instrumento para que o zelador possa melhor desempenhar sua função. Tem a moradia a finalidade de viabilizar a prestação dos serviços, para que o zelador fique à disposição do condomínio no momento em que for necessário, em razão de problemas elétricos, hidráulicos etc. O não fornecimento da habitação poderia, em princípio, inviabilizar a prestação laboral, dada a necessidade de residir no local de trabalho para atender prontamente o empregador em qualquer necessidade.

O mesmo raciocínio se aplica ao fornecimento de energia elétrica ou de água ao zelador para a prestação dos serviços, o que é feito juntamente com a moradia. Todas as referidas prestações não têm natureza salarial, porque visam à prestação dos serviços do empregado.

O empregador poderia fornecer a moradia a zelador mediante contrato de comodato.

O comodato é o empréstimo gratuito de coisas infungíveis (art. 579 do Código Civil), isto é, de coisas que não podem ser substituídas por outras coisas da mesma espécie, qualidade e quantidade. Seria o contrato de comodato representado pelo empréstimo gratuito de um bem imóvel ao zelador.

Se a habitação é fornecida gratuitamente ao empregado, ainda que a título de contrato de comodato, irá ser investigada a realidade dos fatos. Vige no Direito do Trabalho o princípio da primazia da realidade dos fatos sobre a forma empregada. Sendo a moradia fornecida habitual e gratuitamente, o juiz pode entender que se trata de salário, ainda que haja contrato de comodato entre as partes, tendo existido um ajuste tácito da condição de trabalho. Sendo possível individualizar os dois contratos, o de comodato e o de trabalho, haveria uma pluralidade de contratos e entrelaçamento de relações jurídicas, configurando contratos mistos. A utilização do contrato de comodato poderia dar margem à fraude, tendo o empregador o objetivo de mascarar o fornecimento da utilidade. Nesse caso, seria aplicável o art. 9º da CLT, que entende que o desvirtuamento de determinada condição de trabalho com o objetivo de fraudar a legislação trabalhista implica sua descaracterização na forma como foi empregada pela empresa.

O salário é configurado pelo fornecimento gratuito da utilidade ao empregado. Se este tiver de pagar algo pela utilidade fornecida, deixará de ter natureza salarial.

O valor pago pelo empregado deverá ser algo razoável. Pode ser celebrado um contrato de locação entre empregador e empregado, distinto do contrato de trabalho. Entretanto, o empregador não poderá pretender cobrar um valor ínfimo pela locação do imóvel, sob pena de ficar descaracterizado o contrato celebrado entre as partes e dar origem a fraude, de o empregador querer mascarar a relação apenas para não ter consequências do fornecimento da habitação como salário-utilidade.

A teoria da finalidade mostra que a utilidade é fornecida para ser utilizada apenas no serviço. A utilidade é um meio para a execução do trabalho.

Não há negar que o salário tem aspectos econômicos e sociais. O fornecimento da moradia ao zelador também tem características econômicas, de o trabalhador não precisar pagar aluguel pela moradia, representando um ganho para o empregado, mas também social, no sentido da concessão da moradia pelo empregador. Entretanto, o fornecimento da moradia ao zelador tem de ser analisado sob prisma jurídico, em relação à determinação contida no art. 458 da CLT e no seu § 2º. Decorre do fato de ser necessária à prestação dos serviços, sendo fornecida **para** o trabalho e não **pelo** trabalho desenvolvido pelo empregado.

A habitação, a energia elétrica e o veículo fornecidos pelo empregador ao empregado, quando indispensáveis para a realização do trabalho, não têm natureza salarial, ainda que, no caso de veículo, seja ele utilizado pelo empregado também em atividades particulares (S. 367, I, do TST).

O ideal seria que a utilidade fosse fornecida pelo empregador em qualquer caso. A lei não deveria determinar que se trata de salário, pois o empregador não irá fornecê-la se ela tiver natureza salarial ou se incidir o FGTS ou a contribuição previdenciária. Assim, deveria ser modificada a redação do art. 458 da CLT, desconsiderando-se a utilidade como salário, pois nesse caso o empregador iria passar a fornecer a utilidade ao empregado, sem se preocupar se a verba tem ou não natureza salarial. Iria também incentivar o empregador a concedê-la. Para o empregado também seria positiva a determinação, pois passaria a receber a utilidade num maior número de hipóteses do que as atuais, sem ter de pagar por ela.

As importâncias, ainda que habituais, pagas a título de auxílio-alimentação, vedado seu pagamento em dinheiro, não integram a remuneração do empregado, não se incorporam ao contrato de trabalho e não constituem base de incidência de qualquer encargo trabalhista e previdenciário (§ 2º do art. 457 da CLT). Para que o auxílio-alimentação não tenha natureza salarial, deverá ele ser fornecido ao empregado sob a forma de *ticket*, vale refeição etc. Não poderá ser feito pagamento em dinheiro de alimentação, pois o empregado pode usar o dinheiro para outro fim e não se alimentar na hora do intervalo.

O Programa de Alimentação do Trabalhador (PAT), criado pela Lei nº 6.321, de 14-4-1976, em que se fornece alimentação ao funcionário, não é considerado como salário-utilidade, pois, inclusive, a refeição é cobrada do empregado. Trata-se de favor fiscal. O art. 3º da Lei nº 6.321/76 faz referência à parcela paga *in natura* que não integra o salário-de-contribuição, e não ao salário. O art. 6º do Decreto nº 5, de 14-1-1991, que regulamenta o PAT, determina que a alimentação fornecida de acordo com as determinações da Lei nº 6.321/76 não se considera salário-utilidade, nem se incorpora à remuneração.

A Súmula 241 do TST estabelece que o vale-refeição "fornecido por força do contrato de trabalho, tem caráter salarial, integrando a remuneração do empregado, para todos os efeitos legais".

Quando o transporte fornecido pelo empregador visa proporcionar um benefício ou economia de salário ao empregado, será considerado salário-utilidade. Entretanto, se o empregador cobra pelo transporte fornecido, ainda que um preço reduzido, não será tal pagamento salário-utilidade. O vale-transporte não é, porém, considerado salário *in natura*, por força da alínea *a* do art. 2º da Lei nº 7.418/85.

A cesta básica é considerada salário *in natura*, mesmo quando a determinação decorre de norma coletiva, em razão de ser uma vantagem para o empregado. A norma coletiva não pode mudar a natureza da verba para não incidir FGTS e contribuição previdenciária. Se a cesta básica é fornecida ao empregado independentemente de haver obrigação nesse sentido pela norma coletiva, será considerada como salário, pois representa um benefício ao empregado, que deixa de gastar numerário para adquirir gêneros alimentícios.

Não são ainda consideradas como salário as seguintes utilidades concedidas pelo empregador: (a) educação, em estabelecimento de ensino próprio ou de terceiros, compreendendo os valores relativos a matrícula, mensalidade, anuidade, livros e material didático; (b) transporte destinado ao deslocamento para o trabalho e retorno, em percurso servido ou não por transporte público; (c) assistência médica, hospitalar e odontológica, prestada diretamente ou mediante seguro-saúde; (d) seguros de vida e de acidentes pessoais; (e) previdência privada. As contribuições do empregador, os benefícios e as condições contratuais previstas nos estatutos, regulamentos e planos de benefícios das entidades de previdência privada não integram o contrato de trabalho dos participantes, assim como, à exceção dos benefícios concedidos, não integram a remuneração dos participantes, nos termos da lei (§ 2º do art. 202 da Constituição). No mesmo sentido o art. 68 da Lei Complementar nº 109/2001); (f) o valor correspondente ao vale-cultura. A parcela do valor do vale-cultura cujo ônus seja da empresa beneficiária: I – não tem natureza salarial nem se incorpora à remuneração para quaisquer efeitos; II – não constitui base de incidência de contribuição previdenciária ou do Fundo de Garantia do Tempo de Serviço –

FGTS (art. 11 da Lei nº 12.761/2012). A previsão do § 2º do art. 458 da CLT é taxativa, e não meramente exemplificativa, pois a norma não usa a palavra *como*.

O objetivo do inciso II do § 2º do art. 458 da CLT é que o empregador pague a escola do empregado e em contrapartida não tenha de arcar com reflexos sobre outras verbas. Por outro ângulo, permite que o empregado possa estudar e se aprimorar, inclusive profissionalmente, em razão de que a educação oficial não tem sido suficiente para proporcionar a educação necessária a todas as pessoas. Logo, permite que o empregador a subsidie e tenha um benefício, que é o pagamento não ter natureza salarial.

A determinação legal autoriza que a educação paga pelo empregador seja prestada por estabelecimento mantido pela própria empresa, mas também de terceiros, como as escolas particulares.

A norma não faz distinção quanto ao tipo de curso, como de educação básica, superior, profissionalizante, de idioma etc. Logo, nela se enquadra qualquer tipo de educação paga pelo empregador. É o que ocorre com empresas que necessitam que seus funcionários saibam inglês ou espanhol visando à comunicação com seus clientes estrangeiros, como empresas de aviação etc.

Não compreende apenas a matrícula e a mensalidade, mas vai mais além, incluindo anuidade (se for o caso), mas também livros e material didático. Os livros, evidentemente, estariam incluídos na expressão *material didático*. Este é o gênero que compreende os livros, as apostilas, textos, fitas ou outro material que ajudará a aprendizagem. É, portanto, redundante a determinação.

A lei não dispõe que, para a prestação não ter natureza salarial, deve ser estendida a todos os empregados e dirigentes da empresa. Logo, pode não ser estendida aos dirigentes da empresa, mas apenas aos empregados.

Dispõe o inciso IV do § 2º do art. 458 da CLT que não tem natureza salarial a assistência médica, hospitalar e odontológica. A conjunção é aditiva e não alternativa. O certo seria o emprego da conjunção alternativa, pois do contrário será entendido que, para não ser salário, devem estar presentes, ao mesmo tempo, a assistência médica, hospitalar e odontológica e não apenas uma delas.

O mesmo inciso ainda faz referência ao fato de que a assistência tanto pode ser prestada diretamente pelo empregador ou mediante seguro-saúde.

Quando a lei considera que a utilidade é salário, a maioria dos empregadores não a fornece. Em contrapartida, o empregado não usufrui da utilidade. Essa situação é muito pior para o trabalhador.

Os valores atribuídos à prestação *in natura* deverão ser justos e razoáveis, não podendo exceder, em cada caso, os dos porcentuais das parcelas componentes do salário mínimo.

A Convenção nº 95 da OIT, de 1948, esclarece que, nos casos em que se autorize o pagamento parcial do salário com prestações em espécies, devem ser tomadas medidas pertinentes para garantir que: (a) as prestações em espécie sejam apropriadas ao uso pessoal do trabalhador e de sua família e redundem em benefícios; (b) o valor atribuído a essas prestações seja justo e razoável (§ 2º do art. 4).

O salário não pode ser pago apenas em utilidades, pois 30% do salário mínimo deverão ser pagos em dinheiro. Os restantes 70% poderão ser pagos em utilidades (parágrafo único do art. 82 da CLT). Por analogia, é possível dizer que 30%, no mínimo, do salário contratual necessariamente deverão ser pagos em dinheiro, sendo que os restantes 70% poderão ser pagos em utilidades.

O cálculo da parcela do salário paga em utilidades, ou o porcentual de desconto de utilidades do salário do empregado, quando percebe salário mínimo, sendo que para o Estado de São Paulo é de 43% para alimentação; 33% para habitação; 14% para vestuário; 6% para higiene e 4% para transporte. Tratando-se de alimentação preparada pelo próprio empregador, o desconto não pode exceder a 25% do salário mínimo (art. 1º da Lei nº 3.030, de 19-12-1956). A Súmula 258 do TST estabeleceu o entendimento de que "os percentuais fixados em lei relativos ao salário *in natura* apenas se referem às hipóteses em que o empregado percebe salário mínimo, apurando-se, nas demais, o real valor da utilidade".

Um importante empregado não tem o mesmo gasto de habitação que o empregado que efetivamente percebe salário mínimo.

A Lei nº 8.860, de 24-3-1994, acrescentou dois parágrafos ao art. 458 da CLT. O § 3º estabelece que a habitação e a alimentação fornecidas como salário-utilidade deverão atender aos fins a que se destinam e não poderão exceder, respectivamente, a 25% e 20% do salário contratual. A hipótese refere-se ao empregado que percebe mais do que o salário mínimo. O § 4º do art. 458 esclarece que, tratando-se de habitação coletiva, o valor do salário-utilidade a ela correspondente será obtido mediante a divisão do justo valor da habitação pelo número de coocupantes, vedada, em qualquer hipótese, a utilização da mesma unidade residencial por mais de uma família.

O valor relativo à assistência prestada por serviço médico ou odontológico, próprio ou não, inclusive o reembolso de despesas com medicamentos, óculos, aparelhos ortopédicos, próteses, órteses, despesas médico-hospitalares e outras similares, mesmo quando concedido em diferentes modalidades de planos e coberturas, não integram o salário do empregado para qualquer efeito nem o salário de contribuição, para efeitos do previsto na alínea *q* do § 9º do art. 28 da Lei nº 8.212, de 24 de julho de 1991 (§ 5º do art. 458 da CLT). O objetivo do parágrafo é que o empregador forneça ou pague assistência médica ou odontológica e despesas com medicamentos, óculos, aparelhos ortopédicos, próteses, órteses, despesas médico-hospitalares e outras, mesmo em diversas modalidades de planos e coberturas. A consequência é que tais verbas não integram o salário. Se elas fossem consideradas como salário, o empregador não iria mais fornecê-las ou pagá-las.

As verbas mencionadas no § 5º do art. 458 da CLT não têm incidência da contribuição previdenciária, conforme letra *q* do § 9º do art. 28 da Lei nº 8.212/91.

Em relação ao empregado rural, os descontos das prestações *in natura* são calculados apenas sobre o salário mínimo (art. 9º da Lei nº 5.889/73): (a) até o limite de 20% pela ocupação da moradia; (b) até 25% pelo fornecimento de alimentação sadia e farta, atendidos os preços vigentes na região; (c) adiantamentos em dinheiro (art. 9º da Lei nº 5.889/73). As deduções deverão ser previamente autorizadas, sem o que serão consideradas nulas. Entende-se que o rurícola poderá receber 55% do salário mínimo em espécie, pois pode haver o desconto de 45% de utilidades. Outras prestações *in natura* não poderão ser descontadas do salário do empregado rural, como o fornecimento de água ou de luz. Com relação à moradia, se houver mais de um empregado residindo na mesma morada, o desconto será dividido proporcionalmente ao número de empregados (§ 2º do art. 9º da Lei nº 5.889/73). Existindo plantação subsidiária ou intercalar (cultura secundária), esta não poderá compor a parte correspondente ao salário mínimo na remuneração geral do empregado, durante o ano agrícola (parágrafo único do art. 12 da Lei nº 5.889/73).

A cessão, pelo empregador, de moradia e de sua infraestrutura básica, assim como bens destinados à produção para sua subsistência e de sua família, não integra o salário do trabalhador rural desde que realizada em contrato escrito celebrado entre as partes, com testemunhas e notificação obrigatória ao respectivo sindicato de trabalhadores rurais. Os dois requisitos são essenciais para a validade do ato jurídico. Do contrário, independentemente de a utilidade ser para ou pela prestação do serviço, ficará caracterizado o salário-utilidade. Infraestrutura básica compreende luz, água, lenha. Bens destinados à produção são ferramentas, sementes, adubos. Há, portanto, dois requisitos para a não configuração da moradia como salário *in natura*: (1) deve haver acordo escrito, assinado por duas testemunhas; (2) o sindicato de trabalhadores rurais deve ser notificado. Não atendidos esses requisitos, considerar-se-á como salário *in natura* a prestação fornecida pelo empregador rural.

5.6 Remuneração variável

A Portaria nº 328 do Ministério do Trabalho, de 15-7-1940, previa que se dois terços dos empregados conseguissem atingir níveis de produção prefixados pelo empregador, perderia o obreiro o direito à remuneração mínima, caso não a atingisse. O referido sistema era utilizado para a avaliação da remuneração do tarefeiro. O Ministro do Trabalho, em despacho publicado no *Diário Oficial*, de 10-8-1940, esclareceu que se o empregado não atingisse a média de produção alcançada por dois terços dos trabalhadores do estabelecimento seria porque ele próprio não tinha condições de ganhar o salário mínimo, facultando ao empregador um desconto "proporcional ao rendimento do serviço prestado".

Passou a dispor o art. 78 da CLT sobre a possibilidade de o empregador pagar ao empregado remuneração variável. Reza o referido comando legal que se o salário for ajustado por empreitada, ou convencionado por tarefa ou peça, será garantida ao trabalhador uma remuneração diária nunca inferior à do salário mínimo por dia normal. Quando o salário mensal do empregado por comissão, ou que tenha direito a porcentagem, for integrado por parte fixa e parte variável, ser-lhe-á sempre garantido o salário mínimo, vedado qualquer desconto em mês subsequente a título de compensação.

Na Subcomissão dos Direitos dos Trabalhadores da Assembleia Nacional Constituinte, os textos foram os seguintes: "garantia de salário mínimo, quando a remuneração for variável"; e "garantia de salário fixo, nunca inferior ao salário mínimo quando a remuneração for variável". Na Comissão de Ordem Social, utilizou-se a expressão: "garantia de salário fixo nunca inferior ao salário mínimo, além da remuneração variável quando esta ocorrer". No projeto pretendia-se assegurar uma remuneração fixa nunca inferior ao salário mínimo, independente da remuneração variável que pudesse ser acordada. Desde que o salário variável fosse superior ao mínimo, inexistiria necessidade de se assegurar um salário fixo ao empregado. Na Comissão de Sistematização, o texto foi o seguinte: "salário fixo, nunca inferior ao mínimo, sem prejuízo da remuneração variável, quando houver".

O inciso VII do art. 7º da Constituição de 1988 elevou em âmbito constitucional a garantia de salário nunca inferior ao mínimo, pelo menos, para os que percebem remuneração variável. Nota-se que aqui a orientação é diversa, preconizando-se um salário mínimo, pelo menos para quem ganha remuneração variável e não para quem ganha salário fixo. A Lei Maior ainda faz referência à garantia de salário e não de remuneração, que compreende o salário mais as gorjetas, segundo o art. 457 da CLT. Se o constituinte tivesse usado a expressão "garantia de remuneração nunca inferior ao mínimo", as gorjetas estariam integradas nesse conceito, podendo o empregador fazer pagamentos ao empregado apenas por meio de gorjetas – inclusive para complementar o mínimo –, que não seriam pagamentos provenientes do empregador, mas de terceiros. O dispositivo constitucional é autoaplicável, não necessitando de lei ordinária para complementá-lo, pois a Constituição não usa a expressão "nos termos da lei".

A Lei nº 8.716, de 11-10-1993, dispôs sobre a garantia de salário mínimo para quem percebe remuneração variável.

Na era da globalização, é claro que será de interesse do empregador instituir um sistema de remuneração pela produtividade do empregado, pois seria uma forma de haver maior produtividade para que a empresa pudesse concorrer com outras, de modo até mesmo a sobreviver no mercado. No Japão, 30% do salário é fixo e 70% é variável. Em alguns países, há pagamentos variáveis como bônus, participações do empregado etc. A parte variável leva em conta o desempenho do empregado e, às vezes, o da empresa.

Pergunta-se se está em vigor o art. 78 da CLT em razão da edição da Lei nº 8.716/93, que, praticamente, trata do mesmo tema.

Determina o § 1º do art. 2º do Decreto-Lei nº 4.657/42 que "a lei posterior revoga a anterior quando expressamente o declare, quando seja com ela incompatível ou quando regule inteiramente a matéria de que tratava a lei anterior".

A Lei nº 8.716/93 não revogou expressamente o art. 78 da CLT, nem seu parágrafo único. Dessa forma, inexistiu revogação expressa da última norma. É preciso verificar, porém, se houve a revogação tácita ou indireta do segundo preceito legal.

À primeira vista, a Lei nº 8.716/93 não é incompatível com o art. 78 da CLT, pois não dispõe de maneira contrária à CLT, mas há certa coincidência entre os textos e o campo de aplicação é o mesmo, ou seja, a garantia de salário mínimo para quem perceba remuneração variável.

Resta, portanto, constatar se a Lei nº 8.716 regulou inteiramente a matéria.

Menciona o art. 78 da CLT a fixação de salário por empreitada, tarefa ou peça, garantindo uma remuneração nunca inferior ao salário mínimo horário. O art. 1º da Lei nº 8.716/93 usa a expressão "comissão, peça ou outras modalidades", garantindo-se o salário mínimo aos trabalhadores que recebam daquelas formas. Embora o art. 78 da CLT faça menção à empreitada, o que não é feito na Lei nº 8.716/93, e o primeiro dispositivo trate de garantir salário horário mínimo, o art. 1º da Lei nº 8.716/93 é mais abrangente, pois usa a expressão "outras modalidades de remuneração", que inclui o pagamento sob forma de empreitada ou resultado. O art. 1º da Lei nº 8.716/93 trata de salário mínimo genericamente, compreendendo o salário mínimo horário, que é uma das suas formas de cálculo, isto é, 1/220 do salário mínimo (§ 1º do art. 6º da Lei nº 8.542). Assim, o art. 78 da CLT foi revogado pelo art. 1º da Lei nº 8.716/93.

Prevê o parágrafo único do art. 78 da CLT a estipulação do salário mínimo por comissão ou porcentagem com parte fixa e variável, garantindo um salário mínimo como remuneração, vedado qualquer desconto no mês subsequente a título de compensação. O art. 1º da Lei nº 8.716/93 é mais preciso, pois inclui as mais comuns espécies de remuneração variável, como comissão, peça ou tarefa. O art. 2º da mesma norma garante o salário mínimo para quem ganha salário misto, contendo parte fixa e parte variável, que já tem previsão no parágrafo único do art. 78 da CLT. O art. 3º da Lei nº 8.716/93 impede também o empregador de fazer qualquer desconto no salário do empregado, em mês subsequente, a título de compensação de eventuais complementações feitas em meses anteriores para atingir o mínimo, para quem percebe salário variável.

Logo, a Lei nº 8.716/93 revogou o art. 78 da CLT, pois regulou inteiramente a matéria.

O salário mínimo é o pagamento mínimo que pode ser feito ao empregado. É uma proteção mínima, sendo impossível o empregador pagar ao empregado salário inferior ao mínimo. Os riscos do negócio são daquele, razão pela qual seria vedado o pagamento da totalidade do salário de forma variável, sujeito à sorte do empregado na produção, sem ser garantido, pelo menos, o salário mínimo. Presume-se, também, que o salário mínimo é a importância mínima para que o trabalhador possa sobreviver.

Se o trabalhador não atinge uma produção mínima verificada por outros colegas, que sem maiores esforços produzem esse mínimo, pode ser dispensado pelo empregador por falta grave de desídia, pois não serve para o serviço, mas é impossível pagar ao empregado valor inferior ao salário mínimo.

Não é devido o salário mínimo apenas ao trabalhador produtivo, mas também ao improdutivo. O pagamento do salário mínimo não pode ficar adstrito ao fato de o empregado produzir o suficiente para ganhá-lo.

A gorjeta seria uma forma de remuneração pelo que o trabalhador produzisse, servindo o cliente. É uma espécie de remuneração variável. É impossível o empregado receber apenas gorjeta, pois esta é o pagamento feito pelo cliente, pelo terceiro, sendo o salário o pagamento feito diretamente ao empregado pelo empregador (art. 457 da CLT). O art. 76 da CLT define o salário mínimo como a contraprestação mínima devida e paga diretamente pelo empregador a todo trabalhador. O art. 6º da Lei nº 8.542/92 dispõe da mesma forma. Assim, como o salário mínimo é o pagamento feito diretamente pelo empregador ao empregado como remuneração mínima, é vedado à empresa pagar apenas gorjeta ao empregado, pois esta é saldada pelo cliente e não diretamente pelo empregador.

O ganho mínimo do empregado pode ser complementado por gratificações e prêmios, pois são pagamentos feitos diretamente pelo empregador ao empregado

É lícito o pagamento do salário exclusivamente à base de comissões e porcentagens, pois tais formas de remuneração são feitas diretamente pelo empregador e não por terceiros, como a gorjeta. Geralmente, quem recebe salário sob a forma de comissões e porcentagens são os empregados vendedores, viajantes ou pracistas e também os balconistas, corretores e propagandistas. Dificuldades nas vendas não poderão, porém, ser alegadas pelo empregador para o não pagamento do salário, pois os riscos da atividade econômica são dele (art. 2º da CLT). O empregador não pode transferir a obrigação do pagamento do salário mínimo a terceiros, decorrente dos riscos do seu negócio. Quando há retração do mercado e o empregado não atinge as comissões suficientes, tem direito o obreiro a, pelo menos, o mínimo como remuneração. Logo, nesse caso é possível o pagamento de salário exclusivamente variável, isto é, à base de comissões e porcentagens, desde que seja complementado para o mínimo se o empregado não atingir venda suficiente para alcançar tal valor.

Quando o empregado percebe salário misto, integrado por parte fixa e parte variável, normalmente a parte fixa é estipulada em um salário mínimo e o restante pode ser variável. É o que ocorre com garçons, que percebem geralmente um salário mínimo a título de fixo e o restante são gorjetas. O comissionista poderia, porém, ganhar apenas comissões, como de 2% sobre a venda que realizar.

Reduzindo o empregador o trabalho do empregado, sendo este por peça ou tarefa, de forma a afetar sensivelmente a importância dos salários, pode o obreiro considerar rescindido indiretamente o contrato de trabalho (art. 483, g, da CLT). É o que ocorre quando o empregador fornece quantidade menor de serviço ao empregado que recebe por seu rendimento. O obreiro poderia rescindir indiretamente o contrato de trabalho, pois o trabalho que normalmente lhe era garantido, de repente, é suprimido pelo empregador.

A Lei nº 10.101/2000, que trata sobre participação nos lucros ou resultados da empresa, permite uma forma de remuneração variável. Para o empregador até seria interessante que houvesse apenas o pagamento de participação nos lucros ou resultados, sem qualquer pagamento de salário, pois inexistiria o recolhimento de encargos sociais sobre a referida verba (art. 3º da Lei nº 10.101). Entretanto, o empregado não pode receber pagamento exclusivamente a título de participação nos lucros ou resultados, pois a álea do negócio recairia sobre o trabalhador, o que é vedado pelo art. 2º da CLT, que dispõe que os riscos da atividade econômica são do empregador. O mesmo se poderia dizer de o empregador pagar salários ao empregado se tiver lucro. Caso não o auferisse, não faria pagamentos ao empregado. Isso é impossível. De outro modo, a participação nos lucros é desvinculada da remuneração, não tendo natureza salarial (art. 3º da Lei nº 10.101). Assim, não poderia haver pagamento exclusivamente a título de participação nos lucros, mas há necessidade de se pagar ao empregado pelo menos um salário mínimo.

Em qualquer caso, o empregador não poderá fazer nenhum tipo de desconto no mês subsequente a título de compensação de eventuais complementações para atingir o salário mínimo (art. 3º da Lei nº 8.716/93), pois este é a garantia mínima do trabalhador.

O empregador pode, portanto, pagar exclusivamente salário variável e vinculado à produção do empregado, com exceção apenas do pagamento de participação nos lucros e gorjetas, pois estas são pagas por terceiros e não pelo empregador. Deve a empresa, porém, respeitar o salário mínimo como remuneração mínima.

A garantia de um salário mínimo como remuneração é norma de ordem pública, que vem estabelecer uma regra tutelar em favor do empregado, que não pode ser desrespeitada pelo empregador, caso o empregado não atinja certa produção determinada pela empresa.

O art. 118 da CLT dispõe que o trabalhador a quem for pago salário inferior ao mínimo terá direito, inobstante qualquer contrato ou convenção em contrário, a reclamar do empregador o complemento de seu salário mínimo. Incorrerá na multa do art. 120 da CLT o empregador que deixar de pagar o salário mínimo ao empregado que perceba salário variável.

5.6.1 Stock option

A legislação trabalhista brasileira não trata da *stock option* (opção de compra de ações) para dizer se tem ou não natureza salarial. A legislação previdenciária não estabelece se o ganho obtido tem ou não incidência da contribuição previdenciária. Não se pode estabelecer, por analogia, orientação semelhante.

O *Barron's Dictionary of Legal Terms* define *stock options* como "a outorga a um indivíduo do direito de comprar, em uma data futura, ações de uma sociedade por um preço especificado ao tempo em que a opção lhe é conferida, e não ao tempo em que as ações são adquiridas".

Stock option é o plano em que são estabelecidos os requisitos da opção de compra de ações. Existe a possibilidade de o empregado adquirir as ações da empresa por preço em média abaixo do mercado e de vendê-las com lucro.

Esse sistema nasceu nas corporações americanas e se espalhou pelo mundo.

O benefício era concedido a altos executivos. Foi estendido a outros funcionários da corporação, com o objetivo de evitar que a companhia perca bons profissionais para outras empresas.

O empregado tem direito a um lote de ações. Se ele continuar na empresa por um certo período, ganha o direito de comprar as ações pelo preço do dia da reserva e vendê-las pelo valor atualizado.

É uma participação na valorização futura das ações da empresa. O prazo costuma ser de três, cinco ou dez anos. Caso o empregado deixe a empresa antes disso, perderá o direito.

O direito de opção costuma ser exercido apenas se o valor da ação for superior ao valor estabelecido quando da opção. Do contrário, o empregado teria prejuízos.

Distingue-se a opção de compra de ações do bônus de subscrição. Os bônus são títulos que conferirão a seus titulares, nas condições constantes do certificado, direito de subscrever ações do capital social, que será exercido mediante apresentação do título à companhia e pagamento do preço de emissão das ações. Os bônus de subscrição terão a forma nominativa (art. 78 da Lei nº 6.404/76). Podem ser endossáveis ou ao portador. Se o bônus é alienado separadamente da emissão de ações ou debêntures, terá caráter oneroso. Na aquisição, o interessado deverá pagar o preço. A opção de ações tem caráter gratuito, pois nada é cobrado no ato da opção. Ao ser criado o bônus de subscrição, a companhia deve dar direito de preferência a seus acionistas para sua aquisição. Em relação à opção de compra, não há o direito de preferência dos acionistas.

O *Dictionary of law*, de P. H. Collin, mostra que:

a) *call option* é a opção de comprar ações por determinado preço;
b) *put option* é a opção de vender ações por determinado preço;
c) *share option* é a opção de comprar ou vender ações em determinada data futura.[1]

O programa *Performance Share* permite ao funcionário vender as ações apenas quando elas atingirem uma valorização de 50% a 100% durante cinco anos

---

[1] COLLIN, P. H. *Dictionary of law*. Middlesex: Peter Collin, 2000. p. 255.

consecutivos nas bolsas de Nova York ou Londres. Pode o trabalhador fazer a opção recebendo em dinheiro sem desembolsar nenhum valor ou comprar as ações.

O *Employee Stock Purchase Plan* representa a compra subsidiada pelo empregado de ações da empresa.

O plano de ações-fantasma (*phantom stocks*) é estabelecido em sociedades anônimas de capital fechado. Estas não oferecem ações em bolsa de valores. É determinada uma unidade de valor, que será corrigida por indicadores de crescimento da empresa.

No plano de ações por desempenho (*performance stock*), a empresa irá oferecer um lote de ações vinculado a metas a serem observadas dentro de determinado prazo. Se os objetivos da empresa forem alcançados, é pago um valor em dinheiro que equivale ao número de ações.

No fundo de ações (*equity pool*), os empregados ficam alocados a fundo de quotas, que são valorizadas com o tempo, de acordo com o desempenho da empresa.

São exigidos os seguintes requisitos: (a) previsão no estatuto social; (b) limitação ao capital autorizado; (c) aprovação na assembleia geral; (d) o benefício deve ser concedido apenas a administradores, empregados ou outras pessoas físicas que prestem serviços à companhia (§ 3º do art. 168 da Lei nº 6.404/76).

As características do *stock option plan* são:

a) o preço de exercício (*exercise price*) é o valor em que o empregado tem o direito de exercer a opção de compra de ações;
b) prazo de carência (*vesting*): é o período em que o empregado terá de esperar para poder exercer o direito de compra de ações;
c) termo de opção (*expiration date*), que é o prazo máximo em que o empregado pode exercer o direito de comprar as ações.

O empregador somente poderá adotar o sistema se for uma sociedade por ações, aberta ou fechada.

O empregado vai adquirir as ações pelo preço original e vendê-las pelo preço atual. Caso as ações valham menos, o empregado não exerce a opção. A vantagem é que o empregado não precisa pagar pelas ações quando da opção. Se não quiser exercê-la, pois está abaixo do valor da época da opção, não é obrigado a fazê-lo e também não tem qualquer prejuízo. Pode fazê-la no futuro.

Os funcionários que aderem ao *stock option* têm interesse em adquirir as ações. Sentem-se estimulados a produzir e fazer com que a empresa tenha um desempenho melhor, permitindo que ganhem a diferença. O empregado passa a se sentir um parceiro da empresa.

A empresa pode conseguir aumentar a produtividade e diminuir a rotatividade da mão de obra. Estimula a fidelidade do empregado na empresa. Não dispensa certos trabalhadores altamente qualificados. Institui um sistema de parceria.

Determina o § 3º do art. 168 da Lei nº 6.404/76 que o estatuto pode prever que a companhia, dentro do limite do capital autorizado, e de acordo com o plano aprovado pela assembleia geral, outorgue opção de compra de ações a seus administradores ou empregados, ou a pessoas naturais que prestem serviços à companhia ou à sociedade sob seu controle.

Na nossa legislação comercial, a opção de compra de ações tem previsão para as empresas de capital autorizado. Nestas, há a possibilidade de sucessivos aumentos de capital, independentemente da reforma do estatuto. Deve ser observado apenas o limite nele estabelecido. Para haver a opção de compra de ações, deve haver expressa previsão no estatuto da companhia. Se não existir previsão no estatuto, não será possível a opção de compra de ações. O plano de opção de compra de ações deve ser aprovado pela assembleia geral da sociedade. Pode ser estabelecido tanto para os administradores como para os empregados.

Há outros dispositivos da Lei nº 6.404 que tratam da opção de compra de ações, como a alínea *b* do art. 157, o inciso III do art. 166 (aumento de capital por opção de compra de ações) o § 3º do art. 171 (conversão de títulos em ações. Na outorga de opção e compra de ações não haverá direito de preferência).

No âmbito do Direito Comercial, pode-se dizer que a opção de compra de ações não representa um título, mas um contrato. Não pode ser cedida a outras pessoas. O documento é que irá dizer sobre a transferibilidade das ações. As opções são pessoais. Não podem ser transferidas por endosso ou tradição.

A Superintendência da Comissão de Valores Mobiliários emitiu parecer aceitando que as opções de compra fossem outorgadas no Brasil também a prestadores de serviço, sem vínculo de emprego, de empresas controladas pela eventual emissora de ação (CVM – SJU – 37/74). O mesmo, portanto, pode ocorrer em relação aos empregados das sociedades anônimas. Logo, é possível o empregador estabelecer o sistema de opção de compra de ações para seus empregados.

A Deliberação da CVM nº 3.712, de 13-12-2000, determinou a divulgação obrigatória de nota explicativa sobre o plano de opção de compra de ações pelos empregados.

Não se assemelha o sistema de *stock option* à gratificação de balanço, pois não decorre do balanço da empresa, mas da opção feita. A empresa não está pagando um valor ao empregado por liberalidade, mas permitindo que faça a opção de compra das suas ações.

O direito de opção não se enquadra no § 1º do art. 457 da CLT, pois não representa comissão, percentagem, gratificação ajustada, diárias para viagem e abonos pagos pelo empregador. Não se trata de gratificação porque o empregador não paga o valor, mas o obreiro paga para obter o direito de comprar as ações. Compreende fatores aleatórios à companhia, como a valorização das ações no mercado.

É um prêmio? O prêmio é pago em virtude de um esforço do empregado. É um salário-condição. No caso, não há qualquer esforço do empregado. Este trabalha normalmente, não ganha algo a mais pela prestação de serviços. O empregado não tem de atingir a condição estabelecida pelo empregador para fazer jus à opção de compra de ações.

É claro que as utilidades não são apenas as mencionadas no art. 76 da CLT, como alimentação, habitação, vestuário, higiene e transporte. O inciso IV do art. 7º da Constituição indica outras utilidades, como as destinadas à saúde, lazer, educação. O § 2º do art. 458 da CLT mostra que não têm natureza salarial outros acessórios utilizados no local de trabalho, como educação, assistência médica, hospitalar e odontológica, seguro de vida e de acidentes pessoais, previdência privada. Não se enquadra a *stock option* como espécie de salário-utilidade, pois não representa para o empregado um *plus* obtido com seu trabalho, mas decorre do desempenho das ações da companhia.

Não é espécie de participação nos lucros, pois a questão não decorre da existência de lucros, mas da valorização das ações do empregador.

Pode ser espécie de participação nos resultados, desde que fique demonstrado que tem relação com a produtividade da empresa, mas não exatamente como opção de compra de ações. É o que ocorre na *performance stock*. Quando se fala em produtividade, o empregador fixa uma meta para ser conseguida pelo empregado, que pode compreender vários fatores. No caso, não existe meta a ser obtida pelo desempenho pessoal do empregado. Logo, não pode ser participação nos lucros ou resultados, não se enquadrando na hipótese da Lei nº 10.101/2000.

Se se entender que a prestação é uma espécie de salário variável, o empregador também teria de pagar ao empregado a diferença entre o valor da opção e o valor de venda, se este último fosse menor do que o primeiro, pois o trabalhador não pode assumir os riscos de sua atividade (art. 2º da CLT). Entretanto, isso não ocorre.

Discutível também seria a habitualidade no pagamento, pois ocorreria a cada três anos, em alguns planos, ou a cada cinco anos, em outros. Habitual seria o que estaria dentro de no máximo um ano e não mais, como ocorre para férias, gratificação natalina etc.

Não deixa, porém, de ser uma forma de integração do trabalhador na vida e no desenvolvimento da empresa, de forma a melhor inteirar a relação entre capital e trabalho.

O empregado não tem direito de opção como pagamento pela prestação de serviço na empresa. O ganho na venda das ações não é uma retribuição paga pelo empregador. Não existe contraprestação salarial. Trata-se de situação completamente alheia à prestação de serviços.

Não se poderia dizer que é remuneração a opção de compra em que o empregado tem prejuízo no mercado financeiro. Assume o trabalhador o risco na opção de ganhar ou de perder, como no caso em que o preço das ações declina para preços inferiores aos da opção. O empregado assume, portanto, o risco da flutuação do valor das ações. Mesmo no caso em que o empregado exerce o direito de opção pelo sistema *cash less exercise*, em que o exercício é feito sem pagamento, o trabalhador assume o risco de ganhar ou perder ao vender as ações, de acordo com o valor obtido no mercado acionário.

Geralmente, a vantagem obtida pelo empregado com a revenda das ações é feita por corretoras autorizadas que operam no mercado acionário. Não é feita diretamente pelo empregador. Este nada paga ao empregado.

A *stock option* não pode ter natureza salarial, pois o empregado paga para exercer o direito de opções. Não é algo que lhe é dado de graça pelo empregador, que representa um *plus*. Para a configuração do salário-utilidade, é preciso que a prestação seja fornecida gratuitamente ao empregado.

A denominação empregada pela empresa para estabelecer o plano é irrelevante para caracterizar sua natureza jurídica.

Aplicando-se por analogia a regra do art. 4º do CTN verifica-se que o tributo não é caracterizado pela denominação ou pela destinação legal do produto da sua arrecadação, mas sim pelo seu fato gerador. O mesmo ocorre aqui. Não importa o nome dado, mas efetivamente qual é a natureza do pagamento.

Não se pode concluir que automóvel é avião, só pelo fato de que foi afirmado por uma das partes. Automóvel continuará sendo automóvel e avião será avião. Como se costuma afirmar no dito popular: "Uma coisa é uma coisa, outra coisa é outra coisa". Há necessidade de se perquirir a verdadeira natureza jurídica do pagamento. As características do *stock option* é que vão indicar se tem natureza de remuneração ou não.

Se o empregado paga pelo exercício da compra de ações, não se pode falar em natureza salarial, pois a prestação é onerosa para o trabalhador.

O momento do acréscimo patrimonial vai depender da opção do empregado e não de determinação do empregador.

A opção pode não ocorrer, simplesmente porque o empregado não tem o numerário necessário para adquirir as ações ou porque não quer exercê-la, pois prefere aguardar outra oportunidade ou porque teria prejuízo se o fizesse. É uma expectativa de direito que só irá se concretizar depois do término do prazo de carência.

A natureza jurídica da opção de compra de ações é mercantil, embora feita durante o contrato de trabalho, pois representa mera venda e compra de ações. Compreende a opção um ganho financeiro, sendo até um investimento feito pelo empregado nas ações da empresa. Por se tratar de risco do negócio, em que as ações ora estão valorizadas, ora perdem seu valor, o empregado pode ter prejuízo com a operação. É uma situação aleatória, que nada tem a ver com o empregador em si, mas com o mercado de ações.

Consiste o plano de opção de compra de ações em operação financeira e não salário.

Não se pode dizer que se trata de um pagamento dissimulado ou disfarçado com o objetivo de não integração ao salário, pois o sistema não foi inventado por brasileiros, mas é observado, principalmente, nas grandes corporações americanas. Dessa forma, não é atraída a aplicação do art. 9º da CLT, no sentido de que o empregador teria por objetivo desvirtuar, impedir ou fraudar preceitos trabalhistas, principalmente o pagamento de natureza salarial.

Se o benefício for gratuito, sem qualquer participação do empregado, poderá ter natureza salarial. Caso o empregado não tenha nenhum risco na operação, o benefício também pode ter natureza salarial.

No ato em que é outorgado o benefício ao empregado, este não tem um direito, mas mera expectativa de direito de, no futuro, poder exercer o direito de compra de ações. O empregado não tem garantia de que haverá lucro na operação.

Se o empregador estabelecer uma cláusula que dependa da permanência do empregado, mas o despede sem justa causa, está impedindo-o de exercer a opção.

Aplica-se o art. 129 do Código Civil, que dispõe: "Reputa-se verificada, quanto aos efeitos jurídicos, a condição cujo implemento for maliciosamente obstado pela parte, a quem desfavorecer".

Nesse caso, o empregador deverá pagar ao empregado a indenização pelo valor que o segundo poderia ganhar com o direito de opção de compra de ações.

Se o empregador causa, com seu ato, prejuízo ao empregado, alterando o contrato de trabalho, aplica-se a regra do art. 468 da CLT. A mudança é considerada ilícita.

Nas hipóteses em que o empregado é dispensado com justa causa, pede demissão e se aposenta espontaneamente, não se pode dizer que o empregador obstou o direito ao benefício.

Caso o empregado seja dispensado sem justa causa antes do período de carência, não faz jus ao direito de opção de compra de ações. O trabalhador só pode exercer o direito de compra de ações após o período de carência.

Se o exercício de compra depender da projeção do aviso-prévio, irá se concretizar, pois o § 1º do art. 487 da CLT determina que integra o aviso-prévio o tempo de serviço do empregado para todos os fins, como se verifica para reajustes salariais (§ 6º do art. 487 da CLT), para a indenização adicional (S. 182 do TST), para prescrição (OJ 83 da SDI do TST) etc.

O pacto laboral não termina de imediato, mas apenas após expirado o prazo do aviso-prévio (art. 489 da CLT), com o que há a integração do tempo de serviço no contrato de trabalho.

Dessa forma, se o direito de opção de compra for estabelecido para 30 dias antes da dispensa do empregado e este é dispensado mediante a concessão de aviso-prévio indenizado, o trabalhador tem direito a exercer o direito de opção, pois o pacto laboral só termina no último dia de prazo do aviso-prévio indenizado.

5.7 Salário-condição

Salário-condição é o pagamento feito pelo empregador ao empregado, em decorrência do contrato de trabalho, dependente do estabelecimento de condições específicas que devem ser cumpridas pelo obreiro. Representa um acréscimo ao salário incondicionado.

Tem o salário-condição natureza salarial, pois decorre de condição estabelecida pelo empregador para seu pagamento.

Não se trata de indenização, por não objetivar ressarcir um prejuízo sofrido pelo trabalhador. O fato de o empregado trabalhar em condições desfavoráveis ou mais onerosas para serem desenvolvidas não implica que sua natureza é indenizatória, mas salarial, pois remunera o trabalho do obreiro.

O salário pode ser classificado de várias formas. Quanto à condição pode ser: (a) salário condicionado, que depende de condição estabelecida pelo empregador; (b) salário incondicionado, que é decorrente da prestação de serviços do empregado, do recebimento de ordens de serviço do empregador. Não se vincula a condição específica. O salário-condição pode ser legal, por ser previsto em lei, ou contratual, por ter previsão no contrato de trabalho.

A remuneração contratual típica é o salário. A remuneração contratual atípica é a representada pelo salário-condição, pela remuneração variável.

São usadas as expressões: (a) salário-obrigação, que compreende o pagamento do empregador ao empregado em decorrência da prestação de serviços. Salário já é uma obrigação do empregador; (b) salário-condição, que é dependente de um ato praticado pelo empregado para atingir a condição estabelecida pelo empregador.

A fonte do salário-condição pode ser legal, contratual ou convencional.

São espécies de salário-condição: adicionais (horas extras, noturno, periculosidade, insalubridade, por tempo de serviço, transferência etc.), prêmios, gratificações ajustadas. Se o empregador determina que pagará salário a quem substituir certo funcionário, também haverá salário-condição, enquanto durar a condição.

Distingue-se a alteração salarial da redução salarial. Alteração é gênero, que engloba a redução. A alteração abrange a forma, o local, a natureza, a época do pagamento do salário. Redução salarial diz respeito à diminuição do ganho do empregado.

A regra é de que o salário é irredutível. Por exceção o salário poderá ser reduzido, mediante convenção ou acordo coletivo (art. 7º, VI, da Constituição). O salário-condição poderá também ser reduzido, porém dependerá de convenção ou acordo coletivo.

De certa forma, o salário tem sempre uma condição para ser pago, que é a prestação dos serviços.

Poderá o salário-condição deixar de ser pago, desde que não prestado o serviço de acordo com a condição.

A totalidade do salário não pode estar sujeita a condição, pois, do contrário, o empregado nada receberia. Uma parte, portanto, do salário pode estar sujeita a condição.

No salário-condição existe uma situação específica que dá ensejo ao seu recebimento. Quando a condição se verifica, existe o fato gerador do pagamento do salário.

Será devido o salário-condição enquanto for realizada a condição, não podendo ser suprimido pelo empregador, sob pena de violação ao art. 468 da CLT.

Na hipótese de o empregado não atingir a meta estabelecida pela empresa, o salário é indevido. Se o empregador é que dá causa ao ato para impedir que o empregado atinja a meta, o salário é devido, adotando-se a orientação do art. 129 do Código Civil. Caso o empregado é que dê causa ao ato, o prêmio não lhe será devido.

Caso a condição estabelecida seja permanente, o salário não pode ser reduzido ou suprimido. Se a condição é temporária, no término do período, cessa o direito ao pagamento do salário-condição, salvo se houve habitualidade no pagamento, que passa a ter natureza salarial, incorporando-se ao salário.

6 TIPOS ESPECIAIS DE SALÁRIO

Emprega-se também a denominação *morfologia*, visando indicar as formas de salário. Poderia se falar também em espécies de salário.

6.1 Abonos

O abono consiste num adiantamento em dinheiro, numa antecipação salarial ou num valor a mais que é concedido ao empregado.

Havia dúvidas sobre se os abonos deveriam ou não ser incluídos no salário. A Lei nº 1.999/53 alterou a redação do § 1º do art. 457 da CLT, estabelecendo que os abonos pagos pelo empregador se incluem nos salários.

O Decreto-Lei nº 1.535, de 13-4-1977, deu nova redação a todo o capítulo de férias previsto na CLT. O art. 143 da CLT determinou que seria facultado ao empregado converter um terço de suas férias em abono pecuniário. O art. 144 esclareceu que o referido abono, concedido por força do contrato de trabalho, do regulamento de empresa, ou de convenção ou acordo coletivo, não integraria a remuneração do empregado para os efeitos da legislação do trabalho, desde que não excedesse a 20 dias do salário. Assim, se o abono fosse superior a 20 dias, haveria a integração na remuneração do empregado, tendo, portanto, natureza salarial.

As Medidas Provisórias nºs 193, 199 e 211, de 1990, instituíram abonos que não integraram o salário. A Lei nº 8.178, de 1º-3-1991, convalidou os efeitos das referidas medidas provisórias. O art. 9º da Lei nº 8.178/91 concedeu vários abonos em abril, maio, julho e agosto de 1991, porém seu § 7º estabelecia que não tinham natureza salarial, não se incorporando ao salário, nem sofriam incidência de nenhuma verba. A Lei nº 8.238, de 4-10-1991, determinou a incorporação aos salários do abono de agosto de 1991, no inciso III do art. 9º da Lei nº 8.178, e a Lei nº 8.276, de 19-12-1991, prescreveu o pagamento de um abono de Cr$ 21.000,00 exclusivamente no mês de dezembro de 1991. O § 5º do art. 1º da Lei nº 8.276/91 dizia que o referido abono e a parcela respectiva do 13º salário dele decorrente não seriam incorporados aos salários a qualquer título.

Atualmente, os abonos não integram a remuneração do empregado, não se incorporam ao contrato de trabalho e não constituem base de incidência de qualquer encargo trabalhista e previdenciário (§ 2º do art. 457 da CLT).

6.2 Adicionais

O adicional tem sentido de alguma coisa que se acrescenta. Do ponto de vista trabalhista, é um acréscimo salarial decorrente da prestação de serviços do empregado em condições mais gravosas ou que lhe exijam mais esforço. Pode ser dividido em adicional de horas extras, noturno, de insalubridade, de periculosidade, de transferência.

6.2.1 Adicional de horas extras

O adicional de horas extras é devido pelo trabalho extraordinário à razão de pelo menos 50% sobre a hora normal (art. 7º, XVI, da Constituição).

O advogado tem adicional de horas extras não inferior a 100% sobre o valor da hora normal, mesmo havendo contrato escrito (§ 2º do art. 20 da Lei nº 8.906/94). O trabalho do advogado não é mais penoso do que o do jornalista para ter direito a adicional de horas extras superior.

Tem natureza salarial o adicional. O adicional pago uma vez é salário, mas, para efeito de repercussão em outras verbas, há necessidade de habitualidade.

Se as horas extras são pagas com habitualidade, integram o cálculo de outras verbas, como indenização (S. 24 do TST), 13º salário (S. 45 do TST), FGTS (S. 63 do TST), aviso-prévio indenizado (§ 5º do art. 487 da CLT), gratificações semestrais (S. 115 do TST), férias (§ 5º do art. 142 da CLT) e descanso semanal remunerado (S. 172 do TST e art. 7º da Lei nº 605/49). "O cálculo do valor das horas extras habituais, para efeito de reflexos em verbas trabalhistas, observará o número das horas efetivamente prestadas e sobre ele aplica-se o valor do salário-hora da época do pagamento daquelas verbas" (S. 347 do TST).

A lei não define o que é habitualidade para efeito de reflexos de horas extras. Pode-se entender que é habitual o que foi pago na maior parte do contrato de trabalho. Se o contrato de trabalho teve duração de três meses e as horas extras foram pagas por dois meses, houve habitualidade. Também pode ser considerado habitual o que foi pago por mais de seis meses, que corresponde à maior parte do ano.

O balconista, sujeito a controle de horário, que recebe por comissão tem direito ao adicional de 50% pelo trabalho em horas extras, calculado sobre o valor das comissões referentes a tais horas (S. 340 do TST).

Tem o adicional de horas extras natureza salarial e não indenizatória, pois remunera o trabalho prestado após a jornada normal.

A gratificação por tempo de serviço integrará as horas extras (S. 226 do TST).

A remuneração do serviço suplementar é composta do valor da hora normal, integrado por parcelas de natureza salarial e acrescido do adicional previsto em lei, contrato, acordo, convenção coletiva ou sentença normativa (S. 264 do TST).

Se o empregador suprime as horas extras, o empregado não tem mais o direito de incorporá-las a seu salário. A Súmula 291 do TST afirma que "a supressão total ou parcial, pelo empregador, de serviço suplementar prestado com habitualidade, durante pelo menos um ano, assegura ao empregado o direito à indenização correspondente ao valor de um mês das horas suprimidas, total ou parcialmente, para cada ano ou fração igual ou superior a seis meses de prestação de serviço acima da jornada normal. O cálculo observará a média das horas suplementares nos últimos 12 meses anteriores à mudança, multiplicada pelo valor da hora extra do dia da supressão". A orientação da súmula não tem previsão em lei, mas, na prática, é seguida.

As horas extras não sofrerão repercussão do adicional de insalubridade. O adicional de insalubridade é calculado sobre o salário mínimo (art. 192 da CLT) e o adicional de horas extras é calculado sobre a hora normal (§ 1º do art. 59 da CLT). Nota-se, portanto, que as bases de cálculo são distintas. Entender de modo diverso seria calcular adicional sobre adicional, o que é vedado quanto ao adicional de periculosidade, como se verifica da Súmula 191 do TST.

6.2.2 Adicional noturno

O adicional noturno não é devido a partir do momento em que escurece até o clarear do dia.

O empregado urbano tem direito ao adicional noturno quando trabalhar no período entre 22 e 5 horas. O mesmo ocorre com o empregado doméstico (art. 14 da Lei Complementar nº 150/2015). O trabalhador rural terá direito ao adicional no período de 21 horas de um dia às 5 horas do dia seguinte, na lavoura; entre as 20 horas de um dia às 4 horas do dia seguinte, na pecuária (art. 7º da Lei nº 5.889/73). O advogado terá direito ao adicional noturno no período das 20 às 5 horas (§ 3º do art. 20 da Lei nº 8.906/94). No porto, o trabalho é noturno das 19 às 7 horas (§ 1º do art. 4º da Lei nº 4.860/65).

O adicional será de 20% sobre a hora diurna para o empregado urbano (art. 73 da CLT) e de 25% sobre a remuneração normal para o empregado rural (parágrafo único do art. 7º da Lei nº 5.889/73). O adicional noturno do advogado é de 25% (§ 3º do art. 20 da Lei nº 8.906/94).

O adicional noturno do engenheiro, químico, arquiteto, agrônomo e veterinário é de 25% sobre a hora diurna (art. 7º da Lei nº 4.950-A/66).

Se o adicional noturno for pago com habitualidade, integra o cálculo do salário do empregado para todos os efeitos (S. 60 do TST).

O regime de revezamento no trabalho não exclui o direito do empregado ao adicional noturno, em razão da derrogação do art. 73 da CLT pelo inciso III do art. 157 da Constituição de 1946. O vigia noturno também tem direito ao adicional noturno (S. 140 do TST).

O pagamento do adicional noturno depende de uma condição, que é o trabalho à noite. Se o trabalho deixa de ser prestado no período noturno, perde o trabalhador o direito ao adicional, que não se incorpora ao seu contrato de trabalho. Esclarece a Súmula 265 do TST que a transferência para o período diurno de trabalho implica a perda do direito ao adicional noturno. O trabalho diurno é inclusive mais benéfico para o empregado, pois o período noturno é destinado ao descanso de qualquer pessoa, sendo mais penoso o trabalho desenvolvido nesse lapso de tempo.

Integra o adicional noturno o salário no tempo em que foi pago, tendo repercussão no período sobre férias, 13º salário, aviso-prévio, além da incidência do FGTS. Se deixa de existir o trabalho noturno, o adicional é indevido.

6.2.3 Adicional de insalubridade

Taxa de insalubridade é denominação incorreta, pois taxa é espécie de tributo. Não se trata de taxa, mas de adicional, de algo que se acrescenta.

Insalubre é o prejudicial à saúde, que dá causa à doença. O fator prejudicial à saúde do empregado não ocorre de imediato, mas ao longo do tempo.

Os sistemas relativos à insalubridade podem tomar por base: (a) remunerar o trabalho (monetização do risco); (b) proibir o trabalho; (c) reduzir a jornada, proibir horas extras, conceder descanso ou férias mais longas.

O trabalhador presta serviços em condições insalubres para receber uma remuneração maior.

Verifica-se o uso do EPI de forma a conviver com o elemento insalubre e não eliminar o ambiente insalubre.

Para a caracterização da insalubridade é preciso: (a) exposição a agentes nocivos à saúde do trabalhador; (b) que essa exposição seja acima dos limites de tolerância fixados em razão da natureza e da intensidade do agente e do tempo de exposição, pois se a exposição estiver nos limites de tolerância, não há direito ao adicional.

A avaliação é feita de forma: (a) qualitativa: ruído, pressões hiperbáricas, vibrações, poeiras; (b) quantitativas: frio, umidade, agentes biológicos.

Estabelecia o art. 6º do Decreto-Lei nº 2.162, de 1º-5-1940, que "para os trabalhadores ocupados em operações consideradas insalubres, conforme se trate dos graus máximo, médio e mínimo, o acréscimo de remuneração, respeitada a proporcionalidade com o salário mínimo que vigorar para o trabalhador adulto local, será de 40%, 20% ou 10% respectivamente".

É devido o adicional de insalubridade na higienização de instalações sanitárias de uso público ou coletivo de grande circulação (S. 448, II, TST).

O adicional de insalubridade é devido ao empregado que presta serviços em atividades insalubres, sendo calculado à razão de 10% (grau mínimo), 20% (grau médio) e 40% (grau máximo) sobre o salário mínimo (art. 192 da CLT).

Dispõe o inciso IV do art. 7º do Estatuto Supremo que é vedada a vinculação do salário mínimo para qualquer fim. Objetiva o constituinte que o salário mínimo não seja um indexador para reajustes de preços, de aluguéis etc. A vinculação do salário mínimo é apenas para alimentação, moradia, saúde, vestuário, educação, lazer, higiene, transporte e previdência social (§ 2º do art. 201 da Constituição). Não pode, portanto, haver a vinculação do salário mínimo para qualquer outro fim, dos previstos na própria Lei Ápice.

Somente os benefícios de prestação continuada é que ficaram vinculados ao salário mínimo, enquanto não implantado o novo plano de custeio e benefícios, na forma do art. 58 do ADCT, assim como garantiu-se tal salário à pessoa portadora de deficiência e ao idoso que comprovem não possuir meios de prover a própria subsistência (art. 203, V, da Constituição).

Determinou o art. 5º da Lei nº 7.789, de 3-7-1989, que a partir da publicação daquela norma deixavam de existir o piso nacional de salários e o salário mínimo de referência, vigorando apenas o salário mínimo. Com isso, não se quer dizer que o cálculo do adicional de insalubridade voltou a ser feito com base no salário mínimo, em razão da derrogação de parte do art. 192 da CLT pelo Decreto-Lei nº 2.351/87 e pelo inciso IV do art. 7º da Lei Magna.

Não se pode entender, também, que deixou de existir base de cálculo para o adicional de insalubridade, pois o obreiro que presta serviços em atividade insalubre deve receber um valor correspondente para tanto. O valor a ser pago a título de adicional de insalubridade a partir de julho de 1989 deve ser o mesmo que vinha sendo pago ao obreiro, ou que deveria ser-lhe pago com base no último salário mínimo de referência, inclusive para aquelas pessoas que iniciaram a prestação de serviços a partir de 4-7-1989. Tal valor será pago até setembro de 1989, porque a Lei nº 7.843 somente entrou em vigor em outubro de 1989.

Passou o art. 2º da Lei nº 7.843, de 18-10-1989, a prever que cada salário mínimo de referência representaria 40 BTNs, que é o cálculo a ser adotado para adicional de insalubridade a partir de outubro de 1989.

Com a extinção do BTN e a criação da taxa referencial pela Lei nº 8.177/91, o BTN deve ser atualizado até 1º-2-1991 (no valor de 126,8621) e depois corrigido pela TR mensalmente. Dessa forma, os 40 BTNs continuarão a servir de base de cálculo para o adicional de insalubridade, sendo corrigidos mensalmente pela taxa referencial.

No RE 565.714-1/SP, em 30-4-2008 (Rel. Min. Carmen Lúcia), o STF julgou caso de policiais militares paulistas discutindo se a base de cálculo do adicional de insalubridade poderia ser o salário mínimo. Eles entendiam que o adicional não deveria ser calculado sobre o salário mínimo, conforme a previsão da Lei Complementar Estadual nº 432/85, mas sobre os seus vencimentos. Foi editada a Súmula Vinculante 4, que estabelece: "Salvo os casos previstos na Constituição Federal, o salário mínimo não pode ser usado como indexador de base de cálculo de vantagem de servidor público ou de empregado, nem ser substituído por decisão judicial". Essa regra também tem de ser observada em relação ao adicional de insalubridade, que não pode ser calculado sobre o salário mínimo, pois se refere a empregado. Logo, foi derrogado o art. 192 da CLT.

Em razão da Súmula Vinculante 4 do STF o TST mudou a redação da Súmula 228, cancelou a Súmula 17 e a Orientação Jurisprudencial 02 da SBDI-1 e suprimiu a parte final da Orientação Jurisprudencial 47 da SBDI-1 do TST.

A redação da Súmula 228 ficou assim: "A partir de 9 de maio de 2008, data da publicação da Súmula Vinculante 4 do Supremo Tribunal Federal, o adicional de insalubridade será calculado sobre o salário básico, salvo critério mais vantajoso fixado em instrumento coletivo".

Não existe previsão legal no sentido de que o adicional de insalubridade seja calculado sobre o salário contratual.

Há necessidade de nova lei para alterar a redação do art. 192 da CLT e estabelecer a base de cálculo do adicional de insalubridade. Isso poderia ser feito até por medida provisória, pois a matéria é urgente e relevante.

A Confederação Nacional da Indústria propôs a Reclamação nº 6.266-0-MC-DF contra a Súmula 228 do STF. O Presidente do STF entendeu, mediante decisão monocrática, por suspender a Súmula 228 do TST "na parte em que permite a utilização do salário básico para calcular o adicional de insalubridade" (15-7-2008). O STF entende que enquanto não for editada nova lei, deve ser adotado o salário mínimo como base de cálculo do adicional de insalubridade. Essa decisão acaba sendo contraditória, pois o Pleno do STF diz que o adicional de insalubridade não pode ter por base o salário mínimo e depois o Presidente do

STF menciona que, enquanto não for editada lei, a base de cálculo do adicional de insalubridade é o salário mínimo. Uma coisa não pode ser e deixar de ser ao mesmo tempo. Ou é ou não é.

A norma coletiva pode fixar outro critério de base de cálculo do adicional de insalubridade, desde que seja mais favorável ao empregado. Não poderá fixar base de cálculo de valor inferior ao salário mínimo, pois será pior para o trabalhador.

O inciso XXIII do art. 7º da Constituição não dispõe que o adicional de insalubridade é calculado sobre a remuneração, mas sim que se trata de adicional "de remuneração". O adicional não será, portanto, calculado sobre a remuneração ou sobre o salário contratual do empregado. O cálculo do adicional de insalubridade continua a ser feito sobre um determinado valor previsto na legislação ordinária, mas não sobre a remuneração. Há que se entender que o sentido da palavra remuneração a que se refere a Lei Fundamental é o do verbo remunerar e não propriamente a remuneração de que trata o art. 457 da CLT.

É vedado o cálculo do adicional de insalubridade sobre o salário contratual, pois inexiste previsão legal nesse sentido.

O adicional de insalubridade não pode tomar por base o "piso salarial proporcional à extensão e à complexidade do trabalho" (art. 7º, V, da Constituição), em razão de que tal dispositivo não é autoaplicável. Há necessidade de lei para explicitar seu conteúdo.

Salário profissional é a remuneração mínima atribuída a certa profissão, geralmente por intermédio de lei.

A lei não determina que o adicional de insalubridade incide sobre o salário mínimo profissional, se o empregado percebe esse salário por força de lei. As Leis nºs 3.999/61 ou 4.950-A/66 não dispõem que o adicional de insalubridade é calculado sobre o salário profissional ou que o adicional de insalubridade será calculado sobre o salário mínimo dos médicos ou dos engenheiros.

O fato de o trabalhador receber um piso salarial fixado em norma coletiva não implica dizer que o adicional de insalubridade é calculado sobre essa base de cálculo, pois a lei não dispõe nesse sentido.

Poderiam os sindicatos fixar na norma coletiva que o adicional de insalubridade incidiria sobre o piso salarial, pois seria uma norma mais benéfica ao trabalhador. O art. 192 da CLT garante um mínimo legal, que pode ser aumentado pela vontade das partes.

O certo, porém, seria o empregador eliminar a insalubridade no local de trabalho ou o empregado não estar sujeito a trabalhar em locais insalubres. O pagamento do adicional não resolve o problema relativo à saúde do trabalhador.

Não há dúvida de que os profissionais devem ter uma remuneração mínima diferenciada, em razão do grau de escolaridade e das condições diferenciadas de vida que possuem.

A lei, porém, não dispõe que a base de cálculo do adicional de insalubridade é o salário profissional. Somente por intermédio de lei a base de cálculo poderia ser assim estabelecida.

A exceção diz respeito aos técnicos de radiologia, em que o art. 16 da Lei nº 7.394/85 estabelece que o adicional de insalubridade de 40% incide sobre dois salários mínimos profissionais. O STF entende que a remuneração mínima dos técnicos em radiologia não pode ser vinculada ao salário mínimo. O valor monetário do salário mínimo deve ser reajustado anualmente com base nos parâmetros gerais que regem a correção dos salários no país (ADPF 151).

Tem o adicional de insalubridade natureza salarial e não indenizatória. Visa remunerar o trabalho em circunstâncias insalubres, em condições gravosas à saúde do empregado.

É expresso o art. 194 da CLT no sentido de que o adicional de insalubridade ou periculosidade cessará com a eliminação do risco à saúde ou integridade física. Logo, cessada a causa, deixa de existir o direito ao pagamento do adicional, não se incorporando ao salário.

A supressão do trabalho insalubre ou perigoso é mais vantajosa para o empregado, sob o ângulo de não desenvolver trabalho em condições que lhe são prejudiciais à sua saúde.

O trabalho executado em caráter intermitente, em condições insalubres, não afasta, por essa circunstância, o pagamento do adicional de insalubridade (S. 47 do TST).

O simples fornecimento do aparelho de proteção pelo empregador não o exime do pagamento do adicional de insalubridade, devendo tomar as medidas que conduzam à diminuição ou eliminação da nocividade, entre as quais as relativas ao uso efetivo do EPI pelo empregado (S. 289 do TST).

O trabalhador rural tem direito ao adicional de insalubridade, devendo ser verificada a condição que lhe é prejudicial à saúde.

O adicional de insalubridade, assim como o de periculosidade, é devido ao trabalhador temporário, pois a alínea *a* do art. 12 da Lei nº 6.019/74 prevê "remuneração equivalente à percebida pelos empregados da mesma categoria da empresa tomadora ou cliente". Tendo os adicionais de insalubridade e periculosidade caráter salarial, podem ser enquadrados na referida alínea do art. 12 da Lei nº 6.019/74, em equiparação aos trabalhadores permanentes da empresa tomadora de serviços. Seria absurdo o trabalhador temporário laborar em local perigoso ou insalubre e nada perceber a esse título.

É devido de forma integral o adicional de insalubridade, mesmo que o trabalhador preste serviços em jornada reduzida. O art. 192 da CLT não faz referência à jornada do trabalhador para o pagamento do adicional.

A verificação por meio de perícia a respeito da prestação de serviços em condições nocivas à saúde do empregado, considerado agente insalubre diverso do apontado na inicial, não prejudica o pedido de adicional de insalubridade (S. 293 do TST), pois o empregado não tem condições de dizer qual é o elemento que lhe é prejudicial à saúde, que só pode ser constatado pelo perito.

Integrará a remuneração do empregado para o cálculo de outras verbas se for pago em caráter habitual, como das férias (art. 142, § 5º, da CLT), 13º salário, aviso-prévio, FGTS, indenização (S. 139 do TST). Não integrará os DSRs, pois o adicional tem pagamento mensal, que já inclui o primeiro (§ 2º do art. 7º da Lei nº 605/49).

6.2.4 Adicional de periculosidade

Adicional de periculosidade é o acréscimo devido ao trabalhador que presta serviços em condições perigosas, na forma da lei.

O art. 193 da CLT trata do adicional de periculosidade, afirmando que "são consideradas atividades ou operações perigosas, na forma da regulamentação aprovada pelo Ministério do Trabalho, aquelas que, por sua natureza ou métodos de trabalho, impliquem risco acentuado em virtude de exposição permanente do trabalhador a: I – inflamáveis, explosivos ou energia elétrica; II – roubos ou outras espécies de violência física nas atividades profissionais de segurança pessoal ou patrimonial" (art. 193 da CLT) e trabalho com motocicleta (§ 4º).

Na periculosidade existe risco, a possibilidade de ocorrer o infortúnio. É matéria ligada a Engenharia do Trabalho.

Insalubre é o elemento prejudicial à saúde, que dá causa a doença. O prejuízo é causado diariamente à saúde do trabalhador. A insalubridade causa doenças. Pode haver inoculação, contaminação, transmissão de doença ou moléstia. A insalubridade está ligada à higiene e medicina. Diz respeito à Medicina do Trabalho.

Ambiente sadio é o salubre. Ambiente seguro não tem periculosidade. A insalubridade pode ser eliminada ou neutralizada pelo uso de EPI. Na periculosidade, isso, de modo geral, não ocorre.

A natureza do adicional de periculosidade é de salário, pois remunera o trabalho em condições perigosas e não de indenização. Adicional é espécie de salário.

O adicional de periculosidade não tem por objetivo indenizar nada, mas remunerar o trabalho em condições perigosas, na forma definida em lei.

A exposição a elemento perigoso deve ser permanente.

A redação anterior do art. 193 da CLT mencionava "contato permanente".

Agora, o art. 193 da CLT faz referência à "exposição permanente".

Exposição permanente é a mostra, apresentação, exibição constante. O empregado fica exposto de forma permanente, ou seja, diária ao elemento perigoso. No contato, a pessoa deve estar próxima.

O infortúnio pode ocorrer a qualquer momento. Por isso, mesmo que a exposição seja feita por poucos minutos, ela é permanente, pois ocorre todos os dias e poderia ocorrer o infortúnio.

O ingresso ou permanência eventual em área de risco não gera o direito ao adicional de periculosidade. Ao contrário, se o risco existe, o empregado pode sofrer uma descarga elétrica e falecer, ou ter outras sequelas do acidente, embora fique poucos minutos em contato com as linhas de alta tensão. Daí por que a análise da palavra *permanente* deve ser feita como *diariamente*, que é como a Seção de Dissídios Individuais (SDI) do TST vem interpretando a palavra *permanente* (ERR 4.196/88.1, Rel. Min. Hélio Regato, j. 14-8-1990, *DJU* I 19-10-1990, p. 11.555). Dessa forma, a periculosidade não pode ser restringida a determinados horários de trabalho, pelo fato de o risco compreender a atividade desenvolvida pelo trabalhador em sua totalidade. Mesmo o contato de pequena duração tem efeitos mortais no caso de uma descarga elétrica. Tem direito o empregado ao adicional de periculosidade quando exposto de forma intermitente, em que se sujeita a condições de risco (S. 364 do TST). Fazendo-se um paralelo com a insalubridade, nesta o fator insalubre vai agindo lentamente no organismo humano, ao passo que na periculosidade não é possível ser feita a medição do tempo de exposição do obreiro ao perigo, pois, por apenas um minuto de contato do trabalhador com a energia elétrica, pode este perder sua vida, ou ficar incapacitado permanentemente. O intuito do art. 193 da CLT é o de proteger o empregado, não se podendo interpretar a lei desfavoravelmente ao obreiro, de modo a causar-lhe prejuízo.

O contato eventual com o agente perigoso, assim considerado o fortuito, ou o que, sendo habitual, se dá por tempo extremamente reduzido, não dá direito ao empregado a perceber o adicional respectivo (S. 364, I, do TST).

Para o adicional de periculosidade não ser devido, mister se faz que o risco seja eliminado e não neutralizado, porque a qualquer momento o laboralista pode ser surpreendido com uma descarga elétrica, em que tal risco continua logicamente a existir. Enquanto não for eliminado o risco resultante da atividade do trabalhador em condições de periculosidade, o adicional é devido. O acréscimo legal só deixará de ser pago se houver a cessação do exercício da atividade, ou com a eliminação do risco.

Risco é perigo.

Acentuado é destacado, marcante, definido.

Risco acentuado é o perigo destacado, de elevado grau ou de elevada possibilidade de ocorrer e causar lesões à saúde ou à integridade física nas atividades profissionais de segurança pessoal ou patrimonial.

O risco acentuado ocorre no contato com inflamáveis, explosivos, energia elétrica e roubos ou outras espécies de violência física nas atividades profissionais de segurança pessoal ou patrimonial.

Inflamar vem do latim *inflammare*. Tem o sentido de converter em chamas, arder, acender. São inflamáveis os combustíveis, as tintas, o thiner etc.

Explosivo vem do latim *esplosu*, impelido para fora, acrescido do sufixo *ivo*. É aquilo que é capaz de explodir, como a dinamite.

É perigosa a condição de trabalho do vigilante, por poder ser atingido por disparos de arma de fogo, ao fazer, por exemplo, vigilância patrimonial em bancos ou em estabelecimentos que lidam com numerário. A lei não faz distinção em relação ao fato de o trabalhador prestar serviços armado ou desarmado.

A atividade do trabalhador deve ser desenvolvida em área de risco, na forma definida em portaria pelo Ministério do Trabalho. Tal determinação decorre do art. 193 da CLT, ao preconizar que o Ministério do Trabalho irá regulamentar as atividades em que o trabalhador presta serviços em condições perigosas. Isto não será feito por decreto, que é atribuição do Presidente da República, mas por portaria. Logo, é necessário que a atividade esteja prevista na NR 16 da Portaria nº 3.214/78 e seja realizada na área de risco nela prevista. O fato de haver uma linha de transmissão nas ruas, passando sobre árvores, não implica, só por si, o pagamento do adicional de periculosidade para os transeuntes que circulam no referido logradouro público. Se a atividade do empregado, apesar de ser tecnicamente perigosa, não estiver classificada como tal pela portaria, inexistirá o direito ao adicional de periculosidade (interpretação do art. 196 da CLT).

Os empregados que operam em bomba de gasolina têm direito ao adicional de periculosidade (S. 39 do TST).

Na verdade, o art. 193 da CLT não faz nenhuma distinção entre empresas concessionárias de distribuição, transmissão ou geradoras de energia elétrica e empresas consumidoras de energia elétrica. O que importa é se o obreiro labora com energia elétrica.

Não são apenas os funcionários de empresa que produz energia elétrica que têm direito ao adicional, mas os de todas as empresas em que existam condições que impliquem perigo de vida pelo contato com equipamentos energizados. Se o empregado trabalha com equipamentos ou instalações elétricas em situação de risco, com contato físico e exposição aos efeitos da eletricidade, possibilitando a incapacitação, invalidez permanente ou morte, não há como deixar de ser pago o adicional de periculosidade. Despiciendo, então, afirmar-se que o adicional de periculosidade só se aplica aos eletricitários. Deve ser pago, também, aos eletricistas, desde que exerçam suas atividades nas áreas de risco, até porque os equipamentos (v.g., sistema elétrico de potência) e as áreas de risco (v.g., cabine do sistema elétrico de potência) existem, também, nas empresas consumidoras de energia elétrica.

A lei não determina que o adicional somente é devido aos empregados de empresas produtoras de energia elétrica. Se a lei não distingue, não cabe ao intérprete fazê-lo. O que deve ser realçado é se o trabalhador presta serviços com energia elétrica.

O eletricista que presta serviços com equipamentos desenergizados não faz jus ao adicional de periculosidade, pois não tem contato com energia elétrica, a não ser que permaneça no local em que os equipamentos fiquem ligados.

O art. 193 da CLT passa a tratar, num único dispositivo legal, de todas as hipóteses de periculosidade.

Os §§ 1º e 2º do art. 193 da CLT estão mantidos, como se depreende da Lei nº 12.740.

Não é devido o adicional de periculosidade para quem trabalha lavando janelas do lado de fora do prédio, por falta de previsão legal e ainda que o perito afirme que isso é perigoso. Na verdade, é perigoso, mas não existe lei determinando o pagamento de tal adicional. Ninguém é obrigado a fazer ou deixar de fazer algo a não ser em virtude de lei.

É devido o adicional de periculosidade em decorrência de roubo ou outras espécies de violências físicas nas atividades profissionais de segurança pessoal ou patrimonial a partir da sua vigência em 10 de dezembro de 2012.

Somente há necessidade de regulamentar leis que não são autoexecutáveis.

A matéria seria objeto de regulamentação se fosse dirigida ao Poder Público. A matéria seria técnica se houvesse necessidade de dizer os elementos insalubres, o grau de insalubridade, a atividade sujeita à periculosidade, a área de risco etc. Entretanto, não há necessidade de nada disso.

O § 3º do art. 193 da CLT dá a entender que o pagamento do adicional de periculosidade por roubo é imediato, pois será compensado com o que já vinha sendo pago em decorrência da previsão na norma coletiva.

De acordo com o inciso II do art. 193 da CLT, é devido o adicional de periculosidade ao empregado por ter a possibilidade de haver roubo ou outras violências. Não se exige que tenha ocorrido algum evento para ser devido o adicional, mas que o empregado esteja exposto ao risco.

É devido o adicional de periculosidade em decorrência de roubo ou outras espécies de violências físicas nas atividades profissionais de segurança pessoal ou patrimonial a partir da vigência da Lei nº 12.740 em 10 de dezembro de 2012. É o que ocorre com vigilantes, seguranças pessoais etc. Não há necessidade de regulamentar a periculosidade em caso de vigilância por roubo, pois a matéria não é técnica. Seria querer ser mais realista do que o rei. A norma traz todos os elementos para ser aplicada.

A regulamentação tem de ser feita quanto ao adicional de periculosidade em energia elétrica e quanto a outras espécies de violência física nas atividades profissionais de segurança pessoal ou patrimonial. As atividades em contato com inflamáveis e explosivos já estão regulamentadas na NR 16 da Portaria nº 3.214/78.

O § 3º do art. 193 da CLT faz referência a vigilante. Este tem lei específica, que é a Lei nº 7.102/83. Vigilante é o empregado contratado para execução de atividades de segurança privada a instituições financeiras e outros estabelecimentos públicos ou privados e segurança de pessoas físicas, assim como transporte de valores ou de carga (arts. 10 e 15). Assim, parece que a lei quer significar que o adicional de 30% é devido aos vigilantes que fazem segurança pessoal ou patrimonial, mas é devido também a outras pessoas que façam segurança pessoal ou patrimonial, ainda que não sejam vigilantes, pois o inciso II do art. 193 não usa a palavra *vigilantes*.

O empregado de empresa de vigilância que trabalha em banco já tem direito ao adicional de periculosidade.

A jurisprudência tem entendido que o empregado deve portar arma de fogo para fazer jus ao adicional de periculosidade.

Serão descontados ou compensados do adicional outros da mesma natureza eventualmente já concedidos ao vigilante por meio de acordo coletivo (§ 3º do art. 193 da CLT). Pode o empregador pagar adicional ao vigilante em razão da previsão da norma coletiva da categoria, que será descontado ou compensado. Isso se dá porque em 10 de dezembro de 2012, quando foi publicada a Lei nº 10.742, a norma coletiva já previa o pagamento de adicional em razão da exposição do vigilante a roubos. A lei faz referência apenas a acordo coletivo, mas também poderia o adicional estar sendo pago em decorrência de convenção coletiva. Se o adicional da norma coletiva for mais favorável, deverá ser observado e não o adicional de periculosidade previsto no art. 193 da CLT. Caso seja menos favorável, deve ser observado o adicional do art. 193 da CLT. Pela regra do parágrafo não é possível a cumulação com o adicional de risco.

Não houve regulamentação legal para o contato com radiações ionizantes, que poderia ter sido objeto de atenção pelo legislador.

Os eletricitários vão receber o adicional de periculosidade sobre o salário básico e não sobre a totalidade de parcelas salariais, pois o art. 193 da CLT não dispõe dessa forma. O inciso II da Súmula 191 do TST afirma que o adicional de periculosidade do empregado eletricitário, contratado sob a égide da Lei nº 7.369/85, deve ser calculado sobre a totalidade das parcelas de natureza salarial. Não é válida norma coletiva mediante a qual se determina a incidência do referido adicional sobre o salário básico.

Haverá necessidade de adaptação da NR 16 da Portaria nº 3.214/78 em relação à energia elétrica e outras espécies de violência física nas atividades profissionais de segurança pessoal ou patrimonial, pois o art. 193 da CLT faz referência na forma da regulamentação aprovada pelo Ministério do Trabalho, que não é o decreto do Presidente da República, mas a portaria do referido Ministério. Para quem já recebe o adicional de periculosidade por energia elétrica, deve continuar a haver o pagamento para não se falar em redução de salário (art. 7º, VI, da Constituição). Para quem ainda não recebe, há necessidade de se esperar a regulamentação do Ministério do Trabalho, pois "os efeitos pecuniários decorrentes do trabalho em condições de insalubridade ou periculosidade serão devidos a contar da data da inclusão da respectiva atividade nos quadros aprovados pelo Ministério do Trabalho" (art. 196 da CLT).

O adicional será de 30% sobre o salário do empregado, sem os acréscimos resultantes de gratificações, prêmios ou participações nos lucros da empresa (§ 1º do art. 193 da CLT).

Incide o adicional de periculosidade apenas sobre o salário básico do empregado, e não sobre tal salário acrescido de outros adicionais (S. 191 do TST).

O bombeiro civil tem direito a adicional de periculosidade de 30% sobre o salário mensal, sem os acréscimos resultantes de gratificações, prêmios ou participações nos lucros da empresa (art. 6º, III, da Lei nº 11.901/2009).

É devido o pagamento do adicional de periculosidade ao empregado que desenvolve suas atividades em edifício (construção vertical), seja em pavimento igual ou distinto daquele onde estão instalados tanques para armazenamento de líquido inflamável, em quantidade acima do limite legal, considerando-se como área de risco toda a área interna da construção vertical (OJ 385 da SBDI-1 do TST).

Reza o § 2º do art. 193 da CLT que: "O empregado poderá optar pelo adicional de insalubridade que porventura lhe seja devido". O dispositivo legal é claro no sentido de que é impossível a cumulação dos adicionais de insalubridade e periculosidade.

O § 2º do art. 193 da CLT não foi revogado pelos incisos XXII e XXIII do art. 7º da Constituição.

O inciso XXII do art. 7º da Lei Maior trata apenas de redução dos riscos inerentes ao trabalho.

Prevê o inciso XXIII do art. 7º da Lei Magna regra sobre adicional para remunerar o trabalho insalubre ou perigoso, mas na forma da lei, ou seja, são aplicados os arts. 192 e 193 da CLT e o § 2º do último artigo. A lei vai fixar o adicional e se é possível cumulá-lo ou não.

Reza o art. 225 da Constituição sobre meio ambiente ecologicamente equilibrado, bem de uso comum do povo e essencial à sadia qualidade de vida, impondo-se ao Poder Público e à coletividade o dever de defendê-lo e preservá-lo para as presentes e futuras gerações. Não trata, portanto, de adicionais.

Assegura o art. 196 da Norma Magna que "a saúde é direito de todos e dever do Estado, garantido mediante políticas sociais e econômicas que visem à redução do risco de doença e de outros agravos e ao acesso universal igualitário às ações e serviços para sua promoção, proteção e recuperação".

Não há lacuna na legislação para se utilizar dos princípios do Direito do Trabalho (art. 8º da CLT), pois o § 2º do art. 193 da CLT é claro sobre o tema.

A Constituição não assegura norma mais favorável que o § 2º do art. 193 da CLT.

Não se está impedindo o empregado de receber o adicional, tanto que ele vai escolher o adicional que for maior. Está também de acordo com o princípio da legalidade, de que ninguém é obrigado a fazer ou deixar de fazer algo a não ser em virtude de lei (art. 5º, II, da Lei Maior).

A Convenção nº 148 da OIT versa sobre contaminação do ar, ruído e vibrações. Prevê que a utilização de procedimentos, materiais ou substâncias que exponham os trabalhadores a riscos deverá ser comunicada à autoridade competente.

Estabelece a Convenção nº 161 da OIT orientações sobre serviços de saúde do trabalho.

Não mencionam as Convenções nºs 148 e 161 da OIT como será pago cada adicional, nem que ele será acumulado.

A Convenção nº 155 da OIT trata de segurança e saúde dos trabalhadores. Foi aprovada pelo Decreto Legislativo nº 2, de 17 de março de 1992, e promulgada pelo Decreto nº 1.254, de 29 de setembro de 1994. Não dispõe no art. 11, *b*, que os adicionais de insalubridade e periculosidade devem ser acumulados.

> "Art. 11. A fim de tornar efetiva a política a que se refere o art. 4º do presente Convênio, a autoridade ou autoridades competentes deverão garantir a realização progressiva das seguintes funções:
>
> (...)*b*) a determinação das operações e processos que estarão proibidos, limitados ou sujeitos à autorização ou ao controle da autoridade ou autoridades competentes, bem como a determinação das substâncias e agentes aos quais a exposição no trabalho estará proibida, limitada ou sujeita à autorização ou ao controle da autoridade ou autoridades competentes; deverão levar-se em consideração os riscos para a saúde causados pela exposição simultânea a várias substâncias ou agentes".

O artigo citado versa sobre riscos para a saúde causados por exposição simultânea a várias substâncias e não que os adicionais de insalubridade e periculosidade devem ser pagos de forma acumulada.

O art. 11, *b*, da Convenção nº 155 da OIT manda o legislador determinar as operações e processos, assim como determinar as substâncias e itens aos quais estará proibida a exposição ao trabalho.

Trata a Convenção nº 155 da OIT de risco à saúde e não como o adicional será pago.

As Convenções da OIT estabelecem normas gerais. Cada país adota a regra específica que entender mais adequada, atendendo às suas particularidades.

As normas internacionais mencionadas tratam de um modo geral de saúde e não de adicionais de insalubridade e periculosidade.

A proteção à vida e à segurança do trabalho não implica que haverá pagamento de adicional cumulativo.

Se se pretende que haja o pagamento do adicional de insalubridade e do de periculosidade ao mesmo tempo, é preciso alterar a redação da CLT.

O TST entendeu que não é possível a cumulação do adicional de insalubridade e de periculosidade (IRR-239-55.2011.5.02.0319, Rel. Min. Alberto Bresciani).

A norma coletiva não pode estabelecer porcentual de adicional de periculosidade inferior ao legal e proporcional ao tempo de exposição, pois é situação menos favorável do que a prevista na lei.

A fixação do adicional de periculosidade em porcentual inferior ao legal e proporcional ao tempo de exposição ao risco não pode ser estabelecida em convenção ou acordo coletivo, pois tal parcela constitui medida de higiene, saúde e segurança do trabalho, garantida por norma de ordem pública (S. 364, II, do TST).

O contato eventual com o agente perigoso, assim considerado o fortuito, ou o que, sendo habitual, se dá por tempo extremamente reduzido, não dá direito ao empregado a perceber o adicional respectivo (S. 364 do TST).

Os tripulantes e demais empregados em serviços auxiliares de transporte aéreo que, no momento do abastecimento da aeronave, permanecem a bordo não têm direito ao adicional de periculosidade (S. 447 do TST).

Durante as horas de sobreaviso, o empregado não está trabalhando em condições de risco, razão pela qual é incabível a integração do adicional de periculosidade sobre as mencionadas horas (S. 132, II, do TST).

O cálculo do adicional de periculosidade será feito sobre o salário-base, nele excluídos outros adicionais, como o de horas extras e o noturno. Em relação aos eletricitários, o cálculo do adicional de periculosidade deverá ser efetuado sobre a totalidade das parcelas de natureza salarial (S. 191 do TST). Se for pago em caráter permanente integrará o cálculo da indenização (S. 132, I, do TST).

Havendo habitualidade no pagamento do adicional de periculosidade, serão devidos reflexos nas férias (§ 5º do art. 142 da CLT), na indenização (S. 132, I, do TST), no 13º salário, com incidência do FGTS sobre o principal e os acessórios (art. 15 da Lei nº 8.036/90), salvo sobre férias indenizadas. Não existirão, porém, reflexos sobre o descanso semanal remunerado, pois se trata de um pagamento mensal, que já engloba o último (§ 2º do art. 7º da Lei nº 605/49). Se o aviso-prévio for trabalhado, o adicional será pago à parte, mas se o aviso-prévio for indenizado, o adicional de periculosidade deverá integrar o aviso, havendo o pagamento habitual do adicional.

6.2.5 Adicional de transferência

O adicional de transferência é devido ao empregado quando for transferido provisoriamente para outro local, desde que importe mudança de sua residência (§ 3º do art. 469 da CLT). Não é devido nas transferências definitivas. O porcentual é de 25% sobre o salário.

Perdura o adicional de transferência enquanto existir o fato gerador, que é a transferência provisória (§ 3º do art. 469 da CLT). Não se incorpora ao salário. Se a transferência for definitiva, o adicional deixa de ser pago ou então é indevido.

6.2.6 Adicional por tempo de serviço

Na verdade, o adicional por tempo de serviço não pode ser chamado de adicional, pois não visa ao maior esforço do empregado ou é devido por este ter trabalhado em condições mais gravosas, mas representa salário, que muitas vezes é chamado de anuênio, quinquênio etc. É uma gratificação, pois é paga por liberalidade. A Súmula 203 do TST estabelece que o adicional por tempo de serviço integra o salário para todos os efeitos legais. A própria Súmula 226 do TST diz que a gratificação por tempo de serviço, isto é, o adicional por tempo de serviço, integra o cálculo das horas extras, justamente por se tratar de salário. A Súmula 240 do TST esclarece que o adicional por tempo de serviço integra o cálculo da gratificação dos bancários.

6.2.7 Adicional de acúmulo de função

Função vem do latim *functio*, de *fungi* (executar, desempenhar). Em alemão, *Funktion*, Amt. Em inglês, *function*. Em francês, *fonction*. No italiano, *funzione*. Em espanhol, *función*.

Função é, portanto, o conjunto de atribuições determinadas ao empregado pelo empregador para desenvolver o serviço.

O único dispositivo que prevê adicional por acúmulo de função é o art. 13 da Lei nº 6.615, de 16-12-1978, que dispõe sobre a regulamentação da profissão de radialista:

> "Art. 13. Na hipótese de exercício de funções acumuladas dentro de um mesmo setor em que se desdobram as atividades mencionadas no art. 4º, será assegurado ao Radialista um adicional mínimo de:
> I – 40% (quarenta por cento), pela função acumulada, tomando-se por base a função melhor remunerada, nas emissoras de potência igual ou superior a 10 (dez) quilowatts e, nas empresas equiparadas segundo o parágrafo único do art. 3º;
> II – 20% (vinte por cento), pela função acumulada, tomando-se por base a função melhor remunerada, nas emissoras de potência inferior a 10 (dez) quilowatts e, superior a 1 (um) quilowatt;
> III – 10% (dez por cento), pela função acumulada, tomando-se por base a função melhor remunerada, nas emissoras de potência igual ou inferior a 1 (um) quilowatt".

Não se pode aplicar por analogia a regra do art. 13 da Lei nº 6.615/78 para outras categorias, pois a situação dos radialistas é peculiar. A referida norma trata de situação específica do radialista.

A teoria que entende que deva ser pago o adicional afirma que há maior desgaste físico do trabalhador, carga maior de trabalho sem a devida contraprestação, sendo vedado o enriquecimento sem causa do empregador em detrimento do trabalho do empregado.

Penso que não é possível o juiz fixar o adicional por acúmulo de função, por falta de norma legal determinando o referido adicional.

Não é preciso, porém, que as funções sejam exercidas em caráter permanente, mas sim que sejam exercidas outras funções por um determinado período de tempo.

Também não é necessário que as funções exercidas pelo empregado sejam superiores às suas normais, mas que sejam outras, que caracterizem o acúmulo de mais de uma função.

O art. 444 da CLT permite que as relações contratuais de trabalho sejam de livre estipulação das partes interessadas, desde que não viole disposições de proteção do trabalho, as normas coletivas da categoria e as decisões das autoridades competentes. Se mais de um serviço é feito pelo empregado, presume-se que estaria incluído na contratação, desde que compatível com o serviço.

Dispõe o parágrafo único do art. 456 da CLT que à falta de prova ou inexistindo cláusula expressa a tal respeito, entender-se-á que o empregado se obrigou a todo e qualquer serviço compatível com a sua condição pessoal. Logo, pode exercer qualquer trabalho, sem que haja necessidade de pagar adicional de acúmulo de função, salvo se houver previsão em lei específica ou na norma coletiva da categoria.

Tratando-se de contrato de trabalho verbal, na falta de acordo ou prova sobre condição essencial do pacto, esta se presume existente, como se a tivessem estatuído os interesses na conformidade dos preceitos jurídicos adequados à sua legalidade (art. 447 da CLT).

O empregado é contratado para colaborar no empreendimento, podendo fazer várias tarefas, desde que compatíveis com as atribuições do que foi contratado.

Normalmente o empregado é remunerado pela unidade de tempo mês e não por tarefa. Seu salário mensal serve para o pagamento de toda a prestação de serviço no mês ao empregador. Na legislação brasileira não existe direito à remuneração pelo exercício de cada função. Se o trabalhador presta serviços além da jornada, recebe horas extras.

Tendo sido estipulado o salário do empregado, observado o salário mínimo ou o piso salarial da categoria, não é devido adicional por acúmulo de função.

Ninguém é obrigado a fazer ou deixar de fazer algo a não ser em virtude de lei (art. 5º, II, da Constituição). Se não há lei estabelecendo o adicional, ele não pode ser pago pelo empregador.

Caso o empregado entenda que há alteração do contrato de trabalho, deve ajuizar ação postulando rescisão indireta (art. 483, *d*, da CLT).

Se fosse devido o adicional, não há previsão do qual seria o porcentual a ser aplicado.

A norma coletiva de empregados de condomínios em São Paulo e na baixada santista prevê o adicional de acúmulo de função para exercício de funções acumuladas de porteiro, zelador, faxineiro etc.

6.2.8 Base de cálculo dos adicionais

Existe controvérsia sobre a base a ser tomada para o cálculo de alguns adicionais previstos em lei.

Quanto ao adicional de insalubridade, o art. 192 da CLT reza que o porcentual (10, 20 ou 40%) deve ser utilizado sobre o "salário mínimo da região".

No que concerne ao adicional de periculosidade, o cálculo será de "30% sobre o salário sem os acréscimos resultantes de gratificações, prêmios ou participações nos lucros da empresa" (§ 1º do art. 193 da CLT).

O adicional de transferência terá porcentual de 25%, calculado sobre o salário que o empregado percebia na localidade onde estava laborando (§ 3º do art. 469 da CLT).

A respeito do adicional de horas extras e do adicional noturno é que lavra a discórdia. Entendem alguns autores que se toma como base de cálculo adicional sobre adicional, proporcionando-se o efeito em cascata. Outros doutrinadores posicionam-se no sentido de que o cálculo não é feito com adicional sobre adicional, mas, sim, sobre o salário fixo.

Deve-se lembrar que o cálculo do adicional de horas extras ou noturno não é feito sobre a remuneração, que compreende o salário mais as gorjetas (art. 457 e seu § 3º da CLT). Nem a Constituição de 1988 dá respaldo a esse entendimento, pois a remuneração tratada nos incisos IX (adicional noturno), XVI (serviço extraordinário) e XVII (férias) do art. 7º refere-se a pagamento, e não tem o significado da remuneração versada no art. 457 do estatuto consolidado. O inciso VIII do art. 7º da Lei Maior é que prevê o cálculo do 13º salário com base na *remuneração integral*, na forma do art. 457 do estatuto consolidado.

Examinando-se os dispositivos da CLT pertinentes à matéria nota-se que: o adicional de horas extras será calculado sobre o salário da *hora normal* (§ 1º do art. 59 e § 2º do art. 61 da CLT); o adicional noturno terá por base o salário da *hora diurna* (*caput* do art. 73 da CLT), não se observando a *hora normal* já acrescida do adicional de horas extras. Inexiste dúvida, então, para o cálculo dos adicionais mencionados. Não há que se indagar qual adicional será utilizado em primeiro lugar, porque o cálculo de cada adicional será feito em separado. Só o cálculo do adicional noturno é cumulado com o cômputo da hora noturna reduzida (§ 1º do art. 73 da CLT), visto que "a duração legal da hora de serviço noturno (cinquenta e dois minutos e trinta segundos) constitui vantagem suplementar, que não dispensa o salário adicional" (S. 214 do STF).

Cada adicional deve, porém, ser calculado em separado.

O salário-hora normal, para o empregado mensalista, é obtido dividindo-se o salário mensal correspondente à duração do trabalho por 30 vezes o número de horas dessa duração (art. 64 da CLT). Não está escrito no dispositivo que a hora normal é integrada por adicionais, mas depreende-se exatamente o contrário.

As bases de cálculo são distintas. Não pode haver cumulação de um adicional sobre o outro, pois haveria cálculo em cascata, de adicional sobre adicional, do reflexo do reflexo. O próprio adicional seria utilizado na base de cálculo dele mesmo. Seria uma bola de neve, ou como se estivéssemos diante de espelhos, que propiciariam a integração indefinida.

Mais se justifica o meu entendimento ao se verificar a orientação jurisprudencial consubstanciada no verbete 191 do TST: "O adicional de periculosidade incide, apenas, sobre o salário básico e não sobre este acrescido de outros adicionais", o que, *mutatis mutandis*, se aplicaria aos adicionais de horas extras e noturno.

No § 1º do art. 457 da CLT não está dito que os adicionais integram o salário, justamente porque são verbas pagas de forma transitória, enquanto existir o fato gerador, que é o trabalho em condições mais gravosas.

A periculosidade, inclusive, não representa uma situação prejudicial à saúde do empregado, como acontece com a insalubridade, mas apenas uma hipótese de risco em potencial. Não tem, portanto, fundamento a integração do adicional de horas extras em seu cálculo.

De acordo com a Súmula 264 do TST, só entram no cálculo das horas extras verbas que integram o salário, que são as descritas no § 1º do art. 457 da CLT, como abonos, gratificações, comissões, percentagens etc., e não o adicional de periculosidade. São verbas que integram o salário de forma permanente. Do contrário, não haveria inclusive como calcular o adicional de horas extras, como na hipótese em que o empregado não ganhasse salário fixo, mas apenas comissões e percentagens.

Entender de forma contrária seria alterar o salário-hora do empregado para acrescentar verbas que não têm característica permanente.

Conclui-se que não se pode cumular o cálculo de adicional sobre adicional.

Por fim, poder-se-ia dizer que há uma colisão entre o que está prescrito na Súmula 191 do TST e o disposto na Súmula 264 da mesma Corte. No entanto, a expressão "integração das parcelas de natureza salarial", contida na Súmula 264 do TST, deve ser interpretada com o significado de, v.g., gratificações por tempo de serviço, abonos e gratificações ou adicionais já incorporados ao salário do obreiro (Bernardes, 1989, v. 1:268). Assim, a "remuneração do serviço suplementar é composta do valor da hora normal, integrado por parcelas de natureza salarial" supracitadas, "e acrescido do adicional previsto em lei, contrato, acordo, convenção ou sentença normativa" (S. 264 do TST).

A Orientação Jurisprudencial 47 da SDI do TST informa que a base de cálculo da hora extra é o resultado da soma do salário contratual mais o adicional de insalubridade, este calculado sobre o salário mínimo.

O adicional de periculosidade, pago em caráter permanente, integra o cálculo da indenização e de horas extras (S. 132, I, do TST).

O adicional por tempo de serviço ou de antiguidade não deve integrar o cálculo do adicional de periculosidade, pois é espécie de gratificação.

O art. 444 da CLT não versa sobre o tema em debate, pois não prevê a base de cálculo do adicional de periculosidade.

A Súmula 203 do TST não dispõe que o cálculo do adicional de periculosidade deve ser feito sobre anuênio.

O anuênio nada mais é do que o adicional de antiguidade previsto na norma coletiva. Assim, não pode ser calculado o adicional de periculosidade tomando por base o anuênio, pois nada mais representa do que calculá-lo sobre adicional ou gratificação.

As horas de sobreaviso são calculadas sobre a hora normal, conforme o § 2º do art. 244 da CLT. No salário normal não se integra o adicional de periculosidade nem qualquer adicional. Não se incluem no salário normal os pagamentos decorrentes de situações excepcionais ou anormais, como os adicionais.

O empregado, quando está de sobreaviso, não está trabalhando; está fora do local sujeito à periculosidade, está afastado da área de risco. Logo, o adicional de sobreaviso não pode integrar o adicional de periculosidade ou vice-versa (S. 132, II, do TST).

6.3 Ajuda de custo

A ajuda de custo tem origem no Direito Administrativo. É a importância paga ao funcionário pelos cofres públicos visando a cobrir as despesas de sua transferência para outra localidade. Verifica-se do conceito que a natureza do pagamento dessa verba é de compensar as despesas havidas pelo funcionário em razão de sua mudança de um local para outro e as despesas de viagem. Era o que se observava no Código de Contabilidade Pública (arts. 364 e s.) e no antigo Estatuto dos Funcionários Públicos (art. 137).

Esclarece o art. 53 da Lei nº 8.112/90, que trata do regime único dos servidores civis da União, que a ajuda de custo destina-se a compensar as despesas de instalação do servidor que é transferido com mudança de domicílio em caráter permanente. O § 1º do mesmo artigo mostra que a ajuda de custo serve para pagar as despesas de transporte do servidor e de sua família, inclusive de bagagem e bens pessoais. O art. 54 declara que a ajuda de custo é calculada sobre a remuneração do servidor, sendo devida mesmo quando há a nomeação em cargo em comissão, porém decorrente de mudança de domicílio (art. 56).

Ajuda de custo é a importância paga pelo empregador ao empregado com o objetivo de proporcionar condições para a execução do serviço. Não se trata, porém, de valor pago pela contraprestação dos serviços. É uma ajuda, não representando o que o empregado gasta ou o custo total. Não serve para custear despesas de viagens, mas para ressarcir despesas do empregado na prestação de serviços para o empregador.

A diferença que se pode estabelecer entre as diárias e as ajudas de custo é que as primeiras são pagas em decorrência de viagens, e as segundas, não. A ajuda de custo pode ser eventual ou decorrente de um único pagamento. Seriam despesas imprevistas e ocasionais, enquanto a diária, normalmente, é repetitiva. Nas diárias, existem, muitas vezes, sobras do numerário recebido, o que geralmente não ocorre na ajuda de custo, que também não tem por objetivo compensar o incômodo da viagem.

Num primeiro momento, a ideia da natureza da ajuda de custo era a de indenizar as despesas do empregado com locomoção: para local diverso daquele que era seu domicílio, que poderia enquadrar-se nas despesas resultantes da transferência do empregado, que ficam a cargo do empregador (art. 470 da CLT), assim como as despesas de viagem e transporte dos empregados de empresas teatrais, como mencionava o art. 509 da CLT, que foi revogado pela Lei nº 6.533, de 24-5-1978, norma que regula as profissões de artista e de técnico em espetáculos de diversões. Verifica-se, entretanto, no § 2º do art. 239, que o pessoal da equipagem de trens tem direito à ajuda de custo destinada a atender às despesas com alimentação, viagem e hospedagem no destino, desde que a empresa não concedesse tais vantagens. Nessa hipótese, a ajuda de custo visa compensar as despesas do empregado com aquelas contingências, e não as despesas de transferência do empregado, como no caso anteriormente mencionado.

Se a CLT trata de despesa de transferência no art. 470, de ajuda de custo no § 2º do art. 457 da CLT e no § 2º do art. 239 é sinal que as expressões têm significados diferentes.

Parece que o sentido da expressão *ajuda de custo* deve ser para incluir as despesas de alimentação e de locomoção do empregado, como em relação aos empregados que prestam serviços externos (vendedores, motoristas, cobradores, propagandistas).

A natureza jurídica da ajuda de custo não é de indenização. Não se está exatamente indenizando a pessoa, mas compensando ou ressarcindo a maior dificuldade do empregado em fazer o serviço. Não há ato ilícito para se falar em indenização. É um pagamento para ajudar o empregado no custo em razão de maior dificuldade no trabalho.

Não se trata de salário-utilidade, pois não é uma utilidade fornecida ao empregado, mas um valor pago ao trabalhador. Logo, não se pode fazer a distinção entre utilidade usada *para* e *pela* prestação do serviço.

Não há como se distinguir entre ajudas de custo próprias e impróprias, pois as ajudas de custo não integram o salário, correspondendo sempre a pagamento para cobrir as despesas do empregado com locomoção, transporte ou alimentação.

A redação original do § 1º do art. 457 da CLT era: "Integram o salário, não só a importância fixa estipulada, como também as comissões, percentagens e gratificações pagas pelo empregador". O § 2º previa: "Não se incluem nos salários as gratificações que não tenham sido ajustadas, as diárias para viagem e as ajudas de custo". Estava claro que as ajudas de custo não integravam o salário.

Reza o § 1º do art. 457 da CLT, na redação determinada pela Lei nº 1.999, de 1º de outubro de 1953, que integram o salário não só a importância fixa estipulada, mas também as comissões, percentagens, gratificações, diárias para viagens e abonos pagos pelo empregador, mas não se refere expressamente às ajudas de custo. Já se poderia concluir, por aí, que as ajudas de custo não integram o salário em hipótese alguma. A redação determinada ao § 2º do art. 457 da CLT pela Lei nº 1.999/53 dispunha que "não se incluem nos salários as ajudas de custo".

O § 2º do art. 457 da CLT corrobora essa afirmação, ao mencionar que as importâncias, ainda que habituais, pagas a título de ajuda de custo, não integram a remuneração do empregado, não se incorporam ao contrato de trabalho e não constituem base de incidência de qualquer encargo trabalhista e previdenciário.

É claro que, se o empregador rotular falsamente o salário como ajuda de custo, considerar-se-á de natureza salarial a verba paga, principalmente se sua natureza não for indenizatória, mas retributiva, ou se o pagamento for feito a título de reembolso de despesas que o empregado não tem, ou por trabalhar internamente, como rotular impropriamente de ajuda de custo as despesas de transporte do obreiro de sua residência para o trabalho ou vice-versa, ou de suposta ajuda de custo de aluguel, sendo tais pagamentos, na verdade, salário-utilidade, se houver habitualidade no referido pagamento, por corresponderem a um *plus* salarial, e não reembolso de despesas. É comum o empregador pagar ao empregado verbas de natureza indenizatória que realmente têm natureza de ajuda de custo, de ressarcir as despesas feitas pelo empregado, como ajuda para transporte, ajuda-quilometragem, ajuda-alimentação, como ocorre, quanto a essa última, principalmente em relação aos bancários.

6.4 Comissões

A comissão paga pelo empregador integra o salário (§ 1º do art. 457 da CLT). É uma modalidade de salário normalmente estipulada para os empregados no comércio, porém os representantes comerciais também podem perceber pagamento à base de comissão, assim como os bancários, pela venda de papéis do banco.

Não se confunde comissão com percentagem, pois, caso contrário, o legislador ordinário não as utilizaria em separado (§ 2º do art. 142, arts. 459 e 466 da CLT). Comissão é gênero. Percentagem é espécie de comissão. As comissões se referem a um valor determinado, como $ 10,00 por unidade vendida, e as percentagens, como o próprio nome indica, seriam um porcentual sobre as vendas (exemplo: 5% sobre as vendas), não tendo um valor determinado em numerário.

Os vendedores, pracistas ou viajantes, podem ter seus salários determinados à base de comissões, como geralmente acontece, sendo o regime de trabalho de tais pessoas regulado pela Lei nº 3.207, de 18-7-1957. O empregado vendedor tem direito à comissão avençada sobre as vendas realizadas. Se possui uma zona de trabalho fechada, onde atua com exclusividade, tem direito às comissões das vendas aí realizadas pela empresa ou por seu preposto (art. 2º). Essa zona poderá ser ampliada ou restringida, de acordo com as necessidades da empresa. Sendo o empregado transferido de sua zona de trabalho, com redução de vantagens, terá direito à remuneração mínima de um salário correspondente à média dos 12 últimos meses anteriores à transferência. Considera-se aceita a transação se o empregador não a recusar por escrito, dentro do prazo de 10 dias, contados da data da proposta. Se a transação é feita com outro comerciante estabelecido em outro Estado ou no estrangeiro, o prazo para aceitação ou recusa da proposta de venda será de 90 dias, podendo, ainda, ser prorrogado, por tempo determinado, mediante comunicação escrita feita ao empregado (art. 3º). Não se pode confundir o direito à comissão com a exigibilidade do seu pagamento, que ocorre 30 dias após ultimada a transação, ocasião em que a empresa deve expedir as cópias das faturas correspondentes aos negócios concluídos (art. 4º). As partes, porém, poderão estabelecer outro prazo para o pagamento, que não poderá exceder a 90 dias, contados da aceitação do negócio (parágrafo único do art. 4º). Nas prestações sucessivas, o pagamento das comissões e percentagens será exigível de acordo com a ordem de seu recebimento (art. 5º). Rescindido o contrato de trabalho ou havendo inexecução voluntária do negócio pelo empregador, persiste o direito do empregado às comissões ou percentagens (art. 6º). As comissões só poderão ser estornadas se houver insolvência do comprador (art. 7º). Do art. 7º da Lei nº 3.207/57 depreende-se que o estorno das comissões somente pode ser feito quando houver insolvência do comprador, e não mera inadimplência. Se o empregado vendedor prestar serviços de inspeção e fiscalização ao empregador, ficará a empresa vendedora obrigada ao pagamento adicional de 1/10 (um décimo) da remuneração que lhe for atribuída (art. 8º).

O pagamento de comissões e percentagens só é exigível depois de ultimada a transação a que se referem (art. 466 da CLT). Ultimada a transação diz respeito ao momento em que o negócio é efetuado.

Esclarece a Súmula 340 do TST que "o empregado, sujeito a controle de horário, remunerado à base de comissões, tem direito ao adicional de, no mínimo, 50% pelo trabalho em horas extras, calculado sobre o valor das comissões recebidas no mês, considerando-se como divisor o número de horas efetivamente trabalhadas".

A Súmula 93 do TST deixa claro que "integra a remuneração do bancário a vantagem pecuniária por ele auferida na colocação ou na venda de papéis ou valores mobiliários de empresas pertencentes ao mesmo grupo econômico, quando exercida essa atividade no horário e local de trabalho e com o consentimento, tácito ou expresso, do banco empregador".

Percebendo o empregado apenas comissões, não tendo salário fixo, o empregador deve assegurar ao obreiro pelo menos um salário mínimo no mês em que as comissões não atingirem essa importância. Assim, se as comissões foram inferiores a um salário mínimo em certo mês, deve a empresa complementar tal valor até atingir um salário mínimo (parágrafo único do art. 78 da CLT e Lei nº 8.716/93). Se a norma coletiva da categoria estabelecer piso salarial, este deve ser observado como mínimo a ser pago ao empregado, e mais as comissões.

6.5 Diárias

As diárias têm origem no Direito Administrativo, tendo caráter indenizatório. O Estado inicialmente as pagava em virtude de despesas feitas pelo funcionário que era transferido da sede. O art. 58 da Lei nº 8.112/90 (Estatuto dos Funcionários Públicos da União) esclarece que as diárias são destinadas a cobrir despesas de pousada, alimentação e locomoção urbana, sendo decorrentes de deslocamento permanente. Inexistindo este, as diárias são indevidas.

Na prática, costuma-se falar em diárias, porém o termo correto é "diárias para viagem", como se observa do § 2º do art. 457 da CLT, mas também emprega-se o termo *viáticos* como sinônimo, com o significado do pagamento feito pelo preponente aos caixeiros-viajantes ou *cometas*, com origem no Direito Comercial. Viático é o pagamento feito pelo desempenho do trabalho, em virtude de o trabalhador ter gastos com alimentação e hospedagem.

Diárias são o pagamento feito ao empregado para ressarcir despesas com o deslocamento, hospedagem ou pousada e alimentação e sua manutenção quando precisa viajar para executar as determinações do empregador. São, portanto, pagamentos ligados diretamente à viagem feita pelo empregado para a prestação dos serviços ao empregador, decorrentes da mobilidade do empregado.

Distinguem-se as diárias das despesas de viagem ou reembolso de despesas. Nestas, o pagamento feito pelo empregador é, na verdade, o reembolso exato das despesas gastas pelo empregado na viagem, mediante prestação de contas. As diárias, porém, não ficam subordinadas à comprovação do valor gasto pelo empregado na viagem, recebendo o obreiro um valor estipulado pelo empregador, quer tenha desembolsado mais do que o recebido ou menos.

O empregado viajante, ao receber as diárias, procura economizar as despesas feitas para que haja sobra de uma importância para a complementação de seu salário, principalmente quando este é ínfimo, de modo a complementar o orçamento familiar. Diante dessa situação, não é possível dizer que parte do pagamento feito a título de diárias ou o porcentual que é considerado salário, já que uma parte corresponderia ao reembolso das despesas de viagem. Daí por que o objetivo foi o de que o empregador não pagasse o salário apenas sob o rótulo de diárias ou pagasse um salário ínfimo e grandes valores a título de diárias, para que não houvesse a integração em outras verbas ou a incidência de contribuições sociais, mas não se pode esquecer que há um caráter compensatório, em razão do desconforto do empregado pelas constantes viagens realizadas. Assim, seria possível falar em diárias próprias e impróprias, em que as primeiras têm por objetivo indenizar ao empregado as despesas incorridas, ou seja, ressarcimento de despesas, e as segundas têm caráter retributivo, sendo, portanto, salário.

Normalmente, as diárias são pagas aos empregados viajantes, mas nem sempre isso ocorre, podendo o pagamento referir-se a outro empregado que tenha que viajar ocasionalmente a serviço do empregador, como também aos propagandistas, aos cobradores ou àqueles que exercem serviços externos, como o motorista.

O mais correto seria adotar o critério de se verificar a destinação do pagamento feito ao empregado. Se visa a ressarcir despesas, não será considerado salário. Se o pagamento feito ao empregado não tem por objetivo o reembolso de despesa, poderá ser considerado como salário. O critério estabelecido em nossa lei pode ser relevado desde que se prove efetivamente que o pagamento feito ao empregado tem natureza de reembolso de despesas ou de indenização pela viagem. Inexistindo viagem, não haverá que se falar em reembolso, sendo salário o pagamento feito ao empregado.

O § 2º do art. 457 da CLT dispõe que as diárias para viagem não integram a remuneração do empregado, não se incorporam ao contrato de trabalho e não constituem base de incidência de qualquer encargo trabalhista e previdenciário. Pouco importa se elas excedem ou não 50% do salário. Não integram a remuneração.

Se o empregado não mais viaja, não há que se falar em pagamento de diárias. Trata-se de condição, em que as diárias só são devidas se houver viagens.

A diária pode ser diferenciada em razão da distância a ser percorrida na viagem, pois os gastos serão maiores.

A Instrução Normativa nº 8, de 1º-11-1991, do Secretário Nacional do Trabalho, faz a distinção se a diária é sujeita ou não à prestação de contas, critério, esse, não previsto na CLT, mas correto do ponto de vista de que, se as diárias são sujeitas à prestação de contas, têm natureza de reembolso de despesas, e não de salário (parágrafo único do art. 1º).

É claro que, se o empregado deixar de viajar, perderá o direito às diárias, pois a sua destinação decorre da existência de viagens, sendo que, nesse caso, o empregado não poderá alegar prejuízo. Assim, as diárias podem ser suprimidas quando deixam de existir as viagens.

Se as diárias e ajudas de custo forem contratadas, ainda que tacitamente, mesmo não tendo natureza salarial, integram as condições de trabalho e não podem ser alteradas ou suprimidas pelo empregador (art. 468 da CLT), se persistirem seus fatos geradores. Devem também ser reajustadas periodicamente, pois, do contrário, o empregado continuará desembolsando valores para atender aos pagamentos necessários, tendo redução indireta dos salários.

6.6 Gorjeta

Na Bíblia, Tobias se envergonhava de sua esposa, Ana, pelo fato de que ela teria recebido, além do salário, um acréscimo de um cabrito como gorjeta (Tobias, 2, 11).

Entre os gregos, era comum dar vinho aos cantores, como se dá gorjeta a outras pessoas.

Na Grécia e em Roma, os escravos constituíam uma forma de pecúlio com o recebimento de gorjetas. Seriam decorrentes do trabalho serviçal.

Na Idade Média, as pessoas que se hospedavam nos mosteiros e nos castelos feudais davam gorjetas aos domésticos pelos serviços prestados.

A Lei Espanhola de 1932 proibia a propina. O texto refundido em 1944, no art. 70, proíbe a propina. Decisão da Sala de 7 de maio de 1945 considera ato ilícito a aceitação de gorjetas quando expressamente não autorize a elas ou não consinta a empresa. Seria um ato contrário ao dever de fidelidade do empregado.[2]

A Lei Francesa de 19 de julho de 1933, chamada de Lei Godart, tratava do controle e da distribuição das gorjetas. Acrescentou ao Código do Trabalho os arts. 42a a 42d. Impõe à empresa a obrigação de pagar a totalidade da gorjeta ao empregado quando ela foi incluída na fatura do cliente. A doutrina fazia referência que a gorjeta deveria ser extinta, pois o empregado não poderia receber todo ou parte de seu salário como gorjeta, que parece uma esmola.[3]

O art. 7º do Decreto-Lei nº 65, de 14 de dezembro de 1937, previa o arbitramento pelas partes do montante das gorjetas para todos os efeitos legais, como também dispunha ser obrigatório ser lançado nas carteiras profissionais, sob pena de ser suprido por ato de autoridade competente ou pronunciamento do Instituto ou Caixa interessado. A determinação sobre o arbitramento das gorjetas e o suprimento pela autoridade competente não foram repetidas na CLT.

O art. 48 da Lei Argentina nº 11.729 dispõe que são salários as percentagens de proteção aos empregados.

O Decreto-Lei nº 7.036, de 1944, previa no § 2º do art. 37, para fins de acidente do trabalho, que no caso de empregado que perceba gorjetas, a indenização será calculada, tomando-se por base a remuneração declarada ao Instituto de Aposentadoria e Pensões a que for filiado.

A redação atual do art. 457 da CLT é decorrente da Lei nº 1.999, de 1º de outubro de 1953: "Compreendem-se na remuneração do empregado, para todos efeitos legais, além do salário devido e pago diretamente pelo empregador, como contraprestação do serviço, as gorjetas que receber". É a mesma redação original da CLT em 1943.

O Decreto-Lei nº 229, de 28 de fevereiro de 1967, deu nova redação ao § 3º do art. 457 da CLT: "Considera-se gorjeta não só a importância espontaneamente dada pelo cliente ao empregado, como também aquela que for cobrada pela empresa ao cliente, como adicional nas contas, a qualquer título, e destinada à distribuição aos

[2] PEREZ BOTIJA, Eugenio. *Derecho del trabajo*. 4. ed. Madrid: Tecnos, 1955. p. 233, nota 48.

[3] MAZUYER, René. *Le pourboire*. Paris: Sirey, 1947. p. 159.

empregados". Esta redação, fazendo referência expressa à gorjeta, não existia na redação anterior.

Gorjeta tem origem na palavra *gorja*, de garganta, no sentido de dar de beber. *Gorja* deriva do latim *gurges*, que significa vasto ajuntamento de águas, abismo. Seria um pagamento para molhar a garganta, para um gole ou para a cerveja.

Em espanhol, a palavra vem de *propina*, do latim *propinare*, com sentido de dar de beber. Em português, propina tem sentido de um pagamento feito em razão de negócio ilícito. Em catalão se usa a expressão *per beure*.

Em francês, é usada a palavra *pourboire*, que tem o sentido de para (*pour*) beber (*boire*). Costumam ser empregadas as gírias: *cammionage*, *dringuelle*, *pourliche*, *pour-soif* (para a sede); *paraguante*, que vem do espanhol e foi afrancesado, mas que tem relação com *gant* (luva), de fazer um pagamento em dinheiro, de modo polido e elegante.[4] *Pot-de-vin* é um pagamento decorrente de suborno, tendo natureza ilícita.

Em outras línguas, são utilizadas as seguintes palavras: *Trinkgeld*, em alemão; em sueco, *drinkspengar*; em dinamarquês, *drikkepenge*; *fooi*, em holandês; *napiwek*, em polonês; *mancia*, em italiano, molhadura, derivada de *mano*, que seria a mão que acompanha o hóspede até à porta, mas também se observa a palavra *beveraggio*. Na Argentina, se usa a expressão *para la copa*.

Em inglês, é usada a expressão *drink money* ou a palavra *tip*, de *to insure promptness*, para assegurar presteza, que ocorria nas cafeterias inglesas no início do século XX, ou *to increase produtivity*. Poderia também ser decorrente de *stip*, de *stipendium*, sendo suprimido ficando *tip*.

A gorjeta seria uma forma de retribuição do cliente ao empregado que o serviu, mostrando o reconhecimento pelo serviço prestado, que foi bem servido.

Jhering assevera que a gorjeta é "a arte da mendicância organizada pelos usos e costumes". A gorjeta pode ser decorrente dos usos e costumes de certo lugar, mas não se pode dizer que decorre da mendicância, pois é decorrente do trabalho do empregado.

Gorjeta, segundo o § 3º do art. 457 da CLT, é não só a importância espontaneamente dada pelo cliente ao empregado, como também aquela que for cobrada pela empresa ao cliente, como serviço ou adicional nas contas, a qualquer título, sendo destinada a distribuição aos empregados.

---

[4] MAZUYER, René. *Le pourboire*. Paris: Sirey, 1947. p. 15.

Gorjeta é, portanto, o pagamento feito por terceiros ao empregado, em virtude do contrato de trabalho, seja dado espontaneamente pelo cliente ao trabalhador ou cobrado na nota de serviço.

O pagamento da gorjeta é feito, assim, por um terceiro, o cliente, e não pelo próprio empregador, daí não ser considerada como salário, mas como remuneração, que corresponde aos salários mais as gorjetas (art. 457 da CLT).

A gorjeta não é paga a qualquer empregado, mas aos empregados que têm contato com o cliente, por lhe servirem, lhe prestarem o serviço. Não é dada, por exemplo, pelo cliente ao empregado da loja que vende sapatos.[5] Geralmente, a gorjeta é oferecida aos garçons, ou aos trabalhadores de hotéis e restaurantes.

A gorjeta não é paga pelo fato de que o cliente pretende ser mais bem servido, como afirmava Jhering (*Das Trinkgeld*), pois é paga depois de ser servido.

Distingue-se a gorjeta do salário. Este é pago diretamente pelo empregador ao empregado, em razão do contrato de trabalho. A gorjeta compõe a remuneração, não é contraprestação do trabalho, mas pagamento feito pelo terceiro, pelo cliente, sendo proveniente do contrato de trabalho.

A gorjeta diferencia-se da gratificação, pois a primeira é paga pelo cliente ou terceiro e a segunda, pelo empregador.

Não se confunde a gorjeta com a comissão, pois esta tem natureza de salário (§ 1º do art. 457 da CLT). A gorjeta representa remuneração. A comissão é paga em razão, por exemplo, de uma venda realizada ou de uma cobrança efetuada. Não é o caso da gorjeta.

Diferencia-se a gorjeta da participação nos lucros. Esta é paga pelo empregador ao empregado em razão da existência de lucro no exercício. A gorjeta é paga pelo cliente e não pelo empregador. Não depende da existência de lucros pelo empregador.

O empregado e o cliente não têm uma relação jurídica direta, mas ela decorre da existência do contrato de trabalho. Muitas vezes, o cliente escolhe quais são os empregados que lhe prestam serviço,[6] ao sentar sempre no mesmo lugar no restaurante ou ao preferir que certo garçom lhe sirva a refeição.

A gorjeta envolve uma relação triangular entre empregado, empregador e cliente. A relação entre empregado e empregador é de emprego. O empregador tem um contrato de prestação de serviços ou de venda e compra com o cliente, de fornecer alimentação ou transporte, ou de conceder hospedagem. A relação entre

---

5 Idem, ibidem, p. 32.

6 MAZOIRES, Pierre. *Usage et evolution du pourboire*. Lyon, 1931. p. 74.

o cliente e o empregado seria decorrente de o primeiro ser bem servido pelo segundo. A gorjeta seria o elemento de ligação, uma ponte, entre os dois contratos distintos.[7] Von Jhering dizia que "o assalariado não está ligado por nenhuma relação jurídica à clientela; o serviço que presta a ela tem sua causa não num contrato de trabalho entre ele e o cliente, mas, entre ele e o patrão".[8]

Não se pode dizer que a gorjeta é uma participação nas entradas pagas ao estabelecimento, pois o empregado não fica com o preço pago pela comida ou pelo serviço, mas apenas com um acréscimo sobre o preço, que é dado espontaneamente ou não pelo cliente.

Tem a gorjeta natureza trabalhista, sendo que remunera o trabalho decorrente do contrato laboral. No sistema brasileiro, a gorjeta tem natureza de doação,[9] por não ser obrigatório ao cliente pagar gorjeta ao trabalhador. As gorjetas não poderão ser pagas pelo empregador. Se o forem, terão natureza de gratificação, sendo consideradas salário. As gorjetas não têm exatamente natureza de contraprestação pelos serviços prestados, pois o empregado recebe salário pelo serviço prestado. Recebe gorjeta geralmente pelo fato de que o cliente está satisfeito por ser servido pelo empregado.

No sistema brasileiro, a gorjeta é remuneração e não salário, por ser paga pelo terceiro, o cliente, mas decorrente do contrato de trabalho. As gorjetas, portanto, integram a remuneração, mas não integram o salário. Remuneração, no nosso sistema, é igual a salário mais gorjetas.

Sendo o pagamento feito pelo empregador e não sendo decorrente do cliente, será considerado salário, espécie de gratificação, e não gorjeta.

O pagamento da gorjeta pode ser decorrente de causa subjetiva, como o fato de o cliente ser bem servido, ou de causa objetiva, em decorrência do serviço prestado, mas sempre será proveniente da existência do contrato de trabalho entre empregado e empregador. Pode ser justificada pelas possibilidades de quem a dá e das necessidades de quem a recebe.

As gorjetas podem ser de duas espécies: as obrigatórias (sistema alemão – *Serviersystem*), fixadas na nota de despesa e destinadas a um fundo para distribuição a todos os empregados; e as facultativas (sistema latino – *Troncsystem*), que são as espontâneas, ficando ao livre-arbítrio do cliente. No *Troncsystem* as gorjetas são

7 VOIRIN, Pierre. Étude juridique du pourboire. *Revue Trimestrielle du Droit*, Paris: tomo 28, 1929. p. 307.

8 JHERING, Rudolf Von. *Das Trinkgeld*, 1882. p. 16.

9 MIRANDA, Pontes de. *Tratado de direito privado*. Rio de Janeiro: Borsói, 1964. v. XLVII, p. 450.

depositadas numa caixa comum, que é posteriormente distribuída segundo uma fórmula preestabelecida.[10]

No Brasil, adota-se o sistema facultativo. O cliente não é obrigado a pagar gorjeta, mesmo que ela venha incluída na conta. Pode a gorjeta tanto ser um valor fixo dado pelo cliente, como cobrada à razão de um porcentual sobre a nota de serviço, que geralmente é de 10%.

A comissão técnica tripartite da OIT se pronunciou em outubro de 1965, em Genebra, no sentido da abolição da gorjeta.[11]

Gorjeta própria é a oferecida diretamente pelo cliente ao empregado. É a chamada caixinha. A gorjeta entregue diretamente ao empregado é a espontânea.

Gorjeta imprópria é a cobrada pelo empregador do cliente na nota de serviço.

A gorjeta pode ser individual, quando é devida ao empregado que serviu o cliente e pode ser coletiva, quando é dividida por um conjunto de empregados, como dos garçons e mais os cozinheiros.

Podem ser as gorjetas ilícitas ou proibidas. As primeiras quando assim dispuser a legislação. As segundas, quando o empregador não permitir a concessão de gorjetas.

Gorjeta compreende pagamento em dinheiro e não em objetos. O § 3º do art. 457 da CLT faz referência à "importância", que é a quantia paga em dinheiro. O art. 458 da CLT não dispõe que a gorjeta é uma forma de utilidade.

O objetivo da gorjeta é que ela seja dada aos empregados.

O cliente não daria, em regra, a gorjeta se ela fosse destinada ao empregador.

A gorjeta não constitui receita própria dos empregadores, mas é destinada aos empregados. Os critérios de rateio podem ser somente para os garçons ou também os cozinheiros, os copeiros etc.

Pode ocorrer de empregado e empregador ajustarem um salário mais baixo do que seria o normal em razão da expectativa de o obreiro receber gorjetas, que compensarão o salário mais baixo.

Já houve cafés, hotéis e restaurantes famosos em que o trabalhador pagava uma soma para usar o uniforme da empresa, visando receber as altas gorjetas dadas pelos frequentadores. O empregador não lhes pagava nada pela prestação dos serviços, pois eles eram remunerados apenas por gorjetas dos clientes. Ramirez Gronda

---

[10] NIKISCH, *Arbeitsrecht*. Tübingen, 1951. p. 132.

[11] BRUN, André. *La jurisprudence en droit du travail*. Paris: Sirey, 1967. p. 71.

afirmou que não havia contrato de trabalho, por não existir o elemento remuneração. Seria uma espécie de concessão de serviços, como no Direito Administrativo.[12]

O valor pago de gorjetas é variável.

Normalmente, as gorjetas são fixadas em tabelas dos sindicatos, de acordo com uma média durante o mês, pois muitas vezes é impossível saber quanto o empregado recebeu de gorjeta, já que ela é paga diretamente ao obreiro e não passa pelo caixa do empregador. Isso serve para o cálculo do FGTS e da contribuição previdenciária. A jurisprudência considera válida a previsão da norma coletiva.

Outras vezes é estabelecido um sistema de pontos entre vários empregados, em que os garçons ganham mais e os cozinheiros e ajudantes ganham menos.

Se o empregador arrecada a gorjeta no caixa ou num fundo, passa a ser mandatário dos empregados. Deve prestar contas do que recebeu em nome dos empregados.

Se a gorjeta passa pelo caixa do empregador, deveria haver uma comissão de empregados e de membros dos empregadores que pudesse fiscalizar o rateio para o correto pagamento da gorjeta.

A estimativa de gorjetas deve ser anotada na CTPS do empregado, pois "as anotações concernentes à remuneração devem especificar o salário, qualquer que seja sua forma de pagamento, seja ele em dinheiro ou em utilidades, bem como a estimativa de gorjeta" (§ 1º do art. 29 da CLT).

A estimativa deve ser um valor próximo do razoável. A prova do pagamento das gorjetas pode ser feita por testemunhas, mas será possível utilizar o arbitramento ou por perícia, se não há outra forma de fixar o valor das gorjetas.

As empresas anotarão na Carteira de Trabalho e Previdência Social de seus empregados o salário fixo e a média dos valores das gorjetas referente aos últimos doze meses (§ 8º do art. 457 da CLT), pois o empregado não vai ganhar o mesmo valor de gorjetas todos os meses. Deve ser anotado na CTPS e no contracheque o salário contratual fixo e o porcentual recebido a título de gorjeta (§ 6º, III, do art. 457 da CLT).

As anotações na CTPS do empregado representam presunção relativa (S. 12 do TST), inclusive, portanto, quanto aos valores da gorjeta, admitindo prova contrária, que indicará a realidade dos fatos. Provado qual é o valor da gorjeta, prevalece sobre a estimativa feita em tabela pelos sindicatos.

Inexistindo previsão em convenção ou acordo coletivo de trabalho, os critérios de rateio e distribuição da gorjeta e os percentuais de retenção previstos nos

---

12 GRONDA, Ramirez. *El contrato de trabajo*. Buenos Aires: Editorial La Ley, 1945. p. 350.

§§ 6º e 7º do art. 457 da CLT devem ser definidos em assembleia geral dos trabalhadores, na forma do art. 612 da CLT (§ 5º do art. 457 da CLT). Seria o acordo feito pelos próprios trabalhadores, quando o sindicato não quer negociar. A assembleia geral de trabalhadores, para ser válida, dependerá do comparecimento e votação, em primeira convocação, de 2/3 dos empregados da empresa envolvida, e, em segunda convocação, de 1/3 deles.

Cessada pela empresa a cobrança da gorjeta que é cobrada na nota de serviço, desde que cobrada por mais de 12 meses, ela se incorporará ao salário do empregado, tendo como base a média dos últimos 12 meses, salvo o estabelecido em convenção ou acordo coletivo de trabalho (§ 10 do art. 457 da CLT). A norma coletiva pode, portanto, dispor em outro sentido. Na verdade, ela não vai se incorporar ao salário, mas à remuneração, pois a gorjeta compõe a remuneração.

Para empresas com mais de 60 empregados deve ser constituída comissão de empregados, mediante previsão em convenção ou acordo coletivo de trabalho, para acompanhamento e fiscalização da regularidade da cobrança e distribuição da gorjeta de que trata o § 3º do art. 457 da CLT, cujos representantes devem ser eleitos em assembleia geral convocada para esse fim pelo sindicato laboral e gozarão de garantia de emprego vinculada ao desempenho das funções para que foram eleitos. Para as demais empresas deve ser constituída comissão intersindical para o referido fim (§ 10 do art. 457 da CLT). Os empregados dessa comissão gozarão de garantia de emprego para poderem discutir as questões de gorjeta com o empregador.

O descumprimento do disposto nos §§ 4º, 6º, 7º e 9º do art. 457 da CLT importa que o empregador deve pagar ao trabalhador prejudicado, a título de multa, o valor correspondente a 1/30 da média da gorjeta por dia de atraso, limitada ao piso da categoria, assegurados em qualquer hipótese o contraditório e a ampla defesa, observadas as seguintes regras: I – a limitação prevista será triplicada caso o empregador seja reincidente; II – considera-se reincidente o empregador que, durante o período de 12 meses, descumpre o disposto nos §§ 4º, 6º, 7º e 9º do art. 457 da CLT por mais de 60 dias. A multa é devida ao empregado. Não se trata de multa administrativa devida ao Ministério do Trabalho.

A lei não definiu qual é o porcentual de gorjeta.

A convenção ou o acordo coletivo irá definir qual é o critério de rateio entre os empregados, como, por exemplo, se somente fazem jus os garçons ou também o cozinheiro, os copeiros etc.

Se a norma coletiva não fizer previsão dos critérios de rateio e distribuição da gorjeta, os empregados poderão fazer eles mesmos assembleia geral na empresa para essa definição. Tal ato tem fundamento na situação em que o Sindicato de empregados não quer negociar. O quórum da assembleia será de 2/3 dos empregados da empresa, em primeira convocação, e em segunda convocação de 1/3.

Caso a empresa cesse de pagar a gorjeta, ela se incorporará ao salário, desde que cobrada por mais de 12 meses (§ 9º do art. 457 da CLT). Adota-se a ideia da estabilidade econômica do empregado. A incorporação terá por fundamento a média dos últimos 12 meses, salvo se houver outra previsão em convenção ou acordo coletivo.

O art. 462 da CLT não permite desconto nos salários. Não há referência expressa a descontos na remuneração, como nas gorjetas, que são pagamentos feitos pelo cliente ao empregado e não pertencem ao empregador.

O TST já decidiu que "não pode o empregador descontar, a título de quebra de louça, determinada percentagem das gorjetas cobradas dos fregueses, quando o respectivo empregado não participou do dano. A responsabilidade objetiva do empregado, que autoriza o desconto, há de ser restrita à sua participação no dano e não pode exceder o valor do prejuízo causado".[13]

As gorjetas não poderão ser utilizadas para a complementação do salário mínimo, pois esse último é pago diretamente pelo empregador (art. 76 da CLT) e a gorjeta deve ser paga por um terceiro: o cliente. Assim, o obreiro deverá receber o salário mínimo e mais as gorjetas que forem pagas pelo cliente.

O salário é irredutível, salvo mediante convenção ou acordo coletivo (art. 7º, VI, da Constituição), mas seria possível a redução da gorjeta paga pelo cliente, por ser voluntária e não ser paga pelo empregador.

Um grupo de garçons reclamou contra hotel que suspendeu a concessão de refeições avulsas. Houve diminuição da frequência ao restaurante do hotel e redução nas gorjetas. Entenderam que deveria ser aplicado o art. 468 da CLT. Na então Junta de Conciliação e Julgamento foi acolhido o pedido. No Tribunal Regional do Trabalho e no TST, os empregados perderam a postulação. Foi dito que as gorjetas são pagas pelos clientes, dependendo da vontade deles. A alteração que não poderia ser feita seria em relação ao salário e não quanto à remuneração.[14]

Num outro caso, o garçom foi transferido pelo empregador de um grupo de mesas de entrada e de fora para o centro e depois para o canto do salão, alegando que houve diminuição nas gorjetas. Postulou a rescisão indireta do contrato de

---

[13] TST, 3ª T., RR 1.379/68, Ac. 00830, j. 27-6-68, Rel. Min. Arnaldo Süssekind.

[14] Proc. TST 8.042/48, Rel. Júlio Barata, *DJ* 10-11-1950, p. 10.171. *Revista do TST*, maio/ago. 1951, p. 55-56.

trabalho. Seu pedido foi acolhido na Junta de Conciliação e Julgamento e no Tribunal Regional do Trabalho. Entretanto, o TST e o STF rejeitaram seu pedido, pois o empregado não ficou no emprego para se verificar o prejuízo e não pode se falar em rigor excessivo.[15]

Num caso em que o empregado foi transferido da barbearia da av. Rio Branco, no Rio de Janeiro, para a última cadeira da segunda sala de outra barbearia, na rua Rodrigo Silva, houve diminuição das gorjetas do empregado. O TST admitiu que houve alteração contratual com base no art. 468 da CLT.[16]

Se o empregador cobrava compulsoriamente a gorjeta na nota de serviço dos clientes e deixa de fazê-lo, diminuindo as gorjetas dos empregados, haverá alteração unilateral do contrato de trabalho (art. 468 da CLT), pois houve prejuízo ao trabalhador com o ato do empregador.

As gorjetas não poderão ser objeto de equiparação salarial.

Prevê o inciso XXX do art. 7º da Constituição proibição de diferença de salários, de exercício de funções e de critério de admissão por motivo de sexo, idade, cor ou estado civil. O inciso XXXI do mesmo artigo determina proibição de qualquer discriminação no tocante a salário. Não fazem referência, portanto, à proibição de diferença de remuneração ou de pagamento de gorjeta.

Dispõe o art. 5º da CLT que a todo trabalho de igual valor corresponderá salário igual, sem distinção de sexo. Trata, portanto, de salário e não de remuneração.

Determina o art. 461 da CLT que sendo idêntica a função, a todo trabalho de igual valor, prestado ao mesmo empregador, na mesma localidade, corresponderá igual salário, sem distinção de sexo, nacionalidade ou idade. Faz referência o artigo a salário e não a remuneração.

Como muitas vezes o cliente dá a gorjeta diretamente ao empregado, não se saberia qual o valor dado, inclusive para efeito de se dizer que um garçom ganha mais do que outros.

O trabalho noturno terá remuneração superior ao trabalho diurno "e, para esse efeito, sua remuneração terá um acréscimo de 20%" sobre a hora diurna (art. 73 da CLT). O artigo não dispõe que o adicional noturno é calculado sobre a remuneração, mas que terá remuneração, ou seja, que o seu pagamento será feito com acréscimo de 20%. É calculado sobre a hora diurna e não sobre a remuneração.

---

[15] TST 1.357-50, Rel. Min. Astolfo Serra; STF, Rel. Min. Abner de Vasconcelos, conforme CARVALHO, J. Antero. *O direito do trabalho nos tribunais*. Rio de Janeiro: Sul Americana, 1952. p. 133-137.

[16] *Revista do TST*, set./dez. 1951, p. 63-64.

Logo, não inclui as gorjetas (S. 354 do TST). O adicional noturno será devido se o garçom trabalhar depois das 22 horas, como em restaurantes noturnos, mas não será calculado sobre as gorjetas.

As horas extras são calculadas sobre a hora normal (§ 1º do art. 59, § 2º do art. 61 da CLT, S. 354 do TST) e não sobre a remuneração. O salário-hora normal, no caso do empregado mensalista, será obtido dividindo-se o salário mensal correspondente à duração do trabalho, a que se refere o art. 58, por 30 vezes o número de horas dessa duração (art. 64 da CLT). O salário-hora é calculado sobre o salário mensal e não sobre a remuneração.

O adicional de insalubridade é calculado sobre o salário mínimo (art. 192 da CLT). Não se inserem nele as gorjetas.

O adicional de periculosidade é calculado sobre o salário contratual do empregado (§ 1º do art. 193 da CLT e S. 191 do TST) e não sobre a remuneração. Não são, portanto, incluídas as gorjetas.

O inciso XV do art. 7º da Constituição prevê repouso semanal remunerado, preferencialmente aos domingos. O art. 1º da Lei nº 605/49 dispõe que o repouso semanal remunerado é de 24 horas. Reza o art. 7º da Lei nº 605/49 que a remuneração de repouso semanal será feita da forma lá descrita, calculada sobre o dia de trabalho ou sobre as horas de trabalho. Estão tais dispositivos estabelecendo que o repouso é remunerado, mas não que o repouso é calculado sobre a remuneração.

O art. 10 do Regulamento, estabelecido pelo Decreto nº 27.048/49, dispõe que o repouso integra o salário e não a remuneração.

Se o pagamento do salário é mensal, já engloba o descanso semanal remunerado (§ 2º do art. 7º da Lei nº 605/49). Nos casos em que o empregado não trabalha no repouso semanal e recebe as gorjetas, que são divididas entre os empregados, já também está incluído no descanso semanal remunerado. A Súmula 354 do TST afirma que as gorjetas não integram o repouso semanal remunerado.

As empresas que cobrarem a gorjeta, se inscritas em regime de tributação federal diferenciado, deverão fazer o lançamento na nota de consumo, sendo facultada a retenção pela empresa de até 20% da arrecadação correspondente, desde que haja previsão em convenção coletiva, para custear os encargos sociais, previdenciários e trabalhistas derivados da sua integração à remuneração dos empregados (§ 6º, I, do art. 457 da CLT). Se não houver a previsão em norma coletiva, a retenção não poderá ser feita. O remanescente será revertido integralmente ao trabalhador. As empresas que têm tributação diferenciada são as microempresas (faturamento anual até R$ 480.000,00) e empresas de pequeno porte (faturamento anual acima de R$ 480.000,00 e até R$ 3.600.000,00), na forma da Lei Complementar nº 123/2006.

As empresas que cobrarem a gorjeta, se não inscritas em regime de tributação federal diferenciado, deverão lançar a gorjeta na respectiva nota de consumo, facultada a retenção de até 33% da arrecadação correspondente, mediante previsão em convenção ou acordo coletivo de trabalho, para custear os encargos sociais, previdenciários e trabalhistas derivados da sua integração à remuneração dos empregados, devendo o valor remanescente ser revertido integralmente em favor do trabalhador. Da mesma forma, se não houve previsão em norma coletiva, não será possível ser feita a retenção.

A gorjeta, quando entregue pelo consumidor diretamente ao empregado, terá seus critérios definidos em convenção coletiva ou acordo coletivo de trabalho, facultada a retenção nos parâmetros estabelecidos no § 7º do art. 457 da CLT.

Havendo habitualidade no pagamento das gorjetas, haverá reflexos em outras verbas.

As gorjetas integrarão o cálculo das férias, pois o art. 142 da CLT afirma que o empregado perceberá, durante as férias, a remuneração que lhe for devida na data da sua concessão, ou seja, são calculadas com base no salário mais as gorjetas. O art. 143 da CLT menciona que o abono de férias é calculado sobre o valor da remuneração. A Convenção nº 132 da OIT, que foi ratificada pelo Brasil, dispõe que as férias são calculadas sobre a remuneração (art. 7, 1).

Integrarão também as gorjetas o cálculo do décimo terceiro salário. O inciso VIII do art. 7º da Constituição dispõe que o décimo terceiro salário é calculado com base na remuneração integral. Determina o § 1º do art. 1º da Lei nº 4.090/62 que a gratificação de Natal corresponderá a 1/12 da remuneração devida em dezembro, o que inclui o salário mais as gorjetas.

A indenização por tempo de serviço é calculada sobre a maior remuneração que tenha percebido na empresa (art. 477 da CLT). A remuneração abrange o salário e as gorjetas. Assim, a média das gorjetas será considerada para efeito do cálculo da indenização.

A indenização adicional é devida no caso de o empregado ser dispensado nos 30 dias que antecedem a data-base. O art. 9º da Lei nº 7.238/84 dispõe que o empregado tem direito à indenização adicional “equivalente a um salário mensal”. Logo, é calculada sobre o salário e não sobre a remuneração.

A multa pelo atraso no pagamento das verbas rescisórias é devida no valor equivalente ao seu salário (§ 8º do art. 477 da CLT). Não é, portanto, calculada com base na remuneração e não inclui, assim, as gorjetas.

Não haverá integração das gorjetas no aviso-prévio (S. 354 do TST), pois esse é calculado sobre o salário do mês da rescisão e não sobre a remuneração. O § 1º do art. 487 da CLT faz referência a que o empregado faz jus aos salários correspondentes ao período do aviso-prévio não concedido ao empregado. A falta de aviso-prévio por parte do empregado dá ao empregador o direito de descontar os salários correspondentes ao prazo respectivo (§ 2º do art. 487 da CLT). Não é, portanto, calculado sobre a remuneração. Terá integração de horas extras (§ 5º do art. 487 da CLT), mas não há referência expressa para que o cálculo seja feito com base na remuneração.

O § 3º do art. 457 da CLT não faz distinção se a gorjeta é espontânea ou compulsória para efeito de integrar a remuneração. Afirma a Súmula 354 do TST que as gorjetas cobradas pelo empregador na nota de serviço ou oferecidas espontaneamente pelos clientes integram a remuneração do empregado, não servindo de base de cálculo para as parcelas de aviso-prévio, adicional noturno, horas extras e repouso semanal remunerado.

Sobre as gorjetas incidem o FGTS (art. 15 da Lei nº 8.036/90) e a contribuição previdenciária (art. 28 da Lei nº 8.212/91), por terem natureza de remuneração.

6.7 Gratificações

A palavra *gratificação* deriva do latim *gratificatio, gratificationem*, do verbo *gratificare*, que tem o significado de dar graças, mostrar-se reconhecido. No Direito do Trabalho, muitas vezes, a gratificação tem o sentido de um pagamento feito por liberalidade pelo empregador, de forma espontânea.

As origens da gratificação são encontradas nos pagamentos de valores feitos por liberalidade do empregador. Seria uma forma de agradecimento ou de reconhecimento por parte do empregador em razão de serviços prestados.

Difere a gratificação da gorjeta. A gratificação é paga por liberalidade do empregador. A gorjeta é paga pelo cliente ao empregado. A gratificação é considerada salário. A gorjeta é considerada remuneração.

Não se confunde a gratificação com o 13º salário, pois este é compulsório, determinado por lei, enquanto a primeira é convencional.

A gratificação pode ter várias finalidades: (a) retributiva, de modo a remunerar o empregado pelo serviço prestado, seja de maneira expressa ou tácita; (b) premial, ou de recompensa pelos serviços extras prestados; (c) estimulante, de modo a fazer com o que o empregado produza mais ou melhore sua produção.

As gratificações podem ser divididas quanto: (a) à obrigatoriedade, sendo compulsórias ou espontâneas; (b) ao ajuste, sendo expressas (escrita ou verbal) e tácitas. Podem ser habituais e eventuais. Podem ser legais (§ 2º do art. 224 da CLT e parágrafo único do art. 62 da CLT) ou convencionais.

O § 1º do art. 457 da CLT determina que as gratificações legais integram o salário, tendo, portanto, finalidade retributiva. Gratificação legal pode ser o 13º salário previsto na Lei nº 4.090/62, as gratificações de função do bancário (§2º do art. 224 da CLT), da pessoa que exerce cargo de gerente, diretor ou chefe (parágrafo único do art. 62 da CLT).

Será liberal a gratificação não legal, não integrando o salário.

Até se poderia dizer que a gratificação ilegal não integraria o salário.

Pouco importa se o empregador coloca no recibo de pagamento que a gratificação vem a ser uma liberalidade, pois pode ter decorrido de ajuste tácito (S. 152 do TST). Assim, se a gratificação é legal, deverá ser computada no salário pelo duodécimo, inclusive para efeito do 13º salário. A gratificação que se tiver incorporado ao salário integra a indenização (S. 459 do STF).

São gratificações de função a do bancário: para trabalhar mais de 6 horas, que exerce cargo de confiança (§ 2º do art. 224 da CLT); e a do gerente, chefe (parágrafo único do art. 62 da CLT). A primeira é compulsória para o empregado poder trabalhar mais de 6 horas. A segunda é facultativa.

Normalmente, são fixadas por período de seis meses ou de um ano, como ocorre com as gratificações de balanço.

Havendo, ao mesmo tempo, "gratificação por tempo de serviço outorgada pelo empregador e outra da mesma natureza prevista em acordo coletivo, convenção coletiva ou sentença normativa, o empregado tem direito a receber, exclusivamente, a que lhe seja mais benéfica" (S. 202 do TST).

As gratificações de produtividade e de tempo de serviço, pagas mensalmente, não repercutem no cálculo do repouso semanal remunerado (S. 225 do TST).

A gratificação semestral não repercute nos cálculos das horas extras, das férias e do aviso-prévio, ainda que indenizados. Repercute, contudo, pelo seu duodécimo na indenização por antiguidade e gratificação natalina (S. 253 do TST).

6.8 Gratificação de função

A gratificação de função é devida em relação à maior responsabilidade que é atribuída ao empregado no desempenho de sua função. Normalmente, ocorre em relação a empregados que ocupam cargos de confiança.

A hipótese mais clara prevista na legislação refere-se ao bancário. O § 2º do art. 224 da CLT estabelece que o bancário que desempenha função de direção, gerência, fiscalização, chefia e equivalentes tem direito a pelo menos 1/3 a mais de seu salário a título de gratificação. Nas normas coletivas das categorias, tem-se estipulado pelo menos 50% a mais.

O parágrafo único do art. 62 da CLT estabelece que são abrangidos pelo capítulo da jornada de trabalho os gerentes ou as pessoas que exerçam cargos de gestão quando o salário do cargo de confiança, compreendendo a gratificação de função, se houver, for inferior ao valor do respectivo salário efetivo acrescido de 40%.

Permite o parágrafo único do art. 468 da CLT ao empregador reverter o empregado ao cargo efetivo, anteriormente ocupado, deixando o exercício da função de confiança. Determina o art. 450 da CLT que se o empregado é chamado a ocupar, em comissão, interinamente, ou em substituição eventual ou temporária, cargo diverso do que exercer na empresa, serão garantidas a contagem do tempo naquele serviço, bem como a volta ao cargo anterior. A lei não dispõe, porém, que deve ser paga a gratificação de função ao empregado que volta a exercer o cargo anterior.

Recebendo o empregado gratificação pelo exercício do cargo de confiança, não constitui redução de salário a cessação do pagamento da gratificação, caso o empregado deixe de exercer cargo de confiança, mesmo que depois de muitos anos. O fato gerador do pagamento da gratificação é o exercício do cargo de confiança. Deixando a pessoa de exercer o cargo de confiança, perde o direito à gratificação. Esta tem por pressuposto remunerar o exercício do cargo de confiança, sem se incorporar ao patrimônio jurídico do trabalhador.

A alteração de reversão ao cargo efetivo anteriormente ocupado, com ou sem justo motivo, não assegura ao empregado o direito à manutenção do pagamento da gratificação correspondente, que não será incorporada, independentemente do tempo de exercício da respectiva função (§ 2º do art. 468 da CLT). O salário nominal do empregado não é reduzido. Deixando de existir a condição, não há mais o pagamento. O § 3º do art. 76-A da Lei nº 8.112/90 veda a incorporação de gratificação ou encargo de curso ou concurso.

Mantido o empregado no exercício da função comissionada, não pode o empregador reduzir o valor da gratificação (S. 372, II, do TST).

A Súmula 109 do TST mostra que a gratificação de função prevista no § 2º do art. 224 da CLT não é compensável com o valor da sétima e oitava horas de serviço do bancário.

O adicional por tempo de serviço integra o cálculo da gratificação de função prevista no § 2º do art. 224 da CLT (S. 240 do TST).

6.9 Décimo terceiro salário

A denominação correta do instituto é gratificação de Natal. Na prática, é utilizada a expressão *décimo terceiro salário*, inclusive pelo inciso VIII do art. 7º da Constituição.

6.9.1 Generalidades

Algumas empresas tinham por hábito o pagamento espontâneo de uma gratificação ao final de cada ano, para que os empregados pudessem fazer as compras de

Natal. Era o que se chamava de gratificação natalina. Não havia obrigação legal de pagar e nem todas as empresas pagavam.

Atento a essa característica, o legislador resolveu estabelecer a gratificação natalina por meio de lei, acabando com a espontaneidade em seu pagamento. Assim, foi editada a Lei nº 4.090, de 13-7-1962, que instituiu a gratificação de Natal, também denominada 13º salário, que passou a ser compulsória e não mais facultativa, como era o procedimento das empresas. A referida norma foi regulamentada pelo Decreto nº 57.155, de 3-11-1965.

Passou o 13º salário a ser um pagamento obrigatório por parte das empresas, tendo, portanto, natureza salarial. O 13º salário passa a ser devido a todo empregado (art. 1º da Lei nº 4.090/62). Visa a que o empregado possa comprar presentes de Natal e também para impulsionar o comércio no fim do ano.

A primeira Constituição que veio a tratar do tema foi a de 1988, no inciso VIII do art. 7º: "décimo terceiro salário com base na remuneração integral ou no valor da aposentadoria". O 13º salário é devido não só ao empregado urbano, mas também ao rural, segundo a Constituição, de acordo com o *caput* do art. 7º. Segundo a Lei Maior, o 13º salário passa a ser devido com base na remuneração integral do mês de dezembro, como já explicitava o § 1º do art. 1º da Lei nº 4.090/62. Tratando-se de aposentadoria ou pensão é que o valor do benefício previdenciário passou a ser devido com base nos proventos do mês de dezembro de cada ano (§ 6º do art. 201 da Lei Maior) e não com base na média dos proventos do ano, como era calculada anteriormente.

Outorga, ainda, o parágrafo único do art. 7º da Lei Fundamental o direito ao 13º salário em relação ao empregado doméstico.

Estabelece o inciso XXXIV do art. 7º da Constituição que haverá igualdade de direitos entre o trabalhador com vínculo empregatício permanente e o trabalhador avulso, o que mostra que o constituinte também assegurou ao avulso o direito ao 13º salário, embora a Lei nº 5.480/68 tenha sido revogada pela Lei nº 8.630/93 (art. 76).

O trabalhador temporário tem direito ao 13º salário, a despeito de a Lei nº 6.019 nada mencionar sobre o tema. Todo trabalhador urbano ou rural tem direito ao 13º salário (art. 7º, VIII, da Constituição). Poder-se-ia afirmar o direito do temporário ao 13º salário com base na letra *a* do art. 12 da Lei nº 6.019/74, pois o temporário deve perceber remuneração equivalente à do empregado da tomadora dos serviços. Ísis de Almeida (1977:93) afirma que a "remuneração compreende não apenas salário, mas várias outras parcelas, entre as quais se incluem, induvidosamente, as gratificações habituais, e, portanto, o 13º salário".

O art. 1º da Lei nº 4.090 esclarece que o 13º salário é devido a todo empregado. Como o trabalhador temporário não deixa de ser empregado da empresa de trabalho temporário, deve, também, ter direito ao 13º salário.

Esclarece a Súmula 50 do TST que "a gratificação natalina, instituída pela Lei nº 4.090, de 1962, é devida pela empresa cessionária ao servidor público cedido, enquanto durar a cessão".

Se a Administração estadual ou municipal adota o regime da CLT para seus empregados, também terá de pagar-lhes o 13º salário. O § 3º do art. 39 da Constituição também assegura o 13º salário aos servidores públicos.

A gratificação de Natal tem natureza salarial, pois é paga todo ano e as gratificações integram o salário (§ 1º do art. 457 da CLT).

O inciso VIII do art. 7º da Constituição dispõe que o décimo terceiro salário toma por base a remuneração. Isso quer dizer que é calculado sobre a remuneração. Nada impede, porém, que seja calculado de forma proporcional sobre a remuneração do mês de dezembro quando o empregado não tenha trabalhado todos os meses do ano.

O § 1º do art. 1º da Lei nº 4.090/62 adota a ideia, prevista posteriormente na Constituição, de que o 13º salário é calculado com base na remuneração, o que compreende o salário mais as gorjetas (art. 457 da CLT). A remuneração a ser observada é a do mês de dezembro do ano correspondente. O cálculo é de 1/12 por mês de serviço. Considera-se como mês a fração igual ou superior a 15 dias de trabalho. Assim, se o empregado trabalhou de agosto a dezembro de certo ano, terá direito a 5/12 de 13º salário. O cálculo da fração deve ser feito em relação a cada mês, que foi o intuito do legislador, e não em razão dos dias trabalhados em diversos meses.

Percebendo o empregado remuneração variável, o cálculo do 13º salário deverá ser feito de acordo com a média dos valores recebidos nos meses trabalhados durante o ano.

Para os mensalistas e diaristas considera-se a remuneração de 30 dias. Para os horistas, o montante equivalente a 220 horas.

É claro que as faltas previstas em lei ou justificadas não serão deduzidas para efeito de se observar cada mês, inclusive em caso de acidente do trabalho (S. 46 do TST).

A Lei nº 4.749, de 12-8-1965, dividiu o pagamento do 13º salário em duas parcelas. A primeira parcela deverá ser paga entre os meses de fevereiro e novembro (até 30/11) de cada ano, o que vem a ser um adiantamento, correspondendo à metade do salário recebido pelo empregado no mês anterior. Assim, se o empregador irá pagar o 13º salário no mês de novembro, deverá fazê-lo com base em metade do salário do empregado no mês de outubro. Tratando-se de salário variável, o pagamento da 1ª parcela do 13º salário deverá ser feito com base na média dos valores pagos ao empregado até o mês anterior ao do pagamento, dividindo-se, então, por dois, para se obter a metade. Se o empregado percebe por peça ou tarefa, deve-se apurar a média mensal da quantidade de peças ou tarefas até o mês anterior ao do pagamento, calculando-as com base no valor da unidade do referido mês anterior ao do pagamento. O empregador não estará obrigado a pagar a 1ª parcela a todos os seus empregados no mesmo mês (§ 1º do art. 2º da Lei nº 4.749/65). Poderá, ainda, a primeira parcela ser paga na ocasião em que o empregado sair em férias, desde que este o requeira no mês de janeiro do correspondente ano (§ 2º do art. 2º da Lei nº 4.749/65). Trata-se de uma faculdade outorgada ao empregado.

A segunda metade deverá ser saldada até o dia 20 de dezembro (art. 1º da Lei nº 4.749/65), compensando-se a importância paga a título de adiantamento, ou seja, a primeira parcela, sem nenhuma correção monetária.

Para os empregados que recebem salário variável, v.g., fixo mais comissões, o 13º salário será calculado na base de 1/11 da soma das importâncias variáveis devidas nos meses trabalhados até novembro de cada ano. A essa gratificação se somará a que corresponder à parte do salário contratual fixo (art. 2º do Decreto nº 57.155/65). A primeira parcela será deduzida dessa segunda parcela. Até o dia 10 de janeiro de cada ano, computada a parcela do mês de dezembro, o cálculo da gratificação será revisto para 1/12 do total devido no ano anterior, processando-se a correção do valor da respectiva gratificação com o pagamento ou compensação das possíveis diferenças (parágrafo único do art. 2º do Decreto nº 57.155/65).

Vamos exemplificar com números para que o leitor entenda como deve ser pago o 13º salário dos empregados que percebem salário fixo mais comissões.

O empregado tinha um salário fixo de $ 100,00 em outubro mais comissões. As comissões foram pagas da seguinte forma:

Janeiro	150,00
Fevereiro	250,00
Março	300,00
Abril	200,00
Maio	300,00
Junho	350,00
Julho	400,00
Agosto	350,00
Setembro	200,00
Outubro	400,00
Total	$\frac{2.900,00}{10} = 290,00$

A primeira parcela deverá ser paga em 30 de novembro, tomando-se por base o salário do mês anterior, que é outubro ($ 100,00), observando-se o seguinte: 11/12 de $ 100,00 = $ 91,66. Pega-se a média da parte variável de $ 290,00 até outubro e multiplica-se por 11/12 (estamos calculando com base até o mês de novembro) = $ 265,83. Somam-se $ 91,66 (parte fixa) com $ 265,83 (parte variável), totalizando $ 357,49. O empregado tem direito de receber metade desse valor, isto é, $ 178,74, a título de primeira parcela do 13º salário.

A segunda parcela será paga até 20 de dezembro. Supondo-se que o salário fixo em dezembro seja de $ 200,00, sendo que as comissões em novembro foram de $ 300,00. Soma-se tal valor a $ 2.900,00 = $ 3.200,00. Divide-se esse valor por 11 para obter a média de $ 290,90. Soma-se o salário fixo de $ 200,00 com a média das comissões de $ 290,90, totalizando $ 490,90. Desse total desconta-se o que foi recebido na primeira parcela, $ 178,74, tendo o empregado direito a receber $ 312,16.

Vamos ver o ajuste a ser feito em 10 de janeiro, tendo o empregado recebido comissões de $ 500,00, em dezembro, totalizando $ 3.700,00 durante todo o ano. Divide-se esse valor por 12, para se obter a média: $ 308,33. Soma-se esse valor ao salário fixo de $ 200,00 = $ 508,33. O empregado já recebeu $ 490,90, devendo a empresa pagar a diferença de $ 17,43.

Se o empregado percebe gratificações, deve-se apurar a média duodecimal dos valores pagos no ano. A gratificação periódica contratual integra o salário, por seu duodécimo, para todos os efeitos legais, inclusive o cálculo da gratificação natalina.

Quando parte da remuneração for paga em utilidades, o valor da quantia efetivamente descontada e correspondente a elas será computado para fixação do 13º salário (art. 5º do Decreto nº 57.155/65).

Havendo rescisão do contrato de trabalho sem justa causa (art. 3º da Lei nº 4.090) ou pedindo demissão o empregado (S. 157 do TST), este fará jus ao 13º salário, de maneira proporcional ou integral, dependendo do caso, calculado sobre a remuneração devida no mês da rescisão. Sendo o empregado demitido por justa causa, não fará jus ao 13º salário (art. 3º da Lei nº 4.090/62, interpretado a *contrario sensu*), pois a falta praticada pelo empregado não proporciona reconhecimento ou gratidão por parte do empregador, para que este pague a gratificação de Natal.

Esclarece a Súmula 14 do TST que, reconhecida culpa recíproca, o empregado tem direito a 50% do valor do 13º salário.

Determina o art. 3º da Lei nº 4.090 que, "ocorrendo rescisão, sem justa causa, do contrato de trabalho, o empregado receberá a gratificação devida nos termos dos §§ 1º e 2º do art. 1º desta lei, calculada sobre a remuneração do mês da rescisão".

Se há justa causa, como ocorre na culpa recíproca, resta indevida a gratificação de Natal.

A Lei nº 9.011, de 30-3-1995, acrescentou o § 3º ao art. 1º da Lei nº 4.090/62, explicitando que a gratificação será proporcional: (a) na extinção dos contratos a prazo – entre estes incluídos os de safra, ainda que a relação se haja findado antes de dezembro; (b) na cessação da relação de emprego resultante da aposentadoria do trabalhador, ainda que verificada antes de dezembro. Se se entender que o contrato de trabalho temporário é um contrato a prazo, o trabalhador temporário também tem direito ao 13º salário, que é a posição mais acertada.

Tendo o 13º salário natureza salarial, é computável para efeito do cálculo da indenização do art. 477 da CLT (S. 148 do TST). Se a empresa paga uma gratificação periódica contratual, há a integração no salário, dada a habitualidade, por seu duodécimo, inclusive para o cálculo do 13º salário. Havendo habitualidade no pagamento de horas extras, estas integrarão o 13º salário (S. 45 do TST), sendo que o cálculo será feito com base na média aritmética das horas prestadas no período, multiplicando-se a referida média pelo valor da hora normal. Verbas pagas com habitualidade também deverão integrar o 13º salário, como: adicional noturno (S. 60 do TST), adicional de insalubridade ou periculosidade etc.

A gratificação semestral repercute pelo seu duodécimo no 13º salário (S. 253 do TST).

Ocorrendo a extinção do contrato de trabalho antes do pagamento da 2ª parcela, mas já com o pagamento da 1ª parcela do 13º salário, poderá o empregador compensar esse último adiantamento com o que seria devido a título do 13º salário, ou com outro crédito trabalhista que possua o empregado, como aviso-prévio, férias etc. Não poderá, entretanto, o empregador pretender compensar o que pagou a mais de 13º salário com dívida de natureza civil (S. 18 do TST). Se o empregado for dispensado com justa causa, poderá também a empresa compensar o adiantamento do 13º salário pago indevidamente ao trabalhador com outra verba de natureza trabalhista, como saldo de salários e férias vencidas.

Estando o empregado a prestar o serviço militar obrigatório, não fará jus ao 13º salário em relação ao período no qual esteve afastado. O tempo de afastamento é contado apenas para efeito de indenização e estabilidade (§ 1º do art. 4º da CLT) e não para o cálculo do 13º salário.

Se o empregado ficou afastado durante o ano, gozando de benefício previdenciário, a empresa pagará o 13º salário do período trabalhado, mais o referente aos 15 primeiros dias do afastamento. O restante será pago pela Previdência

Social na forma de abono anual. Se o afastamento ocorreu por exigência do serviço militar, a empresa deverá pagar o 13º salário apenas do período trabalhado pelo empregado. A partir do engajamento até a baixa e a apresentação na empresa não é devido o 13º salário. Em caso de morte do empregado, o 13º salário é devido de maneira proporcional, pois equipara-se a um pedido de demissão, porém será pago aos herdeiros.

O FGTS incide sobre a primeira e a segunda parcelas do 13º salário (art. 15 da Lei nº 8.036/90). O imposto de renda incide apenas quando do pagamento da segunda parcela, sendo a tributação feita exclusivamente na fonte e separadamente dos demais rendimentos. A contribuição previdenciária incide sobre o 13º salário, que integra o salário-de-contribuição, porém será feita separadamente dos demais pagamentos, incidindo quando do crédito da última parcela.

6.9.2 Pagamento do 13º salário com produtos

No final do ano, com a crise econômica, várias empresas não têm caixa para pagamento do 13º salário. Pretendem pagar seus empregados com produtos que fabricam. Não há dúvida de que se trata de uma alternativa, evitando que o empregado fique sem receber. Para o empregador também representa uma vantagem, de poder se livrar de parte de seu estoque que está encalhado na empresa. Entretanto, é preciso verificar se o procedimento é legal.

Declara o art. 463 da CLT que "a prestação, em espécie, do salário será paga em moeda corrente do País". O legislador quer dizer que se o salário for pago em valor deverá ser feito em moeda corrente no país, em moeda de curso forçado, que hoje é o real. Não será possível o pagamento por vales, bônus, chapas, estampilhas, cupons como forma representativa do dinheiro.

A substituição do pagamento do salário em dinheiro por utilidades deve representar um benefício para o empregado, não se estabelecendo algo em seu prejuízo. O empregado recebe utilidades que vai consumir, deixando de ter o dinheiro que precisaria para comprá-las. O pagamento representa um ganho para o empregado, pois se tivesse de comprar a mercadoria precisaria gastar numerário para esse fim.

Inexiste dúvida de que uma parte do salário pode ser paga com utilidades. Permite o parágrafo único do art. 82 da CLT que 30% do salário mínimo sejam pagos em dinheiro e, portanto, 70% em utilidades. Teoricamente o mesmo raciocínio pode ser utilizado para quem ganha mais de um salário mínimo, sendo 30% pagos em dinheiro e 70% em utilidades. Contudo, é possível afirmar que a empresa não poderá pagar mais de 70% do salário em utilidades.

Os sindicatos só admitem o pagamento de salários com produtos no caso de falência, pois do contrário o empregado acaba não recebendo nenhum valor pelo serviço prestado.

Não era, por conseguinte, o objetivo da lei permitir o pagamento do 13º salário com produtos da empresa, pois do contrário o empregado não conseguirá fazer frente às despesas de final de ano.

Veda o § 2º do art. 462 da CLT que a empresa venha a coagir ou induzir o empregado a adquirir bens em armazéns ou em serviços da própria empresa.

O trabalhador não tem como pagar suas contas com produtos fabricados pela empresa, pois a padaria ou o supermercado não vão aceitar panelas ou brinquedos como moeda em troca do que lhes é devido. Admitir o pagamento do 13º salário com produtos da empresa também implicaria maior inadimplência do comércio ou dos serviços, pois os empregados não teriam como saldar seus compromissos já assumidos.

O empregado também não consegue ou tem dificuldade em vender os produtos do empregador, de forma a converter o produto em numerário, em razão de que não tem experiência ou capacidade para vender produtos de sua empresa. Ressalte-se que, ainda que conseguisse vender o produto, não iria fazê-lo pelo preço de mercado, mas por um preço com deságio e, nesse caso, o trabalhador teria prejuízo, pois não receberia, em contrapartida, exatamente o mesmo valor que o empregador considerou para efeito do pagamento do 13º salário. Se a própria empresa não consegue vender seus produtos com a crise econômica, utilizando suas estratégias de vendas, nem mesmo o empregado irá conseguir fazê-lo.

O salário tem natureza alimentar e visa comprar os artigos de que o obreiro e sua família necessitam para sobreviver. Não pode, portanto, o trabalhador comer brinquedo ou panela, daí por que o 13º salário deve ser pago em dinheiro e não em utilidades.

O risco do empreendimento econômico é do empregador (art. 2º da CLT), que não pode ser transferido para o empregado. Pagar o 13º salário em produtos, sem que a empresa nunca tenha procedido nesse sentido, é transferir os riscos do empreendimento para o empregado.

Tendo o empregado algum prejuízo direto ou indireto, ainda que tenha concordado com o pagamento do 13º salário em produtos da empresa, incidirá esta na regra do art. 468 da CLT. Assim, o empregador que sempre pagou o salário e o 13º salário em dinheiro, não poderá pretender modificar a situação com pagamento em produtos por ele fabricados, pois representará prejuízo ao empregado, que deixará de ter numerário para saldar seus compromissos, para contar com um produto que pode não ter o mesmo valor no mercado pelo qual o obreiro o recebeu. Não terá, portanto, nenhum valor legal o pagamento do 13º salário com produtos da empresa.

Caso a empresa pague o empregado com produtos, o trabalhador irá aceitar enquanto estiver empregado. Posteriormente, quando for dispensado, vai ajuizar ação na Justiça do Trabalho para receber o 13º salário pago incorretamente. É o dito popular: "Quem paga mal, paga duas vezes". O empregador que pagou incorretamente o 13º salário irá pagá-lo novamente.

Logo, o empregador não deve pagar o 13º salário com produtos que fabrica ou comercializa, pois poderá ainda ser autuado pela fiscalização, sendo devida multa administrativa, pelo pagamento incorreto daquela verba, no valor de 160 BTNs por empregado prejudicado (art. 3º da Lei nº 7.855/89).

6.9.3 Redução do 13º salário

Prevê o inciso VI do art. 7º da Lei Maior que o salário pode ser reduzido, mediante convenção ou acordo coletivo, que importa a participação do sindicato.

Em nenhuma hipótese poder-se-ia admitir negociação individual para a redução do salário. O patrão poderia impor ao empregado a redução do salário ou do 13º salário, como forma da manutenção do contrato de trabalho.

O 13º salário é um direito mínimo do empregado assegurado na própria Constituição (art. 7º, VIII). Segundo esse argumento, não poderia o 13º salário ser reduzido nem mesmo por negociação coletiva. As exceções estariam nos incisos VI, XIII e XIV do art. 7º da Constituição.

Não há dúvida de que o 13º salário é um direito do trabalhador. Esse fato isoladamente não quer dizer nada para efeito da redução do 13º salário. O inciso XXVI do art. 7º da Lei Magna prevê o reconhecimento das convenções e dos acordos coletivos, podendo no seu conteúdo estar incluído o 13º salário.

Seria possível fazer a afirmação de que salário é apenas o pagamento feito mensalmente ao empregado e não exatamente o 13º salário. A Constituição menciona a irredutibilidade do salário no inciso VI do art. 7º, mas não faz referência a redução do 13º salário, que está no inciso VIII do mesmo artigo. Isso poderia significar que a redução do 13º salário não seria permitida. De acordo com essa orientação, a palavra salário seria interpretada num sentido estrito, com o significado do valor que o empregado recebe todo mês e não o 13º salário.

Estabelece ainda o inciso VIII do art. 7º da Lei Magna que o "décimo terceiro salário será pago com base na remuneração integral". Esta expressão poderia querer dizer que o 13º salário deveria ser pago com base na remuneração integral do empregado e não sobre o valor do salário reduzido. Entretanto, remuneração integral tem o significado de salário mais gorjetas e não apenas de salário, pois o art. 457 da CLT é claro no sentido de que a remuneração é composta pelo salário mais as gorjetas. O dispositivo constitucional é complementado pelo § 1º do art. 1º da Lei nº 4.090/62, ao estipular que o 13º salário será pago com base na remuneração devida ao empregado no mês de dezembro. O mesmo se verifica em relação aos aposentados e pensionistas, cujas gratificações natalinas serão pagas com base no valor dos proventos do mês de dezembro de cada ano (§ 6º do art. 201 da Constituição).

Outra corrente afirma que todo pagamento feito pelo empregador ao empregado tem natureza salarial ou é salário, como as férias (art. 142 da CLT) e o 13º salário. De fato, este tem natureza salarial, tanto que é calculado sobre a remuneração do mês de dezembro do empregado (§ 1º do art. 1º da Lei nº 4.090/62). Uma vez reduzido o salário, poderia ser reduzido também o 13º salário. Se o salário de dezembro está reduzido, o cálculo do 13º salário será feito com base nesse valor.

Entendendo-se que o 13º salário tem natureza salarial, seria possível a sua redução mediante convenção ou acordo coletivo, pois estaria enquadrado no inciso VI do art. 7º da Constituição. Essa parece ser a orientação mais acertada.

O 13º salário é denominado gratificação de Natal pela Lei nº 4.090. As gratificações têm natureza salarial, como se verifica do § 1º do art. 457 da CLT. Logo, a gratificação de Natal também tem natureza salarial.

A empresa paga um salário por mês, totalizando 12 salários no ano. Haveria o pagamento de mais um salário, que seria o 13º salário no ano, como na prática é chamado. Tem, portanto, o 13º salário natureza salarial.

Podem o salário, assim como o 13º salário, ser reduzidos, mas é vedada a sua supressão ou eliminação. O 13º salário não poderia ser suprimido ou cortado integralmente, apenas ser reduzido, pois a Constituição não o permite (art. 7º, VI).

Dessa forma, é lícita a redução do 13º salário, por ter natureza salarial, porém só pode ser feita por convenção ou acordo coletivo, isto é, mediante negociação com o sindicato.

O inciso V do art. 611-B da CLT não permite a redução nominal do valor do décimo terceiro salário.

Não será possível, porém, a alteração das datas de pagamento da primeira e da segunda parcelas do 13º salário por convenção ou acordo coletivo, estabelecendo-se períodos mais longos do que os previstos na lei, pois a Constituição permite a redução do salário por negociação coletiva (art. 7º, VI), mas não a alteração das datas de pagamento do 13º salário. Seria uma situação em prejuízo do trabalhador e contrária à previsão legal. A empresa que não observar as datas de pagamento do 13º salário incorrerá em multa administrativa. Seria lícita, contudo, a modificação das datas de pagamento do 13º salário quando houvesse a antecipação do pagamento da primeira e da segunda parcelas, pois seriam situações mais favoráveis ao empregado.

Será vedado ao empregador, seja por negociação individual ou coletiva, dividir em mais de duas parcelas o pagamento do 13º salário, como de instituir uma terceira, pois nesse caso representaria uma situação prejudicial ao trabalhador.

O não pagamento do 13º salário nas épocas próprias sujeita o empregador a multa administrativa de 160 BTNs, por trabalhador prejudicado (art. 3º, I, da Lei nº 7.855/89).

6.10 Gueltas

A notícia do pagamento de gueltas no Brasil ocorreu no mercado farmacêutico na década de 60. Usava-se a abreviação B. O. ou "bom para otário", em que os balconistas das farmácias vendiam aos clientes os remédios que tinham comissões dos produtores, geralmente substituindo o remédio constante da receita por aquele que tinha comissão. Retiravam uma lingueta que era afixada na embalagem para mostrar o volume de vendas realizado e a entregavam ao representante do laboratório para o recebimento da comissão.

A palavra *gueltas* é proveniente do alemão *geld*, com o sentido de dinheiro, ou de *Wechselgeld*, que significa troco.

Gueltas são os pagamentos feitos por terceiro ao empregado de uma empresa, visando incentivar a venda de seus produtos.

Ocorre, por exemplo, que uma empresa que produz eletrodomésticos ou lubrificantes paga ao empregado de uma revendedora prêmios pela venda de seus produtos e não pela dos do concorrente.

Pode ocorrer de o gerente de banco receber o referido pagamento em decorrência de indicar certo cartão de crédito para o cliente.

É comum também as gueltas serem oferecidas na área de turismo por funcionário do hotel para indicações de restaurantes, passeios etc.

As gueltas não se confundem com comissões, pois estas são pagas pelo empregador e integram o salário (§ 1º do art. 457 da CLT). As gueltas são pagas pelo fornecedor, pelo terceiro, e integram a remuneração.

Distinguem-se as gueltas das gorjetas, pois estas são pagas pelo cliente, que é servido pelo empregado. As primeiras são pagas pelo fornecedor de produtos ao empregado, como incentivo para a venda. Nas gorjetas, o cliente faz parte da relação de prestação de serviços com o estabelecimento e o empregado. Nas gueltas não há cliente, mas sim fornecedor, que a paga, que não está recebendo a prestação de serviços do empregado nas próprias dependências do empregador.

O pagamento feito pelo terceiro decorre da existência do contrato de trabalho.

Não é um pagamento feito diretamente pelo empregador ao empregado para ser salário (art. 457 da CLT). É um pagamento feito por terceiro. Assim, não se trata de salário.

Segundo o art. 457 da CLT, a remuneração compreende o salário mais as gorjetas.

As gueltas são espécies de pagamentos por incentivo feitas por terceiro ao empregado, por intermédio da empresa, visando incentivar a venda de seus produtos. As gueltas não visam o cumprimento de uma meta para ser um prêmio.

O pagamento tem natureza de remuneração quando é pago pelo terceiro, por intermédio da empresa ao empregado.

Assemelham-se às gorjetas, pelo fato de que são pagas por terceiro, mas em decorrência do contrato de trabalho.

O empregador é beneficiado com o pagamento das gueltas, pois há um estímulo para as vendas de seus produtos, implicando lucro.

O pagamento espontâneo das gorjetas também caracteriza a verba como remuneração, como ocorre com as gueltas.[17]

Não se trata de indenização, pois o objetivo não é indenizar nada. Não se trata o pagamento de ato ilícito para se falar em indenização.

Algumas empresas diminuem o salário do empregado, às vezes só pagam o salário mínimo ou o piso salarial da categoria, em razão de que as premiações aumentam a remuneração do obreiro.

Os pagamentos são feitos espontaneamente pelo terceiro. Se o pagamento é feito pela própria empresa e não por terceiro, tem natureza de comissão pelas vendas efetuadas pelo empregado. Nesse caso, terá natureza salarial.

As gueltas, por terem natureza de remuneração, devem integrar o 13º salário (§ 1º do art. 1º da Lei nº 4.090/62), férias mais 1/3 (art. 142 da CLT).

Não integram as gueltas o aviso-prévio, adicional noturno, horas extras e descanso semanal remunerado que são calculados sobre o salário. Aplica-se por analogia a Súmula 354 do TST, que trata de gorjetas.

---

17 No mesmo sentido CASSAR, Vólia Bomfim. 12. ed. São Paulo: GEN, 2016. p. 768.

Tratando-se de remuneração, incide o FGTS (art. 15 da Lei nº 8.036/90).

A contribuição previdenciária incide sobre remuneração, sendo consideradas as gueltas salário-de-contribuição (art. 28, I, da Lei nº 8.212/91). O mesmo ocorre em relação à contribuição previdenciária do empregador (art. 22, I, da Lei nº 8.212/91).

O imposto de renda na fonte incide sobre o pagamento a título de gueltas, por se tratar de rendimento do trabalhador (art. 37 do RIR). A retenção deve ser feita pela pessoa que faz o pagamento ao empregado. Se for o empregador, ele é que deverá fazer a retenção na fonte.

As anotações na CTPS do empregado relativas à remuneração devem especificar o salário, qualquer que seja a forma de pagamento, seja em dinheiro ou em utilidades, bem como a estimativa de gorjeta (§ 1º do art. 29 da CLT). No caso das gueltas, também deve haver a referida especificação.

As gueltas têm natureza de remuneração, na espécie gratificação ou prêmio, porém são pagas por terceiro, mas são decorrentes do contrato de trabalho.

Para evitar a natureza de remuneração, a tratativa e o pagamento devem ser feitos diretamente entre o empregador-vendedor e o terceiro, sem qualquer participação do empregador.

6.11 Prêmios

Prêmios são as liberalidades concedidas pelo empregador, em forma de bens, serviços ou valor em dinheiro, a empregado ou a grupo de empregados ou terceiros vinculados à sua atividade econômica, em razão de desempenho superior ao ordinariamente esperado no exercício de suas atividades (§ 4º do art. 457 da CLT).

O prêmio pode ser pago não só em dinheiro, mas também sob a forma de bens ou de serviços.

Não há número de vezes do pagamento do prêmio para desconsiderar que não é salário. Pode ser pago mensalmente, desde que o empregado atinja o que o empregador pediu.

Os prêmios decorrem do empenho, da produtividade do trabalhador, dizendo respeito a fatores de ordem pessoal deste, como a produção, a assiduidade, a qualidade. O trabalhador, em razão do seu esforço, atinge um desempenho superior ao ordinário, recebendo um pagamento do empregador. Não podem, porém, ser a única forma de pagamento do salário, por serem dependentes de uma condição, devendo o obreiro perceber pelo menos um salário fixo.

Não se confunde o prêmio com a gratificação, pois esta independe de fatores ligados ao próprio empregado, mas da vontade do empregador. O prêmio depende do próprio esforço do empregado. O prêmio objetiva remunerar um esforço do empregado. A gratificação mostra o reconhecimento do empregador pelo serviço prestado pelo empregado.

Prêmio não se confunde com participação nos lucros, pois não depende de um plano de participação nos lucros ou resultados ou da existência de lucros.

A natureza jurídica do prêmio decorre de fatores de ordem pessoal relativos ao trabalhador, ou seja, seria um pagamento vinculado a certa condição. Se o pagamento é habitual e o empregado cumpre o implemento da condição, não poderá ser suprimido unilateralmente pelo empregador. Entretanto, se não for verificada a condição que dá ensejo ao pagamento, será indevido o prêmio.

Os prêmios não integram a remuneração do empregado, não se incorporam ao contrato de trabalho e não constituem base de incidência de qualquer encargo trabalhista e previdenciário (§ 2º do art. 457 da CLT). O legislador optou por não ter natureza salarial o prêmio. O empregador poderá pagar um salário mínimo ao empregado e mais prêmio. Este não terá natureza salarial.

O prêmio de produção diz respeito à quantidade de peças que foram produzidas pelo empregado. O prêmio de qualidade pode ser conferido ao trabalhador em virtude da excelência da peça produzida. Há, também, o prêmio de assiduidade, pago ao empregado que não chegar atrasado ao emprego durante o mês ou que não tiver faltado no mesmo período. O prêmio de zelo é oferecido ao empregado que cuida corretamente dos bens da empresa durante certo período, sem causar nenhum dano ao equipamento. É o que acontece com o motorista de ônibus que não dá causa a nenhuma colisão do veículo durante o mês, podendo o obreiro receber o prêmio de zelo, se assim for ajustado com o empregador.

O STF deixou claro que "o salário-produção, como outras modalidades de salário-prêmio, é devido, desde que verificada a condição a que estiver subordinado e não pode ser suprimido, unilateralmente, pelo empregador, quando pago com habitualidade" (S. 209).

O pagamento habitual do prêmio implica a impossibilidade de ser suprimido, importando pagamento tacitamente ajustado.

Não incide a contribuição previdenciária sobre o prêmio (art. 28, § 9º, *z*, da Lei nº 8.212/91), nem outro encargo trabalhista, como o FGTS (parte final do § 2º do art. 457 da CLT).

É difícil o prêmio ser pago em bens ou serviços, mas o empregador poderia conceder um automóvel, uma viagem ao empregado a título de prêmio. Normalmente, é em valor.

6.12 Quebra de caixa

A quebra de caixa normalmente é paga aos funcionários que fazem recebimentos pelo empregador, trabalhando diretamente no caixa da empresa.

O pagamento feito a título de quebra de caixa tem natureza de compensar os descontos feitos no salário do obreiro em virtude de erro de caixa, por ter recebido numerário inferior ao que deveria receber. Assim, sua natureza é de verba compensatória, de indenização e não de contraprestação pelos serviços prestados pelo empregado. Possuindo natureza compensatória ou indenizatória e não salarial, não se integra no salário para nenhum efeito.

Na maioria das vezes, a quebra de caixa é estipulada em normas coletivas.

Se, porém, o valor é pago mensalmente sem que haja dano causado pelo empregado ou nexo de causalidade, ou ainda pelo fato de o valor pago a título de quebra de caixa ser maior do que a perda, tem caráter salarial. A Súmula 247 do TST entende que "a parcela paga aos bancários sob a denominação *quebra de caixa* possui natureza salarial, integrando o salário do prestador dos serviços, para todos os efeitos legais".

Se a verba de quebra de caixa é paga apenas quando haja perda, terá, então, caráter de ressarcimento e não de salário.

6.13 Salário-família

O salário-família é um benefício previdenciário (art. 201, IV, da Constituição) devido ao empregado. Não é salário, pois não é pago pelo empregador, mas pelo INSS. O inciso XII do art. 7º da Lei Maior assegura o salário-família aos dependentes do empregado urbano e do rural de baixa renda. Atualmente, os arts. 65 a 70 da Lei nº 8.213/91 tratam do benefício em comentário.

É devido ao segurado que tiver filho menor de 14 anos ou inválido. O empregado doméstico tem direito ao salário-família. O empregado deverá apresentar a certidão de nascimento de seu filho, a carteira de vacinação, que foi substituída pelo "Cartão da Criança" e prova de frequência à escola. Quem paga o salário-família é o empregador, ficando a Previdência Social responsável pelo reembolso das prestações pagas a tal título, mediante abatimento na guia de recolhimento das contribuições previdenciárias.

A Súmula 344 do TST estabeleceu que o salário-família é devido aos trabalhadores rurais somente após a vigência da Lei nº 8.213/91, pois, a partir da edição da referida norma, pode-se dizer que há custeio para tal benefício (§ 5º do art. 195 da Constituição).

6.14 Salário-maternidade

A Convenção nº 103 da OIT, de 1952, entrou em vigor no plano internacional em 7-6-1958. O Brasil a aprovou pelo Decreto Legislativo nº 20, de 30-4-1965. Foi promulgada pelo Decreto nº 58.820, de 14-7-1966. Dispõe a referida norma que "em caso algum o empregador deverá ficar pessoalmente responsável pelo custo das prestações devidas à mulher que emprega". Somente com a edição da Lei nº 6.136, de 7-11-1974, é que o salário-maternidade passou a ser uma prestação previdenciária, não mais tendo o empregador que pagar o salário da empregada que vai dar à luz.

O salário-maternidade era devido à empregada no período de 84 dias, 28 dias antes (quatro semanas) e 56 dias depois do parto (oito semanas), totalizando os 84 dias.

A Constituição de 1988 determinou que a gestante terá 120 dias de repouso sem prejuízo do emprego e do salário (art. 7º, XVIII). O art. 71 da Lei nº 8.213/91 especificou que a segurada tem direito à licença de 28 dias antes e 92 dias depois do parto, totalizando os 120 dias (aproximadamente, 17 semanas).

Consiste o salário-maternidade numa renda mensal igual à remuneração integral da segurada. É pago pelo empregador que desconta o valor adiantado à trabalhadora em relação à contribuição previdenciária devida. Não se trata exatamente de salário, mas de benefício previdenciário, pois não é pago pelo empregador, mas pelo INSS.

6.15 Participação nos lucros

6.15.1 Origens

A primeira notícia que se tem da participação nos lucros corresponde a 1794, quando Albert Gallatin, secretário do Tesouro de Jefferson, distribuiu aos empregados parte dos lucros nas indústrias de vidro.

Em 1812, Napoleão Bonaparte, por meio de um decreto, concedeu a participação nos lucros aos artistas da *Comédie Française*, que, além do ordenado fixo, teriam uma participação na receita (*feux*). A participação era feita com base no lucro líquido, calculada no final do ano, levando-se em conta a idade e antiguidade dos artistas.

Monsieur Léclaire, em 1842, proprietário de pequeno ateliê de pintura em Paris, ao encerrar seu balanço e apurar lucro, resolveu entregar a seus empregados, sem nenhuma explicação, considerável parcela do resultado obtido na exploração de seu negócio. Léclaire, entretanto, foi chamado pelas autoridades policiais. Foi apontado como elemento nocivo à coletividade da época, por ser perigoso à ordem social, sendo considerado um revolucionário que estava ultrapassando os limites dos costumes e das tradições da sociedade de então, pois seu sistema lesava o empregado ao impedi-lo de acertar seu salário com o empregador.

Robert Owen, na Escócia, no início do século XX, também teria feito uma experiência no sentido de distribuir lucros a seus empregados.

Houve também uma influência da religião católica para a concessão da participação nos lucros aos empregados. Os estudos sociais do Cardeal Mercier chegaram a ser acolhidos pelo Papa Leão XIII na Encíclica *Rerum Novarum*, preconizando também a participação nos lucros.

Em 1917, a participação nos lucros foi prevista na Constituição do México, determinando sua compulsoriedade nas empresas agrícolas, industriais, comerciais e de mineração, que, porém, só foi regulamentada muitos anos depois (art. 123, VI e IX). O que se verificava nesse momento histórico é que estava havendo uma forma de transição entre o sistema capitalista e o regime socialista, de maneira a haver uma participação social do trabalhador na empresa, de cooperação entre o trabalhador e o empregador, de se associar o capital ao trabalho. Era o aparecimento do socialismo, como forma de transição política.

6.15.2 Direito internacional

Pela pesquisa feita pela OIT, na maioria dos países, não há obrigatoriedade da participação nos lucros, sendo que normalmente é concedida mediante negociação coletiva ou por meio de decisão do Conselho de Administração da empresa (OIT, 1986:281 e s.).

6.15.3 Evolução na legislação brasileira

A primeira tentativa de se instituir a participação nos lucros no Brasil data de 1919, por intermédio do Deputado Deodato Maia, que, porém, não teve sucesso.

A participação nos lucros foi prevista efetivamente pela primeira vez no inciso IV do art. 157 da Constituição de 1946: "participação obrigatória e direta do trabalhador nos lucros da empresa, nos termos e pela forma que a lei determinar". Como se verifica, a participação nos lucros por parte do trabalhador não era facultativa, mas obrigatória e direta, porém remetia o intérprete à lei ordinária, que iria definir os termos e a forma dessa participação. Na lei ordinária, deveriam ser definidas várias questões, como: o que seria lucro; a forma de repartição, se dependeria de certo número de anos do trabalhador na empresa, sua produção, assiduidade; quem teria direito; o valor do pagamento; a possibilidade de dedução pela empresa como despesa operacional. Sem a lei ordinária, não haveria como se implementar a participação nos lucros.

A Constituição de 1967, no inciso V do art. 158, assegurava: "integração do trabalhador na vida e no desenvolvimento da empresa, com participação nos lucros e, excepcionalmente, na gestão, nos casos e condições que forem estabelecidos".

Não mais se falava em participação obrigatória dos trabalhadores nos lucros das empresas, admitindo-se, porém, a participação na gestão das empresas, de maneira excepcional. Essas disposições, contudo, continuavam dependendo de lei, que iria estabelecer os casos e condições para tanto.

O inciso V do art. 165 da EC nº 1, de 1969, mudou um pouco a redação do direito à participação nos lucros previsto na Lei Magna anterior: "integração na vida e no desenvolvimento da empresa, com participação nos lucros e, excepcionalmente, na gestão, segundo for estabelecido em lei". A participação nos lucros poderia também ser entendida como uma forma de integração na vida e no desenvolvimento da empresa, admitindo-se a participação na gestão de maneira excepcional, porém havia, ainda, a dependência de lei ordinária para regular tais direitos. Uma forma de tentar a participação nos lucros foi a instituição do PIS pela Lei Complementar nº 7, de 7-9-1970, que tinha por objetivo promover a integração do empregado na vida e no desenvolvimento das empresas, porém mais se aproximava de uma participação dos trabalhadores na renda nacional, pois independia do lucro das empresas, mas, sim, de seu faturamento.

No âmbito da legislação ordinária, a CLT tem alguns preceitos genéricos. O art. 621 estabelece apenas a possibilidade de que as convenções ou os acordos coletivos venham a incluir em suas cláusulas disposições sobre participação nos lucros. O art. 63 esclarece que a participação nos lucros não importará na exclusão do empregado do regime da duração do trabalho, o que importa dizer que mesmo havendo o direito à participação nos lucros o empregado também terá direito a horas extras. O § 1º do art. 193 da CLT determina que o pagamento do adicional de periculosidade deve ser calculado sobre o salário, excluindo-se as participações nos lucros da empresa.

Pondera-se que um dos fatores impeditivos da participação nos lucros seria a forma direta, que excluiria a participação indireta, que seria mais facilmente implementada. Outro argumento seria o de que os tribunais trabalhistas vinham entendendo que a participação tinha natureza salarial, criando óbice ao empregador de ter de suportar a incidência de encargos sociais sobre a referida participação. Na prática, poucas empresas privadas concederam a participação nos lucros, que apenas foi aplicada em certas empresas estatais.

Apesar da falta de previsão legal, algumas empresas vinham pagando a participação nos lucros a seus empregados, todos os anos, adquirindo, portanto, habitualidade nesse tipo de pagamento. Tal fato importa considerar o referido pagamento como remuneração, pois seria um pagamento feito sob forma de porcentagem ou uma forma imprópria de gratificação (art. 457, § 1º, da CLT). Foi observando essa situação que a Súmula 251 do TST veio a informar que "a participação nos lucros da empresa, habitualmente paga, tem natureza salarial, para todos os efeitos legais". Observa-se aqui que o requisito para considerar a participação nos lucros como de natureza salarial era a habitualidade em seu pagamento. Não havendo habitualidade, mas pagamento esporádico da participação nos lucros, não se poderia considerá-la como salário. O STF também entendeu que as gratificações de balanço pagas com habitualidade integram a remuneração do empregado, havendo incidência do FGTS (Ac. da 1ª T., v. u., RE 100.086-PE, Rel. Min. Soares Munhoz, j. 18-6-1984, *RTJ* 110/1.144) e da contribuição previdenciária (Ac. 2ª T., v. u., RE 77.036-4/SP, Rel. Min. Aldir Passarinho, j. 19-11-1982, *LTr* 47-6/669).

Por fim, o inciso XI do art. 7º da Constituição de 1988 estabelece: "participação nos lucros, ou resultados, desvinculada da remuneração, e, excepcionalmente, na gestão da empresa, conforme definido em lei". Nota-se que o citado inciso não é uma norma constitucional de eficácia imediata, mas continua dependendo da lei para que possa ser instituída a referida participação. O § 4º do art. 218 da Lei Magna assegura também que "a lei apoiará e estimulará as empresas (...) que pratiquem sistemas de remuneração que assegurem ao empregado, desvinculada do salário, participação nos ganhos econômicos resultantes da produtividade de seu trabalho".

O governo pretendeu regular a participação nos lucros editando várias medidas provisórias. A Medida Provisória nº 794, de 29-12-1994, foi a primeira a tratar do tema. Atualmente, a Lei nº 10.101/2000 versa sobre o assunto.

6.15.4 Denominação

São encontrados vários nomes para denominar a participação nos lucros. Emprega-se o termo *distribuição de lucros*, que está ligado ao Direito Comercial e à legislação do imposto de renda, dizendo respeito à distribuição dos lucros aos acionistas ou sócios, mas não aos empregados. Também são empregadas as expressões *gratificação de lucros, gratificação de balanço*, que é utilizada impropriamente para designar a participação nos lucros, e *gratificação de fim de ano*, que pode confundir-se com o 13º salário ou até com o 14º salário, que é pago por algumas empresas e que nada tem que ver com o lucro da empresa, mas se constitui numa liberalidade do empregador.

Prefiro a expressão *participação nos lucros*, que se refere à participação dos empregados no resultado positivo da empresa, e não de qualquer outra pessoa, como os sócios ou acionistas.

6.15.5 Conceito

A participação nos lucros é o pagamento feito pelo empregador ao empregado, em decorrência do contrato de trabalho, referente à distribuição do resultado positivo obtido pela empresa, o qual o obreiro ajudou a conseguir.

Verifica-se do conceito que a participação nos lucros é o pagamento feito pelo empregador ao empregado em decorrência do contrato de trabalho. Um pagamento feito a título de repartição de lucros que não seja decorrente do contrato de trabalho poderá confundir-se com o pagamento feito aos sócios de uma sociedade pelo resultado positivo obtido pela empresa no final do exercício. O lucro, porém, a ser distribuído é o resultado positivo, não o negativo, pois, por definição, empregador é aquele que assume os riscos de sua atividade econômica, que não pode ser transferida ao operário.

6.15.6 Distinção

Há necessidade de se distinguir a participação nos lucros da gratificação, pois em muitos casos as empresas usam o último nome, empregando a expressão *gratificação de balanço*.

A palavra *gratificação* deriva do latim *gratificare*, que tem o significado de dar graças, mostrar-se reconhecido. No Direito do Trabalho, muitas vezes, a gratificação tem o sentido de pagamento feito por liberalidade do empregador; porém, se esse pagamento é feito com habitualidade, passa a integrar a remuneração do empregado, convertendo-se numa obrigação contratual, tacitamente ajustada pelo reiterado pagamento (S. 207 do STF).

A gratificação, entretanto, não se confunde com a participação nos lucros, porque não exige a existência de lucro no final do exercício para seu pagamento, podendo ser mera liberalidade da empresa, que se mostra satisfeita com os serviços prestados pelos obreiros, pretendendo, assim, recompensá-los. Já na participação nos lucros, havendo prejuízo na empresa, não se poderá pretender distribuir algo que inexistiu – os lucros –, o que mostra que para a distribuição de lucros é preciso que estes tenham existido, caso contrário não poderá haver a referida participação.

Quando a empresa se utiliza impropriamente da expressão *gratificação de balanço*, e esta é dependente dos lucros existentes em certo período (anual ou semestral), trata-se, na verdade, de participação nos lucros. Assim, a suposta gratificação que estiver subordinada à existência de lucros nada mais é do que participação nos lucros.

Não se confunde a participação nos lucros com o prêmio. Este é outorgado unilateralmente pelo empregador, constituindo-se numa liberalidade sua, enquanto a participação nos lucros pode decorrer de previsão legal, de acordo ou convenção coletiva, de regulamento de empresa ou até do contrato de trabalho. A participação nos lucros necessariamente deverá decorrer da existência de lucros, enquanto o prêmio é proveniente de uma liberalidade do empregador em razão de um esforço feito pelo empregado. A participação nos lucros é calculada de acordo com um porcentual sobre os lucros e o prêmio normalmente é pago num valor fixo.

Distingue-se, também, a participação nos lucros dos incentivos para aumento de produção, pois, nesse caso, o objetivo apenas é estabelecer uma fórmula no sentido de que haja um pagamento ao empregado em decorrência do aumento de produção. A participação nos lucros, em si, não seria um incentivo para o aumento de produção, pois o empregado que se esmerar ou não no sentido de aumentar a produção terá direito à participação nos lucros, sendo que no caso do incentivo, aquele que não se esforçar não terá direito ao referido pagamento.

A participação nos lucros também não se confunde com o pagamento feito a título de assiduidade, pois a participação depende da existência de lucros, pois, havendo prejuízo, o empregado nada receberá a tal título. Já um pagamento feito a título de assiduidade do empregado dependeria da sua frequência ao serviço ou de não chegar atrasado no emprego, que é coisa diversa e independe do resultado obtido pela empresa.

A participação nos lucros também distancia-se do PIS, pois este é um fundo gerido pelo governo. A participação é calculada sobre os lucros, enquanto o PIS é calculado sobre o faturamento. Isso mostra a distinção entre ambos.

6.15.7 Fundamentos

Não deixa de ser a participação nos lucros uma forma moderna, decorrente do capitalismo, de integração do trabalhador na empresa, por meio da divisão dos resultados obtidos pelo empregador com a colaboração do empregado. O fundamento da participação nos lucros está em que o empregador e o empregado contribuíram diretamente para que se alcançasse o lucro na empresa, ou seja, o capital e o trabalho participaram diretamente na obtenção do lucro. É uma forma de o trabalhador passar a cooperar com o empregador no desenvolvimento da atividade deste.

A participação nos lucros induz um sistema de flexibilização de direitos, pois o próprio art. 621 da CLT permite que seja estabelecida por acordo ou convenção coletiva, que proporciona melhor adaptação às peculiaridades de cada empresa.

6.15.8 Fontes de participação nos lucros

A participação nos lucros pode ser decorrente de lei (Lei nº 10.101), do contrato de trabalho, do regulamento da empresa, de acordos ou convenções coletivas ou outras determinações da empresa. Não poderá, entretanto, a participação nos lucros ser imposta mediante dissídio coletivo, por falta de norma autorizadora nesse sentido à Justiça do Trabalho.

6.15.9 Facultatividade

Depreende-se do inciso XI do art. 7º da Lei Maior que a participação nos lucros é facultativa, isto é, não é obrigatória, como mencionava a Constituição de 1946.

6.15.10 Lucros

O conceito de lucro diz respeito ao resultado da atividade econômica da empresa, abatidas as despesas do empreendimento. Verifica-se que o conceito de lucro é de natureza econômica, decorrente da atividade econômica da empresa, de produzir bens e serviços para o mercado. Havendo sobras do exercício da atividade econômica por parte da empresa é que se poderá falar em lucros.

O lucro a que se refere a Constituição deve ser o lucro líquido, ou seja, o lucro existente após deduzidas todas as despesas da receita obtida pela empresa. Não se trata do lucro bruto, que pode ser considerado a diferença entre o valor da compra da mercadoria ou do preço de custo do serviço e a importância apurada na venda da mercadoria ou do serviço, sem a dedução das despesas operacionais da empresa.

6.15.11 Resultados

A Norma Ápice declara, ainda, que não se trata de participação apenas nos lucros, mas nos resultados.

O resultado, em sentido genérico, pode ser entendido como o produto de uma operação. De um ponto de vista secundário, pode ser compreendido como lucro, provento, aquilo que resultou ou resulta de algo, ou seja, sua consequência, derivação, produto, efeito. Na acepção contábil, é possível dizer que se trata da conclusão a que se chegou no final do exercício da empresa. Assim, o resultado pode ser positivo ou negativo, ou seja: a empresa pode ter tanto lucro como prejuízo.

Não se confunde o resultado com o lucro bruto. Antes, há necessidade de se verificar o que vem a ser a receita bruta, que consiste no resultado obtido pela empresa com a venda de bens ou dos serviços prestados (art. 208 do Decreto nº 9.580/2018). A receita líquida compreende a receita bruta diminuída das vendas canceladas, dos descontos concedidos incondicionalmente e dos tributos incidentes sobre vendas (§ 1º do art. 208 do Decreto nº 9.580/2018). Já o lucro bruto consiste na diferença entre a receita líquida e o custo dos bens e serviços vendidos (parágrafo único do art. 290 do Decreto nº 9.580/2018). O lucro líquido diz respeito à soma algébrica do lucro operacional, das demais receitas e despesas e das participações (art. 259 do Decreto nº 9.580/2018).

Da forma como o inciso XI do art. 7º da Lei Maior está redigido, depreende-se que o trabalhador terá direito de participar inclusive no resultado negativo da empresa, o que é absurdo, pois, pela definição de empregador, este é quem assume os riscos da atividade econômica, que não podem ser transferidos para o empregado, pessoa hipossuficiente, que depende de seus salários para sobreviver. Logo, a interpretação do referido mandamento legal não pode levar a uma concepção absurda, havendo necessidade de se chegar a outra conclusão.

Resultado não se confunde, porém, com faturamento ou com receita operacional. O faturamento ocorre em primeiro lugar. É todo o montante recebido pela empresa a título de venda de bens, serviços ou da combinação de ambos. O resultado, entretanto, só acontece ao final, quando são verificadas as receitas e despesas, ou seja, a diferença entre o que se arrecadou e o que se gastou na empresa. A receita operacional bruta é o somatório das receitas que dão origem ao lucro operacional (§ 2º do art. 1º do Decreto-Lei nº 2.445/88), em que este último vem a ser o resultado das atividades, principais ou acessórias, que constituam objeto da pessoa jurídica (art. 289 do Decreto nº 9.580/2018).

Talvez o constituinte quisesse referir-se a resultado como forma de participação do trabalhador na produtividade, como mencionou no § 4º do art. 218 da Lei Maior, ou no faturamento da empresa; contudo, empregou a expressão errada para o significado que pretendia. O certo é que lucro não se confunde com resultado, até porque, em Direito, cada elemento constante da regra jurídica possui significado próprio (*ubi lex voluit dixit, ubi noluit tacuit*). Pode-se entender, também, que o uso da palavra *resultados* seja decorrente de estabelecer uma forma de participação do trabalhador no resultado positivo obtido por empresas que não tenham por objeto o lucro, como instituições de beneficência, associações recreativas, sindicatos, hospitais etc., de maneira a que o trabalhador tenha uma participação financeira sobre a produtividade que alcançou para a referida empresa.

6.15.12 Desvinculação da remuneração

Fazendo-se a interpretação histórica da Constituição, é possível verificar que houve várias redações que foram oferecidas ao que culminou no inciso XI do art. 7º da Lei Maior. Na Subcomissão dos Direitos dos Trabalhadores, era encontrada a expressão "participação direta nos lucros ou no faturamento da empresa". Na Comissão da Ordem Social, verifica-se "participação nos lucros ou nas ações, desvinculada da remuneração, conforme definido em lei ou em negociação coletiva". Na Comissão de Sistematização, nota-se a expressão "participação nos lucros, desvinculada da remuneração, e na gestão da empresa, conforme definido em lei ou em negociação coletiva". O atual texto do inciso XI do art. 7º dispõe: "participação nos lucros, ou resultados, desvinculada da remuneração e, excepcionalmente, participação na gestão da empresa, conforme definido em lei". Eliminou-se, portanto, a expressão "negociação coletiva".

A Constituição de 1988 eliminou o caráter salarial da participação nos lucros, determinando que tal prestação vem a ser totalmente desvinculada da remuneração. O objetivo foi realmente este, de possibilitar que o empregador concedesse a participação nos lucros a seus empregados, mas, em contrapartida não tivesse nenhum encargo a mais com tal ato. O empregador não tinha interesse em conceder um benefício gratuitamente e ainda suportar os encargos sociais sobre tal valor. Foi uma forma de estimular o empregador a conceder a participação nos lucros, pois, se fosse utilizada a orientação da antiga Súmula 251 do TST, que considerava de natureza salarial a referida participação, o empregador não a iria conceder, porque haveria de pagar outros encargos sobre ela, como FGTS, contribuição previdenciária etc. Assim, o constituinte entendeu por bem continuar a conferir a participação nos lucros aos empregados, porém desvinculada da remuneração, como forma de estimular o empregador a concedê-la, já que não mais teria nenhum encargo incidente sobre tal parcela: ou seja, não haveria incidência de FGTS, nem da contribuição previdenciária. É a interpretação teleológica da norma e também histórica dos debates constituintes, pois a viabilidade da concessão da participação nos lucros dependeria de sua desvinculação da remuneração.

6.15.13 Autoaplicabilidade

Alguns autores entendem que na parte do dispositivo constitucional em que foi definida a natureza do benefício, que é desvinculado da remuneração, já há eficácia plena do referido mandamento. Os empregadores que concedem espontaneamente o benefício já poderiam considerá-lo de natureza não salarial, segundo essa orientação, não tendo nenhuma repercussão em outras verbas trabalhistas, muito menos incidência de outras contribuições. É o entendimento de Arion Sayão Romita (1991:77), Amauri Mascaro Nascimento (1989:147), Arnaldo Süssekind et al. (1990, v. 397:398).

O inciso XI do art. 7º da Constituição tem vigência a partir de 5-10-1988, tendo também eficácia. O que se precisa verificar é se há necessidade de a norma constitucional ser complementada pela lei ordinária para poder ter eficácia plena e o dispositivo constitucional poder ser executado, assim como se o pagamento da participação nos lucros já seria totalmente desvinculado da remuneração, mesmo antes da edição da lei ordinária sobre o assunto.

É preciso ser feita, portanto, a interpretação do inciso XI do art. 7º da Lei Maior, sendo desaconselhável sua interpretação literal, pois poderá conduzir o intérprete a erros.

Devemos fazer, portanto, a interpretação sistemática da Constituição, que deve ser analisada em seu conjunto. É preciso contemplar o dispositivo constitucional em análise com outros semelhantes, que formam o mesmo instituto, ou estão dentro do mesmo título ou capítulo, examinando também a matéria em relação aos princípios gerais; em suma: todo o sistema em vigor.

Não se pode dizer que o dispositivo atinente à participação nos lucros é autoaplicável, pois depende da lei, que virá fixar a forma dessa participação nos lucros. Inexistindo lei ordinária, não há como se falar que a desvinculação da remuneração já possa ser aplicada. A Lei nº 2.004, de 1953, trata da participação nos lucros para os empregados da Petrobras. O TST entendeu constitucional o § 2º do art. 9º do Decreto-Lei nº 1.971/82, com a redação dada pelo Decreto-lei nº 2.100/83 (S. 336), que estabelece que "aos servidores ou empregados admitidos, até a vigência deste decreto-lei, nas entidades cujos estatutos prevejam a participação nos lucros, fica assegurada essa participação, sendo vedado, porém, considerar para esse efeito a parcela resultante do saldo credor da conta de correção monetária, de que tratam os arts. 185 da Lei nº 6.404, de 15-12-1976, e 39 do Decreto-Lei nº 1.598, de 26-12-1977".

À primeira vista, pode-se entender que a expressão "conforme definido em lei", na parte final do inciso XI do art. 7º da Lei Maior, se refere ao que vem antes na oração: "participação na gestão da empresa". É possível, todavia, dizer que a expressão "conforme definido em lei" diz respeito a todo o inciso em comentário, e não só à participação na gestão da empresa. O "conforme definido em lei" refere-se também, à "participação nos lucros, ou resultados, desvinculada da remuneração", que é parte do citado inciso. Mesmo nas Constituições anteriores, a expressão "nos termos da lei" se referia a todo o inciso, seja à participação nos lucros ou à participação na gestão, como se nota no inciso V do art. 158 da Constituição de 1967 e no inciso V do art. 165 da EC nº 1, de 1969.

O inciso XI do art. 7º da Lei Fundamental é, portanto, uma norma dirigida ao legislador ordinário, pois quando o constituinte quis que a matéria constitucional fosse complementada pela lei ordinária, foi expresso ao utilizar as expressões "na forma da lei", "nos termos da lei" etc., como ocorre no caso presente. O constituinte apenas determinou ao legislador ordinário que a participação nos lucros seria desvinculada da remuneração. O referido dispositivo constitucional, contudo, não contém os elementos necessários mínimos e indispensáveis para sua aplicabilidade imediata. Verifica-se, por exemplo, que o art. 7º da Lei Fundamental estabelece direitos aos trabalhadores urbanos e rurais, porém o seguro-desemprego (inc. II) e o FGTS (inc. III) não são direitos que poderiam ser exigidos de imediato (caso não houvesse lei ordinária tratando do tema), apesar de não haver nenhuma expressão adicionada nos referidos incisos como "nos termos da lei", sendo necessário lei ordinária para estabelecer as regras gerais a serem aplicadas aos referidos incisos.

O mesmo ocorre quanto à participação nos lucros, pois o inciso XI do art. 7º da Lei Maior é expresso em determinar ao legislador ordinário que regule o citado direito. Não se sabe, por exemplo, como vai ser apurado o lucro, como será distribuído esse lucro: de maneira igual para todos os empregados, ou os cargos superiores terão participação maior?

Não se diga que o § 1º do art. 5º do Estatuto Supremo, ao mencionar que "as normas definidoras dos direitos e garantias fundamentais têm aplicação imediata", autorizaria a aplicabilidade imediata do inciso XI do art. 7º da Constituição, principalmente no que diz respeito ao fato de que a participação nos lucros é desvinculada da remuneração, quando, na verdade, tal preceito não é uma norma bastante em si. Outros direitos são previstos no art. 7º da Constituição, contudo, não têm aplicabilidade imediata, como o piso salarial proporcional à extensão e à complexidade do trabalho (inc. V).

Todo o inciso XI do art. 7º da Constituição depende de regulamentação infraconstitucional, e não apenas parte dele.

6.15.14 Forma

A forma da participação nos lucros pode ser imediata, quando for apurado o lucro da empresa, ou pode ser feita de outra maneira, utilizando-se, v.g., de um porcentual sobre o faturamento como forma de antecipação de eventual lucro apurado. O inconveniente nesse sistema é que, se, ao final do período, não existir lucro, mas prejuízo, não haverá participação nos lucros, mas participação no faturamento.

É possível também que se levem em conta características pessoais dos empregados, como antiguidade na empresa, cargo, assiduidade, grau de produtividade, remuneração, condições do trabalhador, que possui um número maior ou menor de filhos, ou também um critério igualitário de distribuição entre cada empregado, verificando-se, porém, as características de cada empresa. A lei também poderia adotar um critério misto, compreendendo todos os elementos anteriormente mencionados ou até mesmo outros. Na França, o empregado tem de ter pelo menos um ano na empresa para receber a participação nos lucros.

A participação nos lucros também poderá ser feita mediante uma participação geral dos trabalhadores nos lucros, relativa a toda a empresa, ou parcial, em que se verificam os lucros por setores ou seções das empresas.

O porcentual dos lucros a ser distribuído aos empregados deveria, porém, depender de acordo coletivo, que iria verificar as condições peculiares de cada empresa.

6.15.15 Natureza jurídica

As teorias que informam a respeito da natureza jurídica da participação nos lucros podem ser enumeradas em três. A primeira é a que considera a participação nos lucros como salário. A segunda entende que sua natureza jurídica decorre do contrato de sociedade. A terceira assevera que seria uma espécie de contrato *sui generis*, que configuraria uma forma de transição entre o contrato de trabalho e o contrato de sociedade.

O fundamento para considerar a participação nos lucros como salário está estampado no § 1º e no *caput* do art. 457 da CLT. Primeiro, porque é uma contraprestação paga pelo empregador ao empregado, tendo caráter de retribuição. Segundo, pelo fato de que poderia confundir-se com a gratificação ou uma forma de percentagem. Havendo o requisito habitualidade, somado aos anteriormente mencionados, considera-se que a participação nos lucros tem natureza salarial. Poder-se-ia dizer que tudo aquilo que excedesse as disposições do ajuste contratual entre empregado e empregador teria natureza de salário, desde que habitual seu pagamento, tendo reflexos em outras verbas. Ao se analisar o art. 63 da CLT, que estabelece que a condição de interessado (quando o trabalhador tem participação nos lucros) não vai excluir a condição de empregado, já se pode entender, a *contrario sensu*, que o pagamento da participação nos lucros só pode ter natureza de salário (Maranhão e Carvalho 1992:167). Decorrendo do contrato de trabalho, o pagamento feito pelo empregador ao empregado a título de participação nos lucros só poderia ter natureza de salário (Catharino 1994:330), seria uma cláusula de índole salarial incluída no contrato de trabalho, daí sua natureza salarial (Süssekind 1964:361), principalmente porque não deixa de ser, de certa forma, um complemento da remuneração. Nada impediria que, em razão da habitualidade, se considerasse tacitamente ajustado, com base na orientação analógica da Súmula 152 do TST. Não se trata, portanto, de mera liberalidade. Muitas vezes, o que se observa é que o empregador poderia pretender estabelecer a participação nos lucros por meio de acordo ou convenção coletiva, tendo por ideia que, expirado seu termo, haveria necessidade de outras negociações, que novamente poderiam incluir ou não a participação nos lucros nas reivindicações.

A Resolução nº 33, de 27-4-1994, do TST, cancelou a Súmula 251 daquela Corte. O cancelamento do referido verbete deu-se tendo em vista o disposto no inciso XI do art. 7º da Constituição de 1988, que desvincula da remuneração a participação nos lucros da empresa.

Com a edição da Lei nº 10.101 sobre participação nos lucros, sua natureza jurídica não é mais de salário, com base no § 1º do art. 457 da CLT, pois a referida participação é desvinculada da remuneração, de acordo com o que especifica o inciso XI do art. 7º da Lei Maior. É claro que seria muito melhor para o empregador que ele pudesse pagar apenas participação nos lucros a seus empregados, sendo que, em contrapartida, poderia atribuir um salário muito menor. De outro modo, a maior parte do que o empregador fosse saldar ao empregado não iria ter a incidência do FGTS ou da contribuição previdenciária, pois, a partir da existência da lei ordinária específica, a participação nos lucros estaria desvinculada da remuneração.

A tese de que a participação nos lucros seria uma forma decorrente do contrato de sociedade deixou de subsistir. A referida orientação diria respeito a que a participação nos lucros decorre do contrato de sociedade, da *affectio societatis*, de que os sócios têm um objetivo comum: conseguir lucros por meio do empreendimento que pretendem realizar. Assim, se a participação nos lucros fosse conferida ao empregado, teria a característica de contrato de sociedade. Ocorre, contudo, que nem todo pagamento feito ao empregado é salário, como as gorjetas que são pagas por terceiros (clientes); nem todo pagamento decorre apenas do trabalho do empregado, mas pode decorrer de um esforço indireto do empregado de produzir bens e serviços para a empresa, que resulta, ao final, num benefício, que seria a participação nos lucros que ajudou a conseguir para o empregador.

Esclarece Amauri Mascaro Nascimento (1989:150) que "a tese da participação nos lucros como contrato *sui generis* parte do pressuposto de que a sua instituição indica o início da sonhada fase de transição entre o regime do salário e o regime da sociedade, situando-se o sistema de participação exatamente como a ponte através da qual serão percorridos os caminhos que permitirão, ao trabalhador, afastar-se da sua condição desfavorável, como segmento social, para situar-se em posição melhor, ao lado do capital e usufruindo das vantagens dele. Aceita essa tese, a participação nos lucros não é salário, mas também não faz do assalariado um sócio do empregador. Não fica descaracterizada a relação de emprego, ideia melhor do que a anterior".

Não vem a ser a participação nos lucros uma forma de indenização, pois esta pressupõe a ocorrência de um dano.

A participação nos lucros não se constitui num contrato de sociedade, pois o empregado continua não assumindo os riscos da atividade econômica da empresa, nem normalmente tem qualquer cota ou ação do capital da empresa. A participação nos lucros não implica, portanto, participação nas perdas, nem observância da *affectio societatis*, isto é, a existência de comunhão de direitos e obrigações entre empregado e empregador, de cooperação, visando atender os interesses empresariais do último. Mesmo havendo participação nos lucros em relação aos empregados, o contrato de trabalho continua em vigor, o que mostra que o empregado não passa a ser sócio de seu empregador, a não ser que detenha cotas ou ações em montante suficiente a influir nos destinos da empresa.

Quando o empregado participa dos lucros, costuma-se chamá-lo de *interessado*. Nessa condição de interessado, o art. 63 da CLT é claro ao dizer que o fato de haver participação nos lucros não o impedirá de receber horas extras, caso as preste.

A participação nos lucros é uma forma de complementação do pagamento feito pelo empregador ao empregado. Sendo uma forma de participação, não é salário. Trata-se de um pagamento condicionado, ou seja, o pagamento só será feito na ocorrência de lucros, o que mostra que, existindo prejuízo, não haverá pagamento. Na verdade, a participação nos lucros é uma forma de participação do empregado na empresa, mediante a distribuição dos lucros desta, os quais o trabalhador ajudou a conseguir. O empregado não se torna sócio do empregador, nem fica descaracterizado o contrato de trabalho, evidenciando que a natureza jurídica da participação nos lucros seria uma forma de transição entre o contrato de trabalho e o contrato de sociedade, ou seja, seria possível dizer que teria uma natureza mista ou *sui generis*, uma prestação aleatória, dependente da existência de lucro. É um incentivo pago pelo empregador ao empregado pelo fato de que o trabalhador ajudou a conseguir o lucro.

6.15.16 Beneficiários

Os beneficiários da participação nos lucros são os trabalhadores urbanos e rurais, como se depreende do *caput* do art. 7º da Constituição. Os trabalhadores avulsos também terão direito ao benefício, pois o inciso XXXIV do art. 7º da Constituição outorga a "igualdade de direitos entre o trabalhador com vínculo empregatício permanente e o trabalhador avulso". O trabalhador temporário não tem direito à participação nos lucros, pois a Lei nº 6.019/74 não versa sobre o tema; além disso seria difícil sua instituição, pois o empregado só presta serviços por no máximo três meses para a empresa. A lei ordinária é que deveria tratar do tema, pois tal pessoa não deixa de ser um trabalhador.

Os empregados domésticos foram excluídos do direito à participação nos lucros, pois o parágrafo único do art. 7º da Constituição não faz remissão ao inciso XI do mesmo artigo. Os servidores públicos também não terão direito ao citado benefício, visto que o § 3º do art. 39 da Lei Maior não faz referência ao inciso XI do art. 7º da mesma norma.

6.15.17 Regras gerais

O § 1º do art. 2º da Lei nº 10.101 menciona que "dos instrumentos decorrentes da negociação deverão constar regras claras e objetivas quanto à fixação dos direitos substantivos da participação e das regras adjetivas, inclusive mecanismos de aferição das informações pertinentes ao cumprimento do acordado, periodicidade da distribuição, período de vigência e prazos para revisão do acordo". Dessa forma, qualquer meio de aferição das informações será considerado válido. Direitos substantivos devem ser os direitos individuais. Regras adjetivas serão as formas de fixação da participação nos lucros. Na fixação dos direitos substantivos e das regras adjetivas, inclusive no que se refere à fixação dos valores e à utilização exclusiva de metas individuais, a autonomia da vontade das partes contratantes será respeitada e prevalecerá em face do interesse de terceiros (§ 6º do art. 2º da Lei nº 10.101).

Toda empresa estará obrigada a convencionar com seus empregados a participação nos lucros. Não se equipara à empresa: (a) a pessoa física; (b) a entidade sem fins lucrativos que, cumulativamente: (1) não distribua resultados, a qualquer título, ainda que indiretamente, a dirigentes, administradores ou empresas vinculadas; (2) aplique integralmente seus recursos em sua atividade institucional e no país; (3) destine seu patrimônio a entidades congêneres ou ao Poder Público, em caso de encerramento de suas atividades; (4) mantenha escrituração contábil capaz de comprovar a observância dos demais requisitos desta alínea, e das normas fiscais, comerciais e de Direito Econômico que lhe sejam aplicáveis. Não há, porém, nenhuma sanção ou penalidade pelo descumprimento das questões relativas à participação nos lucros, ao contrário do que se verifica ao final de cada capítulo da CLT, em que estão as penalidades pela não observância de seus dispositivos. A não equiparação de que trata a letra *b* não é aplicável às hipóteses em que tenham sido utilizados índices de produtividade ou qualidade ou programas de metas, resultados e prazos (§ 3º-A do art. 2º da Lei nº 10.101). Nesse caso, não há participação nos lucros, mas nos resultados. É devida, então, a participação nos resultados em relação a entidade sem fins lucrativos. Entretanto, a pessoa física que tenha empregados e estabeleça resultados não poderá pagar a participação.

Determina o art. 2º da Lei nº 10.101 que a participação nos lucros ou resultados será objeto de negociação entre a empresa e seus empregados, mediante um dos procedimentos escolhidos pelas partes de comum acordo: (a) comissão paritária escolhida pelas partes, integrada, também, por um representante indicado pelo sindicato da respectiva categoria; agora, a forma final do ajuste não poderá ser denominada *acordo coletivo*, pois este necessita da participação do sindicato, mas de *acordo individual*; (b) convenção ou acordo coletivo. A convenção e o acordo coletivo de trabalho têm prevalência sobre a lei quando dispuserem sobre participação nos lucros ou resultados (art. 611-A, XV, da CLT). As partes podem: I – adotar os procedimentos de negociação estabelecidos nos incisos I e II do *caput* do art. 2º da Lei nº 10.101, simultaneamente; e II – estabelecer múltiplos programas de participação nos lucros ou nos resultados, observada a periodicidade estabelecida pelo § 2º do art. 3º da Lei nº 10.101 (§ 5º do art. 2º da Lei nº 10.101).

Uma vez composta, a comissão paritária de que trata o inciso I do *caput* deste artigo dará ciência por escrito ao ente sindical para que indique seu representante no prazo máximo de dez dias corridos, findo o qual a comissão poderá iniciar e concluir suas tratativas (§ 10 do art. 2º da Lei nº 10.101).

O instrumento de acordo celebrado será arquivado na entidade sindical dos trabalhadores.

A lei não tratou do conceito de lucro, que continua indeterminado. Os "resultados" podem ser entendidos como o atingimento de metas pela empresa, os decorrentes da melhoria da produtividade, qualidade, lucratividade ou programas de metas, de redução de custos.

O próprio inciso II do § 1º do art. 2º menciona programas de metas, resultados e prazos, que deveriam ser pactuados previamente, como um dos critérios de distribuição a serem previstos nos sistemas de negociação. Outros critérios, porém, podem ser utilizados, pois o § 1º do art. 2º usa a expressão "entre outros", denotando ser exemplificativa a enumeração que faz, e não taxativa.

A participação nos lucros ou resultados não poderá ser feita em mais de duas vezes no mesmo ano civil e em periodicidade inferior a um trimestre civil. Não pode, portanto, ser mensal, como o salário.

Consideram-se previamente estabelecidas as regras fixadas em instrumento assinado: I – anteriormente ao pagamento da antecipação, quando prevista; e II – com antecedência de, no mínimo, 90 dias da data do pagamento da parcela única ou da parcela final, caso haja pagamento de antecipação (§ 7º do art. 2º da Lei nº 10.101).

A inobservância à periodicidade estabelecida no § 2º do art. 3º da Lei nº 10.101 invalida exclusivamente os pagamentos feitos em desacordo com a norma, assim entendidos: I – os pagamentos excedentes ao segundo, feitos a um mesmo empregado, no mesmo ano civil; e II – os pagamentos efetuados a um mesmo empregado, em periodicidade inferior a um trimestre civil do pagamento anterior (§ 8º do art. 2º da Lei nº 10.101). Na hipótese do inciso II, mantém-se a validade dos demais pagamentos (§ 9º do art. 2º da Lei nº 10.101).

Fere o princípio da isonomia instituir vantagem mediante acordo coletivo ou norma regulamentar que condiciona a percepção da parcela participação nos lucros e resultados ao fato de estar o contrato de trabalho em vigor na data prevista para a distribuição dos lucros. Assim, inclusive na rescisão contratual antecipada, é devido o pagamento da parcela de forma proporcional aos meses trabalhados, pois o ex-empregado concorreu para os resultados positivos da empresa (S. 451 do TST).

Todos os pagamentos efetuados em decorrência de planos de participação nos lucros ou resultados, mantidos espontaneamente pela empresa, poderão ser compensados com as obrigações decorrentes de acordos ou convenções coletivas de trabalho atinentes à participação nos lucros ou resultados.

A participação nos lucros paga ao empregado é desvinculada da remuneração, não substituindo ou complementando a remuneração. Nem se lhe aplica a habitualidade para a caracterização de verba de natureza salarial. Não haverá, portanto, encargos sociais, como FGTS e contribuição previdenciária (art. 20 da Lei nº 9.711/98) sobre seu pagamento. Também inexistirão reflexos da participação nos lucros em férias, 13ºs salários, repouso semanal remunerado, aviso-prévio etc. Não será, também, computada para o cálculo de qualquer adicional, indenização etc.

Será tributada a participação nos lucros ou resultados pelo imposto de renda de forma exclusivamente na fonte, de acordo com a tabela anexa à Lei nº 10.101/2000. Trata-se de renda do trabalhador, desde que o pagamento atinja os patamares sujeitos àquele imposto, sendo feita a tributação em separado dos demais rendimentos auferidos no mês.

Poderá ser deduzida a participação nos lucros paga aos empregados como despesa operacional da empresa, inclusive no próprio exercício de sua constituição.

Caso a negociação que visa à participação nos lucros ou resultados da empresa resulte em impasse, as partes poderão utilizar-se dos seguintes mecanismos de solução do litígio: (1) mediação; (2) arbitragem de ofertas finais.

O mediador ou árbitro será escolhido de comum acordo entre as partes. Firmado o compromisso arbitral, não será admitida a desistência unilateral de qualquer das partes. O laudo arbitral terá força normativa, independentemente de homologação judicial.

O Decreto nº 1.572, de 28-7-1995, estabeleceu regras sobre a mediação na negociação coletiva de natureza trabalhista.

Na arbitragem de ofertas finais, o árbitro deve restringir-se a optar por uma das propostas apresentadas pelas partes, em caráter definitivo.

Adota-se a expressão utilizada nos Estados Unidos, *final offer selection arbitration*, em que o árbitro terá que selecionar (*to select*) uma das propostas das partes, indicando a que achar mais conveniente, segundo seu convencimento. Nesse caso, não poderá o árbitro adotar uma decisão própria, mas apenas escolher uma das duas propostas das partes.

Reza o art. 5º da Lei nº 10.101 que a participação nos lucros dos trabalhadores em empresas estatais observará diretrizes específicas fixadas pelo Poder Executivo. O parágrafo único do art. 5º das referidas normas considera empresas estatais as empresas públicas, as sociedades de economia mista, suas subsidiárias e controladas e demais empresas em que a União, direta ou indiretamente, detenha a maioria do capital social com direito a voto. Nesse ponto, a referida norma pelo menos esclarece o que se considera empresa estatal, o que já ajuda em certo aspecto.

O STF não considerou inconstitucional o art. 5º da Lei nº 10.101 (ADIn 1.687-0, Rel. Min. Sepúlveda Pertence).

Para melhores esclarecimentos consulte o meu livro *Participação dos empregados nos lucros das empresas* (São Paulo: Atlas, 2015).

6.16 PIS-Pasep

A Constituição de 1967, no inciso V do art. 158, assegurava: "integração do trabalhador na vida e no desenvolvimento da empresa, com participação nos lucros e, excepcionalmente, na gestão, nos casos e condições que forem estabelecidos".

O inciso V do art. 165 da EC nº 1, de 1969, mudou um pouco a redação do direito à participação nos lucros previsto na Lei Magna anterior: "integração na vida e no desenvolvimento da empresa, com participação nos lucros e, excepcionalmente, na gestão, segundo for estabelecido em lei".

O PIS (Programa de Integração Social) foi criado pela Lei Complementar nº 7, de 7-9-1970, e o Pasep (Programa de Formação do Patrimônio do Servidor Público) foi instituído pela Lei Complementar nº 8, de 3-12-1970. Pela Lei Complementar nº 26, de 11-9-1975, houve a unificação dos dois fundos, com sua regulamentação feita pelo Decreto nº 78.276, de 17-8-1976. O objetivo era promover a integração do empregado na vida e no desenvolvimento das empresas.

O PIS-Pasep tinha por objetivo implementar uma forma de participação do trabalhador na renda nacional, sem se olvidar da participação dos empregados nos lucros das empresas. Alguns autores chegavam até mesmo a dizer que o PIS-Pasep era uma forma oficial de participação dos trabalhadores nos lucros das empresas, porém mais se aproximava de uma participação dos trabalhadores na renda nacional, pois independia do lucro das empresas, mas, sim, de seu faturamento.

Trata-se, na verdade, de um fundo de participação, gerido pelo governo federal. Ressalte-se que a participação nos lucros é calculada sobre o lucro, e o PIS sobre o faturamento, o que mostra a distinção entre ambos.

Contribuintes do PIS são as pessoas jurídicas de direito privado e a elas equiparadas pela legislação do imposto de renda, tenham ou não finalidade lucrativa. Participantes do PIS são todos os empregados definidos na legislação trabalhista, assim como os trabalhadores avulsos.

Os participantes do Pasep são os funcionários públicos ou titulares de empregos regidos pela legislação trabalhista.

Discutia-se a competência para julgar as reclamações dos empregados quanto ao não cadastramento destes no PIS. O STF firmou o entendimento de que a competência seria da Justiça do Trabalho. Nesse ponto, o TST editou a Súmula 300, dizendo que "compete à Justiça do Trabalho processar e julgar ações de empregados contra empregadores, relativas ao cadastramento no Plano de Integração Social (PIS)". Logo, a Justiça do Trabalho tem competência para resolver as questões quanto ao cadastramento do empregado no PIS e à indenização compensatória no caso da não inscrição do obreiro no referido Fundo, pois causa prejuízos ao trabalhador. Essa orientação ainda é válida nos dias atuais.

Os levantamentos do PIS-Pasep eram permitidos nos casos de: (a) aposentadoria; (b) casamento; (c) morte; (d) transferência para a reserva remunerada, reforma ou invalidez (art. 4º da Lei Complementar nº 26). Os trabalhadores que eram cadastrados há pelo menos cinco anos e recebiam salário mensal igual ou inferior a cinco salários mínimos teriam direito a um abono de um salário mínimo.

O art. 239 da Constituição estabeleceu que a partir de 5-10-1988 o PIS e o Pasep iriam custear, nos termos da lei, o programa de seguro-desemprego e o abono do PIS. O seguro-desemprego foi regulado por meio da Lei nº 8.019, de 11-4-1990. O § 2º do art. 239 da Lei Maior especificou que haveria uma preservação dos patrimônios do PIS e do Pasep, mantendo-se os critérios de saque de acordo com os casos previstos na lei, eliminando-se a hipótese de saque por motivo de casamento. Ficou vedada, também, a distribuição de arrecadação do PIS-Pasep para depósito nas contas individuais dos participantes, ou seja: houve a cessação dos depósitos nas contas individuais dos trabalhadores. Foram mantidos, porém, os patrimônios acumulados até 4-10-1988.

Declara o § 3º do art. 239 da Lei Magna que aos empregados que percebam até dois salários mínimos de remuneração mensal é assegurado o pagamento de um salário mínimo anual, já computado nesse valor o rendimento das contas individuais, no caso daqueles que participavam anteriormente do sistema até a data da promulgação da Norma Ápice. Ainda se exige como requisito o fato de que o trabalhador esteja cadastrado há pelo menos cinco anos no PIS ou no Cadastro Nacional do Trabalhador para o recebimento do referido benefício.

O art. 9º do Decreto-Lei nº 2.445/88 previa que "o participante que não se encontre em atividade e tenha atingido a idade para se aposentar por velhice poderá utilizar o saldo de sua conta vinculada" do PIS. A Resolução nº 49 do Senado Federal, de 9-10-1995, suspendeu a execução do citado decreto-lei. Assim, o saque de cotas por motivo de idade só pode ser feito se for concedido o benefício previdenciário de aposentadoria por idade. De outra forma, não mais poderá haver o saque.

Aqueles trabalhadores que tinham direito ao saque dos rendimentos, continuam podendo fazê-lo. O saldo total poderá ser sacado em caso de: (a) aposentadoria;

(b) invalidez permanente; (c) reforma militar; (d) transferência para a reforma remunerada; (e) morte do participante.

O art. 9º da Lei nº 7.998/90 estabeleceu o abono salarial do PIS, que está regulado na Constituição. O abono, no valor de um salário mínimo vigente na data do respectivo pagamento, é assegurado aos empregados que: (a) tenham percebido, de empregadores que contribuem para o PIS ou para o Pasep, até dois salários mínimos médios de remuneração mensal no período trabalhado, e que tenham exercido atividade remunerada, pelo menos, durante 30 dias no ano-base. Se o trabalhador receber valor superior, não faz jus ao abono. Os domésticos não receberão o abono, pois o empregador não contribui para o sistema; (b) estejam cadastrados há pelo menos cinco anos no Fundo de Participação do PIS-Pasep ou no Cadastro Nacional do Trabalho. No caso de beneficiários integrantes do Fundo de Participação PIS-Pasep, serão computados no valor do abono salarial os rendimentos proporcionados pelas respectivas contas individuais.

Os valores não recebidos em vida pelo empregado serão pagos aos dependentes habilitados perante a Previdência Social e, em sua falta, aos sucessores previstos na lei civil, indicados em alvará judicial, independentemente de inventário ou de arrolamento (art. 1º da Lei nº 6.858, de 24-11-1980). As quotas atribuídas a menores ficarão depositadas em caderneta de poupança, rendendo juros e correção monetária, e só serão disponíveis após o menor completar 18 anos, salvo autorização judicial para compra de imóvel destinado à residência do menor e de sua família (§ 1º do art. 1º da Lei nº 6.858/80).

O art. 10 da Lei Complementar nº 7 dispõe que as obrigações das empresas, decorrentes do PIS, são de caráter exclusivamente fiscal, não gerando direitos de natureza trabalhista nem incidência de qualquer contribuição previdenciária.

6.17 Verba de representação

A verba de representação tem por objetivo indenizar ou reembolsar as despesas na promoção de negócios ou para captação de clientes para o empregador. Há necessidade de que sejam demonstradas as despesas realizadas para a não caracterização como salário.

7 PROTEÇÃO AO SALÁRIO

O salário deve ser protegido em razão do caráter alimentar que possui. O § 1º do art. 100 da Constituição mostra essa característica.

A Convenção nº 95 da OIT, de 1949, que foi aprovada pelo Decreto Legislativo nº 24, de 29-5-1956, e promulgada pelo Decreto nº 41.721, de 25-6-1957, trata da proteção ao salário. O salário deve ser pago em moeda de curso legal (art. 3.1). É proibido o pagamento do salário sob a forma de bônus, cupons ou outra forma que se suponha representar a moeda de curso legal (art. 3.1). Poderá ser permitido pagamento por meio de cheque ou vale postal (art. 3.2). O salário será pago diretamente ao empregado (art. 5). O empregador fica proibido de restringir a liberdade do trabalhador de dispor de seu salário da maneira que lhe aprouver (art. 6). É vedado o *truck system* (art. 7). Os descontos dependerão da lei ou da norma coletiva (art. 8). O salário é impenhorável (art. 10.1). Deve o salário ter preferência ao pagamento de falência ou de liquidação judiciária (art. 11). O pagamento do salário será feito em intervalos regulares (art. 12.1), sendo realizado em dias úteis e no local de trabalho ou nas proximidades (art. 13.1).

O inciso X do art. 7º da Constituição menciona a proteção do salário na forma da lei, constituindo crime sua retenção dolosa. A lei que define o crime ainda não foi editada, mas as regras da CLT e da legislação ordinária já servem para a proteção ao salário. A Constituição também não esclarece se a retenção é total ou parcial ou se é feita uma vez ou várias vezes, que são questões a serem decididas pela lei ordinária. O crime só irá ocorrer com a retenção dolosa, quando houver vontade de reter e não na retenção culposa. A norma constitucional é de eficácia limitada.

A proteção refere-se ao salário, incluindo verbas de natureza salarial. Não menciona a Constituição que se trata de proteção da remuneração, mas do salário. Logo, não estão incluídas nesse conceito as gorjetas, que são remuneração, mas não são salário.

O inciso X do art. 7º da Constituição é regulamentado indiretamente pelo Código Penal quando trata do crime de apropriação indébita (art. 168 do Código Penal), pois implica retenção dolosa do salário.

Prevê o art. 4º do Decreto-Lei nº 368/68 que os diretores, sócios, gerentes, membros de órgãos fiscais ou consultivos, titulares de firma individual ou quaisquer outros dirigentes de empresa que estiver em débito salarial com seus empregados e distribuir lucros, bonificações e dividendos aos seus dirigentes, ficam passíveis de pena de detenção de um mês a um ano.

Mario de La Cueva (1954:I/697) faz interessante divisão da proteção ao salário: (a) defesa do salário em relação ao empregador; (b) defesa do salário em razão dos credores do empregado; (c) defesa do salário em razão dos credores do empregador; (d) defesa do salário em razão dos interesses da família do empregado.

7.1 Defesa do salário em relação ao empregador

O salário deve ser pago ao próprio empregado (pessoalidade no pagamento), sob pena de não ser considerado realizado tal pagamento, salvo se houver prova no sentido de que o salário efetivamente reverteu ao obreiro ou se procurador devidamente habilitado o receber. A Convenção nº 95 da OIT, ratificada pelo Brasil, prevê que o salário será pago diretamente ao empregado (art. 5).

O menor de 18 anos poderá firmar recibo de pagamento de salários, porém na rescisão do contrato de trabalho deverá estar assistido por seus pais (art. 439 da CLT).

O pagamento será feito mediante recibo (art. 464 da CLT). Não se admite a prova do pagamento de salário por meio de testemunhas, pois é imprecisa e pode dar ensejo a fraudes; contudo, se o empregado confessar que recebeu o salário, estará suprida a falta de recibo. Se o empregado for analfabeto ou estiver impossibilitado de assinar, deverá ser colhida sua impressão digital ou, não sendo possível, alguém irá assinar por ele, na presença de testemunhas.

Terá força de recibo o comprovante de depósito em conta bancária, aberta para esse fim, em nome de cada empregado, com o consentimento deste, em estabelecimento de crédito próximo ao local de trabalho. Em primeiro lugar, a abertura de conta bancária em nome do trabalhador deve ter o consentimento do empregado, para que possa haver o depósito do salário nessa conta. Em segundo lugar, não poderá ser em qualquer estabelecimento de crédito, mas sim próximo ao local de trabalho. A lei não dispõe que o estabelecimento de crédito é o mais perto do local de trabalho, mas sim que deve ser próximo ao local de trabalho, nada impedindo que tal estabelecimento seja escolhido pelo próprio empregador. Não poderá ser feita uma conta bancária coletiva, mas as contas deverão ser individuais, em nome de cada empregado. O recibo de depósito em conta bancária faz prova do pagamento do salário e também das próprias verbas rescisórias, quando, por exemplo, se discute o atraso em tal pagamento.

Vigora em matéria de salário o princípio da irredutibilidade salarial, previsto no inciso VI do art. 7º da Lei Maior. Em casos excepcionais, o salário poderá ser reduzido, porém dependendo de convenção ou acordo coletivo. Exige a participação do sindicato de empregados na negociação. Não pode ser feita a redução de forma unilateral pelo empregador. O art. 503 da CLT foi revogado pela Lei Magna, pois permitia a redução do salário em casos de força maior, sendo que atualmente só se permite a redução de salários mediante convenção ou acordo coletivo.

O salário é irredutível, mas não a remuneração, pois nela estão compreendidas as gorjetas.

O aumento real, concedido pela empresa a todos os seus empregados, somente pode ser reduzido mediante a participação efetiva do sindicato profissional no ajuste, mediante convenção ou acordo coletivo (OJ 325 da SBDI-1 do TST).

As razões que impedem a redução salarial são econômicas, de manter o padrão de vida do empregado. A verba salarial tem natureza alimentar, com a qual o empregado conta todo o mês para assumir e pagar seus compromissos.

O princípio da inalterabilidade prega que não pode ser alterada a forma de pagamento do salário.

O art. 2º da Lei nº 4.923, de 23-12-1965, não contraria o inciso VI do art. 7º da Constituição, pois tal norma trata de redução da jornada em relação a empresas que, em razão de conjuntura econômica, devidamente comprovada, necessitarem reduzir a jornada de trabalho e os salários dos empregados. Tal redução é feita mediante acordo com o sindicato, depositado na DRT. A Lei nº 4.923 está derrogada pela Constituição na parte que previu o prazo de três meses de redução, limite de 25% da redução, proibição de retirada de gratificações, de admissão de novos empregados por seis meses e de prestação de horas extras. Todas essas condições podem ser negociadas em acordo ou convenção coletiva, que pode prever outras situações, prazos maiores ou menores etc., dependendo do que for pactuado.

O salário deverá ser pago em moeda de curso forçado no país, entendendo-se como não realizado se for inobservada essa forma (art. 463 da CLT). Não é possível que o pagamento do salário seja feito em vales ou cupons ou em moeda estrangeira. Quando o pagamento é feito em moeda estrangeira, deve haver a conversão para nossa moeda pelo câmbio da data da celebração do contrato, aplicando-se sobre o referido salário os reajustes legais ou da categoria. A utilização do real se justifica também para proteger o salário das incertezas do câmbio. Entretanto, é possível o pagamento em utilidades e mediante cheque. Para que o pagamento do salário ou de férias possa ser feito por meio de cheque é preciso que a empresa esteja situada no perímetro urbano e o empregador proporcione ao empregado: (a) horário que permita o desconto imediato do cheque; (b) o pagamento de qualquer despesa para o recebimento do salário, inclusive de transporte (art. 1º, III, da Instrução Normativa nº 1, de 7-11-1989); (c) tempo suficiente para o recebimento do salário; (d) condição que impeça qualquer atraso no recebimento do salário ou das férias. Para o recebimento do salário ou férias por meio de conta bancária é necessário que a empresa esteja situada no perímetro urbano, devendo a conta ser aberta em nome de cada empregado e com o consentimento deste, em estabelecimento de crédito próximo ao local de trabalho. Se o trabalhador for analfabeto, o salário somente poderá ser pago em dinheiro.

Split salary é quando parte do salário é paga no país da prestação de serviços e parte no país de origem. Serve para tributação em separado em cada país. Entretanto, o Brasil não tem acordos tributários nesse sentido. O pagamento feito no exterior deve ser somado com o pagamento feito no Brasil para se verificar o total da remuneração e servir de incidência do FGTS e da contribuição previdenciária.

O pagamento deverá ser feito em dia útil e no local de trabalho, dentro do horário de serviço ou imediatamente após o encerramento deste (art. 465 da CLT), salvo quando efetuado por depósito em conta bancária, observado o disposto no parágrafo único do art. 464 da CLT. A parte final do art. 465 da CLT permite que o salário seja pago mediante depósito em conta bancária, isto é, não precisará ser feito no próprio local de trabalho, nem no horário de serviço ou imediatamente após o encerramento deste. Basta que seja feito mediante depósito em conta bancária, que também provará o pagamento. Agora, a lei dispõe que não só o recibo de pagamento, mas também o depósito em conta bancária, são provas do pagamento do salário.

Qualquer que seja a modalidade do trabalho, o pagamento do salário não pode ser estipulado por período superior a um mês, salvo quanto às comissões, percentagens ou gratificações (art. 459 da CLT). O salário, portanto, deve ser pago com pontualidade, mais precisamente até o 5º dia útil do mês seguinte ao vencido (parágrafo único do art. 459 da CLT). As comissões, entretanto, deverão ser pagas mensalmente, à medida que haja a conclusão dos negócios (art. 4º da Lei nº 3.207/57). O prazo de pagamento de comissões pode ser dilatado para três meses, mediante acordo das partes (parágrafo único do art. 4º da Lei nº 3.207/57). A empresa que estiver em débito salarial com seus empregados não poderá: (a) pagar honorários, gratificações, *pro labore* ou qualquer outro tipo de retribuição ou retirada a seus diretores, sócios, gerentes ou titulares de firma individual; (b) distribuir lucros, bonificações, dividendos ou interesses a seus sócios, titulares, acionistas ou membros de órgãos dirigentes, fiscais ou consultivos; (c) ser dissolvida (art. 1º do Decreto-Lei nº 368, de 19-12-1968). O sábado será considerado dia útil para efeito de pagamento de salário e da contagem dos cinco dias anteriormente mencionados, excluindo-se o domingo e feriado, inclusive o municipal (art. 1º, I, da Instrução Normativa nº 1, de 7-11-1989, do Secretário de Relações de Trabalho). Dia útil é, portanto, o que pode ser dedicado ao trabalho, implicando a exclusão do domingo e do feriado. Mesmo para efeito dos depósitos bancários na conta do empregado, deve-se observar que o numerário deverá estar à disposição do empregado, o mais tardar até o quinto dia útil. Caso o último dia para pagamento do salário seja o sábado e o empregador fizer depósito bancário, deve fazer o depósito na sexta-feira para estar à disposição do empregado. Se o pagamento for feito por quinzena ou semana, deve ser efetuado até o quinto dia após o vencimento (inc. IV do art. 1º da Instrução Normativa nº 1). As gratificações poderão ser pagas por mês, por semestre ou por ano, de acordo com a forma como foram ajustadas.

Observa-se no Direito do Trabalho o princípio da intangibilidade salarial, pois os descontos que podem ser feitos no salário do obreiro são apenas os previstos em lei, norma coletiva ou decorrentes de adiantamentos (art. 462 da CLT). Irei tratar do tema com mais propriedade quando falar sobre os descontos no salário do empregado.

Havendo rescisão do contrato de trabalho, seja por parte do empregado ou do empregador, este deverá pagar as verbas rescisórias incontroversas na primeira audiência em que comparecer à Justiça do Trabalho, sob pena de pagá-las com acréscimo de 50% (art. 467 da CLT). Se o empregador é revel, por não ter apresentado defesa, presumem-se verdadeiros os fatos alegados na inicial, devendo a empresa pagar as verbas rescisórias na primeira audiência, sob pena de pagá-las com acréscimo de 50% (S. 69 do TST). Quando houver dúvida a respeito da existência da relação de emprego, é impossível aplicar o art. 467 da CLT. O disposto no art. 467 da CLT não se aplica à União, aos Estados, ao Distrito Federal, aos Municípios e a suas autarquias e fundações públicas (parágrafo único do art. 467 da CLT). Aplica-se, porém, às fundações privadas. Observa-se também às empresas públicas que exploram atividade econômica e às sociedades de economia mista, que têm de aplicar as regras de Direito do Trabalho (art. 173, § 1º, II, da Constituição). O objetivo do art. 467 da CLT é evitar procedimentos protelatórios por parte do empregador, de modo a reter as verbas rescisórias do empregado e só pagá-las no final do processo. O empregado necessita delas para sobreviver no período em que está desempregado.

Não pode ser observado o art. 467 da CLT em relação às massas falidas, pois estas não têm numerário em caixa para o pagamento incontinenti de salários, o que depende inclusive de liberação determinada por ato do juiz da falência. Assim, não se pode ordenar que a massa falida faça pagamentos de imediato, inclusive porque há a necessidade da habilitação dos créditos perante o juízo universal da falência.

É indevida a aplicação da determinação prevista no art. 467 da CLT, nos casos da decretação de falência da empresa, porque a massa falida está impedida de saldar qualquer débito, até mesmo o de natureza trabalhista, fora do juízo universal da falência (S. 388 do TST).

A exceção diz respeito à hipótese em que a falência ocorre posteriormente à primeira audiência, em que as verbas rescisórias já são devidas com o acréscimo de 50%.

7.2 Defesa do salário em razão dos credores do empregado

Há interesse social e da família do empregado na defesa do salário contra os credores do obreiro.

Os salários são impenhoráveis, salvo para efeito de pagamento de prestação alimentícia e em relação às importâncias excedentes a 50 salários mínimos mensais (art. 833, IV, do CPC). Justifica-se essa regra, pois o salário é o meio de subsistência do empregado comum, o direito à vida e à dignidade da pessoa humana. O empregado vive do salário. As gorjetas não estão incluídas nessa regra, pois não se trata de salário, mas de remuneração, podendo, portanto, ser penhoradas.

Estando o salário na conta-corrente, já não é mais salário, mas numerário à disposição do cliente, podendo ser penhorado.

7.3 Defesa do salário em razão dos credores do empregador

O Brasil aprovou a Convenção nº 95 da OIT pelo Decreto-legislativo nº 24, de 26-5-1956, e foi promulgada pelo Decreto nº 41.721, de 25-6-1957. Estabelece-se que em caso de falência ou de liquidação judiciária de uma empresa, os empregados serão credores privilegiados dos salários, que lhes são devidos a título de serviços prestados no decorrer de período anterior à falência ou à liquidação e que será prescrito pela legislação nacional, desde que não ultrapassem os limites previstos na legislação nacional (art. 11, 1). O salário será pago integralmente antes dos demais credores (art. 11, 2). A ordem de prioridade do crédito privilegiado constituído pelo salário, em relação aos outros créditos privilegiados, deve ser determinada pela legislação nacional (art. 11, 3). A Lei nº 11.101 está de acordo com a norma internacional, pois estabeleceu o privilégio do salário e os limites a serem observados como pagamentos prioritários.

Os direitos oriundos do contrato de trabalho subsistem em caso de falência, recuperação judicial ou dissolução da empresa (art. 449 da CLT).

A recuperação judicial não impede o empregado de ajuizar a reclamação trabalhista, nem a execução do crédito trabalhista, pois o empregador ainda tem a possibilidade de comerciar, tendo disponibilidade sobre seus bens (S. 227 do STF).

Na falência, constituíam créditos privilegiados a totalidade dos salários devidos ao empregado e apenas um terço das indenizações a que tivesse direito, sendo crédito quirografário os restantes dois terços (§ 1º do art. 449 da CLT). Foi dada nova redação a esse dispositivo legal pela Lei nº 6.449, 14-10-1977, determinando que, "na falência, constituirão créditos privilegiados a totalidade dos salários devidos ao empregado e a totalidade das indenizações a que tiver direito".

Os créditos derivados da legislação do trabalho, limitados a 150 salários mínimos por credor são os primeiros a ser pagos na falência (art. 83, I, da Lei nº 11.101/2005). Não se faz distinção entre créditos decorrentes de salários ou de indenizações trabalhistas. Basta que sejam derivados da legislação do trabalho. Acima de 150 salários mínimos, o crédito terá natureza quirografária e não terá preferência.

A fixação do valor em salários mínimos é inconstitucional, pois serve de forma de indexação, que é vedado pelo inciso IV do art. 7º da Constituição, que proíbe a vinculação ao salário mínimo para qualquer fim.

O limite de 150 salários mínimos foi considerado constitucional pelo STF (ADIn 3.934-2, TP, Rel. Min. Ricardo Lewandowski, *DJ* 5-11-2009).

Uma das consequências da nova Lei de Falências é a derrogação do § 1º do art. 449 da CLT, que deveria ter sua redação adequada à nova norma. Não é mais a totalidade dos créditos trabalhistas e das indenizações que terá privilégio total na massa, mas apenas 150 salários mínimos. O CTN foi adequado à nova Lei de Falências pela Lei Complementar nº 118/2005. Há necessidade também de se alterar o § 1º do art. 449 da CLT.

Permanece em vigor o art. 148 da CLT, pois apenas estabelece que as férias têm natureza salarial, ainda quando devidas após a cessação do contrato de trabalho.

Justifica-se a preferência do crédito trabalhista em razão da natureza alimentar que tem, pois na grande maioria das vezes o empregado e sua família dependem exclusivamente do recebimento das verbas trabalhistas decorrentes do contrato de trabalho para poder sobreviver. Isso também tem característica social, pois o empregado paga seus compromissos com tais créditos e impulsiona a economia. Se o empregado deixa de receber, outras pessoas também podem deixar de receber seus créditos do obreiro, que não terá como pagar suas dívidas. Por isso, o crédito trabalhista deve ser protegido.

Indenização de muitos anos de casa pode ser superior ao teto proposto. Basta a empresa não ter recolhido o FGTS por um bom período. Somada com as verbas rescisórias ou outros haveres, como horas extras, o trabalhador simplesmente recebe o teto e, quanto ao restante, fica a ver navios, porque na maioria das vezes não há bens a serem vendidos para saldar as dívidas da massa.

Se for dividido o valor de 150 salários mínimos por 60 meses, que é o período de prescrição a reclamar, o empregado tem direito de receber 2,5 salários mínimos por mês, o que é muito pouco, principalmente quando prestou horas extras.

Não se pode, portanto, socializar o prejuízo dos empregados e maximizar os lucros dos bancos.

Mesmo o trabalhador que ganha salário mais elevado, não sendo exatamente hipossuficiente, deve receber a totalidade dos seus créditos decorrentes do seu suor, pois este trabalhador e sua família também vivem do que a empresa lhe paga.

Os riscos do empreendimento devem ficar por conta do empregador (art. 2º da CLT). Não podem ser socializados ou divididos com o empregado, que não dirige a empresa e não pode participar dos prejuízos. Não é possível devolver a energia de trabalho ao trabalhador depois de ter prestado serviços e pouco receber. O polo mais fraco é que está sendo prejudicado com a mudança.

Se existem fraudes no recebimento de vultosas verbas trabalhistas na falência por pessoas que sequer são empregados e acabam tendo preferências sobre outros créditos trabalhistas, elas devem ser combatidas. O Ministério Público do Trabalho vem ajuizando ações rescisórias contra pessoas que não são empregados e que pretendiam receber créditos fraudulentos nas falências, obtendo excelentes resultados. A exceção não pode ser tomada como regra. A fraude não pode ser presumida sempre, mas, ao contrário, deve ser provada. A boa-fé se presume e não o contrário.

Agora, o crédito trabalhista superior a 150 salários mínimos será considerado quirografário (art. 83, VI, da Lei nº 11.101), estando em sexto lugar na classificação dos créditos na falência. Fica abaixo dos créditos com garantia real até o limite do valor do bem gravado (art. 83, II, da Lei nº 11.101), que provavelmente serão os créditos bancários.

Não podem existir duas classes de credores. A primeira classe que recebe até 150 salários mínimos e a segunda classe, que recebe o restante. O crédito trabalhista é o mesmo. A lei não pode estabelecer distinção.

O legislador privilegiou a questão econômica, os interesses dos bancos, em detrimento da questão social.

A valorização do trabalho humano não está sendo violada, pois o trabalho humano continua sendo prestigiado. Não está sendo desprestigiado. A questão é de limites para o recebimento, que são estabelecidos pela lei ordinária.

Os créditos trabalhistas de natureza estritamente salarial vencidos nos três meses anteriores a decretação da falência, até o limite de cinco salários mínimos por trabalhador, serão pagos tão logo haja disponibilidade em caixa (art. 151 da Lei nº 11.101).

Serão considerados créditos extraconcursais e serão pagos com precedência sobre os créditos definidos no art. 83 da Lei de Falências os créditos derivados da legislação do trabalho relativos a serviços prestados após a decretação da falência (art. 84, I, da Lei nº 11.101).

Há, portanto, três tipos de créditos trabalhistas:

a) nos casos de contratação de trabalhadores após a decretação da falência;
b) até 150 salários mínimos;
c) acima de 150 salários mínimos.

Tem por objetivo a recuperação judicial viabilizar a superação da situação de crise econômico-financeira do devedor, a fim de permitir a manutenção da fonte produtora, do emprego dos trabalhadores e dos interesses dos credores, promovendo, assim, a preservação da empresa, sua função social e o estímulo à atividade econômica (art. 47 da Lei nº 11.101).

O plano de recuperação judicial não poderá prever prazo superior a um ano para pagamento dos créditos derivados da legislação do trabalho ou decorrentes de acidentes do trabalho vencidos até a data do pedido de recuperação judicial (art. 54 da Lei nº 11.101/2005).

Não poderá, ainda, o plano prever prazo superior a 30 dias para o pagamento, até o limite de cinco salários mínimos por trabalhador, dos créditos de natureza estritamente salarial vencidos nos três meses anteriores ao pedido de recuperação judicial (parágrafo único do art. 54 da Lei nº 11.101/2005). A lei diz respeito apenas aos salários vencidos nos três meses anteriores ao pedido de recuperação judicial, que representam a contraprestação pelo serviço feito pelo empregado, e não de outras verbas.

Os créditos trabalhistas na recuperação judicial continuarão privilegiados, pois o art. 83 da Lei nº 11.101 trata dos 150 salários mínimos apenas na falência e não na recuperação judicial. Não há, portanto, limite na recuperação judicial.

Na alienação conjunta ou separada de ativos, inclusive da empresa ou de suas filiais, o objeto da alienação estará livre de qualquer ônus e não haverá sucessão do arrematante nas obrigações do devedor, inclusive as de natureza tributária, as derivadas da legislação do trabalho e as decorrentes de acidentes do trabalho (art. 141, II, da Lei nº 11.101). O objetivo é permitir que o adquirente cumpra os ativos e verta dinheiro para a massa, sem que tenha responsabilidade trabalhista ou tributária por sucessão. Do contrário, não terá interesse em adquirir bens e ser responsabilizado como sucessor.

Empregados do devedor contratados pelo arrematante serão admitidos mediante novos contratos de trabalho e o arrematante não responde por obrigações decorrentes do contrato anterior (§ 2º do art. 141 da Lei nº 11.101). Se o arrematante responder pelos créditos dos empregados em decorrência da falência, não irá contratá-los. Não se pode falar em sucessão, em razão da disposição da Lei de Falência. Não se aplicam os arts. 10 e 448 da CLT.

Na recuperação extrajudicial, os créditos decorrentes da legislação do trabalho terão privilégio sobre outros créditos, inclusive o tributário, pois o § 1º do art. 161 da Lei nº 11.101 dispõe que o capítulo não se aplica aos créditos derivados da legislação do trabalho. Assim, não são observados os limites de até 150 salários mínimos.

Havendo recuperação judicial na falência, será facultado aos contratantes tornar sem efeito a rescisão do contrato de trabalho e consequente indenização, desde que o empregador pague, no mínimo, a metade dos salários que seriam devidos ao empregado durante o interregno (§ 2º do art. 449 da CLT).

O primeiro requisito é que haja recuperação judicial na falência. O segundo é que tenha havido a rescisão do contrato de trabalho e tenha ela se tornado sem efeito, pois, se persistir a rescisão, não haverá direito à metade dos salários.

Na liquidação extrajudicial, não há procedimento judicial, mas administrativo, razão pela qual a reclamação trabalhista é processada normalmente, sem necessidade de habilitação do crédito do empregado.

7.4 Defesa do salário em razão dos interesses da família do empregado

Determina o art. 5º da Convenção nº 95 da OIT que o salário será pago diretamente ao empregado. O art. 457 da CLT menciona que o salário é pago diretamente pelo empregador ao empregado.

A legislação brasileira não trata do tema. Se o empregador pagar o salário à mulher ou ao marido de seu empregado ou empregada, deverá provar que o pagamento reverteu em benefício do obreiro, sob pena de pagar novamente, pois quem paga mal, paga duas vezes.

8 DESCONTOS NO SALÁRIO DO EMPREGADO

O Direito do Trabalho tem como um de seus postulados fundamentais o princípio da intangibilidade salarial. O mencionado princípio mostra a natureza alimentar do salário, ao evidenciar a proteção jurídica dispensada àquele, de modo a limitar a possibilidade de descontos abusivos feitos pelo empregador. É o previsto no art. 462 da CLT, ao dispor que "ao empregador é vedado efetuar qualquer desconto nos salários do empregado, salvo quando este resultar de adiantamentos, de dispositivo de lei ou de contrato coletivo".

Havendo dano causado pelo empregado, o desconto será, contudo, permitido, "desde que esta possibilidade tenha sido acordada ou na ocorrência de dolo do empregado" (§ 1º do art. 462 da CLT).

Adiantamentos são importâncias normalmente oferecidas pelo empregador ao empregado, como acontece com os vales tirados pelo segundo no decorrer do mês. Adiantamento não é exatamente desconto, mas antecipação que posteriormente é compensada.

Dívida civil ou comercial não poderá ser descontada do salário do empregado. As dívidas que podem ser descontadas são as trabalhistas. Se o empregador fizer um empréstimo ao empregado, não poderá descontá-lo do salário do obreiro, salvo se este concordar com o desconto.

Os descontos autorizados por lei são, entre outros, da contribuição sindical, desde que autorizada pelo empregado (art. 582 da CLT), do pagamento de prestação alimentícia prevista em ordem judicial, do pagamento de pena criminal pecuniária, de custas judiciais, de dívidas contraídas para a aquisição da casa própria pelo Sistema Financeiro de Habitação (Lei nº 5.725/71), da retenção do saldo salarial quando o empregado pede demissão e não dá aviso-prévio ao empregador (§ 2º do art. 487 da CLT), da mensalidade devida pelo empregado sindicalizado (art. 548, *b*, c/c art. 545 da CLT), da contribuição previdenciária (Lei nº 8.212/91), do imposto de renda na fonte (§ 1º do art. 7º da Lei nº 7.713), do vale-transporte até 6% do salário do empregado (art. 9º, I, do Decreto nº 95.247/67) e até 20% do custo direto da refeição (art. 2º, I, do Decreto nº 5/91).

O empregado não pode sofrer, sem sua expressa e prévia anuência, qualquer cobrança ou desconto salarial estabelecido em convenção ou acordo coletivo de trabalho (art. 611-B, XXVI, da CLT).

Os descontos de imposto de renda na fonte e previdência são válidos, mesmo que não haja previsão na sentença que resolva o conflito trabalhista, por serem provenientes de normas de ordem pública, devendo ser pago ao empregado o valor líquido da condenação, como ocorreria se a importância a ele devida fosse normalmente satisfeita dentro dos prazos legais.

Os empregados regidos pela CLT podem autorizar, de forma irrevogável e irretratável, o desconto em folha de pagamento ou na sua remuneração disponível dos valores referentes ao pagamento de empréstimos, financiamentos, cartões de crédito e operações de arrendamento mercantil concedidos por instituições financeiras e sociedades de arrendamento mercantil, quando previsto nos respectivos contratos (art. 1º da Lei nº 10.820/2003).

O objetivo da Lei nº 10.820 é permitir que o empregado tenha acesso a empréstimos bancários a juros mais baixos do que os de mercado.

O desconto também poderá incidir sobre verbas rescisórias devidas pelo empregador, se assim for previsto no respectivo contrato de empréstimo, financiamento, cartão de crédito ou arrendamento mercantil, até o limite de 35%. Cinco por cento são destinados exclusivamente para: (a) a amortização de despesas contraídas por meio de cartão de crédito; (b) a utilização com a finalidade de saque por meio do cartão de crédito. Os empregados poderão solicitar o bloqueio, a qualquer tempo, de novos descontos, mas não se aplica aos descontos autorizados em data anterior à da solicitação do bloqueio.

Cabe ao empregador informar, no demonstrativo de rendimentos do empregado, de forma discriminada, o valor do desconto mensal decorrente de cada operação de empréstimo, financiamento, cartão de crédito ou arrendamento e os custos operacionais. Os descontos autorizados na forma acima terão preferência sobre outros descontos da mesma natureza que venham a ser autorizados posteriormente.

Será o empregador responsável pelas informações prestadas, pela retenção dos valores devidos e pelo repasse às instituições consignatárias, o qual deverá ser realizado até o 5º dia útil após a data de pagamento ao mutuário, de sua remuneração mensal.

O empregador, salvo disposição contratual em sentido contrário, não será corresponsável pelo pagamento dos empréstimos, financiamentos, cartões de crédito e arrendamentos mercantis concedidos aos mutuários, mas responderá como devedor principal e solidário perante a instituição consignatária, por valores a ela devidos, em razão de contratações que deixarem, por falha ou culpa, de ser retidos ou repassados.

Na hipótese de comprovação de que o pagamento mensal do empréstimo, financiamento, cartão de crédito ou arrendamento mercantil tenha sido descontado do mutuário e não tenha sido repassado pelo empregador, ou pela instituição financeira mantenedora, à instituição consignatária, fica esta proibida de incluir o nome do mutuário em cadastro de inadimplentes.

Nas operações de crédito consignado, o empregado poderá oferecer em garantia, de forma irrevogável e irretratável: I – até 10% do saldo de sua conta vinculada no Fundo de Garantia do Tempo de Serviço – FGTS; II – até 100% do valor da multa paga pelo empregador, em caso de despedida sem justa causa ou de despedida por culpa recíproca ou força maior, nos termos dos §§ 1º e 2º do art. 18 da Lei nº 8.036, de 11-5-1990. A garantia só poderá ser acionada na ocorrência de despedida sem justa causa, inclusive a indireta, ou de despedida por culpa recíproca ou força maior, não se aplicando, em relação à referida garantia, o disposto no § 2º do art. 2º da Lei nº 8.036, de 11-5-1990. O Conselho Curador do FGTS poderá definir o número máximo de parcelas e a taxa máxima mensal de juros a ser cobrada pelas instituições consignatárias nas operações de crédito consignado de que trata este artigo.

No caso de falência do empregador, antes do repasse das importâncias descontadas dos mutuários, fica assegurado à instituição consignatária o direito de pedir a restituição das importâncias retidas.

Reza o art. 462 da CLT sobre descontos previstos em contratos coletivos; contudo, é preciso entender que se trata de descontos provenientes de acordos ou convenções coletivas. Os descontos autorizados em normas coletivas geralmente dizem respeito à contribuição assistencial (art. 513, *e*, da CLT). O empregado tem o direito de não sofrer, sem sua expressa e prévia anuência, qualquer cobrança ou desconto salarial estabelecidos em convenção coletiva ou acordo coletivo de trabalho (art. 611-B, XXVI, da CLT).

O art. 462 da CLT não prevê o desconto no salário do empregado a título de multa. Deve haver a interpretação restritiva do referido preceito. Se não há previsão para o desconto de multa, é sinal que ela não é permitida. Mesmo que a multa tenha sido acordada no contrato de trabalho, não será possível haver desconto no salário, por falta de previsão legal expressa. Ao contrário, se a multa for prevista na norma coletiva, poderá haver desconto, pois o *caput* do art. 462 da CLT dispõe sobre a possibilidade de descontos previstos em norma coletiva.

O § 1º do art. 462 da CLT elenca outra hipótese de desconto no salário do trabalhador, mas há necessidade da ocorrência de dolo por parte do operário ao causar prejuízo a seu patrão. Em caso de culpa, o desconto só será admitido se houver sido estipulado no contrato de trabalho, além da necessidade da demonstração do prejuízo do empregador, pelo ato praticado pelo empregado.

Não será possível o desconto no salário de importância superior ao ordenado, considerando-se o excedente como dívida civil.

São permitidos também descontos de prestações *in natura*, como alimentação, habitação, vestuário etc., não podendo o desconto superar 70% do salário mínimo, ou seja, 30% do salário mínimo terão que ser pagos em dinheiro (parágrafo único do art. 82 da CLT). Os porcentuais para desconto no salário do obreiro são determinados por região, como define a Portaria nº 19, do Ministério do Trabalho, de 31-1-1952. Para a região do Estado de São Paulo temos os seguintes porcentuais calculados sobre o salário mínimo: 43% para alimentação, 33% para habitação, 14% para vestuário, 6% para higiene e 4% para transporte. O art. 1º da Lei nº 3.030, de 19-12-1956, determina que os descontos por fornecimento de alimentação, quando preparada pelo próprio empregador, não poderão exceder a 25% do salário mínimo. Seria possível aplicar, por analogia, esses mesmos porcentuais para quem perceba mais do que um salário mínimo por mês.

Esclarece o § 3º do art. 458 da CLT que a habitação e a alimentação fornecidas como salário-utilidade deverão atender aos fins a que se destinam e não poderão exceder, respectivamente, a 25% e 20% do salário contratual.

Do empregado rural é possível descontar: (a) até o limite de 20% do salário mínimo pela ocupação da moradia; (b) até 25% do salário mínimo pelo fornecimento de alimentação sadia e farta, atendidos os preços vigentes na região; (c) adiantamentos em dinheiro.

É vedado ao empregador doméstico efetuar descontos no salário do empregado por fornecimento de alimentação, vestuário, higiene ou moradia, bem como por despesas com transporte, hospedagem e alimentação em caso de acompanhamento em viagem (art. 18 da Lei Complementar nº 150/2015). É facultado ao empregador efetuar descontos no salário do empregado em caso de adiantamento salarial e, mediante acordo escrito entre as partes, para a inclusão do empregado em planos de assistência médico-hospitalar e odontológica, de seguro e de previdência privada, não podendo a dedução ultrapassar 20% do salário. Poderão ser descontadas as despesas com moradia quando essa se referir a local diverso da residência em que ocorrer a prestação de serviço, desde que essa possibilidade tenha sido expressamente acordada entre as partes. As despesas referidas não têm natureza salarial nem se incorporam à remuneração para quaisquer efeitos. O fornecimento de moradia ao empregado doméstico na própria residência ou em morada anexa, de qualquer natureza, não gera ao empregado qualquer direito de posse ou de propriedade sobre a referida moradia.

Determinando o empregador que o uniforme é de uso obrigatório no trabalho, não poderá descontá-lo do salário do empregado, pois deverá ser fornecido gratuitamente, nem será considerado como salário *in natura*, desde que seja utilizado apenas no trabalho (§ 2º do art. 458 da CLT).

O Equipamento de Proteção Individual (EPI) deverá ser fornecido gratuitamente ao empregado (art. 166 da CLT). Não poderá o empregador descontar do salário do empregado o referido equipamento.

Cheques de clientes sem a necessária provisão de fundos não poderão ser descontados do salário do obreiro, porque o risco do empreendimento não se transfere ao empregado (art. 2º da CLT). O mesmo pode-se dizer em relação a anúncios e telefonemas feitos pelo empregado para o regular desenvolvimento de seus serviços na empresa.

Outros descontos poderão ser realizados no salário do trabalhador, desde que haja algum benefício para o operário ou sua família com o referido desconto, embora essa orientação não seja pacífica na jurisprudência. É o que ocorre com descontos a título de aluguel, desde que o empregado os autorize.

O convênio médico é um desconto que pode ser feito no salário do empregado, desde que haja autorização dele por escrito, visto que proporciona um benefício não só ao trabalhador, como também à sua família, que poderá, por um preço menor que o do mercado, fazer consultas e exames médicos. Tal benefício, na verdade, corresponde a uma necessidade de todas as pessoas, porque os exames e consultas médicas são muito caros, principalmente para o trabalhador de baixa renda, que não tem condições de levar seus filhos ao médico, se não lhe for proporcionada essa vantagem pela empresa. O mesmo se pode dizer de descontos a título de farmácia ou medicamentos, desde que efetivamente utilizados pelo empregado ou sua família, mormente quando os valores descontados são inferiores aos de mercado.

Descontos de clube recreativo ou colônia de férias podem ser tolerados se houver anuência expressa do empregado, e desde que este se tenha utilizado dessas vantagens, pois não se pode dizer que sejam necessidades fundamentais do trabalhador, ao contrário do convênio médico.

Descontos efetuados a título de cartão de compras ou de cooperativas para os trabalhadores, que proporcionem a compra do bem por valor mais baixo do que o real (§ 3º do art. 462 da CLT), poderão ser feitos no salário do obreiro, desde que não impostos pelo empregador, pois é nítida a vantagem auferida pelo trabalhador, que inclusive ficou na posse da coisa comprada. De modo diverso, se o empregador mantiver armazém para a venda de mercadorias, não poderá coagir ou induzir o empregado a dele se utilizar para a compra de tais coisas (§ 2º do art. 462 da CLT). É a vedação ao *truck system*, não se permitindo também o pagamento mediante vales, fichas, bônus, chapas ou outros símbolos que representem a moeda. Não poderá também o empregador coagir o empregado a se utilizar do armazém da empresa. Poderão ser vendidas mercadorias ou prestados serviços a preços razoáveis, sem intuito de lucro e sempre em benefício dos empregados.

Há empregadores que criam empresas de previdência privada para proporcionar vantagens a seus funcionários, geralmente complementação de aposentadoria, mediante descontos mensais no salário do obreiro. O desconto efetuado deverá ter necessariamente a concordância do empregado.

Algumas entidades, principalmente financeiras, costumam proporcionar empréstimos ao empregado, mediante a concessão de valores a taxas de juros subsidiadas, o que vem a proporcionar benefício ao empregado; mas para o desconto é necessária a autorização deste.

Por último, resta examinar o desconto a título de seguro de vida. Quanto ao seguro contra acidentes do trabalho, este ficará a cargo do empregador (art. 7º, XXVIII, da Constituição).

O desconto de seguro de vida em grupo não é autorizado por lei ou norma coletiva, nem decorre de adiantamento (art. 462 da CLT). Ao contrário, algumas normas coletivas são expressas no sentido de que o seguro fique a cargo do empregador. Certas normas legais determinam que o seguro seja feito pelo próprio empregador, como ocorre em relação ao seguro de vida em grupo para os vigilantes (art. 19, IV, da Lei nº 7.102).

Não há nenhum benefício ao empregado com o seguro de vida. Este não passa de mera expectativa. O evento só ocorre com o falecimento do trabalhador. Falta o efetivo benefício ao empregado, que disporá do numerário quando não mais estiver entre nós. Não se pode falar aqui em benefício potencial, que inexiste. Há necessidade de um benefício real. Ressalte-se que, quando o empregado é dispensado, perde automaticamente a condição de associado e de beneficiário do seguro de vida, mostrando que o seguro não enseja nenhuma vantagem ao operário.

O contrato de seguro é um pacto de adesão, de natureza civil, realizado entre seguradora e segurado. Geralmente, não há a livre manifestação da vontade do empregado, pois a anuência é feita na admissão, o que pode implicar imposição dissimulada, por parte do empregador, pela hipossuficiência do trabalhador, que necessita do emprego e tudo faz para ser admitido.

Não se pode dizer que o desconto autorizado geraria condição contratual legítima, nem que após tantos anos de desconto haveria ajuste tácito (art. 443 da CLT). Ocorre que o empregado não se opõe ao desconto durante a relação de emprego por uma simples razão: quer preservar seu posto de trabalho.

Para aqueles empregadores que fazem o seguro com empresa seguradora do mesmo grupo econômico, aplica-se por analogia o § 2º do art. 462 da CLT, o que mostra a vontade do empregador de fazer o obreiro adquirir produtos seus.

De outro modo, é vedado às empresas limitar, por qualquer forma, a liberdade dos empregados de dispor de seus salários (§ 4º do art. 462 da CLT), pois o desconto do seguro é uma forma de não permitir que o obreiro livremente disponha de sua remuneração mensal.

O princípio da intangibilidade visa, principalmente, proteger o salário do empregado contra descontos abusivos efetuados pelo empregador. Na verdade, o que o empregado quer é receber seu salário no final do mês.

Qual a proteção que pode mais interessar ou favorecer o trabalhador? É o pagamento integral do salário: o dinheiro no bolso do obreiro, que pode dispor do numerário recebido como lhe aprouver, coibindo-se descontos não autorizados, por menores que sejam.

A Súmula 342 do TST veio a dirimir as dúvidas a respeito de certos descontos feitos no salário do empregado, tendo a seguinte redação: "Descontos salariais efetuados pelo empregador, com a autorização prévia e por escrito do empregado, para ser integrado em planos de assistência odontológica, médico-hospitalar, de seguro, de previdência privada, ou de entidade cooperativa, cultural ou recreativa-associativa dos seus trabalhadores, em seu benefício e de seus dependentes, não afrontam o disposto no art. 462 da CLT, salvo se ficar demonstrada a existência de coação ou de outro defeito que vicie o ato jurídico".

Agora, há uma orientação segura no sentido de só se considerar lícitos os descontos mencionados se houver autorização prévia e por escrito do empregado, pois caso não exista a autorização anterior e por escrito o desconto não será válido. Assim, é possível entender que o desconto não poderá ser feito tacitamente, mas somente por escrito e com antecedência. De outro modo, caberá ao empregado provar o vício de consentimento quanto à autorização que concedeu ao empregador, ou seja, a existência de erro, dolo, coação ou fraude (arts. 138 a 165 do Código Civil). Não provada a existência do vício, e havendo autorização prévia e por escrito, o desconto será considerado válido. Não se poderá presumir coação, nem mesmo econômica do empregador.

Quaisquer formas que vierem a reduzir o salário do trabalhador ou a violar o princípio da integralidade do salário serão defesas ao empregador, a não ser se proporcionarem alguma vantagem ao operário, como as que foram anteriormente indicadas.

Questões

1. O que é remuneração?
2. O que é salário?
3. O que é gorjeta?
4. O que são adicionais?
5. O que são abonos?
6. A participação nos lucros já é desvinculada da remuneração?
7. O que é PIS e como funciona?
8. É devido adicional de periculosidade aos profissionais de energia elétrica? Como se dá?
9. Como se conceitua o princípio da intangibilidade salarial?

Capítulo 18

EQUIPARAÇÃO SALARIAL

1 INTRODUÇÃO

Equiparação vem do latim *aequiparare*, com o sentido de igualação.

O princípio de que todos devem ter salário igual, para trabalho igual, sem distinção de sexo, nasce com o art. 427 do Tratado de Versalhes, no qual se estabeleceu "salário igual, sem distinção de sexo, por um trabalho de valor igual" (7). Assegura-se o pagamento aos trabalhadores de um salário que proporcione um nível de vida conveniente, compreendendo no seu tempo e no seu país (art. 427, 3).

O art. 41 da Constituição da OIT de 1919 prevê "salário igual, sem distinção de sexo, para trabalhos de igual valor".

A Convenção nº 100 da OIT, aprovada pelo Decreto Legislativo nº 24, de 29-5-1956, e promulgada pelo Decreto nº 41.721, de 25-6-1957, prevê igualdade de remuneração entre homens e mulheres. Essa regra é complementada pela Recomendação nº 90, de 1951, prevendo igualdade de remuneração entre homens e mulheres. Estabelece a Convenção nº 111 da OIT, aprovada pelo Decreto Legislativo nº 104, de 24-11-1964, e promulgada pelo Decreto nº 62.150, de 19-1-1968, regras vedando a discriminação no emprego, proibindo qualquer distinção, exclusão ou preferência, baseada em sexo, que tenha por efeito anular ou alterar a igualdade de oportunidades ou de tratamento no emprego ou na ocupação (art. 1, *a*). O art. XIV da Convenção nº 117, aprovada pelo Decreto Legislativo nº 65, de 30-11-1966, e promulgada pelo Decreto nº 66.496, de 27-4-1970, estabelece que um dos fins da política social será o de suprimir qualquer discriminação entre trabalhadores por motivo de raça, cor, sexo, crença, filiação a uma tribo ou a um sindicato, no que diz respeito ao contrato de trabalho, inclusive quanto à remuneração.

A Declaração Universal dos Direitos do Homem, de 1948, no art. XXIII, nº 2, também esclarece que "toda pessoa tem direito, sem nenhuma discriminação, a um salário igual para um trabalho igual". O Pacto Internacional de Direitos Econômicos, Sociais e Culturais, de 1966, estabelece em seu art. 7º que os trabalhadores têm o direito a um salário equitativo e igual por trabalho de igual valor, sem nenhuma distinção, inclusive quanto ao trabalho da mulher em relação ao do homem.

A ideia da igualdade salarial para trabalho de igual valor foi erigida a princípio constitucional.

A Constituição de 1934, no art. 121, § 1º, *a*, estabelecia "proibição de diferença de salário para um mesmo trabalho, por motivo de idade, sexo, nacionalidade ou estado civil", o que mostra que se tratava apenas de matéria salarial. A Constituição de 1946, no art. 157, II, repete a Constituição de 1934.

O art. 158, III, da Constituição de 1967 muda um pouco a questão, ao dizer sobre a "proibição de diferença de salários e de critério de admissão por motivo de sexo, cor e estado civil"; verifica-se que foi acrescentada a expressão "critério de admissão", porém foram excluídas a nacionalidade, a idade quanto ao aspecto da discriminação. Houve a inclusão da palavra cor. A Emenda Constitucional nº 1, de 1969, no art. 165, III, não difere da Constituição de 1967.

A Constituição de 1988, no inciso XXX do art. 7º, consagrou que a igualdade deve existir não só em razão dos salários, mas quanto a funções e critérios de admissão por motivo de sexo, idade, cor ou estado civil, mais se aproximando da orientação da Convenção nº 111 da OIT.

2 REQUISITOS

Dispõe o art. 5º da CLT que "a todo o trabalho de igual valor corresponderá salário igual, sem distinção de sexo".

A especificação de igualdade salarial vem disciplinada no art. 461 da CLT, que visa evitar discriminação salarial. Sendo idêntica a função, a todo trabalho de igual valor, prestado ao mesmo empregador, no mesmo estabelecimento empresarial, corresponderá igual salário, sem distinção de sexo, etnia, nacionalidade ou idade (art. 461, *caput*, da CLT). Não pode, portanto, haver distinção salarial em razão de sexo, etnia, nacionalidade ou idade. O empregado brasileiro deve receber o mesmo salário que o empregado estrangeiro e vice-versa. O fato de o empregado ser maior ou menor de 18 anos é irrelevante. O salário deve ser o mesmo.

Faz referência o art. 461 da CLT a salário igual e não a igual remuneração. Se o empregado ganha gorjeta, que é paga pelo cliente, não pode ser equiparado a outra pessoa. Não há direito a equiparação à remuneração, mas ao salário. Este compreende o pagamento direto pelo empregador ao empregado pela prestação dos serviços. Como o empregado não pode receber apenas gorjeta, que é paga pelo terceiro, em relação à parte fixa do salário, pode haver equiparação salarial.

O art. 461 da CLT prevê regra de equiparação salarial por identidade, identidade de função, identidade de produtividade, de perfeição técnica de prestação de serviço ao mesmo empregador, de local de trabalho, de tempo de serviço.

Indivíduos que têm forma de salário diferente não podem ser equiparados, como um horista e o outro tarefeiro, pois suas formas de remuneração são diversas. Determinar a equiparação seria alterar a forma de contratação.

Mesmo que um empregado trabalhe no turno diurno e o outro no turno noturno, devem receber o mesmo salário-base. A diferença pode estar em um receber adicional noturno e o outro não.

Assim, para a configuração da equiparação salarial mister se faz o atendimento dos seguintes requisitos: (a) identidade de funções; (b) trabalho de igual valor; (c) mesma localidade; (d) mesmo empregador; (e) simultaneidade na prestação do serviço; (f) inexistência de quadro organizado em carreira.

3 IDENTIDADE DE FUNÇÕES

No Direito Administrativo, é feita distinção específica entre cargo e função.

Leciona Hely Lopes Meirelles (1999:371) que cargo público "é o lugar instituído na organização do serviço público, com denominação própria, atribuições e responsabilidades específicas e estipêndio correspondente, para ser provido e exercido por um titular, na forma estabelecida em lei".

Função "é a atribuição ou o conjunto de atribuições que a Administração confere a cada categoria profissional ou comete individualmente a determinados servidores para a execução de serviços eventuais, sendo comumente remunerada através de *pro labore*" (Meirelles, 1999:371).

Todo cargo tem função, mas pode haver função sem cargo (Meirelles, 1999:372). As funções do cargo são definitivas. As funções autônomas são provisórias, dada a transitoriedade do serviço. Os servidores adquirem estabilidade nos cargos, mas não nas funções.

No Direito do Trabalho, não existe distinção precisa entre cargo e função, como no Direito Administrativo. Cargo é a posição ocupada pelo empregado na empresa. Função é a atividade desenvolvida em decorrência do cargo. Cargo é o gênero e função, a espécie. Compreende o cargo a denominação das atribuições da pessoa. Função é o conjunto de tarefas, de atribuições. Função é a atividade efetivamente desempenhada pelo empregado. Cargo seria o de motorista. Função seria a de motorista de caminhão, de ônibus, de perua etc. Não interessa efetivamente a denominação dada pelo empregador, mas a realidade dos fatos, a atividade desempenhada pelos empregados. Pouco importa que duas pessoas tenham cargos diversos, se, na prática, tenham iguais atribuições. A CLT não usa a palavra cargo, mas função.

Deverá o empregador pagar o mesmo salário ao empregado quando existir prestação de serviços na mesma função. É irrelevante, porém, o nome dado à função pelo empregador (S. 6, III, do TST). O importante é que, na prática, equiparando e paradigma exerçam as mesmas atividades.

Somente na existência de quadro organizado em carreira é que a distinção entre cargo e função ganha relevância.

Tarefas são atribuições da função.

Não se pode dizer que a identidade de funções deva ser plena ou absoluta, mas apenas que as atividades do modelo e do equiparando sejam as mesmas, exercendo os mesmos atos e operações. Se as partes envolvidas não exercem os mesmos atos e operações, não desempenham a mesma função. É desnecessário, contudo, que as pessoas estejam sujeitas à mesma chefia ou trabalhem no mesmo turno, mas, sim, que executem as mesmas tarefas. Motorista de caminhão e motorista de veículo de passageiros, v.g., apesar de serem motoristas, exercem misteres diferentes: um dirige caminhão e outro dirige veículo de passageiros. Não há como se equiparar o salário. O motorista de caminhão, para dirigi-lo, deve ter maior experiência, que é adquirida no manuseio de veículo de menor porte.

A lei não exige grau de escolaridade entre as pessoas para efeito de equiparação salarial. O fato de o reclamante ser menos letrado do que o modelo não obsta a equiparação salarial, salvo prova de que a maior escolaridade implica maior produtividade e perfeição técnica. Ao contrário, se a equiparação salarial ocorre entre professores, há necessidade de terem as mesmas especialidades, pois, ao contrário, terão os mesmos cargos e não as mesmas funções. Professores podem ter salários diversos pelo fato de terem especialização, mestrado, doutorado. Tais fatos corroboram a assertiva de que é possível a equiparação salarial em trabalho intelectual, como de advogados, contadores, engenheiros etc., ainda que seja difícil aferir os requisitos básicos para a isonomia salarial, bastando que exerçam as mesmas funções e atendam aos ditames da norma legal. O art. 461 da CLT não discrimina na equiparação salarial a atividade intelectual. O TST admite a equiparação salarial no trabalho intelectual, que pode ser avaliado por sua perfeição técnica, cuja aferição terá critérios objetivos (S. 6, VII).

Quando o exercício de determinada profissão exigir habilitação técnica, como ocorre com o médico e o advogado, a isonomia é indevida se o trabalhador não tiver a habilitação prevista em lei. Sendo regulamentada a profissão do auxiliar de enfermagem, cujo exercício pressupõe habilitação técnica, realizada pelo Conselho Regional de Enfermagem é impossível a equiparação salarial do simples atendente com o auxiliar de enfermagem (OJ 296 da SBDI-1 do TST).

4 TRABALHO DE IGUAL VALOR

Segundo a CLT, "trabalho de igual valor, para os fins deste Capítulo, será o que for feito com igual produtividade e com a mesma perfeição técnica, entre pessoas cuja diferença de tempo de serviço para o mesmo empregador não seja superior a quatro anos e a diferença de tempo na função não seja superior a dois anos" (§ 1º do art. 461 da CLT).

O período de dois anos, em que se permite a equiparação salarial, parece mostrar que, depois de dois anos, o trabalhador paradigma tem mais experiência, não se justificando a equiparação salarial. Dois anos é o prazo máximo do contrato de prazo determinado.

A jurisprudência do STF firmou-se no sentido de que a contagem do tempo de serviço é feita na função e não no emprego (S. 202). O TST abraçou a mesma tese (S. 6, II, do TST).

As pessoas envolvidas devem ter diferença de tempo de serviço para o mesmo empregador não superior a quatro anos e a diferença de tempo na função não deve ser superior a dois anos. Quatro anos são considerados como a experiência do empregado na empresa. Os dois anos de tempo de serviço na função serão contados no mesmo empregador e não em outra empresa. Não se toma o tempo de serviço do empregado exercido na mesma função em relação ao trabalho realizado em outra empresa, mas no próprio empregador em que o empregado está trabalhando.

Caso o empregado tenha trabalhado em outra empresa do grupo na mesma função, esse tempo deve ser contado para efeito dos dois anos relativos à equiparação salarial, pois o empregador é o grupo de empresas (§ 2º do art. 2º da CLT), que pode transferir o trabalhador de uma empresa para outra. O tempo de trabalho na outra empresa do grupo é, inclusive, contado para efeito de pagamento de indenização e de férias. É o chamado *accessio temporis*.

Estando o empregado em gozo de licença ou se seu contrato de trabalho está com os efeitos suspensos, não deve ser contado o referido período para a apuração dos dois anos de tempo de serviço na função, pois o trabalhador não estava exercendo a função na empresa. Não obteve o obreiro experiência no exercício da função, porque não estava prestando serviços.

Dispõe o art. 453 da CLT que, "no tempo de serviço do empregado, quando readmitido, serão computados no período, ainda que não contínuos, em que tiver trabalhado anteriormente na empresa, salvo se houver sido despedido por falta grave, recebido indenização legal ou se aposentado espontaneamente".

Se o empregado não recebeu indenização da empresa, inclusive a de 40% sobre os depósitos do FGTS, e não se aposentou espontaneamente, o tempo anterior de trabalho na empresa deve ser contado, inclusive para efeito de equiparação salarial.

Aloysio Sampaio informa que readmissão é sinônimo de reintegração.[1] Essa afirmação parece mais concreta diante da interpretação sistemática da regra contida no art. 729 da CLT, que comina ao empregador que deixar de cumprir decisão passada em julgado sobre a readmissão ou reintegração de empregado, além do pagamento dos salários deste, o pagamento da multa de 1/5 a 3 valores-de-referência por dia, até que seja cumprida a decisão.

Se foi feito novo contrato de trabalho, o empregado não está sendo exatamente readmitido no emprego, tanto que não lhe é cominada a multa do art. 729 da CLT. Logo, não se aplica a determinação do art. 453 da CLT para fins de equiparação salarial. Assim, o tempo anterior de exercício na mesma função é contado para efeito dos dois anos de exclusão do direito à equiparação salarial.

Pode-se dizer também que a contagem do tempo do art. 453 da CLT diz respeito a vantagens econômicas, como para férias e indenização por tempo de serviço e não para a contagem do tempo de serviço na função.

---

1 SAMPAIO, Aloysio. *Dicionário de direito do trabalho*. 4. ed. São Paulo: LTr, 1993. p. 309.

O § 1º do art. 461 da CLT não dispõe que o tempo de serviço tem de ser considerado no mesmo contrato de trabalho. Logo, pode ser observado em contratos distintos.

O fato de o paradigma ter trabalhado anteriormente na empresa mostra sua maior experiência e perfeição técnica no seu mister. A experiência anterior do trabalhador na própria empresa não pode ser desprezada.

É, portanto, possível observar períodos descontínuos em que o trabalhador prestou serviços na mesma empresa para efeito da contagem dos dois anos de tempo de serviço na função de que trata o § 1º do art. 461 da CLT.

É de ressaltar que se o empregado é aposentado e logo em seguida é readmitido, possuindo mais de dois anos na função, não há direito a equiparação salarial.

Se o paradigma exerceu a função em várias oportunidades, haverá a soma de todos os períodos para a contagem dos dois anos.

A contagem do tempo de serviço é observada mesmo quando haja mudança na propriedade ou na estrutura jurídica da empresa.

O empregado deve ter trabalhado para o mesmo empregador quatro anos. Não pode ter trabalhado para outro empregador, mas para o mesmo empregador.

O trabalho de igual valor é medido pela identidade quantitativa, no sentido de se verificar quem detém maior produtividade entre modelo e equiparando. Produtividade compreende relação da produção com a mesma unidade de tempo. Todas as circunstâncias que possam influir no resultado da produção devem ser verificadas. A maior produtividade deve ser também com qualidade na produção. Produzir mais não significa produzir peças defeituosas e sem qualidade. O fato de o equiparando ser menos assíduo que o paradigma não descaracteriza a equiparação salarial, pois a produtividade deve ser medida no período de tempo em que cada um trabalha.

Outro requisito para a ocorrência de equiparação salarial é a identidade qualitativa, consistente na verificação da perfeição técnica, reveladora do trabalho idêntico entre reclamante e paradigma. São obras bem acabadas, feitas com esmero, ou com qualidades inerentes ao ofício da pessoa.

A melhor formação técnica do paradigma ou sua melhor escolaridade não são fatores a impedir a equiparação salarial, em razão de que a lei não faz distinção nesse sentido.

A maior experiência não importa necessariamente em maior produtividade e melhor perfeição técnica, que devem ser provadas.

Tanto a perfeição técnica como a maior produtividade do paradigma devem ser provadas pela empresa, pois são fatos modificativos ou impeditivos do direito à isonomia salarial (art. 818, II, da CLT, e S. 6, VIII, do TST). Mesmo que reclamante e paradigma trabalhem em turnos diferentes, há a possibilidade da equiparação salarial, pois existe condição de se aferir a mesma produtividade e perfeição técnica pelos controles realizados pelo empregador. Deve, assim, o empregador ter um controle de produtividade individual de cada funcionário ou máquina e, também, um controle de qualidade para se verificar se um empregado tem desempenho diferente do outro, até mesmo para efeito de prova em juízo.

É indevida a equiparação salarial quando o autor não tem o curso que por lei é exigido e que o paradigma fez. A Orientação Jurisprudencial 296 da SBDI-1 do TST esclarece que sendo regulamentada a profissão de auxiliar de enfermagem, cujo exercício pressupõe habilitação técnica, realizada pelo Conselho Regional de Enfermagem, impossível a equiparação salarial do simples atendente com o auxiliar de enfermagem.

É possível a equiparação salarial entre pessoas que exercem cargo de confiança, pois a lei não veda tal hipótese. Se o reclamante e o paradigma exercem a mesma função, devem perceber o mesmo salário, mesmo que ocupem cargos de confiança.

É impossível a equiparação salarial entre pessoas que têm formas diversas de salário, como entre mensalista e tarefeiro, pois a forma de remuneração do trabalho já é distinta por natureza.

5 MESMO EMPREGADOR

O trabalho realizado pelo equiparando e pelo paradigma deve ser prestado ao mesmo empregador.

É certo que se o equiparando labora para a empresa de trabalho temporário e o modelo presta serviços para a empresa tomadora de serviços, não se pode falar em equiparação salarial, pois o serviço é prestado a empregadores distintos. Nesse caso, a norma que regula o trabalho temporário (Lei nº 6.019/74) assegura ao trabalhador temporário remuneração equivalente à percebida pelos empregados da tomadora de serviços, calculada à base horária (art. 12, *a*).

O TST entende que os empregados terceirizados têm direito às mesmas verbas trabalhistas legais e normativas asseguradas àqueles contratados pelo tomador dos serviços, desde que presente a igualdade de funções. Aplicação analógica do art. 12, *a*, da Lei nº 6.019, de 3-1-1974 (OJ 383 da SBDI-1).

Na hipótese do trabalho prestado ao mesmo grupo econômico, este é considerado como o verdadeiro empregador (§ 2º do art. 2º da CLT). Há a possibilidade de o obreiro ser transferido de uma empresa para outra do grupo, no qual é contado o tempo de serviço para todos os efeitos (férias, 13º salário, indenização etc.), implicando dizer que o verdadeiro empregador é o grupo. É possível, dessa forma, a equiparação salarial dentro do grupo econômico. Assim, as empresas do grupo serão consideradas uma única, para efeitos de equiparação salarial. O pleno do TST já decidiu da mesma maneira: "Comprovadas a existência de grupo econômico e a identidade das funções e da produtividade, a disparidade salarial ofende o art. 461 da CLT" (E-RR 3.055/76, Rel. Min. Alves Almeida, j. 30-8-1978, *DJU* 1º-9-1978, p. 6.495). Mais se justifica a equiparação salarial quando o trabalho prestado pelo equiparando aproveita a todas as empresas do grupo. A única restrição é o fato de haver diferença de categorias dentro do grupo, por exemplo: um empregado é bancário e o outro é securitário, quando a diferença decorre inclusive da jornada de trabalho prevista pela lei (seis horas para o primeiro, oito horas para o segundo), além de cada um ser vinculado a sindicato diverso. É preciso, portanto, que o empregado e o paradigma prestem serviços a empresas que tenham a mesma atividade econômica para haver a possibilidade de equiparação, isto é, tenham o mesmo enquadramento sindical. Atendidos também os demais requisitos do art. 461 da CLT, a equiparação salarial será devida.

Havendo fusão entre empresas ou incorporação de uma empresa por outra, é possível a equiparação salarial, pois o empregador passa a ser o mesmo, desde que não exista diferença de tempo de serviço superior a dois anos entre modelo e equiparando.

O inciso XIII do art. 37 da Lei Magna veda a vinculação ou equiparação de vencimentos para a Administração Pública direta, indireta ou fundacional. Informa a Orientação Jurisprudencial 297 da SBDI-1 do TST que não é possível a equiparação de qualquer natureza para efeito de remuneração do pessoal do serviço público, sendo juridicamente impossível a aplicação do art. 461 da CLT quando se pleiteia equiparação entre servidores públicos, independentemente de terem sido contratados pela CLT.

À sociedade de economia mista não se aplica a vedação do inciso XIII do art. 37 da Constituição, pois é um empregador privado (S. 455 do TST).

É impossível a equiparação salarial entre servidores regidos por regimes diversos, um pelo sistema estatutário e o outro pelo regime celetista.

Os empregados de empresas concessionárias de serviços públicos federais, estaduais e municipais, que, por força de encampação ou transferência desses serviços, tenham, a qualquer tempo, sido absorvidas por empresa pública ou sociedade de economia mista, constituirão quadro especial, que será extinto à medida que se vagarem os cargos ou funções. Tais empregados não servirão de paradigma para aplicação do art. 461 da CLT (art. 2º do Decreto-Lei nº 855/69). A vedação é em relação a empregado de empresa concessionária absorvida para efeito de servir de paradigma. Pode, porém, o empregado de concessionária pedir equiparação a outro funcionário, inclusive que tenha vindo para a nova empresa.

A cessão de empregados não exclui a equiparação salarial, embora exercida a função em órgão governamental estranho à cedente, se esta responde pelos salários do paradigma e do reclamante (S. 6, V, do TST).

6 MESMO ESTABELECIMENTO EMPRESARIAL

O trabalho feito por paradigma e pelo empregado deve ser prestado no mesmo estabelecimento empresarial (art. 461 da CLT).

Estabelecimento é o complexo de bens materiais e imateriais organizado, para o exercício da empresa, por empresário ou por sociedade empresária (art. 1.142 do Código Civil). Toma por base o conceito de estabelecimento o do art. 2.555 do Código Civil italiano. Estabelecimento é o conjunto de bens corpóreos e incorpóreos organizados pelo empresário para que possa ser explorada a atividade econômica na empresa.

Não se fala mais em mesma localidade para efeito da equiparação salarial, mas em mesmo estabelecimento empresarial. Mesma localidade deve ser a que tenha as mesmas condições socioeconômicas, isto é, o mesmo município.

Não é possível se falar em equiparação salarial em relação a empregados que trabalhem em estabelecimentos distintos. Os empregados devem trabalhar no mesmo estabelecimento para poderem ser comparados.

7 SIMULTANEIDADE NA PRESTAÇÃO DE SERVIÇOS

É mister que haja simultaneidade na prestação de serviços entre equiparando e paradigma. Assim, essas pessoas devem ter trabalhado juntas em alguma oportunidade. O TST decidiu que "é desnecessário que ao tempo da reclamação sobre equiparação salarial, reclamante e paradigma estejam a serviço do estabelecimento, desde que o pedido se relacione com situação pretérita" (S. 6, IV).

Inexistindo simultaneidade na prestação de serviços, mas sucessividade, ou seja, o empregado vem a suceder outra pessoa que deixou a empresa, não é o caso de equiparação salarial. Pondera Fernando Damasceno (1980:111) que "na sucessividade vigora a livre estipulação salarial, podendo o empregador fixar o salário que melhor lhe aprouver. Assim é que, vago um cargo, seja pela rescisão contratual ou promoção do empregado que o ocupava, o empregador poderá contratar remuneração menor com o novo ocupante, sem violar o princípio isonômico".

A lei não faz distinção quanto ao trabalho em turnos diferentes para efeito da equiparação salarial.

Não é requisito da equiparação salarial que as pessoas tenham se conhecido, mas que tenham trabalhado para o mesmo empregador, no mesmo estabelecimento.

A equiparação salarial só será possível entre empregados contemporâneos no cargo ou na função, ficando vedada a indicação de paradigmas remotos, ainda que o paradigma contemporâneo tenha obtido a vantagem em ação judicial própria (§ 5º do art. 461 da CLT). Era a equiparação em cadeia.

8 QUADRO ORGANIZADO EM CARREIRA

Há causas que impedem a equiparação salarial.

A primeira delas é a adoção pelo empregador de pessoal organizado em quadro de carreira ou adotar, por meio de norma interna da empresa ou de negociação coletiva, plano de cargos e salários, dispensada qualquer forma de homologação ou registro em órgão público (§§ 2º e 3º do art. 461 da CLT). As determinações previstas nos §§ 2º e 3º do art. 461 da CLT não são incompatíveis com a Constituição, como já decidiu o STF (Ac. un. da 2ª T do STF, RE 116.565-1-MG, Rel. Min. Carlos Mario Velloso, j. 2-10-1990, *DJU* I 9-11-1990, p. 12.730).

Não há necessidade de o plano de cargos e salários ou quadro de carreira ser homologado por órgão público.

O quadro de carreira das entidades de direito público da Administração direta, autárquica e fundacional pode ser aprovado por ato administrativo da autoridade competente.

No entanto, a mera existência do quadro organizado em carreira não exclui o direito de equiparação salarial, pois as promoções na empresa poderão ser feitas por merecimento e antiguidade, ou por apenas um destes critérios, dentro de cada categoria profissional e não de setores diversos na empresa.

A Justiça do Trabalho será competente para apreciar reclamação do empregado que tenha por objeto direito fundado no quadro de carreira (S. 19 do TST). É claro que o quadro de pessoal organizado em carreira que for aprovado pelo órgão competente não obstará a reclamação trabalhista fundada em preterição, enquadramento ou reclassificação no referido quadro (S. 127 do TST).

Não se confunde quadro organizado em carreira com plano de cargos e salários. Este não é organizado em carreira, sem necessita de homologação do órgão competente. O plano de cargos e salário é também excludente da equiparação salarial.

A segunda causa excludente do direito de equiparação salarial é a hipótese de o paradigma estar em regime de readaptação em nova função por motivo de deficiência física ou mental declarada pela Previdência Social (§ 4º do art. 461 da CLT). Trata-se da regra de que os desiguais devem ser tratados desigualmente, à medida que se desigualam.

Vantagens incorporadas ao patrimônio do paradigma, de caráter pessoal, não poderão ser objeto de extensão, pois as especificidades não se comunicarão para efeito da isonomia salarial. É o que ocorre, v. g., com horas extras, adicionais etc.

Presentes os pressupostos do art. 461 da CLT, é irrelevante a circunstância de que o desnível salarial tenha origem em decisão judicial que beneficiou o paradigma, exceto: (a) se decorrente de vantagem pessoal ou de tese jurídica superada pela jurisprudência de Corte Superior (S. 6, VI, do TST).

No caso de comprovada discriminação por motivo de sexo ou etnia, o juízo determinará, além do pagamento das diferenças salariais devidas, multa, em favor do empregado discriminado, no valor de 50% do limite máximo dos benefícios do Regime Geral de Previdência Social (§ 6º do art. 461 da CLT).

9 NÚMERO DE PARADIGMAS

O reclamante não poderá indicar mais de um paradigma para efeito de equiparação salarial. Caso o faça, é impossível que se determine a equiparação salarial com uma pessoa em um mês e com outra no mês subsequente, de maneira simultânea. Nessa hipótese, ou todos os paradigmas percebem salário igual, bastando a indicação de apenas um, ou todos percebem salários diferentes, preferindo o autor indicar o paradigma de maior salário para efeito da equiparação salarial. O juiz não tem como saber o que pretende o empregado, se este não o indica na inicial. A exceção diz respeito ao trabalho com os paradigmas em períodos distintos.

10 EQUIVALÊNCIA SALARIAL

A regra inserta no art. 460 da CLT não é de equiparação salarial, mas de equivalência salarial. Equivalência significa semelhante, parecido, análogo. Não é exatamente igual. Para a caracterização da equivalência salarial é mister que não haja sido estipulado salário ou não exista prova sobre a importância ajustada, ocasião em que o salário deva ser pago em razão do serviço equivalente, ou do que for habitualmente pago por serviço semelhante. É o que ocorre quando o ajuste das condições de trabalho é tácito, em que há a prestação dos serviços do empregado, sem oposição do empregador, mas nada foi contratado expressamente. Pode ocorrer no contrato verbal, em que nada foi estabelecido por escrito. Não vai ocorrer em um contrato de trabalho escrito, em que o salário foi expressamente previsto.

O art. 460 da CLT contém condição alternativa. Ou não foi fixado o salário ou não há prova da importância ajustada. Não são aplicadas as duas condições ao mesmo tempo. Assim, são dois os requisitos a serem observados: (a) que não haja estipulação de salário quando do início da contratação ou; (b) que não exista prova sobre a importância ajustada. A equivalência salarial, porém, não é feita em relação ao mesmo estabelecimento, mas na própria empresa, ou seja, em razão do mesmo empregador, excluindo também o critério *localidade*, que tem previsão na equiparação salarial.

Não se pode entender que o art. 460 da CLT deva ser aplicado pelo fato de dois empregados perceberem salários diferentes, não sendo, porém, atendidos os requisitos do art. 461 da CLT, se a pessoa exerce a mesma função, embora não esteja registrada como tal. Nesse caso, o operário teve fixado seu salário quando do início de seu trabalho, estando desobrigado o empregador de lhe pagar salário superior. Trata-se, na verdade, de hipótese de desvio de função e não da observância do art. 460 da CLT.

11 SALÁRIO-SUBSTITUIÇÃO

Salário-substituição é o valor pago ao trabalhador por substituir outra pessoa de forma temporária em determinado período.

O empregado que substitui outra pessoa na empresa tem direito a receber o salário do substituído, desde que atendidas certas condições.

Tem previsão a origem da ideia no art. 450 da CLT, quando estabelece que "ao empregado chamado a ocupar, em comissão, interinamente, ou em substituição eventual ou temporária, cargo diverso do que exercer na empresa serão garantidas a contagem do tempo naquele serviço, bem como a volta ao cargo anterior".

Assim, o substituto irá ocupar precariamente o posto do titular. Ambas ainda estão na empresa.

É claro que o empregador poderá mudar o trabalho do empregado, de maneira temporária, que passará a exercer as funções de outra pessoa.

Com base nessas orientações, o TST editou a Súmula 159, I, dizendo que, "enquanto perdurar a substituição que não tenha caráter meramente eventual, inclusive nas férias, o empregado substituto fará jus ao salário contratual do substituído".

Entende-se como substituição eventual a que tenha ocorrido uma ou outra vez, em determinado período, quando o substituído teve que se ausentar momentaneamente.

A substituição não eventual ocorre quando o substituto passa a ocupar o cargo do substituído por ocasião de férias, pois há um fato previsível, compulsório e periódico; na doença prolongada, licença-maternidade etc.

A pessoa que substitui outra no horário de intervalo não faz jus ao salário do substituído, mas a adicional por acúmulo de função, se previsto em norma coletiva.

A pessoa que passa a ocupar o lugar de outra na empresa, que vem a se desligar desta ou é transferida de local ou de função, não é substituto, mas sucessor. Na substituição, ocorre que ambas as pessoas ainda estão na empresa. Há, portanto, simultaneidade.

A substituição que era provisória e passa a ser definitiva não dá direito ao salário do substituído, pois o que na verdade ocorreu foi a sucessão no cargo ou na função. Se uma pessoa vem a ocupar o cargo de outra que veio a ser desligada da empresa, inexiste substituição, pois a substituição tem por pressuposto a contemporaneidade das pessoas na empresa. Quando alguém não mais trabalha na empresa não há substituição, mas sim uma pessoa sucede à outra no posto de trabalho (S. 159, II, do TST). Na verdade, houve vacância do cargo. Assim, a pessoa que ocupa o posto daquele que saiu da empresa não faz jus aos mesmos salários.

Entretanto, se o titular está afastado do cargo por um impedimento temporário, o substituto terá direito de perceber o mesmo salário que o substituído, desde que a substituição não venha a ocorrer de maneira meramente eventual. A lei não diz qual seria esse prazo, que deve ser analisado de acordo com o princípio da razoabilidade, como em caso de férias, doença etc.

12 DESVIO DE FUNÇÃO

Ocorre desvio de função quando o empregado exerce outra função, sem que haja o pagamento do salário respectivo. No desvio de função não existe comparação de trabalho entre duas pessoas. O desvio cria o direito ao pagamento das diferenças salariais enquanto houver o exercício da função. Não implica, porém, reclassificação do funcionário.

Não se confunde o desvio de função com a equiparação salarial. Nesta, há a comparação entre o trabalho de duas pessoas, que exercem funções idênticas. No desvio, o empregado não é comparado com outro, mas em razão de exercer função diversa, seria devido o salário da função.

A Súmula 223 do TFR mostrava que o empregado, apenas durante o desvio funcional, tem direito à diferença salarial, ainda que o empregador possua quadro de pessoal organizado em carreira. O parágrafo único do art. 456 da CLT afirma que à falta de prova ou inexistindo cláusula expressa a tal respeito, entende-se que o empregado se obrigou a todo e qualquer serviço compatível com a sua condição pessoal. Não existe, porém, previsão legal para o pagamento de diferenças salariais decorrentes de desvio de função.

O STJ entende que se for reconhecido o desvio de função, o servidor fará jus às diferenças salariais decorrentes (S. 378).

O simples desvio funcional do empregado não gera direito a novo enquadramento, mas apenas às diferenças salariais respectivas (OJ 125 da SBDI-1 do TST), enquanto exercer a função.

O empregado terá dois anos para ingressar com a ação a contar da cessação do contrato de trabalho, podendo postular os últimos cinco anos contados da propositura da ação.

Questões

1. Quando se dá o pagamento do salário-substituição?
2. O trabalhador deverá prestar serviços para o empregador na mesma localidade para efeito de equiparação salarial?
3. Como se considera o tempo de serviço do empregado? No emprego ou na função?
4. O que é equivalência salarial?
5. Há necessidade de homologação do quadro organizado em carreira?
6. O que é trabalho de igual valor?
7. O que é desvio de função? O empregado tem direito a salário superior?

Capítulo 19

POLÍTICA SALARIAL

1 INTRODUÇÃO

Política diz respeito à seleção de meios para a consecução de certos objetivos.

A política salarial é a seleção de meios para a obtenção de reajustes salariais, de forma a preservar o valor do salário. Visa estabelecer um sistema de proteção ao salário do trabalhador, de distribuição de riqueza, de combate ao desemprego e à inflação, assim como vem a ser uma forma de serem evitados conflitos de natureza salarial, justamente para delimitação da forma como os salários irão ser corrigidos no passar do tempo.

Dentro do capítulo da política salarial, serão estudados alguns conceitos necessários para seu entendimento, como o de salário mínimo, salário profissional e piso salarial.

2 SALÁRIO MÍNIMO

O Código de Hamurabi já continha determinação sobre o salário mínimo de empregados diaristas, artesãos, carpinteiros e outros.

A primeira lei sobre salário mínimo foi publicada na Nova Zelândia em 1894. Em 1896, foi publicada lei sobre salário mínimo no Estado de Vitória, na Austrália.

O Tratado de Versalhes, de 1919, estabeleceu como um de seus princípios que o "salário deve assegurar ao trabalhador um nível conveniente de vida, tal como seja compreendido na sua época e no seu país" (art. 427, 3). Visava atender às necessidades básicas e vitais do trabalhador. Essa ideia posteriormente foi reiterada em várias convenções e recomendações da OIT, como a Convenção nº 26 e a Recomendação nº 30, de 1928; a Convenção nº 99 e a Recomendação nº 89, de 1951; a Convenção nº 131 e a Recomendação nº 135, de 1970. A Recomendação nº 135 mais especificava sobre o salário profissional.

A Convenção nº 26, de 1929, foi aprovada e ratificada pelo Brasil em 25 de abril de 1957. Foi aprovada pelo Decreto Legislativo nº 24, de 29 de maio de 1965. Foi promulgada pelo Decreto nº 41.721, de 25 de junho de 1957. Dispõe sobre métodos de fixação do salário mínimo, de acordo com as necessidades de cada país, de forma que o país não possuidor de um sistema de contratos coletivos fixe um salário mínimo, com a participação de empregados e empregadores.

Prevê a Declaração Universal dos Direitos do Homem, de 1948, que "todo homem que trabalha tem direito a uma remuneração justa e satisfatória, que lhe assegure, assim como à sua família, uma existência compatível com a dignidade humana, e a que se acrescentarão, se necessário, outros meios de proteção social" (art. XXIII, 3).

A Convenção nº 99 da OIT, de 1951, foi ratificada pelo Brasil em 25 de abril de 1957. Foi aprovada pelo Decreto Legislativo nº 24, de 29 de maio de 1956. Foi promulgada pelo Decreto nº 41.721, de 25 de junho de 1957. Trata dos métodos de fixação de salário mínimo na agricultura. A Recomendação nº 89 complementa a referida norma, permitindo o pagamento de parte do salário em utilidades.

A Convenção nº 131 da OIT, de 1970, determina regras para fixação do salário mínimo, especialmente nos países em vias de desenvolvimento. Foi aprovada pelo Decreto Legislativo nº 110, de 30 de novembro de 1982. Foi promulgada pelo Decreto nº 89.686, de 22 de maio de 1984. Trata da fixação de salários mínimos, especialmente nos países em desenvolvimento. Dispõe que o país compromete-se a adotar, no plano nacional, mecanismos vocacionados a operar reajustamentos periódicos (art. IV, 1). Na fixação do salário mínimo devem ser observadas as necessidades dos trabalhadores e de suas famílias, tendo em vista o nível geral dos salários no país, o custo de vida (art. III, 1). Foi a convenção complementada pela Recomendação nº 135.

O salário mínimo foi criado em 1930 pelo Decreto-Lei nº 388, em que era fixado por comissões regionais paritárias, compostas por empregados e empregadores e presididas por técnicos em assuntos socioeconômicos.

A Lei Maior de 1934 assegurava "salário mínimo, capaz de satisfazer, conforme as condições de cada região, às necessidades normais do trabalhador" (art. 121, § 1º, *b*).

A primeira lei sobre o salário foi a Lei nº 185, de 14-1-1936. Em seu art. 1º dispunha que o salário mínimo tinha por objetivo atender, em determinada região do país, às necessidades normais de alimentação, habitação, vestuário, higiene e transporte. Posteriormente, foram instituídas as Comissões de salário mínimo. O país foi dividido em 22 regiões, cada uma com uma comissão.

A Norma Ápice de 1937 muda um pouco a redação anteriormente citada: "salário mínimo, capaz de satisfazer, de acordo com as condições de cada região, as necessidades normais do trabalhador" (art. 137, *h*). Nas Constituições de 1934 e 1937, o salário mínimo atendia às necessidades normais do trabalhador e, portanto, individuais.

O Decreto-Lei nº 399, de 30-4-1938, aprovou o regulamento da Lei nº 185. O Decreto-Lei nº 2.162, de 1º-5-1940, fixou, pela primeira vez, o valor do salário mínimo.

O Capítulo III da CLT, nos arts. 76 a 128, trata do salário mínimo.

A Lei Magna de 1946 acrescenta que o salário mínimo não serve apenas para atender às necessidades do trabalhador, mas também às de sua família: "salário mínimo capaz de satisfazer, conforme as condições de cada região, as necessidades normais do trabalhador e de sua família" (art. 157, I).

As comissões do salário mínimo foram extintas com a Lei nº 4.589, de 11 de dezembro de 1965.

O inciso I do art. 158 da Constituição de 1967 repete a mesma redação da Lei Maior de 1946: "salário mínimo capaz de satisfazer, conforme as condições de cada região, às necessidades normais do trabalhador e de sua família". O inciso I do art. 165 da Emenda Constitucional nº 1, de 1969, reitera a mesma disposição.

A Lei nº 6.205, de 29-4-1975, descaracterizou o salário mínimo como fator de correção monetária. A Lei nº 6.708/79 estabeleceu que houvesse gradativa redução das regiões subdivididas no território nacional (art. 19), visando à unificação do salário mínimo no país, o que foi feito com o Decreto nº 89.589/84.

O salário mínimo era fixado por região, pois entendia-se que os valores das utilidades que o integravam variavam de forma diversa em cada região do país, abrangendo diversos aspectos de custo de vida, que não eram uniformes. Não era, portanto, estabelecido de forma nacional.

O art. 76 da CLT esclarece que salário mínimo é a contraprestação mínima devida e paga diretamente pelo empregador ao trabalhador, inclusive ao trabalhador rural, por dia normal de serviço. Não poderia haver distinção de sexo. Deveria o salário mínimo satisfazer às necessidades normais do trabalhador com alimentação, habitação, vestuário, higiene e transporte. O salário mínimo era fixado por região, normalmente por decretos ou até portarias.

Salário mínimo é a contraprestação mínima devida e paga diretamente ao trabalhador para satisfazer suas necessidades básicas e de sua família.

A Constituição de 1988 modifica o que vinha sendo inscrito nas Constituições anteriores. O inciso IV do art. 7º estabelece "salário mínimo, fixado em lei, nacionalmente unificado, capaz de atender a suas necessidades básicas e as de sua família com moradia, alimentação, educação, saúde, lazer, vestuário, higiene, transporte e previdência social, com reajustes periódicos que lhe preservem o poder aquisitivo, sendo vedada sua vinculação para qualquer fim".

A primeira orientação encontrada na atual Constituição é a de que o salário mínimo só pode ser fixado por lei. Não há mais a possibilidade de se estabelecer o salário mínimo mediante decretos ou portarias, como vinha sendo feito até então, estando revogado o art. 116 da CLT, que permitia a fixação do salário mínimo por decreto.

A segunda disposição refere-se a que o salário mínimo deve ser nacionalmente unificado, ou seja: o salário mínimo vale para todo o país. Com isso acabou o salário mínimo regionalizado, por região, como se fazia antigamente, estando revogados os arts. 84 e 86 da CLT, que versavam sobre salário mínimo regional. A existência de salário mínimo por região proporcionava a migração de trabalhadores para áreas onde o salário mínimo era maior. O objetivo do constituinte foi evitar esse fato, determinando, assim, que o salário mínimo passasse a ser nacional e que todos os trabalhadores tivessem um mesmo salário mínimo, fossem eles do norte ou do sul do país. Entretanto, o custo de vida é diferente em cada local do país.

Verifica-se também que o salário mínimo deveria atender às necessidades básicas não só do trabalhador, mas também de sua família. O salário mínimo representa o mínimo que a pessoa necessita para sobreviver, visando sustentar suas necessidades básicas.

A terceira observação a ser feita diz respeito às necessidades básicas que serão atendidas por meio do salário mínimo. No art. 76 da CLT, verificava-se que as referidas necessidades eram apenas cinco: alimentação, habitação, vestuário, higiene e transporte. Nota-se, agora, que as necessidades são nove. Mantém-se a alimentação, vestuário, higiene e transporte, mudando-se o nome de moradia para habitação, o que não tem nenhuma diferença, mas acrescentam-se outros quatro requisitos, como: educação, saúde, lazer e previdência social. O que se pretende mesmo é que o salário mínimo possa proporcionar a sobrevivência do trabalhador e de sua família. Na prática, é sabido que o salário mínimo tem sido insuficiente para esse fim, pois está muito defasado.

Entende-se como lazer o descanso, divertimento, participação social, liberando a pessoa de suas obrigações normais, sejam profissionais ou sociais. É o direito ao não trabalho, direito ao ócio; seria a total ausência do trabalho. O lazer elimina a fadiga psicológica.

Previdência social não é salário mínimo, nem compõe o salário mínimo. Aqui a ideia é permitir que nenhum benefício que substitua o salário-de-contribuição ou o rendimento do trabalho do segurado tenha valor mensal inferior ao salário mínimo (§ 2º do art. 201 da Constituição). Não se trata a Previdência Social de utilidade para a composição do salário mínimo.

A quarta afirmação diz respeito ao fato de que o salário mínimo deve ter reajustes periódicos para lhe preservar seu poder aquisitivo. Diante da inflação, há necessidade de reajustes para ser feita a recomposição do valor do salário mínimo, da manutenção do seu poder de compra. Os critérios de reajustamento para preservar o poder de compra do salário mínimo dependem do que for previsto na lei ordinária.

A quinta ponderação é a que se refere à vinculação do salário mínimo para qualquer fim. A exceção diz respeito ao fato de que nenhum benefício que substitua o salário-de-contribuição ou o rendimento do trabalho do segurado terá valor mensal inferior ao salário mínimo (§ 2º, art. 201, da Constituição). Visa-se principalmente com tal dispositivo que o salário mínimo não seja uma forma de correção de honorários profissionais, prestações, preços ou outras formas de atualização de valores. Tem-se por objetivo evitar quaisquer efeitos inflacionários decorrentes do atrelamento de outros valores ao salário mínimo, como na prática se fazia e ainda se continua fazendo.

O STF decidiu sobre a impossibilidade de fixação de piso salarial com base em múltiplos do salário mínimo (ADPF 151 MG, Rel. p/ o AC. Min. Gilmar Mendes, j. 2-2-2011, *DJe* 084, divulg. 5-5-2011), em relação ao art. 16 da Lei nº 7.394/85.

O art. 7º, IV, da Constituição não usa a expressão *remuneração mínima*, mas *salário mínimo*. Se o somatório de valores for inferior ao mínimo, este é o devido.

A gorjeta não se inclui no salário mínimo, pois não é paga pelo próprio empregador, mas por terceiros.

Em certos países o salário mínimo pretende atender às necessidades individuais do trabalhador. Em outros locais, o salário mínimo irá atender a situações materiais e pessoais do trabalhador e de sua família.

Quanto ao âmbito geográfico de aplicação, o salário mínimo pode ser: (a) nacional, valendo para todas as pessoas de um país; (b) regional, quando fixado por zonas, como por Estados, como já foi no Brasil.

Quanto à periodicidade do pagamento, o salário mínimo pode ser por hora, por dia, por semana ou por mês.

A Lei nº 13.152, de 29 de julho de 2015, dispôs sobre a política de valorização do salário mínimo. Fixou as diretrizes para a política de valorização do salário mínimo a vigorar entre 2016 e 2019.

Dispõe o art. 2º da Lei nº 13.152/2015 que os reajustes e aumentos serão estabelecidos pelo Poder Executivo, por meio de decreto. O decreto do Poder Executivo a que se refere o *caput* divulgará a cada ano os valores mensal, diário e horário do salário mínimo, correspondendo o valor diário a um trinta avos e o valor horário a um duzentos e vinte avos do valor mensal.

Ocorre que o inciso IV do art. 7º da Constituição estabelece que o salário mínimo só pode ser fixado por lei. Não há mais a possibilidade de se estabelecer o salário mínimo mediante decreto. Logo, mostra-se inconstitucional a determinação do art. 2º da Lei nº 13.152/2015, que permite ao Poder Executivo fixar os reajustes e aumentos do salário mínimo por decreto.

A palavra *fixar* tem o sentido de estabelecer, determinar, estipular o valor do salário mínimo, o que só pode ser feito por intermédio de lei ordinária federal. Não pode ser fixado o salário mínimo por meio de critérios definidos pelo Poder Executivo. Compete privativamente ao Poder Legislativo da União votar a lei ordinária que irá estabelecer o salário mínimo e também estabelecer regras sobre Direito do Trabalho (art. 22, I, da Constituição), como ocorre em relação ao salário mínimo. Isso não pode ser feito por meio de decreto. O art. 48 da Constituição dispõe que cabe ao Congresso Nacional, com a sanção do Presidente da República dispor sobre todas as matérias de competência da União.

A Lei nº 13.152/2015 não pode delegar ao Poder Executivo a competência para a fixação do salário mínimo por decreto, em que seriam previstos os reajustes e aumentos do salário mínimo. Somente a lei ordinária federal pode fixar o salário mínimo.

As necessidades do trabalhador e sua família vão mudando conforme o passar do tempo, em razão da inflação, necessitando ser fixado o salário mínimo anualmente por meio de lei ordinária federal e não por critérios estabelecidos pelo Poder Executivo em decreto.

Nada impede que o Congresso Nacional queira conceder ao salário mínimo um aumento real maior que o índice de variação do INPC do IBGE, pois compete a ele fixar o salário mínimo e não ao Poder Executivo. O Congresso Nacional é soberano para fixar o valor do salário mínimo e só ele é competente para esse fim. O decreto do Poder Executivo não pode divulgar a cada ano os valores mensal, diário e horário do salário mínimo. Isso só pode ser feito por lei ordinária federal, que irá fixar o valor do salário mínimo.

Apenas para mostrar questão semelhante, o art. 25 do Ato das Disposições Constitucionais Transitórias estabeleceu que "ficam revogados, a partir de cento e oitenta dias da promulgação da Constituição, sujeito este prazo a prorrogação por lei, todos os dispositivos legais que atribuam ou deleguem a órgão do Poder Executivo competência assinalada na Constituição ao Congresso Nacional". Logo, a Constituição quer que a competência privativa do Congresso Nacional seja por ele exercida e não delegada ao Poder Executivo.

O inciso XI do art. 49 da Constituição estabelece competência exclusiva do Congresso Nacional para zelar pela preservação de sua competência legislativa em razão da atribuição normativa dos outros Poderes.

O STF considerou constitucional a Lei nº 12.382/2011 sobre a fixação do salário mínimo por decreto do Poder Executivo (ADIn 4.568-DF, Rel. Min. Carmen Lúcia).

Assegura-se, ainda, a garantia de salário, nunca inferior ao mínimo, para os que percebem remuneração variável (inc. VII do art. 7º da Lei Maior). A garantia do salário nunca inferior ao mínimo (art. 7º da Constituição) diz respeito apenas ao salário, e não à remuneração. Aqueles que percebem salários à base de comissão ou por peça ou tarefa devem ter pelo menos assegurado um salário mínimo por mês a título de remuneração pelos serviços prestados. Se perceberem valor inferior a um salário mínimo a título de comissões, peça ou tarefa, deverá o empregador pagar a diferença até se atingir o salário mínimo. O art. 78 da CLT já determinava que quando o salário fosse ajustado por empreitada, ou convencionado por tarefa ou peça, seria garantida ao trabalhador uma remuneração diária nunca inferior à do salário mínimo diário. O parágrafo único do mesmo art. 78 também dispõe que aqueles que percebem salário por comissão ou porcentagem, em que há uma parte fixa e outra variável do salário, devem ter assegurado um salário mínimo como remuneração mínima mensal se perceberem comissões ou porcentagens em valores inferiores. Atualmente, o art. 1º da Lei nº 8.716, de 11-10-1993, declara que "aos trabalhadores que perceberem remuneração variável, fixada por comissão, peça, tarefa ou outras modalidades, será garantido um salário mensal nunca inferior ao salário mínimo".

Declara o art. 2º da Lei nº 8.716/93 que àqueles que percebem salário misto, em que há uma parte fixa e outra variável, também será assegurado um salário mínimo por mês. O empregador não poderá fazer nenhum desconto no salário do obreiro, no mês subsequente, a título de compensação de eventuais complementações feitas em meses anteriores, para cumprimento do que foi anteriormente dito (art. 3º da Lei nº 8.716/93).

Ao aprendiz, salvo condição mais favorável, será garantido o salário mínimo hora (§ 2º do art. 428 da CLT).

O empregado doméstico tem direito de receber pelo menos um salário mínimo por mês (parágrafo único do art. 7º da Constituição).

O salário mínimo pago em dinheiro não poderá ser inferior a 30% do salário mínimo, permitindo-se que 70% do salário possam ser pagos em utilidades.

O trabalhador em domicílio, como qualquer trabalhador, tem direito ao salário mínimo (art. 83 da CLT), mesmo desenvolvendo suas atividades em sua residência.

Não terá nenhuma validade o contrato de trabalho que estipule valor inferior ao salário mínimo (art. 117 da CLT), permitindo-se ao trabalhador reclamar a diferença (art. 118 da CLT).

Esclarece o art. 6º da Lei nº 8.542/92 que o salário mínimo é a contraprestação mínima devida e paga diretamente pelo empregador a todo trabalhador. Isso quer dizer, como já se verificava no art. 76 da CLT, que o salário mínimo é aquele pago diretamente pelo empregador, não estando incluídas no salário as gorjetas, que são pagas por terceiros, distintos do empregador. O salário mínimo corresponde a uma jornada normal de trabalho de 8 horas ao módulo semanal de 44 horas (art. 7º, XIII, da Constituição). O § 1º do art. 6º da Lei nº 8.542/92 estabelece que o salário mínimo diário corresponde a 1/30, e o salário mínimo horário a 1/220 do salário mínimo mensal.

Não há legislação sobre política salarial no momento. O art. 10 da Lei nº 10.192 estabelece que os salários e as demais condições referentes ao trabalho continuam a ser fixados e revistos, na respectiva data-base anual, por intermédio da livre negociação coletiva.

3 SALÁRIO PROFISSIONAL

O inciso V do art. 7º da Lei Maior determina o "piso salarial proporcional à extensão e à complexidade do trabalho". Não se confunde este com o salário normativo, que é estabelecido em sentença normativa, em convenções ou em acordos coletivos. O piso salarial diz respeito ao valor mínimo que pode ser recebido por certo trabalhador pertencente a determinada categoria profissional. Com base na

Constituição anterior, o STF entendia que o piso salarial só poderia ser fixado mediante lei e não por decisão normativa (RE 101.697-DF, Rel. Min. Octávio Gallotti, in *RTJ* 115/1.320), e hoje não mais prevalece essa orientação em razão do inciso V do art. 7º da Constituição. O salário profissional é o mínimo que uma pessoa pode perceber a título de salário em determinada profissão, como ocorre com os técnicos em radiologia (Lei nº 7.394/85), os engenheiros (Lei nº 4.950-A/66), os médicos e dentistas (Lei nº 3.999/61) etc., sendo fixado em lei.

O salário profissional não se confunde com o salário mínimo, pois este é geral, para qualquer trabalhador, enquanto salário profissional se refere ao salário de certa profissão ou categoria de trabalhadores. O salário mínimo visa a atender às necessidades básicas do trabalhador, enquanto salário profissional também tem esse objetivo, mas em relação à profissão.

O inciso V do art. 7º da Constituição está mais para espécie de salário profissional, de um salário estadual para quem exerce certa profissão. Piso salarial diz respeito ao fato de que um empregado integra certa categoria e, por isso, deve recebê-lo. Há necessidade de se verificar, ao mesmo tempo, a extensão e a complexidade do trabalho e não só uma das duas.

Os Estados e o Distrito Federal ficam autorizados a instituir, mediante lei de iniciativa do Poder Executivo, o piso salarial de que trata o inciso V do art. 7º da Constituição para os empregados que não tenham piso salarial definido em lei federal, convenção ou acordo coletivo de trabalho (art. 1º da Lei Complementar nº 103, de 14-7-2000). Atende a determinação o parágrafo único do art. 22 da Constituição. Seria inconstitucional a Lei Complementar nº 103 se legislasse sobre salário mínimo, que é nacionalmente unificado. O piso salarial estadual pode ser estendido aos empregados domésticos (art. 1º, § 2º, da Lei Complementar nº 103/2000). O Estado não pode estabelecer piso salarial em relação à remuneração dos servidores públicos municipais (art. 1º, § 1º, II, da Lei Complementar nº 103/2000).

O inciso V do art. 7º da Constituição não se aplica ao doméstico, pois o parágrafo único do mesmo artigo não faz remissão ao referido inciso.

4 POLÍTICA SALARIAL

Entre 1964 e 1990, a política salarial foi fixada conforme a previsão de lei ou de decreto-lei, de acordo com os respectivos períodos.

Não existe no momento lei de política salarial.

O art. 10 da Lei nº 10.192 dispõe que os salários e as demais condições referentes ao trabalho continuam a ser fixados e revistos, na respectiva data-base anual, por intermédio da livre negociação coletiva. O art. 13 da mesma norma reza que nos acordos, nas convenções ou nos dissídios coletivos é vedada a estipulação ou fixação de cláusula de reajuste salarial automática vinculada a índice de preços. Nas revisões salariais na data-base anual, serão deduzidas as antecipações concedidas no período anterior à revisão. Qualquer concessão de aumento salarial a título de produtividade deverá estar amparada em indicadores objetivos.

5 DIREITO ADQUIRIDO E IRREDUTIBILIDADE SALARIAL

A ideia do conceito de direito adquirido é baseada, na maioria das vezes, nos ensinamentos de Gabba (1891, v. 1:191), que esclarece que "é adquirido todo direito que: (a) é consequência de um fato idôneo a produzi-lo, em virtude da lei do tempo no qual o fato se viu realizado, embora a ocasião de fazê-lo valer não se tenha apresentado antes da atuação de uma lei nova a respeito, e que (b) nos termos da lei sob o império da qual se verificou o fato de onde se origina, entrou imediatamente a fazer parte do patrimônio de quem o adquiriu".

O § 2º do art. 6º do Decreto-Lei nº 4.657/42) determina o que é direito adquirido: "Consideram-se adquiridos assim os direitos que o seu titular, ou alguém por ele, possa exercer, como aqueles cujo começo do exercício tenha termo prefixo, ou condição preestabelecida inalterável a arbítrio de outrem".

Direito adquirido é o que faz parte do patrimônio jurídico da pessoa, por ter atendido todos os requisitos necessários para aquisição do direito, podendo exercê-lo a qualquer momento.

Ensina José Afonso da Silva (1990:375) que "não corre direito adquirido contra o interesse coletivo, porque aquele é manifestação do interesse particular que não pode prevalecer sobre o interesse geral".

Esclarecem Eduardo Espínola e Eduardo Espínola Filho (1939, v. 2: nº 59) que "não podem os indivíduos pretender o respeito da sua situação de direito público, em face de uma lei de ordem pública que reja, na sua objetividade, aquela situação: aquela determinada situação jurídica, aquele dado direito público subjetivo, se mantém como tal, enquanto vige a norma que lhe imprime semelhante caráter. Abolida a norma, é impossível que o direito público subjetivo permaneça como adquirido como elemento do patrimônio do cidadão, se não é conservado pela nova lei".

A lei nova, instituidora de novas condições salariais, vale para a frente, tendo que respeitar os reajustes já efetuados no salário. É o que acontece no caso de reajustes salariais que já foram pagos aos empregados. Quanto aos reajustes que ainda não foram feitos, há apenas mera expectativa de direito, e não direito adquirido. Com a superveniência da lei nova salarial não há direito adquirido. Ensina Agostinho Alvim (1968, v. 1:40) que, "quando o efeito com que se conta, ou se espera, não entrou ainda para o patrimônio do titular, diz-se que há expectativa. Nesse caso, a lei nova poderá impedir os efeitos que se aguardam". Se um funcionário público tem 59 anos e sobrevém uma alteração constitucional exigindo 65 anos para se aposentar, a nova norma atinge essa pessoa, que ainda não havia adquirido o direito, mas tinha mera expectativa de direito.

É de se lembrar que o direito ao reajuste de salário somente se considera adquirido pelos empregados no último dia do mês, após a prestação dos serviços. Esse seria considerado o momento de adquirir o direito, que é o lapso de tempo em que o trabalhador, após a prestação regular de seu serviço, obtém o direito à remuneração prevista no contrato ou na lei. A condição para o ato se verificar é o último dia do mês, após a prestação dos serviços. Enquanto não advier o último dia do mês, a condição não se realizou, nem foi adquirido o direito (art. 125 do CC).

No caso do reajuste do IPC de março de 1990 (84,32%), o STF entendeu que não houve direito adquirido ao citado reajuste, mas mera expectativa de direito (MS 21.216-1-DF, ac. TP, j. 5-12-1990, Rel. Min. Octávio Gallotti, *LTr* 55-10/1.211). A mesma orientação teve o TST (S. 315).

Nas hipóteses dos reajustes de gatilho de junho de 1987 (26,06%) e da URP de fevereiro de 1989 (26,05%), o STF entendeu que não houve direito adquirido a tais reajustes, mas mera expectativa de direito. O TST cancelou as Súmulas 316 e 317 com base na orientação do Pretório Excelso.

O inciso VI do art. 7º da Constituição garante a irredutibilidade nominal dos salários, de se reajustar os salários de acordo com a lei, e não irredutibilidade real, que depende de negociações coletivas. Assim, os aumentos reais ou econômicos devem ser objeto de negociação coletiva entre as partes. Essa é também uma das finalidades do dissídio coletivo. O princípio da irredutibilidade salarial depende da lei salarial vigente, ou seja: remete à lei, pois ninguém é obrigado a fazer ou deixar de fazer algo a não ser em virtude de lei (art. 5º, II, da Norma Ápice). Recebe, também, o art. 468 da CLT, que garante a irredutibilidade salarial de forma genérica.

Por questões históricas advindas da criação do salário mínimo por Getúlio Vargas, pretendia-se a preservação do salário nominal, ao se dar um salário considerado mínimo para o trabalhador. O aumento real, ao contrário, deveria ser negociado com o empregador. A Constituição continua, porém, garantindo o salário mínimo (art. 7º, IV).

O aumento nominal deve ser assegurado por lei, de modo a preservar o poder aquisitivo da moeda, para que o trabalhador tenha condições de satisfazer suas necessidades básicas.

Se o salário contratual foi respeitado pelo empregador, não houve redução da remuneração (art. 468 da CLT).

O inciso X do art. 7º da Lei Fundamental garante, ainda, a proteção do salário na forma da lei. Inexistindo lei que assegure um mecanismo de aumentos para repor o poder aquisitivo da remuneração, não há como proteger o salário da espiral inflacionária.

Questões

1. O que é política salarial?
2. A que deve atender o salário mínimo?
3. O que é salário profissional?
4. Qual a atual lei salarial? Quais os reajustes por ela preconizados?
5. O que se considera direito adquirido em matéria de salário?
6. O que se entende por irredutibilidade salarial?

Capítulo 20

ALTERAÇÃO DO CONTRATO DE TRABALHO

1 ETIMOLOGIA

Alteração vem do latim *alteratio*, provindo de *alter*, outro. Tem o significado de mudança, modificação, transformação.

Na verdade, não é o contrato de trabalho que se altera, mas suas condições, suas cláusulas.

2 PRINCÍPIO DA IMODIFICABILIDADE

No Direito Romano, já se dizia que os acordos devem ser cumpridos (*pacta sunt servanda*). O mesmo pode-se dizer em relação ao contrato de trabalho.

A regra é de que o contrato de trabalho não pode ser modificado unilateralmente pelo empregador. Vige assim, a regra de imodificabilidade ou inalterabilidade do contrato de trabalho. Essa regra é observada no art. 468 da CLT: "Nos contratos individuais de trabalho só é lícita a alteração das respectivas condições por mútuo consentimento e, ainda assim, desde que não resultem, direta ou indiretamente, prejuízos ao empregado, sob pena de nulidade da cláusula infringente dessa garantia".

O princípio da imodificabilidade do contrato de trabalho reflete uma forte intervenção do Estado na relação entre empregado e empregador, de modo a que o primeiro, por ser o polo mais fraco dessa relação, não venha a ser prejudicado com imposições feitas pelo segundo e decorrentes de seu poder de direção. Daí a necessidade da interferência do Estado, evitando que o empregador altere unilateralmente as regras do pacto laboral. Trata-se, portanto, de uma norma de ordem pública, que restringe a autonomia da vontade das partes contratantes.

A classificação das alterações do contrato de trabalho pode ser feita de várias formas: quanto à origem: (a) obrigatórias, por serem decorrentes de lei ou de norma coletiva; (b) voluntárias, por decorrerem da vontade das partes; quanto ao objeto: (a) qualitativas, pois envolvem a natureza do trabalho do empregado. O empregado exerce uma função e a empresa determina que exerça função completamente diferente; (b) quantitativas, como de redução de salário; quanto à natureza: podem ser lícitas ou ilícitas, dependendo do caso de observarem ou não as prescrições legais; quanto às pessoas envolvidas: (a) unilaterais, quando são impostas principalmente pelo empregador; (b) bilaterais, quando são negociadas entre empregado e empregador; quanto ao número de pessoas: (a) individuais, quando dizem respeito a cada empregado; (b) quando são determinadas por negociação coletiva e são aplicadas a todos os empregados da empresa ou a toda a categoria; quanto às pessoas envolvidas, são subjetivas. Compreendem a alteração dos sujeitos do contrato de trabalho, como na sucessão de empresas e na alteração da propriedade da empresa; quanto ao objeto, abrangem alterações no objeto da prestação de serviços, na função, no local da prestação de serviços, no salário, no horário de trabalho; quanto ao momento da alteração: (a) direta ou imediata; (b) indireta, que tem repercussão mais adiante; quanto à legalidade, podem ser: (a) legais ou lícitas, como a transferência do empregado por necessidade de serviço e previsão no contrato de trabalho; (b) ilegais ou ilícitas, que são contra a previsão da lei.

Reversão é o retorno à função anterior depois da ocupação de função de confiança.

Rebaixamento é a hipótese em que o empregado é guindado a cargo inferior como motivo de punição. É ilícito, pois causa prejuízo ao empregado.

É possível a alteração das condições do contrato de trabalho: (a) por mútuo consentimento; (b) desde que não haja prejuízos ao empregado. A alteração do contrato de trabalho só será lícita, portanto, desde que haja mútuo consentimento entre as partes. Não havendo mútuo consentimento, a modificação não será possível, como ocorre numa alteração feita unilateralmente pelo empregador. Se, porém, o empregado aceita a mudança e a ela não se opõe, presume-se que tal modificação foi tacitamente convencionada. Mesmo havendo mútuo consentimento, não poderá ser feita modificação no contrato de trabalho que, direta ou indiretamente, cause prejuízos ao empregado. Alteração nesse sentido não terá nenhuma validade, podendo o trabalhador reclamar na Justiça do Trabalho o restabelecimento da cláusula que lhe era mais benéfica.

O empregado que, por exemplo, sempre recebeu salário em dinheiro não pode, por ato unilateral do empregador, passar a receber salário misto, sendo parte em dinheiro e parte em utilidades.

O fundamento do art. 468 da CLT é o de que o trabalhador não poderia aceitar uma condição de trabalho pior do que a anterior; além disso, o obreiro poderia ser induzido em erro pelo empregador, ou por não ter condições de discernir o ato praticado pelo empregador que lhe é prejudicial – ou até mesmo sofrer coação patronal.

O inciso VI do art. 7º da Constituição de certa forma prestigiou o princípio previsto no art. 468 da CLT, ao estabelecer que os salários não poderão ser reduzidos, salvo se houver negociação com o sindicato profissional, mediante acordo ou convenção coletiva de trabalho. Nesse aspecto, o art. 503 da CLT foi revogado, pois permitia a redução de salários, quando agora isso só é possível por meio de acordo ou convenção coletiva de trabalho. Está em vigor, contudo, o art. 2º da Lei nº 4.923/65, que permite a redução da jornada e dos salários, em razão da conjuntura econômica, mediante acordo coletivo. A referida alteração pode ser feita tanto em relação ao salário, como quanto à jornada, com a participação do sindicato, por meio de acordo coletivo, prestigiando as determinações dos incisos VI e XIII do art. 7º da Constituição. Entretanto, em hipótese nenhuma a redução do salário poderá determinar o pagamento de valor inferior ao salário mínimo, que é a importância mínima que deve ser paga ao trabalhador (art. 7º, IV, da Constituição).

O empregado pode recusar promoção, se lhe causar algum transtorno, como maiores despesas.

3 *IUS VARIANDI*

O empregador poderá fazer, unilateralmente, ou em certos casos especiais, pequenas modificações no contrato de trabalho que não venham a alterar significativamente o pacto laboral, nem importem prejuízo ao operário. É o *ius variandi*, que decorre do poder de direção do empregador. Não são alterações substanciais.

Ius variandi ordinário seria a alteração feita no contrato de trabalho que não tem previsão expressa em lei, mas que estariam dentro dessas pequenas modificações que o empregador pode fazer no contrato de trabalho do empregado, que lhe causa eventual incômodo ou inconveniência.

Ius variandi extraordinário pode ser exigir horas extras em razão de necessidade imperiosa, como por força maior, conclusão de serviços inadiáveis, para evitar prejuízos ao empregador (art. 61 da CLT). Há alteração do contrato de trabalho, em relação à jornada de trabalho, mas nas hipóteses em que haja necessidade de serviços inadiáveis para evitar prejuízos ao empregador.

Como exemplos, seria possível oferecer a alteração da função do empregado, seu horário de trabalho, o local de prestação de serviços. O empregado de confiança, por exemplo, pode retornar, por determinação do empregador, ao exercício do cargo que anteriormente ocupara antes do exercício do cargo de confiança. A própria CLT não considera tal alteração unilateral (parágrafo único do art. 468). O art. 450 da CLT revela a mesma regra: "Ao empregado chamado a ocupar, em comissão, interinamente, ou em substituição eventual ou temporária, cargo diverso do que exercer na empresa serão garantidas a contagem do tempo naquele serviço, bem como a volta ao cargo anterior". O empregado pode substituir alguém em férias ou licença, retornando à função anterior.

A alteração do horário de trabalho pode acontecer, como no fato de o trabalhador que prestava serviços à noite passar a trabalhar durante o dia, o que é admitido implicitamente na orientação da Súmula 265 do TST, pois o trabalho à noite é mais prejudicial à saúde do trabalhador. À noite é o período em que a pessoa deve descansar. A Súmula 423 do TST permite a fixação do turno em 8 horas diárias, deixando o empregado de trabalhar 6 horas por dia. Por ato unilateral do empregador é possível a prorrogação da jornada de trabalho para recuperação de paralisações, conforme § 3º do art. 61 da CLT. O empregado que tem deficiência física ou mental atestada pelo INSS pode ser readaptado em nova função (§ 4º do art. 461 da CLT), em razão dessa sua condição e para preservar o seu emprego. Tem característica social. O empregador poderá, também, alterar o local da prestação de serviços, transferindo o empregado, como ocorre nas hipóteses do art. 469 da CLT, que irei analisar no tópico seguinte, mudar o trabalho do menor ou da mulher, que lhes for prejudicial.

Ao empregado garantido pela estabilidade que deixar de exercer cargo de confiança é assegurada, salvo no caso de falta grave, a reversão ao cargo efetivo que haja anteriormente ocupado (§ 1º do art. 499 da CLT).

O empregado poderá também opor-se a certas modificações que lhe causem prejuízos ou sejam ilegais, que é o que se chama de *ius resistentiae*, inclusive pleiteando a rescisão indireta do contrato de trabalho (art. 483 da CLT). *Ius resitenciae* é um limite ao poder de direção do empregador.

4 TRANSFERÊNCIA DE EMPREGADOS

4.1 Introdução

A transferência do empregado decorre do *ius variandi* do empregador, consistente no poder que este tem de fazer pequenas modificações no contrato de trabalho, em razão de suas peculiaridades. Assim, pode o empregador transferir o operário, se atendidas certas condições previstas em lei.

A rigor, transferência poderia ser conceituada como o ato do empregador de modificar o local de trabalho do empregado, mudando-o de setor, de seção, de filial etc.; porém, não é esse o conceito da lei.

4.2 Lei nº 6.203/75

A Lei nº 6.203, de 17-4-1975, deu nova redação aos arts. 469 e 470 da CLT, que tratam das condições para a transferência do obreiro. Acrescentou também o inciso IX ao art. 659 da CLT, que versa sobre a medida liminar que pode ser concedida pelo juiz do trabalho, até decisão final em reclamação trabalhista, visando a impedir a transferência abusiva do trabalhador.

A transferência do empregado para outra localidade ou para outra função não implica prejuízo à continuidade do contrato de trabalho. O direito do empregado não é o de trabalhar na empresa sempre no mesmo local ou na mesma função, mas na empresa. Se a lei autoriza a transferência em certos casos, ela é possível. De outro lado, com a transferência, o empregador evita dispensar o empregado.

Apenas em certos casos a transferência do empregado não pode ser feita. É a hipótese específica do dirigente sindical, que se aceitar sua transferência ou a solicitar, perde o mandato (§ 1º do art. 543 da CLT), justamente porque foi eleito para representar a categoria no local de trabalho e não em outro.

O trabalhador poderia ser readaptado em outra função, por motivo de deficiência física ou mental, como permite o § 4º do art. 461 da CLT. É também uma forma de preservar o posto de trabalho do empregado, de este não ser dispensado.

Nas grandes empresas, a transferência do empregado de uma para outra empresa do grupo não afeta a continuidade do contrato de trabalho, que se forma com o grupo, nos termos do § 2º do art. 2º da CLT. O grupo de empresas é o verdadeiro empregador. Assim, o empregado pode ser transferido de uma empresa para outra, persistindo seu contrato de trabalho, que é feito com o grupo. Há também a contagem do tempo de serviço de uma empresa para outra.

De acordo com as novas disposições determinadas pela Lei nº 6.203/75, é possível dividir as modalidades de transferência da seguinte forma: (a) a que não acarretar necessariamente a mudança de domicílio do empregado; (b) de empregado de confiança; (c) em decorrência de cláusula contratual explícita; (d) em virtude de cláusula contratual implícita; (e) em razão da extinção do estabelecimento em que trabalha o empregado; (f) provisória.

4.3 Mudança de domicílio

Declara a parte final do art. 469 da CLT que não se considera transferência a que não acarretar necessariamente a mudança de domicílio do obreiro.

Inicialmente, é possível dizer que há um erro técnico na redação do dispositivo supramencionado, pois mesmo inexistindo mudança de domicílio, há transferência do empregado, principalmente se este for trabalhar em local mais distante de onde laborava, ainda que na mesma cidade.

O art. 70 do Código Civil define domicílio como o lugar onde a pessoa "estabelece a sua residência com ânimo definitivo".

Domicílio vem de *domus* ou *domicilium* (casa, residência).

Domicílio é o lugar onde a pessoa estabelece a sede principal de seus negócios. Tem a palavra *domicílio* um conceito jurídico. O domicílio do funcionário público é onde exerce suas funções.

Residência é onde a pessoa permanece com habitualidade, onde dorme, faz refeições, vive. É o lugar em que a pessoa se localiza habitualmente, em que habita. Compreende a palavra residência uma situação de fato e não um conceito jurídico.

Anteriormente à edição da Lei nº 6.203/75, a expressão *domicílio* já vinha sendo interpretada pela jurisprudência com o significado de residência, pois é onde o trabalhador tem sua moradia, onde mantém sua família, esposa e filhos, onde estes estudam e onde têm suas relações sociais. Esta é a interpretação a ser dada à palavra *domicílio*, que tem o sentido de residência para os efeitos do *caput* do art. 469 da CLT. Este se refere à mudança de residência, pois se o empregado tem domicílio na empresa e se esta fosse transferida de local, sempre o empregado teria mudado de domicílio.

Não haverá transferência se o empregado continuar residindo no mesmo local, embora trabalhando em Município diferente. Inexistirá também transferência se o empregado permanecer trabalhando no mesmo Município, embora em outro bairro deste.

Se o empregado passa a trabalhar na mesma região metropolitana – v.g., saindo de São Paulo para prestar serviços para a empresa em São Bernardo do Campo –, não haverá transferência, desde que não haja mudança do local onde o obreiro resida.

Se o empregado é deslocado para trabalhar em plataformas de perfuração de petróleo, não há pagamento de adicional de transferência, pois inexiste mudança de residência.

A palavra *localidade*, descrita no art. 469 da CLT, quer dizer lugar certo e determinado onde o empregado presta os serviços. Localidade tem o sentido de mesmo Município. A interpretação da palavra *localidade* não é muito relevante, pois a questão central será a existência ou não de mudança de residência do empregado.

4.4 Cargo de confiança

Os empregados que exerçam o cargo de confiança podem ser transferidos pelo empregador.

Exemplos de cargo de confiança são os de gerente ou diretor, desde que com o investimento de mandato possa o empregado representar o empregador, inclusive detendo poderes de gestão na empresa. Não têm cargo de confiança, para os efeitos do § 1º do art. 469 da CLT, os chefes de seção, comandantes de aeronaves e os empregados que exercem função de fiscalização na empresa, porque não possuem os requisitos anteriormente mencionados.

No contrato de trabalho, existe uma confiança comum do empregador no empregado. A confiança a que se refere a lei é a especial, inerente a certos trabalhadores, como os diretores, gerentes. É a pessoa que substitui o empregador, que dá ordens de serviço, que contrata e dispensa empregados, que vende e compra mercadorias etc. Cargo de confiança bancário contido no § 2º do art. 224 da CLT só diz respeito a estabelecer jornada de oito horas e não para efeito de transferência. Comandante de aeronave exerce cargo de confiança apenas para as responsabilidades inerentes a sua profissão e não para fins de transferência.

Para a transferência de empregado que exerça cargo de confiança não se exige como requisito a "real necessidade de serviço", de que trata a parte final do § 1º do art. 469 da CLT.

A interpretação histórica do projeto que deu origem à Lei nº 6.203/75 revela que o legislador teve o intuito de excluir a necessidade de serviço para a transferência do empregado detentor do cargo de confiança, pois a jurisprudência já vinha interpretando com rigor a caracterização dos cargos de confiança; além disso, existem certas peculiaridades que cercam o desempenho dessas funções, sendo prescindível a necessidade de serviço. A expressão "real necessidade de serviço", prevista no § 1º do art. 469 da CLT, refere-se apenas aos empregados que tenham contratos com condição implícita ou explícita de transferência, e não ao empregado que ocupa cargo de confiança.

A "real necessidade de serviço" é prevista apenas para quem tem condição de transferência implícita contida no seu contrato de trabalho. A parte final do § 1º do art. 469 da CLT faz referência a essa hipótese. A pessoa que exerce cargo de confiança também tem condições de trabalho peculiares, distintas das de outros empregados. Uma dessas condições é o trabalhador poder prestar serviços em qualquer localidade, justamente por ter a confiança do empregador.

Os empregados que exercem cargo de confiança podem ser transferidos pelo empregador, pois "não estão compreendidos na proibição deste artigo", isto é, do *caput* do art. 469 da CLT. Não há, portanto, necessidade de concordância por parte do empregado.

O fato de o empregado exercer o cargo de confiança legitima a transferência, não eximindo o empregador, porém, de pagar o adicional de transferência, caso esta seja provisória.

4.5 Cláusula explícita

Os empregados poderão ser transferidos se houver cláusula explícita nesse sentido em seus contratos de trabalho.

O sentido da expressão "cláusula explícita" deveria ser entendido como expressa, escrita, não sendo verbal. Poderá também haver previsão no regulamento interno da empresa quanto à transferência, principalmente quando o contrato de trabalho faz remissão ao regulamento da empresa, que passa a fazer parte do pacto laboral, entendendo, assim, que há cláusula explícita para a transferência.

O contrato de trabalho pode ser expresso ou tácito. Se for expresso, expressado, poderá ser oral ou escrito. Assim, também é possível que exista teoricamente cláusula verbal prevendo sobre a possibilidade de transferência. Caso o empregado tenha conhecimento de que foi acordada a transferência, ainda que oralmente, será considerada expressada entre as partes. Dificilmente isso vai ocorrer, mas teoricamente será possível. É de se concluir que na maioria das hipóteses a cláusula será escrita, que é o que se recomenda, justamente para serem evitadas dúvidas. Não pode ser tácita.

Há, porém, a decorrência de que a transferência precisa ser proveniente de "real necessidade de serviço" por parte do empregador. A "real necessidade de serviço" deve ser entendida no sentido de necessidade objetiva e insofismável do serviço, em que a empresa, para desenvolver normalmente suas atividades, não poderá prescindir do empregado, como se no local para onde será transferido o trabalhador não exista mão de obra especializada. É a transferência decorrente de razões técnicas, de organização ou de produção da empresa. O objetivo da lei é que o empregador não transfira o empregado com objetivos fúteis ou de perseguição.

Se inexistir necessidade de serviço, o empregado não poderá ser transferido, mesmo que haja cláusula explícita no contrato de trabalho. Adota-se aqui a orientação da Súmula 43 do TST: "Presume-se abusiva a transferência de que trata o § 1º do art. 469 da CLT, sem a comprovação da necessidade de serviço".

4.6 Cláusula implícita

Poderá haver transferência do obreiro se o contrato de trabalho contiver cláusula implícita quanto a tal fato, ou seja: a condição implícita é a que estiver subentendida no pacto laboral. Para se identificar essa situação pode-se considerar a atividade da empresa, a natureza do serviço desempenhado pelo empregado ou sua atividade, ou então a conjugação dessas situações. A transferência não poderá ser, porém, punitiva.

Os exemplos mais comuns de empregados que têm cláusula implícita de transferência em seus contratos de trabalho são: o aeronauta, o ferroviário, o motorista rodoviário, o vendedor viajante, o marítimo, o atleta profissional, o artista de teatro, do circo e até mesmo o trabalhador da construção civil, pois é inerente à atividade empresarial, em decorrência da construção de várias obras em locais diversos.

No que diz respeito à transferência do empregado bancário, pode-se entender que na maioria dos casos a cláusula é explícita no contrato de trabalho ou decorre do regulamento da empresa, mas também entende-se que a cláusula estaria implícita em razão da natureza e peculiaridade da organização bancária.

Para a transferência de empregado que tenha cláusula implícita quanto a este aspecto, em seu contrato de trabalho, é mister a prova de real necessidade de serviço, como ocorre no caso da transferência decorrente de cláusula contratual explícita.

4.7 Extinção do estabelecimento

Será considerada lícita a transferência quando houver extinção do estabelecimento em que trabalhar o empregado (§ 2º do art. 469 da CLT). O objetivo desse preceito exatamente é a continuidade do contrato de trabalho, de evitar a dispensa do empregado. Se um dos estabelecimentos da empresa é extinto, deve o empregado ser aproveitado em outro. Somente quando a empresa toda deixasse de existir é que o obreiro deveria ser dispensado.

A transferência é até mesmo uma possibilidade de manter a continuidade do contrato de trabalho, o posto de serviço do trabalhador.

Há expressa autorização na lei quanto à transferência do empregado em virtude de extinção do estabelecimento. Nesse caso, não há que se falar em necessidade de serviço, em razão de não mais existir o estabelecimento, configurando até, a transferência, um ato do empregador de preservar o emprego do operário que vai ser transferido. Nessa hipótese também inexiste necessidade de anuência do empregado para a transferência, pois há a presunção legal de que a transferência é lícita, havendo extinção do estabelecimento.

Não se distingue entre extinção e transferência do estabelecimento. Mesmo sendo o estabelecimento transferido de uma para outra cidade, estará ele sendo extinto na primeira localidade, por não mais existir naquele lugar.

A jurisprudência entende que o empregado estável não pode ser transferido. Não aceitando o obreiro a transferência, há rescisão do contrato de trabalho. Da mesma forma, o dirigente sindical ou de associação profissional, ou candidato a esses cargos, não poderá ser transferido, pois o objetivo é preservar o poder do referido dirigente de representar a categoria na localidade, sendo devidos os salários enquanto perdurar a garantia de emprego. Se o dirigente sindical aceitar a transferência ou a requerer, perderá o mandato (§ 1º do art. 543 da CLT).

Quanto à transferência do empregado estável, não optante do FGTS, o STF, quando julgava matéria trabalhista, prevista na legislação ordinária, tinha entendimento de que "a transferência do estabelecimento, ou a sua extinção parcial, por motivo que não seja de força maior, não justifica a transferência de empregado estável" (S. 221).

Equipara-se à extinção do estabelecimento do empregador o término da obra de construção civil, tornando lícita a transferência do empregado para outra obra da empresa, havendo, assim, transferência definitiva.

4.8 Transferência provisória

A transferência provisória do empregado é permitida, desde que atendidos os requisitos do § 3º do art. 469 da CLT.

A transferência é definitiva de acordo com a situação de fato. Pode ser por período de três meses, um ano etc. Cada caso tem de ser analisado.

Entende-se como transferência provisória a do empregado que vai fazer um serviço específico, como um projeto ou vai montar uma máquina em outra cidade, podendo essa transferência persistir até o término do serviço naquela localidade. Terminado o serviço, o empregado volta para o local de origem. É a transferência precária, incerta.

É imprescindível que o serviço a ser executado seja necessário, ou seja, que o trabalho do operário não possa ser executado por outro empregado da localidade.

O § 3º do art. 469 da CLT determina a transferência provisória independentemente da vontade do empregado, sendo, portanto, uma posição unilateral do empregador permitida pela lei. O requisito exigido é apenas o de ser necessário o serviço, visando coibir as transferências determinadas por motivos pessoais, de perseguição ao empregado, sem nenhuma justificativa ou causadoras de danos morais ao obreiro.

Não fixa a lei o prazo da transferência provisória. Dessa forma, cada caso concreto terá que ser verificado para que se possa analisar se a transferência é realmente provisória ou definitiva.

É possível entender que, se há transferências sucessivas, há a indicação de que elas, em princípio, são provisórias.

A Lei nº 13.475, de 28-8-2017, regula o exercício o exercício das profissões de piloto de aeronave, comissário de voo e mecânico de voo, denominados aeronautas. Base do tripulante é a localidade onde ele está obrigado a prestar serviço (art. 73 da Lei nº 13.475/2017). Entende-se como: I – transferência provisória: o deslocamento do tripulante de sua base, por período mínimo de 30 dias e não superior a 120 (cento e vinte) dias, para prestação de serviços temporários, sem mudança de domicílio, seguido de retorno à base tão logo cesse a incumbência que lhe foi atribuída; II – transferência permanente: o deslocamento do tripulante de sua base, por período superior a 120 dias, com mudança de domicílio. Após cada transferência provisória, o tripulante deverá permanecer na sua base por, pelo menos, 180 dias. O interstício entre transferências permanentes será de dois anos. Na transferência provisória, serão assegurados aos tripulantes acomodação, alimentação, transporte a serviço, transporte aéreo de ida e volta e, no regresso, licença remunerada de, considerada a duração da transferência, dois dias para o primeiro mês mais um dia para cada mês ou fração subsequente, sendo que, no mínimo, dois dias não deverão coincidir com sábado, domingo ou feriado. Na transferência permanente, serão assegurados ao tripulante pelo empregador: I – ajuda de custo, para fazer face às despesas de instalação na nova base, não inferior a quatro vezes o valor do salário mensal, calculado o salário variável por sua taxa atual, multiplicada pela média do correspondente trabalho nos últimos doze meses; II – transporte aéreo para si e seus dependentes; III – translação da respectiva bagagem; IV – dispensa de qualquer atividade relacionada com o trabalho pelo período de oito dias, a ser fixado por sua opção, com aviso-prévio de 8 (oito) dias ao empregador, dentro dos 60 dias seguintes à sua chegada à nova base. A transferência provisória poderá ser transformada em transferência permanente. O tripulante deverá ser notificado pelo empregador com antecedência mínima de 60 dias na transferência permanente e de 15 dias na provisória (art. 74).

4.9 Adicional de transferência

O adicional de transferência só será devido na transferência provisória e não na definitiva, em razão dos custos que o empregado incorre ao ir para outra localidade. Chega-se a essa conclusão porque os outros dispositivos do art. 469 da CLT não tratam do adicional quando da transferência definitiva. O § 3º do art. 469 da CLT só prevê o adicional na hipótese de transferência provisória, utilizando-se do termo "enquanto perdurar essa situação". Na transferência definitiva, ao contrário, o empregado não está fora do seu local de trabalho (*habitat*), não necessitando do adicional. O TST tem entendido que o adicional de transferência só é devido na transferência provisória (OJ 113 da SBDI-1 do TST).

Se a transferência decorre de acordo entre as partes, não é devido o adicional, pois nesse caso há interesse do empregado, além de a transferência ser definitiva.

Sendo promovido o empregado, com aumento de salário e com a sua própria anuência, não há na transferência direito ao adicional, pois se trata de transferência definitiva e não provisória.

O adicional de transferência vai ser mantido "enquanto durar essa situação". Logo, não é definitivo, não se incorporando ao salário do empregado, podendo ser suprimido quando do término da transferência.

O empregado que exerce cargo de confiança e aqueles que têm cláusula explícita ou implícita em seus contratos de trabalho, quanto à transferência, também têm direito ao adicional, se a transferência for provisória. Se for definitiva, não o terão.

Não há possibilidade de pagamento de adicionais cumulativos. O adicional é devido enquanto perdurar a transferência ou transferências. Não se pode falar em pagamento cumulativo a cada transferência, de modo a gerar o pagamento de parcelas em cascata, pois não existe previsão legal quanto a tal fato.

O adicional de transferência será de 25% sobre o salário que o empregado percebia na localidade.

Tem o adicional de transferência natureza salarial e não indenizatória.

4.10 Transferência no grupo de empresas

Em razão de o grupo de empresas ser considerado o verdadeiro empregador do trabalhador (§ 2º do art. 2º da CLT), o empregado pode ser transferido de uma para outra empresa no grupo.

Pode ocorrer que determinada atividade seja transferida de uma para outra empresa do grupo econômico, o que também poderá acarretar a mudança do empregado para aquela empresa do grupo, sendo plenamente lícita. Não havendo mudança de residência do empregado, não existirá o direito ao adicional, mesmo em se tratando de transferência dentro do próprio grupo.

4.11 Despesas da transferência

Dispõe o art. 470 da CLT que as despesas resultantes da transferência correrão por conta do empregador.

As despesas de transporte, em virtude da transferência, não têm natureza de salário, mas de reembolso de despesas, embora a Súmula 29 do TST dê a entender que se trate de salário, por força da expressão "suplemento salarial".

Serão pagas as despesas de transferência pelo empregador tanto na transferência definitiva como na provisória, pois acarretam desembolsos por parte do trabalhador. Deverá o empregador pagar as despesas resultantes da transferência, como de mudança, de transporte, inclusive dos familiares do trabalhador, de aluguel, pagamento de multa contratual em caso de rescisão abrupta do contrato de locação do empregado no local em que residia etc.

Mesmo quando o empregado é transferido para local mais distante de sua residência, tem o obreiro direito às despesas de transferência incorridas (S. 29 do TST). O empregador é quem assume os riscos do seu negócio (art. 2º da CLT).

O tempo a mais que o empregado leva de sua casa para o trabalho e vice-versa, em decorrência da transferência para local mais distante da residência do trabalhador, não é considerado como hora extra, por falta de previsão legal nesse sentido. O empregado não está aguardando ou executando ordens (art. 4º da CLT). Logo, não está à disposição do empregador.

Voltando o empregado ao lugar de origem, pela rescisão do contrato de trabalho, as despesas de retorno não ficarão a cargo do empregador, pois só são devidas as despesas da transferência, inexistindo previsão legal de pagamento das despesas de retorno.

4.12 Transferência para o exterior

A Lei nº 7.064, de 6-12-1982, regula a situação de trabalhadores contratados no Brasil ou transferidos para prestar serviços no exterior. Na época, era o caso de contratação de empresa de construção civil para trabalhar no Iraque.

Essa lei não se aplica ao empregado designado para prestar serviços de natureza transitória, por período não superior a 90 dias, desde que tenha ciência expressa dessa transitoriedade e receba, além da passagem de ida e volta, diárias durante o período de trabalho no exterior, as quais, seja qual for o respectivo valor, não terão natureza salarial.

A legislação a ser aplicável ao referido empregado será a legislação brasileira de proteção ao trabalho, naquilo que não for incompatível com o disposto na Lei nº 7.064/82, quando mais favorável do que a legislação do local da transferência, no conjunto de normas e em relação a cada matéria (art. 3º, II, da Lei nº 7.064). Assim, a regra é a aplicação da norma mais benéfica em seu conjunto e em relação a cada matéria.

Considera-se transferência: (a) a remoção para o exterior do empregado cujo contrato estava sendo executado no território brasileiro; (b) a do empregado cedido à empresa sediada no estrangeiro, para trabalhar no exterior, desde que mantido o vínculo empregatício com o empregador brasileiro; (c) a do empregado contratado por empresa sediada no Brasil para trabalhar a seu serviço no exterior (art. 2º da Lei nº 7.064/82).

O empregado transferido terá direito a: (a) FGTS; (b) previdência social; (c) PIS/Pasep; (d) reajustes de acordo com a política salarial; (e) após dois anos de permanência no exterior, será facultado ao empregado gozar anualmente férias no Brasil, correndo por conta da empresa empregadora, ou para a qual tenha sido cedido, o custeio da viagem, compreendendo o cônjuge e demais dependentes do empregado com ele residentes. No caso, o direito de férias no Brasil só ocorre após dois anos de permanência no exterior. A partir desses dois anos é que passa a ter direito de gozar férias anualmente no Brasil; (f) custeio de seu retorno; (g) cômputo do período de duração da transferência no tempo de serviço para todos os efeitos da legislação brasileira, ainda que a lei local de prestação do serviço considere essa prestação como resultante de contrato autônomo e determine a liquidação dos direitos oriundos da respectiva cessação; (h) seguro de vida e acidentes pessoais; (i) assistência médica e social; (j) adicional de transferência.

A contratação de empregado por empresa estrangeira, para trabalhar no exterior, está condicionada à prévia autorização do Ministério do Trabalho.

A permanência do trabalhador no exterior não poderá ser ajustada por período superior a três anos, salvo quando for assegurado a ele e a seus dependentes o direito de gozar férias anuais no Brasil, com despesas de viagem pagas pela empresa estrangeira.

Por meio de contratação escrita, empregador e empregado fixarão valores do salário-base e do adicional de transferência. O valor do salário-base não poderá ser inferior ao mínimo estabelecido para categoria profissional do empregado. Os reajustes e aumentos compulsórios incidirão exclusivamente sobre os valores ajustados em moeda nacional.

O valor do adicional de transferência deve ser de pelo menos 25% sobre o salário (§ 3º do art. 469 da CLT), podendo as partes fixar adicional superior.

O retorno do empregado ao Brasil poderá ser determinado pela empresa quando: (a) não se tornar mais necessário ou conveniente o serviço do empregado no exterior; (b) der o empregado justa causa para rescisão do contrato.

Fica assegurado ao empregado seu retorno ao Brasil, ao término do prazo de transferência ou antes deste: (a) após três anos de trabalho contínuo; (b) para atender à necessidade grave de natureza familiar, devidamente comprovada; (c) por motivo de saúde, conforme recomendação constante de laudo médico; (d) quando der o empregador justa causa para a rescisão do contrato; (e) quando não for mais necessário seu serviço no exterior.

Quando o retorno se verificar por iniciativa do empregado, ou quando der justa causa para a rescisão do contrato, ficará ele obrigado ao reembolso das respectivas despesas, ressalvados os casos descritos nas letras *a* e *e* do parágrafo anterior.

O adicional de transferência, as prestações *in natura*, bem como quaisquer outras vantagens a que fizer jus o empregado em razão de sua permanência no exterior não serão devidas após seu retorno ao Brasil.

O aliciamento de trabalhador domiciliado no Brasil para trabalhar no exterior fora das hipóteses previstas na Lei nº 7.064/82 configurará crime de aliciamento para fins de emigração, contido no art. 206 do Código Penal (art. 20 da Lei nº 7.064/82).

Questões

1. Em que casos o empregador pode transferir o empregado?
2. O que é transferência em que há cláusula implícita e quando ocorre?
3. O adicional de transferência é devido na transferência definitiva?
4. O que se entende por mudança de domicílio?
5. O que é transferência provisória?
6. O que é mesma localidade?
7. É possível a transferência do empregado dentro do grupo de empresas?
8. Quem paga as despesas de transferência?
9. O que é *ius variandi*?
10. O que é *ius resistentiae*?
11. No que consiste o princípio da imodificabilidade?
12. Como se dá a transferência do empregado para o exterior? Quais os direitos que possui?

Capítulo 21

SUSPENSÃO E INTERRUPÇÃO DO CONTRATO DE TRABALHO

1 DENOMINAÇÃO

Alguns autores entendem que as expressões suspensão e interrupção do contrato de trabalho não são apropriadas. Orlando Gomes e Elson Gottschalk (1995:344) afirmam que a terminologia empregada "é ineficaz para substituir a suspensão parcial do contrato". Antonio Lamarca (1969:249) pensa que se trata de distinção meramente cerebrina. Na paralisação parcial do contrato de trabalho, não haveria como se fazer distinção entre um e outro tema. Poder-se-ia dizer que, na verdade, o que se suspende é o trabalho e não o contrato de trabalho, que permanece íntegro.

Nossa lei, contudo, faz distinção entre suspensão e interrupção do contrato de trabalho, tanto que o Capítulo IV, do Título IV da CLT, é denominado "Da suspensão e da interrupção", referindo-se ao contrato de trabalho.

Entretanto, não há suspensão do contrato de trabalho, pois o contrato de trabalho não vai ser levantado, mas suspensão do trabalho, da execução do pacto ou de seus efeitos.

2 CONCEITO

Há, também, dificuldade em conceituar a suspensão e a interrupção do contrato de trabalho. A CLT não traz definições das duas hipóteses.

A maioria da doutrina esclarece que na suspensão o empregador não deve pagar salários, nem contar o tempo de serviço do empregado que está afastado. Na interrupção, há necessidade do pagamento dos salários no afastamento do trabalhador e, também, a contagem do tempo de serviço. Entretanto, esse conceito não resolve todos os casos, pois pode não haver pagamento de salários, nem contagem do tempo de serviço para determinado fim, mas haver para outro, como recolhimento do FGTS, na hipótese de o empregado estar afastado para prestar serviço militar ou por acidente do trabalho.

A suspensão é a cessação temporária e total da execução e dos efeitos do contrato de trabalho. Na interrupção, há a cessação temporária e parcial dos efeitos do contrato de trabalho. A cessação tem de ser temporária e não definitiva.

Na suspensão, o empregado não trabalha temporariamente, porém nenhum efeito produz em seu contrato de trabalho. São suspensas as obrigações e os direitos. O contrato de trabalho ainda existe, apenas seus efeitos não são observados. Na interrupção, apesar de o obreiro não prestar serviços, são produzidos efeitos em seu contrato de trabalho.

É mister diferenciar a própria existência do contrato de trabalho e sua execução, inclusive em relação a seus efeitos, daí a necessidade de distinção entre as duas hipóteses.

3 DISTINÇÃO

Distingue-se a cessação do contrato de trabalho da suspensão e interrupção dos efeitos do contrato de trabalho, pois a cessação atinge a existência do contrato, enquanto nos outros institutos há continuidade do pacto laboral.

Em nossa legislação, não se pode dizer que a interrupção é gênero e a suspensão a espécie. Da mesma forma, não se pode dizer que a suspensão é a sustação do contrato de trabalho de iniciativa do empregador (motivos disciplinares ou econômicos) e a interrupção, a do empregado (enfermidade, greve lícita).

Analisando-se os elementos dos dois conceitos reproduzidos, é possível chegar à distinção entre a suspensão e a interrupção do contrato de trabalho. Haverá interrupção quando o empregado for remunerado normalmente, embora não preste serviços, contando-se também seu tempo de serviço, mostrando a existência de uma cessação provisória e parcial dos efeitos do contrato de trabalho. Na suspensão, o empregado fica afastado, não recebendo salário; nem conta-se seu tempo de serviço, havendo a cessação provisória e total dos efeitos do contrato de trabalho.

As características da suspensão dos efeitos do contrato de trabalho são: (a) cessação provisória da prestação de serviços; (b) o empregador não tem obrigação a cumprir, inclusive de pagar salário; (c) não há contagem do tempo de serviço.

São características da interrupção: (a) cessação provisória da prestação de serviços; (b) o empregador tem de cumprir todas ou algumas obrigações do contrato de trabalho; (c) há a contagem do tempo de serviço.

A melhor forma de procurar explicar a suspensão e a interrupção do contrato de trabalho, dado que já enunciei seus conceitos e diferenças, é por intermédio de exemplos.

4 HIPÓTESES

É claro que, se as partes acordarem, poderá haver suspensão ou interrupção do contrato de trabalho; basta que haja pagamento de salário e contagem do tempo de serviço no afastamento do empregado para configurar a interrupção, ou nenhuma dessas hipóteses, e o afastamento será considerado como suspensão do contrato de trabalho.

A suspensão dos efeitos do contrato de trabalho pode ser feita pela vontade das partes, diante da autonomia privada das partes (art. 444 da CLT).

Não se aplica a regra do art. 474 da CLT, pois é a vontade das partes que pode estabelecer suspensão por mais de 30 dias. Esse artigo diz respeito à suspensão feita pelo empregador. Nos contratos, ambas as partes devem estar imbuídas de boa-fé.

A licença remunerada seria uma hipótese típica de interrupção dos efeitos do contrato de trabalho, embora não haja prestação de serviços pelo empregado, pois o empregador terá de pagar salários e o tempo de serviço será computado.

4.1 Aborto

Se o aborto não é criminoso, a empregada tem direito a duas semanas de descanso (art. 395 da CLT). Quem faz o pagamento é a Previdência Social. Trata-se, portanto, da interrupção do contrato de trabalho, pois conta-se o tempo de serviço para todos os efeitos. Se o aborto for, porém, criminoso, haverá a suspensão do contrato de trabalho, pois nenhum efeito gerará para a empregada.

4.2 Auxílio-doença

No transcurso da doença do empregado, o pacto laboral não pode ser rescindido. Declara o art. 476 da CLT que, em caso de seguro-doença ou auxílio-enfermidade, o empregado é considerado em licença não remunerada, durante o prazo desse benefício.

Os 15 primeiros dias do afastamento do obreiro em razão de doença são pagos pela empresa, computando-se como tempo de serviço do trabalhador (§ 3º do art. 60 da Lei nº 8.213/91). Trata-se de hipótese de interrupção do contrato de trabalho.

A partir do 16º dia é que a Previdência Social paga o auxílio-doença (art. 59 da Lei nº 8.213/91). Não há, entretanto, pagamento de salário pela empresa. O tempo de afastamento é computado para férias, pois se trata de enfermidade atestada pelo INSS (art. 131, III, da CLT), salvo se o empregado tiver percebido da Previdência Social prestação de auxílio-doença por mais de seis meses, embora descontínuos, durante o curso do período aquisitivo de suas férias (art. 133, IV, da CLT). Logo, sendo concedido o auxílio-doença, há a interrupção do contrato de trabalho, visto que ocorre a cessação provisória e parcial do pacto laboral, com a contagem do tempo de serviço para férias. Só se pode dizer que haverá suspensão do contrato de trabalho se o empregado receber auxílio-doença por mais de seis meses, embora descontínuos, quando não haverá a contagem do tempo de serviço nem para efeito de férias.

Se a empresa tem médico ou convênio médico, as faltas serão abonadas pelo médico da empresa ou do convênio (§ 4º do art. 60 da Lei nº 8.213). Entretanto, se a empresa não tem médico ou convênio médico, as faltas serão atestadas pelo médico do INSS.

É conveniente que o médico indique o Código Internacional de Doenças (CID) para dar validade ao atestado.

4.3 Acidente do trabalho

O dia do acidente do trabalho e os 15 dias seguintes serão remunerados pelo empregador. Trata-se de hipótese de interrupção do contrato de trabalho, pois conta-se o tempo de serviço.

O auxílio-doença acidentário é devido pela Previdência Social a contar do 16º dia seguinte ao do afastamento do trabalho em consequência do acidente. A partir desse momento, a empresa não paga mais salários; porém, há a contagem do tempo de serviço para efeito de indenização e estabilidade (§ 1º do art. 4º da CLT) e incidência do FGTS (§ 5º, art. 15 da Lei nº 8.036/90). Computa-se o tempo de serviço para as férias (art. 131, III), exceto se o empregado tiver percebido da Previdência Social prestações por acidente do trabalho por mais de seis meses, embora descontínuos (art. 133, IV, da CLT). Dessa forma, pode-se dizer que houve uma cessação provisória, mas parcial do contrato de trabalho, pois há a contagem do tempo de serviço para os fins anteriormente mencionados, representando, assim, hipótese de interrupção do contrato de trabalho.

4.4 Aposentadoria por invalidez

Dispõe o art. 475 da CLT, que tem a redação original de 1943, que o empregado aposentado por invalidez tem seu contrato de trabalho suspenso durante o prazo fixado pelas leis de previdência para a efetivação do benefício. Reza o § 1º do art. 475 da CLT, com a redação determinada pela Lei nº 4.824, de 5 de novembro de 1965, que recuperando o empregado a capacidade de trabalho e sendo a aposentadoria cancelada, ser-lhe-á assegurado o direito à função que ocupava ao tempo da aposentadoria.

Sob o ângulo trabalhista, a aposentadoria por invalidez é hipótese de suspensão dos efeitos do contrato de trabalho. O empregador não tem obrigação de pagar salários no período, nem de contar o tempo de serviço na empresa.

Previa o § 3º do art. 4º da Lei nº 3.332, de 26 de janeiro de 1957, que a aposentadoria por invalidez era definitiva, quando completava cinco anos de vigência.

Determinava o § 6º do art. 27 da Lei nº 3.807/60 que, a partir de 55 anos de idade, o segurado aposentado ficava dispensado dos exames para fins de verificação de incapacidade e dos tratamentos e processos de reabilitação profissional. Entendia-se com base nesse dispositivo que, após os 55 anos, a aposentadoria por invalidez era definitiva e o segurado não tinha mais condições de se recuperar, tanto que não mais se exigiam exames médicos.

A Súmula 217 do STF foi editada em 11 de julho de 1963, quando foi publicada no *Diário de Justiça da União*. Seu fundamento é o art. 475 da CLT. Esclarece que tem direito de retornar ao emprego, ou ser indenizado em caso de recusa do empregador, o aposentado que recupera a capacidade de trabalho dentro de cinco anos a contar da aposentadoria, que se torna definitiva após esse prazo.

O antigo Prejulgado nº 37 do TST, de 21 de setembro de 1971, estabeleceu que, "cancelada a aposentadoria por invalidez, mesmo após cinco anos, o trabalhador terá direito de retornar ao emprego, facultado, porém, ao empregador, indenizá-lo na forma da lei".

Estabelecia o § 7º do art. 6º da Lei nº 5.890/73 que, a partir de 55 anos de idade, o segurado aposentado ficava dispensado dos exames para fins de verificação de incapacidade e dos tratamentos e processos de reabilitação profissional.

Prescrevia o art. 7º da Lei nº 5.890/73 que a aposentadoria por invalidez seria mantida enquanto a incapacidade do segurado persistisse, ficando ele obrigado a submeter-se aos exames que, a qualquer tempo, fossem julgados necessários para verificação da manutenção, ou não, dessas condições. Verificada a recuperação da capacidade de trabalho do segurado aposentado, procedia-se da seguinte forma:

I – se, dentro de cinco anos, contados da data do início da aposentadoria, ou de três anos, contados da data em que terminou o auxílio-doença em cujo gozo estava, for o aposentado declarado apto para o trabalho, o benefício ficará extinto: (a) imediatamente, para o segurado empregado, a quem assistirão os direitos resultantes do disposto no art. 475 e respectivos parágrafos da CLT, valendo como título hábil, para esse fim, o certificado de capacidade fornecido pela previdência social; (...) II – se a recuperação da capacidade de trabalho ocorrer após os prazos estabelecidos no item anterior, bem assim quando, a qualquer tempo, essa recuperação não for total, ou for o segurado declarado apto para o exercício de trabalho diverso do que habitualmente exercia, a aposentadoria será mantida, sem prejuízo do trabalho, sendo reduzida em 18 meses até sua extinção.

A Resolução Administrativa nº 102/82 do TST, publicada no *Diário de Justiça da União* de 11 de outubro de 1982, transformou o Prejulgado 37 na Súmula 160.

O inciso I do art. 47 da Lei nº 8.213/91 dispõe que quando a recuperação do aposentado por invalidez ocorrer dentro de cinco anos, contados da data do início da aposentadoria por invalidez ou do auxílio-doença que a antecedeu sem interrupção, o benefício cessará. Mostra o inciso II do mesmo artigo que se a recuperação for parcial, ou ocorrer após o prazo de cinco anos, ou ainda quando o segurado for declarado apto para o exercício de trabalho diverso do qual habitualmente exercia, a aposentadoria será mantida, sem prejuízo da volta à atividade, sendo o benefício extinto no prazo de 18 meses a contar da recuperação da capacidade.

Dispunha o art. 101 da Lei nº 8.213/91 que o segurado em gozo de aposentadoria por invalidez ou de auxílio-doença e o pensionista inválido, enquanto não completassem 55 anos, estavam obrigados, sob pena de suspensão do benefício, a submeter-se a exame médico a cargo da Previdência Social, processo de reabilitação profissional por ela prescrito e custeado. Esse artigo teve a redação alterada pela Lei nº 9.032/95, que não mais fez referência à idade de 55 anos. Assim, não existe mais idade limite de 55 anos para o segurado fazer exames médicos em caso de invalidez e após essa data seria considerada definitiva a aposentadoria.

Não há na lei previdenciária prazo de duração para a efetivação da aposentadoria por invalidez.

Posteriormente, passou-se a entender que a aposentadoria por invalidez é provisória, pois o segurado pode, em certos casos, recuperar-se.

A Súmula 440 do TST afirma que o contrato de trabalho está suspenso na aposentadoria por invalidez, mas o empregado tem de ser mantido no Plano de Saúde.

Outra solução poderia ser a de que a aposentadoria é compulsória para o empregado que completa 70 anos de idade e para a empregada com 65 anos (art. 51 da Lei nº 8.213/91). Atingidas as referidas idades, a aposentadoria por invalidez também seria definitiva e não provisória.

Na Espanha, o contrato de trabalho se extingue por invalidez permanente total ou absoluta do trabalhador (art. 49, 1, *e*, do Estatuto do Trabalhador).

Em Portugal, a reforma do trabalhador por velhice ou invalidez importa a caducidade do contrato de trabalho (art. 343º, *c*, do Código de Trabalho), com a cessação automática do pacto laboral.

O Código de Trabalho português mostra que a suspensão do contrato de trabalho pode fundamentar-se na impossibilidade temporária do trabalhador (art. 296, 1). Logo, não pode ser definitiva nem durar longo tempo.

A suspensão dos efeitos do contrato de trabalho não poderia ser indefinida, pois causa insegurança jurídica ao empregador, que não sabe quando ou se poderá contar com o empregado que foi aposentado por invalidez.

A aposentadoria por invalidez não é permanente. Ela é provisória até que o médico diga que o trabalhador não tem mais capacidade de recuperação, quando será considerada definitiva.

Dispõe o § 1º do art. 101 da Lei nº 8.213/91 que o aposentado por invalidez e o pensionista inválido estarão isentos do exame médico: I – após completarem cinquenta e cinco anos ou mais de idade e quando decorridos quinze anos da data da concessão da aposentadoria por invalidez ou do auxílio-doença que a precedeu; ou II – após completarem 60 anos de idade. Na verdade, não se trata de isenção, pois esta diz respeito à dispensa legal do pagamento de tributo. Trata-se da dispensa de se fazer o exame médico.

A norma jurídica regulamentou situação da prática, em que em alguns casos já se deixava de fazer perícia depois de o segurado atingir a idade de 60 anos.

A conclusão que se extrai da alteração feita no § 1º do art. 101 da Lei nº 8.213 é que a partir de 60 anos o INSS não fará mais exame médico pericial; o aposentado por invalidez e o pensionista inválido não mais estão obrigados a fazer exame médico periódico bienal quando completarem 60 anos (§ 1º do art. 101 da Lei nº 8.213), que está de acordo com a idade do idoso (art. 1º da Lei nº 10.741/2003). Assim, a aposentadoria por invalidez será definitiva. Há presunção legal de que aos 60 anos ou após completar 55 anos ou mais de idade e decorridos 15 anos da concessão da aposentadoria por invalidez não precisa ser feita perícia. Logo, os efeitos do contrato de trabalho do empregado com o empregador não estarão mais suspensos, pois estará efetivado o benefício (art. 475 da CLT) e poderá ser rescindido o contrato de trabalho do aposentado por invalidez.

A redação da lei não faz distinção quanto a sexo. Logo, tanto homem como mulher não mais precisam fazer perícia por invalidez depois dos 60 anos.

Com a determinação da Lei nº 13.063/2014 fica derrogado o art. 71 da Lei nº 8.212/91 no ponto em que exige que o INSS faça revisão periódica do benefício de aposentadoria por invalidez.

Foram estabelecidas três exceções no § 2º do art. 101 da Lei nº 8.213/91 para efeito de continuar a ser feito o exame médico:

a) se há necessidade de assistência permanente de outra pessoa, referente ao acréscimo de 25%;
b) se o próprio aposentado solicita retorno ao trabalho;
c) se a autoridade judiciária solicita a perícia para fins de curatela.

A conclusão a que se chega hoje é de que a aposentadoria por invalidez, de modo geral, é provisória. Ela só será definitiva quando o médico assim entender, pois o segurado não é mais susceptível de recuperação. Passados cinco anos da concessão da aposentadoria por invalidez, não importa que ela venha a ser definitiva, pois o trabalhador pode se recuperar.

O empregador, porém, não pode ficar aguardando indefinidamente o empregado, pois necessita de trabalhador para fazer o serviço daquele. Na prática, muitas vezes a empresa contrata substituto interinamente.

Com a nova redação do § 1º do art. 101 da Lei nº 8.213 pode ser dito que a partir de 60 anos a aposentadoria por invalidez será definitiva, pois não haverá mais necessidade de se fazer exame médico pericial no aposentado por invalidez e no pensionista inválido.

Recuperando o empregado a capacidade de trabalho e sendo a aposentadoria cancelada, terá direito de retornar à função que anteriormente ocupava, facultado, contudo, ao empregador indenizá-lo pela rescisão do contrato de trabalho, nos termos dos arts. 477 e 478 da CLT ou mediante pagamento de indenização em dobro, se for estável. Caso o empregador haja admitido substituto para o aposentado, poderá rescindir o contrato de trabalho do substituto, desde que este tivesse ciência da interinidade do pacto celebrado, sem pagamento de nenhuma indenização.

4.5 Aviso-prévio

Nas duas horas a menos o empregado urbano procura novo emprego durante o aviso-prévio, assim como o dia em que o empregado rural pode ausentar-se durante o mesmo aviso, configuram hipóteses de interrupção do contrato de trabalho. O empregador deve pagar o salário dessas horas e contar o tempo de serviço.

4.6 Empregado eleito para o cargo de diretor

A Súmula 269 do TST firmou o entendimento de que o empregado eleito para ocupar o cargo de diretoria tem seu contrato de trabalho suspenso. Não se computa o tempo de serviço no exercício de cargo de diretoria para efeitos do contrato de trabalho, salvo se permanecer a subordinação jurídica inerente à relação de emprego.

4.7 Encargo público

O afastamento do empregado em razão de exigências decorrentes de encargo público não constituirá motivo para a rescisão do contrato de trabalho por parte do empregador (art. 472 da CLT). O encargo público não é, portanto, forma de extinção do contrato de trabalho, pois este tem seus efeitos suspensos. Há, portanto, a continuidade do contrato de trabalho, porém seus efeitos são suspensos.

A CLT usou a expressão *encargo público*. Não usou *cargo público*.

Logo, o legislador sabe que *encargo público* é diferente de *cargo público*.

A palavra *encargo* vem do verbo latino *carricare*, que tem o sentido de carregar. Significa obrigação, responsabilidade, incumbência, gravame. Pode ter o sentido de ônus, como de encargo probatório, de ônus da prova.

Encargo é a soma de atribuições confiadas a uma pessoa, no desempenho de um cargo ou comissão. Podem ser ônus ou deveres atribuídos por lei ou pela vontade das partes.

Encargo público é a obrigação do empregado de cumprir determinada prestação de fazer contida na lei. É uma atribuição, um dever imposto por lei. O empregado não pode se recusar a cumprir o encargo.

Outro encargo público não é o serviço militar, que já foi mencionado no *caput* do art. 472 da CLT. Se o legislador faz distinção entre encargo público e serviço militar, significa que as expressões não são iguais. O afastamento do empregado não ocorrerá apenas pelo serviço militar, mas também por encargo público. Encargo público, portanto, é gênero, que engloba o encargo público militar, que é o serviço militar.

Trata-se de encargo público civil e não militar, pois o art. 472 da CLT faz referência expressa a serviço militar, que, portanto, é diferente de encargo público civil.

Exemplos de encargo público são os mandatos eletivos (prefeito, vereador, deputados estadual e federal, governador, senador, Presidente da República), jurados, requisição para trabalhar em eleições, participação de representantes de trabalhadores em conselhos trabalhistas ou previdenciários. O empregado, portanto, não poderá ter seu contrato de trabalho alterado ou ser dispensado nesses casos, por exercer encargo público. A alteração, se fosse feita, provavelmente iria ser prejudicial ao empregado, não tendo valor (art. 468 da CLT).

Na situação prevista no art. 472 da CLT o empregado é que se afasta em virtude do encargo público. Não é o empregador que afasta o empregado.

Para que o empregado tenha direito de voltar a exercer o cargo que ocupava na empresa, em virtude do afastamento para prestação de serviço militar ou de encargo público, deverá notificar o empregador do seu intento, por telegrama ou carta registrada ou outro meio, no prazo de 30 dias, contados da data da baixa ou da cessação do encargo a que estava sujeito. O empregador não estará obrigado a reservar o posto de serviço ao empregado. Passados os 30 dias, rescinde-se, assim, o pacto laboral.

Se o empregado se afasta da empresa para exercer algum encargo público há suspensão do contrato de trabalho. Esse motivo não consistirá em fundamento para alteração ou rescisão do contrato de trabalho. O empregado será considerado em licença não remunerada, não tendo direito a férias, 13º salário e FGTS do período; porém, deverá ser anotada licença na CTPS do empregado e no livro ou ficha de registro de empregados.

4.8 Faltas ao serviço

As faltas ao serviço que forem previstas em lei, norma coletiva, regulamento de empresa ou no próprio contrato de trabalho serão consideradas justificadas, não havendo prejuízo da remuneração do obreiro. Em tais casos, estar-se-á diante de hipóteses de interrupção do contrato de trabalho.

O art. 473 da CLT determina as hipóteses em que as faltas serão consideradas legais.

As situações descritas no art. 473 da CLT são de interrupção do contrato de trabalho, pois o empregador está obrigado a pagar salários e contar o tempo de serviço, embora o empregado não trabalhe. São faltas consideradas pela lei como justificadas. O art. 473 da CLT é expresso no sentido de que "o empregado poderá deixar de comparecer ao serviço sem prejuízo do salário".

NOJO: Nojo consiste no falecimento do cônjuge, ascendente, descendente, irmão ou pessoa que, declarada na CTPS do empregado, viva sob sua dependência econômica, hipótese em que o obreiro poderá faltar por dois dias consecutivos.

Os dias em que o empregado poderá faltar não serão, porém, úteis, mas consecutivos.

Consecutivo vem do latim *consecutu*, "que seguiu". Quer dizer seguido, sucessivo, subsequente, seguinte, imediato.

A lei não é expressa em relação à contagem dos dois dias consecutivos. Pelo uso da palavra "consecutivos" entende-se que são os dois dias imediatamente posteriores, seguintes ao dia do falecimento. A lei nada menciona sobre a falta no dia do falecimento, mas dos dois dias consecutivos, posteriores. Normalmente, o empregador abona a falta do empregado do próprio dia do acontecimento.

O prazo contido na lei é muito curto numa situação extremamente grave. Ocorre de o trabalhador não ter condições psicológicas para trabalhar logo após o acontecimento. O ideal é que fosse pelo menos uma semana. O empregador, muitas vezes, concede o prazo de uma semana ou até maior, quando verifica que o empregado não tem condições emocionais para o trabalho, pois, do contrário, o empregado não produz.

A palavra "ascendente" diz respeito a pai, mãe, avó, avô, bisavô ou bisavó da pessoa etc.

Descendente diz respeito a filho ou filha, neto ou neta, bisneto ou bisneta, tataraneto ou tataraneta etc.

No caso de filho natimorto, será possível a falta por dois dias consecutivos, pois o filho é descendente do pai.

Para o cônjuge, ascendente, descendente ou irmão não há limite de idade para a dependência para fins trabalhistas e para a justificativa da falta.

Na dependência econômica, é dispensado qualquer vínculo de parentesco, que ocorre com o enteado ou enteada, pessoa que está sob sua tutela, devendo o empregado comprovar essa condição mediante declaração em sua CTPS.

A anotação da dependência na CTPS será feita pela Previdência Social, conforme inciso II do art. 40 da CLT e não pelo empregador.

Considera o art. 16 da Lei nº 8.213 como dependentes do Regime Geral de Previdência Social: (a) o cônjuge, a companheira, o companheiro e o filho não emancipado, de qualquer condição, menor de 21 anos ou inválido; (b) os pais; (c) o irmão não emancipado, de qualquer condição, menor de 21 anos ou inválido. O enteado e o menor tutelado equiparam-se a filho, mediante declaração do segurado, desde que comprovada a dependência econômica e não possuam bens suficientes para o próprio sustento e educação (§ 2º do art. 16 da Lei nº 8.213/91 c/c o § 3º do art. 16 do Regulamento da Previdência Social). A Previdência Social não mais admite como dependentes a pessoa curatelada, em relação à guarda e à pessoa designada pelo segurado. Assim, as faltas decorrentes de falecimento das três últimas pessoas não são legalmente abonadas.

GALA: Gala é o casamento da pessoa. Também é utilizada a palavra *bodas*. A palavra *gala* é empregada no § 3º do art. 320 da CLT, em relação ao casamento do professor.

O empregado poderá faltar até três dias consecutivos, em virtude de casamento. Já havia hipótese semelhante na alínea *d* do § 1º da Lei nº 605/49 para fins de abono de falta do repouso semanal remunerado.

Os dias serão também consecutivos e não úteis.

A lei não esclarece como se faz a contagem. Os três dias consecutivos são os três subsequentes ao do casamento, não incluindo o próprio dia do casamento. Normalmente, o empregador concede o abono da falta do próprio dia do casamento.

José Serson (1992:166) menciona que o casamento é civil. Parece que era realmente esse o entendimento do legislador na época, pois o casamento religioso ou contratual não era oficial.

Determina, contudo, o § 2º do art. 226 da Constituição que o casamento religioso tem efeito civil, nos termos da lei. A Lei nº 1.110, de 23-5-1950, regula o reconhecimento dos efeitos civis do casamento religioso, desde que observadas as prescrições da referida norma (art. 1º). Entretanto, os arts. 1º a 7º da Lei nº 1.110 foram revogados pelos arts. 71 a 75 da Lei nº 6.015/73 (Registros Públicos), que regularam inteiramente a matéria. Assim, o casamento religioso passa a ter efeito civil. O empregado terá também suas faltas abonadas para efeito de casamento religioso.

O período de três dias é, porém, muito pouco para o casamento e a viagem de núpcias. O ideal é que o abono das faltas fosse de uma semana, que seria mais razoável. Muitas vezes o empregador acaba concedendo espontaneamente ao empregado esse último prazo.

LICENÇA-PATERNIDADE: a Convenção nº 156 da OIT (não ratificada pelo Brasil) e a Recomendação nº 165, da mesma entidade, estabelecem que as responsabilidades familiares devem ser divididas pelos cônjuges, de modo que nenhum deles sofra discriminação no trabalho.

O texto do Projeto B da Constituição previa a concessão de oito dias de descanso remunerado para efeito da licença-paternidade. Afinal ficou estabelecido no inciso XIX do art. 7º da Constituição: "licença-paternidade, nos termos fixados em lei". Logo, esse benefício, à primeira vista, não seria autoaplicável, pois depende de lei. O § 1º do art. 10 do ADCT determinou, porém, que "até que a lei venha disciplinar o disposto no art. 7º, XIX, da Constituição, o prazo da licença-paternidade a que se refere o inciso é de cinco dias". Verifica-se, portanto, que a licença-paternidade é um direito autoaplicável, pois enquanto inexistir a lei ordinária sobre o assunto, o prazo da referida licença é de cinco dias.

A licença-paternidade é devida ao empregado urbano e rural (art. 7º), ao empregado doméstico (parágrafo único do art. 7º), aos servidores públicos (§ 3º do art. 39 da Lei Maior) e aos militares (art. 142, § 3º, VIII da Lei Magna).

Será devida, também, a licença-paternidade ao trabalhador avulso, pois há igualdade de direitos entre o trabalhador com vínculo empregatício permanente e o trabalhador avulso (art. 7º, XXXIV, da Constituição).

O art. 12 da Lei nº 6.019/74 não prevê o referido direito aos trabalhadores temporários. Entretanto, o trabalhador temporário é um trabalhador urbano. Seu direito é assegurado pela Constituição, que é posterior à Lei nº 6.019/74.

Discute-se se a licença-paternidade é um direito trabalhista do empregado ou um benefício previdenciário. Ainda, se for um direito trabalhista, questiona-se se a licença-paternidade seria remunerada.

Pode ser que quando for editada a lei ordinária sobre o assunto, esse direito do trabalhador passe a ser um benefício previdenciário, que ficaria a cargo da Seguridade Social, como ocorre com o salário-maternidade. No momento, a licença-paternidade não tem natureza de benefício previdenciário, até porque o citado direito está inserido no Capítulo II ("Dos Direitos Sociais"), do Título II ("Dos Direitos e Garantias Fundamentais") da Constituição, e não no art. 201 da Lei Maior, que versa sobre Previdência Social. Nem mesmo pode ser incluído no inciso II do art. 201 da Norma Ápice, pois este trata da proteção à maternidade, especialmente à gestante, e não de licença-paternidade.

Não há lei determinando que a licença paternidade fique a cargo da Previdência Social, nem existe custeio específico para que a Previdência Social pague a licença-paternidade. Não se trata, portanto, de benefício previdenciário.

A licença-paternidade apenas é prevista como benefício previdenciário em relação aos servidores públicos, pois o art. 208 da Lei nº 8.112/90 o inclui na Seção V ("Da licença à gestante, à adotante e da licença-paternidade") do Capítulo II ("Dos benefícios") do Título VI, que trata da Seguridade Social do servidor, inclusive determinando o pagamento da licença quando haja adoção de filhos. Em relação à licença-paternidade, prevista no inciso XIX do art. 7º da Constituição, não há nenhuma determinação legal que estabeleça que tal direito é um benefício previdenciário.

É, portanto, a licença-paternidade um direito trabalhista do obreiro (art. 7º da Constituição). Fica, porém, a pergunta: Ela deve ser remunerada?

Poderia ser dito que a licença-paternidade vem a ser a ampliação do direito de faltar no emprego de um dia para cinco dias. Depreende-se dessa orientação que a licença é remunerada, pois a de um dia, prevista no inciso III do art. 473 da CLT, é remunerada. Se apenas o prazo foi aumentado, a licença-paternidade prevista na Constituição também deve ser remunerada.

O inciso XIX do art. 7º da Constituição apenas faz referência à licença-paternidade, "nos termos fixados em lei", que inexiste no momento; mas não versa sobre pagamento. A Constituição faz referência à licença, que é o afastamento, mas não a pagamento. O § 1º do art. 10 do ADCT menciona, apenas, que o *prazo* da licença-paternidade é de cinco dias, mas também não determina que deve haver pagamento. Ao contrário, o inciso III do art. 473 da CLT reza que o empregado pode deixar de comparecer ao serviço por um dia consecutivo, "sem prejuízo do salário", mostrando que essa falta é remunerada. Se a Constituição não determina em nenhum de seus dispositivos anteriormente indicados que a licença-paternidade é remunerada, o empregador não tem obrigação de pagá-la.

O fato de a licença-paternidade ser um direito do empregado não implica que o empregador tenha de remunerá-la. O art. 396 da CLT também estabelece que a empregada tem direito a dois períodos de descanso especiais, de meia hora cada um, porém não determina que o empregador tenha que os remunerar, mostrando que deve, apenas, concedê-los. Quando o constituinte teve a intenção de dizer que certa concessão é remunerada foi expresso, como em relação ao repouso semanal remunerado (art. 7º, XV, da Constituição), pois o repouso nas Constituições de 1934 (art. 121, § 1º, *e*) e de 1937 (art. 137, *d*) não era remunerado, e só passou a sê-lo com a Constituição de 1946 (art. 157, VI). Mesmo outros dispositivos constitucionais fazem referência à remuneração, como os incisos VIII (13º salário), IX (trabalho noturno), XI (participação nos lucros desvinculada da remuneração), XVI (adicional de horas extras), XVII (férias), XXIII (adicionais de atividades penosas, insalubres e perigosas), do art. 7º. De outro modo, ninguém é obrigado a fazer ou deixar de fazer algo a não ser em virtude de lei (art. 5º, II, da Constituição). Inexistindo, portanto, determinação constitucional ou legal para pagamento da licença-paternidade, o empregador não é obrigado a remunerá-la, mas, apenas, a conceder os dias de licença ao empregado.

Octavio Bueno Magano (1993a:235) ensina que se estabeleceu no inciso XIX do art. 7º da Constituição "o direito de ausência justificada ao trabalho, mas, de modo algum, licença remunerada". Dessa forma, não há obrigação legal de o empregador pagar os dias de licença-paternidade do empregado, nem de computá-la como tempo de serviço. Assim, a licença-paternidade vem a ser hipótese de suspensão dos efeitos do contrato de trabalho.

Apenas a falta prevista no inciso III do art. 473 da CLT deve ser remunerada, em razão da expressa previsão da lei nesse sentido, mostrando que, aí sim, há hipótese de interrupção do contrato de trabalho, em que há pagamento de salário e contagem de tempo de serviço.

É possível a cumulação da licença-paternidade com a hipótese do inciso III do art. 473 da CLT? Se se entender que os objetivos são distintos, e as regras também, é possível chegar à conclusão de que os direitos são cumulativos.

O inciso III do art. 473 da CLT já previa que o empregado poderia faltar um dia, em caso de nascimento de filho. A referida falta deveria acontecer no decorrer da primeira semana do nascimento da criança. Tinha por objetivo esse dispositivo fazer com que houvesse a inscrição do nascimento do filho em registro público (art. 9º, I, do Código Civil), conforme, inclusive, a Lei de Registros Públicos (art. 50 da Lei nº 6.015/73).

A licença-paternidade tem, porém, por objetivo que o empregado possa manter contato com seu filho e ajudar sua esposa nos primeiros dias de vida da criança, ou seja, tem a finalidade de fazer com que o marido faça companhia à esposa nos dias subsequentes ao parto, para ajudar a cuidar da criança, e, também, do convívio com esta. A ideia do constituinte foi fazer com que os cuidados com o filho não fossem apenas da mulher e, até, de certa forma, de preservar o mercado de trabalho da mulher, pois o homem também se afastará do emprego para ajudar a cuidar de seu filho. É, também, uma forma de se interpretar a paternidade responsável a que se refere o § 7º do art. 226 da Constituição. Trata-se, portanto, de objetivo social. O ADCT não reza que a licença-paternidade substitui o inciso III do art. 473 da CLT, ou que a licença prevista nesse último dispositivo passa a ser de cinco dias. Logo, são direitos distintos e cumuláveis. O empregado tem direito a um dia para registro do filho no decorrer da primeira semana do nascimento e mais cinco para cuidar da criança, totalizando seis dias de afastamento.

Pouco importa se o pai é ou não casado, pois o § 3º do art. 226 da Constituição protege a união estável entre o homem e a mulher como entidade familiar, independentemente de casamento, não tendo importância se o filho é ou não da constância do casamento (§ 6º do art. 227 da Lei Maior), nem o inciso XIX do art. 7º da Norma Ápice estabelece que o pai deva ser casado. Assim, será devida a licença-paternidade tanto ao pai casado como ao solteiro.

E quando a pessoa adota um filho, tem direito à licença-paternidade? Parece que sim, pois é devida pelo fato de ser pai, pouco importando se é pai adotivo ou pai natural, ao contrário da licença-gestante, em que a empregada tem de ter estado na condição de gestação, pois o inciso XVIII do art. 7º da Constituição refere-se à "licença à gestante".

A Lei nº 12.010/2009 não modifica a conclusão citada.

A lei não estabelece, contudo, quando os cinco dias devem ser gozados, ao contrário do inciso III do art. 473 da CLT, que menciona que deverá ser no decorrer da primeira semana de nascimento da criança.

A norma legal deveria ter determinado que no dia do nascimento do filho o pai teria o direito de faltar, visando permitir que acompanhasse a mãe ao hospital, dando, inclusive, apoio à mulher; porém, não determinou de forma expressa quando começaria a ser contado o prazo para efeito da licença-paternidade. Parece que o início da contagem do referido prazo seria a partir do parto, a partir do nascimento da criança, ou de sua adoção – interpretação que melhor se compatibiliza com a ideia do constituinte, de fazer com que o pai esteja ao lado da mãe quando do nascimento de seu filho, para ajudá-la nesses primeiros dias. No entanto, o empregado não poderia ser prejudicado quanto ao gozo da licença-paternidade pela razão de estar trabalhando no dia do nascimento de seu filho; daí não se poderia falar que, se o trabalhador tivesse trabalhado pela manhã, ficaria liberado no período da tarde para tal finalidade. O mais correto seria que o prazo começasse a correr a partir do dia seguinte ao parto, para que o empregado não tivesse nenhum prejuízo. Assim, os cinco dias em que o empregado poderia faltar seriam contados a partir do primeiro dia após o nascimento da criança.

Os cinco dias da licença-paternidade a serem gozados pelo empregado serão, porém, contínuos, e não dias úteis, pois nada é determinado na Constituição nesse sentido.

Se o nascimento do filho ocorre por ocasião das férias, o empregado já pode ter o contato com seu filho, prestando auxílio à sua esposa. Não é devida nova licença.

Caso o empregado termine suas férias e parte dos cinco dias de licença-paternidade caia fora das férias, somente esses dias deverão ser concedidos a título da licença.

O empregado deve comunicar ao empregador o nascimento de seu filho, trazendo a certidão respectiva de nascimento da criança. O trabalhador não está autorizado a faltar ao trabalho uma semana, sem justificativa, sob o fundamento de estar de licença paternidade. O exercício do direito não se confunde com o seu uso arbitrário.

Fica prorrogada por 15 dias a licença-paternidade, além dos cinco dias previstos na Constituição. O empregado deve requerer dois dias úteis após o parto e comprovar participação em programa ou atividade de orientação sobre paternidade responsável. O empregado terá direito ao salário integral do respectivo período. Trata-se de hipótese de interrupção do contrato de trabalho. O empregado não pode exercer atividade remunerada no período e a criança deve permanecer sob os seus cuidados (art. 4º da Lei nº 11.770/2008).

DOAÇÃO DE SANGUE: Poderá o obreiro faltar um dia, em cada 12 meses de trabalho, em caso de doação voluntária de sangue, desde que devidamente comprovada. A lei incentiva a doação de sangue.

O objetivo da lei é fazer com que o empregado possa se recuperar plenamente com a doação de sangue, pois às vezes as pessoas ficam com tontura, sentem fraqueza e não têm condição de trabalhar.

O dispositivo diz respeito à falta abonada por doação de sangue e não à venda de sangue. Neste último caso, a falta não será abonada. Na doação, o que ocorre é exatamente ser dada alguma coisa sem qualquer retribuição.

A falta por doação de sangue poderá ocorrer apenas em cada 12 meses de trabalho. Não será contado o prazo de 12 meses a partir da última doação, mas a cada 12 meses de trabalho, como ocorre em relação às férias, nem será considerado o ano civil.

Há limitação de falta a cada 12 meses de trabalho, pois do contrário o empregado desonesto iria faltar várias vezes sob o motivo de doar sangue.

ALISTAMENTO ELEITORAL: Quando o empregado vai se alistar para efeitos eleitorais, são consideradas faltas abonadas até dois dias consecutivos ou não, nos termos da lei respectiva.

O legislador entende que um dia pode não ser suficiente para se alistar eleitor, daí mencionar dois dias. Os dias podem não ser consecutivos, pois o empregado vai um dia para se alistar e outro dia para buscar o título de eleitor.

Dispõe o art. 48 da Lei nº 4.737, de 15-7-1965 (Código Eleitoral) que "o empregado mediante comunicação com 48 (quarenta e oito) horas de antecedência, poderá deixar de comparecer ao serviço, sem prejuízo do salário e por tempo não excedente a 2 (dois) dias, para o fim de se alistar eleitor ou requerer transferência".

OBRIGAÇÕES DE RESERVISTA: O período em que o empregado tiver de cumprir as obrigações de reservista não será considerado falta ao serviço. É a apresentação dos reservistas, anualmente, no local e data que forem fixados, para fins de exercício ou cerimônia cívica do "Dia do Reservista" (art. 65, c, da Lei nº 4.375/64).

A lei não é expressa quanto a faltas para o chamado "tiro de guerra", em que o trabalhador fica afastado meio período para cumprir as exigências do serviço militar. É expresso o dispositivo apenas em relação a situações relativas ao reservista. Tais horas poderão, assim, ser descontadas, por falta de determinação expressa em sentido contrário.

Os brasileiros, quando incorporados, por motivo de convocação para manobras, exercícios, manutenção da ordem interna ou guerra, terão assegurado o retorno ao cargo, função ou emprego que exerciam ao serem convocados e garantido o direito à percepção de 2/3 da respectiva remuneração, durante o tempo em que permanecerem incorporados; vencendo pelo Exército, Marinha ou Aeronáutica apenas as gratificações regulamentares (art. 60 da Lei nº 4.375/64). As situações anteriormente descritas só serão observadas se houver incorporação. Se o incorporado for engajado, perde o direito. Aos convocados, fica assegurado o direito de optar pelos vencimentos, salários ou remuneração que mais lhe convenham.

Determina o § 4º do art. 60 da Lei nº 4.375/64 que todo convocado matriculado em Órgão de Formação de Reserva que seja obrigado a faltar a suas atividades civis, por força de exercício ou manobras, ou reservista que seja chamado para fins de exercício de apresentação de reservas ou cerimônia cívica, do Dia do Reservista, terá suas faltas abonadas para todos os efeitos, inclusive para férias, repouso semanal e gratificação de Natal.

PRESTAÇÃO DE VESTIBULAR: O empregado poderá faltar nos dias em que estiver, comprovadamente, realizando provas de exame vestibular para ingresso em estabelecimento de ensino superior. Essa regra não era prevista na redação original da CLT. O inciso VII do art. 473 da CLT foi acrescentado pela Lei nº 9.741, de 14-7-1997.

A hipótese contida no inciso VII do art. 473 da CLT já era prevista muitas vezes em dissídios coletivos e acordos e convenções coletivas.

O STF entendeu que a referida cláusula não pode ser estabelecida em dissídio coletivo: "Incabível, por falta de base constitucional, a imposição de cláusula que concede abono de faltas ao empregado estudante" (1ª T., RE nº 109.397-8, Min. Ilmar Galvão, *DJU*, 1º-3-1996, p. 5.013). Isso ocorria em razão da inexistência de lei prevendo tal situação para o exercício do poder normativo da Justiça do Trabalho.

O vestibular pode ser em ensino superior público ou privado. Não há distinção na norma.

A redação da norma mostra que o abono da falta não é apenas de um dia, mas em todos os dias em que a pessoa estiver prestando vestibular. As provas para vestibular serão apenas aquelas feitas para admissão em estabelecimento de ensino superior e não em outros graus, como de ensino médio e outros que costumam assim fazer. Entretanto, há necessidade de que o empregado comprove perante o empregador os dias em que estará fazendo o exame, pois, do contrário, o empregador não terá obrigação de abonar a falta.

REUNIÃO DE ORGANISMO INTERNACIONAL: A Lei nº 11.304, de 11 de maio de 2006, acrescentou o inciso IX ao art. 473 da CLT, com a seguinte redação: "pelo tempo que se fizer necessário, quando, na qualidade de representante de entidade sindical, estiver participando de reunião oficial de organismo internacional do qual o Brasil seja membro".

O tempo que se fizer necessário não é apenas o relativo às horas necessárias para participar da reunião, mas compreende a viagem de ida e volta até o local onde estará sendo realizada a reunião.

Somente os representantes de entidade sindical é que terão a falta abonada em decorrência da participação em reunião de organismo internacional.

Não se faz distinção em relação ao tipo de entidade sindical, tanto pode ser a do empregado ou do empregador. Entretanto, há necessidade que o representante da entidade sindical seja empregado para que a falta seja abonada.

A reunião terá de ser oficial. Em relação a reuniões não oficiais não haverá o abono de falta.

Organismos internacionais dos quais o Brasil seja membro efetivo são, por exemplo, a ONU e a OIT. Parece que o objetivo do inciso é atingir as reuniões anuais da OIT em que os representantes de entidades sindicais nela compareçam.

CONSULTA MÉDICA: Não haverá desconto no salário do empregado até dois dias para acompanhar consultas médicas e exames complementares durante o período de gravidez de sua esposa ou companheira (art. 473, X, da CLT). O item se refere apenas ao homem.

O empregador não poderá fazer desconto no salário do empregado por um dia por ano para acompanhar filho de até 6 (seis) anos em consulta médica (art. 476, XI, da CLT). O item XI diz respeito tanto ao homem quanto à mulher para levar o filho em consulta médica. Isso só poderá ocorrer uma vez por ano e para consulta médica.

EXAMES PREVENTIVOS DE CÂNCER: Até três dias, em cada 12 meses de trabalho, em caso de realização de exames preventivos de câncer devidamente comprovada (art. 473, XII, da CLT). Os três dias são a cada 12 meses de trabalho. Não serão consideradas faltas justificadas mais de três dias em cada 12 meses de trabalho. Há necessidade de comprovação da existência de câncer para serem feitos os exames preventivos. Será qualquer tipo de câncer, por se tratar de doença grave.

PROFESSOR: As faltas do professor, no decurso de nove dias, decorrentes de gala ou luto, em consequência de falecimento do cônjuge, pai ou mãe, ou de filho, não serão descontadas de seu salário (§ 3º do art. 320 da CLT). Trata-se de caso de interrupção do contrato de trabalho. Os nove dias de faltas serão considerados justificados.

Aqui há previsão diversa, para os mesmos casos, nos incisos I e II do art. 473 da CLT, pois, para o empregado comum, as faltas relativas a casamento são de três dias consecutivos e dois em caso de falecimento.

A determinação do § 3º do art. 320 da CLT viola o princípio da igualdade (art. 5º, *caput*, da Constituição), pois o professor tem faltas diferenciadas das previstas nos incisos I e II do art. 473 da CLT, que nenhuma outra profissão possui.

A hipótese do § 3º do art. 320 da CLT não exige prova de dependência econômica em relação ao pai e à mãe.

Não é permitida a falta em relação a outros ascendentes diversos do pai ou da mãe ou descendentes que não o filho. Nesses casos, a regra é a geral. O professor poderá faltar dois dias (art. 473, I, da CLT). O mesmo ocorre no caso de falecimento de irmão do professor, em que a falta será de dois dias (art. 473, I), enquadrada na regra geral. Falta pelo falecimento de pessoa declarada na CTPS do professor e que viva sob sua dependência é de dois dias (art. 473, I).

ATESTADOS MÉDICOS: Será considerada falta abonada a justificada por atestado médico da empresa, de convênio médico firmado pela empresa ou de médico da Previdência Social, exigindo-se essa ordem para a validade do referido atestado (§ 4º do art. 60 da Lei nº 8.213/91 e Súmulas 15 e 282 do TST).

TESTEMUNHAS: As testemunhas não poderão sofrer descontos em seus salários em razão das faltas ao serviço ocasionadas por seu comparecimento para depor na Justiça do Trabalho, quando devidamente arroladas ou convocadas (art. 822 da CLT).

No salário da testemunha não pode haver qualquer desconto pelo fato de comparecer para depor, nem desconto do tempo de serviço (parágrafo único do art. 463 do CPC). Mesmo que não tenha sido arrolada, mas convocada pela parte, não poderá haver o desconto, desde que compareça à audiência.

O artigo em comentário usa a expressão *faltas ao serviço*; porém, se a audiência é à tarde, deve comparecer à empresa pela manhã para trabalhar, pois nesse momento ainda não estava depondo. O ideal é que as Varas forneçam comprovante à testemunha e à parte do período em que esteve na Vara depondo. Com o atestado da Justiça do Trabalho, a testemunha não perde o salário das horas, o repouso semanal remunerado e a falta também é justificada para férias.

O empregado que se recusar a depor depois de devidamente intimado, sofre multa (art. 730 da CLT). O empregador que impedir que empregado seu sirva como testemunha também fica sujeito à multa (§ 2º do art. 729 da CLT).

Não estarão sujeitas a qualquer desconto em seus salários as testemunhas que prestarem depoimento no processo civil, nem desconto no tempo de serviço, por comparecimento à audiência (parágrafo único do art. 419 do CPC).

O jurado sorteado para comparecimento a sessões do júri não poderá sofrer qualquer desconto em seu salário (art. 441 do CPP). Considera-se a presença no júri como desempenho de serviço público relevante. A falta será abonada pelo simples fato do comparecimento do jurado, mesmo que não participe do julgamento.

As testemunhas que forem prestar depoimento no júri não sofrerão descontos em seus salários (art. 459 do CPP).

AJUIZAMENTO DE AÇÃO: Determina o inciso VIII do art. 473 da CLT que o empregado pode deixar de comparecer ao serviço, sem prejuízo do salário, pelo tempo que se fizer necessário quando tiver que comparecer a juízo. A hipótese é de falta legalmente justificada. Representa período de interrupção dos efeitos do contrato de trabalho, em que o empregado deixa de trabalhar, recebe sua remuneração e conta o respectivo tempo de serviço.

Não havia previsão na lei sobre o tema; porém, o empregado faltava muitas vezes ao serviço para comparecer como parte a juízo. A Súmula 155 do TST esclarecia que "as horas em que o empregado falta ao serviço para comparecimento necessário, como parte, à Justiça do Trabalho não serão descontadas de seu salário". De acordo com essa orientação, somente as horas em que o empregado comparecia à Justiça do Trabalho seriam abonadas e não o dia inteiro, pois as audiências normalmente se realizam em um determinado período do dia. As horas que o empregado necessitava como parte para reivindicar seu direito eram apenas as referentes aos processos trabalhistas. Assim, se o empregado comparecia como parte em outro foro, sua falta iria ser considerada injustificada, por ausência de previsão legal nesse sentido, tendo descontado de seu salário o dia ou as horas não trabalhadas.

Versa o inciso VIII do art. 473 da CLT sobre hipótese em que o próprio empregado tem de comparecer a juízo como parte. As faltas relativas à testemunha são previstas no art. 822 da CLT e parágrafo único do art. 419 do CPC, que consideram a ausência no trabalho justificada.

A nova disposição usa a palavra "tempo". Isso quer dizer que não será abonado todo o dia, mas apenas o tempo necessário para que o empregado compareça a juízo. Se a audiência é à tarde, o empregado não terá a falta justificada do período matutino, mas apenas as horas do período vespertino. Embora a lei use a palavra "tempo", a orientação é a mesma da súmula, no sentido de que serão consideradas justificadas apenas as horas de comparecimento do empregado à Justiça. Para esse fim, o empregado deverá levar ao empregador certidão do juízo de que esteve presente no dia e horário mencionados.

Por uma questão de bom senso, deve estar compreendido nesse período o tempo de deslocamento do empregado da sede da empresa ao juízo e vice-versa. Esse período também deverá ser abonado e não apenas o lapso de tempo em que esteve em juízo.

Se houve a divisão da audiência em vários dias, como ocorre na Justiça do Trabalho (inicial, instrução e julgamento), o empregado terá direito de abonar o tempo respectivo de comparecimento a cada uma das audiências, mesmo que não tenha de prestar depoimento pessoal, pois deverá comparecer para orientar seu advogado nas perguntas que se fizerem necessárias às testemunhas. Não haverá, porém, necessidade de comparecimento na audiência de julgamento, pois nesta só é feito o julgamento, ocasião em que nem mesmo as partes e seus advogados comparecem. Entretanto, se o empregado comparecer à audiência, deverão as horas ser abonadas pelo empregador, desde que o obreiro apresente comprovante indicando o seu comparecimento à Justiça do Trabalho.

Emprega a CLT a expressão "a juízo". Isso não diz respeito apenas à Justiça do Trabalho, mas a qualquer juízo, como na Justiça Comum, na Justiça Federal, na Justiça Militar etc. Tanto faz se o empregado é autor ou réu na ação, no âmbito cível ou criminal, pois a CLT não faz distinção, ao contrário do que se observa da Súmula 155 do TST. Se a lei não distingue, não cabe ao intérprete fazê-lo (*Ubi lex non distinguit, nec non distinguere debemus*).

A orientação contida na Súmula 155 do TST fica prejudicada, em razão da previsão explícita da lei. Não se pode dizer que está o citado verbete revogado, pois súmulas não são revogadas, por não terem natureza de lei.

CONSELHOS: O representante dos trabalhadores em atividade terá sua ausência justificada, computando-se como jornada efetivamente trabalhada para todos os fins e efeitos legais, para participação nas reuniões do Conselho Nacional de Previdência Social (§ 6º do art. 3º da Lei nº 8.213).

As faltas ao trabalho dos representantes dos trabalhadores no Conselho Curador do FGTS, decorrentes das atividades desse órgão, serão abonadas, computando-se como jornada efetivamente trabalhada para todos os fins e efeitos legais (§ 7º do art. 3º da Lei nº 8.036/90).

MESÁRIOS: Dispõe o art. 98 da Lei nº 9.504/97 que os eleitores nomeados para compor as mesas receptoras ou juntas eleitorais e os requisitados para auxiliar seus trabalhos serão dispensados do serviço, mediante declaração expedida pela Justiça Eleitoral, sem prejuízo do salário, vencimento ou qualquer outra vantagem, pelo dobro dos dias de convocação. Os dias de compensação não podem ser convertidos em dinheiro durante a vigência do contrato de trabalho. Devem ser compensados. Caso o empregado estiver em férias, deve a empresa conceder a folga dos dias que deveriam ser compensados.

O inciso V do art. 131 da CLT também considera inexistir falta ao serviço quando houver a prisão preventiva do empregado, se for impronunciado ou absolvido, para efeito de férias. Observada essa hipótese, será o caso de interrupção do contrato de trabalho, pois é computado o tempo de serviço para efeito de férias. Poder-se-ia até argumentar que, se a prisão é ilegal, não se poderia falar em faltas injustificadas, pois o empregado não teve como trabalhar.

Muitas vezes, em dissídios coletivos, acordos ou convenções coletivas são incluídas cláusulas que abonam a falta do empregado, como o dia do bancário; do comerciário; de faltas para tratamento da saúde do empregado ou de sua família etc. Em regulamento de empresa também podem ser previstas outras faltas que seriam abonadas pelo empregador.

Caso o empregador considere como justificada qualquer outra falta cometida pelo empregado (art. 131, IV, da CLT), como em virtude de paralisação dos transportes coletivos na cidade, haverá pagamento de salários, sendo hipótese de interrupção do contrato de trabalho.

Se a falta for injustificada, haverá hipótese de suspensão do contrato de trabalho, pois não se conta o tempo de serviço, nem é pago o dia correspondente.

Outras faltas que não tiverem previsão em lei serão descontadas pelo empregador.

O empregado não poderá faltar em caso de doença de pessoa da família, de amigo íntimo etc.

4.9 Férias

O exemplo mais comum que se dá de hipótese de interrupção do contrato de trabalho ocorre nas férias. Nestas, o empregado não presta serviços, mas recebe salários, não ficando privado de sua remuneração (art. 129 da CLT), sendo, também, contado o tempo de serviço para todos os efeitos (§ 2º do art. 130 da CLT).

4.10 Greve

Antigamente, fazia-se distinção quanto à greve, no que diz respeito ao atendimento das reivindicações ou não. Se estas eram atendidas, com o pagamento de salários no período de afastamento, havia interrupção do contrato de trabalho. Se as reivindicações não eram atendidas, nem havia o pagamento de salários, é o caso de suspensão do contrato de trabalho.

O art. 2º da Lei nº 7.783/89 dispõe que a greve é a suspensão coletiva, temporária e pacífica, da prestação de serviços ao empregador. Estabelece o art. 7º da Lei nº 7.783/89 que, se forem observadas as determinações previstas na referida norma, o contrato de trabalho fica suspenso, devendo as relações obrigacionais durante o período ser regidas por acordo, convenção, sentença arbitral ou decisão da Justiça do Trabalho. Isso leva a crer, *a contrario sensu*, que se inobservadas as determinações da Lei nº 7.783/89, a greve não suspende o contrato de trabalho, podendo causar a rescisão do referido pacto até mesmo por justa causa. Entretanto, se a empresa pagar salários durante a greve, é a hipótese de interrupção do contrato de trabalho.

4.11 Inquérito para apuração de falta grave

Acolhido o pedido do inquérito para apuração de falta grave, com a reintegração do empregado e pagamento de salários, há hipótese de interrupção do contrato de trabalho. Se o pedido do inquérito para apuração de falta grave for rejeitado, porém não havendo pagamento de salários ou outra vantagem, é o caso de suspensão do contrato de trabalho. O inciso V do art. 131 da CLT revela que se o empregado é suspenso preventivamente para responder a inquérito administrativo, não será considerada falta ao serviço para efeito de férias, o que revela a cessação provisória e parcial do contrato de trabalho, caracterizando hipótese de interrupção do contrato de trabalho.

4.12 Intervalos

Nos intervalos que ocorrem para alimentação e descanso, o empregado não trabalha, nem tem remuneração, como se observa do § 2º do art. 71 da CLT. Trata-se de suspensão dos efeitos do contrato de trabalho.

No intervalo de pessoas que fazem digitação, mecanografia etc. (art. 72 da CLT), o empregador é obrigado a remunerar o empregado, embora não haja prestação de serviços. É uma hipótese de interrupção dos efeitos do contrato de trabalho. O mesmo se observa do intervalo do mineiro a cada três horas de trabalho (art. 298 da CLT), do intervalo nos frigoríficos ou das pessoas que trabalham em câmaras frias (art. 253 da CLT).

No intervalo de 11 horas entre uma jornada e outra (art. 66 da CLT), o empregado não trabalha nem está à disposição do empregador. Trata-se de período de suspensão do contrato de trabalho, pois não é contado o tempo nem é paga a remuneração.

4.13 *Lockout*

Lockout é a paralisação das atividades, por iniciativa do empregador, com o objetivo de frustrar negociação ou dificultar o atendimento de reivindicações dos empregados (art. 17 da Lei nº 7.783/89). Caso assim faça o empregador, os trabalhadores terão direito à percepção dos salários durante o período da paralisação (parágrafo único do art. 17 da Lei nº 7.783/89), configurando hipótese de interrupção do contrato de trabalho.

4.14 Prontidão e sobreaviso

Na prontidão e sobreaviso, o empregado está à disposição do empregador, pois está aguardando ordens (art. 4º da CLT). Os §§ 2º e 3º do art. 244 da CLT determinam o pagamento de remuneração. Logo, são hipóteses de interrupção do contrato de trabalho, em razão de que é feito pagamento ao empregado e contado o tempo de serviço.

4.15 Repouso semanal remunerado

No repouso semanal remunerado, apesar de o empregado não trabalhar, o empregador é obrigado a lhe pagar salários e contar seu tempo de serviço. Trata-se, assim, de hipótese de interrupção do contrato de trabalho.

4.16 Representação sindical

Se o empregado eleito para desempenhar mandato sindical continua normalmente a prestar serviços ao empregador, não haverá que se falar em interrupção ou suspensão do contrato de trabalho. Caso o empregado realmente não trabalhe, pois assim acordou com a empresa, configura-se hipótese de suspensão do contrato de trabalho, pois não há pagamento de salários, nem é contado o tempo de serviço.

4.17 Salário-maternidade

O salário-maternidade é um pagamento feito pelo INSS à empregada durante os 120 dias da licença-maternidade. O tempo de serviço é contado normalmente durante o afastamento, tratando-se, assim, de hipótese de interrupção do contrato de trabalho.

Não será considerada falta ao serviço para efeitos de férias durante o licenciamento da empregada por motivo de aborto (art. 131, II, da CLT). Representa hipótese de interrupção dos efeitos do contrato de trabalho.

4.18 Segurança nacional

Ocorrendo motivo relevante de segurança nacional, poderá a autoridade competente solicitar o afastamento do empregado do serviço ou do local de trabalho, sem que se configure a suspensão do contrato de trabalho. O afastamento será solicitado pela autoridade competente diretamente ao empregador, em representação fundamentada, com audiência da Procuradoria Regional do Trabalho, que providenciará, desde logo, a instauração do competente inquérito administrativo.

Sendo afastado o empregado em virtude de inquérito administrativo para apuração de motivo de interesse de segurança nacional, o contrato de trabalho não fica suspenso durante os primeiros 90 dias, pois nesse período continuará o obreiro percebendo sua remuneração (§§ 3º e 5º do art. 472 da CLT). Nessa hipótese, o contrato de trabalho ficará interrompido, pois o empregador deverá pagar salários (§ 5º do art. 472 da CLT). Após 90 dias, o empregador não é obrigado a pagar salários ao empregado, por falta de previsão legal, ficando suspensos os efeitos do contrato de trabalho.

4.19 Serviço militar

O afastamento do empregado em decorrência dos encargos do serviço militar não será motivo para a rescisão do contrato de trabalho por parte do empregador (art. 472 da CLT).

Quando o empregado se afasta em razão de ter sido incorporado ao serviço militar, não há pagamento de salário pelo empregador. O § 1º do art. 4º da CLT estabelece que será computado como tempo de serviço o período em que o empregado estiver afastado prestando serviço militar, para efeito de indenização e estabilidade, havendo depósitos do FGTS (§ 5º do art. 15 da Lei nº 8.036/90).

O art. 61 da Lei nº 4.375, de 17-8-1964, dispõe que, se o empregado é convocado para manobras, tem direito a receber do empregador dois terços do valor da remuneração, cabendo às Forças Armadas o pagamento das gratificações próprias dos militares. Logo, há cessação provisória, mas parcial, do contrato de trabalho, pois são contados o tempo de serviço do empregado e parte da remuneração, evidenciando hipótese de interrupção dos efeitos do contrato de trabalho.

Prescreve o art. 60 da Lei nº 4.375 que os empregados e funcionários públicos, quando incorporados ou matriculados em órgão de formação de reserva, por motivo de convocação para prestação do serviço militar, terão assegurado o retorno ao cargo ou emprego respectivo, dentro dos 30 dias que se seguirem ao licenciamento, ou término de curso, salvo se declararem, por ocasião da incorporação ou matrícula, não pretender a ele voltar.

Para que o empregado tenha direito a voltar a exercer o cargo do qual afastou-se em virtude de exigências do serviço militar ou de encargo público, é indispensável que notifique o empregador dessa intenção, por telegrama ou carta registrada, dentro do prazo máximo de 30 dias, contados da data em que se verificar a baixa (§ 1º do art. 472 da CLT). Se o empregado está servindo o país, nada mais razoável do que ser garantido seu emprego quando retornar à empresa. O art. 132 da CLT dispõe que deve ser considerado o tempo de trabalho anterior à apresentação do empregado ao serviço militar obrigatório para os efeitos de férias.

O engajamento definitivo na carreira militar implica a cessação do contrato de trabalho.

4.20 Suspensão disciplinar

Sendo o trabalhador suspenso pela empresa em razão de falta disciplinar e não havendo pagamento de salário, haverá hipótese de suspensão do contrato de trabalho. É de se ressaltar que, se o empregado é suspenso por mais de 30 dias consecutivos, importa rescisão injusta do contrato de trabalho (art. 474 da CLT).

4.21 Suspensão do contrato de trabalho para qualificação profissional

4.21.1 Introdução

Significa o *lay off* ficar o trabalhador em disponibilidade por certo tempo, ficando afastado da empresa até sua recuperação. Seria uma espécie de licença remunerada ao trabalhador, que fica em casa e não é dispensado. A empresa não faz a dispensa, pois precisa de trabalhadores qualificados. Pode o empregador determinar que o empregado faça cursos de qualificação profissional. Nos Estados Unidos, o *lay off* é feito por meio de negociação coletiva, segundo critério de idade, estado civil, tempo de serviço. Pode haver redução de salários e suspensão de encargos sociais.

A licença remunerada importa em o empregado continuar a receber salários por certo período, porém não presta serviços. Em certos casos em que há diminuição da produção as empresas automobilísticas costumam utilizar a licença remunerada. Os efeitos do contrato de trabalho ficam interrompidos, pois a empresa paga salários e conta o tempo de serviço. Entretanto, há a continuidade do contrato de trabalho, não sendo o trabalhador dispensado, mas fica à disposição da empresa.

O art. 476-A da CLT estabeleceu a hipótese de suspensão dos efeitos do contrato de trabalho para a participação do trabalhador em curso ou programa de qualificação profissional. Na verdade, a norma cria nova hipótese de suspensão dos efeitos do contrato de trabalho, além das já previstas nos arts. 471 a 476 da CLT.

O benefício pode ser aplicado com sucesso na construção civil, no período que ocorre entre o término de uma obra e o início de outra. A dispensa, com a posterior recontratação do trabalhador da construção civil, é bastante onerosa para a empresa. Manter o trabalhador ocioso com pagamento de salários até o início de outra atividade também é oneroso para o empregador. Daí a melhor hipótese é a suspensão dos efeitos do contrato de trabalho para a qualificação profissional. A suspensão dos efeitos do contrato de trabalho para qualificação profissional pode não se aplicar a qualquer empresa. Normalmente, vai dizer respeito a empresas com grande número de trabalhadores, com baixa remuneração, como na construção civil. Vai depender, porém, da duração da obra.

A Convenção nº 168 da OIT trata da promoção do emprego e proteção contra o desemprego. Foi aprovada pelo Decreto Legislativo nº 89, de 10-12-1992, e promulgada pelo Decreto nº 2.682, de 21-7-1998. Dispõe o art. 10 que todo membro deverá tentar estender a proteção da convenção, nas condições prescritas, às seguintes contingências: (a) a perda de rendimentos em virtude do desemprego parcial, definido como uma redução temporária da duração normal ou legal do trabalho; (b) a suspensão ou redução de rendimentos como consequência da suspensão temporária do trabalho, sem término da relação de trabalho, particularmente por motivos econômicos, tecnológicos, estruturais ou análogos. Indica o art. 15 que, em caso de desemprego total e de suspensão de rendimentos como consequência de suspensão temporária de trabalho, sem término da relação de trabalho, se esta última contingência estiver coberta, deverão ser abonadas indenizações na forma de pagamentos periódicos, calculados da seguinte forma: (a) quando essas indenizações forem calculadas na base de contribuições pagas pela pessoa protegida ou em seu nome, ou em razão de seus rendimentos anteriores, elas serão fixadas em pelo menos 50% dos rendimentos anteriores, dentro do limite eventual de tetos de indenização ou rendimentos referidos, por exemplo, ao salário de um operário qualificado ou ao salário médio dos trabalhadores da região em questão; (b) quando essas indenizações forem calculadas independentemente das contribuições ou dos rendimentos anteriores, serão fixadas em 50%, pelo menos, do salário mínimo legal ou do salário de um trabalhador ordinário, ou na quantia mínima indispensável para cobrir as despesas essenciais, adotando-se o valor mais elevado.

4.21.2 Denominação

O objetivo da norma é que o contrato de trabalho fique suspenso diante de crise momentânea passada pela empresa. Não se trata, portanto, de dispensa provisória, como tem sido chamada na prática, pois a dispensa implica a saída do trabalhador da empresa. No caso, o trabalhador não é dispensado, apenas os efeitos de seu contrato de trabalho são suspensos temporariamente. Seria possível utilizar a denominação suspensão dos efeitos do contrato de trabalho para que o empregado participe de cursos de qualificação profissional.

Se a suspensão for definitiva, há cessação do contrato de trabalho e não suspensão. Suspensão sempre terá característica temporária.

A natureza da suspensão é mista, pois compreende questão de direito individual, da aquiescência do trabalho e coletiva, da necessidade de negociação coletiva com o sindicato.

Se o empregado recebe algum valor do empregador, os efeitos do contrato de trabalho não estão suspensos, mas interrompidos.

4.21.3 Período

O pacto laboral poderá ter seus efeitos suspensos por um período de dois a cinco meses, visando à participação do empregado em curso ou programa de qualificação profissional oferecido pelo empregador. Não existe obrigatoriedade da suspensão dos efeitos do contrato de trabalho, mas faculdade de se estabelecer esse mecanismo. A duração da suspensão será por um período mínimo de dois meses e máximo de cinco meses. As partes, na negociação coletiva, estabelecerão o prazo pelo qual o contrato será suspenso, dentro do período de dois a cinco meses. Os funcionários deverão voltar a trabalhar ao final do respectivo período. O art. 476-A da CLT não está exigindo, porém, que a empresa passe por problemas conjunturais ou econômicos, nem justifique suas adversidades, apenas terá de negociar com o sindicato. Excedido o período de cinco meses ou o que for acordado na norma coletiva, persistindo a suspensão dos efeitos do contrato de trabalho, o empregado poderá requerer a rescisão indireta do contrato de trabalho, em razão de não terem sido cumpridos os requisitos legais.

O prazo acima mencionado poderá ser prorrogado mediante convenção ou acordo coletivo de trabalho e aquiescência formal do empregado, desde que o empregador arque com o ônus correspondente ao valor da bolsa de qualificação profissional, no respectivo período. O prazo máximo de contratação é de cinco meses, porém, havendo a contratação, poderá existir prorrogação por período maior do que os cinco meses contratados, desde que mediante convenção ou acordo coletivo e aquiescência do empregado.

4.21.4 Atividade da empresa

A suspensão dos efeitos do contrato de trabalho poderá ser utilizada em qualquer ramo de atividade, tanto na indústria como no comércio, nos serviços, na área rural, como em períodos de entressafras etc. Não há distinção também quanto à idade do trabalhador, que poderá ter mais ou menos de 18 anos, tanto sendo utilizado em relação ao homem como para a mulher.

Poderá ser feita a suspensão dos efeitos do contrato de trabalho em parte da empresa, em algumas de suas filiais ou estabelecimentos ou na sua totalidade. É na norma coletiva que se especificará se a suspensão irá afetar toda a empresa ou apenas algumas de suas unidades.

4.21.5 Requisitos

São dois os requisitos para a suspensão dos efeitos do contrato de trabalho visando à qualificação profissional: (a) instrumento coletivo; (b) aquiescência formal do empregado.

O instrumento utilizado para a suspensão dos efeitos do contrato de trabalho será necessariamente a convenção ou acordo coletivo. O acordo será, portanto, coletivo e não individual, pois exige-se a participação do sindicato. Se o empregado pertencer a categoria diferenciada, a negociação tem de ser feita com o respectivo sindicato, como de secretárias, motoristas etc.

A iniciativa da suspensão para efeito de qualificação profissional tanto poderá ser feita pelo sindicato de empregados, pelo trabalhador ou pela própria empresa. Na prática, as empresas que passam por dificuldades financeiras é que irão requerê-la, porém deverão negociar com o sindicato de empregados.

O empregado também deverá manifestar a sua concordância com a suspensão. A aquiescência deve ser formal. Formal quer dizer expresso, evidente, explícito. O uso da expressão formal pode dar margem a dúvidas, no sentido de que a concordância seria escrita ou verbal. O art. 443 da CLT indica que o contrato de trabalho pode ser expresso, sendo verbal ou escrito. O empregado poderia expressar-se verbalmente pela concessão da suspensão. O ideal é que a aquiescência fosse apenas escrita, pois evitaria dúvidas e fraudes. O empregado deverá firmar termo escrito de concordância com a suspensão para qualificação profissional. No instrumento deveriam também ser especificadas as condições para efeito da suspensão para a qualificação profissional. Caso o obreiro não se interesse pela suspensão, o empregador não poderá suspender os efeitos do seu contrato de trabalho. Entretanto, nesse caso o empregador vai acabar dispensando o trabalhador.

Após a autorização concedida por intermédio de convenção ou acordo coletivo, o empregador deverá notificar o respectivo sindicato, com antecedência mínima de 15 dias da suspensão contratual (§ 1º do art. 476-A da CLT). A lei não é clara sobre que sindicato seria esse. A primeira interpretação poderia conduzir o intérprete a que se trata do sindicato das empresas, pois no acordo coletivo só a empresa negocia com o sindicato dos trabalhadores. Entretanto, o que o parágrafo quer dizer é que a notificação será feita ao sindicato dos trabalhadores da categoria predominante da empresa ou do sindicato dos trabalhadores de categoria diferenciada, pois o prazo é da antecedência mínima da data em que será feita a suspensão. Trata-se de ciência ao sindicato da suspensão. É possível também que a própria negociação já tenha estabelecido o prazo para o início da suspensão contratual, mas mesmo assim deverá ser notificado o sindicato com a antecedência mínima de 15 dias da suspensão contratual, por ser determinação legal. A inobservância desse requisito poderá implicar, para a empresa, multa administrativa, porém não invalidará toda a negociação coletiva, desde que sejam observados os demais requisitos legais e a própria previsão da norma coletiva. A comunicação ao sindicato no prazo de 15 dias não é elemento essencial, pois o elemento essencial é a suspensão ser pactuada por convenção ou acordo coletivo. Não importa, assim, em nulidade.

4.21.6 Renovação da suspensão

O contrato de trabalho não poderá ser suspenso mais de uma vez no período de 16 meses para efeito da qualificação profissional do empregado. O objetivo da determinação legal é que a empresa tenha uma programação para a suspensão dos efeitos do contrato de trabalho para qualificação profissional. A finalidade da norma também é evitar fraudes, no sentido de o empregador suspender constantemente os efeitos do contrato de trabalho. Entretanto, parece que o prazo de 16 meses é muito longo, pois após um ano poderia ser necessária nova suspensão dos efeitos do contrato de trabalho, em razão de mudança da situação econômica.

O período de 16 meses deve ser contado a partir da primeira suspensão, a partir de quando esta foi realizada.

4.21.7 Despesas da qualificação profissional

A lei não é expressa sobre quem irá pagar as despesas da qualificação profissional. As despesas nos cursos de qualificação profissional ficarão a cargo do empregador, salvo se este utilizar órgão público para esse fim. O empregado não terá de pagar nenhuma despesa para a qualificação profissional.

4.21.8 Direitos

No interregno de tempo em que houver a suspensão contratual para efeito de qualificação profissional, o empregado receberá bolsa, que será paga pelo Fundo de Amparo ao Trabalhador (FAT). O empregado não receberá no período nenhum valor da empresa. O empregador poderá conceder ao empregado ajuda compensatória mensal, sem natureza salarial, durante o período de suspensão contratual, com valor a ser definido em convenção ou acordo coletivo. Não há obrigação da concessão da ajuda, pois a lei usa o termo "poderá", mostrando ser facultativa a sua concessão. Essa ajuda compensatória não terá incidência do FGTS ou de contribuição previdenciária, por não se tratar de salário, até em razão também de inexistir trabalho no citado período.

Durante o período de suspensão contratual para participação em curso ou programa de qualificação profissional, o empregado fará jus aos benefícios voluntariamente concedidos pelo empregador. Exemplo seria a concessão de reajustes salariais, que irão beneficiar o obreiro quando retornar à empresa. Seu salário será pago já reajustado, apenas não será devido no período da suspensão para a qualificação profissional. A hipótese já estava prevista no art. 471 da CLT, que determinava que ao empregado afastado do emprego são asseguradas, por ocasião de sua volta, todas as vantagens que, em sua ausência, tenham sido atribuídas à categoria a que pertencia na empresa. O requisito, portanto, é que as vantagens tenham sido atribuídas a toda categoria a que pertencia na empresa. As vantagens devem ter sido concedidas em caráter geral. Benefícios personalíssimos, adquiridos pelo trabalhador na empresa em virtude de seu esforço pessoal, não poderão ser reivindicados por aquele que teve o seu contrato suspenso ou interrompido, se não atende às condições para tanto.

A periodicidade, os valores, o cálculo do número de parcelas e os demais procedimentos operacionais de pagamento da bolsa de qualificação profissional, bem como os pré-requisitos para habilitação serão os mesmos adotados em relação ao benefício do seguro-desemprego (art. 3º-A da Lei nº 7.998/90). Se o contrato for rompido no período da suspensão, será suspenso o pagamento da bolsa de qualificação profissional. Havendo o retorno do trabalhador ao emprego, também cessa o pagamento da bolsa de qualificação profissional.

A empresa não terá de recolher o FGTS e as contribuições previdenciárias durante todo o período de suspensão do contrato de trabalho, pois do contrário não seria hipótese de suspensão dos efeitos do pacto laboral, mas de interrupção, em razão de que geraria direitos ao obreiro.

O empregado não tem direito à liberação do FGTS, nem à indenização de 40% durante o período que houver a suspensão dos efeitos do contrato de trabalho. Não haverá também contagem de tempo de serviço para férias e 13º salário.

4.21.9 Dispensa

Caso o empregado seja dispensado no curso do período de suspensão contratual ou nos três meses subsequentes ao seu retorno ao trabalho, o empregador pagará ao empregado, além das parcelas indenizatórias previstas na rescisão trabalhista, multa a ser estabelecida em convenção ou acordo coletivo, sendo de, no mínimo, 100% sobre o valor da última remuneração mensal anterior à suspensão do contrato. Usa a norma legal a expressão "remuneração" e não "salário", compreendendo o salário mais as gorjetas (art. 457 da CLT). A norma não está impedindo a dispensa do trabalhador, nem garante o emprego do obreiro, apenas torna mais onerosa a dispensa para o empregador, ao instituir a multa, que estará prevista na norma coletiva.

4.21.10 Sanções

Na hipótese de não ser ministrado curso ou programa de qualificação profissional, ou o empregado permanecer trabalhando para o empregador, ficará descaracterizada a suspensão, sujeitando o empregador ao pagamento imediato dos salários e dos encargos sociais referentes ao período, às penalidades cabíveis previstas na legislação trabalhista, bem como às sanções previstas em convenção ou acordo coletivo. Isso quer dizer que o empregador deverá depositar o FGTS e recolher as contribuições previdenciárias do período. No caso em comentário, as parcelas da bolsa de qualificação profissional que o empregado tiver recebido serão descontadas das parcelas do benefício do seguro-desemprego a que fizer jus, sendo-lhe garantido, no mínimo, o recebimento de uma parcela do seguro-desemprego. A empresa também ficará sujeita à multa prevista na norma coletiva, pelo seu descumprimento.

4.21.11 Conclusão

A suspensão dos efeitos do contrato de trabalho não precisaria estar amparada em lei, pois a CLT permite que as partes combinem a referida suspensão, apenas não haveria o direito à bolsa de qualificação profissional no período.

A suspensão temporária para qualificação profissional representa uma vantagem, pois o empregado não é dispensado.

Não vai resolver a suspensão para qualificação profissional os efeitos do desemprego. Pode ajudar a minorá-los. Para resolver o problema do desemprego é preciso baixar os juros e permitir tanto os investimentos públicos como os privados.

4.22 Violência doméstica

Prevê o § 8º do art. 226 da Constituição que o Estado assegurará a assistência à família na pessoa de cada um dos que a integram, criando mecanismos para coibir a violência no âmbito de suas relações.

A Lei nº 11.340, de 6 de agosto de 2006, cria mecanismos para coibir a violência doméstica e familiar contra a mulher (art. 1º). Acaba regulamentando o § 8º do art. 226 da Lei Magna. A violência doméstica contra a mulher é comum por meio de espancamentos, torturas etc., tanto que foi criada a Delegacia da Mulher para tentar resolver tais problemas.

A referida norma é chamada de Lei Maria da Penha, pois em 1983 Maria da Penha Maia Fernandes sofreu duas tentativas de homicídio por parte de seu ex-marido, o professor Marco Antônio Heredia Viveiros.

Dispõe o art. 9º da referida norma que a assistência à mulher em situação de violência doméstica e familiar será prestada de forma articulada e conforme os princípios e as diretrizes previstas na Lei Orgânica da Assistência Social, no Sistema Único de Saúde, no Sistema Único de Segurança Pública, entre outras normas e políticas públicas de proteção, e emergencialmente quando for o caso. Mostra o referido dispositivo que a assistência à mulher em situação de violência doméstica e familiar é tratada como política pública.

Reza o § 1º do art. 9º da Lei nº 11.340 que o juiz determinará, por prazo certo, a inclusão da mulher em situação de violência doméstica e familiar no cadastro de programas assistenciais do governo federal, estadual e municipal. As normas acima mencionadas mostram que as características do art. 9º são normas de Assistência Social, necessitando de regulamentação pelo Poder Público.

No aspecto trabalhista, determina o inciso II do § 2º do art. 9º da Lei nº 11.340/2006: "O juiz assegurará à mulher em situação de violência doméstica e familiar, para preservar sua integridade física e psicológica: (...) II – manutenção do vínculo trabalhista, quando necessário o afastamento do local de trabalho, por até seis meses".

O preceito legal citado visa proteger a mulher trabalhadora em razão de violência doméstica e familiar. A ofendida pode trabalhar no mesmo local que o ofensor ou, em razão de seu afastamento, não ter condições de trabalhar. Assim, seu contrato de trabalho não pode ser rescindido, devendo ser mantido.

Pela regra do inciso II do § 2º do art. 9º existe necessidade de o juiz assegurar à mulher em situação de violência doméstica a manutenção do vínculo trabalhista durante seis meses, no caso de haver necessidade de afastamento do local de trabalho. Mostra o dispositivo a adoção do princípio da continuidade do trabalho para a referida situação. Se não houver necessidade de afastamento da mulher do local de trabalho, não haverá a manutenção do contrato de trabalho por seis meses.

Entendo que os fins sociais da lei mostram a necessidade do afastamento da empregada por seis meses do trabalho, mas não o pagamento de salários. O juiz não poderá criar obrigação de pagar salários, sob pena de estar editando norma legal, pois só pode atuar como legislador negativo e não como legislador positivo.

O inciso II do § 2º do art. 9º da Lei nº 11.340 não faz referência a pagamento de salários, ao contrário do art. 473 da CLT. Este mandamento legal mostra que "o empregado poderá deixar de comparecer ao serviço **sem prejuízo do salário**".

Não há também disposições na Lei nº 11.340 a respeito de contagem do tempo de serviço para fins de férias, pagamento de 13º salário, incidência do FGTS e da contribuição previdenciária.

Como o legislador não fez distinção, o intérprete não pode querer ver na lei determinação no sentido de mandar pagar salários.

Ninguém é obrigado a fazer ou deixar de fazer algo a não ser em virtude de lei (art. 5º, II, da Constituição). É o princípio da legalidade. Se não existe previsão na lei a respeito de pagamento de salário da empregada afastada por seis meses em razão de violência doméstica, não há obrigação do empregador de pagá-lo.

O empregador não teve culpa ou deu causa a qualquer ato em relação a empregada para ter que pagar salários.

Não se trata de hipótese de interrupção dos efeitos do contrato de trabalho, pois não determina o inciso II do § 2º do art. 9º da lei em comentário o pagamento de salários ou qualquer outra vantagem para o trabalhador.

Trata-se de hipótese de licença não remunerada.

Se não há obrigação de pagar salários, é período de suspensão dos efeitos do contrato de trabalho.

Mostra o art. 9º da Lei nº 11.340 uma política pública de proteção à mulher. Não prevê obrigação de o empregador remunerar o empregado. Lei de Assistência Social poderá determinar o pagamento dos salários da empregada pelo INSS. Enquanto isso não ocorre, o empregador não tem obrigação de pagar os salários da mulher, nem contar o tempo de serviço.

O objetivo da norma é não rescindir o contrato de trabalho. É mantê-lo. A questão não é de manter o vínculo de emprego depois dos seis meses, mas de o contrato de trabalho não poder ser rescindido nos seis meses de afastamento.

É espécie de garantia de emprego, de modo que o contrato de trabalho não pode ser rescindido durante o período de afastamento. Durante os seis meses, a empregada teria direito a ser reintegrada.

Quando do retorno da empregada à empresa, serão assegurados todos os direitos que, em sua ausência, tenham sido atribuídos à categoria a que pertencia no empregador (art. 471 da CLT), como, por exemplo, reajustes salariais.

5 EFEITOS

Durante a interrupção ou suspensão dos efeitos do contrato de trabalho, o empregado terá direito a todas as vantagens que, em sua ausência, tenham sido atribuídas à categoria a que pertencia na empresa (art. 471 da CLT). O requisito, portanto, é que as vantagens tenham sido atribuídas a toda a categoria a que pertencia na empresa, sejam elas legais ou normativas. As vantagens devem ter sido concedidas em caráter geral.

Se o empregado pertencer a categoria diferenciada, será esta a norma a ser observada, desde que a empresa faça parte do referido pacto. Benefícios personalíssimos, adquiridos pelo trabalhador na empresa em virtude de seu esforço pessoal, não poderão ser reivindicados por aquele que teve o seu contrato suspenso ou interrompido, se não atende às condições para tanto.

O afastamento do empregado por motivo do serviço militar ou de encargo público não será fundamento para a alteração ou rescisão do contrato de trabalho pelo empregador (art. 472 da CLT). O empregado deverá notificar o empregador, por telegrama ou carta registrada, no prazo máximo de 30 dias a contar da baixa ou terminação do encargo a que estava obrigado, para que tenha direito a voltar a exercer o cargo que anteriormente ocupava na empresa (§ 1º do art. 472 da CLT).

Assegura-se o direito à manutenção de plano de saúde ou de assistência médica oferecido pela empresa ao empregado, não obstante suspenso o contrato de trabalho em virtude de auxílio-doença acidentário ou de aposentadoria por invalidez (S. 440 do TST).

6 CONTRATOS POR TEMPO DETERMINADO

Nos contratos por tempo determinado, o período de suspensão ou interrupção do contrato de trabalho não influenciará em nada no término do referido pacto, pois as partes sabiam de antemão quando haveria a cessação do citado ajuste. Assim, se ocorrer, por exemplo, doença do empregado ou acidente do trabalho 15 dias antes da cessação do contrato de trabalho, o empregador irá remunerar esses dias e o contrato cessará. Não ficará o contrato de trabalho suspenso até o empregado recuperar sua capacidade de trabalho. Isso tanto ocorrerá nas hipóteses previstas para a contratação por tempo determinado, como também no contrato de experiência, que hoje é considerado espécie de contrato por tempo determinado.

Se o pacto laboral terminar no dia 30 de junho e o empregado sofrer acidente do trabalho ou ficar doente no dia 21 de junho, a empresa não terá de pagar os salários de cinco dias após o dia 30 de junho, nem o pacto laboral irá ficar interrompido ou suspenso até o retorno do empregado à empresa. Caso o empregador entenda que o contrato de trabalho fica interrompido até o dia 5 de julho, retornando o empregado ao trabalho por mais 15 dias, o pacto laboral se transformará em contrato por tempo indeterminado, pois foi excedido o prazo de contratação.

Assim, o contrato de trabalho termina exatamente no último dia do prazo combinado entre as partes. Se o empregado se acidentou ou ficou doente nos últimos 15 dias do contrato de trabalho, este não se suspende ou interrompe, cessa no último dia acordado entre as partes.

Apenas se as partes acordarem no sentido de suspender o contrato de trabalho durante o período de afastamento do pacto laboral é que não será computado o tempo de afastamento do empregado na contagem do prazo para a respectiva terminação (§ 2º do art. 472 da CLT). Esse tipo de cláusula normalmente não consta dos contratos de trabalho por tempo determinado. Na hipótese mencionada, o empregado irá cumprir os dias faltantes para o término do pacto laboral, referentes ao período em que ficou afastado.

No contrato de trabalho por tempo determinado disciplinado pela Lei nº 9.601, a regra a observar é a mesma, ou seja, se o empregado sofrer acidente do trabalho ou ficar doente, tendo de se afastar, o contrato de trabalho não será prorrogado pelo tempo igual ao do afastamento. No último dia acordado, terminará o pacto laboral.

7 DISPENSA DO EMPREGADO

A lei nada esclarece sobre se o empregado pode ser dispensado durante o prazo de suspensão ou interrupção do contrato de trabalho. Poderia dizer-se que aquilo que não é proibido é permitido. Logo, a dispensa seria possível. Assim, o empregador poderá dispensar o empregado durante o período de interrupção ou suspensão do contrato de trabalho, porém deverá pagar as vantagens do período, mesmo que o empregado esteja coberto por benefícios da Previdência Social. Em certos casos, essa dispensa é inviável, pois o empregador terá de pagar todos os salários do empregado até o término da garantia de emprego, porém sem que o obreiro preste serviços, além de pagar mais o aviso-prévio. Em outras hipóteses, a dispensa não será mesmo possível, como do dirigente sindical, em que se exige inquérito para apuração de falta grave; do cipeiro, em que é preciso provar motivo econômico, financeiro, técnico ou disciplinar etc. A jurisprudência entende, porém, que, se o contrato de trabalho estiver suspenso, a dispensa não pode ser efetivada.

Questões

1. O que é suspensão do contrato de trabalho?
2. O que é interrupção do contrato de trabalho?
3. As férias enquadram-se em qual das duas hipóteses anteriores? Por quê?
4. Quais são os efeitos da suspensão e da interrupção no contrato de trabalho?
5. Pode o empregado ser dispensado no período de suspensão ou interrupção do contrato de trabalho?

Capítulo 22

CESSAÇÃO DO CONTRATO DE TRABALHO

1 DENOMINAÇÃO

Já foi estudado o início do contrato de trabalho, quando o empregado é admitido. Agora irei verificar quando o pacto laboral chega a seu fim.

Na doutrina, não há unanimidade no uso dos termos qualificadores do término do contrato de trabalho.

Délio Maranhão (1992 v. 1:525-526) emprega a palavra *dissolução* para especificar os casos em que o contrato chega a seu fim por uma via que não seja a normal, comportando as subespécies resilição, resolução, revogação e rescisão. A resilição ocorre quando as próprias partes desfazem o pacto que haviam celebrado. Seria o distrato previsto no art. 472 do Código Civil. As palavras *dissolução* e *distrato* muitas vezes são empregadas na terminação de contratos societários. Distrato é a rescisão do contrato por vontade das partes. A resolução diz respeito à dissolução dos contratos por inexecução faltosa de uma das partes contratantes ou quando o contrato é subordinado a uma condição resolutiva. A revogação é uma espécie de dissolução própria dos contratos a título gratuito, que pode ser excepcionalmente observada num contrato oneroso, como o mandato. A rescisão independe da natureza do contrato e se verifica no caso de nulidade.

Orlando Gomes (1991:398-399) utiliza os termos *resolução*, *resilição* ou *rescisão* para a dissolução dos contratos em geral. Resolução é a dissolução do contrato em razão da inexecução por parte de um dos contratantes, por sua culpa, ou não. A resolução deverá ser exercida por ação judicial, mesmo que haja cláusula resolutiva expressa, como ocorreria com o empregado estável, que necessitaria do parecer da Justiça. Resilição ou rescisão é a cessação dos efeitos de um contrato pela vontade das próprias partes, ou por uma delas, independentemente de intervenção judicial.

O art. 49 do Estatuto dos Trabalhadores da Espanha usa o termo *extinção do contrato de trabalho*. O inciso XXIX do art. 7º da Constituição de 1988 usa a *expressão extinção do contrato de trabalho*.

A legislação portuguesa faz referência à *cessação* do contrato de trabalho como gênero (Fernandes, 1992:429).

Evaristo de Moraes Filho (1968:13) adota o termo *cessação do contrato de trabalho* em qualquer caso. Octavio Bueno Magano (1992:320) também emprega o termo *cessação*.

Cessação é expressão genérica, neutra e técnica. Se o emprego das expressões *resolução* (arts. 475, 478 e 479 do Código Civil), *resilição* e *rescisão* é incerto e discutível entre os doutrinadores, mais confunde do que esclarece; deve ser abandonado.

Prefiro utilizar o termo *cessação* do contrato de trabalho (§ 3º do art. 141, arts. 146 e 148 da CLT), pois, inclusive, a legislação previdenciária (Lei nº 8.213/91) também fala em cessação de seus benefícios. A CLT, porém, em muitos artigos emprega a palavra *rescisão* (arts. 478, 481, 482, 483, 484 da CLT) e, muitas vezes, na prática se utiliza do termo *extinção* (art. 477 da CLT), terminação, que vou observar como sinônimas. Também são usadas as palavras *despedida*, *dispensa* ou *despedimento* para o término do contrato de trabalho por iniciativa do empregador.

2 CONCEITO

A cessação do contrato de trabalho é a terminação do vínculo de emprego, com a extinção das obrigações para os contratantes.

3 OIT

A OIT adotou a Convenção nº 158, de 1982, que versa sobre a cessação do contrato de trabalho por iniciativa do empregador. O Brasil aprovou essa norma por meio do Decreto Legislativo nº 68, de 1992. O Decreto nº 1.855, de 10-4-1996, promulgou a referida norma.

Foi a Convenção nº 158 da OIT complementada pela Recomendação nº 166, que contém disposições detalhadas, visando orientar o legislador nacional.

O art. 4º da Convenção nº 158 da OIT estabelece que não se dará término à relação de trabalho de um trabalhador a menos que exista para isso uma causa justificada, relacionada com sua capacidade ou seu comportamento, ou baseada nas necessidades de funcionamento da empresa, estabelecimento ou serviço. Não se considera causa justificada para a dispensa: (a) a filiação a um sindicato ou a participação em atividades sindicais; (b) a candidatura a representante dos trabalhadores; (c) a apresentação de queixa ou participação em um procedimento estabelecido contra um empregador por supostas violações de leis ou regulamentos, ou o fato de o trabalhador recorrer perante as autoridades administrativas competentes; (d) a raça, a cor, o sexo, o estado civil, as responsabilidades familiares, a gravidez, a religião, as opiniões políticas, a ascendência nacional ou a origem social; (e) a ausência do trabalho durante a licença-maternidade (art. 5º).

Esclarece o art. 165 da CLT que a dispensa arbitrária é a que não se fundar em motivo disciplinar, técnico, econômico ou financeiro.

O art. 7º da Convenção nº 158 da OIT dispõe que o trabalhador, para ser dispensado, deve ser previamente avisado do motivo pelo qual está se caracterizando o término de seu contrato, podendo defender-se das acusações ou terá direito de recorrer a um tribunal do trabalho para apreciar a injustiça ou a falta de motivação de sua despedida.

Argumenta-se que a Convenção nº 158 da OIT conflita com o inciso I do art. 7º da Constituição, que trata da proteção da relação de emprego contra dispensa arbitrária ou sem justa causa, nos termos de lei complementar, que preverá indenização compensatória. Como a Convenção da OIT é recepcionada em nosso sistema jurídico com hierarquia de lei ordinária e não de lei complementar, estaria violado o referido preceito constitucional.

O art. 10 da Convenção nº 158 estabelece que se os organismos que irão examinar a dispensa do trabalhador "chegarem à conclusão de que o término da relação de trabalho é injustificado e se, em virtude da legislação e prática nacionais, esses organismos não estiverem habilitados ou não considerarem possível, devido às circunstâncias, anular o término e, eventualmente, ordenar ou propor a readmissão do trabalhador, terão a faculdade de ordenar o pagamento de uma indenização adequada ou outra reparação que for considerada apropriada".

Verifica-se que a legislação de cada país é que irá determinar: (a) a reintegração do empregado no emprego; (b) o pagamento de indenização; ou (c) outra reparação apropriada. O próprio sistema adotado pelo inciso I do art. 7º da Constituição exclui a estabilidade, determinando que a lei complementar irá prever indenização compensatória pela dispensa arbitrária. Isso quer dizer que o nosso sistema jurídico não determina a reintegração do empregado, mas protege a dispensa abusiva por meio de pagamento de indenização. Dessa forma, o empregado não terá, portanto, direito à reintegração, mas a pagamento de indenização, remetendo o intérprete do art. 10 da Convenção nº 158 à legislação ordinária de cada país, que irá tratar do tema. Se a própria norma internacional determina que a "legislação e prática nacionais" é que irão estabelecer a reintegração ou pagamento de indenização, o inciso I do art. 7º da Lei Maior apenas confirma tal orientação, especificando que nosso sistema prevê pagamento de indenização, e não de reintegração, salvo nos casos da Lei nº 9.029/95. A indenização da despedida pode ser entendida, em nosso país, como a do FGTS ou da indenização de 40%, pois, enquanto não for promulgada a lei complementar de que trata o inciso I do art. 7º da Lei Magna, o porcentual da indenização do FGTS passou a ser de 40% (art. 10, I, do ADCT). Se o Estado, portanto, entender de determinar o pagamento de indenização, e não reintegração, inexistirá direito à estabilidade. A legislação brasileira não assegura direito à estabilidade, mas ao regime do FGTS. Apenas em determinadas questões especiais poder-se-á falar em estabilidade (membro da CIPA, gestante etc.). Assim, não se pode considerar a Convenção nº 158 da OIT inconstitucional, pois não se atrita com o inciso I do art. 7º da Constituição, sendo que este, apenas, confirma a orientação da norma internacional, pois as convenções da OIT, fixam apenas "os princípios de ordem geral, entregando-se ao legislador nacional o encargo de dispor sobre as particularidades de cada assunto, pois, a experiência diplomática revela que é mais fácil o acordo nos pontos gerais do debate do que nos detalhes por meio dos quais se chega à execução prática do princípio" (Russomano, 1964:139).

A Convenção nº 158 da OIT não proíbe a dispensa do trabalhador; apenas garante que ele não pode sofrer dispensa sem motivação, não assegurando, portanto, estabilidade absoluta, como prevê a CLT para quem tem mais de 10 anos de empresa e não é optante do FGTS (art. 494 e s. da CLT).

O trabalhador poderá recorrer a um organismo neutro, como o Judiciário, para discutir sobre a forma injustificada em que houve o término do contrato de trabalho (art. 8º). Versa ainda a Convenção nº 158 sobre aviso-prévio, indenização, seguro-desemprego, assim como sobre mecanismos de consulta aos representantes dos trabalhadores, quanto ao término do contrato de trabalho por motivos econômicos, tecnológicos, estruturais e análogos.

O STF concedeu medida liminar em ação direta de inconstitucionalidade para estabelecer a inconstitucionalidade da Convenção nº 158 da OIT (ADI-MC

1.480/DF, Rel. Min. Celso de Mello, j. 4-9-1997, *DJ* 18-5-2001, p. 429), por não ser lei complementar. Se o STF entende que tratados têm natureza supralegal, não há inconstitucionalidade da Convenção 158 da OIT.

O Decreto nº 2.100, de 25-12-1996, tornou pública a denúncia da Convenção nº 158. Perdeu essa norma internacional vigência a partir de 20-11-1997, pois o depósito da denúncia foi feito na OIT em 20-11-1996.

A ADIn 1.480-3, Rel. Min. Celso de Mello, foi arquivada pela perda de objeto decorrente da denúncia da Convenção 158 da OIT.

4 DISPENSA ARBITRÁRIA

A dispensa pode ser classificada quanto:

a) à causa: com ou sem justa causa;

b) à forma: solene ou formal ou informal, sem qualquer procedimento;

c) ao controle: com ou sem controle judicial, administrativo ou do sindicato;

d) ao número de pessoas: individual ou coletiva;

e) aos motivos: imotivada ou arbitrária, em que não há um motivo específico para a dispensa do trabalhador; motivada ou sem justa causa, em que o trabalhador é dispensado por motivos de capacidade, tecnológicos, econômicos, financeiros; com justa causa, em razão de ato grave praticado pelo empregado. Tem fundamento no art. 482 da CLT; discriminatória, conforme a previsão da Lei nº 9.029/95;

f) subjetiva que compreende atos praticados pelo empregado, como as hipóteses de justa causa. Dispensa objetiva diz respeito aos requisitos estabelecidos na lei, como motivos técnicos, econômicos, financeiros.

O inciso I do art. 7º da Constituição estabelece que haverá "relação de emprego protegida contra despedida arbitrária ou sem justa causa, nos termos de lei complementar, que preverá indenização compensatória, dentre outros direitos".

Até o momento, essa lei complementar inexiste.

O inciso I do art. 7º da Constituição mostra o princípio da continuidade do contrato de trabalho.

Na verdade, relação de emprego é a relação jurídica. Não é um direito. O que deveria ser protegido contra a dispensa arbitrária é o direito ao emprego e não a relação de emprego. O certo seria proibição da dispensa arbitrária, pois, num primeiro momento, quem protege não proíbe. Toda dispensa arbitrária é, porém, sem justa causa. Do contrário, não seria arbitrária.

Incorreta a menção a "dentre outros direitos". *Dentre* quer dizer *do meio de*. Exige verbo de movimento. Dentre a multidão saiu um cachorro. Deveria ser empregada a palavra *entre* (outros direitos).

O conceito de dispensa arbitrária é encontrado no art. 165 da CLT, que dispõe que se entende por dispensa arbitrária a que não se fundar em motivo disciplinar, técnico, econômico ou financeiro. Motivo técnico diz respeito à organização da atividade da empresa, como o fechamento de uma filial ou de uma seção, com a despedida dos empregados. Motivo financeiro decorre das receitas e despesas da empresa, de acordo com seu balanço. O motivo econômico é o proveniente do custo da produção das atividades da empresa, da conjuntura, da inflação, da recessão. Motivo disciplinar é o pertinente à dispensa por justa causa (art. 482 da CLT).

O ato arbitrário é praticado pelo empregador, ao dispensar o empregado sem justificativa. A justa causa é praticada pelo empregado.

A dispensa sem justa causa é a feita pelo empregador sem motivo dado pelo empregado. Os motivos são subjetivos por parte do empregador.

A lei complementar pode estabelecer o direito à estabilidade no emprego ou a reintegração no emprego, que seriam outros direitos. O STF já entendeu que a relação de direitos contida no inciso I do art. 7º da Constituição é exemplificativa e não taxativa (STF, ADIn 639-DF, Rel. Min. Moreira Alves).

Dispensa obstativa é a que pretende fraudar os direitos dos trabalhadores. Exemplo é a que pretende evitar que o trabalhador obtenha estabilidade. Os empregadores passaram, porém, a dispensar os empregados antes de nove anos de casa.

Dispensa retaliativa é a efetuada por represália ou punição pelo empregador. É o que ocorre quando o empregado é dispensado por ter ajuizado ação na Justiça do Trabalho ou por ter servido como testemunha em processo trabalhista proposto contra a empresa.

5 DIVISÃO

Vou dividir a cessação do contrato de trabalho de seguinte forma: (a) por decisão do empregador, que compreenderá a dispensa sem justa causa e com justa causa; (b) por decisão do empregado, que comporta a demissão, a rescisão indireta ou aposentadoria; (c) por desaparecimento de uma das partes, como a morte do empregador pessoa física, do empregado, ou a extinção da empresa; (d) por mútuo consentimento entre as partes; (e) por advento do termo do contrato; (f) por força maior; (g) *factum principis*.

6 CESSAÇÃO DO CONTRATO DE TRABALHO POR DECISÃO DO EMPREGADOR

O empregador poderá fazer cessar o contrato de trabalho em certos casos. Necessário, inicialmente, verificar o inciso I do art. 7º da Constituição, que estabelece: "relação de emprego protegida contra despedida arbitrária ou sem justa causa, nos termos de lei complementar, que preverá indenização compensatória, dentre outros direitos". Enquanto não for editada a lei complementar mencionada, o porcentual da indenização do FGTS é elevado para 40% (art. 10, I, do ADCT).

Na extinção do contrato de trabalho, o empregador deverá fazer a anotação na Carteira de Trabalho e Previdência Social, comunicar a dispensa aos órgãos competentes e realizar o pagamento das verbas rescisórias no prazo legal (art. 477 da CLT).

6.1 Dispensa do empregado sem justa causa

O empregador pode dispensar o empregado sem justa causa, cessando, assim, o contrato de trabalho. Para tanto, porém, deverá pagar as reparações econômicas pertinentes. O empregador tem um direito potestativo de dispensar o empregado, ao qual este não pode se opor, salvo as exceções contidas na lei. Terá direito o empregado a aviso-prévio, 13º salário proporcional, férias vencidas e proporcionais, saldo de salários, saque do FGTS, indenização de 40% e direito ao seguro-desemprego.

Em relação aos empregados contratados pela União e regidos pela CLT, o contrato de trabalho por prazo indeterminado somente poderá ser rescindido por ato unilateral da Administração Pública, nas seguintes hipóteses: (a) prática de falta grave, entre as enumeradas no art. 482 da CLT; (b) acumulação ilegal de cargos, empregos ou funções públicas; (c) necessidade de redução de quadro de pessoal, por excesso de despesa, nos termos da lei complementar a que se refere o art. 169 da Constituição; (d) insuficiência de desempenho, apurada em procedimento no qual se assegure pelo menos um recurso hierárquico dotado de efeito suspensivo, que será apreciado em 30 dias, e o prévio conhecimento dos padrões mínimos exigidos para continuidade da relação de emprego, obrigatoriamente estabelecidos de acordo com as peculiaridades das atividades exercidas (art. 3º da Lei nº 9.962/2000). Excluem-se da obrigatoriedade dos procedimentos mencionados as contratações de pessoal decorrentes da autonomia de gestão (§ 8º do art. 37 da Constituição). Fora dessas hipóteses, a dispensa é abusiva, tendo direito o empregado a ser reintegrado no emprego. Há, portanto, uma garantia de emprego estabelecida na lei.

6.2 Dispensa do empregado com justa causa

O empregador poderá dispensar o empregado que comete falta grave, ou seja, com justa causa. A justa causa vem a ser o procedimento incorreto do empregado, tipificado na lei, que dá ensejo à ruptura do vínculo empregatício.

A justa causa deverá ser prevista na lei, pois seria possível aplicar a regra do Direito Penal e adaptá-la no Direito do Trabalho, no sentido de que não haverá justa causa se não houver previsão na lei. Assim, existem as hipóteses previstas no art. 482 da CLT, como também em outros dispositivos consolidados, v. g., parágrafo único do art. 240 da CLT.

6.2.1 Terminologia

Poder-se-ia discutir a terminologia empregada, entre a expressão *justa causa* ou *falta grave*. Wagner Giglio (1992:16) bem esclarece que "justa causa sempre nos pareceu uma expressão infeliz, porque causa não tem nela sentido jurídico, mas popular, e justa (ou injusta) poderá vir a ser a consequência do motivo determinante da rescisão, nunca o próprio motivo ou causa. Assim, a justa causa não seria nem justa, nem causa, e melhor andaríamos se a ela nos referíssemos, seguindo o exemplo da lei, como motivo da rescisão".

"Não menos infeliz é a expressão falta grave, onde o primeiro termo não significa ausência, carência ou escassez e sim engano, falha, defeito ou infração. E grave, no sentido de importante, intensa ou grande, deve ser toda e qualquer infração, pois as veniais não caracterizam sequer justa causa, como se verá. Via de consequência, afirmar-se que alguém cometeu uma falta grave não teria, a rigor, o sentido técnico pretendido, ensejando dúvidas."

A CLT não é muito precisa na utilização dos termos *falta grave* ou *justa causa*. Emprega *falta grave* no art. 453, parágrafo único do art. 240, arts. 492, 493, 495, § 3º do art. 543; também é encontrado na Súmula 403 do STF. O termo *justa causa* é utilizado nos arts. 479, 480 e 482. São utilizados ainda outros termos, como *ato faltoso* (art. 158), *justo motivo* (arts. 391, 487), *faltas justas* (art. 491), *rescisão injusta* (art. 474 da CLT).

Parece que a CLT, em certos casos, usa do termo *falta grave* para justificar a prática realizada pelo empregado estável (art. 493) quando por sua natureza ou repetição represente séria violação dos deveres e obrigações do empregado, mas remete o intérprete ao art. 482 da CLT, que enumeraria as hipóteses. É certo que os arts. 853 a 855 da CLT usam a expressão inquérito para apuração de *falta grave* e não de justa causa. Isso importa dizer que o legislador parece ter reservado, em princípio, o termo *falta grave* para o empregado estável, e *justa causa* para os demais empregados. Mesmo o inciso VIII do art. 8º da Lei Maior emprega o termo *falta grave*. Ocorre, contudo, como já foi exposto, que ora se emprega um termo, ora outro, mesmo para empregados não estáveis.

Na prática, o termo *justa causa* parece ser o mais utilizado, sendo, assim, é o que será empregado, embora possa utilizar o termo *falta grave* como sinônimo.

6.2.2 Conceito

Justa causa é a forma de dispensa decorrente de ato grave praticado pelo empregado, implicando a cessação do contrato de trabalho por motivo devidamente evidenciado, de acordo com as hipóteses previstas na lei.

Utiliza-se a expressão *justa causa* para a falta praticada pelo empregado. Quando a falta é praticada pelo empregador, que dá causa à cessação do contrato de trabalho por justo motivo, emprega-se, na prática, a expressão *rescisão indireta*, de acordo com as hipóteses descritas no art. 483 da CLT.

6.2.3 Sistemas

Três são os sistemas observados em relação à justa causa: o genérico, o taxativo e o misto.

O sistema genérico é encontrado nas legislações que autorizam o despedimento do trabalhador sem especificar as hipóteses em que se configura a justa causa. Determina apenas uma regra geral e abstrata sobre o assunto. Os casos concretos são analisados pelo Judiciário, que faz a subsunção do fato à norma, de acordo com o critério subjetivo do julgador. A lei não enumera quais as hipóteses de justa causa, muito menos as exemplifica. No referido sistema, é possível dizer que o legislador não teve por objetivo fixar todas as hipóteses de justa causa diante da impossibilidade de fazê-lo, dado que não seria possível definir todos os casos em que isso ocorreria.

No sistema taxativo, o legislador determina exaustivamente quais as hipóteses em que se configura a justa causa. As normas coletivas, os regulamentos de empresa ou outras normas não poderão tratar de hipóteses de justa causa, que ficarão a cargo da lei. Os tribunais trabalhistas trabalham dentro de parâmetros rígidos para a fixação da justa causa, dando maior segurança e proteção ao trabalhador. Critica-se esse sistema sob o argumento de que, muitas vezes, se a lei usa termo muito amplo para determinar uma justa causa, pode ser que nesse item possam ser enquadradas diversas hipóteses, embora o sistema seja taxativo.

O sistema misto compreende uma combinação entre o sistema taxativo e o genérico. A lei determina taxativamente as hipóteses de justa causa, porém, em algumas dessas hipóteses, o tipo legal fica bastante amplo, genérico, permitindo o enquadramento de diversas situações em certa especificação da lei.

6.2.4 Taxatividade do art. 482 da CLT

A doutrina é praticamente unânime no sentido de que o art. 482 da CLT é taxativo e não meramente exemplificativo. Entretanto, se o art. 482 da CLT fosse taxativo, não seriam permitidos outros tipos de faltas graves previstos em outros comandos da CLT, como de fato ocorre (parágrafo único do art. 240, art. 13 da Lei nº 6.019 etc.). É certo, porém, que a CLT é uma consolidação de leis, tendo ocorrido, em alguns casos, falha de sistematização da legislação trabalhista, pois os artigos que tratam da justa causa estão espalhados na referida consolidação, exceto o art. 482. Pelo que se verifica, porém, dos outros artigos mencionados, as referidas faltas graves poderiam ser incluídas no art. 482 da CLT. A não realização de horas extras pelo ferroviário em caso de serviços urgentes por acidente (parágrafo único do art. 240 da CLT) pode ser enquadrada como insubordinação. O art. 13 da Lei nº 6.019/74 faz expressa remissão ao art. 482 da CLT. O ato faltoso do empregado em se recusar a cumprir as determinações do empregador quanto a normas de segurança de trabalho ou de equipamentos de proteção individual (parágrafo único do art. 158 da CLT) é conduta tipificada como indisciplina ou insubordinação.

Pelo que se verifica, o art. 482 da CLT é taxativo, sendo que somente as faltas tipificadas no referido comando legal serão passíveis da aplicação de justa causa. Não se trata, portanto, de norma meramente exemplificativa, pois há necessidade de ser descrito o tipo para enquadramento da falta cometida pelo empregado. A CLT, contudo, não ofereceu definições das faltas graves, nem seria condizente que o fizesse, pois as definições devem ficar a cargo da doutrina, sendo que a valoração dos atos praticados pelo empregado, com a consequente capitulação legal, irá ser feita pelo Poder Judiciário.

6.2.5 Tipificação da justa causa pelo empregador

Verificam-se na jurisprudência duas correntes para tentar justificar a tipificação da justa causa pelo empregador: a ortodoxa e a heterodoxa. Na primeira, não se aceita que o empregador classifique erroneamente na defesa a tipificação da justa causa. Caso o faça, não se caracteriza a falta. Seria o caso de tipificar o empregador na defesa uma conduta de insubordinação, mas, na verdade, teria ocorrido desídia. Nesse caso, entende-se que não é justo o motivo para o despedimento, pois foi configurada hipótese diversa da relatada.

A corrente heterodoxa aceita os fatos narrados na defesa para justificar a despedida por justa causa, cabendo ao julgador tipificar o caso concreto na hipótese legal. Seria a aplicação do brocardo *da mihi factum, dabo tibi ius*. De certa forma, pouco importa o nome dado pelo empregador ao ato faltoso, e sim a existência do referido ato. Caberá ao juiz tipificar a referida falta, apontando qual o mandamento legal que determina a justa causa. Parece que essa é a orientação mais acertada, pois muitas vezes é difícil ao empregador capitular na lei qual a falta cometida pelo empregado. Assim, o importante é que a defesa indique qual foi o ato faltoso praticado pelo empregador, cabendo ao juiz, na sentença, estabelecer a associação entre o ato faltoso e a previsão legal.

6.2.6 Elementos

Os elementos da justa causa podem ser descritos como objetivos e subjetivos.

O elemento subjetivo é a vontade do empregado, e pode ser verificado se agiu com culpa (negligência, imprudência ou imperícia) ou com dolo, se o obreiro realmente teve a intenção de fazer certo ato. Outros elementos subjetivos são a personalidade do agente, seus antecedentes na empresa, seu grau de compreensão, de instrução ou de cultura, sua motivação etc.

Os requisitos objetivos são vários. O primeiro é o de que a justa causa seja tipificada em lei, ou seja, não haverá justa causa se não houver determinação da lei. É a aplicação da regra do Direito Penal de que *nullum crimen nulla poena sine lege* (art. 5º, XXXIX, da Constituição).

O segundo elemento objetivo vem a ser a gravidade do ato praticado pelo empregado, de modo a abalar a fidúcia que deve existir na relação de emprego.

O terceiro requisito diz respeito ao nexo da causalidade ou nexo de causa e efeito entre a falta praticada e a dispensa. O empregado não pode ser dispensado pelo fato de ter cometido uma falta anterior. Por exemplo: o empregado falta seguidamente ao serviço e o empregador o despede pelo fato de ter sido apanhado dormindo no serviço há quase um mês. Não existe nexo de causa e efeito no exemplo mencionado.

Deve haver proporcionalidade entre o ato faltoso e a punição. O poder de aplicar penalidades ao empregado é decorrente do poder de direção ou mais especificamente do poder disciplinar do empregador. Esse poder admite que o empregado seja advertido verbalmente, por escrito, suspenso e dispensado. Os atletas profissionais de futebol são também passíveis de multa. O empregador, porém, não poderá usar arbitrária ou abusivamente o poder que lhe é conferido. Deve, assim, o empregador punir as faltas mais leves com penas mais brandas, e as faltas mais graves com penas mais severas. O despedimento deve ficar reservado para a última falta ou para a mais grave. Dessa forma, uma falta sem grande importância deveria ser punida com advertência verbal, outra falta praticada pelo mesmo empregado seria punida com advertência por escrito. Numa próxima, seria suspenso. Se o empregado não atende aos aspectos pedagógicos das penas que lhe foram aplicadas e continua recalcitrante, na última falta deve ser punido com a dispensa. É claro que necessariamente o empregador não deve observar essa ordem, principalmente quando o ato cometido pelo empregado é tão grave, ocasião em que deve ser dispensado de imediato.

Requisito objetivo fundamental é a imediação na aplicação da sanção ao empregado. A pena deve ser aplicada o mais rápido possível ou logo após o empregador ter conhecimento da falta, para não descaracterizá-la. Se o empregador abre sindicância ou inquérito interno para apuração da falta, é a partir de sua conclusão que a penalidade deve ser aplicada. Caso o empregador assim não faça, há presunção de que a falta não foi tão grave assim, a ponto de abalar a relação de emprego, havendo perdão tácito por parte do empregador em relação ao ato praticado. Dessa maneira, deve haver atualidade na punição do empregado ou em sua dispensa, para que a falta cometida não fique descaracterizada. Falta não punida é falta perdoada pelo empregador.

O empregador não poderá aplicar dupla punição pelo mesmo ato praticado pelo empregado, ou seja, *non bis in idem*. O empregado não poderá ser punido duas vezes pelo mesmo ato. Por exemplo: o empregado sofre pena de advertência por ter descumprido uma ordem do empregador. Posteriormente, o empregador, entendendo que a pena é muito branda, resolve aplicar a dispensa por justa causa ao empregado. Não é possível ao empregador aplicar duas penas pelo mesmo fato praticado pelo obreiro. Deve o empregador, portanto, aplicar uma pena distinta para cada ato faltoso do empregado, sendo que a causa da dispensa deve ser um fato totalmente diverso dos anteriores praticados pelo obreiro ou a reiteração ou agravamento de atos já praticados anteriormente, que são praticados mais uma vez. Essa última falta é que será punida com a justa causa.

A falta praticada pelo empregado deverá ter conexidade com o serviço. Se o empregado bate em sua mulher em sua residência, apesar de o fato ser deplorável, não poderá ser dispensado por justa causa, pois o fato não tem que ver com o serviço.

O fato de o empregador fazer boletim de ocorrência para comunicar uma falta do empregado, como de furto, apropriação indébita etc. não quer dizer nada, em princípio. O boletim de ocorrência é mera comunicação ou informação à autoridade policial, que irá apurar os fatos. Não é, portanto, elemento fundamental para a caracterização da justa causa.

6.2.7 Forma

Nossa legislação não prevê a forma da comunicação de dispensa por justa causa. Há normas coletivas que estabelecem que o empregador deve comunicar os motivos pelos quais o empregado foi dispensado.

Da CTPS do empregado, porém, não poderá constar o motivo indicador da cessação do contrato de trabalho. O antigo § 3º do art. 32 da CLT autorizava a anotação de condutas desabonadoras do empregado apenas na ficha de qualificação arquivada na repartição competente, mediante determinação de sentença condenatória proferida pela Justiça do Trabalho, pela Justiça Comum ou pelo Tribunal de Segurança Nacional. Essas anotações somente eram feitas pela autoridade administrativa, de acordo com as determinações da sentença com trânsito em julgado. Não mais se autoriza fazer essas anotações na CTPS do empregado, por falta de previsão legal. Mesmo o empregador não poderá apor na CTPS do empregado que este foi dispensado por justa causa e quais foram os fundamentos da conduta desabonadora do empregado, pois isso dificultaria ou impediria a obtenção de novo emprego e até mesmo a defesa do empregado. Isso também implicaria ferir a liberdade de trabalho do empregado, pois não obteria novo emprego com tanta facilidade, visto que nenhum empregador iria querer admiti-lo em sua empresa, em razão de seu passado desabonador.

Deveria a lei estabelecer que o empregador comunicaria por escrito as causas da ruptura do pacto laboral, justamente para que em juízo não fizesse outras alegações ou modificasse as causas anteriores da dispensa. Quando a Convenção nº 158 da OIT estava em vigor, havia necessidade de se indicar o motivo pelo qual o empregado estava sendo dispensado, até para efeito de o obreiro poder defender-se.

6.2.8 Local

O local da prática da justa causa pode ser tanto dentro da empresa, como fora dela. A concorrência desleal ao empregador muitas vezes é praticada fora do local de trabalho do empregado. Os motoristas, cobradores ou propagandistas podem cometer faltas fora da empresa, pois trabalham externamente.

6.2.9 Tempo

O empregador deve observar a regra da imediação na aplicação da justa causa. Entretanto, a falta grave deve ser observada a partir da data em que o empregador toma conhecimento da falta e não do dia em que foi cometida a falta. Às vezes, a falta ocorre fora do estabelecimento e o empregador só toma conhecimento dela vários dias após. É a partir do momento em que o empregador toma conhecimento da falta que deve ser aplicada a punição, sob pena da ocorrência de perdão tácito. Como já se disse, se o empregador abre inquérito administrativo ou sindicância interna para apuração dos fatos, é a partir do término desses procedimentos que deve ser observada a imediação. Em empresas públicas ou na própria Administração direta, é compreensível que a falta demore para ser apurada em razão da burocracia interna existente no órgão governamental; porém, a partir do momento em que termina a apuração dos fatos ou da sindicância é que deve ser aplicada a pena, de imediato, pois do contrário a falta estará descaracterizada pela ausência de imediação na punição.

6.2.10 Culpa recíproca

Pode ocorrer que tenha havido falta tanto do empregado como do empregador, daí a existência de culpa recíproca. A falta do empregado estaria capitulada no art. 482 da CLT e a falta do empregador estaria elencada no art. 483 da CLT. Havendo culpa recíproca, a indenização devida ao empregado será reduzida à metade (art. 484 da CLT), assim como o empregado fará jus a metade do aviso-prévio, das férias proporcionais e do 13º salário proporcional (S. 14 do TST).

6.2.11 Ônus da prova

É do empregador o ônus da prova da existência de justa causa para a dispensa do empregado. Trata-se de um fato impeditivo do direito do obreiro às verbas rescisórias, que deve ser provado pela empresa (art. 818, II, da CLT). Em razão do princípio da continuidade da relação de emprego e da presunção que se estabelece de que o obreiro é dispensado sem justa causa: as demais hipóteses de cessação do contrato de trabalho devem ser provadas pelo empregador, como na hipótese da dispensa por justa causa ou do pedido de demissão do trabalhador. Pelo princípio da razoabilidade, um homem comum e normal não vai ser dispensado por justa causa. Assim, a pena trabalhista, mais severa, que é a rescisão do contrato de trabalho por justo motivo, deve ser provada pelo empregador, de modo a não restar dúvidas da conduta do obreiro. Ao empregado caberá provar, por exemplo, que agiu em legítima defesa às ofensas do empregador ou de terceiros.

Para faltas leves, o empregador deveria aplicar sanções pedagógicas ao empregado, para que este não venha a incidir no mesmo ato. O ideal seria: primeiro, advertir verbalmente; segundo, advertir por escrito; terceiro, suspender o obreiro e depois dispensá-lo por justa causa, se continua praticando atos incorretos. Nossa legislação não estabelece a gradação anteriormente mencionada, ficando a dosagem das penas a cargo do empregador. Se a falta é grave, como de furto, o empregado deve ser dispensado de imediato, sem necessariamente ser advertido ou suspenso, pois, no caso, abala a confiança existente entre as partes do contrato de trabalho.

Caso o empregador não observe as orientações anteriormente mencionadas, a justa causa alegada para a dispensa vai ser convertida em dispensa sem justo motivo, determinando o juiz o pagamento das verbas rescisórias.

Nada impede que a dispensa ocorra se o contrato de trabalho estiver suspenso, como se o empregado estivesse em auxílio-doença e fosse provado furto na empresa nesse período. O contrato continua existindo, apenas a sua execução está suspensa.

Serão examinadas a seguir as hipóteses de justa causa, emitindo seu conceito de modo que o leitor possa identificar, associar e relacionar o fato com a tipificação legal.

6.2.12 Hipóteses legais

6.2.12.1 Ato de improbidade

Provém a palavra *improbidade* do latim *improbitas*, que significa má qualidade, imoralidade, malícia. A improbidade revela mau caráter, perversidade, maldade, desonestidade; ímproba é uma pessoa que não é honrada. O ato ensejador da falta grave pode ocorrer com furto, roubo, apropriação indébita de materiais da empresa, a falsificação de documentos para obtenção de horas extras não prestadas, a apropriação indébita de importância da empresa, o empregado justificar suas faltas com atestados médicos falsos etc. Não há necessidade de ser feito boletim de ocorrência para a caracterização da falta, que, inclusive, independe do valor da coisa subtraída.

6.2.12.2 Incontinência de conduta

A incontinência de conduta está ligada ao desregramento do empregado no tocante à vida sexual. São obscenidades praticadas, a libertinagem, a pornografia, que configuram a incontinência de conduta.

Caracteriza-se incontinência de conduta quando há assédio sexual de uma pessoa a outra, que não corresponde a corte, ficando esta constrangida, por inexistir reciprocidade, evidenciando a falta grave para o despedimento.

6.2.12.3 Mau procedimento

Os contratantes devem observar na execução do contrato de trabalho a boa-fé (art. 422 do Código Civil).

O mau procedimento vem a ser um ato faltoso que não pode ser enquadrado nas demais alíneas do art. 482 da CLT. Tudo o que não possa ser encaixado em outras faltas será classificado no mau procedimento. Será, portanto, uma atitude irregular do empregado, um procedimento incorreto, incompatível com as regras a serem observadas pelo homem comum perante a sociedade. Não se confunde com a incontinência de conduta, pois esta está ligada ao ato de natureza sexual.

O uso indevido do computador poderá configurar mau procedimento para a dispensa por justa causa do empregado (art. 482, *b*, da CLT), caso não seja tipificado por outro motivo, como de indisciplina ou insubordinação, como na hipótese de o empregado enviar *e-mails* pornográficos a outras pessoas durante o horário de trabalho.

6.2.12.4 Negociação habitual

O art. 84 do Código Comercial já permitia que o preposto fosse dispensado se estivesse fazendo negociações por conta própria ou alheia sem a permissão do preponente.

A negociação diz respeito aos atos de comércio praticados pelo empregado. Essa negociação, segundo a lei trabalhista, deve ser a feita sem permissão do empregador e com habitualidade. Se houver permissão do empregador, a justa causa estará descaracterizada. O mesmo ocorre se não houver habitualidade, como no fato de ocorrer uma única vez.

O trabalho concorrente ou prejudicial ao serviço é o que será proibido pela lei. Nada impede que o empregado exerça mais de uma atividade, mas essa outra atividade não poderá ser exercida em concorrência desleal à empresa, de modo a acarretar prejuízo ao serviço. Assim, o empregado poderá ter outro emprego, fazer pequenos *bicos* na hora do intervalo ou até mesmo ser empregador.

Se o empregado diminui sua produção em razão do serviço paralelo que realiza, haverá prejudicialidade ao serviço.

A cláusula de não concorrência pode ser inserida no contrato de trabalho do empregado, tendo vigência mesmo após seu término. Entretanto, não pode haver proibição total do trabalho do empregado. O ideal é que fosse limitada no tempo. Em caso de violação da previsão contratual, o empregado pode responder por perdas e danos ou de acordo com cláusula penal, caso tenha sido ajustada.

6.2.12.5 Condenação criminal

Para haver a justa causa é preciso que o empregado seja condenado criminalmente com sentença transitada em julgado. Se a sentença ainda estiver em fase recursal, não se caracteriza a justa causa.

É preciso também que a sentença criminal transitada em julgado não tenha concedido a suspensão da execução da pena, ou seja, inexista *sursis*. Havendo o *sursis*, o empregado poderá trabalhar normalmente e não estará caracterizada a justa causa.

Os fatos apurados no processo penal não serão, porém, relacionados com o serviço do empregado. Podem ser outros.

6.2.12.6 Desídia

O empregado labora com desídia no desempenho de suas funções quando o faz com negligência, preguiça, má vontade, displicência, desleixo, indolência, omissão, desatenção, indiferença, desinteresse, relaxamento. A desídia pode também ser considerada um conjunto de pequenas faltas, que mostram a omissão do empregado no serviço, desde que haja repetição dos atos faltosos. Uma só falta não vai caracterizar a desídia. As faltas anteriores devem, porém, ter sido objeto de punição ao empregado, ainda que sob a forma de advertência verbal. A configuração se dará com a última falta.

6.2.12.7 Embriaguez

A letra *d* do art. 5º da Lei nº 62, de 5 de junho de 1935, dispunha que "a embriaguez, habitual ou em serviço, constitui justa causa para a resolução do contrato de trabalho pelo empregador".

A determinação anterior passou para a letra *f* do art. 482 da CLT: "embriaguez habitual ou em serviço", como hipótese de justa causa para a rescisão do contrato de trabalho pelo empregador.

Embriaguez é o estado do indivíduo embriagado. Indica bebedeira, ebriedade.

Embriagar é o ato de causar ou produzir embriaguez. É o ato de ingerir bebidas alcoólicas, de embebedar-se.

A Organização Mundial de Saúde define alcoolismo como "o estado psíquico e também geralmente físico, resultante da ingestão do álcool, caracterizado por reações de comportamento e outras que sempre incluem uma compulsão para ingerir álcool de modo contínuo e periódico, a fim de experimentar seus efeitos psíquicos e, por vezes, evitar o desconforto da sua falta; sua tolerância, podendo ou não estar presente".

A embriaguez é proveniente de álcool ou de drogas. As drogas podem implicar um estado inebriante, como o uso de éter, ópio, cocaína etc.

O álcool é uma substância psicoativa, que age sobre o sistema nervoso central da pessoa. Ela pode interferir no funcionamento do cérebro, implicando consequências sobre a memória, concentração, equilíbrio etc.

Não se confunde a embriaguez com o hábito de beber ou com a ingestão de bebida alcoólica. A pessoa pode ter ingerido bebida alcoólica, mas não ficar embriagada.

A lei trabalhista tipifica como justa causa a embriaguez e não o ato de beber. Somente o empregado embriagado será dispensado e não o que vez ou outra toma um aperitivo e não fica embriagado.

A embriaguez poderá ser: (a) ocasional, que ocorre de vez em quando, esporadicamente; (b) habitual, quando existe com frequência.

Poderá o empregado apresentar-se constantemente embriagado; a embriaguez será crônica. É a pessoa doente, que necessita beber. Desenvolve o indivíduo o *delirium tremens*.

Será voluntária a embriaguez quando o empregado tem intenção de ficar bêbado. A embriaguez involuntária é a acidental, em que o trabalhador pode ter ingerido a bebida por não saber do que se tratava, por pensar que era um remédio. Poderia ocorrer de o empregado tomar um remédio para determinada doença e ficar com sintomas de embriaguez. Nesse caso, não se caracteriza a justa causa, pois a situação é acidental.

A embriaguez é fundamento para justa causa, pois o empregador tem interesse em preservar a harmonia no ambiente de trabalho. O ébrio pode gerar desarmonia e dar mau exemplo.

O empregado embriagado não produz o necessário, podendo causar prejuízos aos bens da empresa, à segurança das pessoas, acidentes do trabalho e tornar-se indisciplinado e violento.

A empresa deixa de ter confiança no empregado embriagado. Este, portanto, abala a confiança existente na relação de emprego.

Não deixa de ser a embriaguez um mau procedimento do empregado, pois o trabalhador correto assim não procederá.

O ébrio passa por três fases: (a) de excitação, em que a pessoa se mostra alegre e extrovertida; (b) de confusão, na qual há visão dupla, zumbido no ouvido, percepções incorretas, existe dificuldade em se expressar. A pessoa não consegue caminhar em linha reta; (c) de sono, em que o indivíduo tem a queda da pressão sanguínea e mostra-se sonolento. Ao acordar, tem mal-estar e fadiga.

Como a CLT não faz distinção quanto ao grau de embriaguez, qualquer grau será considerado como justa causa, desde que o empregado esteja efetivamente embriagado.

A letra *f* do art. 482 da CLT trata de duas hipóteses distintas para a caracterização da justa causa: (a) embriaguez habitual; (b) embriaguez em serviço. O legislador usou a conjunção alternativa *ou* indicando que não são idênticas ou sinônimas as hipóteses, mas distintas.

A embriaguez habitual é uma violação geral de conduta do empregado, que tem reflexos no contrato de trabalho. Já a embriaguez em serviço é uma obrigação específica da execução do contrato.

A embriaguez fortuita ou decorrente de força maior não constitui justa causa para o despedimento. É o que ocorreria se uma pessoa trocasse os copos, dando de beber a alguém que não bebe ou não pode beber.

O alcoolismo é reconhecido como doença pela Organização Mundial de Saúde. Consta o alcoolismo da Classificação Internacional de Doenças (CID) nos códigos: 10 (transtornos mentais e do comportamento decorrentes do uso do álcool), 291 (psicose alcoólica), 303 (síndrome de dependência do álcool) e 305.0 (abuso do álcool sem dependência). Assim, o empregado deve ser tratado e não dispensado, sendo enviado ao INSS.

A doença não seria um problema do empregador, mas do Estado. Este é responsável pela saúde das pessoas.

A embriaguez é hipótese de justa causa porque a lei assim dispõe, pois o fato de o empregado apresentar-se embriagado poderá causar prejuízo à empresa e a seus clientes. Entender de forma contrária é negar vigência a alínea *f* do art. 482 da CLT. O juiz não pode se investir na condição de legislador e desprezar o conteúdo da alínea *f* do art. 482 da CLT.

Não se pode dizer que a letra *f* do art. 482 da CLT viola o princípio da igualdade, contido no *caput* do art. 5º da Constituição.

A letra *f* do art. 482 da CLT está tratando de hipótese de justa causa para a dispensa do trabalhador, que abala a fidúcia que deve existir na relação de emprego.

A pessoa embriagada que não está doente e aparece nessas condições no serviço está cometendo falta grave, inclusive cometendo mau procedimento. Não está sendo tratada de forma diferenciada, desumana ou degradante (art. 5º, III, da Constituição). Nada impede, inclusive, que seja tratada e o INSS conceda auxílio-doença. O empregador, com a dispensa, não está impedindo o empregado de perceber o benefício previdenciário que não depende da continuidade do contrato de trabalho, mas da manutenção da qualidade de segurado e de período de carência.

Para a caracterização da embriaguez habitual há necessidade de sua repetição. Um único ato não caracteriza tal hipótese. O empregado poderá ter sido advertido ou suspenso anteriormente com a primeira falta.

A CLT tipifica a embriaguez em serviço como hipótese de justa causa para a dispensa do empregado.

A embriaguez em serviço caracteriza-se por uma única falta, pois põe em risco a segurança da empresa. Será desnecessária a habitualidade nessa falta, de repetição do ato praticado pelo empregado, mas de um único ato. O empregado não precisará anteriormente ter sido advertido ou suspenso.

A embriaguez ocorrida na casa do empregado não é justa causa, por não ter reflexo no serviço.

Se o empregado embriaga-se contumazmente fora do serviço, transparecendo este ato no serviço, está caracterizada a falta grave.

A ingestão de álcool durante o horário de serviço sem que exista embriaguez não tipifica a justa causa.

O ato de beber no intervalo para repouso e alimentação como aperitivo ou acompanhamento da refeição não pode ser considerado como justa causa, desde que o empregado não fique embriagado.

Caso a embriaguez seja observada em dia de descanso e lazer não há que se falar em embriaguez em serviço.

Embriaguez em serviço não é apenas a que ocorre a partir do momento em que o empregado marca seu cartão de ponto e começa a trabalhar, mas também o fato de se apresentar embriagado na portaria da empresa. O trabalhador já teria ingressado no interior da empresa e estaria pronto para iniciar o trabalho.

Dispõe o inciso II do art. 4º do novo Código Civil que é relativamente incapaz o ébrio habitual.

Com base na regra anterior, seria possível dizer que o ébrio habitual não mais cometeria justa causa, pois seria relativamente incapaz.

Em relação à embriaguez em serviço, que ocorre uma ou algumas vezes, sem que o trabalhador esteja na condição de ébrio habitual, continuará a ser considerada como hipótese de justa causa.

Dispõe o § 1º do art. 8º da CLT que o direito comum será fonte subsidiária do Direito do Trabalho. Subsidiário tem o sentido do que vem em reforço ou apoio de. É o que irá ajudar, que será aplicado em caráter supletivo ou complementar. O direito comum é o Civil ou Comercial. Entretanto, o § 1º do art. 8º da CLT tem de ser interpretado sistematicamente com o *caput* do mesmo dispositivo, no sentido de que somente nos casos de falta de disposições previstas na CLT é que irá ser aplicado o Código Civil. Se a CLT trata do tema, não é o caso de observar o Código Civil.

Quando o Código Civil de 1916 determinava a maioridade aos 21 anos e a CLT considerava o trabalhador capaz para o trabalho aos 18 anos, não se entendia que uma norma tinha revogado a outra, mas que tinham campos distintos de aplicação. Uma coisa era a maioridade civil. Outra coisa era a capacidade para o menor trabalhar.

O mesmo ocorre em relação à justa causa de embriaguez. O fato de o ébrio habitual ser considerado para fins civis relativamente incapaz não quer dizer que é incapaz para fins trabalhistas, tanto que pode trabalhar. Para efeitos do trabalho, a embriaguez habitual irá caracterizar a justa causa.

Dessa forma, não pode ser observada a regra do inciso II do art. 4º do Código Civil, por haver previsão específica na CLT sobre a justa causa de embriaguez habitual (art. 482, *f*, da CLT). O Código Civil não trata de justa causa para a dispensa para dizer-se que revogou a CLT.

Uma coisa é a capacidade civil da pessoa. Outra hipótese é a capacidade sob o ponto de vista trabalhista e os efeitos que a CLT dispõe para determinada situação.

É claro que a regra do inciso II do art. 4º do Código Civil é mais razoável, pois considera o ébrio habitual como doente. Entretanto, enquanto a CLT não for modificada, a embriaguez habitual é considerada como justa causa para a dispensa do empregado.

A prova da embriaguez deveria ser feita por exame de dosagem alcoólica, mas nem sempre as empresas têm médico e laboratório para esse fim.

O médico poderá constatar a embriaguez por meio do exame dos globos oculares, que ficam com abundância de irrigação sanguínea; pelo exame do pulso, pois são elevados os batimentos cardíacos.

Poderia ser demonstrada a embriaguez por meio de bafômetro, mas as empresas não costumam ter tal aparelho, que é usado pela Polícia Rodoviária para verificar se os motoristas estão embriagados.

Assim, a prova da embriaguez é feita por testemunhas, que irão indicar o mau hálito do empregado, a impossibilidade de a pessoa ficar em pé ou de andar em linha reta, a dificuldade em articular palavras, a sudoração intensa, a atitude alterada etc.

O empregado motorista deve se submeter a exames toxicológicos com janela de detecção mínima de 90 dias e a programa de controle de uso de droga e de bebida alcoólica, instituído pelo empregador, com sua ampla ciência, pelo menos uma vez a cada dois anos e seis meses, podendo ser utilizado para esse fim o exame obrigatório previsto no Código de Trânsito, desde que realizado nos últimos 60 dias (art. 235-B, VII, da CLT). A norma se justifica por questão de segurança das pessoas nas ruas e estradas.

6.2.12.8 Violação de segredo da empresa

Comete falta grave de violação de segredo da empresa o empregado que divulga marcas e patentes, fórmulas do empregador, sem seu consentimento, o que não deveria ser tornado público, configurando prejuízo àquele. Seria a hipótese de um funcionário da empresa conseguir a fórmula da Coca-Cola e divulgá-la para os concorrentes. Não se confunde com concorrência desleal, que importa ato de comércio.

6.2.12.9 Indisciplina

A indisciplina no serviço diz respeito ao descumprimento de ordens gerais de serviço. O empregado, por exemplo, descumpre as ordens gerais dadas pelo empregador, como as contidas no regulamento da empresa, em ordens de serviço, circulares, portarias (ex.: não fumar). Configura-se indisciplina se o empregado se recusa a ser revistado na saída do serviço, desde que agindo o empregador moderadamente.

A Sala Social do Tribunal Superior de Justiça da Catalunha entendeu que o envio pelo empregado, sem autorização da empresa, de 140 mensagens (*e-mails*) a 298 pessoas, de natureza obscena, humorística e sexual a terceiros e a outros colegas de trabalho, alheios à sua função, implica dispensa do empregado sem direito a indenização e salários (proc. nº 4.854/2000). O empregado ajuizou demanda contra o empregador alegando que a dispensa era nula em razão do disposto no art. 108.2 da lei de processo do trabalho e no art. 55.5 do Estatuto dos Trabalhadores. A despedida não poderia ter sido feita em decorrência de discriminação prevista na Constituição ou na lei ou efetivada com violação dos direitos fundamentais e liberdades públicas do trabalhador. No primeiro grau, o trabalhador teve acolhido seu pedido. A empresa foi condenada a readmiti-lo nas mesmas condições anteriores à dispensa e a lhe pagar salários desde o despedimento até a reintegração. A empresa recorreu afirmando ter havido transgressão da boa-fé contratual e falta de observância do dever de lealdade, com base no art. 54.2, *d* do Estatuto dos Trabalhadores. O Tribunal entendeu que o empregado deixou de cumprir sua prestação de serviço, principalmente pelo fato de que a empresa só permitia a utilização dos sistemas de comunicação eletrônica para fins de trabalho.

É recomendável que a empresa proíba o uso do computador no horário de serviço para fins alheios ao trabalho. O empregado deve ser comunicado por escrito de tal fato para evitar posteriormente a afirmação de que não tinha conhecimento da proibição do empregador. O empregador poderia dispor tal proibição no regulamento da empresa ou em norma interna, dando publicidade de seu conteúdo a todas as pessoas, justamente para que possa ser cumprido.

Implicará dispensa por justa causa por indisciplina (art. 482, *h*, da CLT) se o empregado recebeu ordens gerais de só usar o computador para o serviço e envia *e-mails* para outras pessoas sem qualquer relação com o trabalho.

O computador, o programa instalado na máquina e o telefone são do empregador. Assim, este tem o direito de usar, gozar e dispor de seus bens (art. 1.228 do

Código Civil). Os frutos e demais produtos da coisa pertencem, ainda quando separados, a seu proprietário, salvo se, por motivo jurídico, especial, houverem de caber a outrem (art. 1.232 do Código Civil).

Se o *e-mail* for mandado no horário de serviço, com situação que nada tem a ver com o serviço, poderá ficar configurada a justa causa se o empregador tiver determinado ao empregado que não pode usar o computador para fins alheios ao serviço, salvo se houver prejuízo ao serviço, como se ficar constatado que o computador recebeu um vírus exatamente pela brincadeira que estava fazendo o empregado.

Para evitar dúvidas, é melhor a empresa deixar bem claro que o empregado não pode usar a Internet para fins alheios ao trabalho, mediante, por exemplo, aviso na primeira tela do computador, que é vista logo quando aberta pelo operador. Melhor é fazer comunicação interna por escrito ou até previsão no contrato de trabalho, se for o caso em que o empregado autoriza por escrito o empregador a monitorar seus *e-mails*. O empregado que descumprir a determinação do empregador será passível de dispensa por justa causa.

Em determinado caso, entendeu-se não haver justa causa, se o empregado não estava em seu horário de trabalho enviando *e-mail*, mas no horário de café (TRT 2ª R., RO 20000347340, Ac. 20000387414, j. 3-8-2000, Rel. Fernando Antonio Sampaio da Silva, *DOESP* 8-8-2000, p. 58).

6.2.12.10 Insubordinação

A insubordinação está ligada ao descumprimento de ordens pessoais de serviço específicas. Não são ordens gerais do próprio empregador, mas ordens do chefe, do encarregado, ligadas ao serviço, como o fato de o empregado não fazer serviço que lhe foi determinado no dia. Se a ordem do superior é imoral ou ilegal não se configura a insubordinação.

6.2.12.11 Abandono de emprego

Abandonar tem o sentido de deixar, largar. Abandono é o ato ou efeito de abandonar. Abandono é derivado do alemão *bandon* e do francês *abandonner*.

Abandono de emprego significa largar, deixar o posto de trabalho, desistir o operário de trabalhar na empresa. Há, portanto, o desprezo do empregado em continuar trabalhando para o empregador.

Critica-se o abandono de emprego como justa causa para a dispensa, pois, na verdade, o empregado rescinde, de fato, o contrato de trabalho, por não mais comparecer à empresa. O empregador apenas formaliza a rescisão, em razão das circunstâncias de o empregado ter deixado de trabalhar.

Para a caracterização do abandono de emprego são levados em conta dois elementos.

O primeiro deles é o objetivo, indicado pelas faltas ao serviço durante certo período. O empregado deixa de trabalhar continuamente, ininterruptamente dentro de certo período. Se o empregado falta de forma intercalada: num dia vem, no outro não etc., não se configura o abandono de emprego, mas pode estar caracterizada a desídia, pelo desleixo do empregado em trabalhar, que é sua obrigação.

O segundo elemento é o subjetivo, comprovando a clara intenção do empregado de não mais retornar ao emprego, como o de possuir outro emprego ou por manifestação expressa de não ter interesse em continuar a trabalhar na empresa. Na prática, é encontrada a expressão incorreta *animus abandonandi*, que não existe, pois o ânimo de abandonar quer dizer *animus dereliquendi*.

É preciso que exista prova do abandono, em razão do princípio da continuidade da relação de emprego. A referida prova ficará a cargo do empregador (art. 818, II, da CLT), por se tratar de fato impeditivo do direito às verbas rescisórias. Um empregado normal, que precisa do serviço para poder sobreviver, não abandona o emprego.

A orientação jurisprudencial se fixa no sentido de que o período a ser considerado para a caracterização do abandono de emprego deve ser de mais de 30 dias, com base analógica nos arts. 474 e 853 da CLT. A Súmula 32 do TST mostra esse entendimento: "Presume-se o abandono de emprego se o trabalhador não retornar ao serviço no prazo de 30 dias após a cessação do benefício previdenciário nem justificar o motivo de não o fazer". A ausência do empregado por mais de 30 dias sem trabalhar cria a presunção relativa (*iuris tantum*) de que abandonou o emprego. Caberá ao empregado fazer prova em sentido contrário, como de que estava doente, de que sofreu acidente do trabalho, de que estava internado no hospital e teve alta recentemente, de que foi sequestrado, de que a empresa o impediu de voltar a trabalhar etc. Entretanto, em prazo inferior a 30 dias pode-se entender que não houve o abandono de emprego, mas restar configurada a justa causa de desídia, pela negligência do empregado em deixar de prestar serviços por vários dias contínuos.

Em prazos menores pode ser demonstrado o abandono de emprego, desde que fique comprovado o interesse do empregado de não retornar ao trabalho, o que deverá ser provado pelo empregador.

A lei não prevê que o empregado deve ser notificado para voltar a trabalhar na empresa visando à caracterização da justa causa de abandono de emprego. O procedimento é uma segurança do empregador para considerar rescindido o contrato de trabalho, visando ao não pagamento de certas verbas rescisórias, além de servir como meio de prova caso o empregado venha a ajuizar ação, postulando as verbas decorrentes da dispensa injusta.

A comunicação feita no jornal chamando o empregado ao trabalho não tem qualquer valor, pois o empregado não tem obrigação de lê-lo, nem, na maioria das vezes, dinheiro para comprá-lo.

O fato de o empregado não atender à comunicação publicada na imprensa pelo empregador, pedindo seu retorno ao serviço, sob pena da caracterização da justa causa, não revela ânimo de abandonar o emprego.

O ideal é que a comunicação seja feita por meio de carta registrada, informando que o empregado deve retornar imediatamente ao serviço, sob pena de ser caracterizada a justa causa. O empregador tem, inclusive, o endereço do empregado, podendo enviar-lhe comunicação postal com aviso de recebimento. Se o empregado tem endereço certo, deve a empresa notificá-lo pelo correio com aviso de recebimento ou por telegrama, que podem indicar o recebimento no endereço indicado e não por comunicação em jornal.

A notificação também poderia ser extrajudicial, sendo realizada pelos cartórios de títulos e documentos, pois há fé pública nos atos praticados pelo cartório.

Poderia, ainda, ser feita mediante notificação judicial (arts. 726 a 729 do CPC). Tem por objetivo prevenir responsabilidade, manifestando intenção de modo formal quanto ao retorno do obreiro ao serviço. O procedimento gozaria da vantagem de ser feito judicialmente, de o empregado ser citado para retornar ao serviço, apresentando, portanto, maior garantia jurídica, inclusive quanto ao recebimento da comunicação no endereço do trabalhador.

A convocação por edital somente seria feita quando o empregado não tivesse endereço certo e conhecido ou viesse a estar em local incerto e não sabido, o que não ocorre na maioria dos casos, até mesmo diante do fato de que o empregador tem o endereço do empregado. Tem, ainda, o edital custo muito maior do que a comunicação postal.

6.2.12.12 Ato lesivo à honra e boa fama

A justa causa em análise é a praticada pelo empregado ao ferir a honra e a boa fama do empregador ou superiores hierárquicos ou de qualquer outra pessoa, salvo quando a exercer em caso de legítima defesa, própria ou de outrem.

Os atos mencionados originam calúnia, injúria e difamação. Os referidos atos poderão ser praticados por palavras ou gestos.

O juiz deverá examinar os vários elementos caracterizadores da falta grave, como a intenção do empregado, o ambiente, sua escolaridade e principalmente a gravidade de tais acusações. Há necessidade de que os atos em comentário sejam divulgados.

A legítima defesa, própria ou de outrem, excluirá a justa causa.

6.2.12.13 Ofensa física

Ocorre a ofensa física com a agressão do empregado contra qualquer pessoa, o empregador e superiores hierárquicos, salvo em caso de legítima defesa, própria ou de outrem. A ofensa física ocorre no local de trabalho, no serviço, mas poderá ocorrer fora do local de trabalho se, v.g., o empregado trabalhar externamente.

A falta grave independerá da existência de lesão corporal ou ferimento, bastando apenas a ofensa física, como o fato de um empregado esmurrar outro.

A legítima defesa irá excluir a falta grave em comentário, sendo que caberá ao empregado a prova de tal fato.

6.2.12.14 Prática constante de jogos de azar

A falta grave ocorre quando o empregado continuamente pratica jogos de azar. Se a prática é isolada, uma única vez, ou poucas vezes, não há a justa causa. Há, por conseguinte, a necessidade da habitualidade para a confirmação da falta grave em comentário. Pouco importa, porém, se o jogo é ou não a dinheiro.

Os jogos de azar podem ser: jogo do *bicho*, loterias, bingo, roleta, bacará, de cartas, dominó, rifas não autorizadas etc.

Se o jogo é realizado fora do horário de trabalho, como no horário de intervalo e não há prejuízo para o serviço, não se pode falar em justa causa.

A CLT não faz distinção sobre a espécie de jogo, se é permitido ou proibido. Logo, se refere a qualquer jogo de azar. Tanto faz se é crime ou contravenção.

6.2.12.15 Perda da habilitação para o exercício da profissão

Dispõe a letra *m* do art. 482 da CLT que é justa causa para a dispensa a perda da habilitação ou dos requisitos estabelecidos em lei para o exercício da profissão, em decorrência de conduta dolosa do empregado.

Perda da habilitação é a perda da capacidade para algum fim.

O dispositivo não trata apenas da perda da habilitação, mas também de perder os requisitos estabelecidos em lei para o exercício da profissão. Pode ser que a pessoa perca a condição do exercício da profissão pelo fato de o Conselho ou Ordem da profissão cassar o exercício da profissão do empregado em razão de conduta dolosa por ele cometida. Pode ser o caso de a Ordem dos Advogados do Brasil ter cancelado o registro para o exercício da profissão do advogado em razão de conduta dolosa do empregado. Isso também pode ocorrer em relação ao Conselho Regional do exercício de determinada profissão, como de engenheiro, médico, economista, contador, administrador etc.

A conduta dolosa é a empreendida pelo empregado com a vontade de causar algum ato.

Tem de ser a conduta dolosa do empregado, pois é ele que pratica a justa causa.

Parece que um dos exemplos é o empregado que dá causa muitas vezes a multas de trânsito por ato doloso e, em razão disso, perde a habilitação para dirigir. Isso é fundamento para rescindir o contrato de trabalho por justa causa.

Se a conduta do empregado for culposa, em que ele pratica o ato por negligência, imprudência ou imperícia, e perde a habilitação para o exercício da profissão, não estará configurada a justa causa.

6.2.12.16 Atos atentatórios à segurança nacional

O parágrafo único do art. 482 da CLT foi acrescentado pelo Decreto-Lei nº 3, de 27-1-1966. Nele está inserida outra hipótese de justa causa para o despedimento do empregado. Só se considera justa causa para a dispensa do empregado a prática, devidamente comprovada em inquérito administrativo, de atos atentatórios contra a segurança nacional, como seriam os atos de terrorismo, de malversação da coisa pública etc.

Atualmente, a Lei de Segurança Nacional é a Lei nº 7.170, de 14-12-1983.

O Decreto-Lei nº 3/66 acrescentou três parágrafos ao art. 472 da CLT, esclarecendo a forma da apuração da falta grave. A autoridade competente poderá solicitar o afastamento do empregado do serviço ou do local de trabalho, caso haja motivo relevante de interesse para a segurança nacional, sem que se configure a suspensão do contrato de trabalho (§ 3º). O afastamento será solicitado pela autoridade competente diretamente ao empregador, em representação fundamentada, com audiência da Procuradoria Regional do Trabalho, que instaurará inquérito administrativo (§ 4º). Nos primeiros 90 dias, o empregado receberá remuneração (§ 5º). Se o inquérito persistir após 90 dias, o empregador não tem obrigação de pagar salários.

6.2.12.17 Outras hipóteses

A CLT prevê outras hipóteses em que ocorre a falta grave, que não estão capituladas no art. 482.

Constitui justa causa para despedimento do empregado a não observância das normas de segurança e medicina do trabalho e o não uso dos equipamentos de proteção individual fornecidos pela empresa (parágrafo único do art. 158 da CLT). É hipótese de indisciplina. É o desrespeito a ordens gerais.

Em casos de urgência ou de acidente na estrada de ferro, o empregado não poderá recusar-se, sem causa justificada, a executar serviço extraordinário, sob pena de ser dispensado por justa causa (parágrafo único do art. 240 da CLT). É hipótese de insubordinação.

A recusa do empregado em submeter-se ao teste ou ao programa de controle de uso de droga e de bebida alcoólica será considerada infração disciplinar, passível de punição nos termos da lei (parágrafo único do art. 235-B da CLT), ou seja, é justa causa para a dispensa.

O movimento paredista que for deflagrado sem a observância das disposições da Lei nº 7.783/89 sujeita o empregado a ser dispensado por justa causa, dependendo dos atos que forem praticados (art. 15 da Lei nº 7.783/89).

Considera-se justa causa para a dispensa do empregado doméstico: (a) submissão a maus-tratos de idoso, de enfermo, de pessoa com deficiência ou de criança sob cuidado direto ou indireto do empregado; (b) prática de ato de improbidade; (c) incontinência de conduta ou mau procedimento; (d) condenação criminal do empregado transitada em julgado, caso não tenha havido suspensão da execução da pena; (e) desídia no desempenho das respectivas funções; (f) embriaguez habitual ou em serviço; (g) ato de indisciplina ou de insubordinação; (h) abandono de emprego, assim considerada a ausência injustificada ao serviço por, pelo menos, 30 dias corridos; (i) ato lesivo à honra ou à boa fama ou ofensas físicas praticadas em serviço contra qualquer pessoa, salvo em caso de legítima defesa, própria ou de outrem; (j) ato lesivo à honra ou à boa fama ou ofensas físicas praticadas contra o empregador doméstico ou sua família, salvo em caso de legítima defesa, própria ou de outrem; (k) prática constante de jogos de azar (art. 27 da Lei Complementar nº 150/2015).

Havendo justa causa, o empregado não terá direito a aviso-prévio, férias proporcionais, 13º salário, saque do FGTS e indenização de 40%, nem ao fornecimento das guias do seguro-desemprego. Fará jus apenas ao saldo de salários e às férias vencidas, se houver.

É de se ressaltar que a justa causa pode ser cometida no decorrer do aviso-prévio, o que importa dizer que perderá o empregado o direito ao restante do respectivo prazo (art. 491 da CLT).

Ver o meu *Manual da justa causa* (2018).

6.3 Despedida coletiva

Despensa é a parte da casa destinada a guardar mantimentos.

Os autores muitas vezes usam a palavra *dispensa* para designar o despedimento do empregado. É correto também falar em *despedida*, *dispensa* ou *despedimento*.

Na Espanha, é usada a denominação *despido colectivo*. Em Portugal, usa-se a expressão *despedimento colectivo*.

Despedida ou dispensa é a forma de rescisão do contrato de trabalho por ato unilateral do empregador.

Despedida individual é a regulada na CLT. Na despedida individual, é demitido um trabalhador e não vários trabalhadores ao mesmo tempo.

Na despedida coletiva, são demitidos vários trabalhadores ao mesmo tempo. A dispensa objetiva reduzir o número de empregados no empregador.

Na dispensa plúrima, vários empregados são dispensados ao mesmo tempo sem que haja um motivo específico em relação a cada um deles.

Pode ser dividida em: por força maior, tecnológica (em decorrência de novas tecnologias), econômica (em razão de crises econômicas), organização do trabalho em razão do mercado.

A legislação brasileira não trata de despedida coletiva, nem estabelece conceito no sentido do que é despedida coletiva. Não há proibição em lei da dispensa coletiva ou de que a empresa tenha de tomar certas providências para assim fazer.

Se o empregador for fazer dispensa coletiva, a nossa legislação não prevê critério para tal fim. A dispensa coletiva poderá ser, porém, disciplinada em convenção, acordo ou dissídio coletivo, como permite o art. 1º da Convenção nº 158 da OIT. O Brasil, entretanto, denunciou a referida norma internacional, que não está em vigor no nosso país.

O art. 1.1 da Diretiva nº 75/129/CEE define dispensa coletiva como a efetuada por um empresário, por um ou vários motivos não inerentes à pessoa do trabalhador, quando o número de dispensas no período de 30 anos corresponda a: a) dez empregados, cujo centro de trabalho empregue, habitualmente entre vinte e cem trabalhadores; b) dez por cento do número de empregados, nos centros de trabalho que empreguem habitualmente entre cem e trezentos trabalhadores; c) trinta empregados nos centros de trabalho que empreguem habitualmente o mínimo de trezentos trabalhadores; d) ou vinte empregados, seja qual for o número de trabalhadores habitualmente empregados nos centros de trabalho afetados, desde que a dispensa se verifique dentro de um período de noventa dias.

Considera-se despedimento coletivo a cessação de contratos de trabalho promovida pelo empregador e operada simultânea ou sucessivamente no período de três meses, abrangendo, pelo menos, dois ou cinco trabalhadores, conforme se trate, respectivamente, de microempresa ou de pequena empresa, por um lado, ou de média ou grande empresa, por outro, sempre que aquela ocorrência se fundamente em encerramento de uma ou várias seções ou estrutura equivalente ou redução do número de trabalhadores determinada por motivos de mercado, estruturais ou tecnológicos (art. 359, 1, do Código de Portugal). Para efeitos do disposto no número anterior consideram-se, nomeadamente: a) motivos de mercado: redução da atividade da empresa provocada pela diminuição previsível da procura de bens ou serviços ou impossibilidade superveniente, prática ou legal, de colocar esses bens ou serviços no mercado; b) motivos estruturais: desequilíbrio econômico-financeiro, mudança de atividade, reestruturação da organização produtiva ou substituição de produtos dominantes; c) motivos tecnológicos: alterações nas técnicas ou processos de fabrico, automatização de instrumentos de produção, de controle ou de movimentação de cargas, bem como informatização de serviços ou automatização de meios de comunicação (art. 359, 2, do Código de Portugal).

Não há um conceito de dispensa coletiva em nossa legislação. A lei não dispõe que a despedida coletiva ocorre com a demissão de dois, 10, 100 ou 1.000 trabalhadores.

O art. 13 da Convenção nº 158 da OIT apenas explicita que se o empregador previr términos da relação de trabalho por motivos econômicos, estruturais ou análogos: (a) proporcionará aos representantes dos trabalhadores interessados, em tempo oportuno, a informação pertinente, incluindo os motivos dos términos previstos, o número e as categorias dos trabalhadores que poderiam ser afetados e o período durante o qual seriam efetuados esses términos. Os representantes dos trabalhadores poderão ser os pertencentes à comissão de fábrica, delegados sindicais ou outros que tenham sido eleitos pelos trabalhadores. Trata-se de mera informação ao sindicato, não sendo condicionada à aprovação do sindicato dos trabalhadores. Assim, o empregador deverá comunicar aos representantes dos trabalhadores que forem reconhecidos pela legislação nacional o motivo da dispensa dos empregados. O ideal seria que essa comunicação fosse feita ao sindicato, até para que pudesse ser negociada; (b) de acordo com a legislação e prática nacionais, será oferecida aos representantes dos trabalhadores, o mais breve possível, uma oportunidade para a realização de consultas sobre as medidas que deverão ser adotadas para evitar ou limitar os términos dos contratos e as medidas para atenuar as consequências adversas de todas as cessações em relação aos trabalhadores afetados, proporcionando, por exemplo, a possibilidade de se conseguirem novos empregos. A legislação brasileira não estabelece um critério para esse fim, nem que a dispensa seja feita de acordo com uma cifra ou porcentagem em relação aos empregados das empresas. Poderiam ser adotados critérios, até especificados em convenções coletivas, em que a dispensa deveria ser feita em relação aos trabalhadores que tivessem um número menor de encargos familiares, prestigiando o empregado casado, o que tem mais antiguidade na empresa etc.

Não há sanção pelo descumprimento da Convenção nº 158 da OIT, pois em seus dispositivos não há tal previsão. Não se poderia aplicar multa administrativa por analogia às contidas na CLT ou em outra legislação, pois a multa deve ser específica. Poderá, porém, a DRT aplicar multa se por acaso a empresa não observar o aviso-prévio, a indenização pertinente, o fornecimento do seguro-desemprego etc., pois aí está sendo descumprido um preceito específico da legislação, em que já há penalidade própria para o descumprimento da norma.

Dispõe o inciso I do art. 7º da Constituição: "relação de emprego protegida contra a dispensa arbitrária ou sem justa causa, nos termos de lei complementar, que preverá indenização compensatória, dentre outros direitos". O sistema brasileiro de despedidas consagra reparação econômica em caso da despedida feita pelo empregador sem justificativa. Não há, portanto, proibição de dispensas coletivas.

A lei complementar pode estabelecer o direito à estabilidade no emprego ou a reintegração no emprego, que seriam outros direitos. O STF já entendeu que a relação de direitos contida no inciso I do art. 7º da Constituição é exemplificativa e não taxativa (STF, ADIn 639-DF, Rel. Min. Moreira Alves).

Enquanto não for editada a lei complementar prevista no inciso I do art. 7º da Lei Maior, é elevada a indenização da Lei nº 5.107/66 de 10% para 40% sobre os depósitos do FGTS (art. 10, I, do ADCT).

O art. 502 da CLT não pode ser usado para fundamentar dispensas coletivas, pois trata de motivo de força maior. Dispensas coletivas não são iguais a motivo de força maior. As dispensas coletivas estão sendo feitas por motivos econômicos.

Quantos empregados devem ser demitidos para se caracterizar a despedida coletiva? Não há previsão legal nesse sentido, justamente porque o nosso ordenamento jurídico não trata do tema, nem conceitua a despedida coletiva.

O inciso VI do art. 7º da Constituição exige convenção ou acordo coletivo (resultado da negociação coletiva) para reduzir salários. Faz referência o inciso XIII do art. 7º da Lei Maior a acordo ou convenção coletiva para reduzir ou compensar jornada de trabalho. Os turnos ininterruptos de revezamento de seis horas somente podem ser aumentados por negociação coletiva (art. 7º, XIV, da Lei Magna). É obrigatória a participação dos sindicatos nas negociações coletivas de trabalho (art. 8º, VI, da Lei Maior). O art. 476-A da CLT exige convenção ou acordo coletivo para ser feita a suspensão dos efeitos do contrato de trabalho.

Os §§ 1º e 2º do art. 114 da Constituição apenas tratam de negociação coletiva como condição para ajuizar o dissídio coletivo e não para dispensar coletivamente os trabalhadores.

As dispensas imotivadas individuais, plúrimas ou coletivas equiparam-se para todos os fins, não havendo necessidade de autorização prévia de entidade sindical ou de celebração de convenção coletiva ou acordo coletivo de trabalho para sua efetivação (art. 477-A da CLT). Dispensa individual é a de uma pessoa. Dispensa plúrima é de poucos trabalhadores. Dispensa coletiva é de vários trabalhadores. Não há sanção na lei caso a empresa faça a despedida coletiva.

O empregador só estará obrigado a fazer negociação coletiva com o Sindicato de empregados se houver previsão nesse sentido na norma coletiva da categoria.

Não existe previsão legal no sentido de que a empresa tenha de motivar as demissões para fazer despedidas coletivas. Se as dispensas coletivas não são proibidas, elas são permitidas.

O dissídio coletivo tem natureza declaratória e constitutiva. Não tem natureza condenatória. Logo, não pode haver determinação no dissídio coletivo de reintegração no emprego em razão da dispensa coletiva.

O ordenamento jurídico não tem lacuna para se utilizar o direito comparado ou analogia, com fundamento no art. 8º da CLT. O inciso I do art. 7º da Constituição trata da dispensa arbitrária ou sem justa causa. A Norma Maior não faz distinção entre dispensa individual ou coletiva. Logo, o intérprete não pode fazê-lo. Não há, portanto, lacuna no ordenamento constitucional.

Ainda que se entendesse que haveria lacuna sobre dispensas coletivas, não seria possível aplicar o direito comparado, pois cada país ou sistema jurídico tem critérios diferenciados para prever as dispensas coletivas.

Não há dúvida de que a empresa tem função social. Entretanto, não existe fundamento constitucional e legal para o empregado ser reintegrado em razão de despedida coletiva com esse argumento.

Não existe nenhum dispositivo constitucional ou legal determinando que a democracia da relação de trabalho exige negociação coletiva para a despedida coletiva do trabalhador.

Por força da Constituição ou de lei a empresa não tem obrigação de abrir plano de demissão voluntária aos trabalhadores antes de fazer o despedimento coletivo. A exceção diz respeito ao fato de existir previsão nesse sentido na norma coletiva da categoria.

O ideal é que o empregado, antes de ser dispensado, pudesse ser colocado em outra empresa do grupo ou em outra função. Haveria também a possibilidade de o trabalhador passar por um curso de reciclagem ou recapacitação profissional antes de ser dispensado, para que pudesse ser aproveitado na empresa.

Para haver a dispensa do trabalhador, o empregador deveria se pautar por determinados critérios, como: (a) capacidade; (b) experiência; (c) antiguidade; (d) idade;

(e) encargos familiares etc. Esses critérios poderiam ser estabelecidos em futura lei que viesse a regular a dispensa do empregado ou então nas normas coletivas.

Dependendo da hipótese, a dispensa coletiva é a única salvação para evitar o fechamento da empresa, porém deve ser controlada, visando evitar abusos. O controle deve dizer respeito aos motivos alegados para a dispensa, permitindo que cada pessoa prejudicada possa ajuizar ação para discutir seus direitos. A futura lei que tratasse do tema poderia estabelecer critérios para a dispensa do trabalhador, como os indicados no parágrafo anterior, além de promover o retreinamento do obreiro. Essas hipóteses poderiam também ser especificadas em cláusulas da norma coletiva.

Não existe previsão constitucional ou legal sobre despedidas coletivas. Pelo mesmo motivo, não existe obrigação de se fazer negociação coletiva para se fazer a despedida coletiva. A questão social das dispensas é indiscutível, mas não existe impedimento legal para as dispensas coletivas.

7 CESSAÇÃO DO CONTRATO DE TRABALHO POR DECISÃO DO EMPREGADO

O empregado pode deliberar pela rescisão do contrato de trabalho: pedindo demissão, na rescisão indireta ou por aposentadoria.

7.1 Pedido de demissão

Não existe realmente "pedido de demissão", mas comunicação do empregado de que não vai mais trabalhar. O pedido não precisa ser aceito. É ato unilateral. O empregado apenas afirma que não vai mais comparecer ao trabalho.

Demissão é o aviso que o empregado faz ao empregador de que não mais deseja trabalhar na empresa. Não se confunde com a despedida, que é o ato do empregador de despedir o empregado. É um ato unilateral, não havendo necessidade de que o empregador aceite o pedido.

O empregado terá de avisar o empregador com antecedência mínima de 30 dias de que não pretende continuar na empresa, devendo trabalhar durante o aviso-prévio, salvo se for liberado pelo empregador. O empregado pode ter interesse em se desvincular do emprego o mais rápido possível, pois já possui outro serviço. Nesse caso, não precisará cumprir o aviso-prévio (S. 276 do TST).

Não tem o empregado direito à indenização (art. 477 da CLT), ao saque do FGTS e às guias do seguro-desemprego. Fará jus, porém, ao 13º salário proporcional (S. 157 do TST), a férias vencidas e férias proporcionais (S. 171 e 261 do TST).

A dispensa dos empregados da União, dos Estados, do Distrito Federal, dos Municípios e de suas autarquias ou fundações não necessita de assistência (Decreto-Lei nº 779/69, art. 1º, I).

7.2 Rescisão indireta

O art. 483 da CLT não usa a denominação rescisão indireta. O § 4º do art. 487 da CLT usa a expressão despedida indireta.

A rescisão indireta ou dispensa indireta é a forma de cessação do contrato de trabalho por decisão do empregado em virtude da justa causa praticada pelo empregador (art. 483 da CLT).

A rigor, a rescisão do contrato de trabalho sempre seria direta. A dispensa sempre seria direta. Não se justificaria falar em dispensa indireta ou rescisão indireta. Entretanto, na rescisão indireta não há dispensa propriamente dita de forma direta; apenas o empregador comete um ato que causa a cessação do contrato de trabalho.

Na rescisão indireta, o empregado deve, de preferência, avisar o empregador dos motivos por que está retirando-se do serviço, sob pena de a empresa poder considerar a saída do trabalhador como abandono de emprego.

A única maneira de se verificar a justa causa cometida pelo empregador é o empregado ajuizar ação na Justiça do Trabalho, postulando a rescisão indireta de seu contrato de trabalho.

O empregado, a rigor, não deveria permanecer trabalhando na empresa. Deve desligar-se imediatamente, sob pena de se entender que houve perdão da falta praticada pelo empregador, ou que a falta não foi tão grave a ponto de impedir a continuidade do contrato de trabalho.

As hipóteses de rescisão indireta estão arroladas nas alíneas do art. 483 da CLT.

A primeira hipótese seria a exigência de serviços superiores às forças do empregado. A expressão "serviços superiores às forças do empregado" deve ser interpretada no sentido amplo, como força física ou intelectual. São serviços superiores à capacidade normal do empregado. Seria o caso de se fazer com que as mulheres ou menores empregassem força muscular de 30 kg para trabalho contínuo, quando o permitido seria apenas até 20 kg (art. 390 e § 5º do art. 405 da CLT). Para os homens, não pode ser exigido serviço superior a 60 kg (art. 198 da CLT).

A segunda hipótese ocorre com a exigência de serviços defesos por lei, proibidos pela legislação. Seria o caso de o menor fazer serviços perigosos, insalubres ou trabalho noturno, que são vedados pelo inciso XXXIII do art. 7º da Lei Maior.

A terceira hipótese diz respeito à exigência de serviços contrários aos bons costumes. Seriam serviços contrários à moral, como se uma recepcionista de casa de tolerância tivesse que se submeter à conjunção carnal com os frequentadores da casa.

A quarta hipótese refere-se à exigência de serviços alheios ao contrato de trabalho. Vamos supor que o empregado é pedreiro e foi contratado para esse mister. A partir de certo dia, o empregador pretende exigir serviços de carpinteiro dessa mesma pessoa.

A quinta hipótese mostra o tratamento com rigor excessivo por parte do empregador ou de seus superiores hierárquicos em relação ao empregado. Seria o caso de o empregador punir com rigor excessivo um empregado em dada situação e em relação a outro, em situação idêntica, assim não fazer.

A sexta hipótese evidencia o fato de o empregado correr perigo de mal considerável. É o que ocorreria se o empregador exigisse do empregado o trabalho em local em que este pudesse contrair doença ou moléstia grave, ou outro fato que viesse a pôr em risco sua saúde, sua vida ou sua integridade física.

A sétima hipótese seria o descumprimento pelo empregador das obrigações contratuais. A principal delas seria o não pagamento dos salários do empregado. Considera-se a empresa em mora contumaz quando o atraso ou a sonegação de salários devidos ao empregado ocorram por período igual ou superior a três meses, sem motivo grave e relevante, excluídas as causas pertinentes ao risco do empreendimento (§ 1º do art. 2º do Decreto-Lei nº 368/68). O pagamento de salários atrasados em audiência não elide a mora capaz de determinar a rescisão do contrato (S. 13 do TST). O fato de o empregador não vir depositando o FGTS durante o pacto laboral não constitui violação à alínea *d* do art. 483 da CLT, visto que o empregado não pode levantar o FGTS na constância da relação de emprego, nem existe prejuízo ao obreiro durante a vigência do pacto laboral. Pode-se argumentar, ainda, que a obrigação de fazer o depósito do FGTS é legal e não contratual, até porque o empregado não é mais optante do FGTS. A única hipótese que poderia acarretar prejuízo ao empregado seria a de este necessitar do FGTS para amortização ou pagamento da casa própria, e aqui se poderia configurar uma falta do empregador. A falta de assinatura na CTPS do empregado não caracteriza rescisão indireta, pois o contrato de trabalho pode ser verbal ou escrito. Além disso, se a pessoa é realmente empregada, é segurada obrigatória da Previdência Social, fazendo jus aos benefícios previdenciários, independentemente do recolhimento da contribuição previdenciária por parte do empregador, observado o período de carência. Havendo dúvida a respeito da existência da relação de emprego, discutida em processo judicial, a rescisão indireta é indevida, justamente porque anteriormente à decisão não se reconhecia o vínculo.

A oitava hipótese ocorre se o empregador ou seus prepostos ofenderem a honra e boa fama do empregado ou pessoas de sua família. É o que aconteceria com atos caluniosos, injuriosos ou de difamação. Não há fundamento legal para rescisão indireta por assédio sexual nas alíneas *a* e *c* do art. 483 da CLT. O assédio sexual não compreende serviço contrário aos bons costumes. Não há perigo de mal considerável, nem é o caso de não cumprir as obrigações do contrato. Trata-se, mais propriamente, de um ato lesivo à honra e à boa fama da pessoa, pois podem ser veiculadas opiniões maledicentes, contrárias à honra ou à boa fama do empregado.

A nona hipótese diz respeito a ofensas físicas praticadas pelo empregador contra o empregado, salvo em caso de legítima defesa, própria ou de outrem.

A última hipótese do art. 483 da CLT trata do fato de o empregador reduzir o trabalho do empregado, sendo este por peça ou tarefa, de modo a afetar sensivelmente a importância dos salários.

O parágrafo único do art. 407 da CLT prevê outra hipótese de rescisão indireta, quando a empresa não tomar as medidas possíveis e recomendadas pela autoridade competente para que o menor mude de função.

O empregado poderá suspender a prestação dos serviços ou rescindir o contrato quando tiver de desempenhar obrigações legais incompatíveis com a continuação do serviço.

Em caso de não cumprimento pelo empregador das obrigações contratuais e na redução por peça ou tarefa que implique diminuição de salários, o empregado pode permanecer ou não no serviço até a final decisão no processo. Nas hipóteses das alíneas *a, b, c, e* e *f* do art. 483 da CLT, deve-se entender que o empregado deve afastar-se do emprego e propor a ação com as reparações respectivas. Se a pretensão do empregado, pleiteando a rescisão indireta for acolhida, a empresa irá pagar-lhe aviso-prévio, férias proporcionais, 13º salário proporcional, e levantará o FGTS, acrescido da indenização de 40%.

Caso o empregado continue trabalhando, a sentença deverá fixar a data em que se considerará o contrato rescindido, que deveria ocorrer com o trânsito em julgado ou na data em que a ação foi proposta, se houver pedido nesse sentido.

O contrato de trabalho poderá ser rescindido por culpa do empregador doméstico quando: (a) o empregador exigir serviços superiores às forças do empregado doméstico, defesos por lei, contrários aos bons costumes ou alheios ao contrato; (b) o empregado doméstico for tratado pelo empregador ou por sua família com rigor excessivo ou de forma degradante; (c) o empregado doméstico correr perigo manifesto de mal considerável; (d) o empregador não cumprir as obrigações do contrato; (e) o empregador ou sua família praticar, contra o empregado doméstico ou pessoas de sua família, ato lesivo à honra e à boa fama;

(f) o empregador ou sua família ofender o empregado doméstico ou sua família fisicamente, salvo em caso de legítima defesa, própria ou de outrem; (g) o empregador praticar qualquer das formas de violência doméstica ou familiar contra mulheres de que trata o art. 5º da Lei nº 11.340, de 7 de agosto de 2006 (parágrafo único do art. 27 da Lei Complementar nº 150/2015).

A irregularidade cometida pelo empregador deve ser de tal monta que abale ou torne impossível a continuidade do contrato. Se o empregado tolera repetidamente pequenas infrações cometidas pelo empregador, não se poderá falar em rescisão indireta, devendo o juiz preservar a relação de emprego, pois, principalmente em épocas de crise, é difícil conseguir nova colocação no mercado de trabalho.

Na rescisão indireta deve ser observada a imediação na postulação após a falta do empregador, sob pena de se entender que houve perdão por parte do empregado.

Rejeitada a pretensão do empregado, não terá direito às reparações econômicas pertinentes, apenas ao saldo de salário e férias vencidas.

7.3 Aposentadoria

A aposentadoria do empregado é uma das formas de cessação do contrato de trabalho. Se o empregado continuar trabalhando, há a formação de um novo contrato de trabalho.

No direito comparado, há legislações que consagram a extinção do contrato de trabalho quando o empregado pede aposentadoria, embora algumas delas não mencionem a possibilidade de o empregado continuar a trabalhar na empresa.

Na Espanha, o Estatuto dos Trabalhadores dispõe que o contrato de trabalho se extinguirá com a aposentadoria do trabalhador (art. 49, 6).

Em Portugal, a "reforma" do trabalhador por velhice ou invalidez importará caducidade do contrato de trabalho (art. 343, c, do Código do Trabalho), com a cessação automática do pacto laboral. Ensina Antonio de Lemos Monteiro Fernandes (1992:438) que a preocupação do legislador foi "de liberar efetivamente postos de trabalho a partir de certo momento – o da obtenção da reforma – preocupação surgida no contexto de uma grave crise de desemprego".

Na Argentina, quando o trabalhador pode requerer o benefício previdenciário pelo porcentual máximo, tem o empregador a obrigação de manter o emprego pelo prazo máximo de um ano. Concedido o benefício ou vencido o prazo mencionado, o contrato de trabalho fica extinto (art. 252 da Lei do *Contrato de Trabajo*, com a redação determinada pela *Ley* nº 21.659).

De acordo com o § 1º do art. 8º, e o § 3º do art. 10, da Lei nº 3.807 (LOPS), o empregado só teria direito à aposentadoria quando se desligasse do emprego. Tal fato trazia prejuízo ao obreiro, que podia ficar vários meses esperando a concessão da aposentadoria, sem ter fonte de renda.

A Lei nº 6.887, de 10-12-1980, deu nova redação àqueles dispositivos legais anteriormente mencionados, sendo que a aposentadoria por velhice ou a por tempo de serviço seriam devidas desde a data da entrada do requerimento. Não haveria mais a necessidade do desligamento do empregado para receber o benefício previdenciário, podendo o trabalhador aguardar no serviço o trâmite do requerimento da aposentadoria no âmbito do antigo INPS.

Posteriormente, a Lei nº 6.950, de 4-11-1981, passou a exigir novamente o desligamento do empregado para a concessão da aposentadoria (art. 3º, I).

A doutrina entendia que a aposentadoria fazia cessar o contrato de trabalho.

A Lei nº 8.213 determinou, na alínea *b* do inciso I do art. 49, que não há necessidade de desligamento do emprego para o requerimento da aposentadoria, estando o empregado autorizado a continuar trabalhando na empresa. O mesmo se nota do § 2º do art. 18 da Lei nº 8.213/91, quando é mencionado que o aposentado pode permanecer em atividade sujeita ao Regime Geral da Previdência Social ou a ela retornar. Assim, o empregado não precisa desligar-se da empresa para requerer a aposentadoria, pois a tramitação desta, no INSS, pode demorar alguns meses, não ficando o obreiro desamparado quanto a seus rendimentos, podendo continuar a laborar na empresa. Versa a alínea *b* do inciso I do art. 49 da Lei nº 8.213 sobre mera autorização para que o empregado continue trabalhando.

Enquanto a Lei nº 6.950/81 exigia o desligamento do emprego para a concessão da aposentadoria, a alínea *b* do inciso I do art. 49 da Lei nº 8.213/91 não o faz, permitindo que o trabalhador permaneça no posto de trabalho enquanto aguarda o deferimento do requerimento da aposentadoria. Deve-se ressaltar, porém, que a continuidade na prestação de serviços na empresa após o requerimento do empregado solicitando aposentadoria dependerá da aceitação do empregador, porque o contrato de trabalho tem por requisito a bilateralidade. A empresa não estará obrigada a concordar com a permanência do empregado prestando serviços após o requerimento de sua aposentadoria. Se as partes ajustarem a continuidade dos serviços, ou os serviços continuarem a ser prestados, não haverá nenhum óbice.

A aposentadoria continua a ser uma forma de cessação do contrato de trabalho. Caso o empregado continue prestando serviços na empresa, inicia-se novo pacto laboral.

Com a aposentadoria, há o levantamento do FGTS (art. 20, III, Lei nº 8.036/90). A conta do FGTS é zerada para receber novos depósitos de um novo contrato de trabalho. Não haverá pagamento de indenização de 40%, pois a iniciativa da ruptura não foi do empregador. Da mesma forma, o empregado não faz jus a aviso-prévio, visto que não foi dispensado. Terá direito a 13º salário proporcional e a férias proporcionais, se tiver mais de um ano de empresa, além das férias vencidas. A baixa na CTPS do operário será anotada no dia anterior ao do início da aposentadoria, sendo o empregado readmitido no dia imediato subsequente.

Dispõe, ainda, o art. 51 da Lei nº 8.213/91 que "a aposentadoria por idade pode ser requerida pela empresa, desde que o segurado tenha cumprido o período de carência e completado 70 anos de idade, se do sexo masculino, ou 65 anos, se do sexo feminino, sendo compulsória".

A parte final do mesmo artigo prevê a cessação do contrato de trabalho pela aposentadoria, mas nada impede, também, que seja feito novo contrato de trabalho, permanecendo o empregado na empresa, aguardando a tramitação da aposentadoria. Sendo a aposentadoria requerida pela empresa, tem direito o obreiro à indenização prevista no art. 478 da CLT, relativa ao período em que não foi optante do FGTS, podendo sacar o referido Fundo, acrescido da indenização de 40%, além do pagamento de aviso-prévio, 13º salário e férias proporcionais, visto que a iniciativa do rompimento do pacto laboral é da empresa, o que é equiparado à despedida sem justa causa. O contrato de trabalho será considerado rescindido no dia anterior ao do início da aposentadoria.

O art. 33 da Lei nº 8.213/91 mostra que a renda mensal do benefício de prestação continuada substitui o rendimento do trabalho do segurado. Isso implica dizer que o benefício acarreta a extinção do vínculo do emprego, pois os proventos irão substituir o salário do obreiro.

O art. 453 da CLT também indica, indiretamente, que a aposentadoria espontânea rescinde o contrato de trabalho, pois o trabalhador não poderá contar o tempo de serviço anterior na empresa.

Prevê o inciso II do § 3º do art. 1º da Lei nº 4.090 que cessa a relação de emprego em decorrência da aposentadoria do trabalhador.

Há que se ressaltar, porém, que não se confunde continuidade do aposentado na empresa com continuidade do contrato de trabalho, pois existe autorização legal para o trabalhador continuar prestando serviço à empresa. As aposentadorias (por tempo de contribuição e por idade) são definitivas, importando cessação do contrato de trabalho, enquanto na aposentadoria por invalidez isso não ocorre, pois esta não é definitiva, apenas suspende o contrato de trabalho.

Quando do segundo desligamento do empregado da empresa, a indenização de 40% do FGTS deverá ser calculada apenas sobre os depósitos do segundo contrato de trabalho, e não sobre os do primeiro, pois o próprio art. 453 da CLT indica que a aposentadoria espontânea do empregado impede a soma do tempo de serviço anteriormente prestado na empresa.

O STF entende que a aposentadoria não rescinde o contrato de trabalho. Julgou inconstitucional o § 2º do art. 453 da CLT (ADIn 1.721-3/DF, j. 11-10-2006, Rel. Carlos Brito, *LTr* 71-9/1.130). Foi julgado inconstitucional o § 1º do art. 453 da CLT (ADIn 1.770-4, *DJU* 20-10-2006). O julgamento mencionou que não haveria extinção do vínculo de emprego, sendo vedada a acumulação de proventos e vencimentos. O TST entende da mesma forma (OJ 361 da SBDI-1 do TST).

Os empregados de empresas públicas e sociedades de economia mista podem ser readmitidos em caso de aposentadoria espontânea. Devem, porém, prestar concurso público e não poderão acumular, remuneradamente, cargos públicos, salvo quando houver compatibilidade de horários: (a) de dois cargos de professor; (b) de um cargo de professor com outro, técnico ou científico; (c) de dois cargos privativos de médico (art. 37, XVI, da Constituição). O § 1º do art. 453 da CLT também indica indiretamente que o contrato de trabalho é rescindido com a aposentadoria espontânea do empregado, pois do contrário não poderia ser readmitido. O § 2º do art. 453 dispõe que o ato de concessão do benefício da aposentadoria a empregado que não tiver completado 35 anos de serviço, se homem, ou 30, se mulher, importa extinção do vínculo empregatício.

A aposentadoria concedida com a utilização de tempo de contribuição decorrente de cargo, emprego ou função pública, inclusive do Regime Geral de Previdência Social, acarretará o rompimento do vínculo que gerou o referido tempo de contribuição (§ 14 do art. 37 da Constituição). Agora, de acordo com essa decorrência da alteração da Emenda Constitucional nº 103/2019, a aposentadoria volta a ser causa de cessão do contrato de trabalho. Não só de cargo, emprego ou função pública, mas também se a aposentadoria é decorrente do Regime Geral de Previdência, em relação ao empregado regido pela CLT. O referido tempo de contribuição é o que originou a aposentadoria.

7.4 Contagem de tempo de serviço em razão da readmissão do empregado

O art. 453 da CLT anteriormente estava assim redigido: "No tempo de serviço do empregado, quando readmitido, serão computados os períodos, ainda que não contínuos, em que tiver trabalhado anteriormente na empresa, salvo se houver sido despedido por falta grave ou tiver recebido indenização legal".

A Súmula 21 do TST interpretava o referido artigo da seguinte forma: "O empregado aposentado tem direito ao cômputo do tempo anterior à aposentadoria, se permanecer a serviço da empresa ou a ela retornar". A Súmula 215 do STF mostrava o mesmo entendimento: "Conta-se a favor de empregado readmitido o tempo de serviço anterior, salvo se houver sido despedido por falta grave ou tiver recebido a indenização legal". A orientação da antiga Súmula 21 dificultava a readmissão do empregado que tivesse requerido aposentadoria espontaneamente, pois o empregador não iria querer correr o risco de readmitir o empregado e contar o período anterior à aposentadoria, inclusive porque, posteriormente, poderia obter estabilidade.

A Lei nº 6.204, de 29-4-1975, deu nova redação ao art. 453 da CLT: "No tempo de serviço do empregado, quando readmitido, serão computados os períodos, ainda que não contínuos, em que tiver trabalhado anteriormente na empresa, salvo se houver sido despedido por falta grave, recebido indenização legal ou se aposentado espontaneamente".

Nota-se que a referida norma acrescentou ao artigo em comentário, expressamente, a hipótese de "aposentadoria voluntária", excluindo essa situação para o somatório de períodos anteriores. Essa mudança teve por objetivo estimular as aposentadorias, evitando que o empregador tivesse de pagar indenização e impedindo a contagem do tempo de serviço anterior. Pretendeu-se, também, evitar que o empregador dispensasse o empregado que estivesse às vésperas da estabilidade decenal, de maneira que a empresa pudesse contratar o trabalhador no segundo período sem que este adquirisse estabilidade; e proteger o obreiro que tivesse menos de um ano de empresa, mas que tivesse celebrado vários contratos de trabalho, não tendo, assim, direito à indenização.

Três hipóteses devem ser consideradas para que não seja computado o período em que o empregado trabalhou anteriormente na empresa: (a) dispensa por justa causa; (b) cessação do contrato de trabalho com pagamento de indenização; (c) aposentadoria espontânea.

A primeira hipótese diz respeito à dispensa por justa causa. Tendo o empregado cometido falta grave, nos termos do art. 482 da CLT ou de outro artigo desse diploma legal, fica, automaticamente, excluído o direito à soma dos períodos descontínuos na empresa, pois foi o obreiro quem deu causa à ruptura do contrato de trabalho, motivadamente. Não há direito, inclusive, ao pagamento de indenização.

Quando houver pagamento de indenização, não haverá a soma dos diversos períodos trabalhados pelo empregado na empresa, quando o obreiro vier a ser readmitido. O empregado que já tivesse nove anos na empresa e recebesse indenização legal, poderia ser recontratado por mais um ano, não tendo direito à estabilidade decenal. Se o pagamento da indenização for inferior ao previsto na lei, não ficará elidido o somatório do tempo de serviço anterior. A exceção à regra diz respeito à hipótese do § 2º do art. 14 da Lei nº 8.036/90, que prevê o pagamento da indenização do tempo de serviço anterior a 5-10-1988, que pode ser transacionado entre empregador e empregado, respeitado o limite mínimo de 60% da indenização prevista. Nesse caso, então, não será computado o tempo anterior ao trabalho desde que respeitado o limite mínimo de 60% do pagamento da indenização.

A aposentadoria pode ser entendida, ainda, como forma de cessação do contrato de trabalho. Esta parece ser também a orientação do art. 453 da CLT, no sentido de que a aposentadoria extingue o contrato de trabalho. Assim, se o empregado vem a se aposentar espontaneamente, não há que se falar em soma de períodos descontínuos trabalhados na empresa.

Se a empresa requerer a aposentadoria quando o empregado completar 70 anos (art. 51 da Lei nº 8.213/91), inexistindo pagamento de indenização, não se aplica a regra do art. 453 da CLT, implicando o somatório do tempo de serviço dos períodos descontínuos de trabalho. A aposentadoria de que trata a lei é a voluntária, espontânea, como a de tempo de serviço ou por idade, e não a requerida pela empresa. Não se enquadra na situação em exame a aposentadoria por invalidez que, inclusive, não é definitiva, pois o empregado tem de periodicamente submeter-se a exames médicos. O próprio art. 475 da CLT determina que o empregado que for aposentado por invalidez terá seu contrato de trabalho suspenso até a efetivação do benefício. Caso o empregado se recupere, terá direito a retornar à antiga função (§ 1º).

Como o art. 453 da CLT encerra hipóteses de exceção, sendo dispensado o empregado, sem justa causa, terá direito à soma dos períodos descontínuos.

Há que se ressaltar que o art. 453 da CLT aplica-se ao empregado que for dispensado e, depois, readmitido, e não ao empregado que vai ser reintegrado, o que será feito por força de decisão judicial. Quando houver reintegração não se utilizará, portanto, o dispositivo legal em comentário, pois o empregado vai contar o período em que não trabalhou na empresa, após ser dispensado, recebendo salários, como se não tivesse havido nenhuma interrupção do tempo de serviço.

Esclarece a Súmula 156 do TST que: "Da extinção do último contrato é que começa a fluir o prazo prescricional do direito de ação objetivando a soma de períodos descontínuos de trabalho". Essa regra só pode ser observada desde que já não estejam prescritos os contratos de trabalho anteriores à readmissão. Assim, se, entre um contrato e outro de trabalho, já houve interregno de mais de dois anos, não se poderá falar em soma de períodos descontínuos, pois a prescrição já foi inteiramente consumada. Em consequência, só poderá haver a soma de períodos descontínuos de tempo inferior a dois anos entre um contrato e outro. A lei não determina qual é esse período, podendo ser de um mês até menos de dois anos.

A Súmula 138 do TST indica que, "em caso de readmissão, conta-se a favor do empregado o período de serviço anterior encerrado com a saída espontânea". O pedido de demissão do empregado importa sua saída espontânea da empresa, por vontade própria, perdendo, portanto, o direito à indenização. Como o art. 453 da CLT trata, expressamente, de apenas três situações, não incluindo o pedido de demissão, mesmo que este ocorra, haverá o somatório do período anterior ao afastamento voluntário, pois as regras de exceção devem ser interpretadas restritivamente. Arnaldo Süssekind (1964, v. 3:301) mostra a interpretação histórica da norma, dizendo que não se trata de omissão involuntária, "porquanto, na revisão do anteprojeto da CLT, a Comissão que o elaborou resolveu não acolher a sugestão que, a respeito, fora feita por juristas e empregadores do Estado de São Paulo, *in verbis*: os casos de indenização legal e de despedida por falta grave dispensam comentário. Entretanto, o mesmo princípio de excluir o período anterior da contagem de tempo deve ser aplicado ao caso de readmissão do empregado que se demitiu da empresa por vontade própria. A demissão, neste caso, compreende simultaneamente a renúncia a todos os direitos decorrentes do contrato de trabalho rescindido, e a contagem deste tempo não só contrariaria um princípio de direito, mas dificultaria também readmissões de empregados por parte da empresa. O intuito de impedir a fraude à lei levou a Comissão, que integrávamos, a não aceitar a proposta supra".

O art. 14 da Lei nº 5.889/73 explicita a hipótese de o trabalhador rural safrista ter direito à indenização de 1/12 do salário mensal por mês de serviço, ou fração superior a 14 dias. Se houve o pagamento da indenização, o safrista não terá direito à soma dos períodos descontínuos de trabalhos anteriores.

Um empregado poderia trabalhar na empresa por menos de 12 meses, sendo dispensado e recebendo aviso-prévio. Posteriormente, é readmitido na empresa, com um interregno entre um contrato de trabalho e outro, ficando mais alguns meses ou até mais de um ano e, novamente, é dispensado mediante pagamento de aviso-prévio. Os tempos de serviço entre um contrato e outro serão somados, pois, no primeiro contrato, o obreiro não recebeu indenização legal, pois esta não era devida no primeiro ano de duração do contrato de trabalho (§ 1º do art. 478 da CLT). Entretanto, a segunda indenização será calculada em relação ao tempo de serviço dos dois contratos de trabalho, pois o aviso-prévio não pode ser considerado como a indenização de que tratam os arts. 477 e s. da CLT. Pouco importa que no primeiro contrato a indenização não era devida, em razão de que o empregado tinha trabalhado menos de um ano na empresa, pois, somando-se os dois contratos, houve tempo superior a um ano.

As observações que foram feitas perderam sua eficácia a partir de 5-10-1988, quando o FGTS passou a ser um direito do trabalhador (art. 7º, III, da Constituição), não havendo mais que se falar em opção, pois o sistema fundiário substitui a indenização e a estabilidade decenal. Todavia, para empregados que foram admitidos anteriormente à referida data e estão incluídos nas hipóteses mencionadas, o art. 453 da CLT ainda tem aplicabilidade, tanto que não foi revogado.

8 CESSAÇÃO DO CONTRATO POR DESAPARECIMENTO DE UMA DAS PARTES

8.1 Morte do empregado

A morte do trabalhador implica a cessação do contrato de trabalho, que é pessoal em relação ao empregado.

Falecendo o empregado e havendo herdeiros, certos direitos serão transferíveis, como o FGTS, o saldo de salários, as férias vencidas e as férias proporcionais (S. 171 do TST) e o 13º salário proporcional. Outros direitos não são transferíveis, pois a indenização só se dá na dispensa por parte do empregador; o mesmo ocorre com o aviso-prévio e as férias proporcionais se o empregado tem menos de um ano na empresa.

8.2 Morte do empregador pessoa física

O § 2º do art. 483 da CLT atribui uma faculdade ao empregado no caso de falecer o empregador constituído em empresa individual. Se a empresa individual encerra sua atividade, o empregado está automaticamente despedido; porém, se alguém continua com o negócio, ao empregado fica a faculdade de rescindir ou não o contrato. Preferindo o empregado sair da empresa, na última hipótese, não terá de dar aviso-prévio ao empregador.

8.3 Extinção da empresa

Na extinção da empresa ou de uma de suas filiais, o empregado fará jus a todos os direitos previstos na legislação, pois não foi ele quem deu causa à cessação do contrato de trabalho.

Na falência do empregador, o empregado fará jus a todos os direitos trabalhistas, como se houvesse sido dispensado. Os riscos do negócio (art. 2º da CLT) não podem ser transferidos para o trabalhador.

Determina o art. 117 da Lei nº 11.101/2005 que os contratos bilaterais não se resolvem pela falência e podem ser cumpridos pelo administrador judicial se o cumprimento reduzir ou evitar o aumento do passivo da massa falida ou for necessário à manutenção e preservação de seus ativos, mediante autorização do Comitê de Credores. O contrato de trabalho é um contrato bilateral. Trata-se de uma faculdade e não de uma obrigação de cumprimento pelo administrador judicial. Exige-se que a continuidade dos contratos bilaterais dependa de reduzir ou evitar o aumento do passivo da massa falida ou seja necessária à manutenção e à preservação dos ativos da massa. São requisitos alternativos e não cumulativos. É preciso, porém, autorização do Comitê de Credores. O administrador judicial é o antigo síndico.

O contratante pode interpelar o administrador judicial, no prazo de até 90 dias, contado da assinatura do termo de sua nomeação, para que, dentro de 10 dias, declare se cumpre ou não o contrato (§ 1º do art. 117 da Lei nº 11.101/2005). Essa regra não se aplica no Direito do Trabalho, pois, diante do princípio da continuidade do pacto laboral, se o empregado continuou trabalhando, o contrato de trabalho não cessou. Não haverá necessidade, portanto, de o empregado interpelar o administrador judicial no prazo de 90 dias. A realidade de fato da continuidade do contrato de trabalho é que indicará a questão.

A declaração negativa ou o silêncio do administrador judicial confere ao contraente o direito à indenização, cujo valor, apurado em processo ordinário, constituirá crédito quirografário (§ 2º do art. 117 da Lei nº 11.101). A regra também não se aplica no Direito do Trabalho, pelos mesmos motivos do parágrafo anterior. A indenização pela rescisão, que é o pagamento da indenização de 40% sobre os depósitos do FGTS, entra na regra geral dos créditos trabalhistas até 150 salários mínimos.

Assim, se houver a continuidade do trabalho na falida, os contratos de trabalho não se resolvem.

9 CESSAÇÃO DO CONTRATO DE TRABALHO POR MÚTUO ACORDO DAS PARTES

Empregado e empregador poderão pactuar, mediante acordo, a cessação do contrato de trabalho. É o que se chama de distrato. Os próprios interessados estabelecerão quais serão as formas e consequências do rompimento do vínculo de emprego.

O contrato de trabalho poderá ser extinto por acordo entre empregado e empregador, caso em que serão devidas as seguintes verbas trabalhistas:

I – por metade:

a) o aviso-prévio, se indenizado. O aviso-prévio, se indenizado, é devido pela metade. Se o aviso-prévio for trabalhado, deverá ser pago como saldo de salário; e

b) a indenização de 40% sobre o saldo do Fundo de Garantia do Tempo de Serviço, prevista no § 1º do art. 18 da Lei nº 8.036, de 11 de maio de 1990;

II – na integralidade, as demais verbas trabalhistas (art. 484-A da CLT). O empregado terá direito ao saldo de salário, férias vencidas e proporcionais acrescidas de um terço, 13º salário proporcional, salário-família etc.

A extinção do contrato por mútuo acordo permite a movimentação da conta vinculada do trabalhador no Fundo de Garantia do Tempo de Serviço na forma do inciso I-A do art. 20 da Lei nº 8.036, de 11 de maio de 1990, limitada até 80% do valor dos depósitos.

Não fará jus o empregado ao levantamento do seguro-desemprego (§ 2º do art. 484-A da CLT). Tratando-se de mútuo acordo, não há desemprego involuntário (art. 7º, II, da Constituição), não existe dispensa do empregado por parte do empregador. Assim, não existe o direito ao levantamento das parcelas do seguro-desemprego.

10 CESSAÇÃO DO CONTRATO DE TRABALHO POR CULPA RECÍPROCA

A culpa recíproca na rescisão do contrato de trabalho compreende o fato de que ambas as partes dão causa à cessação do pacto laboral por justo motivo.

Diz respeito a culpa recíproca a hipótese de justo motivo para a cessação do contrato de trabalho. Existem duas faltas graves: uma do empregado e outra do empregador. A falta do empregado estaria capitulada no art. 482 da CLT e a falta do empregador estaria elencada no art. 483 da CLT. A causa determinante para a rescisão do contrato de trabalho é a ocorrência das duas faltas.

As faltas de ambas as partes devem ser concomitantes, pois devem ocorrer ao mesmo tempo. Não deve haver espaço de tempo entre uma e outra.

É desnecessário que as faltas praticadas em relação a cada uma das partes do contrato de trabalho tenham a mesma intensidade. Uma falta pode ter mais intensidade do que a outra. O importante é que o motivo determinante para a cessação do contrato de trabalho é a gravidade das faltas praticadas por ambas as partes.

As faltas devem ser contemporâneas, ou seja, deve haver imediação para a cessação do contrato de trabalho.

É fundamental a existência de nexo causal nas faltas praticadas, pois se uma independer da outra, não há culpa recíproca. Se o empregado ofendeu o dono da empresa há um mês e, muito depois, essa pessoa agride o trabalhador, não há nexo causal entre uma falta e outra. A primeira falta teria sido perdoada pelo empregador. Este é que, na verdade, cometeu justa causa de agressão em relação ao empregado.

Na prática, muito improvavelmente ocorrerá a dispensa por culpa recíproca, que, inclusive, será difícil de ser provada. Exemplo pode ser a troca de ofensas entre empregado e empregador, tanto verbais como chegando às vias de fato.

A redação anterior da Súmula 14 do TST, determinada pela Resolução Administrativa nº 28/69 do TST, era: "Reconhecida a culpa recíproca na rescisão do contrato de trabalho (art. 484, da CLT), o empregado não fará jus ao aviso-prévio, às férias proporcionais e à gratificação natalina do ano respectivo".

A Resolução nº 121 do TST, de 19-11-2003, deu nova redação à referida súmula: "Reconhecida a culpa recíproca na rescisão do contrato de trabalho (art. 484 da CLT), o empregado tem direito a 50% (cinquenta por cento) do valor do aviso-prévio, do décimo terceiro salário e das férias proporcionais". Não se faz mais referência a "ano respectivo", pois as férias podem não coincidir exatamente com o ano calendário, mas com os 12 meses subsequentes ao início do contrato de trabalho.

11 CESSAÇÃO POR ADVENTO DO TERMO DO CONTRATO

Há também cessação do contrato de trabalho com o advento do termo respectivo.

No término normal do contrato de trabalho de prazo determinado o empregado tem direito ao levantamento do FGTS, 13º salário proporcional, férias proporcionais. Não há direito a aviso-prévio, pois as partes sabem de antemão quando é o término do pacto, nem há pagamento da indenização de 40% do FGTS, pois a iniciativa do rompimento não foi do empregador.

O empregador que rescindir o contrato de trabalho antes do termo deverá indenizar o empregado com a metade da remuneração a que teria direito até o termo do contrato (art. 479 da CLT). O mesmo ocorre em relação ao doméstico (art. 7º e parágrafo único da Lei Complementar nº 150/2015).

O empregado que se desligar antes do término do contrato por prazo determinado deverá indenizar o empregador dos prejuízos que desse fato lhe resultarem (art. 480 da CLT). A indenização não poderá exceder àquela a que teria direito o empregado em idênticas condições (§ 1º do art. 480 da CLT), ou seja, de metade do salário até o término do contrato de trabalho.

Nos contratos de prazo determinado que contiverem cláusula assecuratória do direito recíproco de rescisão antecipada, aplicam-se, caso seja exercido tal direito por qualquer das partes, os princípios que regem a rescisão dos contratos por prazo indeterminado (art. 481 da CLT). É o caso de contratos por prazo determinado que contêm cláusula de aviso-prévio.

12 FORÇA MAIOR

O contrato de trabalho poderá terminar por força maior. Considera-se força maior o acontecimento inevitável e previsível, em relação à vontade do empregador, e para a realização do qual este não concorreu, direta ou indiretamente (art. 501 da CLT). O dispositivo se preocupou com a força maior em sentido amplo. Não fez distinção. Preocupou-se com os efeitos. O acontecimento precisa ser inevitável. Não precisa ser imprevisível. Pode, portanto, ser previsível, como ocorreu com o coronavírus. O caso é de força maior, pois a doença se propagou rapidamente de forma que não houve como evitar e de forma imprevisível em relação a qual o empregador não concorreu, havendo necessidade de muitas pessoas ficarem em casa. O empregador não concorreu direta ou indiretamente para o fechamento das suas atividades, mas por determinação do Poder Público. O empregador não poderia evitar ou impedir a parada das suas atividades em virtude do fechamento de certos segmentos (comércio, *shoppings*, cinemas, escolas etc.) para evitar a propagação da doença. Existe interesse público para justificar o fechamento em razão da quarentena, por causa da propagação da doença.

O art. 501 da CLT não fez distinção entre fortuito interno ou externo. Fortuito externo seria algo que vem de fora da relação. Fortuito interno poderia ser considerado o risco do empreendimento, como a falta de manutenção do prédio, que faz desmoronar uma parede, o telhado etc.

A imprevidência do empregador exclui a razão de força maior (§ 1º do art. 501 da CLT). À ocorrência do motivo de força maior que não afetar substancialmente, nem for suscetível de afetar, em tais condições, a situação econômica e financeira da empresa não se aplicam as restrições previstas na lei, como a indenização pela metade, o pagamento pela metade da indenização do FGTS etc., devendo pagar as verbas pertinentes por inteiro.

A falência do empregador não será considerada como força maior, pois está inserida nos riscos do empreendimento. O mesmo ocorre com os planos econômicos do governo.

Não representa força maior a perda de um contrato de concessão de transporte, mas risco do negócio.

Pode-se exemplificar como força maior o incêndio, a inundação, o terremoto, o vendaval e outros fenômenos naturais, que venham a afetar a situação econômica e financeira da empresa. A falta de matéria-prima ou a inutilização parcial da empresa por incêndio ou outra imprevisão que apenas afetar parcialmente a empresa não implicará motivo de força maior.

Na força maior, a indenização de 40% na dispensa é devida pela metade, desde que reconhecida pela Justiça do Trabalho (§ 2º do art. 18 da Lei nº 8.036/90), assim como eventual indenização do art. 478 da CLT, que será metade da simples.

13 *FACTUM PRINCIPIS*

Antigamente, se falava em fato do príncipe como toda medida arbitrária, feita com violência por parte da autoridade, que tinha força coercitiva. Dizia-se: o que agradou o príncipe tem força de lei.

Príncipe seria a autoridade pública.

O *factum principis* é causado pela Administração Pública, provocando o encerramento da empresa e a dispensa dos seus empregados.

Estabelece o art. 486 da CLT que no caso da paralisação temporária ou definitiva do trabalho, motivada por ato de autoridade municipal, estadual ou federal, ou pela promulgação de lei ou resolução que impossibilita a continuação da atividade, prevalecerá o pagamento da indenização por tempo de serviço, que ficará a cargo do governo responsável.

O art. 486 da CLT faz referência a "ato".

Ato é agir, fazer por meio de vontade própria. Ato é a vontade em querer praticar algo. Ato é uma situação de fato praticada por uma pessoa. Compreende a vontade de praticar o ato. Isso é feito pelo Poder Público.

Não se distingue na CLT se o ato é praticado ou não por força maior ou por caso fortuito. Também não se diferencia se o ato é lícito ou ilícito, se houve abusos ou excessos. É qualquer ato. Não importa qual seja. Se a lei não distingue, não cabe ao intérprete fazê-lo (*Ubi lex non distinguit nec non distinguere debemus*).

A lei não dispõe qual é a causa do ato.

O art. 486 da CLT não determina que o ato é apenas na desapropriação. Logo, pode ser decorrente de outros fatores.

Não dispõe o art. 486 da CLT que o fato do príncipe ocorrerá apenas para uma situação específica, como na desapropriação. Logo, pode ser em outras hipóteses, como em decorrência da doença.

Se a empresa continua com a atividade normal, não se pode falar em fato do príncipe. Se um estabelecimento continua trabalhando normalmente, não se pode falar em fato do príncipe.

O fato do príncipe também não se caracteriza em caso de crise econômica, crise gerencial da empresa ou planos econômicos de reajuste salarial.

A indenização é que fica por conta do Poder Público. Se não há pedido de indenização, a verba não é devida pelo Poder Público. Não se pode nem mesmo falar no exame de fato do príncipe.

A indenização é a por tempo de serviço (arts. 478 – simples –, 496 e 497 – em dobro – da CLT) e de 40% sobre os depósitos do FGTS. Elas ficariam por conta do Poder Público caso exista dispensa por parte do empregador.

As verbas rescisórias ficarão por conta da empresa, pois o empregado não pode assumir os riscos da atividade econômica do empregador.

O Poder Público tem de ser chamado para integrar a lide (§ 1º do art. 486 da CLT).

Questões

1. Existe distinção entre justa causa e falta grave?
2. O que é insubordinação?
3. O que é indisciplina?
4. O que é desídia?
5. O que é mau procedimento?
6. A embriaguez constitui-se em falta grave?
7. Como se caracteriza o abandono de emprego?
8. Como se dá a força maior?
9. A aposentadoria rescinde o contrato de trabalho?

Capítulo 23

AVISO-PRÉVIO

1 ORIGENS

As origens do aviso-prévio não são encontradas no Direito do Trabalho. Surgiu o instituto em estudo como uma forma de uma parte avisar a outra que não mais tem interesse na manutenção de determinado contrato.

Nas corporações de ofício, o companheiro não poderia abandonar o trabalho sem conceder aviso-prévio ao mestre. Não havia, porém, a mesma reciprocidade do mestre em relação ao companheiro.

Previa o art. 81 do Código Comercial de 1850 da seguinte maneira: "Não se achando acordado o prazo do ajuste celebrado entre o preponente e os seus prepostos, qualquer dos contraentes poderá dá-lo por acabado, avisando o outro da sua resolução com 1 (um) mês de antecipação".

A segunda parte do mesmo artigo menciona, ainda, o pagamento de salário durante o referido aviso-prévio: "os agentes despedidos terão direito ao salário correspondente a esse mês, mas o preponente não será obrigado a conservá-los no seu serviço". Já se verificava que o aviso só caberia em relação a contratos por prazo indeterminado, possuindo certas características, como a necessidade de notificação da parte contrária, o prazo da comunicação e o pagamento de salário durante esse período.

O Código Civil de 1916 tratava do aviso-prévio no art. 1.221, no tocante à locação de serviços: "Não havendo prazo estipulado, nem se podendo inferir da natureza do contrato, ou do costume do lugar, qualquer das partes, a seu arbítrio, mediante prévio aviso, pode rescindir o contrato. Parágrafo único. Dar-se-á o aviso: I – com antecedência de oito dias, se o salário se houver fixado por tempo de um mês, ou mais; II – com antecipação de quatro dias, se o salário estiver ajustado por semana ou quinzena; III – de véspera, quando se tenha contrato por menos de sete dias".

Na locação de serviços só caberia o aviso em razão de contratos por prazo indeterminado, havendo, ainda, os elementos comunicação e prazo para a consecução do aviso em razão do tempo de pagamento do salário. O elemento pagamento de remuneração durante o aviso-prévio não era encontrado.

O Decreto nº 16.107, de 30 de julho de 1923, regulamentava a "locação dos serviços domésticos". Qualquer das partes poderia, mediante prévio aviso, rescindir o contrato (art. 22). O prazo seria de oito dias, no caso de locador (empregado) mensalista; com antecipação de quatro dias, no caso de salário ajustado por semana ou quinzena; e de véspera, quando o contrato fosse inferior a sete dias.

No âmbito do Direito do Trabalho, a Lei nº 62, de 5-6-1935, especificou o aviso-prévio no art. 6º, em que tal comunicação só era exigida do empregado em favor do empregador. O empregado deveria dar aviso de no mínimo 30 dias ao empregador, se desejasse sair do emprego. A falta de aviso-prévio permitiria o desconto de um mês de ordenado ou do duodécimo do total das comissões percebidas nos últimos 12 meses de serviço.

A CLT tratou do aviso-prévio nos arts. 487 a 491.

A Lei nº 1.530, de 1951, aboliu o aviso-prévio de apenas três dias. Incluiu no cálculo do aviso-prévio o tempo de serviço do trabalhador.

Prevê o art. 34 da Lei nº 4.886/65 que o aviso-prévio no contrato de representação comercial só é devido nos contratos de prazo indeterminado após seis meses.

A Constituição de 1988 versou pela primeira vez sobre aviso-prévio no inciso XXI do art. 7º, com a seguinte redação: "aviso-prévio proporcional ao tempo de serviço, sendo no mínimo de trinta dias, nos termos da lei".

O dispositivo constitucional trata de dois tipos de questão. O aviso-prévio de 30 dias já é autoaplicável desde 5 de outubro de 1988, não necessitando de regulamentação. O aviso-prévio proporcional depende da previsão da lei ordinária, que irá regulamentá-lo.

O inciso XXI do art. 7º da Constituição, no ponto em que trata do aviso-prévio proporcional, é uma norma incompleta. Necessita de regulamentação pela lei ordinária. Tem eficácia limitada. O número máximo de dias do aviso-prévio proporcional não está previsto no referido dispositivo.

O locatário pode denunciar a locação por prazo indeterminado mediante aviso por escrito ao locador, com antecedência mínima de 30 dias (art. 6º da Lei nº 8.245/91).

Faz referência o art. 599 do Código Civil a prévio aviso para a rescisão do contrato de prestação de serviços. O aviso será de 8 dias, se o salário se houver fixado por tempo de um mês; com antecipação de quatro dias, se o salário se tiver ajustado por semana ou quinzena; de véspera, quando se tenha contratado por menos de sete dias. Prevê o art. 720 do Código Civil que no contrato de agência e distribuição por tempo indeterminado, qualquer das partes poderá resolvê-lo, mediante aviso-prévio de 90 dias, desde que tenha transcorrido prazo compatível com a natureza e o vulto do investimento exigido do agente.

A Lei nº 12.506, de 11 de outubro de 2011, dispõe sobre "aviso-prévio e dá outras providências". Na verdade, ela pretende regulamentar o inciso XXI do art. 7º da Constituição em relação ao aviso-prévio proporcional ao tempo de serviço.

Determina a referida norma:

> "Art. 1º O aviso-prévio, de que trata o Capítulo VI do Título IV da Consolidação das Leis do Trabalho – CLT, aprovada pelo Decreto-Lei nº 5.452, de 1º de maio de 1943, será concedido na proporção de 30 (trinta) dias aos empregados que contem até 1 (um) ano de serviço na mesma empresa.
>
> Parágrafo único. Ao aviso-prévio previsto neste artigo serão acrescidos 3 (três) dias por ano de serviço prestado na mesma empresa até o máximo de 60 (sessenta) dias, perfazendo um total de até 90 (noventa) dias".

2 ETIMOLOGIA

A palavra *aviso* é derivada de *avisar*. Aviso vem do latim *vídeo*, *vides*, *videre*, *vidi*, *visum*, que é originário de ver. Posteriormente, foi estendido para averiguar, perceber, conhecer. Quem vê, conhece o que foi visto. Em francês há a palavra *aviser*, com o significado de informar alguém de algo, aperceber-se, ou de *avertir*, avisar. Aviso é aquilo que está ao alcance dos olhos.

Aviso é substantivo masculino que significa notícia, advertência, participação; ação ou efeito de avisar. *Prévio*, do latim *praevius*, vem a ser o que é anterior, preliminar, indica antecipação.

3 DENOMINAÇÃO

O nome correto do instituto em estudo é, porém, *aviso-prévio* e não *aviso breve*, como é comum ser empregado, principalmente entre os trabalhadores de baixa instrução. Prévio quer dizer com antecedência. Breve significa de pouca extensão, ligeiro.

Em francês, usava-se a denominação *le délai-congé*. Hoje usa-se *préavis*. Em legislações de língua espanhola se usa a expressão *preaviso*.

4 CONCEITO

Aviso-prévio é a comunicação que uma parte do contrato de trabalho deve fazer à outra de que pretende rescindir o referido pacto sem justa causa, de acordo com o prazo previsto em lei, sob pena de pagar indenização substitutiva.

O aviso-prévio pode ser previsto em lei (art. 487 da CLT), em norma coletiva. Pode ser decorrente de costumes ou até do que se estabeleceu no contrato de trabalho.

5 NATUREZA JURÍDICA

Tem o aviso-prévio tríplice natureza (Nascimento, 1999:467) ou é tridimensional. A primeira é de comunicar à outra parte do contrato de trabalho que não há mais interesse na continuação do pacto. Num segundo plano, o aviso-prévio também pode ser analisado como o período mínimo que a lei determina para que seja avisada a parte contrária de que vai ser rescindido o contrato de trabalho, de modo que o empregador possa conseguir novo empregado para a função ou o empregado possa procurar novo emprego. Em terceiro lugar, diz respeito ao pagamento que vai ser efetuado pelo empregador ao empregado pela prestação de serviços durante o restante do contrato de trabalho, ou à indenização substitutiva pelo não cumprimento do aviso-prévio por qualquer das partes. Há, assim, a combinação dos elementos comunicação, prazo e pagamento.

O aviso-prévio é um direito potestativo, a que a outra parte não pode se opor. Daí, advém que o aviso-prévio é unilateral. É uma declaração unilateral de vontade, independendo da aceitação da parte contrária. Com o aviso-prévio, portanto, é criada uma nova situação jurídica em relação ao contrato de trabalho, ou seja: há a rescisão do pacto laboral.

Consiste o aviso-prévio numa limitação econômica ao poder de despedir do empregador, que deve concedê-lo, sob pena de pagar indenização correspondente. É possível encará-lo, ainda, como uma limitação para que o empregado não venha a abandonar abruptamente a empresa, deixando o empregador, de imediato, de contar com um funcionário para fazer determinado serviço. A concessão de aviso-prévio do empregado ao empregador objetiva que este possa assegurar o funcionamento da empresa.

O aviso-prévio é bilateral no sentido de ser concedido pelo empregador ao empregado ou vice-versa, não de ser aceito pela outra parte. O art. 487 da CLT passou a mencionar "a parte que(...)", mostrando que há um direito recíproco das partes ao aviso-prévio.

Representa o aviso-prévio uma notificação receptícia.

Consiste o aviso-prévio numa obrigação de fazer, de conceder o prazo de 30 dias. Caso não seja concedido, converte-se em obrigação de dar, de pagar.

O aviso-prévio serve para dar equilíbrio à relação contratual.

6 IRRENUNCIABILIDADE

O aviso-prévio é um direito irrenunciável do empregado. O pedido de dispensa de seu cumprimento "não exime o empregador de pagar o valor respectivo, salvo comprovação de haver o prestador dos serviços obtido novo emprego" (S. 276 do TST). A expressão "pedido de dispensa do cumprimento" contida na Súmula refere-se ao aviso-prévio concedido pelo empregador. Dessa forma, o empregado não poderia renunciar ao aviso-prévio, salvo provando ter obtido novo emprego, que é a finalidade do instituto, ficando o empregador obrigado a pagar o valor correspondente. Tratando-se de aviso-prévio concedido pelo empregado, poder-se-ia pensar que o empregador renunciaria ao direito ao aviso-prévio do empregado, permitindo que este não mais trabalhasse e, consequentemente, não haveria necessidade de prova de novo emprego, pois o empregado é que quis retirar-se do serviço, inexistindo direito ao pagamento do restante do período do aviso, em razão de não ter havido a prestação de serviços pelo obreiro. O trabalhador não pode cumprir o aviso-prévio se já obteve nova colocação. Logo, não se pode falar em pagamento do período. No aviso-prévio dado pelo empregado, o período pertence ao empregador e este poderá renunciá-lo, o que não ocorre quando o aviso-prévio é dado pelo empregador. Caso, entretanto, o empregado deixe de cumprir o aviso-prévio por ele oferecido ao empregador, sem a concordância deste, deverá indenizá-lo.

7 CABIMENTO

Como regra, o aviso-prévio cabe nos contratos por prazo indeterminado (art. 487 da CLT). Havendo prazo estipulado para a cessação do contrato de trabalho, não haveria que se falar em aviso-prévio, pois as partes já sabem de antemão quando é que vai terminar o pacto laboral. É possível afirmar, portanto, que não cabe o aviso-prévio nos contratos de prazo determinado, inclusive os de experiência.

A Lei nº 9.601/98 não viola o inciso XXI do art. 7º da Constituição, que trata do aviso-prévio. Este, por natureza, só é devido nos contratos de prazo indeterminado e não nos contratos de prazo determinado. A parte final do citado preceito constitucional também mostra que o aviso-prévio é dependente de lei que trace suas características.

Reflete o aviso-prévio o direito recíproco de empregado e empregador de avisarem a parte contrária que não mais têm interesse na continuação do contrato de trabalho. Assim, tanto o empregado que pede demissão como o empregador que dispensa o empregado deverão ofertar o aviso-prévio à outra parte.

Tem cabimento, por conseguinte, o aviso-prévio na rescisão do contrato de trabalho sem justo motivo, ou seja, no pedido de demissão do empregado ou na dispensa por parte do empregador. Havendo dispensa por justa causa, o contrato de trabalho termina de imediato, inexistindo direito a aviso-prévio. Concedendo, entretanto, o empregador aviso-prévio na despedida por justa causa, presume-se que a dispensa foi imotivada, pois na justa causa não há necessidade de aviso-prévio, cabendo ao empregador fazer a prova da falta grave. A extinção da empresa pode ser equiparada à rescisão do contrato de trabalho sem justa causa, pois o empregado não dá nenhum motivo para o término do contrato de trabalho, sendo devido, assim, o aviso-prévio. A Súmula 44 do TST esclarece que "a cessação da atividade da empresa, com o pagamento da indenização, simples ou em dobro, não exclui, por si só, o direito do empregado ao aviso-prévio". Se a empresa vier a falir, o aviso-prévio será devido, pois o risco do empreendimento é do empregador (art. 2º da CLT) e não pode ser transferido ao empregado, não se enquadrando tal hipótese como justo motivo para a rescisão do contrato de trabalho. Ocorrendo força maior, pode-se entender que o aviso-prévio é indevido, porque houve justo motivo para o término do contrato de trabalho (art. 487 da CLT).

Antigamente, discutia-se o cabimento do aviso-prévio na despedida indireta. O TST tinha entendimento, por meio da Súmula 31, de ser incabível o aviso-prévio na despedida indireta, pois a lei nada dizia sobre o referido aviso nessa forma de despedida. Como o aviso-prévio decorre do fato de uma parte querer rescindir o contrato de trabalho sem justa causa, não seria devido o citado aviso, pois na rescisão indireta haveria justa causa cometida pelo empregador. Observava-se, todavia, que tal raciocínio gerava uma situação prejudicial ao empregado, pois não era ele quem dava causa à rescisão do contrato de trabalho – mas o empregador –, contudo não recebia nenhuma importância a título de indenização pelo término abrupto do contrato de trabalho. A Lei nº 7.108, 5-7-1983, corrigiu tal situação, acrescentando o § 4º ao art. 487 da CLT, determinando ser devido o aviso-prévio na despedida indireta. A Súmula 31 do TST foi cancelada.

Na existência de culpa recíproca na rescisão do contrato de trabalho não é devido o aviso-prévio. Nesse caso, o que ocorre é que há justo motivo para rescisão do contrato de trabalho (art. 487 da CLT), que foi dado por ambas as partes, ficando prejudicado o aviso-prévio, pois o contrato de trabalho termina de imediato. O TST entende que na culpa recíproca o empregado tem direito a 50% do valor do aviso-prévio (S. 14).

Dispõe o art. 487 da CLT que o aviso-prévio é devido apenas em caso de não haver justo motivo para a dispensa. Na culpa recíproca, há justo motivo recíproco para a dispensa. Logo, o aviso-prévio é indevido e não deveria ser pago à razão de 50% do seu valor.

Justifica-se o aviso-prévio quando uma parte tem de comunicar a outra que o pacto irá terminar. Como na culpa recíproca há concomitância de faltas, não há que se falar em que uma parte terá de avisar a outra. Não há aviso-prévio, mas cessação imediata do pacto laboral pelas faltas recíprocas.

No meu ponto de vista, a orientação correta era a da redação anterior da Súmula 14 do TST, pelo fato de que se existe justo motivo para a cessação do contrato de trabalho do empregado, em razão da culpa recíproca, é indevido o aviso-prévio.

Em caso de acordo entre empregado e empregador o aviso-prévio é devido pela metade (art. 484-A, I, da CLT).

No contrato por prazo determinado, as partes já sabem quando será o término do pacto laboral, daí inexistir necessidade de aviso-prévio. Mesmo no art. 81 do Código Comercial e no art. 1.221 do Código Civil de 1916 já se verificava que o aviso-prévio só seria devido se não pactuado o prazo de vigência dos referidos ajustes. Há dúvida, contudo, quando não se sabe quando o contrato de trabalho irá terminar, como nos contratos de safra ou de obra certa, em que há uma previsão aproximada do término do pacto, mas não uma certeza. O art. 481 da CLT esclareceu que se houver uma cláusula nos contratos por prazo determinado, assegurando o direito recíproco de rescisão antecipada do pacto, aplicam-se, caso seja exercido tal direito, as regras que tratam da rescisão do contrato por prazo indeterminado, sendo devido, então, o aviso-prévio. O requisito seria a existência da referida cláusula no contrato de trabalho, que geraria o direito ao aviso-prévio. Tal fato valeria para qualquer contrato de prazo determinado, inclusive o de experiência. A Súmula 163 do

TST esclareceu que é cabível o aviso-prévio nas rescisões antecipadas dos contratos de experiência, na forma do art. 481 da CLT.

No contrato de trabalho temporário, regido pela Lei nº 6.019/74, não há direito a aviso-prévio, pois as partes já conhecem antecipadamente o final do contrato, que não poderá ser celebrado por mais de 180 dias. O art. 12 da referida norma não menciona o direito a aviso-prévio, justamente porque as partes já conhecem quando se encerrará o citado ajuste.

8 FORMA

A lei não estabelece a forma como o aviso-prévio deve ser concedido. Admite-se que o aviso-prévio possa ser concedido verbalmente, pois até mesmo o contrato de trabalho pode ser feito dessa forma. Se a parte reconhece que o aviso-prévio foi concedido, ainda que verbalmente, será plenamente válido.

Para que não haja dúvidas, recomenda-se que o aviso-prévio sempre seja concedido por escrito, em pelo menos duas vias, ficando uma em poder do empregado e outra com o empregador, representando, assim, uma prova concreta em relação à parte que pretendeu rescindir o contrato de trabalho, cabendo à outra parte fazer prova em sentido contrário. Poderá ser feito inclusive por telegrama, desde que haja prova de que o empregado o recebeu.

A Convenção nº 158 da OIT mostrava que na dispensa do empregado deve ser indicado o motivo para tanto, de modo, até mesmo, que o obreiro possa defender-se de eventual acusação que lhe é feita nesse momento.

9 PRAZO

O art. 487 da CLT prevê dois prazos de aviso-prévio em razão do tempo de pagamento do salário: (a) de oito dias, se o pagamento fosse efetuado por semana ou tempo inferior; (b) de 30 dias aos que percebessem por quinzena ou mês, ou que tivessem mais de 12 meses de serviço na empresa.

O inciso XXI do art. 7º da Constituição determinou que o aviso-prévio será de no mínimo 30 dias, norma essa autoaplicável. A Lei Maior não dispõe que o aviso-prévio é o dado pelo empregador ao empregado, mas que se trata de um direito do trabalhador. Assim, na hipótese do aviso-prévio dado pelo empregado ao empregador, o prazo poderá ser de oito dias, se o pagamento for efetuado por semana ou por tempo inferior. Se o aviso-prévio for dado pelo empregador ao empregado, terá de ser de pelo menos 30 dias, mesmo que o trabalhador ganhe por semana ou tempo inferior.

O número máximo de dias do aviso-prévio proporcional não está previsto no inciso XXI do art. 7º da Constituição. Esta fixa apenas o número mínimo.

Nada impede que as partes ou a norma coletiva fixem prazo de aviso-prévio superior a 30 dias, pois deve-se apenas obedecer ao mínimo de 30 dias, mas não há um prazo máximo. O prazo do aviso-prévio dado pelo empregado ao empregador poderia ser inferior a 30 dias, pois se configuraria uma disposição mais favorável ao obreiro.

A proporcionalidade do aviso-prévio prevista no inciso XXI do art. 7º da Lei Maior é que será objeto de lei ordinária. Como o legislador constituinte estabelece o mínimo de 30 dias para o aviso-prévio, nada impede que a legislação ordinária fixe prazo superior.

O inciso XXI do art. 7º da Constituição dispõe que o aviso-prévio será de pelo menos 30 dias. É um período mínimo de aviso-prévio, que independe do número de anos de trabalho do empregado para o empregador, para os empregados que contem até um ano de serviço na mesma empresa. Na verdade, trata-se de serviço prestado para o mesmo empregador, pois nem todos os empregadores são empresa, como as pessoas físicas ou os profissionais liberais.

Entendo que a determinação em estabelecer o limite de 60 dias não é inconstitucional, pois a norma constitucional precisava ser regulamentada pela previsão da lei ordinária. O inciso XXI do art. 7º da Constituição é claro no sentido de que o "aviso-prévio proporcional ao tempo de serviço" é estabelecido "nos termos da lei". A proporcionalidade será estabelecida na forma prevista na lei ordinária, que é a Lei nº 12.506. Logo, a lei pode limitar o máximo do aviso-prévio proporcional, pois há expressa permissão constitucional para isso.

A garantia de no mínimo 30 dias de aviso-prévio já estava prevista na CLT e não foi alterada pela Lei nº 12.506/2011.

A alteração feita pela Lei nº 12.506/2011 leva em conta apenas o fator tempo de serviço na empresa e não mesclar o tempo com a idade do trabalhador.

Uma forma de entender o assunto seria compatibilizar o inciso XXI do art. 7º da Constituição com o inciso I do mesmo artigo. O aviso-prévio proporcional ao tempo de serviço visa dificultar a dispensa sem justa causa do empregado, tornando-a mais onerosa para o empregador. A dispensa feita pelo empregador não se trata de ato ilícito, tanto que a indenização não é civil, mas trata-se de uma reparação econômica de natureza trabalhista. O empregador continua com o direito potestativo de despedir o empregado, salvo nas hipóteses em que o empregado tem garantia de emprego. O ato de despedir sem justa causa não pode ser equiparado a ato obstativo ou impeditivo de um direito do empregado, como nos casos de garantias de emprego de dirigente sindical, cipeiro, grávida, acidentado etc. Em nenhum momento a Constituição está impedindo a dispensa. Está tornando-a onerosa.

A Lei nº 12.506/2011 faz referência a "aviso-prévio, de que trata o Capítulo VI do Título IV da Consolidação das Leis do Trabalho – CLT, aprovada pelo Decreto-Lei nº 5.452, de 1º de maio de 1943" (art. 1º).

No aviso-prévio proporcional ao tempo de serviço não há retrocesso social, pois está sendo concedido aviso-prévio maior e não menor. O aviso-prévio proporcional ainda não havia sido estabelecido para se falar em retrocesso social.

A regra da Lei nº 12.506/2011 aplica-se aos empregados urbanos, pois eles são regidos pela CLT. A Lei nº 12.506 remete à CLT.

Embora a Lei nº 12.506/2011 não remeta o intérprete à Lei nº 5.889/73, o aviso-prévio proporcional ao tempo de serviço se aplica aos empregados rurais, pois o *caput* do art. 7º da Constituição trata de direitos dos trabalhadores urbanos e rurais. Há igualdade de direitos.

O aviso-prévio do empregado doméstico será concedido na proporção de 30 dias ao empregado que conte com até um ano de serviço para o mesmo empregador (§ 1º do art. 23 da Lei Complementar nº 150/2015). Ao aviso-prévio devido ao empregado doméstico, serão acrescidos três dias por ano de serviço prestado para o mesmo empregador, até o máximo de 60 dias, perfazendo um total de até 90 dias.

O inciso XXXIV do art. 7º da Constituição dispõe que os avulsos têm os mesmos direitos dos trabalhadores com vínculo empregatício permanente. Entretanto, os avulsos não trabalham por prazo indeterminado, mas eventualmente para o mesmo tomador ou por curto período de tempo, para um determinado evento.

O avulso não tem contrato de trabalho, mas relação de trabalho. Sua contratação não é feita por prazo indeterminado. Logo, não tem direito a aviso-prévio.

O art. 1º da Lei nº 12.506/2011 é claro no sentido de que o aviso-prévio "será concedido na proporção de 30 (trinta) dias aos empregados que contem até 1 (um) ano de serviço na mesma empresa". Logo, tendo o empregado apenas um ano de empresa ou apenas 12 meses de empresa, faz jus a 30 dias de aviso-prévio.

De acordo com o art. 1º da Lei nº 12.506, se o empregado tiver um ano de casa, tem direito a aviso-prévio de 30 dias. Dispõe o parágrafo único do art. 1º que ao aviso-prévio previsto no artigo, ou seja, que é de 30 dias para quem tem um ano de serviço, serão acrescidos três dias por ano de serviço prestado na mesma empresa. Isso significa que o ano é contado depois dos primeiros 12 meses, porque com 12 meses não faz jus a 33 dias de aviso-prévio. Do contrário, o primeiro ano teria já 33 dias, 30 dias mais 3.

Para cada ano de serviço haverá acréscimo de três dias no aviso-prévio de 30 dias. É preciso que o ano seja completo, pois a lei faz referência a três dias por ano de serviço prestado na mesma empresa. Embora a lei não faça menção a ano completo na empresa, se o empregado não tem um novo ano completo não terá direito a mais três dias de aviso-prévio. O parágrafo único do art. 478 da CLT não conta para fins de indenização o fato de o empregado ter trabalhado um ano na empresa.

Se o empregado tiver um ano e seis meses de casa, terá direito apenas a 30 dias de aviso-prévio, pois ainda não tem dois anos de empresa para se falar em 33 dias de aviso-prévio. Se tiver um ano e um mês não tem sentido receber 33 dias de aviso-prévio, pois ainda não tem dois anos de serviço na empresa.

Para serem devidos 90 dias de aviso-prévio é preciso que o empregado tenha mais de 20 anos de tempo de serviço para o empregador.

A Lei nº 12.506/2011 estabelece a regra de "três dias por ano de serviço prestado na mesma empresa" e não para cada novo ano de trabalho.

Tratando-se de "ano de serviço prestado na mesma empresa", não pode ser ano de serviço prestado em empresas pertencentes ao mesmo grupo econômico, mas na mesma empresa. A Lei nº 12.506/2011 não usa a expressão "mesmo empregador", que poderia se entender que se trataria do grupo econômico, pois o empregador é o grupo.

Pode ser que haja entendimento de que cada período de seis meses será contado como ano, como se observa para indenização (art. 478 da CLT). A Súmula 291 do TST também faz referência a ano com período superior a seis meses para efeito de indenização de horas extras suprimidas. Não é essa a determinação da Lei nº 12.506/2011. Ela não remete ao art. 478 da CLT. Não foi esse o intuito do legislador. Do contrário, deveria ter sido claro nesse sentido.

Para efeito de férias (parágrafo único do art. 146 da CLT) e 13º salário (Lei nº 4.090/65) a legislação é clara no sentido de que o período igual ou superior a 15 dias é considerado como mês. A Lei nº 12.506/2011 não estabeleceu que o período igual ou superior a seis meses será considerado como ano. Se não o fez, não pode o intérprete se socorrer de analogia em relação a outros institutos.

Parece que o aviso-prévio projetado não pode ser contado para o cálculo dele mesmo, pois o parágrafo único do art. 1º da Lei nº 12.506/2011 faz referência a "ano de serviço prestado na mesma empresa". Não é o ano calendário.

Também pode alguém argumentar que o empregador poderia dispensar o empregado com um ano e 10 meses para não pagar mais três dias. A Súmula 26 do TST afirmava que "presume-se obstativa à estabilidade a despedida, sem justo motivo, do empregado que alcançar nove anos de serviço na empresa". Pelo que está escrito na Lei nº 12.506/2011 não pode ser essa a interpretação.

Nada impede que o empregado cumpra 30 dias trabalhando durante o aviso-prévio e o empregador pague os 60 dias restantes de forma indenizada, se o empregado tinha 20 anos de tempo de serviço na empresa.

O inciso XXI do art. 7º da Constituição não trata de direitos do empregador, mas de direitos dos trabalhadores urbanos e rurais.

A regra estabelecida pela Lei nº 12.506/2011 diz respeito ao aviso-prévio concedido pelo empregador ao empregado, isto é, quando o empregado é dispensado. Não trata a norma do aviso-prévio concedido pelo empregado ao empregador, como no caso do pedido de demissão. O art. 1º da Lei nº 12.506/2011 mostra "o aviso-prévio, (...) concedido na proporção de 30 dias aos empregados" e não o aviso-prévio concedido pelo empregado ao empregador.

Alguém poderá dizer que isso viola o princípio da igualdade de todos perante a lei (art. 5º da Constituição).

Entretanto, o inciso XXI do art. 7º da Constituição mostra um direito do trabalhador e não uma obrigação. O *caput* do referido artigo prevê que podem ser estabelecidos outros direitos que visem à melhoria da condição social do trabalhador e não do empregador. A Constituição faz referência a aviso-prévio proporcional, à proporcionalidade e não à reciprocidade.

A igualdade estabelecida na Constituição (art. 5º, *caput*) é a perante a lei e não de tratamentos diversos determinados pela própria Constituição, que pode estabelecer situações diferenciadas. A Lei Magna prevê que pode haver diferenciação entre homens e mulheres nos termos da própria Constituição (art. 5º, I). Logo, ela pode tratar de forma diferenciada. A lei ordinária não pode.

Empregado também não é igual ao empregador. Está sujeito às determinações do empregador, ao poder de direção do empregador. Por isso deve haver tratamento diferenciado em relação ao empregado, que está contido na própria Lei Maior, visando melhorar as suas condições sociais, como se verifica na parte final do *caput* do art. 7º da Constituição. A melhoria das condições mostra que pode haver diferença para o empregado em relação ao prazo. Pessoas desiguais devem ser tratadas desigualmente, visando obter a igualdade.

O empregado que pede demissão não terá de cumprir o aviso-prévio na forma da Lei nº 12.506/2011.

Na Argentina, quando o empregador dispensa o empregado o aviso-prévio é de um mês, quando o trabalhador tiver até cinco anos de empresa, e é de dois meses, quando for superior a cinco anos de empresa (art. 231 da Lei do Contrato de Trabalho).

Na Espanha, o aviso-prévio do empregador é de 15 dias, computado desde a entrega da comunicação pessoal ao trabalhador da extinção do contrato de trabalho (art. 53, 1, c, do Estatuto do Trabalhador).

Dispõe o Código do Trabalho de Portugal que o trabalhador pode denunciar o contrato independentemente de justa causa, mediante comunicação ao empregador, por escrito, com a antecedência mínima de 30 ou 60 dias, conforme tenha, respectivamente, até dois anos ou mais de dois anos de antiguidade (art. 400, 1).

O aviso-prévio pode ser trabalhado, mesmo depois dos 30 dias, pois não há impedimento legal. O empregador também poderá indenizar um período.

A contagem do prazo do aviso-prévio não é pacífica, ou seja: a partir de que dia o aviso-prévio deve começar a ser contado. A CLT não trata do assunto, apenas menciona que deve haver uma antecedência mínima de 30 dias. Poder-se-ia entender, entretanto, que a contagem se daria a partir do momento da comunicação da dispensa, incluindo-se, assim, o próprio dia da comunicação. Penso que o CPC não poderá ser utilizado subsidiariamente para tratar do tema (art. 769 da CLT), pois a matéria não é de processo. O parágrafo único do art. 8º da CLT admite que o Direito Civil seja fonte subsidiária do Direito do Trabalho, remetendo o intérprete ao Código Civil. O art. 132 desse dispositivo legal estabelece que, na falta de disposição em sentido contrário, são computados os prazos excluindo-se o dia do começo e incluindo-se o do vencimento. Como não existe comando legal disciplinando a hipótese em questão de forma contrária, é o caso de se aplicar o art. 132 do Código Civil, considerando-se, assim, que o prazo do aviso-prévio começa a ser contado a partir do dia seguinte a sua concessão, incluindo-se o dia do vencimento, perfazendo os 30 dias (S. 380 do TST). Seria dar ensejo à fraude o fato de se considerar como concedido o aviso-prévio após as 12 horas ou até mesmo na última hora diária de serviço do empregado na empresa, pois inclusive não lhe possibilitaria a redução do horário de trabalho (art. 488 da CLT), nem ao empregador a procura já naquele dia de novo funcionário. O prazo poderá começar a correr mesmo em dia não útil, pois não há nenhuma ressalva no Direito material quanto a esse fato, ao contrário do Direito Processual (§ 2º do art. 224 do CPC), que disciplina que os prazos somente começam a correr no primeiro dia útil após a publicação. Pouco importa, entretanto, se o último dia do aviso-prévio for sábado, domingo ou feriado, pois nesse último dia o pacto estará terminado, não havendo nenhuma prorrogação, até porque o prazo é de 30 dias corridos.

9.1 Retroatividade em relação à contagem do tempo na empresa

Se a lei vai ser aplicada a fatos passados, ela é retroativa. Entretanto, se ela não se aplica a fatos já realizados, mas a fatos que estão em curso, ela não é retroativa.

O tempo de serviço do empregado deve ser contado para efeito do aviso-prévio proporcional ao tempo de serviço quando entrou em vigor a Lei nº 12.506/2011. Se isso não for feito, a norma não tem efetividade para apanhar os casos em curso.

Não se pode dizer que cada ano deve ser contado a partir da vigência da norma. Isso não pode ser. Se se entender assim, a norma é inútil para empregados que já estavam na empresa.

O tempo trabalhado na empresa pelo empregado que for anterior à vigência da Lei nº 12.506/2011 será contado para o cálculo do aviso-prévio proporcional. Esse tempo é contado para férias, 13º salário, indenização legal, se for o caso. Não pode deixar de ser contado para efeito do aviso-prévio proporcional. Isso não significa que nesse ponto a norma tenha efeito retroativo, mas apanha os contratos de trabalho que estão em curso.

Não há como aplicar a Lei nº 12.506/2011 de forma imediata, contando-se o tempo do empregado na empresa a partir da sua vigência. Do contrário, a lei só seria aplicada a quem foi admitido a partir da sua vigência ou em relação a tempo de serviço na empresa a partir da sua vigência.

A Lei nº 12.506/2011 não está sendo retroativa quando observa o tempo de serviço do empregado na empresa na data da sua vigência, pois apanha as situações que estão em curso. Observa o tempo de serviço que o empregado já tem na empresa.

O art. 19 do Ato das Disposições Constitucionais Transitórias estabelece que o empregado público que tivesse cinco anos continuados de serviço na data da vigência da Constituição teria direito a estabilidade. Adotou, portanto, o tempo de serviço do empregado público anterior à vigência da Constituição. Os parágrafos foram claros em dizer que a norma não se aplica nos casos especificados. O tempo de serviço dos servidores será contado como título quando se submeterem a concurso para fins de efetivação, na forma da lei (§ 1º). O disposto no artigo não se aplica aos ocupantes de cargos, funções e empregos de confiança ou em comissão, nem aos que a lei declare de livre exoneração, cujo tempo de serviço não será computado, exceto se se tratar de servidor (§ 2º). Não se aplica aos professores de nível superior, nos termos da lei (§ 3º).

A Súmula 328 do TST afirma que "o pagamento das férias, integrais ou proporcionais, gozadas ou não, na vigência da CF/1988, sujeita-se ao acréscimo do terço previsto no respectivo art. 7º, inciso XVII".

10 EFEITOS

Dispõe o § 1º do art. 487 da CLT que "a falta de aviso-prévio por parte do empregador dá ao empregado o direito aos salários correspondentes ao prazo do aviso, garantida sempre a integração desse período no seu tempo de serviço".

O primeiro efeito do aviso-prévio é que o tempo de serviço irá integrar o contrato de trabalho para todos os fins, inclusive para o cálculo de mais 1/12 de 13º salário e férias em razão da sua projeção. Considera-se mês o período igual ou superior a 15 dias. O pacto laboral não termina de imediato, mas apenas após expirado o prazo do aviso-prévio, com o que há a integração do tempo de serviço no contrato de trabalho. Mesmo no aviso-prévio indenizado ocorre a sua integração no tempo de serviço do empregado, para todos os efeitos. Assim, a data de baixa na CTPS do empregado deve ser a do término do cumprimento do aviso-prévio caso o referido aviso houvesse sido cumprido, ou da projeção do aviso-prévio indenizado (OJ 82 da SDI do TST).

Em decorrência da integração do aviso-prévio no contrato de trabalho para todos os efeitos, temos que, se houver reajuste salarial coletivo (§ 6º do art. 487 da CLT) ou determinado por norma legal, o empregado será beneficiado, mesmo que já tenha recebido antecipadamente os salários do aviso. A empresa não estará obrigada a conceder antecipações salariais espontâneas em relação ao aviso-prévio do empregado que está desligando-se da empresa, justamente porque não poderá compensá-las na data-base, além de não existir determinação legal nesse sentido.

A projeção do contrato de trabalho para o futuro, pela concessão do aviso-prévio indenizado, tem efeitos limitados às vantagens econômicas obtidas no período de pré-aviso, ou seja, salários, reflexos e verbas rescisórias (S. 371 do TST). O TST entende que não há projeção do aviso-prévio indenizado para qualquer situação. Assim, também não se pode falar de projeção do aviso-prévio indenizado para atingir a vigência da Lei nº 12.506/2011, sendo aumentado o prazo de aviso-prévio de 30 dias para o número de dias previsto na referida norma. Se na data da dispensa não havia aviso-prévio proporcional, mas de 30 dias, não pode ser aplicada a Lei nº 12.506/2011, pois, do contrário, esta seria retroativa. É possível afirmar que se há projeção do aviso-prévio de 30 dias, caso a projeção incida já na vigência da Lei nº 12.506/2011, não haverá o aumento do prazo de aviso-prévio para mais de 30 dias.

Outra consequência de o aviso-prévio integrar o tempo de serviço diz respeito ao cômputo do respectivo prazo para efeito da indenização adicional, de que trata o art. 9º da Lei nº 7.238/84. Mesmo sendo o aviso-prévio indenizado, haverá o cômputo do respectivo prazo para efeito de se verificar se o empregado foi dispensado nos 30 dias que antecedem a data-base da categoria, o que lhe daria o direito à indenização adicional de um salário mensal (S. 182 do TST).

A projeção do aviso-prévio proporcional de mais de 30 dias também terá reflexos em 13º salário e férias, à razão de 1/12 por mês de serviço. Considera-se mês o período igual ou superior a 15 dias. Isso se deve também pela previsão do § 1º do art. 487 da CLT, pois o aviso-prévio integra o contrato de trabalho para todos os fins, inclusive quando é indenizado.

No mesmo sentido a Orientação Jurisprudencial 367 da SBDI-1 do TST, que admite a projeção do aviso-prévio para cálculo de verbas rescisórias em se tratando de previsão da norma coletiva, que seria maior do que a previsão da lei: "O prazo de aviso-prévio de 60 dias, concedido por meio de norma coletiva que silencia sobre alcance de seus efeitos jurídicos, computa-se integralmente como tempo de serviço, nos termos do § 1º do art. 487 da CLT, repercutindo nas verbas rescisórias".

A falta de aviso-prévio por parte do empregado que pretende desligar-se da empresa dá ao empregador o direito de descontar o saldo de salários correspondentes ao prazo respectivo (§ 2º do art. 487 da CLT). O empregador só poderá descontar do empregado os salários do período mencionado e não outro tipo de verba, como férias, por exemplo. Se o empregado não presta serviços durante o aviso-prévio, por sua própria decisão, perde o direito ao restante do aviso-prévio.

Como foi visto, outra característica do aviso-prévio é a possibilidade de fazer com que o empregado possa procurar outro emprego. Nesse ponto, o art. 488 da CLT estabelece que o horário de trabalho do empregado será reduzido, quando o aviso-prévio for dado pelo empregador, pois quando é ofertado pelo empregado presume-se que este já tenha outro emprego. Assim, o horário de trabalho é reduzido em duas horas, inclusive se o trabalho for noturno, sem prejuízo do salário integral. O mesmo ocorre em relação ao doméstico. Essa redução normalmente é feita no final da jornada de trabalho, mas nada impede que seja feita no início da jornada, porque a lei nada menciona sobre o assunto. Dessa forma, se o empregado trabalha das 8h às 17h com uma hora de intervalo para refeição, deverá sair, nesse caso, às 15h ou entrar às 10h. A redução, contudo, deverá corresponder a duas horas corridas, sendo vedado ao empregador fracioná-las, a não ser que haja a concordância do operário ou lhe seja mais favorável. Em casos de profissões que têm duração da jornada de trabalho inferior a oito horas, como a dos bancários, que é de seis horas, o horário de trabalho do empregado durante o aviso-prévio dado pelo empregador nada tem que ver com a duração da sua jornada de trabalho, devendo ser reduzido também em duas horas e não de maneira proporcional à extensão da jornada, pois o empregado deve ter a mesma facilidade, no tocante a horário, para procurar novo serviço. Verifica-se do art. 488 da CLT que este faz referência a horário e não a jornada, com o que o horário de qualquer trabalhador, inclusive do que tem jornada especial, deve ser reduzido em duas horas.

A Lei nº 7.093, de 25-4-1983, acrescentou um parágrafo único ao art. 488 da CLT. É possível ao empregado trabalhar sem a redução de duas horas diárias no seu horário normal de trabalho, podendo, contudo, faltar ao serviço por sete dias corridos, sem prejuízo do salário. Esse direito também se aplica ao doméstico. É outra forma alternativa de que o empregado dispõe para procurar novo emprego. A possibilidade, entretanto, de o empregado não trabalhar por sete dias é uma faculdade do obreiro, não podendo ser imposta pelo empregador. Deve haver a opção do empregado quando do recebimento do aviso-prévio, quando irá se manifestar se prefere trabalhar 30 dias, com redução do horário normal em duas horas, ou não prestar serviços por sete dias corridos. Os sete dias, como já se disse, serão corridos e não úteis.

Se o empregador não concede a redução do horário de trabalho, tem-se que o aviso-prévio não foi concedido, pois não se possibilitou ao empregado a procura de novo emprego, que é a finalidade do instituto, mostrando que houve a sua ineficácia. Assim, deve ser concedido ou pago de maneira indenizada outro aviso-prévio. A Súmula 230 do TST deixa claro que "é ilegal substituir o período que se reduz da jornada de trabalho, no aviso-prévio, pelo pagamento das horas correspondentes". Era o que se fazia antigamente, pagando-se ao empregado 60 horas (30 dias x 2 horas diárias). Logo, se a empresa pagar como extras as horas que deveriam corresponder à redução do horário de trabalho, deve pagar novamente o aviso-prévio, pois não se possibilitou ao trabalhador a busca de outro emprego.

Com a nova regra do aviso-prévio proporcional, deve-se observar o art. 488 da CLT. Parece que a redução do horário de trabalho será de apenas duas horas diárias durante 30 dias, podendo o empregado faltar sete dias corridos, se quiser. A redução de duas horas diárias não será durante, por exemplo, os 90 dias do aviso-prévio, justamente porque o trabalhador já terá 90 dias para procurar novo emprego, no caso de ter mais de 20 anos de empresa. A CLT não foi idealizada para permitir a redução do horário de trabalho no aviso-prévio fosse feita por mais de 30 dias. Haveria necessidade de a Lei nº 12.506/2011 ter alterado a CLT, pois a primeira norma foi idealizada para um aviso-prévio maior que 30 dias e que não tinha previsão na CLT. São situações distintas.

A redução de duas horas por dia, durante 30 dias, deve ser conjugada com a regra de que o empregado poderá preferir faltar por sete dias corridos. Não há previsão na lei de o empregado faltar por 21 dias corridos (7 dias × aviso-prévio de três meses).

Há quem entenda que o cálculo deve ser feito proporcionalmente em relação aos dias de aviso-prévio que o empregado terá. Entretanto, chega-se ao fato de que o trabalhador terá 8,4 dias de folga. Não há como se fazer 0,4 dias de folga.

A interpretação da lei não pode levar ao absurdo ou provocar resultados absurdos ou não desejados, daí por que a melhor solução parece ser a anteriormente exposta.

O § 1º do art. 429 da CLT faz referência a frações de unidade para admissão de aprendiz. Em relação ao aviso-prévio proporcional isso não foi feito. Logo, não se pode aplicar por analogia tal dispositivo.

O art. 15 da Lei nº 5.889/73 (trabalho rural) prevê que, durante o aviso-prévio, se a rescisão for promovida pelo empregador, o empregado rural terá direito a um dia por semana para procurar novo emprego, sem prejuízo de seu salário. Poderia entender-se que tal artigo teria sido revogado pela Constituição. Esta, entretanto, especifica o aviso-prévio de 30 dias para trabalhadores urbanos e rurais. Como a alínea *b* do art. 7º da CLT esclarece que as normas consolidadas não se aplicam aos rurais, deve-se utilizar da disposição especial contida na Lei nº 5.889/73, mostrando-se, assim, que em relação ao trabalhador rural a regra da redução do horário de trabalho é apenas a prevista no seu art. 15, ou seja: só há a possibilidade de o obreiro se utilizar de um dia por semana para a procura de outro emprego e não de sete dias corridos ou do horário de trabalho terminar duas horas mais cedo. O objetivo da norma em dar um dia inteiro ao trabalhador rural e não apenas horas para procurar novo emprego é de que existem grandes distâncias na área rural, o que não proporcionaria a finalidade da busca do novo emprego pelo trabalhador, pois as duas horas concedidas seriam cumpridas apenas no deslocamento do empregado.

O art. 15 da Lei nº 5.889/73 faz referência à "durante o prazo do aviso-prévio". Assim, há direito em todo o aviso-prévio de até 90 dias a um dia por semana para procurar novo emprego.

O art. 489 da CLT determina que a rescisão do contrato de trabalho só se torna efetiva depois de expirado o prazo do aviso-prévio. Só se pode falar em ato jurídico perfeito com o término do período do aviso-prévio (art. 489 da CLT). Há, porém, a possibilidade de reconsideração do aviso-prévio, que deve ser feita, em princípio, antes de expirado seu prazo. À outra parte caberá ou não aceitar a reconsideração, mostrando a bilateralidade do contrato de trabalho, pois a reconsideração dependerá da concordância da outra parte. Aceita a reconsideração ou continuando a prestação dos serviços (reconsideração tácita) após o término do aviso-prévio, o contrato continuará normalmente, como se não houvesse sido dado o aviso (parágrafo único do art. 489 da CLT).

Se o empregador, durante o aviso-prévio dado ao empregado, cometer ato que justifique a rescisão imediata do contrato, deverá pagar a remuneração correspondente ao aviso-prévio, sem prejuízo da indenização que for devida (art. 490 da CLT). O empregado que cometer justa causa durante o aviso-prévio perde o direito ao restante do respectivo prazo (art. 491 da CLT) e ao pagamento das indenizações legais. Entende-se que no caso do art. 491 da CLT o empregado perde o direito à indenização, pois a lei não faz qualquer ressalva nesse sentido, ao contrário do art. 490 da CLT. A Súmula 73 do TST esclarece que "a ocorrência de justa causa, salvo a de abandono de emprego, no decurso do prazo do aviso-prévio dado pelo empregador, retira do empregado qualquer direito às verbas rescisórias de natureza indenizatória". Os dias de aviso-prévio já trabalhados deverão, porém, ser pagos ao trabalhador.

Da Orientação Jurisprudencial 83 da SBDI-1 do TST depreende-se que se deve observar a projeção do aviso-prévio, contando-se o prazo prescricional do término da projeção do aviso-prévio indenizado.

11 AVISO-PRÉVIO E ESTABILIDADE

Integrando o aviso-prévio para todos os efeitos o tempo de serviço do empregado, inclusive para reajuste salarial coletivo e indenização adicional, como entende a jurisprudência (S. 182 do TST), mais se justifica que, dado o aviso-prévio e sobrevindo durante esse lapso de tempo a garantia de emprego, tem o empregado direito a tal garantia. O próprio art. 489 da CLT deixa claro que só há a cessação do contrato de trabalho após expirado o prazo do referido aviso. O TST entende que a estabilidade ou garantia de emprego não são adquiridas no curso do aviso-prévio (S. 369, V, do TST).

A projeção do contrato de trabalho para o futuro, pela concessão do aviso-prévio indenizado, tem efeitos limitados às vantagens econômicas obtidas no período de pré-aviso, ou seja, salários, reflexos e verbas rescisórias. No caso de concessão de auxílio-doença no curso do aviso-prévio, todavia, só se concretizam os efeitos da dispensa depois de expirado o benefício previdenciário (S. 371 do TST).

Não é possível a coincidência do aviso-prévio dado pelo empregador com os últimos 30 dias de estabilidade provisória do trabalhador, nem mesmo a concessão do mencionado aviso durante o período de garantia de emprego (S. 348 do TST).

Na verdade, o aviso-prévio dado ao empregado visa a que este tenha tempo para procurar outro emprego. Quando da garantia de emprego, não tem o obreiro qualquer interesse de procurar outro serviço, pois está acobertado por aquele direito. Dessa forma, fazendo-se com que o trabalhador procure outro emprego nos últimos 30 dias da garantia de emprego, não estará assegurado o fim precípuo do aviso-prévio, que é, justamente, proporcionar ao empregado tempo para encontrar outro trabalho.

O aviso-prévio e a garantia de emprego são institutos distintos, que não se confundem. Enquanto a estabilidade assegura a permanência do obreiro na empresa, o aviso-prévio provoca a ruptura da relação de emprego dentro de 30 dias. Logo, geram direitos completamente opostos. Durante a garantia de emprego, o trabalhador não pode receber o aviso-prévio, pois este visa justamente concretizar a rescisão do pacto laboral. Quando da dação do aviso-prévio, o empregador não tem o direito potestativo de despedir o empregado de forma imotivada, pois o trabalhador detém a proteção da garantia de emprego.

A garantia de emprego é um direito proporcionado ao empregado a que se obriga o empregador por força de lei, ou até de norma coletiva. Assim, não poderá a empresa conceder o aviso-prévio ao empregado detentor da garantia de emprego, porque é necessária a fruição integral do prazo de estabilidade, sob pena de lesão de direito do obreiro (art. 9º da CLT). Não significa que os 30 dias do aviso-prévio, a partir do término da garantia de emprego, virão prorrogá-la. Aí, sim, é que o trabalhador terá 30 dias para procurar novo emprego, não violando seu direito de usufruir da garantia de emprego até seu término, eis que no último dia da garantia de emprego o contrato ainda está em vigor e o empregador somente poderá dar o aviso-prévio no dia seguinte. A estabilidade, portanto, está submetida a termo, em que suspende-se o seu exercício, mas não a aquisição do direito, que já existe (art. 131 do CC). A SDI do TST já julgou da mesma forma (ERR 2.809/88-6, Rel. Min. José Ajuricaba, j. 2-5-1991, *DJU* I 21-6-1991, p. 8.536).

Por conseguinte, terminada a garantia provisória de emprego, tem o obreiro mais 30 dias de aviso-prévio, que serão os derradeiros para a obtenção de novo emprego. Caso o empregador faça coincidir o aviso-prévio com o término da garantia de emprego, deverá pagar novamente o aviso-prévio ao laboralista, garantindo-se sua integração para o cômputo do tempo de serviço do trabalhador.

12 DOENÇA OU ACIDENTE DO TRABALHO

Se o empregado sofre um acidente do trabalho ou fica doente, não há que se falar na concessão de aviso-prévio pelo empregador na constância do afastamento, pois o trabalhador fica impossibilitado de procurar novo emprego. O aviso-prévio somente poderá ser concedido quando do retorno do obreiro.

A maior dúvida ocorre quando já foi dado o aviso-prévio e o empregado vem a se acidentar ou a ficar doente. A melhor orientação, segundo nos parece, seria a de que, havendo acidente do trabalho ou ficando o empregado doente, suspende-se o curso do aviso-prévio, pois o obreiro não o pode cumprir, muito menos lhe possibilita a procura de novo emprego ou ir trabalhar no novo serviço, o que descaracteriza a finalidade do instituto. Quando o empregado voltar a trabalhar é que irá recomeçar a contagem do aviso-prévio, computando-se o tempo do aviso-prévio já transcorrido no período anterior ao da suspensão. Essa orientação, contudo, não é pacífica na jurisprudência.

Se o contrato de trabalho está suspenso, pois houve aposentadoria por invalidez do operário e não se pode considerá-la definitiva, visto que não decorreram cinco anos, na hipótese de o empregado retornar ao serviço, em virtude da sua recuperação, deve ser concedido aviso-prévio ao referido obreiro a partir do momento do retorno. Evidentemente que o aviso-prévio não poderá ser concedido enquanto o trabalhador estiver afastado pelo motivo da aposentadoria por invalidez, que suspendeu o contrato de trabalho.

13 AVISO-PRÉVIO CUMPRIDO EM CASA

À primeira vista, no aviso-prévio, o empregador poderá até não exigir o trabalho, mas em contrapartida deverá pagar a remuneração do período respectivo. Mesmo que não haja trabalho, haverá necessidade do pagamento do salário do período correspondente. Na prática, passou-se a adotar o pagamento substitutivo em relação ao trabalho realizado durante o aviso-prévio.

Aviso-prévio "cumprido em casa" corresponde ao período em que o empregado não está obrigado a trabalhar para o empregador, mas este estará obrigado a pagar o tempo correspondente, mesmo inexistindo a prestação de serviços. O próprio § 1º do art. 487 da CLT indica que o pagamento dos salários correspondentes ao prazo do aviso é devido, mesmo que o empregador não tenha dado o aviso-prévio. Isso mostra que a obrigação de pagar o período do aviso-prévio é um dos fatores primordiais.

O art. 81 do Código Comercial mostrava que o preponente não está obrigado a conservar o preposto em seu serviço.

Na maioria das vezes o empregador não quer que o empregado trabalhe durante o aviso-prévio, pois pode não prestar serviços a contento nesse período, por já estar dispensado, ou, até mesmo, causar problemas no ambiente de trabalho. Daí, a empresa determinar que o aviso-prévio seja "cumprido em casa".

Tem o aviso-prévio três finalidades: (a) comunicação de que o contrato de trabalho irá acabar; (b) prazo para o empregado procurar novo emprego e o empregador novo funcionário; (c) pagamento do período respectivo. O aviso-prévio "cumprido em casa" possibilita o pagamento do salário durante o interregno de tempo. Importa considerar o tempo de serviço para todos os efeitos em seu contrato de trabalho, projetando este por mais 30 dias (§ 1º do art. 487 da CLT). Implica a possibilidade de o trabalhador procurar novo emprego e da comunicação de que o contrato de trabalho estará rescindido dali certo prazo. Dessa forma, não se pode dizer que há nulidade de tal aviso-prévio, pois foram cumpridas suas finalidades.

No aviso-prévio "cumprido em casa" o empregado não terá, apenas, duas horas para procurar novo emprego, mas período integral, situação mais benéfica ao obreiro. Durante o período de aviso-prévio o empregador poderá, inclusive, reconsiderar o aviso e o contrato de trabalho continuar, nos termos do art. 489 da CLT.

Não se incompatibiliza também o aviso-prévio "cumprido em casa" com o art. 444 da CLT, pois não traz nenhum prejuízo ao empregado. Permite ao obreiro tempo de serviço para procurar novo emprego.

Mesmo nos casos em que o empregado ganhe por produção, por peça ou tarefa, ou por comissão, o aviso-prévio "cumprido em casa" não importará prejuízo ao empregado, desde que se assegure ao obreiro a maior remuneração que este já percebeu no período ou o salário do mês anterior; do contrário haveria prejuízo ao trabalhador, pois, para obter sua remuneração, teria de trabalhar. Tal ato poderia configurar dispensa indireta, se demonstrado o prejuízo ao operário.

14 REMUNERAÇÃO DO AVISO-PRÉVIO

O aviso-prévio deve corresponder ao salário do empregado na ocasião do despedimento. Se o empregado percebe salário pago à base de tarefa, o cálculo do aviso-prévio será feito de acordo com a média dos últimos 12 meses de serviço (§ 3º do art. 487 da CLT), multiplicado pelo valor da última tarefa. Os adicionais que forem pagos com habitualidade deverão integrar o aviso-prévio indenizado, como os de insalubridade, periculosidade, adicional noturno, horas extras (§ 5º do art. 487 da CLT). Se, contudo, o aviso-prévio for trabalhado, os adicionais serão pagos à parte, não integrando o aviso, pois se trata de salário e não de indenização. A gratificação semestral não repercute, porém, no cálculo do aviso-prévio, ainda que indenizado (S. 253 do TST).

Se o aviso-prévio é trabalhado, vem a se constituir em salário. Se o aviso--prévio não é trabalhado, mas indenizado, não tem natureza de salário, pois não há salário sem trabalho, consistindo no pagamento de uma indenização pela sua não concessão. O fato de os §§ 1º e 2º do art. 487 da CLT usarem a palavra *salário* não modifica a natureza do pagamento, pois o que se pretende dizer é que a indenização pelo aviso-prévio não concedido corresponderia ao salário. Não houve qualquer modificação nessa orientação com as determinações do § 6º do art. 477 da CLT, que foi acrescentado pela Lei nº 7.855, de 24-10-1989, pois tal parágrafo trata especificamente de prazos para pagamento das verbas rescisórias e não de aviso-prévio.

Tem o aviso-prévio indenizado natureza de indenização, pois é um pagamento pela obrigação descumprida de fornecer o aviso-prévio. É um pagamento de indenização substitutiva pelo aviso-prévio não concedido.

A Súmula 305 do TST esclareceu, porém, que sobre o aviso-prévio indenizado ou trabalhado há a incidência do FGTS.

Questões

1. Qual o conceito de aviso-prévio?
2. Qual a natureza jurídica do aviso-prévio?
3. Qual o prazo do aviso-prévio?
4. Existe aviso-prévio proporcional ao tempo de serviço?
5. Pode o empregado renunciar ao aviso-prévio?
6. Cabe o aviso-prévio na rescisão indireta?
7. Existe alguma forma para a concessão do aviso-prévio?
8. Quais são os efeitos do aviso-prévio no contrato de trabalho?
9. Como é feita a remuneração do aviso-prévio?

Capítulo 24

ESTABILIDADE

1 HISTÓRICO

A ideia de estabilidade nasce, inicialmente, no serviço público.

Uma noção genérica de estabilidade já era prevista no art. 149 da Constituição de 1824: "Os oficiais do Exército e Armada não podem ser privados de suas Patentes, senão por Sentença proferida em Juízo competente". Esse direito foi estendido para os membros do magistério por meio de lei de 11 de agosto de 1827.

A Constituição de 1891, em seu art. 76, modificava um pouco a orientação anterior: "Os oficiais do Exército e da Armada só perderão suas patentes por condenação em mais de dois anos de prisão, passada em julgado nos tribunais competentes". O art. 57 assegurava aos juízes federais a vitaliciedade, pois poderiam perder o cargo unicamente por sentença judicial.

A Lei nº 191-B, de 1893, estabeleceu estabilidade aos empregados do fisco admitidos por concurso público.

Os servidores públicos passaram a ter direito à estabilidade com a Lei nº 2.924, de 1915, que proibia a despedida, desde que tivessem 10 anos de serviço.

A primeira norma que efetivamente tratou da estabilidade no setor privado foi o Decreto nº 4.682, de 24-1-1923, a chamada Lei Eloy Chaves, constituindo-se num marco histórico. Eloy Chaves era deputado federal, representante eleito pela categoria dos ferroviários. As ferrovias na época eram poucas, mas poderosas. Tinham grande número de empregados. Os empregados mais velhos ficavam sujeitos a doenças e a dispensas em primeiro lugar que outros empregados. Teriam de estar amparados, assim, pela Previdência Social. Para isso, estabeleceu-se uma forma de dificultar as dispensas, isto é, a estabilidade. Essa norma foi também a primeira lei que consagrou a aposentadoria aos ferroviários. O art. 42 declarava que "depois de 10 anos de serviços efetivos, o empregado das empresas a que se refere a presente lei só poderá ser demitido no caso de falta grave constatada em inquérito administrativo, presidido por um engenheiro da Inspetoria e Fiscalização das Estradas de Ferro".

A estabilidade foi estendida a outras categorias, como ao pessoal das empresas de navegação marítima ou fluvial (Lei nº 5.109/26), aos portuários (Decreto nº 17.940, de 11-11-1927), aos empregados em empresas de transportes urbanos, luz, força, telefone, telégrafos, portos, água e esgoto (Decreto nº 20.465, de 1º-10-1930), aos mineiros (Decreto nº 22.096/32). Os bancários, por meio do Decreto nº 24.615, de 9-7-1934, tiveram direito à estabilidade aos dois anos de serviço (art. 15), o que foi revogado pelo art. 919 da CLT. A Lei nº 62, de 5-6-1935, estendeu a estabilidade aos empregados da indústria e comércio, que ainda não tinham benefícios concedidos pela Previdência Social, conforme seu art. 10: "Os empregados que ainda não gozarem da estabilidade que as leis sobre institutos de aposentadorias e pensões têm criado, desde que contem 10 anos de serviço efetivo no mesmo estabelecimento, nos termos desta lei, só poderão ser demitidos por motivos devidamente comprovados de falta grave, desobediência, indisciplina ou causa de força maior, nos termos do art. 5º".

A Lei nº 62 também desvinculou a estabilidade da legislação previdenciária, da qual nasceu.

A Constituição de 10-11-1937 esclarecia, na alínea *f* do art. 137, que "nas empresas de trabalho contínuo, a cessação das relações de trabalho, a que o trabalhador não haja dado motivo, e quando a lei não lhe garanta a estabilidade no emprego, cria-lhe o direito a uma indenização proporcional aos anos de serviço".

Pelo Decreto-Lei nº 39, de 3-12-1937, a falta grave era verificada perante o Ministério do Trabalho, Indústria e Comércio e julgada pelas Juntas de Conciliação e Julgamento. Com a edição do Decreto-Lei nº 1.237/39, os inquéritos administrativos passaram a ser julgados pelos Conselhos Regionais do Trabalho, em razão da organização da Justiça do Trabalho pela referida norma. O Decreto-Lei nº 2.851, de 1940, estabeleceu que os inquéritos seriam ajuizados, perante as Juntas de Conciliação e Julgamento, dentro de 30 dias a contar da suspensão do empregado em razão da falta grave noticiada.

A CLT, de 1943, disciplinou a estabilidade nos arts. 492 a 500. Todo empregado que completasse 10 anos na empresa não poderia ser dispensado, salvo motivo de falta grave, devidamente verificada em inquérito judicial para sua apuração, ou por força maior efetivamente comprovada (art. 492 da CLT).

A Constituição de 18-9-1946 reconhecia ao trabalhador, no inciso XII do art. 157, "estabilidade, na empresa ou na exploração rural, e indenização ao trabalhador despedido, nos casos e nas condições que a lei estatuir". Com a promulgação da Lei nº 5.107, de 13-9-1966, que versava sobre o FGTS, o sistema de estabilidade ficou mitigado, pois as empresas só admitiam empregados que fossem optantes do FGTS.

A Constituição de 24-1-1967 estabeleceu um sistema alternativo entre estabilidade ou fundo de garantia, ou seja, havia um sistema optativo para o obreiro: "estabilidade, com indenização ao trabalhador despedido, ou fundo de garantia equivalente" (art. 158, XIII). A Emenda Constitucional nº 1, de 1969, não modificou essa orientação: "estabilidade, com indenização ao trabalhador ou fundo de garantia equivalente" (art. 165, XIII). A Constituição de 1988 alterou o sistema que até então vinha sendo seguido, pois extinguiu a estabilidade e a alternatividade que existiam com o fundo de garantia, eliminando-as ao estabelecer, no inciso I do art. 7º: "relação de emprego protegida contra despedida arbitrária ou sem justa causa, nos termos de lei complementar, que preverá indenização compensatória, dentre outros direitos". Nada impede, entretanto, o estabelecimento da estabilidade por meio da legislação ordinária ou até mesmo por intermédio da legislação complementar, que tratará da despedida arbitrária ou sem justa causa.

A Lei nº 7.839, de 12-10-1989, em seu art. 12, ressalvou o direito adquirido dos trabalhadores que à data da promulgação da Constituição de 1988 já tinham direito à estabilidade no emprego. O atual art. 14 da Lei nº 8.036, de 11-5-1990, que trata do FGTS, fez a mesma ressalva.

A Súmula 26 do TST presumia obstativa à estabilidade a despedida, sem justo motivo, do empregado que alcançasse nove anos de serviço na empresa, pois estava às vésperas dos 10 anos. Essa súmula foi cancelada pela Resolução nº 121/2003 do TST.

2 DENOMINAÇÃO

Estabilidade vem do latim *stabilitas*, *tatis*, de *stabilire* (fazer firme). Num sentido genérico tem significado de solidez, firmeza, segurança.

Não se pode dizer que exista uma estabilidade absoluta, pois a justa causa, o motivo de força maior ou outras causas previstas em lei podem determinar o fim do contrato de trabalho.

É claro que a estabilidade econômica é um objetivo a ser conseguido por toda pessoa, não só o trabalhador, mas também o empresário. A estabilidade econômica diz respeito aos meios indispensáveis para que o trabalhador possa subsistir, podendo dizer respeito até mesmo ao salário mínimo.

Estabilidade jurídica diz respeito à impossibilidade de dispensa do empregado, salvo nas hipóteses indicadas na lei.

Há que se distinguir a estabilidade da garantia de emprego. A garantia de emprego é o gênero que compreende medidas tendentes ao trabalhador obter o primeiro emprego, a manutenção do emprego conseguido e, até mesmo, de maneira ampla, a colocação do trabalhador em novo serviço. Está, portanto, a garantia de emprego ligada à política de emprego. Uma forma de garantia de emprego é o art. 429 da CLT, ao assegurar o emprego a menores aprendizes na indústria. O art. 93 da Lei nº 8.213/91 também pode ser considerado como hipótese de garantia de emprego, ao estabelecer que as empresas com 100 ou mais empregados estão obrigadas a ter de 2 a 5% dos seus cargos preenchidos com beneficiários reabilitados ou pessoas portadoras de deficiência. Outra hipótese seria de uma lei que viesse a determinar a admissão de trabalhadores que fossem mutilados de guerra.

Difere a garantia no emprego da garantia de emprego. Esta está ligada à política de emprego do governo.

3 CONCEITO

A estabilidade a analisar é a jurídica, prevista na legislação, é a estabilidade que impede a dispensa do empregado. Pode ser a estabilidade decorrente de norma coletiva, do regulamento de empresa ou do próprio contrato de trabalho, se as partes assim dispuserem, como ocorre com a estabilidade do menor em época de serviço militar, do empregado às vésperas de sua aposentadoria etc.

Estabilidade é o direito do empregado de continuar no emprego, mesmo contra a vontade do empregador, desde que inexista uma causa objetiva a determinar sua despedida. Tem, assim, o empregado o direito ao emprego, de não ser despedido, salvo determinação de lei em sentido contrário.

Para o empregador, é a proibição de dispensar o trabalhador, exceto se houver alguma causa prevista em lei que permita a dispensa. O empregador incorre numa obrigação de não fazer, de manter o emprego do obreiro.

A verdadeira estabilidade é a jurídica, prevista na legislação. É a estabilidade que impede a dispensa do empregado. Implica a aplicação do princípio da continuidade do contrato de trabalho.

É a estabilidade uma forma não só de garantia de emprego, mas de dificultar a despedida por parte do empregador.

O exercício do direito potestativo do empregador quanto à rescisão contratual não se pode dar na estabilidade, ainda que por razões técnicas ou econômico-financeiras. Ao contrário, quando se fala em garantia de emprego, a dispensa pode ser feita, salvo a arbitrária, ou seja, aquela que não se fundar em motivos disciplinares, técnicos, econômicos e financeiros. Na estabilidade, o empregador somente poderá dispensar o empregado havendo justa causa ou encerramento de atividades.

A estabilidade implica garantia de emprego, porém a garantia de emprego não importa estabilidade, justamente por ser temporária.

A garantia de emprego pode ser temporária em razão da situação que pretende proteger, como da empregada gestante, desde a confirmação da gravidez até cinco meses após o parto.

Distingue-se a estabilidade da vitaliciedade. Esta aplica-se aos funcionários públicos, que necessitam de garantias para permanecer no cargo, tendo natureza excepcional. É o que ocorre com os magistrados (art. 95, I, da Constituição), com os membros do Ministério Público (art. 128, § 5º, I, *a*, da Lei Magna) etc. Somente poderá haver a dispensa em caso de sentença transitada em julgado. A estabilidade contida na CLT diz respeito à relação contratual estabelecida entre empregado e empregador. A vitaliciedade é prevista na Constituição, enquanto a estabilidade é disciplinada na CLT.

Diferencia-se também a estabilidade da inamovibilidade. Esta é prevista para que certos funcionários públicos possam desempenhar suas atividades. O juiz só pode ser removido por interesse público, por decisão de dois terços de votos do respectivo tribunal, assegurada ampla defesa (art. 95, II, c/c art. 93, VIII, da Lei Magna). Os membros do Ministério Público não podem ser transferidos, salvo por motivo de interesse público, mediante decisão do órgão colegiado competente do Ministério Público, por voto de dois terços de seus membros, assegurada ampla defesa (art. 128, § 5º, I, *b*, da Lei Maior). A estabilidade refere-se ao fato de que o empregado não pode ser dispensado. O trabalhador estável pode ser mudado de cargo, desde que seja garantido seu emprego. Será possível mudar o empregado estável de local de trabalho, transferindo-o para outra localidade. A inamovibilidade diz respeito à impossibilidade de mudança do local de trabalho, de movimentação do trabalhador. Decorre a inamovibilidade de questão de ordem pública, prevista na Constituição, dirigida ao funcionário público. A estabilidade tem previsão na CLT, compreendendo a relação de emprego. A estabilidade é garantia pessoal do trabalhador, enquanto a vitaliciedade diz respeito ao cargo, para que a pessoa possa exercê-lo.

Difere a estabilidade no setor privado da estabilidade no setor público. Ambas impedem a dispensa do trabalhador. A estabilidade no setor privado era adquirida com 10 anos de serviço na empresa, sendo prevista nos arts. 492 a 500 da CLT. O funcionário público é considerado estável após três anos de efetivo exercício, em decorrência de nomeação para cargo de provimento efetivo em virtude de concurso público. A previsão da estabilidade do funcionário público é contida no art. 41 da Constituição. Enquanto a estabilidade no setor privado é prevista em norma de Direito Privado, de Direito do Trabalho, a estabilidade no serviço público é disciplinada pela Constituição, constituindo-se em regra de Direito Administrativo.

A estabilidade é a antítese de outros institutos, como o aviso-prévio e a indenização, que partem do pressuposto de que o empregado pode ser dispensado. A estabilidade afirma o direito ao emprego. O aviso-prévio e a indenização negam esse direito.

Não implica a estabilidade que o trabalhador terá um emprego vitalício, tanto que o estável pode ser transferido em caso de necessidade de serviço, mas apenas não poderá ser dispensado, salvo mediante inquérito para apurar a falta grave cometida. É uma garantia da manutenção de seu posto de trabalho.

4 CLASSIFICAÇÃO

A estabilidade pode ser classificada como: (a) constitucional, em que são exemplos a do dirigente sindical, do cipeiro, da grávida; (b) legal, prevista na legislação ordinária; (c) contratual: prevista no contrato de trabalho, no regulamento de empresa, em convenções ou acordos coletivos.

O legislador constituinte usa a expressão *é vedada a dispensa* no inciso VIII do art. 8º, e nos incisos do art. 10 do ADCT.

A estabilidade legal é a prevista nos arts. 492 a 500 da CLT. Estabilidade convencional, na verdade, é garantia de emprego, que é disciplinada em convenção ou acordo coletivo.

Estabilidade voluntária é a que tem origem no contrato de trabalho, no regulamento de empresa ou em qualquer outro ato do empregador.

Pode também ser bilateral, quando há consenso para o estabelecimento da estabilidade. Teoricamente, poderia ocorrer por ato unilateral do empregador, porém dificilmente iria acontecer, pois ficaria impossibilitado posteriormente de dispensar o empregado.

A garantia de emprego também poderia ser coletiva, beneficiando vários empregados ao mesmo tempo, porém, nesse caso, irá decorrer de norma coletiva.

Estabilidade própria ou absoluta ocorre quando o empregador não pode dispensar o empregado, salvo nas hipóteses previstas na lei. Não há, portanto, uma estabilidade absoluta, pois a lei permite a dispensa em certos casos. Fora destes, o trabalhador teria direito de ser reintegrado, com o pagamento de todos os salários do período trabalhado, sem que o empregador possa se opor. O direito é ao emprego, sem que haja o pagamento de indenização substitutiva. A exceção seria a hipótese do art. 496 da CLT, que permite a conversão da reintegração em indenização em dobro, no caso de o empregador ser pessoa física, sendo desaconselhável a reintegração em razão do grau de incompatibilidade resultante do dissídio.

A estabilidade imprópria ou relativa permite a dispensa do empregado, porém há necessidade do pagamento de indenização, de acordo com a previsão legal. Na verdade, não há estabilidade relativa, mas um meio temporário de garantia de emprego. Dependendo da hipótese, o trabalhador pode até não ser reintegrado.

A estabilidade poderia ser classificada como absoluta ou definitiva, que ocorre quando o empregado não pode ser dispensado, como na hipótese em que tem 10 anos de casa e não era optante do FGTS. Pode ser relativa ou provisória, como ocorre nas hipóteses em que o trabalhador não pode ser dispensado em certo período de tempo, como os cipeiros, grávidas, dirigente sindical, acidentado.

5 FUNDAMENTOS

A estabilidade tem fundamento no princípio da justiça social, sendo decorrente do direito ao trabalho. O direito ao emprego importa na continuidade do contrato de trabalho, que é consubstanciado pela estabilidade, mantendo os direitos do trabalhador.

Há a impossibilidade de o empregado ser dispensado sem uma causa objetiva, fazendo jus o obreiro a permanecer no emprego.

Impede a estabilidade a dispensa do empregado. Impossibilita o exercício do direito potestativo de dispensa do empregador. A estabilidade não é exatamente uma limitação econômica ao poder de despedir do empregador, mas o direito de não dispensar o obreiro sem causa justificada. É um obstáculo à dispensa.

Restringe a estabilidade a possibilidade da dispensa do empregado a motivos de força maior e por justa causa. Seria uma forma de aplicabilidade prática do princípio da continuidade do contrato de trabalho.

A segurança social é a aspiração de todos, inclusive do Estado, sendo consectária "à segurança no emprego".[1] A estabilidade importa a segurança que o trabalhador precisa ter para trabalhar, de não ser dispensado a qualquer momento sem justificativa por parte do empregador, de não implicar a perda de seu meio de sustento de uma hora para outra e de suas necessidades pessoais e familiares. Visa, por conseguinte, evitar dispensas arbitrárias, sem justificativas, por mero capricho do empregador. A estabilidade implica segurança no trabalho, a continuidade do contrato de trabalho por tempo indeterminado, a manutenção do percebimento de salário, para que o trabalhador possa sobreviver, juntamente com sua família. A segurança no trabalho é a base para o bem-estar do trabalhador e da paz social.

Garante a estabilidade o emprego. Este garante o salário do empregado. O salário é a forma que o empregado tem para subsistir e também sua família. Representa, portanto, a garantia econômica de o trabalhador poder continuar recebendo seus salários, para poder subsistir e poder honrar os compromissos assumidos, isto é, passa a ter segurança econômica.

Influi a estabilidade na moral do trabalhador, justamente pela insegurança que o empregado instável tem em permanecer no emprego, podendo ser dispensado a qualquer momento pelo patrão, sem qualquer justificativa. A empresa passaria a tratar o trabalhador de forma imparcial.

A segurança material acaba sendo um incentivo para o trabalhador. O empregado quando tem problemas financeiros não se preocupa adequadamente com o seu trabalho. Quando há estabilidade, sabe que seu emprego está garantido. O obreiro ficaria mais satisfeito e teria mais prazer em trabalhar. A estabilidade pode, portanto, influenciar na produtividade, no sentido de que o trabalhador tem o incentivo de permanecer empregado, continuando a sustentar a sua família.

Muitas vezes, o empregado não se sentia seguro no emprego, pois sabia que poderia ser dispensado a qualquer momento, perdendo a estabilidade futura. Assim, acabava não trabalhando a contento ou não produzindo a contento. Acabava sendo indisciplinado.

Quando o trabalhador tem certa idade, a segurança no emprego também é fundamental, pois sabe que, se for dispensado, dificilmente conseguirá nova colocação, em razão de que o mercado faz restrição quanto à contratação de trabalhadores depois dos 40 anos.

---

1 DEVEALI, Mario. *Lineamientos de derecho del trabajo*. Buenos Aires: TEA, 1956. p. 315-316.

Na velhice, a estabilidade é fundamental, pois o trabalhador sabe que, se for dispensado, dificilmente irá encontrar novo emprego. Sem estabilidade, o empregado ficava vários anos na empresa, sendo dispensado antes de adquirir o referido direito, depois de ter passado boa parte de sua vida prestando serviços ao empregador.

Acaba a estabilidade implementando a própria previdência social, pois, dependendo do caso, o trabalhador não tem direito a benefício se ficar desempregado, como ocorre se perder a qualidade de segurado.

Seria a estabilidade uma forma de o empregado conservar o emprego durante toda sua vida de trabalho, até que viesse a falecer ou obtivesse aposentadoria. Presumir-se-ia que, a partir da aposentadoria, o empregado não teria mais condições de trabalhar, passando à inatividade e a receber remuneração da Previdência Social, sob a forma de benefício. Nem sempre é isso o que ocorre, pois o empregado pode continuar a trabalhar, embora aposentado. Outras vezes precisa continuar a trabalhar, em razão de que o valor do benefício da aposentadoria é muito baixo e não corresponde a seu antigo salário, de modo que tem de continuar a prestar serviços para sustentar sua família.

A estabilidade pode proporcionar a integração do trabalhador na vida e no desenvolvimento da empresa. Pode o empregado ser um efetivo colaborador do empresário, passando a ser membro da empresa, objetivando com que esta prospere, tenha lucros. Pode ficar incentivado a produzir mais para que também haja a continuidade da empresa no tempo. A empresa, como instituição, para aqueles que assim a entendem, deve durar no tempo. A continuidade da empresa implica a manutenção do posto de trabalho. O trabalhador passa a ter maior interesse na empresa, podendo até ter interesse na própria administração da empresa e de que ela tenha lucros. Há a aproximação do contrato de trabalho com o contrato de sociedade. Contribuiria a estabilidade para a democratização da empresa. O trabalhador passaria a ser participante do destino e dos resultados da empresa.

Seria a estabilidade uma das formas de verificar a função social da empresa, que é também dar empregos e mantê-los no decorrer do tempo.

Muitas vezes, o descontentamento do empregado diminui com o tempo, principalmente quando seu emprego está garantido. No decorrer dos anos, o empregado tem maiores possibilidades de promoção, passando também a ter mais responsabilidade no emprego.

Enquanto a empresa existir, o empregado deveria ter direito ao emprego. Haveria, assim, uma perspectiva de que no futuro o obreiro continuaria empregado.

A mera instituição de um fundo ou de indenização pela dispensa não substitui a estabilidade, pois não garante o emprego, a continuidade do contrato de trabalho, permitindo a dispensa do trabalhador. Para o trabalhador é muito melhor estar empregado do que não estar, inexistindo indenização que pague a perda do emprego. O empregado dispensado com certa idade, mesmo recebendo indenização, dificilmente consegue novo emprego e o valor recebido pode não ser suficiente para se manter pelo restante de sua vida.

Com a estabilidade, o empregado tem mais segurança de pleitear judicialmente direitos sonegados pelo empregador, pois não teme ser dispensado.

6 CRÍTICA

Constatava-se que a estabilidade, em vez de proteger o empregado, prejudicava-o, pois normalmente ele era dispensado antes de atingir os 10 anos de empresa, justamente para não adquiri-la. Nesse sentido o TST, verificando tal situação, editou a Súmula 26, que presumia "obstativa à estabilidade a despedida, sem justo motivo, do empregado que alcançar 9 (nove) anos de serviços na empresa". Entretanto, não se podia dizer que a dispensa era obstativa, pois o empregado ainda não adquirira o direito à estabilidade, o que somente ocorria quando tivesse 10 anos de empresa. Verificava-se que muitas vezes o empregado acabava transacionando o tempo de serviço na empresa quando necessitava de dinheiro. O empregador dispensava o empregado, pagando a indenização prevista na CLT, o que provocava rotatividade de mão de obra, impedindo o trabalhador de adquirir estabilidade. Tinha o empregador vantagem com o sistema quando o empregado ainda não tinha um ano de tempo de serviço, pois não precisava pagar indenização de antiguidade, que só era devida quando o obreiro completasse um ano de serviço (§ 1º do art. 478 da CLT). Dificilmente, porém, o empregado ficava 10 anos na empresa porque era dispensado antes desse período.

A dispensa obstativa é que trazia desembolsos desnecessários à empresa, encarecendo a produção, desde que o funcionário fosse bom empregado. As dispensas determinadas nesse sentido é que causavam insegurança ao trabalhador. O empregador muitas vezes queria dispensar o empregado para contratar outro com salário inferior.

Na prática, a estabilidade representava a existência de dois tipos de empregados: os que tinham segurança no emprego com a estabilidade e os que não tinham.

Há afirmações de que a estabilidade impediria o desenvolvimento econômico. Esse argumento não é verdadeiro, pois o Brasil teve um desenvolvimento muito grande no período do chamado "milagre econômico" e a estabilidade ainda estava em vigor. A Alemanha, que concede a estabilidade ao trabalhador com seis meses de emprego, é um dos países mais desenvolvidos do mundo.

A estabilidade atentaria contra o direito de liberdade do empregador. Entretanto, o empregador é livre para contratar o trabalhador quando quiser e no número que necessitar. O fato de a lei deixar de estabelecer direitos aos trabalhadores não implica que haveria maiores contratações.

Declarava-se que as empresas reduziriam as vagas a jovens, com o objetivo de não contratá-los, caso tivesse o trabalhador direito à estabilidade. Os jovens já têm problemas para admissão no mercado de trabalho, independentemente da existência de estabilidade. Entretanto, por esse motivo, não foram admitidas pessoas idosas, que, por sua idade, não poderiam obter estabilidade. Ao contrário, evidencia-se que pessoas a partir de 40 anos já são consideradas velhas para o mercado de trabalho e são por ele rejeitadas.

Para evitar a estabilidade era comum a empresa acordar com o empregado a rescisão do contrato de trabalho, pagando a indenização pertinente, porém o obreiro continuava laborando na empresa ou era em curto prazo readmitido. O objetivo, para o empregador, era evitar que o empregado somasse o tempo de serviço para efeito de atingir a estabilidade no emprego. A jurisprudência coibiu as fraudes à continuidade do contrato de trabalho. A Súmula 20 do TST estabeleceu a presunção de que "não obstante o pagamento da indenização de antiguidade, presume-se em fraude à lei a resilição contratual, se o empregado permaneceu prestando serviços, ou tiver sido, em curto prazo, readmitido". O verbete do TST indicava a presunção de fraude à lei se o empregado continuasse prestando serviços ou fosse em curto prazo readmitido. O empregado deveria mesmo ficar sem trabalhar na empresa para que não houvesse a presunção de fraude. Essa presunção, contudo, era relativa e não absoluta, permitindo ao empregador fazer prova em sentido contrário. Posteriormente, a empresa só admitia a mesma pessoa se ela fizesse a opção pelo FGTS, para futuramente não ter direito à estabilidade.

Com a estabilidade, a empresa contava com um empregado experiente, não precisando ficar treinando novos trabalhadores para se adaptar à empresa ou mostrar seu potencial.

O emprego do trabalhador deveria ser mantido enquanto não houvesse motivo para a dispensa. A estabilidade, porém, não significa ser o emprego eterno, nem a garantia absoluta do emprego, mas relativa, pois o trabalhador poderia ser dispensado por justa causa.

O ideal seria que, enquanto subsistisse a empresa, deveria ser assegurado emprego ao trabalhador ou enquanto ele tivesse condições físicas de trabalhar.

Entretanto, a estabilidade no emprego não pode ser absoluta, tornando extremamente rígida a possibilidade da rescisão do contrato de trabalho, principalmente quando há necessidade de o empregador dispensar empregados, por motivos econômicos e financeiros ou em razão da conjuntura econômica, da globalização, da incapacidade técnica do próprio obreiro, de modo inclusive a poder exercitar a livre-iniciativa de que trata o art. 170 da Constituição.

O direito do trabalhador ao emprego é um direito pessoal e não um direito real, sobre uma coisa. O emprego não é, portanto, eterno, para toda a vida. O pedido de demissão, por exemplo, extingue o direito à estabilidade.

7 VANTAGENS E DESVANTAGENS

Roberto Santos informa que a estabilidade importa: redução do desperdício com horas perdidas de trabalhadores em busca de emprego; produtividade decorrente dos novos sentimentos de segurança e do processo vinculativo de habilidades individuais no mesmo emprego; induz a empresa a intensificar o treinamento e a readaptação do operário; diminui a taxa de ociosidade dos bens de capital; a sociedade não precisaria gastar recursos com os desocupados; aumento do tempo médio do empregado na empresa, aumentando também a confiança no empregador, gerando efeitos positivos sobre a produtividade.[2]

Certos empregados ficam melhores com o passar do tempo, em decorrência da estabilidade, pois têm segurança para poder trabalhar. Há um incentivo para continuarem a trabalhar, pois sabem que não podem ser dispensados ao talante do empregador. Pode a estabilidade implicar maior produtividade do trabalhador, a partir do momento que tem a segurança de não poder ser dispensado pelo empregador.

Asseverava-se que o empregado estável reduzia seu rendimento no trabalho e passava a ter mau comportamento. Alguns empregados realmente ficam piores ao obter a estabilidade, em razão da segurança que passam a ter no emprego, pois sabem que não podem ser dispensados. Deixam de ter produtividade adequada, fazendo "corpo mole" no trabalho, porque têm conhecimento que só podem ser dispensados por justa causa ou passam a ser insubordinados ou indisciplinados. O obreiro sabe que, se produzir ou não, tem seu salário garantido no fim do mês, bem como seu emprego. Entretanto, pode ser dispensado por justa causa.

---

[2] SANTOS, Roberto. Estabilidade e FGTS no Brasil: repercussões econômicas e sociais. In: *Estabilidade e fundo de garantia*. São Paulo: LTr, 1979. p. 64.

Representa desídia o trabalhador prestar serviços propositadamente com baixa produtividade, que é hipótese de justa causa para a dispensa do empregado (art. 482, *e*, da CLT), sendo que o empregador tem condições de fazer prova nesse sentido. Nesse caso, deve propor inquérito para a apuração de falta grave, com a dispensa do empregado, sem o pagamento de qualquer indenização. O empregado também poderia ser advertido para que não procedesse com desídia e voltasse a ter produção adequada.

Na maioria das vezes, o trabalhador só tem declinada sua produção em razão de idade, de doença, de acidente do trabalho.

A indisciplina e a insubordinação do trabalhador também são punidas como hipóteses de justa causa para a dispensa (art. 482, *h*, da CLT). Qualquer outro mau procedimento também é hipótese de dispensa motivada (art. 482, *b*, da CLT).

O mau trabalhador, portanto, pode ser punido com a dispensa motivada.

Se o empregador tem certeza de que o empregado é mau funcionário, deve dispensá-lo por justa causa, mediante inquérito para apuração de falta grave, perdendo o obreiro a sua estabilidade.

Bem orientado, o empregador dispensaria o trabalhador por justa causa ou então aplicaria penalidades para o obreiro enquadrar-se nas determinações da empresa.

Alguns maus empregados também provocavam o empregador para serem dispensados, com o pagamento de indenização, ficando prejudicada a obtenção da estabilidade.

O empregador, às vezes, preferia não dar qualquer tarefa ao empregado ou dar-lhe serviços menores, do que ter o risco de sabotagem na empresa. O mais correto seria dispensá-lo por justa causa se a empresa tem certeza de seu procedimento.

Em certas oportunidades, o empregado, por razões econômicas, preferia receber a indenização, ficando prejudicada sua estabilidade ou até fazendo opção retroativa do FGTS.

Com a estabilidade, o empregado ficava sem garantia do tempo de serviço quando se aposentava ou quando pedia demissão, pois não fazia jus a indenização.

Para a empresa, a estabilidade traz um papel muito importante a seu departamento de pessoal ou de recursos humanos. A escolha do trabalhador errado pode trazer-lhe prejuízos, pois, com a estabilidade, não poderá dispensar o obreiro.

Reduz a estabilidade a rotatividade da mão de obra. Acaba, nesse ponto, implicando menores custos para recrutamento ou treinamento do empregado.

Com a automação, há maiores garantias ao empregado de não ser dispensado para ser substituído por uma máquina.

8 ESTABILIDADE POR TEMPO DE SERVIÇO

A estabilidade por tempo de serviço era garantida pelo art. 492 da CLT ao empregado que tivesse mais de 10 anos de serviço na mesma empresa, que não poderia ser dispensado a não ser por motivo de falta grave ou força maior, devidamente comprovadas. Os 10 anos de serviço na empresa poderiam ser contados em razão do trabalho do empregado no grupo de empresas.

No sistema da Emenda Constitucional nº 1, de 1969, estabelecia-se a estabilidade, com indenização ao trabalhador ou fundo de garantia equivalente (art. 165, XIII). A jurisprudência esclareceu que "a equivalência entre os regimes do FGTS e da estabilidade da CLT é meramente jurídica e não econômica, sendo indevidos quaisquer valores a título de reposição de diferença" (S. 98, I, do TST).

A estabilidade prevista nos arts. 492 a 500 da CLT fica prejudicada com o inciso I do art. 7º da Constituição, que determina que a dispensa arbitrária ou sem justa causa será objeto de lei complementar. O inciso III do art. 7º da Lei Maior, ao tratar de FGTS, não mencionou o sistema alternativo de estabilidade ou fundo de garantia equivalente que existia na Constituição anterior, com o que a estabilidade decenal prevista na CLT foi extinta. Apenas aquelas pessoas que já tinham direito adquirido antes de 5-10-1988 é que ainda a possuem, e são poucas, normalmente empregados que trabalham para o Estado sob o regime da CLT. O art. 12 da Lei nº 7.839/89 e o art. 14 da Lei nº 8.036/90 ressalvaram expressamente o direito à estabilidade em relação às pessoas que já o possuíam, ou seja, que tinham 10 anos de empresa em 5-10-1988 e não eram optantes do FGTS.

Para que o empregado possa, hoje, ser despedido, basta que a empresa pague as verbas rescisórias (aviso-prévio, férias, 13º salário etc.). A indenização que seria devida consistiu no aumento do porcentual sobre os depósitos do FGTS, que passou de 10% para 40% (art. 10, I, do ADCT).

O pedido de demissão do empregado estável só será válido quando feito com a assistência do sindicato da categoria e, se não o houver, perante a autoridade local do Ministério do Trabalho ou da Justiça do Trabalho (art. 500 da CLT).

Define o art. 501 da CLT como força maior todo acontecimento inevitável em relação à vontade do empregador, e para a realização do qual este não concorreu, direta ou indiretamente.

No caso de força maior a dispensa do estável é autorizada (art. 492 da CLT), tendo direito à indenização simples (art. 502, I, da CLT). Caso haja encerramento das atividades da empresa, sem que haja motivo de força maior, a indenização será dobrada (art. 497 da CLT). Havendo fechamento do estabelecimento, filial ou agência, assim como nos casos de supressão da atividade, os estáveis têm direito à indenização dobrada (art. 498 da CLT).

A CLT assegura, porém, estabilidade, que implica o direito ao emprego. Não se trata de estabilidade funcional, na função. Importa que o empregador não pode dispensar o empregado, porém não impede que seja transferido de uma localidade para outra (art. 469 da CLT) ou então mudado de função, respeitado o art. 468 da CLT.

9 EXCLUSÃO DO DIREITO À ESTABILIDADE

Os domésticos já não tinham direito à estabilidade por tempo de serviço, pois a Lei nº 5.859/72 assim não determinava.

O art. 499 da CLT reza que não haverá estabilidade no exercício de cargos de diretoria, gerência ou outros de confiança imediata do empregador, ressalvando-se apenas o cômputo do tempo de serviço para todos os efeitos legais. Ao empregado garantido pela estabilidade que deixar de exercer cargo de confiança assegura-se, salvo no caso de falta grave, a reversão ao cargo efetivo que haja anteriormente ocupado.

O art. 507 da CLT reza que as disposições do Capítulo VII do Título IV não serão aplicáveis aos empregados em consultórios ou escritórios de profissionais liberais. O artigo refere-se ao fato de que os empregados de profissionais liberais não adquirem estabilidade no emprego (Capítulo VII). Não havia justificativa para essa exclusão. Talvez o argumento seria de que o profissional liberal não é uma empresa e não tem por objetivo continuidade no tempo, como ocorre com a empresa. Diz respeito também exclusivamente a profissionais liberais, que são os que prestam serviços por conta própria, assumindo os riscos de sua atividade, trabalhando com liberdade. Esse dispositivo, entretanto, perdeu a validade para os empregados que forem admitidos a partir de 5 de outubro de 1988, diante dos incisos I e II do art. 7º da Constituição, que não mais preveem estabilidade no emprego. Parece que o intuito do legislador foi de que o profissional liberal é um trabalhador como outro qualquer, que não pode equiparar-se à empresa. Não tem a mesma capacidade econômica que a empresa. Seria um escritório de pequeno porte, com poucos empregados e não um grande escritório.

10 ART. 19 DO ADCT

Os servidores públicos civis da União, dos Estados, do Distrito Federal e dos Municípios, da Administração direta, autárquica e das fundações públicas, em exercício na data da promulgação da Constituição, há pelo menos cinco anos continuados e que não tenham prestado concurso público, são considerados estáveis no serviço público (art. 19 do ADCT).

Os servidores que não prestaram concurso público foram os contratados pelo regime da CLT. A regra constitucional não abrange os militares, mas apenas os servidores civis. Se tinham cinco anos de trabalho antes da promulgação da Constituição de 1988, farão jus a estabilidade no serviço público.

Com a Lei nº 8.112/90, todos os servidores da União, inclusive os celetistas, passaram a ser regidos pelo regime jurídico único: o estatutário.

11 GARANTIAS DE EMPREGO

A verdadeira estabilidade era aquela por tempo de serviço, em que se considerava estável o empregado que tivesse 10 anos na empresa. As demais estabilidades podem ser chamadas de provisórias, pois ficam circunscritas a determinado período, normalmente de 12 meses após o término do mandato.

A garantia de emprego restringe o direito potestativo do empregador de dispensar o empregado sem que haja motivo relevante ou causa justificada durante certo período. Estabilidade é o direito que tem o empregado de não ser despedido unilateralmente, salvo as exceções legais (justa causa, encerramento da atividade). A estabilidade proíbe o direito potestativo de dispensa por parte do empregador, ainda que este queira pagar indenizações.

Garantia de emprego é, porém, o nome adequado para o que se chama estabilidade provisória, pois, se há estabilidade, ela não pode ser provisória. Não se harmonizam os conceitos de estabilidade e provisoriedade, daí por que garantia de emprego. É a impossibilidade temporária da dispensa do empregado, salvo as hipóteses previstas em lei, como ocorre com o dirigente sindical, o cipeiro, a grávida etc. Difere a garantia *no* emprego da garantia *de* emprego. Esta está ligada à política de emprego do governo.

As hipóteses de garantia de emprego podem ser classificadas em:

a) constitucionais: cipeiro, gestante, dirigente sindical (art. 8º, VIII);
b) legais: acidentado, empregado eleito para o Conselho Curador do FGTS, empregado eleito para participar do CNPS, dirigente de cooperativa, membros dos empregados nas Comissões de Conciliação Prévia;
c) contratuais: contrato de trabalho ou norma coletiva.

A garantia de emprego do cipeiro e do dirigente sindical visa beneficiar a coletividade representada pelos referidos trabalhadores. A garantia da gestante e do acidentado é individual e social, diante das circunstâncias em que se insere.

A redação do § 4º do art. 1º da Lei nº 9.601/98 não é bem clara. O que quer dizer é que os empregados que tiverem garantia de emprego (e não "estabilidade provisória"), como da gestante, do dirigente sindical, do cipeiro, do empregado acidentado, não podem ser dispensados antes do termo final da contratação. Assim, o contrato de trabalho não poderá ser rescindido antes do tempo se o empregado gozar de garantia de emprego, mesmo com o pagamento da indenização prevista no inciso I do § 1º do art. 1º. Terminado o prazo do contrato, não há que se falar em garantia de emprego, pois as partes sabiam desde o início do pacto quando este iria terminar. Logo, depois da cessação do contrato por tempo determinado, o empregador não estará obrigado a manter no emprego o trabalhador portador de garantia de emprego. As partes sabiam desde o início que o contrato era por tempo determinado e que terminaria no último dia do prazo, inexistindo direito à garantia de emprego. A existência de garantia de emprego obtida no curso do contrato de trabalho não transforma o pacto em por tempo indeterminado. Assim, se a empregada ficar grávida, se o empregado for eleito membro da Cipa, o pacto laboral terminará na data acordada, sem se falar em direito à garantia de emprego. É a orientação anterior à Lei nº 9.601/98 de que nos contratos por tempo determinado não cabe garantia de emprego.

O empregado detentor de garantia de emprego poderá ser dispensado por falta grave, caso cometa um ato de justa causa previsto no art. 482 da CLT.

11.1 Dirigente sindical

Em países de língua espanhola usa-se a expressão *fuero sindical*, para denominar a garantia de emprego do dirigente sindical.

José Luiz Ferreira Prunes emprega a expressão *imunidade sindical* (1975:83). Hoje, até pode-se falar em imunidade sindical, pois tem a questão previsão constitucional (art. 8º, VIII). Quando o tema é previsto na Constituição, fala-se em imunidade, como imunidade tributária (art. 150, VI), imunidade parlamentar (§ 2º do art. 53) etc.

A Convenção nº 98, de 1949, já mencionava que "os trabalhadores deverão gozar de adequada proteção contra quaisquer atos atentatórios à liberdade sindical em matéria de emprego" (art. 1º). A referida proteção deverá aplicar-se a atos destinados a "dispensar um trabalhador ou prejudicá-lo, por qualquer modo, em virtude de sua filiação a um sindicato ou de sua participação em atividades sindicais, fora das horas de trabalho ou com o consentimento do empregador, durante as mesmas horas" (art. 1.2, *b*). A referida Convenção foi aprovada pelo Brasil no Decreto Legislativo nº 49, de 27-8-1952, e promulgada pelo Decreto nº 33.196, de 29-6-1953.

O objetivo da garantia de emprego do dirigente sindical é evitar represálias por parte do empregador pelo fato de o dirigente postular direitos para a categoria. A garantia também é, num sentido amplo, da categoria, de que uma pessoa possa negociar com o empregador, sem ser, por exemplo, dispensada.

A Lei nº 5.107, de 13-9-1966, já previa a impossibilidade da dispensa do empregado sindicalizado, "a partir do momento do registro de sua candidatura a cargo de direção ou representação sindical, até o final do seu mandato, caso seja eleito, inclusive como suplente, salvo se cometer falta grave devidamente apurada nos termos da Consolidação das Leis do Trabalho" (art. 25).

Tinha, assim, o dirigente sindical estabilidade provisória no emprego, a partir do registro de sua candidatura até o final do seu mandato, se eleito, inclusive como suplente.

A Lei nº 5.911, de 27-8-1973, deu nova redação ao § 3º do art. 543 da CLT, dizendo que o empregado sindicalizado não poderia ser despedido, aumentando a garantia de emprego, que era desde o momento do registro de sua candidatura até um ano após o término do mandato, caso eleito, inclusive como suplente.

O TST vinha entendendo que os membros de associação profissional também deveriam ter a mesma garantia: "Os dirigentes de associações profissionais, legalmente registradas, gozam de estabilidade provisória no emprego" (S. 222 do TST).

A Lei nº 7.543, de 2-10-1986, alterou novamente a redação do § 3º do art. 543 da CLT para estender a garantia aos dirigentes de associação profissional, de acordo com o que já vinha fazendo a Súmula 222 do TST:

> "É vedada a dispensa do empregado sindicalizado a partir do registro da candidatura a cargo de direção ou representação sindical e, se eleito, ainda que suplente, até um ano após o final do mandato, salvo se cometer falta grave nos termos da lei".

Vedou o inciso VIII do art. 8º da Constituição "a dispensa do empregado sindicalizado a partir do registro da candidatura a cargo de direção ou representação sindical e, se eleito, ainda que suplente, até um ano após o final do mandato, salvo se cometer falta grave nos termos da lei". O § 3º do art. 543 da CLT passou, assim, para o âmbito constitucional.

A Resolução Administrativa nº 84/98 do TST cancelou a Súmula 222. Dá a entender o TST que o dirigente de associação profissional não tem garantia de emprego, em razão de que o inciso VIII do art. 8º da Constituição só faz referência ao dirigente sindical e não de associação profissional. Entretanto, nada impede que a lei ordinária trate do tema, pois não se conflita com a norma constitucional, que não impede a garantia do dirigente de associação profissional.

Encerra o mandamento constitucional em exame norma constitucional de eficácia plena, exceto quanto à falta grave que será apurada "nos termos da lei", que é norma de eficácia limitada. A expressão "nos termos da lei" refere-se à falta grave e já está normatizada pelo art. 482 da CLT, que prevê quais as faltas que ensejarão o despedimento do obreiro. Ressalta, contudo, o dispositivo constitucional que a garantia de emprego é para o empregado sindicalizado. Nada impede, portanto, que a lei ordinária estenda a estabilidade ao associado que se candidata a cargo de direção ou de representação de associação profissional, como menciona o § 3º do art. 543 da CLT, visto que é livre a associação para fins lícitos (art. 5º, XVII, da Constituição).

Não há incompatibilidade entre a norma constitucional e o § 3º do art. 543 da CLT, quando este assegura estabilidade ao dirigente de associação profissional. Embora a Constituição não tenha previsto a estabilidade para o dirigente dos obreiros perante o Conselho Nacional de Previdência Social (CNPS) e dos representantes dos empregados que participam do Conselho Curador do FGTS, nada impede que a lei ordinária o faça (art. 3º, § 7º, da Lei nº 8.213/91 e art. 3º, § 9º, da Lei nº 8.036/90). O § 3º do art. 543 da CLT não é incompatível com a Norma Ápice, inexistindo revogação da lei ordinária pela Constituição quanto a este aspecto.

A garantia de emprego abrange a manutenção do emprego do trabalhador e a prestação de serviços no mesmo local de trabalho (art. 543 da CLT).

Serão beneficiadas com a garantia de emprego as pessoas eleitas para cargo de direção ou representação sindical, tanto os titulares como os suplentes, que são os diretores do sindicato. O membro do Conselho Consultivo ou Fiscal não goza da garantia (OJ 365 da SBDI-1 do TST), pois não é eleito para cargo de direção, mas fiscaliza a gestão financeira do sindicato. Mero colaborador também não goza da garantia, pelo mesmo motivo.

O delegado sindical não goza da garantia, pois a eleição não é prevista em lei.

Não faz jus à garantia de emprego o dirigente de entidade fiscalizadora de exercício de profissão liberal, como OAB, CRC, CREA, CRM etc., pois a garantia de emprego é para o empregado sindicalizado que concorre a cargo de direção ou representação sindical (art. 8º, VIII, da Constituição). A ligação que aquela pessoa mantém com o órgão de classe não depende do vínculo empregatício para representar na empresa o órgão fiscalizador, que não é sindicato.

Tem direito à garantia de emprego o dirigente de categoria profissional diferenciada, desde que a função exercida junto ao empregador corresponda à da categoria do sindicato em que era diretor. Se, no entanto, o empregado não exerce na empresa a atividade da categoria profissional, não será beneficiário da estabilidade (S. 369, III, do TST). Já se entendeu que o empregado que labora em empresa pertencente à categoria da construção civil e é tesoureiro da Associação dos Metalúrgicos, não estando incluído em categoria diferenciada, não tem direito à estabilidade.

Uma pessoa que foi eleita para representar os metalúrgicos de São Paulo não pode querer garantia de emprego na cidade de Santos. O empregado bancário que também trabalhasse numa empresa jornalística, eleito para dirigente sindical do sindicato dos jornalistas, não teria estabilidade nos dois empregos.

O dirigente sindical que é destituído de suas funções também não pode gozar de garantia de emprego, pois esta seria devida em razão de o empregado poder exercer a atividade sindical de representação perante a empresa.

A lei não faz distinção quanto ao exercício de cargo de confiança para a garantia de emprego do dirigente sindical. Se a lei não faz distinção, não cabe ao intérprete fazê-lo.

Se o empregado é eleito como diretor de sindicato patronal, representante da categoria econômica a que pertence a empresa empregadora, não terá direito à estabilidade, pois a norma conduz o intérprete a que a garantia de emprego é apenas para a representação dos interesses dos trabalhadores. O STF, porém, entendeu que o inciso VIII do art. 8º da Constituição não faz distinção entre o dirigente sindical patronal e o dos trabalhadores, desde que sejam eleitos. Se o empregado é eleito para dirigente sindical patronal também tem direito à garantia de emprego (STF, RE 217.355-5-MG, Ac. 2ª T., 29-8-2000, Rel. Min. Maurício Corrêa, *LTr* 65-02/180).

Sendo extinta a empresa, há o encerramento da atividade sindical e da garantia de emprego (S. 369, IV, do TST).

Não há garantia de emprego do dirigente sindical após a falência da empresa. Não existem empregados a serem representados no local de trabalho. O empregado não faz jus à indenização da garantia de emprego do tempo restante após a falência.

É certo que se houver a cessação do contrato de trabalho do empregado, estatuído por prazo determinado, não haverá direito à estabilidade, porque aqui não há despedida injusta, mas término do pacto laboral.

O STF entendeu que a garantia de emprego para o dirigente sindical não alcança o servidor público, regido por regime especial, como o ocupante de cargo em comissão (RE 183.884).

O mandato do membro da diretoria é de três anos (art. 515, *b*, da CLT).

11.2 Membro da Cipa

Anteriormente a dezembro de 1977, não havia obrigatoriedade de as empresas possuírem Comissão Interna de Prevenção de Acidentes (Cipa). Esta funcionava facultativamente no âmago das empresas, como se fosse mera "comissão de fábrica". A instalação compulsória da Cipa foi determinada pela Lei nº 6.514, de 22-12-1977, que deu nova redação à Seção III ("Dos órgãos de Segurança e Medicina do Trabalho nas Empresas"), do Capítulo V ("Da Segurança e da Medicina do Trabalho"), do Título II ("Das Normas Gerais de Tutela do Trabalho") da CLT, em especial pelo art. 163 da norma consolidada.

Reza o art. 165 da CLT que os titulares da representação dos empregados na Cipa não poderão sofrer despedida arbitrária, entendendo-se como tal a que não se fundar em motivo disciplinar, técnico, econômico ou financeiro. Essa disposição já estava prevista no art. 2º da Recomendação nº 119/63.

O objetivo da garantia de emprego do cipeiro é que o empregador não venha a prejudicar ou dispensar o trabalhador pelo fato de que este está cuidando de interesses de prevenção de acidentes na empresa, desagradando ao patrão.

O art. 165 da CLT dispõe, ainda, que a garantia de emprego do cipeiro é destinada apenas ao titular da representação dos empregados na Cipa, não se fazendo menção ao suplente.

A Constituição de 1988 prevê estabilidade para o empregado "eleito para o cargo de direção" da Cipa, "até que seja promulgada a lei complementar a que se refere o art. 7º, I", da Lei Maior (art. 10, II, *a*, do ADCT). Esta estabilidade é assegurada desde o registro da candidatura ao cargo de dirigente da Cipa até um ano após o final de seu mandato. A Constituição delimitou, inclusive, o interregno de tempo de estabilidade para o cipeiro, que não era feito pelo art. 165 da CLT, equiparando aquela hipótese ao inciso VIII do art. 8º da CLT, quanto ao respectivo tempo.

Veda-se a dispensa arbitrária ou sem justa causa do cipeiro. Logo, a dispensa com justa causa (art. 482 da CLT) não é proibida. Considera-se como dispensa arbitrária a que não se fundar em motivo disciplinar, técnico, econômico ou financeiro, nos termos do disposto na parte final do art. 165 da CLT.

A regra de estabilidade prevista nas disposições transitórias da Constituição (art. 10, II, *a*) não faz distinção entre membro titular ou suplente da Cipa. Assim, na parte em que o legislador não distinguiu, não cabe ao intérprete fazê-lo. Na verdade, não houve revogação ou derrogação do art. 165 da CLT pela Lei Maior, mormente pelo fato de o art. 10, II, *a*, do ADCT ser uma norma transitória, pois quando for promulgada a lei complementar de que trata o art. 7º, I, da Lei Fundamental, tal comando legal perderá vigência.

O suplente tem estabilidade quando no exercício continuado ou esporádico da função de cipeiro, pois nas ausências ou nos impedimentos do titular irá substituí-lo. Visa-se garantir também o emprego ao cipeiro nessas condições, para evitar qualquer represália do empregador em relação ao cipeiro suplente.

O processo de eleição do titular e do suplente da Cipa, em verdade, é o mesmo, porque não se faz distinção quanto a este aspecto no § 2º do art. 164 da CLT. Quando o suplente for chamado, irá exercer o cargo de direção. A Constituição só faz referência à necessidade de a pessoa ter sido eleita para cargo de direção, e não no que diz respeito à questão de ser o empregado titular ou suplente da Cipa.

Cargos todos os membros da Cipa têm, até mesmo o suplente. A acepção da palavra *direção* deve ser examinada no sentido de que a Cipa é um colegiado em que todos detêm cargo de direção. Os cargos não são escolhidos, mas há eleição, sendo que apenas a condução de alguns trabalhos é determinada ao presidente da Cipa. Os demais encargos são fiscalizados no dia a dia por todos os funcionários, com o intuito de prevenir acidentes no local de trabalho. O vice-presidente da Cipa exerce mero cargo decorativo, pois, caso tal cargo fosse de direção no sentido estrito da palavra, deveria ele naturalmente assumir a presidência, na hipótese de o presidente da Cipa ser dispensado da empresa, ao passo que tal fato não ocorre, visto que o presidente deve ser novamente indicado pelo empregador (§ 5º do art. 164 da CLT). Mostra-se, assim, que todos têm poderes de direção, não só o presidente da Cipa, mas também os demais componentes daquele órgão.

O que o legislador constituinte pretendeu coibir foi a dispensa imotivada do empregado eleito para o cargo da Cipa, pois o despedimento faz cessar o mandato do cipeiro e o empregado deve ter maiores condições de exercê-lo, livre de pressões ou represálias do empregador, para zelar pela diminuição de acidentes do trabalho na empresa. Na verdade, a Lei Magna tem o escopo de assegurar a garantia do mandato, para que o empregado dirigente da Cipa possa melhor desempenhar suas funções naquele órgão.

A Súmula 339, I, do TST esclareceu que "o suplente da Cipa goza da garantia de emprego prevista no art. 10, inciso II, alínea *a*, do ADCT da Constituição da República de 1988". No mesmo sentido, a Súmula 676 do STF.

O representante do empregador não precisa, em princípio, ter garantia de emprego, pois defende os interesses do empregador.

A garantia de emprego do cipeiro se estende, porém, ao representante do empregador, desde que este tenha sido eleito para o cargo de direção da Cipa, como já decidiu o TRT da 17ª R. (RO 3.065/81, Rel. designada Juíza Regina Uchoa da Silva, j. 24-3-1992, *DJ* ES 12-5-1992, p. 61.) Nesse caso, se houve eleição para a escolha do representante do empregador, haverá também estabilidade para o presidente da Cipa, pois é atraída a aplicação da disposição contida na alínea *a* do inciso II do art. 10 do ADCT. O representante do empregador (presidente) é também empregado e foi "eleito para cargo de direção" da Cipa. Logo, se foi eleito o representante do empregador na Cipa, deve também ser beneficiário da estabilidade provisória prevista na Lei Maior.

Ocorrendo a dispensa do trabalhador que era detentor da estabilidade provisória, o empregador, na hipótese de propositura de ação trabalhista pelo obreiro, deverá comprovar que a despedida não foi arbitrária, entendendo-se como tal a que não se fundar em motivo técnico, disciplinar, econômico ou financeiro, sob pena de ser condenado a reintegrar o empregado ao trabalho (parágrafo único do art. 165 da CLT). Se por acaso a estabilidade já se houver findado, ou for incompatível a reintegração (art. 496 da CLT, aplicado por analogia), a determinação legal converte-se de obrigação de fazer em obrigação de pagar: indenização das verbas correspondentes ao período estabilitário.

A garantia de emprego do cipeiro não constitui vantagem pessoal, mas garantia para as atividades dos membros da Cipa, que somente têm razão de ser quando em atividade a empresa. Extinta a empresa ou o estabelecimento, não se verifica a despedida arbitrária, sendo impossível a reintegração. É indevida a indenização do período de garantia de emprego (S. 339, II, do TST). Com a extinção do local de trabalho, não existe dispensa arbitrária, nem há onde reintegrar o empregado.

A extinção do estabelecimento da empresa pela decretação de falência extingue o direito da garantia de emprego do cipeiro. A indenização do período remanescente é indevida.

A Cipa visa verificar o cumprimento das normas relativas à segurança do trabalho. Se o estabelecimento foi extinto, não há mais necessidade de Cipa, deixando de existir a vedação para a dispensa.

11.3 Gestante

A gravidez não é doença. Assim, não se pode tratar a gestante como doente ou como incapaz.

Quanto à garantia de emprego, justifica-se essa discriminação no período em que a empregada esteja grávida, ou no período pós-parto, pois com certeza não iria encontrar outro serviço no referido lapso de tempo. É uma questão social.

A gestante deve ter direito ao emprego em razão da proteção do nascituro, para que possa se recuperar do parto e cuidar da criança nos primeiros meses de vida.

Dispõe a alínea *b* do inciso II do art. 10 do Ato das Disposições Constitucionais Transitórias que, até que seja promulgada lei complementar, fica vedada a dispensa arbitrária ou sem justa causa da empregada gestante, desde a confirmação da gravidez até cinco meses após o parto. Não havia previsão nesse sentido em normas constitucionais ou legais anteriores, porém já era encontrado algo semelhante em normas coletivas. O certo é que, a partir de 5-10-1988, a gestante tem garantido o seu emprego até 150 dias depois do parto.

O Brasil, aprovou a Convenção nº 103 da OIT, de 1952, conforme o Decreto Legislativo nº 20, de 30-4-1965, que estabelece proibição da dispensa da empregada durante a licença-maternidade ou seu prolongamento.

São várias as teorias que informam a garantia de emprego da gestante, podendo ser destacadas as teorias da responsabilidade objetiva e subjetiva.

A teoria da responsabilidade objetiva considera que o importante é a confirmação da gravidez para a própria empregada e não para o empregador. A garantia de emprego independe da comprovação da gravidez perante o empregador, mas da sua confirmação, sendo responsabilidade objetiva do empregador, que visa garantir o nascituro. O STF já entendeu que a responsabilidade é objetiva (RE 259.3218/RS, Rel. Min. Ellen Gracie).

Confirmação quer dizer o ato ou efeito de confirmar; segurança expressa e nova que torna uma coisa certa; ratificação (*Houaiss*, 1980:217). É o ato de comprovar, demonstrar, certificar.

O TST tem jurisprudência pacífica no sentido de que a empregada não precisa comprovar a sua gravidez perante o empregador, bastando haver a sua confirmação (S. 244, I).

A teoria da responsabilidade subjetiva entende que a empregada deve comprovar a gravidez perante o empregador.

A palavra "confirmação" deve ser entendida no sentido de a empregada demonstrar a gravidez para o empregador, deve confirmá-la perante o empregador. A trabalhadora precisa dar ciência ao empregador de que está grávida, o que é feito pela apresentação do atestado médico ou exame laboratorial, quer dizer por ato formal, até cientificando por escrito que está grávida, pois do contrário o empregador não tem como saber se a empregada está grávida. Somente a partir do momento em que a empregada demonstrar a gravidez ao empregador é que estará protegida. A empregada tanto poderá apresentar atestado médico, como também será possível constatar seu estado físico externo, demonstrado pela gravidez.

Desconhecendo a empregada a sua gravidez quando da dispensa, menos ainda teria condições de saber o empregador.

O empregador não tem como ser responsabilizado se a empregada não o avisa de que está grávida. Não se pode imputar a alguém uma consequência a que não deu causa. Na data da dispensa não havia qualquer óbice à dispensa da trabalhadora, pois naquele momento não estava comprovada a gravidez ou era impossível constatá-la. Logo, não houve dispensa arbitrária com o objetivo de obstar o direito à garantia de emprego da gestante.

Prevê o § 1º do art. 487 da CLT que o aviso-prévio integra o tempo de serviço do empregado para todos os fins. Indica o § 6º do art. 487 da CLT que se o reajustamento salarial coletivo for concedido no curso do aviso-prévio, ainda que indenizado, tem o empregado direito ao referido benefício. Esclarece a Súmula 182 do TST que o tempo do aviso-prévio, mesmo indenizado, conta-se para efeito da indenização adicional do art. 9º da Lei nº 6.708/79.

Como o aviso-prévio indenizado projeta os efeitos do contrato de trabalho por mais 30 dias para todos os fins, deve-se observar essa regra para a comprovação da gravidez durante o aviso-prévio indenizado, pois o trabalho é pago sob a forma de salário.

A confirmação do estado de gravidez advindo no curso do contrato de trabalho, ainda que durante o prazo do aviso-prévio trabalhado ou indenizado, garante à empregada doméstica gestante a estabilidade provisória prevista na alínea *b* do inciso II do art. 10 do Ato das Disposições Constitucionais Transitórias (art. 391-A da CLT). Essa regra aplica-se ao empregado adotante ao qual tenha sido concedida guarda provisória para fins de adoção.

A comprovação da gravidez deve ser feita durante a vigência do contrato de trabalho ou do aviso-prévio indenizado, pois do contrário o empregador não tem ciência da gravidez da empregada quando da dispensa.

Provando a empregada gestante que, durante o aviso-prévio, está grávida, mesmo recebendo aviso-prévio indenizado, fará jus à garantia de emprego, em razão de que o contrato de trabalho só termina no último dia do aviso-prévio indenizado.

Ocorrendo a gestação durante o aviso-prévio, mesmo indenizado, porém a empregada não a comprova perante o empregador, entendo que não há direito à garantia de emprego, pois o empregador desconhecia a gravidez da empregada quando da dispensa.

A empregada que estava grávida e pede demissão não tem direito à garantia de emprego, pois não houve dispensa arbitrária ou sem justa causa, mas iniciativa da empregada em sair do emprego.

A mãe de aluguel terá garantia de emprego, porque houve gestação. A fornecedora do óvulo não terá garantia de emprego, porque não teve gestação. Há direito à garantia de emprego integral.

Se houve parto, mesmo que a criança tenha nascido morta, há garantia de emprego, porque houve gestação e parto. A Constituição não faz distinção. Tanto a empregada necessita de proteção, visando à recuperação do seu corpo, como seu filho.

A Constituição assegura o emprego à gestante (art. 7º, XVIII) e não indenização como costumam pedir na prática, nas ações trabalhistas. Pedindo a empregada apenas indenização, demonstra seu interesse em não retornar ao emprego, o que revela que não tem direito à garantia de emprego.

O pedido de indenização só é devido no caso de não mais ser possível a reintegração, pelo término da garantia de emprego, e desde que a empresa tivesse ciência da gravidez da empregada.

Há entendimento que se a empregada ajuíza a ação depois de expirado o prazo da garantia de emprego, ainda assim faz jus a esse direito, em razão de que o prazo prescricional é de dois anos a contar da cessação do contrato de trabalho (art. 7º, XXIX, *a*, da Constituição).

Entretanto, passados alguns meses após a dispensa e pedindo a empregada reintegração, entendo que deve ser desconsiderado o período que vai da dispensa até a data do ajuizamento da ação, em razão da inércia da empregada na sua proposição e de ter direito ao emprego e não a receber sem trabalhar.

No caso de a empregada deixar terminar o período de garantia de emprego e só depois ajuizar a ação, penso que não faz jus nem a reintegração, muito menos a indenização, pois o seu ato impediu o empregador de reintegrá-la no emprego, mostrando seu desinteresse em voltar a trabalhar na empresa. O direito previsto na Constituição é ao emprego e não à indenização.

O TST entende que o ajuizamento de ação trabalhista após decorrido o período de garantia de emprego não configura abuso do exercício do direito de ação, pois este está submetido apenas ao prazo prescricional inscrito no art. 7º, XXIX, da Constituição de 1988, sendo devida a indenização desde a dispensa até a data do término do período estabilitário (OJ 399 da SBDI-1).

Na hipótese de a empregada afirmar categoricamente que não tem interesse em retornar a trabalhar na empresa, quando esta lhe coloca à disposição o emprego, renuncia ao direito à garantia de emprego, pois, do mesmo modo, a Constituição assegura o direito ao emprego e não à indenização. Não querendo a empregada trabalhar na empresa, resta indevido o direito à garantia de emprego prevista na Constituição.

Com a determinação do ADCT o constituinte assegurou efetivamente o emprego à gestante, conferindo-lhe garantia de emprego desde a confirmação da gravidez até cinco meses após o parto (art. 10, II, *b*, do ADCT). Assim, a gestante tem direito a ser reintegrada no emprego, e não a indenização, como era a anterior orientação da jurisprudência.

Esclarece a Súmula 244, II, do TST que "a garantia de emprego da gestante só autoriza a reintegração se esta se der durante o período de estabilidade. Do contrário, a garantia restringe-se aos salários e demais direitos correspondentes ao período de estabilidade".

No contrato de trabalho por tempo determinado as partes sabem desde o início quando o pacto irá terminar. Assim, se a empregada ficar grávida no curso do ajuste laboral, será indevida a garantia de emprego, pois não está havendo dispensa arbitrária ou sem justa causa. Há apenas o decurso do prazo do pacto de trabalho celebrado entre as partes. Situações que ocorram no curso do pacto laboral de prazo determinado não podem ser opostas para modificar a sua cessação, salvo se houver ajuste entre as partes.

O TST entende que a empregada gestante tem direito à estabilidade provisória prevista no art. 10, inciso II, alínea *b*, do Ato das Disposições Constitucionais Transitórias, mesmo na hipótese de admissão mediante contrato por tempo determinado (S. 244, III, do TST).

A confirmação do estado de gravidez durante o curso do contrato de trabalho, ainda que durante o prazo do aviso-prévio trabalhado ou indenizado, garante à empregada gestante a estabilidade provisória prevista na alínea *b* do inciso II do art. 10 do Ato das Disposições Constitucionais Transitórias (parágrafo único do art. 25 da Lei Complementar nº 150/2015), desde a confirmação da gravidez até cinco meses após o parto.

A empregada gestante tem direito à garantia de emprego mesmo com o encerramento das atividades da empresa. O encerramento das atividades da empresa é risco do empreendimento (art. 2º da CLT). O objetivo da lei é proteger não só a empregada, mas também a criança, para que a primeira possa gozar da licença-maternidade para amamentar o filho.

O fechamento da empresa não prejudica a garantia de emprego da gestante, pois a norma visa tutelar a gestante e o nascituro. O risco do empreendimento é do empregador (art. 2º da CLT).

Há certas normas coletivas que estendem a garantia de emprego à gestante por mais 60 dias após o término da previsão constitucional. Nesse caso, a norma coletiva é mais benéfica para a empregada, devendo ser observada.

Algumas normas coletivas estabelecem que a empregada tem de comunicar ao empregador dentro do período de 30 dias após o término do contrato de trabalho, para ter direito ao emprego. Decorrido o referido prazo, há a perda do direito. Essa determinação da norma coletiva não viola a Constituição, que não é clara sobre o significado da palavra "confirmação", que pode, portanto, ser interpretada e complementada pela via negocial.

Pode-se entender que as partes são livres na estipulação de regras trabalhistas, conforme o art. 444 da CLT, desde que não contrariem as normas de proteção ao trabalho. No caso, não se está contrariando qualquer norma de proteção ao trabalho, pois há controvérsia sobre a palavra "confirmação" contida no ADCT, além do que traz maior segurança à relação jurídica entre empregado e empregador. O STF tem entendido em sentido contrário.

Não há direito à garantia de emprego em caso de aborto, por falta de previsão constitucional ou legal. A proteção ao nascituro não existe, a partir do momento em que ele não nasceu com vida. Tem direito a mulher apenas a duas semanas de licença remunerada, prevista no art. 395 da CLT.

A mãe adotiva não tem direito à garantia de emprego, pois a alínea *b* do inciso II do art. 10 do ADCT dispõe que a garantia da gestante é desde a confirmação da gravidez até cinco meses após o parto. O dispositivo faz referência à gestante e não à adotante. Mostra que só diz respeito à gestante, que é a pessoa que tem confirmada a gravidez e que faz parto. A adotante não tem tais características, nem precisa de prazo para a recuperação de seu corpo. Logo, não tem garantia de emprego.

A garantia de emprego se estende a quem tiver a guarda do filho, em caso de falecimento da genitora (art. 1º da Lei Complementar nº 146/2014). Com o falecimento da mãe, a garantia de emprego a quem tiver a guarda é uma questão social e de proteção ao nascituro. A guarda é titularidade dos pais (art. 22 da Lei nº 8.069/90). Pode ser dada a guarda à família substituta por decisão judicial (art. 28 da Lei nº 8.069/90).

11.4 Acidentado

A ideia de cotas foi criar forma de reinserir os ex-combatentes mutilados na Primeira Guerra Mundial.

O art. 118 da Lei nº 8.213/91 prevê outra forma de garantia de emprego: "o segurado que sofreu acidente do trabalho tem garantida, pelo prazo mínimo de doze meses, a manutenção do seu contrato de trabalho na empresa, após a cessação do auxílio-doença acidentário, independentemente da percepção de auxílio-acidente". É uma questão social para o acidentado poder se recuperar do acidente.

A estabilidade do acidentado vinha sendo prevista em normas coletivas, como ocorre com os metalúrgicos, assegurando-se estabilidade à pessoa com moléstia profissional ou em virtude de acidente do trabalho, desde que atenda a determinadas condições cumulativas. Esta estabilidade, entretanto, é muito mais ampla que a do art. 118 da Lei nº 8.213, pois não menciona 12 meses de garantia de emprego, mandando reintegrar o empregado acidentado.

É certo que o próprio TST, por meio do antigo Precedente em dissídios coletivos de nº 30, já vinha garantindo "ao trabalhador vítima de acidente de trabalho 180 (cento e oitenta) dias de estabilidade no emprego, contados após a alta do órgão previdenciário". Essa orientação teve validade até a edição da Lei nº 8.213/91, que criou a garantia de emprego ao acidentado (art. 118). Indaga-se, porém, se o art. 118 da Lei nº 8.213/91 seria constitucional. Argumentam os defensores da inconstitucionalidade de tal mandamento legal que só a lei complementar prevista no inciso I do art. 7º da Constituição é que poderá prever outros tipos de estabilidade, sendo impossível fazê-lo por meio de lei ordinária (Lei nº 8.213/91).

O art. 118 da Lei nº 8.213/91 é constitucional.

Fazendo-se a interpretação histórica dos textos legais da Assembleia Nacional Constituinte, que deram origem ao inciso I do art. 7º da Lei Fundamental, chega-se à conclusão de que não era proibida a concessão de estabilidade por intermédio de lei ordinária.

O inciso XIII do art. 2º do projeto da Subcomissão dos Direitos dos Trabalhadores previa estabilidade desde a admissão no emprego, exceto na ocorrência de falta grave comprovada judicialmente, observando-se a possibilidade de se firmar contrato de experiência de 90 dias. Vê-se que não havia nenhum impedimento de se determinar estabilidade por meio de lei ordinária.

No projeto da Comissão da Ordem Social garantia-se relação de emprego estável, salvo a ocorrência de falta grave e contrato a termo, inclusive de experiência. Não era, portanto, vedada a concessão de estabilidade por lei ordinária.

No projeto da Comissão de Sistematização, assegurava-se o emprego contra despedida imotivada, salvo se verificada a ocorrência de falta grave cometida pelo empregado, ou de justa causa para a dispensa, baseada em fato econômico intransponível, fato tecnológico ou infortúnio da empresa, sendo lícita a contratação a termo. Como se vê, era lícito estabelecer a garantia provisória do emprego mediante lei ordinária.

Afinal, prevaleceu a possibilidade da despedida imotivada, desde que houvesse uma indenização compensatória para tanto, que seria determinada em lei complementar (art. 7º, I, da Constituição). Provisoriamente, essa indenização compensatória consistiu no aumento da indenização do FGTS de 10% para 40% (art. 10, I, do ADCT).

A interpretação literal do inciso I do art. 7º da Lei Fundamental não revela que a estabilidade somente pode ser prevista em lei complementar. Ao se escrever naquele artigo "relação de emprego protegida contra despedida arbitrária ou sem justa causa, nos termos da lei complementar, que preverá indenização compensatória, dentre outros direitos", não se determinou em nenhum momento que a estabilidade, em casos especiais, não pudesse ser instituída por lei ordinária.

A Norma Ápice apenas assegurou a proteção contra a despedida arbitrária ou sem justa causa. A lei complementar que estabelecer essa proteção preverá indenização compensatória para tal despedida, mas também poderá disciplinar outros direitos. A proteção contra a despedida arbitrária ou sem justa causa é que será prevista na lei complementar, mediante indenização compensatória; porém, não menciona estabilidade, que pode até ser albergada por essa norma especial, mas não necessariamente o será. Nada impede, por consequência, que a lei ordinária crie estabilidade para o acidente do trabalho, como o fez o art. 118 da Lei nº 8.213/91.

Fazendo-se a interpretação sistemática do inciso I do art. 7º do Estatuto Supremo com outros dispositivos deste, não se chega à conclusão de que é defeso ao legislador ordinário estatuir garantia de emprego.

O *caput* do art. 7º da Lei Magna dispõe que "são direitos dos trabalhadores urbanos e rurais, além de outros que visem à melhoria de sua condição social(...)". Ao se empregar a expressão *além de outros* direitos, mostra-se que a relação contida nos incisos I a XXXIV do art. 7º da Constituição está apenas outorgando ao empregado um mínimo de direitos trabalhistas. Não há enumeração taxativa ou exaustiva (*numerus clausus*) dos direitos trabalhistas na Lei Maior, mas exemplificativa, sendo que outros direitos podem ser previstos pela lei ordinária, inclusive a estabilidade preconizada pelo art. 118 da Lei nº 8.213/91. Tanto é assim que não se faz menção no referido art. 7º ao trabalhador temporário, o que nem por isso torna inconstitucional a Lei nº 6.019/74.

Reza o § 2º do art. 5º da Lei Fundamental que não se excluem outros direitos e garantias decorrentes do regime e dos princípios por ela adotados, até mesmo pelos tratados internacionais em que a República Federativa do Brasil seja parte. Quanto aos referidos tratados, a Convenção nº 98 da OIT, ratificada pelo Brasil, assegura proteção adequada aos trabalhadores contra quaisquer atos atentatórios à liberdade sindical em matéria de emprego (art. 1º). A lei ordinária, seguindo essa orientação, assegurou estabilidade não só ao dirigente sindical, mas também ao dirigente de associação profissional (§ 3º do art. 543 da CLT).

O fato de a Constituição só conceder garantia de emprego ao dirigente sindical (art. 8º, VIII), ao cipeiro (art. 10, II, *a*, do ADCT) e à gestante (art. 10, II, *b*, do ADCT), não obsta a que a lei ordinária estabeleça outras garantias de emprego, pois a Lei Magna traz em seu bojo um mínimo de direitos a serem observados pelo empregador, até porque as Constituições anteriores nunca tinham versado sobre garantia de emprego, o que não impedia de estabelecê-la via lei ordinária, como o foi (arts. 165 e 543, § 3º, da CLT).

Logo, inexiste inconstitucionalidade do comando legal em comentário, podendo perfeitamente a lei ordinária veicular matéria sobre garantia de emprego, como ocorre com a do representante dos trabalhadores no CNPS (§ 7º do art. 3º da Lei nº 8.213/91), do representante dos empregados no Conselho Curador do FGTS (§ 9º do art. 3º da Lei nº 8.036/90), do cipeiro (art. 165 da CLT), do dirigente de cooperativa de empregados (Lei nº 5.764/71), nas leis eleitorais e futuramente pode também haver estabilidade para o delegado sindical ou representante dos empregados na empresa (art. 11 da Constituição). Nada impede, portanto, que a lei ordinária estabeleça garantia de emprego para atender à situação peculiar – decorrente de acidente do trabalho – que merece tutela especial.

O STF rejeitou Ação Direta de Inconstitucionalidade que pedia a inconstitucionalidade do art. 118 da Lei nº 8.213/91, por não se atritar com o inciso I do art. 7º da Constituição (ADIn 639-8-DF, j. 2-6-2005, Rel. Min. Joaquim Barbosa, *DJU* 9-11-2005).

A Súmula 378, I, do TST entende constitucional o art. 118 da Lei nº 8.213/91.

A garantia de emprego de 12 meses ao empregado acidentado no trabalho somente ocorre após a cessação do auxílio-doença acidentário, independentemente da percepção de auxílio-acidente, pois antes disso o empregado não poderia ser, à primeira vista, dispensado, porque a partir do décimo sexto dia do afastamento do obreiro o contrato de trabalho estaria suspenso. Assim, não havendo a concessão de auxílio-doença acidentário, o empregado não faz jus à garantia de emprego do art. 118 da Lei nº 8.213/91. Se o empregado se afasta apenas por até 15 dias da empresa, não há a concessão do auxílio-doença e, não sendo concedido este, não haverá garantia de emprego.

Esclarece o inciso II da Súmula 378 do TST que são pressupostos para a concessão da garantia de emprego do acidentado o afastamento superior a 15 dias e a consequente percepção do auxílio-doença acidentário, salvo se constatada, após a dispensa, doença profissional que guarde relação de causalidade com a execução do contrato de emprego.

A lei não dispõe que, para fazer jus a garantia de emprego, o autor deva ter sofrido sequela, mas apenas que tenha havido o acidente do trabalho. A lei também não prevê que haja necessidade de redução da capacidade laborativa.

O art. 118 da Lei nº 8.213 também não exige que tenha sido concedido auxílio-acidente, pois menciona expressamente "independentemente da concessão de auxílio-acidente". Se a lei é expressa, não pode o intérprete querer fazer interpretação diversa.

Não fez a norma legal qualquer distinção entre o tipo de acidente se leve ou grave, mas apenas que seja decorrente de acidente do trabalho. Inexiste violação ao princípio da isonomia, pois uma pessoa acidentada precisa ser tratada de forma diferenciada de outra sadia, como o faz o art. 118 da Lei nº 8.213.

O art. 118 da Lei nº 8.213 também não determinou que a garantia de emprego é devida apenas a quem sofreu habilitação ou reabilitação profissional. Nada menciona nesse sentido.

Se no decorrer do ajuizamento da ação trabalhista tiver se expirado o prazo de 12 meses para a garantia de emprego ao acidentado, o empregado não mais poderá ser reintegrado, apenas será paga a indenização do período respectivo.

O art. 118 da Lei nº 8.213/91, na verdade, mantém por mais 12 meses o contrato de trabalho do empregado acidentado e não a função, devendo o trabalhador reassumir seu mister no trabalho ou outra função compatível com seu estado após o acidente.

O dispositivo em comentário dificulta a possibilidade da dispensa do operário, pois raramente o trabalhador acidentado encontraria outro emprego nessas condições. O que vai ocorrer na prática é a dispensa do obreiro, preferindo a empresa pagar a indenização do período de estabilidade a reintegrar o acidentado, ficando prejudicado o intuito do legislador, que era o de garantir efetivamente o emprego ao trabalhador acidentado. Preferível teria sido a reintegração do trabalhador no emprego, como ocorre em certas normas coletivas.

A regra do art. 118 da Lei nº 8.213/91 é aplicada a contratos de trabalho de prazo indeterminado.

No contrato de prazo determinado ou de experiência não há direito à garantia de emprego prevista no art. 118 da Lei nº 8.213/91, pois as partes conhecem antecipadamente a data do término do contrato, e não há despedida arbitrária ou sem justa causa, mas o fim normal do pacto laboral. Se houver justa causa, a garantia de emprego é indevida. O empregador não visa impedir a garantia de emprego do acidentado no contrato de prazo determinado.

O contrato a termo, incluindo o contrato de trabalho temporário (Lei nº 6.019/74), traz em seu bojo o pleno conhecimento de ambas as partes contratantes do final da existência da relação jurídica que as vincula. Não há como reconhecer direito à garantia de emprego (grávida, dirigente sindical, cipeiro, acidentado) no seu curso, vez que esta é assegurada nos casos de contratação por prazo indeterminado, não se aplicando de forma extensiva aos contratos por prazo determinado.

Reza o § 2º do art. 472 da CLT que, nos contratos por prazo determinado, o tempo de afastamento (fator de suspensão ou de interrupção do trabalho), se assim acordarem as partes interessadas, não será computado na contagem do prazo para a respectiva terminação. Logo, diante da literalidade do texto legal, os períodos de afastamento, salvo cláusula contratual expressa em contrário, são computados na fluência do termo final do contrato temporário. O fato de ter sofrido acidente de trabalho não transmuda o pacto laboral, impossibilitando a aplicação do art. 118 da Lei nº 8.213/91 ou de qualquer outra garantia de emprego, pois não existe dispensa arbitrária ou sem justa causa, mas término do contrato de trabalho de prazo determinado.

O afastamento do empregado por motivo de acidente do trabalho, com recebimento do auxílio-doença acidentário corresponde à interrupção dos efeitos do contrato de trabalho, pois o empregador é obrigado a depositar o FGTS (§ 5º do art. 15 da Lei nº 8.036/90). No caso do afastamento do empregado por motivo de doença, que não é relacionada com o trabalho, os efeitos do contrato de trabalho ficam suspensos, não tendo o empregador de pagar salários ou contar tempo de serviço no período em que o INSS paga o benefício. Entretanto, nos pactos de prazo determinado, gênero no qual se inclui o contrato de trabalho temporário, o tempo de afastamento é computado na contagem do prazo para a sua respectiva terminação.

O § 4º do art. 1º da Lei nº 9.601/98 é claro no sentido de que no contrato de prazo determinado celebrado mediante convenção ou acordo coletivo são asseguradas as garantias provisórias da gestante, do dirigente sindical, ainda que suplente, do empregado eleito para cargo da Cipa, do empregado acidentado durante a vigência do contrato de prazo determinado, que não poderá ser rescindido antes do prazo estipulado pelas partes. Não há regra semelhante para os demais contratos de trabalho de prazo determinado, aplicando-se a determinação do § 2º do art. 472 da CLT. O prazo flui normalmente até o término do contrato, mesmo que o empregado esteja afastado por acidente do trabalho.

O contrato por prazo determinado é incompatível com o instituto da garantia de emprego do acidentado. Logo, a ocorrência de acidente, no curso do pacto, não confere ao trabalhador o direito à garantia de emprego prevista no art. 118 da Lei nº 8.213/91. O contrato de trabalho de prazo determinado ou o temporário tem termo final prefixado, resolvendo-se naturalmente com o advento deste.

O TST entende que o empregado submetido a contrato de trabalho por tempo determinado goza da garantia provisória de emprego, decorrente de acidente de trabalho, prevista no art. 118 da Lei nº 8.213/91 (S. 378, III, do TST).

A Orientação Jurisprudencial 375 da SBDI-1 do TST mostra que a suspensão do contrato de trabalho, em virtude da percepção de auxílio-doença ou da aposentadoria por invalidez, não impede a fluência da prescrição quinquenal, ressalvada a hipótese de absoluta impossibilidade de acesso ao Judiciário. Isso indica que o prazo de prescrição flui normalmente na suspensão do contrato de trabalho por motivo de auxílio-doença ou de aposentadoria por invalidez.

Trata o inciso XXVIII do art. 7º da Constituição de seguro contra acidentes do trabalho e indenização a ser paga pelo empregador em caso de dolo ou culpa. Não versa sobre a garantia de emprego do acidentado.

Dispõe o inciso XXII do art. 7º da Lei Maior sobre as normas de saúde e higiene no trabalho, mas também não trata de garantia de emprego do acidentado, nem mesmo em contratos de trabalho de prazo determinado.

Há jurisprudência que entende que o contrato não cessa na data prefixada pelas partes, mas o contrato fica prorrogado até o final do afastamento, sendo acrescido pelo tempo que falta para o término do contrato de trabalho.

Se o empregado com garantia de emprego pede demissão no contrato de trabalho de prazo determinado, renuncia à referida garantia, não havendo que se falar em reintegração ou indenização substitutiva.

O aposentado não tem direito a prestações de acidente do trabalho, se houver o acidente, em razão de já receber aposentadoria. Não há direito a auxílio-doença acidentário (art. 124 da Lei nº 8.213/91). Logo, não faz jus a garantia de emprego do acidentado (art. 118 da Lei nº 8.213/91).

O tempo de serviço correspondente ao aviso-prévio, ainda que indenizado, será computado como tempo de serviço para todos os efeitos legais (art. 487, § 1º, da CLT). Assim, o acidente do trabalho ocorrido no curso do aviso-prévio, com o afastamento compulsório do obreiro, confere ao empregado a garantia de emprego. No caso de ocorrer que os 15 dias a cargo da empresa recaiam fora da projeção do aviso-prévio, não será devida a garantia de emprego, visto que o contrato estaria interrompido e não suspenso.

Pode ocorrer que o empregado se afaste com periodicidade para tratamento médico, com percepção de auxílio-doença acidentário, sendo que a garantia de emprego de 12 meses será computada a partir do retorno do empregado ao trabalho, quando da cessação definitiva do auxílio-doença acidentário, o que poderá prolongar o contrato de trabalho do operário por muito tempo.

O encerramento das atividades da empresa não é óbice ao pagamento da indenização do art. 118 da Lei nº 8.213/91. O risco do empreendimento é do empregador (art. 2º da CLT). A condição deixou de ser implementada por ato do empregador (art. 129 do Código Civil). Assim, a garantia de emprego é devida. Deve ser feito o pagamento da indenização correspondente aos 12 meses após a cessação do auxílio-doença acidentário.

O empregado pode ser reintegrado em outra empresa do grupo, pois o grupo é o empregador único.

Se o empregado pede demissão, perde direito à garantia de emprego, pois dá causa à cessação do contrato de trabalho.

A adesão do empregado a plano de demissão voluntária da empresa também implica a perda do direito à garantia de emprego, pois é incompatível com a reintegração no emprego. O empregado teve interesse em se desligar da empresa para receber a indenização compensatória.

11.5 Membro do Conselho Curador do FGTS

Os representantes dos trabalhadores no Conselho Curador do FGTS, efetivos e suplentes, têm direito à garantia de emprego, desde a nomeação até um ano após o término do mandato de representação, somente podendo ser dispensados por motivo de falta grave, devidamente apurada por meio de processo sindical (§ 9º do art. 3º da Lei nº 8.036/90).

11.6 Membro do CNPS

Os representantes dos trabalhadores, que estiverem em atividade, titulares e suplentes, no Conselho Nacional de Previdência Social, terão direito à garantia de emprego, desde a nomeação até um ano após o término do mandato de representação, somente podendo ser dispensados por motivo de falta grave, regularmente comprovada por intermédio de processo judicial (§ 7º do art. 3º da Lei nº 8.213/91).

11.7 Reabilitados

Dispõe o art. 93 da Lei nº 8.213/91 que "a empresa com 100 (cem) ou mais empregados está obrigada a preencher de 2% (dois por cento) a 5% (cinco por cento) dos seus cargos com beneficiários reabilitados ou pessoas portadoras de deficiência, habilitadas, na seguinte proporção:

I – até 200 empregados 2%;

II – de 201 a 500 3%;

III – de 501 a 1.000 4%;

IV – de 1.001 em diante 5%.

É o que a doutrina chama de sistema de "cotas", pois também há cotas para admissão de aprendizes na empresa (art. 429 da CLT). A empresa tem que cumprir as cotas de admissão de deficientes ou de pessoas reabilitadas, sob pena de multa administrativa.

A dispensa de trabalhador reabilitado ou de deficiente habilitado ao final de contrato por prazo determinado de mais de 90 (noventa) dias, e a imotivada, no contrato por prazo indeterminado, só poderá ocorrer após a contratação de substituto de condição semelhante (§ 1º do art. 93 da Lei nº 8.213/91). O dispositivo tem finalidade social.

O Ministério do Trabalho e da Previdência Social deverá gerar estatísticas sobre o total de empregados e as vagas preenchidas por reabilitados e deficientes habilitados, fornecendo-as, quando solicitadas, aos sindicatos ou entidades representativas dos empregados (§ 2º do art. 93 da Lei nº 8.213/91).

A determinação do § 1º do art. 93 da Lei nº 8.213/91 não é uma garantia individual ou para uma pessoa específica, mas para um grupo de pessoas deficientes. Compreende garantia de emprego sem prazo definido.

Estabeleceu situação compreendendo condição suspensiva: admissão de empregado de condição semelhante. Trata-se de hipótese de garantia de emprego em que não há prazo certo. A dispensa do trabalhador reabilitado ou dos deficientes só poderá ser feita se a empresa tiver o número mínimo estabelecido pelo art. 93 da Lei nº 8.213. Enquanto a empresa não atinge o número mínimo previsto em lei, haverá garantia de emprego para as referidas pessoas. Admitindo a empresa deficientes ou reabilitados em porcentual superior ao previsto no art. 93 da Lei nº 8.213, poderá demitir outras pessoas em iguais condições até atingir o referido limite. Poderá, porém, a empresa dispensar os reabilitados ou deficientes por justa causa.

Representa o § 1º do art. 93 da Lei nº 8.213/91 hipótese de limitação ao poder potestativo de dispensa do empregador.

A pessoa com deficiência deve ser habilitada. Se não houver habilitados no mercado, não há como a empresa os admitir e cumprir a regra do art. 93 da Lei nº 8.213/91.

O cego não pode dirigir veículo automotor, mas pode atender telefone e fazer outras funções, o que faz muito bem.

A lei faz referência a empregado reabilitado ou deficiente contratado por prazo determinado de mais de 90 dias. Assim, se o contrato de prazo determinado for de até 90 dias, como no contrato de experiência, não há direito à garantia de emprego.

O cálculo das cotas é feito com base no número de empregados da empresa e não de cada estabelecimento. A empresa pode ter um número menor de empregados em cada estabelecimento do previsto no art. 93 da Lei nº 8.213, mas o cálculo é feito com base no número total de empregados da empresa. A lei não estabeleceu distinção em relação à atividade exercida pela empresa para excluir a aplicação das cotas.

O art. 93 da Lei nº 8.213/91 faz referência a cargos. Empresa privada não tem cargo. Cargo é privativo de funcionário público. Entretanto, a lei não faz distinção em relação ao tipo de cargo. Logo, não trata de postos de trabalho passíveis que comportem a admissão de deficientes, mas o total de postos existentes na empresa.

11.8 Doente de Aids

Argumentam alguns que o doente de Aids não pode ser despedido pelo empregador, devendo ser reintegrado no emprego. Em que pese a relevante questão social debatida, há necessidade de se evitar qualquer posição emocional sobre a matéria, devendo a lide ser decidida em consonância com a lei e a prova dos autos. Ponderam os defensores da estabilidade do soropositivo a afronta ao princípio da igualdade, se não se concedesse a reintegração no emprego ao referido trabalhador.

Discriminar tem o sentido de diferenciar, discernir, distinguir, estabelecer diferença.

A Constituição prescreve, no art. 5º, *caput*, que "todos são iguais perante a lei, sem distinção de qualquer natureza", garantindo-se "a inviolabilidade do direito à vida, à liberdade, à igualdade, à segurança e à propriedade". Consagra-se, portanto, o princípio da igualdade de todos perante a lei, sem distinção de qualquer natureza. O dispositivo constitucional em foco destina-se, porém, ao legislador ordinário.

Haveria discriminação ou desigualdade flagrante se o legislador ordinário viesse a tratar com igualdade pessoas desiguais. Segundo Rui Barbosa, na célebre *Oração aos Moços*: "a regra da igualdade não consiste senão em aquinhoar desigualmente aos desiguais, na medida em que sejam desiguais. Nessa desigualdade social, proporcionada à desigualdade natural, é que se acha a verdadeira lei da igualdade. Tratar como desiguais a iguais, ou a desiguais com igualdade, seria desigualdade flagrante, e não igualdade real".[3]

Não há lei que determine a reintegração do soropositivo de Aids no emprego. Assim, não há como dizer da existência de violação ao princípio da igualdade, pois, como leciona Themístocles Brandão Cavalcante (1946:198), "todos têm o mesmo direito, mas não o direito às mesmas coisas".

Assegura, ainda, o inciso XLI do art. 5º da Lei Maior que "a lei punirá qualquer discriminação atentatória dos direitos e liberdades fundamentais". No entanto, a norma disciplinadora dos atos atentatórios dos direitos e das liberdades fundamentais inexiste até o presente momento. Trata-se de norma constitucional de eficácia limitada, que só produzirá efeito quando da edição da lei ordinária que vier a versar sobre o tema. Logo, não há impossibilidade do despedimento do soropositivo de Aids com fundamento nesse mandamento legal, que não é autoaplicável.

Consagra o inciso I do art. 7º da Lei Fundamental a proteção contra a despedida arbitrária ou sem justa causa, nos termos que forem previstos em lei complementar, que preverá indenização compensatória, entre outros direitos. Até a presente data não existe essa lei complementar. A única sanção para o despedimento do obreiro é o aumento da indenização do FGTS de 10% para 40%, conforme está explícito no inciso I do art. 10 do ADCT. O § 1º do art. 18 da Lei nº 8.036/90 (Lei do FGTS) adotou o mesmo porcentual de indenização incidente sobre os depósitos do FGTS, quando do despedimento sem justa causa do empregado. Caso a empresa cumpra a lei, pagando a indenização de 40% sobre os depósitos fundiários, por ocasião da dispensa, não haverá nenhum óbice para o desligamento do soropositivo de Aids do emprego. O empregador, assim fazendo, estará exercitando livremente o poder potestativo de dispensar o empregado, sem a consequência de ser condenado a reintegrá-lo no emprego, devendo, apenas, pagar as verbas rescisórias correspondentes.

A dispensa, entretanto, não poderá ocorrer se o doente de Aids estiver sob os cuidados do INSS, percebendo auxílio-doença ou outro benefício previdenciário ou se o empregador impedir o doente de obter o último. Nestas hipóteses, os efeitos do contrato de trabalho estarão suspensos (art. 476 da CLT), pois o empregado tem o direito à licença não remunerada, não produzindo qualquer efeito a dispensa, pois terá por objetivo impedir o direito do trabalhador de receber seus salários na continuidade da relação de emprego (art. 9º da CLT), de manter sua condição de segurado da Previdência Social e de obter os benefícios previdenciários. Assim, nessa hipótese

[3] Rui Barbosa. *Oração aos moços*. 8. ed. Rio de Janeiro: Ediouro, 1997. p. 55.

deve ser reintegrado o obreiro no emprego. É o que ocorre se for obstado o direito de licença para tratamento de saúde do doente de Aids (art. 1º, I, da Lei nº 7.670).

O doente de Aids tem direito a auxílio-doença ou aposentadoria, independentemente do período de carência, desde que a doença se manifeste após a filiação à Previdência Social, bem como pensão por morte aos seus dependentes (Lei nº 7.670/88, art. 1º, I, *e*). Enquanto a doença não se manifestar, não haverá direito a qualquer benefício previdenciário. Poderá, entretanto, haver prejuízo ao soropositivo se a empresa o impedir de fazer jus ao benefício previdenciário.

É possível afirmar que se a doença ainda não se manifestou e a pessoa apenas é portadora do vírus HIV, não se pode falar em reintegração, pois o empregador, com a dispensa, não está obstando o direito do obreiro ao recebimento do benefício previdenciário. Dessa forma, pode o empregador exercer livremente o seu direito potestativo de dispensa do trabalhador, bastando pagar os consectários legais decorrentes da rescisão do contrato de trabalho, entre eles, a indenização de 40% sobre os depósitos do FGTS.

A legislação concede garantia de emprego apenas em certas circunstâncias, como em relação: ao membro da Cipa (art. 10, II, *a*, do ADCT e art. 165 da CLT), a gestante (art. 10, II, *b*, do ADCT), ao dirigente sindical (art. 8º, VIII, da Norma Magna) e de associação profissional (§ 3º do art. 543 da CLT), ao acidentado (art. 118 da Lei nº 8.213/91), ao empregado membro do Conselho Nacional da Previdência Social (§ 7º do art. 3º da Lei nº 8.213/91) e aos empregados eleitos diretores de sociedades cooperativas (art. 55 da Lei nº 5.764/71).

Fora dessas hipóteses não há direito à estabilidade, salvo se houver previsão em norma coletiva da categoria. Lembre-se que alguém só é obrigado a fazer ou deixar de fazer alguma coisa em virtude de lei (art. 5º, II, do Estatuto Supremo). Inexistindo mandamento que determine a reintegração no emprego do doente de Aids, não há como fazê-lo.

A Lei nº 9.029/95, que versa sobre a proibição de exigência de atestados de gravidez e esterilização, entre outras regras, não poderá ser utilizada por analogia para reintegração de doente de Aids, pois refere-se apenas a exames relativos à esterilização (art. 2º, I e II, *a*), a estado de gravidez (art. 2º, I) ou a controle de natalidade (art. 2º, II, *b*), preceitos que dizem respeito à mulher e não a determinada doença; ou em relação a sexo, origem, raça, cor, estado civil, situação familiar ou idade (art. 1º). O art. 1º da Lei nº 9.029/95 tem rol exemplificativo, pois usa a expressão "entre outros". A lei é dirigida principalmente à proteção das mulheres e não a doentes. Entretanto, se a discriminação for realizada em virtude de sexo, por exemplo: do homem, preterindo-se algum direito deste por discriminação, será possível ser aplicado o art. 4º da Lei nº 9.029, que deve ser interpretado em consonância com o art. 1º da referida norma, tendo direito o empregado à faculdade prevista no art. 4º: indenização em dobro ou readmissão.

Não havendo lacuna na lei, apenas inexistindo comando legal a prever garantia de emprego ao soropositivo, não poderá o juiz investir-se na função de legislador e mandar reintegrar o portador de vírus no emprego, sob pena de estar desvirtuando a função do Poder Judiciário, que é julgar e não legislar, violando o princípio da separação dos Poderes (art. 2º da Lei Magna).

A Convenção nº 111 da OIT, ratificada pelo Brasil, veda atos de discriminação no acesso à formação profissional, à admissão no emprego e às condições de trabalho por motivo de raça, cor, sexo, religião, opinião política, ascendência nacional ou origem social (art. 1º). Não trata especificamente da reintegração de empregado em decorrência de doença, principalmente de Aids.

A Convenção nº 142 da OIT, que foi ratificada pelo Brasil, trata do desenvolvimento de recursos humanos. Foi complementada pela Recomendação nº 150. Não versa especificamente sobre reintegração no emprego dos portadores de doenças.

Inexiste norma injusta a ser aplicada pelo juiz, para que este atenda aos fins sociais a que a lei se dirige e às exigências do bem comum (art. 5º da Lei de Introdução), pois não se verifica a hipótese de serem corrigidos os rigores da lei. Não há lei determinando estabilidade ao soropositivo e, por consequência, o direito de ser reintegrado em sua anterior função na empresa. Caso se entenda de modo diverso, qualquer trabalhador doente poderá se julgar no direito de ser reintegrado no emprego, mesmo não havendo suspensão do contrato de trabalho, com o argumento de ser estável, bastando para tanto ter sido dispensado pelo empregador.

Entendo, portanto, que não faz jus o doente de Aids a garantia de emprego e a retornar a exercer o seu mister na empresa, salvo quando está sendo impedido o obreiro de gozar de benefício previdenciário e estão suspensos os efeitos de seu contrato de trabalho, por falta de pressuposto legal que ampare tal pretensão.

O despedimento feito pelo empregador não pode ser sempre presumido no sentido de que foi realizado de forma obstativa de direitos. Esta condição deve ser provada pelo empregado. Seria a mesma coisa que presumir sempre a existência de fraude. Esta deve ser provada. A dispensa normal se presume. A anormal e fraudulenta deve ser provada pelo empregado.

Não vejo ato abusivo do empregador que dispensa o empregado doente de Aids, pois ele exerce seu direito constitucional de dispensar o empregado, devendo apenas pagar as verbas rescisórias, pois não existe no momento lei determinando a impossibilidade da dispensa do doente de Aids. A única hipótese seria o fato de o empregador impedir o empregado de poder requerer benefício previdenciário.

Os incisos III e IV do art. 1º da Lei Maior, que tratam da dignidade da pessoa humana e dos valores sociais do trabalho, não versam especificamente sobre reintegração no emprego do doente de Aids.

Não se pode criar garantia de emprego, que é uma exceção, transformando-a em regra, quando não existe previsão legal para tanto. Estabelecer garantia de emprego por decisão judicial para o doente de Aids implicaria discriminação e violação ao princípio da igualdade em não o fazer em relação a outras doenças.

Constituem crime as condutas contra o portador do HIV e doente de Aids: negar emprego ou trabalho (II); exonerar ou demitir de seu cargo ou emprego (III); segregar no ambiente de trabalho (IV) (art. 1º da Lei nº 12.984/2014). Se é crime, é ato ilícito despedir o portador do HIV ou doente de Aids. Por uma lei penal, chega-se à garantia de emprego do referido empregado.

Presume-se discriminatória a despedida de empregado portador do vírus HIV ou de outra doença grave que suscite estigma ou preconceito. Inválido o ato, o empregado tem direito à reintegração no emprego (S. 443 do TST), mas não há limite de prazo.

11.9 Empregados eleitos diretores de sociedades cooperativas

A Lei nº 5.764, de 16 de dezembro de 1971, trata da política nacional de cooperativismo, instituindo o regime jurídico das sociedades cooperativas.

Em seu art. 55 ficou estatuído que "os empregados de empresas que sejam eleitos diretores de sociedades cooperativas pelos mesmos criados gozarão das garantias asseguradas aos dirigentes sindicais pelo art. 543 da CLT".

O referido preceito remete ao art. 543 da CLT, que estabelece que o dirigente sindical não pode ser impedido do exercício de suas funções nem transferido para lugar ou mister que lhe dificulte ou torne impossível o desempenho de suas atribuições sindicais.

Determina o § 3º do art. 543 da CLT que "fica vedada a dispensa do empregado sindicalizado ou associado, a partir do momento do registro de sua candidatura a cargo de direção ou representação de entidade sindical ou de associação profissional, até um ano após o final de seu mandato, caso seja eleito, inclusive como suplente, salvo se cometer falta grave devidamente apurada nos termos desta Consolidação".

Verifica-se que o art. 55 da Lei nº 5.764/71 estabelece outra modalidade de garantia de emprego.

Se fosse admitida a dispensa do dirigente, toda a cooperativa ficaria prejudicada no trabalho coletivo que vinha sendo desenvolvido pelo referido obreiro em prol de todos os cooperados, a qual tem também característica social. Deixaria, ainda, de haver continuidade da gestão administrativa.

Não havendo a garantia de emprego, os diretores ficariam receosos de ser eleitos para essa função, pois, a partir do momento que a assumissem, poderiam ser dispensados, como represália do empregador.

Para o desempenho das atividades diretivas, o empregado poderá diminuir o trabalho para a empresa ou então não trabalhar, o que seria um dos fundamentos para o empregador dispensá-lo.

O diretor de sociedade cooperativa não poderá ser dispensado desde o momento do registro de sua candidatura ao cargo de direção até um ano após o final de seu mandato, caso seja eleito.

O mandato do dirigente da cooperativa será definido no estatuto (art. 21, V, da Lei nº 5.764), não podendo ser superior a quatro anos (art. 47 da Lei nº 5.764).

Para que o trabalhador possa gozar da garantia de emprego, a cooperativa deverá informar ao empregador que o empregado se candidatou ao cargo. Como o art. 55 da Lei nº 5.764 faz referência ao art. 543 da CLT, é o caso de se observar o § 5º do último dispositivo, que exige que a entidade comunique a empresa da candidatura.

Na verdade, outros meios idôneos podem não demonstrar formalmente que o dirigente se candidatou e o empregador poderá dizer que não teve conhecimento da candidatura. Assim, é melhor a comunicação expressa da cooperativa ao empregador da existência da candidatura, visando, inclusive, a evitar a represália de o empregador dispensar o empregado, daí por que ser imprescindível a comunicação.

O número de dirigentes não foi fixado na Lei nº 5.764.

O art. 55 da Lei nº 5.764 não faz referência ao art. 522 da CLT, que trata do número de dirigentes do sindicato.

Ficará, assim, a cargo do estatuto da cooperativa definir quantos diretores terá a cooperativa.

O número de dirigentes que gozarão da garantia de emprego ficará, porém, adstrito ao critério da razoabilidade, sob pena de ser eleita toda a categoria de trabalhadores para fazer jus ao citado benefício. Nesse caso, haverá abuso de direito, que será coibido pelo Poder Judiciário.

As pessoas que gozam da garantia de emprego são apenas os diretores de sociedades cooperativas criadas pelos empregados de uma empresa e não a outros tipos de cooperativas.

Nem a doutrina, muito menos a jurisprudência, são unânimes no sentido de que a garantia de emprego se estende ao suplente do dirigente da sociedade cooperativa.

Nei Cano Martins afirma que o art. 55 da Lei nº 5.764 faz referência ao art. 543 da CLT, sendo que a garantia de emprego se estende a tudo aquilo que está disposto no último comando legal. Assevera que "não era de mister que o legislador expressasse, no indigitado art. 55, essa extensão, pois já estava fazendo menção ao art. 543 consolidado, onde ela estava indubitavelmente consignada" (1995:159).

Concedem garantia de emprego ao suplente o inciso VIII do art. 8º da Constituição e o § 3º do art. 543 da CLT; porém, tratam do dirigente sindical e não do membro da sociedade cooperativa.

O suplente não goza da garantia de emprego, ainda que venha a substituir o titular em seus impedimentos. Não deveria poder sofrer qualquer represália por parte do empregador, pois pode assumir o encargo do titular e deveria gozar de proteção contra a dispensa para poder desempenhar tranquilamente seu mister. Ocorre, contudo, que o art. 55 da Lei nº 5.764/71 não dispõe que a garantia de emprego será deferida **na forma e nas condições contidas** no art. 543 da CLT, o que incluiria o suplente. Reza apenas que os dirigentes da cooperativa gozam da garantia contida no art. 543 da CLT. O art. 55 da Lei nº 5.764/71 não faz menção ao suplente, apenas à garantia de emprego. Logo, onde o legislador não distinguiu expressamente, não cabe ao intérprete fazê-lo. Assim, resta indevida a garantia de emprego ao suplente do dirigente da cooperativa. No mesmo sentido a Orientação Jurisprudencial 253 da SBDI-1 do TST.

Há dúvida sobre se o membro do Conselho de Administração gozará da garantia de emprego. Não há dúvida de que o diretor da cooperativa tem o referido benefício.

Dispõe o art. 47 da Lei nº 5.764/71 que a cooperativa será administrada por uma diretoria ou um conselho de administração.

Há argumentos de que o membro do Conselho de Administração goza da garantia de emprego porque dirige a sociedade. Da forma como está escrito no art. 47 da Lei nº 5.764/71, a cooperativa pode também ser dirigida pelo Conselho de Administração, pois é empregada a conjunção alternativa "ou". Tanto pode ser dirigida pela Diretoria como pelo Conselho de Administração.

Prevê, por exemplo, o art. 138 da Lei nº 6.404, que trata das sociedades por ações, que a administração da companhia competirá, conforme dispuser o estatuto, ao Conselho de Administração e à Diretoria, ou somente à Diretoria. Nesse caso, é o estatuto que vai definir a hipótese. Isso mostra que o Conselho de Administração das sociedades tem função de administrar a sociedade. Indica o art. 142 da mesma norma que compete ao Conselho de Administração: fixar a orientação geral dos negócios da companhia (I), fiscalizar a gestão dos diretores (III), manifestar-se sobre o relatório da administração e as contas da diretoria (V).

O art. 55 da Lei nº 5.764 é expresso, porém, em determinar que a garantia de emprego é conferida apenas ao dirigente da cooperativa e não ao membro do Conselho de Administração.

Em regras restritivas não se pode fazer interpretação extensiva ou ampliativa. Sendo assim, não goza de garantia de emprego o membro do Conselho de Administração da sociedade cooperativa.

A SDI do TST já decidiu que a garantia de emprego não alcança "os demais exercentes de quaisquer outros órgãos criados para administração da sociedade" (SDI, E-RR 4.958/89, Ac. SDI 1.186/91, j. 20-8-1991, Rel. Min. José Carlos da Fonseca, *DJU* I 20-9-1991, p. 12.952, *LTr* 56-07/870).

Os membros do Conselho Fiscal gozam da garantia de emprego?

A corrente que responde positivamente à pergunta esclarece que a cooperativa não poderia funcionar sem o Conselho Fiscal, que é o órgão indicado para fiscalizar os atos da administração. Assim, o membro do Conselho Fiscal deveria ter a garantia de emprego, pois, do contrário, a empresa estaria interferindo indiretamente na cooperativa, dispensando o trabalhador pertencente ao citado conselho.

Os membros do Conselho Fiscal não gozam da garantia de emprego, pois não são diretores, nem há previsão na lei nesse sentido. Seus suplentes também não gozarão do benefício legal.

O art. 55 da Lei nº 5.764 é expresso no sentido de que a garantia de emprego diz respeito aos empregados eleitos diretores de sociedades cooperativas.

O citado dispositivo legal está na Seção IV (Dos órgãos de administração). Essa seção abrange os arts. 47 a 55. O art. 47 menciona que a sociedade será administrada por uma Diretoria ou Conselho de Administração e não pelo Conselho Fiscal. Este, inclusive, está contido na Seção V (Do Conselho Fiscal), no art. 56. Logo, o art. 55 da Lei nº 5.764 não diz respeito ao membro do Conselho Fiscal, que não goza da garantia de emprego. No mesmo sentido, acórdão da SDI do TST (SDI, AR 22/84, j. 6-12-1989, Rel. Min. Fernando Villar, *DJU* I 24-8-1990, p. 8.292).

Não se admite a extensão da garantia de emprego a diretores de outros órgãos, pois a garantia de emprego é só para o empregado eleito para cargo de diretor de sociedade cooperativa. No TST, há acórdão no mesmo sentido (SDI, E-RR 4.958/89, Ac. SDI 1.186/91, j. 20-8-1991, Rel. Min. José Carlos da Fonseca, *DJU* I 20-9-1991, p. 12.952, *LTr* 56-07/870).

A garantia de emprego compreende os empregados de empresas eleitos diretores de sociedades cooperativas, ainda que sejam de mais de uma empresa, abrangendo toda a categoria e não apenas as relativas àquelas empresas em que cada trabalhador presta serviços.

A orientação reflete a ideia de que o dirigente da cooperativa irá representar todos os cooperados da categoria e não apenas os de uma empresa. Logo, a garantia deve ser ampla.

Não se pode estabelecer distinção em relação a cooperativas criadas com base em entidade sindical e outras criadas de forma isolada, pelos próprios trabalhadores da empresa, em que a diretoria é composta de trabalhadores diversos.

11.10 Membros da comissão de conciliação prévia

É vedada a dispensa dos representantes dos empregados membros da Comissão de Conciliação Prévia, titulares e suplentes, até um ano após o final do mandato, salvo se cometerem falta grave, nos termos da lei (§ 1º do art. 625-B da CLT).

A norma veda a dispensa dos representantes dos empregados membros da Comissão. É, portanto, hipótese de garantia de emprego. O objetivo é evitar que o empregador dispense os trabalhadores por terem entendimentos contrários aos do patrão, como forma de represália.

Apenas os membros oriundos dos empregados terão garantia de emprego e não os do empregador, pois estes são indicados. A norma refere-se apenas aos representantes dos empregados e não aos representantes dos empregadores.

A garantia de emprego não se inicia com a candidatura, mas desde a eleição, pois a lei nada menciona nesse sentido, como ocorre, por exemplo, com o § 3º do art. 543 da CLT, no que diz respeito aos dirigentes sindicais. Só se pode falar em membros pertencentes aos empregados quando eles forem eleitos. A garantia diz respeito tanto ao titular como aos suplentes dos membros dos empregados.

A falta grave do empregado será a prevista no art. 482 da CLT.

O representante dos empregados desenvolverá seu trabalho normal na empresa, afastando-se de suas atividades apenas quando convocado para atuar como conciliador, sendo computado como tempo de trabalho efetivo o despendido nessa atividade (§ 2º do art. 625-B da CLT).

O período em que o empregado estiver desempenhando a atividade conciliatória será de interrupção dos efeitos do contrato de trabalho, sendo contado como tempo de serviço e pago o respectivo salário. Em relação ao membro do empregador, também será período de interrupção, pois estará obedecendo ordens do empregador, representando tempo à disposição deste.

11.11 Representantes dos empregados na empresa

Desde o registro da candidatura até um ano após o fim do mandato, o membro da comissão de representantes dos empregados não poderá sofrer despedida arbitrária, entendendo-se como tal a que não se fundar em motivo disciplinar, técnico, econômico ou financeiro (§ 3º do art. 510-D da CLT). O mandato é de um ano.

Não comprovados os motivos indicados, o empregado será reintegrado, devendo a empresa também pagar os seus salários.

11.12 Empregados que vão negociar a divisão da gorjeta

Os empregados eleitos para a comissão de empregados que irá negociar com o empregador a divisão da gorjeta, nas empresas com mais de 60 empregados, terão garantia de emprego vinculada ao desempenho das funções para que foram eleitos (§ 10 do art. 457 da CLT). A lei não dispõe qual é o período da garantia de emprego, que parece ser desde a eleição, mas não há indicação do período final. Para as demais empresas, será constituída comissão intersindical para o referido fim.

11.13 Período eleitoral

É proibido ao agente público, servidor ou não, nomear, contratar ou de qualquer forma admitir, dispensar sem justa causa, remover, transferir ou exonerar servidor público, na circunscrição do pleito, nos três meses que o antecedem e até a posse dos eleitos, sob pena de nulidade, ressalvada a nomeação ou exoneração de cargos em comissão e designação ou dispensa de funções de confiança (art. 73, V, da Lei nº 9.504/97).

12 EXTINÇÃO DA ESTABILIDADE

Cessa a estabilidade do empregado com sua morte, com a aposentadoria espontânea, com a ocorrência de força maior, falta grave praticada pelo obreiro ou com seu pedido de demissão. Com a morte do empregado não há que se falar em transferência da estabilidade para seus herdeiros, pois ela era pessoal, dizia respeito apenas ao trabalhador. O empregado, ao se aposentar ou pedir demissão, renuncia ao direito de estabilidade que detinha.

Exaurido o período de garantia de emprego, são devidos ao empregado apenas os salários do período compreendido entre a data da dispensa e o final do período da garantia, não lhe sendo assegurada a reintegração no emprego (S. 396, I, do TST).

Questões

1. O que é estabilidade no sentido jurídico?
2. O que é garantia de emprego?
3. Existe ainda a estabilidade decenal?
4. Como ocorre a garantia de emprego?
5. O membro suplente da Cipa tem direito à estabilidade?
6. Como se extingue a estabilidade?

Capítulo 25

INDENIZAÇÃO

1 INTRODUÇÃO

Prevê o inciso I do art. 7º da Constituição, como direito do trabalhador urbano e rural, "relação de emprego protegida contra despedida arbitrária ou sem justa causa, nos termos de lei complementar, que preverá indenização compensatória, dentre outros direitos".

Na evolução da legislação sobre despedida verifica-se a existência de dois sistemas: o impeditivo da despedida e o de reparação econômica, que prevê o pagamento de um valor pecuniário ao obreiro despedido. O sistema impeditivo diz respeito à estabilidade, que nasceu na Lei Eloy Chaves, em 1923, permanecendo até a edição da Lei nº 5.107/66, que instituiu o sistema alternativo do FGTS, sendo que este passou a ser um direito do trabalhador a partir de 5-10-1988, desaparecendo o anterior sistema alternativo. Já o sistema de reparação econômica tem por base a indenização, visando dificultar o despedimento, impondo o pagamento de uma importância ao empregador com o objetivo de evitar a rotação de mão de obra, ou seja, um óbice econômico para sua concretização.

Mister se faz verificar qual era o sentido que o legislador constituinte pretendia dar ao inciso I do art. 7º da Lei Maior. Vários foram os textos que deram origem a esse inciso I do art. 7º da Constituição. O inciso XIII do art. 2º da Subcomissão dos Direitos dos Trabalhadores previa "estabilidade desde a admissão no emprego, salvo o cometimento de falta grave comprovada judicialmente, facultado o contrato de experiência de noventa dias". A Comissão de Ordem Social especificou a "garantia de direito ao trabalho mediante relação de emprego estável, ressalvados: (a) ocorrência de falta grave comprovada judicialmente; (b) contrato a termo, não superior a dois anos, nos casos de transitoriedade dos serviços ou da atividade da empresa; (c) prazos definidos em contratos de experiência, não superiores a noventa dias, atendidas as peculiaridades do trabalho a ser executado".

Cabe ao empregador definir o padrão contra despedida imotivada, assim entendida a que não se fundar em: (a) contrato a termo, assim conceituado em lei; (b) falta grave, assim conceituada em lei; (c) justa causa, baseada em fato econômico intransponível, fato tecnológico ou infortúnio da empresa, de acordo com os critérios estabelecidos na legislação do trabalho".

Ao final prevaleceu uma redação fruto de entendimento das várias correntes existentes na Assembleia Constituinte, entendendo ser possível a despedida, havendo, porém, o pagamento de uma indenização compensatória prevista em lei complementar. Nota-se, portanto, que o sistema adotado pela Constituição de 1988 é o da possibilidade do despedimento, mediante reparação econômica, ou seja, pelo pagamento de uma indenização compensatória pela perda do emprego.

O inciso I do art. 7º do Estatuto Supremo versa sobre indenização e não sobre estabilidade, ou seja: indenização compensatória pela despedida do empregado. O texto constitucional é claro ao mencionar que se trata de indenização compensatória a ser estabelecida em lei complementar. Logo, somente mediante lei complementar, que exige *quorum* especial de votação (art. 69 da Lei Maior), é que poderá ser disciplinada a indenização compensatória, como forma de impedir que a lei ordinária, que tem *quorum* de votação inferior, possa ser modificada constantemente.

Enquanto não for editada a lei complementar, o constituinte estabeleceu uma regra provisória, contida no inciso I do art. 10 do ADCT, prevendo que a indenização do FGTS prevista na revogada Lei nº 5.107/66 fica aumentada de 10% para 40%. Logo, o constituinte já tratou da previsão de uma forma de indenização compensatória para a despedida, antevendo eventual inércia do legislador complementar, que até agora não editou o referido comando legal.

Entende-se como despedida arbitrária a que não se fundar em motivo econômico, financeiro, técnico ou disciplinar, aplicando-se por analogia o art. 165 da CLT, que trata da dispensa nessas condições do empregado membro titular da Cipa. A despedida com justa causa seria aquela elencada no art. 482 da CLT, dependente de certa conduta negativa do empregado. Já a despedida sem justa causa, ao contrário, seria a que decorresse de motivo econômico, técnico ou financeiro em relação à empresa.

2 CONCEITO

A indenização trabalhista também vem a ser um pagamento realizado pelo empregador ao empregado quando este é dispensado sem justa causa, visando recompensá-lo da perda do emprego e devendo corresponder ao tempo de serviço prestado ao empregador. É chamada de indenização por tempo de serviço ou de antiguidade.

Distingue-se a indenização do Direito do Trabalho da indenização do Direito Civil. Esta decorre da existência de dano ou prejuízo causado a outrem por dolo ou culpa, correspondendo ao ressarcimento que deve ser feito pelo causador do dano. No Direito do Trabalho, não se discute a existência de prejuízo, de dolo ou culpa, mas se o empregado foi dispensado sem justa causa. A indenização trabalhista visa compensar o tempo de serviço do empregado na empresa.

3 FUNDAMENTOS

Antes de 1966 a indenização era a única forma de compensação que o empregado recebia pela perda do emprego. Com a instituição do FGTS, com a Lei nº 5.107/66, os empregadores somente passaram a admitir trabalhadores que optassem pelo novo sistema, com a finalidade de que o empregado não adquirisse a estabilidade no emprego aos 10 anos de serviço. Com isso, desapareceu também a indenização pelo período anterior à opção do FGTS, que foi substituída pelos depósitos fundiários. Somente uns poucos trabalhadores ainda possuem tempo de serviço anterior ao FGTS ou são estáveis.

Aqueles trabalhadores que não optaram pelo FGTS até 5-10-1988, ou que optaram pelo FGTS, mas têm tempo anterior ao da opção, é que terão direito à indenização.

Não há que se falar que deverá haver uma equivalência entre a indenização e o FGTS, pois o TST decidiu que "a equivalência entre os regimes do FGTS e da estabilidade da CLT é meramente jurídica e não econômica, sendo indevidos quaisquer valores a título de reposição da diferença" (S. 98, I, do TST).

O inciso I do art. 7º da Constituição prevê que a lei complementar estabelecerá indenização compensatória pela despedida arbitrária ou sem justa causa, entre outros direitos. Entretanto, até o momento essa lei não existe. Enquanto não vem a referida norma, a indenização do FGTS passou a ser de 40% (art. 10, I, do ADCT).

4 NATUREZA JURÍDICA

Várias teorias procuram justificar a natureza jurídica da indenização. É possível citar as seguintes: teoria do abuso de direito, do crédito, do risco, do salário diferido, do prêmio, da pena, do dano, entre outras menos importantes.

A teoria do abuso de direito foi criada na França com base no Código Civil francês (art. 1.382). Seu fundamento era o de que o empregador, ao rescindir o contrato de trabalho do empregado, cometia um abuso de direito, salvo se houvesse motivo justificado para a mencionada rescisão. Esse era o entendimento da jurisprudência francesa. Não havendo motivos plausíveis para a rescisão, o empregado deveria ser indenizado. No Brasil a teoria do abuso de direito é fundamentada no inciso I do art. 188 do Código Civil, que determina que não se constitui em ato ilícito o exercício regular de direito, o que importa dizer que o ato será ilícito se praticado abusivamente ou contrariamente ao direito.

A teoria do crédito tem por base uma lei italiana de 1919. O empregado tem direito a uma compensação, consistente num crédito acumulado, na forma de indenização, quando for despedido. O crédito diria respeito à ajuda que o empregado deu ao empregador para o aumento de seu fundo de comércio e seria relativo ao tempo de serviço prestado à empresa. Na verdade, o empregado não tem direito a nenhum crédito em relação ao empregador, pois a lei não o prevê. Ressalte-se que, quando o empregado pede demissão, perderia também direito ao suposto crédito, que, se realmente existisse, lhe deveria ser pago na rescisão do contrato de trabalho em qualquer hipótese.

A teoria do risco informa que não se deveria verificar se houve ou não culpa na rescisão do contrato de trabalho, apenas quem suporta o risco correspondente. Como o empregador é quem assume os riscos de sua atividade econômica (art. 2º da CLT), deveria pagar uma indenização pelo despedimento, inclusive por justa causa, em razão da responsabilidade objetiva. Essa teoria não pode ser observada, pois, se o empregado pedisse demissão, também teria direito à indenização em razão do risco que o empregador deve suportar, o que não tem fundamento, pois a indenização é devida na dispensa sem justa causa efetuada pelo empregador.

A teoria do salário diferido diz respeito ao valor que seria devido ao empregado quando da rescisão de seu contrato de trabalho. Seria aplicada em todos os casos, até mesmo quando pedisse demissão. Poder-se-ia dizer que seria um valor correspondente ao número de anos que o trabalhador prestou serviços na empresa, que lhe seria entregue ao término do pacto laboral. Essa teoria também não tem respaldo em nossa legislação, pois a indenização só é devida quando da despedida pelo empregador ou na rescisão indireta, nunca em caso de pedido de demissão do empregado.

A teoria do prêmio não se refere ao tempo de serviço prestado pelo empregado ao empregador, nem à despedida, mas ao fato de o empregado ter colaborado com o empregador em suas atividades empresariais. A crítica que se faz a essa teoria é que, por se tratar de prêmio, haveria uma espécie de doação, uma dádiva paga pelo empregador ao empregado em sua despedida, o que mostraria o caráter facultativo de tal pagamento. Contudo, a indenização é determinada pela lei e nada tem de facultativa ou de dádiva, mas de obrigação, se ocorrido seu fato gerador: despedida sem justa causa do empregado com mais de um ano de casa.

A teoria da pena compreende uma sanção, um castigo, por um ato ilícito praticado, até mesmo em razão de um crime. A indenização não vem a ser uma penalidade, pois não é crime dispensar o empregado.

A teoria do dano caracteriza o pagamento de um valor pelo prejuízo que o empregador causa ao empregado que perde o emprego. Por se tratar de dano causado pelo empregador, há necessidade da existência de culpa. Entretanto, não se pode dizer que haja culpa do empregador quando despede o empregado, porque está exercitando um direito seu, decorrente do poder de direção que possui, devendo apenas pagar as verbas previstas na lei.

A teoria da assistência social entende que, com a dispensa injusta, há o pagamento de uma indenização, que é uma espécie de sistema de previdência social a cargo do empregador. Se a indenização fosse um benefício de assistência social, o empregado teria direito a tal pagamento caso pedisse demissão ou fosse dispensado com justa causa. De outro modo, se fosse uma prestação de assistência social, deveria ser paga pela Seguridade Social, e não é.

O fundamento da indenização é o fato de o empregado perder o emprego e a contagem do tempo de serviço na empresa. Não se trata de um dano causado ao empregado, como já vimos, nem de abuso de direito, pois o empregador exercita um direito previsto na lei, que apenas ampara o empregado com uma compensação pela despedida abrupta em decorrência de seu tempo de serviço.

5 CONTRATOS POR TEMPO INDETERMINADO

Com a Constituição de 1988 o FGTS não é mais uma opção do empregado, mas um direito, desaparecendo o sistema de estabilidade. O inciso I do art. 10 do ADCT trata da indenização de 40% do FGTS, enquanto não seja editada a lei complementar que preverá indenização compensatória, entre outros direitos, para o empregado dispensado arbitrariamente ou sem justa causa.

O tempo de serviço do trabalhador não optante do FGTS anterior a 5-10-1988 será indenizado (art. 478 da CLT), caso seja dispensado sem justa causa pelo empregador. Essa ressalva é feita pelo § 1º do art. 14 da Lei nº 8.036/90.

A indenização devida pela rescisão do contrato por tempo indeterminado que for feita pelo empregador será de um mês de remuneração por ano de serviço efetivo, ou por ano e fração igual ou superior a seis meses (art. 478 da CLT). A indenização será paga na importância da maior remuneração que tenha percebido o empregado na empresa, mesmo se o empregado estivesse exercendo cargo de confiança. Se o salário for pago por dia, o cálculo da indenização terá por base 30 dias. Se pago por hora, a indenização será apurada na base de 240 horas por mês (que era o número de horas máximas trabalhadas no mês no período anterior a 5-10-1988), hoje 220 horas. Para os comissionistas ou aqueles que recebem percentagens, a indenização será calculada pela média das comissões ou percentagens percebidas nos últimos 12 meses de serviço. Para os empregados que trabalhem por tarefa ou serviço feito, a indenização será calculada na base média do tempo costumeiramente gasto pelo interessado para realização de seu serviço, tomando-se em conta o valor do que seria feito durante 30 dias. No cálculo da indenização será computável a gratificação de Natal à razão de 1/12 por ano (S. 148 do TST). A gratificação periódica contratual também irá ser computada para o cálculo da indenização (S. 207 do STF), assim como as horas extras prestadas habitualmente (S. 24 do TST), o adicional de periculosidade (S. 132, I, do TST) e o adicional de insalubridade pagos em caráter permanente (S. 139 do TST). Para efeito da contagem do tempo de serviço para a indenização, consideram-se tempo à disposição do empregador os períodos em que o empregado estiver afastado do trabalho prestando serviço militar e por motivo de acidente do trabalho (parágrafo único do art. 4º da CLT).

Se o empregado for readmitido, serão computados como tempo de serviço os períodos, ainda que descontínuos, em que tiver trabalhado anteriormente na empresa, salvo se foi despedido por falta grave, recebeu indenização legal ou se aposentou espontaneamente (art. 453 da CLT). Mesmo se o empregado tiver pedido demissão, na hipótese de readmissão conta-se o período de serviço anterior encerrado com sua saída espontânea (S. 138 do TST). Não se presume em fraude à lei a rescisão contratual se o empregado permaneceu prestando serviços, ou foi readmitido em curto prazo, devendo a fraude ser provada.

Há que se ressaltar, porém, que o primeiro ano de duração do contrato de trabalho por tempo indeterminado é considerado como período de experiência e, antes que se complete, nenhuma indenização é devida (§ 1º do art. 478 da CLT).

Admitindo-se que o empregado percebesse $ 120,00 e tivesse sete anos de casa, somam-se $ 120,00 com o duodécimo do 13º salário (S. 148 do TST), totalizando $ 130,00, e multiplica-se pelo número de anos trabalhados (sete). O total é $ 910,00.

A gratificação semestral repercute pelo duodécimo no cálculo da indenização por antiguidade (S. 253 do TST).

6 CONTRATOS POR TEMPO DETERMINADO

O art. 479 da CLT assegura ao empregado dispensado sem justa causa, antes do término do contrato por tempo determinado, uma indenização, que é calculada pela metade do valor da remuneração que seria devida ao obreiro até a cessação do referido pacto. Assim, se o empregado tinha direito de receber uma remuneração de $ 100,00 até o término do pacto laboral por tempo determinado, irá receber metade dessa remuneração a título de indenização, ou seja, $ 50,00.

O Decreto nº 59.820, de 1966, que regulamentava a Lei nº 5.107/66 (FGTS) assegurava o direito do empregador de pagar a indenização do art. 479 da CLT mediante a utilização dos depósitos do FGTS do empregado optante (§ 3º do art. 30). A orientação da jurisprudência era a mesma (S. 125 do TST). Se houvesse diferença, ficaria a cargo do empregador.

Na extinção normal do contrato a termo, o empregado optante do FGTS poderá sacá-lo (art. 20, IX, da Lei nº 8.036/90). Se a rescisão do contrato a prazo for feita antes do tempo pelo empregador, terá este de pagar a indenização pela metade do art. 479 da CLT. O art. 14 do Decreto nº 99.684/90 dá a entender que a regra que foi prevista anteriormente no Decreto nº 59.820/66 continua a ser aplicada, ou seja, é possível utilizar o FGTS depositado para abater a indenização devida pela metade, preconizada pelo art. 479 da CLT. Entendo que o art. 479 da CLT foi revogado a partir de 5-10-1988, pois o FGTS passa a ser um direito do trabalhador, deixando de existir o regime alternativo de estabilidade com indenização ou FGTS equivalente.

O cálculo da parte variável ou incerta da indenização em comentário será feito da mesma forma como se faz em relação à indenização dos contratos por tempo indeterminado.

O empregado também é obrigado a pagar uma indenização ao empregador se sair da empresa antes do término do contrato por tempo determinado, desde que ocasione prejuízo ao empregador (art. 480 da CLT). A indenização, contudo, não poderá exceder àquela a que teria direito o empregado em idênticas condições.

No contrato de aprendizagem não são observados os arts. 479 e 480 da CLT (§ 2º do art. 433 da CLT).

Nos contratos por tempo determinado, que contiverem cláusula assecuratória do direito recíproco de rescisão antes de expirado o termo ajustado, aplicam-se, caso seja exercido tal direito por qualquer das partes, os princípios que regem a rescisão dos contratos por tempo indeterminado (art. 481 da CLT). Nesse caso, a indenização a ser paga será a prevista para os contratos por tempo indeterminado.

No contrato de safra, expirado normalmente o pacto, a empresa pagará ao safrista, a título de indenização do tempo de serviço, a importância de 1/12 do salário mensal, por mês de serviço ou fração superior a 14 dias (art. 14 da Lei nº 5.889/73). O empregado rural passou a ter direito ao FGTS em 5-10-1988, sendo que este substitui a referida indenização.

Nos contratos de trabalhadores na construção civil realizados por obra certa, rescindido o contrato em razão do término da obra ou serviço, tendo o empregado mais de 12 meses de serviço, terá direito à indenização por tempo de trabalho, na forma do art. 478 da CLT, com 30% de redução (art. 2º da Lei nº 2.959/56). Aqui nota-se também que o legislador prestigiou a regra de que o primeiro ano de duração do contrato é considerado período de experiência, não sendo devida qualquer indenização, como ocorre nos contratos por tempo indeterminado. O FGTS substituirá a referida indenização a partir de 5-10-1988. Os trabalhadores temporários também tinham direito a uma indenização por dispensa sem justa causa ou término normal do contrato, correspondente a 1/12 do pagamento recebido (art. 12, *f*, da Lei nº 6.019/74). Como o trabalhador temporário passou a ter direito ao FGTS (§ 2º do art. 15 da Lei nº 8.036/90), não é mais devida a referida indenização.

Todo empregado demitido antes do tempo previsto para o término do contrato por tempo determinado tem direito a uma indenização, inclusive no contrato de obra certa. É possível analisar o direito à indenização sob três aspectos: (a) tendo o contrato mais de um ano; (b) tendo o contrato menos de um ano; (c) na rescisão antecipada do pacto.

Dispõe o art. 2º da Lei nº 2.959/56 que, se o contrato de obra certa é rescindido em razão do término da obra, o empregado tem direito a indenização desde que o obreiro tenha mais de 12 meses na empresa. Essa indenização será a prevista no art. 478 da CLT, ou seja: de um mês de remuneração para cada ano de serviço na empresa. Há, contudo, redução de 30% da indenização mencionada. Assim, o empregado terá direito a uma indenização de 70% sobre um mês de remuneração. Como, porém, o FGTS é um direito do trabalhador, este instituto substitui a indenização.

Na hipótese de o contrato ser rescindido em razão do término da obra ou dos serviços contratados, mas não tendo o obreiro trabalhado um ano na empresa, não será devida nenhuma indenização (interpretando-se a *contrario sensu* o art. 2º da Lei nº 2.959/56).

Por último, há a situação de o trabalhador ser dispensado antes do término da obra ou dos serviços para os quais foi contratado. O difícil é provar que o contrato foi rescindido antecipadamente. Mostrar que o contrato foi rescindido antes do término da obra é fácil, mas o contrato de obra certa também é celebrado para a consecução de certos serviços. Logo, nada impede que a empresa dispense o empregado que foi contratado para a execução de certa obra ou de determinados serviços quando o trabalho do operário não mais seja necessário, em decorrência do término de uma das fases da obra. É o que ocorre quando são dispensados pedreiros no curso da obra. Ocorre que os serviços dessas pessoas já não são necessários, em razão do término de uma etapa da obra. Daí, não há que se falar em indenização.

Provado, contudo, que houve a rescisão antecipada do contrato, sem que seja o caso do término da obra ou de certos serviços especificados, tem direito o trabalhador à indenização pela metade da remuneração a que faria jus até o término da obra ou dos serviços, nos termos do art. 479 da CLT. O citado mandamento legal é também aplicável ao contrato por obra certa, pois este é espécie do gênero contrato por tempo determinado. O TST já entendeu da mesma forma: "Tratando-se de contrato por obra certa, rescindido *ante tempus* pela empresa, devida a indenização do art. 479 da CLT" (3ª Turma, RR 1.333/79, in *DJU* 8-2-1980, p. 555, conforme Saad 1990:324). O fato de o empregado ser optante do FGTS não exclui a aplicação do art. 479 da CLT, nos termos do art. 14 do Regulamento do FGTS e da Súmula 125 do TST. Entendo, porém, que o art. 479 da CLT foi revogado pelo inciso III do art. 7º da Constituição, pois o FGTS passou a ser um direito do trabalhador, desaparecendo a opção ao fundo e o regime alternativo de estabilidade, com indenização ou FGTS equivalente, vigentes antes de 5-10-1988. Será paga a indenização ao empregado na forma como determinava o § 3º do art. 30 do Decreto nº 59.820/66: a diferença entre o valor da indenização prevista no art. 479 da CLT e o saldo da conta vinculada do FGTS. Na rescisão antecipada do contrato de obra certa, além da indenização do art. 479 da CLT, será devida também a indenização de 40% do FGTS, nos termos do art. 14 do RFGTS. Ocorrendo motivo de força maior ou culpa recíproca, a indenização do art. 479 da CLT será devida pela metade (art. 502, III, da CLT), assim como a indenização do FGTS, que passará a ser de 20% (art. 14 do RFGTS).

O art. 479 da CLT só será observado para o contrato por obra certa em se tratando de rescisão contratual feita antes do tempo próprio, e não quando há o término da obra, ocasião em que o empregado terá direito à indenização do art. 478 da CLT, se tiver mais de 12 meses de trabalho na empresa, substituída pelo pagamento do FGTS.

O § 1º do art. 1º da Lei nº 9.601/98 é impositivo no sentido de que as partes "estabelecerão" na negociação coletiva a indenização pela ruptura antes do tempo do contrato por tempo determinado. Não se aplicam os arts. 479 e 480 da CLT ao contrato por tempo determinado, por expressa exclusão do inciso II do § 1º do art. 1º da Lei nº 9.601/98. Isso quer dizer que, se o empregador desejar rescindir o contrato por tempo determinado antes do tempo, não pagará a indenização de metade dos salários pelo tempo que faltar. Da mesma forma, o empregado não precisará pagar ao empregador a indenização dos prejuízos que lhe causar pela rescisão antecipada do pacto.

O art. 479 da CLT foi revogado pela legislação do FGTS, pois este substitui o anterior sistema de estabilidade ou indenização equivalente existente até 4-10-1988.

A indenização será, porém, especificada na convenção ou no acordo coletivo e não no contrato de trabalho. O § 1º do art. 1º dispõe expressamente que a contratação é feita mediante convenção ou acordo coletivo. Não usa a expressão *acordo ou convenção coletiva*, que poderia indicar que o acordo é individual. Nesse caso, o acordo é coletivo e não individual. É no acordo coletivo ou na convenção coletiva que será especificada a indenização.

Provavelmente, na contratação coletiva as partes pretenderão estabelecer uma indenização igual à prevista nos arts. 479 e 480 da CLT, que seria de metade dos salários devidos até o término do contrato. Nada impediria, contudo, o estabelecimento de indenização inferior a essa ou até superior, pois a autonomia privada coletiva nesse caso deverá ser observada. A lei não estabelece qualquer limite a essa indenização. Poderia ser estabelecida indenização de uma remuneração do empregado ou mais de uma, caso o empregador rescindisse antecipadamente o contrato, dependendo do número de meses ou dias em que a rescisão foi antecipada.

Não prevista a indenização na contratação coletiva, haverá nulidade da contratação por tempo determinado.

7 ESTABILIDADE

O empregado com mais de 10 anos na empresa não poderia ser dispensado, a não ser na ocorrência de falta grave devidamente apurada mediante inquérito judicial (art. 492 c/c art. 853 da CLT).

Quando se verificar que o empregado não cometeu a falta grave, o empregador deve readmiti-lo no serviço; porém, se for desaconselhável a reintegração do estável, em razão de incompatibilidade, o tribunal do trabalho poderá converter a obrigação de reintegrar na obrigação de o empregador pagar uma indenização em dobro (art. 496 da CLT).

Na Itália, a Lei nº 108, de 11-5-1990, prevê que o juiz pode ordenar a reintegração do empregado. O art. 1º estabelece que, sem prejuízo do direito à indenização pelo dano previsto no § 4º, o trabalhador pode solicitar ao empregador que, em lugar da reintegração no emprego, lhe pague indenização equivalente a 15 salários.

Os empregados estáveis que forem dispensados em caso de fechamento de estabelecimento, filial ou agência, ou supressão necessária de atividade, têm direito a indenização em dobro, salvo motivo de força maior (art. 498 da CLT).

O empregador que dispensasse o empregado com o objetivo de que não viesse a adquirir estabilidade deveria pagar em dobro a indenização (§ 3º do art. 499 da CLT).

8 CULPA RECÍPROCA

Havendo culpa recíproca para a dispensa, pois tanto empregado como empregador cometeram faltas que deram origem à rescisão, a indenização será devida pela metade (art. 484 da CLT). Se o empregado era estável, a indenização será simples. Se não era, a indenização simples será devida pela metade.

O artigo mencionado faz referência à culpa recíproca, mas diz respeito apenas à indenização por tempo de serviço e não a aviso-prévio, férias e 13º salário. Logo, não pode ser aplicado por analogia nessas hipóteses, principalmente pelo fato de que cada instituto tem regras específicas sobre o tema.

O inciso II do art. 502 da CLT também não pode ser empregado como fundamento para a edição da nova redação da Súmula 14 do TST, pois diz respeito à cessação do contrato de trabalho em caso de força maior quanto à pessoa que não tem estabilidade, hipótese em que a indenização será devida pela metade. A referida regra traz orientação no mesmo sentido do art. 484 da CLT, que trata também de indenização.

9 FORÇA MAIOR

Em caso de força maior, que é aquele acontecimento inevitável a que o empregador não deu causa, por ter afetado substancialmente sua atividade econômica ou financeira, decorrente de extinção da empresa ou de um estabelecimento, o empregado estável terá direito à indenização simples, na forma dos arts. 477 e 478 da CLT; o empregado sem direito à estabilidade terá metade da indenização que seria devida na rescisão sem justa causa, ou seja, metade da indenização dos arts. 477 e 478 da CLT; se o contrato for por prazo determinado, a indenização será metade da prevista no art. 479 da CLT, ou seja, 1/4 da remuneração que seria devida até o termo do pacto (art. 502 da CLT).

10 *FACTUM PRINCIPIS*

No caso de paralisação temporária ou definitiva do trabalho, motivada por ato de autoridade municipal, estadual ou federal, ou pela promulgação de lei ou resolução que impossibilite a continuação da atividade, prevalecerá o pagamento da indenização, que ficará a cargo do governo responsável (art. 486 da CLT). Isso vem a ser o *factum principis* para efeitos trabalhistas. Se o Estado provoca a paralisação temporária ou definitiva do trabalho, deve responder pelo pagamento de indenização aos trabalhadores. O exemplo ocorreu em São Paulo, mais precisamente na Rua das Palmeiras, que foi fechada para a construção do Metrô. Não passavam veículos no mencionado logradouro e os pedestres, para utilizarem a referida via, tinham certas dificuldades para andar, dados os tapumes, buracos, terra, que enfrentavam. O comércio naquele local praticamente ficou inutilizado, sendo que muitas empresas fecharam. Eis aqui uma hipótese do fato do príncipe, que poderia dar ensejo ao pagamento de indenização pelo governo aos trabalhadores daquelas empresas.

11 MORTE DO EMPREGADOR

Se o empregador era pessoa física e vem a falecer, a indenização devida ao empregado será simples ou em dobro, dependendo de o empregado ser ou não estável (art. 485 da CLT).

12 APOSENTADORIA

Se o empregado é que pede a aposentadoria, não há que se falar em pagamento de indenização.

A aposentadoria concedida com a utilização de tempo de contribuição decorrente de cargo, emprego ou função pública, inclusive do Regime Geral de Previdência Social, acarretará o rompimento do vínculo que gerou o referido tempo de contribuição (§ 14 do art. 37 da Constituição). A aposentadoria exclui o direito ao recebimento de indenização relativa ao período anterior à opção do FGTS (art. 453 da CLT). A realização do depósito na conta do FGTS, de que trata o § 3º do art. 14 da Lei nº 8.036/90, é faculdade atribuída ao empregador (S. 295 do TST). Todavia, se o requerimento da aposentadoria é feito pelo empregador, pelo fato de o empregado ter 70 anos ou a empregada 65 anos (art. 51 da Lei nº 8.213/91), a empresa deverá responder pela indenização.

13 INDENIZAÇÃO ADICIONAL

A indenização adicional foi criada pelo art. 9º da Lei nº 6.708, de 30-10-1979. Seria devida a indenização adicional quando o empregado fosse dispensado, sem justa causa, no período de 30 dias que antecedesse a data-base de sua correção salarial, equivalendo a um salário mensal do obreiro. A instituição da indenização adicional teve por objetivo impedir ou tornar mais onerosa a dispensa do empregado nos 30 dias que antecedessem sua data-base, pois os empregadores tinham por prática dispensar empregados com o objetivo de não pagar o salário reajustado, contratando logo a seguir outro empregado com salário inferior. Não se exige dolo ou culpa do empregador para pagamento da indenização, como no Direito Civil, mas a hipótese prevista em lei.

O Decreto-Lei nº 2.045/83, que alterava alguns artigos da Lei nº 6.708/79, foi rejeitado pela Resolução nº 1 do Congresso Nacional, de 20-10-1983. O Decreto-Lei nº 2.065/83 não tratou exaustivamente da matéria, nem revogou o art. 9º da Lei nº 6.708/79.

A Lei nº 7.238, de 29-10-1984, reproduziu o mesmo art. 9º da Lei nº 6.708/79, em seu art. 9º, em que também se concede a indenização adicional.

Não foi revogada a Lei nº 7.238/84 pelos Decretos-Leis nºs 2.283/86 e 2.284/86 (Plano Cruzado), que tiveram por objeto a extinção da correção monetária e o congelamento de salários, pois não regularam inteiramente a matéria, nem eram incompatíveis com o citado art. 9º da Lei nº 7.238/84, muito menos o revogaram expressamente (art. 2º e seus parágrafos do Decreto-Lei nº 4.657/42).

Despiciendo o argumento de que, revogados os aumentos semestrais, estaria revogado o art. 9º da Lei nº 7.238/84. Os aumentos semestrais foram suprimidos pelo Plano Cruzado (Decreto-Lei nº 2.284/86), mas persiste, ainda, o reajuste anual na data-base, não impedindo a aplicação da indenização adicional.

Inexiste qualquer efeito repristinatório do art. 9º da Lei nº 7.238/84, que continua em vigor. Assim, aquele que for dispensado sem justa causa nos 30 dias que antecedem a data-base de sua categoria terá direito à indenização adicional, consistente no pagamento de um salário.

A indenização adicional não é devida em si pela despedida arbitrária ou sem justa causa, mas pelo fato de o empregado ter sido despedido nos 30 dias que antecedem à correção de seu salário determinada na data-base da categoria, norma essa que não se atrita com o inciso I do art. 7º da Constituição. Tal indenização adicional visa fazer com que haja um óbice econômico para que o empregador faça a dispensa do empregado na data-base quando são corrigidos os salários dos trabalhadores, sem que se pague o salário corrigido a seu empregado, tendo também por objetivo indireto impedir a contratação de empregado por salário inferior ao do obreiro dispensado.

Não é devida a indenização adicional quando o empregado pede demissão, é demitido por justa causa, há o falecimento do empregado, em caso de culpa recíproca e aposentadoria.

No contrato de prazo determinado, inclusive no de experiência, não é devida indenização adicional, pois não há dispensa sem justa causa, mas término do contrato de trabalho, em decorrência do advento do termo.

O aviso-prévio, mesmo indenizado, integra o tempo de serviço do empregado para todos os efeitos (§ 1º do art. 487 da CLT), inclusive, fazendo-o para efeito da contagem de tempo para o pagamento da indenização adicional (S. 182 do TST). Dessa forma, se o empregado é dispensado e com o cômputo do aviso-prévio alcança o período de 30 dias que antecede a data-base, terá direito de receber um salário a título de indenização adicional.

A indenização adicional corresponde à importância do salário mensal do operário, "no valor devido à data da comunicação do despedimento, integrado pelos adicionais legais ou convencionados, ligados à unidade de tempo mês, não sendo computável a gratificação natalina" (S. 242 do TST).

Não tem direito a indenização adicional o empregado que recebe apenas comissões, pois não tem reajuste salarial na data-base. A lei visa evitar a dispensa na data-base para contratação de empregados com salário inferior, o que não se observa com o comissionista puro.

Se o empregador pagasse o salário do empregado já reajustado quando da despedida, não haveria que se falar em indenização adicional, mesmo que o operário fosse dispensado nos 30 dias que antecedem a data-base, pois o objetivo da lei era coibir o pagamento do salário não reajustado. Entretanto, a Súmula 314 do TST entende que, se o empregado é despedido no período de 30 dias que antecede a data-base, já incluído o aviso-prévio indenizado, mesmo que o empregador pague as verbas rescisórias com o salário já reajustado, não afasta o direito do obreiro à indenização adicional.

É claro que se o empregado foi dispensado antes dos 30 dias que antecedem a data-base, já computado o aviso-prévio indenizado, ou a partir da data-base, não se pode falar em direito à indenização adicional.

O pagamento da indenização adicional não implica contagem de tempo de serviço, justamente por se tratar de indenização.

Questões

1. O que é indenização?
2. Quais as teorias que informam sua natureza jurídica?
3. Que espécie de indenização é devida nos contratos por prazo indeterminado?
4. A indenização subsiste com o sistema do FGTS? Em que casos?
5. Como se dá a indenização nos contratos por prazo determinado?
6. Como é o pagamento da indenização do empregado estável?
7. Havendo culpa recíproca, há indenização?
8. Quem paga a indenização no *factum principis*?
9. Se o empregador pedir a aposentadoria do empregado, paga indenização?
10. O que é indenização adicional? Ela ainda subsiste?

Capítulo 26

FUNDO DE GARANTIA DO TEMPO DE SERVIÇO – FGTS

1 HISTÓRIA

Os constituintes de 1934 já previam a adoção de um fundo de reserva do trabalho, que visava assegurar o ordenado ou o salário de um ano, se por algum motivo a empresa desaparecesse (Projeto de Constituição enviado pelo Governo Provisório à Assembleia Constituinte, art. 124, § 5º).

Criou-se, então, um fundo de indenizações trabalhistas pelo art. 46 da Lei nº 3.470/58. Passou de uma faculdade a uma obrigação para as empresas, pessoas jurídicas contribuintes do imposto de renda. A cota inicial era de 3% sobre o total da remuneração mensal bruta, excluído o 13º salário.

O Fundo de Garantia do Tempo de Serviço (FGTS) foi criado pela Lei nº 5.107, de 13-9-1966, tendo sido alterado pelo Decreto-Lei nº 20, de 14-9-1966. Foi regulamentado pelo Decreto nº 59.820, de 20-12-1966.

Segundo o art. 1º da Lei nº 5.107/66, visava o FGTS assegurar aos empregados uma garantia pelo tempo de serviço prestado às empresas, mediante opção do empregado. O referido sistema era compatível com a estabilidade decenal, porém o que ocorreu na prática é que as empresas não admitiam empregado se não fosse optante do FGTS, visando, assim, a que o trabalhador não adquirisse a estabilidade.

A finalidade da instituição do FGTS foi proporcionar uma reserva de numerário ao empregado para quando fosse dispensado da empresa, podendo sacar o FGTS inclusive em outras hipóteses previstas na lei. Ao mesmo tempo pretendia-se, com os recursos arrecadados, financiar a aquisição de imóveis pelo Sistema Financeiro da Habitação. Na verdade, o objetivo principal do FGTS foi de proporcionar a dispensa por parte do empregador, tendo este que pagar uma indenização sobre os depósitos do FGTS, liberando-os para o saque. Assim, a empresa não tinha mais o problema de ter empregado estável, que, para ser despedido, provocava ônus muito maior, em razão da indenização em dobro.

O inciso XIII do art. 158 da Constituição de 1967 passou a prever "estabilidade, com indenização ao trabalhador despedido, ou fundo de garantia equivalente". O inciso XIII do art. 165 da Emenda Constitucional nº 1, de 1969, adotou a mesma expressão.

A discussão que se travou daí em diante era justamente a respeito dessa equivalência entre a estabilidade ou o FGTS. Evidentemente, não havia igualdade nos sistemas, ou não correspondiam exatamente os depósitos do FGTS às importâncias que seriam devidas ao empregado caso este fosse estável e houvesse a dispensa. Assim, surgiu a interpretação da palavra *equivalência* pela Súmula 98 do TST, dizendo que "equivalência entre os regimes do FGTS e da estabilidade da CLT é meramente jurídica e não econômica, sendo indevidos quaisquer valores a título de reposição de diferença" (I).

A Lei nº 5.958, de 10-12-1973, determinou que o empregado poderia optar retroativamente a 1º-1-1967 ou à data da admissão ao emprego se posterior àquela, desde que houvesse concordância por parte do empregador (art. 1º). Dizia, ainda, o § 2º do art. 1º que poderia ser feita a opção retroativa mesmo em relação ao empregado com 10 anos ou mais na empresa, porém retroagiria apenas até a data em que o obreiro completou o decênio na empresa, preservando, assim, a estabilidade do período anterior. Dessa forma, existiam empregados que eram optantes, mas tinham tempo de serviço anterior à opção. Se tivessem 10 anos, eram estáveis, caso contrário poderiam ser dispensados, pagando a empresa a indenização do art. 477 e s. da CLT, quanto ao período anterior à opção.

A Lei nº 6.858, de 24-11-1980, trata do pagamento do FGTS aos dependentes ou sucessores, tendo sido regulamentada pelo Decreto nº 85.845, de 26-3-1981.

Em 2-6-1981, surgiu a Lei nº 6.919, que facultou às empresas estenderem a seus diretores não empregados o regime do FGTS (art. 1º). O Decreto nº 87.567, de 16-9-1982, regulamentou o § 3º do art. 1º da Lei nº 6.919/81.

O Decreto-Lei nº 2.408, de 5-1-1988, restabeleceu a vigência do art. 12 da Lei nº 5.107 e deu outras providências. A Lei nº 7.670, de 8-9-1988, estende aos portadores da Aids certos benefícios relativos ao FGTS.

A Constituição de 1988 disciplinou o FGTS no inciso III do art. 7º, assegurando, assim, um direito do trabalhador. Desapareceu o sistema alternativo que vigorava até então: de estabilidade ou FGTS.

Surgiu a Lei nº 7.839, de 12-10-1989, que teve vida efêmera, pois durou poucos meses. Essa lei foi regulamentada pelo Decreto nº 98.813, de 10-1-1990. A Lei nº 7.839 dava as regras gerais sobre o tema, especificando o assunto após a Constituição de 1988.

A Lei nº 8.036, de 11-5-1990, versou sobre o FGTS, revogando expressamente a Lei nº 7.839 (art. 32). Foi regulamentada pelo Decreto nº 99.684, de 8-11-1990. Essas são as atuais disposições sobre o FGTS.

2 CONCEITO

O nome do instituto em estudo é Fundo de Garantia do Tempo de Serviço (FGTS), porém este não garante o tempo de serviço, apenas uma poupança para o trabalhador, ao contrário do que ocorria com a indenização.

O FGTS é um depósito bancário feito pelo empregador ao trabalhador, destinado a formar uma poupança para o trabalhador, que poderá ser sacada nas hipóteses previstas na lei, principalmente quando é dispensado sem justa causa. Servem os depósitos como forma de financiamento para aquisição de moradia pelo Sistema Financeiro da Habitação.

3 OPÇÃO

Com a Constituição de 1988 (art. 7º, III) desaparece o sistema de opção ao FGTS, passando este a ser um direito do trabalhador.

Passa o FGTS a ser devido não só aos empregados urbanos, mas também aos empregados rurais. Estes passam a ter direito ao FGTS a partir de 5-10-1988, data em que as empresas rurais deveriam começar a fazer os recolhimentos para seus trabalhadores.

É evidente que as pessoas que tinham direito adquirido à estabilidade, pois já contavam com mais de 10 anos no emprego em 4-10-1988, não irão perdê-la com o direito ao FGTS a partir de 5-10-1988. O próprio art. 14 da Lei nº 8.036 ressalva essa questão.

Dispõe o § 1º do art. 14 da Lei nº 8.036/90 que o tempo de serviço anterior à opção do empregado ou antes de 5-10-1988 será regido pelos arts. 477 e s. da CLT, ou seja: mediante o pagamento de indenização simples ou em dobro, dependendo se o empregado tinha mais ou menos de 10 anos de serviço naquela data. O tempo de serviço a partir de 5-10-1988 é regido pelo FGTS.

O tempo de serviço anterior à opção do empregado pelo FGTS poderia ser elidido desde que a empresa depositasse na conta vinculada do obreiro os valores pertinentes ao FGTS do período.

Há a possibilidade de empregado e empregador transacionarem o período anterior à opção, porém a indenização não poderá ser inferior ao mínimo de 60% da verba prevista (§ 2º do art. 14 da Lei nº 8.036/90).

Havendo o empregado transacionado com o empregador o direito à indenização sobre o período anterior à opção, não terá direito à opção retroativa, assim como quando a indenização do tempo anterior à opção já tiver sido depositada na sua conta vinculada (art. 4º, parágrafo único, *a* e *b*, do Decreto nº 99.684/90).

Determina o § 4º do art. 14 da Lei nº 8.036/90 que os trabalhadores poderão optar a qualquer momento pelo FGTS, com efeito retroativo a 1º-1-1967 (época da vigência do FGTS) ou à data de sua admissão, quando posterior àquela. Ocorre que a opção retroativa esteve sempre subordinada à vontade do empregador, que era o detentor da conta vinculada, na qual fazia os depósitos, por isso é que na opção retroativa necessitava-se da concordância do empregador, passando a conta de individualizada a vinculada. Assim, havia direito de propriedade do empregador sobre a conta, e direito adquirido, que não podia ser modificado com a Lei nº 8.036/90. Logo, esta só pode ser observada quanto aos depósitos retroativos que ocorrerem a partir da data de sua vigência.

A opção retroativa do FGTS não se aplica ao trabalhador rural, pois este, antes de 5-10-1988, não tinha direito ao FGTS, e a partir da referida data não existe mais opção, mas direito ao FGTS.

Há entendimentos de que a homologação da opção retroativa pelo juiz não mais precisa ser feita. Não há previsão legal nesse sentido. Contudo, por se tratar de jurisdição voluntária e para maior segurança, tanto da empresa como do trabalhador, a homologação da opção retroativa deve continuar a ser feita.

4 NATUREZA JURÍDICA

Não há dúvida de que o FGTS é um depósito bancário vinculado feito numa conta aberta em nome do empregado.

A natureza jurídica do FGTS é controvertida. Ela deve ser diferenciada sob dois aspectos: sob o ângulo do empregado e sob a ótica do empregador, daí por que se poderia dizer que sua natureza jurídica é híbrida.

a) *Quanto ao empregado*: no que diz respeito ao empregado, várias teorias poderiam ser lembradas para justificar a natureza jurídica do FGTS, como do salário diferido, do salário socializado, do salário atual, do prêmio etc.

Poderia a natureza jurídica do FGTS ser entendida como salário diferido. É um salário adquirido no presente que será utilizado no futuro, uma poupança diferida, uma forma de pecúlio para o trabalhador. O empregado adquire o direito ao FGTS com o ingresso na empresa, decorrente do contrato de trabalho. Parte do salário do empregado não é paga diretamente ao obreiro, mas é destinada ao referido fundo, visando à formação de um somatório de recursos que futuramente irá prover a subsistência do operário, quando, pela ocorrência de um evento (dispensa, aquisição de casa própria etc.), terá direito de levantar os valores depositados. O FGTS seria uma espécie de salário diferido, porque o benefício resultante não seria pago imediatamente ao trabalhador.

Para alguns, seria, ainda, um salário socializado, relacionando-se com o salário percebido pelo empregado, que seria devido pela sociedade ao trabalhador. A causa do pagamento do FGTS seria o contrato de trabalho firmado entre empregado e empregador. Tal como ocorre com o salário, o benefício, futuramente, seria uma obrigação certa de que parte do salário seria paga diretamente ao trabalhador e parte seria representada pelos depósitos na conta vinculada do FGTS calculados sobre o salário, que não se entregaria ao trabalhador, mas se constituiria numa reserva futura, num fundo destinado a compensar o tempo de serviço na empresa, mas com um proveito geral. Tratar-se-ia de um fundo social. Seria uma aproximação da teoria defendida por Felix Pippi (1966:236). A crítica que pode ser feita é de que não existe relação de direito privado para o pagamento do FGTS, que seria decorrente do contrato de trabalho, mas de direito público, de acordo com a previsão de lei. Não há ajuste de vontades quanto ao pagamento do FGTS. A contribuição incide porque está prevista em lei. Também não é salário, pois não é pago diretamente pelo empregador ao empregado (art. 457 da CLT), mas pelo órgão gestor; nem o empregado vai perceber necessariamente o mesmo valor que perceberia como salários no caso do levantamento dos depósitos.

Outros pretendem justificar a natureza jurídica do FGTS como salário atual, teoria semelhante à anterior. A contraprestação do empregado é retribuída pelo empregador mediante o pagamento de duas cotas: uma que é entregue diretamente ao operário, constituindo-se em retribuição pelos serviços prestados; outra que é imediata e obrigatoriamente destinada ao FGTS, para seus fins. Essa cota visa garantir seu levantamento quando o empregado foi dispensado ou em outras hipóteses previstas na lei. Critica-se tal teoria, pois não há atualidade em tal salário, nem este é pago diretamente pelo empregador (art. 457 da CLT). Não pode o referido salário ser exigido de imediato, apenas se atendidas determinadas condições especificadas em lei, e não outras.

Orlando Gomes e Elson Gottschalk (1991:463) esclarecem que o FGTS tem natureza de um direito semipúblico, com a deslocação do campo do direito privado para o público, não sendo uma indenização do tipo previdenciária. A indenização do FGTS expressa uma responsabilidade objetiva da espécie risco social; é um crédito vinculado que só poderá ser liberado nas hipóteses previstas em lei. Afirmam, então, que é um direito subjetivo social (semipúblico).

Amaro Barreto (1974:48) explica que a natureza jurídica do FGTS é de prêmio proporcional ao tempo de serviço do empregado.

Na verdade, o FGTS vem a ser um crédito feito na conta vinculada do trabalhador, uma espécie de poupança forçada feita em seu proveito. Visa esse depósito reparar a despedida injusta por parte do empregador relativo ao período de serviço do operário na empresa. Assim, sua natureza é compensar o tempo de serviço do empregado na empresa. Não se confunde, porém, com a indenização, pois esta visa apenas ao ressarcimento pelo "dano" causado pelo empregador ao empregado, pela perda do emprego deste. Além disso, o FGTS foi criado justamente para substituí-la. Servirá também o depósito para o caso em que o empregado venha a adquirir sua casa própria pelo Sistema Financeiro da Habitação, ocasião em que poderá utilizá-lo para amortização total ou parcial da dívida, ou nas outras hipóteses previstas na lei. Não se pode negar, contudo, que o FGTS é um instituto de natureza trabalhista, no concernente ao empregado, um direito do trabalhador, previsto inclusive na Constituição (art. 7º, III).

b) *Quanto ao empregador*: no tocante ao empregador, três teorias poderiam ser analisadas: teoria fiscal, parafiscal e da contribuição previdenciária.

A contribuição do FGTS seria uma obrigação tributária, uma prestação pecuniária compulsória paga ao ente público, com a finalidade de constituir um fundo econômico para o financiamento do Sistema Financeiro da Habitação. Poderia ser considerada um imposto (art. 16 do CTN), pois independeria de uma atividade estatal específica relativa ao contribuinte. Seria um imposto de destinação especial. Não seria uma taxa (art. 77 do CTN), visto que não há prestação de serviços por parte do Estado. Não seria contribuição de melhoria (art. 81 do CTN), porque nada tem a ver com obra pública. Critica-se essa teoria, pois o FGTS não seria nem taxa, nem contribuição de melhoria, e também não poderia ser considerado imposto, pois ficaria vinculado a um fundo destinado ao empregado quando este fosse despedido ou acontecesse outro evento previsto em lei que autorizasse o saque. Ressalte-se que o inciso IV do art. 167 da Constituição veda a vinculação da receita de impostos a órgão, fundo ou despesa. Dessa forma, não se poderia considerar o FGTS como um imposto.

A teoria parafiscal é defendida pelos que fazem distinção entre tributos fiscais e parafiscais. A contribuição parafiscal seria a que iria sustentar encargos do Estado que não lhe seriam próprios, como ocorre com a Seguridade Social. Não sendo imposto, taxa ou contribuição de melhoria, a exação destinada ao FGTS seria uma contribuição parafiscal. Destinar-se-ia a contribuição do FGTS a custear o Sistema Financeiro da Habitação.

São contribuições que ficam ao lado do Estado (da raiz grega *para*, com significado de "ao lado", ou "junto a"). As características da contribuição parafiscal seriam o caráter compulsório da exigência, e não facultativo; a não inclusão da respectiva receita no orçamento do Estado, mas num orçamento especial; o destino do produto de sua arrecadação para o custeio de certas atividades estatais, visando atender a necessidades econômicas e sociais de certos grupos ou categorias; a administração da receita por uma entidade descentralizada, com delegação do Estado. Nesse contexto, seria inserida a contribuição do FGTS. Sua administração seria feita por um órgão (Caixa Econômica Federal), com a finalidade de arrecadar contribuições das categorias econômicas, descentralizando a atividade do Estado com vistas ao levantamento do FGTS nas hipóteses especificadas na lei. Essa teoria seria criticada sob o fundamento de que o fato de o sujeito ativo não ser a própria entidade estatal, mas outra pessoa especificada pela lei, que arrecada a contribuição, em nada iria alterar o regime tributário, sendo que a contribuição continuaria a ter natureza de tributo.

A natureza previdenciária seria explicada pelo fato de não ser um tributo, mas uma exação totalmente diferente, uma imposição estatal atípica, uma determinação legal, cogente, prevista na legislação ordinária. Mais um argumento para caracterizar a natureza previdenciária seria quanto ao prazo prescricional. O art. 20 da antiga Lei nº 5.107/66 já dizia que a cobrança administrativa e judicial seria feita pela mesma forma e com os mesmos privilégios das contribuições devidas à Previdência Social, ou seja, o prazo de prescrição seria de 30 anos previsto na Lei nº 3.807/60 (Lei Orgânica da Previdência Social). Nessa mesma linha, está a Lei nº 8.036/90, que esclarece que o prazo prescricional seria de 30 anos (§ 5º do art. 23).

No meu entendimento, a contribuição do empregador é um tributo.

Tributo é o gênero, do qual são espécies o imposto, a taxa, a contribuição de melhoria, as contribuições, ou até mesmo o empréstimo compulsório. Rubens Gomes de Souza (*RDP* 17/317, 1971) já entendia que o FGTS era uma contribuição, de índole tributária.

A Emenda Constitucional nº 8, de 14-4-1977, acrescentou o inciso X ao art. 43 da Emenda Constitucional nº 1, de 1969, prevendo expressamente as contribuições sociais (inc. X), sendo que o FGTS não deixava de ser uma dessas contribuições.

A Constituição de 1988 consagra a natureza tributária da contribuição do FGTS no art. 149, ao prever que compete exclusivamente à União instituir contribuições sociais, de intervenção no domínio econômico e de interesse das categorias profissionais ou econômicas. As contribuições sociais previstas neste artigo têm natureza tributária, pois estão incluídas no Título VI, "Da Tributação e do Orçamento", Capítulo I, do Sistema Tributário Nacional. A Lei Maior de 1988 recebe o FGTS como uma contribuição social, pois se trata de uma contribuição de intervenção no domínio econômico e de interesse das categorias, profissionais, principalmente.

Segundo o art. 3º do CTN, tributo é "toda a prestação pecuniária compulsória, em moeda ou cujo valor nela se possa exprimir, que não constitua sanção de ato ilícito, instituída em lei e cobrada mediante atividade administrativa plenamente vinculada".

Tributo é uma prestação compulsória. A contribuição ao FGTS também é compulsória, pois independe da vontade do contribuinte pagá-la ou não, além de ser instituída em lei (Lei nº 8.036/90).

A contribuição do FGTS é cobrada em moeda ou valor que nela se possa exprimir, ou seja, é paga em dinheiro.

Não se constitui a contribuição ao FGTS em sanção de ato ilícito. Não é uma penalidade, mas uma determinação prevista em lei, que tem por fato gerador, por exemplo, a remuneração paga ou devida ao trabalhador (art. 15 da Lei nº 8.036/90).

É cobrada a contribuição do FGTS mediante atividade administrativa plenamente vinculada. Há um lançamento para a constituição do crédito do FGTS, por meio de atividade administrativa plenamente vinculada e obrigatória.

Logo, a contribuição ao FGTS é uma espécie do gênero tributo, contribuição (social), pois não pode ser enquadrada na definição de imposto, taxa ou contribuição de melhoria.

É de se destacar que "a natureza jurídica específica do tributo é determinada pelo fato gerador da respectiva obrigação, sendo irrelevantes para qualificá-la: I – a denominação e demais características formais adotadas pela lei; II – a destinação legal do produto da sua arrecadação" (art. 4º do CTN).

Pouco importam, portanto, a denominação e demais características formais adotadas pela lei que criou o FGTS, inclusive a destinação legal do produto de sua arrecadação, pois o elemento determinante é seu fato gerador, que é o de uma contribuição social.

Lembre-se, ainda, que o próprio Código Tributário Nacional prevê, no art. 217, de acordo com a redação do Decreto-Lei nº 27, de 14-11-1966, que os dispositivos nele contidos não excluem a incidência e a exigibilidade de outras contribuições, entre as quais: "a contribuição destinada ao Fundo de Garantia do Tempo de Serviço, criado pelo art. 2º da Lei nº 5.107, de 13-9-1966" (inc. IV).

Os arts. 6º e 7º do Código Tributário Nacional permitem a delegação da arrecadação do tributo a outro órgão, distinto do Estado, que, no caso, é a CEF, em relação à contribuição do FGTS. O Estado, que é o titular da competência fiscal, pode instituir o tributo, determinando que outra pessoa tenha a função de fiscalizá-lo e arrecadá-lo. Logo, por esse ângulo, não é inconstitucional ou ilegal a atribuição da CEF de arrecadar a contribuição do FGTS, e sua centralização está adstrita ao Conselho Curador, que não desnatura sua natureza jurídica tributária.

De outro modo, os arts. 148 (empréstimo compulsório) e 149 (contribuições sociais) da Constituição teriam derrogado o art. 5º do Código Tributário Nacional, que indicava serem espécies do gênero tributo apenas os impostos, as taxas e as contribuições de melhoria. Hoje, as espécies do gênero tributo são: imposto, taxa, contribuição de melhoria, contribuições sociais e empréstimos compulsórios, pois estão incluídos no capítulo da Lei Maior que versa sobre o Sistema Tributário Nacional.

É de se destacar que já não se usa a palavra *depósito*, como se verificava quando da instituição do FGTS. O próprio art. 217, IV, do CTN já emprega a palavra *contribuição*.

Assim, para o empregador o FGTS vem a ser uma contribuição social, espécie do gênero tributo. Não se trata de outro tipo de contribuição ou de contribuição previdenciária, pois esta tem natureza tributária, de contribuição social.

Nota-se, por conseguinte, a dificuldade de se especificar qual a real natureza jurídica do FGTS, que é, portanto, múltipla ou híbrida, devendo ser analisada sob dois ângulos, do empregador e do empregado.

5 ADMINISTRAÇÃO

O FGTS será regido segundo as determinações do Conselho Curador, integrado por representantes dos trabalhadores, dos empregadores e órgãos e entidades governamentais, na forma estabelecida pelo Poder Executivo. As decisões do

Conselho serão tomadas pela maioria simples de seus membros, tendo o Presidente voto de qualidade.

A presidência do Conselho Curador do FGTS será exercida pelo representante do Ministério do Trabalho.

Os representantes dos trabalhadores e dos empregadores e seus respectivos suplentes serão indicados pelas respectivas centrais sindicais e confederações nacionais e nomeados pelo Ministro do Trabalho. Terão mandato de dois anos, podendo ser reconduzidos uma única vez. Os membros efetivos e suplentes dos trabalhadores terão garantia de emprego, desde a nomeação até um ano após o término do mandato de representação, somente podendo ser dispensados por motivo de falta grave, apurada mediante processo sindical (§ 9º do art. 3º da Lei nº 8.036/90). As faltas ao trabalho dos representantes dos trabalhadores serão abonadas, computando-se como jornada efetivamente trabalhada para todos os fins.

A Caixa Econômica Federal (CEF) terá o papel de agente operador (art. 4º da Lei nº 8.036).

O agente gestor será o órgão do Poder Executivo responsável pela política de habitação (art. 4º da Lei nº 8.036/90).

O Conselho Curador do FGTS irá determinar as diretrizes e os programas gerais para o sistema do FGTS.

Os recursos do FGTS deverão ser aplicados em habitação, saneamento básico e infraestrutura urbana. As disponibilidades financeiras devem ser mantidas em volume que satisfaça às condições de liquidez e remuneração mínima necessária à preservação do poder aquisitivo da moeda.

No mínimo, 60% das aplicações serão destinadas ao financiamento de habitações populares. Os projetos de saneamento básico e infraestrutura urbana, financiados com recursos do FGTS, deverão ser complementares aos programas habitacionais.

A partir de 11-5-1991, a Caixa Econômica Federal assumiu o controle de todas as contas vinculadas, passando os demais estabelecimentos bancários à condição de agentes recebedores e pagadores do FGTS, mediante o recebimento de remuneração a ser fixada pelo Conselho Curador.

Os depósitos do FGTS serão corrigidos pelo sistema das cadernetas de poupança, rendendo juros de 3% ao ano.

O Conselho Curador autorizará a distribuição de parte do resultado positivo auferido pelo FGTS, mediante crédito nas contas vinculadas de titularidade dos trabalhadores, observadas as seguintes condições, entre outras a seu critério: I – a distribuição alcançará todas as contas vinculadas que apresentarem saldo positivo em 31 de dezembro do exercício base do resultado auferido, inclusive as contas vinculadas de que trata o art. 21; II – a distribuição será proporcional ao saldo de cada conta vinculada em 31 de dezembro do exercício base e deverá ocorrer até 31 de agosto do ano seguinte ao exercício de apuração do resultado; e III – a distribuição do resultado auferido será de cinquenta por cento do resultado do exercício. O valor de distribuição do resultado auferido será calculado posteriormente ao valor desembolsado com o desconto realizado no âmbito do Programa Minha Casa, Minha Vida – PMCMV, de que trata a Lei nº 11.977, de 7 de julho de 2009. O valor creditado nas contas vinculadas a título de distribuição de resultado, acrescido de juros e atualização monetária, não integrará a base de cálculo do depósito da indenização de 40%.

6 CONTRIBUINTES

São contribuintes do FGTS o empregador, seja pessoa física ou jurídica, de direito privado ou de direito público, da Administração direta, indireta ou fundacional de qualquer dos Poderes da União, dos Estados-membros, do Distrito Federal e dos Municípios, que admitir trabalhadores regidos pela CLT a seu serviço. Os trabalhadores sujeitos a legislação especial que não a de funcionários públicos, como a de trabalho temporário (Lei nº 6.019/74), também serão contribuintes do sistema. A própria lei determina que se considera como empregador o fornecedor ou tomador de mão de obra.

7 BENEFICIÁRIOS

Terão direito aos depósitos os trabalhadores regidos pela CLT, os avulsos, os empregados rurais, ficando excluídos os autônomos, eventuais e os servidores públicos civis e militares.

O trabalhador temporário somente passou a ter direito ao FGTS com a edição da Lei nº 7.839, de 12-10-1989, conforme art. 13 e seus §§ 1º e 2º. Com a promulgação da Lei nº 8.036, de 11-5-1990, que revogou a Lei nº 7.839/89, ficou mais clara a previsão legal do FGTS ao trabalhador temporário (art. 15 e seus §§ 1º e 2º), inclusive quanto à movimentação da conta vinculada na extinção normal do contrato de trabalho temporário (art. 20, IX). Com a edição da Lei nº 7.839/89, o trabalhador temporário perdeu direito à indenização de que trata a alínea *f* do art. 12 da Lei nº 6.019/74, pois o FGTS tem por objetivo substituir o pagamento de tal indenização, deixando de existir a partir de 5-10-1988 o regime alternativo de estabilidade com indenização ou FGTS equivalente.

Os empregadores domésticos deverão depositar o FGTS para os empregados domésticos a partir da competência outubro/2015 até o dia 7 do mês seguinte ao da competência (art. 35 da Lei Complementar nº 150/2015). Não mais se trata, portanto, de opção do empregador doméstico de fazer os depósitos para o empregado doméstico, mas de obrigação.

As empresas poderão equiparar seus diretores não empregados aos demais trabalhadores sujeitos ao regime do FGTS. Considera-se diretor a pessoa que exerça cargo de administração previsto em lei, estatuto ou contrato social, independentemente da denominação do cargo (art. 16 da Lei nº 8.036/90).

Os empregadores deverão comunicar mensalmente aos trabalhadores os valores recolhidos ao FGTS, repassando ao obreiro as informações obtidas da CEF. Os trabalhadores também terão acesso aos extratos dos depósitos fundiários, que lhes serão remetidos pela CEF.

8 DEPÓSITOS

Os depósitos serão feitos na conta vinculada do trabalhador, que, se não a possuir, será aberta pelo empregador.

Os valores pertinentes aos depósitos não recolhidos deverão ser pagos e creditados na conta vinculada do empregado, sendo vedado o pagamento direto ao trabalhador. O art. 18 da Lei nº 8.036/90 determina que a empresa deposite na conta vinculada do trabalhador, na rescisão do contrato de trabalho, os valores relativos aos depósitos referentes ao mês da rescisão e ao imediatamente anterior que ainda não houverem sido recolhidos.

É devido o depósito do FGTS na conta vinculada do trabalhador cujo contrato de trabalho seja declarado nulo, por falta de concurso público (§ 2º do art. 37 da Constituição), quando mantido o direito ao salário.

O FGTS incidirá sobre a remuneração (art. 15 da Lei nº 8.036/90) paga ao empregado, como os salários, as gorjetas, as comissões, as percentagens, as gratificações, as diárias que excederem 50% do salário e os abonos. O dispositivo não faz referência se há necessidade de o pagamento da remuneração ser habitual ou não, mas apenas de ser remuneração. O FGTS não incidirá sobre as ajudas de custo, pois elas não se integram ao salário (§ 2º do art. 457 da CLT). Incidirá também o FGTS sobre as parcelas *in natura* pagas ao empregado com habitualidade, como habitação, alimentação etc., porém haverá necessidade de se apurar o valor da utilidade. O FGTS incidirá também sobre o 13º salário pago normalmente ao final de cada ano ou na rescisão do contrato de trabalho, pois o art. 15 da Lei nº 8.036/90 é expresso nesse sentido.

O art. 15 da Lei nº 8.036/90 menciona que a contribuição do FGTS terá por base a remuneração. Para o empregado receber remuneração, deverá ter trabalhado. Por esse motivo, o FGTS não incide sobre a indenização paga ao empregado, como a indenização adicional prevista no art. 9º da Lei nº 7.238/84, a multa por atraso no pagamento das verbas rescisórias (§ 8º do art. 477 da CLT), a indenização de antiguidade ou outra indenização paga ao empregado, as férias indenizadas e o aviso-prévio indenizado. Quanto a este último, haveria incidência do FGTS quando o aviso-prévio é trabalhado, mas não quando é indenizado. No entanto, a jurisprudência do TST firmou-se no sentido de que sobre o aviso-prévio indenizado incide o FGTS, pois o referido aviso se incorpora ao tempo de serviço para todos os efeitos (S. 305 do TST). O FGTS não incide sobre o valor correspondente à dobra da remuneração das férias.

Consideram-se remuneração as retiradas de diretores não empregados, quando haja deliberação da empresa, garantindo-lhes os direitos decorrentes do contrato de trabalho (§ 4º do art. 15 da Lei nº 8.036).

O FGTS também incidirá sobre as horas extras prestadas (S. 63 do TST) ou sobre outros adicionais pagos ao empregado, como adicional de transferência, noturno, de insalubridade, periculosidade etc.

O depósito será obrigatório no período em que o empregado estiver prestando serviço militar e em caso de licença decorrente de acidente do trabalho (§ 5º do art. 15 da Lei nº 8.036), pois tais períodos serão computados no tempo de serviço do empregado para efeito de indenização e estabilidade (§ 1º do art. 4º da CLT). O depósito também será efetuado nos casos de licença-maternidade (inc. IV do art. 28 do Decreto nº 99.684/90), licença-paternidade (inc. II do art. 28 do Decreto nº 99.684/90) e também nos 15 primeiros dias de afastamento do empregado por doença (inc. II do art. 28 do Decreto nº 99.684/90). Nesses casos, a base de cálculo será revista sempre que ocorrer aumento geral na empresa ou na categoria profissional a que pertencer o empregado. Estando o empregado licenciado do emprego para exercer mandato sindical, e se o pagamento do salário ficar a cargo do empregador, o depósito do FGTS será de responsabilidade deste, sendo que o porcentual irá incidir sobre a remuneração que o obreiro estaria percebendo na empresa.

O art. 15 da Lei nº 8.036/90 estabelece que o FGTS incide sobre a remuneração paga ao trabalhador. O pagamento da aposentadoria por invalidez é feito pelo INSS e não pelo empregador, além do que não se trata de remuneração, mas de benefício previdenciário.

Estabelece o § 5º do art. 15 da Lei nº 8.036/90 que o depósito mensal do FGTS é obrigatório apenas nos casos de afastamento para prestação do serviço militar obrigatório e **licença por acidente do trabalho.**

A Lei do FGTS prevê, de forma taxativa, as duas únicas hipóteses em que o empregador deverá efetuar o depósito mensal para o empregado na conta vinculada, ou seja, nos períodos em que estiver afastado por motivo do serviço militar obrigatório e de acidente de trabalho.

O período em que o empregado será aposentado por invalidez, ainda que em decorrência de acidente do trabalho, não obriga a empresa a depositar mensalmente o FGTS, pois no referido período o trabalhador não está de licença, conforme a legislação especial que trata do Fundo de Garantia do Tempo de Serviço, mas com os efeitos do contrato de trabalho suspensos, até o momento em que eventualmente ocorra a recuperação do segurado ou a aposentadoria por invalidez seja considerada definitiva; quando o INSS constata a impossibilidade de recuperação do empregado para o trabalho.

Não existe previsão legal no sentido de que incide a contribuição do FGTS sobre o período em que há a concessão da aposentadoria por invalidez, ainda que acidentária. De acordo com o princípio da legalidade tributária, o tributo só incide se estiver previsto em lei (art. 150, I, da Constituição). O fato gerador da incidência do FGTS sobre a aposentadoria por invalidez não tem previsão em lei (art. 97, III, do CTN). Logo, não pode incidir o FGTS sobre o afastamento do empregado por aposentadoria por invalidez, ainda que acidentária.

O empregador não pode ficar aguardando indefinidamente o empregado se recuperar ou o INSS tornar, formalmente, a aposentadoria por invalidez definitiva, pois precisa de trabalhador para fazer o serviço daquele, e ainda assim ficar recolhendo FGTS durante todo esse tempo. Na prática, muitas vezes a empresa contrata substituto interinamente.

O art. 131, III, c/c o art. 133, IV, ambos da CLT, apenas mostram que caso o empregado fique mais de seis meses sem trabalhar, no período aquisitivo, recebendo prestações de acidente do trabalho ou auxílio-doença, perderá o direito às férias. Não dispõe que incide a contribuição do FGTS sobre o período da concessão da aposentadoria por invalidez.

Os arts. 42, 47 e 101 da Lei nº 8.213/91 e os arts. 46 a 49 do Decreto nº 3.048/99 não estabelecem que incide a contribuição do FGTS sobre o período de aposentadoria por invalidez.

O fato de o empregado receber o benefício da aposentadoria por invalidez enquanto não estiver recuperado, tendo que realizar a cada dois anos exame médico a cargo da Previdência Social e podendo retornar à atividade, não obriga o empregador a efetuar o depósito do FGTS durante o período em que os efeitos do contrato de trabalho estiverem suspensos.

A obrigação do empregador e o direito do empregado ao depósito mensal do FGTS não depende da boa-fé objetiva do contrato de trabalho, mas de determinação legal.

O § 1º do art. 4º da CLT está de acordo com o disposto no § 5º do art. 15 da Lei nº 8.036/90, no sentido de que somente se computam na contagem de tempo de serviço os períodos em que o empregado estiver afastado do trabalho prestando serviço militar e por motivo de acidente do trabalho. Os referidos dispositivos não fazem alusão ao período em que o empregado esteja aposentado por invalidez, ainda que decorrente de acidente do trabalho e tenha natureza provisória, pois nesse tempo o trabalhador não está licenciado da empresa, mas com os efeitos do contrato de trabalho suspensos.

Dispõe a Súmula 217 do STF que "tem direito de retornar ao emprego, ou ser indenizado em caso de recusa do empregador, o aposentado que recupera a capacidade de trabalho dentro de cinco anos a contar da aposentadoria, que se torna definitiva após esse prazo". Não estabelece que o FGTS incide sobre o período em que foi concedida a aposentadoria por invalidez, ainda que acidentária.

Se os efeitos do contrato de trabalho do empregado estão suspensos, não gera nenhuma obrigação, nem mesmo de recolher a contribuição do FGTS, pois não há pagamento de remuneração (art. 15 da Lei nº 8.036/90).

Com a concessão da aposentadoria por invalidez cessa o pagamento do auxílio-doença acidentário. O segurado não mais está em licença, mas tem a concessão do benefício de aposentadoria por invalidez, ainda que acidentária.

O período em que o empregado estiver de "licença por acidente de trabalho", recebendo auxílio-doença acidentário, não compreende o tempo em que o trabalhador estiver aposentado por invalidez, pois nesse período o contrato de trabalho está suspenso, não havendo que se falar em licença.

Com a aposentadoria, ainda que por invalidez, a legislação do FGTS (Lei nº 8.036/90, art. 20, III, e Decreto nº 99.684/90, art. 35, III) autoriza o levantamento dos depósitos efetuados na conta vinculada, o que é impossível em caso de acidente do trabalho.

Não integram a base de cálculo para incidência dos depósitos o vale-transporte e os gastos efetuados com bolsas de aprendizagem (parágrafo único do art. 27 do Decreto nº 99.684/90).

Consideram-se como remuneração: o adicional por tempo de serviço; o abono ou gratificação de férias, no valor que exceder a 20 dias do salário (art. 144 da CLT), concedido em virtude de cláusula contratual, regulamento de empresa, convenção ou acordo coletivo; o terço constitucional das férias; as etapas dos marítimos; as gratificações ajustadas expressa ou tacitamente (tais como de produtividade, de balanço, de função ou cargo de confiança); licença-prêmio, inclusive quando convertida em pecúnia; repouso semanal remunerado e pagamento dos dias feriados civis e religiosos.

Não integram a remuneração para efeito da incidência do FGTS: os abonos, quando expressamente desvinculados do salário; o abono ou gratificação de férias concedido em virtude do contrato de trabalho, regulamento de empresa, convenção ou acordo coletivo, de valor não excedente a 20 dias de salário (art. 144 da CLT); o auxílio-doença complementar ao da Previdência Social, pago pela empresa, por liberalidade, regulamento de empresa, convenção ou acordo coletivo; a ajuda de custo; as diárias para viagem que não excederem a 50% do salário do empregado; o valor da bolsa de aprendizagem; o salário-família; o valor correspondente à dobra da remuneração das férias; o valor da alimentação, quando paga pela empresa, em decorrência do Programa de Alimentação do Trabalhador (art. 3º da Lei nº 6.321/76). Durante o período em que o empregado está afastado por auxílio-doença não há depósito.

Dispõe o § 6º do art. 15 da Lei nº 8.036 que não se incluem na remuneração para efeito da incidência do FGTS as verbas descritas no § 9º do art. 28 da Lei nº 8.212/91.

As contas vinculadas em nome dos trabalhadores são absolutamente impenhoráveis (§ 2º do art. 2º da Lei nº 8.036/90). Tais depósitos serão considerados como despesas operacionais da empresa, dedutíveis do lucro operacional para efeito da legislação do imposto de renda, sendo que as importâncias levantadas das contas pelos empregadores serão consideradas receita tributável (art. 29 da Lei nº 8.036).

A cessação do contrato de trabalho em razão de aposentadoria espontânea do empregado exclui o direito ao recebimento da indenização relativa ao período anterior à opção. A realização de depósito na conta do FGTS, de que trata o § 3º do art. 14 da Lei nº 8.036, é faculdade atribuída ao empregador (S. 295 do TST).

As entidades filantrópicas, na vigência da Lei nº 5.107/66, não estavam obrigadas a fazer os depósitos do FGTS. Por ocasião da dispensa pagavam os valores diretamente ao empregado. A partir de 13-10-1989, data da publicação da Lei nº 7.839/89, as entidades filantrópicas ficaram obrigadas a depositar o FGTS. O art. 27 do Decreto nº 99.684/90 determina que as entidades filantrópicas têm de depositar o FGTS.

A alíquota do FGTS é de 8%.

Os contratos de aprendizagem terão a alíquota de 2% (§ 7º do art. 15 da Lei nº 8.036).

Existirão pessoas que irão arguir a inconstitucionalidade da determinação acima, sob o argumento de ferir o princípio da igualdade, no sentido de que todos os trabalhadores deveriam ter direito a mesma alíquota do FGTS. Existiria, assim, desigualdade.

A matéria é tributária e depende de lei para a fixação de alíquota (art. 97, IV, do CTN), de acordo com o princípio da reserva legal em matéria tributária, pois o FGTS tem natureza de contribuição social de intervenção no domínio econômico (art. 149 da Constituição). Logo, a alteração por lei de alíquota não pode ser considerada, em princípio, inconstitucional. Ninguém é obrigado a fazer ou a deixar de fazer algo a não ser em virtude de lei (art. 5º, II, da Constituição). É a lei que está determinando a alíquota do FGTS.

Não vejo inconstitucionalidade no dispositivo citado, pois o aprendiz não é um trabalhador igual a qualquer empregado. Seu contrato é classificado pela própria lei como especial (art. 428 da CLT). Logo, pode ter tratamento diferenciado.

Haverá ponderações no sentido de que todos os contratos de trabalho de prazo determinado deveriam ter a mesma alíquota. Não poderiam existir alíquotas diferenciadas para a aprendizagem e para os demais contratos de prazo determinado. Entretanto, apesar de o contrato de trabalho do aprendiz ser de prazo determinado, é um contrato especial, em que se objetiva a aprendizagem. Logo, pode haver tratamento diferenciado para esse fim, porque o aprendiz não é um empregado comum.

A Lei nº 10.097 apenas concede incentivo fiscal para a contratação de aprendiz. É uma forma de flexibilização das condições de trabalho, visando à contratação de aprendizes. É o que ocorreu na Espanha e na Argentina, em que, em certo período, o legislador deu preferência para as contratações de prazo determinado ou fomentou certo tipo de contratação, mediante a concessão de incentivos fiscais.

O estabelecimento de alíquota diferenciada constitui incentivo para a contratação de aprendizes, pois o empregador irá se beneficiar de alíquota mais baixa do FGTS, tendo custo menor na contratação do aprendiz e, assim, talvez admita o aprendiz.

9 PRAZO

O prazo para pagamento do FGTS era até o último dia útil de cada mês em relação à remuneração paga no mês anterior ao trabalhador (art. 9º da Lei nº 5.107). O art. 13 da Lei nº 7.839/89 dizia que o prazo era até o último dia previsto em lei para o pagamento de salários. De 13-10-1989, data da vigência da Lei nº 7.839, até 24-10-1989, a data do pagamento do FGTS era o décimo dia do mês subsequente ao vencido. A partir de 25-10-1989, data da publicação da Lei nº 7.855, que deu nova redação ao § 1º do art. 459 da CLT, o prazo passou a ser o quinto dia útil do mês subsequente ao vencido.

Com a edição da Lei nº 8.036/90 o prazo passou a ser até o dia 7 do mês subsequente ao vencido. Não se fala, portanto, em 7º dia útil do mês, mas no dia 7 (art. 15 da Lei nº 8.036/90).

O empregador que não realizar os depósitos do FGTS, no prazo legal, responderá pela incidência da Taxa Referencial (TR) sobre a importância correspondente (art. 22 da Lei nº 8.036/90). Sobre o valor dos depósitos, acrescido da TR, incidirão, ainda, juros de mora de 0,5% ao mês ou fração e multa, sujeitando-se, também, às obrigações e sanções previstas no Decreto-Lei nº 368/68. A incidência da TR será cobrada por dia de atraso, tomando-se por base o índice de atualização das contas vinculadas do FGTS. A multa terá a seguinte gradação: (a) 5%, no mês de vencimento da obrigação; (b) 10%, a partir do mês seguinte ao do vencimento da obrigação. Na cobrança judicial dos créditos do FGTS incidirá encargo de 10%, que reverterá para o Fundo, para ressarcimento dos custos por ele incorridos, o qual será reduzido para 5%, se o pagamento se der antes do ajuizamento da cobrança.

10 SAQUES

O FGTS poderá ser sacado nas seguintes hipóteses. São hipóteses taxativas e não meramente exemplificativas. Não se usa a expressão "tais como":

a) dispensa sem justa causa por parte do empregador; nos casos de despedida indireta, de culpa recíproca e de força maior. Em casos de justa causa ou pedido de demissão não pode ser feito o saque dos depósitos;
b) extinção total da empresa, fechamento de quaisquer de seus estabelecimentos, filiais ou agências, supressão de parte de suas atividades, ou, ainda,

falecimento do empregador pessoa física, sempre que qualquer dessas ocorrências implique a rescisão do contrato de trabalho, comprovada por declaração escrita da empresa, suprida, quando for o caso, por decisão judicial transitada em julgado;

c) aposentadoria concedida pela Previdência Social. Nesse caso, a autorização para o saque é feita pela Previdência Social, independentemente do fornecimento de guia por parte do empregador. Não se faz distinção em relação à aposentadoria, que pode ser qualquer uma;

d) pagamento de parte das prestações decorrentes do financiamento habitacional concedido no âmbito do Sistema Financeiro da Habitação, desde que:

(1) o mutuário conte com o mínimo de três anos de trabalho sob o regime do FGTS na mesma empresa ou em empresas diferentes;

(2) o valor bloqueado seja utilizado, no mínimo, durante o prazo de 12 meses;

(3) o valor do abatimento atinja, no máximo, 80% do montante da prestação;

e) liquidação ou amortização extraordinária do saldo devedor de financiamento imobiliário, observadas as condições estabelecidas pelo Conselho Curador, entre elas a de que o financiamento seja concedido no âmbito do SFH e haja interstício mínimo de dois anos para cada movimentação;

f) pagamento total ou parcial do preço da aquisição de moradia própria ou lote urbanizado de interesse social não construído, observadas as seguintes condições:

(1) o mutuário deverá contar com o mínimo de três anos de trabalho sob o regime do FGTS, na mesma empresa ou empresas diferentes;

(2) seja a operação financiável nas condições vigentes para o SFH;

g) quando o trabalhador permanecer três anos ininterruptos, a partir de 1º-6-1990, fora do regime do FGTS, podendo o saque, nesse caso, ser efetuado a partir do mês de aniversário do titular. A redação do inciso VIII do art. 20 da Lei nº 8.036/90 foi determinada pela Lei nº 8.678, de 13-6-1993, pois a redação anterior previa o caso da inexistência de depósitos na conta vinculada do empregado pelo prazo de três anos ininterruptos. Agora, há uma situação mais clara, quando se menciona a hipótese em que o trabalhador deixa de ser empregado, a partir de 1º-6-1990, permanecendo sem vínculo de emprego por três anos ininterruptos, autorizando a lei o saque a partir do mês de aniversário do titular;

h) extinção normal do contrato a termo, inclusive a dos trabalhadores temporários regidos pela Lei nº 6.019/74. Agora, a lei é explícita quanto ao levantamento. Essa hipótese não era prevista na Lei nº 5.107/66, muito menos na

Lei nº 7.839/89. Ocorre que, com a extinção normal do contrato por prazo determinado ou do contrato de trabalho temporário, o FGTS deve ser levantado, pois se trata de uma rescisão do contrato de trabalho à qual o empregado não deu causa, pois não pediu demissão, nem foi dispensado por justa causa;

i) suspensão total do trabalho do avulso por período igual ou superior a 90 dias, comprovada mediante declaração do sindicato da categoria. Essa hipótese também inexistia na legislação anterior, mas é justa, pois o trabalhador avulso que fica sem conseguir colocação deve poder levantar o FGTS para suprir suas necessidades;

j) falecimento do trabalhador, sendo o saldo pago a seus dependentes, para esse fim habilitados perante a Previdência Social, segundo critério adotado para a concessão de pensões por morte. Na falta de dependentes, farão jus ao recebimento do saldo da conta vinculada seus sucessores previstos na lei civil, indicados em alvará judicial, expedido a requerimento do interessado, independentemente de inventário ou arrolamento. A Lei nº 6.858, de 24-11-1980, estabelece que os valores devidos pelos empregadores aos empregados e os montantes das contas individuais do FGTS não recebidos em vida pelos respectivos titulares serão pagos, em quotas iguais, aos dependentes habilitados perante a Previdência Social ou na forma da legislação específica dos servidores civis e militares, e, em sua falta, aos sucessores previstos na lei civil, indicados em alvará judicial, independentemente de inventário ou arrolamento. As quotas atribuídas a menores ficarão depositadas em caderneta de poupança, rendendo juros e correção monetária, e só serão disponíveis após o menor completar 18 anos, salvo autorização do juiz para aquisição do imóvel destinado à residência do menor e de sua família ou para dispêndio necessário à subsistência e educação do menor. Inexistindo menores ou sucessores, os valores reverterão ao FGTS;

k) quando o trabalhador ou qualquer de seus dependentes for acometido de neoplasia maligna, isto é, tumor maligno. O inciso XI do art. 20 da Lei nº 8.036/90 foi acrescentado pela Lei nº 8.922, de 25-7-1994. Verifica-se, aqui, que o levantamento será autorizado para o trabalhador se este ou qualquer dependente seu for acometido de tumor maligno. Nessa lei, é a primeira vez que o levantamento irá beneficiar também o dependente do empregado;

l) aplicação em quotas de Fundos Mútuos de Privatização, regidos pela Lei nº 6.385, de 7-12-1976, permitida a utilização máxima de 50% do saldo existente e disponível em sua conta vinculada do FGTS, na data em que exercer a opção. Os recursos aplicados em quotas de Fundos Mútuos de Privatização serão destinados a aquisições de valores mobiliários, no âmbito do Programa Nacional de Desestatização e de programas estaduais de desestatização;

m) quando o trabalhador ou qualquer de seus dependentes for portador do vírus HIV;

n) quando o trabalhador ou qualquer de seus dependentes estiver em estágio terminal, em razão de doença grave, nos termos do regulamento. É hipótese com característica social e humanitária;

o) quando o trabalhador tiver idade igual ou superior a 70 anos;

p) necessidade pessoal, cuja urgência e gravidade decorram de desastre natural causado por chuvas ou inundações, observadas as seguintes condições: (1) o trabalhador deverá ser residente em áreas, comprovadamente atingidas, de Municípios em situação de emergência ou de estado de calamidade pública, formalmente reconhecidos pelo Governo Federal; (2) a solicitação de movimentação da conta vinculada será admitida até 90 (noventa) dias após a publicação do ato de reconhecimento, pelo Governo Federal, da situação de emergência ou de estado de calamidade pública; e (3) o valor máximo do saque da conta vinculada será definido na forma do regulamento (Lei nº 10.878, de 8-6-2004). O Decreto nº 5.014, de 12-3-2004, regulamentou a citada hipótese;

q) integralização das cotas de Fundo de Investimento – FGTS, permitida a utilização máxima de 30% do saldo existente e disponível na data em que exercer a opção;

r) quando o trabalhador com deficiência, por prescrição, necessite adquirir órtese ou prótese para promoção de acessibilidade e de inclusão social;

s) extinção do contrato de trabalho por acordo entre empregado e empregador (art. 484-A da CLT);

t) pagamento total ou parcial do preço de aquisição de imóveis da União inscritos em regime de ocupação ou aforamento, a que se referem o art. 4º da Lei nº 13.240, de 30 de dezembro de 2015, e o art. 16-A da Lei nº 9.636, de 15 de maio de 1998, respectivamente, observadas as seguintes condições: (1) o mutuário deverá contar com o mínimo de três anos de trabalho sob o regime do FGTS, na mesma empresa ou em empresas diferentes; (2) seja a operação financiável nas condições vigentes para o Sistema Financeiro da Habitação (SFH) ou ainda por intermédio de parcelamento efetuado pela Secretaria do Patrimônio da União (SPU), mediante a contratação da Caixa Econômica Federal como agente financeiro dos contratos de parcelamento;

(3) sejam observadas as demais regras e condições estabelecidas para uso do FGTS.

As movimentações autorizadas nos itens "d" e "e" serão estendidas aos contratos de participação de grupo de consórcio para aquisição de imóvel residencial, cujo bem já tenha sido adquirido pelo consorciado.

A extinção de contrato de trabalho intermitente permite a movimentação da conta vinculada do trabalhador no FGTS na forma do inciso I-A do art. 20 da Lei nº 8.036, de 1990.

A mudança do regime celetista para estatutário não autoriza o levantamento do FGTS, pois não há rescisão do vínculo, nem determinação na lei nesse sentido.

A Lei nº 7.670, de 8-9-1988, permite o levantamento do FGTS ao doente de Aids, independentemente de rescisão do contrato de trabalho ou de qualquer outro tipo de pecúlio a que o paciente tenha direito (art. 1º, II).

Nos casos das hipóteses descritas supra nos itens *a* e *b*, os saques se darão em relação aos depósitos efetuados apenas pela última empresa que os realizou, ou seja, quanto ao último contrato de trabalho, com juros e correção monetária.

O direito de adquirir moradia com recursos do FGTS somente poderá ser exercido em relação a um imóvel. O imóvel objeto de utilização dos depósitos do FGTS somente poderá ser objeto de outra transação, com recursos do Sistema, na forma determinada pelo Conselho Curador.

As hipóteses de saque descritas no art. 20 da Lei nº 8.036/90 são taxativas e não meramente exemplificativas. Entretanto, a jurisprudência do STJ entende que podem ser utilizadas outras hipóteses de saque.

A Lei nº 5.107/66 previa hipóteses de levantamento do FGTS como de aplicação do capital em atividade comercial, industrial ou agropecuária, em que se houvesse estabelecido o trabalhador individualmente ou em sociedade; necessidade grave e premente pessoal ou familiar; aquisição de equipamento destinado a atividade de natureza autônoma; por motivo de casamento do empregado do sexo feminino. Tais hipóteses não foram albergadas pela atual legislação, nem pela Lei nº 7.839/89.

Havendo acordo para pôr fim ao contrato de trabalho, o levantamento do FGTS pode ser feito à razão de 80% do valor dos depósitos (§ 1º do art. 484-A da CLT).

O empregado dispensado, no contrato a termo, antes de seu término, faz jus ao pagamento de metade da remuneração a que teria direito até o termo do contrato (art. 479 da CLT). Pode a empresa abater a indenização devida com os depósitos do FGTS. Entendo que o art. 479 da CLT foi revogado a partir de 5-10-1988, pois o FGTS deixou de ser opcional passando a ser um direito do trabalhador, desaparecendo o regime anterior de estabilidade com indenização ou FGTS equivalente.

Quando expirar o mandato do diretor não empregado, não reconduzido, terá direito a levantar os depósitos fundiários.

11 RESCISÃO DO CONTRATO DE TRABALHO

O levantamento do FGTS pelo empregado será feito, entre outras hipóteses já descritas, quando o empregador dispensar o empregado. Assim, se este pedir demissão ou for dispensado por justa causa não terá direito ao levantamento dos depósitos fundiários. Contudo, na rescisão indireta, o empregado terá direito ao levantamento do FGTS.

Na rescisão do contrato de trabalho por parte do empregador, este deverá depositar na conta vinculada do empregado os valores relativos ao depósito referente ao mês anterior que ainda não houver sido recolhido, bem como os valores relativos ao mês da rescisão.

12 INDENIZAÇÃO

A empresa que dispensasse um funcionário sem justa causa estava obrigada, até 4-10-1988, a pagar indenização de 10% sobre os valores depositados, acrescidos da correção monetária e dos juros capitalizados (art. 6º da Lei nº 5.107/66), ou 5% em caso de culpa recíproca ou força maior (§ 1º do art. 6º da Lei nº 5.107/66).

Com a promulgação da Constituição da República de 1988, e enquanto não for instituída a lei complementar que irá prever indenização compensatória por despedida arbitrária ou sem justa causa (art. 7º, I), o legislador constituinte elevou a indenização prevista no art. 6º, *caput*, e § 1º da Lei nº 5.107/66, de 10% para 40% e de 5% para 20% (casos de culpa recíproca ou força maior).

Com a edição da Lei nº 7.839, de 12-10-1989, ficou estatuído que, nas hipóteses de despedida pelo empregador sem justa causa, este deveria pagar ao empregado a importância de "40% do montante de todos os depósitos realizados na conta vinculada durante a vigência do contrato de trabalho, atualizados monetariamente e acrescidos dos respectivos juros" (§ 1º do art. 16).

O § 2º do art. 16 previa a indenização de 20% quando houvesse despedida por culpa recíproca ou força maior.

O § 1º do art. 18 da Lei nº 8.036/90 assegurou também a indenização de 40% sobre o montante de todos os depósitos realizados na conta vinculada durante a vigência do contrato de trabalho, atualizados monetariamente, e acrescidos dos respectivos juros. Havendo culpa recíproca ou força maior, reconhecida pela Justiça do Trabalho, o porcentual seria reduzido para 20% (§ 2º do art. 18 da Lei nº 8.036/90).

A indenização de 40% é uma forma de trazer um ônus econômico às dispensas feitas pelos empregadores, tentando evitar ou diminuir o número de dispensas.

A Lei nº 9.491, de 9-9-1997, deu nova redação ao § 1º do art. 18 da Lei nº 8.036/90. A partir de agora, a indenização de 40% ou 20% não mais será paga diretamente ao empregado, mas depositada na conta vinculada do trabalhador. O objetivo da determinação legal foi evitar os acordos simulados entre empregado e empregador para o saque do FGTS, quando, principalmente, o empregado continuava trabalhando e o contrato de trabalho continuava em vigor, ou então quando o empregado pedia demissão, porém, era feito um acordo, como se ocorresse dispensa e o obreiro era obrigado a devolver a indenização de 40% ou 20% ao empregador. Não creio que essa determinação legal irá eliminar essas hipóteses. Poderá dificultar as referidas práticas simuladas, porém o empregado pode ser obrigado a devolver o valor da indenização ao empregador da mesma forma, mediante pagamento em dinheiro ou cheque, ou ainda ser descontada a referida indenização de seu crédito ou se estabelecer que o operário tirou um vale naquele valor. O certo é que a determinação da lei irá dar mais trabalho às partes e irá criar obstáculos às práticas simuladas perpetradas entre empregado e empregador para o saque ilegal do FGTS.

Entendo que, agora, mesmo que haja acordo em juízo, a indenização do FGTS terá de ser depositada na conta vinculada do trabalhador em vez de ser paga diretamente ao empregado, pois serão aplicadas as regras da lei nova.

O mesmo já deveria ser verificado em relação a depósitos de períodos diversos do mês anterior ao da rescisão e do próprio mês, pois não era permitido o pagamento direto ao trabalhador, nem mesmo em relação ao trabalhador temporário, que não pode ter o FGTS pago no próprio recibo de pagamento, pois há necessidade dos depósitos na conta vinculada. Assim, se o FGTS não tivesse sido depositado, havendo a rescisão do contrato de trabalho, o certo seria que o FGTS fosse depositado na conta vinculada do empregado e posteriormente o empregador emitisse a guia para o saque.

Na prática, os juízes determinavam o pagamento direto do FGTS ao empregado, visando evitar a burocracia de primeiro o empregador ter de depositá-lo, para depois o empregado sacá-lo. Entretanto, parece que o critério mais correto é realmente o primeiro, pois com o depósito o empregador é obrigado também a pagar a multa, por não ter saldado o FGTS na época própria, que reverterá ao fundo.

Vai haver mais um procedimento burocrático, pois dará dois trabalhos: (1) o empregador depositar a indenização e os valores relativos ao mês anterior e o da rescisão na conta vinculada do trabalhador; (2) expedir guia para levantar o que foi depositado.

Era muito mais prático determinar o pagamento direto ao empregado da indenização e dos valores relativos ao mês anterior e o da rescisão, nos casos de acordo em juízo, até porque a presunção de fraude estaria sob a fiscalização do juiz e seria menor essa hipótese. Agora, até no acordo em juízo deverá ser feito o depósito das referidas importâncias.

Ocorrendo a rescisão após o dia 7 de cada mês e antes do dia 7 do mês seguinte, que é a data do depósito do FGTS, o empregador deverá depositar o FGTS do mês anterior ao da rescisão ou da própria rescisão, se for o caso, na conta vinculada do autor.

A comprovação do pagamento do FGTS e da indenização deverá ser feita no dia útil imediato ao término do contrato de trabalho ou nos 10 dias contados da dispensa, em caso de indenização do aviso-prévio, dispensa de seu cumprimento ou na ausência de aviso-prévio (§ 6º do art. 477 da CLT), sob pena de o empregador arcar com a multa pelo atraso no pagamento das verbas rescisórias. Na data da assistência à rescisão contratual, serão verificados os depósitos pela DRT ou pelo sindicato. Esse procedimento passa a ser necessário, pois o § 3º do art. 18 da Lei nº 8.036/90 manda aplicar as regras do art. 477 da CLT, o que inclui o prazo para pagamento das verbas rescisórias. A quitação irá ocorrer apenas quanto aos valores discriminados e não quanto às rubricas, o que mostra que a Súmula 330 do TST, se já não estava superada, está agora com a disposição da Lei nº 9.491/97.

Quando a rescisão do contrato de trabalho for feita pelo empregador, é devida a indenização ao empregado, inclusive na rescisão indireta. Essa indenização não será devida na hipótese de pedido de demissão do empregado, ou de dispensa por justa causa, até porque nesses casos o empregado não irá levantar o FGTS.

Em caso de acordo entre empregado e empregador, a indenização será de 20% sobre os depósitos do FGTS (art. 484-A, I, *b*, da CLT).

Em casos de extinção normal do contrato a termo, inclusive dos trabalhadores temporários, não será devida a indenização, pois as partes conheciam de antemão o término do contrato de trabalho e o empregador não deu causa à rescisão contratual. Na aposentadoria requerida pelo empregado, a indenização é indevida, pois o empregador não deu causa à cessação do contrato de trabalho. Se a empresa requerer a aposentadoria do empregado, haverá pagamento da indenização de 40% do FGTS, pois foi ela quem deu causa à cessação do contrato de trabalho.

A indenização de 40% do FGTS também é indevida no contrato de prazo determinado da Lei nº 9.601/98. Como não há dispensa na data da cessação do contrato (§ 1º do art. 18 da Lei nº 8.036/90), mas término do pacto laboral pelo decurso de prazo, é indevida a indenização de 40% do FGTS.

Quando há o falecimento do trabalhador, não ocorre dispensa por parte da empresa, mas apenas a cessação do contrato de trabalho, pelo desaparecimento de um de seus sujeitos, sendo indevida a indenização de 40%.

Na rescisão antecipada de contrato de trabalho a termo, é devida a indenização de 40% ou 20%, se o empregador der causa à ruptura do pacto laboral (art. 14 do Decreto nº 99.684/90).

Havendo aposentadoria espontânea do trabalhador, forma-se novo contrato de trabalho. A indenização de 40% deve ser calculada apenas sobre o período que vai da data da concessão da aposentadoria até a data da dispensa. O próprio art. 453 da CLT impede a soma dos períodos de serviços em razão da aposentadoria espontânea.

Entendia-se que a indenização deveria ser calculada inclusive sobre a atualização dos depósitos realizados na conta do trabalhador, mesmo que este os tivesse sacado para aquisição de moradia (art. 6º da Lei nº 5.107/66, c/c art. 22 do Decreto nº 59.820/66).

O § 1º do art. 16 da Lei nº 7.839/89 dispunha que a indenização deveria ser calculada sobre *todos* os depósitos feitos na conta vinculada. O Decreto nº 98.813, de 10-1-1990, que regulamentou a Lei nº 7.839/89, deixou claro que "os valores sacados na vigência do contrato de trabalho" seriam considerados para efeito do cálculo da indenização (art. 15).

O § 1º do art. 18 da Lei nº 8.036/90 determinou que a indenização fosse calculada sobre *todos* os depósitos feitos na conta vinculada. Poder-se-ia entender pelo § 1º do art. 20 da Lei nº 8.036/90 que os saques não entrariam na composição da indenização. Contudo, a norma trata de levantamento de depósitos, sendo que na retirada de tais valores, os saques serão deduzidos, pois evidentemente não mais estão depositados. Logo, não poderiam ser sacados. Entretanto, a indenização deve ser calculada sobre todos os depósitos realizados, não se excluindo os saques, por ausência de previsão legal. Todavia, se a indenização não fosse calculada sobre os depósitos, haveria nítido prejuízo ao obreiro, que não receberia nem os depósitos, muito menos a indenização.

O Decreto nº 99.684, de 8-11-1990, que regulamentou a Lei nº 8.036/90, previa, no § 1º do art. 9º, que, "no caso de despedida sem justa causa, ainda que indireta, o empregador pagará diretamente ao trabalhador importância igual a quarenta por cento do montante de todos os depósitos realizados na conta vinculada durante a vigência do contrato de trabalho, atualizados monetariamente e acrescidos dos respectivos juros, não sendo considerados, para esse fim, os saques ocorridos".

O regulamento do FGTS, como norma de execução, não pode contrariar a lei, nem aumentando nem diminuindo os mandamentos desta, sob pena de ilegalidade (art. 5º, II, da Lei Fundamental).

A parte final do § 1º do art. 9º do Decreto nº 99.684/90 exorbitava da Lei nº 8.036/90, quando explicitava que, para efeito da indenização, não seriam considerados os saques realizados. Logo, é considerada nula de pleno direito, prevalecendo as determinações da citada lei sobre o decreto, já que aquela não dispôs sobre tal limitação.

Dessa forma, a indenização deve ser calculada sobre todos os depósitos efetuados na conta vinculada do obreiro, inclusive aqueles sacados pelo empregado para aquisição de moradia.

O STF concedeu liminar em ação direta de inconstitucionalidade suspendendo a parte final do § 1º do art. 9º do Decreto nº 99.684/90 (Ac. un. do STF Pleno – ADIn 414-0-DF – medida liminar; Rel. Min. Sepúlveda Pertence; j. 1º-2-1991, *DJU* I 2-4-1993, p. 5.613).

A redação do § 1º do art. 9º do Decreto nº 99.684 foi modificada pelo Decreto nº 2.430, de 17-12-1997, que incluiu, expressamente, a hipótese de não se permitir a dedução dos saques ocorridos para o cálculo da indenização.

O § 5º do art. 9º do Decreto nº 99.684/90 especificou que os depósitos do FGTS e da indenização deverão ser feitos até o primeiro dia útil posterior à data de afastamento do empregado.

A Orientação Jurisprudencial 42, I, da SBDI-1 do TST afirma que a indenização de 40% sobre os depósitos do FGTS deve incidir sobre os saques, corrigidos monetariamente.

Os recursos automaticamente transferidos da conta do titular no FGTS em razão da aquisição de ações não afetarão a base de cálculo da indenização de 40% ou 20%, que, portanto, incluirá esses valores, como se eles não houvessem sido sacados.

O cálculo da indenização deve ser feito sobre o valor existente na conta vinculada do trabalhador, no momento da homologação e não sobre aquele existente na data do desligamento do obreiro.

É comum o obreiro ser despedido em determinado mês e aguardar a mudança de mês para sacar o FGTS, justamente para auferir a diferença de correção monetária do saldo depositado. A indenização de 40% deve, porém, ser calculada sobre o montante dos depósitos, correção monetária e juros existentes na data da assistência à rescisão contratual. A empresa não tem de pagar a diferença da indenização sobre a correção monetária da virada de um mês para outro quando o trabalhador é quem deu causa a tal fato. Se houvesse culpa da empresa em tal questão, aí, sim, seria possível afirmar que a diferença da indenização de 40% ficaria a cargo do empregador; porém, o trabalhador é quem deu causa ao atraso no recebimento das importâncias depositadas em sua conta vinculada do FGTS. Logo, não pode a empresa ser responsabilizada por eventual diferença da indenização de 40% sobre a correção monetária auferida pelo trabalhador na mudança de um mês para outro, em virtude do crédito da referida correção monetária na conta vinculada do operário.

O empregador doméstico depositará a importância de 3,2% sobre a remuneração devida, no mês anterior, a cada empregado, destinada ao pagamento da indenização compensatória da perda do emprego, sem justa causa ou por culpa do empregador (art. 22 da Lei Complementar nº 150/2015). Nas hipóteses de dispensa por justa causa ou a pedido, de término do contrato de trabalho por prazo determinado, de aposentadoria e de falecimento do empregado doméstico, os valores previstos no *caput* serão movimentados pelo empregador. Na hipótese de culpa recíproca, metade dos valores previstos no *caput* será movimentada pelo empregado, enquanto a outra metade será movimentada pelo empregador. Os valores serão depositados na conta vinculada do empregado e somente poderão ser movimentados por ocasião da rescisão contratual.

O art. 1º da Lei Complementar nº 110 instituiu contribuição social devida pelos empregadores em caso de dispensa do empregado sem justa causa, com a alíquota de 10% sobre o montante de todos os depósitos devidos do FGTS durante a vigência do contrato de trabalho, acrescido de juros e correção monetária.

Na verdade, trata-se de um acréscimo à indenização de 40% calculada sobre os depósitos do FGTS, quando há a dispensa do trabalhador. Passa o empregador a pagar 50% sobre todos os depósitos feitos na conta do FGTS do trabalhador. O porcentual de 40% vai para o empregado e 10% para o sistema do FGTS.

Os empregadores domésticos ficam isentos da referida contribuição social, pois não recolhiam FGTS no período em que foram deferidas as diferenças de correção monetária. Logo, não podem agora ser responsabilizados pelo referido período.

13 PRESCRIÇÃO

Os prazos de prescrição e decadência decorrem da natureza jurídica do FGTS. Quanto à decadência, o direito de constituir o crédito tributário pelo lançamento, parece não haver dúvida que é de cinco anos (S. 108 do TFR). A dúvida seria quanto ao prazo de prescrição. Sendo tributo, o prazo de prescrição é do Código Tributário Nacional: cinco anos. Não sendo tributo, o prazo prescricional é de 30 anos (§ 4º do art. 23 da Lei nº 8.036/90).

A jurisprudência firmou-se no sentido de que "é trintenária a prescrição do direito de reclamar contra o não recolhimento da contribuição para o FGTS" (S. 95 do TST). Tal orientação foi fixada em razão de que se entendia que a natureza jurídica do FGTS era de contribuição previdenciária, com base no art. 20 da Lei nº 5.107/66 e nos prazos de prescrição de 30 anos previstos na Lei nº 3.807 (LOPS). O art. 144 da LOPS foi revogado pelo CTN, além do que o mesmo Código determinou a natureza tributária do FGTS no inciso IV do art. 217, ao prevê-lo como outras formas de contribuições.

Entendo que o prazo de prescrição da referida contribuição sempre foi o de cinco anos, previsto no art. 174 do CTN, para a cobrança dos tributos não pagos pelo empregador, por ter natureza tributária.

Mais se acentua a natureza tributária do FGTS, pois este pode ser enquadrado no art. 149 da Constituição, em razão de se tratar de uma contribuição de interesse de categoria profissional, que só pode ser estabelecida por lei de iniciativa da União, por ser uma contribuição social.

Com a edição da Lei nº 8.212/91 o prazo de prescrição das contribuições previdenciárias passou de 30 anos para 10 anos (art. 46).

Entretanto, o § 5º do art. 23 da Lei nº 8.036/90 estabeleceu que o processo de fiscalização, de autuação e de imposição de multas será o regulado pela CLT, respeitado o privilégio do FGTS à prescrição trintenária. Segundo essa orientação, o prazo de prescrição para a cobrança do FGTS pelo órgão gestor seria de 30 anos. Penso, porém, que o FGTS continua tendo a natureza jurídica de tributo, pois é enquadrado na hipótese do art. 149 da Constituição, sendo uma contribuição social, devendo, contudo, observar a alínea *b* do inciso III do art. 146 da Norma Ápice, quando estabelece que os prazos de prescrição e decadência devem ser determinados por lei complementar. No caso, a Lei nº 8.036/90 não é lei complementar, mas ordinária. Na verdade, o que caracteriza a natureza jurídica específica do tributo é seu fato gerador, sendo irrelevante para qualificá-la: (a) a denominação e demais características formais adotadas pela lei; (b) a destinação legal do produto de sua arrecadação (art. 4º do CTN). O fato de a contribuição ser arrecadada não pela União, mas pelo órgão gestor, também não a desnatura, pois o art. 7º do CTN admite a possibilidade de a arrecadação do tributo ser delegada. Logo, o prazo de prescrição para a cobrança do FGTS não recolhido pela empresa continua sendo de cinco anos (art. 174 do CTN), mediante a propositura da ação de execução fiscal (Lei nº 6.830/80), sendo inconstitucional o prazo estabelecido no § 5º do art. 23 da Lei nº 8.036/90.

Com a Constituição de 1988, o FGTS passou a ser um direito do trabalhador (art. 7º, III, da Constituição). O prazo de prescrição para a sua cobrança também deve observar os prazos normais do inciso XXIX do art. 7º da Constituição. Dessa forma, não poderia o § 5º do art. 23 da Lei nº 8.036 tratar diversamente da Constituição e especificar o prazo de prescrição de 30 anos. Se a Lei Maior regula exaustivamente a matéria de prescrição no inciso XXIX do art. 7º, não poderia a lei ordinária tratar o tema de forma diferente. Assim, os trabalhadores urbano e rural têm dois anos para ingressar com a ação, a contar do término do contrato de trabalho, podendo reclamar os últimos cinco anos, inclusive o FGTS.

O Pleno do STF entendeu que a prescrição do FGTS para o empregado é a prevista no inciso XXIX do art. 7º da Constituição, podendo o autor postular os últimos cinco anos a contar da propositura da ação, e não 30 anos. A modulação dos efeitos da decisão foi estabelecida a partir de 13-11-2014. Para os casos em que o prazo prescricional iniciou-se antes da data do julgamento, o prazo é de 30 anos. Para os casos em que a prescrição teve início após o julgamento, o prazo é de cinco anos:

> "Recurso extraordinário. Direito do Trabalho. Fundo de Garantia por Tempo de Serviço (FGTS). Cobrança de valores não pagos. Prazo prescricional. Prescrição quinquenal. Art. 7º, XXIX, da Constituição. Superação de entendimento anterior sobre prescrição trintenária. Inconstitucionalidade dos arts. 23, § 5º, da Lei 8.036/90 e 55 do Regulamento do FGTS aprovado pelo Decreto 99.684/90. Segurança jurídica. Necessidade de modulação dos efeitos da decisão. Art. 27 da Lei 9.868/99. Declaração de inconstitucionalidade com efeitos *ex nunc*. Recurso extraordinário a que se nega provimento" (ARE 709.212-DF, j. 13-11-2014, Rel. Min. Gilmar Mendes, *DJe* 19-2-2015).

O TST mudou a redação de sua Súmula 362 para se adequar à decisão do STF: "I – Para os casos em que a ciência da lesão ocorreu a partir de 13-11-2014, é quinquenal a prescrição do direito de reclamar contra o não recolhimento de contribuição para o FGTS, observado o prazo de dois anos após o término do contrato; II – Para os casos em que o prazo prescricional já estava em curso em 13-11-2014, aplica-se o prazo prescricional que se consumar primeiro: trinta anos, contados do termo inicial, ou cinco anos, a partir de 13-11-2014 (STF-ARE-709212/DF)".

Observado o prazo de dois anos após a cessação do contrato de trabalho, o prazo para o trabalhador cobrar o FGTS é de cinco anos.

Declara, ainda, a Súmula 206 do TST que "a prescrição da pretensão relativa às parcelas remuneratórias alcança o respectivo recolhimento da contribuição para o FGTS". Dessa forma, se o principal já estava prescrito, não há incidência do FGTS sobre o acessório.

Assim, se já estava prescrito o direito de ação do empregado para reclamar qualquer verba trabalhista, não terá, também, direito a reclamar o FGTS, pois passados os dois anos de que trata a Constituição.

14 COMPETÊNCIA

A Justiça do Trabalho é competente para dirimir os litígios entre os trabalhadores e os empregadores, decorrentes da aplicação da Lei nº 8.036/90. No entanto, não é competente quando figurar no polo passivo a Caixa Econômica Federal ou o Ministério do Trabalho como litisconsortes, pois estes últimos não são empregadores. A Súmula 179 já dizia que era inconstitucional o art. 22 da Lei nº 5.107/66 pelos motivos citados, como o é a parte final do art. 26 da Lei nº 8.036/90, pois repete aquele dispositivo. Intervindo aquelas pessoas, a competência será da Justiça Federal (art. 109, I, da Constituição). A Súmula 82 do STJ esclarece que "compete à Justiça Federal, excluídas as reclamações trabalhistas, processar e julgar os feitos relativos à movimentação do FGTS".

Poderá o próprio trabalhador, seus dependentes ou sucessores, ou, ainda, o sindicato da categoria do empregado, acionar diretamente a empresa por meio da Justiça do Trabalho, para compeli-la a efetuar o depósito das importâncias devidas nos termos da Lei nº 8.036/90 (art. 25).

A fiscalização do recolhimento dos depósitos do FGTS é feita pelo Ministério do Trabalho, por meio das Delegacias Regionais do Trabalho.

Compete à Procuradoria-Geral da Fazenda Nacional a inscrição em Dívida Ativa dos débitos para com o FGTS, bem como, diretamente ou por intermédio da CEF, mediante convênio, a representação judicial ou extrajudicial do FGTS, para a cobrança de contribuição e multas.

Sobre o tema veja o meu *Manual do FGTS* (Saraiva, 5. ed., 2017).

Questões

1. O que é FGTS? Para que serve?
2. Qual o prazo de prescrição do FGTS?
3. Qual a natureza jurídica do FGTS?
4. De quanto é a indenização do FGTS sobre os depósitos fundiários?
5. Quais as hipóteses de saque do FGTS?
6. Quem são os contribuintes do FGTS?

Parte IV

DIREITO TUTELAR DO TRABALHO

Capítulo 27

DIREITO TUTELAR DO TRABALHO

1 DENOMINAÇÃO

O Direito do Trabalho tem realmente uma característica protecionista em seu conjunto. Alguns tópicos realçam-se mais ainda que outros. É o que ocorre com a proteção destinada ao menor, à mulher, às férias. Não há dúvida de que nesse segmento o intervencionismo estatal ainda é maior, pois é interesse do Estado dar proteção ao trabalhador e que este efetivamente venha a desfrutar dessa proteção, por ser a parte mais fraca da relação do contrato de trabalho.

Alguns autores preferem dar a esse segmento do Direito do Trabalho o nome de Direito disciplinar, Direito administrativo ou Direito regulamentar. O nome mais correto realmente é *Direito Tutelar do Trabalho*, ou seja, aquele Direito que vai promover a tutela do trabalhador em certos aspectos. Não é adequado o nome *Direito Administrativo do Trabalho*, pois seria parte do Direito Administrativo, dizendo respeito à relação entre a Administração Pública e seus administrados, quando o que ocorre na hipótese em estudo é que certas regras são disciplinadas com proteção mais rigorosa, como ocorre com as férias, o trabalho da mulher, sendo que estas últimas dizem respeito ao contrato de trabalho entre empregado e empregador e não à relação entre Administração Pública e administrados. Não se trata de Direito disciplinar, pois o Direito, num sentido amplo, já vai disciplinar as regras de conduta, além do que aquele estaria incluído no poder de direção do empregador. Da mesma forma, não se poderia falar em Direito regulamentar, pois tanto poderia dizer respeito ao poder do empregador de regulamentar as normas dentro de sua empresa, como ocorre com o regulamento de empresa, como no que diz respeito ao Direito Administrativo, quando o Poder Executivo vem regulamentar as leis, por meio de decretos.

A própria CLT emprega no Título II o termo "Das Normas Gerais de Tutela do Trabalho", tratando da duração do trabalho, das férias, de segurança e medicina do trabalho etc., e no Título III a denominação "Das Normas Especiais de Tutela do Trabalho", versando sobre a nacionalização do trabalho, o trabalho da mulher e da criança etc.

2 CONCEITO

Direito Tutelar do Trabalho é o segmento do Direito do Trabalho que trata das regras de proteção ao empregado quanto a sua saúde, ao ambiente e às condições físicas de trabalho, assim como da fiscalização, a ser exercida sobre o empregador, desses mesmos direitos.

Ressalte-se que o Direito Tutelar do Trabalho não é ramo autônomo do Direito do Trabalho, mas uma de suas partes.

Na definição, já foi apontado o objeto do Direito Tutelar do Trabalho, incumbido de dar proteção ao empregado quanto a sua saúde, como, por exemplo, ocorre com as férias, com a jornada de trabalho – para que não trabalhe excessivamente e tenha um descanso semanal – e, também, o ambiente e as condições físicas de trabalho – como em relação à segurança e medicina do trabalho – e quanto às condições de trabalho que irão ser dadas à mulher e à criança ou ao adolescente.

O intuito primordial é tutelar a condição psicossomática do trabalhador. Por fim, quem irá verificar se essas regras são cumpridas pelo empregador é a fiscalização trabalhista.

A ideia não é de que todas as questões serão tuteladas pelo Direito, mas apenas determinadas condições mínimas ou especiais que devem ser estabelecidas para garantir certos direitos trabalhistas do empregado. Certas condições mínimas não podem ser determinadas para pior, até mesmo pela vontade das partes.

Direitos fundamentais têm acepção muito mais ampla, pois são direitos que têm previsão na Constituição e não são apenas direitos trabalhistas. Seriam regras mínimas, fundamentais.

3 MATÉRIA A SER ESTUDADA

A matéria a ser analisada será esta, na seguinte ordem: identificação e registro profissional, jornada de trabalho, período de descanso, repouso semanal remunerado, férias, trabalho da mulher, trabalho da criança e do adolescente, nacionalização do trabalho, segurança e medicina do trabalho e fiscalização do trabalho.

Não será analisado o salário mínimo, pois é uma das modalidades de salário, sendo verificado nesse plano.

Quanto às profissões que na CLT têm destaque especial, há menção a disposições especiais sobre a duração e condições de trabalho ou a suas peculiaridades, que serão examinadas nos tópicos pertinentes.

Questões

1. O que é Direito Tutelar do Trabalho?
2. O que será estudado nesse segmento?
3. Qual a distinção que se pode fazer do tema em foco com direito disciplinar, regulamentar ou administrativo do trabalho?

Capítulo 28

IDENTIFICAÇÃO E REGISTRO PROFISSIONAL

1 INTRODUÇÃO

Neste capítulo, será analisada a identificação profissional do trabalhador e o registro dessa identificação, tanto na Carteira de Trabalho e Previdência Social (CTPS) do empregado, como no âmbito da própria empresa. O Capítulo I do Título II da CLT tem o nome "Identificação Profissional", tratando da forma de identificar o empregado, por meio da CTPS.

A CTPS constitui-se no documento de identificação do trabalhador, dando elementos ao governo para analisar a mão de obra empregada e a que está por se empregar, inclusive tendo ideia dos menores que são empregados ou pretendem empregar-se. Por meio da CTPS há condições de o empregador verificar o passado do trabalhador, observando se este permaneceu muito ou pouco tempo no emprego, se passa de emprego em emprego. Para o trabalhador, a CTPS irá demonstrar o tempo de serviço em que contribuiu como empregado para efeitos de contagem do referido tempo, visando à concessão de futura aposentadoria. Destina-se, também, a CTPS a provar a existência do contrato de trabalho e as condições que foram pactuadas, como salários, atualizações desses, contribuição sindical, férias etc.

2 DENOMINAÇÃO

Antigamente, dava-se o nome de Carteira Profissional ao documento de identificação do trabalhador. Com o Decreto-Lei nº 926, de 10-10-1969, passou-se a utilizar o nome de Carteira de Trabalho e Previdência Social (CTPS).

Na legislação comparada, são encontradas as seguintes expressões: *libretto di lavoro*, na Itália; *livret d'ouvrier*, na França (fornecido pela autoridade policial, servia para mostrar os dados do empregado e para comprovar que ele estava quite com o ex-patrão, sem o que não poderia se empregar em novo trabalho); *cartilla*, na Espanha; e *carnet*, na Colômbia.

Carteira não é denominação adequada, pois diz respeito ao objeto em que são guardados documentos, dinheiro etc. Melhor se falar em caderneta, que é o livreto de anotações relativas ao trabalhador.

3 CONCEITO

A CTPS é o documento de identificação do trabalhador que serve não só para constatar que ele mantém contrato de trabalho com o empregador, provando sua existência, mas também comprova o tempo de serviço que foi prestado a outras empresas, pelo obreiro, servindo como verdadeiro atestado de antecedentes do trabalhador.

Não deixa de ser a CTPS um documento, não só porque contém a identificação do trabalhador, filiação, nascimento, naturalidade etc., mas também é o instrumento que prova a existência do contrato de trabalho mantido com o atual empregador e também com os anteriores, servindo de meio de prova do contrato de trabalho, como para efeitos de prova de tempo de contribuição perante a Previdência Social.

Na Argentina, quando o contrato de trabalho se extinguir por qualquer causa, o empregador deverá entregar ao trabalhador um certificado de trabalho, contendo as indicações sobre o tempo da prestação de serviços, qual foi sua natureza, os salários pagos e as contribuições efetuadas à seguridade social (art. 80 da *Ley de Contrato de Trabajo*).

4 EVOLUÇÃO

A CTPS é semelhante ao documento utilizado ao tempo das corporações de ofício, que servia para provar que o companheiro, ao passar de um para outro mestre, não tinha ficado a dever alguma importância ao antigo mestre. Nessa época era chamado na França de *livret d'ouvrier*. O mestre também só devolvia a caderneta do aprendiz caso este o reembolsasse, no final do contrato de aprendizagem, por meio de uma indenização compensatória pelo ensino ministrado. Com a Revolução Francesa esse documento desapareceu.

As normas da OIT não versam especificamente sobre o tema. A Convenção nº 53, de 1936, trata indiretamente da questão, ao estabelecer em seu art. 1º que "ninguém poderá exercer, nem ser contratado para exercer, a bordo de navio a que não se aplique a presente Convenção, as funções de capitão ou patrão, de oficial de ponto encarregado de quarto, de 1º maquinista encarregado de quarto, sem que possua um certificado que prove sua capacidade para o exercício dessas funções".

A Recomendação nº 63, de 1939, menciona a adoção de carteiras pessoais para os condutores de veículos e seus auxiliares, visando ao controle da duração do trabalho. O Código Internacional do Trabalho (art. 404) menciona o *livret de travail* para os menores, no qual será anotado o resultado dos exames médicos periódicos. A Recomendação nº 93 estabeleceu a carteira profissional para o pessoal de serviços rodoviários.

No Brasil, o Decreto nº 1.313, de 17-1-1981, determinou a obrigatoriedade, nas fábricas, de um livro de matrícula para os menores, no qual eram anotados diversos dados pessoais. Os Decretos nºs 1.130, de 1904, e 1.507, de 1906, instituíram a carteira do trabalhador agrícola. O Decreto nº 22.035 veio a regulamentar o Decreto nº 21.175, de 21-3-1932, que instituiu a carteira profissional para os trabalhadores que prestavam serviços no comércio e na indústria, maiores de 16 anos. A CTPS no Brasil surgiu tanto para as pessoas que prestam serviços com vínculo de emprego, como para os autônomos, o que se verifica até os dias de hoje.

5 DESTINATÁRIOS

Hoje, a CTPS é utilizada não só pelos trabalhadores urbanos, mas pelos trabalhadores temporários, empregados domésticos, trabalhadores autônomos, trabalhadores rurais, inclusive o proprietário, rural ou não, desde que trabalhe individualmente ou em regime de economia familiar.

Apenas o estrangeiro fronteiriço é que pode exercer atividade remunerada no território nacional, sem ter CTPS, sendo suficiente o documento de identidade expedido pela Polícia Federal. Essa pessoa é a que habita país limítrofe em relação ao Brasil, e que seja domiciliada em cidade contígua ao território nacional. Há, assim, a possibilidade de o fronteiriço trabalhar em Municípios que fazem fronteira com o Brasil. Se o fronteiriço pretender trabalhar em outras partes do território nacional deverá possuir a CTPS. O empregado particular titular de visto de cortesia somente poderá exercer atividade remunerada para o titular de visto diplomático, oficial ou de cortesia ao qual esteja vinculado, sob o amparo da legislação trabalhista brasileira (art. 18 da Lei nº 13.445/2017). O titular de visto diplomático, oficial ou de cortesia será responsável pela saída de seu empregado do território nacional.

Os estagiários não têm que ter CTPS. Estagiários são aquelas pessoas que prestam serviços a uma empresa mediante interveniência obrigatória da instituição de ensino, recebendo como remuneração uma forma de bolsa de estudos.

Os menores tinham anteriormente a CTPS do menor, nos termos do art. 415 da CLT. Ocorre que o Decreto-Lei nº 926, de 10-10-1969, substituiu a Carteira de Trabalho do Menor – que era destinada às pessoas menores de 18 anos, sem distinção de sexo, que fossem empregadas em estabelecimentos de fins econômicos ou equiparados – pela CTPS comum. Passou-se, então, a exigir apenas um único documento para o trabalhador, tanto em relação ao maior como ao menor de 18 anos. Antigamente, exigia-se do menor que este apresentasse atestado médico de capacidade física, comprovação de escolaridade e autorização do pai, mãe ou responsável legal para o trabalho. Hoje, o processo de expedição da CTPS é o mesmo para qualquer trabalhador, inclusive para o menor.

O trabalhador rural também terá que ter CTPS, conforme se depreende do art. 13 da CLT. Com a edição do Decreto-Lei nº 926, de 10-10-1969, a CTPS do trabalhador rural passou a ser a mesma que a de qualquer trabalhador comum.

Os atletas de futebol também têm que ter CTPS, aplicando-se a CLT (§ 4º do art. 28 da Lei nº 9.615/98).

O art. 6º da Lei nº 8.650, de 22-4-1993, estabelece que o treinador profissional de futebol deverá ter Carteira Profissional, em que deverão constar: (a) o prazo de vigência do contrato de trabalho, que em nenhuma hipótese será superior a dois anos; (b) o salário, as gratificações, os prêmios, as bonificações, o valor das luvas, caso ajustadas, bem como a forma, tempo e lugar de pagamento.

Os empregados domésticos deverão possuir CTPS para efeito de sua admissão.

Antigamente, exigia-se registro especial no Ministério do Trabalho para os professores, de acordo com a redação do art. 317 da CLT. A nova redação do referido artigo, determinada pela Lei nº 7.855/89, não mais faz essas exigências, dispondo que apenas se exige habilitação legal e registro no Ministério da Educação.

O § 1º do art. 12 da Lei nº 6.019/74, que trata dos trabalhadores temporários, exige o registro na CTPS do empregado, cientificando-o de sua condição de temporário. Posteriormente, introduziu-se um carimbo padronizado, que deve ser aposto na CTPS do trabalhador, informando sua condição de temporário e o prazo máximo de 180 dias do seu contrato.

Exige ainda o art. 13 da CLT que "para o exercício por conta própria de atividade profissional remunerada" é obrigatória a CTPS. Isso mostra que os trabalhadores autônomos também têm que ter anotação em sua CTPS, principalmente para os efeitos previdenciários.

O trabalhador, portanto, não poderá prestar serviços ao empregador sem sua CTPS. Caso trabalhe sem a anotação na CTPS, o empregador poderá sofrer multa administrativa (art. 55 da CLT).

6 CONTEÚDO DA CTPS

A CTPS terá como identificação única do empregado o número de inscrição no Cadastro de Pessoas Físicas (CPF) (art. 16 da CLT).

A CTPS será fornecida mediante a apresentação de duas fotografias 3x4 e de qualquer documento de identificação pessoal, desde que seja oficial, no qual se verifique o nome completo, filiação, data e lugar do nascimento.

Não mais se exige como requisito o comprovante de escolaridade e autorização do pai para o trabalho, assim como prova de alistamento ou quitação com o serviço militar, que estavam nas antigas alíneas *d* e *e* do parágrafo único do art. 16 da CLT, de acordo com a redação da Lei nº 5.686/71. A antiga alínea *c* do parágrafo único do art. 16 da CLT também exigia autorização para que o estrangeiro exercesse atividade remunerada no país.

A Carteira de Trabalho e Previdência Social (CTPS) obedecerá aos modelos que o Ministério da Economia adotar (§ 2º do art. 13 da CLT).

7 OBTENÇÃO DA CTPS

A CTPS será emitida pelo Ministério da Economia preferencialmente em meio eletrônico (art. 14 da CLT).

Excepcionalmente, a CTPS poderá ser emitida em meio físico, desde que:

I – nas unidades descentralizadas do Ministério da Economia que forem habilitadas para a emissão;

II – mediante convênio, por órgãos federais, estaduais e municipais da administração direta ou indireta;

III – mediante convênio com serviços notariais e de registro, sem custos para a administração, garantidas as condições de segurança das informações.

Os procedimentos para emissão da CTPS ao interessado serão estabelecidos pelo Ministério da Economia em regulamento próprio, privilegiada a emissão em formato eletrônico (art. 15 da CLT).

Nas localidades onde não for emitida CTPS, o trabalhador poderá prestar serviços à empresa, até 30 dias, sem a referida carteira, ficando a empresa obrigada a permitir o comparecimento do empregado ao posto de emissão mais próximo. O empregador, nesse caso, deverá fornecer ao empregado, no ato da admissão, documento em que constem a data de admissão, a natureza do trabalho, o salário e a forma de seu pagamento; sendo dispensado o trabalhador, sem a obtenção da CTPS, a empresa lhe fornecerá um atestado a respeito do histórico de sua relação empregatícia. Isso não significa que o empregado será registrado somente no 30º dia, mas desde o primeiro dia de trabalho.

8 ANOTAÇÕES

As anotações na CTPS do empregado deverão ser feitas pelo empregador. Nenhum empregado pode trabalhar sem apresentar sua CTPS ao empregador. Se o empregado não quer apresentá-la, por qualquer motivo, deve o empregador não admitir o empregado, ou, admitindo-o, fazer as anotações pertinentes na ficha de registro de empregados e demais comunicações pertinentes.

O empregador terá o prazo de cinco dias úteis para anotar na CTPS, em relação aos trabalhadores que admitir, a data de admissão, a remuneração e as condições especiais, se houver, facultada a adoção de sistema manual, mecânico ou eletrônico, conforme instruções a serem expedidas pelo Ministério da Economia (art. 29 da CLT). Deve, também, o empregador anotar a CTPS do empregado quanto a condições especiais do trabalho do empregado, como condições insalubres ou perigosas, inclusive de contratos de prazo determinado, como o de experiência ou de trabalho temporário.

As anotações deverão ser feitas, quanto ao salário, especificando sua forma de pagamento, se é em dinheiro ou se há também o fornecimento de utilidades, bem como a estimativa de gorjeta (§ 1º do art. 29 da CLT). Anotar na CTPS o salário fixo e a média dos valores das gorjetas referente aos últimos doze meses (8º do art. 457 da CLT). As demais anotações serão feitas: (a) na data-base; (b) a qualquer tempo, por solicitação do trabalhador; (c) no caso de rescisão contratual; (d) na hipótese de necessidade de comprovação perante a Previdência Social.

A Carteira de Trabalho e Previdência Social será obrigatoriamente apresentada, contra recibo, pelo empregado doméstico ao empregador que o admitir, o qual terá o prazo de 48 (quarenta e oito) horas para nela anotar, especificamente, a data de admissão, a remuneração e, quando for o caso, os contratos de prazo determinado (art. 9º da Lei Complementar nº 150/2015).

Quando não houver mais espaço para anotações ou ficar imprestável o espaço para esse fim, o interessado deverá obter outra carteira, conservando-se o número e a série da anterior.

O antigo § 3º do art. 32 da CLT autorizava a anotação de condutas desabonadoras do empregado apenas na ficha de qualificação arquivada na repartição competente, mediante determinação de sentença condenatória proferida pela Justiça do Trabalho, pela Justiça Comum ou pelo Tribunal de Segurança Nacional. Essas anotações somente eram feitas pela autoridade administrativa, de acordo com as determinações da sentença com trânsito em julgado.

Não mais se autoriza fazer essas anotações na CTPS do empregado, por falta de previsão legal. Mesmo o empregador não poderá apor na CTPS do empregado que este foi dispensado por justa causa e quais foram os fundamentos da conduta desabonadora do empregado, pois isso dificultaria a obtenção de novo emprego e até mesmo a defesa do empregado. Isso também implicaria ferir a liberdade de trabalho do empregado, pois não obteria novo emprego com tanta facilidade, visto que nenhum empregador iria querer admiti-lo em sua empresa, em razão de seu passado desabonador.

A Lei nº 10.270/2001 acrescentou o § 4º ao art. 29 da CLT, vedando ao empregador efetuar anotações desabonadoras à conduta do empregado em sua CTPS.

Quando o profissional exercer atividade sob empreitada individual ou coletiva, com ou sem fiscalização da outra parte contratante, a carteira será anotada pelo respectivo sindicato profissional ou pelo representante legal de sua cooperativa.

A microempresa e a empresa de pequeno porte não ficam dispensadas de efetuar as anotações na CTPS de seus empregados (art. 52, I, da Lei Complementar nº 123/2006).

Se o empregado trabalha num grupo de empresas, a anotação na CTPS será feita na empresa em que o obreiro prestar serviços. Nada impede, porém, de o empregado ser registrado na *holding*, já que o empregador é o grupo. Na prática, o empregado, normalmente, é registrado na empresa em que presta serviços. Se o empregado for transferido de uma empresa para outra, deve-se fazer a anotação da transferência nas anotações gerais da CTPS do obreiro, de modo a indicar a referida condição. Nada impede que a admissão seja feita no nome de uma empresa do grupo e a baixa em nome de outra, diante do fato de que o empregador é o grupo.

A comunicação pelo trabalhador do número de inscrição no CPF ao empregador equivale à apresentação da CTPS em meio digital, dispensado o empregador da emissão de recibo (§ 6º do art. 29 da CLT).

Os registros eletrônicos gerados pelo empregador nos sistemas informatizados da CTPS em meio digital equivalem às anotações manuais (§ 7º do art. 29 da CLT).

O trabalhador deverá ter acesso às informações da sua CTPS no prazo de até 48 horas a partir de sua anotação (§ 8º do art. 29 da CLT).

9 VALOR DAS ANOTAÇÕES

A CTPS serve de prova nos seguintes casos: (a) de dissídio na Justiça do Trabalho entre a empresa e o empregado por motivo de salário, férias, ou tempo de serviço; (b) para cálculo de indenização por acidente do trabalho ou moléstia profissional. Dispõe o art. 456 da CLT que a prova do contrato de trabalho será feita pelas anotações constantes da CTPS do empregado ou por instrumento escrito, ou também por todos os meios de prova admitidos em Direito.

Discute-se se as anotações na CTPS geram presunção absoluta (*juris et de jure*) ou relativa (*juris tantum*). A Súmula 12 do TST esclareceu a questão dizendo que as anotações na CTPS do empregado geram presunção relativa e não absoluta, permitindo prova em sentido contrário. O empregado pode provar que trabalhou em período anterior ao registro, que seu salário era superior ao anotado na CTPS.

10 RECLAMAÇÕES POR FALTA OU RECUSA DE ANOTAÇÃO

Recusando-se a empresa a fazer as anotações na CTPS do empregado, este, pessoalmente, ou por seu sindicato, poderá comparecer perante a DRT ou órgão autorizado, para apresentar reclamação. A DRT enviará notificação, para que, em dia e hora previamente designados, o empregador venha prestar esclarecimentos ou efetuar as devidas anotações na CTPS do empregado. Não comparecendo, o reclamado será tido por revel e confesso. Ocorre que a revelia e a confissão só podem ser aplicadas pela Justiça, em processo, e não pela DRT.

Poderá o empregador comparecer à DRT e recusar-se a fazer as anotações. Nesse caso lhe é assegurado um prazo de 48 horas para apresentar defesa, prazo que já deveria ser dado na própria notificação para comparecimento à DRT, e não ser designado novo prazo. Apresentada a defesa, o processo subirá à autoridade administrativa de primeira instância, para se determinarem as diligências necessárias, que completem a instrução do feito, ou para julgamento, se o caso estiver suficientemente esclarecido.

Verificando-se que as alegações feitas pelo reclamado referem-se à não existência da relação de emprego, ou sendo impossível se verificar essa questão, o processo será encaminhado à Justiça do Trabalho, ficando sobrestado o julgamento do auto de infração que houver sido lavrado. Nesse ponto do procedimento administrativo, que se iniciou na DRT, passa a existir um processo judicial, impulsionado de ofício pelo juiz.

Se não houver acordo na audiência inicial, a Vara do Trabalho determina na sentença as anotações pertinentes, que serão feitas pela Secretaria da Vara, logo que houver o trânsito em julgado, comunicando à autoridade competente para que aplique a multa cabível. Da mesma forma procederá a Vara do Trabalho quando em outro processo for verificada a falta de anotações na CTPS do obreiro, devendo o juiz mandar fazer, desde logo, as anotações incontroversas.

O obreiro poderá também ingressar diretamente com ação trabalhista contra a empresa que não quer fazer as devidas anotações em sua CTPS. Não é condição da ação o empregado postular primeiro no âmbito administrativo, até porque "a lei não excluirá da apreciação do Poder Judiciário lesão ou ameaça a direito" (art. 5º, XXXV, da Lei Maior).

A autoridade administrativa, porém, em nenhuma hipótese poderá decidir a respeito da existência ou não da relação de emprego – mesmo a empresa não comparecendo à DRT quando convocada para fazer as anotações –, pois não tem competência para tanto. A competência nesse caso é da Justiça do Trabalho (art. 114 da Constituição).

11 PRESCRIÇÃO

O prazo de prescrição para anotação na CTPS do obreiro é o verificado no inciso XXIX do art. 7º da Constituição. Os empregados urbanos e rurais têm dois anos para ajuizar a ação, contados do término do contrato de trabalho, podendo reclamar os últimos cinco anos.

A anotação na CTPS não é exatamente um crédito, pois não tem valor econômico, não representa um pagamento. À primeira vista, a prescrição quanto à anotação da CTPS estaria fora do alcance do art. 11 da CLT. Se assim fosse entendido, o direito de anotação na CTPS seria imprescritível.

Ressalte-se que a redação anterior do art. 11 da CLT era melhor, pois fazia referência a prazo de prescrição de dois anos do "direito de pleitear a reparação *de qualquer ato infringente de dispositivo nela contido*", o que incluía a anotação na CTPS, que está prevista nos arts. 29 e s. da norma consolidada. Agora, há dúvida quanto ao prazo de prescrição para anotação na CTPS. Entretanto, em razão de o art. 11 da CLT estar inserido no seu bojo e o mesmo também ocorre com os arts. 29 e s. do estatuto consolidado, é de se entender que o prazo de prescrição para anotação na CTPS também é o contido na norma consolidada.

O próprio § 1º do art. 11 da CLT reza que "o disposto neste artigo não se aplica às ações que tenham por objeto anotações para fins de prova junto à Previdência Social". Entretanto, examinado a *contrario sensu*, entende-se que se observa para anotações para fins de prova trabalhista, isto é, para a anotação na CTPS do empregado relativa ao seu tempo de serviço.

12 LIVRO DE REGISTRO

Os livros ou fichas de registros de empregados são obrigatórios. Entretanto, esses documentos não se confundem com a CTPS, pois esta pertence ao empregado e os outros, ao empregador.

Nos livros ou fichas de registro de empregados deverá constar a qualificação civil ou profissional de cada trabalhador, com as anotações relativas à data de admissão no emprego, duração e efetividade do trabalho, férias, acidentes e demais circunstâncias inerentes ao contrato de trabalho, como contribuição sindical etc.

As empresas do mesmo grupo deverão ter cada uma o registro de seus empregados. Não mais se exige autenticação de livros na DRT.

Questões

1. O que é Carteira de Trabalho e Previdência Social?
2. Os estagiários necessitam de CTPS?
3. Os atletas de futebol têm CTPS?
4. Como se obtém a CTPS?
5. Qual o valor das anotações na CTPS?
6. Qual o prazo de prescrição para anotação da CTPS?

Capítulo 29

CRITÉRIOS DE NÃO DISCRIMINAÇÃO NO TRABALHO

1 INTRODUÇÃO

Discriminar tem o sentido de diferenciar, discernir, distinguir, estabelecer diferença.

Pode-se dizer que os critérios legais que proíbem discriminações são decorrentes da aplicação ampla do princípio da isonomia.

O inciso IV do art. 3º da Constituição dispõe que constituem objetivos fundamentais da República Federativa do Brasil promover o bem-estar de todos, sem preconceitos de origem, raça, sexo, cor, idade e quaisquer outras formas de discriminação.

Vários critérios poderiam ser indicados para efeito de evidenciar situações de discriminação, como a discriminação por sexo, por idade, estado civil, credo, cor, origem social, opinião política, parentescos, aparência física, estado de saúde, invalidez, deficiência física, nacionalidade etc.

Em princípio, é preciso analisar a Constituição e verificar se existem normas tratando do tema *discriminação*, e também na legislação ordinária ou em âmbito internacional, para se evidenciar os critérios de discriminação.

Seria possível dividir o tema, de acordo com a legislação, em critérios genéricos e critérios específicos, ou a divisão poderia ser feita tendo em vista os dispositivos constitucionais ou infraconstitucionais. Será adotada, na exposição, uma mistura dos critérios citados.

2 CRITÉRIOS GENÉRICOS

A discriminação do trabalhador tanto pode ser intencional ou não, derivada de lei ou de práticas, em relação a nacionais ou a estrangeiros, em qualquer setor (público ou privado) e ocupação. Deve haver igual acesso para treinamento vocacional, para o emprego ou ocupação, nas condições de trabalho. Pode ser direta ou indireta. Na direta, há regras ou práticas explícitas que excluem ou tratam alguém de forma menos favorável. Na indireta, existem aparentemente regras ou práticas neutras que resultam em um tratamento desigual das pessoas com certas características. Não pode haver diferenciação quanto à raça, cor, sexo, religião, opinião política, origem, extrato social. Pode haver tratamento diferenciado baseado em: certas necessidades particulares do trabalho, como para artes ou esportes; medidas especiais de proteção ou assistência, como da proteção à maternidade (saúde da mulher e da criança); medidas de proteção em razão de segurança do Estado. Não deve haver diferenciação entre homens e mulheres, inclusive em relação a salário. Admite-se também ações afirmativas ou positivas, como quotas para admissão de certas pessoas, como de aprendizes ou de deficientes. Tratamento desigual leva a custos desiguais entre as empresas e maior possibilidade de a empresa entrar num mercado, em concorrência desleal com outras. A Corte Interamericana de Direitos Humanos já decidiu em 17 de setembro de 2003 que os direitos do trabalhador migrante devem ser reconhecidos e garantidos, independentemente da sua regular ou irregular situação no Estado em que é empregado. A Convenção nº 97 da OIT trata dos Trabalhadores Migrantes. A Convenção nº 143 versa sobre "Imigrações efetuadas em condições abusivas e sobre a promoção da igualdade de oportunidades e de tratamento dos trabalhadores migrantes". Em 1990 foi editada a Convenção Internacional de proteção a todos os trabalhadores migrantes e aos membros de suas famílias.

No art. 5º da Lei Maior, já é possível verificar que todos são iguais perante a lei, não podendo haver distinção de qualquer natureza. Todos os homens, em princípio, têm os mesmos direitos e as mesmas obrigações. Trata-se de uma igualdade real e efetiva perante os bens da vida. Essa igualdade provém da época da Revolução Francesa. A igualdade formal é a que toda pessoa tem de não ser desigualada pela lei, salvo se assim for determinado pela Constituição. Assim, não pode haver critério de discriminação previsto na lei, a não ser aqueles já tratados na própria Constituição, como a aposentadoria para o homem aos 65 anos e para a mulher aos 62 anos (§ 7º do art. 201 da Constituição).

Pelo próprio *caput* do art. 5º da Constituição já se verifica que não pode haver discriminação entre brasileiros e estrangeiros, que são, portanto, iguais, sem nenhuma distinção, salvo as existentes na própria Lei Magna. Nesse ponto, é discriminatório e está revogado o art. 354 da CLT quando estabelece que nas empresas deverá haver uma proporção de 2/3 de brasileiros para 1/3 de estrangeiros.

O inciso I do art. 5º da Lei Fundamental esclarece, ainda, que homens e mulheres são iguais em direitos e obrigações, nos termos da Constituição. Nesse aspecto, já se poderia destacar que não pode haver critério de discriminação entre homens e mulheres, a não ser aqueles descritos na própria Lei Magna, como no caso da aposentadoria (art. 201, § 7º). Critérios discriminatórios estatuídos em lei serão inconstitucionais, por atentarem contra a Lei Maior. Justifica-se apenas tratar a mulher com distinção em situações inerentes à sua própria condição física, como em relação à proibição de levantamento de certa quantidade de peso (art. 390 da CLT), do trabalho durante a licença-maternidade (art. 7º, XVIII, da Lei Magna) ou à concessão de intervalos para amamentação (art. 396 da CLT). Em decorrência da existência do princípio da igualdade de todos perante a lei, a igualdade entre homens e mulheres é consequência, não podendo, portanto, haver discriminações.

O inciso IV do art. 5º da Constituição assegura a livre manifestação do pensamento, sendo vedado o anonimato. Não poderá haver, portanto, discriminação, por exemplo, quanto a certo funcionário da empresa em razão da manifestação de seu pensamento.

Os incisos VI e VIII do art. 5º da Lei Fundamental também estabelecem "que é inviolável a liberdade de consciência e de crença", sendo que "ninguém será privado de direitos por motivo de crença religiosa ou de convicção filosófica ou política". Isso revela que também não poderá haver discriminação quanto à religião, convicção filosófica ou política no trabalho, pois a Lei Maior assegura a liberdade de expressão naqueles sentidos.

A pessoa também não poderá ser discriminada em razão de sua atividade intelectual, artística, científica e de comunicação, pois o inciso IX do art. 5º da Lei Magna estabelece que é livre a expressão em tais atividades.

"É livre o exercício de qualquer trabalho, ofício ou profissão, atendidas as qualificações profissionais que a lei estabelecer" (art. 5º, XIII, da Norma Ápice). Assim, também não poderá haver discriminação no tocante a trabalho, ofício ou profissão, apenas devem ser atendidas as especificações da lei federal que tratar das condições para o exercício de profissões (art. 22, XVI, da Constituição).

Em rigor, pode-se dizer, também, que não poderá haver discriminação quanto ao fato de a pessoa estar filiada a uma associação, pois "é plena a liberdade de associação para fins lícitos, vedada a de caráter paramilitar" (art. 5º, XVII, da Lei Maior), além de que "ninguém poderá ser compelido a associar-se ou a permanecer associado" (art. 5º, XX, da *Lex Legum*).

Como se verifica, com exceção dos dois primeiros tópicos previstos no art. 5º e seu inciso I da Constituição, as demais disposições não tratam especificamente de discriminação, mas indiretamente a proíbem.

A Declaração Universal dos Direitos do Homem de 1948 prevê que "ninguém será mantido em escravidão nem em servidão; a escravatura e o tráfico de escravos serão proibidos em todas as suas formas" (art. 4º).

No trabalho forçado a pessoa não trabalha voluntariamente, além do que sofre alguma penalidade caso não faça da forma indicada pelo tomador do serviço. Compreende a restrição da liberdade da pessoa, violência e ameaças contra a pessoa ou sua família, retenção de documentos, ameaça de deportação, servidão ou escravidão, servidão por débitos ou empréstimos, penalidades financeiras.[1] Não se considera trabalho forçado o trabalho em horas extras, com baixos salários ou pela não observância de um mínimo salarial.

A Convenção nº 29 da OIT, de 1930, prevê a eliminação do trabalho forçado ou obrigatório em todas as suas formas. Exclui do trabalho forçado: serviço militar compulsório, obrigações civis normais, prisão como resultado de decisão judicial ou em decorrência de determinação de autoridade pública, trabalho em casos de emergências, serviços no interesse da comunidade.

A Convenção nº 105 da OIT, de 1957, proíbe toda forma de trabalho forçado ou obrigatório como medida de coerção ou de educação política. O trabalho forçado não pode ser usado como meio ou coerção política ou educação ou como punição por visão política, meio de disciplina de trabalho, punição por participar de greves, discriminação racial, social, nacional ou religiosa.

O Protocolo de Palermo a respeito de tráfico, de 2000, considera tráfico de pessoas o ato de recrutamento, transporte, transferência ou recepção das pessoas por meios usando ameaças ou uso de força ou outra forma de coação, fraude, abuso de poder, visando à exploração, que inclui a de prostituição de pessoas ou outras formas de exploração sexual, trabalho ou serviço forçado, escravidão ou prática similar à escravidão, servidão ou remoção de órgãos. O tráfico de pessoas deve ser considerado como crime pelos países na sua legislação. É importante destacar o PPP, que significa a prevenção do problema (*prevention*), proteção das vítimas (*protection*) e que as pessoas envolvidas sejam processadas (*prosecution*). Devem ser observados os direitos das pessoas. A fiscalização deve ser feita pela inspeção do

---

1 *A global alliance against forced labour*. Genebra: Oficina Internacional do Trabalho, 2005. p. 6.

trabalho, juntamente, se for o caso, com a polícia e o Ministério Público do Trabalho. O país deve ter lei sobre o assunto. Nessa lei pode haver previsão de aplicação de sanções, inclusive de multas administrativas.

3 CRITÉRIOS ESPECÍFICOS

3.1 Trabalhadores urbanos e rurais

Em princípio, não poderá haver nenhuma discriminação entre trabalhadores urbanos e rurais, pois o art. 7º, *caput*, da Constituição estabelece a igualdade de direitos entre o trabalhador, que presta serviços na cidade, e o que trabalha no campo. Não se pode entender que houve revogação da Lei nº 5.889/73 pela Constituição, pois aquela apenas trata de aspectos específicos do trabalhador rural.

3.2 Proteção do mercado de trabalho da mulher

O inciso XX do art. 7º da Constituição, ao versar sobre a proteção do mercado de trabalho da mulher, mediante incentivos específicos, já está tratando de forma indireta de não haver discriminação quanto a seu trabalho. O objetivo do constituinte é de que homens e mulheres tenham as mesmas possibilidades de trabalho, sem que haja nenhuma discriminação em relação à mulher. Para tanto, a lei ordinária deve conceder incentivos específicos visando à proteção de seu mercado de trabalho.

Um dos incentivos já existentes é o de que o pagamento do salário-maternidade é feito pela Previdência Social, e não pelo empregador, o que já se verifica desde a Lei nº 6.136, de 7-11-1974, além do que o Brasil ratificou as Convenções nºs 3 e 103 da OIT, que dispõem sobre o fato de que o encargo do pagamento do salário da gestante não deve ficar a cargo do empregador. A Convenção nº 103, no § 4º do art. 4º, estabelece que as prestações devidas à empregada gestante devem ser pagas pelo sistema de seguro social ou de fundos públicos, e não pelo empregador. A própria licença-paternidade é uma forma indireta de não discriminação do trabalho da mulher, pois permite que o pai se ausente do trabalho por cinco dias para ajudar a cuidar do filho, reduzindo o ônus imputado apenas ao trabalho feminino.

A Lei nº 5.473, de 10-7-1968, em seu art. 1º, já previa que "são nulas as disposições e providências que, direta ou indiretamente, criem discriminações entre brasileiros de ambos os sexos para provimento de cargos sujeitos a seleção, assim nas empresas privadas, como nos quadros do funcionalismo público federal, estadual ou municipal, do serviço autárquico, de sociedades de economia mista e de empresas concessionárias de serviço público".

O parágrafo único do citado artigo previu pena de prisão de três meses a um ano para quem obstasse ou tentasse obstar o cumprimento da referida norma.

A Lei nº 7.353, de 29-8-1985, criou o Conselho Nacional dos Direitos da Mulher, tendo por objetivo promover, em âmbito nacional, políticas visando a eliminar a discriminação da mulher, assegurando-lhe condições de liberdade e igualdade de direitos.

3.3 Discriminação por motivo de sexo, idade, estado civil, cor

A Constituição de 1934 estabeleceu a "proibição de diferença de salário para um mesmo trabalho, por motivo de idade, sexo, nacionalidade ou estado civil" (art. 121, § 1º, *a*).

A Constituição de 1937 não tratou do tema. Já a Constituição de 1946 trouxe de volta a mesma redação prevista na Constituição de 1934, no inciso II do art. 157.

A Constituição de 1967 especificou sobre a "proibição de diferença de salários e de critérios de admissões por motivo de sexo, cor e estado civil" (art. 158, III). Não mais se mencionou a discriminação quanto à idade. A proibição, nas normas constitucionais anteriores, era apenas quanto à discriminação por salários, passando na referida norma constitucional a critérios de admissão. Essa Carta Magna, porém, suprimiu o critério de discriminação por nacionalidade que era previsto nas normas constitucionais anteriores. O inciso III do art. 165 da EC nº 1, de 1969, repetiu a disposição da Carta Magna de 1967.

A Subcomissão dos Direitos dos Trabalhadores na Assembleia Constituinte estabeleceu: "proibição de distinção de direitos por trabalho manual, técnico ou intelectual, quanto à condição de trabalhador ou entre profissionais respectivos". A Comissão de Ordem Social tinha previsto: "proibição de diferença de salários ou vencimento e de critérios de admissão, dispensa e promoção pelos motivos a que se refere o art. 1º, VI". Esse inciso tratava de diversas formas de discriminação. Por último, na Comissão de Sistematização, o texto era: "proibição de diferença de salários e de critérios de admissão por motivo de sexo, cor ou estado civil".

A redação final do inciso XXX do art. 7º da Lei Maior veda diferença de salários, de exercício de funções e de critério de admissão por motivo de sexo, idade, cor ou estado civil. Essa Constituição não repete, porém, a Constituição de 1946, que mencionava não poder haver discriminação quanto à nacionalidade. Entretanto, esse princípio se acha implícito no art. 5º, *caput*, da Lei Maior de 1988, quando expressa que todos são iguais perante a lei, sem distinção de qualquer natureza, havendo igualdade entre brasileiros e estrangeiros, salvo as restrições feitas na própria norma constitucional. Volta o constituinte de 1988 a prever que não poderá haver critério de discriminação quanto à idade, o que se verificava nas Constituições de 1934 e 1946. Inova no aspecto de que não poderá haver discriminação quanto a exercício de funções, o que nunca tinha sido anteriormente previsto.

A Convenção nº 100 da OIT, de 1951, ratificada pelo Brasil, trata da igualdade de remuneração entre homens e mulheres por um trabalho de igual valor. A Recomendação nº 90 da OIT complementa as disposições da norma internacional anterior.

A Convenção nº 111 da OIT, de 1958, versa sobre discriminação em matéria de emprego e ocupação. Foi aprovada pelo Decreto Legislativo nº 104, de 24-11-1964, e promulgada pelo Decreto nº 2.682, de 22-7-1998. Esclarece a norma internacional que o termo *discriminação* compreende "toda distinção, exclusão ou preferência baseada em motivos de raça, cor, sexo, religião, opinião política, ascendência nacional ou origem social, que tenha como efeito anular a igualdade de oportunidades ou de tratamento em emprego ou profissão" (art. 1, 1, *a*). Discriminação compreende "qualquer outra distinção, exclusão ou preferência que tenha por efeito destruir ou alterar a igualdade de oportunidades ou tratamento em matéria de emprego ou profissão que poderá ser especificada pelo membro ou interessado depois de consultadas as organizações representativas de empregadores e trabalhadores, quando estas existam, e outros organismos adequados" (art. 1, 1, *b*). Isso significa que para se considerar a lista negra como discriminação há necessidade de consulta aos sindicatos de empregados e de empregadores. Entretanto, não é fixada nenhuma punição. As distinções, exclusões ou preferências fundadas em qualificações exigidas para um determinado empregado não são consideradas como discriminação (art. 1,2). Não se consideram como discriminatórias "quaisquer medidas tomadas em relação a uma pessoa que, individualmente, seja objeto de uma suspeita legítima de se entregar a uma atividade prejudicial à segurança do Estado ou cuja atividade esteja realmente comprovada, desde que a referida pessoa tenha o direito de recorrer a uma instância competente, estabelecida de acordo com a prática nacional" (art. 4º). A Recomendação nº 111 da OIT complementa a Convenção nº 111.

A Convenção nº 117 da OIT, de 1962, trata de objetivos e normas básicas da política social. Foi aprovada pelo Decreto Legislativo nº 65, de 30-11-1966 e promulgada pelo Decreto nº 66.496, de 27-4-1970. Estabelece como meta a supressão de toda discriminação contra os trabalhadores que tiver por objetivo motivo de raça, cor, sexo, crença, filiação a uma tribo ou a um sindicato em matéria de: admissão aos empregados, tanto públicos quanto privados (art. XIV, *b*); condições de recrutamento (art. XIV, *c*).

A Convenção nº 156 da OIT, de 1981, trata da igualdade de oportunidade e tratamento entre homens e mulheres, bem como no que diz respeito a obrigações familiares. Foi complementada pela Recomendação nº 165. A Convenção nº 117, de 1962, ratificada pelo Brasil, que trata de política social, estabelece como meta a supressão de toda discriminação contra os trabalhadores que tiver por objetivo motivos de raça, cor, sexo, crença, filiação a uma tribo ou a um sindicato, no que diz respeito ao empregado e a condições de trabalho, inclusive no concernente à remuneração (art. XIX).

O Brasil ratificou ainda a Convenção sobre a Eliminação de todas as Formas de Discriminação contra a Mulher, aprovada pela ONU em 1974 e promulgada pelo Brasil em 1º-2-1984 (Decreto nº 89.460, de 20-3-1984). Tal norma estabelece que os direitos relativos ao emprego sejam assegurados "em igualdade de condições entre homens e mulheres" (art. 11), esclarecendo que as medidas destinadas a proteger a maternidade não serão consideradas discriminatórias (§ 2º do art. 4º).

O art. 427, 7, do Tratado de Versalhes já explicitava o princípio de salário igual, sem distinção de sexo, para trabalho igual em quantidade e qualidade.

O art. II da Declaração Universal dos Direitos do Homem prescreve que "todo homem tem capacidade para gozar os direitos e as liberdades estabelecidas nesta Declaração sem distinção de qualquer espécie, seja de raça, cor, sexo, língua, religião, opinião política ou de qualquer outra natureza, origem nacional ou social, riqueza, nascimento ou qualquer outra condição".

O art. 232, nº 2, estabelece, ainda, que "toda pessoa tem direito, sem nenhuma discriminação, a um salário igual para um trabalho igual".

O Brasil promulgou a Convenção Americana sobre Direitos Humanos, de 22-11-1969, por meio do Decreto nº 678, de 6-11-1992, que também prevê que os países que a ratificarem não poderão fazer nenhuma discriminação por motivo de raça, cor, sexo, idioma, religião, opiniões políticas ou de qualquer outra natureza, origem nacional ou social, posição econômica, nascimento ou qualquer outra condição social.

O Pacto Internacional de Direitos Econômicos, Sociais e Culturais, de 1966, estabelece, em seu art. 7º, o direito de todos os trabalhadores a salário equitativo e igual, desde que o trabalho seja igual, sem qualquer distinção, sendo de mister que a referida igualdade seja aplicada ao trabalho da mulher em relação ao do homem.

O art. 5º da CLT determina que "a todo trabalho de igual valor corresponderá salário igual, sem distinção de sexo", não fazendo menção à orientação da Constituição no sentido de que não pode também haver discriminação quanto à idade, cor ou estado civil. No que diz respeito à igualdade salarial, ela irá depender daquilo que dispuser a lei, estabelecendo critérios objetivos para tanto, como o faz o art. 461 da CLT, em que, se a empresa tiver quadro organizado em carreira, não se poderá falar em equiparação salarial, pois as promoções serão feitas por merecimento e antiguidade. O § 4º do referido artigo estabelece que o trabalhador readaptado em razão de deficiência física ou mental atestada pelo INSS não servirá de paradigma para fins de equiparação salarial, justamente porque sua condição de trabalho é distinta, não havendo, no caso, discriminação.

Não poderá também haver discriminação contra o estado civil da pessoa, seja o indivíduo casado, solteiro, separado ou divorciado, para obtenção de emprego, para o exercício de função ou para pagamento de salário. Muitas vezes se verifica que empresas não admitem mulheres casadas, sob o argumento de que podem ficar grávidas e não trabalhar por certo período. Contudo, o art. 391 da CLT estabelece que não constitui justo motivo para a rescisão do contrato de trabalho da mulher o fato de haver contraído matrimônio ou de estar grávida.

O idoso tem direito ao exercício de atividade profissional, respeitadas suas condições físicas, intelectuais e psíquicas (art. 26 da Lei nº 10.741/2003).

Na admissão do idoso em qualquer trabalho ou emprego é vedada a discriminação e a fixação de limite máximo de idade, ressalvados os casos em que a natureza do cargo o exigir (art. 27 da Lei nº 10.741/2003).

A discriminação quanto à admissão no emprego por motivo de raça ou cor constitui crime previsto na Lei nº 7.716, de 5-1-1989, tanto no serviço público como nas empresas privadas (arts. 3º e 4º da Lei nº 7.716/89).

A Constituição atual não proibiu, como nas anteriores, o trabalho noturno ou insalubre da mulher, razão pela qual deixou de haver discriminação nesse sentido quanto ao trabalho da mulher que, inclusive, pode trabalhar em pedreiras, minas de subsolo, atividades perigosas, nas obras de construção civil, pois foram revogados os arts. 379 e 387 da CLT pela Lei nº 7.855/89.

A Lei nº 9.029, de 13-4-1995, estabeleceu que é vedada a prática de ato discriminatório e limitativo para efeito do ingresso na relação de emprego ou para sua manutenção, por motivo de sexo, origem, raça, cor, estado civil, situação familiar, deficiência, reabilitação profissional, idade, entre outros (art. 1º). Constituem crime as seguintes práticas discriminatórias: (a) a exigência de teste, exame, perícia, laudo, atestado, declaração ou qualquer outro procedimento relativo à esterilização ou a estado de gravidez; (b) a adoção de quaisquer medidas, de iniciativa do empregador, que configurem: (1) indução ou instigamento à esterilização genética; (2) promoção de controle de natalidade, assim não considerado o oferecimento de serviços e de aconselhamento ou planejamento familiar, realizados por meio de instituições, públicas ou privadas, submetidas às normas do SUS.

O preso tem o direito de trabalhar (art. 41, II, da Lei nº 7.210/94) visando obter a remição parcial do tempo de execução da pena (arts. 126 a 130 da Lei de Execução Penal).

3.4 Deficientes físicos

A Emenda Constitucional nº 12, de 17-10-1978, estabelecia em artigo único que os deficientes não poderiam ser discriminados, inclusive quanto à admissão ao trabalho ou ao serviço público e a salários (inc. III).

A Constituição de 1988 estabeleceu que não poderá haver nenhuma discriminação no tocante a salário e critérios de admissão ao trabalhador portador de deficiência (art. 7º, XXXI, da Constituição). Na Subcomissão dos Direitos dos Trabalhadores, na Comissão de Ordem Social e na Comissão de Sistematização da Assembleia Constituinte, não havia texto sobre o tema.

O inciso VIII do art. 37 da Constituição prevê que a lei reservará um porcentual de cargos e empregos públicos para as pessoas portadoras de deficiência.

A Lei nº 7.853/89 institui a Coordenadoria Nacional para Integração das Pessoas Portadoras de Deficiência (Corde).

A não discriminação em relação aos deficientes físicos é uma forma de protegê-los e de não haver discriminação quanto a seu trabalho, pois, muitas vezes, essas pessoas têm outros sentidos mais desenvolvidos em razão de terem perdido um órgão, por exemplo.

A Convenção nº 159 da OIT dispõe sobre a obrigação dos países signatários de instituir uma política nacional sobre reabilitação profissional no emprego das pessoas deficientes, com a finalidade de promover oportunidades de ocupação para estas pessoas no mercado regular de trabalho. Foi aprovada pelo Decreto Legislativo nº 51, de 25-8-1989, e promulgada pelo Decreto nº 129, de 22-5-1991. Pessoa com deficiência é aquela "cuja possibilidade de conseguir, permanecer e progredir no emprego é substancialmente limitada em decorrência de uma reconhecida desvantagem física ou mental". Os países devem introduzir, nos seus ordenamentos jurídicos, políticas de readaptação profissional e emprego de pessoas com deficiência, visando a garantir que adequadas medidas de readaptação profissional sejam colocadas à disposição de deficientes, promovendo oportunidades de emprego, tendo por base também o princípio da igualdade de oportunidades de emprego. A Recomendação 168 da OIT trata de diretrizes para a adoção de políticas para inclusão de pessoas com deficiência no mercado de trabalho.

Nem toda pessoa deficiente é incapaz para o trabalho. Nem toda pessoa incapaz é deficiente.

A Recomendação nº 99, de 1955, prevê a adaptação e readaptação profissional de inválidos, pretendendo assegurar a tais trabalhadores meios de ingresso no mercado de trabalho, além de orientação na obtenção e mudança de emprego.

A Convenção Interamericana para a Eliminação de todas as formas de discriminação contra as pessoas com deficiência foi aprovada pelo Decreto Legislativo nº 198, de 13-6-2001, e promulgada pelo Decreto nº 3.956, de 8-10-2001.

Antigamente, só havia proteção ao deficiente em algumas normas coletivas, que tratavam, v.g., de garantia de emprego para o acidentado, o que se verifica atualmente no art. 118 da Lei nº 8.213/91 que prevê garantia de emprego ao acidentado de 12 meses a contar da cessação do auxílio-doença acidentário. O art. 93 da Lei nº 8.213/91 prevê que nas empresas com 100 ou mais empregados há necessidade do preenchimento de seus cargos com pessoas portadoras de deficiência ou reabilitadas. O preceito constitucional tem por objetivo que o deficiente possa ter meios de subsistência, inclusive de sua família, exercendo atividade remunerada, retirando, de certa forma, esse dever do Estado.

A Convenção sobre os Direitos das Pessoas com Deficiência foi assinada em Nova York em 30 de março de 2007. Foi aprovada pelo Decreto Legislativo nº 186/2008. O Decreto nº 6.949, de 25 de agosto de 2009, promulgou a referida norma.

Discriminação por motivo de deficiência significa qualquer diferenciação, exclusão ou restrição baseada em deficiência, com o propósito ou efeito de impedir ou impossibilitar o reconhecimento, o desfrute ou o exercício, em igualdade de oportunidades com as demais pessoas, de todos os direitos humanos e liberdades fundamentais no âmbito político, econômico, social, cultural, civil ou qualquer outro. Abrange todas as formas de discriminação, inclusive a recusa de adaptação razoável (art. 2º).

Os Estados Partes da Convenção reconhecem que todas as pessoas são iguais perante e sob a lei e que fazem jus, sem qualquer discriminação, a igual proteção e igual benefício da lei (art. 5º, 1). Os Estados proibirão qualquer discriminação baseada na deficiência e garantirão às pessoas com deficiência igual e efetiva proteção legal contra a discriminação por qualquer motivo (art. 5º, 2). A fim de promover a igualdade e eliminar a discriminação, os Estados adotarão todas as medidas apropriadas para garantir que a adaptação razoável seja oferecida (art. 5º, 3).

Pessoa com deficiência é a que tem impedimentos de longo prazo de natureza física, mental, intelectual ou sensorial, os quais, em interação com uma ou mais barreiras, podem obstruir sua participação plena e efetiva na sociedade em igualdade de condições com as demais pessoas (art. 20, § 2º, da Lei nº 8.742/93 e art. 4º, II, do Decreto nº 6.214/2007).

A fim de possibilitar às pessoas com deficiência viver de forma independente e participar plenamente de todos os aspectos da vida, os Estados tomarão as medidas apropriadas para assegurar às pessoas com deficiência o acesso, em igualdade de oportunidades com as demais pessoas, ao meio físico, ao transporte, à informação e comunicação, inclusive aos sistemas e tecnologias da informação e comunicação, bem como a outros serviços e instalações abertos ao público ou de uso público, tanto na zona urbana como na rural. Essas medidas, que incluirão a identificação e a eliminação de obstáculos e barreiras à acessibilidade, serão aplicadas, entre outros, a: (a) edifícios, rodovias, meios de transporte e outras instalações internas e externas, inclusive escolas, residências, instalações médicas e local de trabalho; (b) informações, comunicações e outros serviços, inclusive serviços eletrônicos e serviços de emergência (art. 9º, 1).

Em matéria de trabalho e emprego, os Estados reconhecem o direito das pessoas com deficiência ao trabalho, em igualdade de oportunidades com as demais pessoas. Esse direito abrange o direito à oportunidade de se manter com um trabalho de sua livre escolha ou aceitação no mercado laboral, em ambiente de trabalho que seja aberto, inclusivo e acessível a pessoas com deficiência. Os Estados salvaguardarão e promoverão a realização do direito ao trabalho, inclusive daqueles que tiverem adquirido uma deficiência no emprego, adotando medidas apropriadas, incluídas na legislação, com o fim de, entre outros: (a) proibir a discriminação baseada na deficiência com respeito a todas as questões relacionadas com as formas de emprego, inclusive condições de recrutamento, contratação e admissão, permanência no emprego, ascensão profissional e condições seguras e salubres de trabalho; (b) proteger os direitos das pessoas com deficiência, em condições de igualdade com as demais pessoas, às condições justas e favoráveis de trabalho, incluindo iguais oportunidades e igual remuneração por trabalho de igual valor, condições seguras e salubres de trabalho, além de reparação de injustiças e proteção contra o assédio no trabalho; (c) assegurar que as pessoas com deficiência possam exercer seus direitos trabalhistas e sindicais, em condições de igualdade com as demais pessoas; (d) possibilitar às pessoas com deficiência o acesso efetivo a programas de orientação técnica e profissional e a serviços de colocação no trabalho e de treinamento profissional e continuado; (e) promover oportunidades de emprego e ascensão profissional para pessoas com deficiência no mercado de trabalho, bem como assistência na procura, obtenção e manutenção do emprego e no retorno ao emprego; (f) promover oportunidades de trabalho autônomo, empreendedorismo, desenvolvimento de cooperativas e estabelecimento de negócio próprio; (g) empregar pessoas com deficiência no setor público; (h) promover o emprego de pessoas com deficiência no setor privado, mediante políticas e medidas apropriadas, que poderão incluir programas de ação afirmativa, incentivos e outras medidas; (i) assegurar que adaptações razoáveis sejam feitas para pessoas com deficiência no local de trabalho; (j) promover a aquisição de experiência de trabalho por pessoas com deficiência no mercado aberto de trabalho; (k) promover reabilitação profissional, manutenção do emprego e programas de retorno ao trabalho para pessoas com deficiência. Os Estados assegurarão que as pessoas com deficiência não serão mantidas em escravidão ou servidão e que serão protegidas, em igualdade de condições com as demais pessoas, contra o trabalho forçado ou compulsório (art. 27, 2).

A OIT considera que não são discriminatórias as medidas especiais que demandem tratamento diferenciado para quem tem necessidades particulares por razões de gênero, de deficiência mental, sensorial ou física (Informe global da OIT, 2007).

A Lei nº 9.029/95 não permite discriminação por motivo de deficiência ou de reabilitação profissional (art. 1º). O empregado discriminado tem direito: (a) de ser reintegrado com ressarcimento integral de todo o período de afastamento, mediante pagamento das remunerações devidas, corrigidas monetariamente e acrescidas de juros legais; (b) a percepção, em dobro, da remuneração do período de afastamento, corrigida monetariamente e acrescida dos juros legais.

O legislador estabelece situação de igualdade na lei para efeito de tratar pessoas que são naturalmente desiguais.

A proteção dos deficientes, por intermédio da legislação, é uma forma de dar dignidade ao ser humano, permitindo também que essas pessoas possam ser cidadãos e exercitar a cidadania.

Deve ter o deficiente a possibilidade de igualdade de oportunidade para poder trabalhar.

A pessoa com deficiência tem direito ao trabalho de sua livre escolha e aceitação, em ambiente acessível e inclusivo, em igualdade de oportunidades com as demais pessoas (art. 34 da Lei nº 13.146/2015). As pessoas jurídicas de direito público, privado ou de qualquer natureza são obrigadas a garantir ambientes de trabalho acessíveis e inclusivos. A pessoa com deficiência tem direito, em igualdade de oportunidades com as demais pessoas, a condições justas e favoráveis de trabalho, incluindo igual remuneração por trabalho de igual valor. É vedada restrição ao trabalho da pessoa com deficiência e qualquer discriminação em razão de sua condição, inclusive nas etapas de recrutamento, seleção, contratação, admissão, exames admissional e periódico, permanência no emprego, ascensão profissional e reabilitação profissional, bem como exigência de aptidão plena. A pessoa com deficiência tem direito à participação e ao acesso a cursos, treinamentos, educação continuada, planos de carreira, promoções, bonificações e incentivos profissionais oferecidos pelo empregador, em igualdade de oportunidades com os demais empregados. É garantida aos trabalhadores com deficiência acessibilidade em cursos de formação e de capacitação.

É finalidade primordial das políticas públicas de trabalho e emprego promover e garantir condições de acesso e de permanência da pessoa com deficiência no campo de trabalho (art. 35 da Lei nº 13.146/2015). Os programas de estímulo ao empreendedorismo e ao trabalho autônomo, incluídos o cooperativismo e o associativismo, devem prever a participação da pessoa com deficiência e a disponibilização de linhas de crédito, quando necessárias.

Constitui modo de inclusão da pessoa com deficiência no trabalho a colocação competitiva, em igualdade de oportunidades com as demais pessoas, nos termos da legislação trabalhista e previdenciária, na qual devem ser atendidas as regras de acessibilidade, o fornecimento de recursos de tecnologia assistiva e a adaptação razoável no ambiente de trabalho (art. 37 da Lei nº 13.146/2015). A colocação competitiva da pessoa com deficiência pode ocorrer por meio de trabalho com apoio, observadas as seguintes diretrizes:

> "I – prioridade no atendimento à pessoa com deficiência com maior dificuldade de inserção no campo de trabalho;
>
> II – provisão de suportes individualizados que atendam a necessidades específicas da pessoa com deficiência, inclusive a disponibilização de recursos de tecnologia assistiva, de agente facilitador e de apoio no ambiente de trabalho;
>
> III – respeito ao perfil vocacional e ao interesse da pessoa com deficiência apoiada;
>
> IV – oferta de aconselhamento e de apoio aos empregadores, com vistas à definição de estratégias de inclusão e de superação de barreiras, inclusive atitudinais;
>
> V – realização de avaliações periódicas;
>
> VI – articulação intersetorial das políticas públicas;
>
> VII – possibilidade de participação de organizações da sociedade civil".

A entidade contratada para a realização de processo seletivo público ou privado para cargo, função ou emprego está obrigada à observância do disposto nessa lei e em outras normas de acessibilidade vigentes (art. 38 da Lei nº 13.146/2015).

O deficiente obtém a sua dignidade por meio da sua inserção no mercado de trabalho, no qual pode trabalhar e receber remuneração pelo trabalho que faz. O deficiente passa a ser útil, pois também pode prover a si e a sua família.

Não pode o deficiente físico ser considerado um marginal, um inútil, um pária na sociedade. Pelo trabalho dignifica-se e torna-se útil dentro da própria sociedade. A realidade mostra que muitas vezes o deficiente no trabalho dedica-se muito mais que qualquer outro, visando superar as dificuldades que tem.

3.5 Trabalho manual, técnico e intelectual

O § 2º do art. 121 da Constituição de 1934 estabelecia que "não há distinção entre o trabalho manual e o trabalho intelectual ou técnico, nem entre os profissionais respectivos". O parágrafo único do art. 157 da Constituição de 1946 dizia que "não se admitirá distinção entre trabalho manual ou técnico e o trabalho intelectual, nem entre os profissionais respectivos, no que concerne a direitos, garantias e benefícios". O inciso XVIII do art. 158 da Constituição de 1967 dispôs sobre "proibição de distinção entre trabalho manual, técnico ou intelectual, ou entre os profissionais respectivos". O inciso XVII do art. 165 da Emenda Constitucional nº 1, de 1969, manteve a mesma redação anterior da Constituição de 1967.

Na Assembleia Constituinte, na Subcomissão dos Direitos dos Trabalhadores, o texto era: "proibição de distinção de direitos por trabalho manual, técnico ou intelectual, quanto à condição de trabalhador ou entre profissionais respectivos". Na Comissão da Ordem Social, não houve nenhum texto sobre o tema. Na Comissão de Sistematização estabeleceu-se que haveria "proibição de distinção entre trabalho manual, técnico e intelectual ou entre profissionais respectivos".

O inciso XXXII do art. 7º da Constituição proíbe distinção entre trabalho manual, técnico e intelectual ou entre os profissionais respectivos. Não poderá haver discriminação em razão de o indivíduo ter ou não grau de escolaridade.

O parágrafo único do art. 3º da CLT declara que "não haverá distinções relativas à espécie de emprego e à condição de trabalhador, nem entre o trabalho intelectual, técnico ou manual". Não haverá, portanto, a possibilidade de discriminação quanto a tipos de trabalho, nem entre os profissionais respectivos. O fato de um indivíduo ser pedreiro, que evidencia trabalho eminentemente manual, e outro advogado, que implica trabalho intelectual, não importa haver distinção entre essas pessoas, não podendo, portanto, existir critérios de discriminação por parte do empregador em relação ao fato de cada um se dedicar a um ou outro trabalho. É claro que a legislação poderá estabelecer detalhes inerentes a cada profissão ou certos requisitos para tanto, que são normas pertinentes ao exercício da atividade profissional. O que não pode haver é distinção por parte da CLT quanto ao trabalho dessas pessoas, no sentido de que uma teria direito a férias e a outra não o teria etc. Algumas legislações estrangeiras ainda fazem distinção entre o trabalho manual, chamando o trabalhador de operário, e o trabalho intelectual, em que o prestador dos serviços é denominado empregado. Na prática, o mercado acaba contratando as pessoas e pagando salários superiores àqueles que têm maior qualificação ou até escolaridade, porém esse critério não pode ser tido por inconstitucional.

3.6 Discriminação para admissão no emprego

A Lei nº 9.029, de 13-4-1995, proíbe a exigência de atestados de gravidez e esterilização, e outras práticas discriminatórias, para efeitos admissionais ou de permanência da relação jurídica do trabalho. Versa sobre várias discriminações relacionadas com o trabalho, mas nada especifica sobre listas negras. Logo, não pode ser aplicada no caso em estudo.

A CLT não contém dispositivo estabelecendo sanção pelo fato de o empregado ajuizar reclamação contra o empregador.

O inciso XXXIII do art. 5º da Lei Fundamental estabelece que todos têm o direito a receber dos órgãos públicos informações de seu interesse particular, ou de interesse coletivo ou geral, que serão prestadas no prazo da lei, sob pena de responsabilidade, ressalvadas aquelas cujo sigilo seja imprescindível à segurança da sociedade e do Estado. Logo, qualquer um pode ir à Justiça do Trabalho e pedir uma certidão para verificar se existe ação trabalhista proposta por um certo empregado contra determinada empresa.

Em 30-8-2002, o TST cancelou consulta pelo nome do trabalhador no seu *site*. As empresas vinham-se utilizando do próprio *site* do TST para fazer as listas negras, pois verificavam qual era o trabalhador que tinha ajuizado reclamação contra outras empresas.

Uma solução pode ser que o acesso aos *sites* dos tribunais fique restrito aos advogados, mediante cadastro e utilização de senha específica para esse fim ou então pelo número do processo.

Nada impede que advogados inescrupulosos e sem qualquer ética venham a fazer pesquisas na Justiça do Trabalho para saber se determinado empregado já ajuizou ação trabalhista.

O presidente do TST também recomendou aos tribunais regionais que só expedissem certidões se fosse indicado o motivo pelo qual ela está sendo pedida.

Até o momento, porém, não existe lei coibindo as listas negras dos empregadores.

A matéria tem de ser regulamentada por intermédio de lei, que especifique responsabilidades, crimes, punições.

Enquanto isso não ocorre, a questão só pode ser analisada sob o ângulo da discriminação, responsabilizando o empregador por dano moral ou material, dependendo da prova que for feita. Esta, aliás, será uma prova difícil de ser feita, pois o empregador não irá admitir que deixou de contratar o empregado pelo fato de que o trabalhador ajuizou ação trabalhista.

As listas negras existem muitas vezes em decorrência de reclamações trabalhistas abusivas propostas contra os empregadores. Entretanto, para isso já há o remédio da litigância de má-fé, que deveria ser aplicada mais vezes e com maior rigor pelo juiz do trabalho.

3.7 Trabalhador com vínculo empregatício permanente e trabalhador avulso

Na Assembleia Nacional Constituinte, na Subcomissão dos Direitos dos Trabalhadores, não havia texto sobre o tema. Na Comissão da Ordem Social, falava-se em "igualdade de direitos entre o trabalhador com vínculo empregatício permanente e o trabalhador avulso". Na Comissão de Sistematização, foi dito que haveria "igualdade de direitos entre o trabalhador com vínculo empregatício permanente e o trabalhador avulso".

O inciso XXXIV do art. 7º da Constituição estabelece a igualdade de direitos entre o trabalhador com vínculo empregatício permanente e o trabalhador avulso. Logo, não poderá haver discriminação entre o trabalhador regido pela CLT e o avulso, assim entendido aquele que presta serviços a uma ou mais de uma empresa sem vínculo de emprego, sendo sindicalizado ou não, mediante a intermediação obrigatória do sindicato da categoria ou do órgão gestor de mão de obra. Assim, o empregado regido pela CLT e o trabalhador avulso terão os mesmos direitos trabalhistas, havendo, portanto, igualdade desses direitos.

3.8 Empregado comum e empregado em domicílio

O art. 6º da CLT determina que não poderá haver distinção entre o trabalho realizado no estabelecimento do empregador, o executado no domicílio do empregado e o realizado à distância, desde que estejam caracterizados os pressupostos da relação de emprego. O art. 83 da CLT esclarece que o trabalhador em domicílio é o que presta serviços em sua habitação ou em oficina de família, por conta do empregador que o remunere.

O local em que o empregado irá prestar serviços não irá importar que o trabalhador perca direitos trabalhistas, nem que seja discriminado por tal fato. Assim, pode-se dizer que o empregado em domicílio tem os mesmos direitos do empregado comum. O art. 83 da CLT assegura pelo menos um salário mínimo por mês ao trabalhador em domicílio.

3.9 Empregado comum e empregado doméstico

Deveria haver uma aproximação maior entre os direitos dos empregados urbanos e dos empregados domésticos.

O parágrafo único do art. 7º da Constituição, de acordo com a redação da Emenda Constitucional nº 72, mostra que o empregado doméstico tem peculiaridades. A referida Emenda pretende fazer uma aproximação maior entre os direitos do empregado comum e do empregado doméstico. Não é a mesma coisa trabalhar nas dependências da empresa e na residência do empregado doméstico.

Questões

1. Qual o sentido da palavra *discriminação*?
2. Quais os critérios genéricos previstos na Constituição?
3. Há alguma norma específica para a proteção do mercado de trabalho da mulher?
4. Como se dá a discriminação por motivo de sexo, idade, cor e estado civil?
5. O que existe na Constituição de proteção quanto ao deficiente físico?
6. Há diferença entre os direitos do trabalhador avulso e com vínculo empregatício permanente?

Capítulo 30

JORNADA DE TRABALHO

1 HISTÓRIA

Na maioria dos países da Europa, por volta de meados de 1800, a jornada de trabalho era de 12 a 16 horas, principalmente entre mulheres e menores. Robert Owen, em 1800, limitou na sua fábrica na Escócia a jornada em 10h30min. Nos Estados Unidos, no mesmo período, a jornada de trabalho estava balizada entre 11 e 13 horas.

Em 1802, na Inglaterra, a Lei de Saúde e Moral dos Aprendizes (*Moral and Health Act*) limitou a jornada de trabalho em 12 horas, proibindo o trabalho noturno.

O *Factory Act*, em 1833, na Inglaterra, limitava a jornada em 12 horas e o módulo semanal em 69 horas.

Houve movimentos reivindicatórios visando à diminuição da jornada de trabalho, principalmente da instituição da jornada de oito horas. Nos países de língua inglesa, havia uma canção de protesto em que se pretendia a jornada de oito horas, contendo o seguinte estribilho:

Eight hours to work;
eight hours to play;
eight hours to sleep;
eight shillings a day.

Na Inglaterra, em 1847, foi fixada a jornada de 10 horas. Na França, em 1848, foi estabelecida a jornada de trabalho de 10 horas; em Paris, 11 horas. Em 1868, nos Estados Unidos, a jornada foi determinada em oito horas no serviço público federal.

Na Suíça, em 1877, a jornada foi limitada em 11 horas. Na Áustria, em 1885, a limitação foi a 10 horas diárias.

O Papa Leão XIII, na Encíclica *Rerum Novarum*, de 1891, já se preocupava com a limitação da jornada de trabalho, de modo que o trabalho não fosse prolongado por tempo superior ao que as forças do homem permitissem. Prevê a Encíclica que "o número de horas de trabalho diário não deve exceder a força dos trabalhadores, e a quantidade do repouso deve ser proporcional à qualidade do trabalho, às circunstâncias do tempo e do lugar, à compleição e saúde dos operários".

Houve certa influência dessa Encíclica, tanto que alguns países começaram a limitar a jornada de trabalho em oito horas. Na Austrália, em 1901, foi especificada a jornada de oito horas. A partir de 1915, foi se generalizando a jornada de oito horas na maioria dos países. Em 1907 e em 1917 foram feitas greves gerais em que havia reivindicação de jornada de oito horas.

A declaração de princípios feita na Conferência das Nações Aliadas, realizada em Paris, e incorporada ao Tratado de Versalhes, estabeleceu que as Nações contratantes se obrigavam a adotar a jornada de oito horas ou a semana de 48 horas de trabalho (art. 427, 4).

2 DIREITO INTERNACIONAL

A Convenção nº 1 da OIT, de 1919, trata em seu art. 2º da duração do trabalho de oito horas diárias e 48 horas semanais. A Convenção nº 30, de 1930, estabelece a jornada de trabalho de oito horas para os trabalhadores no comércio e em escritórios, sendo que a jornada de trabalho é considerada como o tempo à disposição do empregador. A Convenção nº 31, de 1931, versa sobre a jornada de trabalho dos trabalhadores das minas de carvão, que é fixada em 7h45min. A Convenção nº 40, de 1935, reduziu o módulo semanal para 40 horas. A Convenção nº 47, de 1935, estipula a semana de 35 horas. A Convenção nº 67, de 1939, prevê a semana de 48 horas para os trabalhadores de empresas de transporte rodoviário. A Recomendação nº 116, de 1962, trata da adoção progressiva da semana de 48 horas, sendo que devem ser adotadas medidas para a restauração da semana de 48 horas, caso excedido o referido limite.

A Declaração Universal dos Direitos do Homem, de 1948, fixou, de maneira genérica, que deveria haver uma "limitação razoável das horas de trabalho" (art. XXIV).

3 EVOLUÇÃO NO BRASIL

O Decreto nº 21.186, de 22-3-1932, regulou a jornada de trabalho no comércio em oito horas e o Decreto nº 21.364, de 4-5-1932, tratou do mesmo assunto na indústria.

O Decreto nº 22.979/33 regulamentou a jornada de trabalho nas barbearias; o Decreto nº 23.084/33, nas farmácias; o Decreto nº 23.104/33, na panificação. Nas casas de diversões, a jornada de trabalho era de seis horas (Decreto nº 23.152/33), o mesmo ocorrendo nos bancos e casas bancárias (Decreto nº 23.322/33). Nas casas de penhores, a jornada foi fixada em sete horas (Decreto nº 23.316/33).

Tinham jornada de oito horas os trabalhadores em transportes terrestres (Decreto nº 23.766/34), de armazéns e trapiches das empresas de navegação (Decreto nº 24.561/34), indústrias frigoríficas (Decreto nº 24.562/34), empregados em hotéis e restaurantes (Decreto nº 24.696/34). Os trabalhadores em empresas de telegrafia submarina e subfluvial, radiotelegrafia e radiotelefonia tiveram a jornada de trabalho fixada em seis horas (Decreto nº 24.634/34).

A alínea *c* do § 1º do art. 121 da Constituição de 1934 estabelecia "trabalho diário não excedente de oito horas, reduzíveis, mas só prorrogáveis nos casos previstos em lei".

Os jornalistas tiveram sua jornada de trabalho fixada em cinco horas (Decreto-Lei nº 910/37) e os professores só podiam ministrar no máximo seis aulas intercaladas (Decreto-Lei nº 2.028/37).

Previa a Constituição de 1937: "dia de trabalho de oito horas, que poderá ser reduzido, e somente suscetível de aumento nos casos previstos em lei" (art. 137, *i*).

Os decretos esparsos que vinham sendo expedidos foram sistematizados pelo Decreto-Lei nº 2.308, de 13-6-1940, que estabeleceu a regra geral de oito horas diárias, sendo que certas profissões tinham horário especial. Posteriormente, surgiu a CLT, em 1º-5-1943, que incorporou o Decreto-Lei nº 2.308 e o restante da legislação esparsa sobre a matéria.

A Constituição de 1946 estabeleceu "duração diária do trabalho não excedente a oito horas, exceto nos casos e condições previstos em lei" (art. 157, V).

A Constituição de 1967 determinou "duração diária do trabalho não excedente de oito horas, com intervalo para descanso, salvo casos especialmente previstos" (art. 158, VI). A Emenda Constitucional nº 1, de 1969, praticamente tem a mesma redação: "duração diária do trabalho não excedente a oito horas, com intervalo para descanso, salvo casos especialmente previstos" (art. 165, VI).

A Constituição de 1988 modificou a orientação que vinha sendo seguida constitucionalmente, estabelecendo no seu art. 7º: "duração do trabalho normal não superior a oito horas diárias e quarenta e quatro semanais, facultada a compensação de horários e a redução da jornada, mediante acordo ou convenção coletiva de trabalho" (XIII); "jornada de seis horas para o trabalho realizado em turnos ininterruptos de revezamento, salvo negociação coletiva" (XIV).

4 DENOMINAÇÃO

Jornada pode vir do provençal *jorn* e do latim *diurnus*.

O vocábulo *giornata*, em italiano, significa dia ou jornada. *Giorno* é dia. *Giornale* é o jornal, que geralmente é diário. Em francês, usa-se a palavra *jour*, dia; *journée* quer dizer jornada. Jornada significa o que é diário. Seriam as oito horas diárias de trabalho.

As 44 horas a que faz referência a Constituição não têm o nome de jornada, pois não são diárias, mas semanais. A denominação correta seria *módulo semanal* ou *duração semanal do trabalho*.

Costumam ser empregados três nomes para denominar a matéria em estudo: jornada de trabalho, duração do trabalho e horário de trabalho.

A jornada de trabalho compreende o número de horas diárias de trabalho que o trabalhador presta à empresa.

O horário de trabalho é o espaço de tempo em que o empregado presta serviços ao empregador, contado do momento em que se inicia até seu término, não se computando, porém, o tempo de intervalo. O horário de trabalho do empregado seria, por exemplo, das 8h às 12h e das 13h às 17h. O horário de trabalho dos empregados deve, porém, constar de um quadro e ficar em local bem visível na empresa.

A duração do trabalho tem aspecto mais amplo, podendo compreender o módulo semanal, mensal e anual. Duração do trabalho é o gênero.

5 CONCEITO

Jornada de trabalho é a quantidade de labor diário do empregado.

O conceito de jornada de trabalho tem que ser analisado sob três prismas: do tempo efetivamente trabalhado, do tempo à disposição do empregador e do tempo *in itinere*.

O tempo efetivamente trabalhado não considera as paralisações do empregado, como o fato de o empregado estar na empresa, em hora de serviço, mas não estar produzindo. Somente é considerado o tempo em que o empregado efetivamente presta serviços ao empregador. Essa teoria não é aplicada em nossa legislação, pois o mineiro, por exemplo, tem o tempo despendido da boca da mina ao local de trabalho, e vice-versa computado para o pagamento de salário (art. 294 da CLT). Nos serviços de mecanografia, escrituração ou cálculo, o intervalo de 10 minutos a cada 90 minutos de trabalho é computado na duração normal do trabalho (art. 72 da CLT), embora o empregado não trabalhe nesse período. Os empregados que trabalham em câmaras frias têm um intervalo de 20 minutos a cada 1h40min de trabalho, que é computado como tempo de trabalho efetivo (art. 253 da CLT), mas o empregado não presta serviços nesse período. Nossa legislação, portanto, não acolhe a teoria da jornada de trabalho como tempo efetivamente trabalhado.

A segunda teoria é a que determina que jornada de trabalho é considerada o tempo à disposição do empregador. A partir do momento em que o empregado chega à empresa até o momento em que dela se retira, há o cômputo da jornada de trabalho. É o que ocorre com os mineiros (art. 294 da CLT), que, embora trabalhem no interior da mina, têm o tempo contado como jornada de trabalho a partir do momento em que chegam à boca da mina até o momento em que dela saem. O art. 238 da CLT, ao tratar de ferroviários, demonstra em muitos casos que o ferroviário passa a contar a jornada de trabalho a partir do momento em que fica à disposição do empregador. Para os ferroviários, considera-se *sobreaviso* o período em que o empregado permanece em sua própria casa, aguardando a qualquer momento o chamado para o serviço (§ 2º do art. 244 da CLT); e *prontidão* quando o empregado fica nas dependências da estrada de ferro aguardando ordens (§ 3º do art. 244 da CLT). As horas de sobreaviso previstas para os ferroviários são também aplicáveis aos eletricitários (S. 229 do TST). O art. 4º da CLT estabelece, como regra geral, que se considera tempo à disposição do empregador o período em que o empregado estiver aguardando ou executando ordens. Se o empregado está em férias e tem de resolver problemas da empresa, está à disposição dela e deve ser remunerado pelo período trabalhado. É a hipótese de ter de resolver problemas pelo computador estando distante do local de trabalho.

A terceira teoria explicita o tempo *in itinere*, considerado como jornada de trabalho desde o momento em que o empregado sai de sua residência até quando a ela regressa. Não se poderia considerar o tempo *in itinere* em todos os casos, pois o empregado pode residir muito distante da empresa e o empregador nada tem com isso, ou o empregado ficar parado horas no trânsito da cidade no trajeto de sua residência para o trabalho, ou vice-versa. Haveria dificuldade em controlar a citada jornada e o empregador não poderia ser responsabilizado em todas as hipóteses pelo pagamento de tais horas. A jornada *in itinere* depende de que o empregador forneça a condução e o local de trabalho seja de difícil acesso ou não servido por transporte regular público (§ 2º do art. 58 da CLT), como ocorre com os trabalhadores rurais que se dirigem à plantação no interior da fazenda. Nesse caso, a jornada de trabalho inicia-se com o ingresso na condução fornecida pelo empregador e termina com a saída do empregado da referida condução ao regressar ao ponto de partida. Essa orientação é acolhida pela Lei nº 8.213/91 no que diz respeito ao acidente do trabalho ocorrido no trajeto residência-empresa, e vice-versa (art. 21, IV, *d*).

Como se verifica, o Direito do Trabalho admite um sistema híbrido das teorias do tempo à disposição do empregador e do tempo *in itinere* para identificar a jornada de trabalho.

6 NATUREZA JURÍDICA

A natureza jurídica da jornada de trabalho abrange dois aspectos. Num primeiro plano, tem natureza pública, pois é interesse do Estado limitar a jornada de trabalho, de modo que o trabalhador possa descansar, ter lazer com a família e não venha prestar serviços em jornadas extensas. Num segundo momento, tem natureza privada, visto que as partes do contrato de trabalho podem fixar jornadas inferiores às previstas na legislação ou nas normas coletivas. A legislação apenas estabelece o limite máximo, podendo as partes fixar limite inferior.

Assim, a jornada de trabalho teria natureza mista, coexistindo elementos com característica pública e privada.

O empregador tem a obrigação de não fazer, de não exigir trabalho em jornadas excessivas que prejudique a saúde do empregado.

7 CLASSIFICAÇÃO

A jornada de trabalho pode ser dividida quanto à duração, ao período, à profissão e à flexibilidade.

Quanto à duração, a jornada de trabalho pode ser normal, que é a comum, a ordinária, de oito horas. Presume-se no contrato de trabalho que o trabalhador se obriga a prestar oito horas diárias de trabalho e 44 semanais (art. 7º, XIII, da Constituição), salvo disposição em sentido contrário; a extraordinária ou suplementar, que são as horas que excederem os limites legais, como as que suplantarem as oito horas diárias e 44 semanais; limitada, quando há um balizamento na lei, como a dos médicos, em que há um limite máximo de quatro horas diárias (art. 8º, *a*, da Lei nº 3.999/61); ilimitada, quando a lei não determina um limite para sua prestação.

Quanto ao período, a jornada pode ser diurna, no interregno compreendido entre as 5 e as 22h; noturna, no lapso de tempo entre as 22 e as 5h (art. 73, § 2º, da CLT); e mista, como, por exemplo, das 16 às 24h, que compreende parte do período considerado pela lei como diurno e parte do período noturno (art. 73, § 4º, da CLT). O trabalhador rural tem critério diferente quanto ao período da jornada: considera-se trabalho noturno o executado entre as 21h de um dia e as 5h do outro, na lavoura, e entre as 20h de um dia e as 4h do dia seguinte, na pecuária (art. 7º da Lei nº 5.889/73).

Quanto à profissão, nossa lei também distingue o trabalhador em relação a sua jornada de trabalho; por exemplo: o bancário tem jornada de seis horas (art. 224 da CLT); a telefonista tem jornada de seis horas ou 36 horas semanais (art. 227 da CLT); os jornalistas têm jornada de cinco horas (art. 303 da CLT). O fisioterapeuta e o terapeuta ocupacional terão duração máxima semanal do trabalho de 30 horas (Lei nº 8.856, de 1º-3-1994). A duração do trabalho do Assistente Social é de 30 horas semanais (art. 5º-A da Lei nº 8.662/83). O bombeiro civil tem jornada de trabalho de 12 horas de trabalho por 36 de descanso, totalizando 36 horas semanais (art. 5º da Lei nº 11.901/2009).

Quanto à flexibilidade, temos jornadas flexíveis e inflexíveis. Nossa legislação não trata do tema. Outras legislações fazem essa distinção; são inflexíveis as jornadas que não podem ser seccionadas. Na jornada flexível, denominada *flex time*, usada nos países de língua inglesa, o trabalhador faz seu horário diário, havendo um limite semanal ou anual que é obrigado a cumprir. Assim, o operário pode chegar cedo em determinado dia e sair cedo ou chegar mais tarde e sair também mais tarde. O horário flexível muitas vezes ajuda na produção, que fica mais concentrada em certo período, como também no próprio trânsito, pois as pessoas podem organizar-se no sentido de não enfrentarem a hora do *rush*.

8 FUNDAMENTOS

Os fundamentos para a limitação da jornada de trabalho são pelo menos quatro: (a) biológicos, que dizem respeito aos efeitos psicofisiológicos causados ao empregado, decorrentes da fadiga. Após 8 horas de trabalho há diminuição do rendimento do trabalhador; (b) sociais: o empregado deve poder conviver e relacionar-se com outras pessoas, dedicar-se à família, dispor de horas de lazer; (c) econômicos; (d) humanos.

Esclarece Amauri Mascaro Nascimento (1992a:252) que "o trabalho desenvolvido longamente pode levar à fadiga física e psíquica; daí a necessidade de pausas para evitar a queda do rendimento, o acúmulo de ácido lático no organismo e a consequente insegurança do trabalhador". Vão se acumulando toxinas no organismo. O trabalhador pode ficar estressado e desenvolver doenças coronárias e até úlcera. O excesso de trabalho pode implicar o envelhecimento precoce do empregado, assim como o aumento de aposentadorias por invalidez.

Os aspectos econômicos dizem respeito à produção da empresa, em que o empresário aumenta a jornada de trabalho, pagando horas extras, justamente para aumentar a produção, daí a necessidade da fiscalização do Estado, de sua tutela, para limitar a jornada de trabalho e para que não haja excessos. A limitação da jornada de trabalho pode diminuir o problema do desemprego. Trabalhando as pessoas em número menor de horas por dia, haverá mais empregos para os outros. Se o empregado trabalhar um número menor de horas, poderá produzir mais e não ficar tão cansado. A limitação da jornada pode adequar a produção da empresa às necessidades do mercado.

Há, ainda, fundamentos sociais e familiares da limitação da jornada de trabalho, pois com a limitação o empregado passa a desfrutar de maior tempo com a família, pode ir ao clube, à igreja, estudar etc.

O principal fundamento humano é diminuir os acidentes do trabalho. É sabido que, no período em que o trabalhador presta serviços cansado ou quando faz horas extras, ocorre maior índice de acidentes do trabalho, principalmente em virtude da fadiga. Muitas vezes, o empregado, para receber o salário das horas extras, presta maior número de horas do que tem condições, e é justamente nesse momento que podem ocorrer os acidentes do trabalho.

9 JORNADA DE TRABALHO

O inciso XIII do art. 7º da Constituição permite que a jornada seja apenas compensada ou reduzida, mediante acordo ou convenção coletiva, não possibilitando o aumento da jornada, ao contrário da Norma Ápice anterior que fazia ressalva de trabalho superior a oito horas em casos especiais previstos em lei. A lei também poderá reduzir a jornada de trabalho do empregado, pois o máximo é previsto na Constituição como oito horas, mas não o mínimo.

O adjetivo *normal* está qualificando o substantivo *trabalho* e não a jornada no inciso XIII do art. 7º da Constituição.

A duração do trabalho do doméstico é de 8 horas diárias e 44 semanais, pois o inciso XIII do art. 7º da Constituição se aplica ao doméstico (parágrafo único do art. 7º da Lei Maior). Faz jus a horas extras com o adicional de 50%, tendo direito ao repouso semanal remunerado de um dia por semana.

Os intervalos, o tempo de repouso, as horas não trabalhadas, os feriados e os domingos livres em que o empregado doméstico que mora no local de trabalho nele permaneça não serão computados como horário de trabalho (§ 7º do art. 2º da Lei Complementar nº 150/2015).

Em relação ao empregado doméstico responsável por acompanhar o empregador prestando serviços em viagem, serão consideradas apenas as horas efetivamente trabalhadas no período, podendo ser compensadas as horas extraordinárias em outro dia (art. 11 da Lei Complementar nº 150/2015). O acompanhamento do empregador pelo empregado em viagem será condicionado à prévia existência de acordo escrito entre as partes. A remuneração-hora do serviço em viagem será, no mínimo, 25% superior ao valor do salário-hora normal. O disposto anteriormente poderá ser, mediante acordo, convertido em acréscimo no banco de horas, a ser utilizado a critério do empregado.

A Constituição não fixa a jornada de trabalho em 7h20min, mas em oito horas. Logo, não são extras as horas que excederem 7h20 minutos diárias.

A duração normal do trabalho dos bancários é de seis horas (art. 224 da CLT); a dos empregados em serviços de telefonia, telegrafia submarina e subfluvial, de radiotelegrafia e radiotelefonia é de seis horas diárias ou 36 horas semanais (art. 227 da CLT); dos operadores cinematográficos é de seis horas (art. 234 da CLT); a dos empregados em minas de subsolo é de seis horas diárias ou 36 semanais (art. 293 da CLT); a dos jornalistas profissionais é de cinco horas (art. 303 da CLT); a dos professores, num mesmo estabelecimento de ensino, não poderá ser de mais de quatro aulas consecutivas, nem mais de seis intercaladas (art. 318 da CLT). A duração normal do trabalho dos médicos será de duas horas, no mínimo, e de quatro horas, no máximo, e seus auxiliares trabalharão quatro horas diárias (art. 8º da Lei nº 3.999/61). O art. 1º da Lei nº 3.270, de 30-9-1957, fixa em seis horas diárias de trabalho a jornada dos cabineiros de elevador.

A jurisprudência em outros casos define a jornada de trabalho de certos trabalhadores: o vigia de estabelecimento bancário tem jornada normal de oito horas, e não a do bancário; a telefonista de mesa de empresa que não explora o serviço de telefonia tem jornada de seis horas (S. 178 do TST); as financeiras, que são as empresas de crédito, financiamento e investimento, devem conceder a jornada de seis horas dos bancários a seus empregados (S. 55 do TST); os empregados de empresas distribuidoras e corretoras de títulos e valores mobiliários não têm direito à jornada especial dos bancários (S. 119 do TST).

A Portaria nº 9, de 30-3-2007, aprovou o Anexo II da Norma Regulamentadora nº 17 da Portaria nº 3.214/78, nos termos do Anexo I (art. 1º), tratando do trabalho em teleatendimento/telemarketing.

Dispõe o item 5.3 da norma administrativa que "o tempo de trabalho em efetiva atividade de teleatendimento/telemarketing é de, no máximo, 6 (seis) horas diárias, nele incluídas as pausas, sem prejuízo da remuneração".

Reza o item 5.3.1 que "a prorrogação do tempo previsto no presente item só será admissível nos termos da legislação, sem prejuízo das pausas previstas neste Anexo, respeitado o limite de 36 (trinta e seis) horas semanais de tempo efetivo em atividade de teleatendimento/telemarketing".

Somente a União tem competência privativa para legislar sobre Direito do Trabalho (art. 22, I, da Constituição), o que inclui a jornada de trabalho. Nenhum outro ente pode, portanto, fazê-lo, por ser competência privativa da União. Isso somente pode ser feito por meio de lei ordinária federal.

A jornada do operador de telemarketing é a normal de 8 horas e o módulo semanal é de 44 horas (art. 7º, XIII, da Constituição), pois não existe previsão legal no sentido de que a jornada é de 6 horas ou de o módulo semanal ser de 36 horas. A exceção diz respeito à norma coletiva da categoria da empresa estabelecer jornada de 6 horas.

A norma administrativa tem por objetivo esclarecer o conteúdo da lei, regulamentá-la (art. 84, IV, da Constituição). Sua função não é de regulamento autônomo.

A função da norma administrativa é esclarecer o conteúdo da lei e não dispor sobre regra não descrita na lei.

Dispõe o inciso II do parágrafo único do art. 87 da Constituição que compete ao Ministro de Estado expedir instruções para a execução das leis, decretos e regulamentos. Logo, norma administrativa não pode dispor sobre o que não está na lei.

Operador de telemarketing não é categoria diferenciada para se observar norma coletiva específica.

Não se equipara a telefonista a operador de telemarketing para se aplicar a jornada de 6 horas prevista no art. 227 da CLT, pois não faz ligações para outras pessoas. Não é telefonista. Recebe e faz ligações para poder fazer vendas, operando computador.

Esclarece a Orientação Jurisprudencial 273 da SBDI-1 do TST que "a jornada reduzida de que trata o art. 227 da CLT não é aplicável, por analogia, ao operador de televendas, que não exerce suas atividades exclusivamente como telefonista, pois, naquela função, não opera mesa de transmissão, fazendo uso apenas dos telefones comuns para atender e fazer as ligações exigidas no exercício da função".

O advogado tem jornada de trabalho de quatro horas contínuas e de 20 horas semanais, salvo acordo ou convenção coletiva ou em caso de dedicação exclusiva. O adicional de horas extras para o advogado é de 100% (§ 2º do art. 20 da Lei nº 8.906). O § 1º do art. 20 da Lei nº 8.906 considera como período de trabalho o tempo em que o advogado estiver à disposição do empregador, aguardando ou executando ordens, em seu escritório ou em atividades externas, sendo-lhe reembolsadas as despesas feitas com transporte, hospedagem e alimentação. O Regulamento Geral do Estatuto da Advocacia e da OAB considera dedicação exclusiva a jornada de trabalho do advogado empregado que não ultrapasse 40 horas semanais, prestada à empresa empregadora. Prevalece a jornada com dedicação exclusiva, se este foi o regime estabelecido no contrato individual do trabalho quando da admissão do advogado no emprego, até que seja alterada por meio de convenção ou acordo coletivo (art. 12, § 1º). A jornada de trabalho prevista no *caput* do art. 12 não impede o advogado de exercer outras atividades remuneradas fora dela (art. 12, § 2º). Se não houver acordo ou convenção, prevalece a jornada de trabalho estabelecida no art. 20 do Estatuto (art. 13). Considera-se jornada normal do advogado empregado, para todos os efeitos legais, inclusive de não incidência da remuneração adicional, não só a fixada em quatro horas diárias contínuas e 20 horas semanais, mas também aquela maior de oito horas diárias e 40 horas semanais, desde que estipulada em decisão, ajustada em acordo individual ou convenção coletiva ou decorrente de dedicação exclusiva. Não deveria ser acordo individual, mas coletivo, como menciona o art. 20 da Lei nº 8.906, que se refere apenas ao advogado empregado, e não ao advogado regido pela Lei nº 8.112/90, que trata de funcionário público. Assim, ao advogado regido pela Lei nº 8.112/90 não se aplica a jornada anteriormente mencionada.

O trabalho em regime de tempo parcial tem duração de 30 horas semanais, sem a possibilidade de horas suplementares semanais, ou, ainda, aquele cuja duração não exceda 26 horas semanais, com a possibilidade de acréscimo de até 6 horas suplementares semanais. O salário a ser pago aos empregados sob o regime de tempo parcial será proporcional à sua jornada, em relação aos empregados que cumprem, nas mesmas funções, tempo integral. Os empregados em regime de tempo parcial poderão prestar horas extras. Isso não deveria ocorrer, pois o objetivo é a criação de empregos ou a continuidade dos atuais.

9.1 Motorista

A jornada de trabalho do motorista profissional será de 8 horas, admitindo-se a sua prorrogação por até 2 horas extraordinárias ou, mediante previsão em convenção ou acordo coletivo, por até 4 horas extraordinárias (art. 235-C da CLT).

É permitida a prorrogação por 2 horas extras diárias, como também se verifica para os demais empregados no art. 59 da CLT. O artigo está falando de horas extras, e não de compensação.

Mediante convenção ou acordo coletivo poderá haver a prorrogação da jornada de 8 horas por mais 4 horas extraordinárias. Não será possível prorrogar a jornada por mais 4 horas mediante acordo individual. Também não será possível que o motorista faça mais de 4 horas extras por dia, visando que não fique cansado.

As horas consideradas extraordinárias serão pagas com o acréscimo estabelecido na Constituição ou compensadas na forma do § 2º do art. 59 desta Consolidação (§ 5º do art. 235-C da CLT).

A prorrogação deve ser remunerada com o adicional de, no mínimo, 50% (art. 7º, XVI, da Constituição), visando estabelecer um desestímulo econômico ao empregador para permitir que o empregado não trabalhe em horas extras, e que tenha direito a descanso. A norma coletiva da categoria poderá estabelecer adicional de horas extras superior ao previsto na Lei Maior, mas não inferior, por se tratar de regra mínima.

O adicional de horas extras é de 50% (art. 7º, XVI, da Constituição). A norma coletiva da categoria pode estabelecer porcentual superior.

Motoristas que não têm controle de horário estão incluídos na exceção do inciso I do art. 62 da CLT, não fazendo jus a horas extras.

Se houver controle da jornada por meio de anotação de diário de bordo, papeleta ou ficha de trabalho externo (§ 14 do art. 235-C da CLT), terá o motorista direito a horas extras.

O motorista profissional é responsável por controlar e registrar o tempo de condução estipulado no art. 67-C do CTB, com vistas à sua estrita observância (art. 67-E do Código de Trânsito). O tempo de direção será controlado mediante registrador instantâneo inalterável de velocidade e tempo, ou por meio de anotação em diário de bordo, ou papeleta ou ficha de trabalho externo, ou por meios eletrônicos instalados no veículo, conforme norma do Contran. O equipamento eletrônico ou registrador deverá funcionar de forma independente de qualquer interferência do condutor quanto aos dados registrados. A guarda, a preservação e a exatidão das informações contidas no equipamento registrador instantâneo inalterável de velocidade e de tempo são de responsabilidade do condutor.

O tacógrafo, por si só, sem a existência de outros elementos, não serve para controlar a jornada de trabalho de empregado que exerce atividade externa (OJ 332 da SBDI-1 do TST).

O tempo em que o empregado está no engarrafamento de trânsito é considerado tempo à disposição do empregador. Não se confunde com tempo de espera.

Será considerado como trabalho efetivo o tempo em que o motorista empregado estiver à disposição do empregador, excluídos os intervalos para refeição, repouso e descanso e o tempo de espera.

Tempo à disposição do empregador é o período em que o empregado estiver aguardando ou executando ordens de serviço (art. 4º da CLT).

Não se considera tempo à disposição do empregador, não se computa como período extraordinário o que exceder a jornada normal, ainda que ultrapasse o limite de cinco minutos previsto no § 1º do art. 58 da CLT, quando o empregado, por escolha própria, buscar proteção pessoal, em caso de insegurança nas vias públicas ou más condições climáticas, bem como adentrar ou permanecer nas dependências da empresa para exercer atividades particulares, entre outras: "I – práticas religiosas; II – descanso; III – lazer; IV – estudo; V – alimentação; VI – atividades de relacionamento social; VII – higiene pessoal; VIII – troca de roupa ou uniforme, quando não houver obrigatoriedade de realizar a troca na empresa" (§ 2º do art. 4º da CLT). O dispositivo estabelece que as situações decorrem de escolha própria do empregado.

Se não for caso de escolha própria do empregado, proteção pessoal, insegurança nas vias públicas ou más condições climáticas, o tempo que o empregado permanece na empresa é considerado à disposição do empregador e deve ser computado na jornada de trabalho.

Havendo obrigatoriedade de trocar roupa ou uniforme na empresa, o tempo é considerado à disposição do empregador. Se o empregador exige que o empregado troque de roupa para colocar o uniforme, até mesmo por questões de higiene, a jornada de trabalho se inicia no momento em que o empregado começa a preparar-se para o serviço com a troca de roupa.

De fato, não são incluídos no tempo de serviço os períodos de intervalo para refeição, repouso e descanso, pois o empregado não está trabalhando.

Entretanto, se o tempo de espera está dentro da jornada, o empregado está à disposição do empregador, guardando o veículo.

Salvo previsão contratual, a jornada de trabalho do motorista empregado não tem horário fixo de início, de final ou de intervalos. O empregado é responsável pela guarda, preservação e exatidão das informações contidas nas anotações em diário de bordo, papeleta ou ficha de trabalho externo, ou no registrador instantâneo inalterável de velocidade e tempo, ou nos rastreadores ou sistemas e meios eletrônicos, instalados nos veículos, normatizados pelo Contran, até que o veículo seja entregue à empresa. Os dados poderão ser enviados a distância, a critério do empregador, facultando-se a anexação do documento original posteriormente. Aplicam-se as disposições deste artigo ao ajudante empregado nas operações em que acompanhe o motorista.

O motorista empregado, em viagem de longa distância, que ficar com o veículo parado após o cumprimento da jornada normal ou das horas extraordinárias fica dispensado do serviço, exceto se for expressamente autorizada a sua permanência junto ao veículo pelo empregador, hipótese em que o tempo será considerado de espera (§ 3º do art. 235-D da CLT). Dificilmente o motorista irá abandonar o veículo e ficar dispensado do serviço, principalmente nos casos em que há responsabilidade pela carga.

A Lei do Aeronauta (Lei nº 13.475/2017) considera reserva o período em que o tripulante de voo ou de cabine permanece à disposição, por determinação do empregador, no local de trabalho (art. 44). A hora de reserva será paga na mesma base da hora de voo. A reserva do tripulante empregado no serviço aéreo previsto no inciso I do *caput* do art. 5º terá duração mínima de 3 horas e máxima de 6 horas. A reserva do tripulante empregado nos serviços aéreos previstos nos incisos II, III, IV e V do *caput* do art. 5º terá duração mínima de 3 horas e máxima de 10 horas. Prevista a reserva por prazo superior a 3 horas, o empregador deverá assegurar ao tripulante acomodação adequada para descanso. Entende-se por acomodação adequada poltronas em sala específica com controle de temperatura, em local diferente do destinado ao público e à apresentação das tripulações. Para efeito de remuneração, caso o tripulante seja acionado em reserva para assumir programação de voo, será considerado tempo de reserva o período compreendido entre o início da reserva e o início do voo. Os limites poderão ser reduzidos ou ampliados por convenção ou acordo coletivo de trabalho, observados os parâmetros estabelecidos na regulamentação da autoridade de aviação civil brasileira.

O inciso IV do art. 235-B da CLT dispõe que é dever do motorista "zelar pela carga transportada e pelo veículo".

Nos casos em que o motorista tenha que acompanhar o veículo transportado por qualquer meio onde ele siga embarcado e em que o veículo disponha de cabine leito, e que a embarcação disponha de alojamento para gozo de intervalo de repouso diário previsto no § 3º do art. 235-C, esse tempo será considerado como tempo de descanso (§ 7º do art. 235-D da CLT).

É permitida a remuneração do motorista em razão da distância percorrida, do tempo de viagem ou da natureza e quantidade de produtos transportados, inclusive mediante oferta de comissão ou qualquer outro tipo de vantagem, desde que essa remuneração ou comissionamento não comprometa a segurança da rodovia e da coletividade ou possibilite a violação das normas previstas na CLT (art. 235-G da CLT). O motorista não deveria ganhar pela produção de horas ao volante, como seria o pagamento de um prêmio, uma gratificação ou um adicional por entregas feitas e prazo reduzido. O objetivo é de segurança nas rodovias, evitando acidentes. Visa também que o motorista não venha a ingerir drogas para eliminar o sono, como Desobesi-M (chamada, na prática, de Arrebite).

A Lei nº 12.436/2011 estabelece que é "vedado às empresas e pessoas físicas empregadoras ou tomadoras de serviços prestados por motociclistas estabelecer práticas que estimulem o aumento de velocidade, tais como: I – oferecer prêmios por cumprimento de metas por números de entregas ou prestação de serviço; II – prometer dispensa de pagamento ao consumidor, no caso de fornecimento de produto ou prestação de serviço fora do prazo ofertado para a sua entrega ou realização; III – estabelecer competição entre motociclistas, com o objetivo de elevar o número de entregas ou de prestação de serviço (art. 1º). Pela infração de qualquer dispositivo da Lei nº 12.436/2011, ao empregador ou ao tomador de serviço será imposta a multa de R$ 300,00 a R$ 3.000,00 (art. 2º). A penalidade será sempre aplicada no grau máximo: I – se ficar apurado o emprego de artifício ou simulação para fraudar a aplicação dos dispositivos da Lei nº 12.436/2011; II – nos casos de reincidência. A comissão paga ao motorista que não comprometa a segurança rodoviária ou da coletividade estaria permitida pela norma, se interpretada *contrario sensu*. As comissões pagas por quilômetro rodado e por tempo de viagem comprometem a segurança rodoviária, pois o motorista irá imprimir maior velocidade para obter o prêmio prometido pelo empregador.

Em situações excepcionais de inobservância justificada do limite de jornada de 8 horas, devidamente registradas, e desde que não se comprometa a segurança rodoviária, a duração da jornada de trabalho do motorista profissional empregado poderá ser elevada pelo tempo necessário até o veículo chegar a um local seguro ou ao seu destino (§ 6º do art. 235-D da CLT).

Para o transporte de cargas vivas, perecíveis e especiais em longa distância ou em território estrangeiro poderão ser aplicadas regras conforme a especificidade da operação de transporte realizada, cujas condições de trabalho serão fixadas em convenção ou acordo coletivo de modo a assegurar as adequadas condições de viagem e entrega ao destino final (§ 8º do art. 235-D da CLT).

O módulo semanal é o seguinte: na Argentina e no Paraguai, 48 horas. No Uruguai é de 44 horas no comércio e 48 horas na indústria. Na Holanda o módulo semanal é de 27 horas. No Japão, 40 horas. Na União Europeia, a compensação é quadrimestral. Na França, é anual.

Na Argentina é permitida a distribuição das horas de trabalho durante a semana, desde que não exceda 9 horas diárias (LCT, arts. 204-205 e Lei nº 18.204, art. 2º). No Paraguai, a compensação não pode exceder 9 horas e 15 minutos diários. No Uruguai, a distribuição pode ser feita desde que não exceda 9 horas e 30 minutos por dia. Nos países indicados, a compensação pode ser feita por acordo individual.

Para os que trabalham oito horas diárias e 44 semanais o divisor é 220 (§ 1º do art. 6º da Lei nº 8.542/92).

O horário de trabalho será anotado em registro de empregados (art. 74 da CLT).

Para os estabelecimentos de mais de 20 trabalhadores, será obrigatória a anotação da hora de entrada e saída, em registro manual, mecânico ou eletrônico, conforme instruções a serem expedidas pela Secretaria Especial de Previdência e Trabalho do Ministério da Economia, permitida a pré-assinalação do período de repouso (§ 2º do art. 74 da CLT). As pequenas e microempresas geralmente têm no máximo 20 empregados. Registro manual é feito em livro de ponto. Registro mecânico é feito em cartão de ponto. O sistema eletrônico permite a marcação com o dedo indicador.

Se o trabalho for executado fora do estabelecimento, como de motoristas, o horário dos empregados constará do registro manual, mecânico ou eletrônico em seu poder, sem prejuízo do que dispõe o *caput* do art. 74 (§ 3º do art. 74 da CLT).

É permitida a utilização de registro de ponto por exceção à jornada regular de trabalho, mediante acordo individual escrito, convenção coletiva ou acordo coletivo de trabalho (§ 4º do art. 74 da CLT). O acordo pode ser individual, mas deve ser escrito. Não pode ser tácito. Pode também ser estabelecido em convenção ou acordo coletivo de trabalho.

As microempresas e empresas de pequeno porte são dispensadas da afixação de quadro de trabalho (art. 51, I, da Lei Complementar nº 123/2006).

9.2 Jornada móvel de trabalho

Distingue-se a jornada móvel do trabalho a tempo parcial. A primeira não é regulada em lei. O trabalho a tempo parcial tem previsão atualmente no art. 58-A da CLT, que considera trabalho a tempo parcial aquele cuja duração não exceda de 30 horas na semana. A jornada móvel é estabelecida pelas partes, em norma coletiva ou no contrato de trabalho, em que se determina que o trabalho será realizado entre, por exemplo, quatro e oito horas por dia, de acordo com as necessidades da empresa.

Não se confunde a jornada móvel com o regime de compensação de horas. A compensação tem previsão no § 2º do art. 59 da CLT, que determina que o empregado pode trabalhar mais duas horas por dia num prazo máximo de um ano, visando compensar, por exemplo, horas não trabalhadas ou a ausência de trabalho aos sábados. A jornada móvel é o trabalho diário do empregado com um número variável de horas, de acordo com as necessidades do empregador. Não tem por objetivo compensar horas ou dias não trabalhados.

Permite o art. 444 da CLT que as partes estipulem livremente as relações contratuais em tudo que não contrarie as disposições de proteção ao trabalho, os contratos coletivos e as decisões das autoridades competentes.

Inexistindo demonstração de vício de consentimento, no sentido de que o empregado foi coagido a assinar o contrato de trabalho que prevê a jornada móvel, não se pode falar em nulidade.

O horário móvel não contraria o inciso XIII do art. 7º da Lei Maior.

A lei não veda a jornada móvel e variável. O § 1º do art. 142 da CLT faz referência à jornada variável para efeito do cálculo das férias. As convenções coletivas, de modo geral, não proíbem a jornada móvel e variável. Logo, o que não é proibido é permitido.

O cálculo do salário pode ser feito proporcionalmente às horas trabalhadas. Permite o § 1º do art. 6º da Lei nº 8.542 que o salário mínimo pode ser calculado à base horária, que compreende 1/220 do salário mínimo.

Se há trabalho noturno na jornada móvel, deve ser observada a hora noturna reduzida de 52 minutos e 30 segundos (§ 1º do art. 73 da CLT) e pago o adicional noturno de pelo menos 20% (art. 73 da CLT).

As horas trabalhadas, além da oitava diária e 44 semanais, são devidas como extras, como decorre da interpretação do inciso XIII do art. 7º da Lei Magna.

A jornada de trabalho móvel e variável é decorrente da produção da empresa, sendo, portanto, lícita, pois não contraria determinação da Constituição ou da legislação trabalhista.

Dessa forma, a cláusula contratual é plenamente válida, não havendo que se falar em nulidade, de forma a ser aplicado o art. 9º da CLT.

Na hipótese vertente, o empregado deve ser remunerado por hora, de forma que não haja alegação de prejuízo quanto à redução de salário, que só poderia ser feita por negociação coletiva (art. 7º, VI, da Constituição). Assim, a empresa irá pagar ao empregado as horas efetivamente trabalhadas. Se ele trabalhar um número maior ou menor de horas por mês, irá recebê-las de acordo com seu salário-hora. Não há, portanto, prejuízo a ser alegado.

10 EMPREGADOS EXCLUÍDOS

Certos empregados são excluídos da proteção normal da jornada de trabalho, como se verifica do art. 62 da CLT. São os empregados que exercem atividade externa incompatível com a fixação do horário de trabalho e os gerentes, diretores ou chefes de departamento. Isso quer dizer que não têm direito a horas extras e a adicional de horas extras.

Os empregados domésticos têm direito a horas extras, pois se lhes aplica o inciso XIII do art. 7º da Constituição (parágrafo único do art. 7º da mesma norma), que fixa a duração de trabalho de oito horas diárias e 44 semanais. Da mesma forma, é observado em relação aos domésticos o adicional de horas extras (art. 7º, XVI, da Constituição), pois o parágrafo único do art. 7º da Constituição faz menção ao referido inciso.

A antiga redação do art. 62 da CLT incluía os vigias que tinham apenas jornada de 10 horas. A Lei nº 7.313, de 17-5-1985, suprimiu a alínea *b* do art. 62 da CLT, renumerando as demais. Com isso, o vigia passou a ter jornada de trabalho de oito horas, tendo direito a horas extras, além desse horário.

A redação do art. 62 da CLT compreendia os vendedores pracistas, os viajantes e os que exercessem, em geral, funções de serviço externo não subordinado a horário, devendo tal condição ser explicitamente referida na Carteira de Trabalho e no livro de registro de empregados, ficando-lhes, de qualquer modo, assegurado o repouso semanal; os gerentes, assim considerados os que, investidos de mandato, em forma legal, exercessem encargos de gestão e, pelo padrão mais elevado de vencimentos, se diferenciassem dos demais empregados, ficando-lhes, entretanto, assegurado o descanso semanal; os que trabalhassem nos serviços de estiva e nos de capatazia nos portos, sujeitos a regime especial. Com a Constituição, os trabalhadores avulsos passaram também a ter duração do trabalho de oito horas diárias e 44 semanais, pois passaram a ter igualdade de direitos com o trabalhador com vínculo permanente. Assim, a alínea *c* do art. 62 da CLT teria sido derrogada pela Constituição.

A Lei nº 8.966, de 27-12-1994, altera novamente a redação do art. 62 da CLT, estando o citado artigo assim redigido:

> "Não são abrangidos pelo regime previsto neste capítulo (da jornada de trabalho): I – os empregados que exercem atividade externa incompatível com a fixação do horário de trabalho, devendo tal condição ser anotada na Carteira de Trabalho e Previdência Social e

no registro de empregados; II – os gerentes, assim considerados os exercentes de cargos de gestão, aos quais se equiparam, para efeito do disposto neste artigo, os diretores e chefes de departamento ou filiais".

10.1 Constitucionalidade

Poder-se-ia dizer que o art. 62 da CLT seria inconstitucional, pois o inciso XIII do art. 7º da Constituição estabelece que o empregado deve trabalhar oito horas diárias e 44 semanais. Entretanto, o art. 62 da CLT não está mencionando que o empregado deva trabalhar mais do que a jornada especificada na Constituição, apenas que aquelas pessoas que não têm controle de horário ou os gerentes, de modo geral, deixam de ter direito a horas extras, pois no primeiro caso é difícil dizer qual o horário em que prestam serviços, por trabalharem externamente, e no segundo caso o empregado faz o horário que quer, podendo entrar mais cedo e sair mais tarde, ou entrar mais tarde e sair mais cedo, a seu critério. Neste último caso, verifica-se que o poder de direção do empregador é muito menor, e em muitos casos é o empregado que determina muitas coisas, justamente por ter encargo de gestão. Assim, não têm tais pessoas direito a horas extras e não é inconstitucional o art. 62 da CLT.

10.2 Atividades externas

A Lei nº 8.966/94 permite ampla interpretação de cada caso concreto, pois deixam de ser arrolados os empregados que não estão sujeitos à jornada de trabalho, com exceção do gerente. Agora, fala-se em empregados que exercem atividade externa incompatível com a fixação de horário de trabalho.

Continuam a ser incluídos no inciso I do art. 62 da CLT, como empregados que exercem atividade externa incompatível com a fixação de horário de trabalho, os vendedores, viajantes ou pracistas, que são os empregados que não trabalham internamente na empresa, mas externamente, tendo uma região de trabalho onde fazem suas vendas. Da mesma forma, estão incluídos nesse conceito os carteiros, os motoristas em geral, como os de caminhões, de carretas, de ônibus etc., que têm atividade externa ou fazem viagens, mas também os vendedores pracistas, os viajantes ou outras pessoas que exercem atividade externa não sujeita à anotação de jornada de trabalho, como os cobradores ou propagandistas. Os vendedores, viajantes ou pracistas são os empregados que não trabalham internamente na empresa, mas externamente, tendo uma região de trabalho onde fazem suas vendas. Normalmente, não há como controlar o horário dessas pessoas, porque trabalham na praça. São regidos pela Lei nº 3.207/57. Assim, se é impossível controlar o horário desses tipos de trabalhadores, por possuírem afazeres externos, além de ser difícil verificar qual o tempo efetivo à disposição do empregador, são indevidas as horas extras.

A redação do atual dispositivo do inciso I do art. 62 da CLT é melhor do que a anterior, pois não arrola quais seriam os empregados que estariam excluídos de ter direito a horas extras, apenas menciona que são os que exercem atividades externas incompatíveis com a fixação de horário de trabalho, podendo enquadrar-se nessa definição qualquer empregado. O que interessa é que exista incompatibilidade entre a natureza da atividade exercida pelo empregado e a fixação de seu horário de trabalho. Se tais empregados são subordinados a horário, têm direito a horas extras, principalmente quando é possível prever que a jornada normal não é suficiente para a entrega ou cobrança das mercadorias vendidas, como em relação a motoristas e cobradores.

Há, ainda, uma condição cumulativa a ser observada: registro na CTPS da não observância de horário de trabalho e também no livro ou ficha de registro de empregados. Caso falte algum dos dois requisitos, o empregado terá direito a horas extras, salvo se tiver ciência inequívoca de sua condição ou for feita prova da referida condição.

Na anterior redação da alínea *a* do art. 62 da CLT, falava-se que os empregados que exerciam atividades externas não tinham direito a horas extras, mas assegurava-se o direito ao repouso semanal remunerado. Com acerto, a atual redação do inciso I do art. 62 da CLT suprimiu a referida disposição, pois o repouso semanal remunerado, hoje, é previsto no inciso XV do art. 7º da Constituição, sendo um direito de todo empregado, urbano, rural, doméstico e avulso, mesmo não subordinado a horário. A mesma expressão "assegurado o repouso semanal remunerado" é também suprimida no atual inciso II do art. 62 da CLT em relação à antiga alínea *b* do mesmo art. 62, pois o repouso semanal também é assegurado aos gerentes.

Motoristas que não têm controle de horário estão incluídos na exceção do inciso I do art. 62 da CLT, não fazendo jus a horas extras. Se houver controle da jornada por meio de anotação de diário de bordo, papeleta ou ficha de trabalho externo, terá o motorista direito a horas extras.

O tacógrafo não implica controle de jornada do empregado. Mostra o movimento do veículo ou a sua velocidade. Não possibilita saber quem é o condutor do veículo, nem o trajeto cumprido. Não serve para controlar a jornada de empregado que exerce atividade externa (OJ 332 da SBDI-1 do TST).

10.3 Encargos de gestão

Na redação anterior do art. 62 considerava-se gerente ou empregado de confiança aquele que tinha mandato da empresa, que, como qualquer contrato, pode ser escrito ou verbal. Devia, assim, exercer encargos de gestão, admitindo ou dispensando funcionários, fazendo compras e vendas em nome da empresa, além de ter padrão mais elevado de vencimentos do que outros funcionários. Exercia encargos e prerrogativas do empregador, atuando como se fosse o próprio empregador.

Passa o inciso II do art. 62 da CLT a fazer referência a cargo de gestão e não a cargo de confiança, pois a confiança é inerente ao contrato de trabalho.

O inciso II do art. 62 da CLT continua utilizando a palavra *gerente*. A maior dificuldade consiste em dizer quem é gerente, pois o empregado pode ser rotulado de gerente, mas efetivamente não o ser, ou não ter poderes para tanto.

É gerente o que tem poderes de gestão, como de admitir ou dispensar funcionários, adverti-los, puni-los, suspendê-los, de fazer compras ou vendas em nome do empregador, sendo aquele que tem subordinados, pois não se pode falar num chefe que não tem chefiados.

O atual inciso II do art. 62 da CLT já não menciona a expressão *mandato* que tanto poderia ser expresso ou tácito, mas o gerente, para ter poderes de gestão, deve ter um mandato conferido pelo empregador, ainda que verbal ou tácito, para administrar o empreendimento do empresário. Embora a atual norma mencione apenas "encargos de gestão", é possível entender que a pessoa que tem encargo de gestão é a que tem mandato, ainda que verbal ou tácito.

Não mais se sujeitam também a ter direito a horas extras os diretores e chefes de departamento ou filial, que se equiparam aos gerentes, pois também exercem encargos de gestão, devendo ter o mesmo tratamento. Talvez, o legislador tivesse agido com mais acerto se colocasse na lei que não se sujeitam à jornada de trabalho aqueles que exercem encargos de gestão. Nesse conceito, estariam incluídos os gerentes, os diretores e chefes e até os superintendentes da empresa, pois difícil é dizer o que é chefe de departamento ou de filial, que são atribuições determinadas pelo empregador ao nomear tais pessoas. Da mesma forma, é difícil explicar o que é empregado de confiança, pois, para o empregador, o empregado é de confiança e o empregado muitas vezes não se considera de confiança, pois não tem amplos poderes para tanto. O cargo de confiança importa fidúcia depositada pelo empregador no empregado. É geralmente exercido em caráter temporário ou em comissão, podendo o comissionado reverter ao cargo que anteriormente ocupara na empresa. Mesmo assim, o empregado que exerce cargo de confiança, agora, está expressamente excluído do regime de horas extras, pois o parágrafo único esclarece que seria uma das pessoas que têm encargos de gestão.

Haverá, com certeza, problemas de interpretação sobre o que vem a ser o exercício do cargo de confiança, como ocorre com os bancários. Aliás, o legislador ordinário parece que inspirou-se no bancário comissionado para dizer quem exerce cargo de gestão, ao se utilizar da expressão *gratificação de função* no parágrafo único do art. 62 da CLT, expressamente prevista no § 2º do art. 224 da CLT, pertinente aos bancários.

O fato, porém, de o inciso II do art. 62 da CLT não fazer remissão expressa em relação à pessoa que exerce cargo de chefe de divisão não quer dizer que o referido empregado está excluído de sua aplicação, pois é possível dizer que há um exemplo no inciso II do art. 62 ao equiparar aos gerentes os diretores de departamento ou filial. Desde que o chefe exerça também encargo de gestão, não terá direito a horas extras.

O gerente vai continuar a ser a pessoa que tem um padrão mais elevado de vencimentos do que os demais funcionários da empresa. Não seria possível entender como padrão mais elevado de vencimentos o fato de o gerente ganhar um real a mais do que seus subordinados, mas alguma coisa razoável a mais do que os demais empregados, no contexto da empresa. Na redação anterior da alínea *b* do art. 62 da CLT, contudo, não havia um critério para dizer como se caracterizaria esse padrão mais elevado de vencimentos, o que agora é feito no parágrafo único do mesmo artigo.

Para caracterização do cargo de confiança, não é preciso o pagamento de gratificação de função, que é facultativa, podendo ou não ser paga ao empregado, pois a lei emprega a expressão *se houver*, denotando exemplo. O empregador, contudo, vai ter que demonstrar que o empregado recebe a gratificação pela função, nos casos em que houver o pagamento, que não são muitas pessoas que o possuem, mesmo muitos gerentes ou outros administradores empregados têm um salário maior, mas não têm gratificação de função, ou, então, deverá mostrar que o gerente tem um padrão mais elevado de vencimentos do que os demais empregados.

O pagamento da gratificação sempre teve por objetivo compensar a maior responsabilidade pelo cargo exercido, como também cobrir despesas decorrentes de seu desempenho, mas pode-se também entender que a gratificação paga pela maior responsabilidade já inclui eventual remuneração de horas extras que possam ser prestadas.

Não será, porém, cargo de confiança aquele em que o desempenho seja exclusivamente técnico.

A redação do parágrafo único do art. 62 da CLT, no que diz respeito à gratificação de função, vem a ser pior do que a da legislação anterior, pois dará margem a uma série de problemas de interpretação, principalmente se o trabalhador exerce efetivamente encargo de gestão, mas não tem gratificação de função.

Se o trabalhador receber gratificação de função inferior ao valor do salário efetivo acrescido de 40%, pode-se entender que, mesmo tendo cargo de gerente, terá direito a horas extras. Entretanto, não se pode dizer que esse fator será preponderante, pois a própria lei menciona a expressão *se houver*, denotando facultatividade de tal pagamento e indicando que, mesmo inexistindo gratificação de função, o empregado não estará sujeito a horas extras desde que tenha encargo de gestão. Logo, o critério da gratificação de função será meramente exemplificativo ou indicativo da condição de gerente, mas não será essencial, bastando, para tanto, que o salário do gerente tenha padrão bem mais elevado do que o de seu subordinado imediatamente inferior ou que seja superior a 40% deste. Não se pode interpretar o parágrafo em confronto com o artigo, mas os dois devem ser interpretados harmônica ou sistematicamente, pois, senão, um iria anular o outro.

Se a empresa não pagava gratificação de função a seus gerentes quando da edição da Lei nº 8.966/94, não tem obrigação de fazê-lo agora, para caracterizar o exercício de encargo de gestão. O que interessa como fator determinante é o exercício de encargo de gestão pelo empregado, pouco importando se tinha ou não gratificação de função. Isso quer dizer que a empresa não está obrigada a pagar gratificação de função a seus gerentes se não o fazia, pois o principal é o exercício de encargo de gestão por parte do empregado. Se o funcionário exerce encargo de gestão, é o suficiente, mesmo que não tenha gratificação de função; continuará, assim, a não ter direito a horas extras. Se houver a gratificação de função, esta deverá ser de pelo menos 40% sobre o salário efetivo. Entretanto, se inexistir a referida gratificação, o gerente não terá direito a horas extras desde que tenha encargo de gestão, pois a hipótese contida no parágrafo único do art. 62 da CLT é meramente exemplificativa.

É claro que aquele que ganhar gratificação superior a 40% do salário-base também se incluirá no conceito de gerente.

Estando o empregado sujeito a controle de horário, na entrada e saída do serviço, terá direito a horas extras, inclusive o gerente, porque, aí, não se poderá falar em liberdade total do empregado, devendo ser aplicada a duração do trabalho de oito horas diárias e 44 semanais. Incompatível falar em controle de jornada de quem exerce cargo de confiança.

A regra do parágrafo único do art. 62 da CLT não veio a alterar, porém, o § 2º do art. 224 da CLT, pois esta regra é específica em relação ao bancário, sendo que "a lei nova que estabeleça disposições gerais ou especiais a par das já existentes não revoga nem modifica a lei anterior" (§ 2º do art. 2º do Decreto-Lei nº 4.657/42). A gratificação de função dos que exercem função de direção, gerência, fiscalização, chefia ou outros cargos de confiança bancária continua sendo de pelo menos 1/3 do salário do cargo efetivo, e não de 40%, como prevê o parágrafo único do art. 62 da CLT, tendo jornada de trabalho de oito horas, e não de seis horas (S. 102, IV, do TST). O gerente bancário terá jornada de trabalho de 8 horas (§ 2º do art. 224 da CLT). Quanto ao gerente-geral de agência bancária, presume-se o exercício do encargo de gestão, aplicando-se-lhe o art. 62 da CLT (S. 287 do TST).

10.4 Empregados em regime de teletrabalho

Não são abrangidos pelo capítulo de duração do trabalho os empregados em regime de teletrabalho (art. 62, III, da CLT). Não fazem jus, portanto, a horas extras. O dispositivo tem de ser interpretado sistematicamente ou em conjunto com o parágrafo único do art. 6º da CLT. Este dispositivo faz referência a comando, controle e supervisão por meios telemáticos e informatizados em relação ao teletrabalho. Se houver controle de entrada e saída de dados no computador do empregado por parte do empregador, o trabalhador terá direito a horas extras.

Não terá direito a horas extras quem trabalhar no sistema de teletrabalho, sem controle de horário, de entrada e saída de dados no computador.

10.5 Trabalhadores avulsos

Não mais se incluem no art. 62 da CLT os trabalhadores avulsos, ou os de estiva e de capatazia dos portos, sujeitos a regime especial. Se eles têm regime especial, já não deveriam ser incluídos na CLT, mas a própria lei deveria tratar do assunto. É certo que os próprios trabalhadores avulsos estão sujeitos à duração do trabalho de oito horas diárias e 44 semanais, por força do inciso XIII do art. 7º da Lei Maior, combinado com o inciso XXXIV do art. 7º da mesma norma, pois é vedada a distinção entre o trabalhador com vínculo empregatício permanente e o avulso, isto é, deve haver igualdade de direitos entre os referidos trabalhadores. Se há, porém, incompatibilidade entre a atividade que os avulsos exercem e a fixação de horário, podem ser incluídos no inciso I do art. 62 da CLT.

10.6 Conclusões

O art. 62 da CLT exclui da aplicação do Capítulo II da mesma norma ("Da Duração do Trabalho") os trabalhadores que especifica. Isso significa não só a duração máxima da jornada de trabalho, e, por consequência, o direito de receber horas extras, mas também o direito a horas noturnas, adicional noturno e hora noturna reduzida, pois o trabalho noturno está incluído no mesmo capítulo, que trata da duração do trabalho, incluindo jornada de trabalho, períodos de descanso e intervalos, trabalho noturno e compensação da jornada de trabalho. Verifica-se, portanto, que não é apenas da jornada de trabalho que o trabalhador está excluído no art. 62 da CLT, mas de todo o capítulo. O direito à remuneração do trabalho noturno superior à do diurno e à remuneração de horas extras com adicional de

50% dependerá da previsão da lei ordinária, mais precisamente do capítulo da CLT que trata da duração do trabalho.

11 CONCEITO DE HORAS EXTRAS

São usadas as expressões *horas extras, horas extraordinárias* ou *horas suplementares*, que têm o mesmo significado.

Horas extras são as prestadas além do horário contratual, legal ou normativo, que devem ser remuneradas com o adicional respectivo. A hora extra pode ser realizada tanto antes do início do expediente, como após seu término normal ou durante os intervalos destinados a repouso e alimentação.

12 ACORDO DE PRORROGAÇÃO DE HORAS

O acordo de prorrogação de horas é o ajuste de vontade feito pelas partes para que a jornada de trabalho possa ser elastecida além do limite legal, mediante o pagamento de adicional de horas extras. O acordo pode ser feito por prazo determinado ou indeterminado.

O art. 59 da CLT permite que as partes façam um pacto da prorrogação da duração normal da jornada de trabalho.

O acordo será individual, ou seja, deverá ser necessariamente escrito, podendo ser um adendo ao contrato de trabalho ou inserido no próprio pacto laboral ou, ainda, por meio de acordo ou convenção coletiva, que é o significado da expressão *contrato coletivo* encontrada no artigo consolidado. Do documento deveria constar que a remuneração da jornada suplementar seria de 20% (§ 1º do art. 59 da CLT). Quando inexistia o acordo escrito, o adicional era de 25% (antiga S. 215 do TST). Hoje, já não se aplica essa orientação, pois o adicional é de pelo menos 50% (art. 7º, XVI da Constituição, § 1º do art. 59 da CLT). Mesmo que não haja acordo entre as partes para a prorrogação da jornada, o empregado poderá reivindicar em processo trabalhista as horas extras com adicional.

O limite da prorrogação de horas é de mais duas por dia, totalizando 10 horas (art. 59 da CLT). É claro que, se o empregado prestar mais de duas horas extras por dia, terá que recebê-las, pois geraria enriquecimento ilícito do empregador em detrimento do esforço do empregado, além do que as partes não poderiam voltar ao estado anterior, devolvendo ao obreiro a energia despendida. Excedido o limite de duas horas por dia, haverá multa administrativa.

Trabalhar mais de 10 horas por dia diminui a concentração do trabalhador. Ele está mais cansado, podendo causar acidentes do trabalho.

O art. 413 da CLT veda a prorrogação do horário de trabalho do menor, salvo em se tratando de acordo de compensação ou na hipótese de força maior. Os cabineiros de elevadores não podem, também, prorrogar sua jornada de trabalho (art. 1º da Lei nº 3.270/57).

Os bancários podem prorrogar excepcionalmente sua jornada até oito horas, ou 40 horas semanais (art. 225 da CLT). A jurisprudência veda a contratação de jornada extraordinária quando da admissão do empregado bancário (S. 199, I, do TST).

Estabelece o art. 60 da CLT que nas atividades insalubres "quaisquer prorrogações" só poderão ser feitas por intermédio de licença prévia das autoridades competentes em matéria de segurança e higiene de trabalho, sendo nula a prorrogação que não atenda a essa regra de ordem pública. O trabalho prorrogado em atividade insalubre é mais nocivo ao empregado, atentando contra sua saúde, diminuindo sua atenção e podendo favorecer a ocorrência de acidentes, em virtude de seu cansaço. Daí a necessidade de autorização prévia da autoridade do Ministério do Trabalho para o prolongamento do horário de trabalho nessas atividades. Poucas, contudo, foram as empresas que conseguiram obter a citada licença prévia da DRT para a prorrogação do horário de trabalho. O art. 60 da CLT refere-se apenas a insalubridade e não a periculosidade.

Excetuam-se da exigência de licença prévia as jornadas de doze horas de trabalho por trinta e seis horas ininterruptas de descanso (parágrafo único do art. 60 da CLT).

Havia entendimento de que a não obtenção da mencionada licença prévia geraria apenas infração administrativa, cuja penalidade estaria capitulada no art. 75 da CLT. Outra corrente afirmava que o art. 60 da CLT delegava ao Ministério do Trabalho a normatização das regras de medicina e segurança do trabalho, o que está previsto no art. 200 da CLT e regulamentado minuciosamente pela Portaria nº 3.214/78, que permite a prorrogação em se tratando de trabalho em condições ruidosas, mas não por muito tempo (NR 15, Anexos 1 e 2), no trabalho sob ar comprimido (Anexo 6 da NR 15), no trabalho subterrâneo (NR 22) etc.

A jurisprudência não tinha posição unânime a respeito do tema, mas a maioria dos julgados e da doutrina entendia, como Mozart Victor Russomano (1990, v. 1:101), que "a consequência imediata dessa exigência é a ilegalidade do regime de compensação em atividades insalubres sem autorização prévia da autoridade competente, considerando-se como horas extras as que excederem ao limite normal de oito horas". Na verdade, mandava-se pagar apenas o adicional de horas extras, utilizando-se da orientação da Súmula 85 do TST.

Com o advento do inciso XIII do art. 7º da Lei Fundamental surge a dúvida se o art. 60 da CLT ainda está em vigor.

Afirmam alguns que o art. 60 da CLT seria uma norma de segurança e medicina do trabalho, que se compatibilizaria e seria decorrente do inciso XXII do art. 7º da Lei Maior, que prevê a redução de riscos inerentes ao trabalho, de acordo com normas de saúde, higiene e segurança. Não se pode dizer, entretanto, que aquele comando legal é uma norma de segurança e medicina do trabalho, pois está inserido na Seção II (Da Jornada de Trabalho) do Capítulo II, do Título II, da CLT, que trata da duração do trabalho, e não no Capítulo V do mesmo título, que prescreve sobre medicina e segurança do trabalho (arts. 154 a 223). Embora o art. 60 da CLT se refira ao capítulo sobre segurança e medicina do trabalho, a questão nele versada é sobre prorrogação da jornada de trabalho.

O art. 60 da CLT e o inciso XIII do art. 7º da Constituição não versam, porém, sobre questões diversas. Ao contrário, a compensação não deixa de ser uma espécie de prorrogação do horário de trabalho, que somente poderá ser feita por convenção ou acordo coletivo. O artigo consolidado, ao falar em "qualquer prorrogação", implicitamente engloba a compensação do horário de trabalho, que vem a ser uma forma de prorrogação da jornada de trabalho. Como o texto constitucional estabeleceu uma única condição para a compensação do horário de trabalho, que é a celebração de acordo ou convenção coletiva de trabalho, já não há necessidade de autorização prévia da DRT para prorrogação da jornada de trabalho, havendo incompatibilidade entre o art. 60 da CLT e o inciso XIII do art. 7º da Constituição, estando revogado, assim, o primeiro.

A lei anterior (art. 60 da CLT) não passa a ser inconstitucional em relação ao inciso XIII do art. 7º da Constituição, pois não seria possível que o legislador ordinário fosse infringir norma constitucional futura, de que não tinha conhecimento. Na verdade, a Constituição, por ser posterior e hierarquicamente superior à lei ordinária, revoga, por incompatibilidade, a norma anterior, o art. 60 da CLT, por ter regulado diferentemente a matéria e por ser contrária ao último dispositivo legal. Quando a Constituição explicita como um direito vai ser exercitado, esta especificação implica a proibição implícita de qualquer interferência legislativa do legislador ordinário, que não pode sujeitar a norma constitucional a outras condições. O legislador estabeleceu o limite máximo diário e semanal e a compensação ou redução mediante acordo ou convenção coletiva. Não pode a legislação ordinária estabelecer de modo diverso. Qualquer outro requisito importa colidência direta com a Lei Maior, fazendo restrição de forma indevida onde o legislador constitucional não pretendeu fazer qualquer restrição, inclusive quanto à negociação ou à liberdade de negociação coletiva.

Há, portanto, uma única condição para a prorrogação do horário de trabalho em atividade insalubre: a existência de acordo ou convenção coletiva de trabalho. Não há, assim, outra condição, nem é preciso ser feita regulamentação infraconstitucional, pois o único requisito é a negociação coletiva. Logo, é possível a compensação de horário de trabalho ser feita por acordo ou convenção coletiva nas atividades insalubres e prescinde da inspeção prévia da autoridade competente em matéria de higiene do trabalho.

O TST entende que não é válido acordo de compensação de jornada em atividade insalubre, ainda que estipulado em norma coletiva, sem a necessária inspeção prévia e permissão da autoridade competente, na forma do art. 60 da CLT (S. 85, VI, do TST).

A supressão total ou parcial, pelo empregador, do serviço suplementar prestado com habitualidade, durante pelo menos um ano, assegura ao empregado o direito à indenização correspondente a um mês das horas suprimidas, total ou parcialmente, para cada ano ou fração igual ou superior a seis meses de prestação de serviço acima da jornada normal. O cálculo observará a média das horas suplementares nos últimos 12 meses anteriores à mudança, multiplicada pelo valor da hora extra do dia da supressão (S. 291 do TST).

Se as horas extras foram contratadas pelo empregado, este não poderá furtar-se a prestá-las, a não ser que existam motivos justificáveis; caso contrário, o empregado estará sujeito ao poder disciplinar do empregador, podendo até mesmo ser dispensado por justa causa.

Não é possível a prorrogação de horas para os cabineiros de elevador (art. 1º da Lei nº 3.270/57). O bancário só excepcionalmente pode prorrogar sua jornada (art. 225 da CLT). As telefonistas somente podem fazer horas extras em decorrência de indeclinável necessidade (§ 1º do art. 227 da CLT).

O adicional de horas extras é de 50% (art. 7º, XVI, da Constituição). Com isso, os adicionais de horas extras que existiam para as telefonistas (§ 1º do art. 227 da CLT), operadores cinematográficos (parágrafo único do art. 234 da CLT), ferroviários (art. 241 da CLT), pessoal de equipagem de trens (parágrafo único do art. 241 da CLT), jornalistas (art. 305 da CLT), fica elevado para 50%. O advogado terá adicional de horas extras de 100% (§ 2º do art. 20 da Lei nº 8.906).

A jurisprudência considera como trabalho extraordinário os minutos que antecedem e sucedem a jornada de trabalho, o que também poderia ser denominado período residual. É certo que, em muitos casos, é impossível que os empregados se comportem de forma homogênea, ordenada, para a marcação do ponto, sendo impraticável que todos marquem o ponto no mesmo horário.

Deve haver um limite de tolerância para a marcação dos cartões de ponto, geralmente de cinco minutos. O que exceder esse limite será considerado como minutos extras, pois se configura como tempo à disposição do empregador.

A Constituição estabelece duração do trabalho de oito horas diárias e 44 semanais. O que exceder esse horário é jornada extra, salvo havendo acordo ou convenção coletiva para a redução e compensação da jornada (art. 7º, XIII). Não menciona a Lei Maior que os minutos não serão considerados como extras. Assim, é possível concluir que tudo o que exceder aquele limite será considerado como jornada extraordinária, inclusive os minutos extras.

É a lei que determina a anotação da entrada e saída do empregado em registro de ponto. O § 2º do art. 74 da CLT preconiza que, nos estabelecimentos com mais de 20 empregados, será obrigatória a anotação da hora de entrada e saída, em registros mecânicos ou eletrônicos, devendo haver pré-assinalação do período de repouso.

O art. 4º da CLT considera como tempo à disposição do empregador aquele em que o empregado esteja aguardando ou executando ordens. Nesse sentido, poder-se-ia entender que, se ao empregado é determinada a anotação de ponto pelo empregador, a partir do momento em que anota o cartão de ponto ou até a referida marcação, o empregado está executando ordens de seu patrão, devendo tal período ser considerado como tempo à disposição da empresa. Entretanto, em muitos casos, é sabido que, nos minutos que antecedem ou sucedem a jornada de trabalho, o empregado ainda não está trabalhando. Muitas vezes, fica conversando com os colegas antes ou após o expediente, vai ao grêmio da empresa ou tem de aguardar outros funcionários para iniciar o trabalho e só a partir do momento em que efetivamente começa a prestar os serviços é que se consideraria como tempo de serviço à disposição do empregador. Seria, portanto, falso o argumento de que o empregado está à disposição do empregador até o momento em que deixa o emprego.

Para serem evitadas dúvidas, é mister que se fixe margem de tolerância para a marcação dos cartões de ponto, visando evitar abusos, pois não seria possível que o empregador viesse a instalar uma máquina de ponto para cada trabalhador, até porque a lei nada menciona sobre o fato.

Parece um critério justo determinar que haja tolerância para marcar os cartões de ponto pelo período de cinco minutos antes ou depois da jornada, razoável para que o empregado marque o ponto, pois não se leva tanto tempo para esse ato. Os minutos excedentes de cinco devem, portanto, ser considerados como extras, aplicando-se o princípio da razoabilidade, pois, do contrário, se o empregado chegasse atrasado ao emprego, o empregador também não poderia descontar os minutos de atraso do salário do empregado, o que normalmente é feito. Não se pode, porém, desprezar o período que antecede e sucede a jornada efetiva de trabalho, sob pena de o trabalhador prestar o serviço e não receber por seu labor. Seria computado o tempo de anotação dos cartões de ponto, com a tolerância de cinco minutos, salvo se demonstrado que o empregado é que deu causa ao atraso na marcação do ponto.

Despiciendo o argumento de que o empregado estaria à disposição de si mesmo quando anota os cartões de ponto e não do empregador, pois o empregado está à disposição do empregador quando executa ordens, de anotar os controles de ponto, além de estar dentro da empresa para essa atividade. Se a própria empresa tem aparelho que marca minuto a minuto a jornada, não se pode deixar de considerar o tempo à disposição do empregador dessa forma, apenas deve-se estabelecer um limite para tal fim.

A Súmula 366 do TST mostra que se deve estabelecer uma margem de tolerância de cinco minutos para a anotação do cartão de ponto na entrada e na saída. O excedente será considerado como minutos extras.

Se a jornada de trabalho for excedida, todos os minutos devem ser contados como extras e não apenas o que exceder de cinco minutos.

A Lei nº 10.243/2001 acrescentou o § 1º ao art. 58 da CLT, determinando que não serão descontadas nem computadas como jornada extraordinária as variações de horário no registro de ponto não excedentes de cinco minutos, observado o limite máximo de 10 minutos diários.

Considera-se à disposição do empregador, na forma do art. 4º da CLT, o tempo necessário ao deslocamento do trabalhador entre a portaria da empresa e o local de trabalho, desde que supere o limite de 10 minutos diários (S. 429 do TST).

Haverá tolerância de cinco minutos na entrada e cinco minutos quando retornar do intervalo para almoço para marcar cartão de ponto. Deve ser observado o limite total de 10 minutos por dia, que compreendem os cinco minutos na entrada e os cinco minutos na saída.

O empregador não poderá também descontar os cinco minutos que o empregado entrar mais tarde, por ter chegado atrasado, ou sair mais cedo, totalizando no máximo 10 minutos por dia.

O tempo gasto pelo empregado com troca de uniforme, lanche e higiene pessoal, dentro das dependências da empresa, após o registro de entrada e antes do registro de saída, considera-se tempo à disposição do empregador, sendo remunerado como extra o período que ultrapassar, no total, a 10 minutos da duração de trabalho diária (S. 366 do TST).

O empregado, sujeito a controle de horário, remunerado à base de comissões, tem direito ao adicional de, no mínimo, 50% pelo trabalho em horas extras, calculado sobre o valor-hora das comissões recebidas no mês, considerando-se como divisor o número de horas efetivamente trabalhadas (S. 340 do TST).

13 COMPENSAÇÃO DA JORNADA DE TRABALHO

A redação original do § 2º do art. 59 da CLT previa:

> "Poderá ser dispensado o acréscimo de salário, se por força de acordo ou contrato coletivo, o excesso de horas em um dia for compensado pela correspondente diminuição em outro dia, de maneira que não exceda o horário normal da semana nem seja ultrapassado o limite máximo de 10 (dez) horas".

A referência a contrato coletivo é porque em 1943 havia a utilização dessa expressão, que foi substituída pelo Decreto-Lei nº 229/67 por *convenção e acordo coletivo*, ao ser dada nova redação aos arts. 611 a 625 da CLT. Esqueceram, porém, de alterar a redação do § 2º do art. 59 da CLT, atualizando-o em decorrência do Decreto-Lei nº 229/67. O horário normal da semana era de 48 horas, antes de 5-10-1988.

Dispõe o inciso XIII do art. 7º da Constituição: "duração do trabalho normal não superior a oito horas diárias e quarenta e quatro semanais, facultada a compensação de horários e a redução da jornada, mediante acordo ou convenção coletiva de trabalho".

O § 2º do art. 59 da CLT teve nova redação determinada pela Lei nº 9.601, de 21-1-1998:

> "Poderá ser dispensado o acréscimo de salário se, por força de acordo ou convenção coletiva de trabalho, o excesso de horas em um dia for compensado pela correspondente diminuição em outro dia, de maneira que não exceda, no período máximo de cento e vinte dias, à soma das jornadas semanais de trabalho previstas, nem seja ultrapassado o limite máximo de dez horas diárias".

Na prática, são encontradas as denominações *banco de horas* e *banco de dias*. O termo *banco* não é correto, pois banco é o local em que se guarda alguma coisa, principalmente dinheiro. Pode significar o lugar em que a pessoa senta.

A utilização da denominação *banco de horas* serviria para significar a guarda de horas prestadas a mais por dia para serem compensadas em outra oportunidade. A expressão *banco de dias* teria o significado de trabalhar mais em alguns dias para não prestar serviços em outro dia. No banco de folgas, são trabalhadas horas a mais por dia em troca de folgas.

A denominação mais correta é *acordo de compensação de horas*, prevista no § 2º do art. 59 da CLT, como já havia previsão antes da Lei nº 9.601.

Na prática, porém, têm sido utilizadas as denominações *banco de horas* ou *banco de dias*, principalmente nos acordos e convenções coletivas ou no ABC paulista, onde surgiram essas expressões.

Acordo de compensação de horas é o ajuste feito entre empregado e empregador para que o primeiro trabalhe mais horas em determinado dia para prestar serviços em número de horas inferior ao normal em outras dias.

Consiste o "banco" de horas em o trabalhador cumprir jornada inferior à normal quando há menor produção, sem prejuízo do salário ou de ser dispensado. Quando há maior produção, há compensação das horas. Poderá o trabalhador prestar serviços mais horas por dia, quando há maior produção, compensando essas horas na baixa produção. A Lei nº 9.601 acabou instituindo o que na prática já se chama de "banco de horas", que nada mais é do que a compensação da jornada de trabalho.

Hoje, já se fala até no "banco" de dias, que tem a mesma finalidade do banco de horas, de adequar a produção na empresa. Há folga do trabalhador quando a produção está baixa e trabalho aos sábados, sem pagamento de horas extras, quando há maior produção. Não há ainda previsão legal nesse sentido na nossa legislação. A compensação estabelecida pela lei é de horas, e não de dias.

São vantagens do "banco de horas": evitar dispensa de trabalhadores em épocas de crise; adequar a produção; evitar ociosidade do trabalhador; reduzir horas extras e seu custo, compensar o sábado, compensar dias no final do ano etc.

Normalmente, as empresas costumam fazer com que o empregado trabalhe uma hora a mais por dia, de segunda a quinta-feira, não trabalhando aos sábados. Por exemplo: o empregado presta serviços das 8 às 12 e das 13 às 18h, de segunda a quinta-feira, e nas sextas-feiras sai às 17h, porém não presta serviços aos sábados. Nesse caso, não excede o módulo semanal de 44 horas. Há a possibilidade também de o empregado trabalhar mais horas por dia, por intermédio do sistema de compensação, para não prestar serviços durante a semana de Carnaval, de Natal e Ano Novo ou para não trabalhar nos dias intercalados entre feriados e fins de semana (os chamados dias-pontes).

Para o empregado, a compensação pelo não trabalho ao sábado é benéfica, pois o trabalhador não precisa deslocar-se até a empresa para trabalhar na maioria das vezes quatro horas, tendo gastos de transporte.

O empregado, por exemplo, poderia trabalhar mais horas de segunda a quinta-feira e não trabalhar às sextas-feiras, ficando com um fim de semana maior e mais tempo perto de sua família.

Não se confunde a compensação da jornada de trabalho com a chamada semana inglesa, pois nesta o empregado trabalha oito horas diárias e 40 semanais.

13.1 Flexibilização das normas trabalhistas

O Direito do Trabalho é um ramo da ciência do Direito muito dinâmico, que vem sendo modificado constantemente, principalmente para resolver o problema do capital e do trabalho. Para adaptar esse dinamismo à realidade laboral, surgiu uma teoria chamada de flexibilização dos direitos trabalhistas.

A flexibilização das condições de trabalho é um conjunto de regras que têm por objetivo instituir mecanismos tendentes a compatibilizar as mudanças de ordem econômica, tecnológica ou social existentes na relação entre o capital e o trabalho. Os exemplos mais comuns seriam a flexibilização da jornada de trabalho (*flex time*), que é usada principalmente nos países de língua inglesa, em que o funcionário entra mais cedo, saindo mais cedo do trabalho, ou ingressa mais tarde no serviço, saindo, também, em horário mais adiantado do que o normal, estabelecendo, assim, seu próprio horário de trabalho, trabalhando mais horas em determinado dia ou semana para trabalhar um menor número de horas em outros dias (há necessidade, porém, de se observar um número mínimo de horas trabalhadas no ano, no mês ou na semana); o *job sharing* ou a divisão do posto de trabalho por mais de uma pessoa; o contrato segundo as necessidades do empreendimento (*Kapovaz* do Direito alemão), conforme Lei de 26-4-1985.

Visa a flexibilização assegurar um conjunto de regras mínimas ao trabalhador e, em contrapartida, a sobrevivência da empresa, por meio da modificação de comandos legais, procurando garantir aos trabalhadores certos direitos mínimos e ao empregador a possibilidade de adaptação de seu negócio, mormente em épocas de crise econômica. Para fiscalizar essa flexibilização, com essa maleabilidade, é que o sindicato passa a deter o papel principal, ou seja, na participação das negociações coletivas que conduzirão ao acordo ou à convenção coletiva de trabalho, de modo a permitir também a continuidade do emprego do trabalhador e a sobrevivência da empresa, assegurando um grau de lucro razoável à última e certas garantias mínimas ao trabalhador. É uma forma de adaptação das normas vigentes às necessidades e conveniências de trabalhadores e empresas.

A Constituição de 1988 prestigiou em vários momentos a flexibilização das regras do Direito do Trabalho, determinando: que os salários poderão ser reduzidos por convenção ou acordo coletivo de trabalho (art. 7º, VI); a compensação ou a redução da jornada de trabalho só poderá ser feita mediante acordo ou convenção coletiva (art. 7º, XIII); o aumento da jornada de trabalho nos turnos ininterruptos de revezamento para mais de seis horas por intermédio de negociação coletiva (art. 7º, XIV). O inciso XXVI do art. 7º do Estatuto Supremo reconheceu não só as convenções coletivas, mas também os acordos coletivos de trabalho. O inciso VI do art. 8º da mesma norma estatuiu a obrigatoriedade da participação dos sindicatos nas negociações coletivas de trabalho. Pode-se dizer, também, que até mesmo a participação nos lucros e na gestão da empresa são formas de flexibilização laboral, de maneira que o empregado possa participar democraticamente na gestão da empresa e em seus resultados positivos (art. 7º, XI, da Lei Ápice), sendo que a participação em relação aos lucros pode ser feita por convenção ou acordo coletivo (art. 621 da CLT).

Como se vê, há flexibilização de certas regras do Direito do Trabalho que só pode ser realizada com a participação do sindicato, podendo tanto ser instituídas condições de trabalho *in mellius* (redução da jornada) ou *in peius*, para pior, como no aumento da jornada nos turnos ininterruptos de revezamento ou na redução de salários.

13.2 Compensação de horário

Antes da Constituição atual os homens faziam a compensação de horários de trabalho mediante acordo individual, às vezes inserido no próprio contrato de trabalho (§ 2º do art. 59 da CLT). As mulheres somente poderiam fazer a compensação da jornada de trabalho mediante convenção ou acordo coletivo de trabalho (art. 374 da CLT, que foi revogado pela Lei nº 7.855/89). Os menores também necessitam de convenção ou acordo coletivo para a compensação da sua jornada, desde que atendidos certos requisitos (art. 413 da CLT). A Súmula 108 do TST deixava claro que "a compensação de horário semanal deve ser ajustada por acordo escrito, não necessariamente em acordo coletivo ou convenção coletiva, exceto quanto ao trabalho da mulher".

Como se observa, a ressalva que se fazia era apenas quanto à compensação de horários da mulher, que deveria ser feita necessariamente por convenção ou acordo coletivo de trabalho.

O inciso XIII do art. 7º da Constituição trouxe dúvida se o acordo nele contido é individual ou coletivo. Sua redação é a seguinte: "duração do trabalho normal não superior a oito horas diárias e quarenta e quatro semanais, facultada a compensação de horários e a redução da jornada, mediante acordo ou convenção coletiva de trabalho".

A interpretação sistemática leva o intérprete a entender que se trata de acordo individual.

O inciso VI do art. 7º da Constituição dispõe sobre irredutibilidade do salário, salvo o disposto em convenção ou acordo coletivo. Nota-se que aqui é expressa a menção ao acordo coletivo.

Usa o inciso XIV do art. 7º da Lei Magna um sinônimo para permitir a jornada superior a seis horas nos turnos ininterruptos de revezamento: "negociação coletiva", que importa em convenção ou acordo coletivo.

Reconhece o inciso XXVI do art. 7º da Lei Maior as convenções e os acordos coletivos.

Por essa interpretação, se o constituinte usou a expressão "acordo ou convenção coletiva", é sinal de que queria que o acordo fosse individual. Do contrário, usaria a frase invertida: "convenção ou acordo coletivo", em que o acordo seria necessariamente coletivo.

A interpretação gramatical do inciso XIII do art. 7º da Constituição não é pacífica entre os especialistas, havendo posições em um sentido e em outro.

Entendo que o adjetivo *coletiva*, qualificando o substantivo *convenção*, diz respeito tanto à convenção como ao acordo, até mesmo em razão da conjunção *ou* empregada no texto, que mostra a alternatividade tanto da convenção como do acordo serem coletivos. A palavra *coletiva* deve concordar com a palavra imediatamente anterior, que é feminina, mas aquela se refere também ao acordo. Por esse raciocínio, o acordo deve ser coletivo e não individual.

O filólogo Celso Cunha (1970:130), que fez a revisão gramatical da Constituição, entende que a última palavra numa frase deve concordar com a anterior, se esta for feminina. É seu o exemplo: "Estudo o idioma e a literatura portuguesa". No mesmo sentido, a lição de Napoleão Mendes de Almeida (1967:413): "Coragem e disciplina digna de granadeiros". Sá Nunes (1938:237) mostra o mesmo tipo de exemplo: "Foi o pobre homem ao convite no dia e hora assinada". A. M. de Souza e Silva (1958:24) emprega exemplo semelhante: "O exército e a marinha brasileira". Rodrigues Lapa (1984:228) indica os seguintes exemplos: "Isso requer estudo e paciência demorada;" "O estudo e a profissão monástica".

Na verdade, o que o constituinte pretendeu foi apresentar sinônimos para as mesmas expressões. Por isso usou a expressão "acordo ou convenção coletiva" no inciso XIII do art. 7º, "negociação coletiva" no inciso XIV do art. 7º, "convenção e acordo coletivo" no inciso VI do art. 7º e "convenção e acordo coletivo", no inciso XXVI do mesmo artigo. O objetivo do constituinte foi de não ser repetitivo, não empregando expressões repetidas, adotando variações ou sinônimos.

Interpretando as palavras empregadas na CLT, verifica-se que o legislador ordinário usa a expressão *acordo escrito* para designar o acordo individual feito pelo empregado para prorrogação da jornada de trabalho, como se observa do art. 59 da CLT. A própria Súmula 108 do TST fazia também essa distinção para a compensação de horários de trabalho, usando a expressão *acordo escrito* para o acordo individual e *acordo coletivo ou convenção coletiva* para a norma coletiva, sendo estas últimas as formas de compensação do horário de trabalho da mulher. Com base nessa orientação, já seria possível dizer que o constituinte, ao falar em acordo, quis se referir a acordo coletivo e não a acordo escrito ou individual, até mesmo para prestigiar a participação dos sindicatos nas negociações coletivas (art. 8º, VI, da Constituição).

O STF entendeu que a jornada 12 x 36 do bombeiro é válida mediante negociação coletiva. O pedido da ação direta de inconstitucionalidade foi rejeitado (STF, Pleno, ADIn 4.842, Rel. Min. Edson Fachin, *DJE*, 14-9-2016), mas foi proposto de forma errada, pois questionava a inconstitucionalidade do art. 5º da Lei nº 11.901/2009 em relação ao direito à saúde previsto no art. 196 da Constituição. Não foi examinado expressamente o inciso XIII do art. 7º da Constituição.

Se o empregado pactuar, mediante acordo individual com o empregador, a compensação do horário de trabalho, terá o segundo de pagar como extras as horas trabalhadas além da oitava diária, pois a compensação de horários, a partir de 5-10-1988, somente pode ser feita por acordo coletivo ou por convenção coletiva de trabalho, nunca por acordo individual. Nesse ponto, estaria derrogada a antiga redação do § 2º do art. 59 da CLT, caso se entenda que trata de acordo individual para a compensação da jornada.

A Súmula 85, II, do TST entende que é válido o acordo individual para compensação de horas, salvo se houver norma coletiva em sentido contrário.

O § 2º do art. 59 da CLT mencionava que poderia ser feita a compensação mediante acordo ou contrato coletivo, desde que não houvesse excedimento do horário normal da semana, nem fosse ultrapassado o limite máximo de 10 horas diárias. Era a redação original da CLT, de 1943. O contrato coletivo a que se referia a lei era a convenção ou acordo coletivo, conforme nova nomenclatura determinada pelo Decreto-Lei nº 229/67. Pela antiga redação do preceito citado, não poderia ser excedido o limite semanal de 44 horas para efeito de compensação. Assim, não poderia ser feita a compensação de horas no mês ou no ano.

A redação no projeto que alterava o § 2º do art. 59 da CLT era no sentido de que a compensação fosse feita por "convenção ou acordo coletivo". Essa foi a redação aprovada na Câmara dos Deputados, que foi modificada para "acordo ou convenção coletiva" no Senado Federal. Deveria o projeto ter retornado para a Câmara para tornar a ser analisado por essa Casa. Não poderia, portanto, ter sido sancionado o art. 6º da Lei nº 9.601, que altera a redação do § 2º do art. 59 da CLT. Houve, assim, violação do parágrafo único do art. 65 da Constituição, pois o projeto foi emendado, devendo voltar para a Câmara dos Deputados para ser apreciado. Pela atual redação do citado preceito legal, o acordo pode ser entendido como individual e não coletivo.

A Lei nº 9.601 deu nova redação ao § 2º do art. 59 da CLT, dispondo que o acordo de compensação seria feito por acordo ou convenção coletiva, sendo que o período de compensação não poderia exceder a 120 dias.

Entendo ser inconstitucional a determinação do § 2º do art. 59 da CLT, se se entender que o dispositivo trata de acordo individual, pois a interpretação do inciso XIII do art. 7º da Constituição deve ser no sentido de que o acordo deve ser coletivo.

Permitia a redação anterior do § 2º do art. 59 da CLT que a compensação fosse apenas de duas horas por dia, não excedendo o limite semanal. Na redação original do projeto de alteração do § 2º do art. 59 da CLT, fazia-se referência ao fato de a compensação não poder exceder 120 horas extras no período de um ano para os trabalhadores submetidos a regime de 44 horas semanais, sem prejuízo do disposto do art. 61 da CLT.

A redação do § 2º do art. 59 da CLT, determinada pela Lei nº 9.601/98, previa que a compensação seria feita no máximo em 120 dias. Entendo que o lapso de tempo não deveria ser de apenas 120 dias para o banco de horas, mas deveria ser maior, ficando a cargo da negociação coletiva o seu prazo, estabelecendo-se apenas um prazo máximo de um ano, quando houvesse mudanças das relações entre as partes. O prazo de 120 dias é muito curto para adequar a produção ou situações decorrentes de crise econômica.

A nova redação do § 2º do art. 59 da CLT dispõe que o acordo de compensação será celebrado em acordo ou convenção coletiva e o período será de um ano.

Como a Constituição não fixa qualquer limite para a compensação, o § 2º do art. 59 da CLT é inconstitucional. O limite da compensação será estabelecido na norma coletiva, podendo a compensação ser feita em mais de 10 horas por dia ou em mais de um ano, como na área hospitalar, no regime 12 × 36, ou por mais de um ano.

É válida, em caráter excepcional, a jornada de doze horas de trabalho por trinta e seis de descanso, prevista em lei ou ajustada exclusivamente mediante acordo coletivo de trabalho ou convenção coletiva de trabalho. O empregado não tem direito ao pagamento de adicional referente ao labor prestado na décima primeira e décima segunda horas (S. 444 do TST).

É facultado a empregado e empregador doméstico, mediante acordo escrito entre eles, estabelecer horário de trabalho de 12 (doze) horas seguidas por 36 (trinta e seis) horas ininterruptas de descanso, observados ou indenizados os intervalos para repouso e alimentação (art. 10 da Lei Complementar nº 150/2015). A remuneração mensal pactuada pelo horário previsto no *caput* deste artigo abrange os pagamentos devidos pelo descanso semanal remunerado e pelo descanso em feriados, e serão considerados compensados os feriados e as prorrogações de trabalho noturno, quando houver, de que tratam o art. 70 e o § 5º do art. 73 da CLT, e o art. 9º da Lei nº 605/49.

Convenção e acordo coletivo poderão prever jornada especial de 12 horas de trabalho por 36 horas de descanso para o trabalho do motorista profissional empregado em regime de compensação (art. 235-F da CLT).

A matéria só poderá ser objeto de convenção coletiva ou de acordo coletivo. Não pode ser estabelecida mediante acordo individual. Isso significa que haverá necessidade da participação do Sindicato dos Motoristas para fiscalizar a hipótese. É de preferência dos empregados a jornada 12 × 36 nos hospitais e na vigilância. Especificidade pode ser o caminhão com refrigeração para transporte de materiais perecíveis. Sazonais poderão ser situações verificadas em safra.

O § 5º do art. 235-C da CLT faz remissão ao § 2º do art. 59 da CLT. Este trata da possibilidade de compensação de horas, de modo que o excesso de horas em um dia seja compensado pela correspondente diminuição em outro dia, visando que não exceda, no período máximo de um ano, à soma das jornadas semanais de trabalho previstas, nem seja ultrapassado o limite máximo de 10 horas diárias. O empregado vai trabalhar até duas horas a mais por dia para não trabalhar em outro dia, como, por exemplo, no sábado.

O TST entende que o acordo de compensação pode ser individual (S. 85, II), mas precisa ser escrito (S. 85, I) e não tácito.

Não se exige mais convenção ou acordo coletivo para a compensação de horas do motorista, como era a previsão da redação anterior do § 1º do art. 235-C da CLT.

Se se entender que o limite de compensação é o de 44 horas, previsto no inciso XIII do art. 7º da Constituição, o limite de um ano estabelecido no § 2º do art. 59 da CLT é inconstitucional.

A Constituição não dispõe que o limite de compensação é de 44 horas semanais. Assim, é possível a compensação em período superior a 44 horas, pois o limite será previsto na norma coletiva e não na lei.

Se a norma coletiva estabelece limite menor do que a previsão legal, deve ser observado o limite da norma coletiva. Trata-se de norma mais favorável ao empregado. Os limites são estabelecidos na norma coletiva e não o deveriam ser pela lei.

O regime de compensação de horas poderá ser usado por empresas que têm acréscimo de produção sazonal ou para ciclos conjunturais. Nesses casos, a contratação e a dispensa do trabalhador eram mais onerosas para a empresa. Esta investia em treinamento da mão de obra e logo em seguida era obrigada a dispensar o empregado em razão da sazonalidade ou da conjuntura econômica. Agora, há possibilidade de melhor adequar a produção com o sistema de compensação em um ano, porém o empregador poderá melhor distribuir as horas trabalhadas no referido período, seja aumentando ou diminuindo a jornada quando necessário.

O acordo de compensação com limite semanal era incompatível com a sazonalidade de certas atividades, como na indústria.

O período de um ano será contado a partir da data em que entrar em vigor o acordo ou a convenção coletiva que estabelecer o regime de compensação. O § 1º do art. 614 da CLT reza que as convenções e os acordos coletivos entram em vigor três dias depois do depósito na DRT.

O limite máximo de horas a serem prestadas por dia não poderá ser superior a duas, totalizando 10 horas diárias. Essa previsão já existia na antiga redação do § 2º do art. 59 da CLT. As horas excedentes de oito diárias não serão remuneradas com adicional, no caso do acordo de compensação. Assim, será possível trabalhar uma ou duas horas a mais por dia. Será vedado, porém, o trabalho em mais de 10 horas por dia para efeito de compensação de horas. Haverá apenas o trabalho de duas horas a mais por dia, tomando-se por base o limite de oito horas diárias. O excedente de 10 horas deverá ser remunerado como hora extra, com o respectivo adicional, além de a empresa incorrer em multa administrativa.

O que exceder a 11ª hora já será pago como extra, com o adicional de horas extras. A 9ª e 10ª horas não serão pagas como extras, desde que atendidos os requisitos legais para a compensação, que atualmente tem limite máximo de um ano.

Para empregados que trabalhem menos de oito horas por dia, o limite também será de duas horas. Exemplo: médico trabalhar seis horas por dia, pois tem jornada de quatro horas; mineiro prestar serviços por oito horas, quando tem jornada de seis horas; jornalista prestar serviços por sete horas, em razão de que sua jornada é de cinco horas. Tudo isso objetiva a compensação da jornada de trabalho.

Utiliza, ainda, o § 2º do art. 59 da CLT de termo incorreto, ao usar a expressão *jornada semanal*, pois a jornada é o que ocorre diariamente. O mais correto seria falar em módulo semanal, duração semanal do trabalho ou regime semanal do trabalho.

Dispõe a nova redação do § 2º do art. 59 da CLT que no período de um ano não pode ser ultrapassado o limite máximo de 10 horas diárias e a soma das jornadas semanais de trabalho previstas. O período de compensação é de um ano. Não existe previsão legal no sentido de que o referido período precisa coincidir com o ano civil. A lei não faz referência a 44 horas semanais, mas "à soma das jornadas semanais previstas". A palavra *prevista* poderia referir-se tanto ao módulo semanal legal previsto para certos trabalhadores: 44 horas, em geral; 36 horas, para mineiros (art. 293 da CLT) e telefonistas. Também poderia dizer respeito à previsão em acordo ou convenção coletiva, pois a palavra *previstas* seria referente ao que está na oração, isto é, o acordo e a convenção coletiva. Parece que essa soma deverá ser prevista no acordo ou convenção coletiva, isto é, na negociação coletiva que for feita para se estabelecer o sistema de compensação. Poderão esses módulos semanais ser de 44 horas ou menos, mas parece que também poderão ser superiores, como de 10 horas por dia em cinco ou seis dias por semana.

A compensação anual sofre as críticas de só beneficiar o empregador e ir contra o fundamento da saúde do empregado. Assim, mais certo seria a compensação semanal ou mensal, em que haveria para o empregado maior previsibilidade dos dias trabalhados.

Não poderá ser feita compensação por período superior a um ano, como por um ano e seis meses ou dois anos. A cada ano deve haver novo acordo para compensação.

As empresas que fazem compensação da jornada de trabalho deverão observar o prazo de um ano, pois na redação anterior da CLT não havia esse limite. É o que ocorre com os empregados que trabalham uma hora a mais por dia para não prestar serviços nos sábados. Nesses casos, as empresas terão de observar o prazo de um ano, devendo modificar a forma de compensação até então existente. Assim, se for excedido o limite de um ano e a compensação continuar a ser feita, deverá haver pagamento de horas extras com adicional, de acordo com a remuneração na data da prestação dos serviços.

O trabalho além da oitava hora diária "e" 44 semanais será considerado como extra, a não ser que seja feito acordo ou convenção coletiva para a compensação do horário de trabalho. Tal verbete tipifica situação injusta para o empregado que presta serviços extraordinários e recebe apenas o adicional, quando na verdade todas as horas excedentes de oito diárias e 44 semanais já são consideradas como extras, sendo que o empregado foi contratado para trabalhar apenas dentro dos limites mencionados.

A partir de 5-10-1988, todas as horas excedentes à oitava hora são extras, sendo devidas as horas extras e o adicional (art. 7º, XIII e XVI, da Constituição).

Assim, todas as horas trabalhadas além de oito horas, na inexistência de acordo de compensação, deverão ser pagas como extras, acrescidas do respectivo adicional, uma vez que a jornada de trabalho foi excedida. O adicional será de no mínimo 50% (art. 7º, XVI, da Constituição), podendo ser superior se previsto em norma coletiva.

O § 3º do art. 614 da CLT não permite ser estipulada convenção ou acordo coletivo por período superior a dois anos. Nada impede estabelecer que o limite de compensação seja por período máximo de um ano. Não há incompatibilidade entre um preceito e outro, pois o § 3º do art. 614 da CLT apenas estabelece limite máximo, a que está adstrito o § 2º do art. 59 da CLT. Este dispositivo não permite prorrogação da convenção ou acordo coletivo para atingir dois anos. Logo, expirado o prazo de um ano, deve ser feito novo ajuste com prazo máximo de um ano. Se houver um espaço de tempo entre uma norma coletiva e outra e o empregado trabalhar além da oitava diária, serão devidas as horas extras com o adicional.

A vigência do acordo de compensação poderá ser estabelecida para o período de janeiro a dezembro ou qualquer outro período.

Não é válido o acordo individual que as empresas continuam trazendo em juízo. Nesse caso, as horas trabalhadas além da oitava diária serão consideradas como extras.

A Súmula 85 do TST mostra o entendimento de que a compensação de jornada de trabalho deve ser ajustada por acordo individual escrito, acordo coletivo ou convenção coletiva (I). O mero não atendimento das exigências legais para a compensação de jornada, inclusive quando encetada mediante acordo tácito, não implica a repetição do pagamento das horas excedentes à jornada normal diária, se não dilatada a jornada máxima semanal, sendo devido apenas o respectivo adicional (II). As disposições dos parágrafos do art. 59 da CLT não se aplicam ao rural. A CLT não se observa ao rural (art. 7º, *b*), salvo quando houver expressa determinação em sentido contrário.

Poderá ser dispensado o acréscimo de salário e instituído regime de compensação de horas, mediante acordo escrito entre empregador e empregado doméstico, se o excesso de horas de um dia for compensado em outro dia (§ 4º do art. 2º da Lei Complementar nº 150/2015). No regime de compensação está previsto: I – será devido o pagamento, como horas extraordinárias das primeiras 40 horas mensais excedentes ao horário normal de trabalho; II – das 40 horas referidas no inciso I, poderão ser deduzidas, sem o correspondente pagamento, as horas não trabalhadas, em razão da redução do horário normal de trabalho ou de dia útil não trabalhado, durante o mês; III – o saldo de horas que excederem as 40 primeiras horas mensais de que trata o inciso I, com a dedução prevista no inciso II, quando for o caso, será compensado no período máximo de um ano. Na hipótese de rescisão do contrato de trabalho sem que tenha havido a compensação integral da jornada extraordinária, o empregado fará jus ao pagamento das horas extras não compensadas, calculadas sobre o valor da remuneração na data de rescisão.

Havendo trabalho superior à jornada normal, de modo a compensar o trabalho não realizado no sábado, e se o sábado for feriado, deve o empregador pagar como extras as horas suplementares trabalhadas com o adicional de 50%, e não pagamento em dobro, pois não há trabalho no feriado. Poderá a empresa redistribuir as horas da semana referentes ao feriado ocorrido no sábado. Se o feriado recair na segunda ou sexta-feira, poderá o empregador exigir compensação complementar de modo a compensar a jornada inferior à normal trabalhada na semana, por causa do feriado.

É válido acordo coletivo ou convenção coletiva para estabelecer na empresa o regime de compensação de 12 horas de trabalho por 36 de descanso, que é muito utilizado na área hospitalar, sendo até de preferência dos próprios funcionários. Não serão extras, no caso, as horas trabalhadas além da oitava diária. Será vedado, contudo, estabelecer o regime por acordo individual. Agora, segundo a determinação do § 2º do art. 59 da CLT, a compensação deverá ficar restrita ao período de um ano. É lícito o regime de 12 × 36, por ser superior a 10 horas diárias, pois a Constituição não fixa qualquer limite para a compensação. O limite deve ser fixado na convenção ou no acordo coletivo. O regime 12 × 36 permite ao empregado um período maior de descanso além de permitir o contato por mais tempo com a família.

Se o empregado trabalha em horas extras no sábado, deixa de existir o acordo de compensação, pois a compensação visa a que o empregado não trabalhe no sábado. Se há trabalho neste dia, deixa de haver acordo de compensação. Devem, portanto, ser pagas como extras as supostas horas trabalhadas para efeito de compensação.

A prestação de horas extras habituais não descaracteriza o acordo de compensação de jornada e o banco de horas (parágrafo único do art. 59-B da CLT).

O não atendimento das exigências legais para compensação de jornada, inclusive quando estabelecida mediante acordo tácito, não implica a repetição do pagamento das horas excedentes à jornada normal diária se não ultrapassada a duração máxima semanal, sendo devido apenas o respectivo adicional (art. 59-B da CLT).

Na hipótese de rescisão do contrato de trabalho sem que tenha havido a compensação integral da jornada extraordinária, na forma dos §§ 2º e 5º do art. 59 da CLT, o trabalhador terá direito ao pagamento das horas extras não compensadas, calculadas sobre o valor da remuneração na data da rescisão (§ 3º do art. 59 da CLT).

O banco de horas poderá ser pactuado por acordo individual escrito, desde que a compensação ocorra no período máximo de seis meses (§ 5º do art. 59 da CLT). Não há necessidade de que o banco de horas extras seja estabelecido por meio de convenção ou de acordo coletivo.

É lícito o regime de compensação de jornada estabelecido por acordo individual, tácito ou escrito, para a compensação no mesmo mês (§ 6º do art. 59 da CLT).

É facultado às partes, mediante acordo individual escrito, convenção coletiva ou acordo coletivo de trabalho, estabelecer horário de trabalho de 12 horas seguidas por 36 horas ininterruptas de descanso, observados ou indenizados os intervalos para repouso e alimentação (art. 59-A da CLT). O sistema de 12 × 36 pode ser estabelecido por acordo individual, mas somente escrito, por convenção ou acordo coletivo. O acordo individual pode ser estabelecido em qualquer setor de atividade. Não pode ser estabelecido por acordo tácito.

A remuneração mensal pactuada pelo horário mencionado abrange os pagamentos devidos pelo descanso semanal remunerado e pelo descanso em feriados, e serão considerados compensados os feriados e as prorrogações de trabalho noturno, quando houver, de que tratam o art. 70 e o § 5º do art. 73 da CLT. Trabalhando o empregado no sistema 12 × 36, já tem mais de 24 horas de descanso semanal. Logo, já compreende o descanso semanal remunerado. É válido o sistema de compensação de horário quando a jornada adotada é a denominada "semana espanhola", que alterna a prestação de 48 horas em uma semana e 40 horas em outra, não violando os arts. 59, § 2º, da CLT, e 7º, XIII, da Constituição de 1988 o seu ajuste mediante acordo ou convenção coletiva de trabalho (OJ 323 da SBDI-1 do TST).

Caso a rescisão do contrato de trabalho ocorra antes que exista a os compensação integral da jornada extraordinária, fará o trabalhador jus ao pagamento das horas extras não compensadas, calculadas sobre o valor da remuneração na data da rescisão. As horas extras serão remuneradas e também com o adicional (§ 3º do art. 59 da CLT), pois são horas extraordinárias. Não receberá apenas o adicional, mas as horas extras com o adicional, pois, se não compensadas, serão tidas por extras. Usa-se a expressão *horas extras não compensadas com o adicional.*

O cálculo não será feito de acordo com o valor do salário na data em que foram prestadas as horas extras, de acordo com sua média, mas com base no número de horas extras não compensadas multiplicado pelo valor da remuneração na data da rescisão do pacto laboral. O cálculo será feito com base no valor da remuneração (§ 3º do art. 59 da CLT), que compreende o salário mais as gorjetas (art. 457 da CLT) e não com base na hora normal, como indica o § 1º do art. 59 da CLT para horas extras. O TST entende que o cálculo é feito com base na globalidade salarial, isto é, hora normal, integrado por parcelas de natureza salarial e acrescido do adicional previsto em lei, contrato, acordo, convenção coletiva ou sentença normativa (S. 264 do TST).

Sendo a remuneração variável, como integrada de comissões ou gorjetas, deve-se apurar a média dos últimos 12 meses ou dos meses de trabalho, se o empregado tiver menos de um ano de casa. A norma coletiva poderia também prever a forma do cálculo das horas extras, indicando o período a ser considerado.

Mesmo que o empregado seja dispensado com justa causa, haja rescisão indireta ou peça demissão, deverá o empregador pagar as horas extras que não obedecerão ao sistema de compensação. A causa de cessação do contrato de trabalho não irá influenciar o referido pagamento, mas se foi ou não cumprida a compensação estipulada.

Se houver crédito de horas de compensação a favor do empregador na rescisão do contrato de trabalho, podem ser compensadas com outro crédito do empregado na rescisão. Do contrário, haveria enriquecimento ilícito do empregado. Haverá, porém, de se respeitar o limite de um mês de remuneração do empregado para efeito de compensação (§ 5º do art. 477 da CLT).

A lei não resolve a questão em que o empregado trabalha um menor número de horas do que as oito normais, sem redução salarial e posteriormente é dispensado. O certo seria o empregador compensar as horas não trabalhadas com eventual crédito do trabalhador, visando evitar recebimento por parte do empregado em valor superior ao que efetivamente lhe é devido, porém não há previsão legal nesse sentido.

13.3 Ajuste tácito

Há quem entenda que o ajuste para a compensação de horas pode ser tácito. Se é feita a compensação por longo tempo sem que haja oposição do trabalhador, estaria configurado o ajuste tácito.

Depreende-se do art. 59 da CLT que o acordo para prorrogação ou compensação de horas deveria ser escrito, visando inclusive evitar fraudes. Tanto um caso como outro implicam a necessidade de elastecimento da jornada, que depende, portanto, de acordo escrito para ser prorrogada. O próprio § 1º do art. 59 da CLT dispõe que do acordo deverá haver a fixação do porcentual de horas extras, devendo, portanto, ser indicado por escrito, sob pena de não se saber qual o porcentual fixado.

O ajuste tácito implicaria situação imprevisível de compensação, que ficaria ao livre critério do empregador. Só haveria vantagem para o empregador, em prejuízo do trabalhador, que fica diante de situação incerta.

É lícito o regime de compensação de jornada estabelecido por acordo individual, tácito ou escrito, para a compensação no mesmo mês (§ 6º do art. 59 da CLT). O mero não atendimento das exigências legais para a compensação de jornada, inclusive quando encetada mediante acordo tácito, não implica a repetição do pagamento das horas excedentes à jornada normal, se não dilatado o módulo máximo semanal, sendo devido apenas o respectivo adicional (S. 85, III, do TST).

Será possível a compensação da jornada no trabalho a tempo parcial, desde que seja observado o módulo de 30 ou 26 horas na semana.

Na hipótese de o contrato de trabalho em regime de tempo parcial ser estabelecido em número inferior a 26 horas semanais, as horas suplementares a este quantitativo serão consideradas horas extras, estando também limitadas a seis horas suplementares semanais (§ 4º do art. 58-A da CLT). As horas suplementares à duração do trabalho semanal normal serão pagas com o acréscimo de 50% sobre o salário-hora normal (§ 3º do art. 58-A da CLT).

As horas suplementares da jornada de trabalho normal poderão ser compensadas diretamente até a semana imediatamente posterior à da sua execução, devendo ser feita a sua quitação na folha de pagamento do mês subsequente, caso não sejam compensadas (§ 5º do art. 58-A da CLT).

A necessidade de acordo coletivo pode inviabilizar a compensação nas pequenas empresas, pois o ajuste terá de ser feito com o sindicato.

Representa o banco de horas uma forma de reduzir o custo da hora extra, mediante a melhor distribuição das horas trabalhadas pelo ano, além de impedir temporariamente a dispensa do trabalhador pela diminuição da produção.

14 REDUÇÃO DA JORNADA

O inciso XIII do art. 7º da Constituição permite a redução da jornada mediante acordo ou convenção coletiva de trabalho, não mediante acordo individual. A redução dos salários também é lícita, pois o inciso VI do art. 7º da mesma norma assegura a redução por meio de acordo ou convenção coletiva de trabalho. O art. 503 da CLT, que tratava da redução de salários em casos de força maior, foi revogado pela Lei Maior, que só permite a redução da remuneração por intermédio de negociação coletiva.

A Lei nº 4.923, de 23-12-1965, que permite a redução da jornada ou do número de dias de trabalho em casos de crise econômica devidamente comprovada, continua, porém, em vigor, pois esta norma já dizia que a redução deveria ser feita mediante acordo com a entidade sindical. O prazo da redução não será de até três meses, nem o salário poderá ser reduzido em até 25%, respeitado o salário mínimo, pois o inciso XIII do art. 7º da Constituição não faz limitações. O salário mínimo deve ser respeitado, pois ninguém pode ganhar menos do que esse valor.

15 NECESSIDADE IMPERIOSA

Permite-se a prorrogação da jornada normal de trabalho ocorrendo necessidade imperiosa. Esta pode ser entendida como a decorrente de força maior, para atendimento de serviços inadiáveis ou cuja inexecução possa acarretar prejuízo manifesto (art. 61 da CLT).

15.1 Força maior

O art. 61 da CLT permite que em casos de força maior a jornada seja prorrogada além do limite legal ou contratual. Não há necessidade de previsão contratual ou de acordo ou convenção coletiva para a citada prorrogação.

O art. 501 da CLT conceitua força maior como o acontecimento inevitável, previsível, para o qual o empregador não deu causa, direta ou indiretamente, como ocorre em casos de incêndio, inundação, terremoto, furacão etc.

Em casos de força maior, a lei não determina quanto seria o máximo da jornada de trabalho do trabalhador, o que leva a crer que não há limite.

O excesso de horas pode ser exigido independentemente de convenção coletiva ou acordo coletivo de trabalho (§ 1º do art. 61 da CLT). Não há mais necessidade de o empregador comunicar a prorrogação à DRT no prazo de 10 dias, pois a lei assim não mais prevê.

Haverá necessidade de pagamento de adicional de horas extras, por se tratar de horas suplementares, sendo que a Constituição não faz qualquer distinção quanto a este aspecto. O adicional será de 50% (art. 7º, XVI). Nesse ponto não mais prevalece a primeira parte do § 2º do art. 61 da CLT, que dizia que a remuneração não será inferior à da hora normal, o que mostrava que não havia adicional de horas extras.

O menor poderá fazer horas extras em casos de força maior, até o limite máximo de 12 horas, desde que seu trabalho seja imprescindível ao funcionamento do estabelecimento, mediante o pagamento do adicional de 50% (art. 413, II, e art. 7º, XVI, da Constituição). A prorrogação da jornada do menor deverá ser comunicada à autoridade competente em 48 horas (parágrafo único do art. 413 c/c parágrafo único do art. 376 da CLT).

15.2 Serviços inadiáveis

Serviços inadiáveis são os que não podem ser terminados durante a própria jornada de trabalho. Exemplo é o trabalho com produtos perecíveis, que devem ser acondicionados em refrigeradores e que não podem ser interrompidos, sob pena da deterioração do produto.

Não há necessidade de acordo individual ou acordo ou convenção coletiva para a prorrogação. Haverá, porém, necessidade de pagamento de adicional de 50% e o limite máximo da jornada não poderá ser superior a 12 horas (§ 2º do art. 61 da CLT).

O menor não poderá prorrogar sua jornada no caso presente, pois o art. 413 da CLT só fala na prorrogação em casos de força maior e para a compensação da jornada.

15.3 Recuperação de tempo em razão de paralisações

O § 3º do art. 61 da CLT mostra a possibilidade da prorrogação da jornada em virtude de interrupção do trabalho da empresa como um todo, resultante de causas acidentais, ou de força maior, que determinem a impossibilidade da realização do serviço. A prorrogação será de no máximo duas horas, durante o número de dias indispensáveis à recuperação do tempo perdido, desde que não sejam excedidas 10 horas diárias, em período não superior a 45 dias por ano. Há necessidade de prévia autorização da DRT. Assim, o empregado fará no máximo 90 horas por ano, isto é, duas por dia e até 45 dias por ano.

O empregado deverá receber as horas trabalhadas além da jornada normal como extras, pois se trata de tempo à disposição do empregador (art. 4º da CLT), além do que o empregador é que deve assumir os riscos da atividade econômica decorrentes da paralisação (art. 2º da CLT). A Constituição também não faz distinção quanto às horas extras para a recuperação em razão de paralisações, pois não deixam de ser horas suplementares, revelando, assim, que haverá pagamento de adicional de horas extras, que será de 50%.

16 TURNOS ININTERRUPTOS DE REVEZAMENTO

16.1 Histórico

O inciso XIV do art. 7º da Constituição teve origem histórica na Lei nº 5.811/72, que trata do regime de trabalho dos empregados nas atividades de exploração, perfuração, produção e refinação de petróleo, industrialização do xisto, indústria petroquímica e transporte de petróleo e seus derivados por meio de dutos, que prestavam serviços em regime de turnos de revezamento. Pretendeu o constituinte acabar com esse sistema, que se tinha generalizado para outras atividades, estabelecendo jornada de seis horas.

Houve várias redações antes de chegar à atual do mandamento em comentário. Na Subcomissão dos Direitos dos Trabalhadores, a redação do dispositivo em análise era "jornada diária de seis horas para o trabalho realizado em turnos ininterruptos de revezamento". Na Comissão da Ordem Social, foi utilizada a expressão "jornada de seis horas para o trabalho realizado em turnos ininterruptos de revezamento". Na Comissão de Sistematização, verificava-se a "jornada máxima de seis horas para o trabalho realizado em turnos ininterruptos de revezamento". Emenda aditiva pretendia incluir a expressão "conforme convenção ou acordo coletivo", prevalecendo ao final a expressão "salvo negociação coletiva", como forma de flexibilizar a aplicação dos turnos ininterruptos de revezamento e se estabelecer jornada superior a seis horas. Por isso, retirou-se a palavra "máxima", que se referia ao limite da jornada, mediante acordo entre representantes de empregados e empregadores, de modo a que por meio de negociação das partes pudesse ser estabelecida jornada superior a seis horas. Ficou o inciso XIV do art. 7º da Constituição assim redigido: "jornada de seis horas para o trabalho realizado em turnos ininterruptos de revezamento, salvo negociação coletiva".

16.2 Objetivo

Pretendeu o constituinte, com o inciso XIV do art. 7º da Constituição, conceder jornada de trabalho menor àqueles trabalhadores que prestavam serviços em plataformas de petróleo ou em siderúrgicas, que em uma semana trabalham pela manhã, noutra à tarde e na seguinte à noite, como das 6 às 14h, das 14 às 22h ou das 22 às 6 horas. Sabe-se que esse trabalho é muito desgastante para o empregado, pois o ritmo circadiano, correspondente ao relógio biológico do ser humano, que controla variações de temperatura, segregação de hormônios, digestão, sono, é alterado constantemente, tratando-se, portanto, de um trabalho penoso. Assim, o intuito foi o de diminuir a jornada para o trabalho realizado nos referidos turnos, pelo maior desgaste que causa ao empregado, e não o de favorecer a atividade produtiva do empregador. A exceção foi a negociação coletiva, em que poderia ser estabelecida jornada superior a seis horas.

Pode-se afirmar que o inciso XIV do art. 7º da Constituição revogou, por incompatibilidade, as jornadas de 8 e 12 horas previstas no § 1º do art. 2º e no art. 3º da Lei nº 5.811/72, que passaram a ser de 6 horas, pois o objetivo do constituinte foi acabar com o trabalho superior a seis horas, que se tinha generalizado em outras atividades empresariais, como na indústria siderúrgica, nos hospitais etc.

O inciso I da Súmula 391 do TST mostra que a Lei nº 5.811/72 foi recepcionada pela Constituição de 1988 quanto à duração da jornada de trabalho em regime de revezamento dos petroleiros.

Entrou em vigor o preceito constitucional em comentário em 5 de outubro de 1988, não sendo necessária lei complementar para sua explicitação.

16.3 Conceito

Turno é palavra de origem espanhola que significa turma de trabalho, que não se confunde com jornada ou horário ininterrupto.

O trabalho por turno é aquele em que grupos de trabalhadores se sucedem nas mesmas máquinas do empregador, cumprindo horários que permitam o funcionamento ininterrupto da empresa. O substantivo "turno" refere-se, portanto, às divisões dos horários de trabalho, dizendo respeito ao trabalhador, ao que este faz, tendo em vista a onerosidade do trabalho desenvolvido pelo obreiro, inclusive por questões higiênicas, e ao fato de o trabalho em turnos ser prejudicial à saúde do empregado, principalmente porque em uma semana labora pela manhã, noutra à tarde e na seguinte à noite. O operário fica privado do contato familiar, de hábitos alimentares, do repouso à noite, do contato com a sociedade e até de poder continuar sua educação ou aprimorá-la.

De acordo com alguns preceitos da CLT, já se nota que "turno" vem a ser a divisão dos horários de trabalho, como se observa do art. 245, que se refere ao ferroviário, e do art. 412, que trata do trabalho do menor.

O fato de um único empregado trabalhar em turnos de revezamento ou alguns empregados, como os vigias, não descaracteriza a jornada de seis horas, pois a palavra "turno" diz respeito ao empregado que presta serviços nessa condição, e não à empresa. O turno não se confunde, porém, com a jornada, porque esta corresponde à duração normal do trabalho diário, e turno se refere à divisão da jornada.

O substantivo "revezamento" trata dos trabalhadores escalados para prestar serviços em diferentes períodos de trabalho (manhã, tarde ou noite), em forma de rodízio. É a troca de posição dos trabalhadores, a substituição de um empregado por outro no posto de trabalho. Os trabalhadores têm diferentes horários de trabalho e trabalham em diferentes dias da semana. A CLT, em alguns artigos, trata de revezamento, como no parágrafo único do art. 67, que se refere à escala de revezamento mensalmente organizada, para os serviços que exijam trabalho aos domingos; no art. 73, que versa sobre trabalho noturno, especificando o trabalho noturno em revezamento semanal ou quinzenal; no art. 386, quando trata do trabalho da mulher aos domingos, em que deve ser organizada uma escala de revezamento quinzenal, que favoreça o repouso dominical. Geralmente, o revezamento é feito por turmas ou por equipes, mas nada impede que seja feito por um ou alguns trabalhadores, como ocorre com os vigias.

Esclarece Amauri Mascaro Nascimento (1989:174) que "por ininterrupto entende-se o sistema contínuo, habitual, seguido, de trabalho em turnos. Não será ininterrupto o trabalho em duas turmas diurnas, paralisado durante a noite, no qual o estabelecimento fica fechado". Nesse caso, a jornada será de oito horas.

Seria o caso de o empregado trabalhar das 6 às 14 horas e das 14 às 22 horas, não prestando serviços das 22 às 6 horas, embora a empresa trabalhe ou não nesse último horário. Inexiste, no caso, turno ininterrupto, pois o turno foi interrompido, faltando o trabalho no último horário, que seria o noturno.

O adjetivo "ininterrupto" refere-se, portanto, ao turno, e não ao revezamento, pois ininterrupto está qualificando o substantivo "turno". A ininterruptividade vai dizer respeito à forma como a empresa opera, no sentido de que uma turma termina a jornada e imediatamente é substituída por outra, e também de o trabalhador prestar serviços, por exemplo, nos três horários anteriormente mencionados.

Por turno ininterrupto de revezamento deve-se entender o trabalho realizado pelos empregados que se sucedem no posto de serviço, na utilização dos equipamentos, de maneira escalonada, para períodos distintos de trabalho. O legislador constituinte referiu-se, porém, a turnos ininterruptos de revezamento e não a jornadas ininterruptas de revezamento. Se a jornada fosse ininterrupta não haveria necessidade de interrompê-la para a concessão de intervalo. O objetivo do constituinte foi reduzir a jornada nos turnos ininterruptos de revezamento para seis horas; caso contrário, não teria sentido manter a jornada normal em oito horas (art. 7º, XIII), pois, se já havia a obrigatoriedade do intervalo na jornada, não haveria necessidade de se reduzir a jornada para seis horas. Trata-se, portanto, de uma garantia do empregado e não do empregador. Irrelevante o fato de a atividade empresarial ser interrompida; o que importa é a atividade do trabalhador, se é ou não interrompida, mas não pelo intervalo para refeição.

Quando há na empresa o sistema de turno ininterrupto de revezamento, é válida a fixação de jornada superior a seis horas mediante a negociação coletiva (OJ 169 da SBDI-1 do TST).

O inciso XIV do art. 7º da Constituição não dispõe que, adotada jornada superior a 6 horas, deve-se observar o limite de 44 horas ou de 36 horas. Se a lei não distingue, não cabe ao intérprete fazê-lo. A Constituição ressalva a previsão de negociação coletiva, que, portanto, não precisa respeitar o módulo semanal, salvo se a norma coletiva dispuser exatamente nesse sentido.

16.4 Aplicação

Os turnos ininterruptos de revezamento aplicam-se a qualquer tipo de atividade ou profissão, como nas siderúrgicas, empresas que exploram atividades petrolíferas, vigias ou vigilantes, porteiros, hospitais. O direito à jornada de seis horas pertence ao trabalhador urbano e rural, além do avulso, que tem igualdade de direitos com os demais trabalhadores (art. 7º, XXXIV, da Lei Maior).

16.5 Concessão de intervalo

Não se pode dizer que, havendo intervalo para refeição, não se aplica o turno de seis horas. O intervalo para refeição não vai descaracterizar o turno assim como o repouso semanal também não o desqualificaria (art. 7º, XV, da Constituição), por serem direitos do trabalhador, visto que a Lei Maior apenas estabelece direitos mínimos, cabendo ao legislador ordinário complementá-los. O intervalo intrajornada é, porém, norma de ordem pública, tendo que ser concedido em todo trabalho superior a quatro horas (§ 1º do art. 71 da CLT). Não há incompatibilidade entre este preceito consolidado e o inciso XIV do art. 7º da Lei Magna. Ressalte-se que o intervalo para refeição, inclusive, não é computado na duração do trabalho, como se observa do § 2º do art. 71 da CLT, o que evidencia que o turno, mesmo com intervalo, tem a mesma duração. Mesmo o art. 245 da CLT, ao tratar de turnos dos ferroviários, reza sobre interrupção de pelo menos uma hora para repouso. O intervalo constitui, inclusive, hipótese de necessidade fisiológica do trabalhador, vindo a ser uma norma de higiene do trabalho. O empregado precisa parar para fazer intervalo. Não pode trabalhar oito horas sem qualquer intervalo, principalmente para fazer refeição ou descansar. O uso do intervalo para poder interromper o turno poderia dar ensejo a fraude, justamente para descaracterizar o turno ininterrupto de revezamento. A ininterruptividade diz respeito à operacionalização da empresa, ao revezamento, à alternância de turnos, e não ao intervalo para repouso ou alimentação concedido na jornada de trabalho; caso contrário, também se entenderia que, se a empresa concede o intervalo de 11 horas entre um turno e outro (intervalo interjornadas), também estaria descaracterizado o turno. Ininterrupta deve ser considerada a alternância do trabalho, e não o turno. Logo, o inciso XIV do art. 7º da Constituição não revogou o art. 71 da CLT, no que diz respeito à concessão de intervalos.

Fazendo-se um paralelo com a Lei nº 5.811/72, verifica-se que esta também prevê alimentação gratuita no posto de trabalho, durante o turno em que o empregado estiver de serviço (art. 3º, III). O empregado, mesmo tendo alimentação fornecida pela empresa, conforme preconiza a mencionada norma, para de trabalhar quando faz as refeições. Então, nesse caso, também estaria descaracterizado o turno ininterrupto de revezamento, pois estaria interrompido o turno quando o empregado estivesse se alimentando. Todavia, não é de se adotar tal argumentação, pois o intuito do legislador constituinte, com o inciso XIV do art. 7º da Lei Maior, foi de acabar com os turnos ininterruptos de revezamento, tais como os realizados em empresas siderúrgicas e os previstos na Lei nº 5.811/72, que são notoriamente prejudiciais à saúde do trabalhador. Caso o empregador entenda de manter o turno ininterrupto de revezamento, terá que conceder jornada de seis horas, sendo devidas como extras as horas trabalhadas além do referido horário. Há, ainda, uma exceção, que é a negociação coletiva, permitindo-se, nesta, que seja estabelecida jornada superior a seis horas; porém, haverá a necessária participação dos sindicatos dos empregados (art. 8º, VI, da Constituição) nas conversações.

A jurisprudência entende que a concessão do intervalo no turno ininterrupto de revezamento não o descaracteriza (S. 360 do TST e S. 675 do STF).

16.6 Folgas

Dizer que, se a empresa não trabalha aos domingos ou, o empregado tem folga nesse dia, haveria a desconfiguração do turno ininterrupto de revezamento é uma afirmação falaciosa, pois "a circunstância de uma empresa trabalhar ininterruptamente – de segunda-feira a sábado e cessar suas atividades completamente no domingo – não retira do campo de incidência da disposição em comentário" (Saad, 1989:126), até porque é um direito assegurado pelo inciso XV do art. 7º da Constituição, que consagra o "repouso semanal remunerado, preferencialmente aos domingos". O fato de a empresa conceder folga no domingo ou em outros dias, de maneira a compensar a folga que foi trabalhada, não vai descaracterizar o turno ininterrupto de revezamento, pois pode ser decorrente de circunstâncias técnicas da empresa, da própria produção, além de atender a preceito constitucional e legal.

Prestando serviços o empregado no sistema 12 × 36 (hospitais, por exemplo), haverá o turno ininterrupto se existir o revezamento em horários diversos, de modo a não interromper a atividade da empresa. O mesmo pode-se dizer se o trabalho é realizado no sistema 24 × 24 ou 12 × 24, ou até em número de dias maiores, em que existirá o turno ininterrupto de revezamento desde que haja o revezamento e a ininterruptividade. O fato de haver folga no sábado e no domingo também não irá descaracterizar o turno se o empregado prestar serviços no sistema ininterrupto de revezamento feito semanalmente ou quinzenalmente, pois continuará havendo a agressão ao relógio biológico do trabalhador. O TST já decidiu da mesma forma (S. 360).

Caso não se entendesse da forma acima mencionada, bastaria ao empregador conceder um intervalo de 15 minutos a duas horas ou a folga em dia fixo, suspendendo ou não a atividade produtiva, para que fosse descaracterizado o turno ininterrupto de revezamento, o que daria ensejo a fraudes, que não é, com certeza, o objetivo do legislador.

16.7 Fixação do turno

É lícito ao empregador fixar o turno de trabalho do empregado de modo que ele não mais seja ininterrupto, pois está dentro do poder de direção do empregador e do *ius variandi*. A fixação do turno importa, inclusive, numa condição mais benéfica ao trabalhador, que não tem de prestar serviços uma semana pela manhã, noutra à tarde e na seguinte à noite, propiciando-lhe melhores condições biológicas e físicas de trabalho. Inexiste violação ao art. 468 da CLT ou ao inciso XXXVI do art. 5º da Constituição, pois não se trata de direito adquirido do empregado, nem de alteração ilícita do contrato de trabalho, de modo a causar prejuízo ao obreiro. O próprio TST admite a transferência para o período diurno do empregado que trabalhava à noite, perdendo este o direito ao adicional noturno (S. 265), justamente por se tratar de uma situação mais favorável à saúde do trabalhador. Nada impede, portanto, a fixação do turno para que o operário não mais preste serviços em regime de revezamento.

Trabalhando, portanto, o empregado em turno fixo ou fixado pelo empregador, sempre de dia ou sempre de noite, no mesmo horário, sem revezamento, não faz jus à jornada de seis horas (S. 423 do TST).

A previsão do art. 10 da Lei nº 5.811/72 no sentido de mudança do regime de revezamento para horário fixo em relação ao petroleiro constitui alteração lícita, não violando o art. 468 da CLT ou o inciso VI do art. 7º da Constituição (S. 391, II, do TST).

16.8 Remuneração

Caracterizado o turno e o empregado trabalhando mais de seis horas, terá direito às horas extras e ao adicional respectivo a partir da 7ª hora diária, pois a partir desta não foi remunerado seu trabalho, já que era obrigado a cumprir apenas seis horas. A jornada normal é de seis horas, e o que for trabalhado além de seis horas será anormal ou extraordinário, devendo ser pagas as horas extras e o adicional, pois o inciso XVI do art. 7º da Lei Maior não faz qualquer distinção. Logo, não pode prevalecer a orientação da Súmula 85 do TST, que manda pagar apenas o adicional de horas extras.

Quando o empregado é horista, só é pago o adicional, pois o trabalhador ganha por hora.

Para o cálculo do salário-hora do empregado horista, submetido a turnos ininterruptos de revezamento, considerando a alteração da jornada de 8 para 6 horas diárias, aplica-se o divisor 180, em observância ao disposto no art. 7º, VI, da Constituição, que assegura a irredutibilidade salarial (OJ 396 da SBDI-1 do TST).

O empregador também deverá obedecer à orientação da Súmula 110 do TST, que esclarece que, "no regime de revezamento, as horas trabalhadas em seguida ao repouso semanal de 24 horas, com prejuízo do intervalo mínimo de 11 horas, consecutivas para descanso entre jornadas, devem ser remuneradas como extraordinárias, inclusive com o respectivo adicional".

Mesmo nos turnos ininterruptos de revezamento o empregado terá direito ao adicional noturno e à hora noturna reduzida, caso preste serviços das 22 às 5 horas.

17 HORAS *IN ITINERE*

Hora in itinere ou *hora de trajeto* é o período considerado como jornada de trabalho pelo fato de o empregador fornecer condução ao empregado, em razão de não haver transporte público no local ou o local ser de difícil acesso.

Dispunha o § 2º do art. 58 da CLT que o tempo despendido pelo empregado até o local de trabalho e para seu retorno, por qualquer meio de transporte, não será computado na jornada de trabalho, salvo quando, tratando-se de local de difícil acesso ou não servido por transporte público, o empregador fornecer a condução. O requisito básico era a condução ser fornecida pelo empregador; caso não o seja, não haverá o cômputo como horas *in itinere*.

O empregador pode ou não cobrar pelo transporte fornecido para local sem transporte público ou de difícil acesso.

Atualmente, o tempo despendido pelo empregado desde a sua residência até a efetiva ocupação do posto de trabalho e para o seu retorno, caminhando ou por qualquer meio de transporte, inclusive o fornecido pelo empregador, não será computado na jornada de trabalho, por não ser tempo à disposição do empregador (§ 2º do art. 58 da CLT).

O legislador adotou a ideia de que é melhor o empregador fornecer o transporte e não ter qualquer consequência sob o aspecto trabalhista, como repercussão em férias, 13º salário, incidência de FGTS e da contribuição previdenciária. Com isso, o empregador vai fornecer o transporte. Seria pior fornecer o transporte e ser contado como hora de trajeto e, posteriormente, o empregador deixar de fornecer o transporte em razão de haver repercussões trabalhistas.

Havendo, porém, transporte particular em parte do percurso em que a empresa fornece condução, não seria admissível determinar que o empregador pagasse as horas *in itinere*, pois caso contrário deixaria de fornecer a condução, visto que teria dois ônus: fornecer a condução e ainda pagar horas extras.

18 SOBREAVISO, PRONTIDÃO E BIP

O art. 244 da CLT, que trata do ferroviário, prevê que as estradas de ferro poderão ter empregados extranumerários, de sobreaviso e de prontidão, para executar serviços imprevistos ou para substituições de outros empregados que faltem à escala organizada.

O sistema estabelecido pelo art. 244 da CLT se justifica para que o empregador tenha pessoal na reserva para qualquer imprevisto, pois trata-se de transporte coletivo. O pessoal de reserva é classificado em extranumerários, empregados em "sobreaviso" e em "prontidão".

O § 2º do art. 244 da CLT considera de "sobreaviso" o empregado efetivo que permanecer em sua própria casa, aguardando a qualquer momento o chamado para o serviço. Cada escala de "sobreaviso" será, no máximo, de 24 horas. As horas de "sobreaviso", para todos os efeitos, serão contadas à razão de 1/3 do salário normal.

O sobreaviso caracteriza-se pelo fato de o empregado ficar em sua casa (e não em outro local) aguardando ser chamado para o serviço. Permanece em estado de expectativa durante seu descanso, aguardando ser chamado a qualquer momento. Não tem o empregado condições de assumir compromissos, pois pode ser chamado de imediato, comprometendo até seus afazeres familiares, pessoais ou até seu lazer. Aplica-se o § 2º do art. 244 da CLT ao ferroviário que normalmente mora em casa da empresa ferroviária, no curso da ferrovia. Por estar em casa, é que pode ser chamado a qualquer momento para assumir seu serviço, sendo prevista a hora de sobreaviso para o ferroviário. Assim, se o empregado não estiver aguardando em sua casa o chamado do empregador, em princípio não seria hora de sobreaviso. É importante que o empregado seja cientificado de que estará de sobreaviso.

Distingue-se o sobreaviso do regime de prontidão, em que o § 3º do art. 244 da CLT considera como "prontidão" o empregado que ficar nas dependências da estrada, aguardando ordens. A escala de prontidão será, no máximo, de 12 horas. As horas de prontidão serão, para todos os efeitos, contadas à razão de 2/3 do salário-hora normal.

Nota-se, portanto, que no sobreaviso o empregado fica em casa, podendo ser chamado a qualquer momento, por isso deve ficar aguardando a comunicação do empregador. No regime de prontidão, o empregado não fica em casa, mas nas dependências da estrada de ferro, aguardando ordens, estando, portanto, à disposição do empregador (art. 4º da CLT).

A escala de sobreaviso pode ter no máximo 24 horas, enquanto a de prontidão terá no máximo 12 horas. A remuneração do sobreaviso é de 1/3 do salário normal, enquanto a de prontidão é de 2/3 do salário-hora normal.

Em razão da evolução dos meios de comunicação, o empregado tanto pode ser chamado pelo telefone ou pelo telégrafo (como ocorria nas estradas de ferro), como também por BIP, *pagers*, *laptop* ligado à empresa, telefone celular etc. O art. 244 da CLT foi editado exclusivamente para os ferroviários, pois, na época, os últimos meios de comunicação ainda não existiam. O Direito do Trabalho passa, assim, a ter de enfrentar essas novas situações para considerar se o empregado está ou não à disposição do empregador, principalmente quanto à liberdade de locomoção do obreiro.

Na prática, a hora de sobreaviso, que era aplicada exclusivamente aos ferroviários, acabou sendo estendida a outros tipos de empregados.

A Súmula 229 do TST afirma que, "por aplicação analógica do art. 244, § 2º, da CLT, as horas de sobreaviso dos eletricitários são remuneradas à razão de 1/3 sobre as parcelas de natureza salarial". Entretanto, para que o eletricitário tenha direito a sobreaviso, deve ficar em sua residência aguardando ser chamado.

Preconizam alguns que a hora de sobreaviso prevista no § 2º do art. 244 da CLT seja aplicada não só ao ferroviário, mas por analogia aos médicos, engenheiros, motoristas etc.

O § 1º do art. 5º da Lei nº 5.811/72 prevê que os empregados de empresas que explorem petróleo fiquem em regime de sobreaviso, em que o obreiro permanece à disposição do empregador por um período de 24 horas para prestar assistência aos trabalhos normais ou atender a necessidades ocasionais de operação. Em cada jornada de sobreaviso o trabalho efetivo não excederá de 12 horas. Durante o regime de sobreaviso, o empregado tem direito a alimentação gratuita, no posto de trabalho, transporte gratuito, além do repouso de 24 horas consecutivas para cada período de 24 horas de sobreaviso, remuneração adicional de 20% (hoje 50%) do respectivo salário básico, para compensar a eventualidade de trabalho noturno ou a variação de horário para repouso e alimentação (art. 6º). Verifica-se que o sobreaviso do empregado de empresas petrolíferas é diverso do ferroviário, pois este necessariamente tem de ficar em casa, enquanto o outro não, visto que já está à disposição do empregador. A remuneração do ferroviário é de 1/3 do salário normal, enquanto em relação ao outro obreiro há pagamento de hora extra com adicional.

Para o aeronauta, o sobreaviso é o período não inferior a 3 (três) horas e não excedente a 12 horas em que o tripulante permanece em local de sua escolha à disposição do empregador, devendo apresentar-se no aeroporto ou em outro local determinado, no prazo de até 90 minutos, após receber comunicação para o início de nova tarefa (art. 43 da Lei nº 13.475/2017). Em Município ou conurbação com dois ou mais aeroportos, o tripulante designado para aeroporto diferente da base contratual terá prazo de 150 minutos para a apresentação, após receber comunicação para o início de nova tarefa. As horas de sobreaviso serão pagas à base de 1/3 do valor da hora de voo. Caso o tripulante seja convocado para uma nova tarefa, o tempo remunerado será contabilizado entre o início do sobreaviso e o início do deslocamento. Caso o tripulante de voo ou de cabine não seja convocado para uma tarefa durante o período de sobreaviso, o tempo de repouso mínimo de 8 horas deverá ser respeitado antes do início de nova tarefa. O período de sobreaviso, contabilizado desde seu início até o início do deslocamento caso o tripulante seja acionado para nova tarefa, não poderá ser superior a 12 horas. No período de 12 (doze) horas previsto no § 5º, não serão computados os períodos de deslocamento de 90 (noventa) e 150 (cento e cinquenta) minutos previstos no *caput* e no § 1º do art. 43.

O tripulante de voo ou de cabine empregado no serviço aéreo previsto no inciso I do *caput* do art. 5º terá a quantidade de sobreavisos limitada a 8 (oito) mensais, podendo ser reduzida ou ampliada por convenção ou acordo coletivo de trabalho, observados os limites estabelecidos na regulamentação da autoridade de aviação civil brasileira (§ 7º da Lei nº 13.475/2017).

O uso de BIP não caracteriza "sobreaviso", pois o empregado pode se locomover e, teoricamente, poderia até trabalhar para outra empresa. Não se está, com isso, restringindo a liberdade de locomoção do empregado. A liberdade de ir e vir da pessoa não fica prejudicada. Somente se o empregado permanece em sua residência, aguardando a qualquer momento o chamado para o serviço, é que há sobreaviso, pois sua liberdade está sendo controlada.

O uso de instrumentos telemáticos ou informatizados fornecidos pela empresa ao empregado, por si só, não caracteriza o regime de sobreaviso (S. 428, I, do TST). Considera-se em sobreaviso o empregado que, à distância e submetido a controle patronal por instrumentos telemáticos ou informatizados, permanecer em regime de plantão ou equivalente, aguardando a qualquer momento o chamado para o serviço durante o período de descanso (II).

O mesmo raciocínio anteriormente mencionado pode ser utilizado para o empregado que porta *pager* ou *laptop* ligado à empresa, pois o empregado pode locomover-se sem ter de ficar em casa esperando chamada do empregador.

Num primeiro momento, o fato de o empregador instalar aparelho telefônico na residência do empregado não quer dizer nada. O importante é que o empregado seja cientificado que o aparelho está sendo instalado em sua residência para que possa ser chamado a qualquer momento. Ficando o empregado em sua residência, aguardando a qualquer momento ser chamado, estará configurada a hora de sobreaviso, pois não pode sair ou se locomover. Entretanto, o mesmo não ocorre com o telefone celular, pois o empregado pode locomover-se, não necessitando ficar aguardando o chamado do empregador em sua residência.

A partir do momento em que o empregado atende ao chamado do empregador, fica a sua disposição, sendo considerada como jornada de trabalho, pois se trata de tempo à disposição do empregador (art. 4º da CLT).

São consideradas tempo de espera as horas em que o motorista profissional empregado ficar aguardando carga ou descarga do veículo nas dependências do embarcador ou do destinatário e o período gasto com a fiscalização da mercadoria transportada em barreiras fiscais ou alfandegárias, não sendo computados como jornada de trabalho nem como horas extraordinárias (§ 8º do art. 235-C da CLT). A redação anterior fazia referência a tempo de espera como o que excedesse a jornada normal de 8 horas de trabalho do motorista. O tempo de espera tem fundamento na legislação chilena.

O período de espera diz respeito ao motorista rodoviário de cargas. Nesse período, o motorista não está dirigindo o veículo.

Não se pode dizer que o período de espera não será computado na jornada de trabalho se está sendo feito dentro da jornada de trabalho.

Se o motorista ficar esperando dentro da jornada normal de 8 horas, não se tratará de tempo de espera, mas da jornada normal. A espera estará ocorrendo durante a jornada de 8 horas e será remunerada como jornada normal, e não como hora de espera. A hora de espera ocorrerá depois das 8 horas diárias de trabalho, em que o empregado estiver aguardando o desembaraço do veículo em alfândega ou local de fiscalização da mercadoria transportada, para fazer carga ou descarga etc.

As horas relativas ao tempo de espera serão indenizadas na proporção de 30% do salário-hora normal (§ 9º do art. 235-C da CLT). Será tempo à disposição do empregador o período em que o empregado estiver aguardando ou executando ordens de serviço (art. 4º da CLT). Não são incluídos no tempo de serviço os períodos de intervalo para refeição, repouso, espera e descanso, em que o empregado não está efetivamente trabalhando. A lei faz referência à indenização, mas não parece ser isso, mas de remunerar as horas de espera. A lei não pode dizer que a verba tem natureza de indenização, se representa salário. A norma não pode afirmar que jacaré é igual a zebra só por serem animais. O tempo de espera é tempo à disposição do empregador. O empregado tem de ficar guardando o veículo e não pode fazer outra coisa. O § 9º do art. 235-C da CLT faz referência a "serão indenizadas na proporção de 30% (trinta por cento) do salário-hora normal". Tempo que excede a jornada normal é considerado como hora extra e não indenização. Deve ser remunerado o período como hora extra com o adicional de 50% (art. 7º, XVI, da Constituição) e não com 30%. Nesse ponto, o dispositivo é inconstitucional. Os riscos da atividade são do empregador (art. 2º da CLT) e não podem ser passados ao empregado, como ocorre em relação ao tempo de espera, como para desembaraço em barreiras fiscais ou alfandegárias. Tendo natureza de remuneração, irá integrar as férias mais 1/3, 13º salário, aviso-prévio, DSR e ter a incidência do FGTS.

Durante o tempo de espera, o motorista poderá realizar movimentações necessárias do veículo, as quais não serão consideradas como parte da jornada de trabalho, ficando garantido, porém, o gozo do descanso de 8 horas ininterruptas. Se são movimentações, o empregado está trabalhando, devendo ser computada na jornada de trabalho.

Em nenhuma hipótese, o tempo de espera do motorista empregado prejudicará o direito ao recebimento da remuneração correspondente ao salário-base diário (§ 10 do art. 235-C da CLT).

O tempo de espera também é aplicado aos operadores de automotores destinados a puxar ou a arrastar maquinaria de qualquer natureza ou a executar trabalhos de construção ou pavimentação e aos operadores de tratores, colheitadeiras, autopropelidos e demais aparelhos automotores destinados a puxar ou a arrastar maquinaria agrícola ou a executar trabalhos agrícolas (§ 17 do art. 235-C da CLT).

19 ADICIONAL DE HORAS EXTRAS

Atualmente, o adicional de horas extras é de pelo menos 50% (art. 7º, XVI). Assim, estão derrogados os preceitos da CLT ou da legislação ordinária que falem em adicional de 20 ou 25%. Nada impede, entretanto, que a legislação ordinária ou as normas coletivas estabeleçam porcentual superior, o que normalmente é feito. O adicional de horas extras do advogado é de 100% sobre a hora normal (§ 2º do art. 20 da Lei nº 8.906).

A natureza do adicional de horas extras é de salário e não de indenização, pois representa um trabalho desenvolvido pelo empregado.

A limitação legal da jornada suplementar a duas horas diárias não exime o empregador de pagar todas as horas trabalhadas (S. 376, I, do TST).

O empregado, sujeito a controle de horário, remunerado à base de comissão, tem direito ao adicional de, no mínimo, 50% pelo trabalho em horas extras, calculadas sobre o valor-hora das comissões recebidas no mês, considerando-se como divisor o número de horas efetivamente trabalhadas (S. 340 do TST).

O empregado que recebe salário por produção e trabalha em sobrejornada tem direito à percepção apenas do adicional de horas extras, exceto no caso do empregado cortador de cana, a quem é devido o pagamento das horas extras e do adicional respectivo (OJ 235 da SBDI-1 do TST).

O empregado que recebe remuneração mista, ou seja, uma parte fixa e outra variável, tem direito a horas extras pelo trabalho em sobrejornada. Em relação à parte fixa, são devidas as horas simples acrescidas do adicional de horas extras. Em relação à parte variável, é devido somente o adicional de horas extras, aplicando-se à hipótese o disposto na Súmula 340 do TST (OJ 397 da SBDI-1 do TST).

Para os empregados a que alude o art. 58, *caput*, da CLT, quando sujeitos a 40 horas semanais de trabalho, aplica-se o divisor 200 (duzentos) para o cálculo do valor salário-hora (S. 431 do TST).

O divisor aplicável para o cálculo das horas extras do bancário, se houver ajuste individual expresso ou coletivo no sentido de considerar o sábado como dia de descanso remunerado, será:

a) 180, para os empregados submetidos à jornada de seis horas, prevista no *caput* do art. 224 da CLT;
b) 220, para os empregados submetidos à jornada de oito horas, nos termos do § 2º do art. 224 da CLT (S. 124, I, do TST).

As horas extras prestadas com habitualidade integram a indenização por antiguidade (S. 24 do TST), o 13º salário (S. 45 do TST), o FGTS (S. 63 do TST), o aviso-prévio indenizado (§ 5º do art. 487 da CLT), as gratificações semestrais (S. 115 do TST), as férias (§ 5º do art. 142 da CLT) e o DSR (S. 172 do TST e art. 7º, *a* e *b*, da Lei nº 605/49).

O valor das horas extras habitualmente prestadas integra o cálculo dos haveres trabalhistas, independentemente da limitação de duas horas diárias (art. 59, *caput*, da CLT) (S. 376, II, do TST).

20 TRABALHO NOTURNO

20.1 Horário noturno

As Convenções nºs 4, 41, 89 e 171 da OIT tratam do trabalho noturno. A Convenção nº 171 foi aprovada pelo Decreto Legislativo nº 270, de 13-11-2002. O Decreto nº 5.005, de 8-3-2004, promulga a referida norma. Trabalho noturno é o compreendido em período de pelo menos 7 horas consecutivas, no intervalo entre meia-noite e as 5 horas (art. 1º). Não se aplica à agricultura, pesca, pecuária, transportes marítimos e navegação interior (art. 2º).

O trabalho noturno é o executado no período da noite. As legislações não são unânimes em apontar o horário que se considera noturno. Na Espanha, considera-se noturno o horário das 22h às 6h (art. 36, 1, do Estatuto dos Trabalhadores); na Alemanha, das 20h às 6h; em Portugal, das 0h às 5h (art. 223, 1, do Código do Trabalho); na França e na Itália, das 22h às 5h; na Argentina, das 21h às 6h (*Ley de Contrato de Trabajo*, art. 200).

No Brasil, considera-se horário noturno para os empregados urbanos o trabalho executado entre as 22h de um dia e 5h do dia seguinte (§ 2º do art. 73 da CLT) e também para os domésticos (art. 14 da Lei Complementar nº 150/2015). Para os empregados rurais, o horário noturno será das 21h às 5h, na lavoura, e das 20 às 4h na pecuária. Para o advogado, será das 20h às 5h (§ 3º do art. 20 da Lei nº 8.906).

Como se verifica, o horário considerado noturno é determinado pela lei, não o sendo no período que vai do pôr ao nascer do sol, o que seria mais lógico, mas dependeria das estações do ano, quando o sol nasce ou se põe mais cedo ou mais tarde. Certo é que no período noturno o organismo humano faz um esforço maior, pois a noite é o período biológico em que a pessoa deve dormir, e não trabalhar.

Em relação ao empregado doméstico responsável por acompanhar o empregador prestando serviços em viagem, serão consideradas apenas as horas efetivamente trabalhadas no período, podendo ser compensadas as horas extraordinárias em outro dia (art. 11 da Lei Complementar nº 150/2015). O acompanhamento do empregador pelo empregado em viagem será condicionado à prévia existência de acordo escrito entre as partes. A remuneração-hora do serviço em viagem será, no mínimo, 25% superior ao valor do salário-hora normal. O disposto anteriormente poderá ser, mediante acordo, convertido em acréscimo no banco de horas, a ser utilizado a critério do empregado.

20.2 Adicional noturno

Por razões de ordem econômica ou social, certos trabalhos têm que ser realizados à noite, como ocorre em questões de produção em siderúrgicas, onde a máquina não pode parar; ou num hospital, que precisa ficar aberto diuturnamente para atender aos pacientes. Assim, a legislação optou por melhor remunerar o trabalho noturno.

A primeira determinação constitucional sobre o trabalho noturno foi a da Constituição de 1937, prevendo que "o trabalho à noite, a não ser nos casos em que é efetuado periodicamente por turnos, será retribuído com remuneração superior à do diurno" (art. 137, *j*). A Constituição de 1946 não mais fez a distinção em razão de turnos, apenas dizendo: "salário do trabalho noturno superior ao do diurno" (art. 157, III). A Constituição de 1967 repete a mesma disposição da Norma Ápice anterior (art. 158, IV). O mesmo faz a Emenda Constitucional nº 1, de 1969 (art. 165, IV).

A Constituição de 1988 mudou um pouco a redação do dispositivo objeto do caso em estudo, ao explicitar "remuneração do trabalho noturno superior à do diurno" (art. 7º, IX).

A legislação ordinária foi recepcionada pela Lei Maior, sendo que o art. 73 da CLT determina que "o trabalho noturno terá remuneração superior à do diurno e, para esse efeito, sua remuneração terá um acréscimo de 20%, pelo menos, sobre a hora diurna". O mesmo ocorre em relação ao doméstico (§ 2º do art. 14 da Lei Complementar nº 150/2015).

Em relação aos trabalhadores rurais, o adicional noturno foi fixado em 25% sobre a hora normal (parágrafo único do art. 7º da Lei nº 5.889/73). O adicional noturno do advogado é de 25% (§ 3º do art. 20 da Lei nº 8.906/96).

Dever-se-ia aumentar o porcentual do adicional noturno para 50%, equiparando-o ao de horas extras (art. 7º, XVI, da Constituição), porém até o momento a legislação não foi alterada. Como o adicional é de pelo menos 20%, nada impede que em dissídios coletivos seja fixado um porcentual superior, pois a Constituição não fixou o valor do adicional, deixando que a lei ordinária estabelecesse o porcentual mínimo.

Os vigias noturnos, como qualquer trabalhador, têm direito ao adicional (S. 402 do STF), pois o art. 62 da CLT foi modificado, retirando-se o vigia da previsão legal que não concedia a ele horas extras. O TST deixou claro que "é assegurado ao vigia, sujeito ao trabalho noturno, o direito ao respectivo adicional" (S. 140).

O trabalhador temporário, porém, terá direito ao adicional noturno (art. 12, *e*, da Lei nº 6.019/74).

O pagamento do adicional noturno depende de uma condição, que é o trabalho à noite. Se o trabalho deixa de ser prestado no período noturno, não há direito ao adicional. O obreiro que trabalhava no período noturno e passa a trabalhar no período diurno perde o direito ao adicional noturno (S. 265 do TST), visto que o fato gerador é o trabalho à noite, que deixa de existir. Não há que se falar em direito adquirido ou redução de salários, pois o adicional visava compensar o trabalho noturno. Se este não mais existe, deixa de haver direito a sua consequência, que era o pagamento do adicional.

O adicional noturno que for pago com habitualidade integra o salário do empregado para todos os efeitos, como férias, 13º salário, aviso-prévio indenizado, DSRs, FGTS etc. (S. 60, I, do TST).

20.3 Hora noturna reduzida

A lei estabeleceu, ainda, uma ficção jurídica, no sentido de que a hora noturna é considerada reduzida, ou seja, a hora do trabalho noturno será computada como 52 minutos e 30 segundos (§ 1º do art. 73 da CLT). O mesmo ocorre em relação ao doméstico (§ 1º do art. 14 da Lei Complementar nº 150/2015). Assim, cada hora trabalhada no período considerado pela lei como noturno será computada como 52 minutos e 30 segundos e não como uma hora, o que se constitui numa vantagem até mesmo salarial ao empregado.

Não se pode dizer que a hora noturna reduzida foi revogada pela Constituição. Em primeiro lugar, porque a Constituição não é expressa nesse sentido. Em segundo lugar, porque o inciso IX do art. 7º da Constituição apenas menciona que a remuneração do trabalho noturno deve ser superior à do diurno, como já se verificava nas Constituições anteriores, abrindo espaço a que a lei ordinária fixe o adicional e a hora noturna reduzida. Em terceiro lugar, porque nada impede que sejam estabelecidos outros direitos na lei ordinária, pois a Constituição fixa direitos mínimos, conforme se verifica da parte final do art. 7º. Em quarto lugar, quando a Constituição determina a duração do trabalho de oito horas diárias e 44 semanais ou os turnos ininterruptos de revezamento de seis horas diárias, não está dizendo que a lei ordinária não possa fixar o adicional noturno, ou estabelecer a hora noturna reduzida. Logo, persiste vigente a hora noturna reduzida. O STF já havia decidido anteriormente à edição da Constituição de 1988 que "a duração legal da hora de serviço noturno (cinquenta e dois minutos e trinta segundos) constitui vantagem suplementar, que não dispensa o salário adicional" (S. 214). Assim, cada hora trabalhada no período considerado pela lei como noturno será computada como 52 minutos e 30 segundos e não como uma hora. O TST entende que a hora noturna reduzida subsiste após a Constituição de 1988 (OJ 127 da SBDI-1).

O ideal não seria o estabelecimento da hora noturna reduzida, mas a diminuição da jornada no trabalho noturno, como a limitação da jornada noturna em seis horas.

É possível fazer uma tabela, demonstrando que o empregado que trabalhar das 22 às 5h prestará sete horas de trabalho, mas ganhará oito horas, em razão da hora noturna reduzida:

Trabalho noturno	*Hora noturna reduzida*
1ª hora	de 22h00 às 22h52min30s
2ª hora	de 22h0052min30s às 23h0045min
3ª hora	de 23h0045min à 00h37min30s
4ª hora	de 00h37min30s à 1h30min
5ª hora	de 1h30min às 2h22min30s
6ª hora	de 2h22min30s às 3h15min
7ª hora	de 3h15min às 4h7min30s
8ª hora	de 4h7min30s às 5h

O trabalhador rural não é beneficiário da hora noturna reduzida, pois o adicional de 25% visa compensar a inexistência da hora noturna reduzida (parágrafo único do art. 7º da Lei nº 5.889/73).

Para o advogado não há redução da hora noturna. Considera-se como período noturno das 20h às 5h. O adicional noturno será de 25%. Por ser maior o adicional, há compensação pela inexistência da hora noturna reduzida. Por se tratar de lei especial que regula o tema (Lei nº 8.906/94, art. 2º, § 3º), não se observa a CLT. É o mesmo caso do trabalhador rural.

O vigia noturno também tem direito à hora noturna reduzida de 52 minutos e 30 segundos (S. 65 do TST). Entretanto, "o trabalho noturno dos empregados nas atividades de exploração, perfuração, produção e refinação do petróleo, industrialização do xisto, indústria petroquímica e transporte de petróleo, e seus derivados por meio de dutos é regulado pela Lei nº 5.811/72, não se lhes aplicando a hora reduzida de 52' e 30" do art. 73, § 1º, da CLT" (S. 112 do TST), pois no caso a legislação específica (Lei nº 5.811) não prevê tal questão.

O trabalho em regime de turnos ininterruptos de revezamento não retira o direito à hora noturna reduzida, não havendo incompatibilidade entre as disposições contidas nos arts. 73, § 1º, da CLT e 7º, XIV, da Constituição (OJ 395 da SBDI-1 do TST).

20.4 Regime de revezamento

O *caput* do art. 73 da CLT determina que nos casos de revezamento semanal ou quinzenal não há direito ao adicional noturno. Essa disposição foi derrogada pelo inciso III do art. 157 da Constituição de 1946, pois foi prevista na Constituição de 1937, mas não foi repetida na Norma Ápice de 1946, que, portanto, derrogou o *caput* do art. 73 da CLT no que diz respeito à exceção da não incidência do adicional noturno no regime de revezamento. O STF já decidiu que "é devido o adicional de serviço noturno ainda que sujeito o empregado ao regime de revezamento" (S. 213).

20.5 Empresas que mantêm ou não o trabalho noturno

Reza o § 3º do art. 73 da CLT que "o acréscimo a que se refere o presente artigo (20%), tratando-se de empresas que não mantêm, pela natureza de suas atividades, trabalho noturno habitual, será feito tendo em vista os quantitativos pagos por trabalhos diurnos de natureza semelhante. Em relação às empresas cujo trabalho noturno decorra da natureza de suas atividades, o aumento será calculado sobre o salário mínimo geral vigente na região, não sendo devido quando exceder desse limite, já acrescido da percentagem".

Verifica-se que o preceito legal em comentário contém duas hipóteses: uma quanto às empresas que não mantêm trabalho noturno, a outra quanto às empresas que têm por atividade o trabalho no período noturno. No primeiro caso, a lei determina que se verifique a existência de um trabalhador do período diurno que faça a mesma coisa, tomando-se seu salário para efeito da base de cálculo do adicional noturno.

O STF decidiu, porém, que, "provada a identidade entre o trabalho diurno e o noturno, é devido o adicional, quanto a este, sem a limitação do art. 73, § 3º, da CLT, independentemente da natureza da atividade do empregador" (S. 313).

20.6 Horários mistos

A CLT dispõe no § 4º do art. 73 que consideram-se horários mistos aqueles que abranjam períodos diurnos e noturnos, inclusive para o doméstico (§ 4º do art. 14 da Lei Complementar nº 150/2015). Não são horários mistos os abrangidos por períodos noturnos e diurnos.

Na legislação panamenha, por exemplo, considera-se jornada mista "a que compreenda horas de distintos períodos de trabalho, sempre que não abarque mais de 3 horas do período noturno" (art. 30 do *Código de Trabajo*). As horas diurnas que antecederem a jornada noturna, evidentemente, não terão adicional noturno, pois não foram prestadas durante o período que a lei considera como noturno.

O § 4º do art. 73 da CLT, assim como todo o artigo, teve nova redação determinada pelo Decreto-Lei nº 9.666, de 28-8-1946. O comando legal anterior mandava aplicar apenas o disposto no citado artigo, e não seus parágrafos, sendo que o atual dispõe que se utilize não só do *caput*, mas também dos seus parágrafos.

É claro, porém, que só no período noturno é que serão devidos o adicional noturno e a hora noturna reduzida, ou seja, no período das 22h às 5h, salvo na hipótese adiante mencionada.

20.7 Trabalho prestado após as 5 horas em sequência ao horário noturno

Determina o § 5º do art. 73 da CLT que às prorrogações do trabalho noturno aplicam-se as determinações do Capítulo II, "Da Duração do Trabalho".

Indaga-se, por conseguinte, no caso de o empregado continuar a trabalhar após as 5h, qual mandamento legal deve ser aplicado: o § 4º, que trata dos horários mistos, ou o § 5º, que versa sobre as prorrogações do trabalho noturno?

Ao se analisar a Constituição da República de 1988, nota-se que a remuneração do trabalho noturno deve ser superior à do diurno (art. 7º, IX). No entanto, não dispõe a Lei Magna que *só* a remuneração do trabalho noturno deve ser "superior à do diurno". Nada impede que na prorrogação do trabalho noturno o empregado tenha o mesmo salário do labor realizado à noite, acrescido, se for o caso, do respectivo adicional de horas extras.

Possui a CLT duas hipóteses específicas: (a) a primeira, que se refere a horários mistos (§ 4º do art. 73), ou seja, ao serviço realizado em períodos diurnos e noturnos; (b) a outra, que trata da *prorrogação* do trabalho noturno (§ 5º do art. 73), quando o labor se estenda após as 5h.

A CLT, ao tratar de horas extraordinárias, não contém termos precisos, que muitas vezes são empregados como sinônimos, pois em certa ocasião menciona horas suplementares (art. 59), ora versa sobre *prorrogação* (art. 60, § 3º, do art. 61 e §§ 3º e 5º do art. 73), em outra oportunidade refere-se a "exceder o limite legal" (art. 61). Mesmo o § 5º do art. 73 contém uma redação imperfeita.

O § 5º do art. 73 reza que "às prorrogações do trabalho noturno aplica-se o disposto neste Capítulo". Contudo, qual é o sentido da palavra *prorrogação*?

"Prorrogação vem do latim *prorrogatio*, de *prorrogare* (alongar, dilatar, adiar, ampliar)." "Não se prorroga o que já se mostra acabado", pois aí ocorreria uma coisa nova. Deve-se promover a prorrogação "antes que termine o prazo ou aquilo que se quer prorrogar, para que o tempo prefixo se dilate ou se amplie" (De Plácido e Silva, 1990, v. III:482).

Não se pode falar em prorrogação do trabalho noturno se este já terminou, pois é realizado das 22h às 5h. O que ocorre após as 5h, se o empregado continua trabalhando, é uma sequência àquilo que o obreiro já havia começado: o horário de trabalho. O horário noturno já se findou. O que se inicia é outro espaço de tempo, pois não há descontinuidade na prorrogação.

O art. 73 da CLT e seus parágrafos devem ser interpretados sistematicamente, de modo a que não haja disposições vazias de conteúdo, nem incompatibilidade ou incongruências na aplicação de um ou outro dos comandos legais do artigo em exame.

Fácil é dizer que o horário das 20h às 6h, das 22h às 6h (em que haveria nove horas de trabalho, com o cômputo da hora noturna reduzida), ou das 22h às 8h é prorrogação da jornada normal. Difícil é explicar, à luz do § 5º do art. 73 da CLT, se o horário das 24h às 6h é prorrogação do trabalho noturno. Prorrogação da jornada de trabalho não é, porque aquela tem menos de oito horas. Prorrogação do horário noturno também não é, pois a hora noturna, por definição legal, é das 22h às 5h. A hora noturna terminou às 5h, mas o serviço continuou a ser prestado pelo assalariado. O mais correto seria falar-se em sequência do trabalho realizado após as 5h, daí se aplicando o disposto no Capítulo II da CLT, sobre "Duração do Trabalho" (§ 5º do art. 73), ou seja: computar-se-ia a hora noturna reduzida, pagar-se-ia o adicional noturno e o adicional de horas extras, se cabível.

Existem juristas que entendem que, ao se interpretar o § 5º do art. 73 da CLT, a prorrogação do horário noturno não se utilizaria da orientação contida na citada determinação legal e seus parágrafos, porque o horário já seria diurno. É ilógico, à primeira vista, falar-se em pagar adicional noturno durante o dia, mas é a única maneira de se remunerar o trabalho que continuar a ser feito após as 5h sem a ocorrência de perda salarial para o obreiro.

O intuito tutelar da lei pressupõe que prestar serviços à noite é mais penoso que o trabalho realizado durante o dia. A própria Constituição consagra "adicional de remuneração para atividades penosas" (art. 7º, XXIII). Seria um contrassenso do legislador mandar pagar o adicional noturno e a hora noturna reduzida e, se for o caso, o adicional de horas extras nas *prorrogações* do horário noturno, e não determinar o pagamento de tais valores após o horário misto, pois o período das 5 às 6h é sequência da hora noturna. Tanto é nocivo à saúde do laboralista o trabalho realizado à noite, como mais ainda o é o realizado nesse período e continuado após as 5h, que atenta, inclusive, contra princípios higiênicos da Medicina do Trabalho. É sabido que os acidentes do trabalho ocorrem sempre em maior escala nas horas extras ou até durante a noite. O deferimento do adicional noturno e o cômputo da hora noturna reduzida mais o adicional de horas extras, após as 5h, servem para desestimular o empregador que impuser a prestação de serviços após este espaço de tempo, pagando, para isso, um salário mais elevado, pelo maior desgaste do obreiro na sequência ao trabalho noturno. Se o horário do empregado fosse prorrogado após as 5h, e este percebesse um salário inferior ao que recebeu até esse período, haveria um prejuízo ao trabalhador (art. 468 da CLT).

Normalmente, quando a empresa disciplina que o operário deve prestar serviços das 22 às 6h, o trabalho realizado após as 5h já não é horário misto, mas prorrogação da jornada de trabalho após o horário noturno. Daí, ser aplicável o § 5º do art. 73 da CLT e não o § 4º do referido artigo da lei.

Prorrogação do trabalho noturno dar-se-ia quando alguém laborou das 22 às 4h e continuou prestando serviços até as 5h, pois não houve término do horário noturno. Não teria qualquer sentido o § 4º do art. 73 da CLT explicitar que, no horário misto, assim definido como o realizado em períodos diurnos e noturnos, se aplicaria às horas de trabalho noturno o disposto no mencionado artigo e seus parágrafos, ou seja, computar-se-ia a hora noturna reduzida e pagar-se-ia o adicional noturno. Ao se asseverar tal fato, poder-se-ia inferir que a hora extra realizada no horário misto não seria devida ao empregado só porque se aplicaria "às horas de trabalho noturno o disposto" no art. 73 e seus parágrafos e não todo o Capítulo da "Duração do Trabalho" da CLT; ou só se pagaria o adicional noturno de 20%, conforme redação do § 4º do art. 73 da CLT, no período anterior ao Decreto-Lei nº 9.666/46, em que não existia a palavra *parágrafos*. Fazer tais afirmações seria incorrer numa falácia. Para que, então, estariam na lei os §§ 4º e 5º do art. 73? Para nada?!

O § 5º do art. 73 da CLT menciona prorrogação *do* horário noturno, que ocorre após o horário noturno. Não faz referência à prorrogação *no* horário noturno, que seria dentro do próprio horário noturno das 22h às 5 horas.

É necessário, portanto, conjugarem-se as disposições contidas nos §§ 4º e 5º do art. 73 da CLT para se obter uma interpretação lógica da lei. No horário misto realizado das 21h às 5h, o período das 21h às 22h não teria adicional noturno ou hora noturna reduzida, porque não é realizado no espaço de tempo considerado pela lei como hora noturna. Das 22h às 5h seriam observados os quatro primeiros parágrafos do art. 73. E das 5 às 6h o que se aplicaria? Utilizar-se-ia do referido § 5º do citado artigo, em que na *continuação* "do trabalho realizado pelo empregado após as 5h" se observaria o disposto no Capítulo da "Duração do Trabalho" (Capítulo II da CLT), mais especificamente: empregar-se-ia o adicional noturno de 20%, com o cômputo da hora noturna de 52 minutos e 30 segundos, e pagar-se-ia o adicional de horas extras de 50%, desde que houvesse trabalho extraordinário. Dessa maneira, o § 5º vai regular o serviço prestado em sequência à hora noturna, abrangendo períodos noturnos e diurnos – que não são horários mistos –, não sendo aplicável apenas o art. 73 da CLT, mas todas as determinações que tratam da "Duração do Trabalho" (Capítulo II da CLT), inclusive a Seção IV, que versa sobre o trabalho noturno.

Há na lei, por conseguinte, duas situações distintas. Caso contrário, qualquer um dos §§ 4º e 5º do art. 73 da CLT poderia ser considerado letra morta no referido mandamento legal, e a norma jurídica não contém palavras ou disposições inúteis.

A lei, no caso, é mais sábia do que o legislador (Carlos Maximiliano, 1965:34). Não há, portanto, incompatibilidade lógica entre os §§ 4º e 5º do art. 73 da CLT.

A Súmula 60, II, do TST entende que, cumprida integralmente a jornada no período noturno e prorrogada esta, devido é também o adicional noturno quanto às horas prorrogadas no período diurno.

O empregado submetido à jornada de 12 horas de trabalho por 36 de descanso, que compreenda a totalidade do período noturno, tem direito ao adicional noturno, relativo às horas trabalhadas após as 5 horas da manhã (OJ 388 da SBDI-1 do TST).

Questões

1. O que é jornada de trabalho?
2. Qual é a jornada de trabalho legalmente prevista?
3. O que é sistema de compensação de horas?
4. O que são horas suplementares?
5. Qual a natureza jurídica da jornada de trabalho?
6. O que são turnos ininterruptos de revezamento?
7. Qual o período considerado pela lei como de trabalho noturno para os empregados urbanos e rurais?
8. O que é hora noturna reduzida?
9. O que é horário de trabalho misto?

Capítulo 31

INTERVALOS PARA DESCANSO

1 DENOMINAÇÃO

São empregadas as denominações *pausa*, períodos de descanso ou *intervalo para descanso* para indicar o instituto em estudo. *Pausa* é a interrupção temporária de ação, movimento ou som. Não tem um significado técnico, mas genérico. *Período de descanso* diria respeito ao tempo entre dois fatos; um ciclo, podendo se confundir com as férias ou com o descanso semanal remunerado, que não deixam de ser períodos de descanso, em que o trabalhador irá repor suas energias gastas no ano, no primeiro caso, ou na semana, na segunda hipótese. Período de descanso seria o gênero, do qual seria espécie o intervalo. Na França, é usada a palavra *pause*, que seria o intervalo. A palavra *pause* também é usada para outras pausas, como a expressão *la pause café*, que é pausa ou intervalo para o café. Os franceses chamam *pause cigarette* ou *pause "clope"* a pausa para fumar.

Prefiro, portanto, utilizar o termo *intervalo*, que revela um período menor, além de ser mais específico, por dizer respeito apenas às pausas existentes na ou entre as jornadas de trabalho, e não a outras hipóteses.

2 CONCEITO

Intervalos para descanso são períodos na jornada de trabalho, ou entre uma e outra, em que o empregado não presta serviços, seja para se alimentar ou para descansar.

Da definição já se nota que vou tratar neste capítulo apenas dos intervalos que dizem respeito à jornada de trabalho. Não vou versar sobre outros períodos de descanso, como o repouso semanal remunerado e as férias, que serão estudados em capítulos separados.

Dessa forma, irei analisar apenas os intervalos intrajornada ou interjornadas.

A natureza jurídica do intervalo para refeição compreende a obrigação do empregado de não trabalhar para repousar ou se alimentar, assim como o empregador deve se abster de exigir trabalho do empregado nesse período. Diz respeito à norma de ordem pública absoluta e ao interesse do Estado em preservar a saúde e a higidez física do trabalhador. Não pode ser modificado pela vontade das partes ou por norma coletiva.

O intervalo serve para o empregado se alimentar, de forma que o organismo possa absorver o alimento de maneira normal. Serve, também, para descansar para retornar ao trabalho, restabelecendo seu organismo. Evita que ocorram acidentes, em razão da fadiga física do trabalhador. Fazer a refeição de forma corrida pode trazer estresse aos órgãos do aparelho digestivo.

O objetivo do intervalo é evitar a fadiga física e mental, reduzindo a possibilidade de acidentes do trabalho. O trabalhador se alimenta e descansa para poder repor suas energias e voltar a trabalhar novamente.

A jornada tem aspecto ativo, de trabalho desenvolvido durante o dia. Intervalo tem aspecto negativo, de não exigir trabalho para que o empregado possa descansar ou se alimentar.

3 INTERVALOS INTRAJORNADA

Os intervalos intrajornada são os feitos dentro da própria jornada de trabalho.

O art. 71 e seu § 1º, da CLT, revelam um dos exemplos de intervalo intrajornada:

> "Em qualquer trabalho contínuo cuja duração exceda de 6 horas, é obrigatória a concessão de um intervalo para repouso ou alimentação, o qual será, no mínimo, de 1 hora e, salvo acordo escrito ou contrato coletivo em contrário, não poderá exceder de 2 horas. § 1º Não excedendo de 6 horas o trabalho, será, entretanto, obrigatório um intervalo de 15 minutos quando a duração ultrapassar 4 horas".

Pelo que se observa, se o empregado trabalhar menos de quatro horas diárias, não será obrigatória a concessão de nenhum intervalo. Prestando serviços o obreiro acima de quatro até seis horas, será obrigatório um intervalo de 15 minutos. Se a duração do trabalho for de mais de seis horas, será concedido um intervalo de, no mínimo, uma hora até duas horas.

A garantia ao intervalo intrajornada prevista no art. 71 da CLT, por constituir-se em medida de higiene, saúde e segurança do empregado, é aplicável também ao ferroviário maquinista integrante da categoria "c" (equipagem de trens em geral), não havendo incompatibilidade entre os §§ 4º do art. 71 e 5º do art. 238 da CLT (S. 446 do TST).

Para o transporte de passageiros será assegurado ao motorista intervalo mínimo de uma hora para refeição, podendo ser fracionado em dois períodos e coincidir com o tempo de parada obrigatória na condução do veículo estabelecido pela Lei nº 9.503/97, exceto quando se tratar do motorista profissional enquadrado no § 5º do art. 71 desta Consolidação (art. 235-E, II, da CLT).

O intervalo para quem trabalha mais de seis horas poderá ser reduzido e/ou fracionado, e o intervalo para quem trabalha até seis horas poderá ser fracionado, quando compreendidos entre o término da primeira hora trabalhada e o início da última hora trabalhada, desde que previsto em convenção ou acordo coletivo de trabalho, ante a natureza do serviço e em virtude das condições especiais de trabalho a que são submetidos estritamente os motoristas, cobradores, fiscalização de campo e afins nos serviços de operação de veículos rodoviários, empregados no setor de transporte coletivo de passageiros, mantida a remuneração e concedidos intervalos para descanso menores ao final de cada viagem (§ 5º do art. 71 da CLT). Talvez se forme jurisprudência no sentido de que o intervalo pode ser fracionado desde que não exista prestação de horas extras pelo empregado.

Para o transporte de passageiros, serão observados os seguintes dispositivos:

I – é facultado o fracionamento do intervalo de condução do veículo previsto na Lei nº 9.503/97 (CTB), em períodos de no mínimo 5 minutos;

III – nos casos em que o empregador adotar dois motoristas no curso da mesma viagem, o descanso poderá ser feito com o veículo em movimento, respeitando-se os horários de jornada de trabalho, assegurado, após 72 horas, o repouso em alojamento externo ou, se em poltrona correspondente ao serviço de leito, com o veículo estacionado (art. 235-E da CLT).

É vedado ao motorista profissional dirigir por mais de cinco horas e meia ininterruptas veículos de transporte rodoviário coletivo de passageiros ou de transporte rodoviário de cargas (art. 67-C do Código de Trânsito). Serão observados 30 minutos para descanso dentro de cada seis horas na condução de veículo de transporte de carga, sendo facultado o seu fracionamento e o do tempo de direção desde que não ultrapassadas cinco horas e meia contínuas no exercício da condução. Serão observados 30 minutos para descanso a cada quatro horas na condução de veículo rodoviário de passageiros, sendo facultado o seu fracionamento e o do tempo de direção. Em situações excepcionais de inobservância justificada do tempo de direção, devidamente registradas, o tempo de direção poderá ser elevado pelo período necessário para que o condutor, o veículo e a carga cheguem a um lugar que ofereça a segurança e o atendimento demandados, desde que não haja comprometimento da segurança rodoviária. Entende-se como tempo de direção ou de condução apenas o período em que o condutor estiver efetivamente ao volante, em curso entre a origem e o destino. Entende-se como início de viagem a partida do veículo na ida ou no retorno, com ou sem carga, considerando-se como sua continuação as partidas nos dias subsequentes até o destino. O condutor somente iniciará uma viagem após o cumprimento integral do intervalo de descanso.

Não será considerado como jornada de trabalho, nem ensejará o pagamento de qualquer remuneração, o período em que o motorista empregado ou o ajudante ficarem espontaneamente no veículo usufruindo dos intervalos de repouso (§ 4º do art. 235-D da CLT). O parágrafo trata da hipótese em que o próprio empregado é que prefere, espontaneamente, fazer o intervalo ou ficar no veículo. Não é a hipótese em que o empregador impõe que o empregado fique dentro do veículo.

É obrigatória a concessão de intervalo para repouso ou alimentação pelo período de, no mínimo, uma hora e, no máximo, duas horas, admitindo-se, mediante prévio acordo escrito entre empregador e empregado, sua redução a 30 minutos (art. 13 da Lei Complementar nº 150/2015). Caso o empregado doméstico resida no local de trabalho, o período de intervalo poderá ser desmembrado em 2 (dois) períodos, desde que cada um deles tenha, no mínimo, uma hora, até o limite de quatro horas ao dia. Em caso de modificação do intervalo, é obrigatória a sua anotação no registro diário de horário, vedada sua prenotação.

O intervalo de quem trabalha no sistema a tempo parcial de cinco horas por dia será de 15 minutos.

Será o intervalo concedido para o trabalhador poder alimentar-se ou descansar, recompondo seu organismo para que possa continuar a jornada de trabalho.

O intervalo não pode ser concedido no início da jornada, pois não representa pausa para repouso, pois nem sequer se iniciou o trabalho. O trabalhador ainda não está cansado para repousar.

Não pode o intervalo ser concedido ao final da jornada, pois perde a sua finalidade, que é proporcionar descanso e alimentação ao trabalhador no curso da jornada de trabalho.

Não pode o intervalo ser fracionado em várias vezes durante o dia. Deve corresponder a um período mínimo de 15 minutos ou uma hora, de forma contínua. A concessão de intervalos fracionados durante a jornada não substitui a previsão do art. 71 da CLT.

Se o trabalho do empregado não for contínuo, sofrendo várias interrupções, não terá direito o obreiro a intervalo para refeição e descanso, pois provavelmente já o terá feito.

O intervalo tem que ser de, no mínimo, uma hora, mas pode ser superior a esse horário, até duas horas. Assim, o empregador pode conceder, v.g., um intervalo de uma hora e 30 minutos, uma hora e 55 minutos. Para que o intervalo seja superior a duas horas, há necessidade de acordo escrito com o empregado, seja por intermédio de cláusula do contrato de trabalho ou termo separado, ou de contrato coletivo. Em relação a este último, deve-se entender que seria o acordo ou convenção coletiva, que é a atual denominação do contrato coletivo a que se referia a CLT em 1943.

Para quem trabalha das 22 às 5 horas, o intervalo é de uma hora e não de 52' 30 seg., pois o art. 71 da CLT não faz distinção nesse ponto, nem o art. 73 da CLT trata do tema.

O repouso mínimo de uma hora pode ser reduzido por ato do Ministro do Trabalho e ouvida a Secretaria de Segurança e Medicina do Trabalho, desde que se verifique que o estabelecimento atende integralmente às exigências concernentes à organização dos refeitórios e quando os respectivos empregados não estiverem sob regime de horas extras (§ 3º do art. 71 da CLT). A norma legal, contudo, não dispõe qual o limite da redução, entendendo-se, em razão de orientação administrativa, que a redução seria de até 30 minutos, que corresponde a um intervalo mínimo razoável para alimentação. Nos períodos noturnos, o Ministério do Trabalho tem concedido intervalos mínimos de 40 minutos.

Redução ou supressão de intervalo não é a mesma coisa que redução ou compensação da jornada, pois o intervalo diz respeito à necessidade de descanso e alimentação. Logo, não se aplica o inciso XIII do art. 7º da Constituição, mas o § 3º do art. 71 da CLT.

O intervalo intrajornada pode ser reduzido por convenção ou acordo coletivo. Deve ser respeitado o limite mínimo de 30 minutos para jornadas superiores a seis horas (art. 611-A, III, da CLT). O § 5º do art. 71 da CLT já previa redução do intervalo para o motorista.

O empregado prefere ter intervalo menor e sair mais cedo. Exceção pode ser em atividades muito cansativas, em que o empregado prefere fazer a refeição e descansar, aproveitando toda uma hora de intervalo, como na construção civil.

Não se pode dizer, entretanto, que o art. 71 da CLT é uma norma de segurança e medicina do trabalho, pois está inserido na Seção III (Dos períodos de descanso) do Capítulo II, do Título II, da CLT, que trata da duração do trabalho, e não no Capítulo V do mesmo título, que prescreve sobre medicina e segurança do trabalho (arts. 154 a 223).

Os intervalos disciplinados no art. 71 da CLT não são computados na duração do trabalho, ou seja, são deduzidos da jornada normal de trabalho, não sendo considerados como tempo à disposição do empregador (§ 2º do art. 71 da CLT). As pausas realizadas pelo empregado para atendimento de necessidades fisiológicas não serão, porém, deduzidas da jornada normal de trabalho, sendo computadas como tempo à disposição do empregador.

As telefonistas que têm jornada de trabalho variável devem ter no máximo sete horas diárias de trabalho, com 17 horas de folga, deduzindo-se desse tempo 20 minutos para descanso, de cada um dos empregados, sempre que se verificar um esforço contínuo de mais de três horas (art. 229 da CLT). O intervalo de 20 minutos é deduzido da jornada de trabalho, não sendo computado como tempo de serviço à disposição do empregador.

O § 2º do art. 2º da Lei nº 5.811, de 11-10-1972, versa sobre regras a serem observadas na exploração, produção e refinação de petróleo, podendo o empregador suprimir o intervalo de repouso e alimentação para garantir a normalidade das operações ou para atender a imperativos de segurança nacional. Deverá, para tanto, fazer o pagamento em dobro (art. 3º, II, da Lei nº 5.811/72). Esse pagamento realmente é em dobro e não em triplo, aplicando-se por analogia a Súmula 146 do TST, devendo o empregado receber nove horas pelas oito horas trabalhadas sem intervalo.

O trabalhador rural tem seu intervalo um pouco diferente do intervalo do empregado urbano. Nos serviços intermitentes, que são os executados em duas ou mais etapas diárias, não serão computados como tempo de serviço os intervalos entre etapas, desde que haja ressalva de tal hipótese na CTPS do empregado (art. 6º da Lei nº 5.889/73). Em qualquer trabalho contínuo de duração superior a seis horas, será obrigatória a concessão de um intervalo para repouso e alimentação de acordo com os usos e costumes da região, e não conforme a previsão da CLT (art. 5º da Lei nº 5.889/73). O art. 10 do Decreto nº 73.626/74 considera serviço intermitente aquele que, por sua natureza, seja normalmente executado em duas ou mais etapas diárias distintas, desde que haja interrupção de trabalho de, no mínimo, cinco horas entre uma e outra parte da execução da tarefa.

A não concessão ou a concessão parcial do intervalo intrajornada mínimo, para repouso e alimentação, a empregados urbanos e rurais, implica o pagamento, de natureza indenizatória, apenas do período suprimido, com acréscimo de 50% sobre o valor da remuneração da hora normal de trabalho (§ 4º do art. 71 da CLT).

O legislador parece que andou na contramão, pois o objetivo principal sempre foi o de se conceder o intervalo ao empregado, de proteger a integridade psicossomática do trabalhador, isto é, o Estado estabelecer regras para que o intervalo realmente fosse gozado, para que o obreiro pudesse efetivamente descansar. Agora, pode ocorrer de muito empregador exigir o trabalho durante o intervalo, pagando-o com o adicional, pois há essa previsão na lei.

Em tese, o pagamento serve para desencorajar o empregador de exigir que o empregado trabalhe no intervalo.

Com a regra do § 4º do art. 71 da CLT, o intervalo não concedido ao empregado deverá ser pago com o adicional de 50% sobre o valor da remuneração da hora normal de trabalho, mesmo que não haja excedimento da jornada de oito horas.

Haverá duas sanções: a primeira consistirá no pagamento do período não concedido de intervalo com acréscimo de 50%, sendo devido ao empregado; a segunda estará consubstanciada na multa administrativa prevista no art. 75 da CLT e devida à União, pela não observância do intervalo previsto no art. 71 da CLT.

A natureza do intervalo não concedido é de indenização. Não representa hora extra. Hora extra é o que excede a jornada normal, como de 8 horas ou o módulo semanal de 44 horas. Não haverá reflexos em outras verbas.

Uma situação será ultrapassar o período de oito horas diárias e 44 semanais, que dará ensejo à hora extra; outra hipótese será a não concessão de intervalo, em que a lei já determina o pagamento do adicional pelo intervalo não gozado pelo empregado. São, portanto, situações distintas, dando a lei dois tratamentos para cada uma delas.

Tem natureza indenizatória a parcela prevista no art. 71, § 4º, da CLT, se não concedido ou reduzido pelo empregador o intervalo mínimo intrajornada para repouso e alimentação. Não repercute, portanto, em outras verbas.

O adicional é de pelo menos 50%. Isso quer dizer que a norma coletiva, o regulamento de empresa e o contrato de trabalho podem prever o pagamento do intervalo não gozado com adicional superior a 50%. Entretanto, não se pode usar o adicional para remunerar horas extras previsto na norma coletiva, pois esta não trata de intervalo, mas de remuneração para jornada extraordinária.

A remuneração do período não concedido de intervalo consistirá num acréscimo de 50% sobre a hora normal. É a mesma forma de cálculo que está no § 1º do art. 59 da CLT, que também tem respaldo no inciso XVI do art. 7º da Constituição. Não se trata de cálculo de adicional sobre adicional, em que não se saberia qual iria ser calculado em primeiro lugar, mas sobre a hora normal de trabalho.

Ao especificar a lei que o período de intervalo não concedido será remunerado com um acréscimo de 50%, não se utiliza apenas do adicional, como se verifica na orientação da Súmula 85 do TST, até porque a hipótese não é de regime de compensação, mas todo o período deverá ser remunerado.

O período correspondente ao intervalo não concedido não está pago pelo empregador, daí mais uma razão para se pagar todo o período e mais o adicional, e não apenas o adicional. Aliás, o inciso XVI do art. 7º da Constituição dá a entender que se remunera o período extraordinário com acréscimo de 50%, não se pagando apenas adicional. Assim, deve haver o pagamento da hora e mais o adicional, pois, do contrário, o intervalo não está sendo remunerado.

Será devido o pagamento só quanto ao intervalo não gozado pelo empregado. Assim, o adicional de 50% será devido apenas no tocante ao intervalo que não foi concedido.

Indica o § 2º do art. 71 da CLT que os intervalos de descanso não serão computados na duração do trabalho.

O próprio § 4º do art. 71 da CLT menciona que o adicional é devido pelo "período suprimido" ao intervalo não concedido, que quer dizer que o período concedido de intervalo, ainda que não integral, será válido e não será remunerado. Dessa forma, se o empregado tinha uma hora de intervalo e goza apenas 20 minutos, a empresa não terá que pagar uma hora com o adicional de 50%, apenas deverá pagar os 40 minutos de intervalo que não foram concedidos. O que já foi concedido não pode ser pago. A remuneração integral implicaria pagamento sem causa.

Ultrapassada habitualmente a jornada de seis horas de trabalho, é devido o gozo do intervalo intrajornada mínimo de uma hora, obrigando o empregador a remunerar o período para descanso e alimentação não usufruído como extra, acrescido do respectivo adicional, na forma prevista no art. 71, *caput* e § 4º, da CLT (S. 437, IV, do TST).

Se o intervalo é concedido em período inferior, porém por determinação do Ministério do Trabalho, com base no § 3º do art. 71 da CLT, da mesma forma inexistirá direito ao pagamento de adicional de horas extras, pois deve haver interpretação sistemática dos parágrafos do art. 71, sob pena de considerá-los incompatíveis entre si, sendo que a interpretação da lei não pode levar ao absurdo. O § 3º do art. 71 da CLT não foi revogado. O § 4º é incompatível com o disposto no § 3º do art. 71 da CLT. Assim, a empresa não terá de pagar a diferença do intervalo não concedido quando há autorização do Ministério do Trabalho para reduzir o intervalo.

A empresa não poderá, portanto, estabelecer, por sua conta, intervalo inferior ao legal, mesmo com a concordância do empregado, pois estará violando a lei e será obrigada a pagar o intervalo.

Havendo o Ministério do Trabalho concedido autorização para a instituição de intervalo inferior ao previsto em lei, estará a empresa devidamente respaldada, tendo por fundamento o § 3º do art. 71 da CLT.

"A redução eventual e ínfima do intervalo intrajornada, assim considerada aquela de até 5 (cinco) minutos no total, somados os do início e término do intervalo, decorrentes de pequenas variações de sua marcação nos controles de ponto, não atrai a incidência do art. 71, § 4º, da CLT. A extrapolação desse limite acarreta as consequências jurídicas previstas na lei e na jurisprudência" (TST, Pleno, IRR-1384-61.2012.5.04.0512, Rel. Min. Katia Magalhães Arruda).

Para as pessoas que trabalham no período noturno das 22 às 5 horas, o intervalo também será de uma hora, mesmo tendo a jornada noturna 52 minutos e 30 segundos, pois inexiste exceção para essa hipótese.

No Brasil, é proibido o uso de cigarros, cigarrilhas, charutos, cachimbos ou qualquer outro produto fumígeno, derivado ou não do tabaco, em recinto coletivo fechado, privado ou público (art. 2º da Lei nº 9.294, de 15-07-1996, com a redação dada pelo art. 50 da Lei nº 12.546, de 14-12-2011). O recinto coletivo fechado é tanto de empresas privadas como públicas. Considera-se recinto coletivo o local fechado, de acesso público, destinado a permanente utilização simultânea por várias pessoas" (§ 3º), como ocorre no ambiente de trabalho. O art. 2º do Decreto nº 2.018/96 considera recinto coletivo fechado o "local público ou privado, acessível ao público em geral ou de uso coletivo, total ou parcialmente fechado em qualquer de seus lados por parede, divisória, teto, toldo ou telhado, de forma permanente ou provisória".

Na França, a Lei Évin, de 10 de janeiro de 1991, proíbe as pessoas de fumar nos lugares coletivos e dentro da empresa. Decreto de 2006 faz menção à proibição de fumar em lugares coletivos. Na jornada de trabalho de 6 horas, há um intervalo mínimo de 20 minutos. Esse intervalo pode ser utilizado para o almoço. As disposições convencionais mais favoráveis podem fixar tempo de intervalo superior. Os fumantes podem parar para fumar na pausa normal de 20 minutos para 6 horas de jornada de trabalho.

Se os fumantes têm tempo pago para fumar, os não fumantes deveriam ter tempo pago pelo empregador para fazer outros intervalos. Os fumantes têm mais tempo de pausa que os não fumantes. Isso representa desigualdade e injustiça em relação aos não fumantes.

Se os fumantes fumam seis cigarros a cada jornada de trabalho de 8 horas, em 10 minutos a cada parada, perdem 1h20min de trabalho por dia. A empresa tem de pagar esse tempo sem trabalho? Não. Não se trata de tempo à disposição do empregador, no sentido de que o empregado está aguardando ou executando ordens (art. 4º da CLT).

Ressalte-se que as pausas para café podem ser feitas no interior da empresa, assim como para usar o banheiro. O intervalo para ir ao banheiro não pode ser controlado, pois se trata de uma necessidade fisiológica da pessoa, que pode ocorrer a qualquer momento. As pausas para fumar devem ser feitas fora da empresa, pois é proibido fumar em locais fechados. Se um trabalhador está no 30º andar de um edifício, ele pode levar 10 minutos para descer ao térreo para fumar, ou seja, mais tempo perdido.

O fumo é considerado uma doença. Logo, a pessoa deve ser tratada, mas o período gasto pelo empregado para fumar não tem de ser pago pelo empregador.

O direito à saúde de todos e de preservar a saúde de todos é o bem maior a ser considerado, em detrimento do direito individual de cada fumante de fumar. A saúde é um direito fundamental, que decorre do direito à vida. Trata-se de um direito social (art. 6º da Constituição) e de toda a sociedade. A saúde é um direito de todos e dever do Estado (art. 196 da Lei Maior). É preciso preservar a saúde da população, abstendo-se as pessoas de fumar. Importa que a Saúde deixará de gastar dinheiro no tratamento dos fumantes. Na França, as restrições ao ato de fumar têm sido consideradas uma forma de "caça" aos fumantes, para que deixem de fumar.

3.1 Serviços de mecanografia

Nos serviços permanentes de mecanografia (datilografia, escrituração e cálculo), a cada período de 90 minutos de trabalho consecutivo haverá um intervalo de 10 minutos, que não será deduzido da duração normal de trabalho (art. 72 da CLT).

Os serviços de mecanografia explicitados no art. 72 são meramente exemplificativos e não taxativos, justamente por serem arrolados entre parênteses, podendo outros serviços ser enquadrados na hipótese vertente. É o caso do operador de telex e dos digitadores, que também fazem serviços de mecanografia, que se assemelham ao de datilografia, que seria o gênero (S. 346 do TST). O serviço de escrituração seria, por exemplo, aquele em que a pessoa faz serviços à mão, como quando se fazia a escrituração contábil do livro Diário sem qualquer processo de mecanização. Cálculos intensos podem, v.g., ser realizados por aquela pessoa que faz a apuração de impostos na empresa.

A pausa será de 10 minutos a cada 90 minutos de trabalho consecutivo, ou seja, não se admitindo interrupções. O intervalo mencionado será considerado como tempo à disposição do empregador, não sendo deduzido da jornada de trabalho, como ocorre, por exemplo, com o intervalo de uma hora para refeição. No caso em tela, mesmo o empregado não trabalhando os 10 minutos, terá o empregador de considerá-los como de serviço efetivo e haverá, por consequência, a remuneração do referido período, pois estará incluído na jornada normal de trabalho.

O Ministério do Trabalho expediu, com base no art. 200 da CLT, a Portaria nº 3.435, de 19-6-1990, alterando a Norma Regulamentadora (NR) 17 da Portaria nº 3.214/78, que trata de ergonomia, estabelecendo intervalo ao digitador de, no mínimo, 10 minutos para cada 50 trabalhados, que também será considerado incluído na jornada de trabalho e, portanto, não poderá ser deduzido da mesma jornada, devendo ser remunerado (NR 17.7.4, *d*). A Portaria nº 3.751, de 23-11-1990, deu nova redação à NR 17 da Portaria nº 3.214/78, determinando, nas atividades de processamento de dados, salvo hipótese de acordo ou convenção coletiva, que na "entrada de dados deve haver, no mínimo, uma pausa de 10 minutos para cada 50 minutos trabalhados, não deduzidos da jornada normal de trabalho" (item 17.6.4, *d*). Entretanto, intervalo só pode ser estabelecido por meio de lei e não de portaria, pois a matéria trabalhista é de competência da União (art. 22, I, da Constituição).

Se o empregador não cumprir os intervalos especificados, o empregado poderá exigi-los como horas extras.

O intervalo previsto no art. 72 da CLT deve ser concedido cumulativamente com os intervalos para refeição de que trata o art. 71 da CLT, ou seja, o empregado terá direito aos dois intervalos, pois um não absorverá o outro.

Estabelece o item 5.4.2 da NR17 da Portaria nº 3.214/78 que "o intervalo para repouso e alimentação para a atividade de teleatendimento/telemarketing deve ser de 20 (vinte) minutos".

Se a jornada do empregado é de 8 horas, o intervalo é de pelo menos uma hora (art. 71 da CLT).

Sendo a jornada do trabalho de 6 horas, o intervalo é de 15 minutos (§ 1º do art. 71 da CLT).

Não existe previsão legal para fixar intervalo de 20 minutos para o operador de telemarketing.

A União tem competência privativa para legislar sobre Direito do Trabalho (art. 22, I, da Constituição), o que inclui os intervalos.

Mostra-se, portanto, inconstitucional e ilegal a determinação da Portaria nº 9, ao estabelecer intervalo de 20 minutos para o operador de telemarketing, pois a matéria só pode ser tratada por lei e não por norma administrativa.

Prescreve o item 5.4.1 da norma administrativa que "as pausas deverão ser concedidas:

a) fora do posto de trabalho;

b) em 2 (dois) períodos de 10 (dez) minutos contínuos".

Não existe previsão constitucional ou legal no sentido de que o intervalo do operador de telemarketing deva ser regulado em norma administrativa.

Ao operador de telemarketing não se aplica o intervalo de 10 minutos a cada 90 trabalhados atribuído aos digitadores, salvo se houver digitação durante toda a jornada. Normalmente, isso não ocorre, pois a pessoa atende telefone, faz ligações, digita e faz também outras atribuições.

Intervalo diverso do estabelecido no art. 72 da CLT não pode ser previsto por norma administrativa, mas apenas por lei.

O art. 200 da CLT não é fundamento para a edição da norma administrativa em relação à duração de trabalho e intervalos para operador de telemarketing, pois não delega à norma administrativa tais assuntos.

3.2 Serviços em frigoríficos

Nos serviços em frigoríficos, como aqueles em que os empregados trabalham em câmaras frias, havendo movimentação de mercadorias do ambiente quente ou normal para o frio, e vice-versa, após uma hora e 40 minutos de trabalho contínuo, será assegurado um intervalo de 20 minutos de repouso, computada essa pausa como de trabalho efetivo (art. 253 da CLT).

Considera-se como ambiente de trabalho artificialmente frio, para o caso em comentário, o que for inferior, na primeira, segunda e terceira zonas climáticas do mapa oficial do Ministério do Trabalho, a 15 graus; na quarta zona, a 12 graus; e na quinta, sexta e sétima zonas, a 10 graus (parágrafo único do art. 253 da CLT).

O empregado submetido a trabalho contínuo em ambiente artificialmente frio, nos termos do parágrafo único do art. 253 da CLT, ainda que não labore em câmara frigorífica, tem direito ao intervalo intrajornada previsto no *caput* do art. 253 da CLT (S. 438 do TST).

O intervalo de 20 minutos a cada uma hora e 40 minutos de trabalho não será descontado da jornada de trabalho, sendo considerado como tempo de serviço à disposição do empregador e remunerado normalmente. Caso o empregador não cumpra o citado intervalo, poderá o empregado reivindicá-lo como hora extra.

3.3 Mineiros

Os mineiros devem ter um intervalo de 15 minutos para repouso após cada período de três horas consecutivas de trabalho (art. 298 da CLT). Esse intervalo também será computado na duração normal, sendo considerado como tempo de serviço à disposição do empregador.

3.4 Mulher em fase de amamentação

A mulher que estiver em fase de amamentação de seu filho, até que este complete seis meses de idade, tem direito, durante a jornada de trabalho, a dois descansos especiais, de meia hora cada um (art. 396 da CLT). Entretanto, a lei não dispõe que esses intervalos não serão deduzidos da jornada de trabalho ou serão computados como tempo de serviço à disposição do empregador, ao contrário dos arts. 72, 253 e 298 da CLT. Se a lei não distingue, não cabe ao intérprete fazê-lo. Assim, deve-se entender que esses intervalos serão deduzidos da jornada de trabalho e não serão remunerados.

3.5 Motorista

Dentro do período de 24 horas, são asseguradas 11 horas de descanso, sendo facultados o seu fracionamento e a coincidência com os períodos de parada obrigatória na condução do veículo estabelecida pela Lei nº 9.503/97, garantidos o mínimo de 8 horas ininterruptas no primeiro período e o gozo do remanescente dentro das 16 horas seguintes ao fim do primeiro período (§ 3º do art. 235-C da CLT).

Nas viagens de longa distância com duração superior a sete dias, o repouso semanal será de 24 horas por semana ou fração trabalhada, sem prejuízo do intervalo de repouso diário de 11 horas, totalizando 35 horas, usufruído no retorno do motorista à base (matriz ou filial) ou ao seu domicílio, salvo se a empresa oferecer condições adequadas para o efetivo gozo do referido repouso (art. 235-D da CLT).

É permitido o fracionamento do repouso semanal em dois períodos, sendo um destes de, no mínimo, 30 horas ininterruptas, a serem cumpridos na mesma semana e em continuidade a um período de repouso diário, que deverão ser usufruídos no retorno da viagem (§ 1º do art. 235-D da CLT). A cumulatividade de descansos semanais em viagens de longa distância fica limitada ao número de três descansos consecutivos.

3.6 Outros intervalos

Os intervalos concedidos pelo empregador devem ser apenas os especificados em lei ou, até mesmo, em norma coletiva, se for o caso. Outros intervalos não previstos em lei são considerados como tempo de serviço à disposição do empregador (art. 4º da CLT), devendo ser remunerados como horas extras, se acrescidos ao final da jornada (S. 118 do TST). Seria o caso de a empresa conceder intervalos para café (um pela manhã, outro à tarde) durante a jornada de trabalho, posteriormente acrescendo esse período ao final da jornada. Deverá, assim remunerá-lo como horas extras, por não ser previsto em lei e representar tempo de serviço à disposição do empregador. Se o intervalo para café mencionado não for acrescido ao final da jornada, mas considerado como tempo à disposição do empregador, não há que se falar em pagamento de horas extras.

4 INTERVALO INTERJORNADA

O intervalo interjornada diz respeito ao espaço de tempo que deve haver entre uma jornada de trabalho e outra, ou seja, o intervalo entre jornadas.

Esclarece o art. 66 da CLT que entre duas jornadas de trabalho deve haver um intervalo mínimo de 11 horas consecutivas para descanso. Esse período, portanto, é para descanso. O empregado também tem direito ao referido período de intervalo entre duas jornadas (art. 15 da Lei Complementar nº 150/2015).

Tem o intervalo em comentário por objetivo o descanso do trabalhador, para que o organismo refaça suas energias. O cansaço implica menor produtividade e pode levar o trabalhador ao *stress*. É sabido que nos períodos em que o empregado trabalha em horas extras, após a jornada normal, é que acontece a maioria dos acidentes do trabalho, pois o empregado já está cansado.

Entre duas jornadas de trabalho, deve haver um descanso de 11 horas consecutivas. O período inicia-se quando o empregado cessa o trabalho. Deve-se computar também o repouso semanal remunerado de 24 horas. Assim, se o empregado terminar o serviço no sábado, somente depois de 35 horas poderá retornar ao trabalho na segunda-feira, isto é, 11 horas mais 24 do repouso semanal remunerado. Se o empregado saiu da empresa no sábado às 12 horas, só poderá voltar a trabalhar no domingo após às 23 horas.

Estando o empregado a prestar horas extras, o intervalo de 11 horas somente é contado após o término da prestação da hora extra e não da jornada normal de trabalho.

As 11 horas devem ser consecutivas, não podendo ser interrompidas. Se houver interrupção do intervalo, deve-se considerar novo período de 11 horas a contar do término do trabalho.

Para intervalos intrajornadas, há previsão do art. 71 da CLT, que prevê a concessão de intervalos para repouso e alimentação dentro da jornada de trabalho do empregado e não após a jornada.

A natureza da regra do art. 66 da CLT é de intervalo, de período de descanso e não de hora extra.

A inobservância do art. 66 da CLT importa apenas infração administrativa, sendo devida a multa do art. 75 da CLT, e não pagamento de hora extra.

As horas extras são devidas além de oito diárias e 44 semanais (art. 7º, XIII, da Constituição) e não por desrespeito ao art. 66 da CLT. Do contrário, haveria pagamento mais de uma vez das horas extras. Não há como pagar horas extras se elas não são prestadas.

Não há previsão legal para que o intervalo inferior a 11 horas seja remunerado como período extraordinário.

O empregado não estava à disposição do empregador (art. 4º da CLT) para se falar em horas extras, pois inclusive não estava trabalhando no período de 11 horas, mas fora da empresa.

Se o empregado já prestou horas extras no período de 11 horas, elas já foram remuneradas e não podem ser pagas novamente, sob pena de *bis in idem*.

A Súmula 88 do TST previa que o desrespeito ao intervalo mínimo entre dois turnos de trabalho, sem importar em excesso na jornada efetivamente trabalhada, não dá direito a nenhum ressarcimento ao obreiro, por tratar-se apenas de infração sujeita à penalidade administrativa (art. 71 da CLT). Esse verbete foi cancelado pela Resolução Administrativa nº 42 do TST, de 1995. Tratava, porém, do intervalo de uma hora do art. 71 da CLT e não do intervalo descrito no art. 66 da CLT. Foi cancelado em razão da nova previsão do § 4º do art. 71 da CLT.

A Súmula 110 do TST esclarece que, no regime de revezamento, as horas trabalhadas em seguida ao repouso semanal de 24 horas, com prejuízo do intervalo mínimo de 11 horas consecutivas para descanso entre jornadas, devem ser remuneradas como extraordinárias, inclusive com o respectivo adicional. Entretanto, o verbete trata apenas do regime de revezamento. Pode, contudo, o TST entender que a regra aplica-se ao intervalo do art. 66 da CLT, pois a orientação é semelhante.

A norma contida no art. 66 da CLT é de ordem pública, visando a deferir um descanso mínimo ao trabalhador entre uma e outra jornada de trabalho. Não pode ser diminuído o intervalo por previsão contida em norma coletiva.

Na escalação diária do trabalhador portuário avulso deverá sempre ser observado um intervalo mínimo de 11 horas consecutivas entre duas jornadas, salvo em situações excepcionais, constantes de acordo ou convenção coletiva de trabalho (art. 8º da Lei nº 9.719/98).

Questões

1. O que são intervalos para descanso?
2. Quais são os intervalos intrajornada? Eles são remunerados?
3. O que é intervalo interjornada? O que ocorre se o trabalhador prestar serviços nesse horário?
4. O que pode ser considerado como serviço de mecanografia, escrituração ou cálculo?

Capítulo 32

REPOUSO SEMANAL REMUNERADO

1 HISTÓRICO

A origem do repouso semanal remunerado é encontrada nos costumes religiosos. Os hebreus, por exemplo, descansavam aos sábados, palavra que era proveniente de *sabbath*, que tem o significado de descanso.

Na Bíblia, verifica-se que, "havendo Deus completado no dia sétimo a obra que tinha feito, descansou nesse dia de toda a obra que fizera. Abençoou Deus o sétimo dia, e o santificou; porque nele descansou de toda a sua obra que criara e fizera" (Gênesis, 2, 2-3). O sétimo dia era o sábado. O Deuteronômio mostra que se deve observar "o dia de sábado, para o santificares, como o Senhor teu Deus te mandou. Seis dias trabalharás, e farás todas as tuas obras. Mas o dia sétimo é o sábado, isto é, o dia do descanso do Senhor teu Deus. Não farás nele algum trabalho nem tu, nem teu filho, nem tua filha, nem teu escravo, nem a tua escrava, nem o teu boi, nem o teu jumento, nem animal algum teu, nem o forasteiro que vive das tuas portas para dentro; para que descanse o teu escravo e a tua escrava, como tu também descansas" (V, 12 a 14).

A partir da morte de Cristo, o descanso aos sábados foi substituído pelo descanso aos domingos, do latim *dies domini*, que significa celebrar o dia do Senhor, recordando a ressurreição de Jesus Cristo, que ocorreu num domingo.

Constantino, em 321, proibiu o trabalho de qualquer espécie aos domingos, salvo nas atividades agrícolas.

O Concílio de Laodicea, em 366, determinou que os cristãos deveriam trabalhar nos sábados, sendo reservado o domingo para repouso (cânon 29).

As corporações de ofício determinavam que não deveria haver trabalho aos domingos.

Diversos textos proibiam o trabalho aos domingos na França (Ordenança de Charles VI, de 1388; de Luis XI, de novembro de 1461; Edito de Nantes, de abril de 1508, art. 20). A proibição do trabalho aos domingos é decorrente de características religiosas que remontam à lei de 18 de novembro de 1814, que vedava o trabalho aos domingos. A lei de 22 de março de 1841 proibiu o trabalho das crianças aos domingos e nos dias de festas legais. A lei de 2 de novembro de 1892 introduziu o repouso hebdomadário e não mais dominical às crianças de menos de 18 anos e às mulheres de todas as idades. A lei de 13 de julho de 1906 estabeleceu o repouso hebdomadário para todos os assalariados, fixando em princípio no domingo o dia legal de repouso.

A Suíça, desde 1877, tem seu descanso semanal aos domingos.

A Encíclica *Rerum Novarum*, do Papa Leão XIII, declarou que "unido à religião, o repouso tira o homem dos trabalhos e das ocupações da vida ordinária para o chamar ao pensamento dos bens celestes e ao culto devido à Majestade Divina. Esta é a principal natureza e fim do repouso festivo. O direito ao descanso de cada dia, assim como à cessação do trabalho no dia do Senhor, deve ser a condição expressa ou tácita de todo contrato feito entre patrões e operários".

O tratado de Versalhes prevê "a adoção do descanso hebdomadário de 24 horas, no mínimo, que deverá compreender o domingo, sempre que possível" (art. 427, 5).

2 DIREITO INTERNACIONAL

A Convenção nº 1 da OIT, de 1919, celebrada em Washington, esclareceu que a duração do trabalho deve ser de 8 horas por dia ou 48 por semana (art. 2º), assegurando implicitamente o repouso semanal remunerado, pois se trabalharia seis dias por semana, ficando o sétimo dia para repouso.

A Convenção nº 14, de 1921, estabeleceu o repouso semanal nos estabelecimentos industriais, que seria a cada período de sete dias, compreendendo o mínimo de 24 horas consecutivas (art. 2º, § 1º). Ela foi aprovada pelo Decreto Legislativo nº 24, de 29 de maio de 1956, e promulgada pelo Decreto nº 41.721, de 25 de junho de 1957. A Recomendação nº 18, de 1921, tratou do repouso semanal obrigatório aos comerciários.

A Convenção nº 31, de 1931, que trata da duração do trabalho nas minas de carvão, e a Convenção nº 67, de 1939, que versa sobre a duração de trabalho e descanso no transporte em rodovias, trouxeram normas referentes ao repouso semanal.

A Convenção nº 106, de 1957, trata do repouso semanal no comércio e nos escritórios. Foi aprovada pelo Decreto Legislativo nº 20, de 30 de abril de 1965, e promulgada pelo Decreto nº 58.823, de 14 de julho de 1966. Repete aproximadamente as regras estabelecidas na Convenção nº 14. Dispõe que todas as pessoas terão direito a um período de repouso semanal, compreendendo um mínimo de 24 horas consecutivas, no decorrer de cada período de sete dias (art. 6º, § 1º). A Recomendação nº 103, de 1957, determinou o repouso hebdomadário no comércio e nos escritórios, especificando que seria de 36 horas, devendo ser calculado de meia-noite a meia-noite, sem a inclusão de outros descansos anteriores ou posteriores.

A Declaração Universal dos Direitos do Homem, de 1948, mostrou que "todo homem tem direito a repouso e lazer, inclusive à limitação razoável das horas de trabalho e férias remuneradas periódicas" (art. XXIV). O Pacto Internacional sobre Direitos Econômicos, Sociais e Culturais, de 1966, assegura "o repouso, os lazeres, a limitação razoável da duração do trabalho e as ausências periódicas pagas, tanto quanto a remuneração dos dias de férias" (art. 7º, *d*).

O trabalhador francês tem direito a 24 horas consecutivas de repouso. Deve ser concedido no domingo. Entretanto, pode ser concedido em outro dia da semana, se prejudicar o funcionamento da empresa para o público ou em outros casos. Todo assalariado é beneficiado de um repouso quotidiano de duração de 11 horas consecutivas (art. L. 3131-1 do Código do Trabalho). O trabalhador é proibido de trabalhar mais de seis dias por semana.

3 EVOLUÇÃO NO BRASIL

A primeira norma que tratou do tema foi o Decreto nº 21.186, de 22-3-1932, estabelecendo o descanso semanal obrigatório para os trabalhadores do comércio, de 24 horas, de preferência aos domingos. O Decreto nº 21.364, de 4-5-1932, tratou do mesmo benefício para os trabalhadores na indústria, estabelecendo que ele poderia ser suspenso em caso de serviços urgentes. O Decreto nº 23.152, de 15-9-1933, versou sobre o repouso semanal nas casas de diversões, dizendo que após seis dias de trabalho efetivo haveria 24 horas consecutivas de descanso obrigatório e remunerado (art. 6º), revelando pela primeira vez, em legislação ordinária, que o descanso deveria ser remunerado na atividade mencionada. O Decreto nº 23.766, de 18-1-1934, estendeu o repouso semanal aos empregados em transportes terrestres, eliminando-se a possibilidade de sua suspensão (art. 10). O Decreto nº 24.562, de 3-7-1934, especificou o direito aos empregados na indústria frigorífica, requerendo para tanto a assiduidade ao trabalho.

A Constituição de 1934 dispunha que o trabalhador teria direito ao repouso hebdomadário, de preferência aos domingos (art. 121, § 1º, *e*). Verifica-se que o repouso não era remunerado e deveria ser concedido de preferência aos domingos, mas não necessariamente nesse dia.

Esclarecia a Constituição de 1937 que o "operário terá direito ao repouso semanal aos domingos e, nos limites das exigências técnicas da empresa, aos feriados civis e religiosos, de acordo com a tradição local" (art. 137, *d*). Ainda não se falava em repouso semanal remunerado. A Carta de 1937 aumenta a previsão da norma constitucional anterior, dizendo que seria concedido também o repouso nos feriados civis e religiosos, de acordo com a tradição local, nos limites das exigências técnicas da empresa.

O Decreto-Lei nº 2.308/40 reuniu as normas por categoria sobre o descanso semanal remunerado.

A CLT, de 1943, tratou do tema nos arts. 67 a 70.

A Constituição de 1946 estabelecia "repouso semanal remunerado, preferentemente aos domingos e, no limite das exigências técnicas das empresas, nos feriados civis e religiosos, de acordo com a tradição local" (art. 157, VI).

Pelo que se nota, pela primeira vez, em âmbito constitucional, o repouso semanal passa a ser remunerado.

A Lei nº 605, de 5-1-1949, versou especificamente sobre o repouso semanal remunerado e o pagamento de salário nos dias feriados civis e religiosos. O Decreto nº 27.048, de 12-8-1949, regulamentou a Lei nº 605/49.

Mostrava a Constituição de 1967 que o trabalhador teria direito ao "repouso semanal remunerado e nos feriados civis e religiosos, de acordo com a tradição local" (art. 158, VII).

A Emenda Constitucional nº 1, de 1969, repetia a redação da Norma Ápice anterior no inciso VII do art. 165.

A Constituição de 1988 foi mais sintética, mencionando apenas "repouso semanal remunerado, preferencialmente aos domingos" (art. 7º, XV). Nada foi versado sobre os feriados civis e religiosos, o que não impede a legislação ordinária de fazê-lo. O repouso necessariamente não precisa ser concedido aos domingos, mas de preferência nesse dia, podendo, portanto, ser concedido em outro dia.

4 DENOMINAÇÃO

Dias de repouso é o gênero, que abrange os dias de descanso semanal e os feriados.

Várias são as denominações empregadas para o instituto em estudo, como as seguintes: repouso semanal remunerado, descanso semanal remunerado, repouso hebdomadário (*repos hebdomadaire*, na França), descanso hebdomadário, folga semanal, repouso dominical, descanso dominical, descanso semanal, repouso semanal.

A Constituição de 1934 usava a expressão *repouso hebdomadário* (art. 121, § 1º, *e*). Nessa linha de pensamento, poderia também ser usada a expressão *descanso hebdomadário*. No entanto, a palavra *hebdômada* diz respeito não só ao período de sete dias, mas a sete semanas ou sete anos, razão pela qual as expressões *repouso hebdomadário* e *descanso hebdomadário* são impróprias.

Utilizam-se as expressões *repouso dominical* ou *descanso dominical*, que não servem também para identificar a matéria em exame, pois o descanso é de preferência aos domingos, podendo ocorrer a folga compensatória em outro dia da semana, e não só nos domingos.

O uso apenas da denominação *repouso semanal* é inadequado, pois desde a Lei nº 605/49 o descanso semanal passou a ser remunerado.

São usadas, ainda, as expressões *repouso semanal remunerado* (RSR), *descanso semanal remunerado* (DSR) ou *folga semanal*. Todas elas são sinônimas, pois indicam a ausência de trabalho uma vez por semana, tanto em relação ao repouso, como ao descanso ou à folga.

Prefiro empregar a expressão *repouso semanal remunerado* em razão de que é o nome utilizado pela Constituição (art. 7º, XV) e pela Lei nº 605/49.

5 CONCEITO

O repouso semanal remunerado é o período em que o empregado deixa de prestar serviços uma vez por semana ao empregador, de preferência aos domingos, mas percebendo remuneração. Esse período é de 24 horas consecutivas (art. 1º da Lei nº 605/49).

Como já foi visto, o repouso semanal deve ser remunerado. Nesse período, o trabalhador não presta serviços ao empregador. Isso ocorre de preferência aos domingos e, também, nos feriados.

Trata-se, portanto, de um direito do trabalhador, que o empregador deve observar, tutelado pelo Estado, que tem interesse em que o operário efetivamente desfrute do descanso.

6 NATUREZA JURÍDICA

O repouso semanal remunerado não deixa de ter natureza salarial, pois o empregado desfruta do descanso, mas recebe pelo dia que não presta serviços. O Estado também tem interesse em que o empregado goze efetivamente do descanso, daí a natureza tutelar do instituto, de ordem pública e higiênica, para que o operário possa recuperar as energias gastas na semana inteira de trabalho que enfrentou, inclusive para ter convivência com a família ou a sociedade, desfrutando, até mesmo, de lazer.

O repouso semanal remunerado é, para o trabalhador, o direito de se abster de trabalhar, percebendo remuneração. O empregador estará obrigado a não exigir trabalho, tendo a obrigação de pagar o salário correspondente, isto é, uma obrigação de não fazer e de pagar.

Os fundamentos do repouso semanal são: (a) biológico: em razão da fadiga do empregado, que precisa recuperar suas energias de trabalho, depois de prestar serviços por seis dias. Pode importar diminuição do rendimento no trabalho; (b) social: em razão da necessidade de o trabalhador ter um dia inteiro para ficar com sua família, para poder ir à Igreja ou ter contato com a sociedade; (c) econômico: possibilidade de a empresa contratar outro trabalhador se necessitar de serviço durante o descanso de um grupo de empregados.

7 VIGÊNCIA DOS ARTS. 67 A 70 DA CLT

Existe dúvida se os arts. 67 a 70 da CLT ainda estão em vigor em razão da previsão da Lei nº 605/49.

A lei posterior revoga a anterior quando expressamente o declare, quando seja com ela incompatível ou quando regule inteiramente a matéria de que tratava a lei anterior (§ 1º, do art. 2º do Decreto-Lei nº 4.657/42).

No caso, não há revogação expressa dos arts. 67 a 70 da CLT pela Lei nº 605/49. A Lei nº 605/49 dispôs sobre o mesmo tema dos arts. 67 a 70, abrangendo os mesmos fatos e o mesmo instituto de maneira geral.

Há necessidade, todavia, de se analisar cada um dos dispositivos citados, para verificar se foram revogados.

O art. 67 da CLT foi revogado pelo art. 1º da Lei nº 605, pois naquele se menciona que o repouso deve coincidir com o domingo, enquanto no último o repouso deve ser de preferência aos domingos, sendo, portanto, o primeiro dispositivo incompatível com o segundo, que, inclusive, é mais recente, tendo, assim, prevalência. O parágrafo único do art. 67 da CLT trata dos serviços que devem ser feitos em domingos, o que é esclarecido nos arts. 8º e 9º da Lei nº 605/49, com a regulamentação do art. 6º e seus parágrafos do Decreto nº 27.048/49, especialmente do § 2º, estando o dispositivo consolidado revogado.

A regra do art. 68 e seu parágrafo único da CLT fica subsumida no art. 10 da Lei nº 605/49, que foi regulamentada no art. 7º do Decreto nº 27.048/49, estando também revogado o preceito consolidado.

Trata o art. 69 da CLT da regulamentação das atividades realizadas nos descansos semanais, o que é feito pelo Decreto nº 27.048/49, por força do parágrafo único do art. 10 da Lei nº 605/49.

As determinações do art. 70 da CLT estão incluídas no art. 8º da Lei nº 605/49, que veda o trabalho em dias feriados, civis e religiosos. Logo, o primeiro artigo tinha sido revogado pela segunda norma. Ocorre que o Decreto-Lei nº 229/67, que é posterior à vigência da Lei nº 605/49, deu nova redação ao art. 70 da CLT. A remissão aos arts. 68 e 69 é desnecessária, pois tais artigos estão revogados. De outro modo, o preceito é inútil, pois a matéria é regulada na Lei nº 605/49. Se tal dispositivo não existisse, não iria fazer nenhuma diferença, pois quem rege a matéria é a Lei nº 605/49.

O fato de o Decreto nº 73.626/74 (trabalho rural) fazer remissão aos arts. 67 a 70 da CLT (art. 4º) vem a ser falha do regulamento da Lei nº 5.889/73, além de exorbitância de seu conteúdo.

Assim, é possível dizer que os arts. 67 a 69 da CLT foram revogados pela Lei nº 605/49, pois esta regula inteiramente a matéria e certos preceitos são incompatíveis com suas disposições.

8 TRABALHADORES BENEFICIADOS

A Lei nº 605/49 menciona que suas disposições não se aplicam: (a) aos funcionários públicos da União, dos Estados e dos Municípios, e aos respectivos extranumerários em serviço nas próprias repartições; (b) aos servidores de autarquias paraestatais, desde que sujeitos a regime próprio de proteção ao trabalho que lhes assegure situação análoga à dos funcionários públicos (art. 5º); (c) aos trabalhadores rurais que trabalhem em regime de parceria, meação, ou forma semelhante de participação na produção, que não são considerados empregados (art. 2º).

O repouso remunerado será, porém, devido aos trabalhadores das autarquias e de empresas industriais, ou sob administração da União, dos Estados e dos Municípios, ou incorporadas em seus patrimônios, desde que sejam regidos pela CLT e não por estatuto do funcionalismo público (art. 4º da Lei nº 605/49).

A Constituição estabelece no inciso XV do art. 7º que o repouso semanal remunerado é devido aos trabalhadores urbanos e rurais. Quanto a estes últimos já havia previsão do direito ao repouso no art. 2º da Lei nº 605/49, que estendia suas determinações ao referido trabalhador.

O empregado doméstico tem direito ao descanso semanal remunerado de, no mínimo, 24 horas consecutivas, preferencialmente aos domingos, além de descanso remunerado em feriados (art. 16 da Lei Complementar nº 150/2015).

O inciso II do art. 62 da CLT dispõe que os gerentes são excluídos do capítulo, o que incluiria o direito ao repouso semanal remunerado. Entretanto, o art. 1º da Lei nº 605/49 dispõe que todo o empregado tem direito ao repouso semanal remunerado. O art. 5º da referida norma não exclui os gerentes. A Lei nº 605/49 revogou certos dispositivos da CLT, pois regulou inteiramente a matéria. A Constituição não exclui o direito ao repouso ao gerente.

O parágrafo único do art. 7º da Constituição, ao tratar do direito dos empregados domésticos, também assegurou o repouso semanal remunerado, de preferência aos domingos, com o que aqueles trabalhadores passaram a ter direito ao descanso semanal. A Lei nº 605/49 se aplica aos domésticos. A alínea *a* do art. 5º da Lei nº 605/49, que proibia a aplicação da referida norma ao doméstico, foi revogada pela Lei nº 11.324, de 19 de julho de 2006.

O inciso XXXIV do art. 7º daquela norma outorga os mesmos direitos do trabalhador com vínculo empregatício permanente ao avulso, mostrando que este também tem direito ao repouso semanal remunerado. Nesse ponto, o art. 3º da Lei nº 605/49 estende suas disposições àqueles que, sob forma autônoma, trabalhem agrupados, por intermédio de sindicato, caixa portuária ou entidade congênere, que são os trabalhadores avulsos.

O trabalhador temporário também tem direito ao repouso semanal remunerado (art. 12, *d*, da Lei nº 6.019/74).

O inciso V do art. 3º da Lei nº 5.811/72 estabelece ao empregado sujeito a trabalhar na exploração, perfuração e refinação de petróleo, em regime de revezamento por turnos, o direito a um repouso de 24 horas consecutivas para cada três turnos trabalhados.

Nas viagens de longa distância, assim consideradas aquelas em que o motorista profissional empregado permanece fora da base da empresa, matriz ou filial e de sua residência por mais de 24 (vinte e quatro) horas, o repouso diário pode ser feito no veículo ou em alojamento do empregador, do contratante do transporte, do embarcador ou do destinatário ou em outro local que ofereça condições adequadas (§ 4º do art. 235-C da CLT).

Nos casos em que o empregador adotar dois motoristas trabalhando no mesmo veículo, o tempo de repouso poderá ser feito com o veículo em movimento, assegurado o repouso mínimo de 6 horas consecutivas fora do veículo em alojamento externo ou, se na cabine leito, com o veículo estacionado, a cada 72 horas (§ 5º do art. 235-D da CLT). O descanso só poderá ser feito se houver cabine leito. O descanso na cabine não poderá ser feito com o veículo em movimento. O legislador considerou que o repouso com o veículo em movimento não é reparador do cansaço.

9 REMUNERAÇÃO

Corresponde a remuneração do repouso semanal remunerado: (a) para os que trabalham por dia, semana, quinzena ou mês, à de um dia de serviço; (b) para os que trabalham por hora, à de sua jornada normal de trabalho; (c) para os que trabalham por tarefa ou peça, ao equivalente ao salário das tarefas ou peças feitas durante a semana, no horário normal de trabalho, dividido pelos dias de serviço efetivamente prestados ao empregador; (d) para o empregado em domicílio, equivalente ao quociente da divisão por seis da importância total da sua produção na semana (art. 7º da Lei nº 605/49); (e) para o trabalhador avulso, consistirá no acréscimo de 1/6 calculado sobre os salários efetivamente percebidos pelo trabalhador e pago juntamente com tais salários (art. 3º da Lei nº 605/49).

Os empregados cujos salários não sofram descontos por motivo de feriados civis ou religiosos são considerados já remunerados por esses dias de repouso, tendo direito, entretanto, à remuneração dominical.

O empregado mensalista ou quinzenalista já tem remunerados os dias de repouso semanal, pois as faltas são calculadas com base no número de dias do mês ou de 30 e 15 dias, respectivamente (§ 2º do art. 7º da Lei nº 605/49).

9.1 Horas extras

A Súmula 172 do TST esclareceu que as horas extras prestadas com habitualidade integram o repouso semanal remunerado. Esse verbete surgiu num momento em que a legislação dizia justamente o contrário: que não se incluíam as horas extras prestadas no repouso semanal remunerado.

Com base na orientação da Súmula 172 do TST, a Lei nº 7.415, de 9-12-1985, deu nova redação às alíneas *a* e *b* do art. 7º da Lei nº 605/49, determinando que as horas extras habitualmente prestadas deveriam integrar o repouso semanal remunerado, mesmo que o trabalhador preste serviços por hora, por dia, semana, quinzena ou mês.

A forma do cálculo dos reflexos das horas extras sobre os DSRs é dividir o valor das horas extras no mês pelo número de dias úteis do mês e multiplicar pelo número de domingos e feriados do mês.

Não haverá, porém, reflexos de horas extras sobre os feriados, pois inexiste previsão legal nesse sentido.

Não há fundamento legal para integração dos reflexos das horas extras nos DSRs e desse resultado em outras verbas. Trata-se do reflexo do reflexo. O art. 7º da Lei nº 605/49 não dispõe que haja novos reflexos, pois do contrário os reflexos dos reflexos seriam indefinidos, como se estivéssemos diante de espelhos, além do que não haveria uma fórmula de como calculá-los.

A majoração do valor do repouso semanal remunerado, em razão da integração das horas extras habitualmente prestadas, não repercute no cálculo das férias, da gratificação natalina, do aviso-prévio e do FGTS, sob pena de caracterização de *bis in idem* (OJ 394 da SBDI-1 do TST).

9.2 Comissionistas

O vendedor externo tem o direito ao DSR por força da Lei nº 605/49, que regulou inteiramente a matéria.

Os vendedores que têm remuneração à base de comissões reivindicavam o direito ao recebimento também do repouso semanal remunerado, que corresponderia a um dia de vendas por semana. A Súmula 201 do STF esclareceu que "o vendedor pracista remunerado mediante comissão não tem direito ao repouso remunerado". Além do mais, a Lei nº 605/49 não excluiu expressamente de suas disposições o comissionista, o vendedor pracista e o vendedor balconista, sendo, assim, devido o repouso semanal remunerado aos referidos trabalhadores. A Súmula 27 do TST mostra que "é devida a remuneração do repouso semanal e dos dias feriados ao empregado comissionista, ainda que pracista". Essa parece ser a melhor orientação, pois o comissionista não deixa de ser trabalhador urbano, tendo direito ao repouso semanal remunerado. Como a matéria provavelmente não poderá ser discutida em termos constitucionais, prevalece a orientação da Súmula 27 do TST.

A dúvida é quanto à forma de cálculo do repouso do comissionista. A Lei nº 605/49 trata dos empregados que recebem por dia, semana, quinzena ou mês, por hora, por peça ou tarefa, para o empregado em domicílio, mas não para o comissionista. Assim, deve ser feita a operação aplicando-se, por analogia, o cálculo dos que percebem por peça ou tarefa, à razão de 1/6 sobre as comissões dos dias trabalhados (art. 7º, *c*, da Lei nº 605/49).

9.3 Gratificações

Mostra a Súmula 225 do TST que "as gratificações de produtividade e por tempo de serviço, pagas mensalmente, não repercutem no cálculo do repouso semanal remunerado". Isso ocorre justamente porque se o pagamento é mensal, o repouso já está nele incluído (§ 2º do art. 7º da Lei nº 605/49).

As gorjetas não refletirão nos DSRs, pois fazem parte da remuneração e não do salário. A Súmula 354 do TST adotou essa orientação.

9.4 Férias

Houve reivindicações de pagamento do repouso semanal remunerado das férias.

Ocorre que, se o empregado está gozando as férias, recebe um salário por todo o período, já se incluindo o repouso semanal remunerado, pois inclusive os repousos estão incluídos nos dias corridos de férias. O empregado, inclusive, não trabalha nas férias. Se as férias são indenizadas, o empregado vai receber o valor correspondente ao período de férias, que já engloba os repousos correspondentes. É indevido o pagamento dos repousos semanais e feriados intercorrentes nas férias indenizadas.

9.5 Bancários

Os bancários trabalham seis horas por dia, nos dias úteis (art. 224 da CLT). Nos sábados, os bancários não trabalham, havendo pretensão de receber também o sábado como repouso remunerado. O TST fixou entendimento de que "o sábado do bancário é dia útil não trabalhado e não dia de repouso remunerado, não cabendo assim a repercussão do pagamento de horas extras habituais sobre a sua remuneração" (S. 113 do TST).

Algumas normas coletivas dos bancários têm estabelecido que as horas extras devem integrar os sábados. Por se tratar de norma mais benéfica ao trabalhador, deve ser observada.

9.6 Professor

Havia dúvida sobre o repouso semanal do professor, pois a CLT não trata especificamente do tema. A Súmula 351 do TST esclareceu que o professor que recebe salário mensal à base de hora-aula tem direito ao acréscimo de 1/6 a título de repouso semanal remunerado, considerando-se para esse fim o mês de quatro semanas e meia.

9.7 Reflexos do adicional de insalubridade ou periculosidade

O adicional de insalubridade ou periculosidade não tem reflexo nos DSRs e feriados, pois tais pagamentos são feitos de forma mensal, já incluindo o repouso (§ 2º do art. 7º da Lei nº 605/49 e OJ 103 da SBDI-1 do TST).

9.8 Condição de pagamento

O art. 6º da Lei nº 605/49 determina que o empregado terá direito ao repouso semanal remunerado se tiver trabalhado durante toda a semana anterior, cumprindo integralmente seu horário de trabalho. Logo, verifica-se que são dois os requisitos para pagamento do repouso semanal: assiduidade e pontualidade. A assiduidade diz respeito ao fato de o empregado ter trabalhado durante toda a semana anterior, não tendo faltas no referido período. A pontualidade implica o empregado chegar todo dia no horário determinado pelo empregador, não se atrasando para o início da prestação dos serviços, daí por que se falar em cumprimento de todo seu horário de trabalho de maneira integral. Essas são as condições para o pagamento do repouso semanal remunerado. Aquele dispositivo se aplica tanto ao empregado horista, como ao mensalista, pois não há qualquer distinção na lei.

O Precedente Normativo 92 da SDC do TST assegura o repouso remunerado ao empregado que chegar atrasado, quando permitido seu ingresso pelo empregador, compensado o atraso no final da jornada de trabalho ou da semana.

Não poderá haver, porém, o desconto do sábado, caso o empregado não trabalhe durante um dia da semana, ou o desconto de 1/5 do sábado em razão de um dia não trabalhado durante a semana, pois o sábado é dia útil não trabalhado, se a empresa não exige serviço nesse dia. Desconta-se apenas o domingo se o empregado não trabalhou durante um ou mais dias na semana.

Será vedado, também, descontar os dias entre feriado e fim de semana (os chamados dias-pontes), caso o empregado falte durante a semana. Seria o caso de um feriado cair na quinta-feira e a empresa dispensar seus empregados do trabalho na sexta-feira e no sábado, tendo o empregado faltado um dia entre segunda e quarta-feira. Se o empregador não exige trabalho nesses dias, por sua conveniência, não pode descontá-los do empregado, pois o obreiro poderia ter sido chamado a prestar serviços. Não o fazendo, o empregador deve assumir os riscos de sua atividade e não transferi-la para o obreiro.

Dispensado o empregado de prestar serviços nos referidos dias, é proibido a empresa considerá-los como falta. A alínea *c* do § 1º do art. 6º da Lei nº 605/49 dispõe expressamente que são motivos justificados para não se considerar como falta para o cálculo do repouso a paralisação do serviço nos dias em que, por conveniência do empregador, não tenha havido trabalho.

Entende-se como semana o período de segunda-feira a domingo, anterior à semana em que recair o dia de repouso semanal (§ 4º do art. 11 do Decreto nº 27.048/49).

Nas empresas em que vigorar regime de trabalho reduzido, a frequência exigida corresponderá ao número de dias em que o obreiro tiver de trabalhar (§ 3º do art. 6º da Lei nº 605/49). Assim, se a empresa não proporciona atividade ao empregado de segunda a sábado, mas apenas em cinco dias da semana, ou número inferior, a assiduidade será observada em relação ao número de dias trabalhados pelo empregado.

São consideradas faltas justificadas: (a) as previstas no art. 473 e seu parágrafo único da CLT; (b) as faltas justificadas pelo empregador; (c) a paralisação do serviço nos dias em que, por conveniência do empregador, não tenha havido trabalho; (d) as decorrentes de acidente do trabalho; (e) a doença do empregado, devidamente comprovada (§ 1º do art. 6º da Lei nº 605/49) e não a doença de pessoa de sua família.

O § 2º do art. 6º da Lei nº 605/49 estabelece a ordem dos atestados médicos a serem observados para efeito do abono da falta do empregado que está doente. O parágrafo único do art. 25 da Lei nº 3.807/60, com a redação determinada pela Lei nº 5.890/73, veio a versar sobre o mesmo tema. Por se tratar de lei, especificando sobre o mesmo tema, revoga a anterior, o § 2º do art. 6º da Lei nº 605, por ser com ela incompatível.

O § 4º do art. 60 da Lei nº 8.213/91 repetiu a mesma disposição da Lei nº 3.807/60. Assim, a empresa que dispuser de serviço médico próprio ou em convênio fará o exame médico e o abono das faltas do empregado. Caso a empresa não possua médico ou convênio médico, ficará a cargo do médico da previdência, do sindicato ou de entidade pública o fornecimento do atestado (§ 4º do art. 60 da Lei nº 8.213/91). Os atestados médicos deverão obedecer a esta ordem para efeito de abono dos dias em que houve falta do empregado (S. 15 e 282 do TST). Assim, primeiro vale o atestado médico da empresa ou do convênio e depois os atestados dos médicos da previdência, do sindicato ou de entidade pública, para efeito do abono do dia em que houve ausência do obreiro ao serviço.

10 FERIADOS

Podem os feriados ser classificados como civis e religiosos. A Lei nº 9.093, de 12-9-1995, estabelece que são feriados civis: (a) os declarados em lei federal; (b) a data magna do Estado fixada em Lei Estadual.[1] Esta última orientação não estava prevista anteriormente no art. 11 da Lei nº 605/49, que foi revogado pela Lei nº 9.093/95.

Os feriados civis são os seguintes: 1º de janeiro (Dia da Paz Mundial, Lei nº 662, de 6-4-1949), 21 de abril (Tiradentes, conforme Lei nº 1.266, de 8-12-50), 1º de maio (Dia do Trabalho, conforme Lei nº 662/49), 7 de setembro (Independência do Brasil, conforme Lei nº 662/49), 12 de outubro (Nossa Senhora Aparecida, padroeira do Brasil, Lei nº 6.802, de 30-6-1980), 2 de novembro (finados, conforme Lei nº 662/49), 15 de novembro (Proclamação da República, conforme Lei nº 662/49) e 25 de dezembro (Natal, conforme Lei nº 662/49). Será feriado nacional o dia em que se realizarem eleições de data fixada pela Constituição; nos demais casos, serão as eleições marcadas para um domingo ou dia já considerado feriado por lei anterior (art. 380 da Lei nº 4.737/65). A eleição do Presidente da República (art. 77 da Constituição), de governadores (art. 28 da Lei Maior) e prefeitos (art. 29, II, da Constituição) será realizada, em primeiro turno, no primeiro domingo de outubro e, em segundo turno, no último domingo de outubro.

São também feriados os dias do início e do término do ano do centenário de fundação do Município, fixados em lei municipal (art. 1º, III, da Lei nº 9.093/95).

São feriados religiosos os dias de guarda, declarados em lei municipal, de acordo com a tradição local e em número não superior a quatro, nestes incluída a sexta-feira da Paixão (art. 2º da Lei nº 9.093/95). Normalmente, nesses feriados são incluídos os dias de fundação dos próprios Municípios, como 25 de janeiro (fundação da cidade de São Paulo), 8 de dezembro (fundação da cidade de Guarulhos). Na cidade de São Paulo, são considerados feriados municipais 25 de janeiro (fundação da cidade), 2 de novembro (finados), 20 de novembro (Consciência Negra), sexta-feira da Semana Santa e *Corpus Christi* (art. 10 da Lei Municipal nº 14.485, de 19 de julho de 2007). Há, portanto, três feriados religiosos (2 de novembro, sexta-feira da Semana Santa e *Corpus Christi*). Existe um feriado que marca o dia do início de fundação do Município (25 de janeiro).

A Lei nº 12.519, de 10 de novembro de 2011, considera o dia 20 de novembro a data da comemoração do dia nacional de Zumbi e da Consciência Negra. A norma

[1] A Lei Paulista nº 9.497, de 5-3-1997, instituiu o dia 9 de julho como “data magna do Estado de São Paulo”.

não considera tal data como feriado. O número de feriados municipais não pode ser superior a quatro. Consciência Negra não é um feriado religioso. Logo, pode ser contestado judicialmente. O Município não tem competência para legislar sobre feriados.

Além dos feriados mencionados, outros não poderão ser estabelecidos, a não ser mediante lei federal.

A terça-feira de Carnaval e os outros dias carnavalescos não são considerados feriados, pois não são previstos em lei, podendo ser exigido o trabalho nesses dias. Apenas por força do costume é que isso não ocorre.

O costume de algumas empresas é não exigir trabalho na terça-feira. O empregador poderia, portanto, exigir trabalho nesses dias, sem ter de pagá-los em dobro. Se por força do costume na empresa, não se trabalha no Carnaval, não pode o empregador mudar essa regra, que se incorpora ao contrato de trabalho dos empregados. Caso seja mudada, implica situação prejudicial ao empregado (art. 468 da CLT).

Além dos feriados fixados em lei, serão feriados na Justiça Federal e do Trabalho, inclusive nos Tribunais Superiores: III – os dias de segunda e terça-feira de Carnaval (art. 62 da Lei nº 5.010/66). Os referidos feriados dizem respeito aos funcionários e aos juízes, que não vão trabalhar nesses dias, assim como nos referidos dias não se inicia ou é vencido prazo processual. Haverá apenas plantão para atos urgentes.

A regra do art. 1º da Lei nº 605/49, de se falar em tradição local, foi derrogada pelas leis posteriores, especialmente pela Lei nº 9.093/95, que é mais recente e dispõe de outra forma. O art. 4º da Lei nº 9.093 revogou as disposições em contrário, pois fixou expressamente quais são os feriados, neles não incluídos por tradição local.

Nas instituições financeiras, de acordo com a Resolução Bacen nº 2.932/2002, a segunda-feira e a terça-feira de carnaval (art. 5º, I) são considerados dias não úteis e na quarta-feira de cinzas há atendimento ao público por, no mínimo, duas horas, costumeiramente, no período da tarde. O período considerado não será objeto de compensação.

11 DIAS DE REPOUSO TRABALHADOS

Nos feriados civis e religiosos, assim como no dia de repouso, é vedado o trabalho, porém o empregado perceberá a remuneração respectiva, embora não preste serviços (art. 8º da Lei nº 605/49). Há casos, porém, em que a execução do serviço é necessária em virtude de exigências técnicas das empresas (como hospitais, prontos-socorros, siderúrgicas, serviços públicos e transportes), em casos de força maior ou de serviços inadiáveis, em que o empregado deverá prestar serviços.

Consideram-se exigências técnicas as que, pelas condições peculiares às atividades da empresa, ou em razão do interesse público, tornem indispensável a continuidade do serviço (§ 5º do art. 5º da Lei nº 605/49).

O art. 7º do Decreto nº 27.048/49 estabelece, em relação anexa, as atividades em que há permissão do trabalho nos dias de repouso. A permissão é concedida por meio de decreto do Presidente da República.

O referido art. 7º do regulamento faz menção a mercados. Em 1949 não existiam supermercados. Assim, pode-se dizer que o termo *mercado* compreende os supermercados, que também podem trabalhar nos domingos, como, de fato, o fazem.

A Lei nº 605/49 e o inciso XV do art. 7º da Constituição dispõem que o repouso semanal remunerado será concedido de preferência aos domingos. Nada impede, portanto, que a empresa conceda o repouso em outro dia que não o domingo. Para o trabalho em domingos, em casos de exigências técnicas, é preciso autorização do Ministro do Trabalho. Haverá possibilidade, ainda, de trabalho aos domingos: (a) em casos de força maior, justificada a ocorrência perante a DRT no prazo de 10 dias; (b) para a realização ou conclusão de serviços inadiáveis ou cuja inexecução possa acarretar prejuízo manifesto (art. 8º do Decreto nº 27.048/49). É autorizado o trabalho aos domingos, em caráter permanente: (a) na indústria, como de laticínios, frio industrial etc.; (b) comércio varejista de peixe, feiras-livres, entrepostos de combustíveis etc.; (c) transportes; (d) comunicações e publicidade; (e) educação e cultura (art. 7º do Decreto nº 27.048/49 e relação anexa ao mesmo Decreto).

Fica autorizado o trabalho aos domingos nas atividades do comércio em geral, observada a legislação municipal, nos termos do inciso I do art. 30 da Constituição (art. 6º da Lei nº 10.101/2000). A regra de observar a legislação municipal importa que o Município estabeleça o horário de início e fechamento do comércio ou de permitir a abertura do estabelecimento, que atende a peculiaridades locais. Esclarece a Súmula 645 do STF que "é competente o Município para fixar o horário de funcionamento de estabelecimento comercial". O Município pode tratar do horário de abertura e fechamento do comércio ou não permitir a abertura da empresa. A questão do trabalho em domingos não é da competência dos Municípios. O art. 6º da Lei nº 11.101 só trata da matéria para o comércio em geral e não de outras atividades, o que inclui os supermercados.

O repouso semanal deverá coincidir, pelo menos uma vez no período máximo de três semanas, com o domingo, respeitadas as demais normas de proteção ao trabalho e outras estipuladas em negociação coletiva (parágrafo único do art. 6º da Lei nº 10.101/2000).

Deve haver a observância de normas de proteção ao trabalho e cumulativamente outras previstas em acordo ou convenção coletiva. A norma coletiva pode estabelecer outras condições de trabalho melhores do que a previsão da lei. Tanto o acordo como a convenção são coletivas.

É permitido o trabalho em feriados nas atividades do comércio em geral, desde que autorizado em convenção coletiva de trabalho e observada a legislação municipal, nos termos do inciso I do art. 30 da Constituição (art. 6º-A da Lei 10.101/2000). A matéria não pode ser objeto de acordo coletivo. A autorização por acordo coletivo poderia ser para cada empresa, podendo ocorrer de empresas de um mesmo segmento trabalharem ou não, criando diferenciação dentro da mesma categoria e concorrência desleal entre comerciantes. Melhor que seja por convenção coletiva, pois trataria da matéria para a categoria de forma homogênea. O art. 6º da Lei nº 10.101/2000 faz referência a trabalho em feriados no comércio em geral, que abrange os supermercados, farmácias, padarias, postos de gasolina, shoppings etc., que funcionam em domingos e feriados. Agora, precisarão de convenção coletiva para trabalhar nesses dias.

Para os demais casos, não há, entretanto, a possibilidade do trabalho em todos os domingos.

Os elencos teatrais e congêneres, como atividades circenses e desportivas, não terão escala de revezamento, pois a atividade é exercida em dias específicos.

O art. 386 da CLT estabelece que, se houver trabalho aos domingos para as mulheres, será organizada uma escala de revezamento quinzenal, de modo a favorecer o repouso dominical.

11.1 Remuneração

Dispõe o art. 9º da Lei nº 605/49 que, nas atividades em que for impossível, em virtude das exigências técnicas das empresas, a suspensão do trabalho, nos dias feriados civis e religiosos, a remuneração será paga em dobro, salvo se o empregador determinar outro dia de folga.

A remuneração em dobro deve verificar o início da jornada. Se se inicia a jornada em dia de descanso, deve haver a remuneração em dobro.

A referência do art. 9º da Lei nº 605/49 ao termo *remuneração* não significa a remuneração do art. 457 da CLT, mas pagamento.

Se o funcionário trabalha em dias de repouso ou feriados, deve receber em dobro (art. 9º da Lei nº 605/49), exceto se o empregador conceder a folga em outro dia. O art. 9º da Lei nº 605/49 só trata dos feriados, e não dos domingos, mas entendo que se aplica por analogia aos domingos trabalhados sem folga compensatória. Qual a forma legal de compensação a título de folgas? A lei não dispõe. Não precisará, porém, ser feita por acordo ou convenção coletiva. Basta que seja concedida a folga em outro dia da semana. Não se está compensando a jornada de trabalho, mas o repouso semanal não gozado.

O trabalho não compensado prestado em domingos e feriados deve ser pago em dobro, sem prejuízo da remuneração relativa ao repouso semanal (§ 8º do art. 2º da Lei Complementar nº 150/2015).

Deve a folga ser concedida dentro de sete dias?

A Convenção nº 14 da OIT, promulgada pelo Brasil pelo Decreto nº 24, de 29 de maio de 1956, prevê que o repouso semanal nos estabelecimentos industriais deve ser concedido a cada período de sete dias, compreendendo um período mínimo de repouso de 24 horas consecutivas (art. 2º, § 1º). A Convenção nº 106 da OIT também determina que todas as pessoas terão direito a um período de repouso semanal, compreendendo um mínimo de 24 horas consecutivas, no decorrer de cada período de sete dias (art. 6º, § 1º).

Não se está compensando a jornada de trabalho, mas o repouso semanal não gozado. A folga, porém, deve ser concedida dali a sete dias. Se for concedida no oitavo dia, já deverá haver pagamento em dobro.

Viola o art. 7º, XV, da Constituição, a concessão de repouso semanal remunerado após o sétimo dia consecutivo de trabalho, importando no seu pagamento em dobro (OJ 410 da SBDI-1 do TST).

Havia dúvida sobre se o pagamento deveria ser feito em dobro ou em triplo. A Súmula 146 do TST mostra que "o trabalho prestado em domingos e feriados, não compensado, deve ser pago em dobro, sem prejuízo da remuneração relativa ao repouso semanal", pois isso corresponde ao pagamento das horas trabalhadas e às horas do dia de repouso. Se se remunerasse em triplo, estar-se-ia remunerando uma vez mais do que o correto. O STF entende: "é duplo, e não triplo, o pagamento de salário nos dias destinados a descanso" (S. 461). Assim, se o empregado já recebe o repouso semanal em seu salário, por ter remuneração mensal, terá o empregador de pagar mais uma vez o repouso trabalhado sem folga compensatória, para atingir o pagamento em dobro e não se aplicar a dobra sobre a verba já recebida, pois isso implicaria o pagamento em triplo.

O empregador não deve pagar o dia trabalhado em domingo e feriado com o adicional de horas extras de 100%, pois inexiste o direito a horas extras ou adicional de horas extras para esse dia, apenas penalidade de remunerá-lo em dobro.

Da mesma forma, não há que se falar em reflexos de trabalho em feriados e domingos em outras verbas, porque as penalidades devem ser interpretadas restritivamente. Inexiste previsão legal desses reflexos, além de que não se trata de horas extras, para que houvesse reflexos.

A remuneração em dobro também é devida em casos de trabalho em dia de repouso por motivo de força maior e de serviços inadiáveis, pois o art. 9º da Lei nº 605/49 não faz qualquer distinção nesse sentido, que não pode ser extraída dos arts. 6º e 8º, *b*, do Decreto nº 27.048/49.

Será possível o trabalho em dia de repouso quando, para atender à realização ou conclusão de serviços inadiáveis ou cuja inexecução possa acarretar prejuízo manifesto, a empresa obtiver da autoridade regional, autorização prévia, com discriminação do período autorizado, o qual, de cada vez, não excederá de 60 dias, cabendo neste caso a remuneração em dobro, salvo se a empresa determinar outro dia de folga (art. 8º, *b*, do Decreto nº 27.048).

Se o feriado cair no domingo e o empregado trabalhar nesse dia, não deverá haver o pagamento do feriado e mais do domingo. O § 3º do art. 11 do Decreto nº 27.048/49 dispõe que "não serão acumuladas a remuneração do repouso semanal e a do feriado civil ou religioso, que recaírem no mesmo dia".

Na verificação das exigências técnicas, ter-se-ão em vista as de ordem econômica, permanentes ou ocasionais, bem como as peculiares locais (art. 10 da Lei nº 605/49). O Poder Executivo, em decreto especial ou no regulamento, definirá as mesmas exigências e especificará, tanto quanto possível, as empresas a elas sujeitas, ficando desde já incluídas entre elas as de serviços públicos e de transportes.

Questões

1. O que é repouso semanal remunerado?
2. A partir de quando o repouso semanal passou a ser remunerado?
3. Qual a natureza jurídica do repouso semanal remunerado?
4. A Lei nº 605/49 revogou os arts. 67 a 70 da CLT?
5. A que trabalhadores se aplica o repouso semanal remunerado?
6. Há alguma condição para o pagamento do repouso semanal?
7. Como é remunerado o trabalho em dias de repouso?
8. Os vendedores comissionistas têm direito ao DSR?
9. As horas extras integram os DSRs? Por quê?

Capítulo 33

FÉRIAS

1 INTRODUÇÃO

As férias visam a proporcionar descanso ao trabalhador, após certo período de trabalho, quando já se acumularam no organismo toxinas que não foram eliminadas adequadamente. Os estudos da medicina do trabalho revelam que o trabalho contínuo sem férias é prejudicial ao organismo. Sabe-se que, após o quinto mês de trabalho sem férias, o empregado já não tem o mesmo rendimento, principalmente em serviço intelectual. Pode-se, ainda, dizer, em relação às férias, que elas são um complemento ao descanso semanal remunerado.

Nas férias, o interesse não é apenas do trabalhador, que quer gozá-las, mas também do Estado, que pretende que o obreiro as usufrua. Trata-se de verdadeiro direito do empregado, irrenunciável, tendo caráter eminentemente higiênico.

2 HISTÓRIA

Na Inglaterra, a primeira lei de férias surgiu em 1872, destinada aos operários das indústrias. Somente em 30 de julho de 1919, foi promulgada a primeira lei que concedeu férias a todos os trabalhadores assalariados, na Áustria.

A partir do término da Primeira Guerra Mundial, os países passaram a legislar sobre férias.

3 DIREITO INTERNACIONAL

A Declaração Universal dos Direitos do Homem tratou do tema no art. XXIX: "Toda pessoa tem direito ao descanso e à remuneração, especialmente a uma limitação racional das horas de trabalho e a férias remuneradas periódicas".

No âmbito da OIT houve a expedição de várias convenções e recomendações sobre o tema. A Convenção nº 52, de 1936, que foi ratificada pelo Brasil em 1938, previa a concessão de férias de seis dias úteis. A Recomendação nº 47, de 1936, esclareceu que as férias não seriam fracionadas. Ainda em 1936, foi aprovada a Convenção nº 54, versando sobre as férias dos marítimos, que mais tarde foi revista pela Convenção nº 72, de 1946, e pela de nº 91, de 1949. Em 1951, foi editada a Convenção nº 101, que foi ratificada pelo Brasil em 1957, tratando das férias dos trabalhadores agrícolas. A Recomendação nº 158, de 1954, estabeleceu que as férias anuais seriam proporcionais ao tempo de serviço prestado ao empregador no decorrer de um ano, informando que seriam de duas semanas, no mínimo, após 12 meses de serviço. A Convenção nº 132 da OIT, de 1970, foi aprovada pelo Decreto Legislativo nº 47, de 23-9-1981 e promulgada pelo Decreto nº 3.197, de 5-10-1999. Trata de férias remuneradas e revê as anteriores sobre o tema.

4 NO BRASIL

No Brasil, as férias foram concedidas pela primeira vez pelo Aviso Ministerial do Ministério da Agricultura, Comércio e Obras Públicas, em 18-12-1889, por 15 dias, e eram remuneradas. Essas férias foram estendidas aos operários diaristas e aos ferroviários da Estrada de Ferro Central do Brasil pelo Aviso Ministerial de 17-1-1890. Somente em 1925 é que foi estendido esse direito a todos os empregados e operários das empresas em geral, por meio da Lei nº 4.582, de 24 de dezembro daquele ano. As férias eram concedidas a empregados de estabelecimentos comerciais, industriais e bancários e de instituições de caridade no Distrito Federal e nos Estados, por 15 dias, sem prejuízo da remuneração. A concessão poderia ser feita de uma vez ou parceladamente.

O Decreto nº 19.808, de 28-3-1931, suspendeu a aplicação da Lei nº 4.582, determinando que o parcelamento das férias poderia ser feito em períodos não inferiores a três dias, sendo que a época de sua concessão seria a que fosse mais conveniente ao empregador. O Decreto nº 23.103, de 19-8-1933, tratou das férias dos empregados em estabelecimentos comerciais e bancários e em instituições de assistência privada. O Decreto nº 3.768, de 18-1-1934, versou sobre férias a todos os empregados de qualquer ramo da indústria, em empresas jornalísticas, de comunicação, transportes e serviços públicos, exigindo que os empregados fossem sindicalizados, sendo que o direito de férias era concedido depois de 12 meses de trabalho na empresa.

A primeira Constituição brasileira a tratar de férias foi a de 1934, prevendo férias anuais remuneradas (art. 121, § 1º, *f*).

A Lei nº 222, de 10-7-1936, excluiu do direito de férias as pessoas que tivessem participação nos lucros das empresas e os representantes com firma comercial autônoma ou com economia própria. Em 24-7-1936, foram concedidas férias aos empregados em hotéis, restaurantes e similares pela Lei nº 229. A Lei nº 450, de 19-6-1937, concedeu férias aos trabalhadores de embarcações.

A Constituição de 1937 estabeleceu a observância de um prazo de aquisição para que as férias fossem concedidas: "depois de um ano de serviço ininterrupto em uma empresa de trabalho contínuo, o operário terá direito a uma licença anual remunerada" (art. 137, *e*).

O Decreto-Lei nº 505, de 16-6-1938, estendeu o direito de férias aos empregados de usinas de açúcar e fábricas de álcool, informando que o direito de férias seria concedido independentemente de o empregado ser sindicalizado.

Em 1943, foram consolidados na CLT todos os diversos textos a respeito do assunto.

A Constituição de 1946 voltou a usar a expressão prevista na Constituição de 1934, *férias anuais remuneradas* (art. 157, VII), sem especificar mais detalhes. A Constituição de 1967 (art. 158, VIII) e a Emenda Constitucional nº 1, de 1969 (art. 165, VIII) mantiveram o uso da mesma expressão.

Em 13-4-1977, o Decreto-Lei nº 1.535 deu nova redação a todo o Capítulo IV da CLT, que versa sobre o direito de férias anuais.

A novidade veio com a Constituição de 1988 que, além de prever o gozo de férias anuais remuneradas, concedeu um terço a mais do que o salário normal (art. 7º, XVII).

5 CONCEITO

Férias vem do latim *feria*, "*dias feriales*". Eram dias em que havia a suspensão do trabalho. Para os romanos, férias eram seus dias de festas.

Existem vários descansos que ocorrem no curso do contrato de trabalho. Há descansos, dentro da jornada, de 15 minutos a duas horas. Existem descansos, entre uma jornada e outra, de 11 horas. Temos o descanso semanal remunerado, de preferência aos domingos. Por fim, existe um descanso mais longo, que são as férias.

Férias são o período do contrato de trabalho em que o empregado não presta serviços, mas aufere remuneração do empregador, após ter adquirido o direito no decurso de 12 meses. Visam, portanto, as férias à restauração do organismo após um período em que foram despendidas energias no trabalho. Importam direito ao lazer, ao descanso, ao ócio.

6 NATUREZA JURÍDICA

A natureza jurídica das férias pode ser analisada sob dois aspectos: o negativo e o positivo. Do ponto de vista negativo, é o período em que o empregado não deve trabalhar e o empregador não pode exigir serviços do obreiro. As férias visam preservar a saúde do trabalhador, permitindo o convívio familiar e social. No tocante ao aspecto positivo, é o período em que o empregador deve conceder as férias e pagar a remuneração, o que mostra a existência de obrigação de fazer e de dar ao mesmo tempo.

Sob o ângulo do empregado, é possível dizer que é o direito de exigi-las do empregador e de se abster de trabalhar no referido período. No enfoque do empregador, é o período em que este deve abster-se de exigir trabalho do empregado e pagar a remuneração correspondente.

Constata-se que as férias têm um aspecto de direito irrenunciável para o empregado, de que este não pode abrir mão. O Estado, de outro modo, também tem o interesse de verificar a concessão das férias, assegurando a saúde física e mental do trabalhador.

As férias não podem ter a característica de prêmio pelo fato de o empregado não ter faltado durante o período aquisitivo, pois não representam uma vantagem. É um direito do empregado.

Compreendem as férias o aspecto da anuabilidade, pois serão concedidas após os 12 meses da respectiva aquisição. Deve, ainda, o empregado receber sua remuneração integral durante as férias. Nos períodos aquisitivos incompletos, as férias serão proporcionais.

É possível analisar, ainda, outros aspectos: como seu caráter social, em que o operário irá ter convívio com sua família e a sociedade, e, também, do ponto de vista econômico, que diz respeito à remuneração, pois mesmo em férias o empregador é obrigado a pagar-lhe salários. Outra acepção que deve ser analisada é que o turismo, normalmente, é decorrente das férias.

As férias são um complemento ao descanso semanal remunerado no sentido de um descanso prolongado, para que o empregado possa descansar, viajar ou fazer o que desejar.

7 PERÍODO AQUISITIVO

Para o empregado ter direito às férias, há necessidade de cumprir um período que é denominado *aquisitivo* daquele direito. Assim, após cada período de 12 meses de vigência do contrato de trabalho do empregado é que haverá o direito às férias, ou seja, houve o cumprimento da condição, do interstício legal para sua concessão.

É certo que esse direito de concessão de férias anuais é remunerado. Ocorre a suspensão do trabalho, mas o empregador continua tendo a obrigação de pagar os salários.

No período anterior ao do Decreto-Lei nº 1.535/77, as férias eram concedidas em dias úteis. O empregado tinha direito a 20 dias úteis de férias.

Em relação ao empregado regido pela CLT, os dias de férias são corridos, de acordo com a tabela prevista no art. 130:

Nº de faltas injustificadas no período aquisitivo	Período de gozo de férias
até 5	30 dias corridos
de 6 a 14	24 dias corridos
de 15 a 23	18 dias corridos
de 24 a 32	12 dias corridos

Acima de 32 faltas, o empregado não tem direito a férias.

A proporcionalidade das férias pode ser estabelecida à razão de 1/12 de 30, 24, 18 ou 12 dias, por mês de serviço ou fração superior a 14 dias, de acordo com a seguinte tabela:

Proporcionalidade em nº de avos	Base para apuração da proporcionalidade			
	30 dias até 5 faltas	24 dias de 6 a 14 faltas	18 dias de 15 a 23 faltas	12 dias de 24 a 32 faltas
1/12	2,5 dias	2 dias	1,5 dia	1 dia
2/12	5 dias	4 dias	3 dias	2 dias
3/12	7,5 dias	6 dias	4,5 dias	3 dias
4/12	10 dias	8 dias	6 dias	4 dias
5/12	12,5 dias	10 dias	7,5 dias	5 dias
6/12	15 dias	12 dias	9 dias	6 dias
7/12	17,5 dias	14 dias	10,5 dias	7 dias
8/12	20 dias	16 dias	12 dias	8 dias
9/12	22,5 dias	18 dias	13,5 dias	9 dias
10/12	25 dias	20 dias	15 dias	10 dias
11/12	27,5 dias	22 dias	16,5 dias	11 dias
12/12	30 dias	24 dias	18 dias	12 dias

As férias no regime de trabalho de tempo parcial são as mesmas de qualquer empregado (§ 7º do art. 58-A da CLT).

Talvez, fosse o caso de manter a regra anterior, de férias menores, em razão de o trabalho ser parcial, que cansa menos o empregado.

A proporção é a seguinte para o empregado doméstico contratado a tempo parcial:

a) 18 dias, para a duração do trabalho semanal superior a 22 horas, até 25 horas;

b) 16 dias, para a duração do trabalho semanal superior a 20 horas, até 22 horas;

c) 14 dias, para a duração do trabalho semanal superior a 15 horas, até 20 horas;

d) 12 dias, para a duração do trabalho semanal superior a 10 horas, até 15 horas;

e) 10 dias, para a duração do trabalho semanal superior a cinco horas, até 10 horas;

f) 8 dias, para a duração do trabalho semanal igual ou inferior a cinco horas (§ 3º do art. 3º da Lei Complementar nº 150/2015).

Nada impede que a lei estabeleça férias diferenciadas para trabalhadores contratados a tempo parcial, de forma diversa da prevista para o empregado comum contratado para trabalhar tempo integral. A previsão é legal. São situações de trabalho diferenciadas, pois o cansaço do trabalhador será menor, ao prestar serviços em jornada inferior à normal.

De qualquer modo, o período de férias será computado como tempo de serviço do empregado na empresa, para todos os efeitos (§ 2º do art. 130 da CLT). Entretanto, o período de férias indenizadas, após a cessação do contrato de trabalho, não será considerado como tempo de serviço do empregado, em razão do término do contrato de trabalho.

Durante as férias, porém, a empresa não poderá combinar com o empregado que irá descontar as faltas deste no curso do período aquisitivo, pois as férias visam proporcionar descanso ao trabalhador. O mesmo se diga em relação a dias-ponte entre feriados em que não tenha havido trabalho.

As férias não decorrem da pontualidade do empregado, de chegar sempre na hora à empresa, mas de ter trabalhado. Se a empresa permite que o empregado trabalhe em certo dia, embora tenha chegado atrasado, esse fato não será levado em consideração para efeito de férias, que serão integrais. De outro modo, se o empregado tem direito a 30 dias de férias, mas faltou na empresa três vezes, nem por isso a empresa poderá descontar esses dias de suas férias, até porque, no caso, terá direito integral às férias de 30 dias, por não ter faltado mais de cinco vezes (art. 130, I, da CLT). Se a falta ainda é considerada justificada pelo empregador, ou se o empregador paga o dia correspondente, embora não tenha havido trabalho, mais um motivo existe para que não seja descontada das férias do empregado.

8 FALTAS

O art. 131 da CLT estabelece as hipóteses em que não se considera a falta para efeito da concessão de férias.

A primeira hipótese é a dos casos previstos no art. 473 da CLT. Assim, se o empregado falta dois dias por motivo de falecimento do cônjuge; três dias em virtude de casamento; um dia em caso de nascimento de filho; um dia a cada 12 meses de trabalho em caso de doação voluntária de sangue; dois dias em razão de alistamento eleitoral; três dias no período em que o empregado tiver de cumprir as exigências do Serviço Militar, a falta será considerada justificada.

A segunda hipótese diz respeito ao período em que a empregada tem direito à licença compulsória por motivo de maternidade ou aborto, observados os requisitos para percepção do salário-maternidade custeado pela Previdência Social. O inciso II do art. 131 da CLT teve redação determinada pela Lei nº 8.921, de 25-7-1994, não mencionando mais a expressão "aborto não criminoso"; agora, se o aborto for criminoso, ainda assim dará direito ao abono da falta. O período de licença da empregada para efeito de gravidez é de 120 dias. Em caso de aborto não criminoso, comprovado por atestado médico oficial, a mulher terá um repouso remunerado de duas semanas (art. 395 da CLT).

A terceira hipótese é a concernente ao acidente do trabalho ou enfermidade atestada pelo INSS, excetuando o caso previsto no inciso IV do art. 133 da CLT, isto é, tiver percebido da Previdência Social prestações de acidente do trabalho ou de auxílio-doença por mais de seis meses, embora descontínuos.

Deixa claro a Súmula 46 do TST que "as faltas ou ausências decorrentes de acidente do trabalho não são consideradas para os efeitos de duração de férias". O STF tem a mesma orientação: "as ausências motivadas por acidente do trabalho não são descontáveis do período aquisitivo de férias" (S. 198).

Será necessário que o empregado cumpra o período de carência para a concessão do auxílio-doença (que é de 12 meses), porém, em prestações decorrentes de acidente do trabalho, não há período de carência.

A quarta hipótese é a correspondente às faltas que já foram consideradas justificadas pela empresa, ou seja, aquelas em que não houve desconto no salário do empregado.

A quinta hipótese é a condizente ao caso de o empregado ser suspenso, preventivamente, para responder a inquérito para apuração de falta grave de empregado estável ou para prisão preventiva, quando não for pronunciado ou absolvido.

A sexta hipótese é a que versa sobre os dias em que não tenha havido serviço, por determinação do próprio empregador.

Os atrasos ou saídas injustificadas não são faltas. Mesmo perdendo o empregado o direito ao DSR, por ter chegado atrasado em certo dia da semana, não se considera tal fato como falta para efeito de férias, pois o empregado chegou a trabalhar no referido dia.

9 PERDA DO DIREITO DE FÉRIAS

O empregado não terá direito a férias se no curso do período aquisitivo:

a) deixar o emprego e não for readmitido dentro dos 60 dias subsequentes a sua saída. É a hipótese em que o empregado pede demissão, tendo que voltar ao emprego dentro dos 60 dias subsequentes para ter direito de contagem do tempo de serviço do período anterior, que foi incompleto. Voltando o empregado dentro dos 60 dias após seu desligamento, pode contar o período aquisitivo anterior, recomeçando a correr as férias no ponto em que houve a interrupção. Se o empregado voltar à empresa depois dos 60 dias, perde o direito ao período incompleto de férias, iniciando-se novo período aquisitivo. Havendo período aquisitivo completo, as férias já são devidas, de maneira integral;

b) permanecer em gozo de licença, com percepção de salários, por mais de 30 dias. Aqui a condição é que o empregado fique em gozo de licença remunerada por pelo menos 31 dias. Parece que os 30 dias referidos na lei podem ser descontínuos, pois não se fala em dias corridos, como no art. 130 da CLT. Se o empregador dá causa à concessão da licença remunerada, aplica-se a regra do antigo art. 122 do Código Civil. Impede o empregado de adquirir o direito. Se a licença é pedida pelo empregado, como licença remunerada para atividades sindicais, o empregador não deu causa e o 1/3 é indevido. Estando em licença remunerada, não está em férias. O inciso XVII do art. 7º da Constituição é claro em fazer referência a gozo de férias anuais remuneradas com 1/3;

c) deixar de trabalhar, com percepção do salário, por mais de 30 dias, em virtude de paralisação parcial ou total dos serviços da empresa. Nessa hipótese, o empregado não trabalhou em virtude de paralisação parcial ou total de um setor ou de toda a empresa, por pelo menos 31 dias;

d) tiver percebido da Previdência Social prestações de acidente do trabalho ou de auxílio-doença por mais de seis meses, ainda que descontínuos. Essa é a exceção à regra do inciso III do art. 131 da CLT. Se o empregado perceber prestações previdenciárias a título de acidente do trabalho ou de auxílio-doença por mais de seis meses, mesmo que por períodos descontínuos, perde o direito às férias. Se o empregado ficar afastado por período inferior a seis meses, no curso do período aquisitivo, terá direito a férias integrais (art. 131, III, c/c art. 133, IV).

Na hipótese da letra c, a empresa comunicará ao órgão local do Ministério do Trabalho, com antecedência mínima de 15 dias, as datas de início e fim da paralisação total ou parcial dos serviços da empresa, e, em igual prazo, comunicará, nos mesmos termos, ao sindicato representativo da categoria profissional, bem como afixará avisos nos respectivos locais de trabalho (§ 3º do art. 133 da CLT). O objetivo desse dispositivo foi evitar a concessão indiscriminada de licença remunerada ao empregado com a finalidade de não pagar o terço constitucional; daí a necessidade da comunicação. A comunicação será feita tanto à DRT, como ao sindicato da categoria profissional. Deverá ser indicado o período em que existir a paralisação (início e término). É oportuno requerer, tanto na DRT como no sindicato, o protocolo da comunicação para fins de futura comprovação.

O período em que houver a interrupção da prestação de serviços deverá ser anotado na CTPS do empregado. Inicia-se novo período aquisitivo quando o empregado incorrer em quaisquer das situações expostas nos itens de *a* a *d*, anteriormente descritos, a partir do momento do seu retorno ao serviço (§ 2º do art. 133 da CLT).

Quando o empregado estiver servindo as Forças Armadas, terá 90 dias para se apresentar ao serviço, a contar da baixa, para poder contar o período anterior a sua incorporação ao Serviço Militar, para efeito das férias. Verifica-se que a condição para o empregado contar o tempo anterior que trabalhou na empresa, antes de se engajar no serviço militar, é que compareça à empresa nos 90 dias seguintes à baixa.

A licença não remunerada a pedido do empregado não obriga o empregador a pagar salários, porém para efeito de férias há a suspensão da contagem do período aquisitivo, que só se reinicia quando o empregado voltar a trabalhar até completar 12 meses de serviço.

10 PERÍODO CONCESSIVO

As férias serão concedidas ao empregado nos 12 meses subsequentes à data em que aquele haja adquirido o direito. É o que se chama de período concessivo, de gozo ou de fruição. Assim, existem 12 meses para que o empregado adquira o direito a suas férias, tendo o empregador mais 12 meses para concedê-las.

É o empregador que irá fixar a data da concessão das férias do empregado e não este, de acordo com a época que melhor atenda aos interesses da empresa (art. 136 da CLT).

A regra geral é que as férias são concedidas num só período. Entretanto, em casos excepcionais as férias poderão ser gozadas em até três períodos, sendo que um deles não poderá ser inferior a 14 dias corridos e os demais não poderão ser inferiores a cinco dias corridos, cada um (§ 1º do art. 134 da CLT).

O § 1º do art. 134 da CLT passa a exigir concordância do empregado para que haja a concessão de férias em até três períodos.

Caso o empregado concorde, as férias poderão ser usufruídas em até três períodos, sendo que um deles não poderá ser inferior a 14 dias corridos e os demais não poderão ser inferiores a cinco dias corridos, cada um (§ 1º do art. 134 da CLT). Parece que a concordância deverá ser feita por escrito. Em certas empresas existe a dificuldade de os empregados gozarem férias de 30 dias ao mesmo tempo, pelo fato de que deveria haver um rodízio entre os empregados, pois, do contrário, citando-se um exemplo, em uma emissora de rádio haveria o risco de não ter qualquer locutor para apresentar os programas.

O § 2º do art. 134 da CLT foi revogado, permitindo que menores de 18 anos e maiores de 50 anos possam ter suas férias concedidas em mais de um período.

O período de férias poderá, a critério do empregador, ser fracionado em até dois períodos, sendo um deles de, no mínimo, 14 dias corridos (§ 2º do art. 17 da Lei Complementar nº 150/2015).

Os membros de uma mesma família que trabalhem no mesmo estabelecimento ou na mesma empresa terão direito de gozar suas férias num mesmo período, desde que assim o requeiram e não cause prejuízo ao serviço. A outra exceção à regra é que o empregado estudante que tenha menos de 18 anos terá direito a fazer coincidir suas férias com as férias escolares (§ 2º do art. 136 da CLT). A empresa poderá exigir do empregado uma declaração da escola para confirmar o período de férias escolares.

Trabalhando o empregado para duas empresas, do mesmo grupo, mediante um único contrato de trabalho, terá direito apenas a um único período de férias. Se trabalhar para mais de uma empresa do grupo econômico, por intermédio de dois ou mais contratos de trabalho, terá direito o obreiro a gozar férias em cada emprego.

O empregado que ficar doente no curso das férias não tem seu gozo suspenso. Se persistir a doença após as férias, terá direito a receber da empresa os primeiros 15 dias de trabalho. Ocorrendo durante as férias o nascimento de filho da empregada, haverá a suspensão das férias pelos 120 dias. Em relação ao empregado que for pai durante as férias, não há previsão de suspensão de suas férias para o gozo da licença-paternidade.

É vedado o início das férias no período de dois dias que antecede feriado ou dia de repouso semanal remunerado (§ 3º do art. 134 da CLT). Isso se deve ao fato de que o empregado pode ter prejuízo nos dias efetivos de férias, se elas começarem logo no dia anterior ao feriado ou ao domingo.

É lícito ao empregado doméstico que resida no local de trabalho nele permanecer durante as férias (§ 5º do art. 17 da Lei Complementar nº 150/2015).

11 COMUNICAÇÃO DAS FÉRIAS

As férias devem ser comunicadas por escrito ao empregado. Não há a possibilidade da comunicação das férias de maneira verbal. Antigamente, essa comunicação era feita com uma antecedência mínima de 10 dias. A Lei nº 7.414, de 9-12-1985, modificou essa orientação, dispondo que a comunicação das férias deve ser feita com antecedência de, no mínimo, 30 dias. Dessa participação o empregado dará recibo (art. 135 da CLT).

As férias deverão ser anotadas na CTPS do empregado, que não poderá entrar em seu gozo sem apresentá-la ao empregador, para a devida anotação. A concessão das férias será também anotada no livro ou na ficha de registro de empregados.

Nos casos em que o empregado possua a CTPS em meio digital, a anotação será feita nos sistemas a que se refere o § 7º do art. 29 da CLT, na forma do regulamento, dispensadas as anotações de que tratam os §§ 1º e 2º do art. 135 da CLT (§ 3º do art. 135 da CLT).

A microempresa e empresa de pequeno porte ficam dispensadas de anotar a concessão das férias no livro ou ficha de registro de empregados (art. 51, II, da Lei Complementar nº 123/2006).

O pagamento das férias deverá ser feito até dois dias antes do início do período de gozo (art. 145 da CLT). O empregado precisa ter o dinheiro para poder sair em férias.

Durante as férias, o empregado está proibido de prestar serviços a outro empregador, salvo se estiver obrigado a fazê-lo em virtude da existência de outro contrato de trabalho mantido com outro empregador.

12 FÉRIAS CONCEDIDAS APÓS O PERÍODO CONCESSIVO

Sempre que as férias forem concedidas após o período concessivo, ou seja, nos 12 meses subsequentes à aquisição do direito, deverão ser pagas em dobro (art. 137 da CLT).

O empregador não vai pagar dois períodos de férias em vez de um. A dobra é da remuneração. Não são devidos 60 dias de férias.

Se houver o vencimento do período concessivo de férias sem que o empregador as conceda, o empregado poderá ajuizar reclamação trabalhista pedindo sua fixação, por sentença, para efeito de gozá-las. Assim, o juiz é que irá fixar os dias em que as férias serão concedidas ao empregado. A sentença irá cominar pena diária de 5% do salário mínimo da região, que é devida ao empregado, até que seja cumprida a concessão das férias. Transitada em julgado a sentença, o juiz remeterá uma cópia da decisão ao órgão local do Ministério do Trabalho para o fim de aplicar a multa administrativa pela concessão das férias fora do prazo legal (§ 3º do art. 137 da CLT).

Há que se esclarecer que, se o descanso anual é integralmente gozado fora do período concessivo, todos os dias correspondentes às férias serão devidos em dobro. Se houver a concessão de parte das férias dentro do período concessivo e parte fora desse lapso de tempo, apenas a remuneração dos últimos dias é que será paga em dobro (S. 81 do TST). Exemplo: 20 dias das férias foram concedidos dentro do período concessivo e 10 dias foram gozados fora daquele período. Apenas esses últimos 10 dias é que serão devidos em dobro, pois foi o lapso de tempo que excedeu o período concessivo. Não se justificaria a concessão de férias em dobro da parte que foi gozada dentro do período concessivo.

A licença-maternidade não prejudica o direito à contagem de férias, embora a empregada não preste serviços. Quando a empregada retornar da licença-maternidade serão concedidas as férias, sem se falar em pagamento em dobro caso tenha sido excedido o prazo de concessão, pois as condições da empregada é que impediram o direito de fruição das férias. Se a criança nasce no decurso das férias, há a suspensão destas, que serão gozadas pelo prazo remanescente quando do término da licença de 120 dias.

Se o empregado recebe as férias dentro do prazo concessivo, mas não as goza, há pagamento em dobro. É preciso o pagamento ser feito mais uma vez para atingir a dobra, pois o intuito do legislador é também que o trabalhador goze as férias, e não apenas receba seu pagamento. Se as férias não foram gozadas, o objetivo do legislador não foi alcançado, incidindo a hipótese do art. 137 da CLT, que determina que, se as férias forem concedidas fora do período concessivo, o empregador deverá pagá-las em dobro.

No caso de as férias do empregado não serem gozadas por motivo de acidente do trabalho, não há que se falar em dobra, pois a empresa não poderia prever a referida situação. Quando o empregado retornar, deverá sair de férias, sem o pagamento em dobro, mesmo que já excedido o período concessivo.

As férias em dobro são indevidas quando o pagamento é feito fora do prazo legal, mas as férias são usufruídas no referido prazo. O ato enseja pagamento de correção monetária, se for o caso, e multa administrativa. O art. 137 da CLT faz referência à concessão das férias. Não dispõe que o pagamento deve ser feito em dobro em caso de atraso no pagamento das férias, que deve ser feito dois dias antes do início do período concessivo. As penalidades devem ser aplicadas restritivamente.

O TST entende que é devido o pagamento em dobro da remuneração de férias, incluído o terço constitucional, com base no art. 137 da CLT, quando, ainda que gozadas na época própria, o empregador tenha descumprido o prazo previsto no art. 145 do mesmo diploma legal (S. 450).

Se a rescisão do contrato de trabalho interrompeu o período de concessão, mesmo com a projeção do aviso-prévio indenizado que completa o período aquisitivo, as férias não são devidas em dobro, pois o empregador não pode concedê-las em razão da cessação do pacto laboral.

13 FÉRIAS COLETIVAS

13.1 Introdução

As férias são chamadas coletivas quando concedidas não apenas a um empregado, mas a todos os empregados da empresa ou de determinados estabelecimentos ou setores da empresa (art. 139 da CLT).

Normalmente, as férias coletivas ocorrem no final do ano, coincidindo com Natal e Ano-Novo; muitas vezes, porém, as empresas concedem férias coletivas quando diminui sua produção ou a procura de seus produtos, como ocorre na indústria automobilística e em outras empresas.

Na redação anterior da CLT, não havia disposição sobre férias coletivas, que eram disciplinadas em regulamentos de empresas ou normas coletivas. Quem passou a estabelecer regras nesse sentido foi o Decreto-Lei nº 1.535, de 13-4-1977, que introduziu a Seção III no Capítulo da CLT. Mesmo nas férias coletivas, o empregador deverá remunerá-las com um terço a mais.

Não há obrigação da concessão das férias coletivas, sendo que o empregador é que irá verificar quando elas serão necessárias.

13.2 Estabelecimentos abrangidos

O art. 139 da CLT dispõe que as férias coletivas poderão abranger todos os empregados da empresa, ou de determinados estabelecimentos ou setores da empresa. Poderão, portanto, abranger toda a empresa ou apenas parte dela, como estabelecimentos ou setores. Seria o caso de a empresa conceder férias coletivas apenas ao setor de produção, em razão de estar fazendo poucas vendas, mantendo o trabalho nos demais setores, como no departamento de pessoal.

13.3 Períodos

As férias poderão ser gozadas em dois períodos anuais. Entretanto, será vedada a concessão de períodos em que um deles seja inferior a 10 dias corridos. Os dias de férias serão corridos e não úteis, como era na sistemática anterior ao Decreto-Lei nº 1.535/77. Assim, um período terá pelo menos 10 dias e, o outro, provavelmente, terá 20 dias, para totalizar os 30 dias. Será proibida a concessão de um período de sete dias e outro de 23 dias. Na prática, o fracionamento das férias coletivas só poderá ser feito em relação às hipóteses dos incisos I e II do art. 130 da CLT, pois nas férias de 18 e 12 dias um dos períodos será inferior a 10 dias. Uma solução será a concessão de licença remunerada nos períodos superiores aos dias de férias do empregado.

A lei, no caso, não determinou que o fracionamento das férias coletivas só pode ser feito em casos excepcionais como o fez o § 1º do art. 134 da CLT. Logo, é possível dizer que o fracionamento pode ser feito mesmo que não haja casos excepcionais. O próprio § 1º não é imperativo, mas facultativo, pois usa a palavra *poderão,* deixando ao livre alvedrio do empregador fracioná-las de acordo com seus interesses, principalmente os da produção.

O empregador não precisará consultar os empregados sobre a data em que as férias coletivas serão concedidas. Concederá as férias no período que melhor lhe convier, com base na regra do art. 136 da CLT. Trata-se também de uma faculdade do empregador, que pode ou não concedê-las.

O empregado estudante, menor de 18 anos, terá direito a fazer coincidir suas férias com as férias escolares (§ 2º do art. 136 da CLT). O empregador, portanto, não poderá obrigá-lo a sair em férias coletivas, salvo se estas coincidirem com suas férias escolares. Se as férias coletivas forem concedidas em época diversa das férias escolares, pode-se considerá-las como licença remunerada e as férias normais serão concedidas juntamente com as férias escolares, de acordo com o período concessivo.

Não poderá, porém, o empregador descontar as faltas do empregado das férias coletivas, pois aqui há a incidência da regra do § 1º do art. 130 da CLT.

Os membros de uma família que trabalharem no mesmo estabelecimento ou empresa terão direito a gozar férias no mesmo período, se assim o desejarem e se disto não resultar prejuízo para o serviço (§ 1º do art. 136 da CLT). Suas férias coletivas também serão num mesmo período, ficando a escolha a cargo dos membros da família, salvo se algum prejuízo resultar para o serviço.

Poderá o empregador incluir os empregados contratados a tempo parcial nas férias coletivas que conceder aos demais empregados.

13.4 Comunicações

O empregador comunicará ao órgão local do Ministério do Trabalho, com antecedência mínima de 15 dias, datas de início e fim das férias coletivas, precisando quais os estabelecimentos ou setores abrangidos pela medida.

A empresa também terá de comunicar aos sindicatos representativos dos trabalhadores, com a antecedência de 15 dias, a concessão de férias coletivas. O correto é a expressão no plural, pois na empresa pode haver mais de um sindicato de trabalhadores naquela base territorial, como, v.g., de categoria diferenciada etc. Não haverá, porém, a necessidade de a comunicação ser feita ao sindicato dos empregadores, apenas à DRT e aos sindicatos dos trabalhadores, pois a lei não traz previsão nesse sentido.

O prazo de 15 dias previsto na lei também é para a afixação dos avisos no local de trabalho de que as férias coletivas serão concedidas. O não cumprimento do prazo e da colocação dos avisos implica multa administrativa.

Se o empregador não comunicar à DRT e aos sindicatos de trabalhadores até 15 dias antes da concessão das férias coletivas, incorrerá em multa administrativa. As férias coletivas não serão consideradas ineficazes, pois se trata de simples comunicação e não requisito substancial para a validade do negócio jurídico.

Se as férias forem efetivamente gozadas, não deverão ser pagas ou concedidas novamente, caso seja desrespeitado o prazo de aviso à DRT e aos sindicatos ou não tenha sido observado que o fracionamento seja inferior a 10 dias. Haverá apenas infração administrativa.

A empresa não terá, contudo, de pedir autorização da DRT ou do sindicato para conceder as férias. Apenas irá comunicá-los de que irá concedê-las.

A microempresa e a empresa de pequeno porte são dispensadas de comunicar ao Ministério do Trabalho a concessão de férias coletivas (art. 51, V, da Lei Complementar nº 123/2006).

13.5 Empregados com menos de 12 meses

Os empregados que tiverem menos de 12 meses de empresa gozarão férias coletivas proporcionais (art. 140 da CLT). A empresa poderá convocar o empregado para trabalhar após o término das férias proporcionais. Os que tiverem mais de 12 meses gozarão férias de acordo com a escala do art. 130 da CLT e o período determinado de férias coletivas pelo empregador.

Caso seja concedido ao empregado um número de dias de férias a que não teria direito, em razão de seu pouco tempo de serviço na empresa, o restante deverá ser considerado como licença remunerada por parte do empregador. Vamos admitir que o empregado tivesse menos de um ano na empresa; concedendo o empregador 20 dias de férias coletivas, mas o empregado só tendo direito a 10 dias, os restantes 10 dias seriam, assim, considerados como licença remunerada por parte da empresa. Como o risco da atividade econômica deve ficar a cargo do empregador (art. 2º da CLT), sendo ele que entendeu por paralisar os serviços, compreende-se que o período em que o empregado não teria direito às férias seja considerado como licença remunerada.

Reza o art. 140 da CLT que "os empregados contratados há menos de 12 (doze) meses gozarão, na oportunidade, férias proporcionais, iniciando-se, então, novo período aquisitivo".

Não há dúvida de que o período de férias é contado como tempo de serviço do empregado, porém este não se confunde com o início do período aquisitivo.

A palavra *então* refere-se ao término das férias proporcionais coletivas e não ao período do início delas.

O § 2º do art. 133 da CLT ajuda a entender a questão, pois dispõe que inicia-se o decurso de novo período aquisitivo quando o empregado, após o implemento de qualquer das condições previstas nos incisos do art. 133 da CLT, retornar ao serviço. Pela redação do citado § 2º do art. 133 da CLT o início de novo período aquisitivo é contado do implemento de uma das condições dos incisos do mesmo artigo, como permanecer em licença por mais de 30 dias com pagamento de salários. Terminada a licença, inicia-se novo período aquisitivo.

O mesmo raciocínio pode ser utilizado em relação às férias coletivas do empregado que tem menos de 12 meses. Terminadas as férias coletivas, inicia-se novo período aquisitivo. É a interpretação sistemática e literal da CLT.

A regra do art. 140 da CLT pode ser aplicada aos empregados que tiverem mais de um ano de empresa. É o que ocorreria com a empresa que concedesse férias coletivas e o empregado ainda não tivesse outro período completo de 12 meses. Nesse caso, gozará o trabalhador de férias proporcionais, iniciando, após o término destas, novo período aquisitivo.

Após o término das férias coletivas é que se inicia novo período aquisitivo para o obreiro.

Na hipótese de o empregado ter direito a férias em proporção inferior às coletivas que seriam concedidas, poderia ser o caso de considerá-las como férias individuais, fazendo a anotação na CTPS do obreiro. Se as férias forem gozadas e pagas, não poderão ser concedidas e pagas novamente. Entretanto, se houver violação aos parágrafos do art. 136 e ao § 2º do art. 134 da CLT, o empregador incorrerá em multa administrativa.

Se as férias coletivas forem inferiores ao período de férias a que o trabalhador teria direito, o empregador deverá conceder o saldo restante em outra oportunidade, porém dentro do período concessivo. Vamos admitir que o empregado já tivesse direito a 30 dias de férias. A empresa concede 20 dias de férias coletivas. Os 10 dias restantes serão concedidos em outra oportunidade pela empresa, porém dentro do período concessivo.

O empregador não poderá descontar das férias do empregado os períodos superiores às férias proporcionais a que teria direito, quando da concessão de férias coletivas, conforme a orientação analógica do § 1º do art. 130 da CLT.

14 REMUNERAÇÃO

Durante as férias, o empregado não deixa de receber seu salário nem poderia isso ocorrer, pois as férias são remuneradas. No entanto, a remuneração das férias é a que seria devida ao empregado na data de sua concessão, ainda que se refira a período anterior.

Nas férias do empregado que receba apenas comissão não fará jus o obreiro às comissões de vendas feitas por outros empregados.

A Constituição inovou quanto à remuneração (art. 7º, XVII), afirmando que o empregado tem direito a um terço a mais do que o salário normal. O TST entende que o terço é devido não só quando as férias são gozadas, mas também quando são indenizadas, sejam integrais ou proporcionais (S. 328 do TST), pois, caso contrário, se estaria desvirtuando sua finalidade, que é de proporcionar remuneração maior ao empregado. Nas férias coletivas, o terço também será devido, assim como nas férias pagas em dobro.

Em caso de licença remunerada, o terço é devido. O empregador pode querer conceder licença remunerada apenas para afastar o direito ao terço. Se houve o descanso, tem direito o trabalhador ao terço.

Se a jornada de trabalho é variável, apurar-se-á a média do período aquisitivo, aplicando-se o valor do salário na data da concessão das férias.

Quando o salário é pago por tarefa ou peça, toma-se por base a média da produção no período aquisitivo das férias, aplicando-se o valor da remuneração da tarefa na data da concessão das férias (§ 2º do art. 142 da CLT e S. 149 do TST).

Se o salário é pago por percentagem, comissão ou viagem, apura-se a média percebida pelo empregado nos 12 meses que precederem à concessão das férias.

Se o empregador paga salário em utilidade, como alimentação, habitação etc., há necessidade de que essas utilidades sejam apuradas para efeito do cálculo das férias, mediante, inclusive, anotação na CTPS do trabalhador.

Os adicionais de horas extras, noturno (S. 60 do TST), de insalubridade ou de periculosidade serão computados no salário para efeito do cálculo da remuneração das férias (§ 5º do art. 142 da CLT).

A gratificação semestral não repercute no cálculo das férias, ainda que indenizadas.

É indevido o pagamento dos repousos semanais e feriados intercorrentes nas férias indenizadas.

Se, no momento das férias, o empregado não estiver percebendo o mesmo adicional do período aquisitivo, ou quando o valor deste não tiver sido uniforme, será computada a média duodecimal naquele período, após a atualização das importâncias pagas, mediante incidência dos porcentuais dos reajustamentos salariais supervenientes.

15 ABONO

O empregado tem a faculdade de converter 1/3 de suas férias em abono pecuniário, no valor da remuneração que lhe seria devida nos dias correspondentes (art. 143 da CLT).

Esse abono não se confunde com o terço constitucional, não tendo sido revogado o art. 143 da CLT pela Constituição.

Na verdade, o abono e o terço constitucional têm a mesma finalidade, que é proporcionar recursos financeiros ao trabalhador para que possa gozar as férias. Entretanto, a natureza jurídica de ambos não é a mesma. Enquanto o abono é uma opção assegurada ao empregado, ou seja, é um direito do empregado, ao qual o empregador não poderá opor-se, o terço constitucional é irrenunciável por parte do obreiro. Mesmo que o trabalhador renuncie ao direito ao terço constitucional, isso não terá nenhuma validade, pois uma coisa não substitui a outra. Persiste o direito ao abono previsto na CLT cumulativamente com o terço determinado na Constituição. O abono pecuniário deve ser calculado sobre a remuneração das férias já acrescida de 1/3.

O abono de férias deverá, porém, ser requerido 15 dias antes do término do período aquisitivo. Frise-se aqui que esse requerimento deve ser feito 15 dias antes do término do período aquisitivo e não 15 dias antes do início das férias.

É facultado ao empregado doméstico converter um terço do período de férias a que tiver direito em abono pecuniário, no valor da remuneração que lhe seria devida nos dias correspondentes (§ 3º do art. 17 da Lei Complementar nº 150/2015). O abono de férias deverá ser requerido até 30 dias antes do término do período aquisitivo.

O empregado contratado sob regime de tempo parcial poderá converter um terço do período de férias a que tiver direito em abono pecuniário (§ 6º do art. 58-A da CLT).

O empregado, se quiser, pode converter menos de um terço de suas férias em dinheiro. A CLT fixa um teto. O empregador não pode converter as férias do empregado em abono. Deve haver requerimento do empregado.

Havendo a concessão de férias coletivas, a conversão do abono de férias deverá ser objeto de acordo coletivo entre o empregador e o sindicato representativo da respectiva categoria profissional, independendo de requerimento individual sua concessão. Pelo que se depreende do § 2º do art. 143 da CLT, o abono não poderá ser negociado em convenção coletiva, mas apenas em acordo coletivo, justamente porque este é firmado entre a empresa e o sindicato de empregados e não entre sindicatos, que teria, inclusive, caráter genérico e não atenderia às peculiaridades de cada empresa. Se o empregado não concordar com o abono negociado no acordo coletivo, terá de se contentar com a vontade da maioria estabelecida no acordo coletivo.

Não sendo excedente de 20 dias do salário do obreiro, o abono não integra a remuneração para os efeitos da legislação do trabalho (art. 144 da CLT). Logo, não há incidência do FGTS.

O pagamento do abono deverá ser feito até dois dias antes do início das férias, assim como ocorre com o pagamento das férias.

Dará o empregado quitação do pagamento das férias, assim como do abono, com a indicação do início e do término das férias.

16 DOS EFEITOS DA CESSAÇÃO DO CONTRATO DE TRABALHO

As férias podem ser divididas da seguinte forma, quando da cessação do contrato de trabalho: (a) férias vencidas, que se referem ao período aquisitivo de 12 meses já transcorrido; (b) férias proporcionais, correspondentes ao período incompleto de férias que não atingiu os 12 meses para efeito de aquisição. Haverá direito a férias em dobro se elas não forem concedidas no período apropriado.

Pagas as férias na rescisão do contrato de trabalho, terão natureza de indenização, pois só teriam natureza salarial se fossem gozadas. Neste caso, como são indenizadas, perdem sua natureza salarial, quando pagas na rescisão do contrato de trabalho.

Férias proporcionais pagas na rescisão do contrato de trabalho não são férias, mas indenização de férias.

Quando o empregado é dispensado por justa causa, perde direito às férias proporcionais relativas ao período incompleto de férias.

Havendo culpa recíproca, o TST entende que é devida metade do valor das férias (S. 14 do TST).

Pela interpretação do parágrafo único do art. 146 e do art. 147 da CLT, verifica-se que as férias são indevidas quando exista justo motivo para a dispensa.

Como na culpa recíproca ocorre justo motivo para a cessação do pacto laboral, as férias proporcionais, relativas ao período aquisitivo incompleto de férias, são indevidas.

Tendo o empregado mais de um ano de empresa e não sendo dispensado por justa causa, terá direito à remuneração das férias do período incompleto (S. 171 do TST), à razão de 1/12 por mês de serviço ou fração superior a 14 dias. Mesmo pedindo demissão o empregado, mas tendo mais de um ano de empresa, terá direito às férias proporcionais correspondentes ao período incompleto de 12 meses anteriores.

Quando o obreiro tem menos de um ano de casa e não é despedido por justa causa, tem direito a férias proporcionais.

O parágrafo único do art. 146 da CLT dispõe que na cessação do contrato de trabalho, após 12 meses de serviço, o empregado, desde que não haja sido demitido por justa causa, terá direito à remuneração relativa ao período incompleto de férias. Nesse caso, se é dispensado com justa causa, perde direito às férias proporcionais. Se o empregado é que pede demissão, e, portanto, o contrato cessa antes de 12 meses de serviço, o obreiro perde o direito à remuneração proporcional das férias.

Reza o art. 147 da CLT que o empregado que for despedido sem justa causa, ou cujo contrato de trabalho se extinguir em prazo determinado, antes de completar 12 meses de serviço, terá direito à remuneração relativa ao período incompleto de férias. Logo, se pedir demissão, antes de completar 12 meses de serviço, perde o direito às férias proporcionais.

Essa era a interpretação feita na redação anterior da Súmula 261 do TST.

A determinação da lei poderia ser considerada incorreta sob o aspecto de que seriam devidas férias proporcionais ao empregado que é dispensado pelo empregador e seriam indevidas quando o empregado pede demissão. Entretanto, o empregado é que dá causa a não receber suas férias, pois ele tem intenção de rescindir o contrato de trabalho.

Quando o empregador dá causa à dispensa, o empregado não pode ficar prejudicado, mesmo tendo menos de um ano de casa, pois não foi ele que deu o motivo para a rescisão do pacto laboral. O art. 129 do Código Civil dispõe que se considera verificada, quanto aos efeitos jurídicos, a condição cujo implemento for maliciosamente obstado pela parte a quem desfavorecer. O ato do empregador é que daria causa para o não pagamento das férias, questão ao qual o empregado não teve nenhuma participação ou intenção.

O empregado que, porém, tivesse 11 meses e 29 dias de casa e pedisse demissão, sem cumprimento de aviso-prévio, já estaria cansado e seria merecedor da concessão das suas férias. A lei, contudo, não conferia ao trabalhador esse direito.

A Convenção nº 132 da OIT não faz distinção quanto ao modo de cessação do contrato de trabalho, se decorreu de justa causa ou de pedido de demissão do empregado.

O art. 11 da norma internacional prevê o direito às férias proporcionais, inclusive indenizadas em relação a período não gozado, bastando apenas que o trabalhador cumpra o período aquisitivo de seis meses. Assim, mesmo que o empregado peça demissão e tenha menos de um ano de casa ou seja dispensado com justa causa, terá direito a férias proporcionais indenizadas, mesmo que não tenha um ano de casa. O único requisito será ter cumprido o período mínimo de seis meses. Decorridos seis meses de serviço, o empregado terá direito a férias indenizadas, quando da cessação do pacto laboral.

A intenção do legislador consolidado foi de verificar a causa da cessação do contrato de trabalho para efeito do pagamento das férias indenizadas. Entretanto, esse aspecto não é importante, mas o cansaço do trabalhador, durante certo tempo de serviço, depois de ter trabalhado alguns meses e não ter direito às férias. O trabalhador vinha adquirindo direito às férias proporcionais mensalmente, por ter trabalhado mais de 14 dias no mês.

Independentemente da forma de cessação do contrato de trabalho (com justa causa, sem justa causa, pedido de demissão, aposentadoria espontânea), o trabalhador passa a ter direito às férias proporcionais desde que tenha cumprido um período de seis meses, que é exigido pelo art. 5.2 da norma internacional. É a interpretação sistemática da norma internacional, que exige o período mínimo de seis meses.

Se o contrato de trabalho for igual ou inferior a seis meses e o empregado for dispensado com justa causa, pedir demissão ou se aposentar no período, perde o direito às férias proporcionais.

Ficam derrogados o parágrafo único do art. 146 e o art. 147 da CLT quando fazem distinção entre dispensa com justa causa e pedido de demissão para quem tem menos de um ano de casa. A indenização das férias proporcionais é devida ao empregado que tiver seis meses de trabalho na empresa, independentemente da forma de cessação do pacto laboral.

A nova redação da Súmula 261 do TST esclareceu que "o empregado que se demite antes de completar 12 meses de serviço tem direito a férias proporcionais".

Se já tem mais de um ano na empresa, mesmo pedindo demissão, terá direito às férias proporcionais referentes ao período incompleto de férias. Aplica-se o mesmo raciocínio se o empregado requer sua aposentadoria e tem menos de um ano de casa. Terá direito a férias proporcionais.

Quanto às férias vencidas, o empregado fará jus a elas, mesmo pedindo demissão ou sendo dispensado com justa causa, ou se aposentando espontaneamente, pois já adquiriu o direito.

O trabalhador temporário, quando do término do seu contrato com a empresa de trabalho temporário, faz jus a férias proporcionais indenizadas, à razão de 1/12 por mês de trabalho, considerando-se mês o período igual ou superior a 15 dias (art. 12, c, da Lei nº 6.019).

Para os efeitos de falência ou recuperação judicial, a remuneração das férias, mesmo após a cessação do contrato de trabalho, terá natureza salarial (art. 148 da CLT).

O cálculo das férias indenizadas será feito com base na remuneração devida ao empregado à época da reclamação, ou, se for o caso, à da época da cessação do contrato de trabalho (S. 7 do TST). Essa interpretação é feita com base no art. 142 da CLT, que determina que a remuneração das férias será calculada na data da sua concessão. Não sendo o caso de conceder as férias, mas de indenizá-las, o cálculo será feito com base no salário vigente à época da cessação do contrato de trabalho.

São isentas de Imposto de Renda as indenizações de férias proporcionais e o respectivo adicional (S. 386 do STJ).

17 PRESCRIÇÃO

O art. 149 da CLT regula os prazos de prescrição para efeito de férias. Estabelece o referido artigo que o prazo começa a correr do término do período concessivo de férias, ou, se for o caso, da cessação do contrato de trabalho.

Há necessidade de observar o prazo prescricional previsto no inciso XXIX do art. 7º da Constituição. Começa o prazo de prescrição a ser contado, para os trabalhadores urbano e rural, a partir do término do período concessivo, tendo o empregado cinco anos para reclamar a concessão das férias, estando em vigor o contrato de trabalho. O empregado urbano ou rural terá dois anos a contar da cessação do contrato de trabalho para propor a ação. Ajuizada a ação nesse prazo, poderá reclamar as férias dos últimos cinco anos a contar do término do período concessivo correspondente.

Há a possibilidade de que as férias tenham sido concedidas e pagas no período oportuno, porém o trabalhador acha que tem direito a receber diferenças, em virtude de reajuste salarial ou de integração de horas extras, por exemplo. Nesse caso, a prescrição começa a correr da data em que o pagamento foi feito incorretamente, observado o que já foi dito.

Há que se lembrar que contra empregados menores de 18 anos não corre prazo de prescrição (art. 440 da CLT). Somente quando fizerem 18 anos é que o prazo de prescrição começa a correr.

18 OUTROS TIPOS DE EMPREGADOS

Os temporários têm direito a férias proporcionais (art. 12, c, da Lei nº 6.019/74). Contudo, pode-se afirmar que não têm direito ao terço constitucional, pois a Constituição não prevê direitos para os temporários e a Lei nº 6.019/74 não trata do terço constitucional, a não ser que se lhes aplique por analogia a Lei Maior, inclusive para que possam ter a mesma remuneração equivalente à dos empregados da tomadora dos serviços.

Os domésticos têm direito a férias de 30 dias mais 1/3 (art. 17 da Lei Complementar nº 150/2015). O art. 17 da Lei Complementar nº 150/2015 menciona que o direito a férias ocorre após cada período de 12 meses de trabalho. Na cessação do contrato de trabalho, o empregado, desde que não tenha sido demitido por justa causa, terá direito à remuneração relativa ao período incompleto de férias, na proporção de um doze avos por mês de serviço ou fração superior a 14 dias (§ 1º do art. 17 da Lei Complementar nº 150/2015). O doméstico também faz jus a férias em dobro, mesmo que elas sejam concedidas fora do período concessivo, pois o art. 137 da CLT, que versa sobre o pagamento em dobro, é observado em relação ao doméstico (art. 19 da Lei Complementar nº 150/2015). O TST vinha concedendo férias proporcionais com menos de 12 meses de trabalho e férias em dobro quando da vigência da Lei nº 5.859/72.

As férias dos professores ocorrem geralmente no mês de julho de cada ano. Nos outros períodos, como o de dezembro a janeiro, há o recesso escolar. No período de exames e no de férias escolares, é assegurado aos professores o pagamento, na mesma periodicidade contratual, da remuneração por eles percebida, na conformidade dos horários, durante o período de aulas (art. 322 da CLT). Na hipótese de dispensa sem justa causa, ao término do ano letivo ou no curso das férias escolares, é assegurado ao professor o pagamento da remuneração das férias escolares ou do período de exames. A Súmula 10 do TST esclarece: o direito aos salários do período de férias escolares assegurado aos professores (art. 322, *caput* e § 3º, da

CLT) não exclui o direito ao aviso-prévio, na hipótese de dispensa sem justa causa ao término do ano letivo ou no curso das férias escolares.

O § 2º do art. 322 da CLT prevê que durante as férias não será possível a exigência de serviços dos professores, salvo o relacionado com a realização de exames.

O tripulante que, por determinação do armador, for transferido para o serviço de outro terá computado, para o efeito de gozo de férias, o tempo de serviço prestado ao primeiro, ficando obrigado a concedê-las o armador em cujo serviço ele está na época de gozá-las (art. 150 da CLT). As férias poderão ser concedidas, a pedido dos interessados e com aquiescência do armador, parceladamente, nos portos de escala de grande estadia do navio, aos tripulantes ali residentes. Será considerada grande estadia a permanência no porto por prazo excedente de seis dias. Os embarcadiços, para gozarem férias, deverão pedi-las por escrito, ao armador, antes do início da viagem, no porto de registro ou armação. O tripulante, ao terminar as férias, apresentar-se-á ao armador, que deverá designá-lo para qualquer de suas embarcações ou o adir a algum dos seus serviços terrestres, respeitadas a condição pessoal e a remuneração. Em caso de necessidade, determinada pelo interesse público, e comprovada pela autoridade competente, poderá o armador ordenar a suspensão das férias já iniciadas ou a iniciar-se, ressalvado ao tripulante o direito ao respectivo gozo posteriormente. O Delegado do Trabalho Marítimo poderá autorizar a acumulação de dois períodos de férias do marítimo, mediante requerimento justificado: I – do sindicato, quando se tratar de sindicalizado; e II – da empresa, quando o empregado não for sindicalizado.

Enquanto não se criar um tipo especial de caderneta profissional para os marítimos, as férias serão anotadas pela Capitania do Porto na caderneta-matrícula do tripulante, na página das observações (art. 151 da CLT). Até o momento não foi criada caderneta profissional para os marítimos.

A remuneração do tripulante, no gozo de férias, será acrescida da importância correspondente à etapa que estiver vencendo (art. 152 da CLT). Para efeito das férias, a etapa corresponderá ao valor representativo da alimentação fornecida pelo empregador.

19 A CONVENÇÃO Nº 132 DA OIT

O Brasil ratificou a Convenção nº 132 da OIT, de 1970, que trata de férias remuneradas. Ela foi aprovada pelo Decreto Legislativo nº 47, de 23 de novembro de 1981, e promulgada pelo Decreto nº 3.197, de 5 de outubro de 1999.

No Brasil, muitos nem mesmo têm conhecimento da vigência da referida norma internacional, tanto que as postulações trabalhistas não têm sido fundamentadas nela. Raros são os artigos sobre o tema. Os estudos são poucos porque as dúvidas são muitas. A Convenção nº 132 da OIT é difícil de ser interpretada, pois ela é detalhista e, em certos casos, confusa, trazendo consequências sobre a vigência de determinados artigos da CLT, que ficariam revogados.

O instrumento da ratificação da Convenção nº 132 da OIT foi depositado na OIT em 23 de setembro de 1998. Entraria em vigor um ano depois, ou seja, em 23 de setembro de 1999. Entretanto, como a promulgação da norma só foi feita em 6 de outubro de 1999, data da publicação do Decreto nº 3.197 no *Diário Oficial da União*, é a partir de 6 de outubro de 1999 que tem vigência a referida norma internacional no Brasil.

Com a ratificação da Convenção nº 132 da OIT, houve a denúncia tácita das Convenções nºs 52 e 101, que tratam de férias remuneradas, pois o art. 16 da Convenção nº 132 determina que a referida norma revê as últimas normas internacionais.

É recebida a Convenção nº 132 da OIT como lei ordinária federal no nosso sistema, revogando as disposições em sentido contrário.

Aplica-se a Convenção nº 132 a todas as pessoas empregadas, à exceção dos marítimos (art. 2º).

A exclusão dos marítimos é justificada sob o aspecto de que eles têm condições peculiares de trabalho, que são feitas a bordo do navio, ficando o trabalhador até meses sem pôr o pé em terra.

Os arts. 150 a 152 da CLT versaram sobre as férias dos marítimos.

A Convenção nº 146 da OIT trata das férias anuais da gente do mar. Foi promulgada pelo Decreto nº 3.168, de 14 de setembro de 1999.

Determina o art. 2.2 da Convenção nº 132 que o país poderá optar pela exclusão de determinadas categorias profissionais. A parte final do art. 1º do Decreto nº 3.197 não exclui qualquer categoria de trabalhadores da aplicação da Convenção nº 132, pois determinou que a norma internacional será executada inteiramente de acordo com seus preceitos. Assim, a referida norma internacional se aplica a empregados urbanos, rurais, domésticos e trabalhadores avulsos, que têm os mesmos direitos dos trabalhadores com vínculo de emprego permanente (art. 7º, XXXIV, da Constituição). Não se observa, portanto, a norma internacional aos funcionários públicos.

Prescreve o art. 5.1 da Convenção nº 132 que um período mínimo de serviço poderá ser exigido para a obtenção de direito a um período de férias remuneradas anuais. Cabe à autoridade competente e ao órgão apropriado do país interessado fixar a duração mínima de tal período de serviço, que não deverá em caso algum ultrapassar seis meses (art. 5.2).

Nesse ponto, foi derrogado o art. 130 da CLT quando estabelece que o período aquisitivo de férias será de um ano?

Há necessidade de se fazer a interpretação sistemática da norma internacional para saber se ela efetivamente pretende estabelecer período aquisitivo de seis meses. Não basta, portanto, mera interpretação literal ou gramatical, que pode conduzir o intérprete a erros.

Em primeiro lugar, deve ser feita a interpretação sistemática da norma internacional de acordo com a Constituição. Determina o inciso XVII do art. 7º dessa norma o gozo de férias anuais remuneradas. A Lei Maior não fixa o período aquisitivo, mas estabelece que as férias serão concedidas a cada ano. Cabe à lei ordinária, portanto, definir o que é o período aquisitivo para efeito de férias.

Em diversas passagens dos artigos da Convenção nº 132, nota-se que a norma internacional faz referência a várias expressões e não que o período aquisitivo seria de seis meses.

Emprega o art. 3.3 a expressão *por um ano de serviço*.

Utiliza o art. 4.1 da norma internacional a expressão *no curso de um ano determinado*. Ainda é empregada a expressão *nesse ano*. Para os fins do art. 4º, a palavra *ano* significa ano civil ou qualquer outro período de igual duração fixado pela autoridade ou órgão apropriado do país interessado (art. 4.2).

O art. 5.1 refere-se a *período mínimo* e não máximo para férias remuneradas anuais. Menciona, ainda, a expressão *férias remuneradas anuais*. Seria possível afirmar que o período mínimo é de seis meses e o máximo é de um ano?

Estabelece o art. 9.1 que as férias devem ser gozadas dentro de *no máximo um ano*. Usa, ainda, a expressão *férias anuais remuneradas*.

Determina o art. 11 da norma internacional um *período mínimo* de serviços que *pode* ser exigido. Não se usa o verbo *dever*, no imperativo, ou seja, deve um período mínimo ser exigido. Isso indica que cada país pode estabelecer um período aquisitivo de férias diferenciado, que não será necessariamente de seis meses, mas de um ano, como ocorre com nosso sistema.

Com base no art. 5.2, pode-se asseverar caber à autoridade competente e ao órgão apropriado do país fixar a duração mínima. No Brasil, ela é de um ano. Entretanto, em caso algum poderá ultrapassar seis meses, segundo a norma internacional. O dispositivo ainda é imperativo, no sentido de que não *deverá* em caso algum ultrapassar seis meses. Se a norma internacional assim não entendesse, deveria usar a expressão que a norma interna de cada país poderia empregar outro período, porém não o fez.

Os dispositivos mencionados são contraditórios, pois ora se menciona *férias anuais remuneradas*, *um ano* e *em caso algum deverá ultrapassar seis meses*.

A melhor solução não pode ser a interpretação literal, mas a sistemática.

É absurdo falar em férias anuais e período aquisitivo de seis meses. A referência a seis meses como período aquisitivo indica que a expressão empregada na norma internacional é imprópria, inadequada. Assim, é preferível a interpretação que resulte válida a norma em seu conjunto, sem que existam antagonismos.

Impossível também falar que as férias serão concedidas a cada período de seis meses, se elas são anuais, como mostram vários dispositivos da Convenção nº 132 da OIT. Se elas são anuais, concedidas a cada ano de serviço, não podem ter período aquisitivo de seis meses. O próprio inciso XVII do art. 7º da Constituição menciona que as férias são anuais. Logo, o período aquisitivo não pode ser de seis meses.

A maneira de compatibilizar a interpretação da norma internacional é no sentido de que cada país pode fixar o período aquisitivo, que no caso do Brasil é de um ano. Em relação à cessação do contrato de trabalho, o empregado terá direito a férias proporcionais indenizadas desde que tenha mais de seis meses de emprego (art. 5.2). Não se pode dizer, porém, que o período aquisitivo é de seis meses. É o resultado da interpretação sistemática da Convenção nº 132 da OIT, especialmente da combinação do art. 5.2 com o art. 11 da norma internacional.

A duração das férias não deverá em caso algum ser inferior a três semanas de trabalho, por um ano de serviço (art. 3.3), isto é, 21 dias. Nesse ponto, nosso sistema já prevê férias de 30 dias para o empregado urbano e rural. No instrumento de depósito de ratificação da convenção, foi comunicado à OIT que o período de férias é de 30 dias, sem fazer qualquer distinção quanto ao tipo de trabalhador.

Para os contratos de trabalho a tempo parcial, as férias são previstas no art. 130-A da CLT. Esse dispositivo, porém, é posterior ao decreto de promulgação da Convenção nº 132. Não está, portanto, revogada a regra do art. 130-A da CLT pela Convenção nº 132, quando prevê um período de férias de pelo menos três semanas.

Estabelece também o art. 4º da Convenção nº 132 da OIT que a pessoa que tiver completado, no curso de um ano determinado, um período de serviço de duração inferior ao período necessário à obtenção de direito à totalidade das férias terá direito, nesse ano, a férias de duração proporcionalmente reduzidas.

Prevê o art. 5.4 da Convenção nº 132 que as faltas ao trabalho por motivos independentes da vontade individual da pessoa empregada interessada, tais como faltas devidas a doenças, a acidente, ou a licença para gestantes, não poderão ser computadas como parte das férias remuneradas anuais mínimas. A referência do dispositivo é exemplificativa e não taxativa, pois usa a expressão "tais como", indicando apenas doenças, acidente e licença da gestante, mas não impede que a legislação estabeleça outras. Assim, foram recepcionados o art. 130 da CLT, que considera o direito a férias de acordo com as faltas não justificadas, e o art. 131 da mesma norma, que estabelece quais são as faltas consideradas justificadas.

Há dúvidas quanto à vigência dos arts. 132 e 133, I, da CLT, pois a Convenção nº 132 não faz exceções quanto a serviço militar e readmissão dentro de 60 dias após a saída do empregado.

Não se pode dizer que o empregado em gozo de benefício previdenciário por acidente do trabalho ou auxílio-doença por mais de seis meses, embora descontínuos (art. 133, IV, da CLT), perde o direito às férias, porque o art. 5.4 da Convenção nº 132 da OIT menciona que faltas decorrentes de doenças ou de acidente não são computadas para efeito das férias. O § 2º do art. 6º da Convenção 132 da OIT prevê que os períodos de incapacidade resultantes de doenças ou acidentes não poderão ser computados como parte do período de férias anuais remuneradas. Se o infortúnio ocorresse em dia antes do gozo das férias, o trabalhador teria direito às férias. O tempo em que o empregado está afastado por doença ou acidente não pode ser considerado como férias, pois não proporciona descanso e lazer ao empregado. Logo, está derrogado o inciso IV do art. 133 da CLT.

Determina o art. 6.1 da Convenção nº 132 da OIT que os dias feriados oficiais ou costumeiros, quer se situem ou não dentro do período de férias anuais, não serão computados como parte do período de férias anuais de no mínimo três semanas.

Assim, os feriados que ocorrerem no curso das férias serão excluídos do respectivo período. Não são, portanto, considerados como dias de férias. Os feriados oficiais são 1º de janeiro, 21 de abril, 1º de maio, 7 de setembro, 12 de outubro, 2 de novembro, 15 de novembro, 25 de dezembro e o dia das eleições. Feriado estadual é a data magna do Estado fixada em lei estadual. Os feriados municipais são a sexta-feira da Paixão (antes do domingo de Páscoa), *Corpus Christi* e dia da fundação do Município. Passam também a ser considerados os feriados costumeiros, que não são previstos em lei, mas gozados na prática, como a terça-feira de Carnaval.

Em princípio, pela redação do art. 6.1 da norma internacional, seria possível pensar que apenas os feriados previstos no período de três semanas é que não seriam computados nas férias. Se o país concede período de férias além de três semanas, como no caso brasileiro, de 30 dias, deveriam os feriados intercorrentes no período ser acrescidos ao final das férias. Entretanto, nossa legislação trabalhista não trata do tema. A interpretação sistemática da Convenção nº 132 da OIT leva o intérprete a considerar que o período de três semanas é mínimo, podendo o país conceder período superior, como indica o art. 3.4 da norma internacional. Assim, os feriados que ocorrerem no período mínimo de férias estabelecido pelo país, que no caso do Brasil é de 30 dias, não serão contados para efeito de férias e não apenas os que ocorrerem nas três semanas.

Dessa forma, fica derrogado o art. 130 da CLT no ponto em que faz referência a dias corridos, pois os feriados que ocorrem dentro das férias não poderão ser considerados para tal fim.

Os domésticos também passam a ter direito a não computar os feriados em suas férias, pois a Convenção nº 132 da OIT não faz qualquer ressalva nesse sentido. A Convenção nº 132 é posterior à Lei nº 605/49. Prevalece, portanto, a legislação posterior sobre a anterior, quando a primeira não faz distinção quanto a qualquer tipo de trabalhador, a não ser o marítimo.

O art. 6º da Convenção nº 146 da OIT exclui os feriados reconhecidos pelo país da bandeira do navio para efeito de férias.

Os períodos de incapacidade, decorrentes de doença ou acidente do empregado, não serão considerados para efeito das férias. Se as férias tiverem início e o empregado ficar doente ou sofrer acidente, serão elas suspensas, pois o empregado não poderá repousar ou se divertir. Não podem, portanto, os referidos dias ser computados para efeito de férias. Mostra-se com isso derrogado, o art. 130 da CLT, quando faz referência a dias corridos.

A ocasião em que as férias serão gozadas será determinada pelo empregador após consulta à pessoa empregada interessada em questão ou seus representantes, a menos que seja fixada por regulamento, acordo coletivo, sentença arbitral ou qualquer outra maneira conforme à prática nacional (art. 10.1 da Convenção nº 132). Para fixar a ocasião de período de gozo de férias, serão levadas em conta as necessidades de trabalho e as possibilidades de repouso e diversão ao alcance da pessoa empregada (art. 10.2).

Com base nos arts. 10.1 e 10.2 da norma internacional, passam a ser requisitos para a determinação da época das férias:

a) necessidade de trabalho, o que depende do interesse do empregador;
b) consulta prévia ao empregado, feita pelo empregador, salvo se existir regulamento, acordo coletivo, sentença arbitral ou qualquer outra forma, de acordo com a prática nacional;

c) possibilidade de repouso e diversão para o empregado.

Deverão ser conjugados os três fatores mencionados para que o empregador possa determinar a época das férias. O empregado também deverá ter possibilidade de repouso e diversão, porque, do contrário, as férias não deverão ser concedidas.

Prevê o art. 134 da CLT que as férias serão concedidas por ato do empregador. Entretanto, o ato do empregador deve combinar os três fatores mencionados.

Indica o art. 136 da CLT que a época de concessão de férias será a que melhor consulte os interesses do empregador. Esse artigo foi revogado pela Convenção nº 132 da OIT, pois há necessidade da conjugação dos três elementos anteriormente mencionados e não apenas mera imposição do empregador, de acordo apenas com seus interesses.

O fracionamento do período de férias anuais remuneradas pode ser autorizado pela autoridade competente ou pelo órgão apropriado de cada país (art. 8.1 da Convenção nº 132 da OIT). A CLT assim dispõe nos parágrafos do art. 134.

Salvo estipulação em contrário contida em acordo que vincule o empregador e a pessoa empregada em questão, e desde que a duração do serviço desta pessoa lhe dê direito a tal período de férias, uma das frações do referido período deverá corresponder pelo menos a duas semanas de trabalho ininterruptos (art. 8.2 da Convenção nº 132 da OIT).

Dessa forma, o fracionamento das férias deverá conter pelo menos duas semanas de trabalho (art. 8.2 da Convenção nº 132) ou 14 dias. Fica derrogado o § 1º do art. 134 da CLT quando prevê que o fracionamento mínimo será de 10 dias. Agora, o fracionamento será de pelo menos 14 dias, inclusive para o doméstico. Pode haver a divisão em um período de 14 dias e outro de 16 dias, mas não será possível um de 11 dias e outro de 19. Um período será de 14 dias e outro de 4 dias, se, por exemplo, o trabalhador tiver direito a 18 dias de férias. A estipulação em período inferior a 14 dias só poderá ser feita em acordo que vincule o empregador e o empregado. A previsão não será de lei.

Fica mantido o disposto no § 1º do art. 134 da CLT no sentido de que somente em casos excepcionais serão as férias concedidas em três períodos, por não haver previsão na Convenção nº 132 da OIT sobre o número de fracionamentos.

A parte ininterrupta do período de férias anuais remuneradas mencionada no art. 8.2 deverá ser outorgada e gozada dentro de no máximo um ano, e o restante do período de férias anuais remuneradas dentro dos próximos 18 meses, no máximo, a contar do término do ano em que foi adquirido o direito de gozo das férias (art. 9º), salvo previsão em convenção ou acordo coletivo. O restante das férias fracionadas não será outorgado e gozado dentro do período concessivo de 12 meses, segundo a norma internacional. O período concessivo pode ser estendido para 18 meses em relação a férias incompletas após 12 meses. Essa determinação da norma internacional modifica nossa legislação ordinária, permitindo que as férias fracionadas sejam gozadas até 18 meses a contar do término do ano em que foi adquirido o direito de gozo das férias.

Prevê o § 8º do art. 19 da Constituição da OIT que "em nenhum caso poderá considerar-se que a adoção de uma convenção ou de uma recomendação pela Conferência, ou a ratificação de uma convenção por qualquer dos membros, afetará qualquer lei, sentença, costume ou acordo que garanta aos trabalhadores condições mais favoráveis dos que figuram na convenção ou na recomendação".

Situações mais favoráveis ao trabalhador previstas na nossa legislação ficam mantidas. O gozo de férias em conjunto pelos membros de uma mesma família e o direito do empregado estudante menor de 18 anos de fazer coincidir suas férias no trabalho com as escolares (§§ 1º e 2º do art. 136 da CLT) ficam mantidos.

Prevê o art. 137 da CLT que se as férias forem concedidas fora do período concessivo de 12 meses após serem adquiridas, o empregador ficará obrigado a pagá-las em dobro.

Trata-se de regra mais favorável ao empregado e que fica mantida.

A autoridade competente ou o órgão apropriado de cada país poderá adotar regras particulares em relação aos casos em que uma pessoa empregada exerça, durante suas férias, atividades remuneradas incompatíveis com o objetivo delas (art. 13 da Convenção nº 132 da OIT).

Continua em vigor o art. 138 da CLT, quando dispõe que, durante as férias, o empregado não poderá prestar serviços a outro empregador, salvo se estiver obrigado a fazê-lo em virtude de contrato de trabalho anteriormente mantido com aquele.

A Convenção nº 132 não trata de férias coletivas. As regras da CLT sobre o tema continuam em vigor. A própria norma internacional menciona que as regras de férias podem ser previstas em normas coletivas, como às vezes ocorre em relação às férias coletivas.

A remuneração das férias está prevista no art. 142 da CLT e não foi alterada pela Convenção nº 132. Apenas fica bastante claro no art. 7º da Convenção que o empregador deve computar o salário utilidade nas férias, que é "a quantia equivalente a qualquer parte dessa remuneração em espécie".

O mesmo art. 7º da Convenção exige o pagamento antecipado antes de o empregado sair em férias, o que já é previsto no art. 145 da CLT. As férias deverão ser pagas ao empregado dois dias antes do período de descanso.

O empregador deverá pagar as férias com o acréscimo de 1/3, conforme a previsão do inciso XVII do art. 7º da Lei Maior.

A Convenção nº 132 da OIT não faz distinção quanto ao modo de cessação do contrato de trabalho, se decorreu de justa causa ou de pedido de demissão do empregado. O art. 11 da norma internacional prevê o direito às férias proporcionais, inclusive indenizadas em relação a período não gozado, bastando apenas que cumpra o período aquisitivo de seis meses. Assim, mesmo que o empregado peça demissão ou seja dispensado com justa causa, terá direito a férias proporcionais indenizadas, ainda que o empregado não tenha um ano de casa. O único requisito será ter cumprido o período mínimo de seis meses. Decorridos seis meses de serviço, o empregado terá direito a férias indenizadas, quando da cessação do pacto laboral.

Não existe um dispositivo específico na CLT que trata da irrenunciabilidade do direito às férias. Aplicava-se genericamente o art. 9º da CLT, no sentido de que toda vez que o empregador tiver por objetivo desvirtuar, impedir ou fraudar preceitos trabalhistas seu ato não tem nenhum valor.

Dispõe o art. 12 da Convenção nº 132 que todo acordo relativo ao abandono do direito ao período mínimo de férias anuais remuneradas de três semanas por ano de serviço ou relativo à renúncia ao gozo das férias mediante indenização ou de qualquer forma, será, dependendo das condições nacionais, nulo. Isso mostra que o direito de férias ou seu gozo são irrenunciáveis pelo empregado.

A previsão do art. 143 da CLT fica prejudicada, pois o empregado não mais poderá vender 10 dias de férias, em prejuízo de gozá-las.

A norma mais favorável ao empregado é gozar as férias, visando que possa descansar. O intuito da norma não é de o trabalhador vender as férias.

Trouxe a Convenção nº 132 consequências sobre a CLT. Elas precisam ser debatidas e mais bem estudadas.

Somente a jurisprudência irá dizer o que foi recepcionado e o que foi modificado pela norma internacional.

É urgente que o legislador ordinário adapte a CLT às situações mencionadas previstas na Convenção nº 132 da OIT, pois já estão causando dúvidas, incertezas e insegurança jurídica quanto à norma que está em vigor e a ser aplicada.

Questões

1. O que são férias?
2. Qual a natureza jurídica das férias?

3. O que são férias coletivas?
4. Podem ser as férias coletivas concedidas em três vezes?
5. São devidas as férias quando o empregado tem menos de um ano e pede demissão?
6. O terço constitucional é devido quando o empregado pede demissão?
7. De quantos dias são as férias do doméstico?

Capítulo 34

TRABALHO DA MULHER

1 INTRODUÇÃO

No decorrer da Revolução Industrial (século XIX), o trabalho da mulher foi muito utilizado, principalmente para a operação de máquinas. Os empresários preferiam o trabalho da mulher nas indústrias porque elas aceitavam salários inferiores aos dos homens, porém faziam os mesmos serviços que estes. Em razão disso, as mulheres sujeitavam-se a jornadas de 14 a 16 horas por dia, salários baixos, trabalhando em condições prejudiciais à saúde e cumprindo obrigações além das que lhes eram possíveis, só para não perder o emprego. Além de tudo, a mulher deveria, ainda, cuidar dos afazeres domésticos e dos filhos. Não se observava uma proteção na fase de gestação da mulher, ou de amamentação.

Com base nesses problemas é que começou a surgir uma legislação protecionista em favor da mulher.

Na Inglaterra, surge o *Coal Mining Act*, de 19-8-1842, proibindo o trabalho da mulher em subterrâneos. O *Factory Act*, de 1844, limitou a jornada de trabalho da mulher a 12 horas de trabalho, proibindo-a no período noturno. O *Factory and Workshop Act*, de 1878, vedou o emprego da mulher em trabalhos perigosos e insalubres.

Na França, houve uma lei de 19-5-1874 que proibiu o trabalho da mulher em minas e pedreiras, assim como o trabalho noturno para menores de 21 anos. A lei de 2-11-1892 limitou a jornada de trabalho das mulheres em 11 horas. A lei de 28-12-1909 outorgou o direito às mulheres grávidas do repouso não remunerado de oito semanas, vedando o carregamento de objetos pesados.

Na Alemanha, o Código Industrial de 1891 fixou algumas normas mínimas quanto ao trabalho da mulher.

A Constituição do México, de 1917, estabeleceu a isonomia salarial entre os sexos. Durante a gravidez não é possível exigir serviços da mulher que demandem esforço físico considerável e signifiquem perigo para a saúde em relação à gestação. Terão direito a um descanso de seis semanas anteriores ao parto e seis semanas depois. Devem receber salário integral e o seu emprego deve ser mantido, com os direitos que haja adquirido na relação de trabalho. No período de lactação, haverá dois descansos extraordinários por dia, de meia hora cada um para alimentar a criança (art. 123, V).

O Tratado de Versalhes estabeleceu o princípio da igualdade salarial entre homens e mulheres, que foi albergado por muitos países, entre os quais o Brasil.

2 ÂMBITO INTERNACIONAL

No âmbito da OIT, a própria Constituição dessa entidade já realça a necessidade de proteção ao trabalho da mulher. Começam posteriormente a ser editadas convenções e recomendações sobre o tema.

A Convenção nº 3, de 1919, ratificada pelo Brasil, diz respeito ao trabalho da mulher antes e depois do parto; a Convenção nº 4, de 1919, veda o trabalho da mulher em indústrias, sejam elas públicas ou privadas, salvo se o trabalho for feito em oficinas de família; a Convenção nº 41, de 1934, dispõe sobre o trabalho noturno da mulher, exceto de mulheres que ocupavam cargos diretivos de responsabilidade, desde que não executassem serviços manuais; a Convenção nº 45, de 1935, veda o trabalho da mulher em subterrâneos e minas; a Convenção nº 89, de 1948, trata do trabalho noturno da mulher, excetuando-se as trabalhadoras na indústria que ocupam postos diretivos ou de caráter técnico, com acentuada responsabilidade, ou se o trabalho for feito em serviços de saúde e bem-estar, desde que não executadas atividades manuais; permitia-se, ainda, o trabalho noturno da mulher quando houvesse interesse nacional, não se aplicando as referidas proibições quando fosse o caso de força maior; foi a referida norma revista pelo Protocolo de 1990, que autoriza o trabalho noturno das mulheres empregadas na indústria, de modo a compatibilizar os critérios de igualdade, oportunidade e competitividade; permite à legislação nacional prever exceções ao trabalho noturno após consulta às entidades sindicais mais representativas; a Convenção nº 100, de 1951, trata da igualdade de remuneração entre homem e mulher para trabalho igual; a Convenção nº 103, de 1952, ratificada pelo Brasil, e a Recomendação nº 95, do mesmo ano, dizem respeito à proteção à maternidade; a Convenção nº 111, de 1958, trata da discriminação em matéria de emprego e profissão; a Convenção nº 127, de 1967, ratificada pelo Brasil, versa sobre o limite máximo de levantamento de pesos; a Convenção nº 156, de 1981, evidencia igualdade de oportunidades e de tratamento para trabalhadores dos dois sexos em relação às responsabilidades familiares; a Convenção nº 171, de 1990, fala sobre trabalhos noturnos, que são realizados por um período de sete horas, entre meia-noite e 5h da manhã, tendo as mulheres proteção especial apenas em razão da maternidade. Algumas recomendações da OIT também trataram do tema: nº 12, de 1921, sobre proteção antes e depois do parto; nº 13, de 1921, sobre trabalho noturno das mulheres na agricultura; nº 26, de 1927, sobre a proteção das mulheres emigrantes a bordo de embarcações; nº 67, de 1944, sobre auxílio-maternidade; nº 90, de 1951, sobre igualdade de remuneração entre homem e mulher; nº 92, de 1952, sobre a proteção da maternidade; nº 111, de 1958, trata da discriminação no emprego ou ocupação; nº 123, de 1965, sobre o emprego das mulheres com responsabilidades familiares; nº 165, de 1981, sobre igualdade de oportunidade e tratamento para os trabalhadores. A Convenção nº 183, de 2000, revê a Convenção nº 103 da OIT. Passa a prever que a duração da licença à gestante é de 14 semanas, com a possibilidade de prorrogação em caso de enfermidade ou complicações resultantes do parto.

A Declaração Universal dos Direitos do Homem, de 10-12-1948, versou sobre regras de não discriminação por motivo de sexo. O Pacto Internacional sobre Direitos Econômicos, Sociais e Culturais, de 16-12-1966, em seu art. 3º, determina a igualdade de direitos entre homens e mulheres.

A Convenção da ONU sobre Eliminação de todas as Formas de Discriminação contra a Mulher, de 1979, foi aprovada pelo Decreto Legislativo nº 93, de 14-11-1983. O Decreto nº 89.460, de 20-3-1984, promulgou a norma internacional. O Decreto Legislativo nº 26, de 22-6-1994, revogou o Decreto Legislativo nº 93 e aprovou a referida convenção. O Decreto nº 4.377, de 13-9-2002, revogou o Decreto nº 89.460 e promulgou a convenção internacional. A discriminação contra a mulher denota toda distinção, exclusão ou restrição baseada no sexo que tem por objeto menoscabar ou anular o reconhecimento, gozo ou exercício pela mulher, independentemente do seu estado civil, sobre a base da igualdade do homem e da mulher, dos direitos humanos e das liberdades fundamentais nas esferas política, econômica, social, cultural e civil ou em qualquer outra esfera (art. 1º da

Convenção sobre a Eliminação de todas as formas de Discriminação contra a mulher). O art. 11 da Convenção trata da não discriminação da mulher nas questões de emprego e profissão. O item 2 do art. 11 pretende impedir a discriminação contra a mulher por razões de casamento ou maternidade. O Decreto Legislativo nº 107, de 6-6-2002, aprova o Protocolo Facultativo à Convenção sobre Eliminação de todas as Formas de Discriminação contra a Mulher. O referido protocolo foi promulgado pelo Decreto nº 4.316, de 30-7-2002.

A Convenção da ONU, de 1979, ratificada pelo Brasil, proíbe discriminação no emprego e profissão, conferindo igualdade de remuneração entre homem e mulher para trabalho de igual valor.

3 NO BRASIL

A Lei Estadual paulista nº 1.596, de 29-12-1917, proibiu o trabalho da mulher nas indústrias no último mês de gravidez e no primeiro mês após o parto.

O Decreto nº 21.417-A, de 17-5-1932, proibia o trabalho da mulher à noite, das 22 às 5h, vedando a remoção de pesos. Já se nota a proibição do trabalho da mulher em subterrâneos, em locais insalubres e perigosos, no período de quatro semanas antes e quatro semanas depois do parto. Concedia à mulher dois descansos diários de meia hora cada um para amamentação dos filhos, durante os primeiros seis meses de vida daqueles.

A primeira Constituição brasileira que versou sobre o tema foi a de 1934. Proibia a discriminação do trabalho da mulher quanto a salários (art. 121, § 1º, *a*). Vedava o trabalho em locais insalubres (art. 121, § 1º, *d*). Garantia o repouso antes e depois do parto, sem prejuízo do salário e do emprego, assegurando instituição de previdência a favor da maternidade (art. 121, § 1º, *h*). Previa os serviços de amparo à maternidade (art. 121, § 3º).

A Constituição de 1937 proibia o trabalho da mulher em indústrias insalubres (art. 137, *k*), além de assegurar assistência médica e higiênica à gestante, prevendo um repouso antes e depois do parto, sem prejuízo do salário (art. 137, *l*).

Em 1º-5-1943, foi editada a CLT, consolidando a matéria existente na época. A primeira alteração foi do Decreto-Lei nº 6.353, de 20-3-1944, admitindo o trabalho noturno da mulher apenas se ela tivesse 18 anos, e em algumas atividades.

A Constituição de 1946 proibia a diferença de salário por motivo de sexo (art. 157, II); vedava o trabalho da mulher em indústrias insalubres (art. 157, IX); assegurava o direito da gestante a descanso antes e depois do parto, sem prejuízo do emprego nem do salário (art. 157, X); reconhecia a assistência sanitária, inclusive hospitalar e médica, à gestante (art. 157, XIV); previa a previdência em favor da maternidade (art. 157, XVI).

A Lei nº 4.121, de 27-8-1962, modifica o Código Civil de 1916. A mulher passa a ser capaz.

A Constituição de 1967 proibia diferença de salários e de critérios de admissão por motivo de sexo (art. 158, III); vedava o trabalho da mulher em indústrias insalubres (art. 158, X); assegurava o descanso remunerado à gestante, antes e depois do parto, sem prejuízo do emprego e do salário (art. 158, XI); previa a previdência social, visando à proteção à maternidade (art. 158, XVI). Tinha a mulher direito à aposentadoria aos 30 anos de trabalho, com salário integral (art. 158, XX).

O Decreto-Lei nº 229, de 28-2-1967, é que fez várias alterações na CLT. Alterou o art. 374 da CLT, permitindo o regime de compensação apenas por acordo coletivo. Modificou também os arts. 389 e 392 da CLT para proporcionar a guarda de filhos das mulheres na empresa, descanso no período de quatro semanas antes e oito semanas depois do parto etc.

O Decreto-Lei nº 546, de 18-4-1969, permitiu o trabalho da mulher na compensação bancária noturna. O Decreto-Lei nº 744, de 6-8-1969, autorizou o trabalho da mulher em cargos técnicos ou postos de direção, de gerência ou de confiança; na industrialização de produtos perecíveis.

A Emenda Constitucional nº 1, de 1969, estabeleceu que não seria possível a diferença de salários e de critérios de admissão por motivo de sexo (art. 165, III); proibiu o trabalho da mulher em indústrias insalubres (art. 165, X); assegurou o descanso remunerado da gestante, antes e depois do parto, sem prejuízo do emprego e do salário (art. 165, XI); previu regras de previdência social, visando à proteção à maternidade (art. 165, XVI); possibilitou à mulher a aposentadoria aos 30 anos de trabalho, com salário integral (art. 165, XIX).

A Lei nº 5.673, de 6-7-1971, possibilitou o trabalho noturno da mulher em serviços de processamento de dados (art. 379, IX, da CLT), em indústrias de manufaturados de couro que mantenham contratos de exportação devidamente autorizados pelos órgãos públicos competentes (art. 379, X, da CLT).

A Lei nº 6.136, de 7-11-1974, transferiu da empresa para a Previdência Social o ônus da licença-maternidade.

A Lei nº 7.189, de 4-6-1984, deu nova redação ao art. 379 da CLT, permitindo o trabalho noturno da mulher com mais de 18 anos.

A Constituição de 5-10-1988 não proibiu o trabalho da mulher em atividades insalubres, o que o tornou permitido. Assegurou a licença à gestante, sem prejuízo do emprego e do salário, com a duração de 120 dias (art. 7º, XVIII), quando anteriormente era de apenas 84 dias. Passou a haver uma previsão de proteção do mercado de trabalho da mulher, mediante incentivos específicos, conforme fossem determinados em lei (art. 7º, XX). Proibiu a diferença de salários, de exercício de funções e de critérios de admissão por motivo de sexo (art. 7º, XXX). O art. 5º, I, da Constituição assegura que homens e mulheres são iguais em direitos e obrigações, não mais se justificando qualquer distinção entre ambos. O art. 10, II, *b*, do ADCT prevê a garantia de emprego à mulher gestante, desde a confirmação da gravidez até cinco meses após o parto, o que nunca havia sido previsto em âmbito constitucional ou legal, apenas em normas coletivas de certas categorias.

A Lei nº 7.855, de 24-10-1989, revogou os arts. 379 e 380 da CLT, que proibiam o trabalho noturno da mulher e especificavam certas condições; os arts. 374 e 375, que tratavam da prorrogação e compensação do trabalho da mulher; o art. 387 da CLT, que versava sobre a proibição do trabalho da mulher nos subterrâneos, nas minerações em subsolo, nas pedreiras e obras de construção civil, pública ou particular, e nas atividades perigosas e insalubres.

4 FUNDAMENTOS DE PROTEÇÃO AO TRABALHO DA MULHER

O Código Civil de 1916 era proveniente de um sistema patriarcal em que a mulher era tratada como incapaz. O art. 446 da CLT adotava essa orientação ao "presumir autorizado" o trabalho da mulher casada. Em caso de oposição conjugal, poderia a mulher recorrer ao suprimento da autoridade judiciária competente. Essa situação modificou-se com o Estatuto da Mulher Casada, com a Lei nº 4.121, de 27-8-1962, que modificou o Código Civil de 1916, deixando a mulher de ser incapaz. Por fim, o art. 446 da CLT foi revogado pela Lei nº 7.855/89.

Os fundamentos da proteção ao trabalho da mulher dizem respeito a sua fragilidade física. Sua complexão física não é a mesma do homem.

As guerras, em que são recrutadas muitas pessoas do sexo masculino, são apontadas como estímulo ao trabalho da mulher. Na verdade, há muitos preconceitos em relação à mulher, oriundos de uma sociedade paternalista, que enxerga o pai como chefe de família e que só ele deve trabalhar. As mulheres, assim, ficam marginalizadas, aceitando salários inferiores aos dos homens, prestando serviços em jornadas excessivas, apenas para conseguir o emprego e obter um salário.

As medidas de proteção, porém, só se justificam em relação ao período de gravidez e após o parto, de amamentação e a certas situações peculiares à mulher, como de sua impossibilidade física de levantar pesos excessivos, que são condições inerentes à mulher. As demais formas de discriminação deveriam ser abolidas.

O art. 5º da Constituição proclama a igualdade de todos perante a lei, sem distinção de qualquer natureza. O inciso I do mesmo artigo estabelece que homens e mulheres são iguais em direitos e obrigações. No entanto, a CLT ainda tem uma série de artigos discriminatórios quanto ao trabalho da mulher, que já não se justificam.

Verifica-se que os motivos de proteção ao trabalho da mulher são conservadores e, em vez de protegê-la, acabam discriminando-a.

5 A CONTRATAÇÃO DO TRABALHO DA MULHER

Aos 18 anos, a mulher adquire a capacidade plena para os fins trabalhistas. Não mais vigora o art. 446 da CLT, que presumia autorizado o trabalho da mulher casada, pois este dispositivo já estava revogado indiretamente pelo Estatuto da mulher casada (Lei nº 4.121/62). No entanto, a Lei nº 7.855/89 revogou expressamente esse artigo.

6 DURAÇÃO DO TRABALHO

A duração do trabalho da mulher é igual à de qualquer outro trabalhador: de 8 horas diárias e 44 horas semanais, nos termos do inciso XIII do art. 7º da Constituição.

A Lei nº 7.855/89 revogou os arts. 374 e 375 da CLT, que tratavam da prorrogação e compensação da jornada da mulher. Quanto à compensação, ela só pode ser feita mediante acordo ou convenção coletiva, como já era a previsão do art. 374 da CLT e da Súmula 108 do TST.

A mulher pode prorrogar sua jornada de trabalho, fazendo horas extras, nas mesmas condições que o homem. O art. 376 da CLT foi revogado pela Lei nº 10.244/2001. A mulher pode prorrogar sua jornada em qualquer caso e não apenas em casos excepcionais ou de força maior.

7 SALÁRIO

Não se justifica diferença de salário entre o homem e a mulher. A Constituição traz a mesma ideia no inciso XXX do art. 7º. O art. 5º da CLT também veda a distinção de salário por motivo de sexo. Esclarece, ainda, o art. 377 da CLT que "a adoção de medidas de proteção ao trabalho das mulheres é considerada de ordem pública, não justificando, em hipótese alguma, a redução do salário". É claro que as questões pertinentes à equiparação salarial serão reguladas pelo art. 461 da CLT.

8 TRABALHO NOTURNO

A Lei nº 7.855/89 revogou os arts. 379 e 380 da CLT, que versavam sobre a proibição do trabalho noturno da mulher. O trabalho noturno da mulher é permitido em qualquer local, devendo-se observar as determinações do art. 73 da CLT quanto ao adicional noturno de 20% sobre a hora diurna, hora noturna reduzida de 52 minutos e 30 segundos, compreendida entre as 22 e as 5h. Logo, não há nenhuma distinção entre o trabalho noturno do homem e o da mulher, só em relação ao menor, que é proibido.

9 PERÍODOS DE DESCANSO

Os períodos de descanso quanto ao homem e à mulher são iguais.

Entre duas jornadas de trabalho, deve haver um intervalo de 11 horas, no mínimo, destinado ao repouso.

A mulher também tem direito ao descanso semanal remunerado de 24 horas, de preferência aos domingos, salvo motivo de conveniência pública ou necessidade imperiosa de serviço, quando poderá recair em outro dia. A única exceção à regra quanto ao trabalho do homem é que a mulher que trabalhar aos domingos terá uma escala de revezamento quinzenal para que de 15 em 15 dias o repouso seja aos domingos (art. 386 da CLT).

Terá a mulher um descanso para refeição, que não poderá ser inferior a uma hora nem superior a duas horas, excetuando a hipótese da redução do limite mínimo de uma hora de repouso por ato do Ministro do Trabalho, quando se verificar que o estabelecimento atende integralmente às exigências concernentes à organização dos refeitórios e quando os respectivos empregados não estiverem sob regime de trabalho prorrogado em horas suplementares. Trabalhando a mulher mais de quatro horas e menos de seis horas, terá um intervalo de 15 minutos.

10 TRABALHOS PROIBIDOS

A Lei nº 7.855/89 revogou o art. 387 da CLT, sendo que agora não é mais proibido o trabalho em subterrâneos, nas minerações em subsolo, nas pedreiras e obras de construção pública e particular. Quanto às atividades perigosas e insalubres, a própria Constituição já não veda o trabalho na última condição, além do que a alínea *b* do art. 387 da CLT foi também revogada pela Lei nº 7.855/89. Temos como consequência que a mulher pode trabalhar em locais perigosos, insalubres ou penosos, mesmo em postos de gasolina, como vem ocorrendo.

Ao empregador será vedado empregar a mulher em serviço que demande o emprego de força muscular superior a 20 quilos para o trabalho contínuo, ou 25 quilos para o trabalho ocasional. Entretanto, se esse trabalho for feito por impulsão ou tração de vagonetes sobre trilhos, de carros de mão ou quaisquer aparelhos mecânicos, haverá permissão legal (parágrafo único do art. 390 da CLT).

A Convenção nº 136, de 1971, ratificada pelo Brasil, trata da proteção contra os riscos de intoxicação provocados por benzeno, proibindo o trabalho das mulheres grávidas e em estado de amamentação em locais em que haja exposição ao benzeno.

11 MÉTODOS E LOCAIS DE TRABALHO

Toda empresa deverá:

a) prover os estabelecimentos de medidas concernentes à higienização dos métodos e locais de trabalho, principalmente ventilação e iluminação e outros que se fizerem necessários à segurança e ao conforto das mulheres;
b) instalar bebedouros, lavatórios, aparelhos sanitários; dispor de cadeiras ou bancos, em número suficiente, que permitam às mulheres trabalhar sem grande esforço físico;
c) instalar vestiários com armários individuais privativos das mulheres, exceto os estabelecimentos comerciais, escritórios, bancos e atividades afins, em que não seja exigida a troca de roupa e outros, admitindo-se como suficientes as gavetas ou escaninhos, nos quais possam as empregadas guardar seus pertences;
d) fornecer, gratuitamente, os recursos de proteção individual, como óculos, máscaras, luvas e roupas especiais, para a defesa dos olhos, do aparelho respiratório e da pele, de acordo com a natureza do trabalho.

Como se vê, essas regras esculpidas no art. 389 da CLT não diferem da proteção do trabalho masculino, nem deveriam estar no capítulo do trabalho da mulher previsto na CLT, pois se trata de regras gerais que devem ser observadas em relação a qualquer trabalhador, como se nota no art. 200 da CLT.

12 PROTEÇÃO À MATERNIDADE

Inicialmente, o empregador era quem pagava o período em que a gestante ficava afastada para dar à luz. Em consequência, a contratação de mulheres era mais escassa, pois o empregador não se interessava em ter esse encargo. Havia necessidade de a legislação determinar que o pagamento da licença-maternidade ficasse a cargo da Previdência Social, principalmente como uma forma de incentivar a contratação de mulheres como empregadas.

O Decreto nº 51.627, de 18-12-1962, promulgou a Convenção nº 3 da OIT, de 1919, que prevê o pagamento das prestações para a manutenção da empregada e de seu filho, que serão pagas pelo Estado ou por sistema de seguro. O Brasil ratificou também a Convenção nº 103 da OIT, de 1952, promulgada pelo Decreto nº 58.020, de 14-6-1966, que reviu a Convenção nº 3, dispondo que "em caso algum o empregador deverá ficar pessoalmente responsável pelo custo das prestações devidas à mulher que emprega" (art. IV, 8). As prestações devidas à empregada gestante, tanto antes como depois do parto, devem ficar a cargo de um sistema de seguro social ou fundo público, sendo que a lei não pode impor esse ônus ao empregador, inclusive com o objetivo de evitar a discriminação do trabalho da mulher.

Somente com a edição da Lei nº 6.136, de 7-11-1974, é que o salário-maternidade passou a ser uma prestação previdenciária, não mais tendo o empregador que pagar o salário da empregada que vai dar à luz. O custeio do salário-maternidade era de 0,3% (art. 4º da Lei nº 6.136/74), que foi extinto pela Lei nº 7.787/89, pois ficou englobado no porcentual de 20% que a empresa deve recolher sobre a folha de pagamento (§ 1º do art. 3º da Lei nº 7.787/89). Essa orientação foi repetida no inciso I do art. 22 da Lei nº 8.212/91.

A conjugação dessas regras importa indiretamente a proteção do mercado de trabalho da mulher, pois, se o empregador tiver de pagar o salário da empregada no período de gestação e após o parto, não irá contratar mulheres.

O período em que a segurada ficava afastada em gozo do salário-maternidade era de 84 dias, ou seja: 28 dias antes (quatro semanas) e 56 dias depois do parto (oito semanas), totalizando 12 semanas. Esse período foi aumentado pela Constituição de 1988, que estabeleceu o período de afastamento de 120 dias (art. 7º, XVIII), sem prejuízo do emprego e do salário. A regra do inciso XVIII do art. 7º da Constituição parece que diz respeito à empregada, pois faz referência a "emprego e salário". O inciso II do art. 201 da Lei Maior faz menção à maternidade, mas não faz distinção em relação à empregada. Agora, a Lei nº 8.213/91 especificou que a segurada tem direito à licença de 28 dias antes e 92 dias depois do parto (art. 71), totalizando os 120 dias (aproximadamente, 17 semanas).

A empregada doméstica gestante tem direito à licença-maternidade de 120 (cento e vinte) dias, sem prejuízo do emprego e do salário (art. 25 da Lei Complementar nº 150/2015).

A empresa adianta o salário-maternidade à empregada e compensa com o que deve a título de contribuição previdenciária na guia de recolhimento. O INSS pagará o salário-maternidade da segurada especial e da empregada doméstica.

O início do afastamento será determinado por atestado médico.

A empregada deve, mediante atestado médico, notificar o seu empregador da data do início do afastamento do emprego, que poderá ocorrer entre o 28º (vigésimo oitavo) dia antes do parto e a ocorrência deste. A empregada terá de notificar, de dar ciência, ao empregador para que este saiba que ela está grávida.

Em casos excepcionais, os períodos de repouso antes e depois do parto poderão ser aumentados por mais duas semanas cada um, mediante atestado médico. Em caso de parto antecipado, a mulher também terá direito aos 120 dias. Em casos excepcionais, a empregada poderá mudar de função mediante determinação do médico. A mulher grávida também poderá rescindir o contrato de trabalho em razão da gravidez, desde que a continuação do trabalho lhe seja prejudicial à saúde, conforme determinação médica, não sendo necessário conceder aviso-prévio ao empregador.

Os atestados médicos serão fornecidos pelo SUS, exceto no caso de a empresa dispor de serviço médico próprio ou em convênio com o SUS, quando o atestado deverá ser fornecido pelo serviço médico da empresa. O atestado médico deverá indicar os períodos antes e após o parto e a data do afastamento do trabalho. O início do afastamento será determinado pelo atestado médico. Quando o parto ocorrer sem acompanhamento médico, o atestado será fornecido pela perícia médica do INSS.

Durante a licença, a gestante terá direito a seu salário integral e, quando variável, calculado de acordo com a média dos seis últimos meses de trabalho, bem como às vantagens adquiridas no decorrer de seu afastamento pelas normas coletivas da categoria ou de outra regra legal, principalmente a decorrente da política salarial. Poderá também retornar à função anterior que antigamente ocupava na empresa. O direito à licença-maternidade não fica, entretanto, condicionado ao nascimento do filho com vida. A empregada doméstica terá direito ao salário-maternidade em valor correspondente ao do seu último salário-de-contribuição.

O salário-maternidade da trabalhadora avulsa consistirá numa renda mensal igual a sua remuneração integral e será pago pelo INSS.

O STF concedeu liminar em ação direta de inconstitucionalidade, em relação ao art. 14 da Emenda Constitucional nº 20/98 (ADIn 1.946, j. 29-4-1999, Rel. Min. Sydney Sanches *DJU* 1 10-5-1999, p. 30). Entende o STF que o salário-maternidade não está sujeito ao limite de R$ 1.200,00, devendo o INSS pagar o benefício integralmente, independentemente do valor do salário da trabalhadora gestante. Os ministros do STF afirmaram que a limitação contraria a Constituição, em razão de que a gestante tem garantido o direito à licença-maternidade, sem prejuízo do emprego e do salário, com duração de 120 dias (art. 7º, XVIII).

No julgamento de mérito, o STF entendeu que o pagamento do salário-maternidade pode ser superior ao teto, pois, do contrário, haveria "discriminação que a Constituição buscou combater, quando proibiu diferença de salários, de exercício de funções e de critérios de admissão, por motivo de sexo (art. 7º, XXX, da CF/88), proibição que, em substância, é um desdobramento do princípio da igualdade de direito, entre homens e mulheres" (STF, Pleno, ADIn 1.946-5, j. 3-4-2003, Rel. Min. Sydney Sanches, *DJU* 16-5-2003, p. 90).

A natureza jurídica do salário-maternidade continua, assim, a ser de benefício previdenciário, pois é a previdência social que faz seu pagamento. Não se trata de uma prestação de assistência social, por não ser prevista no art. 203 da Constituição, mas de prestação previdenciária incluída no inciso II do art. 201 e inciso XVIII do art. 7º da Constituição.

Havendo aborto não criminoso, comprovado por atestado médico, a mulher terá direito a um repouso remunerado de duas semanas, podendo retornar à função que ocupava antes de seu afastamento. Em caso de aborto criminoso, não terá direito à licença remunerada.

O nascimento de filhos gêmeos ou o parto múltiplo não implica o pagamento de salário-maternidade maior ou de licença superior à legal.

A comprovação da gravidez durante o aviso-prévio dará direito à empregada ao salário-maternidade, pois o período de aviso-prévio integra o contrato de trabalho.

O contrato de trabalho da empregada não poderá ser rescindido sob o argumento de que a obreira contraiu matrimônio ou está grávida. Da mesma forma, os regulamentos de empresa, contratos de trabalho ou normas coletivas não poderão fazer qualquer restrição nesse sentido.

À empregada que adotar ou obtiver guarda judicial para fins de adoção de criança ou adolescente será concedida licença-maternidade, nos termos do art. 392 da CLT (art. 392-A da CLT).

Com a revogação dos §§ 1º a 3º do art. 392-A da CLT em caso de adoção ou guarda o período de licença será de 120 dias, pois o art. 392-A da CLT remete ao art. 392 da CLT. Pouco importa a idade da criança para fim da concessão da licença, pois ela será de 120 dias.

A licença-maternidade, prevista no art. 392 da CLT, será de 180 dias no caso das mães de crianças acometidas por sequelas neurológicas decorrentes de doenças transmitidas pelo *Aedes aegypti*, assegurado, nesse período, o recebimento de salário-maternidade previsto no art. 71 da Lei nº 8.213/91 (art. 18 da Lei nº 13.301/2016).

O salário-maternidade será estabelecido na forma do art. 71-A da Lei nº 8.213/91, pois este dispositivo não foi modificado nem foi estabelecido custeio próprio para aumento do salário-maternidade à adotante (§ 5º do art. 195 da Constituição).

O empregador é que deverá pagar a diferença entre os 120 dias e o previsto na legislação previdenciária, que ainda estabelece o salário-maternidade em decorrência da idade da criança adotada.

Não existe garantia de emprego para o adotante, por não haver previsão legal nesse sentido na legislação trabalhista. A garantia é devida à gestante.

No caso de adoção ou guarda judicial de criança é devido o salário-maternidade de 120 dias.

A licença-maternidade só será concedida mediante apresentação do termo de guarda da adotante. De certa forma já é o que ocorre com o pagamento do salário-família, em que o empregado deve apresentar certidão de nascimento. Do contrário, o empregador ou o INSS não têm como saber sobre a adoção. Enquanto não for apresentado o documento, não será deferida a licença.

A adoção ou guarda judicial conjunta ensejará a concessão de licença-maternidade a apenas um dos adotantes ou guardiões empregado ou empregada (§ 5º do art. 392-A da CLT).

Em caso de morte da genitora, é assegurado ao cônjuge ou companheiro empregado o gozo de licença por todo o período da licença-maternidade ou pelo tempo restante a que teria direito a mãe, exceto no caso de falecimento do filho ou de seu abandono (art. 392-B da CLT).

O adotante tem de ser pelo menos 16 anos mais velho que o adotado (§ 3º do art. 42 da Lei nº 8.069/90).

O salário-maternidade da adotante é devido apenas em relação à criança adotada até os oito anos de idade.

Caso a adoção seja feita em relação a criança com mais de oito anos, não há direito ao salário-maternidade para a adotante.

O STF entende que não é possível fixar prazos inferiores em razão da idade da criança adotada (RE 778.889, Rel. Roberto Barroso, TP, j. 10-3-2016, *DJe* 159).

O vínculo de adoção é constituído por meio de sentença judicial, que deve ser inscrita no registro civil mediante mandado (art. 47 do ECA). Isso depende do trânsito em julgado da sentença.

O salário-maternidade será indevido no período em que é feito o estágio de convivência, pois nesse período não há sentença judicial que declara o vínculo de adoção. A adotante não poderá apresentar o termo judicial.

Se o juiz declarar a existência de guarda, terá direito a segurada à licença adotante. Ela não precisará ter transitado em julgado, basta a concessão da guarda pelo juiz.

É prorrogada por 60 dias a licença-maternidade, desde que a empregada da pessoa jurídica que aderir ao programa a requeira até o final do primeiro mês após o parto. A empregada tem direito à remuneração integral. O valor não será pago pela Previdência Social, mas pelo empregador. Trata-se de hipótese de interrupção do contrato de trabalho. A empregada não pode exercer atividade remunerada no período e a criança deve permanecer sob os seus cuidados (art. 4º da Lei nº 11.770/2008).

Prevê o inciso XVIII do art. 7º da Constituição: "licença à gestante, sem prejuízo do emprego e do salário, com a duração de cento e vinte dias". Trata, portanto, de licença-gestante, de licença-maternidade. Não faz referência a salário-maternidade ou dispõe que o pagamento é feito pelo INSS.

O inciso II do art. 201 da Constituição dispõe que a Previdência Social, nos termos da lei deve atender a proteção à maternidade, especialmente à gestante. O pagamento pelo INSS dos cento e vinte dias da licença-maternidade depende da previsão da lei ordinária. A prorrogação por mais 60 dias depende também da determinação da lei ordinária.

A Subseção VIII, da Seção V (Dos Benefícios), do Capítulo II (Das prestações em geral), do Título III (Do Regime Geral de Previdência Social) da Lei nº 8.213/91 é que faz referência a salário-maternidade, nos arts. 71 a 73. Os referidos dispositivos não tratam de licença-maternidade ou de licença à gestante. O salário-maternidade é o benefício previdenciário pago pelo INSS.

Verifica-se, portanto, que licença-gestante ou licença-maternidade é o período de afastamento da segurada de 120 dias ou por mais 60 dias. Não é, portanto, o benefício previdenciário.

O art. 1º da Lei nº 11.770/2008 dispõe que "é instituído o Programa Empresa Cidadã, destinado a prorrogar por mais 60 dias a duração da licença-maternidade prevista no inciso XVIII do *caput* do art. 7º da Constituição".

O § 1º do art. 1º, os arts. 2º, 3º, 4º e 5º da Lei nº 11.770/2008 usam a expressão *licença-maternidade* ou *prorrogação da licença-maternidade*. Não empregam *salário-maternidade*.

Logo, a Lei nº 11.770/2008 trata de licença-maternidade, da sua prorrogação por mais 60 dias, que é o período de afastamento da empregada, e não de salário-maternidade.

Em nenhum dispositivo da Lei nº 11.770/2008 está escrito que os 60 dias serão pagos pelo INSS.

O art. 3º da Lei nº 11.770/2008 faz referência a que "durante o período de prorrogação da licença-maternidade, a empregada terá direito à sua remuneração integral, **nos mesmos moldes devidos no período de percepção do salário-maternidade pago pelo regime geral de previdência social**". Isso não implica que o pagamento é feito pelo INSS. Molde quer dizer forma, modelo, matriz. **Nos mesmos moldes devidos no período de percepção do salário-maternidade** quer dizer que durante a prorrogação de 60 dias a empregada não pode ficar sem receber seu salário, que ficará a cargo do empregador, como já ocorre em relação aos 120 dias de afastamento da gestante. Esses são os moldes. O artigo reza que o salário-maternidade é pago pelo Regime Geral de Previdência Social, mas não que a prorrogação da licença-maternidade de 60 dias será paga pelo INSS.

Os dispositivos vetados (parágrafo único do art. 5º e art. 6º da Lei nº 11.770) não faziam referência a que a prorrogação de 60 dias ficaria a cargo do INSS.

A interpretação sistemática do ordenamento jurídico mostra que o benefício não pode ser pago pelo INSS. Não há fonte de custeio para estender o salário-maternidade por mais 60 dias, com o pagamento pelo INSS (§ 5º do art. 195 da Constituição). Entender que o INSS deve pagar mais 60 dias de benefício é violar o § 5º do art. 195 da Constituição. Esta norma está acima da Lei nº 11.770.

A consequência é que os 60 dias de prorrogação serão arcados exclusivamente pelo empregador. Muitas empresas não irão querer conceder o referido período, pois representará mais um custo, e a empregada irá perder o direito.

O benefício da prorrogação por mais 60 dias é concedido a empregada de pessoa jurídica que aderir ao programa (§ 1º do art. 1º da Lei nº 11.770/2008). Pessoa jurídica será a empresa urbana ou rural. Não será, portanto, o empregador pessoa física, nem o empregador doméstico.

Se o empregador pessoa jurídica não aderir ao programa, a empregada não faz jus a prorrogação por mais 60 dias da licença-maternidade. Trata-se, portanto, de opção da empresa.

A Administração Pública direta, indireta e fundacional também fica autorizada a instituir o programa de prorrogação da licença para suas servidoras (art. 2º da Lei nº 11.770).

Isso se aplica, portanto, a União, Estados, Distrito Federal e Municípios, suas autarquias e fundações, dos três Poderes (Legislativo, Executivo e Judiciário).

As empresas públicas que exploram atividade econômica e as sociedades de economia mista também poderão instituir o programa, pois fazem parte da Administração Pública indireta.

A regra do § 1º do art. 1º da Lei nº 11.770 deveria ser no sentido de que a empregada não precisaria fazer requerimento. Deveria ser uma obrigação a extensão do benefício, por ser benefício da trabalhadora e da criança. Entretanto, não é isso que foi disposto na lei.

O requerimento deve ser feito pela empregada até o final do primeiro mês após o parto. Caso seja feito depois do referido prazo, a empregada não faz jus a prorrogação da licença-maternidade por mais 60 dias.

O benefício também será concedido à empregada que adotar ou obtiver guarda judicial para fins de adoção de crianças.

Durante a prorrogação pelo período de 60 dias a empregada terá direito a sua remuneração integral (art. 3º da Lei nº 11.770/2008). Isto fica a cargo do empregador e não do INSS.

Fica proibido: (a) durante os 60 dias da prorrogação exercer a empregada qualquer atividade remunerada; (b) a criança não poderá ser mantida em creche ou organização similar durante o referido período (art. 4º da Lei nº 11.770), justamente para que a mãe fique com a criança, inclusive amamentando-a. Em caso de descumprimento da norma a empregada perde o direito à prorrogação.

A pessoa jurídica que conceder a prorrogação poderá, se quiser, deduzir o total da remuneração durante os 60 dias do imposto de renda devido (art. 5º da Lei nº 11.770). Trata-se, portanto, de faculdade da empresa e não de obrigação, pois a lei emprega o verbo *poder* e não o verbo *dever*. Se fizer opção por essa dedução não poderá deduzir os 60 dias como despesa operacional, ou seja, utilizar os dois benefícios fiscais ao mesmo tempo.

As empresas que tiverem prejuízo no exercício não terão interesse financeiro em conceder o benefício, pois não poderão deduzir a prorrogação de 60 dias do imposto de renda devido.

Sem prejuízo de sua remuneração, nesta incluída o valor do adicional de insalubridade, a empregada deverá ser afastada de: (a) atividades consideradas insalubres em grau máximo, enquanto durar a gestação; (b) atividades consideradas insalubres em grau médio ou mínimo, quando apresentar atestado de saúde, emitido por médico de confiança da mulher, que recomende o afastamento durante a gestação; (c) atividades consideradas insalubres em qualquer grau, quando apresentar atestado de saúde, emitido por médico de confiança da mulher, que recomende o afastamento durante a lactação (art. 394-A da CLT). O atestado de saúde deve ser emitido por médico de sua confiança e não por outro médico, como o da empresa. Pode ser, porém, do sistema privado ou público de saúde. Depende, portanto, da vontade da empregada o fornecimento do atestado. O Ministro Alexandre de Moraes deferiu liminar na Ação Direta de Inconstitucionalidade para suspender a eficácia da expressão "quando apresentar atestado de saúde, emitido por médico de confiança da mulher, que recomende o afastamento" contida nos incisos II e III do art. 394-A da CLT, que admite a possibilidade de trabalhadoras grávidas e lactantes desempenharem atividades insalubres.

Cabe à empresa pagar o adicional de insalubridade à gestante ou à lactante, efetivando-se a compensação, observado o disposto no art. 248 da Constituição, por ocasião do recolhimento das contribuições incidentes sobre a folha de salários e demais rendimentos pagos ou creditados, a qualquer título, à pessoa física que lhe preste serviço (§ 2º do art. 394-A da CLT).

Quando não for possível que a gestante ou a lactante afastada exerça suas atividades em local salubre na empresa, a hipótese será considerada como gravidez de risco e ensejará a percepção de salário-maternidade, nos termos da Lei nº 8.213/91, durante todo o período de afastamento (§ 3º do art. 394-A da CLT).

12.1 Práticas discriminatórias contra a mulher

A OIT dispõe sobre a não discriminação em matéria de salário (Convenção nº 100/51, aprovada pelo Decreto Legislativo nº 24, de 29-5-1956 e promulgada pelo Decreto nº 41.721, de 25-6-1957) e de emprego ou ocupação (Convenção nº 111/58, aprovada pelo Decreto Legislativo nº 104, de 24-11-1964 e promulgada pelo Decreto nº 62.150, de 19-1-1968), sobre trabalhadores com responsabilidades familiares, cujo alvo principal é a mulher (Convenção nº 156/81, não ratificada pelo Brasil).

A Convenção sobre a Eliminação de todas as formas de Discriminação contra a Mulher foi aprovada pela ONU em 1974, sendo promulgada pelo Decreto nº 89.460, de 20-3-1984. Prevê que os direitos relativos ao emprego sejam assegurados "em condições de igualdade entre homens e mulheres" (art. 11). Menciona que as medidas "destinadas a proteger a maternidade não serão consideradas discriminatórias" (§ 2º do art. 4º).

A Lei nº 9.029, de 13-4-1995, estabeleceu normas quanto à proibição de exigência de atestados de gravidez e esterilização, e outras práticas discriminatórias, para efeitos admissionais ou de permanência da relação jurídica de trabalho.

Trata-se de norma que versa sobre questões relativas ao trabalho, como se observa do art. 1º, que veda práticas discriminatórias contra a mulher, como também a respeito do crime pelo descumprimento da primeira regra, ou seja, de norma de Direito Penal (art. 2º), que fixa a pena para os casos de transgressão da lei. Nada impede que uma lei explicite mais de uma matéria ou, como no caso, que trate de questões de Direito do Trabalho, como também de Direito Penal.

Para se interpretar a Lei nº 9.029/95 é mister observar a diretriz da Constituição, segundo a qual a empregada não poderá ser dispensada desde a confirmação da gravidez até cinco meses após o parto (art. 10, II, *b*, do ADCT). A Lei Maior também proíbe critério de admissão por motivo de sexo (art. 7º, XXX), sendo invioláveis a intimidade e a honra das pessoas (art. 5º, X). O mesmo se deve dizer quanto à Convenção nº 103 da OIT, que foi aprovada pelo Brasil pelo Decreto Legislativo nº 20/65, em que, se a mulher se ausentar de seu trabalho em virtude de gravidez, é ilegal para seu empregador despedi-la durante a referida ausência ou data tal que o prazo do aviso-prévio termine e enquanto durar a ausência mencionada (art. V).

Pelo que se verifica do art. 1º da Lei nº 9.029/95, é vedada a prática de ato discriminatório e limitativo para efeito do ingresso na relação de emprego ou para sua manutenção.

Os atos discriminatórios também estarão ligados: (1) à exigência de teste, exame, perícia, laudo, atestado, declaração ou qualquer outro procedimento relativo à esterilização ou a estado de gravidez; (2) à adoção de quaisquer medidas, de iniciativa do empregador, que configurem: (a) indução ou instigamento à esterilização genética; (b) promoção de controle de natalidade, salvo os serviços realizados por instituições públicas ou privadas, submetidas às normas do SUS (art. 2º).

Nada impede, contudo, à empresa solicitar exame médico na dispensa da empregada, visando verificar se esta está grávida, justamente por ter por objetivo manter a relação de emprego, caso o resultado seja positivo. O empregador não poderá saber se a empregada está ou não grávida se não fizer o exame. A prática de o empregador solicitar o exame médico para a dispensa da empregada é um ato de garantia para as próprias partes da condição de estabilidade da obreira, para efeito da manutenção da relação de emprego no caso de estar ela grávida, não representando crime, infração administrativa ou outra qualquer. Não se trata, assim, de discriminação, pois, ao contrário, está verificando se a empregada pode ou não ser dispensada, pois sem o exame não se saberá se a empregada estava ou não grávida quando da dispensa, que implicaria ou não a reintegração.

Ao contrário, a empresa não poderá exigir teste para efeito da verificação da constatação de que a empregada está ou não esterilizada, pois aí será nítida a prática discriminatória.

Inexistirá, também, qualquer procedimento incorreto se a empregada, espontaneamente, fizer o teste de gravidez, até mesmo para provar sua condição, pois aí a exigência não será do empregador.

A lei tem por objetivo admitir inclusive empregadas grávidas, justamente por não se poder fazer teste de admissão para verificar se a empregada está ou não grávida, o que, agora, se considera crime, se dessa forma o empregador fizer.

A empregada poderá optar, além do direito à reparação por dano moral, entre: (a) rescindir o contrato com o pagamento em dobro da remuneração do período de afastamento, com juros de 1% ao mês, calculados de maneira simples e a partir da propositura da ação (§ 1º do art. 39 da Lei nº 8.177/91) e correção monetária com base na taxa referencial; (b) a reintegração com ressarcimento integral de todo o período de afastamento, mediante pagamento das remunerações devidas, corrigidas monetariamente e acrescidas de juros legais, que são de 1% ao mês. A faculdade da rescisão ou reintegração é uma opção da empregada e não do empregador, e será exercida como a primeira o desejar. O pagamento em dobro, porém, será pertinente apenas ao período de afastamento, no caso da não readmissão e não em caso do retorno ao serviço. É uma penalidade semelhante à descrita no art. 496 da CLT, sendo que esta regra é dirigida ao juiz, que poderá converter a reintegração da obreira estável em pagamento em dobro. No caso da Lei nº 9.029/95, o juiz não poderá aplicar o art. 496 da CLT, pois se trata de faculdade de a parte pedir a reintegração ou indenização. A lei não menciona estabilidade; todavia, manda reintegrar.

A reintegração da empregada será, porém, feita sem se fixar um prazo, que não é determinado nem mesmo pela legislação. O prazo de garantia de emprego será o descrito na alínea *b* do inciso II do art. 10 do ADCT, que vai desde a confirmação da gravidez até cinco meses após o parto. Posteriormente, o empregador poderá dispensar normalmente a empregada, pagando as verbas rescisórias pertinentes, exercendo, portanto, seu poder potestativo, que apenas sofre limitações quanto aos títulos que serão pagos ao trabalhador. Terminado o período de garantia de emprego, o empregador não será obrigado a manter a empregada na empresa.

Em caso de reintegração, o período de afastamento, contudo, não será apenas o relativo à garantia de emprego da gestante, pois não se depreende essa situação do inciso I do art. 4º da Lei nº 9.029/95, mas todo o período de afastamento da empregada até seu retorno em virtude da prática discriminatória. Quando do retorno da empregada, poderá o empregador dispensá-la caso não goze de garantia de emprego, bastando, nesse caso, pagar as verbas rescisórias pertinentes.

Se a empregada não estiver grávida, mesmo assim terá direito à reintegração, não por causa da garantia de emprego, mas apenas pela prática discriminatória contida na Lei nº 9.029/95.

As infrações da Lei nº 9.029/95 são passíveis, ainda, de: (a) multa administrativa de 10 vezes o valor do maior salário pago pelo empregador, elevado em 50% em caso de reincidências; (b) proibição de obter empréstimo ou financiamento de instituições financeiras oficiais.

Parece que a segunda disposição diz respeito a qualquer entidade financeira, desde que seja oficial. Não serão apenas os bancos do governo, por exemplo, mas também as entidades financeiras privadas, que não deixam de ser oficiais, pois só funcionam mediante autorização do Banco Central (art. 18 da Lei nº 4.595/64).

A Lei nº 9.029/95 fixa multa de natureza administrativa, que será devida à União e não ao empregado, na importância de 10 vezes o valor do maior salário pago pelo empregador. Não se trata de remuneração, mas de salário, isto é, aquilo que for pago diretamente pelo empregador ao empregado e não por terceiros. Será, assim, o maior salário pago na empresa, como o dos gerentes e até de diretores, se estes forem empregados, pois aí terão salário. A multa é realmente elevada e vai atender aos padrões de cada empresa, pois na pequena empresa vai ser o maior salário nela pago, na grande empresa, idem, e assim por diante. Poderá ser, ainda, elevada em 50% no caso de reincidência na prática dos atos descritos no art. 2º da Lei nº 9.029/95.

Não se trata, porém, de *bis in idem*, pois uma coisa é o crime e sua pena, outra é a multa administrativa devida à União e outra é a proibição de obter empréstimo. Haveria dupla penalidade se a empresa tivesse de pagar duas multas administrativas pelo mesmo fato gerador, o que não é o caso, pois se tipifica um crime, uma multa administrativa e uma sanção quanto à obtenção de empréstimos.

O inciso XXXIX do art. 5º da Constituição estabelece que não há crime sem lei anterior que o defina, nem pena sem prévia cominação legal (*nullun crimen, nulla poena sine lege*).

Esses requisitos são atendidos pelo art. 2º da Lei nº 9.029/95. O art. 2º tipifica os crimes de: (1) exigência de teste, exame, perícia, laudo, atestado, declaração ou qualquer outro procedimento relativo à esterilização ou a estado de gravidez; (2) adoção de quaisquer medidas, de iniciativa do empregador, que configurem: (a) indução ou instigamento à esterilização genética; (b) promoção do controle de natalidade, assim não considerado o oferecimento de serviços e de aconselhamento ou planejamento familiar, realizados por meio de instituições, públicas ou privadas, submetidas às normas do Sistema Único de Saúde – SUS. O mesmo art. 2º estabelece as penas pela transgressão das regras anteriormente mencionadas: detenção de um a dois anos e multa.

A adoção de medidas que forem tomadas pelo empregador não serão consideradas como crime, inclusive relativas a controle de natalidade.

Observa-se que o sujeito ativo do crime é a pessoa física, não podendo ser a pessoa jurídica. Assim, a prática do crime será feita: (a) pela pessoa física empregadora, isto é, o empregador que explore sua atividade sem estar constituído sob a forma de sociedade; (b) o representante legal do empregador, como definido na legislação trabalhista. Entretanto, a legislação trabalhista não estabelece quem é o representante legal do empregador; em certos casos, apenas o CPC o faz, como no art. 75, mas para efeitos processuais. O § 1º do art. 843 da CLT apenas menciona que o empregador pode fazer-se substituir pelo gerente ou preposto, desde que tenham conhecimento dos fatos, porém apenas para efeito de representá-lo em audiência. Não há disposição clara na legislação trabalhista a respeito do conceito de representante legal do empregador, que só poderá ser a pessoa que exigir as práticas discriminatórias determinadas no art. 2º da Lei nº 9.029/95, na qualidade de representante legal – que seriam os sócios, gerentes ou outras pessoas que estivessem autorizadas legalmente. Ressente-se, portanto, de clareza esse dispositivo para sua completa aplicação, o que dará ensejo a dúvidas; (c) o dirigente, direto ou por delegação, de órgãos públicos e entidades da Administração Pública direta, indireta e fundacional de qualquer dos Poderes da União dos Estados, do Distrito Federal e dos Municípios.

A Lei nº 9.029/95 vai desestimular a empresa a contratar mulheres, em razão de suas proibições. Em vez de proteger, irá *desproteger* a obreira, impedindo a admissão de trabalhadoras. Na verdade, em vez de se proteger o mercado de trabalho da mulher, mediante incentivos específicos (art. 7º, XX, da Constituição), aqui se está desprestigiando a contratação de mulheres pelo empregador, que não poderá exigir exame médico da mulher para admiti-la, o que poderá ser interpretado em prejuízo da própria trabalhadora.

12.2 Proteção do mercado de trabalho da mulher

As Constituições anteriores não tratavam do tema proteção do mercado de trabalho da mulher. Na Subcomissão dos Direitos dos Trabalhadores, na Comissão da Ordem Social ou na Comissão de Sistematização não constava dispositivo no sentido da proteção do mercado de trabalho da mulher.

A redação final restou configurada no inciso XX do art. 7º da Lei Magna: "proteção do mercado de trabalho da mulher, mediante incentivos específicos, nos termos da lei". A referida norma é programática, dependente de lei para a sua regulamentação. Não tem, portanto, eficácia imediata, mas limitada.

Os incentivos deveriam ser estabelecidos na área tributária ou previdenciária, sendo determinados pela legislação ordinária.

Dispõe, ainda, o inciso I do art. 5º da Lei Maior que homens e mulheres são iguais em direitos e obrigações, nos termos da Constituição. Essa regra já era consagrada no art. VII da Declaração Universal dos Direitos do Homem, de 1948. Trata-se de determinação indireta de proteção ao trabalho da mulher, de forma que não haja discriminações entre homens e mulheres, salvo aquelas determinadas na própria Lei Magna (§ 7º do art. 201, por exemplo, que trata de idade diferenciada para aposentadoria entre homens e mulheres).

Já previa a Lei nº 5.473, de 9 de julho de 1968, serem "nulas as disposições e providências que direta ou indiretamente, criem discriminações entre brasileiros de ambos os sexos, para o provimento de cargos sujeitos à seleção" (art. 1º).

Reza o *caput* do art. 373-A da CLT que ressalvadas as disposições legais destinadas a corrigir as distorções que afetam o acesso ao mercado de trabalho e certas especificidades previstas nos acordos trabalhistas são vedadas várias situações.

Indaga-se aqui qual o sentido da expressão "acordos trabalhistas". É acordo individual ou coletivo? Parece que a expressão "acordos trabalhistas" não quer dizer acordos individuais. Está empregada no plural e num sentido genérico, compreendendo as convenções e os acordos coletivos, que poderão estabelecer certas especificidades. Dificilmente o empregador estabeleceria em acordo individual alguma especificidade relativa ao trabalho da mulher.

No anúncio ao emprego não se poderá fazer discriminação quanto a sexo, cor ou idade, para a admissão, salvo quando a natureza da atividade seja notória e publicamente incompatível. Não havia disposição específica em nossa legislação sobre o tema anúncio ao emprego, que são publicados, por exemplo, em jornais e em que os empregadores muitas vezes faziam referência a apenas um ou outro sexo, que agora estarão vedados. Atividade específica talvez seja a das secretárias, telefonistas e recepcionistas, que normalmente são exercidas por mulheres. Essas atividades, porém, podem também ser exercidas por homens. O exemplo mais adequado seria de uma atividade que necessitasse de força física, como de segurança, para levantar pesos acima de certos limites, para fazer cargas e descargas etc.

É vedado recusar emprego, promoção ou motivar a dispensa do trabalho em razão do sexo, idade, cor, situação familiar, salvo quando a natureza da atividade seja notória e publicamente incompatível.

Não é permitido considerar o sexo, a idade, a cor ou situação familiar como variável determinante para fins de remuneração, formação profissional e oportunidades de ascensão profissional.

A disposição acrescenta formação profissional e oportunidades de ascensão profissional, que não eram previstas na legislação.

Fica proibida a exigência de atestado ou exame de qualquer natureza, para comprovação de esterilidade ou gravidez, na admissão ou permanência no emprego. O mandamento legal tanto diz respeito à admissão como à permanência no emprego e não apenas à última hipótese.

Exigir tem o sentido de obrigar, ordenar, impor como obrigação. Representa procedimento intimidatório.

Solicitar implica convidar, rogar, pedir, requerer.

Nada impede, contudo, à empresa solicitar exame médico na dispensa da empregada, visando verificar se ela está grávida, justamente por ter por objetivo manter a relação de emprego, caso o resultado seja positivo. O empregador não poderá saber se a empregada está ou não grávida se não fizer o exame. A prática do empregador de solicitar o exame médico para a dispensa da empregada é um ato de segurança para as próprias partes da condição de garantia de emprego da obreira, para efeito da manutenção da relação de emprego no caso de estar ela grávida, não representando crime, infração administrativa ou outra qualquer.

Inexistirá, também, qualquer procedimento incorreto se a empregada, espontaneamente, fizer o teste de gravidez, até mesmo para provar a sua condição, pois aí a exigência não será do empregador.

É defeso impedir o acesso ou adotar critérios subjetivos para deferimento de inscrição ou aprovação em concurso, em empresas privadas, em razão de sexo, idade, cor, situação familiar ou estado de gravidez.

Concursos quer dizer, à primeira vista, a exigência de exame no setor público e nas empresas da União, Estados, Distrito Federal e municípios. Empresas privadas seriam as sociedades de economia mista e suas subsidiárias, que têm essa característica e a elas é aplicada a CLT (art. 173, § 1º, da Constituição), tendo de fazer concursos para admitir pessoal.

A palavra *concurso* dá margem a dúvidas, em razão de que na maioria dos casos não se admitem empregados nas empresas privadas por concurso, nem há inscrição ou aprovação em concursos. Entretanto, como o dispositivo se refere a empresas privadas, se estas fizerem concursos não poderão estabelecer procedimentos discriminatórios.

Há agora determinação específica no sentido de que o empregador ou preposto não poderá fazer revistas íntimas nas empregadas ou funcionárias. Preposto, no caso, é o representante ou funcionário do empregador.

Poderá, ao contrário, fazer tais revistas nos funcionários ou empregados, pois não há proibição nesse sentido na lei. Apenas deve-se observar o inciso X do art. 5º da Constituição que prevê ser inviolável a intimidade da pessoa, assegurado o direito à indenização pelo dano material ou moral decorrente de sua violação.

As vagas dos cursos de formação de mão de obra, ministrados por instituições governamentais, pelos próprios empregadores ou por qualquer órgão de ensino profissionalizante, serão oferecidas aos empregados de ambos os sexos (art. 390-B da CLT).

Normalmente, os cursos de formação de mão de obra são ministrados pelo Senai, Senac, Senar, Senat, mas podem ser ministrados por instituições governamentais ou por outras entidades privadas.

Segundo o art. 390-B da CLT, apenas em relação às vagas de cursos ministrados por instituições governamentais é que serão oferecidas aos empregados de ambos os sexos, não podendo haver discriminação.

As empresas com mais de 100 empregados, de ambos os sexos, deverão manter programas especiais de incentivos e aperfeiçoamento profissional da mão de obra (art. 390-C).

O número 100 é relativo, pois se a empresa tiver 99 empregados não terá por obrigação atender à determinação do art. 390-C.

A CLT não trata de estabelecimento, mas de empresa. Assim, se a empresa tiver mais de um estabelecimento, que individualmente não tem mais de 100 empregados, mas que somados todos os empregados atingir o número 100, estará obrigada a cumprir o dispositivo.

Não esclarece o artigo como serão esses programas especiais de incentivo e aperfeiçoamento profissional da mão de obra. Esse dispositivo provavelmente se tornará letra morta, por falta de previsão específica para a sua implementação.

A pessoa jurídica poderá associar-se a entidade de formação profissional, sociedades civis, sociedades cooperativas, órgãos e entidades públicas ou entidades sindicais, bem como firmar convênios para o desenvolvimento de ações conjuntas, visando à execução de projetos relativos ao incentivo ao trabalho da mulher (art. 390-E da CLT).

Outro dispositivo meramente programático, pois a lei emprega o verbo "poderá" e não "deverá". A empresa não terá obrigação de cumprir a regra em exame, em razão de que não é obrigatória, mas uma mera faculdade de se associar com outras pessoas. Em razão de ser facultativa, não poderá ser multada pela fiscalização, caso descumpra o art. 390-E da CLT.

O mandamento diz respeito apenas a pessoas jurídicas e não a pessoas físicas, como autônomos, eventuais etc.

É garantida à empregada, durante a gravidez, sem prejuízo do salário e demais direitos: (a) transferência de função, quando as condições de saúde o exigirem, assegurada a retomada da função anteriormente exercida, logo após o retorno ao trabalho; (b) dispensa do horário de trabalho pelo tempo necessário para a realização de, no mínimo, seis consultas médicas e demais exames complementares.

A empregada terá direito a ser transferida para outra função, em razão das suas condições de saúde. Quando retornar ao trabalho terá direito a voltar à função de origem. Trata-se de hipótese de modificações das condições de trabalho da empregada autorizada pela lei, pelo motivo das condições de saúde da trabalhadora, como, por exemplo, de gravidez de risco.

A referência a seis consultas significa que a empregada tem direito de faltar no dia e será remunerada, pois o § 4º do art. 392 da CLT faz referência à expressão "sem prejuízo do salário". São consultas chamadas de pré-natal, com o objetivo de acompanhar a gravidez.

Os exames complementares se referem às seis consultas médicas a serem realizadas pela empregada. Serão, por exemplo, exames complementares: de sangue, de urina, ultrassom etc.

13 AMAMENTAÇÃO

A Convenção nº 103 da OIT estabelece no art. V que "se a mulher amamentar seu filho, será autorizada a interromper seu trabalho com esta finalidade durante um ou vários períodos cuja duração será fixada pela legislação nacional".

O art. 396 da CLT é que regula a situação.

Para amamentar seu filho, inclusive se advindo de adoção, até que este complete seis meses de idade, a mulher terá direito, durante a jornada de trabalho, a dois descansos especiais de meia hora cada um (art. 396 da CLT). Esse período de seis meses poderá ser dilatado, a critério da autoridade competente (§ 1º do art. 396 da CLT). No entanto, a lei não dispõe que o intervalo seja remunerado. Isso quer dizer que a empresa não é obrigada a pagar por esse intervalo, ao contrário do intervalo previsto no art. 72 da CLT, que é remunerado e não deduzido da jornada de trabalho.

Os horários dos descansos para amamentação deverão ser definidos em acordo individual entre a mulher e o empregador (§ 2º do art. 396 da CLT). Não se trata de acordo coletivo. Não pode ser acordo tácito, mas acordo escrito individual.

Os estabelecimentos que tiverem pelo menos 30 mulheres com mais de 16 anos de idade terão local apropriado onde seja permitido às empresas guardar sob vigilância seus filhos no período de amamentação. A referida exigência poderá ser suprida mediante creches distritais mantidas, diretamente ou mediante convênios, com outras entidades públicas ou privadas, pelas próprias empresas, em regime comunitário, ou a cargo do Sesi, do Sesc, da LBA ou de entidades sindicais. O Sesi, o Sesc e a LBA poderão subvencionar essa assistência à infância, de acordo com suas possibilidades financeiras, para efeito das escolas maternais e jardins de infância, distribuídos nas zonas de maior densidade de trabalhadores, destinados especialmente aos filhos das mulheres empregadas. A Portaria nº 3.296/86 do Ministério do Trabalho permite a substituição da concessão das creches pelo reembolso-creche.

Os locais destinados à guarda dos filhos das operárias durante o período de amamentação deverão possuir, no mínimo, um berçário, uma saleta de amamentação, uma cozinha dietética e uma instalação sanitária (art. 400 da CLT).

O disposto no art. 399 da CLT não incentiva nem um pouco as empresas a se organizarem para a manutenção de creches e instituições de proteção aos menores, pois o fato de conceder o Ministro do Trabalho diploma de benemerência às empresas que fizerem dessa forma não implica que elas tenham interesse em assim agir.

Muitos dos dispositivos da CLT já não se justificam, principalmente em razão da igualdade entre homens e mulheres prevista no art. 5º, I, da Constituição. A mulher somente deveria ter tratamento especial da legislação quando em época de gravidez, amamentação e em decorrência da proteção de seu mercado de trabalho. No mais, as normas deveriam ter as mesmas condições físicas, tanto para o homem quanto para a mulher.

Questões

1. A mulher pode trabalhar no período noturno?
2. Quais são os intervalos de descanso da mulher?
3. A mulher pode trabalhar em posto de gasolina? Por quê?
4. A quantos dias tem direito a empregada de licença-maternidade?
5. Qual o período que a empregada tem para amamentar seu filho?
6. De quantos dias é a estabilidade da gestante?
7. Quantos devem ser os dias a anteceder e suceder o parto na licença-maternidade?

Capítulo 35

TRABALHO DA CRIANÇA E DO ADOLESCENTE

1 INTRODUÇÃO

A preocupação com o trabalho do menor vem da época das Corporações de Ofício, em que sua assistência era feita para preparação profissional e moral, para conferir-lhe aprendizagem.

Com a Revolução Industrial (século XVIII), o menor ficou completamente desprotegido, passando a trabalhar de 12 a 16 horas diárias. Equiparavam-se os menores às mulheres. Utilizava-se muito do trabalho do menor, inclusive em minas de subsolo.

Na Inglaterra, com o *Moral and Health Act*, de 1802, Robert Peel pretendia salvar os menores, o que culminou com a redução da jornada de trabalho do menor para 12 horas. Por iniciativa de Robert Owen, foi proibido o trabalho do menor de 9 anos, restringindo-se o trabalho do menor de 16 anos para 12 horas diárias, nas atividades algodoeiras.

Na França, foi proibido, em 1813, o trabalho dos menores nas minas. Em 1841, vedou-se o trabalho dos menores de 8 anos, fixando-se a jornada de trabalho dos menores de 12 anos em oito horas.

Na Alemanha, a lei industrial de 1869 vedou o trabalho dos menores de 12 anos. Na Itália, em 1886, o trabalho do menor foi proibido antes dos 9 anos.

Deve-se assegurar a supressão do trabalho das crianças e proteger o trabalho dos jovens dos dois sexos, estabelecendo limitações necessárias a lhes permitir a continuidade de sua educação e seu desenvolvimento físico (art. 427, 6, do Tratado de Versalhes).

Verifico do art. 2º da Declaração Universal dos Direitos da Criança que a finalidade principal da proteção do trabalho dos menores está em "lhes facultar o desenvolvimento físico, mental, moral, espiritual e social, de forma sadia e normal e em condições de liberdade e dignidade".

No passado, os menores eram equiparados às mulheres, como se verifica em dois capítulos da CLT sobre a tutela que deva ser dada a essas pessoas. Hoje, isso já não se justifica, principalmente diante do fato de que homens e mulheres são iguais em direitos e obrigações. A tutela do trabalho do menor apenas se evidencia no momento em que o trabalho interfere em sua formação moral, física, cultural etc.

2 MEDIDAS DE PROTEÇÃO NO ÂMBITO INTERNACIONAL

A OIT passou a expedir uma série de convenções e recomendações sobre o tema. A Convenção nº 5, de 1919, estabeleceu a idade mínima de 14 anos para o trabalho na indústria (art. 2º), tendo sido ratificada pelo Brasil em 1934. A Convenção nº 6, de 1919, promulgada pelo Decreto nº 423, de 12-12-1935, proibiu o trabalho do menor no período noturno nas indústrias. A Convenção nº 10, de 1921, fixou o limite de idade mínima para o trabalho na agricultura. A Recomendação nº 45, de 1935, versou sobre o desemprego dos menores. As Convenções nºs 59 e 60, de 1937, trataram do resguardo da moralidade do menor. A Convenção nº 78, de 1946, tratou do exame médico em trabalhos não industriais. A Convenção nº 79, de 1946, especificou o trabalho noturno em atividades industriais. A Convenção nº 128, de 1967, versou sobre o peso máximo a ser transportado pelo menor. A Convenção nº 138, de 1973, ressalvou sobre a idade mínima de admissão no emprego em relação aos menores; a idade mínima não deve ser inferior ao fim da escolaridade obrigatória, nem inferior a 15 anos, admitindo-se o patamar de 14 anos, como primeira etapa, para os países insuficientemente desenvolvidos. A Convenção nº 138 foi aprovada pelo Decreto Legislativo nº 179, de 1999. O Decreto nº 4.134, de 15-2-2002, promulgou a Convenção nº 138 da OIT e a Recomendação nº 146 da OIT. O país deve especificar mediante declaração a idade mínima.

O art. 8º da Convenção nº 138 da OIT permite o trabalho da criança em representações artísticas, mediante autorização da autoridade competente (art. 8º, 1), limitando-se as horas de emprego ou trabalho e sendo prescritas as condições em que o trabalho poderá ser realizado. O trabalho infantil artístico pode implicar estresse para a criança e perda de aulas em razão de incompatibilidades de horários, em prejuízo à educação da criança. A Recomendação nº 146 da OIT complementa a Convenção nº 138, versando sobre idade mínima para admissão no emprego. A Convenção nº 182 e a Recomendação nº 190 da OIT tratam da proibição das piores formas de trabalho infantil e ação imediata para sua eliminação. Foi a Convenção aprovada pelo Decreto Legislativo nº 178, de 1999. A promulgação ocorreu com o Decreto nº 3.597/2000. Criança é toda pessoa menor de 18 anos. Deve-se assegurar o acesso ao ensino básico gratuito. A Convenção nº 182 da OIT inclui na proibição o recrutamento forçado ou obrigatório de meninos soldados. As piores formas de trabalho da criança são: (a) todas as formas de escravidão ou práticas análogas à escravidão, como o tráfico de crianças, a servidão por dívidas, a condição de servo e o trabalho forçado ou compulsório; (b) o recrutamento forçado ou obrigatório de meninos para utilização em conflitos armados; (c) o emprego de crianças na prostituição, a produção de pornografia ou ações pornográficas; (d) a utilização, o recrutamento ou o oferecimento de crianças para a realização de atividades ilícitas, como a produção e tráfico de drogas; o trabalho que prejudique a saúde, a segurança e a moral das crianças.

A Recomendação nº 190 da OIT, que complementa a Convenção nº 182 define trabalhos perigosos como: (a) trabalhos em que a criança fique exposta a abusos de ordem física, psicológica ou sexual; (b) trabalhos subterrâneos, ou embaixo de água, em alturas perigosas ou em ambientes fechados; (c) trabalhos realizados em máquinas ou ferramentas perigosas ou com cargas pesadas; (d) trabalhos realizados em ambiente insalubre no qual as crianças fiquem expostas, por exemplo, a substâncias perigosas, a temperaturas ou níveis de ruídos ou vibrações que sejam prejudiciais à saúde; (e) os trabalhos em condições dificultosas, como horários prolongados ou noturnos e os que obriguem a criança a permanecer no estabelecimento do empregador.

A OIT preconiza o fim do trabalho infantil em razão de que esta mão de obra é abundante e barata e é utilizada intensamente por países subdesenvolvidos.

Ainda no âmbito internacional, verifica-se que em novembro de 1959 foi editada pela ONU a Declaração Universal dos Direitos da Criança. Estabelece a referida norma, entre outras coisas, proteção especial para o desenvolvimento físico, mental, moral e espiritual da criança (art. 2º); proibição de empregar a criança antes da idade mínima conveniente (art. 9º, 2ª alínea).

Em 26-1-1990, vários Estados subscreveram, em Nova York, na sede da ONU, a Convenção sobre os Direitos da Criança, que entrou em vigor internacional em 2-9-1990. Tal norma foi ratificada pelo Brasil em 24-9-1990, entrando em vigor em 23 de outubro do mesmo ano. Foi aprovada pelo Decreto Legislativo nº 28, de 14-9-1990, e promulgada pelo Decreto nº 99.710/90, de 21 de novembro.

3 ÂMBITO NACIONAL

Os primórdios da proteção do trabalho do menor no Brasil são encontrados no Decreto nº 1.313, de 17-1-1890, que proibia o trabalho de crianças em máquinas em movimento e na faxina, bem como o trabalho noturno em certos serviços, mas nunca foi regulamentado.

O Decreto nº 16.300/23 estabeleceu que era vedado o trabalho do menor de 18 anos por mais de seis horas em 24 horas. Em 12-10-1927, foi aprovado o Código de Menores pelo Decreto nº 17.943-A, vedando o trabalho dos menores de 12 anos e o trabalho noturno aos menores de 18 anos.

A Constituição de 1934 proibia a diferença de salário para um mesmo trabalho por motivo de idade (art. 121, § 1º, *a*). Era vedado o trabalho a menores de 14 anos, o trabalho noturno a menores de 16 anos, e em indústrias insalubres a menores de 18 anos (art. 121, § 1º, *d*). Falava-se, ainda, de maneira genérica, nos serviços de amparo à infância (art. 121, § 3º).

Vedava a Constituição de 1937 o trabalho a menores de 14 anos, o trabalho noturno a menores de 16 anos e o trabalho em indústrias insalubres a menores de 18 anos (art. 137, *k*).

Em 1943, foi consolidada a legislação esparsa existente na época, dando origem à CLT, nos arts. 402 a 441.

A Constituição de 1946 estabelecia a proibição de diferença de salário para um mesmo trabalho por motivo de idade (art. 157, II). O trabalho do menor era proibido aos menores de 14 anos e em indústrias insalubres a menores de 18 anos, ocorrendo o mesmo quanto ao trabalho noturno (art. 157, IX).

A Constituição de 1967 proibia o trabalho do menor de 12 anos e o trabalho noturno aos menores de 18 anos, assim como o trabalho nas indústrias insalubres (art. 158, X).

A Emenda Constitucional nº 1, de 1969, vedou o trabalho do menor em indústrias insalubres, assim como o trabalho noturno, proibindo qualquer trabalho a menores de 12 anos (art. 165, X).

A Constituição de 1988 proibiu a diferença de salários, de exercício de funções e de critério de admissão por motivo de idade (art. 7º, XXX). Vedou o trabalho noturno, perigoso ou insalubre aos menores de 18 anos, e qualquer trabalho a menores de 14 anos, salvo na condição de aprendiz (art. 7º, XXXIII). A Constituição voltava ao limite de 14 anos para o menor trabalhar, previsto nas Constituições de 1934, 1937 e 1946.

O Estatuto da Criança e do Adolescente foi instituído pela Lei nº 8.069, de 13-7-1990.

A Emenda Constitucional nº 20/98 alterou a redação do inciso XXXIII do art. 7º da Constituição, que tem a seguinte redação: "proibição de trabalho noturno, perigoso ou insalubre a menores de 18 anos e de qualquer trabalho a menores de 16 anos, salvo na condição de aprendiz, a partir de 14 anos".

O Decreto nº 6.481, de 12-6-2008, traz as piores formas de trabalho infantil, em que é proibido o trabalho do menor de 18 anos.

4 DENOMINAÇÃO

A CLT emprega a palavra *menor*, tendo um capítulo inteiro (Capítulo IV) destinado à proteção do trabalho desse trabalhador. Menor é o trabalhador de 14 a 18 anos. É a pessoa que ainda não tem capacidade plena, ou seja, é a pessoa não adulta.

A palavra *menor* normalmente é utilizada no Direito Civil ou Penal para significar inimputabilidade daquela pessoa, o que não ocorre no Direito do Trabalho. No Direito Civil, faz-se a distinção entre menor de 16 anos ou impúbere, que deve ser representado pelos pais para a prática de atos civis e que é absolutamente incapaz (art. 3º do Código Civil). São relativamente incapazes os maiores de 16 e os menores de 18 anos (art. 4º, I, do Código Civil), que são os menores púberes, que serão assistidos pelos progenitores. A capacidade absoluta dá-se aos 18 anos, ou seja, quando cessa a menoridade (art. 5º do Código Civil). No Direito Penal, considera-se que os menores de 18 anos são penalmente inimputáveis, ficando sujeitos às normas estabelecidas na legislação especial (art. 27 do CP, que foi elevado ao âmbito de dispositivo constitucional no art. 228 da Constituição). A rigor, a palavra *menor* nada significa, apenas coisa pequena.

A palavra *menor*, porém, tem sido utilizada mais para demonstrar a incapacidade daquela pessoa para os atos da vida jurídica. Tem, assim, a palavra natureza civilista. As legislações estrangeiras costumam empregar as seguintes palavras para tratar da criança: *child*, em inglês; *enfant*, em francês; *fanciulli*, em italiano; *niño*, em espanhol.

Os termos mais corretos são, realmente, criança e adolescente. A criança pode ser entendida como a pessoa que está antes da fase da puberdade. A puberdade é o período de desenvolvimento da pessoa, em que ela se torna capaz de gerar um filho. Já a adolescência é o período que vai da puberdade até a maturidade.

Como se vê, o menor não é incapaz de trabalhar, ou não está incapacitado para os atos da vida trabalhista; apenas, a legislação dispensa-lhe uma proteção especial. Daí por que os termos a serem empregados são *criança* ou *adolescente*.

A atual Constituição, nesse aspecto, adotou a referida nomenclatura, mais acertada. Há no inciso II do art. 203 uma regra de assistência social destinada a dar amparo "às crianças e adolescentes". O Capítulo VII do Título VIII ("Da Ordem Social") da Constituição empregou expressamente a denominação "Da Criança e do Adolescente", destinando proteção especial a essas pessoas; utiliza a Constituição a expressão *criança e adolescente* no art. 227, § 1º, II, § 3º, III, § 4º, § 7º. Quando o constituinte quis referir-se à incapacidade, utilizou a expressão *menor*, como no art. 228, que informa ser o menor de 18 anos penalmente inimputável.

Fundada na Constituição, foi editada a Lei nº 8.069, de 13-7-1990, que é denominada "Estatuto da Criança e do Adolescente". O art. 2º dessa norma considera criança a pessoa que tem de 0 a 12 anos incompletos, e adolescente, de 12 a 18 anos de idade.

Considera-se jovem a pessoa entre 15 e 29 anos de idade (§ 1º do art. 1º da Lei nº 12.852/2013 – Estatuto da Juventude).

Andou certo o constituinte ao tratar da questão, adotando expressão com origem na legislação italiana, pois a palavra *menor* mostra um indivíduo que ainda não atingiu pleno desenvolvimento psicossomático, normalmente abrangendo a pessoa entre 12 e 18 anos.

O ideal seria que o adolescente pudesse ficar no seio de sua família, usufruindo das atividades escolares necessárias, sem entrar diretamente no mercado de trabalho, até por volta dos 24 anos, obtendo plena formação moral e cultural, mas, no caso de nosso país, isto se tem verificado impossível, tendo em vista a necessidade que todas as famílias têm de que suas crianças, atingindo por volta dos 12 anos, ou às vezes até antes, passem a trabalhar para conseguir a subsistência para o lar. Porém, entre a criança ficar abandonada, ou perambulando pelas ruas, onde provavelmente partirá para a prática de furtos, roubos e uso de drogas, certamente melhor é que tenha um ofício, ou até um aprendizado, para que possa contribuir para a melhoria das condições de vida de sua família.

5 PROTEÇÃO DO TRABALHO DA CRIANÇA E DO ADOLESCENTE

Os fundamentos principais da proteção do trabalho da criança e do adolescente são quatro: de ordem cultural, moral, fisiológica e de segurança. Justifica-se o fundamento cultural, pois o menor deve poder estudar, receber instrução. No que diz respeito ao aspecto moral, deve haver proibição de o menor trabalhar em locais que prejudiquem a moralidade. No atinente ao aspecto fisiológico, o menor não deve trabalhar em locais insalubres, perigosos, penosos, ou à noite, para que possa ter desenvolvimento físico normal. O menor também não pode trabalhar em horas excessivas, que são as hipóteses em que há maior dispêndio de energia e maior desgaste. O trabalho em local insalubre, perigoso ou penoso tem mais efeito na criança do que no adulto. Por último, o menor, assim como qualquer trabalhador, deve ser resguardado com normas de proteção que evitem os acidentes do trabalho, que podem prejudicar sua formação normal. As crianças que trabalham perdem a infância. Ainda não são adultos.

O inciso XXXIII do art. 7º da Constituição proibiu o trabalho noturno, perigoso ou insalubre aos menores de 18 anos e de qualquer trabalho a menores de 16 anos, salvo na condição de aprendiz, a partir de 14 anos.

6 TRABALHOS PROIBIDOS

Assegura o art. 7º da Lei nº 8.069/90 que "a criança e o adolescente têm direito à proteção, à vida e à saúde, mediante efetivação de políticas sociais públicas que permitam o nascimento e o desenvolvimento sadio e harmonioso, em condições dignas de existência".

6.1 Idade

A idade de 14 anos para o ingresso do adolescente no mercado de trabalho é encontrada nas Convenções da OIT, principalmente a de nº 5, sobre idade mínima para o trabalho na indústria; nº 10, sobre trabalho rural; nºs 33, 59, sobre a proteção à moralidade do menor, prevendo a idade para o ingresso no mercado de trabalho aos 15 anos.

Trata a Convenção nº 7, de 1920, sobre a idade mínima do trabalho marítimo. Versou a Convenção nº 15, de 1921, sobre idade mínima de paioleiros e foguistas. Determinou a Convenção nº 41, de 1932, sobre a idade mínima de trabalhos não industriais. Reza a Convenção nº 58, de 1936, aprovada pelo Decreto-Lei nº 480, de 8-6-1938, e promulgada pelo Decreto nº 1.397, de 19-1-1937, sobre a idade mínima no trabalho marítimo, sendo que os menores de 15 anos não poderão prestar serviços a bordo de nenhum navio, exceção feita àqueles em que estejam empregados unicamente os membros de uma mesma família (art. 2.1). Especificou o art. 6º da Convenção nº 60, de 1937, que as legislações nacionais devem fixar idades superiores a 15 anos para serviços que se realizem nas ruas (comércio ambulante ou permanente nas vias públicas).

A Convenção nº 138 da OIT prevê: (a) a idade mínima básica como o término da escolaridade obrigatória, porém não pode ser inferior a 15 anos; (b) nos países em desenvolvimento com precário sistema escolar, a idade básica pode ser fixada em 14 anos; (c) é possível o trabalho com idade mínima inferior, desde que para trabalhos leves, assim caracterizados nas legislações nacionais, sempre observada a escolaridade, entre 13 e 15 anos ou entre 12 e 14 anos; (d) antes dos 18 anos é vedado o trabalho em locais insalubres, perigosos e prejudiciais ao desenvolvimento físico da criança. O Decreto nº 4.134 indicou a idade mínima para admissão no emprego de 16 anos no Brasil, comunicando-a à OIT. Permite a Convenção nº 138 que as autoridades competentes concedam licenças, em casos individuais, para participação em representações artísticas.

A Convenção nº 146, de 1973, disciplinou a idade mínima para admissão no emprego.

A Constituição de 1934 proibia o trabalho a menores de 14 anos, o trabalho noturno a menores de 16 anos, e em indústrias insalubres a menores de 18 anos (art. 121, § 1º, *d*).

Vedava a Constituição de 1937 o trabalho a menores de 14 anos, o trabalho noturno a menores de 16 anos e o trabalho em indústrias insalubres a menores de 18 anos (art. 137, *k*).

Na Constituição de 1946, o trabalho do menor era proibido aos 14 anos (art. 157, IX).

A Constituição Federal de 1967 diminuiu a idade para o trabalho do menor para 12 anos, o que mereceu muitas críticas dos doutrinadores, tendo em vista que muitas vezes, nessa idade, o menor ainda nem está alfabetizado ou não terminou o 1º grau escolar, pois há países em que o trabalho do menor somente se inicia por volta dos 15 anos. O menor de 12 anos não estaria apto a entrar no mercado de trabalho, principalmente por estar sujeito à jornada de trabalho de oito horas, à compensação da jornada de trabalho, mediante acordo ou convenção coletiva, o que poderia atingir 10 horas de trabalho diário. Verifica-se que, na verdade, há trabalho excessivo da criança, com salários ínfimos, que, no fim, fazem concorrência com o próprio trabalhador adulto, em detrimento da formação da própria criança.

A Emenda Constitucional nº 1/69 manteve a idade para o trabalho em 12 anos (art. 165, X).

O menor de 14 anos estava proibido de executar qualquer trabalho, salvo na condição de aprendiz (redação anterior do inciso XXXIII do art. 7º da Constituição de 1988), entendendo-se como aprendiz o menor entre 12 e 18 anos que esteja sujeito à formação metódica de um mister em que exerça seu trabalho (parágrafo único do art. 80 da CLT). A OIT preconiza a proibição do trabalho do menor de 15 anos, por meio das Convenções n°s 59 e 60, vedando também o trabalho do menor de 18 anos em locais que lhe forem prejudiciais à moralidade (Convenção nº 38). O art. 431 da CLT mencionava que, para ser aprendiz, era preciso ter 14 anos.

A Emenda Constitucional nº 20/98 alterou a redação do inciso XXXIII do art. 7º da Lei Maior quanto à idade mínima para o trabalho. É vedado o trabalho de menores de 16 anos, salvo na condição de aprendiz, a partir de 14 anos.

A nova norma constitucional, ao estabelecer o limite de 16 anos, ignora a realidade do Brasil, pois os menores precisam trabalhar para sustentar sua família. É melhor, muitas vezes, o menor estar trabalhando do que ficar nas ruas, furtando ou ingerindo entorpecentes. Traz, entretanto, uma vantagem, no sentido de entender que o menor deve ficar estudando.

Aplica-se a regra constitucional tanto ao trabalhador urbano, ao rural e doméstico, pois o parágrafo único do art. 7º da Constituição faz remissão ao inciso XXXIII do art. 7º.

Entende-se, no entanto, que ficou vedado o trabalho do menor de 16 anos em serviços temporários, na pequena empreitada, no trabalho avulso, no trabalho autônomo, tanto em atividades urbanas, como rurais, porque a Norma Ápice determina em qualquer trabalho, salvo na condição de aprendiz.

Aprendiz é a pessoa que estiver entre 14 e 24 anos (art. 428 da CLT).

No período entre 14 e 24 anos, o trabalho do aprendiz irá gerar vínculo de emprego, pois é permitido o trabalho nesse interregno na condição de aprendiz, o que só pode ser feito mediante contrato de trabalho. Entende-se, no entanto, que ficou vedado o trabalho do menor em serviços temporários, na pequena empreitada, no trabalho avulso, no trabalho autônomo, tanto em atividades urbanas como rurais, porque a Norma Ápice fala em qualquer trabalho, salvo na condição de aprendiz.

O art. 68 da Lei nº 8.069/90 estabelece a possibilidade de um programa social de caráter educativo, sob responsabilidade de entidade governamental ou não governamental, sem fins lucrativos, que assegure ao adolescente que dele participe condições de capacitação para o exercício de atividade regular remunerada. O trabalho educativo é considerado a atividade laboral cujas exigências pedagógicas relativas ao desenvolvimento pessoal e social do educando prevalecem sobre o aspecto produtivo. A remuneração que o adolescente recebe pelo trabalho efetuado ou a participação na venda dos produtos de seu trabalho não desfiguram o caráter educativo (§ 2º do art. 68 da Lei nº 8.069/90) e, por conseguinte, não caracterizam o vínculo empregatício.

Caso o menor venha a trabalhar com menos de 16 anos, mediante subordinação e os demais requisitos do vínculo empregatício, deverá receber remuneração pelo serviço prestado, sob pena de enriquecimento ilícito do empregador em detrimento do empregado, além de ser reconhecido o contrato de trabalho entre as partes. Se houver acidente do trabalho, terá direito o adolescente às prestações pertinentes. Assim, trabalhando o menor com menos de 16 anos, deve ser reconhecido o vínculo de emprego, pois a garantia prevista constitucionalmente não pode ser contra ele interpretada, ou em seu detrimento.

Não se observam as regras de proteção quando o menor esteja laborando em empresas em que trabalhem exclusivamente pessoas de sua família, desde que esteja sob a direção do pai, mãe ou tutor (art. 402, parágrafo único), exceto as proibições do trabalho noturno, perigoso ou insalubre (arts. 404 e 405 da CLT). Essa orientação é adotada com base no art. 6º da Convenção nº 59 da OIT, de 1937.

É vedada a contratação de menor de 18 anos para desempenho de trabalho doméstico, de acordo com a Convenção nº 182 da OIT e com o Decreto nº 6.481/2008 (parágrafo único do art. 1º da Lei Complementar nº 150/2015), que trata das piores formas de trabalho infantil.

6.2 Trabalho noturno

O trabalho noturno é realmente prejudicial não só ao menor como também a todos os trabalhadores, pois é sabido que o período noturno se destina ao repouso ou ao descanso de todos os obreiros para voltarem a enfrentar o trabalho no dia seguinte, de, às vezes, até 10 horas. A própria legislação ordinária já previa a proibição do trabalho noturno do menor (art. 404 da CLT), que é aquele realizado das 22h às 5h na atividade urbana; das 20h às 4h, na pecuária; das 21h às 5h na lavoura, para o empregado rural. Essa orientação tem respaldo no art. 2º da Convenção nº 6 da OIT, de 1919. Na maioria das vezes, o período noturno é utilizado pelo menor para estudar, pois é dever do empregador proporcionar ao menor tempo para que este possa frequentar aulas (art. 427 da CLT). O inciso XXXIII do art. 7º da Lei Maior proíbe o trabalho do menor no período noturno.

6.3 Trabalho insalubre

Com o advento da Emenda Constitucional nº 1, de 1969, que alterou a Carta de 1967, houve a proibição ao menor de 18 anos de trabalhar em indústrias insalubres e, também, no período noturno. Melhor seria se o legislador constituinte tivesse abrangido não só indústrias insalubres, mas também atividades insalubres. O texto da Constituição de 1988 é muito melhor que o anterior, pois versa sobre a proibição de qualquer trabalho insalubre ao menor, e não apenas o realizado nas indústrias. O inciso I do art. 405 da CLT já vedava o trabalho do menor em locais insalubres, conforme quadro aprovado pelo Ministério do Trabalho.

A Convenção nº 136, de 1971, foi ratificada pelo Brasil, tratando da proteção contra os riscos de intoxicação provocados por benzeno. Proíbe o trabalho de menores de 18 anos em locais onde haja exposição ao benzeno ou a seus derivados.

6.4 Trabalho perigoso

Certo foi também incluir a vedação do trabalho perigoso para os adolescentes, que é o que utiliza explosivos ou inflamáveis, para empregados que manipulam energia elétrica, fios de alta tensão, conforme determina a Lei nº 7.369/85. Tais serviços são realmente perniciosos para o menor, sendo acertada sua proibição, que é feita, inclusive, no inciso I do art. 405 da CLT.

O trabalho do menor não é só vedado em atividades industriais, como mencionava a Constituição anterior, mas também em qualquer trabalho. A ressalva que a Lei Maior faz em relação ao aprendiz refere-se a que este poderá trabalhar tendo a partir de 14 anos, mas de qualquer forma será vedado seu trabalho à noite e em atividades perigosas ou insalubres.

6.5 Trabalho penoso

A Constituição proibiu o trabalho do menor nas atividades noturnas, insalubres ou perigosas, mas nada mencionou sobre o trabalho penoso. Parece, portanto, que seria permitido o trabalho penoso ao menor. Poder-se-ia argumentar que não seria tão prejudicial à saúde ou à moral do menor o trabalho penoso; todavia, houve descuido do constituinte e era ampla a intenção de proibir todo trabalho prejudicial ao menor. A Constituição, de outro modo, prescreve direitos mínimos, nada impedindo que a legislação ordinária venha a restringir outros direitos. Certamente, não foi a intenção do legislador constituinte que o adolescente viesse a trabalhar em minas ou em subsolos, em pedreiras, em obras de construção civil etc. O inciso II do art. 67 da Lei nº 8.069/90 supriu essa deficiência, proibindo o trabalho do menor em atividades penosas.

A Convenção nº 138 da OIT proíbe, antes dos 18 anos, qualquer trabalho penoso, se prejudicial à saúde, como de remoção individual de objetos pesados ou movimentos repetitivos, como também o trabalho imoral.

6.6 Serviços prejudiciais

O trabalho do menor não poderá ser realizado em locais prejudiciais à sua formação, ao seu desenvolvimento físico, psíquico, moral e social e em horários e locais que não permitam a frequência à escola (parágrafo único do art. 403 da CLT).

O inciso II do art. 405 da CLT proíbe o trabalho da criança e do adolescente em locais ou serviços prejudiciais a sua moralidade. O § 3º do art. 405 da CLT menciona que se considera prejudicial à moralidade do menor o trabalho: (a) prestado em teatros de revista, cinemas, boates, cassinos, cabarés, danceterias e outros; (b) em empresas circenses, em funções de acrobata, saltimbanco, ginasta; (c) de produção, composição, entrega ou venda de escritos, impressos, cartazes, desenhos, gravuras, pinturas, emblemas, imagens e quaisquer outros objetos que possam, a juízo da autoridade competente, prejudicar sua formação moral; (d) consistente na venda, a varejo, de bebidas alcoólicas. Esclarece, ainda, o art. 67 da Lei nº 8.069/90 que é vedado o trabalho do menor que seja realizado em locais prejudiciais a sua formação e a seu desenvolvimento físico, psíquico, moral e social (inc. III) e o realizado em horários e locais que não permitam a frequência à escola (inc. IV). Daí chega-se à conclusão de que não será permitido o trabalho do menor em salões de bilhar, bochas, sinuca ou boliche, até porque nem se permite sua entrada nesses locais (art. 80 da Lei nº 8.069/90 – ECA). O trabalho em teatros e cinemas nada tem de prejudicial ao menor, pois muitas vezes nesses locais passam peças ou filmes educativos e dirigidos ao menor. Prejudicial seria apenas se fosse exibido algum filme pornográfico. Quanto a boates, cabarés e *dancings*, não há representação. O trabalho em empresas circenses também nada tem de prejudicial ao menor, sendo que este é quem vai assistir aos espetáculos. Logo, não andou bem o legislador da CLT ao estabelecer as referidas proibições.

O juiz poderá autorizar o trabalho do menor nas hipóteses previstas nas alíneas *a* e *b* do § 3º do art. 405 da CLT, desde que: a representação tenha fim educativo ou a peça de que participe não possa ser prejudicial a sua formação moral; se certifique ser a ocupação do menor indispensável à própria subsistência ou à de seus pais, avós, irmãos e dela não advir nenhum prejuízo a sua formação moral.

O menor também não poderá fazer serviços que demandem o emprego de força muscular superior a 20 quilos para o trabalho contínuo ou 25 quilos para o trabalho ocasional. A remoção de material feita por impulsão ou tração de vagonetes sobre trilhos, de carros de mão ou quaisquer aparelhos mecânicos será permitida ao menor (art. 390 e seu parágrafo único c/c § 5º do art. 405 da CLT). Essa orientação está de acordo com a Recomendação nº 128 da OIT, de 1967.

O trabalho exercido nas ruas, praças e outros logradouros dependerá de prévia autorização do juiz, que irá verificar se a ocupação é indispensável à subsistência do menor, de seus pais, avós ou irmãos e se dessa ocupação não poderá advir prejuízo moral (§ 2º do art. 405 da CLT). Esse dispositivo, se fosse cumprido à risca, impediria o trabalho dos *office boys*, que é exercido, praticamente, na maior parte do tempo nas ruas.

7 DEVERES E RESPONSABILIDADES EM RELAÇÃO AO MENOR

Os responsáveis legais dos menores, pais, mães ou tutores, deverão afastá-los de empregos que diminuam consideravelmente seu tempo de estudo, reduzam o tempo de repouso necessário a sua saúde e constituição física, ou prejudiquem sua educação moral (art. 424 da CLT). Não se trata de faculdade, mas de obrigação. Em relação aos demais responsáveis pelos menores, que não os indicados no art. 424 da CLT, é que a lei determina a faculdade de pleitear a cessação do contrato de trabalho do menor, desde que o serviço possa acarretar para ele prejuízos de ordem física ou moral (art. 408 da CLT). Entende-se que nesse caso não haverá necessidade de aviso-prévio por parte do menor ao empregador.

Quando o juiz verificar que o trabalho executado pelo menor é prejudicial a sua saúde, a seu desenvolvimento físico ou a sua moralidade, poderá obrigá-lo a abandonar o serviço, devendo a respectiva empresa, quando for o caso, proporcionar ao menor todas as facilidades para mudar de funções. Não tomando a empresa as medidas possíveis e recomendadas pelo juiz para que o menor mude de função, configurar-se-á a rescisão indireta do contrato de trabalho, na forma do art. 483 da CLT (art. 407 da CLT e seu parágrafo único). O empregador terá o dever de proporcionar ao menor todas as facilidades para mudar de serviço, quando constatado pelo juiz que o menor trabalha em atividades que lhe são prejudiciais (art. 426 da CLT).

Os empregadores de menores de 18 anos são obrigados a velar pela observância, em seus estabelecimentos ou empresas, dos bons costumes e da decência pública, bem como das regras de higiene e medicina do trabalho (art. 425 da CLT).

O art. 427 da CLT esclareceu de forma positiva que o empregador deve proporcionar tempo suficiente ao menor para que este possa frequentar aulas, o que é medida louvável. A alínea *a* do inciso II do art. 15 da Lei nº 12.852/2013 prevê a oferta de condições especiais de jornada de trabalho por meio de compatibilização entre os horários de trabalho e de estudo. O inciso I do art. 63 da Lei nº 8.069/90 determinou que a formação técnico-profissional, a aprendizagem, deve garantir o acesso e a frequência obrigatória ao ensino regular. Não há que se falar, porém, que o empregador tem de pagar a escola do menor, o que ocorre apenas na aprendizagem.

Assegura a Constituição a assistência gratuita aos filhos e dependentes desde o nascimento até cinco anos de idade em creches e pré-escolas (art. 7º, XXV, c/c 208, IV).

O art. 20 da Lei nº 5.692, de 11-8-1971, já não permite a contratação de menores analfabetos.

O menor de 18 anos poderá firmar recibo de pagamento de salários, sendo que, quanto a isso, não haverá necessidade da assistência de seus pais ou responsáveis. Quanto à rescisão do contrato de trabalho, o menor terá que ser assistido por seus responsáveis legais, quando for dar quitação das verbas que estiver recebendo (art. 439 da CLT), sob pena de nulidade.

Contra menores de 18 anos não corre nenhum prazo de prescrição (art. 440 da CLT). O artigo refere-se apenas ao menor trabalhador e não a menores sucessores do pai ou mãe falecido que era empregado na empresa. É certo que o art. 196 do Código Civil declara que a prescrição iniciada contra uma pessoa continua a correr contra seu sucessor. A prescrição só não irá correr em relação aos menores de 16 anos que forem herdeiros (art. 3º, I, c/c art. 198, I, do CC). Se o empregado menor falece, aos seus herdeiros não se aplica a regra do art. 440 da CLT.

8 DURAÇÃO DO TRABALHO DO MENOR

A duração do trabalho do menor é regida, hoje, pelo inciso XIII do art. 7º da Constituição, pois a CLT determina que a jornada de trabalho do menor é a mesma de qualquer trabalhador, observadas certas restrições (art. 411 da CLT). Assim, o menor, como qualquer trabalhador, fará oito horas diárias e 44 horas semanais.

Após cada período de trabalho efetivo, quer contínuo, quer dividido em dois turnos, haverá um intervalo de repouso, não inferior a 11 horas (art. 412 da CLT). Os menores terão direito de intervalo para repouso e alimentação de uma a duas horas, para trabalhos com jornadas superiores a seis horas, e 15 minutos quando estiverem sujeitos a jornada superior a quatro horas e inferior a seis horas de trabalho. Para maior segurança do trabalho e garantia da saúde dos menores, a autoridade fiscalizadora poderá proibir-lhes o gozo dos períodos de repouso nos locais de trabalho (art. 409 da CLT).

A duração normal diária do trabalho do menor não pode ser prorrogada, exceto: (a) até mais duas horas, independentemente de acréscimo salarial, mediante acordo ou convenção coletiva de trabalho, desde que o excesso de horas em um dia seja compensado pela diminuição em outro, de modo a ser observado o limite máximo de 44 horas semanais; (b) excepcionalmente, apenas em casos de força maior, até o máximo de 12 horas, com acréscimo salarial de 50% sobre a hora normal e desde que o trabalho do menor seja imprescindível ao funcionamento do estabelecimento.

A primeira exceção à regra é a de que o menor poderá trabalhar até mais duas horas diárias para não trabalhar em outro dia da semana, como, por exemplo, trabalhar mais uma hora diária para não trabalhar no sábado. Nesse caso, a compensação da jornada só poderá ser feita mediante acordo ou convenção coletiva de trabalho, como se verifica do inciso XIII do art. 7º da Constituição, e como já era previsto no inciso I do art. 413 da CLT. Não é possível ser feito acordo individual para a compensação de horas de trabalho do menor. O limite máximo do módulo semanal de trabalho não poderá ser superior a 44 horas, estando derrogado o inciso I do art. 413 da CLT quando menciona o limite máximo semanal de 48 horas, que se aplicava no período anterior a 5-10-1988. A compensação do menor deve observar a regra do art. 413 da CLT. Não pode, portanto, ser anual, pois se trata de regra especial, que não foi modificada pela geral. A segunda exceção diz respeito à prorrogação do trabalho do menor, porém essa prorrogação é restrita a casos excepcionais, que a lei dispõe que sejam apenas nas hipóteses de força maior. Em caso de força maior, porém, o trabalhador adulto não tem qualquer adicional, mas o menor o tem. Nota-se, portanto, que há discrepância na legislação no que diz respeito ao adicional.

Quanto ao adicional, o porcentual é de 50% para os casos de força maior, pois se trata de serviço extraordinário do menor. Nesse ponto, o inciso XVI do art. 7º da Constituição superou o porcentual contido no inciso II do art. 413 da CLT, no tocante ao adicional de horas extras.

A prorrogação extraordinária deverá ser comunicada ao Ministério do Trabalho, dentro do prazo de 48 horas. Em caso de prorrogação do horário normal, será obrigatório um descanso de 15 minutos no mínimo, antes do início do período extraordinário de trabalho.

Quando o menor de 18 anos for empregado em mais de um estabelecimento, as horas de trabalho em cada um serão totalizadas (art. 414 da CLT). Deve-se entender, porém, que a CLT quis referir-se a mais de um empregador, e não a mais de um estabelecimento.

9 REGISTRO DE MENORES

Os arts. 415 e 423 da CLT estão revogados pela legislação superveniente, pois são aqueles que tratavam da CTPS do menor.

O art. 418 da CLT foi expressamente revogado pela Lei nº 7.855/89. O art. 419 da CLT foi revogado pela Lei nº 5.686/71. O art. 415 foi revogado pelo

Decreto-Lei nº 926/69. Os demais artigos foram revogados tacitamente pela Lei nº 5.686/71, que regulou as questões neles inseridas de modo diferente. Ressalte-se que o art. 16 da CLT, com a redação determinada pela Lei nº 8.260, de 12-12-1991, passou a estipular os documentos necessários para a expedição da CTPS.

Os arts. 417, 419, 420, 421 e 422 da CLT foram revogados pela Lei nº 13.874/2019).

Assim, o registro de menores e sua CTPS deverão ser iguais aos de qualquer trabalhador.

O empregador não poderá fazer outras anotações na CTPS além das referentes ao salário, data de admissão, férias e saída (art. 423 da CLT).

10 APRENDIZAGEM

O contrato de aprendizagem tem origem nas corporações de ofício, em que o trabalhador ingressava na corporação com o objetivo de aprender e poder desenvolver uma obra que o tornasse mestre.

Tinha o ajuste natureza civil, sendo regido pela locação de serviços.

Posteriormente, o pacto foi considerado como de trabalho.

Reza a Recomendação nº 60 da OIT, de 1930, que a aprendizagem é o meio pelo qual o empregador se obriga, mediante contrato, a empregar um menor, ensinando-lhe ou fazendo com que lhe ensinem metodicamente um ofício, durante período determinado, no qual o aprendiz se obriga a prestar serviços ao empregador.

O Sistema Nacional de Aprendizagem Industrial (SENAI) foi criado por meio do Decreto-Lei nº 4.048, de 22-1-1942. Visava organizar e administrar a aprendizagem para os industriários (art. 2º). O Decreto-Lei nº 4.481, de 16-7-1942, estabelece a quota de 5% de aprendizes em relação ao total de empregados em cada estabelecimento que demandasse formação profissional.

O Decreto-Lei nº 8.621, de 10-1-1946, criou o Serviço Nacional de Aprendizagem Comercial (SENAC) para estabelecer a aprendizagem na área comercial (art. 1º). Determinou o Decreto-Lei nº 8.622, de 10-1-1946, que os estabelecimentos comerciais de mais de nove empregados deveriam admitir aprendizes à razão de 10% sobre o total de empregados de todas as categorias em serviço no estabelecimento (art. 1º).

Esclarece a Recomendação nº 117 da OIT, de 1962, que "a formação não é um fim em si mesma, senão meio de desenvolver as aptidões profissionais de uma pessoa, levando em consideração as possibilidades de emprego e visando ainda a permitir-lhe fazer uso de suas potencialidades como melhor convenha a seus interesses e aos da comunidade". Estabelece que a preparação profissional deverá procurar jovens que ainda não têm uma atividade profissional, nem as noções elementares sobre as diversas formas de trabalho.

Considera como aprendizagem o art. 62 da Lei nº 8.069/90 (Estatuto da Criança e do Adolescente) a formação técnico-profissional ministrada segundo as diretrizes e bases da legislação de educação em vigor. Entendo que esse dispositivo está revogado pelo art. 428 da CLT, que tem redação posterior à da Lei nº 8.069/90. Já foram dadas duas novas redações ao art. 428 da CLT de forma diferente da contida no Estatuto da Criança e do Adolescente. A proteção ao trabalho do adolescente é regulada por lei especial, que pode ser a CLT, sem prejuízo do disposto na Lei nº 8.069 (art. 61 da Lei nº 8.069).

O Decreto nº 9.579, de 22-11-2018, regulamenta a aprendizagem.

O contrato de aprendizagem é o pacto de trabalho especial, ajustado por escrito e por prazo determinado, em que o empregador se compromete a assegurar ao maior de 14 e menor de 24 anos, inscrito em programa de aprendizagem, formação técnico-profissional metódica, compatível com o seu desenvolvimento físico, moral e psicológico, e o aprendiz, a executar, com zelo e diligência, as tarefas necessárias a essa formação (art. 428 da CLT).

Nem todos os aprendizes são menores, pois o aprendiz pode estar entre os 18 e os 24 anos.

Tem característica discente o contrato de aprendizagem.

A aprendizagem, entretanto, não se confunde com a orientação profissional, que tem por objeto orientar o trabalhador a escolher uma profissão.

Distingue-se a aprendizagem do estágio. Na primeira, existe contrato de trabalho entre aprendiz e empregador, sendo que o trabalhador aprende o ofício fora da empresa para utilizá-lo no empregador. O aprendiz deve ter a idade entre os 14 aos 24 anos, salvo em relação ao deficiente. O estagiário não tem idade máxima para ser admitido. O estágio não configura vínculo de emprego (art. 3º da Lei nº 11.788/2008). O desenvolvimento do estágio somente pode ser feito para pessoas que estejam frequentando cursos de educação superior, de ensino médio, de educação profissional, de educação especial e dos anos finais do ensino fundamental, na modalidade profissional. Não existe idade prevista na lei para o estágio, mas deve decorrer do tipo de curso que estiver fazendo. A aprendizagem tem por objetivo atingir o nível médio e não o nível superior de educação.

O trabalho educativo visa que o menor obtenha educação. A aprendizagem tem por objetivo aprender um ofício para exercer uma profissão.

No período anterior à Lei nº 10.097, havia dúvida se o contrato de aprendizagem era contrato por tempo determinado.

Independe o contrato de aprendizagem de termo prefixado. Não compreende execução de serviços especificados, como de montagem de uma máquina, nem diz respeito a acontecimento suscetível de previsão aproximada. Não se trata de serviço cuja natureza ou transitoriedade justifique a determinação do prazo, muito menos de atividades empresariais de caráter transitório. Logo, a aprendizagem não está enquadrada nos §§ 1º e 2º do art. 443 da CLT. É um contrato de natureza especial.

Atualmente, com as determinações do art. 428 da CLT, o contrato de aprendizagem é considerado um contrato de prazo determinado, pois há expressa previsão no referido dispositivo nesse sentido. Entretanto, ainda assim não se insere nas hipóteses dos parágrafos do art. 443 da CLT. Logo, foi criada outra hipótese, de natureza especial, para configurar o contrato de aprendizagem como pacto por tempo determinado.

Tem o contrato de aprendizagem natureza de pacto especial (art. 428 da CLT), com características próprias, pois há a combinação do ensinamento, do caráter discente, juntamente com a prestação de serviços.

Na França, por exemplo, o contrato de aprendizagem é considerado como pacto de ensino, um contrato de educação. O aprendiz trabalha para o mestre, como forma de retribuir os cuidados decorrentes de sua formação.[1]

Na verdade, se o pacto compreende trabalho, ainda que diga respeito à aprendizagem do trabalhador, com pagamento de salário e subordinação, existe contrato de trabalho, de natureza especial.

Enumera o § 1º do art. 428 da CLT os requisitos do contrato de aprendizagem, estabelecendo que a validade do pacto pressupõe:

a) anotação na Carteira de Trabalho e Previdência Social. O contrato de aprendizagem só poderá ser celebrado por escrito (art. 428 da CLT). Não será possível que o pacto seja ajustado verbalmente, justamente para evitar fraudes. A anotação da CTPS será feita pelo empregador e não pela entidade onde se desenvolve a aprendizagem;

b) matrícula e frequência do aprendiz à escola, caso não haja concluído o ensino médio. Se o aprendiz não frequentar a escola, estará descaracterizado o contrato de aprendizagem;

c) inscrição em programa de aprendizagem desenvolvido sob a orientação de entidade qualificada em formação técnico-profissional metódica.

---

1 DURAND, Paul; VITU, André. *Traité de droit du travail*. Paris: Dalloz, 1950. t. II, p. 344.

Para o aprendiz com deficiência com 18 anos ou mais, a validade do contrato de aprendizagem pressupõe anotação na CTPS e matrícula e frequência em programa de aprendizagem desenvolvido sob orientação de entidade qualificada em formação técnico-profissional metódica (§ 8º do art. 428 da CLT).

A formação técnico-profissional caracteriza-se por atividades teóricas e práticas, metodicamente organizadas em tarefas de complexidade progressiva desenvolvidas no ambiente de trabalho.

Anteriormente, o prazo máximo do contrato de aprendizagem, fixado pelo Ministro do Trabalho, não poderia exceder de três anos (§ 1º do art. 4º do Decreto nº 31.546).

Prevê o § 3º do art. 428 da CLT que o contrato de aprendizagem não poderá ser estipulado por mais de dois anos, salvo para o aprendiz deficiente. Como o contrato do aprendiz é de prazo certo, tem de atender ao art. 445 da CLT, que determina o prazo de dois anos para esse tipo de pacto. Excedido o prazo de dois anos, o pacto transforma-se em contrato de prazo indeterminado. Logo, foi revogada a determinação que previa o prazo de três anos para a aprendizagem.

O contrato de aprendizagem também não poderá ser prorrogado mais de uma vez para atingir no máximo os dois anos, em razão do disposto no art. 451 da CLT, sob pena de ser considerado contrato por tempo indeterminado.

Será impossível o contrato de aprendizagem atingir quatro anos, como na hipótese de se estipular inicialmente o pacto por dois anos e prorrogá-lo por mais dois anos. Embora tenha havido uma única prorrogação, o contrato excedeu o limite máximo de contratação de dois anos. Esse ajuste será considerado de prazo indeterminado.

Nas hipóteses em que os cursos são de três anos, excedido o prazo de dois anos do contrato, este se transforma em prazo indeterminado. O curso até poderá continuar a ser feito até ser terminado e, posteriormente, ser conferido o diploma. Após os dois anos, contudo, o contrato de trabalho será por tempo indeterminado e não mais se configurará como pacto de aprendizagem, de natureza especial, mas como contrato de trabalho comum.

Assim, o contrato de aprendizagem não será feito por todo o período entre os 14 e os 24 anos, mas por no máximo dois anos, dentro do referido interregno.

Especificava o inciso XXXIII do art. 7º da Constituição sobre a proibição de qualquer trabalho a menores de 14 anos, salvo na condição de aprendiz. Assim, o aprendiz poderia trabalhar se tivesse a idade entre 12 e 18 anos, definida no parágrafo único do art. 80 e indiretamente no art. 402 da CLT.

A Emenda Constitucional nº 20/98 deu nova redação ao inciso XXXIII do art. 7º da Lei Maior, determinando a proibição de qualquer trabalho a menores de 16 anos, salvo na condição de aprendiz, a partir dos 14 anos.

Havia necessidade de modificação da redação do art. 402 da CLT, o que foi feito pela Lei nº 10.097. O menor, para os efeitos da CLT, estava entre 14 e 18 anos. O art. 403 da CLT, com a redação da Lei nº 10.097, explicita que o aprendiz pode trabalhar a partir dos 14 anos.

O menor de 14 anos, comprovadamente com bom rendimento escolar, não pode obter autorização judicial para trabalhar, meio período, em caso de necessidade familiar. Vedam o inciso XXXIII do art. 7º da Constituição e o art. 403 da CLT *qualquer* trabalho ao menor de 16 anos, salvo na condição de aprendiz, a partir dos 14 anos. Alguns juízes da infância e juventude têm autorizado o trabalho do menor de 16 ou de 14 anos, porém há proibição expressa na legislação para esse fim. Caso o menor trabalhe, ainda que em desacordo com a Constituição ou a legislação, será reconhecido o vínculo de emprego, pois a norma constitucional não pode ser interpretada contra a pessoa que pretende proteger. Do contrário, haverá desproteção àquele que deveria ser tutelado especialmente. O tempo de contribuição será contado para fins de obtenção de futuro benefício previdenciário, pelos mesmos motivos e pelo fato de haver obrigação de recolhimento de contribuição por parte do empregador e da cota do empregado.

Mesmo que haja a prestação de serviços a determinada empresa, com caráter educativo, o vínculo de emprego deve ser reconhecido, pois o inciso II do § 3º do art. 227 da Constituição menciona que a proteção especial do trabalho da criança e do adolescente deve garantir direitos previdenciários e trabalhistas. Logo, se a criança ou adolescente prestarem serviços, ainda que de caráter educativo, será reconhecido o vínculo de emprego entre as partes, com todos os direitos trabalhistas e previdenciários.

A Convenção nº 138 da OIT estabelece a idade mínima para a admissão ao trabalho. A referida norma prevê: (a) a idade mínima básica como o término da escolaridade obrigatória, porém não pode ser inferior a 15 anos; (b) nos países em desenvolvimento com precário sistema escolar, a idade básica pode ser fixada em 14 anos; (c) é possível o trabalho com idade mínima inferior, desde que para trabalhos leves, assim caracterizados nas legislações nacionais, sempre observada a escolaridade entre 13 e 15 anos ou entre 12 e 14 anos; (d) antes dos 18 anos é vedado o trabalho em locais insalubres, perigosos e prejudiciais ao desenvolvimento físico da criança. A citada norma internacional foi aprovada pelo Decreto Legislativo nº 179, de 1999. Não foi, porém, promulgada. Entretanto, não pode ser aplicada em certos casos, pois o inciso XXXIII do art. 7º da Constituição, com a redação da Emenda Constitucional nº 20/98, dispõe que é vedado o trabalho do menor de 16 anos, salvo na condição de aprendiz, a partir dos 14 anos. Logo, nesses casos é inconstitucional.

O aprendiz menor de 18 anos não poderá trabalhar à noite e em atividades perigosas ou insalubres.

O objetivo da alteração da idade é a possibilidade de o aprendiz também estar entre os 18 e os 24 anos, permitindo que aprenda um ofício e o aplique na empresa. É uma forma de tentar qualificar as pessoas que estão entre 18 e 24 anos e não conseguem seu primeiro emprego, pois há o incentivo da redução da alíquota do FGTS para 2%.

Tratando-se de aprendiz com deficiência, a idade máxima de 24 anos não é aplicada. A lei não diz qual é a idade máxima na hipótese. Assim, não existe idade máxima. O aprendizado do deficiente pode começar aos 14 anos, mas não há limite máximo de idade para essa pessoa. Deve-se observar, porém, o prazo máximo de dois anos para o contrato de trabalho de prazo determinado e a prorrogação por uma única vez, dentro do citado prazo.

Para os fins do contrato de aprendizagem, a comprovação da escolaridade de aprendiz com deficiência deve considerar, sobretudo, as habilidades e competências relacionadas com a profissionalização (§ 6º do art. 428 da CLT).

Nas localidades onde não houver oferta de ensino médio, a contratação do aprendiz poderá ocorrer sem a frequência à escola, desde que ele já tenha concluído o ensino fundamental.

A contratação do aprendiz poderá ser efetivada pela empresa onde se realizará a aprendizagem ou pelas entidades mencionadas nos incisos II e III do art. 430 da CLT, caso em que não gera vínculo de emprego com a empresa tomadora dos serviços (art. 431 da CLT).

A condição contida no art. 431 da CLT é alternativa, tanto pode a contratação do aprendiz ser efetivada pela empresa onde se realizará a aprendizagem, como pelas entidades sem fins lucrativos.

A redação do artigo dá margem a muitas dúvidas. Na verdade, não é a entidade sem fins lucrativos que vai contratar o aprendiz, mas irá prestar o ensino da aprendizagem.

A expressão *caso em que não gera vínculo de emprego* diz respeito apenas ao que vem antes da vírgula, ou seja: *pelas entidades mencionadas no inciso II do art. 430*, isto é, às entidades sem fins lucrativos. Não gerará, portanto, vínculo de emprego com a empresa tomadora na hipótese de os cursos de aprendizagem serem prestados por entidades sem fins lucrativos. Implicará, porém, a formação de contrato de trabalho com a empresa, quando a aprendizagem não for prestada por entidade sem fim lucrativo, pois o art. 428 da CLT mostra que o contrato de aprendizagem é um contrato de trabalho especial, de prazo determinado. Do contrário, o art. 428 da CLT não faria referência à existência de contrato de trabalho.

Se estiverem presentes cumulativamente os requisitos pessoa física, continuidade, subordinação, salário e pessoalidade (art. 3º da CLT), haverá vínculo de emprego com a tomadora dos serviços, diante do princípio da realidade.

Ao aprendiz, salvo condição mais favorável, será garantido o salário mínimo hora (§ 2º do art. 428 da CLT).

Se trabalhar apenas algumas horas por dia, terá direito ao salário mínimo horário, salvo se for pactuada condição mais favorável para o empregado. O art. 432 da CLT e seu parágrafo mostram que o aprendiz vai trabalhar entre seis e oito horas.

Trata-se de condição mais favorável ao empregado e não de norma mais favorável, pois a condição pode ser estabelecida no contrato de trabalho, no regulamento de empresa ou até pelos costumes da empresa.

A duração do trabalho do aprendiz não excederá de seis horas diárias, sendo vedadas a prorrogação e a compensação da jornada (art. 432 da CLT), pois o objetivo é a aprendizagem.

Será proibido também ao aprendiz prestar horas extras, em qualquer condição, como para atender às necessidades inadiáveis do empregador, por motivo de força maior ou por qualquer outro motivo. Se as fizer, deverá recebê-las com o adicional de pelo menos 50%, salvo se a norma coletiva da categoria estabelecer adicional superior. Não seria admissível o menor prestar horas extras e não recebê-las, pois implicaria enriquecimento do empregador em prejuízo do trabalho do obreiro.

O limite acima previsto poderá ser de até oito horas diárias para os aprendizes que já tiverem completado o ensino fundamental, se nelas forem computadas as horas destinadas à aprendizagem teórica (§ 1º do art. 432 da CLT).

A finalidade da lei é permitir que o aprendiz possa completar o ensino fundamental, estipulando jornada de seis horas.

Será vedada a compensação da jornada, de forma que o empregado trabalhe um número superior de horas além das normais, ainda que seja feito por negociação coletiva.

Não fica desnaturado o contrato de aprendizagem se houver prorrogação ou compensação da jornada, desde que haja aprendizagem e observem-se os prazos do contrato por tempo determinado. O empregador incorrerá em multa administrativa por ter prorrogado ou compensado a jornada do aprendiz, prevista no art. 434 da CLT, mas o contrato de aprendizagem não restará descaracterizado, pois os requisitos para a validade do pacto de aprendizagem estão no § 1º do art. 428 da CLT. Se houver prorrogação além da jornada normal, o empregador deverá pagar as horas extras e o adicional respectivo, pois, do contrário, haveria enriquecimento ilícito da empresa.

Os estabelecimentos de qualquer natureza são obrigados a empregar e matricular nos cursos dos Serviços Nacionais de Aprendizagem número de aprendizes equivalente a 5%, no mínimo, e 15%, no máximo, dos trabalhadores existentes em cada estabelecimento, cujas funções demandem formação profissional (art. 429 da CLT).

A expressão *estabelecimento de qualquer natureza* quer dizer estabelecimento comercial, industrial, de serviços, bancário etc.

Os serviços de aprendizagem são os prestados pelo Senai, Senac, Senat e Senar.

As empresas não poderão ter menos de 5% de aprendizes, sob pena de pagar multa administrativa à União, prevista no art. 434 da CLT. O limite máximo é de 15%, porém, se a empresa desejar, poderá contratar um número maior de aprendizes.

O porcentual será calculado por estabelecimento e não em relação à empresa toda. Assim, se a empresa tiver mais de um estabelecimento, em cada um deles deverá ter 5%, no mínimo, a 15%, no máximo, de aprendizes.

Na prática, sabe-se que o dispositivo não é observado, mesmo ficando a empresa sujeita a multa, pois a fiscalização não é suficiente para fazer as verificações em todas as empresas.

O art. 429 da CLT não faz referência a número de empregados, como no art. 93 da Lei nº 8.213/91, que faz referência a 100.

Dispõe o art. 93 da Lei nº 8.213 que a empresa com 100 ou mais empregados está obrigada a preencher de 2% a 5% de seus cargos com beneficiários reabilitados ou pessoas com deficiência, habilitados.

Somadas a porcentagem de aprendizes e a de pessoas reabilitadas ou portadoras de deficiência, a empresa tem um grande porcentual a destinar para pessoas específicas. Num contexto de globalização, tais porcentuais podem diminuir as condições de concorrência da empresa no mercado.

Não há dúvida de que a questão é social e necessita de consideração, porém a empresa não pode arcar sozinha com tais hipóteses, principalmente quando empresas de outros países não têm as referidas obrigações.

Os porcentuais indicados no art. 429 da CLT não se aplicam quando o empregador for entidade sem fins lucrativos, que tenha por objetivo a educação profissional (§ 1º-A do art. 429 da CLT). Se a entidade sem fins lucrativos não for de educação profissional, como de beneficência, também deverá observar a regra de matrícula nos Serviços Nacionais de Aprendizagem. A determinação do § 1º-A do art. 429 da CLT é observada apenas em relação a entidade sem fins lucrativos que tenha por objetivo a educação profissional, pois representa aprendizado profissional. Será a porcentagem observada apenas nas empresas que demandem formação profissional. Do contrário, não será respeitada.

As microempresas e empresas de pequeno porte ficam dispensadas de empregar e matricular seus aprendizes nos cursos dos Serviços Nacionais de Aprendizagem (art. 51, III, da Lei Complementar nº 123/2006).

Os estabelecimentos mencionados no *caput* do art. 429 da CLT poderão destinar o equivalente a até 10% (dez por cento) de sua cota de aprendizes à formação técnico-profissional metódica em áreas relacionadas a práticas de atividades desportivas, à prestação de serviços relacionados à infraestrutura, incluindo as atividades de construção, ampliação, recuperação e manutenção de instalações esportivas e à organização e promoção de eventos esportivos (§ 1º-B do art. 429 da CLT).

Os estabelecimentos de que trata o *caput* do art. 429 poderão ofertar vagas de aprendizes a adolescentes usuários do Sistema Nacional de Políticas Públicas sobre Drogas (SISNAD) nas condições a serem dispostas em instrumentos de cooperação celebrados entre os estabelecimentos e os gestores locais responsáveis pela prevenção do uso indevido, atenção e reinserção social de usuários e dependentes de drogas (§ 3º do art. 429 da CLT).

As frações de unidade, no cálculo da porcentagem indicada, darão lugar à admissão de um aprendiz.

Há dúvida se as regras de aprendizagem precisam ser observadas na Administração Pública.

Em princípio, a CLT não estabelece normas diferenciadas para a Administração Pública direta, para as autarquias e fundações públicas, como ocorre no parágrafo único do art. 467 da CLT e no Decreto-Lei nº 779/69. Logo, a CLT deveria ser observada por essas entidades.

Quanto às empresas públicas que explorem atividade econômica e as sociedades de economia mista, devem observar a CLT, pois irão aplicar a legislação trabalhista (art. 173, § 1º, II, da Constituição).

Para a investidura em cargo público da União, que é o dos funcionários públicos estatutários, é preciso a idade mínima de 18 anos (art. 5º, V, da Lei nº 8.112/90). A CLT não se aplica a funcionários públicos da União, dos Estados e dos Municípios (art. 7º, c, da CLT). Logo, também não será observada a regra do art. 429 da CLT, até mesmo pela idade mínima estabelecida para a contratação de tais trabalhadores.

A Administração Pública direta pode contratar empregados públicos mediante concurso público; deve ser observada a regra do art. 429 da CLT.

Os incisos do art. 37 da Constituição trazem exceções para a exigência de concurso na Administração Pública, como em cargo de confiança (II) e para contratação por tempo determinado (IX). Entretanto, nada menciona como exceção a hipótese de contratação de aprendizes.

Mesmo nas empresas públicas que exploram atividade econômica e nas sociedades de economia mista é preciso a admissão por concurso público. O aprendiz, nesse sentido, também deveria prestar concurso público para ser admitido.

A aprendizagem não é hipótese de contratação por necessidade temporária de excepcional interesse público para se aplicar o inciso IX do art. 37 da Constituição ou a Lei nº 8.743/93.

O menor aprendiz tem emprego, contrato de trabalho, é registrado. Logo, também tem de prestar concurso público.

Na hipótese de os Serviços Nacionais de Aprendizagem não oferecerem cursos ou vagas suficientes para atender à demanda dos estabelecimentos, esta poderá ser suprida por outras entidades qualificadas em formação técnico-profissional metódica, a saber:

> "I – Escolas Técnicas de Educação;
> II – entidades sem fins lucrativos, que tenham por objetivo a assistência ao adolescente e à educação profissional, registradas no Conselho Municipal dos Direitos da Criança e do Adolescente
> III – entidades de prática desportiva das diversas modalidades filiadas ao Sistema Nacional do Desporto e aos Sistemas de Desporto dos Estados, do Distrito Federal e dos Municípios (art. 430 da CLT)".

Verifica-se, assim, que somente nos casos de impossibilidade dos Serviços Nacionais de Aprendizagem oferecerem cursos ou vagas suficientes para atender a demanda dos estabelecimentos é que poderão ser utilizadas as escolas técnicas de educação e as entidades sem fins lucrativos. Havendo o curso ou vaga para atender a demanda dos estabelecimentos, as referidas entidades não poderão ser utilizadas.

Emprega-se expressão ampla: *entidades sem fins lucrativos*. Entretanto, para a prestação da aprendizagem, o requisito será a entidade ser qualificada na formação técnico-profissional metódica. Exige o inciso II do art. 430 da CLT que a entidade sem fins lucrativos tenha por objetivo a assistência ao adolescente e a educação profissional, além do que seja registrada no Conselho Municipal dos Direitos da Criança e do Adolescente. São requisitos cumulativos e não meramente exemplificativos. Se as Legiões de guardas-mirins atenderem os requisitos mencionados, poderão prestar a aprendizagem. Se elas não ministrarem qualquer ensino profissional prático ou teórico, irá haver a descaracterização do contrato de aprendizagem e a formação de um contrato de trabalho comum com a empresa tomadora dos serviços.

Permite o art. 430 da CLT que a aprendizagem seja feita em escolas técnicas de educação. Admite o art. 40 da Lei nº 9.394/96 (Lei de Diretrizes e Bases da Educação) que a educação profissional será desenvolvida em articulação com o ensino regular ou por diferentes estratégias de educação continuada, em instituições especializadas ou no ambiente de trabalho, o que dá respaldo à aprendizagem na própria empresa. Dispõe o art. 21 da Lei nº 9.394/96 que a educação escolar compõe-se de: (a) educação básica, formada pela educação infantil (desenvolvimento da criança até seis anos de idade), ensino fundamental (com duração de oito anos) e ensino médio (duração mínima de três anos); (b) educação superior. Reza o art. 42 da Lei nº 9.394/96 que as escolas técnicas e profissionais, além de seus cursos regulares, oferecerão cursos especiais, abertos à comunidade, condicionada a matrícula à capacidade de aproveitamento e não necessariamente ao nível de escolaridade. Assim, o aprendizado poderá ser feito em escolas técnicas, mas estas não poderão ser utilizadas para fornecer educação básica, ensino fundamental, médio e superior, como ocorria com os cursos técnico-profissionalizantes.

As entidades mencionadas deverão contar com estrutura adequada ao desenvolvimento dos programas de aprendizagem, de forma a manter a qualidade do processo de ensino, bem como acompanhar e avaliar os resultados.

Ao se falar em ensino, deve haver processo de acompanhamento e avaliação do aprendizado, inclusive por meio de provas, que poderão ser práticas, justamente para verificar se o aprendiz absorveu o que lhe foi ensinado.

Aos aprendizes que concluírem os cursos de aprendizagem, com aproveitamento, será concedido certificado de qualificação profissional.

O Ministério do Trabalho fixará normas para avaliação da competência das entidades mencionadas nos incisos II e III do art. 430 da CLT (§ 3º do art. 430 da CLT). Isso será feito por portaria. Do contrário, o comando legal teria dito que a avaliação seria feita por normas fixadas em regulamento, o que só poderia ser feito por meio de decreto.

As entidades mencionadas nos incisos II e III do art. 430 da CLT deverão cadastrar seus cursos, turmas e aprendizes matriculados no Ministério do Trabalho.

Poderão as entidades firmar parcerias entre si para o desenvolvimento dos programas de aprendizagem, conforme regulamento (§ 5º do art. 430 da CLT).

Dispõe o art. 433 da CLT que "o contrato de aprendizagem extinguir-se-á no seu termo ou quando o aprendiz completar 24 anos, ressalvando a hipótese prevista no § 5º do art. 428, ou ainda antecipadamente nas seguintes hipóteses:

"I – desempenho insuficiente ou inadaptação do aprendiz, salvo para o aprendiz com deficiência quando desprovido de recursos de acessibilidade, de tecnologias assistivas e de apoio necessário ao desempenho de suas atividades;

II – falta disciplinar grave;

III – ausência injustificada à escola que implique perda do ano letivo; ou
IV – a pedido do aprendiz".

As hipóteses para a cessação do contrato do aprendiz, contidas no art. 433 da CLT, são alternativas, pois é empregada a conjunção *ou*.

O prazo máximo do contrato de aprendizagem será de dois anos (§ 3º do art. 428 da CLT), por se tratar de contrato de trabalho de prazo determinado. Se for celebrado por prazo inferior a dois anos, haverá a extinção do contrato de aprendizagem em seu termo.

Aprendiz é a pessoa que está entre 14 e 24 anos. Ao atingir 24 anos, cessa o contrato de aprendizagem, pois com idade acima de 24 anos é impossível ser aprendiz, mesmo que não tenha atingido o contrato seu termo.

O aprendiz pode não se adaptar às condições de trabalho para efeito da aprendizagem, situação em que o contrato será rescindido antecipadamente.

A ressalva do § 5º do art. 428 da CLT é a relativa à idade máxima de 24 anos, que não se aplica ao aprendiz com deficiência.

As hipóteses de falta grave são as descritas no art. 482 da CLT. Falta disciplinar grave não é hipótese de rescisão antecipada, mas de dispensa com justa causa, implicando que o empregado perde o direito ao aviso-prévio, 13º salário proporcional, às férias proporcionais e a qualquer indenização. Para o aprendiz não houve derrogação das hipóteses de justa causa, que continuam a ser as mesmas, apenas o contrato é rescindido antes do tempo normal.

Foi revogado o § 2º do art. 432 da CLT pela Lei nº 10.097. Continha a orientação de que a falta reiterada no cumprimento de dever de aprendizagem ou a falta razoável de aproveitamento na aprendizagem seria considerada justa causa para a dispensa do aprendiz. Agora, essa hipótese não é mais de falta grave para a dispensa por justa causa. Havendo desempenho insuficiente do aprendiz, inclusive na aprendizagem, ou ausência do aprendiz à escola que implique perda do ano letivo, importará rescisão antecipada do contrato de trabalho do aprendiz, porém sem justa causa. Exceção é se ficar comprovada a desídia do empregado na prestação dos serviços ou outra hipótese contida no art. 482 da CLT, que ensejará dispensa por justa causa.

Na rescisão antecipada do contrato do aprendiz, nos casos descritos nos incisos I, III e IV, não fará jus o trabalhador ou a empresa às indenizações dos arts. 479 e 480 da CLT, que tratam de rescisão antecipada de contrato de trabalho por prazo certo, determinando o pagamento de indenização. Assim, não haverá pagamento de indenização em caso de rescisão antecipada do contrato do aprendiz.

Terminado o contrato de dois anos numa empresa, o aprendiz poderá, em princípio, ser contratado nessa condição em outra empresa, pois não é o mesmo empregador que estará fazendo o contrato de aprendizagem. Se o aprendiz já concluiu o curso de aprendizagem para certa função, não poderá, porém, fazer o mesmo curso de aprendizagem para trabalhar em outra empresa, pois já o fez.

11 MENOR ASSISTIDO

O Decreto-Lei nº 2.318, de 30 de dezembro de 1986, criou, entre outras coisas, a figura do menor assistido. O § 5º do art. 4º da referida norma determinou que as demais condições relacionadas com o trabalho do menor assistido serão fixadas em ato do Poder Executivo.

O regulamento do Decreto-Lei nº 2.318 foi estabelecido pelo Decreto nº 94.338, de 18 de maio de 1987, que dispôs sobre a iniciação do trabalho do menor assistido e instituiu o Programa do Bom Menino.

Trata o art. 4º do Decreto-Lei nº 2.318 da obrigação das empresas com seis ou mais empregados de admitirem menores assistidos entre 12 e 18 anos de idade.

O objetivo da norma foi a criação da categoria do menor assistido, de modo a proporcionar uma oportunidade de iniciação à profissionalização, por meio de instituição de assistência social que o encaminhe à empresa.

A rigor, o menor assistido não se confunde com o menor aprendiz, no aspecto formal. O Programa do Bom Menino tem objetivo eminentemente social, de evitar que os menores fiquem nas ruas. A aprendizagem não tem exatamente o intuito social e assistencial, pois a finalidade é que o menor possa aprender o ofício, estudando, para poder, posteriormente, utilizá-lo na empresa. O art. 4º do Decreto-Lei nº 2.318 mostra que há necessidade de frequência à escola, com remuneração e horário reduzido de trabalho, embora no primeiro inexista vínculo de emprego, e no segundo, sim.

Era inconstitucional o Decreto-Lei nº 2.318 em sua instituição, pois a matéria somente podia ser regulada por lei, e não por decreto-lei, por inexistir urgência ou interesse público relevante, nem ser o caso de segurança nacional, finanças públicas, criação de cargos públicos ou fixação de vencimentos (art. 55 da Emenda Constitucional nº 1, de 1969).

Determina o inciso II do § 3º do art. 227 da Constituição que a proteção especial do menor implicará garantia de direitos previdenciários e trabalhistas, o que quer dizer que o menor deve ser registrado. O Decreto-Lei nº 2.318 dispõe que o menor assistido não tem direitos previdenciários e o regulamento mostra que não precisa ser registrado. Assim, o Decreto-Lei nº 2.318 foi revogado tacitamente pela Constituição.

O Decreto nº 94.338/87 foi revogado pelo Decreto de 10 de maio de 1991.

As empresas deverão admitir, como assistidos, menores entre 12 e 18 anos de idade, que frequentem escola (art. 4º do Decreto-Lei nº 2.318).

Reza o inciso XXXIII do art. 7º da Constituição que é vedado o trabalho do menor de 16 anos, salvo na condição de aprendiz, a partir de 14 anos. Somente o aprendiz pode trabalhar entre os 14 e os 16 anos e não o menor assistido, pois a Lei Maior não traz nenhuma outra exceção. Logo, este não pode trabalhar entre os 12 e os 16 anos, mas apenas a partir de 16 anos.

Determina o art. 68 da Lei nº 8.069 que o programa social que tenha por base o trabalho educativo, sob responsabilidade de entidade governamental ou não governamental sem fins lucrativos, deverá assegurar ao adolescente que dele participe condições de capacitação para o exercício de atividade regular remunerada. Entende-se por trabalho educativo a atividade laboral em que as exigências pedagógicas relativas ao desenvolvimento pessoal e social do educando prevalecem sobre o aspecto produtivo. A remuneração que o adolescente recebe pelo trabalho efetuado ou a participação na venda dos produtos de seu trabalho não desfigura o caráter educativo.

Não há recolhimento do FGTS ou incidência da contribuição previdenciária (§ 4º do art. 4º do Decreto-Lei nº 2.318), pois o menor assistido não tem vinculação com a previdência social. Entretanto, essas regras se chocam com o inciso II do § 3º do art. 227 da Constituição, que determina proteção especial ao menor, garantindo direitos previdenciários e trabalhistas, o que quer dizer que o menor deve ser registrado e gozar de direitos previdenciários. Logo, deve existir recolhimento de contribuição previdenciária e do FGTS, pois o menor será considerado empregado.

A obrigatoriedade da admissão do menor assistido fica apenas no papel, ou seja, é letra morta, pelo fato de as empresas não cumprirem tal disposição, nem haver sanção pelo descumprimento no próprio decreto-lei nº 2.318. Esse dispositivo era inconstitucional em sua edição, tendo sido revogado pelo inciso II do § 3º do art. 227 da Constituição. Entendo que o referido decreto-lei não tem de ser observado pelas empresas.

Trabalho educativo é a atividade laboral em que as exigências pedagógicas relativas ao desenvolvimento pessoal e social do educando prevalecem sobre o aspecto produtivo.

O programa social que tenha por base o trabalho educativo, sob a responsabilidade de entidade governamental ou não governamental, sem fins lucrativos, deverá assegurar ao adolescente que dele participe condições de capacidade para o exercício de atividade regular remunerada (art. 68 da Lei nº 8.069).

A remuneração que o adolescente recebe pelo trabalho efetuado ou a participação na venda dos produtos de seu trabalho não desfigura o caráter educativo.

Na prática, o uso do trabalho do menor assistido pode levar ao desemprego de outro trabalhador adulto.

Apesar do disposto na Constituição e da existência da Lei nº 8.069/90, o Brasil continua sendo o país que mais tem problemas decorrentes do abandono da criança e do adolescente nas ruas e com sua exploração. Apenas a legislação não é suficiente; há necessidade de maior participação de toda a sociedade, visando conseguir soluções para o problema.

Questões

1. O que é menor aprendiz? Qual sua idade?
2. O que é aprendizagem?
3. Há proibições do trabalho do menor em algum tipo de atividade? Quais?
4. O que é estágio e quando se evidencia?
5. O que vem a ser menor assistido?
6. Qual a duração do trabalho do menor?

Capítulo 36

NACIONALIZAÇÃO DO TRABALHO

1 HISTÓRIA

O Decreto nº 19.482, de 12-12-1930, teve preocupação com o desemprego e a entrada desordenada de estrangeiros em nosso país. As empresas deveriam ter em seus quadros de empregados dois terços de trabalhadores nacionais. Era a chamada Lei dos Dois Terços.

Getúlio Vargas, na época, levantava a bandeira contra os exploradores estrangeiros. A Lei dos Dois Terços serviu como dividendo político contra aquelas pessoas. A referida norma não foi apta, porém, a evitar a entrada de estrangeiros no território nacional, mas, sim, as leis de imigração. O Decreto nº 20.291, de 21-8-1931, regulamentou aquela disposição.

A Constituição de 1934 estabeleceu no art. 135 que "a lei determinará a percentagem de empregados brasileiros que devam ser mantidos obrigatoriamente nos serviços públicos dados em concessão, e nos estabelecimentos de determinados ramos de comércio e indústria". A alínea *a* do § 1º do art. 121 proibiu diferença de salário para um mesmo trabalho por motivo de nacionalidade.

A Constituição de 1937 repetiu o art. 135 da Lei Fundamental de 1934 no art. 153, com a mesma redação. A regulamentação da Lei Maior foi feita pelo Decreto-Lei nº 1.843, de 7-12-1939.

Os arts. 352 a 371 da CLT estão no capítulo "Da nacionalização do trabalho".

Estabeleceu o inciso XI do art. 157 da Constituição de 1946 sobre a "fixação das percentagens de empregados brasileiros nos serviços públicos dados em concessão e nos estabelecimentos de determinados ramos do comércio e da indústria". O inciso II do art. 157 declarava a proibição de diferença de salário para um mesmo trabalho por motivo de nacionalidade.

A Constituição de 1967 repetiu o mesmo preceito do inciso XI do art. 157 da Lei Maior de 1946 no inciso XII do art. 158. O inciso XII do art. 165 da EC nº 1, de 1969, versou sobre o tema da mesma forma.

A Lei Fundamental de 1988 não tratou do assunto como o faziam as Constituições anteriores.

2 DIREITO INTERNACIONAL

Deverão ser asseguradas condições de trabalho visando tratamento econômico equitativo a todos os trabalhadores residentes legalmente no país (art. 427, 8, do Tratado de Versalhes).

No âmbito da OIT, temos algumas Convenções que tratam do tema genericamente.

A Convenção nº 19, de 1925, entrou em vigor no plano internacional em 8-9-1926. Foi aprovada pelo Decreto Legislativo nº 24, de 29-5-1956, ratificada em 25-4-1957 e promulgada pelo Decreto nº 41.721, de 25-6-1957, tendo vigência nacional em 25-4-58. Trata da igualdade entre estrangeiros e nacionais quanto a acidente do trabalho.

A Convenção nº 97, de 1949, entrou em vigor em 22-1-1952. Foi aprovada pelo Decreto Legislativo nº 20, de 1965. Foi promulgada pelo Decreto nº 58.819, de 14-7-1966. Trata a referida norma sobre a emigração e imigração.

A Convenção nº 118, de 1962, entrou em vigor no plano internacional em 25-4-1964. Foi aprovada pelo Decreto Legislativo nº 31, de 20-8-1968. Foi promulgada pelo Decreto nº 66.497, de 27-4-1970. Versa sobre a igualdade de tratamento entre nacionais e estrangeiros em matéria de Previdência Social.

O Brasil também aprovou a Convenção nº 111, da OIT, de 1958, que trata da discriminação entre nacionais e estrangeiros.

Há, ainda, o tratado de reciprocidade de direitos trabalhistas e previdenciários de Itaipu, entre Brasil e Paraguai.

3 VIGÊNCIA

Na Constituição de 1967 (§ 1º do art. 150) e na Emenda Constitucional nº 1, de 1969 (§ 1º do art. 153), falava-se apenas que não haveria distinção de sexo, raça, trabalho, credo religioso e convicções políticas.

O *caput* do art. 5º da Constituição de 1988 não repete aquelas disposições, fazendo a ressalva expressa de que todos são iguais perante a lei, "sem distinção de qualquer natureza". Assim, não poderia haver distinção quanto aos estrangeiros, estando revogados por incompatibilidade com a Lei Fundamental os arts. 352 a 362 da CLT.

A Constituição de 1946 determinava a necessidade de lei para a "fixação das percentagens de empregados brasileiros nos serviços públicos dados em concessão e nos estabelecimentos de determinados ramos do comércio e da indústria" (art. 157, XI). O inciso XII do art. 158 da Constituição de 1967 e o inciso XII do art. 165 da Emenda Constitucional nº 1, de 1969, repetiram aproximadamente a mesma redação da Constituição de 1946. A Constituição de 1988 não repetiu aquelas disposições. Assim, não foram recepcionados os arts. 352 a 371 da CLT, que estavam de acordo com a Emenda Constitucional nº 1, de 1969, mas não estão conformes à Constituição atual, que não faz aquela ressalva.

No âmbito internacional a Convenção nº 111 da OIT, de 1958, estabelece em seu art. 1º que a nacionalidade não deve alterar a igualdade de oportunidade para a obtenção de emprego ou ocupação, bem como o tratamento a ser dispensado nessa ocasião. O Brasil aprovou a referida norma internacional pelo Decreto Legislativo nº 104, de 24-11-1964, depositando o instrumento de ratificação em 26-11-1965. A promulgação foi feita pelo Decreto nº 62.150, de 19-1-1968. As disposições dos arts. 352 a 362 são incompatíveis com a Convenção nº 111 da OIT, pois a lei posterior revoga a anterior, visto que as disposições da referida norma são incompatíveis com aqueles comandos legais da CLT, tendo a norma internacional, depois de ratificada, força de lei federal.

4 PROPORCIONALIDADE

Mostra o art. 352 da CLT que as empresas, individuais ou coletivas, que explorem serviços públicos dados em concessão, ou que exerçam atividades industriais ou comerciais, são obrigadas a ter em seu quadro de pessoal, quando composto de três ou mais empregados, uma proporção de brasileiros de 2/3 (art. 354 da CLT). O mesmo se observa em relação aos químicos (art. 349 da CLT) e quanto aos tripulantes de navios ou embarcações nacionais (art. 369 da CLT).

O art. 353 da CLT estabelece que se equiparam a brasileiros os estrangeiros que, residindo no país há mais de 10 anos, tenham cônjuge ou filho brasileiro. A proporcionalidade deverá ser observada na empresa, ou seja, inclusive em cada um de seus estabelecimentos ou em toda a empresa. O parágrafo único do art. 354 da CLT mostra esse fato ao falar em proporcionalidade sobre a folha de salários, que vai incluir todos os estabelecimentos da empresa.

A proporcionalidade, de acordo com o art. 352 da CLT, pode ser reduzida por decreto do Presidente da República, porém não poderá ser aumentada.

No cômputo da proporcionalidade podem ser incluídos os trabalhadores que exerçam funções técnicas especializadas, a não ser que o Ministério do Trabalho venha a excluí-los da relação, em razão de falta de trabalhadores nacionais (art. 357 da CLT).

Se a empresa explorar várias atividades, tendo empregados sujeitos a proporções inferiores a dois terços, deverá observar, em relação a cada uma delas, a proporção que lhe corresponder (art. 356 da CLT). É o que ocorreria numa empresa em que, por exemplo, se exigisse a proporcionalidade de 1/3 de brasileiros para motoristas, tendo ela 30 desses profissionais. Supondo que a empresa tivesse três mil funcionários no total e desempenhasse atividade comercial, dois mil deveriam ser brasileiros, e, dos motoristas, 10 deveriam ser brasileiros.

5 EMPRESAS

O art. 352 da CLT determina que a proporcionalidade de 2/3 se aplica às empresas que exerçam atividades industriais e comerciais. Por exclusão: não se aplica essa proporcionalidade às sociedades civis e atividades rurais.

Nas indústrias rurais, não se observa a proporcionalidade, desde que, em zona agrícola, se destinem ao beneficiamento ou transformação de produtos da região e a atividades industriais de natureza extrativa, salvo a mineração (§ 2º do art. 352 da CLT).

6 FRONTEIRIÇO E SERVIÇAL

Apenas o estrangeiro fronteiriço é que pode exercer atividade remunerada no território nacional sem ter CTPS, sendo suficiente o documento de identidade expedido pela Polícia Federal. Essa pessoa é a que habita país limítrofe em relação ao Brasil e é domiciliada em cidade contígua ao território nacional. Há, assim, a possibilidade de o fronteiriço trabalhar em Municípios que fazem fronteira com o Brasil. Se o fronteiriço pretender trabalhar em outras partes do território nacional, deverá possuir CTPS.

O empregado particular titular de visto de cortesia somente poderá exercer atividade remunerada para o titular de visto diplomático, oficial ou de cortesia ao qual esteja vinculado, sob o amparo da legislação trabalhista brasileira (art. 18 da Lei nº 13.445/2017). O titular de visto diplomático, oficial ou de cortesia será responsável pela saída de seu empregado do território nacional.

A fim de facilitar a sua livre circulação, poderá ser concedida ao residente fronteiriço, mediante requerimento, autorização para a realização de atos da vida civil (art. 23 da Lei nº 13.445/2017). A autorização indicará o Município fronteiriço no qual o residente estará autorizado a exercer os direitos a ele atribuídos (art. 24 da Lei nº 13.445/2017). O residente fronteiriço detentor da autorização gozará das garantias e dos direitos assegurados pelo regime geral de migração desta lei, conforme especificado em regulamento. O espaço geográfico de abrangência e de validade da autorização será especificado no documento de residente fronteiriço. O documento de residente fronteiriço será cancelado, a qualquer tempo, se o titular: I – tiver fraudado documento ou utilizado documento falso para obtê-lo; II – obtiver outra condição migratória; III – sofrer condenação penal; ou IV – exercer direito fora dos limites previstos na autorização (art. 25 da Lei nº 13.445/2017).

Os empregadores não poderão contratar empregados estrangeiros com visto temporário, de turista ou de trânsito, que não podem exercer atividade remunerada no país. A única exceção é a do estrangeiro admitido temporariamente sob contrato, tendo de exercer sua atividade na empresa que o contratou, desde que haja autorização do Ministério da Justiça, sendo ouvido, para tal fim, o Ministério do Trabalho.

7 EQUIPARAÇÃO SALARIAL

A equiparação salarial entre brasileiros e estrangeiros faz-se por analogia, de acordo com o que se depreende do art. 358 da CLT. Não se poderia dizer que esse artigo teria sido revogado pelo inciso II do art. 157 da Constituição de 1946, que vedava a distinção de salários por motivo da nacionalidade, pois, no caso, a equiparação é do brasileiro com o estrangeiro e não vice-versa. O art. 358 da CLT não traz prejuízo ao estrangeiro, apenas aumenta o direito dos empregados brasileiros. Tal artigo foi revogado pelo *caput* do art. 5º da atual Constituição.

Ao se falar em equiparação por analogia não se aplica a regra do art. 461 da CLT, bastando apenas que as funções sejam semelhantes.

A equiparação salarial por analogia se excetua quando, nos estabelecimentos em que não haja quadro organizado em carreira, o brasileiro contar menos de dois anos de tempo de serviço na empresa e não na função e o estrangeiro mais de dois anos. Havendo quadro homologado em carreira pelo Ministério do Trabalho, em que seja garantido o acesso por antiguidade, não se aplica a equiparação. O mesmo se observa quando a remuneração resultar de maior produção, para os que trabalham à base de comissão ou tarefa.

A alínea *c* do art. 358 da CLT ainda distingue outra hipótese em que se exclui a equiparação, que é a de ser o empregado brasileiro aprendiz, ajudante ou servente, e não o for o estrangeiro. Quanto ao aprendiz, é justa a determinação, pois este não tem formação completa e o estrangeiro a possui.

8 DESPEDIMENTO

O parágrafo único do art. 358 da CLT trata de outra regra discriminatória ao dizer que a dispensa do empregado estrangeiro deve preceder à do brasileiro que exerça função análoga, nos casos de falta ou cessação do serviço. Essa disposição já deveria ser considerada revogada pelas Constituições anteriores, pois fere o princípio da igualdade, ou pela Convenção nº 111, e mais ainda com o advento do *caput* do art. 5º da atual Lei Maior.

9 RELAÇÃO DE EMPREGADOS

A relação de empregados de que trata o art. 360 da CLT fica substituída pela RAIS (Relação Anual de Informações Sociais), instituída pelo Decreto nº 76.900, de 23-12-1975, em que são comunicados todos os dados relativos aos empregados.

O Decreto nº 97.936/89 criou o Cadastro Nacional do Trabalhador e extinguiu a RAIS, a comunicação de admissões e dispensas, a relação de empregados e a relação de salários-de-contribuição. O art. 4º do Decreto nº 97.936/89 instituiu o Documento de Informações Sociais (DIS).

As microempresas e empresas de pequeno porte devem apresentar a RAIS e o Cadastro Geral de Empregados e Desempregados (CAGED) (art. 52, IV, da Lei Complementar nº 123/2006).

10 REGISTRO DE ESTRANGEIRO

A CTPS do estrangeiro já contém o número do documento de naturalização ou data da chegada ao Brasil e demais elementos constantes da identidade de estrangeiro (art. 16, IV, da CLT), que serão transportados para a ficha de registro de empregados.

Questões

1. O que vem a ser Lei dos Dois Terços?
2. Está em vigor a disposição da CLT que trata dessa distinção?
3. Como se dá a equiparação salarial com os estrangeiros? Em que hipótese ela não ocorre?

Capítulo 37

SEGURANÇA E MEDICINA DO TRABALHO

1 HISTÓRICO

A Bíblia afirma que "quando você construir uma casa nova, faça um parapeito em torno do terraço, para que não traga sobre a sua casa a culpa pelo derramamento de sangue inocente, caso alguém caia do terraço" (Deuteronômio 22:9).

Referia a Constituição de 1934, como direito do trabalhador, a assistência médica e sanitária (art. 121, § 1º, *h*).

Tratava a Constituição de 1937, como norma que a legislação do trabalho deveria observar: assistência médica e higiênica a ser dada ao trabalhador (art. 137, *l*).

A Constituição de 1946, no inciso VIII do art. 157, mencionava que os trabalhadores teriam direito à higiene e segurança do trabalho.

A Lei nº 5.161, de 1966, criou a Fundação Centro Nacional de Segurança, Higiene e Medicina do Trabalho.

A Constituição de 1967 reconheceu, também, o direito dos trabalhadores à higiene e segurança no trabalho (art. 158, IX). A Emenda Constitucional nº 1, de 1969, repetiu a mesma disposição (art. 165, IX).

Os arts. 154 a 201 da CLT tiveram nova redação determinada pela Lei nº 6.514, de 22-12-1977, passando a tratar da segurança e medicina do trabalho e não de higiene e segurança no trabalho. A Portaria nº 3.214, de 8-6-1978, declarou as atividades insalubres e perigosas ao trabalhador.

A Constituição de 1988 modificou a orientação das normas constitucionais anteriores, especificando que o trabalhador tem direito à "redução dos riscos inerentes ao trabalho, por meio de normas de saúde, higiene e segurança" (art. 7º, XXII).

2 ÂMBITO INTERNACIONAL

Do ponto de vista internacional, a OIT vem-se preocupando com o tema medicina e segurança do trabalho. Para tanto, foram expedidas várias convenções.

A Convenção nº 12, de 1921, trata de acidentes do trabalho na agricultura, e foi ratificada pelo Brasil. A Convenção nº 13, de 1921, versa sobre a proibição do emprego de menores de 18 anos e mulheres nos trabalhos em contato com serviços de pintura industrial em que sejam usados produtos com sais de chumbo. A Convenção nº 17, de 1925, especificou sobre indenização por acidente do trabalho. A Convenção nº 18, de 1925, enfocou o tema indenização por enfermidades profissionais. A Convenção nº 115, de 1960, tratou de proteção contra radiações, sendo ratificada pelo Brasil. A Convenção nº 119, de 1963, aprovada pelo Decreto Legislativo nº 232, de 16-12-1991, e promulgada pelo Decreto nº 1.255, de 29-9-1994, trata sobre a proteção das máquinas. A Convenção nº 127, de 1967, especificou o peso máximo de carga para o transporte humano e foi ratificada pelo Brasil. A Convenção nº 133, de 1970, aprovada pelo Decreto Legislativo nº 222, de 12-10-1991, e promulgada pelo Decreto nº 1.257, de 29-9-1994, trata de alojamento a bordo de navios, inclusive da tripulação.

O Decreto nº 3.251/99 promulga a Convenção nº 134 da OIT sobre prevenção de acidente do trabalho marítimo.

A Convenção nº 136, de 1971, aprovada pelo Brasil pelo Decreto Legislativo nº 76, de 19-9-1992, e promulgada pelo Decreto nº 1.253, de 27-9-1994, trata da proteção contra riscos de intoxicação provocados por benzeno; esclarece que as mulheres grávidas e em estado de amamentação não poderão ser empregadas em trabalhos que acarretem exposição ao benzeno; os menores de 18 anos não poderão prestar serviços em trabalhos com exposição ao benzeno ou a seus derivados (art. 11). A Recomendação nº 144 complementa a Convenção nº 136, versando também sobre a proteção contra os riscos de intoxicação provocados pelo benzeno. A Convenção nº 139, de 1974, versou sobre a prevenção e controle dos riscos profissionais causados por substâncias ou agentes cancerígenos.

A Convenção nº 148, de 1977, promulgada pelo Decreto nº 93.413, de 15-10-1986, visa proteger os trabalhadores contra os riscos profissionais devidos à contaminação do ar, ao ruído e às vibrações no local de trabalho. A Convenção nº 152, de 1979, aprovada pelo Brasil pelo Decreto Legislativo nº 84, de 11-12-1989, e promulgada pelo Decreto nº 99.534, de 19-9-1990, trata da segurança e higiene dos trabalhos portuários.

A Convenção nº 155, de 1981, aprovada pelo Decreto Legislativo nº 2, de 17-3-1992, e promulgada pelo Decreto nº 1.254, de 29-9-1994, estabelece regras para a segurança e a saúde dos trabalhadores e meio ambiente de trabalho. O item 2 do art. 4º da Convenção nº 155 da OIT afirma que a política nacional do meio ambiente terá por objetivo prevenir os acidentes e os danos para a saúde que sejam consequência do trabalho, guardem relação com atividade laboral ou sobrevenham durante o trabalho, reduzindo ao mínimo, na medida em que seja razoável e possível as causas dos riscos inerentes ao meio ambiente do trabalho. Dispõe o art. 21 que nenhuma providência na área de segurança e higiene do trabalho poderá implicar ônus financeiro aos trabalhadores. Prevê o art. 19, *f*, a obrigação dos trabalhadores de cooperarem no cumprimento das normas de segurança e saúde estabelecidas pelos empregadores, devendo comunicar ao superior hierárquico qualquer situação que envolva um perigo iminente e grave.

A Convenção nº 161, de 1985, aprovada pelo Decreto Legislativo nº 86, de 14-12-1989 e promulgada pelo Decreto nº 127, de 22-5-1991, versa sobre serviços de saúde do trabalho. A Convenção nº 162, de 1986, trata da utilização do asbesto em condições de segurança. A Convenção nº 164, de 1987, fala na proteção à saúde e assistência médica aos tripulantes marítimos. A Convenção nº 167, de 1988, versa sobre segurança e saúde na construção. O Decreto Legislativo nº 61, de 18-4-2006, aprova a Convenção nº 167 da OIT e a Recomendação 175 sobre Segurança e Saúde na Construção. O Decreto nº 6.271, de 22-11-2007, promulga a Convenção nº 167 e a Recomendação nº 175.

A Convenção nº 171, de 1990, especifica sobre a utilização de produtos químicos perigosos nos locais de trabalho.

O Decreto Legislativo nº 62, de 18-4-2006, aprova a Convenção nº 176 da OIT e a Recomendação 183 sobre Segurança e Saúde nas Minas. O Decreto nº 6.270, de 22-11-2007, promulga a Convenção nº 176 e a Recomendação nº 183 da OIT.

A Convenção nº 187 da OIT foi adotada em 15 de junho de 2006. Trata-se do marco promocional para a segurança e saúde no trabalho. Não foi ratificada pelo Brasil.

3 DENOMINAÇÃO

Anteriormente, o nome que se dava à matéria em estudo era higiene e segurança do trabalho, por força de que assim estava disposto na CLT. Com a edição da Lei nº 6.514, de 22-12-1977, passou-se a utilizar a denominação segurança e medicina do trabalho. O uso da palavra *higiene* mostrava o enfoque que era feito apenas quanto à conservação da saúde do trabalhador. O vocábulo medicina é mais abrangente, pois evidencia não só o aspecto saúde, mas também a cura das doenças e sua prevenção no trabalho.

4 CONCEITO

A segurança e a medicina do trabalho são o segmento do Direito do Trabalho incumbido de oferecer condições de proteção à saúde do trabalhador no local de trabalho, e de sua recuperação quando não estiver em condições de prestar serviços ao empregador.

5 FUNDAMENTOS

Até o início do século XVIII, não havia preocupação com a saúde do trabalhador. Com o advento da Revolução Industrial e de novos processos industriais – a modernização das máquinas –, começaram a surgir doenças ou acidentes decorrentes do trabalho. A partir desse momento, há necessidade de elaboração de normas para melhorar o ambiente de trabalho em seus mais diversos aspectos, de modo que o trabalhador não possa ser prejudicado com agentes nocivos a sua saúde. O Direito passou, então, a determinar certas condições mínimas que deveriam ser observadas pelo empregador, inclusive aplicando sanções para tanto e exercendo fiscalização sobre as regras determinadas.

No Brasil, o legislador mostrou-se consciente das modificações tecnológicas e das consequências na saúde do trabalhador. Tanto que foi editada a Lei nº 6.514/77, que deu nova redação aos arts. 154 a 201 da CLT, tendo sido complementada pela Portaria nº 3.214/78, que dispôs, entre outras coisas, sobre serviço especializado em segurança e medicina do trabalho, equipamento de proteção individual, atividades e operações insalubres e perigosas etc.

6 REGRAS GERAIS

Meio ambiente é o conjunto de condições, leis, influências e integrações de ordem física, química e biológica, que permite, abriga e rege a vida em todas as suas formas (art. 3º, I, da Lei nº 6.938/81).

O princípio da prevenção implica evitar determinados riscos imprevistos. Importa em adotar medidas amplas para antecipar medidas para evitar prejuízos à saúde do trabalhador.

Ao sistema único de saúde compete, além de outras atribuições, nos termos da lei: colaborar na proteção do meio ambiente, nele compreendido o do trabalho (art. 200, VIII, da Constituição).

As empresas têm por obrigação: (a) cumprir e fazer cumprir as normas de segurança e medicina do trabalho; (b) instruir os empregados, por meio de ordens de serviço, quanto às precauções a tomar para evitar acidentes do trabalho ou doenças ocupacionais; (c) adotar as medidas que lhes sejam determinadas pelo órgão regional competente; (d) facilitar o exercício da fiscalização pela autoridade competente (art. 157 da CLT).

Os empregados deverão observar as normas de segurança e medicina do trabalho, inclusive as instruções ou ordens de serviços quanto às precauções no local de trabalho, de modo a evitar acidentes do trabalho ou doenças ocupacionais. Devem, também, colaborar com a empresa na aplicação das normas de medicina e segurança do trabalho. Considera-se falta grave do empregado quando este não observa as instruções expedidas pelo empregador, assim como não usa os equipamentos de proteção individual que lhe são fornecidos pela empresa (art. 158 da CLT). A falta grave do empregado dependerá da gravidade do ato praticado ou de sua reiteração, sendo passível, antes, de advertência ou suspensão, se o ato não foi considerado grave o bastante para rescindir o contrato de trabalho.

As Delegacias do Trabalho deverão promover a fiscalização do cumprimento das normas de segurança e medicina do trabalho nas empresas, adotando as medidas necessárias, determinando obras e reparos que, em qualquer local de trabalho, sejam exigíveis e impondo as penalidades pelo descumprimento de tais regras (art. 156 da CLT).

7 MEDIDAS PREVENTIVAS DE MEDICINA DO TRABALHO

O exame médico é uma das medidas preventivas de medicina do trabalho. Será obrigatório, mas sempre por conta do empregador. O empregado não deverá desembolsar nenhum valor para efeito do exame médico. O empregador está sujeito, quando solicitado, a apresentar ao agente de inspeção do trabalho os comprovantes de custeio de todas as despesas com os exames médicos. Assim, deve ser feito: (a) na admissão; (b) na dispensa e (c) periodicamente (art. 168 da CLT). O Ministério do Trabalho é que determinará quando serão exigíveis os exames médicos por ocasião da dispensa e os complementares.

Não mais se exige a abreugrafia quando da admissão do empregado, como se verificava da redação do § 1º do art. 168 da CLT, que, inclusive, foi excluída dos exames obrigatórios (Portaria nº 3.720, de 31-10-1990). A abreugrafia é um processo de fixar, por meio de máquina fotográfica de pequeno formato, a imagem telerradiográfica, que se faz por meio de raios X. A abreugrafia foi substituída por uma radiografia do tórax sempre que o candidato a emprego tenha ficado exposto a agentes insalubres, capazes de causar lesão pulmonar, detectável por meio da telerradiografia.

O médico poderá exigir outros exames complementares, a seu critério, para apuração da capacidade ou aptidão física e mental do empregado em razão da função que deva exercer.

Os resultados dos exames médicos deverão ser comunicados ao trabalhador, inclusive o complementar, observados os preceitos da ética médica.

A NR 7 da Portaria nº 3.214/78 dá maiores esclarecimentos sobre os exames médicos. Para trabalhadores cujas atividades envolvam os riscos mencionados nos quadros I e II da NR 7, a periodicidade de avaliação dos indicadores biológicos deverá ser, no mínimo, semestral, podendo ser reduzida a critério do médico coordenador, ou por notificação de médico agente da inspeção do trabalho, ou mediante negociação coletiva do trabalho.

Será realizado o exame médico admissional antes que o trabalhador assuma suas atividades.

O exame médico periódico será feito da seguinte forma: (a) para trabalhadores expostos a riscos ou situações de trabalho que impliquem o desencadeamento ou agravamento de doença ocupacional, ou, ainda, para aqueles que sejam portadores de doenças crônicas, os exames deverão ser repetidos: a.1) a cada ano ou a intervalos menores, a critério do médico encarregado, ou se notificado pelo médico agente da inspeção do trabalho, ou, ainda, como resultado de negociação coletiva de trabalho; a. 2) de acordo com a periodicidade especificada no Anexo nº 06 da NR 15, para os trabalhadores expostos a condições hiperbáricas; (b) para os demais trabalhadores: b. 1) anual, quando menores de 18 anos e maiores de 45 anos de idade; b. 2) a cada dois anos, para os trabalhadores entre 18 anos e 45 anos de idade. O exame médico de retorno ao trabalho deverá ser realizado obrigatoriamente no primeiro dia da volta ao trabalho do trabalhador ausente por período igual ou superior a 30 dias por motivo de doença ou acidente, de natureza ocupacional ou não, ou parto. O exame médico de mudança de função será obrigatoriamente realizado antes da data da mudança. O exame médico demissional será obrigatoriamente realizado até a data da homologação, desde que o último exame médico ocupacional tenha sido realizado há mais de: 135 dias para as empresas de grau de risco 1 e 2; 90 dias para as empresas de grau de risco 3 e 4, segundo o Quadro I da NR 4. Por determinação do Delegado Regional do Trabalho ou de norma coletiva, os exames médicos demissionais poderão ser feitos em outro período, dependendo do risco grave aos trabalhadores. Empresas enquadradas no grau de risco 1 e 2 poderão ampliar o período de 135 dias por negociação coletiva. Empresas enquadradas no grau de risco 3 e 4 poderão ampliar o período de 90 dias, por negociação coletiva. Para cada exame médico realizado, o médico emitirá o Atestado de Saúde Ocupacional (ASO), em duas vias.

Compreende também o exame médico avaliação clínica, abrangendo anamnese ocupacional e exame físico e mental. Os registros de avaliação clínica e dos exames complementares deverão ser mantidos por período mínimo de 20 anos após o desligamento do trabalhador.

Serão exigidos exames toxicológicos, previamente à admissão e por ocasião do desligamento, quando se tratar de motorista profissional, assegurados o direito à contraprova em caso de resultado positivo e a confidencialidade dos resultados dos respectivos exames (§ 6º do art. 168 da CLT). Será obrigatório exame toxicológico com janela de detecção mínima de 90 dias, específico para substâncias psicoativas que causem dependência ou, comprovadamente, comprometam a capacidade de direção, podendo ser utilizado para essa finalidade o exame toxicológico previsto na Lei nº 9.503, de 23 de setembro de 1997 – Código de Trânsito Brasileiro, desde que realizado nos últimos 60 dias (§ 7º do art. 168 da CLT).

O resultado do exame somente será divulgado para o interessado e não poderá ser utilizado para fins estranhos a normas de segurança e medicina do trabalho ou ao disposto no § 6º do art. 168 da CLT (§ 6º do art. 148-A do Código de Trânsito). O exame será realizado, em regime de livre concorrência, pelos laboratórios credenciados pelo Departamento Nacional de Trânsito – DENATRAN, nos termos das normas do Contran, vedado aos entes públicos: I – fixar preços para os exames; II – limitar o número de empresas ou o número de locais em que a atividade pode ser exercida; e III – estabelecer regras de exclusividade territorial.

Aos motoristas profissionais dependentes de substâncias psicoativas é assegurado o pleno atendimento pelas unidades de saúde municipal, estadual e federal, no âmbito do Sistema Único de Saúde, podendo ser realizados convênios com entidades privadas para o cumprimento da obrigação (art. 3º da Lei nº 13.103/2015).

Todo estabelecimento deverá estar equipado com material necessário à prestação de primeiros socorros, considerando-se as características da atividade desenvolvida. O material deverá ser guardado em local adequado e aos cuidados de pessoa treinada para esse fim.

Constatada doença profissional ou produzida em virtude de condições especiais do trabalho, ou se dela se suspeitar, a empresa deverá encaminhar o empregado imediatamente ao INSS.

As Cooperativas de Trabalho devem observar as normas de saúde e segurança do trabalho previstas na legislação em vigor e em atos normativos expedidos pelas autoridades competentes (art. 8º da Lei nº 12.690/2012). O contratante da Cooperativa de Trabalho responde solidariamente pelo cumprimento das normas de saúde e segurança do trabalho quando os serviços forem prestados no seu estabelecimento ou em local por ele determinado (art. 9º da Lei nº 12.690/2012).

8 CONDIÇÕES DE SEGURANÇA

Com base no art. 200 da CLT, foi expedida a Portaria nº 3.214/78, que trata de uma série de normas complementares no que diz respeito a condições de segurança no trabalho.

Nos locais de trabalho rural serão observadas as normas de segurança e higiene estabelecidas em portaria do Ministro do Trabalho (art. 13 da Lei nº 5.889/73). A Portaria MTE nº 86, de 3-3-2005, trata de segurança e saúde no trabalho na agricultura, na pecuária, na silvicultura, na exploração de floresta e na aquicultura.

8.1 Equipamento de proteção individual

As empresas devem fornecer obrigatoriamente aos empregados o Equipamento de Proteção Individual (EPI), gratuitamente, de maneira a protegê-los contra os riscos de acidentes do trabalho e danos a sua saúde. A NR 6 da Portaria nº 3.214/78 especifica regras sobre EPIs.

As empresas tomadoras do trabalho avulso são responsáveis pelo fornecimento de EPIs e por zelar pelo cumprimento das normas de segurança no trabalho (art. 9º da Lei nº 12.023/2009).

O EPI só será posto à venda mediante certificado de aprovação (CA) do MTb, devendo estar em perfeito estado de conservação e de funcionamento.

São considerados, entre outros, equipamentos de proteção individual: protetores auriculares (tipo concha ou *plug*), luvas, máscaras, calçados, capacetes, óculos, vestimentas etc.

Há necessidade de que o empregador e seus prepostos fiscalizem o efetivo uso dos EPIs.

Quanto ao EPI, o empregador deverá adquirir o tipo adequado às atividades do empregado; treinar o trabalhador para o seu uso; substituí-lo quando danificado ou extraviado; e tornar obrigatório seu uso.

8.2 Órgãos de segurança e medicina do trabalho nas empresas

8.2.1 SESMT

As empresas estão obrigadas a manter serviços especializados em segurança e em medicina do trabalho, nos quais será necessária a existência de profissionais especializados exigidos em cada empresa (médico e engenheiro do trabalho). São os Serviços Especializados em Engenharia de Segurança e em Medicina do Trabalho (SESMT). Suas regras são especificadas na NR 4 da Portaria nº 3.214/78.

O dimensionamento do SESMT depende da gradação do risco da atividade principal e do número total de empregados existentes no estabelecimento.

Se a empresa tem mais de 50% de seus empregados em estabelecimento ou setor com atividade em que o grau de risco seja superior ao da atividade principal, deverá dimensionar os Serviços Especializados em razão do maior grau de risco.

O Decreto nº 92.530, de 7-4-1986, dispôs sobre a especialização de engenheiros e arquitetos em engenharia de segurança do trabalho e sobre a profissão de técnico de segurança do trabalho. A Lei nº 7.410, de 27-11-1985, regulou a atividade de engenharia de segurança.

8.2.2 Cipa

De acordo com o art. 163 da CLT, é obrigatória a constituição de Comissão Interna de Prevenção de Acidentes (Cipa), conforme as instruções do Ministério do Trabalho que estão contidas na NR 5 da Portaria nº 3.214/78.

Tem a Cipa por objetivo observar e relatar as condições de risco nos ambientes de trabalho e solicitar as medidas para reduzir até eliminar os riscos existentes e/ou neutralizá-los, discutindo os acidentes ocorridos e solicitando medidas que os previnam, assim como orientando os trabalhadores quanto a sua prevenção.

Será a Cipa composta de representantes da empresa e dos empregados. Os representantes do empregador, titulares e suplentes, serão por ele designados, anualmente, entre os quais o presidente da Cipa. Os representantes dos empregados, titulares e suplentes, serão eleitos em escrutínio secreto pelos interessados, independentemente de serem sindicalizados, entre os quais estará o vice-presidente da

Cipa. O mandato dos membros eleitos da Cipa é de um ano, permitida uma reeleição. Os representantes titulares do empregador não poderão ser reconduzidos por mais de dois mandatos consecutivos.

Deverá a Cipa ser registrada no órgão regional do Ministério do Trabalho até 10 dias depois da eleição, devendo suas atas ser registradas em livro próprio.

A eleição para o novo mandato da Cipa deverá ser convocada pelo empregador, com prazo mínimo de 45 dias antes do término do mandato e realizada com antecedência mínima de 30 dias de seu término.

O membro titular perderá o mandato e será substituído pelo suplente quando faltar a mais de quatro reuniões ordinárias sem justificativa. Os empregados deverão fazer um curso de Cipa.

Tratando-se de empreiteiras ou de empresas prestadoras de serviços, considera-se estabelecimento o local em que seus empregados estiverem exercendo suas atividades.

A Cipa não poderá ter seu número de representantes reduzido, nem ser desativada antes do término do mandato de seus membros, ainda que haja redução do número de empregados da empresa ou reclassificação de risco, salvo em caso de encerramento da atividade do estabelecimento (art. 5º da Portaria nº SSST nº 9/96).

O art. 165 da CLT determina que os titulares da representação dos empregados nas Cipas não poderão sofrer despedida arbitrária, que é a que não se fundar em motivo econômico, financeiro, técnico ou disciplinar. Ocorrendo a despedida, se o empregado reclamar na Justiça do Trabalho, deverá o empregador comprovar os motivos retroindicados, sob pena de ter de reintegrar o trabalhador. A alínea *a* do inciso II do art. 10 do ADCT determinou que o empregado eleito para cargo de direção da Cipa tem estabilidade no emprego, desde o registro de sua candidatura até um ano após o final de seu mandato.

A garantia de emprego é para o empregado eleito e não para o indicado pelo empregador para ser o presidente da Cipa.

8.3 Edificações

As edificações deverão contar com os requisitos técnicos necessários à perfeita segurança dos trabalhadores (art. 170 da CLT). Os locais de trabalho deverão ter, no mínimo, três metros de pé-direito, que é a altura livre do piso ao teto (art. 171 da CLT). Poderá ser reduzido esse limite desde que atendidas as condições de iluminação e conforto térmico compatíveis com a natureza do trabalho, de acordo com as regras da NR 8 da Portaria nº 3.214/78.

Os pisos nos locais de trabalho não deverão conter saliências nem depressões de modo a prejudicar a circulação de pessoas ou coisas. As aberturas nos pisos e paredes serão protegidas de forma a impedir a queda de pessoas ou de objetos. Os pisos, as escadas e as rampas devem oferecer resistência suficiente para suportar as cargas móveis e fixas, para as quais a edificação se destina. Nos pisos, escadas, rampas, corredores e passagens dos locais de trabalho, onde houver perigo de escorregamento, serão empregados materiais ou processos antiderrapantes. Os locais de trabalho deverão observar as normas técnicas quanto à resistência ao fogo, isolamento térmico, isolamento e condicionamento acústico, resistência estrutural e impermeabilidade.

O empregado doméstico tem direito à garantia de condições condignas de acessibilidade, utilização e conforto nas dependências internas das edificações urbanas, inclusive nas destinadas à moradia e ao serviço dos trabalhadores domésticos, observados requisitos mínimos de dimensionamento, ventilação, iluminação, ergonomia, privacidade e qualidade dos materiais empregados (art. 2º, XIX, da Lei nº 10.257/2001).

8.4 Iluminação

Em todos os locais de trabalho, deverá haver iluminação adequada, natural ou artificial, apropriada à natureza da atividade (art. 175 da CLT).

A iluminação deverá ser uniformemente distribuída, geral e difusa, a fim de evitar ofuscamento, reflexos incômodos, sombras e contrastes excessivos.

Os níveis mínimos de iluminação a serem observados nos locais de trabalho são os valores de iluminâncias estabelecidos na NBR nº 5.413, norma brasileira do Inmetro (NR 17, item 17.5.3.3).

8.5 Conforto térmico

Os locais de trabalho deverão ter ventilação natural, compatível com o serviço realizado (art. 176 da CLT). A ventilação artificial será obrigatória sempre que a natural não preencha as condições de conforto térmico.

Se as condições de ambientes se tornarem desconfortáveis, em virtude de instalações geradoras de frio ou de calor, será obrigatório o uso de vestimentas adequadas para o trabalho em tais condições ou de capelas, anteparos, paredes duplas, isolamento térmico e recursos similares, de forma que os empregados fiquem protegidos contra radiações térmicas.

8.6 Instalações elétricas

Somente profissional qualificado poderá instalar, operar, inspecionar ou reparar instalações elétricas (art. 180 da CLT). Os que trabalharem em serviços de eletricidade ou instalações elétricas devem estar familiarizados com os métodos de socorro a acidentados por choque térmico (art. 181 da CLT).

A NR 10 da Portaria nº 3.214/78 trata de instalações e serviços em eletricidade.

Deverá haver proteção aos empregados para evitar perigos com choque elétrico ou outros tipos de acidentes. Existirá cobertura por material isolante nas partes das instalações elétricas em que isso possa ser realizado. As partes das instalações elétricas, sujeitas à acumulação de eletricidade estática, devem ser aterradas. Os ambientes das instalações elétricas que contenham risco de incêndio devem ter proteção contra fogo.

8.7 Movimentação, armazenagem e manuseio de materiais

As pessoas que trabalharem na movimentação de materiais deverão estar familiarizadas com os métodos racionais de levantamento de cargas.

A NR 11 da Portaria nº 3.214/78 estabelece as regras para este tópico.

Em todo equipamento será indicado, em lugar visível, a carga máxima de trabalho permitida. Os carros manuais para transporte devem possuir protetores para as mãos.

8.8 Máquinas e equipamentos

O item 2 do art. X da Convenção 119 da OIT prevê que "o empregador deve estabelecer e manter os ambientes em condições tais que os trabalhadores que lidem com as máquinas de que trata a presente convenção não corram perigo algum". O item 1 do art. XI afirma que nenhum trabalhador deverá utilizar uma máquina sem que os dispositivos de proteção de que é provida estejam montados.

O item 1 do art. 16 da Convenção 155 da OIT afirma que "deverá exigir-se dos empregadores que, na medida em que seja razoável e factível, garantam que os lugares de trabalho, a maquinaria, o equipamento e as operações e processos que estejam sob seu controle são seguros e não envolvem risco algum para a segurança e a saúde dos trabalhadores". Deverá exigir-se dos empregados que, na medida em que seja razoável e factível, garantam que os agentes e as substâncias químicas, físicas e biológicas que estejam sob seu controle não envolvem riscos para a saúde quando se tomam medidas de proteção adequadas (item 2). Quando for necessário, os *empregadores* deverão fornecer roupas e equipamentos de proteção apropriados a fim de prevenir, na medida em que seja razoável e factível, os riscos de acidentes ou de efeitos prejudiciais para a saúde (item 3).

As máquinas e os equipamentos deverão ser dotados de dispositivos de partida e parada e outros que se fizerem necessários para a prevenção de acidentes do trabalho, especialmente quanto ao risco de acionamento acidental (art. 184 da CLT).

Os reparos, limpeza e ajustes somente poderão ser executados com as máquinas paradas, salvo se o movimento for indispensável à realização do ajuste (art. 185 da CLT).

A NR 12 da Portaria nº 3.214/78 estabelece regras complementares para máquinas e equipamentos.

Os pisos dos locais de trabalho onde se instalam máquinas e equipamentos devem ser vistoriados e limpos, sempre que apresentarem riscos provenientes de graxas, óleos e outras substâncias que os tornem escorregadios.

As máquinas e os equipamentos de grandes dimensões devem ter escadas e passadiços que permitam acesso fácil e seguro aos locais em que seja necessária a execução de tarefas. As máquinas e os equipamentos devem conter dispositivos de acionamento e parada. Há necessidade de dispositivos apropriados de segurança para o acionamento de máquinas e equipamentos com acionamento repetitivo.

Se o operário for trabalhar sentado, devem ser fornecidos assentos.

8.9 Caldeiras, fornos e recipientes sob pressão

Caldeiras, equipamentos e recipientes em geral que operam sob pressão deverão dispor de válvulas e outros dispositivos de segurança, que evitem seja ultrapassada a pressão interna de trabalho compatível com sua resistência.

As caldeiras serão periodicamente submetidas a inspeções de segurança, por engenheiro ou empresa especializada, inscritos no Ministério do Trabalho (art. 188 da CLT).

Caldeiras e recipientes sob pressão têm normas complementares reguladas pela NR 13 da Portaria nº 3.214/78.

Os fornos têm normas complementares estabelecidas pela NR 14 da Portaria nº 3.214/78. Devem, para qualquer utilização, ser construídos solidamente, revestidos de material refratário, de forma que o calor radiante não ultrapasse os limites de tolerância, dotados de chaminés e instalados de forma a evitar acúmulo de gases nocivos e altas temperaturas em áreas vizinhas.

8.10 Ergonomia

Ergonomia vem do grego *ergon*, que significa trabalho e *nomos*, que quer dizer normas, ou seja, normas para organizar o trabalho.

Ergonomia é a ciência que estuda as relações do homem com seu trabalho sob o aspecto psicofisiológico.

A NR 17 da Portaria nº 3.214/78 estabelece regras para as condições de trabalho relacionadas com levantamento, transporte e descarga de materiais.

A CLT estabelece no art. 198 que é de 60 quilos o peso máximo que um empregado pode remover individualmente, ressalvado o uso de material que utilize tração ou impulsão por vagonetes, trilhos, carros de mão ou outros aparelhos mecânicos, para o qual poderá ser fixado outro limite pelo Ministério do Trabalho. A mulher não poderá fazer serviços que empreguem força superior a 20 quilos para o trabalho contínuo, ou 25 quilos para o trabalho ocasional (art. 390 da CLT), não se compreendendo nessa orientação a remoção por vagonetes sobre trilhos, carros de mão ou aparelhos mecânicos. Os menores devem obedecer às mesmas limitações de peso previstas quanto às mulheres (§ 5º do art. 405 da CLT).

Será obrigatória a colocação de assentos que assegurem postura correta ao trabalhador, capazes de evitar posições incômodas ou forçadas, sempre que a execução da tarefa exija que se trabalhe sentado. Para trabalho manual sentado ou que tenha de ser feito de pé, bancadas, mesas, escrivaninhas e painéis devem proporcionar ao trabalhador condições de boa postura, visualização e operação.

Quando o trabalho for feito de pé, os empregados terão à disposição assentos para serem utilizados nas pausas que o serviço permitir.

8.11 Condições de trabalho na indústria da construção

As especificações a serem seguidas pelas empresas quanto a condições e meio ambiente do trabalho na indústria da construção são disciplinadas pela NR 18 da Portaria nº 3.214/78.

Os materiais empregados nas construções devem ser arrumados de modo a não prejudicar o trânsito de pessoas, a circulação de materiais, o acesso aos equipamentos de combate a incêndio, não obstruindo portas ou saídas de emergência e não provocando empuxos ou sobrecargas em paredes ou lajes.

As pilhas de material, a granel ou embaladas, devem ter forma e altura que garantam sua estabilidade e facilitem seu manuseio.

Devem ser protegidas todas as partes móveis dos motores, transmissões e partes perigosas das máquinas ao alcance dos trabalhadores.

As máquinas e os equipamentos que ofereçam risco de ruptura de suas partes, projeção de peças ou de partículas de materiais devem ser providos de proteção para suas peças móveis.

É obrigatória a colocação de tapumes, sempre que se executarem obras de construção, demolição ou reparos, onde for necessário impedir o acesso de pessoas estranhas ao serviço.

8.12 Trabalho a céu aberto

A NR 21 da Portaria nº 3.214/78 cuida do trabalho a céu aberto.

Nos trabalhos realizados a céu aberto, é obrigatória existência de abrigos, ainda que rústicos, capazes de proteger os trabalhadores contra intempéries.

Serão exigidas medidas especiais que protejam os trabalhadores contra a insolação excessiva, o calor, o frio, a umidade e os ventos inconvenientes.

Ausente previsão legal, indevido o adicional de insalubridade ao trabalhador em atividade a céu aberto, por sujeição à radiação solar (art. 195 da CLT e Anexo 7 da NR 15 da Portaria nº 3.214/78 do MTE) (OJ 173, I, da SBDI-1 do TST).

Tem direito ao adicional de insalubridade o trabalhador que exerce atividade exposto ao calor acima dos limites de tolerância, inclusive em ambiente externo com carga solar, nas condições previstas no Anexo 3 da NR 15 da Portaria nº 3.214/78 do MTE (II).

Aos trabalhadores que residirem no local de trabalho deverão ser oferecidos alojamentos que apresentem adequadas condições sanitárias.

É vedada, em qualquer hipótese, a moradia coletiva de família.

Para os trabalhos realizados em regiões pantanosas ou alagadiças, serão imperativas as medidas de profilaxia de endemias, de acordo com as normas de saúde pública.

8.13 Trabalhos em minas e subsolos

O trabalho realizado no subsolo somente será permitido a homens, com idade mínima entre 21 e 50 anos (art. 301 da CLT).

A duração normal do trabalho efetivo não excederá seis horas diárias ou de 36 horas semanais (art. 293 da CLT).

Em cada período de três horas consecutivas de trabalho, será obrigatória uma pausa de 15 minutos para repouso, que será computada na duração normal do trabalho (art. 298 da CLT).

Ao empregado em subsolo será fornecida, pelas empresas exploradoras de minas, alimentação adequada à natureza do trabalho.

A NR 22 da Portaria nº 3.214/78 traz maiores especificações quanto ao trabalho em subterrâneos.

Próximo aos locais de acesso ao subsolo e aos de mineração de superfície, a empresa manterá chuveiros e instalações sanitárias adequadas, bem como dependência apropriada para refeições, ao abrigo da poeira, odores, umidades e fumaças e com condições satisfatórias de conforto, inclusive água potável.

Nas explorações de subsolo, haverá instalações móveis dotadas de recipientes portáteis destinados à satisfação de necessidades fisiológicas.

No subsolo e próximo às frentes de trabalho, será facilitada ao empregado a obtenção de água potável, proibidos copos de uso coletivo e torneira sem proteção.

A quantidade de ar puro posta em circulação será proporcional ao número de trabalhadores e ao de lâmpadas, motores, animais e outros agentes que consumam oxigênio.

A galeria deverá ter altura que permita ao mineiro posição satisfatória para o trabalho.

A mina em lavra terá no mínimo duas vias principais de acesso à superfície, separadas por terreno maciço e comunicando-se entre si e com as vias secundárias, de forma que a interrupção de uma delas não afete o trânsito pela outra.

8.14 Proteção contra incêndio

As empresas deverão estabelecer proteção contra incêndio em geral, promovendo o revestimento de portas e paredes, construção de paredes contra fogo, diques e outros anteparos, assim como garantia geral de fácil circulação de corredores de acesso e saídas amplas e protegidas, com suficiente sinalização (art. 200, IV, da CLT).

A NR 23 da Portaria nº 3.214/78 trata de proteção contra incêndios.

Todas as empresas deverão possuir proteção contra incêndio, saídas suficientes para a rápida retirada do pessoal em serviço, em caso de incêndio, equipamento suficiente para combater o fogo em seu início e pessoas adestradas no uso correto desses equipamentos.

As portas devem abrir-se no sentido da saída, situando-se de tal modo que, ao se abrirem, não impeçam as vias de passagem.

Todas as escadas, plataformas e patamares devem ser feitos com material incombustível e resistente ao fogo.

As caixas de escadas deverão ser providas de portas corta fogo, fechando-se automaticamente e podendo ser abertas facilmente pelos dois lados.

8.15 Condições sanitárias

Os locais de trabalho deverão conter instalações sanitárias, com separação de sexos, chuveiros, lavatórios, vestiários e armários individuais, refeitórios ou condições de conforto por ocasião das refeições, fornecimento de água potável, condições de limpeza dos locais de trabalho e modo de sua execução (art. 200, VII, da CLT).

A NR 24 da Portaria nº 3.214/78 especifica as condições sanitárias e de conforto nos locais de trabalho.

8.16 Resíduos industriais

A empresa deverá providenciar todas as exigências necessárias ao tratamento de resíduos industriais (art. 200, VII, da CLT).

A NR 25 da Portaria nº 3.214/78 dispõe sobre resíduos industriais.

Os resíduos gasosos deverão ser eliminados dos locais de trabalho, sendo proibido o lançamento ou a liberação nos ambientes de trabalho de quaisquer contaminantes gasosos.

Os resíduos líquidos e sólidos deverão ser convenientemente tratados e/ou dispostos e/ou retirados dos limites da empresa, de forma a evitar riscos à saúde e à segurança dos trabalhadores.

8.17 Sinalização de segurança

Nos locais de trabalho, devem ser empregadas cores, inclusive nas sinalizações de perigo (art. 200, VIII, da CLT).

Os materiais e substâncias empregados, manipulados nos locais de trabalho, quando perigosos ou nocivos à saúde, devem conter, no rótulo, sua composição, recomendações de socorro e o símbolo de perigo correspondente, segundo a padronização internacional. Os locais de trabalho deverão conter avisos ou cartazes, com advertência quanto aos materiais e substâncias perigosos ou nocivos à saúde.

As normas quanto à sinalização de segurança são especificadas pela NR 26 da Portaria nº 3.214/78.

A sinalização destina-se à prevenção de acidentes, mostrando os equipamentos de segurança, delimitando áreas, identificando as canalizações de líquidos e gases e advertindo contra riscos.

No local de trabalho, devem ser utilizadas cores.

A cor vermelha é usada para indicar e distinguir equipamentos de proteção e combate a incêndio, como hidrantes, bombas de incêndio etc.

A amarela é utilizada para identificar gases não liquefeitos, em canalizações, ou é empregada para indicar *cuidado*, em portas, escadas, corrimões.

A branca será empregada para mostrar passarelas e corredores de circulação, localização de bebedouros, áreas destinadas a armazenagem, zonas de segurança.

A preta será empregada para indicar as canalizações de inflamáveis e combustíveis de alta viscosidade (óleo lubrificante, asfalto, alcatrão, piche).

A azul é utilizada para indicar *cuidado*, ficando seu emprego limitado a aviso contra uso e movimentação de equipamentos, que deverão permanecer fora de serviço.

A verde é usada para indicar *segurança*.

A cor púrpura será usada para indicar perigos provenientes das radiações eletromagnéticas penetrantes de partículas nucleares.

A lilás deverá ser usada para indicar canalizações que contenham álcalis.

A cinza-claro deverá ser usada para identificar canalizações em vácuo, e a cinza-escuro para eletrodutos.

O alumínio será usado em canalizações contendo gases liquefeitos, inflamáveis e combustíveis de baixa viscosidade (ex.: óleo diesel, gasolina, querosene).

A marrom será adotada, a critério da empresa, para identificar qualquer fluido não identificável pelas demais cores.

8.18 Asbesto

A Lei nº 9.055, de 1º-6-1995, em seu art. 4º, estabelece que os órgãos competentes do controle e segurança, higiene e medicina do trabalho desenvolverão programas sistemáticos de fiscalização, monitoramento e controle de riscos de exposição ao asbesto/amianto da variedade crisotila e às fibras naturais e artificiais. Em todos os locais de trabalho devem ser observados os limites de tolerância fixados na legislação e, em sua ausência, serão fixados com base nos critérios de controle de exposição recomendados por organismos nacionais ou internacionais reconhecidos cientificamente. O Anexo 12 da NR 15 da Portaria nº 3.214/78 trata do asbesto, estabelecendo os limites de tolerância. A Lei nº 9.055/95 foi regulamentada pelo Decreto nº 2.350, de 15-10-1997.

A Convenção nº 162 da OIT, de 1986, foi aprovada pelo Decreto Legislativo nº 51, de 25-8-1989, e promulgada pelo Decreto nº 126, de 22-5-1991. Trata da utilização do amianto com segurança.

9 INSALUBRIDADE

Na insalubridade, o prejuízo é diário à saúde do trabalhador. A saúde do trabalhador é afetada diariamente. Ela causa doenças. Diz respeito à Medicina do Trabalho. Elementos físicos: ruídos, vibrações, calor, frio, umidade, eletricidade, pressão, radiações; químicos: névoas, neblinas, poeiras, fumos, gases, vapores; biológicos: micro-organismos, como bactérias, fungos, parasitas, bacilos, vírus.

O Brasil adotou o sistema de monetarização do risco, com o pagamento de adicional pelo trabalho em condições insalubres ou perigosas.

O ideal seria combater as causas do elemento adverso à saúde do trabalhador.

Esclarece o art. 189 da CLT que são consideradas atividades ou operações insalubres as que, por sua natureza, condições ou métodos de trabalho, exponham os empregados a agentes nocivos à saúde, acima dos limites de tolerância fixados em razão da natureza e da intensidade do agente e do tempo de exposição a seus efeitos. Hoje, de acordo com as determinações legais, é preciso verificar se os agentes insalutíferos estão acima dos limites permitidos para que se possa configurar a insalubridade, o que revela um aspecto quantitativo na determinação legal.

Reza o art. 190 da CLT que o Ministério do Trabalho aprovará o quadro das atividades e operações insalubres e adotará normas sobre os critérios de caracterização da insalubridade, os limites de tolerância aos agentes agressivos, meios de proteção e o tempo máximo de exposição do empregado a esses agentes. Nesse ponto, a NR 15 da Portaria nº 3.214/78 especifica as condições de insalubridade em seus vários anexos. Por exemplo: Anexo 1, ruídos; Anexo 11, agentes químicos etc.

O trabalhador rural também tem direito ao adicional de insalubridade, de acordo com as condições nocivas a sua saúde.

O adicional de insalubridade será devido à razão de 40% (grau máximo), 20% (grau médio) e 10% (grau mínimo), calculado sobre o salário mínimo (art. 192 da CLT). Não poderá o adicional de insalubridade ser acumulado com o de periculosidade, cabendo ao empregado a opção por um dos dois (§ 2º do art. 193 da CLT). Atualmente, prevalece a orientação de que o porcentual do adicional incide sobre o salário mínimo.

A eliminação ou a neutralização da insalubridade ocorrerá: (a) com a adoção de medidas que conservem o ambiente de trabalho dentro dos limites de tolerância; (b) com a utilização de equipamentos de proteção individual ao trabalhador, que diminua a intensidade do agente agressivo a limites de tolerância (art. 191 da CLT). A Súmula 80 do TST mostra que "a eliminação da insalubridade pelo fornecimento de aparelhos protetores aprovados pelo órgão competente do Poder Executivo exclui a percepção do adicional respectivo". Aqui, o que ocorre é a eliminação da insalubridade com o fornecimento do EPI. A Súmula 289 do TST esclarece, porém, que "o simples fornecimento do aparelho de proteção pelo empregador não o exime do pagamento do adicional de insalubridade, cabendo-lhe tomar as medidas que conduzam à diminuição ou eliminação da nocividade, dentre as quais as relativas ao uso efetivo do equipamento pelo empregado".

O direito do empregado ao adicional de insalubridade cessará com a eliminação do risco a sua saúde ou integridade física (art. 194 da CLT). Se o empregado é removido do setor ou passa para outro estabelecimento, perde o direito ao adicional de insalubridade.

A caracterização e a classificação da insalubridade e da periculosidade serão feitas por meio de perícia a cargo de Médico do Trabalho ou Engenheiro do Trabalho, registrados no Ministério do Trabalho (art. 195 da CLT).

Os efeitos pecuniários da insalubridade serão devidos a contar da data da inclusão da respectiva atividade nos quadros aprovados pelo Ministério do Trabalho (art. 196 da CLT).

A Portaria nº 3.751/90 deu nova redação à NR 17 da Portaria nº 3.214/78, tratando de ergonomia. Ergonomia significa o conjunto de estudos que visam à organização metódica do trabalho em razão do fim proposto e das relações entre o homem e a máquina. Não trata, portanto, a NR 17 de insalubridade por baixo iluminamento. O item 17.5.3.3 da NR 17 esclareceu que "os níveis mínimos de iluminamento a serem observados nos locais de trabalho são os valores de iluminâncias estabelecidas na NBR 5.413, norma brasileira registrada no INMETRO".

A Súmula 460 do STF dispõe que, "para efeito do adicional de insalubridade, a perícia judicial, em reclamação trabalhista, não dispensa o enquadramento da atividade entre as insalubres, que é ato de competência do Ministério do Trabalho".

Indica a Súmula 248 do TST que "a reclassificação ou descaracterização da insalubridade por ato da autoridade competente, repercute na satisfação do respectivo adicional, sem ofensa a direito adquirido ou ao princípio da irredutibilidade salarial".

A Orientação Jurisprudencial 4, I, da SDI do TST mostra que não basta a constatação na insalubridade por meio de um laudo pericial para que o empregado tenha direito ao respectivo adicional, sendo necessária a classificação da atividade insalubre na relação oficial elaborada pelo Ministério do Trabalho.

Se o Ministério do Trabalho, nos termos do art. 190 da CLT, deixa de considerar a iluminação como fator insalubre, impossível ser deferido o adicional de insalubridade por baixa iluminação.

O adicional de insalubridade é, portanto, devido de acordo com o quadro aprovado pelo Ministério do Trabalho, na conformidade do art. 190 da CLT.

A iluminação deixou de ser fator que causa insalubridade, pois o Anexo 4 da NR 15, da Portaria nº 3.214/78, foi revogado pela Portaria nº 3.751, de 23-11-1990.

A Orientação Jurisprudencial Transitória 57 da SDl do TST esclareceu que somente após 26-2-1991 foram, efetivamente, retiradas do mundo jurídico as normas ensejadoras do direito ao adicional de insalubridade por iluminamento insuficiente no local da prestação de serviço, como previsto na Portaria nº 3.751/90 do Ministério do Trabalho, que revogou o Anexo 4 da NR 15 da Portaria nº 3.214/78.

O Anexo 13 da NR 15 da Portaria nº 3.214/78 só prevê a insalubridade em relação a "fabricação e transporte de cal e cimento nas fases de grande exposição a poeiras".

O ideal é que o empregado não tivesse de trabalhar em condições de insalubridade, que lhe são prejudiciais a sua saúde. Para o empregador, muitas vezes é melhor pagar o ínfimo adicional de insalubridade do que eliminar o elemento nocivo à saúde do trabalhador, que demanda incentivos. O empregado, para ganhar algo a mais do que seu minguado salário, sujeita-se a trabalhar em local insalubre.

Quanto maior for o salário do empregado, menor será a relação entre o salário pago e o adicional de insalubridade percebido.

O baixo valor do adicional de insalubridade incentiva o empregador a continuar exigindo o trabalho em condições insalubres, em prejuízo da saúde do trabalhador.

Como propostas de alteração da legislação teria as seguintes: (a) o adicional de insalubridade ser calculado sobre o salário do empregado, como acontece com o adicional de periculosidade, pois o valor vinculado ao salário mínimo é muito ínfimo e não remunera o trabalho em condições adversas à saúde; (b) o número de dias de férias deveria ser maior para pessoas que trabalham em locais insalubres; (c) a jornada de trabalho do empregado que presta serviços em condições insalubres deveria ser reduzida, de forma a ter menor contato com elementos insalubres.

10 PERICULOSIDADE

Na periculosidade existe o risco, a possibilidade de ocorrer o infortúnio. É matéria ligada à Engenharia do Trabalho.

A periculosidade em relação a trabalho com inflamáveis foi estabelecida pela Lei nº 2.573, de 15-8-1955.

A Lei nº 5.880, de 24-8-1973, estende o adicional previsto na Lei nº 2.573 para contato com explosivos.

A Lei nº 6.514, de 22-12-1977, deu nova redação ao art. 193 da CLT, prevendo que o trabalho com inflamáveis e explosivos dá direito ao adicional de periculosidade.

A Lei nº 7.369, de 20-9-1985, concedeu o direito ao adicional de periculosidade às pessoas que trabalham com energia elétrica em sistemas elétricos de potência.

São consideradas atividades ou operações perigosas as que, por sua natureza ou métodos de trabalho, impliquem risco acentuado permanente a inflamáveis, explosivos ou energia elétrica, roubos ou outras espécies de violências (art. 193 da CLT).

Enquanto na insalubridade temos que, se não for eliminada ou neutralizada, o trabalhador a ela exposto tem continuamente um fator prejudicial a sua saúde, já a periculosidade não importa fator contínuo de exposição do trabalhador, mas apenas um risco, que não age biologicamente contra seu organismo, mas que, na configuração do sinistro, pode ceifar a vida do trabalhador ou mutilá-lo.

O contato permanente de que fala o art. 193 da CLT tem de ser entendido como diário, mesmo que seja feito por poucas horas durante o dia.

O adicional de periculosidade será de 30% sobre o salário contratual do empregado, sem os acréscimos resultantes de gratificações, prêmios ou participações nos lucros da empresa. A Súmula 191 do TST esclarece que o adicional de periculosidade incide, apenas, sobre o salário básico, e não sobre este acrescido de outros adicionais. Os empregados que operam bomba de gasolina têm direito ao adicional de periculosidade (S. 39 do TST).

O empregado não terá direito a adicional de periculosidade e de insalubridade concomitantemente, devendo optar por um deles (§ 2º do art. 193 da CLT). Normalmente, o empregado opta pelo adicional de periculosidade, pois este é calculado sobre o salário e não sobre o salário mínimo, sendo, portanto, mais vantajoso.

O direito do empregado ao adicional de periculosidade cessará com a eliminação do risco a sua saúde ou integridade física.

A caracterização da periculosidade será feita por intermédio de perícia, por meio de engenheiro ou médico do trabalho.

Os efeitos pecuniários da periculosidade são devidos a contar da data da inclusão da respectiva atividade nos quadros aprovados pelo Ministério do Trabalho.

A NR 16 da Portaria nº 3.214/78 trata da periculosidade, especificando as situações em que será devido o adicional.

A Portaria nº 3.393, de 17-12-1987, prescrevia que o trabalho com substâncias ionizantes e radiação conferia ao empregado o direito ao adicional de periculosidade.

O art. 1º da Portaria nº 496, de 11-12-2002, revogou a Portaria nº 3.393/87, que tratava de substâncias ionizantes e radiação como fator perigoso. Um dos fundamentos para revogar a segunda norma administrativa foi "que a caracterização dessas atividades como perigosas, nos termos da Portaria nº 3.393 de dezembro de 1987, não encontra amparo no art. 193, *caput*, da Consolidação das Leis do Trabalho".

O art. 2º da Portaria nº 518, de 4-4-2003, prevê novamente o direito ao adicional de periculosidade em relação a atividades descritas no quadro anexo, que são as atividades e operações com substâncias ionizantes ou radioativas. O art. 4º da referida portaria revogou a Portaria nº 496/2002.

A Convenção nº 115 da OIT, que trata da proteção dos trabalhadores contra as radiações ionizantes, foi aprovada pelo Decreto Legislativo nº 2, de 7-4-1964, e promulgada pelo Decreto nº 62.151, de 19-1-1968. Não versa sobre adicional de periculosidade para trabalho com radiações ionizantes.

Não há dúvida de que as substâncias ionizantes e radioativas fazem mal à saúde do trabalhador. O objetivo da Portaria nº 518 é resguardar a saúde do empregado, mas não tem previsão em lei.

Dispõe o inciso VI do art. 200 da CLT que cabe ao Ministério do Trabalho estabelecer disposições complementares às normas de que trata o capítulo de Segurança e Medicina do Trabalho da CLT sobre proteção do trabalhador exposto a substâncias químicas nocivas, radiações ionizantes e não ionizantes. Prevê o parágrafo único do mesmo artigo que: "Tratando-se de radiações ionizantes e explosivos as normas a que se refere este artigo serão expedidas de acordo com as resoluções a respeito adotadas pelo órgão técnico".

A lei não prevê o pagamento de adicional de periculosidade em relação a contato com substâncias ionizantes ou radiativas.

O inciso VI do art. 200 da CLT e seu parágrafo único não estabelecem o direito ao adicional de periculosidade ou a qualquer outro adicional. Logo, ele não pode ser estabelecido por portaria, que não tem natureza de lei, nem é norma emitida pelo Poder Legislativo.

O pagamento do adicional de periculosidade só pode ser determinado por lei, diante do princípio da legalidade (art. 5º, II, da Constituição) e do fato que é de competência da União regular a matéria (art. 22, I, da Lei Maior) e não de norma administrativa, de portaria.

A norma administrativa tem por objetivo esclarecer o conteúdo da lei e regulamentá-la.

Dispõe o inciso II do parágrafo único do art. 87 da Constituição que compete ao Ministro de Estado expedir instruções para a execução das leis, decretos e regulamentos.

A portaria do Ministro do Trabalho deve estar de acordo com a lei. Se ela excede os limites da lei, regulamenta demais, não tem qualquer valor.

Mostra o art. 114 da Lei nº 8.112/90 que "a Administração deverá rever seus atos, a qualquer tempo, quando eivados de ilegalidade".

Um dos fundamentos da Portaria nº 496 era o fato de "incumbir à Administração Pública a revisão dos atos administrativos ilegais ou inconvenientes". O mesmo pode ser feito em relação à Portaria nº 518, pois ela é ilegal, excedendo os limites da lei. Deve ser cancelada.

O art. 37 da Constituição dispõe que a Administração Pública deve agir de acordo com o princípio da legalidade. Logo, descabido o estabelecimento de adicional de periculosidade que não tem previsão em lei.

Não pode ser feita a interpretação literal da lei. O inciso VI do art. 200 e seu parágrafo único da CLT têm de ser interpretados sistematicamente com o art. 193 da CLT. Não podem ser interpretados isoladamente.

A interpretação sistemática da CLT mostra que, se o art. 193 da CLT não prevê o pagamento do adicional de periculosidade para substâncias ionizantes ou radiativas, a norma administrativa não pode fazê-lo.

O inciso IV do art. 2º da Lei nº 6.189/74 estabelece a competência da Comissão Nacional de Energia Nuclear para expedir regulamentos e normas de segurança e proteção sobre radiações ionizantes. A competência não é do Ministério do Trabalho, mas da Comissão Nacional de Energia Nuclear.

Somente depois que o órgão técnico CNEN determinar limites técnicos é que o Ministério do Trabalho poderá regulamentar a questão sob o ponto de vista da saúde ocupacional.

Reza o inciso II do art. 9º do Decreto nº 2.210, de 22-4-1997:

> "Art. 9º À Secretaria de Segurança e Saúde do Trabalho do Ministério do Trabalho compete, na forma da legislação em vigor, a coordenação setorial no que diz respeito à segurança e a saúde do trabalho, cabendo em especial: (...)
> II – estabelecer normas e instruções para os trabalhadores da área nuclear, considerando os aspectos da rádio proteção".

Entretanto, para que o adicional de periculosidade seja devido pelo contato com substâncias ionizantes ou radioativas, é preciso haver previsão na lei. Não pode a norma administrativa conceder o adicional sem previsão legal.

Se a atividade com substâncias ionizantes já é insalubre, como mostra a Portaria nº 4, de 11-4-1994, não podem ser recebidos os dois adicionais ao mesmo tempo (§ 2º do art. 193 da CLT).

É preciso mudar a lei para que haja o pagamento do adicional de periculosidade em relação ao trabalho com substâncias ionizantes ou radioativas.

Esclarece a Orientação Jurisprudencial 345 da SBDI-1 do TST que a exposição do empregado à radiação ionizante ou à substância radioativa enseja a percepção do adicional de periculosidade, pois a regulamentação Ministerial (Portarias do Ministério do Trabalho n°s 3.393, de 17-12-1987, e 518, de 7-4-2003), ao reputar perigosa a atividade, reveste-se de plena eficácia, por ser expedida por força de delegação legislativa contida no art. 200, *caput* e inciso VI, da CLT. No período de 12-12-2002 a 6-4-2003, enquanto vigeu a Portaria nº 496 do Ministério do Trabalho, o empregado faz jus ao adicional de insalubridade.

11 PENOSIDADE

Em espanhol, usa-se a expressão *trabajos sucios*, que são os executados em minas de carvão, transporte e entrega de carvão, limpezas de chaminés, limpeza de caldeiras, limpeza e manutenção de tanques de petróleo, recipientes de azeite, trabalhos com grafite e cola, trabalho em matadouros, preparação de farinha de peixe, preparação de fertilizantes etc.

O inciso XXIII do art. 7º da Constituição previu o adicional de remuneração para atividades penosas. Logo, quem trabalhar em atividades penosas terá direito ao adicional, porém até o momento não existe norma legal tratando do tema.

É claro que atividade penosa não será aquela em que o trabalhador preste serviços em galinheiros ou avícolas, mas que tragam um desgaste maior do que o normal a sua integridade física.

Era atividade penosa a descrita no art. 387 da CLT, que tratava do trabalho da mulher em subterrâneos, minerações em subsolo, pedreiras e obras de construção civil, que foi revogado pela Lei nº 7.855/89.

Considerava-se atividade penosa, para fins de aposentadoria, a da telefonista.

São trabalhos estressantes os de motorista de ônibus e de táxi, em razão do trânsito, do trabalhador que presta serviços em turnos ininterruptos de revezamento, pois a cada semana faz um horário; do piloto de avião; do trabalhador que opera no pregão de bolsa de valores.

12 FISCALIZAÇÃO

O Ministério do Trabalho estabelecerá normas quanto: (a) à classificação das empresas segundo o número de empregados e a natureza do risco de suas atividades; (b) à qualificação exigida para os profissionais especializados em medicina e segurança do trabalho; (c) às demais características e atribuições dos serviços especializados em segurança e medicina do trabalho nas empresas (art. 162 da CLT).

A fiscalização trabalhista costuma fazer inspeção mesmo antes da entrada em funcionamento do estabelecimento do empregador. Quando existirem modificações substanciais no local de trabalho, inclusive quanto a equipamentos, haverá nova fiscalização.

As empresas poderão solicitar previamente à DRT a aprovação dos projetos de construção e respectivas instalações.

O Delegado Regional do Trabalho poderá interditar estabelecimentos, setores, máquinas ou equipamentos, à vista de laudo técnico que demonstre grave e iminente risco para o trabalhador; ou embargar obra, indicando na decisão as providências que deverão ser adotadas para prevenção de infortúnios de trabalho.

A interdição ou embargo poderão ser requeridos pelo serviço competente da DRT e pelo agente de inspeção do trabalho ou entidade sindical (§ 2º do art. 161 da CLT).

Responderá por desobediência quem, após determinada a interdição ou embargo, ordenar ou permitir o funcionamento do estabelecimento ou de um de seus setores, a utilização de máquina ou equipamento, ou o prosseguimento da obra, se em consequência resultarem danos a terceiros.

O Delegado Regional do Trabalho, independentemente de recurso, e após laudo técnico do serviço competente, poderá levantar a interdição.

Durante a paralisação dos serviços, em decorrência da interdição ou embargo, os empregados receberão os salários, como se estivessem em efetivo exercício de seus misteres.

Questões

1. O que é segurança e medicina do trabalho?
2. Como se configura a periculosidade?
3. Do que trata a Lei nº 7.369/85?
4. Como se configura a insalubridade?
5. O que é Cipa e quando deve ser instalada?
6. O que é ergonomia?
7. A mulher pode trabalhar em minas de subsolo?
8. O Ministério do Trabalho pode interditar ou embargar obra?

Capítulo 38

FISCALIZAÇÃO DO TRABALHO

1 INTRODUÇÃO

Em sentido amplo, a palavra *fiscalizar* corresponde a examinar, inspecionar, sindicar, censurar. Em sentido estrito, ou seja, para o Direito do Trabalho, tem o sentido de verificar a observância da norma legal e orientação em sua aplicação.

O fiscal do trabalho, porém, não tem apenas a função de aplicador de multas ou de fiel cumpridor das leis, mas também de orientador, de mostrar às empresas como a lei deve ser aplicada, principalmente em se tratando de legislação recente. Na verdade, o fiscal do trabalho vai mostrar os erros cometidos pela empresa, para esta se enquadrar na legislação trabalhista, inclusive quanto à medicina e segurança do trabalho.

Normalmente, o fiscal do trabalho também tem a função de verificar condições de trabalho que ainda não foram regulamentadas pela legislação, mas que posteriormente possam ser objeto dessa regulamentação.

2 ÂMBITO INTERNACIONAL

Pode-se dizer que foi na Inglaterra que surgiu o conceito de fiscalização do trabalho, com a promulgação do *Althorp's Act*, de 1833. O Tratado de Versalhes de 1919 declarou, em seu art. 427, 9, que cada Estado deveria organizar um serviço de inspeção do trabalho que compreenda as mulheres, de maneira a assegurar a aplicação das leis e os regulamentos de proteção aos trabalhadores. A Recomendação nº 5 da OIT, de 1919, orienta a cada membro da OIT a implantação, o mais rápido possível, de uma inspeção de trabalho eficaz das fábricas e oficinas. A Recomendação nº 20 da OIT, de 1923, esclarece que é missão essencial da fiscalização assegurar a aplicação das leis e regulamentos concernentes às condições de trabalho e à proteção dos trabalhadores no exercício de sua profissão.

A Convenção nº 81, de 1947, aprovada pelo Decreto Legislativo nº 24/56, regulou a matéria da inspeção do trabalho. A fiscalização consiste: (a) numa ação destinada à aplicação das disposições legais sobre condições de trabalho; (b) em orientação a empregados e empregadores sobre a observância da lei trabalhista; (c) em pesquisa de condições de trabalho ainda não regulamentadas. A atribuição da função de fiscalizar é conferida a funcionários públicos, podendo contar com a colaboração de empregadores, empregados e suas organizações sindicais. O fiscal tem ampla liberdade de ação, com entrada franqueada, inclusive, de dia ou à noite, sem aviso-prévio, em qualquer estabelecimento submetido a inspeção. A Recomendação nº 81, de 1947, complementou a Convenção nº 81.

Surgiram as Convenções nºs 82 – sobre inspeção do trabalho em empresas minerais e de transporte; 85 – sobre inspeção de trabalho em territórios metropolitanos; 110, de 1958 – sobre fiscalização do trabalho na agricultura; Recomendação nº 120, de 1964 – sobre higiene no comércio e nos escritórios, que foi aprovada pelo Brasil pelo Decreto Legislativo nº 23, de 1979. A Convenção nº 129, não ratificada pelo Brasil, trata da inspeção do trabalho na agricultura, prevendo o assessoramento e controle do cumprimento de dispositivos legais relacionados às condições de vida e de trabalho dos empregados e suas famílias. A Convenção nº 155 da OIT, de 1981, preocupou-se com as condições do meio ambiente do trabalho, devendo os governos rever sua política relacionada com a saúde e segurança do trabalho, consultando as organizações mais representativas dos empregadores e trabalhadores, com a participação efetiva da inspeção do trabalho.

3 ÂMBITO NACIONAL

O Ministério do Trabalho, Indústria e Comércio foi criado pelo Governo Provisório em 1930. A inspeção do trabalho surge como uma ação tendente a velar pelo fiel cumprimento das leis dos regulamentos sobre a organização e regulamentação do trabalho. Os inspetores do trabalho também faziam inquéritos sobre condições gerais de trabalho, realizando pesquisas sobre as moléstias profissionais, propondo até mesmo medidas de prevenção e proteção aos trabalhadores.

A CLT posteriormente passou a tratar do tema. É possível dizer que a atividade da fiscalização trabalhista é exercida hoje por funcionários públicos que são subordinados ao Ministério do Trabalho. O fiscal deve autuar a empresa quando verificar a inobservância da lei por parte desta, sob pena de responsabilidade administrativa. Quando da expedição de novas leis, regulamentos ou instruções ministeriais, ou em se tratando de primeira inspeção em estabelecimentos recém-inaugurados, deverá o fiscal obedecer ao critério da dupla visita, sendo que na primeira deverá instruir sobre a maneira de ser aplicada a lei (art. 627 da CLT). O fiscal terá livre acesso às dependências da empresa que estiver sendo fiscalizada. Poderá o fiscal receber denúncias de irregularidades de representantes legais de entidades sindicais.

O Decreto nº 55.841, de 15-3-1965, aprovou o Regulamento da Inspeção do Trabalho (RIT).

As irregularidades podem ser sanáveis e insanáveis. Quanto às sanáveis, cumpre ao fiscal, antes da autuação, conceder ao infrator prazo para as corrigir. As empresas terão prazo para exibição de documentos, exceto quanto ao controle de horário de trabalho e registro de empregados.

A Constituição de 1988 determina no inciso XXIV do art. 21 que compete privativamente à União "organizar, manter e executar a inspeção do trabalho". A inspeção do trabalho é privativa dos agentes federais, e é vedada a agentes do poder municipal ou estadual. No Estado de São Paulo, entretanto, há um convênio entre o Estado e o Ministério do Trabalho para a inspeção, em que os médicos e engenheiros atuam na fiscalização, fazendo com que se conte com efetivo muito maior.

O Decreto nº 4.552, de 27-12-2002, revoga os Decretos nºs 55.841/65, 57.819/66, 65.557/69 e 97.995/89. A primeira norma aprova o Regulamento da Inspeção do Trabalho (RIT). A finalidade principal do RIT é assegurar a observância das disposições legais e regulamentares do trabalho. A organização interna da fiscalização do trabalho compreende:

1. auditores-fiscais do trabalho, nas seguintes áreas de especialização: (a) legislação do trabalho; (b) segurança do trabalho; (c) saúde no trabalho;
2. agentes de higiene e segurança do trabalho, em funções auxiliares de inspeção do trabalho.

4 ESTRUTURA ADMINISTRATIVA

São órgãos do Ministério da Economia:

I – a Secretaria Especial de Previdência e Trabalho, com até duas Secretarias;

II – o Conselho Nacional do Trabalho;

III – o Conselho Curador do Fundo de Garantia do Tempo de Serviço;

IV – o Conselho Deliberativo do Fundo de Amparo ao Trabalhador.

Integra a estrutura básica do Ministério da Cidadania o Conselho Nacional de Economia Solidária (art. 24, XV, da Lei nº 13.844/2019).

5 ATUAÇÃO DOS AGENTES

As denominações empregadas são fiscal do trabalho, agente fiscal, auditor-fiscal do trabalho ou inspetor do trabalho. Atualmente, vem sendo empregada a denominação *auditor-fiscal do trabalho*.

A carreira do auditor-fiscal do trabalho é regulada pela Lei nº 10.593, de 6-12-2002.

A inspeção do trabalho pode determinar aos inspetores a verificação de todas as normas de proteção ao trabalhador, ou apenas tarefas específicas e determinadas. O primeiro sistema chama-se generalista e o segundo, especialista.

Consiste o sistema generalista em conferir ao inspetor do trabalho todas as questões relacionadas a emprego e condições de trabalho. O modelo francês de inspeção de trabalho está sob a autoridade única do Ministério do Trabalho. O inspetor do trabalho é um generalista, constituindo-se no único representante do Estado perante a empresa, podendo contar com o auxílio de técnicos, como médicos e engenheiros, ou com a ajuda de instituições especializadas, notadamente na área de saúde e medicina do trabalho.

Na Inglaterra, o inspetor do trabalho é uma pessoa especialista, ou seja, é preparado para atuar apenas em determinada especialidade. Vincula-se a um órgão central, não mais se subordinando a vários Ministérios, como já ocorreu. A legislação relativa à saúde e à segurança do trabalho foi simplificada e unificada, desempenhando a negociação coletiva função relevante, inclusive com a participação da inspeção do trabalho.

O Brasil adotou o sistema generalista, conforme se verifica do Decreto nº 4.552/2002 (RIT). A matéria de fiscalização trabalhista fica adstrita apenas ao Ministério do Trabalho. Apesar de o Brasil ter ratificado a Convenção nº 81, os inspetores do trabalho não têm um estatuto próprio. A inspeção do trabalho está mais ligada aos pormenores do contrato de trabalho do que à saúde e à segurança do trabalho.

6 ATRIBUIÇÕES E PODERES DOS INSPETORES

A fiscalização do trabalho é uma atividade administrativa vinculada. O auditor deve se ater ao que a lei prevê.

Para investidura no cargo de Auditor-fiscal do Trabalho, nas áreas de especialização em segurança e medicina do trabalho, será exigida a comprovação da respectiva capacitação profissional, em nível de pós-graduação, oficialmente reconhecida (§ 2º do art. 3º da Lei nº 10.593/2002).

Os ocupantes do cargo de Auditor-Fiscal do Trabalho têm por atribuições assegurar, em todo o território nacional:

> "I – o cumprimento de disposições legais e regulamentares, inclusive as relacionadas à segurança e à medicina do trabalho, no âmbito das relações de trabalho e de emprego;
>
> II – a verificação dos registros em Carteira de Trabalho e Previdência Social – CTPS, visando a redução dos índices de informalidade;
>
> III – a verificação do recolhimento do Fundo de Garantia do Tempo de Serviço – FGTS, objetivando maximizar os índices de arrecadação;
>
> IV – o cumprimento de acordos, convenções e contratos coletivos de trabalho celebrados entre empregados e empregadores;
>
> V – o respeito aos acordos, tratados e convenções internacionais dos quais o Brasil seja signatário;
>
> VI – a lavratura de auto de apreensão e guarda de documentos, materiais, livros e assemelhados, para verificação da existência de fraude e irregularidades, bem como o exame da contabilidade das empresas" (art. 11 da Lei nº 10.593/2002).

Os inspetores exercem funções internas ou externas na DRT. As funções internas estão relacionadas à movimentação do FGTS, de empregados estáveis, quanto a seu pedido de demissão (art. 500 da CLT), reclamações por falta ou recusa de anotação na CTPS (art. 36 da CLT). Os serviços externos consistem na fiscalização das empresas.

O inspetor, ao fiscalizar a empresa, deve identificar-se (art. 630 da CLT). Nenhum agente fiscal poderá exercer suas funções sem sua carteira de identidade fiscal, sem a qual não terá livre acesso às dependências da empresa.

O fiscal tem livre acesso à empresa, exigindo os documentos necessários e prestando os esclarecimentos que lhe forem solicitados (arts. 627, 628, §§ 1º e 2º, e 630, § 3º, da CLT).

O inspetor tem o dever de instruir o empregador na primeira visita que faz à empresa, orientando-o com relação ao descumprimento de leis ou portarias recentes ou na primeira inspeção do trabalho em estabelecimento recentemente inaugurado (art. 627 da CLT). Nesses casos, deve observar o critério da dupla visita, significando que somente na segunda visita é que o inspetor deverá aplicar multa, caso a empresa não observe a legislação.

A fiscalização, no que se refere aos aspectos trabalhista, metrológico, sanitário, ambiental, de segurança, de relações de consumo e de uso e ocupação do solo das microempresas e empresas de pequeno porte deverá ser prioritariamente orientadora, quando a atividade ou situação, por sua natureza, comportar grau de risco compatível com esse procedimento (art. 55 da Lei Complementar nº 123/2006). O aspecto sanitário diz respeito à higiene no trabalho. A empresa deve ter instalações sanitárias adequadas, com divisão entre homens e mulheres, ambientes limpos. Aspecto metrológico é o que se refere à metrologia. Esta se ocupa do conhecimento de pesos e medidas e dos sistemas de unidades de todos os povos, antigos e modernos. A fiscalização do trabalho deverá prestar orientação à microempresa, em razão de que na maioria das vezes o microempresário ou empresário de pequeno porte não sabe das suas obrigações trabalhistas ou lhe falta orientação nesse sentido. Entretanto, essa função de orientação somente poderá ser exercida no caso de comportar grau de risco compatível com esse procedimento.

Será observado o critério de dupla visita para lavratura de autos de infração, salvo quando for constatada infração por falta de registro do empregado ou anotação da CTPS, ou, ainda, na ocorrência de reincidência, fraude, resistência ou embaraço à fiscalização. A inobservância do critério da dupla visita implica nulidade do auto de infração lavrado sem cumprimento de tal critério, independentemente da natureza principal ou acessória da obrigação (§ 6º do art. 55 da Lei Complementar nº 123/2006).

O § 1º do art. 55 da Lei Complementar nº 123/2006 diz respeito ao que consta do *caput*, ou seja, à fiscalização quanto aos aspectos trabalhista, metrológico, sanitário, ambiental e de segurança e não em relação à contribuição previdenciária para efeito de adotar o critério da dupla visita. Na primeira visita do auditor-fiscal, ele irá dar orientação e determinar o que deve ser cumprido. Na segunda visita irá verificar se a empresa cumpriu suas orientações. Se não o fizer, irá ser lavrada multa. Só não se adotará o critério da dupla visita em situações graves, como de falta de registro ou de anotação na CTPS do empregado, como nas hipóteses em que ele trabalha sem registro na CTPS. Não será adotado o critério da dupla visita em casos de reincidência, fraude, resistência ou embaraço à fiscalização. Resistência é oposição. Embaraçar é opor obstáculo. Fraude tem o sentido de burlar, lesar, privar, frustrar, ludibriar, agir de má-fé.

Será adotado o critério da dupla visita nas empresas com até 10 empregados, salvo quando for constatada infração por falta de registro de empregado, anotação da sua CTPS e, na ocorrência de fraude, resistência, fraude ou embaraço à fiscalização (§ 3º do art. 6º da Lei nº 7.855/89).

7 LIVRE ACESSO

O inspetor do trabalho tem o direito de ingressar nas dependências da empresa, no que diz respeito ao objeto da fiscalização. Havendo resistência, poderá o inspetor requisitar força policial (art. 630, § 8º, da CLT).

A Convenção nº 148 da OIT, no art. 4º, dispõe que os representantes do empregador e dos empregados podem acompanhar os agentes da Inspeção do Trabalho. Limita-se à proteção dos trabalhadores contra os riscos profissionais devido à contaminação do ar, ao ruído e às vibrações no local de trabalho. A Convenção não faz referência ao sindicato, mas a representantes.

Determina a alínea *d* do item 1.7 da NR 15 da Portaria nº 3.214/78, que o empregador deve permitir aos representantes dos trabalhadores acompanhar a fiscalização das normas sobre segurança e medicina do trabalho.

Não há dispositivo legal autorizando a entidade sindical a acompanhar a fiscalização do trabalho, sob pena de violar o direito de propriedade.

A expressão representantes dos trabalhadores não se refere ao sindicato. Pode-se entender que é a prevista no art. 11 da Constituição ou, em caso de acidente do trabalho, é o membro da Cipa.

8 EXIBIÇÃO DE DOCUMENTOS

A empresa deverá possuir o livro de inspeção do trabalho. Nele será registrada a visita do inspetor ao estabelecimento, data, hora, dia, assim como o início e término da fiscalização, consignando as irregularidades verificadas.

As empresas que tiverem mais de um estabelecimento, filial ou sucursal, deverão possuir tantos livros "Inspeção do Trabalho" quantos forem seus estabelecimentos.

Deverá o empregador apresentar ao fiscal o livro de inspeção do trabalho (art. 628, §§ 1º e 2º, da CLT), no qual serão observadas as últimas anotações das visitas anteriores e se foram cumpridas as determinações lançadas pelo inspetor anterior. O inspetor poderá solicitar fichas de registro, guias de recolhimento de contribuição sindical, cartões de ponto, acordo de compensação e prorrogação de horas, atestados médicos etc. O inspetor também poderá fazer anotações a respeito de escadas de incêndio, extintores, vestiários, instalações sanitárias, armários, chuveiros etc.

As microempresas e empresas de pequeno porte ficam dispensadas da posse do livro de Inspeção do Trabalho (art. 51, IV, da Lei Complementar nº 123/2006).

As empresas que dispensarem ou admitirem empregados ficam obrigadas a fazer a respectiva comunicação às Delegacias Regionais do Trabalho, mensalmente, até o dia 7 do mês subsequente ou como estabelecido em regulamento, em relação nominal por estabelecimento, da qual constará a indicação da CTPS do trabalhador.

É de responsabilidade do empregador doméstico o arquivamento de documentos comprobatórios do cumprimento das obrigações fiscais, trabalhistas e previdenciárias, enquanto essas não prescreverem (art. 42 da Lei Complementar nº 150/2015).

9 PRESTAÇÃO DE ESCLARECIMENTOS

O inspetor deverá prestar os esclarecimentos que forem necessários ao empregador, seu chefe de pessoal ou contador da empresa. Poderá também o inspetor dirigir-se aos empregados, fazendo-lhes perguntas sobre as condições de trabalho e a respeito dos itens fiscalizados.

10 AUTUAÇÕES E MULTAS

Quando as irregularidades forem sanáveis, o inspetor deverá conceder um prazo à empresa para que cumpra as determinações. Se a infração for insanável, a fiscalização autuará a empresa, impondo-lhe multa. O auto de infração será feito em duplicata, especificando os motivos e fundamentos legais da autuação. Recolhida a multa no prazo de 10 dias contados da data da notificação, ela será reduzida em 50% (art. 636, § 6º, da CLT).

Poderá ser instaurado procedimento especial para ação fiscal, objetivando a orientação sobre o cumprimento das leis de proteção ao trabalho, bem como a prevenção e o saneamento de infrações à legislação mediante Termo de Compromisso, na forma a ser disciplinada no Regulamento da Inspeção do Trabalho (art. 627-A da CLT).

Salvo as hipóteses dos arts. 627 e 627-A da CLT, a toda verificação em que o Auditor-Fiscal do Trabalho concluir pela existência de violação de preceito legal deve corresponder, sob pena de responsabilidade administrativa, a lavratura de auto de infração (art. 628 da CLT).

O empregador poderá, porém, recorrer da multa, requerendo audiência para fazer provas (art. 632 da CLT). Mantido o auto, caberá o recurso no prazo de 10 dias, mediante depósito prévio de seu valor. É inconstitucional a exigência de depósito ou arrolamento prévio de dinheiro ou bens para admissibilidade de recurso administrativo (Súmula Vinculante 21 do STF). O § 1º do art. 636 da CLT, que estabelece o depósito prévio do valor da multa cominada em razão de autuação administrativa como pressuposto de admissibilidade de recurso administrativo, não foi recepcionado pela Constituição de 1988, ante a sua incompatibilidade com o inciso LV do art. 5º (S. 424 do TST). O recurso contra a multa será decidido pela DRT. O Ministro do Trabalho poderá avocar (chamar para si) o processo, visando ao reexame dessas decisões (art. 638 da CLT).

As multas previstas na legislação trabalhista serão, quando for o caso e sem prejuízo das demais cominações legais, agravadas até o grau máximo nos casos de artifício, ardil, simulação, desacato, embaraço ou resistência à ação fiscal, levando-se em conta, além das circunstâncias atenuantes ou agravantes, a situação econômico-financeira do infrator e os meios a seu alcance para cumprir a lei (art. 5º da Lei nº 7.855/89).

Não será considerado reincidente o empregador que não for novamente autuado por infração ao mesmo dispositivo decorridos dois anos da imposição da penalidade.

Será observado o critério de dupla visita nas empresas com até 10 empregados, salvo quando for constatada infração por falta de registro de empregado, anotação de sua CTPS e na ocorrência de fraude, resistência ou embaraço à fiscalização (§ 3º do art. 6º da Lei nº 7.855/89).

Na empresa que for autuada, após obedecido o que foi dito no parágrafo anterior, já será observado o critério da dupla visita em relação ao dispositivo infringido (§ 4º do art. 6º da Lei nº 7.855/89).

Normalmente, a CLT trata de multas ao final de cada capítulo. O descumprimento de um preceito do capítulo gera a multa respectiva. É uma forma de estabelecer sanção para o descumprimento da legislação trabalhista.

Em razão da aplicação subsidiária da CLT ao doméstico (art. 19 da Lei Complementar nº 150/2015), são devidas as multas trabalhistas nela previstas pela transgressão de direitos nela estabelecidos. A Lei Complementar não fixa multas administrativas pelo descumprimento das suas regras. A verificação, pelo Auditor-Fiscal do Trabalho, do cumprimento das normas que regem o trabalho do empregado doméstico, no âmbito do domicílio do empregador, dependerá de agendamento e de entendimento prévios entre a fiscalização e o empregador (art. 11-A da Lei nº 10.593/2002). A fiscalização deverá ter natureza prioritariamente orientadora (§ 1º do art. 11-A da Lei nº 10.593/2002). Será observado o critério de dupla visita para lavratura de auto de infração, salvo quando for constatada infração por falta de anotação na Carteira de Trabalho e Previdência Social ou, ainda, na ocorrência de reincidência, fraude, resistência ou embaraço à fiscalização. Durante a inspeção do trabalho referida, o Auditor-Fiscal do Trabalho far-se-á acompanhar pelo empregador ou por alguém de sua família por este designado (§ 3º do art. 11-A da Lei nº 10.593/2002).

O empregador que mantiver empregado não registrado ficará sujeito a multa no valor de R$ 3.000,00 por empregado não registrado, acrescido de igual valor em cada reincidência (art. 47 da CLT). O valor final da multa aplicada será de R$ 800,00 por empregado não registrado, quando se tratar de microempresa ou empresa de pequeno porte. A infração constitui exceção ao critério da dupla visita.

Na hipótese de não serem informados os dados a que se refere o parágrafo único do art. 41 desta Consolidação, o empregador ficará sujeito à multa de R$ 600,00 por empregado prejudicado (art. 47-A da CLT).

Os valores das multas administrativas expressos em moeda corrente serão reajustados anualmente pela Taxa Referencial (TR), divulgada pelo Banco Central do Brasil, ou pelo índice que vier a substituí-lo (§ 2º do art. 634 da CLT).

O descumprimento do disposto na Lei nº 6.019/74 sujeita a empresa infratora ao pagamento de multa (art. 19-A da Lei nº 6.019/74). A fiscalização, a autuação e o processo de imposição das multas reger-se-ão pelo Título VII da CLT.

Cabe ao Ministério do Trabalho, no âmbito de sua competência, a fiscalização da Cooperativa de Trabalho (art. 17 da Lei nº 12.690/2012). Cooperativa de Trabalho que intermediar mão de obra subordinada e os contratantes de seus serviços estarão sujeitos à multa de R$ 500,00 por trabalhador prejudicado, dobrada na reincidência, a ser revertida em favor do Fundo de Amparo ao Trabalhador – FAT.

11 FISCALIZAÇÃO DA APLICAÇÃO DAS CONVENÇÕES E DOS ACORDOS COLETIVOS

Há argumentos de que não é possível a inspeção trabalhista fiscalizar a aplicação das convenções ou acordos coletivos de trabalho, por se tratar de negócio privado, realizado *inter partes*. Entretanto, não penso dessa forma.

A Constituição de 1988 determina no inciso XXIV do art. 21 que compete à União "organizar, manter e executar a inspeção do trabalho". Trata-se, portanto, do exercício da soberania do Estado, do fato deste disciplinar juridicamente a vida de um povo, devendo atuar dentro e de acordo com o que a lei determina. Se o Estado institui a norma, pode fiscalizar sua aplicação.

A Convenção nº 81 da OIT tem natureza de lei federal, pois passa a integrar o ordenamento jurídico nessa condição e com tal hierarquia, uma vez que foi ratificada pelo Brasil. O art. 2.1 estabelece que o sistema de inspeção no trabalho irá fiscalizar as empresas para assegurar a aplicação das disposições legais relativas às condições de trabalho e à proteção dos trabalhadores no exercício da profissão. A convenção e o acordo coletivo têm disposições sobre condições de trabalho e proteção aos trabalhadores, podendo, portanto, ser objeto de fiscalização pelo Ministério do Trabalho. O art. 27 esclarece que a expressão *disposições legais* compreende, além da legislação, as sentenças arbitrais e os contratos coletivos que têm força de lei, e cuja aplicação os inspetores de trabalho estão encarregados de assegurar.

O art. 626 da CLT trata de fiscalização quanto ao fiel cumprimento das normas de proteção ao trabalho, o que é feito por meio dos agentes fiscais do Ministério do Trabalho. A expressão *normas de proteção ao trabalho* pode ser entendida em seu sentido amplo, compreendendo as convenções e acordos coletivos de trabalho. O depósito da convenção e do acordo coletivo na DRT tem finalidade não só de publicidade, mas também para que os inspetores do trabalho possam consultá-los para efeito de fiscalização (art. 614 da CLT).

O art. 1º do RIT determina que à inspeção do trabalho compete assegurar o cumprimento das disposições legais e regulamentares dos atos e decisões das autoridades competentes e das convenções coletivas de trabalho.

A incompatibilidade entre as cláusulas referentes às condições de trabalho pactuadas em convenção ou acordo coletivo e a legislação ensejará apenas denúncia à Procuradoria Regional do Trabalho, nos termos dos incisos I, III e IV do art. 83 da Lei Complementar nº 75/93 que promoverá a ação contra a referida norma coletiva. O Ministério do Trabalho não tem competência para declarar a legalidade ou não da cláusula, o que só pode ser feito pela Justiça do Trabalho, pois o inciso XXVI do art. 7º da Constituição reconhece os acordos e as convenções coletivas de trabalho, daí por que, acertadamente, se faz a denúncia para a autoridade competente promover a ação de anulação da referida cláusula. É vedada a apreciação do mérito da norma coletiva. Exige-se apenas o depósito na DRT para que possa ter vigência (§ 1º do art. 614 da CLT).

Assim, havendo incompatibilidade entre a lei e a norma coletiva, o fiscal do trabalho não poderá autuar a empresa, justamente porque não tem competência para tratar da legalidade ou não da cláusula da norma coletiva ou entrar no mérito de suas disposições.

O inciso IV do art. 83 da Lei Complementar nº 75/93 estabelece que o Ministério Público do Trabalho tem competência para propor ações cabíveis para declaração de nulidade de cláusula de contrato, acordo ou convenção coletiva que viole as liberdades individuais ou coletivas ou os direitos individuais indisponíveis dos trabalhadores.

Outro argumento que pode ser indicado quanto à possibilidade da fiscalização da norma coletiva é o de que a cláusula desta se incorpora ao contrato de trabalho e passa a dele fazer parte. Há o efeito normativo, pois a norma vale para toda a categoria, e o fiscal do trabalho inclusive deve velar por sua observância na assistência às rescisões dos contratos de trabalho. Hoje, as convenções e os acordos coletivos são fontes do Direito do Trabalho, trazendo normas de conduta a serem aplicadas às relações de trabalho. Logo, o descumprimento da convenção coletiva importa transgressão do próprio ordenamento jurídico, já que o inciso XXVI do art. 7º da Constituição reconhece as convenções e os acordos coletivos de trabalho.

As cláusulas normativas são as que estipulam condições de trabalho, razão pela qual devem ser fiscalizadas. Já as cláusulas obrigacionais referem-se apenas ao não cumprimento da norma coletiva, impondo multa etc., que não poderão, portanto, ser fiscalizadas pela inspeção do trabalho. A Consultoria do Ministério do Trabalho também se posicionou sobre a possibilidade da fiscalização das convenções ou dos acordos coletivos, por meio do Parecer nº 123/85.

Inexiste na lei, porém, a tipificação da multa pela transgressão da norma coletiva, impedindo, à primeira vista, a aplicação da penalidade, que deveria ser estabelecida na norma legal. Contudo, se houver violação de cláusulas constantes de acordos ou convenções de trabalho, deve o fiscal do trabalho lavrar o auto baseado no dispositivo legal da CLT infringido, e mencionar a norma coletiva transgredida (Parecer nº 187/86, da Consultoria Jurídica do Ministério do Trabalho). Por exemplo, se o empregador não observa o piso salarial correspondente da categoria, previsto no acordo ou na convenção coletiva, viola o art. 468 da CLT, trazendo prejuízo ao empregado e redução de seu salário, de modo que a multa a ser observada é a do art. 510 da CLT.

O Estado deve interferir diante de cláusulas convencionais contrárias à lei, diante do poder de fiscalizar que só ele possui e em razão das autorizações legais mencionadas anteriormente. O correto, porém, é formular denúncia à Procuradoria do Trabalho relativa à contrariedade à lei da cláusula da norma coletiva, pois aquele órgão é que tem competência para propor a ação de anulação da norma coletiva, nos termos do inciso IV do art. 83 da Lei Complementar nº 75/93.

12 CERTIDÃO NEGATIVA DE DÉBITOS TRABALHISTAS

A Certidão Negativa de Débitos Trabalhistas será expedida gratuita e eletronicamente para comprovar a inexistência de débitos inadimplidos perante a Justiça do Trabalho (art. 642-A da CLT).

O interessado não obterá a certidão quando em seu nome constar: (1) o inadimplemento de obrigações estabelecidas em sentença condenatória transitada em julgado proferida pela Justiça do Trabalho ou em acordos judiciais trabalhistas, inclusive no concernente aos recolhimentos previdenciários, a honorários, a custas, a emolumentos ou a recolhimentos determinados em lei; ou (2) o inadimplemento de obrigações decorrentes de execução de acordos firmados perante o Ministério Público do Trabalho ou Comissão de Conciliação Prévia.

Verificada a existência de débitos garantidos por penhora suficiente ou com exigibilidade suspensa, será expedida Certidão Positiva de Débitos Trabalhistas em nome do interessado com os mesmos efeitos da CNDT.

A CNDT certificará a empresa em relação a todos os seus estabelecimentos, agências ou filiais.

O prazo de validade da CNDT é de 180 dias, contado da data da sua emissão.

Passa a ser exigida a CNDT nas licitações públicas (art. 29, V, da Lei nº 8.666/93).

13 PRAZO DE PRESCRIÇÃO DE MULTA ADMINISTRATIVA

Os prazos de prescrição e decadência normalmente decorrem da natureza jurídica do instituto a que estão ligados.

A sanção pelo descumprimento de norma trabalhista tem natureza de multa administrativa.

A multa administrativa não tem natureza de tributo, pois representa sanção de ato ilícito. Não se observa, portanto, o prazo de prescrição do art. 174 do CTN.

Reza o art. 1º do Decreto nº 20.910/32: "As dívidas passivas da União, dos Estados e dos Municípios, bem assim todo e qualquer direito ou ação contra a Fazenda Federal, Estadual ou Municipal, seja qual for a sua natureza, prescrevem em cinco anos contados da data do ato ou fato do qual se originarem". O dispositivo diz respeito à cobrança de dívida passiva da União ou de dívidas da União, e não de Dívida Ativa não tributária.

Prevê especificamente o art. 1º da Lei nº 9.873/99 para cobrança de multa administrativa: "*Prescreve em cinco anos a ação punitiva da Administração Pública Federal*, direta e indireta, no exercício do poder de polícia, objetivando apurar infração à legislação em vigor, contados da data da prática do ato ou, no caso de infração permanente ou continuada, do dia em que tiver cessado".

A ação punitiva da Administração Pública federal direta também diz respeito à fiscalização trabalhista e imposição de multas administrativas pela não observância da legislação trabalhista. Representa poder de polícia da Administração Pública, ou seja, o poder que a Administração tem de limitar o direito individual, promovendo o bem público. A infração à legislação em vigor também é representada pela não observância da legislação trabalhista. O artigo não faz distinção em relação à multa não tributária ou em razão de infração apurada mediante auto de infração. Se a lei não faz distinção, não cabe ao intérprete fazê-lo.

A Lei nº 11.942, de 27 de maio de 2009, incluiu na Lei nº 9.873/99 o art. 1º-A, que tem a seguinte redação: "Art. 1º-A. Constituído definitivamente o crédito não tributário, após o término regular do processo administrativo, prescreve em 5 (cinco) anos a ação de execução da Administração Pública federal relativa a crédito decorrente da aplicação de multa por infração à legislação em vigor".

Logo, para as multas administrativas por infração a normas trabalhistas o prazo de prescrição é de cinco anos. O art. 1º-A tem vigência a partir de 28 de maio de 2009, quando a lei foi publicada no *Diário Oficial da União*. Ele é mais claro do que a previsão anterior do art. 1º da Lei nº 9.873/99. Não pode ter aplicação retroativa.

Dispõe o art. 5º do Decreto-Lei nº 1.569/77: "Art. 5º Sem prejuízo da incidência da atualização monetária e dos juros de mora, bem como da exigência da prova de quitação para com a Fazenda Nacional, o Ministro da Fazenda poderá determinar a não inscrição como Dívida Ativa da União ou a sustação da cobrança judicial dos débitos de comprovada inexequibilidade e de reduzido valor. Parágrafo único. A aplicação do disposto neste artigo suspende a prescrição dos créditos a que se refere".

O STF declarou a inconstitucionalidade do parágrafo único do art. 5º do Decreto-Lei nº 1.569/77 (Súmula Vinculante 8), pois o referido diploma legal não tem natureza de lei complementar e não pode regular suspensão de prazo prescricional de tributos. Se é inconstitucional o dispositivo, não pode ser aplicado a nada, seja a créditos de natureza tributária, seja a multas administrativas. Logo, o prazo de prescrição não está suspenso.

A Lei nº 9.873/99, por ser posterior, regulou inteiramente a matéria, revogando disposições em contrário, como o parágrafo único do art. 5º do Decreto-Lei nº 1.569/77. É o que se depreende do § 1º do art. 2º do Decreto-Lei nº 4.657/42 (Lei de Introdução às Normas do Direito Brasileiro). O conflito é resolvido pela prevalência da norma posterior em relação à anterior: *lex posterior derogat priori.*

O art. 5º do Decreto-Lei nº 1.569/77 não prevê suspensão do prazo prescricional.

Deixa de existir segurança jurídica quando determinados créditos são considerados imprescritíveis. As causas de suspensão da prescrição não podem ser criadas por meio de portaria ministerial, que não tem força de lei. Portarias vinculam a Administração e seus funcionários. Não vinculam o Poder Judiciário, que é independente. Não têm o condão de suspender prazos prescricionais.

O art. 3º da Lei nº 9.873/99 estabelece suspensão da prescrição durante a vigência:

"I – dos compromissos de cessação ou de desempenho, respectivamente, previstos nos arts. 53 e 58 da Lei nº 8.884, de 11 de junho de 1994;

II – do termo de compromisso de que trata o § 5º do art. 11 da Lei nº 6.385, de 7 de dezembro de 1976 com a redação dada pela Lei nº 9.457 de 5 de maio de 1997".

Incabível a utilização de prazos de prescrição previstos nos arts. 205 e 2.028 do Código Civil. O art. 205 trata do prazo geral de prescrição de 10 anos quando não haja sido fixado prazo inferior. O art. 2.028 é regra de transição quando da entrada em vigor do Código Civil de 2002. Tais prazos disciplinam relações concernentes a questões civis e não para os casos em que há interesse da Administração Pública e em relação aos quais devem ser observadas regras de Direito Público.

A execução da multa administrativa prescreve em cinco anos a contar da constituição definitiva do crédito (art. 1º-A da Lei nº 9.873, de 23-11-1999).

O prazo de prescrição para a União cobrar multas administrativas inscritas em dívida ativa não tributária é de cinco anos. Não fica suspenso pelo fato de que o valor é inferior ao teto fixado em portaria para ser ajuizada execução fiscal.

Questões

1. Como atuam os agentes de inspeção do trabalho?
2. Quais são as atribuições e poderes dos inspetores?
3. O que é livre acesso?
4. O que é dupla visita e quando se evidencia?
5. Quando o fiscal deve autuar e multar?

Capítulo 39

ASSISTÊNCIA NA RESCISÃO DO CONTRATO DE TRABALHO

1 HISTÓRICO

A redação original do art. 477 da CLT, que é a atual redação do *caput* do referido mandamento legal, com as modificações determinadas pela Lei nº 5.584/70, referia-se, apenas, à indenização, não tratando de homologação ou das pessoas que irão fazê-la.

A assistência ao trabalhador na rescisão do contrato de trabalho foi criada pela Lei nº 4.066, de 28-6-1962. Seu art. 1º dispunha que "o pedido de demissão ou recibo de quitação do contrato de trabalho firmado por empregado com mais de um ano de serviço, só será válido quando feito com a assistência do respectivo sindicato ou pela autoridade do Ministério do Trabalho e da Previdência Social ou da Justiça do Trabalho".

Surgiu a assistência pela necessidade de serem coibidas práticas abusivas feitas pelo empregador, pois quando o empregado tem apenas um ano de casa o valor que será recebido na rescisão será menor, sendo menor a possibilidade de fraude, o que não ocorre quando o empregado tem mais de um ano na empresa.

A Lei nº 5.472, de 9-7-1968, acrescentou um parágrafo ao art. 1º da Lei nº 4.066: "No termo de rescisão, ou recibo de quitação, qualquer que seja a causa ou forma de dissolução do contrato, deve ser especificada a natureza de cada parcela paga ao empregado e discriminado o seu valor, sendo válida a quitação, apenas, relativamente às mesmas parcelas".

Um dos objetivos visados pela Lei nº 5.472/68 foi o de eliminar a prática dos empregadores de pagar valores globais, sem quaisquer especificações do que estava sendo saldado ao empregado, que dava "quitação geral". Tais recibos passaram a ser ineficazes. A partir daquele momento, houve a necessidade da discriminação da natureza da parcela que estava sendo paga. A Lei nº 5.472/68 fez também distinção entre parcela, que seria o aviso-prévio, férias, 13º salário etc., e valor, que seria a importância pecuniária paga ao empregado.

A Lei nº 5.562, de 12-12-1968, transferiu as disposições da Lei nº 4.066/62, com as modificações da Lei nº 5.472/68, para a CLT, em seu art. 477, que posteriormente foi alterado pela Lei nº 5.584, de 26-6-1970.

Atualmente, não há mais assistência na rescisão do contrato de trabalho do empregado, independentemente de o empregado ter ou não mais de um ano de serviço na empresa. Foi dada nova redação ao art. 477 da CLT e seus parágrafos pela Lei nº 13.467/2017.

A anotação da extinção do contrato na Carteira de Trabalho e Previdência Social é documento hábil para requerer o benefício do seguro-desemprego e a movimentação da conta vinculada no Fundo de Garantia do Tempo de Serviço, nas hipóteses legais, desde que o empregador tenha feito a comunicação da dispensa aos órgãos competentes (§ 10 do art. 477 da CLT). Não há, portanto, necessidade de homologação da rescisão do contrato de trabalho.

O art. 500 da CLT não foi revogado expressamente pela Lei nº 13.467. Continua havendo necessidade de assistência do Sindicato de empregados, pois o pedido de demissão do empregado estável só será válido quando feito com assistência do referido sindicato e, se não houver, perante autoridade local competente do Ministério do Trabalho ou da Justiça do Trabalho.

O STF entendeu que o Programa de Demissão Incentivada, com a participação do Sindicato dos Trabalhadores, por intermédio de negociação coletiva, importa quitação ampla e irrestrita de todas as parcelas do contrato de trabalho, caso conste expressamente da norma coletiva (Pleno, RE 590.415-SC, j. 30-4-2015, Rel. Min. Luís Roberto Barroso). No caso, houve pagamento de um valor e a manutenção do plano de saúde por um ano.

Plano de Demissão Voluntária ou Incentivada, para dispensa individual, plúrima ou coletiva, previsto em convenção coletiva ou acordo coletivo de trabalho, enseja quitação plena e irrevogável dos direitos decorrentes da relação empregatícia, salvo disposição em contrário estipulada entre as partes (art. 477-B da CLT).

Previa o art. 233 da Constituição que o empregador rural comprovaria, de cinco em cinco anos, perante a Justiça do Trabalho, o cumprimento das suas obrigações trabalhistas para com o empregado rural, na presença deste e de seu representante sindical. Uma vez comprovado o cumprimento das obrigações mencionadas neste artigo, ficaria o empregador isento de qualquer ônus decorrente daquelas obrigações no período respectivo. Caso o empregado e seu representante não concordassem com a comprovação do empregador, caberia à Justiça do Trabalho a solução da controvérsia. A disposição constitucional foi revogada pela Emenda Constitucional nº 28, de 25-5-2000. Não teve grande aplicabilidade prática.

É facultado a empregados e empregadores, na vigência ou não do contrato de emprego, firmar o termo de quitação anual de obrigações trabalhistas perante o sindicato dos empregados da categoria (art. 507-B da CLT). A regra prevê uma faculdade e não uma obrigação das partes. Dificilmente o sindicato irá dar quitação anual, pois não terá elementos para verificar se todas as verbas trabalhistas do período foram pagas ao empregado. O termo discriminará as obrigações de dar e fazer cumpridas mensalmente e dele constará a quitação anual dada pelo empregado, com eficácia liberatória das parcelas nele especificadas (parágrafo único do art. 507-B da CLT).

2 PRAZO PARA PAGAMENTO DAS VERBAS RESCISÓRIAS

2.1 Introdução

A Lei nº 7.855, de 24-10-1989, acrescentou três parágrafos ao art. 477 da CLT. Mais especificamente, o § 6º versou sobre o prazo para pagamento das verbas rescisórias, e o § 8º disciplinou sobre a multa pelo atraso no pagamento das mesmas verbas. A citada multa já vinha sendo prevista em normas coletivas, com o objetivo de impedir a protelação do pagamento dos valores devidos ao empregado na rescisão contratual.

2.2 Prazos

O § 6º do art. 477 da CLT trata do prazo para "pagamento dos valores constantes do instrumento de rescisão ou recibo de quitação": saldo de salários, salário-família, aviso-prévio, 13º salário, férias etc.

A entrega ao empregado de documentos que comprovem a comunicação da extinção contratual aos órgãos competentes bem como o pagamento dos valores constantes do instrumento de rescisão ou recibo de quitação deverão ser efetuados em até dez dias contados a partir do término do contrato (§ 6º do art. 477 da CLT).

Em qualquer caso, o prazo para pagamento das verbas rescisórias é de 10 dias contados do término do contrato de trabalho. Tanto faz se o empregado pediu demissão ou foi dispensado pelo empregador.

2.3 Multa

Na inobservância dos prazos previstos no § 6º do art. 477 da CLT, o empregador deverá pagar multa ao empregado no valor de seu salário, devidamente corrigido pelo BTN, exceto se o trabalhador, comprovadamente, der causa à mora (§ 8º do art. 477 da CLT).

Existe também outra multa a ser paga pelo empregador, que é a administrativa, de 160 BTNs, que não reverte ao laboralista. Essa multa será imposta em caso de lavratura de auto de infração pela autoridade do Ministério do Trabalho, ou por determinação do juízo ao verificar o atraso no pagamento das verbas rescisórias, oficiando-se àquela autoridade para a cobrança da multa administrativa.

A lei não faz distinção entre contrato de trabalho de prazo determinado ou indeterminado para efeito de ser devida a multa.

A circunstância de a relação de emprego ter sido reconhecida apenas em juízo não tem o condão de afastar a incidência da multa prevista no art. 477, § 8º, da CLT. A referida multa não será devida apenas quando, comprovadamente, o empregado der causa à mora no pagamento das verbas rescisórias (S. 462 do TST).

A multa do § 8º do art. 477 da CLT não é uma cláusula penal ou administrativa, pois não está prevista no contrato de trabalho. Trata-se de uma sanção prevista na lei pelo descumprimento da obrigação do pagamento das verbas rescisórias no prazo legal. É uma punição pelo prejuízo do empregado no recebimento com atraso das verbas rescisórias.

A multa é por atraso no pagamento das verbas rescisórias e não por atraso na assistência na rescisão do contrato de trabalho ou por falta de entrega de guias do FGTS e do seguro-desemprego. As penalidades devem ser interpretadas restritivamente e não de forma ampliativa ou extensiva.

É devida a multa pelo atraso no pagamento de verbas rescisórias e não pelo fato de serem devidas diferenças de verbas rescisórias, que são controversas e somente estão sendo dirimidas pelo juízo.

2.4 Prova do atraso

A prova do pagamento das verbas rescisórias no prazo legal é do empregador, que tem os documentos para demonstrar quando houve o pagamento das verbas rescisórias (art. 818, II, da CLT). Prova do pagamento é fato extintivo da obrigação trabalhista, que compete ao empregador. Cabe ao empregado demonstrar que o pagamento não foi feito na data alegada pela empresa, que é o fato constitutivo do seu direito (art. 818, I, da CLT).

Algumas empresas trazem a juízo o termo de rescisão do contrato de trabalho sem apor a data em que foram pagas as verbas rescisórias, principalmente nas ocasiões em que não há assistência, pois o empregado tem menos de um ano na empresa (interpretando-se *a contrario sensu* o § 1º do art. 477 da CLT). Nessas circunstâncias, a prova é da empresa ao afirmar que quitou as verbas rescisórias em determinado dia, em razão do inciso II do art. 818 da CLT, ao alegar o fato, ou então em ser oposta situação que venha a modificar, extinguir ou impedir o direito do obreiro à multa.

Se o empregado alegar que não recebeu as verbas rescisórias em determinada ocasião, pleiteando a multa, será dele a prova do alegado (art. 818, I, da CLT).

2.5 Contagem do prazo

Como deve ser contado o prazo de 10 dias previsto na alínea *b* do § 6º do art. 477 da CLT? Incluindo-se o dia da notificação ou não?

O art. 132 do Código Civil, aplicado por força do § 1º do art. 8º da CLT, esclarece que na contagem dos prazos se exclui o dia do começo, incluindo-se o do vencimento, salvo determinação em contrário. Não há mandamento legal determinando incluir a data da notificação da demissão na contagem do prazo, mas o cômputo do prazo deve ser *da* data da notificação da demissão. Não estamos diante da exceção prevista no art. 132 do Código Civil. A interpretação que deve ser dada é da própria regra geral, excluindo-se o dia do começo do prazo e incluindo-se o dia do vencimento, ou seja, o dia em que o empregado foi notificado da demissão não é incluído na contagem do prazo para pagamento das verbas rescisórias, contando-se, contudo, o dia do vencimento. Assim, se o empregado é demitido no dia 10, o prazo para pagamento das verbas rescisórias vencerá no dia 20. A Orientação Jurisprudencial 162 da SDI do TST entende que deve ser observado o art. 132 do Código Civil.

2.6 Aviso-prévio cumprido em casa

Muitas vezes, o empregador dispensa o empregado, mandando-o cumprir o aviso-prévio "em casa", fazendo com que o obreiro não trabalhe no citado lapso de tempo. O aviso-prévio é trabalhado ou indenizado. Vejo alegações como "o empregado está aguardando ordens da empresa em sua residência, e a qualquer momento pode ser chamado ao trabalho", como justificação para o pagamento das verbas rescisórias no primeiro dia após o término do contrato. Contudo, tais ponderações demonstram, sim, o desinteresse na utilização dos serviços do trabalhador, tanto que o empregador já o dispensou, não querendo que o obreiro permaneça em suas dependências, para que não cause qualquer problema. A obrigação do empregador é proporcionar trabalho ao empregado, não o deixando ocioso. De outro modo, a hipótese anteriormente mencionada retrata a dispensa do cumprimento do aviso-prévio por parte do empregador, ou o pagamento de aviso-prévio indenizado, pois não há salário sem trabalho, incidindo a empresa nas disposições da alínea *b* do § 6º do art. 477 da CLT, devendo, pois, pagar as verbas rescisórias até o décimo dia "da notificação da demissão"; caso contrário, sujeitar-se-á ao pagamento da multa. No mesmo sentido, a Orientação Jurisprudencial 14 da SBDI-1 do TST.

O parágrafo único do art. 488 da CLT faculta ao empregado sair duas horas mais cedo, quando do aviso-prévio do empregador, ou optar por não trabalhar por sete dias corridos. A indagação que se faz é: Qual seria o prazo para pagamento das verbas rescisórias, ocorrendo de o trabalhador ficar sete dias sem trabalhar durante o aviso-prévio? A cessação do contrato de trabalho não se deu no último dia trabalhado, mas no término do pacto laboral, ou seja, sete dias após o último dia trabalhado, por força do § 1º do art. 487 da CLT. Não é o caso de se aplicar a alínea *b* do § 6º do art. 477 da CLT, pois o aviso-prévio não foi indenizado, nem foi dispensado seu cumprimento. Dessa forma, a empresa terá de pagar as verbas rescisórias no primeiro dia útil imediato ao término do contrato de trabalho. Por exemplo, se o empregado optou em não trabalhar sete dias e o último dia trabalhado foi o dia 10, o término do contrato será dia 17, tendo o empregador até o primeiro dia útil imediato (dia 18) para saldar as verbas rescisórias.

2.7 Pedido de demissão

Quando o empregado pede demissão e não cumpre o aviso-prévio, nem a empresa o desconta do obreiro (§ 2º do art. 487 da CLT), qual seria o prazo para pagamento das verbas rescisórias? *In casu*, existe o descumprimento do aviso-prévio por parte do empregado, não há sua indenização, porém ele foi concedido; apenas o obreiro, ao notificar o empregador de sua demissão, não mais trabalhou na empresa. Assim, o prazo para pagamento das verbas rescisórias será de 10 dias a contar do término do contrato de trabalho, que se dá no último dia trabalhado.

Se o empregado pede aposentadoria, o empregador deve pagar as verbas rescisórias nos 10 dias seguintes ao do pedido que, normalmente, é a data do término do contrato de trabalho, sob pena de pagar a multa do § 8º do art. 477 da CLT.

2.8 Entes públicos

A União, os Estados-membros, o Distrito Federal e os Municípios também devem cumprir os prazos previstos no § 6º do art. 477 da CLT. Não há previsão no Decreto-Lei nº 779/69 sobre prazos para pagamento das verbas rescisórias, até porque dispõe aquela norma sobre processo do trabalho e, ainda, é anterior à Lei nº 7.855/89.

Certas pessoas jurídicas de direito público costumam alegar em sua defesa que os prazos do § 6º do art. 477 da CLT não se lhes aplicam. Obtemperam que são órgãos públicos que dependem de requisição do numerário para pagamento das verbas rescisórias, devendo observar certa burocracia dentro da repartição, necessitando de várias assinaturas para liberação e pagamento das importâncias devidas ao trabalhador, o que pode demandar de 15 a 30 dias para tanto. Todavia, o § 6º do art. 477 da CLT não excepciona nada a favor de órgãos públicos, salvo se o obreiro der causa à mora, quando a multa não será devida (§ 8º, *in fine*, do art. 477 da CLT). Não há previsão legal para a argumentação da não observância das prescrições do § 6º do art. 477 da CLT por qualquer órgão público. Não quitadas as verbas rescisórias dentro do prazo legal de 10 dias a contar do término do contrato de trabalho do empregado, incorrerá a entidade de direito público na multa do § 8º do art. 477 da CLT.

A Orientação Jurisprudencial 238 do SBDI-1 do TST entende aplicável a multa do § 8º do art. 477 da CLT à pessoa jurídica de direito público.

2.9 Empregados domésticos

A multa do § 8º do art. 477 da CLT é devida ao doméstico, pois a Consolidação a ele se aplica (art. 19 da Lei Complementar nº 150/2015).

O empregador doméstico deverá pagar as verbas rescisórias do empregado doméstico em 10 dias a contar do término do contrato de trabalho.

2.10 Pagamento à vista

O pagamento das verbas rescisórias deve ser feito em dinheiro, depósito bancário ou cheque visado, conforme acordem as partes (§ 4º do art. 477 da CLT), o que presume o pagamento à vista, vedado, portanto, o pagamento em parcelas. Inobstante, se o empregador pretender pagar as verbas rescisórias em parcelas, atrairá a aplicação do § 8º do art. 477 da CLT, não só porque o interesse do legislador foi de não haver atraso no pagamento das verbas rescisórias, mas também porque tais verbas rescisórias devem ser pagas de maneira integral no momento da quitação, e não a prazo.

Tratando-se de empregado analfabeto, as verbas rescisórias devem ser pagas em dinheiro ou depósito bancário (§ 4º, II, do art. 477 da CLT).

Qualquer compensação no pagamento não poderá exceder o equivalente a um mês de remuneração do empregado (§ 5º do art. 477 da CLT). O dispositivo não permite abater mais de um mês de remuneração no que for pago ao empregado.

2.11 Força maior

Costuma-se alegar motivo de força maior em virtude de crise financeira, queda das vendas, ou dos sucessivos planos econômicos governamentais, para não se fazer o pagamento das verbas rescisórias no prazo previsto em lei. É insubsistente o argumento da empresa ao pretender transferir os riscos da atividade econômica para o empregado (art. 2º da CLT), ou de não ser previsível a ocorrência de crise econômica. Aliás, ao contrário do art. 4º da Lei nº 7.855/89, que deixou clara a ressalva de que os salários podem não ser pagos no prazo legal, por motivo de força maior (art. 501 da CLT), o § 6º do art. 477 da CLT não excepcionou o motivo de força maior para o não pagamento das verbas rescisórias no tempo oportuno. A ressalva não foi feita justamente em razão do término da relação de emprego, quando o trabalhador necessita de imediato das verbas rescisórias para poder subsistir e saldar suas despesas; no outro caso, ao contrário, há falta de pagamento dos salários, mas ainda ocorre a continuidade do contrato de trabalho e pelo menos o empregado tem garantido o emprego, não se sujeitando a procurar nova vaga no mercado de trabalho. Mesmo surgindo novo plano econômico, ou nova crise financeira, a empresa deve saldar as verbas rescisórias dentro do prazo de lei, sob pena de arcar com a multa. Na jurisprudência são encontrados acórdãos justificando que a implantação do Plano Collor não podia servir de motivo para se invocar força maior. Na edição do referido plano, quando foi decretado um feriado bancário, o empregador poderia pagar as verbas rescisórias antes de 14 de março ou ainda no dia 19 seguinte, que foi dia útil, ou até mesmo ajuizar a competente ação de consignação em pagamento.

2.12 Falência

Se a falência da empresa é a causa da rescisão do contrato de trabalho do empregado, a multa do § 8º do art. 477 da CLT é indevida, pois não há numerário em caixa para pagamento de verbas ao empregado, que tem de se habilitar no juízo universal da falência. Assim, não se pode falar em atraso no pagamento das verbas rescisórias, em razão de que o juízo universal atrai todos os créditos devidos, inclusive os trabalhistas, inexistindo disponibilidade de numerário para o pagamento das verbas rescisórias.

Embora o risco da atividade econômica seja do empregador (art. 2º da CLT), na falência não há numerário disponível para pagamento de verbas rescisórias de imediato.

Esclarece a Súmula 388 do TST que a multa do § 8º do art. 477 da CLT é inaplicável na falência. Não faz qualquer distinção.

No caso de a falência ocorrer posteriormente à rescisão do contrato de trabalho do empregado e após o prazo legal para o pagamento das verbas rescisórias, a multa já é um direito do trabalhador. Nessa hipótese, o empregado tem direito à multa por atraso no pagamento das verbas rescisórias, pois o fator determinante da cessação de seu contrato de trabalho não foi a falência.

2.13 Justa causa e rescisão indireta

Nas questões em que o juiz deverá dizer o direito das partes, como v.g., na ocorrência de justa causa para o despedimento do trabalhador, na rescisão indireta do contrato de trabalho, no reconhecimento da relação de emprego, nos aumentos salariais, promoções, ou substituições reivindicadas pelo trabalhador, a multa não poderá ser aplicada. A justificativa é a de que a empresa tem direito de submeter à apreciação do Poder Judiciário a discussão em torno de "lesão ou ameaça a direito", regra consagrada constitucionalmente no inciso XXXV do art. 5º da Lei Fundamental. Na apreciação da justa causa, no reconhecimento da existência da relação de emprego ou na rescisão indireta do contrato de trabalho, a questão somente será dirimida na sentença, não se podendo falar em atitude protelatória da empresa para o não pagamento das verbas rescisórias que estão submetidas ao crivo do Poder Judiciário, justamente porque para ela seriam indevidas.

Ocorrendo justa causa ou outra questão a ser dirimida em juízo, qual seria o prazo para pagamento das verbas rescisórias incontroversas? As parcelas que serão discutidas em juízo obviamente não poderão ser pagas ao empregado, em razão de estarem *sub judice*, inexistindo direito a multa. Todavia, a empresa deve pagar as parcelas constantes do termo de rescisão, tais como saldo de salários, salário-família, adicional de insalubridade, horas extras etc., em "até 10 dias a contar do término do contrato de trabalho". Mesmo nas hipóteses em que se alega abandono de emprego por parte do empregado, o empregador deverá tomar cuidado com o prazo do pagamento das verbas rescisórias, se for o caso, ajuizando a competente ação de consignação em pagamento, sob pena de ter de provar em juízo que o obreiro não mais compareceu à empresa e deu causa à mora no pagamento das verbas rescisórias que lhe seriam devidas, como, por exemplo, o saldo de salários. No caso da rescisão indireta, somente a sentença é que determinará a data em que o contrato será ou não rescindido, sendo inaplicável a multa. Ademais, a rescisão indireta depende de elemento subjetivo do empregado, que é a intenção de rescindir o contrato de trabalho. Só se pode falar em algo devido após o trânsito em julgado da sentença. Inocorrendo controvérsia sobre o que deva ser pago ao empregado, a multa será devida se desrespeitado o prazo legal.

Incabível a multa prevista no § 8º do art. 477 da CLT quando houver fundada controvérsia quanto à existência da obrigação cujo inadimplemento gerou a multa.

2.14 Proporcionalidade na aplicação da multa

Inexiste proporcionalidade na aplicação da multa em razão dos dias de atraso no pagamento das verbas rescisórias. Não está disposto na lei que, se o atraso for de um, 10 ou 100 dias, se deveria pagar a multa proporcionalmente ao referido atraso. Mesmo que o empregador se atrase em um dia para saldar as verbas rescisórias, incorrerá no pagamento integral da multa prevista no § 8º do art. 477 da CLT. Não é o caso de se aplicar o art. 413 do Código Civil, pois inexiste omissão na CLT, que determina que a multa é integral e não proporcional, mesmo que o atraso seja de um dia ou de um ano.

2.15 Cálculo do salário para efeito da multa

É sabido que o salário pode ser pago mensalmente, quinzenalmente, semanalmente ou diariamente. Qual o salário, porém, que deve ser observado para o pagamento da multa?

Certo é que o salário não pode ser pago por período superior a um mês (art. 459 da CLT). O inciso XXI do art. 7º da Lei Maior estabelece que o aviso-prévio deve ser no mínimo de 30 dias. Por consequência, as verbas constantes da rescisão também deverão ser calculadas para um período de um mês. Mais se justifica o cálculo do salário, para efeito do pagamento da multa, no valor mensal, ao se examinar os parágrafos do art. 478 da CLT, ao se referirem à indenização. Mesmo que o salário seja pago por dia (§ 2º), hora (§ 3º, em que há menção a 240 horas = 8 horas diárias × 30 dias) ou tarefa (§ 5º), a indenização corresponderá a 30 dias. Dessa maneira, o salário a que se refere o § 8º do art. 477 da CLT, para efeito do pagamento da multa, é o mensal e não o quinzenal, semanal ou diário. Seria beneficiar o infrator, dando-lhe a oportunidade de pagar tais verbas no valor de um dia de salário (no caso do pagamento diário de salário, praticamente inexistente), ou de uma semana ou quinzena, pois não estaria sendo aplicada em sua inteireza a sanção contra o empregador moroso que lhe deu causa.

A multa a ser paga ao empregado pelo atraso no pagamento das verbas rescisórias é "equivalente ao seu salário" (§ 8º do art. 477 da CLT). Dessa forma, não se incluirão os adicionais de insalubridade, de periculosidade ou noturno, inclusive média de horas extras, no salário. Tais verbas, portanto, não integrarão o cálculo da multa, porque as penalidades devem ser interpretadas restritivamente. No entanto, integrarão o salário não só a importância fixa estipulada, como também as comissões, percentagens, gratificações ajustadas, abonos pagos pelo empregador (§ 1º do art. 457 da CLT) e as diárias que excedam a 50% do salário (§ 2º do art. 457 da CLT). Também farão parte do salário alimentação, habitação, vestuário ou outras prestações *in natura*, que a empresa, por força do contrato ou costume, fornecer ao empregado (art. 458 da CLT). Nesse caso, o pagamento da multa deverá incluir todas essas integrações no salário.

Questões

1. Há necessidade de assistência para o empregado que tem menos de um ano de casa?
2. Onde deve ser feita a assistência para o empregado que tem mais de um ano de casa?
3. Qual o prazo para o pagamento das verbas rescisórias?
4. O pagamento das verbas rescisórias quita o contrato de trabalho?

Capítulo 40

DECADÊNCIA E PRESCRIÇÃO NO DIREITO DO TRABALHO

1 DECADÊNCIA

1.1 Conceito

Decadência provém do verbo latino *cadens* (cair, perecer, cessar). É palavra formada pelo prefixo latino *de* (de cima de), pela forma verbal *cado* (*decadere*) e pelo sufixo *encia* (ação ou estado), tendo por significado a ação de cair ou o estado daquilo que caiu.

Juridicamente, decadência indica a extinção do direito pelo decurso do prazo fixado a seu exercício. *Decadência* é palavra que tem por significado caducidade, prazo extintivo ou preclusivo, que compreende a extinção do direito.

A decadência não se interrompe nem se suspende, ao contrário da prescrição.

2 PRESCRIÇÃO

2.1 Histórico

A prescrição é um instituto que se relaciona com a ação. Historicamente, a prescrição surgiu no sistema formulário no processo romano, como exceção. O pretor, ao criar uma ação, previa um prazo dentro do qual ela deveria ser exercida, sob pena de prescrição. Esta, assim, constituía um instrumento contra o titular do direito que deixou de protegê-lo por meio da ação. Pela prescrição, portanto, o que se atinge é a ação.

2.2 Conceito

Praescripto (do verbo *praescribero*, de *prae* + *scribero*), escrever antes do começo, mostra a parte preliminar (escrita antes) da fórmula em que o pretor romano determinava, ao juiz, a absolvição do réu, caso estivesse esgotado o prazo de ação. Uma vez extinto o lapso de tempo para o uso da ação, cabia a exceção de "prescrição temporal", em razão da falta do exercício da ação. Isto se dava no Direito pretoriano, pois no Direito Romano antigo as ações eram perpétuas ou inatingíveis. Com a evolução do conceito de prescrição, esta passou a significar a extinção da ação pela expiração do prazo de sua duração (exercício tardio da ação). Há necessidade de se ter certeza e estabilidade nas relações jurídicas, respeitando o direito adquirido, de acordo com determinado espaço de tempo. O interesse público não se compadece com a incerteza das relações jurídicas, criadoras de desarmonia e instabilidade, e é protegido quando se baixam normas de prescrição, evitando que se eternizem, sem solução, as situações duvidosas ou controvertidas. As pretensões tardias são inadmissíveis, trazendo incertezas nas relações humanas. Trata-se, pois, de um instituto de ordem jurídica que estabiliza as relações jurídicas.

Na ordem pública, os fatos que por muito tempo não sofrem contestação adquirem a presunção de se acharem elaborados a terem gerado direito, pelo que não convém aos interesses sociais a modificação de tal situação. Na conhecida frase de Windscheid, "o que durou muito tempo, só por essa razão, parece alguma coisa de sólido e indestrutível".

Prescrição é a perda da pretensão da exigibilidade do direito, em razão da falta do seu exercício dentro de um determinado período.

O art. 189 do Código Civil mostra que a prescrição não é mais perda do direito da ação, mas perda da exigibilidade do direito ou da pretensão do direito.

2.3 Distinção

Distingue-se a decadência da prescrição, embora ambas tenham pontos em comum. Decorrem da inércia do detentor do direito, em dado período de tempo.

Na decadência há a perda do direito pelo decurso de prazo e não a perda da exigibilidade do direito.

A decadência não é interrompida ou fica suspensa, ao contrário da prescrição.

A prescrição começa a fluir a partir da violação do direito (*actio nata*). A decadência é contada do nascimento do direito. A prescrição é decorrente de lei.

A decadência pode ser estabelecida pela convenção das partes. Pode haver renúncia da decadência convencional. A decadência prevista em lei pode ser declarada de ofício pelo juiz.

Representa a prescrição o fenômeno extintivo de uma ação ajuizável, em razão da inércia de seu titular, durante determinado espaço de tempo que a lei estabeleceu para esse fim. O silêncio da relação jurídica durante um espaço de tempo determinado pela lei significa a perda da exigibilidade do direito e da correspondente capacidade defensiva. Tem a prescrição um interesse público visando à harmonia social e o equilíbrio das relações jurídicas, tuteladas pela ordem pública.

A prescrição compreende inércia do titular e decurso do tempo.

2.4 Fundamentos

A prescrição é um instituto que se relaciona com a ação. Historicamente, a prescrição surgiu no sistema formulário no processo romano, como exceção. O pretor, ao criar uma ação, previa um prazo dentro do qual ela deveria ser exercida, sob pena de prescrição. Esta, assim, constituía um instrumento contra o titular do direito que deixou de protegê-lo por meio da ação. Pela prescrição, portanto, o que se atinge é a ação.

Os fundamentos da prescrição revelam os motivos pelos quais ela foi criada.

Os autores indicam, de modo geral, os seguintes fundamentos para a prescrição: (a) ação destruidora do tempo;[1] (b) castigo à negligência;[2] (c) presunção de abandono ou renúncia;[3] (d) presunção de extinção do direito;[4] (e) proteção do devedor;[5] (f) diminuição das demandas;[6] (g) interesse social e estabilidade das relações jurídicas, obtendo-se a paz social. Não se pode pretender a instabilidade das relações sociais, a incerteza das relações sociais, sacrificando a harmonia social. O Estado deve estabelecer alguma coisa para promover o equilíbrio social em razão da inércia do titular do direito.

A relação jurídica não pode ser perpétua entre as partes, sem limitação de tempo. Daí a utilização da prescrição.

A prescrição envolve: (a) a inércia do titular do direito em exercê-lo; (b) o decurso do prazo para o exercício do direito.

---

1 LEAL, Câmara. *Da prescrição e da decadência*. 3. ed. Rio de Janeiro: Forense, 1978. p. 14-16.

2 COVIELLO, *Manual di diritto civile italiano*, parte geral, § 142.

3 SAVIGNY. *Sistema del derecho romano*. Madri: Gongora, IV, § 237.

4 MENDONÇA, Carvalho. *Doutrina das obrigações*, I, nº 418.

5 COLIN; CAPITANT. *Cours de droit civil français*, Paris: Dalloz, 1934. v. II, p. 131.

6 SAVIGNY. Op. cit.

2.5 Requisitos da prescrição

Para que ocorra a prescrição, mister se faz a existência dos seguintes pressupostos: (a) existência de uma ação exercitável pelo titular de um direito; (b) inércia desse titular em relação ao uso da ação durante certo tempo; (c) ausência de um ato ou um fato a que a lei atribua uma função impeditiva (suspensiva ou interruptiva) do curso do prazo prescricional.

3 NATUREZA JURÍDICA

A prescrição, assim como a decadência, são temas de direito material e não de direito processual. São formas de extinção da obrigação.

O reconhecimento da prescrição gera efeitos processuais, isto é, a sua operacionalização. Entretanto, trata-se de direito material, tanto que é previsto em normas que versam sobre o direito material, como no Código Civil, no Código Penal, no Código Tributário etc., que tratam do prazo de prescrição, de questões de interrupção e suspensão e não no CPC. A prescrição compreende o decurso de prazo, enquanto o processo é concernente à atividade do juízo ou das partes.

Consuma-se a prescrição com o decurso do prazo previsto em lei, sendo regulada pela lei em vigor no momento dessa consumação. A sentença apenas declara a prescrição já consumada. O juiz não cria a prescrição. A sentença apenas reconhece uma realidade, que já havia se constituído no mundo fático. O devedor seria, inclusive, livre ou não para arguir a prescrição ou discutir o mérito, provando que cumpriu a obrigação.

A prescrição não pode ser considerada um prêmio para o devedor. Não se trata de proteção ao devedor. Representa um limite ao direito de cobrar a dívida. A falta de cobrança por negligência do credor não pode gerar insegurança para a sociedade.

A prescrição é fato extintivo do direito do autor. Menciona o inciso II do art. 487 do CPC que é julgado o mérito quando se acolhe a prescrição. Não se trata de pressuposto processual ou condição da ação.

As relações jurídicas abrangidas pela prescrição são, de modo geral, privadas.

4 DECADÊNCIA NO CÓDIGO CIVIL

As leis trabalhistas não tratam, de modo geral, de decadência, mas de prescrição, como o inciso XXIX do art. 7º da Constituição e o art. 11 da CLT. Logo, é de se observar o Código Civil no que for compatível com o Direito do Trabalho (§ 1º do art. 8º da CLT).

Dispõe o art. 210 do Código Civil que deve o juiz, de ofício, conhecer da decadência, quando estabelecida em lei.

Se a decadência é estabelecida em norma contratual, deve ser arguida pelo interessado.

Exemplo de decadência no processo do trabalho ocorre no inquérito para apuração de falta grave que não for proposto no prazo de 30 dias após a suspensão do empregado estável (S. 62 do TST e S. 403 do STF). O juiz, nessa hipótese, deve declarar de ofício a decadência em relação ao inquérito ajuizado tardiamente pela empresa contra o trabalhador.

O mesmo ocorre em relação à ação rescisória que não for ajuizada no prazo de dois anos a contar do trânsito em julgado da decisão (art. 975 do CPC e S. 100 do TST). O juiz poderá declarar de ofício a decadência.

Em relação à decadência, não se aplicam as normas que impedem, suspendem ou interrompem a prescrição, salvo disposição legal em contrário (art. 207 do CC).

5 PRESCRIÇÃO

O prazo de prescrição para o empregado urbano ou rural propor ação na Justiça do Trabalho é de dois anos a contar da cessação do contrato de trabalho (art. 7º, XXIX, da Constituição). Observado esse prazo, é possível o empregado postular os direitos relativos aos últimos cinco anos a contar do ajuizamento da ação (S. 308, I, do TST).

Os créditos trabalhistas são prescritíveis, como se verifica do inciso XXIX do art. 7º da Constituição e do art. 11 da CLT. Não se pode dizer, portanto, que os créditos trabalhistas não prescrevem.

O inciso XLII do art. 5º mostra quando a Constituição quer estabelecer que o crime é imprescritível. Logo, os direitos fundamentais na Constituição também são prescritíveis, salvo o mencionado.

Não estabelecer prazo de prescrição seria entender que o devedor deveria manter indefinidamente os comprovantes de pagamento da dívida.

5.1 Empregado rural

Previa o art. 10 da Lei nº 5.889/73 que "a prescrição dos direitos assegurados por esta Lei aos trabalhadores rurais só ocorrerá após 2 (dois) anos de cessação do contrato de trabalho".

Na redação original da alínea *b* do inciso XXIX do art. 7º da Lei Magna de 1988, o trabalhador tinha prazo de prescrição de dois anos após o término do contrato de trabalho, porém não existia limite de prazo para postular verbas trabalhistas, entendendo-se que a postulação poderia ser feita quanto a todo o período trabalhado pelo empregado.

A Lei nº 9.658/98 deu nova redação ao art. 11 da CLT, estabelecendo no inciso II que o direito de ação quanto a créditos resultantes das relações de trabalho prescreve em dois anos, após a extinção do contrato de trabalho, para o trabalhador rural. A referida norma adaptava a CLT à alínea *b* do inciso XXIX do art. 7º da Constituição.

A Emenda Constitucional nº 28 foi promulgada em 25-5-2000, tendo sido publicada no *Diário Oficial da União* de 26-5-2000. Ela determina nova redação ao inciso XXIX do art. 7º da Constituição, que está assim redigido: "ação, quanto aos créditos resultantes da relação de trabalho, com prazo prescricional de cinco anos para os trabalhadores urbanos e rurais, até o limite de dois anos após a extinção do contrato de trabalho".

Há, portanto, modificação em relação ao prazo de prescrição do trabalhador rural.

Prescrição iniciada e não consumada não representa direito adquirido, mas mera expectativa de direito, pois poderia ocorrer sua interrupção ou suspensão. Antes da consumação o prescribente não pode invocar o direito à prescrição.

A nova norma constitucional não pode ser aplicada retroativamente, em relação às situações jurídicas já consumadas. Se a prescrição se iniciou e se consumou sob o império da lei antiga, aplica-se esta, mesmo que os prazos sejam aumentados ou diminuídos. Começando a fluir a prescrição pela lei nova e de acordo com ela terminando, observa-se a referida norma.

Sujeitar às regras da lei nova o tempo transcorrido durante a vigência da lei antiga significaria atribuir a esse tempo valor que não lhe era conferido antes.[7] Em certos casos poderia ocorrer de a prescrição ter fluído integralmente na vigência da lei velha e, quando promulgada a lei nova, o direito de ação estaria integralmente prescrito. Seriam aplicadas duas diferentes legislações (a nova e a velha), ao mesmo tempo, para reger a mesma relação jurídica.

A norma constitucional não está reduzindo prazo prescricional que estava em curso para o empregado rural. Está criando prazo prescricional de cinco anos onde

---

7 FERRARA, Francesco. *Tratatto di diritto civile italiano*. Roma: Athenaeum, 1921. p. 275.

não existia prazo prescricional. O trabalhador não tinha nenhuma verba prescrita em 25-5-2000. A violação de seu direito, a *actio nata*, só surge em 26-5-2000, quando teria ocorrido a lesão. Assim, a lei nova não pode ser retroativa, só podendo ser observada a partir de sua vigência.

O tempo transcorrido antes da vigência da Emenda Constitucional nº 28 não será contado para efeito da verificação do prazo prescricional do rurícola. Com isso, a lei nova não será aplicada de forma retroativa.

A Emenda Constitucional nº 28 não pode ser observada em relação a contratos que cessaram antes de 26-5-2000, quando foi publicada no *Diário Oficial da União*. Nesse caso, deve ser aplicada a lei vigente na data da cessação do pacto laboral, que não previa a limitação de prazo prescricional em cinco anos. Entender em sentido contrário seria dar efeito retroativo à norma constitucional. O prazo de cinco anos só poderia ser aplicado a contar da vigência da Emenda Constitucional nº 28 em 26-5-2000, isto é, sendo observado em 26-5-2005.

Com a nova determinação do inciso XXIX do art. 7º da Lei Maior, há a derrogação do inciso II do art. 11 da CLT, no ponto em que não há limite de prazo para o empregado rural reclamar verbas trabalhistas. O mesmo ocorre em relação ao art. 10 da Lei nº 5.889, que, a meu ver, tinha sido revogado pelo inciso II do art. 11 da CLT.

Os contratos de trabalho rurais celebrados a partir da vigência da Emenda Constitucional nº 28 terão a observância do prazo prescricional por ela estabelecido.

Para o trabalhador rural dispensado na vigência da redação original do inciso XXIX do art. 7º da Constituição, aplica-se a alínea *b* do referido dispositivo.

A Orientação Jurisprudencial 271 da SBDI-1 do TST esclarece que "o prazo prescricional da pretensão do rurícola, cujo contrato de emprego já se extinguira ao sobrevir a Emenda Constitucional nº 28, de 26-5-2000, tenha sido ou não ajuizada a ação trabalhista, prossegue regido pela lei vigente ao tempo da extinção do contrato de emprego".

5.2 Empregado doméstico

O parágrafo único do art. 7º da Constituição estabelece quais são os incisos do mesmo artigo que são aplicados ao doméstico. Entre eles não está o inciso XXIX, que trata da prescrição. Entretanto, houve omissão deliberada do constituinte, que não pretendeu que o inciso XXIX do art. 7º da Constituição fosse aplicado ao doméstico, pois, caso contrário, teria sido expresso nesse sentido.

O direito de ação quanto a créditos resultantes das relações de trabalho prescreve em cinco anos até o limite de dois anos após a extinção do contrato de trabalho (art. 43 da Lei Complementar nº 150/2015).

E se o empregado doméstico for menor, qual o prazo de prescrição aplicável?

Entendo que o fundamento legal não seria o invocado, mas exatamente o do Código Civil. A CLT não se aplica ao doméstico (art. 7º, *a*), inclusive ao menor que é doméstico, mas ao menor trabalhador urbano. Assim, a regra a ser aplicada é a do Código Civil, no inciso I do art. 198, isto é, contra os menores de 16 anos que sejam domésticos não corre a prescrição (art. 3º, do Código Civil). Contra os maiores de 16 anos, a prescrição correrá normalmente.

5.3 Trabalhador avulso

O inciso XXXIV do art. 7º da Constituição dispõe que o avulso tem os mesmos direitos do trabalhador com vínculo empregatício permanente. Isso significa que o prazo de prescrição é o mesmo, aplicando-se o inciso XXIX do art. 7º da Lei Maior, pois o dispositivo faz referência a créditos decorrentes da relação de trabalho.

O limite de dois anos previsto no inciso XXIX do art. 7º da Constituição diz respeito à extinção do contrato de trabalho. Avulsos não têm especificamente contrato de trabalho para se aplicar, em princípio, tal dispositivo.

A referida regra poderia, porém, ser aplicada se houvesse o término da relação de trabalho. Seria observada a prescrição bienal, pois haveria término do trabalho.

Tem dois anos a contar do término da relação de trabalho para postular as verbas dos cinco anos a contar da propositura da ação.

5.4 Empregador

O inciso XXIX do art. 7º da Constituição diz respeito ao processo de conhecimento, tanto que faz referência à ação e não a execução.

Dispõe o *caput* do art. 7º da Constituição:

> "São direitos dos trabalhadores urbanos e rurais, além de outros que visem à melhoria de sua condição social".

O referido dispositivo não dispõe que são direitos dos empregadores ou das empresas, mas dos trabalhadores urbanos e rurais.

O inciso XXIX do art. 7º da Constituição faz referência a créditos resultantes das relações de trabalho, mas em relação aos trabalhadores urbanos e rurais e não para o empregador.

O citado dispositivo constitucional não estabelece prazo prescricional para o empregador. Logo, o referido preceito não poderia ser aplicado ao empregador, mas apenas ao empregado.

Determina o art. 11 da CLT:

"Art. 11. O direito de ação quanto a créditos resultantes das relações de trabalho prescreve:
I – em cinco anos para o trabalhador urbano, até o limite de dois anos após a extinção do contrato".

A redação do art. 11 da CLT está de acordo com a determinação original do inciso XXIX do art. 7º da Constituição, que posteriormente foi alterado pela Emenda Constitucional nº 28, de 25 de maio de 2000.

Mesmo assim, o art. 11 da CLT trata de trabalhador urbano e rural e não do empregador.

Quem alega prescrição como forma de extinção das obrigações trabalhistas é o devedor, o empregador, e não o empregado.

O prazo de prescrição do empregador é de dez anos, previsto no art. 206 do Código Civil.

5.5 Ato nulo e prescrição no Direito do Trabalho

Nulidade é a sanção que priva os efeitos do negócio jurídico pela não observância das formalidades previstas em lei.

Há artigos na CLT que fazem referência ao ato ser "nulo de pleno direito" (art. 9º, 117). Usa-se também a expressão "sob pena de nulidade" (art. 468).

Para que o ato seja considerado nulo há necessidade, porém, de declaração nesse sentido pelo Poder Judiciário, pois, provavelmente, as partes não irão considerar que o ato é nulo. A nulidade não opera *ipso iure*.

Mesmo nos casos de garantia de emprego, o empregado tem de postular a declaração da nulidade, como na hipótese de reintegração no emprego do cipeiro (parágrafo único do art. 165 da CLT).

Para se chegar à conclusão se o ato nulo prescreve ou não, a interpretação tem de ser feita de forma sistemática com outros dispositivos do ordenamento jurídico.

Embora a prescrição no Direito do Trabalho compreenda questão de ordem pública, em razão do prejuízo que causa ao empregado quanto à verba de natureza alimentar, o tema em discussão deve ser interpretado sistematicamente de acordo com o ordenamento jurídico.

Dispõe o art. 9º da CLT que "serão nulos de pleno direito os atos praticados com o objetivo de desvirtuar, impedir ou fraudar a aplicação dos preceitos contidos na presente Consolidação". Não se pode, portanto, interpretar isoladamente apenas o art. 9º da CLT. Há necessidade de conjugá-lo com outros dispositivos.

Actio nata é a ação nascida. A prescrição só começa a correr a partir do momento em que nasce o direito de ação. Antes disso, o prazo não poderia ser contado, pois o interessado estaria incapacitado de fazer valer seu direito. Enquanto não nasce a ação não pode ela prescrever (*actione non nata non praescribitur*).

No Direito do Trabalho, o prazo de prescrição a ser observado é o previsto no inciso XXIX do art. 7º da Constituição. O citado comando constitucional não faz qualquer distinção quanto ao prazo prescricional, nem indica matéria específica, apenas menciona que é um crédito resultante da relação de trabalho. Logo, também abrange os atos nulos.

Estabelece o art. 11 da CLT que "o direito de ação quanto a créditos resultantes das relações de trabalho prescreve: I – em cinco anos para o trabalhador urbano, até o limite de dois anos após a extinção do contrato(...)".

O ato nulo no Direito do Trabalho prescreve. A Constituição e a CLT estabelecem que há prescrição em relação a créditos resultantes da relação de trabalho. Passados dois anos do término do contrato de trabalho ou cinco anos a contar da propositura da ação, estão prescritos os direitos do trabalhador por força de disposição constitucional e legal. Os dispositivos acima citados não podem ser considerados como inúteis dentro do ordenamento jurídico. Assim, o ato nulo ou anulável prescreve no Direito do Trabalho.

O inciso XXIX do art. 7º da Constituição ou o art. 11 da CLT não fazem distinção entre atos nulos e anuláveis. Todos os atos praticados pelo empregador são suscetíveis de prescrição.

Na verdade, se os atos nulos não prescrevessem, não haveria prescrição no Direito do Trabalho, pois muitos dos atos do empregador têm por objetivo impedir, fraudar ou desvirtuar a aplicação dos preceitos trabalhistas.

5.6 Dano moral

Causa dano de natureza extrapatrimonial a ação ou omissão que ofenda a esfera moral ou existencial da pessoa física ou jurídica, as quais são as titulares exclusivas do direito à reparação (art. 223-B da CLT). Dano de natureza extrapatrimonial é o dano moral, pois o dano patrimonial é o material.

A honra, a imagem, a intimidade, a liberdade de ação, a autoestima, a sexualidade, a saúde, o lazer e a integridade física são os bens juridicamente tutelados inerentes à pessoa física (art. 223-C da CLT).

A imagem, a marca, o nome, o segredo empresarial e o sigilo da correspondência são bens juridicamente tutelados inerentes à pessoa jurídica (art. 223-D da CLT).

São responsáveis pelo dano extrapatrimonial todos os que tenham colaborado para a ofensa ao bem jurídico tutelado, na proporção da ação ou da omissão (art. 223-E da CLT).

A reparação por danos extrapatrimoniais pode ser pedida cumulativamente com a indenização por danos materiais decorrentes do mesmo ato lesivo (art. 223-F da CLT). Se houver cumulação de pedidos, o juízo, ao proferir a decisão, discriminará os valores das indenizações a título de danos patrimoniais e das reparações por danos de natureza extrapatrimonial. A composição das perdas e danos, assim compreendidos os lucros cessantes e os danos emergentes, não interfere na avaliação dos danos extrapatrimoniais.

Ao apreciar o pedido, o juízo considerará: "I – a natureza do bem jurídico tutelado; II – a intensidade do sofrimento ou da humilhação; III – a possibilidade de superação física ou psicológica; IV – os reflexos pessoais e sociais da ação ou da omissão; V – a extensão e a duração dos efeitos da ofensa; VI – as condições em que ocorreu a ofensa ou o prejuízo moral; VII – o grau de dolo ou culpa; VIII – a ocorrência de retratação espontânea; IX – o esforço efetivo para minimizar a ofensa; X – o perdão, tácito ou expresso; XI – a situação social e econômica das partes envolvidas; XII – o grau de publicidade da ofensa" (art. 223-G da CLT).

Se julgar procedente o pedido, o juízo fixará a indenização a ser paga, a cada um dos ofendidos, em um dos seguintes parâmetros, vedada a acumulação: Ao julgar procedente o pedido, o juízo fixará a reparação a ser paga, a cada um dos ofendidos, em um dos seguintes parâmetros, vedada a acumulação: "I – para ofensa de natureza leve – até três vezes o valor do limite máximo dos benefícios do Regime Geral de Previdência Social; II – para ofensa de natureza média – até cinco vezes o valor do limite máximo dos benefícios do Regime Geral de Previdência Social; III – para ofensa de natureza grave – até vinte vezes o valor do limite máximo dos benefícios do Regime Geral de Previdência Social; ou IV – para ofensa de natureza gravíssima – até cinquenta vezes o valor do limite máximo dos benefícios do Regime Geral de Previdência Social" (§ 1º do art. 223-G da CLT). Na reincidência de quaisquer das partes, o juízo poderá elevar ao dobro o valor da indenização. Para fins do disposto no § 3º, a reincidência ocorrerá se ofensa idêntica ocorrer no prazo de até dois anos, contado do trânsito em julgado da decisão condenatória. Os parâmetros supramencionados não se aplicam aos danos extrapatrimoniais decorrentes de morte. Neste caso, o juiz é livre para decidir.

Em relação ao prazo de prescrição quanto ao dano moral trabalhista há duas teorias.

A primeira entende que a prescrição é a prevista no inciso XXIX do art. 7º da Constituição. O empregado tem dois anos para ajuizar a ação contados do término do contrato de trabalho ou reclamar os últimos cinco anos se o contrato estiver em vigor.

A segunda teoria afirma que a indenização é civil, devendo ser observada a prescrição contida no Código Civil. Na vigência do Código Civil de 1916 o prazo era de 20 anos (art. 177). No Código Civil de 2002, o prazo é de três anos para a pretensão de reparação civil (art. 206, § 3º, V).

Se o dano moral decorre do contrato de trabalho, o crédito é trabalhista e não civil.

Se a competência é da Justiça do Trabalho, a prescrição deve ser a trabalhista. Se a relação ocorre entre empregado e empregador quanto a créditos resultantes da relação de trabalho, a prescrição é de dois anos a contar da cessação do contrato de trabalho. O inciso XXIX do art. 7º da Constituição não faz distinção se a matéria é prevista no Código Civil ou na CLT, mas apenas se é um crédito resultante da relação de trabalho, como, de fato, é.

A verba é de natureza trabalhista, decorrente do contrato de trabalho.

A CLT prevê situações que compreendem dano moral trabalhista, como nas letras *j* e *k* do art. 482 e na letra *e* do art. 483.

Não há omissão na lei trabalhista para se aplicar o Código Civil.

Não é o caso de se aplicar a norma mais favorável, pois a prescrição só pode ser regulada por uma norma e não por várias. Há regra específica, que é o inciso XXIX do art. 7º da Lei Maior.

A ação penal não suspende ou interrompe o prazo prescricional. Não é o caso de se aplicar o art. 200 do Código Civil, pois a Constituição não dispõe nesse sentido.

5.7 Aplicação do Código Civil

A CLT não contém regras procedimentais relativas à prescrição. É aplicável o Código Civil nas hipóteses a seguir referidas.

Reza o art. 193 do Código Civil que a prescrição pode ser alegada em qualquer grau de jurisdição, pela parte a quem aproveita.

Não se fala mais em qualquer instância, como era previsto no art. 162 do Código Civil de 1916. Instância em 1916 não tinha significado de grau de jurisdição, mas de processo.

A nova orientação vai de encontro ao entendimento da Súmula 153 do TST.

Poderá, agora, a prescrição ser alegada no TST ou no STF, que são graus de jurisdição. Não poderá ser alegada na execução, que não é grau de jurisdição, mas fase processual ou processo, além do que violaria a coisa julgada.

Entendo que a regra contida no art. 193 do Código Civil fere o contraditório e é inconstitucional (art. 5º, LV, da Constituição). Prescrição é matéria de defesa, na qual o réu deve alegar todos os motivos de fato e de direito com que impugna a pretensão do autor (art. 336 do CPC), o que incluiria a prescrição. Logo, a prescrição não pode ser alegada após ser oferecida a defesa, pois viola o contraditório e suprime instância.

A prescrição deve ser arguida apenas pela parte a quem aproveita (art. 193 do CC) e não por outras pessoas. O Ministério Público não tem legitimidade para arguir a prescrição em favor de entidade de direito público, quando atua como fiscal da lei, pois não é parte (OJ 130 da SBDI-1 do TST).

O juiz pode suprir, de ofício, a alegação de prescrição (art. 487, II, do CPC).

A interrupção da prescrição ocorrerá apenas uma vez (art. 202 do CC).

A reclamação trabalhista arquivada, pelo não comparecimento do empregado na primeira audiência na Justiça do Trabalho, importa a interrupção da prescrição. Ela não se interromperá novamente pelo arquivamento de outra reclamação.

A prescrição interrompida recomeça a correr da data do ato que a interrompeu, ou do último ato do processo para a interromper (parágrafo único do art. 202 do CC).

O prazo de prescrição no caso de interrupção é contado novamente de forma integral. Exemplo: do arquivamento da reclamação.

O empregado em gozo de auxílio-doença tem os efeitos do seu contrato de trabalho suspensos.

Na concessão do auxílio-doença acidentário há a interrupção dos efeitos do seu contrato de trabalho, pois o empregador tem de depositar o FGTS (§ 5º do art. 15 da Lei nº 8.036/90).

O empregador deve pagar os salários dos 15 primeiros dias de afastamento do empregado (§ 3º do art. 60 da Lei nº 8.213/91). Depois disso, o INSS paga o benefício previdenciário.

O ideal seria que durante a vigência do contrato de trabalho não corresse prazo de prescrição, pois o empregado pode ser dispensado pelo empregador pelo fato de ajuizar a ação trabalhista.

Não dispõe o inciso XXIX do art. 7º da Constituição que há suspensão ou interrupção do prazo de prescrição.

A CLT não dispõe que durante o período em que o empregado está afastado por doença há suspensão ou interrupção do prazo prescricional. Ela repete no art. 11 o conteúdo do inciso XXIX do art. 7º da Constituição. A lei, portanto, não prevê que no período em que o empregado está afastado por doença há a suspensão do prazo de prescrição.

Reza o inciso I do art. 199 do Código Civil que não corre igualmente a prescrição: "pendendo condição suspensiva". Na condição suspensiva há cláusula estatuída pelas partes para subordinar os efeitos do negócio jurídico a evento futuro e incerto. Exemplo de condição suspensiva é: enquanto você não se casar não lhe darei um automóvel. Não existe exatamente condição suspensiva no afastamento do empregado para gozar de auxílio-doença ou auxílio-doença acidentário. Não há nenhum impedimento para que o empregado ajuíze ação na Justiça do Trabalho e postule o que entende devido.

A pretensão da parte surge com a lesão e nesse momento passa a fluir o prazo prescricional para postular a reparação.

É clara a Orientação Jurisprudencial 375 da SBDI-1 do TST ao mencionar: A suspensão do contrato de trabalho, em virtude da percepção do auxílio-doença ou da aposentadoria por invalidez, não impede a fluência da prescrição quinquenal, ressalvada a hipótese de absoluta impossibilidade de acesso ao Judiciário.

Absoluta impossibilidade de acesso ao Judiciário pode ser a hipótese em que o empregado fica doente por longo tempo, internado no hospital, sem ter alta médica, não tendo condições sequer de outorgar procuração ao advogado.

A prescrição iniciada contra uma pessoa continua a correr contra seu sucessor (art. 196 do CC). O novo Código troca a palavra *herdeiro*, que era prevista no art. 165 do CC de 1916, por *sucessor*. A exceção é se existirem menores, hipótese em que não correrá a prescrição (art. 198, I, do CC).

A interrupção da prescrição efetuada contra o devedor solidário compreende os demais (§ 1º do art. 204 do CC). É o que ocorre no grupo de empresas, em que as empresas pertencentes ao grupo são solidárias (§ 2º do art. 2º da CLT).

Da extinção do último contrato é que começa a fluir o prazo prescricional do direito de ação, objetivando a soma dos períodos descontínuos de trabalho (S. 156 do TST).

Na demanda de equiparação salarial, a prescrição só alcança as diferenças salariais vencidas no período anterior a cinco anos que precederam o ajuizamento da ação (S. 6, IX, do TST), desde que a ação seja proposta no prazo de dois anos a contar da extinção do contrato de trabalho. O mesmo ocorre em relação à demanda relativa à postulação para corrigir desvio funcional (S. 275, I, do TST).

Tratando-se de demanda que compreenda pedido de prestações sucessivas decorrente de alteração do pactuado, a prescrição é total, exceto quando o direito à parcela esteja também assegurado por preceito de lei (§ 2º do art. 11 da CLT e S. 294 do TST).

A supressão das comissões, ou a alteração quanto à forma ou ao porcentual, em prejuízo do empregado, é suscetível de operar a prescrição total da ação, nos termos da Súmula 294 do TST, em virtude de cuidar-se de parcela não assegurada por preceito de lei (OJ 175 da SBDI-1 do TST).

A pretensão à complementação de aposentadoria jamais recebida prescreve em dois anos contados da cessação do contrato de trabalho (S. 326 do TST).

A pretensão a diferenças de complementação de aposentadoria sujeita-se à prescrição parcial e quinquenal, salvo se o pretenso direito decorrer de verbas não recebidas no curso da relação de emprego e já alcançadas pela prescrição, à época da propositura da ação (S. 327 do TST).

Tratando-se de pedido de diferença de gratificação semestral que teve seu valor congelado, a prescrição aplicável é a parcial (S. 373 do TST).

Ocorre a prescrição total quanto às diferenças de complementação de aposentadoria quando estas decorrem de pretenso direito a verbas não recebidas no curso da relação de emprego e já atingidas pela prescrição, à época da propositura da ação (OJ 156 da SBDI-1 do TST).

O prazo de prescrição com relação à ação de cumprimento de decisão normativa flui apenas a partir da data de seu trânsito em julgado (S. 350 do TST). Entretanto, a ação de cumprimento não necessita do trânsito em julgado do dissídio coletivo para ser proposta. Assim, o prazo de prescrição deveria ser contado a partir de dois anos a contar do término do contrato de trabalho, observado o prazo de cinco anos para a propositura da ação.

Embora haja previsão legal para o direito à hora extra, inexiste previsão para a incorporação ao salário do respectivo adicional, razão pela qual deve incidir a prescrição total (OJ 242 da SBDI-1 do TST).

Se existe pré-contratação das horas extras e elas são suprimidas, opera-se a prescrição total se a ação não for ajuizada no prazo de cinco anos, a partir da data em que foram suprimidas (S. 199, II, do TST).

A interrupção da prescrição somente ocorrerá pelo ajuizamento de reclamação trabalhista, mesmo que em juízo incompetente, ainda que venha a ser extinta sem resolução do mérito, produzindo efeitos apenas em relação aos pedidos idênticos (§ 3º do art. 11 da CLT, S. 268 do TST).

O marco inicial da contagem do prazo prescricional para o ajuizamento de ação condenatória, quando advém a dispensa do empregado no curso de ação declaratória que possua a mesma causa de pedir remota, é o trânsito em julgado da decisão proferida na ação declaratória e não a data da extinção do contrato de trabalho (OJ 401 da SBDI-1 do TST).

Tratando-se de pedido de pagamento de diferenças salariais decorrentes da inobservância dos critérios de promoção estabelecidos em Plano de Cargos e Salários criado pela empresa, a prescrição aplicável é a parcial, pois a lesão é sucessiva e se renova mês a mês (S. 452 do TST).

Ocorre a prescrição intercorrente no processo do trabalho no prazo de dois anos (art. 11-A da CLT). É a prescrição que ocorre no curso da execução. A fluência do prazo prescricional intercorrente inicia-se quando o exequente deixa de cumprir determinação judicial no curso da execução. A declaração da prescrição intercorrente pode ser requerida ou declarada de ofício em qualquer grau de jurisdição.

Questões

1. Qual a diferença entre prescrição e decadência?
2. Quais são os fundamentos da prescrição?
3. Qual é o prazo de prescrição para o trabalhador avulso?
4. Qual é o prazo de prescrição para o empregado doméstico?
5. Os atos nulos prescrevem no Direito do Trabalho? Por quê?
6. Qual é a prescrição para o empregador?

Parte V

DIREITO COLETIVO DO TRABALHO

Capítulo 41

DIREITO COLETIVO DO TRABALHO

1 DENOMINAÇÃO

Para especificar a parte do Direito do Trabalho que ora passo a estudar, são empregadas as seguintes denominações: Direito Coletivo do Trabalho, Direito Sindical ou Direito Corporativo.

Não parece adequada a utilização da denominação Direito Sindical, pois esta é mais restrita, dizendo respeito apenas ao sindicato ou a sua organização, e também não trata de grupos não organizados em sindicatos, que podem ser sujeitos para reivindicar direitos trabalhistas. Certas matérias que fazem parte do segmento ora em análise, como a representação dos trabalhadores na empresa, não seriam incluídas no Direito Sindical, pelo fato de que aqueles trabalhadores não precisam ser sindicalizados para terem entendimentos com a empresa.

A denominação Direito Corporativo diz respeito não só à organização sindical, mas também à organização da ação do Estado de forma a desenvolver a economia.

Critica-se, entretanto, o uso da denominação Direito Coletivo do Trabalho, com o fundamento principal de que todo direito é coletivo ou feito para a coletividade.

Deve-se lembrar que, primeiramente, o Direito Coletivo do Trabalho opõe-se ao Direito Individual do Trabalho, pois este trata, regra geral, do contrato de trabalho, enquanto aquele versa sobre as relações coletivas de trabalho, mormente as regras coletivas que serão aplicáveis aos contratos de trabalho. Quanto ao fato de todo direito ser feito para a coletividade, não discrepo de tal entendimento, apenas o Direito Coletivo do Trabalho, que não é autônomo, vai estudar as relações coletivas a serem observadas no contrato de trabalho, gerando efeito sobre tal pacto.

O Direito, de fato, é feito para a sociedade, num sentido genérico, porém o Direito Coletivo do Trabalho, como parte do Direito do Trabalho, não vai tratar de regular todas as situações da sociedade, mas apenas aquelas regras coletivas que serão observadas em decorrência do contrato individual do trabalho e da organização sindical, daí por que se trata de um segmento do Direito do Trabalho.

2 CONCEITO

Direito Coletivo do Trabalho é o segmento do Direito do Trabalho incumbido de tratar da organização sindical, da negociação coletiva, dos normas coletivas, da representação dos trabalhadores e da greve.

O Direito Coletivo do Trabalho é apenas uma das divisões do Direito do Trabalho, não possuindo autonomia, pois não tem diferenças específicas em relação aos demais ramos do Direito do Trabalho, estando inserido, como os demais, em sua maioria, na CLT.

Na definição deve ser destacada a representação dos trabalhadores, pois hoje é possível que não existam sindicatos, federações ou confederações juridicamente organizadas, fazendo com que o trabalhador tenha que se organizar num grupo, que não reveste a roupagem de um sindicato ou associação, para reivindicar seus direitos trabalhistas.

Não deixa o Direito Coletivo do Trabalho de ser instrumento para a melhoria das condições de trabalho do empregado, como ocorre com os demais ramos da matéria em estudo.

3 DIVISÃO

Vou estudar no Direito Coletivo do Trabalho a organização sindical, que compreende sua natureza jurídica, a proteção à sindicalização, seus órgãos, eleições sindicais e as receitas dos sindicatos; os acordos e as convenções coletivas de trabalho; a greve; o *lockout* e outras formas de solução dos conflitos coletivos.

4 HISTÓRICO

Antes de passar ao exame da primeira etapa do Direito Coletivo do Trabalho, que é a liberdade sindical, há necessidade de um pequeno esboço histórico sobre o tema, para melhor compreensão.

O Direito Coletivo do Trabalho nasce com o reconhecimento do direito de associação dos trabalhadores, o que veio a ocorrer após a Revolução Industrial (século XVIII).

As crises que importaram no desaparecimento das corporações de ofício acabaram propiciando o surgimento dos sindicatos. As corporações de ofício foram criadas como forma de reunião dos trabalhadores, objetivando melhores condições de vida. A forma de funcionamento das corporações acabou também provocando um antagonismo interno, pois os mestres determinavam tudo, terminando com a união existente e dando lugar ao descontentamento, razão pela qual foram surgindo reivindicações, principalmente dos aprendizes e companheiros.

Pode-se dizer que o berço do sindicalismo foi a Inglaterra, onde, em 1720, foram formadas associações de trabalhadores para reivindicar melhores salários e condições de trabalho, inclusive limitação da jornada de trabalho. Desde 1824 houve uma fase de tolerância com os sindicatos; somente em 21-6-1824, as coligações deixaram de ser proibidas em relação aos trabalhadores, por ato do parlamento; não se reconhecia, porém, o direito de greve, nem os *trade unions*. Apenas por lei de 1875, consolidada em 1906, é que houve a possibilidade da criação livre dos sindicatos.

Na França, a Lei Le Chapellier, de 17-7-1791, proibia que "os cidadãos de um mesmo estado ou profissão tomassem decisões ou deliberações a respeito de seus pretensos interesses comuns". O Código de Napoleão, de 1810, também punia a associação de trabalhadores. Em 1810, havia a Chambre Syndicates du Bâtiment de La Saint Chapelle. Sindicato era a Organização. Só se observa a liberdade de associação dos trabalhadores a partir de 1884, quando foi reconhecida.

Em 1830, em Manchéster, são criadas associações de trabalhadores para mútua ajuda e defesa, chamadas de *Trade Unions*, que são os embriões do sindicato.

A lei Waldeck-Rousseau, na França, de 21-3-1884, permitiu às pessoas da mesma profissão ou de profissões conexas constituir associações, sem a autorização do governo, para a defesa de seus interesses profissionais e econômicos.

O direito de associação já era previsto no Tratado de Versalhes para empregados e empregadores (art. 427, 2).

Prevê a Constituição do México de 1917 o "direito de coligação para a defesa dos interesses, tanto de trabalhadores como de empregador, por meio de sindicatos, associações profissionais" (art. 123, XVI), o direito "à greve e dos patrões ao locaute" (XVII). As greves são consideradas lícitas (XVIII) "quando tenham por objeto conseguir o equilíbrio entre os diversos fatores de produção, harmonizando-se os interesses do trabalho com os do capital". "A greve será ilícita quando a maioria dos grevistas praticar atos de violência contra pessoas ou a propriedade ou em caso de guerra, quando aqueles pertencerem a estabelecimentos e serviços que dependem do governo". Autoriza o locaute (XIX), determinando que "será lícito quando o excesso de produção fizer necessário suspender o trabalho para manter os preços em um limite suportável, mediante prévia aprovação da Junta de Conciliação e Arbitragem".

O direito de associação, na Alemanha, foi admitido expressamente pela Constituição de Weimar, de 1919, tendo sido a primeira Constituição a tratar de matéria trabalhista e do Direito Coletivo do trabalho.

O sindicato nasce, assim, como um órgão de luta de classes.

No sistema italiano de Mussolini, o sindicato era submetido aos interesses do Estado. Este é que moldava o sindicato a suas determinações. O sistema fascista não proibia a criação de associações de fato. O art. 6º da Lei nº 563, de 1926 (Lei Rocco), estabelecia a unicidade como base da organização sindical italiana. Previa o art. 6º, na alínea 3ª, que "só pode ser reconhecida legalmente para qualquer categoria de empregadores, empregados ou profissionais liberais uma única associação". A pluralidade sindical implicava concorrência entre os sindicatos. A *Carta del Lavoro*, de 1927, na parte III, determinava que a organização sindical ou profissional era livre. O sistema sindical era organizado por categorias (Lei nº 563), indicando o paralelismo simétrico: de um lado, sindicato de categoria profissional e, de outro, sindicato de categoria econômica. O Estado é que organizava as categorias. A categoria preexistia ao sindicato. Não tinha, porém, a categoria personalidade jurídica. Quem tinha personalidade jurídica era o sindicato. A associação era um fato voluntário. O enquadramento sindical era prévio e obrigatório. Só era possível o reconhecimento de um único sindicato pelo Estado em dada base territorial, concedendo a carta sindical, que era um ato político. Não havia diretamente imposição do sindicato único, mas unicidade do reconhecimento do sindicato. Somente o sindicato legalmente reconhecido e submetido ao controle do Estado é que tinha o direito de representar a categoria, estabelecendo os contratos coletivos. Para assegurar a autonomia financeira do sindicato ou sua dependência financeira ao Estado era criado o *contributo sindacale*. Cabia ao Estado disciplinar os conflitos de trabalho e organizar a produção nacional. Era estabelecido o poder normativo na Justiça do Trabalho para controlar a greve, pois esta era proibida, assim como o *lockout*.

A Constituição da Itália de 1948 dispõe que "a organização sindical é livre. Aos sindicatos não pode ser imposta outra obrigação senão o seu registro junto a cartórios locais ou centrais, segundo as normas da lei. É condição para o registro que os estatutos dos sindicatos contenham regras internas com bases democráticas. Os sindicatos registrados têm personalidade jurídica. Em função dos seus filiados, podem estipular contratos coletivos de trabalho com eficácia obrigatória para todos os trabalhadores pertencentes às categorias a que se refere o contrato" (art. 39). O direito da greve é exercido no âmbito das leis que o regulamentam (art. 40).

A Declaração Universal dos Direitos do Homem, de 1948, determina que todo homem tem direito a ingressar num sindicato (art. XXIII, 4).

A OIT, com a Convenção nº 87, de 1948, passou a determinar as linhas mestras sobre o direito de livre sindicalização, sem qualquer ingerência por parte do Estado.

Algumas Constituições mencionam também a liberdade de filiação, como a da França, de 1946, reafirmada em 1958, que prevê que todo homem pode defender seus direitos e seus interesses por meio do sindicato e aderir a agremiação de sua escolha (*tout homme peut défendre ses droits et ses intérêts par l'action syndicale et adhérer au syndicat de son choix*).

A Constituição de Portugal de 1976 dispõe que "é reconhecida aos trabalhadores a liberdade sindical, condição e garantia da construção da sua unidade para defesa dos seus direitos e interesses" (art. 56). O direito de greve é garantido, pois "compete aos trabalhadores definir o âmbito de interesses a defender por meio da greve, não podendo a lei limitar esse âmbito" (art. 58). Proíbe o locaute.

A Constituição da Espanha de 1978 reconhece o direito de contratação coletiva e a força vinculante desses contratos (art. 37).

Questões

1. Qual a denominação que melhor reflete o estudo do tema que envolve os sindicatos e as normas coletivas aplicáveis aos contratos de trabalho? Por quê?
2. Como podemos definir o Direito Coletivo do Trabalho?
3. Como pode ser dividido o Direito Coletivo do Trabalho?
4. Como surgem os primeiros sindicatos?

Capítulo 42

LIBERDADE SINDICAL

1 HISTÓRICO

A Constituição da OIT, de 1919, já previa o princípio da liberdade sindical, que seria um dos objetivos a ser alcançado por seu programa de ação. Teve a Constituição da OIT incorporada a seu bojo a Declaração de Filadélfia, de 1944, em que o princípio da liberdade sindical era reafirmado com um dos postulados básicos da referida organização: "a liberdade de expressão e a de associação são essenciais à continuidade do progresso" (art. I, *b*). A Declaração de Filadélfia também incluía entre os programas da OIT os que visavam "o efetivo reconhecimento do direito da negociação coletiva, a cooperação entre empregadores e trabalhadores para o contínuo melhoramento da eficiência produtiva, e a colaboração de trabalhadores e empregadores na preparação e aplicação de medidas sociais e econômicas" (III, *e*).

Como se verifica, a liberdade sindical é um dos postulados básicos da OIT. Já se sentia em 1927 a necessidade de elaboração de um texto com as regras gerais a respeito de liberdade sindical. Havia, entretanto, divergências sobre o tema, entre os países, e naquela época era impossível chegar à liberdade sindical. Isso só foi possível após a Segunda Guerra Mundial, a saber, em 1948.

Na Conferência Geral da Organização Internacional do Trabalho realizada em 9-7-48, na cidade de São Francisco, nos Estados Unidos, foi adotada uma convenção que trata de liberdade sindical e da proteção do direito sindical. Tal Convenção veio a ter o número 87, denominada Convenção sobre Liberdade Sindical e a Proteção do Direito Sindical. Essa norma internacional é que traça os parâmetros principais a respeito da liberdade sindical. Infelizmente, essa convenção ainda não foi ratificada pelo Brasil, até mesmo em razão de a atual Constituição estabelecer a existência do sindicato único, sindicato por categoria e contribuição sindical determinada por lei, posições incompatíveis com a referida regra internacional.

A Declaração Universal dos Direitos do Homem também assegura o "direito à liberdade de reunião e associação pacíficas" (art. XX). Ademais, o direito de sindicalização passou a estar elencado entre os direitos humanos: "todo homem tem direito a organizar sindicatos e a neles ingressar para proteção dos seus interesses" (art. 23, nº 4). O Pacto Internacional dos Direitos Econômicos Sociais e Culturais, de 1966, estabelece no art. 8º que os Estados, que são partes no referido pacto, se obrigam a assegurar: "c) o direito que têm os sindicatos de exercer livremente sua atividade sem outras limitações que as previstas em lei e que constituem medidas necessárias numa sociedade democrática, no interesse da segurança nacional ou da ordem pública, ou para proteger os direitos e as liberdades de outrem".

2 CONCEITO

Liberdade sindical é uma espécie de liberdade de associação. É o direito de os trabalhadores e empregadores se organizarem e constituírem livremente as agremiações que desejarem, no número por eles idealizado, sem que sofram qualquer interferência ou intervenção do Estado, nem uns em relação aos outros, visando à promoção de seus interesses ou dos grupos que irão representar. Essa liberdade sindical também compreende o direito de ingressar e retirar-se dos sindicatos.

A liberdade sindical significa, pois, o direito de os trabalhadores e os empregadores se associarem, livremente, a um sindicato. Todo aquele que tiver interesse profissional ou econômico a ser discutido poderá reunir-se num sindicato. Os interesses profissionais ou econômicos serão, assim, dos empregados, dos empregadores e dos trabalhadores autônomos, como se observa do art. 511 da CLT.

Os trabalhadores em serviço público também terão o direito de livremente constituir sindicato. A exceção à regra diz respeito aos membros das Forças Armadas, da polícia e aos servidores ou empregados públicos de alto nível, assim considerados aqueles que têm funções com caráter decisório, ou seja, de confiança, o que poderá ser feito mediante exclusão pela legislação nacional (Convenção nº 151 da OIT, de 1978, arts. 1º, 2º, 3º).

Para que haja autonomia e liberdade sindical, é preciso que exista uma forma de custeio da atividade das entidades sindicais, o que deveria ser feito por intermédio de contribuições espontâneas dos filiados e não por intermédio de contribuições compulsórias. Seria, por exemplo, a mensalidade dos sócios e a contribuição decorrente do custo da negociação coletiva.

3 GARANTIAS

Contém a Convenção nº 87 da OIT várias garantias fundamentais:

a) os trabalhadores e os empregadores, sem distinção de qualquer espécie, terão direito de constituir, sem autorização prévia do Estado, organizações de sua escolha, bem como o direito de se filiar a essas organizações, sob a única condição de observar seus estatutos (art. 2º). Os trabalhadores e empregadores têm o direito de escolher se querem unidade ou pluralidade sindical, sem que o Estado intervenha nessa relação. A unidade sindical irá decorrer livremente da vontade dos envolvidos. O direito de se filiar ao sindicato comporta dois aspectos: o positivo, que é o de ingressar na agremiação, e o negativo, que é o de se retirar. Trata-se de uma liberdade sindical individual, na qual se evidencia que cada pessoa pode decidir, soberanamente, entre entrar ou não no sindicato, o que também foi acolhido pelo inciso V do art. 8º da Constituição de 1988. Não pode, portanto, haver qualquer constrangimento ou coação para a pessoa ingressar ou não no sindicato;

b) organizações de trabalhadores e de empregadores terão o direito de elaborar seus estatutos e regulamentos administrativos, de eleger livremente seus representantes, organizando sua gestão e sua atividade e formulando seu programa de ação, inclusive no que diz respeito às federações e confederações. O Estado não poderá interferir ou intervir no sindicato, de maneira a impedir o exercício do direito sindical (art. 3º). Assim, o sindicato tem o direito de redigir seus estatutos e suas normas internas, elegendo seus dirigentes, sem qualquer ingerência ou interferência do Estado;

c) suas autoridades públicas deverão abster-se de qualquer intervenção que possa limitar esse direito ou entravar seu exercício legal;

d) as organizações de trabalhadores e de empregadores não estarão sujeitas à dissolução ou à suspensão por via administrativa (art. 4º). O Estado não deve exercer qualquer controle, de modo arbitrário ou autoritário, sobre a atividade sindical, de maneira a dissolver ou suspender administrativamente as atividades da agremiação;

e) as organizações de trabalhadores e de empregadores terão o direito de constituir federações e confederações, bem como de filiar-se a estas, e toda organização, federação ou confederação terá o direito de filiar-se a organizações internacionais de trabalhadores e de empregadores (art. 5º);

f) a aquisição da personalidade jurídica por parte das organizações de trabalhadores e de empregadores, suas federações e confederações, não poderá estar sujeita a condições de natureza a restringir o direito de associação.

As garantias previstas pela Convenção nº 87 da OIT aplicar-se-ão às Forças Armadas e à polícia, o que será objeto da legislação de cada país (art. 9º, 1). A ratificação da referida convenção não deverá afetar qualquer lei, sentença, costume ou acordo já existentes que concedam aos membros das Forças Armadas e da Polícia garantias previstas na citada norma (art. 9º, 2).

Quanto aos empregadores, não poderá haver discriminação antissindical dos trabalhadores, pois esses gozarão de adequada proteção contra atos antissindicais relativos ao emprego, tanto no momento da admissão, como durante o desenvolvimento do contrato de trabalho. O objetivo é o de não se exigir do trabalhador sua não filiação a um sindicato ou a renúncia a sua condição de membro da agremiação, bem como de dispensar o empregado ou prejudicá-lo somente por ser membro de sindicato (art. 1º da Convenção nº 98 da OIT).

Não trata a Convenção nº 87 da OIT, expressamente, da liberdade de não associação; apenas prevê o direito das pessoas de constituírem sindicato e de a ele se filiarem, protegendo, porém, diretamente a não associação à agremiação.

A liberdade sindical deve ser assegurada tanto no setor público como no privado, sem distinção ou discriminação de qualquer espécie, como profissão, sexo, cor, raça, credo, nacionalidade ou opinião política.

A Convenção nº 87 da OIT não é, à primeira vista, dirigida aos governos, mas mais diretamente aos empregados e empregadores. Ela é, contudo, dirigida aos governos quando determina que não pode haver interferência ou intervenção nos sindicatos, constituindo ato atentatório à liberdade sindical. A Convenção nº 87 da OIT também é direcionada aos funcionários públicos, pois o art. 9º da referida regra internacional prevê que a legislação nacional deverá determinar até que ponto serão aplicadas às Forças Armadas e à polícia as garantias previstas na citada norma.

A Convenção nº 98 da OIT, de 1949, que foi aprovada pelo Brasil pelo Decreto Legislativo nº 49, de 27-8-1952, traça regras gerais a respeito de intromissões recíprocas entre trabalhadores e empregadores. Os trabalhadores devem gozar de proteção adequada contra quaisquer atos atentatórios à liberdade sindical, no condizente à relação de emprego (art. 1º). Para obtenção do emprego, o empregador não poderá exigir do empregado que este venha a não se filiar a um sindicato ou a deixar de fazer parte dele (art. 2º, *a*). O trabalhador não poderá ser dispensado ou prejudicado em razão de sua filiação ao sindicato ou de sua participação em atividades sindicais, fora do horário de trabalho ou com o consentimento do empregador, durante as mesmas horas (art. 2º, *b*). As organizações de trabalhadores e de empregadores deverão gozar de proteção adequada contra quaisquer atos de ingerência ou intervenção de umas em outras, quer diretamente quer por meio de seus representantes, em sua formação, funcionamento e administração (art. 2º, *l*). Consideram-se como atos de ingerência as medidas destinadas a provocar a criação de organizações de trabalhadores dominadas por um empregador ou uma organização de empregadores, ou a manter organizações de trabalhadores por outros meios financeiros, com o fim de haver controle por um empregador ou uma organização de empregadores. Deve haver medidas no âmbito da legislação interna de cada país para fomentar e promover o desenvolvimento da negociação voluntária entre empregadores e trabalhadores, visando regular por meio de convenções as condições de trabalho (art. 4º). A negociação coletiva apanha as peculiaridades de cada região.

4 CLASSIFICAÇÃO

Liberdade individual é a de entrar e de sair do sindicato. Liberdade coletiva é a de criar órgãos superiores, como federações, confederações e centrais sindicais. Autonomia sindical é a liberdade do sindicato perante o Estado, de não haver qualquer intervenção ou interferência na agremiação.

Como argumentam Orlando Gomes e Elson Gottschalk (1991:586), a liberdade sindical pode ser determinada segundo o indivíduo, o grupo profissional e o Estado. Quanto ao indivíduo, permite a referida orientação que haja a liberdade individual de aderir, de não se filiar ou de sair livremente do sindicato. Em relação ao grupo profissional, há a possibilidade de se fundar o sindicato, o quadro sindical na ordem profissional e territorial; a liberdade de relações do sindicato, para fixar as regras internas formais e de fundo, regulando sua vida; liberdade de relações entre o sindicalizado e o grupo profissional; liberdade de relações entre o sindicato de empregado e de empregador; liberdade no exercício do direito sindical em relação à profissão; liberdade no exercício do direito sindical em relação à empresa; a autonomia privada coletiva. No tocante ao Estado, diz respeito à independência do sindicato quanto à intervenção por aquele, no conflito entre a autoridade estatal e a ação do sindicato; na integração dos sindicatos no Estado.

A liberdade sindical também pode compreender a liberdade institucional, no sentido de o sindicato ser organizado de acordo com a vontade dos seus membros.

Pode-se dizer que a liberdade sindical implica a possibilidade de livre criação de sindicato, inclusive a criação de mais de um sindicato para a mesma categoria, e o direito de aderir ou não ao sindicato e a liberdade de auto-organização sindical, sem qualquer ingerência governamental.

Na França, por exemplo, os princípios básicos em relação ao sindicato são: liberdade, pluralidade e autonomia. É livre a criação de sindicatos, porém se exige a apresentação de seus estatutos e da lista de seus dirigentes, que devem ser mostrados à Prefeitura do local da sede do sindicato. Apenas as pessoas que exercem a mesma atividade podem agrupar-se em sindicatos, visando à defesa de seus interesses profissionais.

A liberdade sindical, portanto, implica várias facetas. No que diz respeito à pessoa, há: a liberdade positiva de se filiar ao sindicato; a liberdade negativa de não se filiar ao sindicato, comportando também a desfiliação, ocasião em que o indivíduo deixa de ser associado do sindicato.

Nota-se, pois, que não há nenhuma necessidade de o Estado ser consultado para que as pessoas possam constituir sindicatos.

Não se pode dizer que a pluralidade sindical seja capaz de enfraquecer as organizações sindicais; ao contrário, os sindicatos representativos terão maior força, além de importar em maior participação democrática. Aqueles que prestarem os melhores serviços terão mais associados. A imposição pelo Estado da unicidade sindical é que não pode ser tolerada. Se os interessados decidirem constituir poucos sindicatos, como na antiga República Federal da Alemanha, ou muitos sindicatos, ficará ao livre alvedrio deles e não de outra pessoa. O fato de o sindicalismo ser livre não quer dizer que o sindicato vai ser fraco, pois, prestando bons serviços e conseguindo boas condições de trabalho para a categoria, pode angariar mais sócios, aumentando sua receita.

5 SISTEMAS DE LIBERDADE SINDICAL

Três são os sistemas relativos à liberdade sindical. O primeiro é o intervencionista, no qual o Estado ordena as relações relativas ao sindicato. O sistema intervencionista é destacado nos países que adotavam o regime corporativo, como na Itália, de Mussolini; na Espanha, de Franco; em Portugal, de Salazar, e até hoje no Brasil. O segundo é o desregulamentado, em que o Estado se abstém de regular a atividade sindical, como no Uruguai, em que não há lei sindical, nem para tratar da organização sindical, muito menos da atividade sindical, tendo o país ratificado a Convenção nº 87 OIT, cumprindo seus dispositivos; o sindicato adquire personalidade gremial com seu registro, como o de qualquer pessoa jurídica. O terceiro sistema é o intervencionista socialista, em que o Estado ordena e regula a atividade do sindicato, segundo as metas estabelecidas pelo primeiro, como ocorre em Cuba.

Liberdade sindical quer dizer, contudo, autonomia sindical, não se confundindo com soberania; esta é inerente ao Estado, decorrente de seu poder de império. A soberania do Estado não reconhece poder igual, superior ou concorrente na ordem interna, nem poder superior na ordem internacional. Consiste a soberania num poder: incondicionado, absoluto, sem qualquer limite, já que seus limites são traçados pelo próprio Estado; originário, pois, não é derivado de qualquer outro, nascendo com o próprio Estado; e exclusivo, visto que só o Estado o possui e pode exercê-lo. É una a soberania. Não se admite que um mesmo Estado tenha duas soberanias, sendo um poder superior aos demais, não admitindo a convivência de dois poderes iguais no mesmo âmbito. É indivisível, visto que não admite a separação das partes autônomas da mesma soberania. O Estado soberano pode autodeterminar-se ou autogovernar-se, autolimitar-se, isto é, estabelecendo seu ordenamento jurídico, sendo, contudo, autônomo para decidir sobre tal ordenamento jurídico. Tem, pois, o Estado um poder superior aos demais. O mesmo não ocorre com o sindicato, com sua autonomia sindical, dependente inclusive do que determina a legislação baixada pelo Estado. A soberania é um dos fundamentos da República Federativa do Brasil (art. 1º, I, da Constituição). É exercida a soberania popular por meio do sufrágio universal e pelo voto direto e secreto, com valor igual para todos, conforme o art. 14 da Lei Fundamental.

A liberdade sindical não impõe qualquer determinação de vontade à pessoa de se associar ou não ao sindicato, favorecendo seu desenvolvimento espontâneo. É o sistema que mais se adapta às regras da OIT.

A Constituição de 1988 consagrou, ainda, o pluralismo político, no inciso V do art. 1º. Entretanto, a ideia de pluralismo político é muito mais ampla, pois compreende até mesmo a ideia de pluralismo sindical.

O fato de a pluralidade sindical criar sindicatos fracos não impede que agremiações fracas se unam aos sindicatos mais fortes, criando apenas um sindicato, que terá muito maior êxito nas discussões com os empregadores. No regime de um único sindicato, não se pode dizer que haja liberdade sindical, pois inexiste liberdade de filiação, dado o fato de que há um único sindicato e a pessoa não pode pretender criar ou se filiar a outro.

Dentro da livre sindicalização surgem alguns conceitos que devem ser explicados. O primeiro é o da *closed shop*, consistente na exigência de filiação ao sindicato como condição de emprego. O segundo é o da *union shop*, em que se impõe a filiação ao sindicato como condição à continuidade do emprego. O terceiro é o da *agency shop*, que diz respeito apenas à exigência da obrigatoriedade da contribuição ao sindicato, mas não à de filiação. Os Estados Unidos, por exemplo, admitem a *union shop* e a *agency shop*, mas não a *closed shop*. O Comitê de Liberdade Sindical da OIT adotou o entendimento de que as cláusulas da Convenção nº 98 não deveriam ser interpretadas, como admitidas ou proibidas. Há, ainda, outra cláusula utilizada nos Estados Unidos chamada *check off*: procedimento pelo qual o empregador ajusta com o sindicato deduzir dos salários de seus empregados as contribuições sindicais e outras obrigações financeiras, entregando estas somas aos próprios funcionários do sindicato, a intervalos regulares. A Lei Taft Hartley declarou ilegais os acordos que permitiam aos empregadores deduzir automaticamente as contribuições dos salários dos associados do sindicato, ressalvadas as autorizações individuais por escrito. Na França, tal cláusula é proibida por lei.

Existem também outras cláusulas a mencionar: *mise à l'index* na França, que estabelece uma espécie de "lista negra" dos não filiados; *maintenance of membership*, na Inglaterra e nos Estados Unidos, em que o empregado que se filiar voluntariamente a um sindicato deve nele permanecer na vigência da convenção coletiva em que a cláusula foi pactuada. São cláusulas que limitam a liberdade sindical. Há, também, a *open shop*: a empresa fica aberta a não filiados; *yellow-dog contract*: em que o empregado se compromete a não se filiar ao sindicato para ser admitido pelo empregador; *company unions*: consiste no compromisso de não criação de sindicatos fantasmas; *preferential shop* ou *preferential hiring*: há apenas a preferência de admissão para filiados ao sindicato; *label*, em que o sindicato põe a sua marca nos produtos do empregador, visando mostrar que há sindicalização na empresa.

6 AUTONOMIA SINDICAL

A autonomia sindical é a possibilidade de atuação do grupo organizado em sindicato e não de seus componentes individualmente considerados.

O tipo de organização a ser empreendida pelos interessados na criação do sindicato diz respeito a várias hipóteses. O sindicato pode ser organizado por grupo de empresas, por empresas, por categoria, por profissão; de âmbito municipal, distrital, intermunicipal, estadual ou nacional. O sistema brasileiro adota uma forma de organização que desprestigia a autonomia sindical, ao estabelecê-la por categoria, além de o sindicato não poder ter base territorial inferior à área de um Município (art. 8º, II, da Constituição).

O enfoque da autonomia sindical compreende vários aspectos. O primeiro seria o da liberdade de organização interna, de os interessados redigirem os estatutos do sindicato. Assim, os estatutos não podem ser aprovados por autoridade administrativa, pois tal fato iria violar a autonomia sindical. O sindicato tem o direito de se fundir com outro sindicato, de haver cisão no sindicato etc. A OIT entende que não fica ferida a liberdade sindical quando haja exigência de registro dos atos constitutivos do sindicato, desde que tal fato não implique autorização para o funcionamento do sindicato; do estabelecimento de *quorum* nas assembleias sindicais para efeito de estabelecer as decisões no âmbito do sindicato; da possibilidade de a lei determinar que, para a fusão de sindicatos, há necessidade de assembleia sindical etc. Os sindicatos têm direito, também, de eleger livremente seus representantes, sem interferência de qualquer pessoa. Os órgãos do sindicato deverão ser determinados de acordo com seus estatutos, o que não impede, segundo entendo, que a lei estabeleça apenas quais são os órgãos do sindicato, como o faz a legislação brasileira. O sindicato deve apenas tratar de questões profissionais ou econômicas, sendo desejável que não trate de política, pois o sindicato não pode transformar-se em instrumento de política. Tem o sindicato direito de se filiar a outras organizações, inclusive internacionais. Poder-se-ia dizer, ainda, que há tendência de participação do sindicato na vida coletiva, observada por meio da Recomendação nº 113, que fomenta a participação do sindicato não só quanto a interesses profissionais, mas também quanto a outros interesses, por meio do estabelecimento de consultas e colaborações no âmbito de atividades econômicas da nação em razão de questões de interesse comum. Estaria, assim, aberta a participação do sindicato em órgão em que fossem discutidas questões de interesse profissional e econômico. Isso também dá ensejo à participação dos empregados nas empresas, por meio de delegados de pessoal, delegados sindicais, representantes de pessoal etc. Não há violação da liberdade sindical ao se exigir conhecimento público ou outras regras que não sejam para determinar a autorização prévia para sua constituição. Se as autoridades responsáveis pelo registro fizerem exigências que tornem impossível aquele objetivo, estará violada a liberdade sindical. O mesmo se pode dizer do fato de a autoridade ter poder discricionário de negar o registro, equivalendo à exigência de prévia autorização.

Nossa Constituição de 1988 estabelece que "é livre a associação profissional ou sindical" (art. 8º). Entretanto, o inciso II do mesmo artigo veda a criação de mais de uma organização sindical, em qualquer grau, representativa de categoria profissional ou econômica, na mesma base territorial, que será definida pelos trabalhadores ou empregadores interessados, não podendo, porém, ser inferior à área de um Município. Essa determinação constitucional impede a ratificação da Convenção nº 87 da OIT, mostrando que não há liberdade sindical no país para as pessoas criarem livremente quantos sindicatos desejarem. De outro modo, temos ainda a exigência da contribuição sindical prevista em lei, que se atrita com o princípio da liberdade sindical, como já decidiu o Comitê de Peritos da OIT (OIT, *La liberté syndicale et négociation collective*, Genebra, BIT, 1983, p. 48-50).

Dentro da ideia de liberdade sindical, não é função do Estado ficar assegurando receitas ao sindicato, principalmente por intermédio de contribuição imposta por lei, embora seja dever do sindicato colaborar com o Estado nas questões trabalhistas, como prevê a alínea *d* do art. 513 da CLT. As receitas do sindicato devem advir, porém, da contribuição dos associados e de contribuições extraordinárias decorrentes de a agremiação ter participado das negociações coletivas e de ter incorrido em custos em razão disso. O sindicato deve manter-se por conta própria, prestando bons serviços aos associados e não recebendo contribuições que são compulsórias ou preestabelecidas pelo Estado por intermédio de lei. Entendo, assim, que, com base no princípio da liberdade sindical, o Estado não deve garantir ou assegurar receita ao sindicato, ainda que em épocas de crise econômica, mas a agremiação é que deve procurá-la por seus próprios meios, já que é uma entidade privada e não mais exerce função delegada de poder público. O Estado deve apoiar o sindicato, reconhecendo a liberdade da criação dessa entidade, que tem importante função no que diz respeito às questões trabalhistas, porém não assegurando receita financeira à referida agremiação, que é privada e deve sobreviver por si própria. Se o Estado garante a receita do sindicato, está indiretamente interferindo na liberdade sindical, como ocorre, por exemplo, em relação à contribuição sindical, ficando a agremiação dependente do primeiro, o que de certa forma prejudica sua autonomia sindical e sua independência.

Questões

1. Qual o conceito de liberdade sindical?
2. O que preconiza a Convenção nº 87 da OIT?
3. O que estabelece a Convenção nº 98 da OIT?
4. Quais os aspectos que o enfoque da autonomia sindical compreende?

Capítulo 43

ORGANIZAÇÃO SINDICAL

1 HISTÓRICO

A Constituição de 1824 determinava, no § 25 do art. 179, que "ficam abolidas as corporações de ofícios, seus juízes, escrivães e mestres". Tal fato se deu em razão das modificações sociais existentes na Europa, principalmente decorrentes da Revolução Francesa, que extinguiu as corporações de ofício.

A Constituição de 1891 não dispôs expressamente sobre as entidades sindicais, talvez inspirada no modelo norte-americano. O § 8º do art. 72 dispunha, apenas, que "a todos é lícito associarem-se e reunirem-se livremente e sem armas; não podendo intervir a polícia, senão para manter a ordem pública". Verifica-se, portanto, uma ideia da garantia de associação sindical.

Já existiam sindicatos, que se denominavam ligas operárias, surgidos por volta de fins do século XIX e começo de 1900, com a influência de trabalhadores estrangeiros que vieram a prestar serviços em nosso país. Os primeiros sindicatos que foram criados no Brasil datam de 1903. Eram ligados à agricultura e à pecuária. Foram reconhecidos pelo Decreto nº 979, de 6-1-1903. O movimento sindical alcança dimensão nacional com o 1º Congresso Operário Brasileiro, realizado no Rio de Janeiro, em 1906, quando é fundada a Confederação Sindical Brasileira. Em 1907, surge o primeiro sindicato urbano (Decreto nº 1.637/1907).

O Decreto nº 979, de 6-1-1903, do presidente Rodrigues Alves, facultava "aos profissionais da agricultura e indústrias rurais a organização de Sindicatos para defesa de seus interesses". Rezava que a organização sindical era livre, bastando haver o depósito no cartório do Registro de Hipotecas (art. 2º). Não havia limitação de categoria ou base territorial (art. 11). Dispunha que o prazo de duração do sindicato poderia ser indeterminado (art. 5º). O número de sócios era limitado, mas não poderia ser inferior a sete. Previa o registro em cartório e a formação de uniões ou sindicatos centrais.

O Decreto nº 1.637, de 5-1-1907, criou as sociedades corporativas, facultando a qualquer trabalhador, inclusive de profissões liberais, associar-se aos sindicatos, com o objetivo de estudo e defesa dos interesses da profissão e de seus membros. Teve a influência da lei francesa de 1884.

O Decreto nº 1.641/1907, conhecido como Lei Gordo, previa a expulsão do Brasil do estrangeiro por qualquer motivo que comprometesse a segurança nacional ou a tranquilidade pública (art. 1º). A maioria dos dirigentes sindicais, no momento, era de estrangeiros.

O § 1º do art. 20 do Código Civil de 1916 determinava que não se poderão constituir, sem prévia autorização, os sindicatos profissionais e agrícolas legalmente autorizados.

Em 1930, foi criado o Ministério do Trabalho, Indústria e Comércio, que atribuía aos sindicatos funções delegadas de poder público (Decreto nº 19.433, de 26-11-1930). Oliveira Viana considerava o Ministério do Trabalho o guarda-chuva que abrigava os sindicatos. Nasce aqui um sistema corporativista, no que diz respeito ao sindicato, em que a organização das forças econômicas era feita em torno do Estado, com a finalidade de promoção dos interesses nacionais e com a possibilidade da imposição de regras a quem fizesse parte das agremiações, inclusive de cobrança de contribuições.

O Decreto nº 19.770, de 19-3-1931, baixado durante a Revolução de 1930, estabeleceu a distinção entre sindicato de empregados e de empregadores, exigindo, contudo, seu reconhecimento pelo Ministério do Trabalho, também criado pela mesma revolução. Foi redigido por Evaristo de Moraes e Joaquim Pimenta. Foi instituído o sindicato único para cada profissão numa mesma região. O sindicato não poderia exercer qualquer atividade política. Só adquiria o sindicato personalidade jurídica se o Ministério do Trabalho o reconhecesse. Afirmava Oliveira Viana que "com a instituição deste registro, toda a vida das associações profissionais passará a gravitar em torno do Ministério do Trabalho: nele nascerão; com eles crescerão, ao lado dele se extinguirão".[1] Ficavam excluídos da sindicalização, apenas, os funcionários públicos e os domésticos, que estavam sujeitos a lei especial (art. 11). Havia possibilidade de criação de federações e confederações, que também estavam sujeitas à fiscalização do Ministério do Trabalho. Os sindicatos poderiam celebrar convenções ou contratos coletivos de trabalho. Foram agrupadas oficialmente profissões idênticas, similares e conexas em bases municipais. Vedou-se a filiação de sindicatos a entidades internacionais sem autorização do Ministério do Trabalho. Passaram os sindicatos a exercer funções assistenciais. Para sua constituição, era mister um número mínimo de 30 sócios. Três sindicatos poderiam formar uma federação e cinco federações tinham direito de criar uma confederação.

O Decreto nº 24.694, de 12-7-1934, previa a forma de regular a pluralidade sindical, o que ocorreu quatro dias antes da vigência da Constituição de 1934. Dispunha o inciso II do art. 5º que o sindicato se formava com, no mínimo, um terço dos empregados que exerciam a mesma profissão na respectiva localidade. Para formação de sindicato de empregadores era mister a reunião de cinco empresas, ou, no mínimo, 10 sócios individuais.

Verifica-se que na Inglaterra, França e Alemanha, os sindicatos surgiram de baixo para cima. No Brasil, ocorreu o contrário: foi de cima para baixo, com imposição do Estado. Nos outros países, os sindicatos foram sendo criados em razão de reivindicações. Em nosso país, decorreu de imposição.

A Constituição de 1934 usava a expressão *pluralidade sindical*. O art. 120 mencionava que "os sindicatos e associações profissionais serão reconhecidos de conformidade com a lei". O parágrafo único do mesmo artigo explicitava que "a lei assegurará a pluralidade sindical e a completa autonomia dos sindicatos". Tal orientação foi inspirada no liberalismo europeu no clima nascido com a Revolução de 1930. Na Assembleia Constituinte, verifica-se a resistência em relação à implantação do sindicato único, fazendo-se comparações com o que ocorria na Itália, onde se notava a decadência do sindicato único, pois o Estado interferia diretamente na agremiação a todo instante. Na realidade, prevalecia o entendimento da lei ordinária e dava tratamento totalmente diverso à questão (Decreto nº 24.694/34).

Observa-se que o sindicato nasce atrelado ao Estado, sem a possibilidade de ser criado de maneira totalmente independente e desvinculada daquele.

Decorreu a Carta de 1937 do sistema fascista italiano e a parte laboral foi inspirada na *Carta del Lavoro* daquele país, com feição eminentemente corporativista. O

---

[1] OLIVEIRA VIANA. *Problemas de direito sindical*. Rio de Janeiro: Max Limonad, 1943. p. 209.

art. 138 regulava a questão sindical: "a associação profissional ou sindical é livre. Somente, porém, o sindicato regularmente reconhecido pelo Estado tem o direito de representação legal dos que participarem da categoria de produção para que foi constituído, e de defender-lhes os direitos perante o Estado e as outras associações profissionais, estipular contratos coletivos de trabalho obrigatórios para todos os seus associados, impor-lhes contribuições e exercer em relação a eles funções delegadas de poder público".

Tal artigo copiava, praticamente, a declaração III da *Carta del Lavoro* italiana, cuja redação era a seguinte: "A associação sindical ou profissional é livre. Somente o sindicato legalmente reconhecido e posto sob o controle do Estado tem o direito de representar legalmente toda a categoria dos empregadores ou dos trabalhadores, para os quais é constituído; de defender-lhes os interesses perante o Estado e as outras associações profissionais; de estipular contratos coletivos de trabalho obrigatórios para todos os pertencentes à categoria; de impor-lhes contribuições sindicais e de exercer em relação a eles funções delegadas de interesses públicos".

Constata-se, assim, a possibilidade que os sindicatos já tinham de impor contribuições, dando origem ao imposto sindical.

O art. 140 da Constituição de 1937 determinava que "a economia da produção será organizada em corporações, e estas, como entidades representativas das forças do trabalho nacional, colocadas sob a assistência e a proteção do Estado, são órgãos deste e exercem funções delegadas de poder público".

A alínea *a* do art. 61, da mesma norma, estabelecia que o Conselho da Economia Nacional tinha por atribuição promover a organização corporativa da economia nacional. Havia a necessidade de que os sindicatos fossem legalmente reconhecidos, o que punha à margem do sistema outros agrupamentos. Dizia o art. 138 da referida Constituição que a associação sindical ou profissional era livre, porém não era tão livre assim, pois o Estado reconhecia apenas um sindicato, que passava a representar legalmente seus participantes. Criava-se o sindicato por categoria: econômica ou profissional. Os sindicatos poderiam estipular contratos coletivos de trabalho, que passavam a ser obrigatórios para todos os seus associados. Podiam os sindicatos impor contribuições. Enfim, a própria Norma Ápice considerava que o sindicato exercia função delegada de poder público, daí por que estava atrelado ao Estado. O art. 139 da Lei Magna de 1937 tratava da Justiça do Trabalho para dirimir os conflitos do trabalho, que era um órgão administrativo, não integrante do Poder Judiciário, o que já tinha sido previsto no art. 122 da Constituição de 1934. O mesmo art. 139 considerava a greve e o *lockout* recursos antissociais, nocivos ao trabalho e ao capital e incompatíveis com os superiores interesses da produção nacional, justamente para trazer para dentro do Estado os sindicatos, pois podia haver a intervenção direta do Estado no sindicato, porém o Estado dava algumas compensações, como a da cobrança do imposto sindical e da participação dos trabalhadores e empregadores na Justiça do Trabalho, de modo a evitar conflitos que não pudessem ser administrados. O sindicato era inserido num sistema piramidal composto, também, de federação e confederação.

Houve a regulamentação do sindicato único pelo Decreto-Lei nº 1.402, de 5-7-1939, sendo permitida a intervenção e interferência do Estado no sindicato. Foi redigido por Oliveira Viana. Este não podia, inclusive, desrespeitar a política econômica determinada pelo governo, sob pena da perda da carta sindical. Só se permitia um sindicato por categoria econômica ou profissional na mesma base territorial (art. 6º).

A CLT também tem por base o sistema fascista de organização sindical, por meio de categorias, de regulamentação de profissões etc. A criação do sindicato e outros atos por ele praticados dependia do Ministro do Trabalho. Este era quem reconhecia a entidade sindical que iria representar os interesses de certa categoria, dependendo das disposições regulamentares traçadas por aquele órgão administrativo.

Havia necessidade de se encaminhar o pedido de reconhecimento do sindicato ao Ministro do Trabalho, acompanhado de cópia autêntica dos estatutos da associação. A associação era o órgão embrionário para se chegar ao sindicato, o qual teria de passar pelo estágio antes de ser guindado à condição de sindicato (art. 512 da CLT). Existindo mais de uma entidade associativa representativa de certa categoria, a escolha caberia ao livre-arbítrio do Ministério do Trabalho, que só poderia escolher uma, a mais representativa a seu juízo. Os arts. 515 e 519 da CLT determinam alguns requisitos para se verificar qual seria a entidade mais representativa.

O art. 521 da CLT estabelecia requisitos para o funcionamento do sindicato. O Ministro do Trabalho poderia intervir nos sindicatos, de acordo com critérios subjetivos, como se verifica do art. 528 da CLT: "Ocorrendo dissídio ou circunstâncias que perturbem o funcionamento da entidade sindical, ou motivos relevantes de segurança nacional, o Ministro do Trabalho poderá nela intervir, por intermédio de delegado ou de junta interventora, com atribuições para administrá-la e executar ou propor medidas necessárias para normalizar-lhe o funcionamento".

O art. 531 da CLT previa requisitos a serem determinados pelo Ministério do Trabalho a respeito de eleições sindicais, matéria que poderia ser explicitada de forma muito melhor nos estatutos do sindicato.

O Decreto-Lei nº 7.038/44 disciplinou a organização sindical rural.

A Constituição de 1946, considerada democrática, pois foi votada em Assembleia Nacional Constituinte e não imposta, como ocorrera com a Lei Maior anterior, estabelecia, no art. 159: "É livre a associação profissional ou sindical, sendo reguladas por lei a forma de sua constituição, a sua representação legal nas convenções coletivas de trabalho e o exercício de funções delegadas pelo Poder Público".

A lei ordinária poderia tratar da unidade ou da pluralidade sindical, dependendo do critério que o legislador viesse a adotar, tendo a CLT sido recepcionada pela Constituição, com seu sistema de unicidade sindical. O sindicato continuava a exercer função delegada de poder público. Reconhecia-se o direito de greve, que seria regulado em lei. Logo, não mais se considerava a greve como recurso antissocial e nocivo ao trabalho, como ocorria na Constituição de 1937.

O art. 159 da Constituição de 1967 estabelecia ser livre a associação profissional ou sindical. A constituição do sindicato, a representação legal nas convenções coletivas de trabalho e o exercício de funções delegadas de poder público seriam disciplinados por lei. O sindicato tinha o poder de arrecadar contribuições para o custeio da atividade dos órgãos sindicais e profissionais e para a execução de programas de interesse das categorias por ele representadas, em decorrência do exercício de função delegada de poder público (§ 1º do art. 159). O § 1º do art. 159 modificou um pouco a situação que existia com a Constituição de 1937, pois o sindicato deixou de impor contribuições, para apenas arrecadar, na forma da lei, as contribuições para custeio da atividade dos órgãos sindicais e profissionais. Determinava o § 2º do art. 159 que o voto nas eleições sindicais era obrigatório.

A Emenda Constitucional nº 1, de 1969, não modificou a situação anterior, pois o art. 166 praticamente copiava o art. 159 da Constituição de 1967: "É livre a associação profissional ou sindical; a sua constituição, a representação legal nas convenções coletivas de trabalho e o exercício de funções delegadas de poder público serão regulados em lei".

O § 1º estabelecia que: "Entre as funções delegadas a que se refere este artigo, compreende-se a de arrecadar, na forma da lei, contribuições para o custeio da atividade dos órgãos sindicais e profissionais e para a execução de programas de interesse das categorias por eles representadas".

O § 2º repetia que o voto nas eleições sindicais era obrigatório.

O Decreto-Lei nº 229, de 28-2-1967, fez uma série de alterações na CLT, prevendo a possibilidade dos sindicatos de celebrar acordos e convenções coletivas. Estipulou o voto sindical obrigatório. Alterou os arts. 611 a 625 da CLT, disciplinando as convenções e os acordos coletivos.

O Ato Institucional nº 5, de 13-12-1968, permitiu ao Presidente da República a possibilidade de suspender direitos políticos, entre os quais o direito de votar e ser votado nas eleições sindicais. Tal regra só veio a ser revogada em 1978.

Entre 1964 e 1979 foram feitas 1.565 intervenções em entidades sindicais.

O *caput* do art. 8º da Lei Maior de 1988 estabelece que é livre a associação profissional ou sindical, o que já constava das Constituições de 1937 (art. 138), 1946 (art. 159), 67 (art. 159) e Emenda Constitucional nº 1/69 (art. 166). Se se interpretar esse artigo literalmente, pode-se chegar à conclusão de que o Brasil já poderia ratificar a Convenção nº 87 da OIT e poderiam existir quantos sindicatos os interessados desejassem, bastando sua vontade de reunião. A Constituição de 1988 é contraditória, pois faz referência à livre associação profissional ou sindical, mas só reconhece um sindicato, prevê o sistema confederativo, por categoria e a contribuição sindical determinada por lei. No entanto, há necessidade de se fazer a interpretação sistemática da Lei Fundamental. Assim, vamos verificar que o inciso II do art. 8º da Norma Ápice estabelece que é proibida a criação de mais de um sindicato de categoria profissional ou econômica, em qualquer grau, na mesma base territorial, que será definida pelos trabalhadores, não podendo ser inferior à área de um Município. Como se verifica, não houve modificação nesse aspecto, pois continua o sistema sindical brasileiro impedindo a criação de mais de um sindicato, federação ou confederação na mesma base territorial, que não poderá ser inferior à área de um Município. Podem, portanto, ser criados sindicatos municipais, estaduais, regionais, nacionais etc., mas não é possível a criação de sindicato por empresa, ou de bairro, que são áreas inferiores a um município.

Impede o Estatuto Supremo de 1988 a possibilidade da ratificação da Convenção nº 87 da OIT, pois permite apenas um sindicato em cada base territorial, que não pode ser inferior à área de um Município. A contribuição sindical imposta por lei também não se harmoniza com a Convenção nº 87 da OIT, visto que atenta contra o princípio da liberdade sindical, de as pessoas livremente se filiarem ao sindicato e pagarem espontaneamente as contribuições devidas a ele não de maneira compulsória, mesmo porque tal contribuição não distingue a condição de sócio ou de associado.

Uma inovação trazida pelo inciso I do art. 8º da Lei Magna foi, sem dúvida, que o Poder Público (leia-se Poder Executivo) não poderá interferir ou intervir na organização sindical. Intervir era tutelar o sindicato, substituindo seus dirigentes por meio de delegados, como se fazia anteriormente à Constituição de 1988. Diz respeito à administração do sindicato. Interferir era dizer como a agremiação poderia ou não fazer determinada coisa. Compreendia a organização do sindicato.

A intervenção ou interferência dizem respeito à organização do sindicato, ou seja, a sua criação, a sua estrutura. Todos aqueles artigos da CLT que permitiam qualquer interferência ou intervenção do Ministério do Trabalho no sindicato foram revogados pela atual Constituição. Não será possível exigir autorização do Estado para a fundação do sindicato, apenas haverá necessidade de se fazer o registro no órgão competente. A Constituição usa a expressão *registro* e não reconhecimento, que está vedado pelo mesmo inciso. Os trabalhadores e empregadores é que irão definir a base territorial do sindicato, sem qualquer interferência do Poder Público, inclusive quanto às eleições sindicais, redação de seus estatutos etc. Realmente, a maior modificação é que o sindicato não exerce mais função delegada de poder público, não estando ligado umbilicalmente ao Estado. Na verdade, hoje, o sindicato é uma entidade de direito privado, exercendo com autonomia seu mister. Essa realmente é a grande inovação da Constituição de 1988, que não repetiu as anteriores no ponto em que dizia que o sindicato exercia função delegada de poder público.

Foi mantido o sistema sindical organizado por categorias. Basta a análise de alguns incisos do art. 8º da Lei Maior para se verificar o que estou afirmando. O inciso II menciona categoria profissional ou econômica representativa da organização sindical. O inciso III reza que o sindicato defende os interesses da categoria. O inciso IV versa sobre a cobrança da contribuição confederativa, que, tratando-se de categoria profissional, será descontada em folha. Logo, o sistema sindical estatuído na CLT por categorias, profissional e econômica, permanece em vigor. Nada impede, também, a existência do sindicato dos profissionais liberais e de categoria diferenciada, que são apenas desdobramentos do sindicato por categoria, pois aquelas não deixam de ser categorias e a Constituição não dispõe que o sindicato seja organizado apenas por categoria econômica e profissional, mas que a organização sindical é feita por categorias.

Mantém-se também o sistema confederativo, como se verifica do inciso IV do art. 8º da Lei Maior, pois inclusive há uma contribuição que irá custear esse sistema. Assim, a organização sindical brasileira foi regulada num sistema piramidal, em que, no ápice, ficam as confederações, no meio as federações e na base os sindicatos. O inciso II do art. 8º da Lei Magna, ao falar em organização sindical de qualquer grau, admite implicitamente o sistema sindical brasileiro organizado sob a forma confederativa.

Outra novidade da Constituição é que foi estabelecida em âmbito constitucional a liberdade sindical individual: a pessoa pode filiar-se ou desligar-se do sindicato, dependendo exclusivamente de sua vontade (art. 8º, V, da Constituição). Tal fato aproximou nosso sistema sindical, neste aspecto, da Convenção nº 87 da OIT, que trata da liberdade positiva e negativa do indivíduo de se filiar ao sindicato.

Foi mantida a cobrança de contribuições para o custeio do sindicato. O inciso IV do art. 8º do Estatuto Supremo já menciona a contribuição para o custeio do sistema confederativo, que é o que se chama de contribuição confederativa. A parte final do mesmo inciso estabelece que a cobrança da contribuição retromencionada não impede a cobrança da contribuição prevista em lei, que é a contribuição sindical, oriunda do corporativismo de Getúlio Vargas. Logo, o sindicato continua sendo mantido por contribuições exigidas da categoria, quando deveria ser custeado apenas por seus associados.

A negociação coletiva também foi elevada em âmbito constitucional. Em primeiro lugar, o inciso XXVI do art. 7º da Norma Ápice reconhece as convenções e os acordos coletivos, prestigiando a autonomia da vontade das partes envolvidas nas negociações. Em segundo lugar, há pelo menos três dispositivos que tratam da negociação coletiva no art. 7º da Lei Fundamental: o inciso VI reza sobre a possibilidade da redução de salários, mediante negociação coletiva; o inciso XIII versa sobre a redução ou compensação da jornada de trabalho, por meio de negociação coletiva; e o inciso XIV permite o aumento da jornada nos turnos ininterruptos de revezamento. Tudo isso revela que o sindicato deve participar ativamente dessa negociação. O inciso VI do art. 8º da Lei Ápice mostra que o sindicato deverá participar obrigatoriamente nas negociações coletivas. O inciso III do mesmo artigo evidencia que o sindicato representa a categoria, judicial ou extrajudicialmente, quanto a direitos individuais e coletivos. Os §§ 1º e 2º do art. 114 da Constituição exigem a negociação coletiva antes do ajuizamento do dissídio coletivo. Como se vê, está prestigiada a participação do sindicato nas negociações coletivas, matéria atualmente realçada na Lei Maior.

Prestigiando a liberdade sindical, nos termos previstos atualmente na Lei Maior, o inciso VIII do art. 8º da mesma norma lembra que o empregado sindicalizado não poderá ser dispensado desde o registro de sua candidatura a cargo de dirigente sindical e, se eleito, ainda que suplente, até um ano após o final de seu mandato, salvo se cometer falta grave. Aqui, há outra garantia dada ao dirigente sindical, para que este possa desempenhar livremente seu mister, não sofrendo qualquer represália por parte do empregador.

O art. 9º da Lei Magna reza sobre o direito de greve, sem qualquer limitação, podendo os trabalhadores decidir sobre a oportunidade de exercê-lo e sobre os interesses que devam ser defendidos. A lei, apenas, irá definir os serviços ou atividades essenciais e disporá sobre o atendimento das necessidades inadiáveis da comunidade.

Por último, o art. 11 da Constituição assegura a eleição de um representante dos empregados, nas empresas com mais de 200 funcionários, com a finalidade exclusiva de promover-lhes o entendimento direto com os empregadores.

Eis a atual organização sindical brasileira, que será mais bem estudada nos tópicos e capítulos seguintes.

2 DENOMINAÇÃO

Sindicato deriva do latim *syndicus*, que é proveniente do grego *sundikós*, com o significado do que assiste em juízo ou justiça comunitária. Em francês, usa-se a palavra *syndicat*. No Direito Romano, síndico era a pessoa encarregada de representar uma coletividade. No Digesto de Gaio (DL 3.T.4.1), a palavra *síndico* tinha o sentido de representante. *Syndic* era o trabalhador escolhido para representar o grupo, conforme a Lei Le Chapelier, de 1791, derivando daí a palavra *sindicato*, com o objetivo de se referir aos trabalhadores e associações clandestinas que foram organizadas após a Revolução Francesa de 1789. Outras denominações são empregadas, como *union* ou *trade union*, em inglês; *Gewerkschaft* (*arbeitervereine*), em alemão; *sindacato*, em italiano. Também são usadas as denominações "associações" e "grêmios", esta última em países de língua espanhola, como na Argentina. Verifica-se na Europa, a partir de 1830, o uso da palavra *sindicato* referente à classe de trabalhadores ou a trabalhadores de diversos ofícios ou ocupações, tendo surgido a denominação *sindicato operário*, que era uma associação de trabalhadores do mesmo ofício.

A palavra *sindicato* compreende não só a organização de trabalhadores, como a de empregadores. Em Portugal, usa-se o nome *sindicato* apenas para as agremiações de trabalhadores (art. 442, 1, *a*, do Código do Trabalho), pois as de empregadores são denominadas associações de empregadores.

Na CLT, sindicato é a denominação usada para as associações de primeiro grau (art. 561).

3 CONCEITO

A CLT não define o que vem a ser sindicato, apenas esclarece que "é lícita a associação para fins de estudo, defesa e coordenação dos seus interesses econômicos ou profissionais, de todos os que, como empregadores, empregados, agentes ou trabalhadores autônomos ou profissionais liberais, exerçam, respectivamente, a mesma atividade ou profissão ou atividades ou profissões similares ou conexas" (art. 511).

Sindicato é, assim, a associação de pessoas físicas ou jurídicas que têm atividades econômicas ou profissionais, visando à defesa dos interesses coletivos e individuais de seus membros ou da categoria. Esclarece Octávio Bueno Magano (1993, v. 3:97) que não se trata de agrupamento, mas de associação, pois o primeiro está inserido no âmbito de categoria sociológica e não jurídica.

O sindicato pode reunir pessoas físicas ou jurídicas, como ocorre no último caso em relação aos empregadores. Essas pessoas deverão exercer atividade econômica (empregadores) ou profissional (empregados ou profissionais liberais), mostrando que a reunião de estudantes num diretório não pode ser considerada sindicato.

Os interesses a serem defendidos pelos sindicatos não são só os individuais, mas principalmente os coletivos, de seus membros ou da categoria.

4 DISTINÇÃO

O Direito Corporativo compreende as corporações, inclusive os sindicatos. É o gênero que abrange todas as corporações.

Distancia-se o sindicato das ordens profissionais, como a dos advogados ou a dos músicos, que têm por objetivo a fiscalização do exercício da profissão e são pessoas jurídicas de direito público, na modalidade de autarquias. O sindicato não disciplina a classe, defende-a. No sindicato, a filiação é facultativa, no órgão de fiscalização profissional é obrigatória, para o fim do exercício da profissão. O sindicato tem natureza privada.

Sindicato não se assemelha a associação desportiva. O sindicato tem por objetivo a defesa dos interesses coletivos ou individuais dos trabalhadores ou empregadores. A associação desportiva tem por finalidade a reunião de pessoas para a prática de esportes.

Difere o sindicato da associação. Esta representa os associados. O sindicato representa os associados e também a categoria. A associação anteriormente era o embrião do sindicato. Pode a associação não representar os associados para certos fins, como um clube.

Distinguem-se, ainda, os sindicatos das cooperativas, pois estas visam à prestação de serviços a seus associados, de distribuição da produção, por exemplo. O sindicato tem por objetivo a defesa dos interesses coletivos e individuais da categoria, judicialmente ou extrajudicialmente.

5 NATUREZA JURÍDICA

Há legislações em que o sindicato adquire personalidade jurídica pelo fato de ser ou não registrado. Isso vai depender, portanto, da legislação de cada país.

Para alguns sistemas, o sindicato seria pessoa jurídica de direito público. Nos sistemas corporativistas, como no italiano, poder-se-ia fazer tal afirmação, pois o sindicato exercia funções delegadas pelo Poder Público, como se verificava em nossas Constituições de 1937 (art. 138), 1946 (art. 159), 1967 (art. 159) e na Emenda Constitucional nº 1, de 1969 (art. 166). Somente o sindicato reconhecido e autorizado a funcionar pelo Estado é que era investido dessa condição.

Verdier (1966:184) defende que o sindicato tem natureza semipública. O sindicato exerce funções semipúblicas ao impor contribuição, participar das negociações coletivas, que beneficiam várias pessoas.

Cesarino Jr. (1980:522) entende que o sindicato pertence ao Direito Social, sendo uma autarquia, que não se enquadra como pessoa jurídica de direito privado, nem público. Informa que o sindicato exerce função delegada de poder público e cobra a contribuição sindical, o que é incompatível com a atividade privada.

Russomano (1995:59) afirma que o sindicato é pessoa jurídica de direito privado que exerce atribuições de interesse público. É o mesmo que ocorre com as empresas concessionárias de poder público que são empresas privadas que prestam serviços públicos. Os interesses da categoria não se identificam com os do Estado.

Até a Emenda Constitucional nº 1, de 1969, era possível dizer que o sindicato tinha personalidade jurídica de direito público, pois exercia função delegada pelo Estado.

Hoje, pode-se dizer que o sindicato é pessoa jurídica de direito privado, pois não pode haver interferência ou intervenção no sindicato (art. 8º, II, da Constituição). Não se pode dizer que o sindicato tem natureza pública, pois o próprio *caput* do art. 8º da Constituição dispõe que é livre a associação profissional ou sindical. O sindicato faz normas coletivas, como as convenções e acordos coletivos, que não têm natureza pública, mas privada. O reconhecimento do sindicato por parte do Estado não o transforma em entidade de direito público, nem a negociação coletiva. A associação é uma forma de exercício de direitos privados.

Objeta-se o fato de o sindicato ter natureza contratual, pois, se assim se entendesse o sindicato, não poderia estender os efeitos das normas coletivas aos não filiados. Teria natureza institucional, daquilo que perdura no tempo. Seria uma forma de organização que elabora suas regras, que são diversas das regras estatais. Há ponderações de que a natureza seria mista: contratual no sentido de que somente as pessoas que se interessam filiar ao sindicato irão fazê-lo; institucional, decorrente da continuidade, da organização própria e da possibilidade de elaboração de regras, independentes das normas jurídicas estatais.

Assim, hoje, pode-se dizer que o sindicato é uma associação civil de natureza privada, autônoma e coletiva. Tem personalidade jurídica. É registrado no Cartório de Registro de Pessoas Jurídicas.

Na Argentina, o sindicato tem personalidade jurídica gremial, que seria a investidura que confere ao sindicato o direito de representação geral de uma categoria ou setor.

6 CLASSIFICAÇÃO

Várias poderiam ser as classificações do sindicato, sob os mais diversos aspectos, como, por exemplo, envolvendo sua formação ideológica (política e religiosa) etc. Certos sistemas estabelecem uma forma de classificação dos sindicatos que podem ser divididos por empresas, por ramo de atividade (industrial, comercial) etc.

Sindicatos horizontais são de pessoas que realizam determinada atividade profissional ou ofício, independentemente da atividade da empresa na qual trabalhem (por exemplo: sindicato dos datilógrafos) todos estão no mesmo plano. Também são chamados de sindicato por ofício (*craft union*). Sindicatos verticais são os que se formam abrangendo todos os empregados da empresa, em razão de sua atividade econômica. Temos sindicatos de metalúrgicos, bancários etc. No Brasil, os sindicatos horizontais são os das categorias profissionais diferenciadas (motoristas, secretárias). Os verticais são os demais. O vínculo social básico de que trata o § 1º do art. 511 da CLT diz respeito à natureza do respectivo empreendimento.

Sindicatos abertos são os que oferecem maiores vantagens para a pessoa ingressar em seu interior. Sindicatos fechados são os que oferecem maiores restrições.

Sindicatos puros são ou de empregados ou de empregadores. Sindicatos mistos compreendem empregados e empregadores, que era a proposta do catolicismo social do direito francês em 1884.

Sindicatos de direito são os que atendem às normas legais para sua constituição. Sindicatos de fato surgem espontaneamente e sem observar qualquer regra legal.

Há ainda os sindicatos espúrios ou pelegos, que sofrem a influência do empregador. Na França e nos Estados Unidos é usada a expressão *sindicato amarelo*.

Nosso sistema é o do sindicato único, da unicidade sindical, porém esse sistema não impede a formação de sindicatos por categoria diferenciada (§ 3º do art. 511 da CLT), de autônomos e profissões liberais e do sindicato rural (§ 4º do art. 535 da CLT), que pode ser constituído por trabalhadores possuidores de vários ofícios.

O § 3º do art. 534 da CLT permite uma forma de união horizontal de sindicatos com o objetivo de unidade de ação.

7 UNICIDADE SINDICAL

De acordo com nosso sistema sindical, consagrado no inciso II do art. 8º da Constituição, não há a possibilidade da criação de mais de uma organização sindical – em qualquer grau, o que inclui as federações e confederações representativas de categoria profissional ou econômica, na mesma base territorial, que não poderá ser inferior à área de um Município. Assim, a Lei Maior estabelece que a unicidade envolve a base territorial, impedindo a existência de vários sindicatos de uma mesma categoria, inclusive de sindicatos por empresa. Limita a unicidade sindical o direito de liberdade sindical, sendo produto artificial do sistema legal vigente. Não deixa de ser uma forma de controle, por meio do Estado, do sindicato e da classe trabalhadora, evitando que esta faça reivindicações ou greves.

Inexiste, portanto, a possibilidade da livre criação de sindicatos, bastando que os interessados se reunissem e fundassem uma agremiação, de acordo apenas com seus desejos. A Constituição dispõe que o sindicato é único, não podendo ter base territorial inferior a um Município. Dá-se a isso o nome de unicidade sindical, da possibilidade da criação de apenas um sindicato em dada base territorial, o que importa dizer que não é possível a criação de mais de um sindicato na referida base territorial.

O sistema da liberdade sindical é o preconizado pela Convenção nº 87 da OIT, em que seria livre a criação de tantos sindicatos quantos fossem os interessados, sem quaisquer restrições. A OIT não faz referência à pluralidade sindical. Cabe aos interessados decidir, mas não pode haver imposição por lei.

A unidade sindical é o sistema em que os próprios interessados se unem para a formação de sindicatos. De uno decorre a unidade. A unidade sindical é feita pela própria vontade dos interessados. Não há nenhuma imposição da lei. É o que ocorre na Inglaterra e na Suécia. Era o que ocorria na República Federal da Alemanha, em que os próprios interessados, por opção, entenderam que deveriam diminuir o número de sindicatos existentes para aproximadamente 16.

Decorre a unicidade sindical da lei e não da vontade das pessoas na formação do sindicato. De único, provém unicidade. O inciso II do art. 8º da Constituição determinou a unicidade sindical, pois não é permitida a criação de mais de uma organização sindical na mesma base territorial, que não poderá ser inferior à área de um Município. Não obstante essa unicidade sindical, o Brasil tinha, por volta de 1988, aproximadamente 9.000 sindicatos.

Está a estrutura sindical brasileira baseada ainda no regime corporativo de Mussolini, em que só é possível o reconhecimento de um único sindicato em dada base territorial, que não pode ser inferior à área de um Município. Um único sindicato era mais fácil de ser controlado, tornando-se obediente. Nasce o sindicato por imposição do Estado, de cima para baixo. Não foi criado espontaneamente. Os líderes sindicais não surgiram, mas eram nomeados.

Afirma-se que o sindicato único seria mais forte. Se houvesse vários sindicatos, não existiria unidade de representação e não teriam poder de pressão sobre o empregador.

Os sindicatos são fracos, porque são muitos. Eles podem se unir espontaneamente a um sindicato forte e formar, pela vontade das partes, um único sindicato.

A reforma trabalhista deve ser iniciada pela modificação da Constituição para permitir o reconhecimento da plena liberdade sindical e não a manutenção da unicidade sindical. É a orientação preconizada pela Convenção nº 87 da OIT. Com a pluralidade sindical, cada um poderia constituir o sindicato que quisesse. Os sindicatos devem ser criados por profissão ou por atividade do empregador, porém livremente. A tendência seria, num primeiro momento, a criação de muitos sindicatos. Posteriormente, as pessoas iriam perceber que muitos sindicatos não têm poder de pressão e iriam começar a se agrupar, pois sozinhos não teriam condições de reivindicar melhores condições de trabalho. É o que tem ocorrido em relação aos partidos políticos. As pessoas iriam se filiar aos sindicatos em razão do serviço prestado pela agremiação e das conquistas que pode trazer para elas. Não importa se é o sindicato dos bancários, dos metalúrgicos, dos catadores de conchas etc. Interessa a agremiação conseguir novas e melhores condições de trabalho para os trabalhadores. Afirmam que isso seria uma confusão. Entretanto, a pessoa tem o direito de se filiar ao sindicato que quiser e de o eleger para representá-la. Somente sindicatos fortes, representativos e que conseguem melhores condições de trabalho para os trabalhadores é que seriam os escolhidos. Sindicatos fracos desapareceriam com o tempo.

Há sindicatos que têm a representação da categoria em decorrência da lei, mas não têm representatividade. São sindicatos de papel. Têm cofres cheios e assembleias sindicais vazias.

Deveria haver também reconhecimento das centrais sindicais no sistema confederativo definido na Constituição (art. 8º, IV). Na prática, as centrais fomentam greves, participam de negociações coletivas, mas não são reconhecidas constitucionalmente dentro do sistema confederativo.

O sindicato não pode mais ser considerado como órgão técnico e consultivo de colaboração com o Estado (art. 513, *d*, da CLT), justamente porque não exerce mais atividade delegada de serviço público. O sindicato é uma entidade privada, tendo por objetivo defender os interesses de seus sócios ou da categoria.

Não pode também ser visto o sindicato apenas como um órgão assistencialista, mas como defensor da categoria, como, aliás, já está previsto no inciso III do art. 8º da Lei Maior.

Estudo do Ministério do Trabalho mostra que em setembro de 1996 havia 15.972 sindicatos; na área urbana, 2.790 de empregadores, 5.621 de empregados, 461 de profissionais liberais, 572 de autônomos, 1.335 de servidores públicos; e na área rural, 2.095 sindicatos de empregadores e 3.098 de empregados. O censo do IBGE de 2002 mostra que existem 11.354 sindicatos de trabalhadores e 4.607 sindicatos de empregadores, totalizando 15.961 sindicatos. Verifica-se que o sistema constitucional prevê unicidade de direito, mas há pluralidade de fato. Em 2002, 13.169 milhões de pessoas eram sindicalizadas ou 16,8% da mão de obra ocupada. Em 1998, 15,9%; em 2003, 17,7%; em 2004, 18%; em 2005, 18,3%; em 2006, 18,6%; em 2007, 17,6%.

Em 2014 existiam:

	sind.	fed.	conf.	total
trabalhadores	10.392	357	28	10.777
empregadores	4.936	154	10	5.100
total	15.328	511	38	15.877

Em março de 2017 eram 11.326 sindicatos de trabalhadores e 5.186 sindicatos de empregadores.

O art. 516 da CLT declara que "não será reconhecido mais de um sindicato representativo da mesma categoria econômica ou profissional, ou profissão liberal, em uma dada base territorial". Tal orientação foi adotada pela Constituição. Entretanto, o art. 517 da CLT foi derrogado pela Constituição, pois admitia o sindicato distrital, o que já não é possível com a atual Lei Maior.

8 CRIAÇÃO E REGISTRO DE SINDICATOS

Exigia o Decreto-Lei nº 1.237, de 5 de janeiro de 1907, o depósito no cartório de registro de hipotecas do distrito respectivo para a constituição do sindicato.

O Decreto nº 19.770, de 19 de março de 1931, ordenava o registro do sindicato e também o reconhecimento do Ministério do Trabalho, Indústria e Comércio. O art. 2º previa que o sindicato só adquiria personalidade jurídica depois da aprovação dos seus estatutos pelo Ministério do Trabalho.

O Decreto nº 24.694, de 12 de julho de 1934, manteve a exigência da aprovação do estatuto pelo Ministério do Trabalho.

A Constituição de 1934 mencionava que "os sindicatos e associações profissionais serão reconhecidos de conformidade com a lei" (art. 120). O parágrafo único do mesmo artigo mencionava que "a lei assegurará a pluralidade sindical e a completa autonomia dos sindicatos".

Dispunha a Carta Magna de 1937 que "a associação profissional ou sindical é livre. Somente, porém, o sindicato regularmente reconhecido pelo Estado tem o direito de representação legal dos que participarem da categoria de produção para que foi constituído, e de defender-lhes os direitos perante o Estado e as outras associações profissionais, (...)" (art. 138).

O Decreto-Lei nº 1.402, 5 de julho de 1939, determinou que "o pedido de reconhecimento será dirigido ao Ministério do Trabalho, Indústria e Comércio, instruído com exemplar ou cópia autenticada dos estatutos da associação". A disposição foi copiada pelo art. 518 da CLT. Com o registro, se expedia a carta de reconhecimento do sindicato. Nela eram especificadas a representação e a base territorial (art. 520 da CLT). Oliveira Vianna afirmava que "representação de toda categoria e unidade de representação são conceitos correlativos: onde um é admitido, o outro também deve ser. (...) Desde que uma convenção coletiva é lei da profissão ou da categoria, ela só pode emanar de uma única fonte, que é o sindicato único, autorizado legalmente a representar a categoria".[2] O Estado tirou o sindicato "da penumbra da vida privada em que vivia" e deu-lhe a representação da categoria, investindo-o de poderes de autoridade pública.[3]

Oliveira Vianna, que foi o idealizador do sistema, inspirado no regime corporativista italiano, afirma que "com a instituição deste registro, toda a vida das associações profissionais passará a gravitar em torno do Ministério do Trabalho: nele nascerão; com ele se desenvolverão; nele se extinguirão".[4]

O Decreto-Lei nº 2.381, de 1940, tratava das cartas de reconhecimento sindical.

Previa a Constituição de 1946: "É livre a associação profissional ou sindical, sendo reguladas por lei a forma de sua constituição, a sua representação legal nas convenções coletivas de trabalho e o exercício de funções delegadas de poder público".

Estabelecia o art. 159 da Carta Magna de 1967 ser livre a associação profissional ou sindical. A constituição do sindicato, a representação legal nas convenções

---

[2] VIANNA, Oliveira. *Problemas de direito sindical*. Rio de Janeiro: Max Limonad, 1943. p. 4-5.
[3] Idem, ibidem, p. 6.
[4] Idem, ibidem, p. 209.

coletivas de trabalho e o exercício de funções delegadas de poder público seriam disciplinados por lei. A Emenda Constitucional nº 1, de 1969, tinha redação semelhante no art. 166: "É livre a associação profissional ou sindical; a sua constituição, a representação legal nas convenções coletivas de trabalho e o exercício de funções delegadas de poder público serão regulados em lei".

Reza o inciso I do art. 8º da Constituição de 1988 que "a lei não poderá exigir autorização do Estado para a fundação de sindicato, ressalvado o registro no órgão competente, vedadas ao Poder Público a interferência e a intervenção na organização sindical".

O objetivo do registro sindical é verificar qual é o sindicato mais representativo e cadastrá-lo perante o Ministério do Trabalho. Visa tornar público que o sindicato foi registrado no Ministério do Trabalho e pode cobrar a contribuição sindical.

Um primeiro entendimento é que o registro sindical seria uma forma de restrição à liberdade de organização dos sindicatos. Seria proveniente do regime corporativista, que só reconhecia um único sindicato pelo Estado.

Uma segunda orientação mostra que o registro sindical é necessário para que o sindicato tenha personalidade jurídica.

A Convenção nº 87 da OIT determina que os sindicatos podem ser constituídos sem qualquer autorização prévia do Estado.

O inciso I do art. 8º da Constituição adotou essa orientação, dizendo que a lei não poderá exigir autorização do Poder Público para a fundação de sindicato, ressalvado o registro no órgão competente. A Lei Maior fez referência a registro no órgão competente e não a reconhecimento do sindicato. Com isso, restou revogado o art. 520 da CLT, que mencionava o reconhecimento do sindicato pelo Ministério do Trabalho, que iria outorgar-lhe a correspondente carta de reconhecimento sindical.

O Poder Público à que se refere a Constituição é o Poder Executivo e não o Legislativo ou o Judiciário. Entender de forma contrária impediria o Legislativo de legislar e o Judiciário de julgar as questões relativas ao tema.

A maior dúvida que ocorre no caso é que a Constituição, apesar de não exigir qualquer autorização do Estado para a fundação do sindicato, faz a ressalva de que deve haver um registro no órgão competente.

A base territorial do sindicato será definida pelos trabalhadores ou empregadores interessados, não podendo ser inferior à área de um Município (art. 8º, II, da Constituição).

As associações, como ocorre com os sindicatos, têm personalidades jurídicas de direito privado (art. 44, I, do Código Civil). Dispõe o art. 45 do Código Civil que "começa a existência legal das pessoas jurídicas de direito privado com a inscrição do ato constitutivo no respectivo registro, precedida, quando necessário, de autorização ou aprovação do Poder Executivo, averbando-se no registro todas as alterações por que passar o ato constitutivo".

Qual o órgão competente para o registro? Para uns seria o cartório de registro de títulos e documentos, em que o sindicato registraria seus estatutos e automaticamente teria existência jurídica, personalidade jurídica. Para outros, essa não seria a solução, pois a Lei de Registros Públicos (Lei nº 6.015/73) não prevê esse registro, nem tem o cartório condições de verificar a unicidade sindical. Assim, o sindicato continuaria a ser registrado no Ministério do Trabalho, apenas para fins cadastrais e para que este possa verificar se há mais de um sindicato na mesma base territorial, o que é impossível de ser feito pelo cartório de registro de títulos e documentos.

O Ministério do Trabalho inicialmente entendeu que o órgão competente era sua repartição (Portaria GM/MTb nº 3.280, de 6-10-1988).

Depois entendeu de modo contrário por meio da Portaria GM/MTb nº 3.301, de 1º-11-1988.

Parece que a solução mais acertada é a do registro no Ministério do Trabalho, pois os cartórios de registro de títulos e documentos realmente não têm condições de verificar a unicidade dos sindicatos na mesma base territorial. Dessa forma, o sindicato registraria seus estatutos no cartório de registro de títulos e documentos para adquirir personalidade jurídica e dar publicidade ao ato, havendo necessidade de depósito, para fins cadastrais, dos estatutos no Ministério do Trabalho, que iria verificar a unicidade da base territorial.

O que fica bastante claro é que o Ministério do Trabalho não pode exigir autorização para a fundação do sindicato, além de não poder interferir e intervir na organização sindical (art. 8º, I, da Constituição).

O STF já entendeu que há recepção da competência do Ministério do Trabalho apenas para o registro. Afirmou o Ministro Célio Borja que "o reconhecimento não constitui limitação à liberdade de associação sindical. Trata-se de ato vinculado, de estreito controle de legalidade da criação de entidade sindical" (STF, Pleno, MS 20.829-5, j. 3-5-1989, *Revista LTr* 53-8, p. 976). Ato subordinado apenas à verificação de pressupostos legais, e não de autorização ou de reconhecimento discricionário, que importaria concessão ou não da antiga carta sindical. Somente o Ministério do Trabalho tem o acervo das informações imprescindíveis a seu desempenho, que é o arquivo das entidades sindicais. O registro no Ministério do Trabalho é recebido pela atual Constituição apenas para fins cadastrais e de verificação da unicidade sindical, sem qualquer interferência, intervenção ou autorização do Estado em relação às atividades do sindicato, tendo por finalidade o reconhecimento de sua personalidade enquanto entidade sindical (STF Pleno, m.v., MI 144-8-SP, j. 3-8-1992, Rel. Min. Sepúlveda Pertence, *DJU* I 28-5-1993, p. 10.381). Julgado afirma:

> "I – Registro de entidades sindicais: recepção, em termos, da competência do Ministério do Trabalho, sem prejuízo da possibilidade de a lei vir a criar regime diverso. 1. Conforme decidido pelo Plenário (MI 144, 28-5-1993), 'a função de salvaguarda da unicidade sindical induz a sediar, *sit et quantum*, a competência para o registro das entidades sindicais no Ministério do Trabalho, detentor do acervo das informações imprescindíveis ao seu desempenho. 2. Recurso extraordinário não conhecido. II – Comissão de Enquadramento Sindical: interesse da impetrante na continuidade de seu funcionamento: 1. Desde que as atividades de registro sejam retomadas pelo Ministério do Trabalho, pouco importa à impetrante que, internamente, o órgão encarregado de aferir a observância do requisito da unicidade sindical seja, ou não, a Comissão de Enquadramento Sindical. 2. Recurso ordinário improvido'" (STF, RE 134.300-1, Rel. Min. Sepúlveda Pertence, *DJU* 14-10-1994, p. 27.602).

Até que a lei venha a dispor a respeito, incumbe ao Ministério do Trabalho fazer o registro das entidades sindicais e zelar pela observância do princípio da unicidade (S. 677 do STF).

O STJ entendia que enquanto não houvesse lei para tratar do tema, o registro deveria ser feito no Ministério do Trabalho. Para tanto, foi editada a Instrução Normativa nº 5, de 15 de fevereiro de 1990.

A Instrução Normativa nº 9, de 21 de março de 1990, tratou do registro sindical, criando o Arquivo das Entidades Sindicais Brasileiras. Depois foi editada a Instrução Normativa nº 1, de 27 de agosto de 1991, que manteve o referido Arquivo.

A Instrução Normativa nº 3, de 10 de agosto de 1994, editada pelo Ministro Marcelo Pimentel, definiu a competência do Ministério do Trabalho para decidir sobre o registro dos sindicatos (art. 12). O Arquivo foi substituído pelo Cadastro Nacional das Entidades Sindicais.

Mostra a Instrução Normativa nº 1, de 17 de julho de 1997, que o registro sindical é um ato para preservar a unicidade sindical e a base territorial mínima da área de um município.

Estabeleceu a Portaria nº 343, de 4 de maio de 2000, regras sobre o registro sindical.

A Portaria nº 186, de 10-4-2008, trata do Registro Sindical. O registro do sindicato tem fundamento no cadastro dos sindicatos. Requisitos materiais são os relativos às pessoas que participam dos sindicatos, como empregados, empregadores, profissionais liberais; se o objetivo é a defesa da categoria etc. Requisitos formais são os estabelecidos em lei para o registro e reconhecimento do sindicato, como de atender as formalidades descritas na lei. O pedido de registro sindical será dirigido ao

Ministro do Estado do Trabalho e Emprego e indicará o endereço completo do requerente. Será instruído, entre outros, com os seguintes documentos: (a) edital de convocação dos membros da categoria para a assembleia geral de fundação da entidade; (b) ata de assembleia geral de fundação da entidade e eleição e posse da diretoria; (c) estatuto social, aprovado em assembleia geral; (d) comprovante original de pagamento da Guia de Recolhimento da União (GRU), relativo ao custo das publicações no *Diário Oficial da União*. Revoga a Portaria nº 343/2000 (art. 34).

O exame de admissibilidade da impugnação restringir-se-á à tempestividade do pedido, à representatividade do impugnante, à comprovação de seu registro no Ministério do Trabalho e de recolhimento do valor relativo ao custo da publicação, não cabendo ao Ministério analisar ou intervir sobre a conveniência ou oportunidade do desmembramento, desfiliação, dissociação ou situações assemelhadas. No caso de a impugnação ser conhecida, o registro não será concedido, cabendo às partes interessadas dirimir o conflito pela via consensual ou por intermédio do Poder Judiciário. Até que o Ministro do Trabalho seja notificado do inteiro teor do acordo ou da sentença final que decidir a controvérsia, o pedido de registro ficará sobrestado.

Apenas o registro do sindicato no cartório não lhe dará personalidade jurídica de entidade sindical, ante a necessidade do registro no Ministério do Trabalho, principalmente para a verificação da base territorial do sindicato que o cartório não tem condições de fazer.

O registro do sindicato é um ato administrativo. Como todo ato administrativo, deve ser fundamentado, para que o interessado possa saber o motivo pelo qual foi deferido ou indeferido o registro e possa impugnar a referida decisão.

Os sindicatos podem ser criados por: (a) formação simples: quando não haja na base territorial nenhum sindicato; (b) desmembramento de um sindicato, que é dividido em mais de um; (c) dissociação, quando deixa de existir parte do ramo ou profissão.

O Comitê de Liberdade Sindical da OIT estabeleceu alguns verbetes sobre o registro sindical:

> "295. O direito ao reconhecimento mediante o registro oficial é um aspecto essencial do direito de sindicalização.
>
> 298. Uma disposição por meio da qual se possa negar o registro de um sindicato se este está prestes a realizar atividades que possam representar uma ameaça grave para a segurança e a ordem públicas poderia dar lugar a abusos e sua aplicação exige a maior prudência possível. Não se deveria negar o registro senão em virtude de fatos graves e devidamente comprovados, normalmente sob o controle da autoridade judicial competente.
>
> 299. A obrigação imposta às organizações sindicais de conseguir o consentimento de uma central sindical para poderem ser registradas deveria ser suprimida.
>
> 300. Deveria existir o direito de apelar aos tribunais contra qualquer decisão administrativa em matéria de registro de uma organização sindical. Este recurso constitui uma garantia necessária contra as decisões ilegais ou infundadas das autoridades encarregadas desse registro.

301. A decisão de proibir o registro de um sindicato que havia sido reconhecido legalmente não deve ter efeito antes de transcorrido o prazo legal sem que se tenha interposto o recurso de apelação ou a decisão tenha sido confirmada em apelação pela autoridade judicial.

302. Nos casos em que encarregado do registro precisa basear-se em seu próprio critério para decidir se um sindicato reúne as condições para ser registrado – ainda que sua decisão possa ser objeto de apelação aos tribunais –, o Comitê considerou que a existência de um recurso judicial de apelação não parece ser garantia suficiente. Não modifica o caráter das faculdades concedidas às autoridades encarregadas da inscrição, os juízes aos quais se submetem tais recursos não terão mais possibilidade de assegurar que a legislação tenha sido corretamente aplicada. O Comitê entende que há necessidade de atenção para a conveniência de definir claramente na legislação as condições precisas que os sindicatos deverão cumprir para poderem ser registrados e de prescrever critérios específicos para determinar se essas condições são cumpridas ou não.

303. As dificuldades em relação à interpretação de normas sobre a indicação dos sindicatos nos registros estatais pertinentes criam situações em que as autoridades competentes abusam de suas competências, podem surgir problemas de compatibilidade com a Convenção nº 87.

304. Os juízes devem poder conhecer a substância das questões relativas à negativa do registro, a fim de determinar se as disposições em que se baseiam as medidas administrativas recorridas infringem ou não os direitos que a Convenção nº 87 reconhece a organizações profissionais.

305. O controle normal da atividade dos sindicatos deveria ser efetuado a posterior pelo juiz. O fato de que uma organização que busca beneficiar-se do estatuto do sindicato profissional possa envolver-se em determinado caso, em uma atividade alheia à sindical não parece constituir motivo suficiente para que as organizações sindicais sejam submetidas ao controle *a priori* no que diz respeito a sua composição ou à composição de sua comissão gestora. O fato de negar o registro de um sindicato porque as autoridades, de antemão e por juízo próprio, consideram que ele possa ser politicamente indesejável seria equivalente a submeter o registro obrigatório de sindicato a uma autorização prévia por parte das autoridades, o que não é compatível com as disposições da Convenção nº 87.

306. Um sistema jurídico no qual o registro de uma organização de trabalhadores é facultativa, o fato de estar registrada pode conferir a uma organização algumas vantagens importantes, como imunidades especiais, isenções fiscais, direito a ser reconhecida como única representante para negociação etc. Para conseguir esse reconhecimento pode-se exigir que a organização cumpra algumas formalidades, que não equivalem à autorização prévia e que normalmente não trazem problemas no que se refere às exigências da Convenção nº 87.

307. A demora do procedimento de registro constitui grave obstáculo à constituição de organizações e equivale à negociação do direito de trabalhadores de constituírem organizações sem autorização prévia.

308. É considerado razoável o prazo de um mês para o registro de uma organização sindical".

O Verbete 346 do Comitê de Liberdade Sindical da OIT prevê que "tal distinção não deverá ter por consequência privar as organizações sindicais que não tenham sido reconhecidas como as mais representativas, dos meios essenciais para defender os interesses profissionais de seus membros nem o direito de organizar sua gestão e sua atividade e de formular seu programa de ação prevista na Convenção nº 87".

Representante é quem atua em nome de outra pessoa. É quando defende os interesses dessa pessoa. Representação é a qualidade atribuída pela lei para que o sindicato possa atuar em nome da categoria, como ocorre nas negociações coletivas ou nos dissídios coletivos. Dispõe o inciso III do art. 8º da Constituição que "ao sindicato cabe a defesa dos direitos e interesses coletivos ou individuais da categoria, inclusive em questões judiciais ou administrativas".

Representatividade é o fato de a maioria da categoria do Sindicato apoiá-lo nas suas manifestações. O sindicato não tem representatividade quando não se identifica com a vontade dos pertencentes à categoria, quando não consegue boas normas coletivas para a categoria. É representativo o sindicato que fala em nome dos seus representados.

Pode existir representação sindical, mas o sindicato não ter representatividade na categoria, pois são poucas pessoas que o apoiam.

São critérios para indicar o sindicato mais representativo:

1. quantitativos ou numérico: (a) em que se verifica o número de associados da agremiação; (b) o número de contribuintes ou o volume de recursos arrecadados pelo sindicato; (c) o número de representados; (d) o número de votantes nas assembleias; (e) o número de delegados sindicais nas bases; (f) o número de negociações coletivas em relação às quais o sindicato participou; (g) o número de sindicalizados na categoria; (h) maior representatividade da categoria. O critério numérico não pode ser considerado o único para efeito de aferir o sindicato mais representativo. Em certos casos pode ser o melhor, mas pode ser conjugado com outros critérios;
2. qualitativos, que dizem respeito à independência e autonomia do sindicato em relação ao empregador, a experiência sindical, sua antiguidade;
3. institucionais: que são concernentes à participação do sindicato em órgão público de defesa dos direitos dos empregados;
4. ideológicos, como ocorreu na França até agosto de 2008, em que se verificava a participação sindical na resistência patriótica contra a ocupação dos alemães na Segunda Guerra Mundial;
5. funcionais: em que o sindicato assina convenções ou acordos coletivos, as ações judiciais que foram exitosas;
6. estruturais, que enaltecem o sindicato;
7. estabilidade, que mostra a segurança jurídica passada pelo sindicato;
8. territorial: a extensão geográfica ocupada pelo sindicato;
9. democrático: por eleição, como ocorre nos Estados Unidos, em que os interessados elegem o sindicato que irá representá-los.

Em matéria de representatividade o Comitê de Liberdade Sindical da OIT estabeleceu alguns verbetes.

O Verbete 347 do Comitê de Liberdade Sindical da OIT afirma que os critérios em que se inspire a distinção entre organizações mais ou menos representativas devem ter caráter objetivo e fundar-se em elementos que não ofereçam possibilidade de parcialidade ou abuso.

Devem existir na legislação critérios objetivos, precisos e previamente estabelecidos para determinar a representatividade de uma organização de empregadores ou de trabalhadores, e a referida apreciação não poderá ficar na discrição dos governos (verbete 348).

Para poder determinar a melhor maneira possível de representatividade das organizações sindicais é necessário garantir a imparcialidade e a confidencialidade do procedimento. A verificação da representatividade de uma organização sindical deverá estar a cargo de um órgão independente (Verbete 351).

Não é necessário facilitar uma lista com os membros das organizações sindicais para poder determinar o número de seus afiliados, já que um extrato das cotizações sindicais serviria efetivamente para determinar o número de filiados de uma organização sindical, sem que seja para tanto necessário elaborar uma lista de membros, que poderia dar ensejo a atos de discriminação antissindical (Verbete 352).

Deve ser zelado para que a exclusividade de negociação não signifique a proibição da existência de outras organizações minoritárias, que devem estar autorizadas a exercer suas atividades e a terem ao menos o direito de serem porta-vozes de seus membros e representá-los (Verbete 358).

Quando um sindicato afirma representar a maioria dos trabalhadores da empresa, as autoridades competentes, sempre que tal afirmação lhes pareça plausível, deverão ter a faculdade de proceder a uma verificação objetiva, bem como adotar medidas de conciliação apropriadas para que os empregadores reconheçam o referido sindicato para fins de negociação coletiva (Verbete 959).

O Verbete 969 dispõe que devem ser previstas certas garantias: (1) a concessão do citado credenciamento estará a cargo de um organismo independente; (2) a organização representativa será a que conseguir a maioria de votos dos trabalhadores da unidade de negociação; (3) a organização que não tenha conseguido reunir o número de votos suficiente deve ter o direito de requerer nova eleição dentro de um determinado prazo; (4) toda organização que não tenha obtido o direito de representar a unidade de que se trata na negociação coletiva deve ter o direito de requerer nova eleição, depois de transcorrido determinado espaço de tempo, em geral de 12 meses, a partir da eleição anterior.

Entende a OIT que "não é contrário ao princípio da liberdade de escolha, estabelecido pela Convenção nº 87, o fato de se distinguir entre o sindicato mais representativo e os demais sindicatos; mas esta distinção não significa que se possam proibir outros sindicatos, aos quais desejasse filiar-se certo número de trabalhadores".[5]

O art. 519 da CLT prevê que o Ministério do Trabalho conferirá sempre a investidura sindical à associação profissional mais representativa, constituindo elementos para essa apreciação, entre outros:

a) o número de associados. É a utilização do critério numérico;

b) os serviços sociais fundados e mantidos, como creches, colônias de férias;

c) o valor do patrimônio, que compreende os imóveis, móveis etc.

O critério estabelecido pela CLT é simplista, contendo apenas três itens. Outros serviços também poderiam ser prestados pelo sindicato, como médicos, odontológicos etc.

O STF já adotou o critério da anterioridade para estabelecer o sindicato mais representativo:

> "Princípio da anterioridade na unicidade sindical: STF – Havendo mais de um sindicato constituído na mesma base territorial, o que é vedado pelo princípio da unicidade sindical (CF, art. 8º, II), tal sobreposição deve ser resolvida com base no princípio da anterioridade, isto é, cabe a representação da classe trabalhadora à organização que primeiro efetivou o registro sindical. Precedentes citados: RE 157.940-DF (*DJU* de 27-3-1988); RE 146.822-DF (*DJU* de 15-4-1994); MI 144-SP (*DJU* 28-5-1993)" (1ª T., RE 209.993-SP, j. 15-6-1999, Rel. Min. Ilmar Galvão, Informativo STF nº 154).

Para o exercício das atribuições e prerrogativas relativas a negociações em fóruns, colegiados de órgãos públicos que possuam composição tripartite, a central sindical deverá cumprir os seguintes requisitos: (a) filiação de, no mínimo, 100 sindicatos distribuídos nas cinco regiões do país; (b) filiação em pelo menos três regiões do país de, no mínimo, 20 sindicatos em cada uma. O item *a* e o item *b* são critérios numéricos; (c) filiação de sindicatos em, no mínimo, cinco setores de atividade econômica. Este critério é setorial; (d) filiação de sindicatos que representem, no mínimo, 7% do total de empregados sindicalizados em âmbito nacional. Este item contém critério territorial. O índice previsto no item *d* será de 5% do total de empregados sindicalizados em âmbito nacional no período de 24 meses a contar da publicação da Lei nº 11.648 (art. 2º da Lei nº 11.648).

Eventual desmembramento de sindicatos deve iniciar-se por aquele que é titular da carta sindical (TST, SDC, RO-DC 7.774/90-7-7, ac. 502/91, Rel. Min. Marcelo Pimentel, *DJU* 6-9-1991, p. 1.208), devendo passar pelo crivo democrático da

---

[5] ORGANIZAÇÃO INTERNACIONAL DO TRABALHO. *A liberdade sindical*. São Paulo: LTr, 1994. p. 43.

categoria, e não por poucas pessoas que resolvem criar um sindicato e sem amparo em um fato social autorizador e relevante (TST, SDC, RO-DC 1.794190, ac. 449/91, Rel. Min. Wagner Pimenta, *LTr* 55-10/288-291).

Para a dissolução do sindicato, não existe regra específica, devendo-se observar o que determina seu estatuto.

Os critérios para se analisar qual é o sindicato mais representativo podem ser vários ou a combinação de mais de um. Entre eles, deve ser destacado o critério da transparência de dados e de que não pode existir um ato discricionário do Ministério do Trabalho para decidir sobre o sindicato mais representativo e sim estar fundado em critérios objetivos, como, por exemplo, os do art. 519 da CLT.

A aferição de qual é o sindicato mais representativo deve analisar critérios: numéricos, como o número de representados pelo sindicato, número de negociações coletivas que o sindicato participou; territoriais, como a extensão geográfica ocupada pelos representados; setoriais: setores em relações aos quais se estende a representatividade do sindicato. Acima de tudo, o sindicato deve representar a vontade do grupo.

9 CATEGORIA

O art. 138 da Constituição de 1937 já usava a expressão *categoria de produção*. As regras constantes da CLT, quanto à categoria, são decorrentes do Decreto-Lei nº 1.402/39, que teve por base a legislação corporativista italiana. A Lei italiana nº 563, de 3-4-1926, denominada Lei Rocco, em seu art. 3º, dispunha que as associações sindicais representam empregadores ou empregados de uma categoria. A ideia da homogeneidade da associação sindical gerou, na Itália, o entendimento de que para cada categoria econômica deveria haver uma correspondente categoria profissional. Assim, há um paralelismo simétrico, ou seja: havendo de um lado um sindicato de empregadores, deve haver em contrapartida um sindicato de empregados, que irão representar as respectivas categorias.

Teve o Decreto-Lei nº 1.402/39 uma base científica de fundo sociológico quanto ao enquadramento sindical. O sindicato, entretanto, não deveria confundir-se com a categoria, como ocorria no sistema corporativista italiano, pois não havia a identidade e homogeneidade existentes no último. Só se poderia falar nessa identidade e especialização de categorias em centros mais populosos e desenvolvidos, o que inviabilizaria o sindicato em pequenas cidades no interior do país. Ressalta-se, ainda, que no § 2º do art. 581 da CLT se adotou o enquadramento sindical com base na atividade preponderante desenvolvida pela empresa, desde que essa realizasse diversas atividades.

Os incisos II, III e IV do art. 8º da Constituição mencionam que a organização sindical brasileira é feita sob o sistema de categorias. O parágrafo único do art. 7º da Lei Maior também emprega a palavra *categoria*. O inciso II do art. 8º da Lei Magna versa que "é vedada a criação de mais de uma organização sindical, em qualquer grau, representativa de categoria profissional ou econômica(...)". O inciso III do citado artigo mostra que "ao sindicato cabe a defesa dos direitos e interesses coletivos ou individuais da categoria(...)". O inciso IV do mesmo artigo reza que "a assembleia geral fixará a contribuição que, tratando-se de categoria profissional(...)". O parágrafo único do art. 7º da Constituição trata dos direitos que "são assegurados à categoria dos trabalhadores domésticos". Nota-se, assim, que a nossa organização sindical ainda é feita por categorias, como preconiza a Constituição, que, portanto, recebe as disposições da CLT nesse sentido, ao usar as expressões *categoria profissional* e *econômica*. O art. 511 da CLT evidencia esse fato ao tratar de maneira genérica do sindicato, que, na verdade, é a categoria juridicamente organizada. O art. 570 da CLT dispõe que os sindicatos serão constituídos por categorias.

O conceito de categoria, porém, dependerá, em grande parte, da orientação adotada pelo direito positivo de cada país ao traçar as linhas fundamentais do sindicalismo. Categoria é o conjunto de pessoas que têm interesses profissionais ou econômicos em comum, decorrentes de identidade de condições ligadas ao trabalho. A categoria compreende, portanto, a organização do grupo profissional ou econômico, segundo as determinações políticas do Estado. Assim foi concebida a categoria, no sistema sindical italiano, como critério de utilidade política, em razão de considerações baseadas em conveniência e oportunidade, o que posteriormente foi adotado no Brasil. O sindicato não é a categoria. Ele representa a categoria.

Nossa legislação, quando trata de categoria, usa as expressões *categoria econômica* e *categoria profissional*. A *categoria econômica* é a que ocorre quando há solidariedade de interesses econômicos dos que empreendem atividades idênticas, similares ou conexas, constituindo vínculo social básico entre essas pessoas (§ 1º do art. 511 da CLT). É também chamada de categoria dos empregadores.

Similares são as atividades que se assemelham, como as que numa categoria pudessem ser agrupadas por empresas que não são do mesmo ramo, mas de ramos que se parecem, como hotéis e restaurantes. Há, assim, certa analogia entre essas atividades.

Desprezou-se em nosso sistema o critério italiano da homogeneidade para adotar o de atividade similar ou conexa.

Conexas são as atividades que, não sendo semelhantes, complementam-se, como as várias atividades existentes na construção civil, por exemplo: alvenaria, hidráulica, esquadrias, pastilhas, pintura, parte elétrica etc. Aqui existem fatores que concorrem para o mesmo fim: a construção de um prédio, de uma casa. São observados os fatos da vida real, entre pessoas que concorrem para um mesmo fim.

"Categoria profissional" ocorre quando existe similitude de vida oriunda da profissão ou trabalho em comum, em situação de emprego na mesma atividade econômica ou em atividades econômicas similares ou conexas. É também denominada categoria dos empregados ou dos trabalhadores. É o conjunto de trabalhadores que têm, permanentemente, identidade de interesses em relação a sua atividade laboral.

Os limites de identidade, similaridade ou conexidade fixam as dimensões dentro das quais a categoria econômica ou profissional é homogênea e a associação é natural.

Como já foi lembrado, se a empresa não tiver uma única atividade, mas várias, o empregado será enquadrado de acordo com a atividade preponderante da empresa. Assim, o pedreiro que trabalha numa escola não pertence à categoria da construção civil, mas à dos estabelecimentos de ensino.

O STF já admitiu que as categorias resultam das peculiaridades da profissão ou da atividade econômica (Pleno, R-MS 21.305-1-DF, j. 17-10-1991, Rel. Min. Marco Aurélio, *LTr* 56-1/10). O sindicato, entretanto, é que irá definir sua base territorial. A categoria não deixa de ser um fato social espontâneo, que surge do interesse das partes, como as próprias entidades sindicais. Não tem a categoria personalidade jurídica, pois não emite declaração de vontade.

O sindicato por categoria é, porém, contrário ao princípio da liberdade sindical, pois permite apenas a criação de sindicatos dentro das respectivas categorias traçadas pela lei, impedindo, por exemplo, sindicatos por empresa, que não constituem categoria segundo nossa legislação.

10 CATEGORIA DIFERENCIADA

O § 3º do art. 511 da CLT define categoria diferenciada como "a que se forma dos empregados que exerçam profissões ou funções diferenciadas por força do estatuto profissional especial ou em consequência de condições de vida singulares".

Na categoria diferenciada, o que ocorre é a formação de um sindicato por profissão, que evidentemente só poderá ser de empregados e não de empregadores.

São exemplos de categorias diferenciadas, de acordo com o quadro anexo mencionado pelo art. 577 da CLT, a dos condutores de veículos rodoviários (motoristas) e não de ajudantes, que não dirigem os veículos; cabineiros de elevadores (ascensoristas); secretárias, desenhistas, aeronautas, aeroviários etc.

O sistema de sindicato por categoria foi recepcionado pela Constituição.

Reza o inciso II do art. 8º da Lei Maior: "É vedada a criação de mais de uma organização sindical, em qualquer grau, representativa de **categoria** profissional ou econômica (...)".

Dispõe o inciso III do mesmo artigo que "ao sindicato cabe a defesa dos direitos e interesses coletivos ou individuais da **categoria**".

Mostra o inciso IV do art. 8º da Norma Fundamental que "a assembleia geral fixará a contribuição que, em se tratando de **categoria** profissional".

A unicidade sindical não é modificada em razão da existência de sindicatos de categoria profissional diferenciada, que também devem ser únicos.

Nada impede, portanto, a existência de categorias diferenciadas. Entretanto, mesmo na categoria diferenciada só se admitirá a formação de um sindicato por categoria diferenciada, de acordo com o inciso II do art. 8º da Lei Maior.

O STF já reconheceu que está em vigor o art. 511 da CLT, inclusive quanto ao estabelecimento de categoria diferenciada (Pleno, RMS 21.305-DF, j. 17-10-1991, Rel. Min. Marco Aurélio, *RTJ* 137/1.137).

A categoria diferenciada pode decorrer do estatuto profissional dos trabalhadores, como as secretárias ou profissionais de relações públicas, ou da condição de vida singular, como ocorre com os motoristas, os ascensoristas etc.

Uma secretária que trabalha no banco não é bancária, mas regida pelas normas coletivas do Sindicato das Secretárias.

Há profissões que são regidas por lei especial, como engenheiros e agrônomos.

O art. 1º da Lei nº 7.316, de 28-5-1985, estabelece que "nas ações individuais e coletivas de competência da Justiça do Trabalho as entidades sindicais que integram a Confederação Nacional das Profissões Liberais terão o mesmo poder de representação dos trabalhadores empregados atribuído, pela legislação em vigor, aos sindicatos representativos das categorias profissionais diferenciadas".

A legislação reconhece, assim, sindicatos de profissionais liberais que, por força de sua denominação, não são empregados. Quando vinculados a uma empresa por contrato de trabalho, perdem sua condição de profissionais liberais, passando a ser representados pelo sindicato da categoria preponderante da empresa. Os profissionais liberais, como médicos, engenheiros, contadores etc., têm condições de formar categorias diferenciadas, pois estão disciplinados por estatuto profissional próprio e também exercem, em determinados casos, condições de vida singulares; de acordo, porém, com o atual enquadramento sindical, não são, ainda, considerados categoria diferenciada.

Suponhamos que uma empresa vendedora de produtos elétricos, enquadrada na categoria econômica do Sindicato do Comércio Varejista de Material Elétrico, necessite ter como empregado um motorista para fazer entrega daqueles produtos. Questiona-se se essa empresa é obrigada a obedecer à norma coletiva da categoria diferenciada dos condutores de veículos, mesmo não tendo o sindicato de sua categoria econômica participado das tratativas quanto àquele instrumento coletivo.

Inicialmente, a orientação do TST era de que não havia necessidade de a empresa que tivesse empregado de categoria diferenciada ser suscitada no dissídio coletivo, por intermédio do sindicato de sua categoria econômica. Argumentava-se o efeito *erga omnes* das normas coletivas, não prevalecendo a regra do enquadramento segundo a atividade preponderante do empregador.

A convenção coletiva é aplicável no âmbito das representações sindicais dos empregadores e dos empregados (art. 611 da CLT). O mesmo se pode depreender do § 1º do art. 611 do estatuto consolidado, quanto aos acordos coletivos, que poderão ser observados no âmbito da empresa. Atente-se, porém, para a aplicação restrita das normas coletivas a quem delas participou e não a outrem, visto que nenhuma lei dispõe sobre sua observância a quem delas não tomou parte (art. 5º, II, da Constituição). Na verdade, os contratos só produzem efeitos entre as partes contratantes, não aproveitando nem prejudicando terceiros (*res inter alios acta aliis nec nocet nec prodest*).

No caso do dissídio coletivo, não havendo a citação do sindicato, federação ou confederação da categoria econômica a que se pretende aplicar a norma coletiva da categoria diferenciada, não há validade do processo (art. 240 do CPC). De outro modo, a sentença normativa faz coisa julgada entre as partes às quais é dada, não beneficiando, nem prejudicando terceiros (art. 506 do CPC). Ressalte-se que a sentença normativa pode ser revista (arts. 873 a 875 da CLT), e estendida: aos demais empregados da empresa que forem da mesma profissão dos dissidentes, por iniciativa do Tribunal do Trabalho, a todos os empregados da mesma categoria profissional, atendidos os requisitos dos arts. 869 e 870 da CLT, mas sempre figurando os demais interessados expressamente no dissídio coletivo. Os outros interessados a que se refere o art. 867 da CLT devem ter sido parte no processo ou devem ser abrangidos pelo sindicato, federação ou confederação que participou do dissídio coletivo. Não se pode, portanto, aplicar a norma coletiva da categoria diferenciada a quem dela não tomou parte. *Mutatis mutandis*, quem não participou do dissídio coletivo de categoria diferenciada não pode ser parte em sua ação de cumprimento.

Por conseguinte, para a aplicação plena da norma coletiva da categoria diferenciada, há necessidade de que o sindicato dos empregadores de todas as empresas a quem a primeira categoria preste serviços tenha sido suscitado no dissídio coletivo ou tenha participado da negociação coletiva, para se estabelecer a relação jurídica entre as partes. Mister se faz que, para aplicação do pacto coletivo da categoria diferenciada, o empregador ou o sindicato da categoria diferenciada que o represente tenha participado daquele acordo de vontades.

Esclarece a Súmula 374 do TST que o empregado integrante de categoria profissional diferenciada não tem o direito de haver de seu empregador vantagens previstas em instrumento coletivo no qual a empresa não foi representada por órgão de classe de sua categoria.

Assim, a uma empresa que, v.g., explore atividade comercial, tendo como empregado trabalhador pertencente a categoria diferenciada (motorista) que lhe preste serviços, e que não foi chamada a fazer parte da negociação ou não foi suscitada para o dissídio coletivo da categoria diferenciada, não será aplicável tal comando normativo, mas o pacto coletivo da categoria econômica dos comerciantes.

O fato de se pagar contribuição sindical à categoria diferenciada não implica a observância da norma coletiva da categoria diferenciada. Lembre-se, por exemplo, de que os profissionais liberais poderão optar pelo pagamento da contribuição sindical unicamente à entidade sindical representativa da respectiva profissão, desde que a exerçam efetivamente na empresa ou sejam nela registrados como tais (art. 585 da CLT). O próprio advogado não paga contribuição sindical se recolher a contribuição destinada à OAB (art. 47 da Lei nº 8.906, de 4-7-1994 – Estatuto da Advocacia). Assim, é necessário que o empregador ou o sindicato que o represente tenha participado das negociações da norma coletiva da categoria diferenciada para que esta lhe possa ser aplicável.

Deve-se destacar que, se uma empresa possui um "vigilante", este não vai ser enquadrado como categoria diferenciada, mormente se a empresa não exerce a atividade de vigilância. Primeiro porque tal categoria não é diferenciada. Segundo porque a empresa não participou da norma coletiva entre o sindicato dos vigilantes e as empresas de vigilância.

O Sindicato dos Trabalhadores na Administração Pública representa, de modo geral, os trabalhadores na Administração Pública, exceto sindicatos de categoria diferenciada, como de motoristas empregados.

Logo, o enquadramento sindical dos motoristas empregados é feito com o Sindicato dos Condutores de Veículos e não com o Sindicato dos Trabalhadores na Administração Pública. A contribuição sindical dos empregados deve ser recolhida para o primeiro sindicato.

11 ENQUADRAMENTO SINDICAL

Em virtude da organização sindical determinada pelo Decreto-Lei nº 1.402/39, era necessária a elaboração no âmbito do Ministério do Trabalho de um mapa dos enquadramentos sindicais. Isso foi feito com o Decreto-Lei nº 2.381, de 9-7-1940, que "aprova o quadro de atividades e profissões, para o registro das associações profissionais e o enquadramento sindical, e dispõe sobre a constituição dos sindicatos e associações sindicais de grau superior".

O Enquadramento Sindical foi previsto nos arts. 570 a 577 da CLT; o quadro anexo de que trata este último artigo está no apêndice da referida norma.

No quadro, é feito o enquadramento por grupos, em que são numeradas as atividades das categorias econômicas e profissionais.

Para se fazer o enquadramento havia a Comissão de Enquadramento Sindical, ligada diretamente ao Ministério do Trabalho, que verificava a possibilidade da existência do sindicato.

A Constituição manteve o sistema confederativo e a organização sindical por categorias, porém o Ministério do Trabalho não poderá exigir autorização para o funcionamento do sindicato, nem poderá intervir ou interferir na atividade sindical. Com isso, foram revogados os dispositivos consolidados que tratavam de enquadramento e da Comissão de Enquadramento Sindical (CES). Entretanto, como o sistema anteriormente vigente foi recepcionado pela Norma Ápice de 1988, permanece em vigor o quadro anexo ao art. 577 da CLT, que só poderá ser modificado por legislação futura ou na definição da base territorial pelos trabalhadores ou empregadores interessados (art. 8º, II, da Constituição).

O STF entendeu que está em vigor o enquadramento sindical (Pleno, RMS nº 21.305/DF, Rel. Min. Marco Aurélio, j. 17-10-1991, *DJ* 29-11-1991, p. 17.326).

O parágrafo único do art. 570 da CLT previa que, "quando os exercentes de quaisquer atividades ou profissões se constituírem, seja pelo número reduzido, seja pela natureza mesma dessas atividades ou profissões, seja pelas afinidades existentes entre elas, em condições tais que não se possam sindicalizar eficientemente pelo critério de especificidade de categoria, é-lhes permitido sindicalizar-se pelo critério de categorias similares ou conexas".

Havia também a possibilidade de aquelas atividades ou profissões virem a dissociar-se do sindicato principal, formando um sindicato específico (art. 571 da CLT). O art. 574 da CLT também tratava da possibilidade de as empresas industriais do tipo artesanal (microempresas, por exemplo) virem a constituir entidades sindicais, de primeiro e segundo graus, distintas das associações sindicais das empresas congêneres, de tipo diferente. Contudo, isso ficava ao alvedrio da Comissão de Enquadramento Sindical, que já não existe. Assim, com mais razão agora, são possíveis as dissociações noticiadas linhas atrás em decorrência da Constituição de 1988, apenas devendo ser respeitadas as determinações do inciso II do art. 8º da Lei Maior.

Dir-se-ia que a sindicalização do grupo de empresas seria feita de acordo com sua atividade preponderante, atendendo à regra do § 1º do art. 581 da CLT. Assim, se o grupo tem por atividade principal a metalurgia, o enquadramento será feito perante o sindicato dos metalúrgicos. O enquadramento sindical será realizado, porém, de acordo com a atividade preponderante de cada empresa do grupo e não do grupo em si, pois o grupo pode ter empresas com várias atividades, até mesmo sem que nenhuma seja preponderante, ou existam participações iguais nessas atividades. A solidariedade diz respeito ao pagamento de verbas trabalhistas e para efeitos da relação de emprego, e não para fins de enquadramento sindical. Assim, cada empresa do grupo terá seu enquadramento feito distintamente das demais empresas do grupo, de acordo com a atividade preponderante de cada uma delas, até mesmo pelo fato de que têm personalidade jurídica própria (§ 2º do art. 2º da CLT), o que pode importar atividades diversas de cada uma delas, devendo haver o enquadramento individual para fins sindicais.

Para fins de pagamento da contribuição sindical, o empregado e o empregador estarão sujeitos à regra dos parágrafos do art. 581 da CLT, em que o enquadramento será feito de acordo com a atividade preponderante do empregador. Assim, a contribuição sindical será recolhida de acordo com cada atividade preponderante das empresas pertencentes ao grupo. Pressupondo que o grupo "A" tenha uma empresa bancária "B" e uma indústria "C", o pagamento da contribuição sindical da empresa "B" será feito ao sindicato dos bancos e o dos empregados ao sindicato dos bancários; a empresa "C" pagará a contribuição sindical ao sindicato das empresas metalúrgicas e seus empregados ao sindicato dos metalúrgicos.

Os reajustes salariais a serem deferidos ao empregado devem observar a categoria em que estiver enquadrado na empresa que trabalhe, e não à atividade do grupo. No exemplo anterior, se o empregado presta serviços para a empresa bancária do grupo, está enquadrado como bancário, sendo beneficiário das normas coletivas pertinentes ao bancário, e não dos metalúrgicos, ainda que estas sejam mais favoráveis que aquelas e ainda que esta seja a atividade preponderante do grupo.

11.1 Sindicalismo rural

O Tratado de Versalhes, de 1919, previa o direito de associação para todos, não estabelecendo discriminações.

A Convenção nº 11 da OIT, de 1921, assegurou os mesmos direitos de associação e de coalização às pessoas ocupadas no campo, em relação aos trabalhadores da indústria.

A Convenção nº 87 da OIT não faz distinção quanto às duas determinações, entre o trabalhador urbano e o rural.

Foi aprovada a Convenção nº 141 da OIT por meio do Decreto Legislativo nº 5, de 1º-4-1993, tendo sido promulgada pelo Decreto nº 1.703, de 17-11-1995. Trata a referida norma internacional das organizações de trabalhadores rurais.

Inicialmente, a sindicalização rural foi disciplinada pelo Decreto nº 979, de 1903, que permitia a reunião de profissionais da agricultura e indústrias rurais, tanto pequenos produtores como empregados e empregadores, com liberdade de escolha da forma de sindicalização. Exigia-se registro dos estatutos e ata constitutiva no Cartório do Registro de Hipotecas do Distrito, para que o sindicato adquirisse personalidade jurídica. Eram necessárias sete pessoas para a constituição do sindicato.

O Decreto-Lei nº 8.127/45 organizou a classe patronal sob a fiscalização do Ministério da Agricultura, incluindo associações municipais, federações estaduais e uma confederação. Pelo Estatuto do Trabalhador Rural, houve possibilidade de transformação das associações em sindicatos, desde que houvesse aprovação em assembleia, tendo poderes de representação e negociação coletiva.

O Decreto-Lei nº 7.038/44 tratou da sindicalização rural, porém não teve grande aplicabilidade. O Decreto-Lei nº 1.166/71, versou sobre sindicalização rural, tendo sido regulamentado pelo Decreto nº 73.626/74. A Lei nº 5.889/73 revogou o Estatuto do Trabalhador Rural (Lei nº 74.214/63), porém o art. 19 determinou que o enquadramento e a contribuição sindicais rurais seriam estabelecidos pela legislação em vigor, que era exatamente o Decreto-Lei nº 1.166/71.

O Decreto-Lei nº 1.166/71 define trabalhador rural como a pessoa física que presta serviço a empregador rural mediante remuneração de qualquer espécie, quer proprietário ou não, que trabalhe individualmente ou em regime de economia familiar, ainda que com a ajuda eventual de terceiros. Empresário ou empregador rural é considerada a pessoa física ou jurídica que, tendo empregado, empreende, a qualquer título, atividade econômica rural; quem, proprietário ou não, e mesmo sem empregado, em regime de economia familiar, explore imóvel rural de área igual ou superior à do módulo rural de sua região; e o proprietário de mais de um imóvel rural, desde que a soma de suas áreas seja igual ou superior ao módulo rural da respectiva região (art. 1º).

O § 4º do art. 535 da CLT estabelece que as associações sindicais de grau superior (federações e confederações) da Agricultura e Pecuária serão organizadas de conformidade com o que dispuser a lei que regular a sindicalização dessas atividades ou profissões, remetendo às disposições do Decreto-Lei nº 1.166/71.

O parágrafo único do art. 8º da Constituição explicita que as disposições do referido comando legal se aplicam à organização de sindicatos rurais e de colônias de pescadores, de acordo com as condições que a lei estabelecer. Nesse ponto, portanto, foi recebido o Decreto-Lei nº 1.166/71 pela Lei Maior, sendo, no momento, a norma que regula a sindicalização no meio rural.

12 ÓRGÃOS DO SINDICATO

O sindicato compõe-se de três órgãos: assembleia geral, diretoria e conselho fiscal.

A diretoria será composta de um mínimo de três membros e no máximo de sete membros, entre os quais será eleito o presidente do sindicato. Trata-se de um órgão executivo, que tem por função administrar o sindicato. O conselho fiscal será composto de três membros. Esses membros serão eleitos pela assembleia geral (art. 522 da CLT), tendo mandato de três anos.

O art. 522 da CLT, combinado com o § 3º do art. 543, determina, portanto, o número de dirigentes sindicais que terão direito à estabilidade, inclusive os suplentes.

A corrente que entende revogado o art. 522 da CLT pauta-se no fato de que a liberdade sindical prevista na Constituição atrita com os preceitos de lei que dispõem em contrário. Valentin Carrion (1997:420) entende revogado o art. 522 da CLT em razão de que “todas as normas que criem exigências para reconhecimento ou funcionamento de associações ou sindicatos estão revogadas tacitamente. Aos respectivos estatutos de cada sindicato é que cabem tais atribuições”.

Dessa forma, há necessidade de se verificar se o art. 522 da CLT está ou não em vigor, pois certos sindicatos têm estabelecido uma diretoria com muito mais de 10 membros, chegando a 60, 70 ou até 400.

A estabilidade do dirigente sindical diz respeito à garantia dada ao trabalhador para poder cumprir seu mandato, representando a categoria. Tal direito é muito importante para o desempenho da atividade do dirigente sindical, de representar a categoria, pois, do contrário, poderia ser dispensado *ad nutum* pelo empregador. É, porém, um direito que deve ser exercido sem abusos.

É certo que, de acordo com a Constituição de 1988, o sindicato passou a ter autonomia sindical, mencionando o inciso I do art. 8º que é vedada a intervenção do Poder Executivo, na atividade sindical, como era feito outrora. O inciso XVIII do art. 5º da mesma norma permite a criação de associações na forma da lei, mas veda a interferência estatal em seu funcionamento, ou seja, do Poder Executivo.

Estranha-se o fato de que a lei limite o número máximo de membros no sindicato, porém não o faça em relação às entidades de grau superior (federação e confederação), em que não há qualquer limitação máxima, apenas a mínima de três diretores e três membros para o Conselho Fiscal (§ 1º do art. 538 da CLT).

A primeira observação que deve ser feita é a de que ninguém é obrigado a fazer ou deixar de fazer alguma coisa a não ser em virtude de lei (art. 5º, II, da Constituição). Esse preceito deve ser interpretado sistematicamente com o inciso I do art. 8º da mesma norma. Logo, é possível que a lei ordinária estabeleça certas limitações, para a garantia do exercício de direitos, não havendo qualquer irregularidade.

Nada impede, portanto, que a lei ordinária limite certas situações. É o que ocorreu nas sociedades mercantis, em que inexiste inconstitucionalidade ou ilegalidade pelo fato de a lei ordinária restringir determinadas questões. A Lei nº 6.404/76, que trata das sociedades anônimas, estabelece, no § 1º do art. 161, um mínimo de três e o máximo de cinco membros e suplentes em igual número para o Conselho Fiscal; a diretoria é composta de dois ou mais diretores (art. 143 da Lei nº 6.404/76); o Conselho de Administração terá no mínimo três membros (art. 140), sem se prescrever o número máximo. A Lei nº 5.764, de 16-12-1971, que versa sobre as sociedades cooperativas, não estabelece um número de diretores, mas em relação ao Conselho Fiscal reza que será de três titulares e três suplentes (art. 56). A CLT, nesse ponto, tem a mesma natureza das leis das sociedades mercantis quando estas limitam o número de membros de certos colegiados daquelas sociedades.

A Constituição não restringe o número de dirigentes sindicais, nem essa é matéria constitucional, que fica a cargo da lei ordinária. No caso do art. 522 da CLT, não há intervenção do Estado, mas mera disciplina por parte da lei. O direito de a lei limitar o número de dirigentes sindicais não excede a autonomia interna do sindicato, pois atinge direitos e liberdades de outros (dos empregadores em dar garantia de emprego), que devem ser protegidos pela lei. O Brasil ratificou, ainda, o Pacto Internacional dos Direitos Econômicos, Sociais e Culturais, de 1966 (Decreto Legislativo nº 226, de 12-12-1991, com promulgação pelo Decreto nº 591, de 6-7-1992, e vigência a partir de 24-4-1992), que determina "o direito dos sindicatos de exercer livremente suas atividades, sem quaisquer limitações além daquelas previstas em lei e que sejam necessárias, em uma sociedade democrática, no interesse da segurança nacional ou da ordem pública, ou para proteger os direitos e as liberdades das demais pessoas" (art. 8º, I, c).

Só podem existir, portanto, as limitações previstas na lei que sejam necessárias para proteger os direitos e as liberdades das demais pessoas, inclusive para questões do número de dirigentes sindicais e, por consequência, aqueles que vão ser aquinhoados com garantia de emprego.

O princípio da razoabilidade mostra que o número de membros do sindicato deve ser razoável, que é o que faz a CLT. Caso não se estabelecesse um limite, o sindicato poderia formar uma diretoria com todos os membros da categoria, conduzindo à situação de todos serem estáveis, o que não seria razoável. Da mesma forma, seria desarrazoada uma reunião de diretoria com inúmeros membros, que mais se assemelharia a uma assembleia.

Declara o art. 122 do Código Civil que é ilícita a condição que sujeita o efeito do ato jurídico ao arbítrio exclusivo de uma das partes, como seria o caso de o sindicato estabelecer um número diverso do previsto no art. 522 da CLT. Não se pode, portanto, tolerar o exercício irregular, abusivo, do direito. O ato abusivo é justamente o que é praticado fora dos casos de legítima defesa ou exercício regular de um direito reconhecido (interpretação *a contrario sensu* do inciso I do art. 188 do CC), que mostra ser abusivo o exercício do direito de forma irregular. O ato violador da lei não pode produzir os efeitos pretendidos por quem praticou a violação, isto é, não se podem tolerar manobras por parte do sindicato com o objetivo de assegurar a seus apadrinhados o direito de estabilidade, de modo a se perpetuarem no poder e garantir tal direito a um número excessivo de pessoas. Não é, portanto, possível que o sindicato estabeleça estabilidade a mais do que aos sete membros da Diretoria e seus suplentes, o que totaliza 14 membros.

Ressalte-se, entretanto, que o Conselho Consultivo não faz parte dos órgãos do sindicato, de modo que seus componentes não têm estabilidade.

A Constituição revogou apenas os artigos da CLT que tratavam da intervenção do Estado na vida sindical, como em relação àqueles que tratavam da fundação do sindicato com necessidade de autorização pelo Ministério do Trabalho, da intervenção deste na referida agremiação ou destituição de dirigentes etc. O que a

Constituição proíbe é a intervenção do Poder Público, ou seja, do Poder Executivo, e não do Legislativo. A Constituição não alterou essas regras, pois o que é vedado é a interferência e a intervenção do Poder Executivo no sindicato, e não a legislação traçar parâmetros sobre o número máximo ou mínimo de membros componentes desses órgãos.

Assim, não foi revogado o art. 522 da CLT, que trata do número mínimo dos membros do sindicato e, por consequência, quais serão as pessoas que têm garantia de emprego (S. 369, II, do TST). Logo, o sindicato não pode estabelecer que seu quadro de dirigentes seja, por exemplo, de 100 diretores, apenas para auferirem garantia de emprego. A liberdade sindical prevista na Constituição refere-se à proibição de intervenção na fundação e organização do sindicato, e não em limitações feitas pela lei quanto à sua composição. Dentro dos limites da CLT, o sindicato poderá eleger livremente o número de membros que desejar entre três e sete, escolhendo três, cinco, ou sete, mas não dois, nove ou mais. A garantia de emprego é para os sete titulares e os sete suplentes.

A assembleia geral é o órgão máximo do sindicato, tendo por objetivo principal deliberar sobre vários assuntos, entre os quais o de traçar as diretrizes do sindicato e sua forma de atuação. A CLT ainda menciona que a assembleia geral elegerá os associados para representação da categoria, tomará e aprovará as contas da diretoria, aplicará o patrimônio do sindicato, julgará os atos da diretoria, quanto a penalidades impostas a associados, deliberará sobre as relações ou dissídios do trabalho, elegerá os diretores e membros do conselho fiscal.

O conselho fiscal terá por competência a fiscalização da gestão financeira do sindicato. É composto de três membros eleitos pela Assembleia Geral.

Dentro da base territorial do sindicato, este tem a faculdade de instituir delegacias ou seções para melhor proteção dos associados e da categoria econômica ou profissional liberal representada (§ 2º do art. 517 da CLT). Os delegados sindicais serão designados pela diretoria entre os associados radicados no território da correspondente delegacia.

A diretoria e os delegados sindicais representarão os interesses da entidade perante os poderes públicos e as empresas, salvo mandatário com poderes outorgados por procuração da diretoria, ou associado investido em representação prevista em lei (§ 3º do art. 522 da CLT).

13 ELEIÇÕES

A eleição para cargos de diretoria e conselho fiscal será realizada por escrutínio secreto, durante seis horas contínuas, pelo menos, na sede do sindicato, nas delegacias e seções e nos principais locais de trabalho.

Para o exercício do direito de voto é mister: (a) ter o associado mais de seis meses de inscrição no quadro social e mais de dois anos de exercício da atividade ou da profissão; (b) ser maior de 18 anos; (c) estar no gozo dos direitos sindicais. O voto é obrigatório nas eleições sindicais. O aposentado filiado tem direito de votar e ser votado nas eleições sindicais (art. 8º, VII, da Constituição). Assim, se o aposentado não está filiado, não terá direito de votar e ser votado. Se filiado, o aposentado pode ocupar cargos de administração sindical, derrogando, portanto, o § 2º do art. 540 da CLT, que dispunha em sentido contrário.

Não podem ser eleitos para cargos administrativos ou de representação econômica ou profissional, nem permanecer no exercício desses cargos: (a) os que não tiverem definitivamente aprovadas suas contas de exercício em cargos de administração, decididas pelo Poder Judiciário com trânsito em julgado; (b) os que houverem lesado o patrimônio de qualquer entidade sindical; (c) os que não estiverem, desde dois anos antes, pelo menos, no exercício efetivo da atividade ou da profissão dentro da base territorial do sindicato, ou no desempenho de representação econômica ou profissional; (d) os que tiverem sido condenados por crime doloso enquanto persistirem os efeitos da pena; (e) os que não estiverem no gozo de seus direitos políticos; (f) má conduta, devidamente comprovada (art. 530).

Seria melhor que essas hipóteses fossem disciplinadas pelos estatutos dos sindicatos, embora não configurem intervenção ou interferência do Poder Executivo nas agremiações. Entretanto, o inciso VI do art. 530 da CLT foi revogado pela Constituição, pois não se afina com seu espírito democrático e de pluralismo político (art. 1º, V, da Lei Maior), o que foi expressamente feito pela Lei nº 8.865, de 29-3-1994, que também revogou o inciso VIII do art. 530 da CLT.

Nas eleições para cargos de diretoria e do conselho fiscal, serão considerados eleitos os candidatos que obtiverem maioria absoluta de votos em relação ao total dos associados eleitores. Não havendo na primeira convocação maioria absoluta de eleitores, ou não obtendo nenhum dos candidatos essa maioria, proceder-se-á a nova convocação para dia posterior, sendo então considerados eleitos os candidatos que obtiverem maioria dos votos dos eleitores presentes. Havendo somente uma chapa registrada para as eleições, poderá a assembleia, em última convocação, ser realizada duas horas após a primeira convocação, desde que do edital conste essa advertência.

As eleições para a renovação da diretoria e do conselho fiscal deverão ser realizadas dentro do prazo máximo de 60 dias e mínimo de 30 dias, antes do término do mandato dos dirigentes em exercício.

Competirá à diretoria em exercício comunicar dentro de 30 dias da realização das eleições o resultado do pleito.

A posse da nova diretoria deverá ser verificada dentro dos 30 dias subsequentes ao término do mandato. O eleito deverá comprometer-se a respeitar a Constituição, as leis vigentes e os estatutos da entidade.

14 ENTIDADES SINDICAIS DE GRAU SUPERIOR

As entidades sindicais de grau superior são as federações e as confederações (art. 533 da CLT).

14.1 Federações

As federações são entidades sindicais de grau superior organizadas nos Estados-membros. Não existe federação nacional, mas confederação. A federação tem âmbito estadual. Poderão ser constituídas desde que congreguem número não inferior a cinco sindicatos, representando a maioria absoluta de um grupo de atividades ou profissões idênticas, similares ou conexas (art. 534 da CLT). A Súmula 156 do extinto TFR dizia que "sindicatos representativos de atividades econômicas ou profissionais idênticas, ou categoria econômica específica, podem organizar-se em federações".

Existindo federação no grupo de atividades ou profissões em que deva ser constituída a nova entidade, a criação desta não poderá reduzir a menos de cinco o número de sindicatos que devam continuar filiados àquela.

As federações poderão agrupar sindicatos de determinado Município ou região a ela filiados para o fim de lhes coordenar os interesses, porém a união não terá direito de representação das atividades ou profissões agrupadas (§ 3º do art. 534 da CLT). As federações poderão celebrar, em certos casos, convenções coletivas (§ 2º do art. 611 da CLT), acordos coletivos (§ 1º do art. 617 da CLT) e instaurar dissídios coletivos (parágrafo único do art. 857 da CLT), quando as categorias não forem organizadas em sindicatos.

Os órgãos internos das federações são: (a) diretoria; (b) conselho de representantes; (c) conselho fiscal.

A diretoria será constituída de no mínimo três membros, não havendo número máximo. O conselho fiscal terá três membros. Ambos serão eleitos pelo conselho de representantes para mandato de três anos.

Só poderão ser eleitos os integrantes dos grupos das federações. O presidente da federação será escolhido pela diretoria, entre seus membros.

O conselho de representantes será formado pelas delegações dos sindicatos ou de federações filiadas, constituída cada delegação de dois membros, com mandato de três anos, cabendo um voto a cada delegação.

O conselho fiscal terá competência para fiscalizar a gestão financeira.

14.2 Confederações

As confederações são entidades sindicais de grau superior de âmbito nacional. São constituídas de no mínimo três federações, tendo sede em Brasília (art. 535 da CLT).

As confederações se formam por ramo de atividade (indústria, comércio, transportes etc.). Exemplos: Confederação Nacional da Indústria, Confederação Nacional dos Trabalhadores na Indústria, Confederação Nacional do Comércio, Confederação Nacional dos Trabalhadores no Comércio etc. Denomina-se Confederação Nacional das Profissões Liberais a reunião das respectivas federações, que terão o mesmo poder de representação dos sindicatos representativos das categorias profissionais diferenciadas, nas ações individuais e coletivas (Lei nº 7.316/85).

Normalmente, as confederações coordenam as atividades das entidades de grau inferior, estando autorizadas, em certos casos, a celebrar convenções coletivas (§ 2º do art. 611 da CLT), acordos coletivos (§ 1º do art. 617 da CLT) e a instaurar dissídios coletivos (parágrafo único do art. 857 da CLT), quando as categorias não forem organizadas em sindicatos, nem em federações.

Seus órgãos internos são os mesmos da federação (diretoria, conselho fiscal e conselho de representantes), aplicando-se-lhes as mesmas disposições.

A Diretoria será constituída de no mínimo três membros, não havendo número máximo. O Conselho Fiscal terá três membros. Ambos serão eleitos pelo Conselho de Representantes para mandato de três anos. Só poderão ser eleitos os integrantes dos planos das Confederações. O presidente da Confederação será escolhido pela Diretoria, entre seus membros. O Conselho Fiscal terá competência para fiscalizar a gestão financeira.

14.3 Centrais sindicais

A Portaria nº 3.337/78, que proibia a criação de centrais sindicais, foi revogada pela Portaria nº 3.100/85 do Ministério do Trabalho.

A legislação prevê a existência das centrais, tendo representação em certos órgãos governamentais, por meio de representantes dos trabalhadores dessas entidades. Exemplos: no Conselho Deliberativo do Fundo de Amparo do Trabalhador (§ 3º do art. 18 da Lei nº 7.998/90), no Conselho Curador do FGTS (§ 3º do art. 3º da Lei nº 8.036/90), no Conselho Nacional de Previdência Social (§ 2º do art. 3º da Lei nº 8.213/91), no Conselho Curador do Fundo de Desenvolvimento Social (art. 5º e § 3º da Lei nº 8.677/93). A lei, portanto, admite a existência das centrais sindicais.

O Decreto nº 840/93 estabeleceu que a indicação dos trabalhadores no Conselho Nacional de Imigração seria feita pelas centrais sindicais (art. 2º, parágrafo único, II).

O Decreto nº 1.617, de 4 de setembro de 1995, reconhece como centrais sindicais a CUT, a CGT e a Força Sindical (art. 2º, II). A norma dispõe que o Conselho Nacional do Trabalho será composto por dois representantes de cada uma das referidas entidades.

Na legislação espanhola, sindicato e central são sinônimos. As centrais compreendem categorias diversas de trabalhadores.

Considera-se central sindical a entidade associativa de direito privado composta por organizações sindicais de trabalhadores (parágrafo único do art. 1º da Lei nº 11.648/2008). Logo, não são centrais sindicais as organizações sindicais de empregadores, o que também deveria poder ocorrer.

A central tem natureza de associação de sindicatos. Sua natureza é de pessoa jurídica de direito privado, de associação civil.

São as centrais sindicais órgãos de cúpula, intercategorias, estando acima das confederações, pois a própria lei reza que são órgãos nacionais. Coordenam os demais órgãos. São filiados às centrais sindicais: sindicatos, federações e confederações.

A criação das centrais sindicais mostra que existe pluralidade de fato na cúpula da organização sindical.

Estabelece o art. 1º da Lei nº 11.648 que a central sindical, entidade de representação geral dos trabalhadores, constituída em âmbito nacional, terá as seguintes atribuições e prerrogativas.

a) coordenar a representação dos trabalhadores por meio das organizações sindicais a ela filiadas. A função será de coordenação da representação e não exatamente de representação dos trabalhadores, que é atribuição do sindicato. Coordenar tem o sentido de organizar, estruturar, ordenar. A função de coordenação não pode substituir as atribuições dos sindicatos. Será que os sindicatos não têm competência ou capacidade para negociar e precisam ser assistidos pelas centrais? Não parece que isso ocorra na maioria dos sindicatos. Se já havia federação e confederação para coordenação, sob esse aspecto não tem sentido existir ainda mais a central sindical, que estaria acima das federações e confederações.

b) participar de negociações em fóruns, colegiados de órgãos públicos e demais espaços de diálogo social que possuam composição tripartite, nos quais estejam em discussão assuntos de interesse geral dos trabalhadores. Fórum não significa órgão da Justiça, mas lugar onde forem discutidos interesses dos trabalhadores. Os órgãos serão tripartites, como é a orientação da OIT, tendo representantes de trabalhadores, empregadores e do governo.

A central deverá fornecer dados, estudos, pesquisas, pareceres nas negociações. Terá um papel de coadjuvante em relação aos demais órgãos sindicais.

Os artigos da Lei nº 11.648/2008 não são inconstitucionais por intromissão do Poder Legislativo no Sindicato, ao estabelecer critérios de reconhecimento das centrais sindicais. A vedação diz respeito ao Poder Executivo intervir.

A Constituição não proíbe expressamente a criação das centrais, mas há necessidade de se fazer a interpretação sistemática da Lei Maior.

As centrais não integram o sistema confederativo previsto na Constituição, nem estão inseridas dentro do sistema de categoria estabelecido pela Lei Maior.

Mostra o inciso IV do art. 8º da Constituição que esta norma reconhece um sistema confederativo e por categoria.

Seria possível argumentar que o sistema confederativo diz respeito apenas à contribuição confederativa.

Entretanto, a Constituição reconhece a existência de um sistema confederativo, que será custeado por uma contribuição, entre outras, que é a confederativa. Admite, portanto, a Constituição o sistema confederativo.

Na época da Constituição de 1988, as centrais sindicais já existiam, porém a Lei Maior não faz referência a ela.

O inciso IV do art. 8º da Constituição é exemplificativo em relação à contribuição confederativa da categoria profissional, pois é esta que será descontada na folha de pagamentos em relação aos empregados. Não faz referência expressa à contribuição confederativa do sindicato da categoria econômica, que também pode ser cobrada dos empregadores.

Nos incisos II, III e IV do art. 8º da Constituição também é feita referência à categoria.

Reconhece, portanto, a Constituição que o sistema sindical é estabelecido por categoria, na qual não se inserem as centrais sindicais, pois representam sindicatos pertencentes a vários tipos de categorias de trabalhadores. As centrais não estão vinculadas a categorias, que são reconhecidas nos citados incisos do art. 8º da Constituição.

É certo que a unicidade se refere ao sindicato na base territorial (art. 8º, I, da Constituição) e não ao órgão de cúpula, como no caso da central.

Não se encaixam as centrais sindicais no *caput* do art. 8º da Constituição, pois não se trata de associação profissional, mas de associação civil, nem exatamente de associação sindical.

Viola o parágrafo único do art. 1º da Lei nº 11.648 o princípio da igualdade, pois os empregadores não poderão criar centrais sindicais de empregadores. Não há paralelismo simétrico de empregadores e empregados nas centrais sindicais.

Há também outra inconstitucionalidade. Central sindical não é sindicato para representar a categoria. Quem representa a categoria em juízo ou fora dele é o sindicato, segundo o inciso III do art. 8º da Constituição e não a central sindical. As centrais sindicais não representam a categoria. Representam os sindicatos filiados. Não podem defender interesses da categoria, pois viola o inciso III do art. 8º da Constituição, que atribui essa função ao sindicato, até porque nas centrais existem sindicatos pertencentes a categorias diversas. Nesse ponto, é inconstitucional o inciso I do art. 1º da Lei nº 11.648, pois a central irá fazer a representação dos trabalhadores da categoria e isso não tem previsão constitucional. Na verdade, a central representa os sindicatos de trabalhadores a ela filiados e não os trabalhadores.

O inciso VI do art. 8º da Constituição declara que é obrigatória a participação do sindicato na negociação coletiva e não da central sindical.

Ao contrário do que dispõe o § 2º do art. 4º da Lei nº 10.820, de 17-12-2003, as centrais sindicais não podem firmar, com uma ou mais instituições consignatárias, acordo que defina condições gerais e demais critérios a serem observados nos empréstimos, financiamentos ou arrendamentos que venham a ser realizados com seus representados, pois elas não representam a categoria.

A central poderá participar da negociação coletiva, mas continuará não podendo: (a) declarar greves; (b) celebrar convenções, acordos ou contratos coletivos; (c) propor dissídios coletivos, pois não tem legitimidade legal para esse fim; (d) representar a categoria, nem assinar documentos em nome dela; (e) impetrar mandado de segurança coletivo (art. 5º, LXX, *b*, da Constituição), pois não é entidade de classe, nem é organização sindical reconhecida no sistema confederativo constitucional.

Se a central sindical for considerada entidade de classe de âmbito nacional, poderá propor ação direta de inconstitucionalidade (art. 103, IX, da Constituição).

Faz referência o inciso III do art. 2º da Lei nº 11.648 a setor. Setor é esfera ou ramo de atividade. O enquadramento sindical ainda é feito por atividade e não por setor.

O registro dos atos constitutivos da central sindical é feito no Cartório de Registro de Pessoas Jurídicas. Entretanto, para efeito de representatividade, o Ministério do Trabalho irá aferir os requisitos de representatividade das centrais sindicais.

Para o exercício das atribuições e prerrogativas relativas a negociações em fóruns, colegiados de órgãos públicos que possuam composição tripartite, a central sindical deverá cumprir os seguintes requisitos: (a) filiação de, no mínimo, 100 sindicatos distribuídos nas cinco regiões do país; (b) filiação em pelo menos três regiões do país de, no mínimo, 20 sindicatos em cada uma; (c) filiação de sindicatos em, no mínimo, cinco setores de atividade econômica; (d) filiação de sindicatos que representem, no mínimo, 7% do total de empregados sindicalizados em âmbito nacional. O índice previsto no item *d* será de 5% do total de empregados sindicalizados em âmbito nacional no período de 24 meses a contar da publicação da Lei nº 11.648.

Os critérios acima são razoáveis, não permitindo a criação de centrais fantasmas, que não têm por objetivo a representação da categoria, mas a cobrança de contribuições sindicais e a perpetuação de seus dirigentes no poder.

Não atendidos os requisitos acima, a central não terá legitimidade para cumprir os requisitos estabelecidos na Lei nº 11.648. Poderá existir de fato e até de direito, com o registro no Cartório de Registros de Pessoas Jurídicas, mas não poderá desenvolver as atividades descritas na Lei nº 11.648.

A lei tem por objetivo que as centrais tenham efetivamente representatividade, que representem os interesses dos trabalhadores. Assim, foram estabelecidos alguns requisitos para verificar essa representatividade.

A tendência talvez seja a fusão entre centrais para atender aos requisitos previstos na Lei nº 11.648.

O Presidente da República, por meio de Mensagem nº 139, de 31 de março de 2008, vetou o art. 6º, com fundamento no § 1º do art. 66 da Constituição, por inconstitucionalidade.

Não é inconstitucional o veto do Presidente da República no sentido da fiscalização pelo Tribunal de Contas da União no sindicato. O artigo vetado implicará interferência do Estado no sindicato, o que é vedado pelo inciso I do art. 8º da Lei Magna. O sindicato tem natureza privada, não se justificando a fiscalização do Tribunal de Contas da União.

Fazer auditoria, por intermédio do Tribunal de Contas da União, no dinheiro recebido pelo governo destinado à Conta Emprego e Salário está correto. Entretanto, não pode haver fiscalização do sindicato, que não é órgão público, mas privado.

Ressalte-se que a OAB não é fiscalizada pelo Tribunal de Contas da União, apesar de ser considerada autarquia federal.

Receita pública é o valor obtido pelo governo com tributos ou outras entradas de forma definitiva nos cofres públicos. É o que entra no Tesouro Nacional. Trata-se de recurso público.

Receita pública é a parte da União, destinada à conta de Emprego e Salário.

A partir do momento em que o numerário entra no caixa da entidade sindical, não é mais receita pública, mas receita privada.

Tributo é receita pública. A partir do momento em que o dinheiro fica com o sindicato, não é receita pública, mas privada.

O dinheiro não é da União. É do sindicato, tanto que o porcentual está previsto na alínea *b* do art. 589 da CLT.

Os sindicatos, as federações, as confederações e as centrais sindicais não têm receita pública, mas privada. O sindicato não exerce funções delegadas de poder público, como era a previsão do art. 166 da Emenda Constitucional nº 1/69. Não se trata de recurso público, mas de recurso privado, do sindicato.

Dispõe o parágrafo único do art. 70 da Constituição que "prestará contas qualquer pessoa física ou jurídica, pública ou privada, que utilize, arrecade, guarde, gerencie ou administre dinheiros, bens e valores públicos ou pelos quais a União responda, ou que, em nome desta, assuma obrigações de natureza pecuniária". O dinheiro não é público, mas do sindicato. Receita pública é a parte que vai para a Conta Emprego e Salário.

Prestar contas não implica que haverá fiscalização por parte do Tribunal de Contas da União, pois o art. 70 não dispõe nesse sentido.

A redação anterior do citado parágrafo único fazia referência à entidade pública, que não é o sindicato. Entidade pública é a de direito público.

O certo seria a lei obrigar as entidades sindicais a apresentarem suas contas na Internet, de forma detalhada, para que todos pudessem fiscalizá-las e impugná-las. É o que ocorre nos Estados Unidos, em que não existe intervenção ou interferência no sindicato, mas a lei obriga a prestação de contas para que todos possam fiscalizar o sindicato.

15 PROTEÇÃO À SINDICALIZAÇÃO

A legislação nacional dá proteção ao representante sindical, para que ele possa melhor desempenhar suas funções.

O empregado eleito para cargo de administração sindical ou representação profissional, inclusive junto a órgão de deliberação coletiva, não poderá ser impedido do exercício de suas funções, nem transferido para lugar ou mister que lhe dificulte ou torne impossível o desempenho de suas atribuições sindicais (art. 543 da CLT). Pedindo o empregado que seja transferido ou aceita a transferência, perderá o mandato (§ 1º do art. 543 da CLT).

O período em que o empregado fica afastado para o exercício de seu mandato sindical é considerado como licença não remunerada, salvo se outra coisa for disposta no contrato de trabalho ou na norma coletiva (§ 2º do art. 543 da CLT).

Considera-se como cargo de direção ou de representação sindical aquele cujo exercício ou indicação decorre de eleição prevista em lei.

A empresa que, por qualquer modo, procurar impedir que o empregado se associe a sindicato, organize associação profissional ou sindical ou exerça os direitos inerentes à condição de sindicalizado fica sujeita à multa administrativa, sem prejuízo da reparação a que tiver direito o empregado.

A Lei nº 5.911, de 27-8-1973, deu nova redação ao § 3º do art. 543 da CLT, dizendo que o empregado sindicalizado não poderia ser despedido, porém aumentava o prazo de garantia de emprego, que era desde o momento do registro de sua candidatura até um ano após o término do mandato, caso eleito, inclusive como suplente.

A Lei nº 7.543, de 2-10-1986, alterou novamente a redação do § 3º do art. 543 da CLT para estender a garantia aos dirigentes de associação profissional.

O inciso VIII do art. 8º da Constituição de 1988 veio apenas a elevar ao âmbito constitucional o § 3º do art. 543 da CLT: "É vedada a dispensa do empregado sindicalizado a partir do registro da candidatura a cargo de direção ou representação sindical e, se eleito, ainda que suplente, até um ano após o final do mandato, salvo se cometer falta grave nos termos da lei".

O mandato da diretoria é de três anos (art. 515, *b*, da CLT).

Aplicam-se ao empregado de entidade sindical os preceitos das leis de proteção ao trabalho e de previdência social, inclusive o direito de associação em sindicato (§ 2º do art. 526 da CLT).

Sobre garantia de emprego do dirigente sindical veja o capítulo Estabilidade, no *Direito individual do trabalho*.

16 COMUNICAÇÃO DA CANDIDATURA DO DIRIGENTE SINDICAL

Importante aspecto a ser analisado é o que diz respeito à necessidade ou não de comunicação da candidatura do dirigente sindical ao empregador, prevista no § 5º do art. 543 da CLT.

Alguns autores sustentam a prescindibilidade de tal comunicação, pois o importante seria o registro da candidatura do dirigente sindical e não a comunicação. Mencionam, ainda, que a Constituição não prevê a referida comunicação, por ser o inciso VIII do art. 8º uma norma de eficácia plena, quanto à questão da garantia de emprego, não precisando ser complementada.

O preceito contido no § 5º do art. 543 da CLT complementa a Norma Ápice, não sendo incompatível ou contrário a esta. Desde que a lei ordinária não contrarie, modifique ou restrinja o conteúdo do texto constitucional, será plenamente válida, como ocorre com o § 5º do art. 543 da CLT.

A comunicação do registro da candidatura do dirigente sindical é formalidade essencial para o empregador saber se o empregado está ou não concorrendo à eleição, não vindo a colidir com a previsão constitucional.

Já se poderia entender na vigência da Carta Magna anterior que havia a necessidade da comunicação à empresa da candidatura do dirigente sindical, nos termos do § 5º do art. 543 da CLT.

A comunicação do sindicato à empresa, quanto ao registro da candidatura do empregado ao cargo de dirigente sindical, é imprescindível para a validade do negócio jurídico, que tem de atender a forma prescrita em lei (art. 104, III, do Código Civil). Ao contrário, se descumprida a formalidade que prevê a comunicação, fica prejudicado o direito à garantia de emprego.

Consiste a comunicação em solenidade *ad substantiam* do negócio jurídico e não apenas *ad probationem tantum*. Integra o ato jurídico. Inexistindo comunicação, fica descaracterizada a garantia que se pretende assegurar ao dirigente sindical.

O negócio jurídico só se completará quando todas as finalidades jurídicas e formalidades legais forem observadas, para os fins que menciona o § 5º do art. 543 da CLT, ou seja, com a comunicação ao empregador.

Se a empresa desconhece que o obreiro é detentor de garantia de emprego, não pode ser punida com a reintegração do trabalhador ao emprego ou ao pagamento de indenização, pois lícita foi a rescisão contratual ao serem saldadas as verbas rescisórias correspondentes.

Não se pode, também, dizer que o fato gerador da estabilidade é o registro da candidatura, visto que o § 5º do art. 543 da CLT reza que deve ser comunicado o registro da candidatura em 24 horas. Logo, não é o registro o fato importante, mas a comunicação do registro da candidatura, que se constitui no fato gerador do direito à garantia de emprego.

Somente depois de o empregador ter ciência da candidatura de seu empregado é que se pode falar em despedida injusta, pois a empresa pode despedir de boa-fé o trabalhador, ignorando qualquer incompatibilidade ou impedimento legal em seu ato. Se não teve conhecimento da candidatura, não pode ser a empresa condenada por um ato de que não tomou conhecimento, não obstaculizando ou impedindo a atuação sindical de seu funcionário, nem mesmo fazendo represálias ou retaliações contra o operário.

O comando legal inserido no § 5º do art. 543 da CLT não encerra mera formalidade administrativa ou simples expressão de cordialidade, e sim comunicação necessária. O fato de a diretoria anterior do sindicato não fazer a comunicação não pode ser atribuído ao empregador, por não saber este que seu empregado estava eleito, não tendo, assim, como impedi-lo de exercer a função de dirigente sindical ou até prejudicá-lo para não exercê-la.

Deve o empregado diligente fiscalizar a comunicação à empresa por parte do sindicato, ou até notificar o empregador de sua candidatura, caso o sindicato não o faça, dando ciência àquele, se por acaso entender que haverá negligência do sindicato em informar sua candidatura, zelando por sua garantia. Caso o obreiro, para evitar qualquer contratempo, venha a dizer que está registrado para concorrer às eleições sindicais, apresentando documentação nesse sentido, compete ao empregador, para dissipar qualquer dúvida, procurar saber do sindicato a realidade de tal fato, visando evitar qualquer controvérsia futura.

O que o empregado dispensado pode fazer, caso o sindicato não cumpra a formalidade legal, é ingressar com ação de perdas e danos contra a agremiação ou seus antigos diretores, responsáveis pela ausência da comunicação à empresa, em virtude do prejuízo (art. 186 do CC) que sofreu, pelo fato de seu empregador não ter sido avisado de sua candidatura, mas nunca responsabilizar a empresa, até porque esta pode estar imbuída de boa-fé no despedimento.

A comunicação é *conditio sine qua non* para a garantia de emprego do dirigente sindical. Com a comunicação do registro da candidatura do empregado, elimina-se a incerteza deste e do empregador, cumprindo-se a formalidade da lei.

A lei, portanto, não encerra termos inúteis. Há necessidade da comunicação, mesmo na vigência da atual Constituição, pois o § 5º do art. 543 da CLT foi recebido pela Lei Maior, por não contrariá-la. Se se entendesse de forma diferente, prescindindo-se da comunicação, o empregador não teria como saber se seu funcionário teria concorrido à eleição sindical ou até mesmo sido eleito.

A Súmula 369, I, do TST afirma: "É assegurada a estabilidade provisória ao empregado dirigente sindical, ainda que a comunicação do registro da candidatura ou da eleição e da posse seja realizada fora do prazo previsto no art. 543, § 5º, da CLT, desde que a ciência ao empregador, por qualquer meio, ocorra na vigência do contrato de trabalho.

Mesmo para os empregados dirigentes de associação profissional, também há necessidade de comunicação da entidade à empresa da candidatura do dirigente da referida associação.

17 FILIAÇÃO E DESLIGAMENTO DO SINDICATO

O inciso V do art. 8º da Constituição consagrou regra prevista na Convenção nº 87 da OIT, ou seja, da liberdade positiva, de a pessoa se filiar ao sindicato, e da liberdade negativa, de não se filiar à agremiação. Essa liberdade, porém, está adstrita à filiação ao sindicato único, que é a regra vigente no Brasil.

O inciso XX do art. 5º da Constituição dispõe também que ninguém poderá ser compelido a associar-se ou a permanecer associado.

Declara, ainda, o inciso VII do art. 8º da Lei Maior que o aposentado filiado tem direito a votar e ser votado nas organizações sindicais.

O art. 540 da CLT especifica que "a toda empresa ou indivíduo que exerçam respectivamente atividade ou profissão, desde que satisfaçam as exigências desta lei, assiste o direito de ser admitido no sindicato da respectiva categoria, salvo caso de falta de idoneidade, devidamente comprovada(...)".

Se o sindicalizado deixar o exercício da atividade ou da profissão, perderá os direitos de associado. Os associados de sindicatos de empregados, de agentes ou trabalhadores autônomos e de profissões liberais que forem aposentados, estiverem desempregados ou tiverem sido convocados para prestação de serviço militar não perderão os respectivos direitos sindicais e ficarão isentos de qualquer contribuição, não podendo, entretanto, exercer cargo de administração sindical ou de representação econômica ou profissional.

Os que exercerem determinada atividade ou profissão em que não haja sindicato da respectiva categoria, ou de atividade ou profissão similar ou conexa, poderão filiar-se ao sindicato de profissão idêntica, similar ou conexa, existente na localidade mais próxima (art. 541 da CLT).

Em virtude de que os sindicatos podem elaborar diretamente seus estatutos, é possível que nestes haja ainda outras restrições à filiação ao sindicato. Os requisitos abusivos e discriminatórios exigidos pelo estatuto para o ingresso nos quadros do sindicato poderão ser contestados em juízo.

Assim como a pessoa pode livremente entrar no sindicato, pode também dele retirar-se. O sindicato poderá expulsar o associado de seus quadros, de acordo com seus estatutos, tendo aquele direito de recurso ao Poder Judiciário e não ao Ministério do Trabalho, como mencionava o art. 542 da CLT.

O art. 552 da CLT esclarece que os atos que importem malversação ou dilapidação do patrimônio sindical ficam equiparados ao crime de peculato. Parece, entretanto, que a referida determinação está mais próxima de furto ou apropriação indébita do que de peculato, pois o sindicato não é mais órgão que exerce função delegada do poder público, não se podendo falar em crime de funcionário público, que ocorre no peculato.

18 PRÁTICAS ANTISSINDICAIS

A noção de práticas desleais tem origem na Lei Nacional de Relações de Trabalho, de 1935, dos Estados Unidos, conhecida como *Wagner Act*, que utiliza, no art. 8º, a expressão *unfair labour practices*. Os atos antissindicais eram considerados os de ingerência do empregador na organização dos trabalhadores e a recusa de negociar coletivamente. A Lei *Taft Hartley*, de 1947, também estabelece na seção 8 a qualificação das práticas desleais, quando as organizações de trabalhadores ajam em prejuízo dos empregadores, como o uso de violência, da intimidação, da represália, da recusa em negociar. Constitui prática desleal de um empregador a recusa de negociar coletivamente com os representantes de seus trabalhadores (Seção 8 *a*, al. 5); o mesmo se observa em relação à recusa do sindicato de trabalhadores a negociar coletivamente com um empregador (Seção 8 *b*, al. 3). As partes devem negociar imbuídas de boa-fé, não devendo praticar atos de violência contra pessoas ou coisas, nem prejudicando terceiros.

A proteção contra os atos ou as práticas antissindicais, segundo Oscar Ermida Uriarte, inclui todo o conjunto de medidas tendentes a prever, proteger, evitar, reparar ou sancionar qualquer ato que prejudique indevidamente o trabalhador ou as organizações sindicais no exercício da atividade sindical ou a causa desta ou que lhes negue injustificadamente as facilidades ou prerrogativas necessárias para o normal desenvolvimento da ação coletiva.[6]

São atos antissindicais a não contratação do trabalhador por ser sindicalizado, a despedida, a suspensão, a aplicação injusta de outras sanções disciplinares, as transferências, as alterações de tarefas ou de horário, os rebaixamentos, a inclusão em listas negras ou no índex, a redução de remunerações, a aposentadoria obrigatória.

Quanto aos empregadores, não poderá haver discriminação antissindical dos trabalhadores, pois estes gozarão de adequada proteção contra atos antissindicais relativos ao emprego, tanto no momento da admissão, como durante o desenvolvimento do contrato de trabalho. O objetivo é o de não exigir do trabalhador sua não filiação a um sindicato ou a renúncia a sua condição de membro da agremiação (art. 1, 2, *a*), como o de dispensar o empregado ou prejudicá-lo somente porque é membro do sindicato ou participa de atividades sindicais (art. 1, 2, *b*, da Convenção nº 98 da OIT). A Convenção nº 98 da OIT foi inclusive ratificada pelo Brasil, tendo hierarquia de lei federal. O art. 2.1 explicita que as organizações de trabalhadores e de empregadores deverão gozar de proteção adequada contra quaisquer atos de ingerência de umas e outras, quer diretamente, quer por meio de seus agentes ou membros, em sua formação, funcionamento e administração. Declara o art. 2.2 que serão particularmente identificadas como atos de ingerência as medidas destinadas a provocar a criação de organizações de trabalhadores dominadas por um empregador ou uma organização de empregadores, ou a manter organizações de trabalhadores por outros meios financeiros, com o fim de colocar essas organizações sob o controle de um empregador ou de uma organização de empregadores.

O art. 6.1 da Recomendação nº 143 da OIT, de 1973, indica que, "quando não existam suficientes medidas apropriadas de proteção aos trabalhadores em geral, devem ser adotadas disposições específicas para garantir a proteção efetiva dos representantes dos trabalhadores".

A Convenção nº 158 da OIT, de 1982, estabelece que o empregador não pode motivar ou justificar a despedida por motivo de o empregado filiar-se ou participar de atividades sindicais ou pelo fato de solicitar, exercer ou haver exercido um mandato de representação dos trabalhadores.

O Comitê de Liberdade Sindical entende que, "em certos casos em que, na prática, a legislação nacional permite aos empregadores, sob a condição de que

---

6 URIARTE. Oscar Ermida. A *proteção contra os atos antissindicais*. São Paulo: LTr, 1989. p. 17.

paguem a indenização prevista em lei nas hipóteses de despedida injustificada, despedir um trabalhador, inclusive quando o motivo real da despedida é a sua filiação a um sindicato ou a sua atividade sindical, deve-se concluir que a mesma legislação não concede proteção suficiente contra os atos de discriminação antissindical mencionados no Convênio nº 98" (Recompilación, Genebra, OIT nº 208, p. 77).

Pergunta-se se os empregadores também terão direito à proteção contra atos antissindicais. Seria possível argumentar que essa proteção poderia dizer respeito às greves praticadas abusivamente contra o empregador.

Será que a lei brasileira deveria punir atos antissindicais? Deveria.

O que se procura proteger não é apenas a estabilidade ou o emprego de determinado trabalhador, mas também a liberdade sindical, ou, mais especificamente, o exercício da atividade sindical do membro do sindicato, para que possa desempenhar plenamente o mandato sindical que lhe foi outorgado pela categoria. Há tanto um interesse individual, como coletivo a ser tutelado.

Nossa legislação trata de alguns atos de proteção antissindical. O inciso VIII do art. 8º da Constituição veda a dispensa do empregado sindicalizado baseado no registro da candidatura a cargo de direção ou representação sindical e, se eleito, inclusive como suplente, até um ano após o final do mandato, salvo se cometer falta grave nos termos da lei. O § 3º do art. 543 da CLT tem a mesma orientação, estendendo-a ao empregado associado. O § 2º do art. 543 considera licença não remunerada o exercício da atividade sindical, salvo assentimento da empresa ou cláusula contratual, o tempo em que o empregado ausentar-se do trabalho no desempenho das funções. Nas normas coletivas, muitas vezes é assegurada a remuneração ao empregado eleito para o cargo de direção. O § 6º do art. 543 da CLT complementa a ideia anterior estabelecendo uma sanção direta contra o ato antissindical que tipifica, no sentido de que "a empresa que, por qualquer modo, procurar impedir que o empregado se associe a sindicato, organize associação profissional ou sindical ou exerça os direitos inerentes à condição de sindicalizado, fica sujeita à penalidade prevista na letra *a* do art. 553, sem prejuízo da reparação a que tiver direito o empregado". O Precedente nº 104 em dissídios coletivos do TST trata de quadro de avisos, dizendo que defere-se a afixação, na empresa, de quadro de avisos do Sindicato, para comunicados de interesse dos empregados, vedados os de conteúdo político-partidário ou ofensivo. Essa orientação indica que, se a empresa não atende a seu conteúdo, também ocorre um ato antissindical.

O Estado, às vezes, pode ser um agente de práticas antissindicais. O registro sindical, muitas vezes, funciona como um filtro discriminatório como, por exemplo, quando o Estado imponha um sistema de unicidade sindical obrigatória.

O ato antissindical só pode ser combatido mediante um movimento sindical forte, que seja participante e reivindicativo. Entretanto, o legislador ordinário deve tratar do tema para coibir as práticas desleais, assegurando até mesmo mecanismos que permitam a imediata reintegração do dirigente sindical em caso de dispensas arbitrárias.

19 DIREITOS DOS ASSOCIADOS

Os associados têm direito de votar nas deliberações da assembleia geral, assim como de ser votados, de exercer controle sobre a gestão do sindicato, inclusive financeira. Farão jus também ao recebimento da prestação dos serviços que o sindicato oferecer, como de assistência social, jurídica, médica, dentária, de colônia de férias etc.

20 FUNÇÕES DO SINDICATO

Serão analisadas as funções de representação negocial, econômica, assistencial e social do sindicato. As receitas do sindicato serão examinadas em item à parte, já que são várias, havendo necessidade de serem tecidas considerações sobre cada uma delas em especial.

20.1 Função de representação

A função de representação é assegurada na alínea *a* do art. 513 da CLT, em que se verifica a prerrogativa do sindicato de representar, perante as autoridades administrativas e judiciárias, os interesses da categoria ou os interesses individuais dos associados relativos à atividade ou profissão exercida. Uma das funções precípuas do sindicato é a de representar a categoria e não apenas os associados. Assim, elevou-se a dispositivo constitucional a regra retromencionada, que está no inciso III do art. 8º da Constituição.

Alguns autores chegaram a afirmar que se trataria de hipótese de substituição processual essa declinada no inciso III do art. 8º da Lei Maior. Entretanto, a substituição processual é uma legitimação extraordinária conferida pela lei ao sindicato, que não se confunde com a legitimação ordinária, de representar a categoria, que é o que se encontra no dispositivo constitucional. As hipóteses de substituição processual estão no § 2º do art. 195 da CLT, no parágrafo único do art. 872 da CLT, no art. 3º da Lei nº 8.073/90. O STF entende que o inciso III do art. 8º da Constituição trata de substituição processual.

O sindicato tem representação legal da categoria, mas, em alguns casos, não tem representatividade.

20.2 Função negocial

A função negocial ou de regulamentação do sindicato é a que se observa na prática das convenções e acordos coletivos de trabalho. O sindicato participa das negociações coletivas que irão culminar com a concretização de normas coletivas (acordos ou convenções coletivas de trabalho), a serem aplicadas à categoria. É melhor que as próprias partes resolvam seus conflitos, mediante concessões recíprocas, por meio de negociação. Concretizada a negociação, são feitas as cláusulas que irão estar contidas nas convenções ou acordos coletivos, estabelecendo normas e condições de trabalho.

A Constituição prestigia a função negocial do sindicato ao reconhecer as convenções e acordos coletivos de trabalho (art. 7º, XXVI), além de certos direitos somente poderem ser modificados por negociação coletiva (art. 7º, VI, XIII, XIV). É também obrigatória a participação dos sindicatos nas negociações coletivas (art. 8º, VI, da Constituição). A alínea *b* do art. 513 da CLT declara que é prerrogativa do sindicato celebrar convenções coletivas de trabalho, o que se nota também no art. 611. Os acordos coletivos são celebrados pelo sindicato profissional com uma ou mais empresas (§ 1º do art. 611 da CLT).

20.3 Função econômica

Nos Estados Unidos, por exemplo, o sindicato pode exercer atividade econômica, tanto que os grandes sindicatos são acionistas de empresas, financiam campanhas presidenciais etc. A DGB, central sindical da Alemanha, possui o controle de importante banco daquele país.

O art. 564 da CLT veda, entretanto, ao sindicato, direta ou indiretamente, o exercício de atividade econômica. O referido artigo permanece em vigor com a Constituição de 1988, pois é vedada a interferência do Poder Executivo no sindicato, e não da lei, ao impedir o exercício de atividade econômica, que não é a finalidade do sindicato, mas representar a categoria, negociar para que sejam feitas normas coletivas etc.

20.4 Função política

O sindicato não deveria fazer política partidária, nem se dedicar à política, visto que esta é prerrogativa dos partidos políticos. O sindicato deve representar a categoria, participar das negociações coletivas, firmar normas coletivas, prestar assistência aos associados, mas não exercer atividade política, o que desvirtua suas finalidades. O art. 521, *d*, da CLT mostra a proibição de o sindicato exercer qualquer das atividades não compreendidas nas finalidades elencadas no art. 511 da CLT, especialmente as de caráter político-partidário.

Essa orientação permanece em vigor com a Constituição de 1988, pois não é finalidade do sindicato exercer função política, nem há interferência do Poder Executivo no sindicato.

20.5 Função assistencial

Várias são as funções assistenciais do sindicato.

A alínea *b* do art. 514 da CLT mostra que é dever do sindicato manter assistência judiciária aos associados, independentemente do salário que percebam. O art. 14 da Lei nº 5.584/70 determina que a assistência judiciária em juízo seja prestada pelo sindicato àqueles que não tenham condições de ingressar com ação, sendo devida a todo aquele que perceber salário igual ou inferior ao dobro do mínimo legal, ficando assegurado igual benefício ao trabalhador que tiver salário superior, desde que comprove que sua situação econômica não lhe permite demandar sem prejuízo do sustento próprio ou da família. Essa assistência será prestada ainda que o trabalhador não seja sócio do sindicato (art. 18 da Lei nº 5.584/70).

A alínea *d* do art. 514 da CLT especifica que, sempre que possível, e de acordo com suas possibilidades, deverá o sindicato manter em seu quadro de pessoal, em convênio com entidades assistenciais ou por conta própria, um assistente social com as atribuições específicas de promover a cooperação operacional na empresa e a integração profissional na classe.

Os sindicatos de empregados terão o dever de promover a fundação de cooperativas de consumo e de crédito e de fundar e manter escolas de alfabetização e pré-vocacionais (parágrafo único do art. 514 da CLT).

A assistência nas rescisões dos empregados estáveis demissionários (art. 500 da CLT) é prestada pelo sindicato.

O art. 592 da CLT revela que a receita da contribuição sindical será aplicada em assistência técnica, jurídica, médica, dentária, hospitalar, farmacêutica, à maternidade, em creches, colônias de férias, educação, formação profissional etc.

20.6 Função social

O sindicato também tem função social, de integração social do trabalhador na sociedade. Alguns sindicatos têm programas de recolocação profissional do trabalhador dispensado. Fazem também programas sociais.

21 RECEITAS DO SINDICATO

Tem o sindicato como receitas não só a contribuição sindical (art. 8º, IV, da Lei Maior c/c arts. 578 a 610 da CLT), mas a contribuição confederativa (art. 8º, IV, da Constituição), a contribuição assistencial (art. 513, *e*, da CLT) e a mensalidade dos sócios do sindicato (art. 548, *b*, da CLT).

O sindicato possui, ainda, outras receitas, de acordo com o art. 548 da CLT, como os bens e valores adquiridos e as rendas produzidas por aqueles (alínea *c*); as doações e legados (alínea *d*) e as multas e outras rendas eventuais (alínea *e*).

Não poderá, entretanto, o sindicato cobrar uma espécie de joia com caráter impeditivo para o ingresso de novos membros, pois atenta contra a liberdade sindical, salvo em relação a um valor para custear a emissão de carteira sindical e outras pequenas despesas.

Vou analisar as quatro principais fontes de renda do sindicato, separadamente.

21.1 Contribuição sindical

A contribuição prevista em lei (parte final do inciso IV do art. 8º da Constituição) é a sindical, disciplinada nos arts. 578 a 610 da CLT.

21.1.1 Histórico

O imposto sindical foi instituído com a Constituição de 1937, pois se conferia aos sindicatos, no exercício de função delegada de poder público, a possibilidade de impor contribuições, mesmo que não fossem os contribuintes seus sócios, bastando pertencer à categoria profissional ou econômica (art. 138).

O Decreto-Lei nº 1.402/39, em seu art. 3º, regulamentou essa possibilidade de o sindicato impor contribuições "a todos aqueles que participam das profissões ou categorias representadas" (alínea *f*), que posteriormente passou a ser a alínea *e* do art. 513 da CLT. O art. 35 determinava que "os empregadores ficam obrigados a descontar na folha de pagamento dos seus empregados as contribuições por estes devidas ao sindicato". O art. 38 discriminava como seria a constituição do patrimônio dos sindicatos, prevendo "as contribuições dos que participarem da profissão ou categoria, nos termos da alínea *f* do art. 3º" (letra *a*) e "as contribuições dos associados, na forma estabelecida nos estatutos ou pelas assembleias gerais" (letra *b*), que posteriormente passaram a ser, respectivamente, as alíneas *a* e *b* do art. 548 da CLT, com pequenas alterações. O parágrafo único do mesmo artigo rezava que "o modo da determinação da taxa das contribuições a que se refere a alínea *a*, bem como o processo de pagamento e cobrança destas contribuições e de organização das listas dos contribuintes serão estabelecidos em regulamento especial".

Com o Decreto-Lei nº 2.377/40 é que efetivamente o sindicato passou a ter exigência pecuniária, já denominada "imposto sindical", "devido por todos aqueles que participem de uma determinada categoria econômica ou profissional em favor da associação profissional legalmente reconhecida como sindicato representativo da mesma categoria" (art. 2º).

Seria pago de uma só vez, anualmente (art. 3º). O empregado recolhia o imposto sindical sobre a importância correspondente a um dia de trabalho; os empregadores o saldavam numa importância fixa calculada sobre o capital social. Foram fixados seus valores e épocas de pagamento. O citado decreto-lei regulava, assim, praticamente todas as disposições relativas ao chamado imposto sindical. O Decreto-Lei nº 4.298/42, regulou o recolhimento do imposto sindical, sua aplicação (v.g., assistência médica, judiciária etc.) e fiscalização, instituindo a Comissão do Imposto Sindical (art. 10) e o Fundo Social Sindical (arts. 5º e 6º), passando o Estado a participar da aplicação da contribuição sindical.

A CLT reuniu, sistematicamente, as disposições dos Decretos-leis nºs 1.402/39, 2.377/40 e 4.298/42, quanto à exigência de contribuições pelo sindicato. A alínea *e* do art. 513 da CLT menciona a prerrogativa do sindicato de "impor contribuições a todos aqueles que participam das categorias econômicas ou profissionais ou das profissões liberais representadas", dando respaldo à exigência da contribuição assistencial, que é a fixada em normas coletivas. O art. 548 da CLT estabelece que constituem patrimônio das associações sindicais "as contribuições devidas aos sindicatos pelos que participem das categorias econômicas ou profissionais ou das profissões liberais representadas pelas referidas entidades, sob a denominação contribuição sindical" (alínea *a*); "as contribuições dos associados, na forma estabelecida nos estatutos ou pelas Assembleias Gerais" (alínea *b*), que dá respaldo à exigência da mensalidade sindical ou contribuição associativa. Os arts. 578 a 610 da CLT versaram de maneira sistematizada sobre a contribuição sindical.

Não tratou a Constituição de 1946 expressamente de contribuições sindicais, porém não vedou a cobrança de contribuições por parte do sindicato, mesmo porque este continuava a exercer função delegada de poder público (art. 159). Isso quer dizer que recepcionou as regras da CLT a respeito da exigência de contribuições pelo sindicato.

Em 21-9-1962, a Lei nº 4.140 modificou o art. 580 da CLT e seus parágrafos, alterando os porcentuais e a forma de cálculo do imposto sindical devido pelos trabalhadores autônomos, profissionais liberais e empregadores.

O imposto sindical na área rural foi criado pela Lei nº 4.214, de 2-3-1963 (Estatuto do Trabalhador Rural), conforme seu art. 135, devendo respeitar as normas previstas na CLT.

Acrescentou o Decreto-Lei nº 27, de 14-11-1966, o art. 217 à Lei nº 5.172, de 25-10-1966, especificando que "as disposições desta Lei (...) não excluem a incidência e a exigibilidade: I – da 'contribuição sindical', denominação que passa a ter o Imposto Sindical de que tratam os arts. 578 e s. da Consolidação das Leis do Trabalho".

Assim, mudou-se apenas o *nomem juris* da exação, que antigamente era o imposto sindical, passando a chamar-se contribuição sindical. Na verdade, o imposto sindical sempre teve característica de contribuição, pois tinha um destino específico: o interesse da categoria profissional e econômica. O CTN apenas colocou o instituto em seu devido lugar. O Decreto-Lei nº 229, de 28-2-1967, faz a devida adaptação na CLT da denominação imposto sindical para contribuição sindical. O Fundo Social Sindical muda de nome para Conta de Emprego e Salário.

O § 1º do art. 159 da Constituição de 1967 estabeleceu que, "entre as funções delegadas a que se refere este artigo, compreende-se a de arrecadar, na forma da lei, contribuições para o custeio de atividade dos órgãos sindicais e profissionais e para a execução de programas de interesse das categorias por eles representadas".

Persistia, portanto, a exigência da contribuição sindical. A primeira modificação verificada no texto constitucional consiste no fato de o sindicato passar a arrecadar as contribuições previstas em lei, deixando de impor contribuições. Desse modo, ainda havia necessidade de lei determinando as contribuições sindicais, para que o sindicato pudesse arrecadá-las.

O § 1º do art. 166 da Emenda Constitucional nº 1, de 1969, repetiu a mesma redação do § 1º do art. 159 da Carta Magna de 1967. A Emenda Constitucional nº 8, de 14-4-1977, acrescentou o inciso X ao art. 43, explicitando que cabia ao Congresso Nacional, com a sanção do Presidente da República, dispor sobre contribuições sociais para custear os encargos previstos, entre outros, no § 1º do art. 166. Assim, a Constituição delegava competência para o sindicato arrecadar as contribuições que lhe eram pertinentes, porém não para legislar sobre contribuições, o que continuava na competência da União.

Estabeleceu o Decreto-Lei nº 1.166, de 15-4-1971, regras para a contribuição sindical em relação aos empregadores e trabalhadores rurais. A citada norma teve por objetivo regular a contribuição sindical dos empregadores e trabalhadores rurais, pois os produtores agrícolas muitas vezes não se organizavam sob a forma de empresa, não possuindo, portanto, capital social. Se o produtor rural tem sua atividade organizada sob a forma de empresa, a contribuição sindical é devida sobre o capital social. A arrecadação e cobrança são feitas por meio do Instituto Nacional de Colonização e Reforma Agrária (Incra), ficando este com 15% das importâncias arrecadadas "em pagamento dos serviços e reembolso de despesas relativas aos encargos" de lançamento e cobrança (art. 4º e parágrafos). A contribuição sindical da categoria profissional será calculada à base "de um dia de salário mínimo regional, pelo número máximo de assalariados que trabalhem nas épocas de maiores serviços, conforme declarado no cadastramento do imóvel" (§ 2º do art. 4º).

O art. 5º determina que a contribuição sindical rural será paga juntamente com o imposto territorial rural do imóvel a que se referir.

O inciso IV do art. 8º da Constituição de 1988 outorgou competência à assembleia geral do sindicato para fixar a contribuição confederativa, "independentemente da contribuição prevista em lei", que é a sindical. O § 2º do art. 10 do ADCT determinou que, "até ulterior disposição legal, a cobrança das contribuições para o custeio das atividades dos sindicatos rurais será feita juntamente com a do imposto territorial rural, pelo mesmo órgão arrecadador".

Pretendeu-se extinguir a contribuição sindical por meio das Medidas Provisórias nºs 236, 258 e 275/90, que não foram convertidas em lei. O Congresso Nacional apresentou um Projeto de Lei de Conversão, de nº 58/90, estabelecendo a extinção gradativa da contribuição em comentário, em cinco anos. Esse projeto de lei foi aprovado pelo Congresso Nacional, porém foi vetado pelo Presidente da República, estando ainda em vigor os arts. 578 a 610 da CLT.

21.1.2 Distinção

A contribuição sindical, prevista em lei, não se confunde com a contribuição confederativa, prevista no inciso IV do art. 8º da Constituição, pois esta última visa apenas ao custeio do sistema confederativo, sendo fixada pela assembleia geral. A contribuição sindical é fixada em lei, enquanto a outra é facultativa.

Como se observa, o constituinte pretendeu manter duas contribuições no inciso IV do art. 8º. Uma, que é prevista em lei, denominada contribuição sindical, e a outra fixada pela assembleia geral do sindicato (contribuição confederativa).

21.1.3 Natureza jurídica

A contribuição sindical era o antigo imposto sindical. Como imposto, tinha natureza tributária, como espécie do gênero tributo.

O Decreto-Lei nº 27, de 14-11-1966, acrescentou o art. 217 ao Código Tributário Nacional, mudando a nomenclatura do imposto sindical. Este passou a chamar-se *contribuição sindical*, mas a mudança em sua nomenclatura não mudou sua natureza jurídica de tributo, pois o que importa é seu fato gerador, nos termos do art. 4º do CTN.

A natureza jurídica da contribuição sindical era tributária, pois tinha fundamento no art. 149 da Constituição, como uma contribuição de interesse das categorias econômicas e profissionais.

A Lei nº 13.467/2017 alterou a natureza jurídica da contribuição sindical, que passou a ter natureza de uma contribuição voluntária. Depende da vontade da pessoa de contribuir. Não é, portanto, compulsória, nem se encaixa mais no art. 149 da Constituição. É uma contribuição facultativa e não mais tributária, pois depende da autorização de empregados, empregadores, avulsos e autônomos para ser feito o recolhimento. Tributo não depende da vontade da pessoa de contribuir, por isso é compulsório. Sua natureza pode ser considerada uma doação que a pessoa faz ao Sindicato.

O Sindicato tem natureza privada. Logo, a contribuição destinada ao custeio das atividades sindicais também deve ter natureza privada.

A Constituição não dispõe como a "contribuição prevista em lei" vai ser estabelecida e quais serão os seus termos, mas apenas que ela depende da previsão da lei.

O legislador pode, portanto, instituir ou não a contribuição por meio de lei. Pode estabelecer a contribuição e pode não querer criá-la, não editando a lei para regulamentar essa parte final do inciso IV do art. 8º da Constituição.

A Lei Maior não dispõe que a contribuição prevista em lei terá ou não natureza tributária, nem que será compulsória ou facultativa, apenas que será prevista em lei, na forma como a lei determinar as suas características. A lei pode estabelecer que a contribuição terá natureza compulsória ou facultativa.

O Ministro Celso de Melo, ao não admitir a ADPF, afirmou que:

> "Poder-se-ia alegar que a própria Constituição prevê a existência da contribuição sindical, no inciso IV do art. 8º e na cabeça do art. 149. Mas tais dispositivos não fazem qualquer referência à obrigatoriedade da contribuição. É a Consolidação das Leis do Trabalho que torna impositivo o pagamento da contribuição sindical(...)" (1º-2-2013).

Trata o art. 149 da Constituição da contribuição social de intervenção no domínio econômico e de interesse das categorias profissionais ou econômicas. Compete à União instituir essa contribuição social.

Já há previsão genérica sobre a contribuição sindical no inciso I do art. 217 do CTN.

A matéria não é, portanto, de lei complementar, mas de lei ordinária. A União pode instituir ou pode não instituir a contribuição prevista em lei. Cabe a ela a escolha. Isso será feito por lei ordinária federal.

A parte final do inciso IV do art. 8º da Constituição, quando estabelece "independentemente da contribuição prevista em lei", faz referência apenas à "lei". Essa lei é a ordinária federal. Não se trata de lei complementar, pois, do contrário, a Constituição seria expressa nesse sentido. Logo, nada impede que a contribuição sindical seja alterada pela lei ordinária federal, que é a Lei nº 13.467/2017. A Constituição não exige que a contribuição sindical seja alterada por lei complementar. Dessa forma, ela pode ser alterada por intermédio de lei ordinária.

O STF tem decisão sobre a contribuição social sobre o lucro, em que aquele colegiado entende que pode tal exigência ser instituída por lei ordinária (Pleno, RE 138.281, j. 1º-7-1992, *DJU* I, 28-8-1992, p. 13.456). O mesmo ocorre, portanto, com a contribuição sindical.

Nada impede que a lei ordinária federal determine que a contribuição tenha característica voluntária ou facultativa, mas não compulsória, como foi feito pelos arts. 545, 578, 579, 582, 583 e 602 da CLT, de acordo com a redação da Lei nº 13.467/2017.

Não houve renúncia da União para se falar em violação ao ADCT, mas apenas a contribuição se tornou facultativa. Os orçamentos de 2018 não evidenciam renúncia de receita. A União não renunciou a algo devido. A contribuição deixou de ser compulsória por força da previsão da lei. A lei estabeleceu que a contribuição é facultativa.

Não se trata de isenção a previsão da Lei nº 13.467/2017, pois esta é dispensa pela lei do pagamento do tributo.

Não vejo inconstitucionalidade da Lei nº 13.467/2017 no ponto de tornar a contribuição sindical facultativa.

Sendo a contribuição sindical facultativa, ela não tem natureza tributária e não é mais uma contribuição social enquadrada no art. 149 da Constituição, justamente por não ser compulsória, mas facultativa.

Parte da contribuição tem natureza pública quando é destinada à Conta Especial de Emprego e Salário.

O STF entendeu que é constitucional a alteração da contribuição sindical pela Lei nº 13.467 (ADIn 5.794, Rel. Min. Luiz Fux).

21.1.4 Generalidades

Corresponde a contribuição sindical a um dia de trabalho para os empregados (inc. I do art. 580 da CLT); calculada sobre o capital da empresa, para os empregadores (inc. III do art. 580 da CLT); e para os trabalhadores autônomos e profissionais liberais toma-se por base um porcentual fixo (inc. II do art. 580 da CLT).

Fica recepcionado pela Constituição o art. 545 da CLT, ao mencionar que os descontos de contribuições podem ser feitos, desde que autorizados pelos empregados, inclusive em relação à contribuição sindical. Logo, o desconto da contribuição sindical em folha de pagamento está sujeito à autorização dos trabalhadores.

O desconto da contribuição sindical só pode ser feito com a autorização do empregado (arts. 545 e 582 da CLT). A assembleia geral não pode autorizar o desconto pelo empregado. Deve haver manifestação expressa da vontade do próprio empregado. A norma coletiva não pode determinar desconto no salário do empregado sem sua expressa e prévia anuência (art. 611-B, XXVI, da CLT).

Pagarão a contribuição todos aqueles pertencentes à categoria, independentemente de serem sindicalizados, desde que haja sua autorização.

Tratando-se de agentes ou trabalhadores autônomos e de profissionais liberais, organizados em firma ou empresa, com capital social registrado, o recolhimento da contribuição sindical será feito de acordo com as tabelas fixadas para as empresas.

As entidades ou instituições que não estejam obrigadas ao registro de capital social considerarão como capital, para efeito do cálculo, o valor resultante da aplicação do porcentual de 40% sobre o movimento econômico registrado no exercício imediatamente anterior (§ 5º do art. 580 da CLT). Não estão compreendidas nessa regra as entidades ou instituições que comprovarem não exercer atividade econômica com fins lucrativos (§ 6º do art. 580 da CLT).

As empresas deverão atribuir parte do respectivo capital a suas sucursais, filiais ou agências, desde que localizadas fora da base territorial da entidade sindical representativa da atividade econômica do estabelecimento principal, na proporção das correspondentes operações econômicas (art. 581 da CLT). Se os estabelecimentos estão situados numa mesma base territorial, é desnecessário observar a proporcionalidade, pois o recolhimento será feito pelo estabelecimento principal.

A filial paralisada, que não tem movimento econômico, mas que não tenha sido encerrada, recolherá o porcentual mínimo.

Tendo a empresa diversas atividades econômicas, sem que nenhuma delas seja preponderante, cada uma dessas atividades será incorporada à respectiva categoria econômica, sendo a contribuição sindical devida à entidade sindical representativa da mesma categoria, fazendo-se, em relação às correspondentes sucursais, agências ou filiais, da mesma forma.

Atividade preponderante é a que caracteriza a unidade de produto, operação ou objetivo final, para cuja obtenção todas as demais atividades convirjam, exclusivamente, em regime de conexão funcional (§ 2º do art. 581 da CLT).

Em relação ao grupo de empresas, cada uma delas recolherá a contribuição sindical de acordo com sua atividade preponderante e não em razão da atividade preponderante do grupo. O empregado recolherá a contribuição sindical para o sindicato profissional pertinente à atividade preponderante da empresa em que estiver registrado.

O STF entendeu que a contribuição sindical pode ser cobrada dos servidores públicos, pois foi recebido pela Constituição o art. 578 da CLT (Ac. STF, Rec. em MS 21.758-1, Rel. Min. Sepúlveda Pertence, *DJU* I de 4-11-1994, p. 29.831). Entretanto, o art. 578 da CLT trata apenas de funcionários privados e não públicos. O inciso IV do art. 8º da Constituição também diz respeito, apenas, aos funcionários do setor privado e não público, pois o § 3º do art. 39 da Lei Maior não faz remissão ao art. 8º da Constituição. Haveria necessidade, portanto, de lei própria. Sem lei, não poderia ser exigida a contribuição sindical de funcionários públicos, salvo dos empregados públicos que são regidos pela CLT. O mesmo acórdão dá a entender que se aplicam aos servidores públicos civis o modelo estabelecido no art. 8º da Constituição.

21.1.5 Prazos de pagamento

Os empregadores descontam do salário dos seus empregados relativo ao mês de março de cada ano, desde que por eles autorizados, a contribuição sindical devida aos sindicatos profissionais. Os empregados contribuem com um dia de trabalho equivalente a uma jornada normal de trabalho, se o pagamento ao empregador for feito por unidade de tempo; ou a 1/30 da quantia percebida no mês anterior, se a remuneração for paga por tarefa, empreitada ou comissão. Quando o salário for pago em utilidades, ou nos casos em que o empregado receba, habitualmente, gorjetas, a contribuição sindical corresponderá a 1/30 da importância que tiver servido de base, no mês de janeiro, para a contribuição do empregado à Previdência Social. Se a contribuição sindical for calculada sobre a jornada normal de trabalho de um dia, a referida exação não incide sobre horas extras.

O recolhimento da contribuição sindical pertinente aos empregados e trabalhadores avulsos será efetuado no mês de abril de cada ano, e o relativo aos agentes ou trabalhadores autônomos realizar-se-á em fevereiro.

Os empregados que são admitidos em janeiro e fevereiro terão o desconto da contribuição normalmente no mês de março, que é o mês destinado ao desconto, com o recolhimento em abril. Se o empregado é admitido em março, há necessidade de se verificar se já não houve o desconto da contribuição sindical na empresa anterior (art. 601 da CLT). O empregado não paga novamente a contribuição sindical se já pagou na empresa anterior. O mesmo se observará em relação aos empregados admitidos após o mês de março.

Os empregados que não estiverem trabalhando no mês destinado ao desconto da contribuição sindical e que venham a autorizar prévia e expressamente o recolhimento serão descontados no primeiro mês subsequente ao do reinício do trabalho (art. 602 da CLT). O recolhimento será feito no mês imediatamente posterior.

Os profissionais liberais poderão optar pelo pagamento da contribuição sindical unicamente à entidade sindical representativa da respectiva profissão. Para isso é preciso que exerçam, efetivamente, na firma ou empresa, a profissão e como tal sejam nela registrados (art. 585 da CLT). Se a pessoa, por exemplo, é contadora, mas não exerce essa função na empresa, não poderá socorrer-se do art. 585 da CLT. Provado que o empregado já recolhe a contribuição a seu órgão de classe, o empregador deixará de efetuar, no salário do contribuinte, o desconto da contribuição sindical. A Lei nº 8.906/94 exclui do pagamento da contribuição sindical os advogados inscritos, pois estes já pagam a contribuição anual à OAB (art. 47).

Há entendimento administrativo de que, se o profissional liberal exerce sua profissão e, ao mesmo tempo, ocupa emprego que não é da profissão liberal, fica sujeito a múltipla contribuição sindical, correspondente a cada profissão exercida (Proc. MTB 5.903/84, rel. Déborah Monteiro Rodrigues, *DOU* de 10-10-1984, p. 14.789).

Pertencendo o obreiro à categoria diferenciada, deve o desconto da contribuição ser feito e recolhido para essa categoria e não para a categoria predominante da empresa.

Os empregadores que optarem pelo recolhimento da contribuição sindical deverão fazê-lo no mês de janeiro de cada ano, ou, para os que venham a se estabelecer após o referido mês, na ocasião em que requererem às repartições o registro ou a licença para o exercício da respectiva atividade (art. 587 da CLT). Havendo aumento de capital após o mês de janeiro, não é necessário recolhimento complementar.

As filiais constituídas após janeiro não precisarão recolher a contribuição sindical, pois a empresa já pagou a mesma contribuição sobre o total de seu capital social. A filial inativa fora da sede da matriz, que não houver sido fechada, estando com suas atividades paralisadas, deve recolher a contribuição sindical.

A contribuição sindical deverá ser recolhida na CEF, Banco do Brasil, ou outro estabelecimento bancário integrante do sistema de arrecadação de tributos federais (art. 586 da CLT).

Do recolhimento da contribuição sindical há necessidade de sua repartição entre as entidades que compõem o sistema confederativo:

> "I – para os empregadores: (a) 5% para a confederação correspondente; (b) 15% para a federação; (c) 60% para o sindicato respectivo; (d) 20% para a 'Conta Especial Emprego e Salário';
>
> II – para os trabalhadores: (a) 5% para a confederação correspondente; (b) 10% para a central sindical; (c) 15% para a federação; (d) 60% para o sindicato respectivo; (e) 10% para a 'Conta Emprego e Salário'. Sendo inconstitucional o reconhecimento da central

sindical pela Lei nº 11.648, não pode a central receber a contribuição sindical (art. 589, II, *b*, da CLT). O inciso IV do art. 8º da Lei Maior é claro no sentido de que a contribuição confederativa visa ao custeio do sistema confederativo. A contribuição sindical também serve para o custeio do sistema confederativo, pois o inciso permite a instituição da contribuição confederativa e a cobrança da contribuição prevista em lei, que é a sindical. São destinadas a contribuição sindical e a confederativa ao custeio do sistema confederativo, composto por sindicatos, federações e confederações, no qual não se inserem as centrais. Logo, não podem as centrais receber os 10%. As centrais podem receber contribuições dos sindicatos, federações e confederações que são seus associados, como a confederativa, a assistencial e a mensalidade sindical, se assim entenderem sindicatos, federações e confederações, que poderão destinar parte da arrecadação das referidas contribuições para as centrais às quais são filiados. Isso se deve em razão de que as contribuições citadas têm natureza privada, o que não ocorre com a contribuição sindical. As centrais sindicais vão receber 10% da contribuição sindical, que é o dobro do porcentual das confederações (5%). Foi retirada metade da parte do governo em relação à arrecadação da contribuição sindical dos empregados, que era de 20%, destinando-se 10% para as centrais sindicais e ficando a Conta Especial de Emprego e Salário com 10%". Inexistindo confederação, seu porcentual caberá à federação representativa do grupo".

Inexistindo sindicato o porcentual do sindicato será creditado à federação correspondente à mesma categoria econômica ou profissional. O sindicato de trabalhadores indicará ao Ministério do Trabalho a central sindical a que estiver filiado como beneficiária da respectiva contribuição sindical para fins da destinação do respectivo porcentual. Não havendo sindicato, nem entidade sindical de grau superior, a contribuição sindical será creditada, integralmente, à "Conta Especial Emprego e Salário". Não havendo indicação pelo sindicato da central sindical para fins de recebimento do porcentual da contribuição sindical, o porcentual que caberia à central será creditado integralmente à "Conta Especial Emprego e Salário". As porcentagens atribuídas às entidades sindicais de grau superior e às centrais sindicais serão aplicadas em conformidade com o que dispuserem os respectivos conselhos de representantes ou estatutos. Os recursos destinados às centrais sindicais deverão ser utilizados no custeio das atividades de representação geral dos trabalhadores decorrentes de suas atribuições legais.

Feitos o desconto e o recolhimento da contribuição do empregado pelo empregador, este deverá anotar em sua CTPS o valor da contribuição, o sindicato da categoria e a data do desconto.

21.1.6 Aplicação da contribuição sindical

Tem por objetivo a aplicação da contribuição sindical o seguinte:

"I – em se tratando de sindicatos de empregadores e de agentes autônomos: (a) assistência técnica e jurídica; (b) assistência médica, dentária, hospitalar e farmacêutica; (c) realização de estudos econômicos e financeiros; (d) agências de colocação; (e) cooperativa; (f) bibliotecas; (g) creches; (h) congressos e conferências; (i) medidas de divulgação comercial e industrial no país e no estrangeiro, bem como outras tendentes a incentivar e aperfeiçoar a produção nacional; (j) feiras e exposições; (l) prevenção de acidentes do trabalho; (m) finalidades desportivas;

II – quanto aos sindicatos de empregados: (a) assistência jurídica; (b) assistência médica, dentária, hospitalar e farmacêutica; (c) assistência à maternidade; (d) agências de colocação; (e) cooperativas; (f) bibliotecas; (g) creches; (h) congressos e conferências; (i) auxílio-funeral; (j) colônias de férias e centros de recreação; (l) prevenção contra acidentes do trabalho; (m) finalidades desportivas e sociais; (n) educação e formação profissional; (o) bolsas de estudo;

III – quanto aos sindicatos de profissionais liberais: (a) assistência jurídica; (b) assistência médica, dentária, hospitalar e farmacêutica; (c) assistência à maternidade; (d) bolsas de estudo; (e) cooperativas; (f) bibliotecas; (g) creches; (h) congressos e conferências; (i) auxílio-funeral; (j) colônia de férias e centros de recreação; (l) estudos técnicos e científicos; (m) finalidades desportivas e sociais; (n) educação e formação profissional; (o) prêmios por trabalhos técnicos e científicos;

IV – quanto aos sindicatos de trabalhadores autônomos: (a) assistência técnica e jurídica; (b) assistência médica, dentária, hospitalar e farmacêutica; (c) assistência à maternidade; (d) bolsas de estudo; (e) cooperativas; (f) bibliotecas; (g) creches; (h) congressos e conferências; (i) auxílio-funeral; (j) colônias de férias e centros de recreação; (l) educação e formação profissional; (m) finalidades desportivas e sociais (art. 592 da CLT)".

As porcentagens atribuídas às entidades sindicais de grau superior serão aplicadas de conformidade com o que dispuserem os respectivos conselhos de representantes (art. 593 da CLT).

21.1.7 Contribuição dos empregadores e trabalhadores rurais

O § 2º do art. 10 do ADCT dispõe que, até ulterior disposição legal, a cobrança das contribuições para o custeio das atividades dos sindicatos rurais será feita juntamente com a do imposto territorial rural, pelo mesmo órgão arrecadador.

É disciplinada a contribuição sindical dos empregadores e trabalhadores rurais pelo Decreto-Lei nº 1.166/71, que foi recebido pela Constituição.

Para efeito da cobrança da contribuição sindical rural, considera-se: I – trabalhador rural: (a) a pessoa física que presta serviço a empregador rural mediante remuneração de qualquer espécie; (b) quem, proprietário ou não, trabalhe individualmente ou em regime de economia familiar, assim entendido o trabalho dos membros da mesma família, indispensável à própria subsistência e exercido em condições de mútua dependência e colaboração, ainda que com ajuda eventual de terceiros; II – empresário ou empregador rural: (a) a pessoa física ou jurídica que, tendo empregado, empreende, a qualquer título, atividade econômica rural; (b) quem, proprietário ou não, e mesmo sem empregado, em regime de economia familiar, explore imóvel rural que lhe absorva toda a força de trabalho e lhe garanta a subsistência e o progresso social e econômico em área superior a dois módulos rurais da respectiva região; (c) os proprietários de mais de um imóvel rural, desde que a soma de suas áreas seja superior a dois módulos rurais da respectiva região.

Para efeito de cobrança de contribuição sindical dos empregadores rurais organizados em empresas ou firmas, a contribuição sindical será lançada e cobrada proporcionalmente ao capital social. Para os empregadores rurais não organizados sob a forma de empresa, entender-se-á como capital o valor adotado para o lançamento do imposto territorial do imóvel explorado. Em ambos os casos, aplica-se a tabela contida no inciso III do art. 580 da CLT.

A contribuição devida às entidades sindicais da categoria profissional (trabalhadores rurais) será lançada e cobrada dos empregadores rurais e por estes descontada dos respectivos salários, tomando-se por base um dia de salário mínimo regional pelo número máximo de assalariados que trabalham nas épocas de maiores serviços, conforme declarado no cadastramento do imóvel.

Será lançada a contribuição sindical dos proprietários que trabalhem individualmente ou em regime de economia familiar na forma do inciso II do art. 580 da CLT e recolhida diretamente pelo devedor, incidindo, porém, a contribuição apenas sobre um imóvel.

O produto da arrecadação da contribuição sindical rural será transferido, diretamente, pela agência centralizadora da arrecadação à respectiva entidade. A aplicação da contribuição sindical rural, objetivando o desenvolvimento setorial e atendidas as peculiaridades de cada categoria, será feita pelas respectivas entidades, nos termos de instruções baixadas pelo Ministério do Trabalho, que estabelecerão normas visando harmonizar as atividades sindicais com os propósitos sociais, econômicos e técnicos da agricultura.

Inexistindo entidade representativa ou coordenadora das categorias respectivas com jurisdição na área de localização do imóvel rural de que se trata, o porcentual da contribuição sindical fica para a federação. Na falta desta, o porcentual fica para a confederação. Somente na inexistência desta, a contribuição fica para o Ministério do Trabalho.

O art. 1º da Lei nº 8.022, de 12-4-1990, transfere para a Secretaria da Receita Federal a competência de administração das receitas da contribuição sindical (art. 4º do Decreto-Lei nº 1.166 e art. 580 da CLT) arrecadadas pelo Incra. Essa regra é a modificação legal já prevista no § 2º do art. 10 do ADCT. A competência transferida para a Secretaria da Receita Federal abrange as atividades de tributação, arrecadação, fiscalização e cadastramento (§ 1º do art. 1º da Lei nº 8.022).

Estabelece o inciso I do art. 24 da Lei nº 8.847/94 que a competência para a arrecadação pela Secretaria da Receita Federal da contribuição sindical rural, por força do art. 1º da Lei nº 8.022 cessará em 31-12-1996. A partir de 1997, houve delegação da arrecadação da contribuição para a Confederação Nacional dos Agricultores (CNA) e a Contag.

21.1.8 Atraso no pagamento

O atraso no pagamento sujeita a empresa a juros de 1% ao mês ou fração de mês, correção monetária e multa. A multa será de 10% para o primeiro mês de atraso, acrescida do porcentual de 2% por mês de atraso subsequente ou fração de mês (art. 600 da CLT). O montante das cominações reverterá sucessivamente ao sindicato respectivo; à federação respectiva, na ausência de sindicato; à confederação respectiva, inexistindo federação.

Os profissionais liberais ficarão suspensos do exercício profissional enquanto não pagarem a referida contribuição.

Os empregadores deverão comprovar o recolhimento da contribuição sindical à categoria econômica ou profissional respectiva no prazo de 15 dias a contar da data de recolhimento, mediante remessa de cópia da guia de recolhimento autenticada, juntamente com a relação nominal de empregados que sofreram o desconto.

21.1.9 Prescrição

Às entidades sindicais cabe, em caso de falta de pagamento da contribuição sindical, promover a respectiva cobrança judicial, mediante ação executiva, valendo como título de dívida a certidão expedida pelas autoridades regionais do Ministério do Trabalho. Da certidão deverão constar a individualização do contribuinte, a indicação do débito e a designação da entidade a favor da qual é recolhida a importância da contribuição sindical, de acordo com o respectivo enquadramento sindical.

Foi recepcionado pela Constituição de 1988 o art. 606 da CLT que indica que a contribuição sindical, para ser cobrada judicialmente, necessita de que o Ministério do Trabalho a inscreva como título de dívida, mediante certidão expedida pela referida autoridade, em que o contribuinte é individualizado, indicando-se o débito e designando-se a entidade a favor da qual é recolhida a importância da contribuição sindical, de acordo com o respectivo enquadramento sindical (§ 1º do art. 606 da CLT). O § 2º do art. 606 da CLT demonstra que a cobrança judicial da dívida da contribuição sindical tem os mesmos privilégios gozados pela Fazenda Pública, nos termos da Lei nº 6.830/80, com a única exceção de que não há foro especial para a cobrança da dívida, como ocorre em relação àquela entidade.

Não tendo mais a contribuição sindical natureza de tributo, seu prazo de prescrição é o geral de dez anos, previsto no art. 205 do Código Civil, por não haver outra regra específica, além de não poder ser aplicado o art. 174 do CTN.

Não pode a contribuição sindical ser criada em Assembleia Geral do Sindicato e ser exigida de toda a categoria, como alguns sindicatos vêm fazendo. Ela poderia ser exigida dos sócios do sindicato, que poderiam comparecer à assembleia e estão obrigados a cumprir o estatuto da agremiação, mas não pode ser exigida dos não sócios do sindicato, que não podem comparecer à assembleia. Mesmo assim, o empregador só pode descontar a contribuição do empregado associado que a autorizar.

Mesmo com as alterações feitas na CLT, inclusive com a transformação da contribuição sindical numa exigência facultativa e não compulsória, as negociações sindicais e as convenções e os acordos coletivos continuarão a ter validade para a categoria, pois a Constituição reconhece a existência das categorias (parágrafo único do art. 7º, art. 8º, II, III e IV).

A norma coletiva vale tanto para sócios como para não associados do sindicato, independentemente do pagamento de contribuições.

O não associado não terá de pagar contribuição para que possa fazer jus aos direitos estabelecidos na norma coletiva. A norma coletiva vale para toda a categoria, tanto para os associados como para os não associados.

Consequência da extinção da contribuição sindical compulsória é os sindicatos começarem a alegar que não têm condições financeiras (art. 19 da Lei nº 5.584/70) de prestar assistência judiciária gratuita aos não sócios, pois vão dizer que não existe mais a contribuição sindical compulsória e não mais têm receita suficiente para custear a assistência judiciária gratuita. Aos sócios, por serem sócios, o sindicato de empregados terá obrigação de prestar a assistência sindical.

Já se verifica que sindicatos estão vendendo patrimônio para fazer caixa. Houve diminuição do número dos seus empregados. Sindicatos que ocupavam prédios inteiros desocuparam salas e as alugaram.

Alguns sindicatos já não fazem negociação coletiva se não houver pagamento de contribuição sindical. Consequência é não existir a negociação coletiva e haver necessidade de se discutir a matéria em dissídio coletivo.

Outra consequência pode ser a diminuição do número de sindicatos, pois ficarão os que prestem bons serviços para a categoria. Poderá haver fusão de sindicatos e não mais muitos sindicatos.

Pode ser que com o fim da contribuição sindical obrigatória possamos fazer uma reforma sindical na Constituição acabando com o sindicato único, sindicato por categoria e, ao final, ratificar a Convenção nº 87 da OIT.

21.2 Contribuição confederativa

21.2.1 Introdução

Prescreve o inciso IV do art. 8º da Constituição que "a assembleia geral fixará a contribuição que, em se tratando de categoria profissional, será descontada em folha, para custeio do sistema confederativo da representação sindical respectiva, independentemente da contribuição prevista em lei".

O exame do inciso V do art. 8º do Estatuto Supremo revela que o legislador constituinte pretendia manter a contribuição sindical, embora tal exação seja resquício do corporativismo de Getúlio Vargas.

A contribuição confederativa constitui-se numa nova modalidade de fonte de receita das associações sindicais, inovação essa introduzida pela Constituição de 1988. Pretendia o constituinte dar respaldo constitucional à cobrança da contribuição assistencial, extinguindo a contribuição sindical, que é manifestamente incompatível com a liberdade sindical. Mencionava o Projeto da Comissão de Ordem Social (art. 6º, I) que a assembleia sindical iria "fixar a contribuição da categoria, descontada em folha, para o custeio das atividades da entidade". O substitutivo do relator da Comissão de Sistematização (art. 9º, § 4º) rezava: "A assembleia geral fixará a contribuição da categoria que, se profissional, será descontada em folha, para custeio do sistema confederativo de sua representação sindical". Foi este o texto aprovado pela Comissão de Sistematização (art. 10, § 4º). Em razão das emendas apresentadas ao plenário do primeiro turno de votação da Constituinte, acrescentou-se a expressão: "independentemente da contribuição prevista em lei", consistindo na atual redação do inciso IV do art. 8º da Constituição. Como havia interesses de certos grupos na manutenção da contribuição sindical, foi utilizada a expressão "independentemente da contribuição prevista em lei" para ressalvá-la, em troca da supressão da estabilidade no emprego, com a redação ofertada ao inciso I do art. 7º da Constituição, prevendo apenas que lei complementar estabeleceria uma indenização compensatória pela despedida arbitrária ou sem justa causa.

Alguns autores confundem a contribuição confederativa com a contribuição assistencial. A contribuição assistencial tem respaldo na alínea *e* do art. 513 da CLT. A natureza jurídica das duas contribuições é distinta: a contribuição confederativa serve para custear o sistema confederativo da representação sindical patronal ou profissional; já a contribuição assistencial é encontrada nas sentenças normativas, acordos e convenções coletivas, visando custear as atividades assistenciais do sindicato, principalmente pelo fato de o sindicato ter participado das negociações para obtenção de novas normas para a categoria. Dessa forma, ambas as contribuições são cumuláveis, pois distintas suas destinações e objetivos.

21.2.2 Natureza jurídica

Certamente, a natureza jurídica da contribuição confederativa não é tributária, mesmo porque a referida contribuição não foi instituída por lei. Não há atividade administrativa plenamente vinculada para sua cobrança, por meio do lançamento, porque o Estado não se imiscui na arrecadação da mencionada contribuição, nem poderia, pelo comando inserto no inciso I do art. 8º da Constituição, que veda a interferência do Poder Público no sindicato. Logo, não está elencada a contribuição confederativa nas determinações do art. 3º do CTN, que define tributo.

Não se enquadra a contribuição em comentário na definição do art. 149 da Constituição, pois não é a União que irá instituí-la, mas a assembleia geral do sindicato. De outro modo, o inciso IV do art. 8º da Constituição não está incluído no capítulo da Lei Maior que versa sobre o sistema tributário nacional, porém no capítulo que trata dos direitos sociais. Verifica-se, assim, que a contribuição confederativa não será instituída pela União, não sendo, portanto, uma contribuição social, espécie do gênero tributo. O STF já entendeu que a contribuição confederativa não tem natureza tributária (STF, 2ª T., RE 198.092-3-SP, j. 27-8-1996, Rel. Min. Carlos Mário Velloso, *DJU* 16-10-1996, p. 38.509).

A contribuição confederativa é uma obrigação consensual, em razão de depender da vontade da pessoa que irá contribuir, inclusive participando da assembleia geral na qual ela será fixada, pois é a assembleia que irá fixar o *quantum* da contribuição. A assembleia detém soberania, nos termos do estatuto do sindicato, porém, apenas em relação aos associados. Logo, a contribuição confederativa não é compulsória, com o que ninguém poderia se opor a sua cobrança, mas facultativa, pois só vincula os associados.

Trata-se de uma contribuição de cunho privado, exigida pelo sindicato, de acordo com sua autonomia sindical, para o custeio do sistema confederativo, tendo como credores o sindicato da categoria profissional ou econômica, e como devedores os empregados ou empregadores. Na verdade, o sindicato não detém soberania, que é inerente ao Estado (art. 1º, I, da Lei Maior) e exercida pelo povo por meio do voto (art. 14 da Constituição), mas autonomia sindical, que é coisa completamente diversa, pois o sindicato não tem o poder impositivo decorrente da soberania. O exercício da autonomia sindical é decorrente também da lei, que irá fixar seus contornos básicos, vedadas apenas a interferência e intervenção do Poder Executivo no sindicato (art. 8º, I, da Constituição).

A contribuição confederativa é, por conseguinte, uma obrigação facultativa. De acordo com as disposições da Constituição, não é uma norma cogente, pois não há sanção para a ocorrência do inadimplemento de seu pagamento.

21.2.3 Necessidade de lei

Deve ser a contribuição confederativa determinada por lei, não podendo ser exigida apenas pela fixação do *quantum* na assembleia sindical. O próprio inciso II do art. 5º da Lei Maior reza que "ninguém é obrigado a fazer ou a deixar de fazer alguma coisa senão em virtude de lei". Daí a necessidade de uma norma legal para a exigência da contribuição confederativa. O fato de o inciso IV do art. 8º da Constituição não mencionar que a contribuição deve ser cobrada "nos termos da lei", "na forma da lei" ou "de acordo com os critérios definidos em lei" não quer dizer que tal dispositivo seja autoaplicável, pois não possui os elementos mínimos e indispensáveis para sua cobrança. O art. 7º da Lei Fundamental estabelece direitos aos trabalhadores urbanos e rurais, porém o seguro-desemprego (inciso II) e o FGTS (inciso III) não são direitos que poderiam ser exigidos de imediato (caso não houvesse lei ordinária tratando do tema), apesar de não haver qualquer expressão adicionada nos referidos incisos, como "nos termos da lei", sendo necessária lei ordinária para estabelecer as regras gerais a serem aplicadas aos referidos incisos.

Não se diga que o § 1º do art. 5º da Lei Fundamental, ao mencionar que "as normas definidoras dos direitos e garantias fundamentais têm aplicação imediata", autorizaria a cobrança imediata da contribuição confederativa com base na decisão da assembleia geral, argumentando-se que o inciso IV do art. 8º da Lei Magna seria autoaplicável, quando, na verdade, tal preceito não é uma norma bastante em si. Outros direitos são previstos no art. 7º da Constituição, contudo não têm aplicabilidade imediata, como o piso salarial proporcional à extensão e à complexidade do trabalho (inciso V).

De outro modo, o sindicato não detém soberania, que é inerente ao Estado (art. 1º, I, da Constituição), mas apenas autonomia sindical, que é coisa diversa, estando, por conseguinte, adstrito às determinações do que for previsto em lei para a exigência da contribuição confederativa.

Ressalte-se que até mesmo o art. 13 da Lei nº 8.178/91 estabeleceu que havia necessidade de regulamentação do art. 8º da Constituição por lei, o que mostra que o inciso IV do art. 8º da mesma norma não é autoaplicável.

Na verdade, a Norma Ápice estabeleceu a contribuição confederativa, outorgando competência ao sindicato para cobrá-la; a lei irá instituí-la e a assembleia irá fixar seu montante, de acordo com os ditames da lei. Logo, a obrigação da pessoa de contribuir vai decorrer da determinação da lei. Aplicando-se por analogia a regra de Direito Tributário, temos que a Constituição é que outorga os tributos, mas somente há a possibilidade de exigi-los por meio de lei ordinária. Se a lei ainda não existe, não há a possibilidade da cobrança da contribuição confederativa.

A regra estabelecida no inciso IV do art. 8º do Estatuto Supremo não tem eficácia plena ou é autoaplicável, mas, ao contrário, é um comando constitucional de eficácia reduzida ou limitada. Somente quando da edição da lei ordinária é que haverá sua eficácia plena e, então, serão fixados os contornos básicos da referida contribuição e será desenvolvida sua eficácia.

O inciso IV do art. 8º da Lei Maior apenas determina que a assembleia irá fixar a contribuição, porém somente a lei é que irá traçar os contornos necessários a essa fixação, fornecendo os dados imprescindíveis para a determinação do *quantum* e demais elementos para que a assembleia geral possa fixá-la, oferecendo, assim, plena normatividade ao referido dispositivo.

Ao contrário do que ocorria em Constituições anteriores, como a de 1937, que atribuía ao sindicato a possibilidade de *impor* contribuições (art. 138), e a Emenda Constitucional nº 1, de 1969, que esclarecia que o sindicato exercia "funções delegadas de poder público", em que havia a possibilidade de "arrecadar, na forma da lei, contribuições para o custeio da atividade dos órgãos sindicais" (art. 166, § 1º), hoje o sindicato não mais detém esses poderes, pois nada menciona a atual Norma Magna sobre o assunto.

Inexistindo lei que disponha sobre a contribuição confederativa, é impossível saber: o *quorum* das deliberações para a fixação da contribuição; qual o porcentual a ser aplicado, inclusive para o empregador, ou até se em valor fixo; a base de cálculo a ser utilizada, se sobre o capital, para o empregador, ou sobre o salário, horas extras, ou até sobre as gorjetas, aproximando-se do conceito de remuneração, no caso do empregado; a periodicidade do pagamento; a época do pagamento; o porcentual que caberia a federações e confederações do montante arrecadado pelo sindicato, visto que a contribuição é para o custeio do sistema confederativo; a fixação dos limites dos valores a serem cobrados; o desconto no salário do empregado, quando for o caso; o prazo do pagamento e o repasse ao sistema confederativo; a forma da cobrança em relação aos profissionais liberais e aos trabalhadores autônomos.

Nota-se, assim, que o inciso IV do art. 8º da Constituição, no que diz respeito à contribuição confederativa, não tem aplicabilidade imediata, mas reduzida, no aguardo da lei ordinária para dar-lhe eficácia plena. Não existindo lei, não pode ser a contribuição confederativa cobrada pelos sindicatos, salvo em relação aos associados. O STF entende que a contribuição confederativa prevista no inciso IV do art. 8º da Constituição é autoaplicável (STF, 1ª T., RE 191.022-4.SP, Rel. Min. Ilmar Galvão, *DJU* I 14-2-1997, p. 1.989), sendo compulsória apenas para os filiados ao sindicato (STF, 2ª T., RE 198.092-3-SP, j. 27-8-1996, Rel. Min. Carlos Mário Velloso, *DJU* I 16-10-1996, p. 38.509).

21.2.4 Objetivo

O objetivo da contribuição confederativa não é o de custear o sistema sindical, mas o confederativo, do qual fazem parte os sindicatos, federações e confederações, não só da categoria profissional, como da categoria econômica.

O fato de o inciso IV do art. 8º da Constituição prever que, tratando-se de categoria profissional, a contribuição confederativa "será descontada em folha", para o custeio do sistema confederativo da representação sindical dos empregados, não impede – e até mesmo é necessário – que haja também contribuição confederativa para custear o sistema confederativo patronal. Esta não poderá ser descontada em folha, pois os empregadores não têm folha de salário, mas a lei irá determinar um critério para a base de cálculo das categorias econômicas.

A norma legal irá prever quanto caberá a cada um dos participantes do sistema confederativo (sindicato, federação, confederação), podendo até mesmo utilizar um critério parecido com o do art. 589 da CLT, logicamente não se destinando uma parcela da contribuição para a conta especial de emprego e salário, que não mais existe.

21.2.5 Fixação

Quem irá fixar a contribuição confederativa será a assembleia do sindicato. Essa prerrogativa é da assembleia geral do sindicato. Assim, nota-se que a federação e a confederação não poderão fixá-la, pois não têm como órgão a assembleia geral, mas apenas a diretoria, o conselho de representantes e o conselho fiscal (art. 538, *b*, da CLT).

Só a assembleia geral poderá fixar a contribuição confederativa. Nesse sentido, não poderá a contribuição confederativa ser prevista em sentença normativa, ou convenção ou acordo coletivo. A Justiça do Trabalho, no primeiro caso, não poderá determinar a referida contribuição em cláusula de sentença normativa, pois o § 2º do art. 114 da Constituição não dá tal competência a esta Justiça especializada para esse fim, visto que se trata de uma questão entre a entidade sindical e seus associados, não dizendo respeito às empresas e seus empregados, estando, portanto, fora do alcance da sentença normativa (SDC do TST, RO-DC 54.191/92/5, 1ª R., Rel. Min. Wagner Pimenta, j. 5-5-1993, *DJU* I 21-5-1993, p. 9.834.) Não se trata, assim, de conflito coletivo típico. O inciso IV do art. 8º da Lei Maior é claro no sentido de que será a assembleia que irá fixá-la.

O Poder Judiciário somente intervirá na ocorrência de abuso na fixação da contribuição confederativa pela assembleia, porque "a lei não excluirá da apreciação do Poder Judiciário lesão ou ameaça de direito" (art. 5º, XXXV, da Constituição).

Será vedado às assembleias gerais fixar contribuição de 5% para os associados e de 10% para os não associados, visto que o *caput* do art. 5º da Lei Fundamental disciplina que todos são iguais perante a lei, sem distinção de qualquer natureza. É de se destacar que o fato de se impor uma contribuição maior para os não associados implica uma maneira compulsória de fazê-los se associar ao sindicato, o que é defeso pelo inciso V do art. 8º do Estatuto Supremo.

As centrais sindicais (CUT, USI, CGT etc.) por não integrarem o sistema confederativo, não são beneficiárias da contribuição confederativa, pois são entidades livremente formadas pelos interessados, ficando à margem do sistema confederativo. No mesmo sentido, os conselhos federais e regionais fiscalizadores do exercício de profissões liberais (OAB, CRC, CRM, CREA etc.) não são beneficiários da contribuição confederativa, eis que são pessoas jurídicas de direito público (autarquias federais) não pertencentes ao sistema confederativo. Nesses casos, o custeio das atividades dessas entidades deve ser suportado pelos seus filiados e não por meio da contribuição confederativa.

Mais se evidencia a facultatividade da contribuição quando se nota que o sindicato poderia, à primeira vista, fixar uma contribuição entre 0 a 100%. Poderia o sindicato, assim, fixar a contribuição no porcentual de 1%, 2% etc., mas também poderia ter o interesse de não fixar a contribuição, por entender que as receitas que têm lhe são suficientes. Isso mostra que o sindicato tem o poder de fixar a contribuição, por meio da assembleia geral, desde que exista lei para tanto, o que corresponde a uma faculdade: o sindicato pode entender de cobrar a contribuição, como de não exigi-la. Tal fato mostra a facultatividade da cobrança da contribuição e sua não compulsoriedade. Caso houvesse compulsoriedade, o sindicato não poderia deixar de cobrar a referida contribuição, o que inocorre.

21.2.6 Oposição à cobrança

Há a possibilidade de oposição à cobrança da contribuição confederativa.

Com efeito, o inciso IV do art. 8º da Lei Maior dispõe que a contribuição confederativa "será descontada em folha", tratando-se de categoria profissional, para o custeio do sistema confederativo da representação sindical respectiva. Para alguns, tal preceito é imperativo; contudo, nada se fala em relação à contribuição da categoria econômica, o que demonstraria, então, a falta de imperatividade para cobrança da contribuição confederativa da referida categoria. Esta afirmação não seria verdadeira em razão de a categoria econômica também pertencer ao sistema confederativo, mas quando existir a lei determinando a cobrança da citada contribuição da categoria econômica será possível fazê-lo.

O art. 545 da CLT também dispõe que "os empregadores ficam obrigados a descontar na folha de pagamento dos seus empregados" as contribuições devidas ao sindicato. Há necessidade, todavia, de que os obreiros concordem com o desconto. A jurisprudência interpreta o art. 545 da CLT no sentido de que o trabalhador deveria se opor ao desconto assistencial nos 10 dias anteriores ao primeiro pagamento salarial reajustado, exatamente a orientação jurisprudencial contida no Precedente 74 do TST, em relação à contribuição assistencial prevista em dissídio coletivo. Pode, portanto, o empregado se opor ao desconto da contribuição confederativa, utilizando-se, por analogia, da regra contida no art. 545 da CLT. Assim, os empregadores só ficam obrigados a descontar a contribuição confederativa dos empregados quando por estes expressamente autorizados.

Não permitir que o trabalhador, ou até mesmo o empregador, se oponha ao desconto da contribuição confederativa implicaria a filiação obrigatória daqueles sujeitos ao sindicato, quando o inciso V do art. 8º da Constituição dispõe que "ninguém será obrigado a filiar-se ou a manter-se filiado a sindicato". Nesse caso, estar-se-ia impondo uma contribuição a uma pessoa que não deseja se associar ao sindicato. Ressalte-se que o associado pode comparecer à assembleia onde será deliberada a cobrança da contribuição, enquanto o não associado não o poderá, justamente porque não detém a condição de ser associado ao sindicato, não podendo, portanto, manifestar seu ponto de vista.

A contribuição imposta por lei aos integrantes do sindicato viola a Convenção nº 87 da OIT, visto que implica filiação compulsória ao sindicato, estando ou não os trabalhadores a ele filiados. De outro modo, a cobrança da contribuição confederativa do empregado não sindicalizado atenta ainda mais contra o princípio da livre filiação ao sindicato. Não se pode atribuir a possibilidade de o sindicato cobrar contribuições de quem não está obrigado a cumprir seus estatutos. Os não sócios não estariam obrigados ao pagamento da contribuição confederativa, pois sequer gozam dos benefícios conferidos pela agremiação. Logo, a contribuição confederativa somente pode ser exigida das pessoas que forem sindicalizadas.

Os associados, entretanto, não podem se opor à cobrança da contribuição, pois estavam ou deveriam estar presentes à assembleia geral quando havia a discussão a respeito da cobrança da contribuição confederativa. Ainda que a cobrança da contribuição seja deliberada por maioria, o associado pode externar seu ponto de vista, sendo que aquele que foi vencido deve acatar a deliberação da maioria.

Prevê a Súmula Vinculante 40 do STF que a contribuição confederativa, prevista no inciso IV do art. 8º da Constituição, só é exigível dos filiados ao sindicato respectivo.

O Precedente 119 do TST esclareceu que "fere o direito à plena liberdade de associação e de sindicalização cláusula constante de acordo, convenção coletiva ou sentença normativa fixando contribuição a ser descontada dos salários dos trabalhadores não filiados a sindicato profissional, sob a denominação de taxa assistencial ou para o custeio do sistema confederativo. A Constituição da República, nos arts. 5º, inciso XX, e 8º, assegura ao trabalhador o direito de livre associação e sindicalização".

O melhor entendimento, porém, é o de que as pessoas poderão livremente se filiar ou não ao sindicato, devendo este subsistir por meio da mensalidade de seus associados, prestando a estes bons serviços, e não por intermédio de contribuições impostas a quem não quer participar daquelas agremiações.

Sobre contribuição confederativa, *vide* o meu livro com o mesmo título (São Paulo: LTr, 1996).

A prescrição para a cobrança da contribuição confederativa é de 10 anos, pois observa-se a regra geral do art. 205 do Código Civil, por ter a contribuição confederativa natureza privada. Não há prazo de decadência para ela ser constituída.

21.3 Contribuição assistencial

A contribuição assistencial é também denominada taxa assistencial, taxa de reversão, contribuição de solidariedade ou desconto assistencial.

Consiste a contribuição assistencial num pagamento feito pela pessoa pertencente à categoria profissional ou econômica ao sindicato da respectiva categoria, em virtude de este ter participado das negociações coletivas, de ter incorrido em custos para esse fim, ou para pagar determinadas despesas assistenciais realizadas pela agremiação.

Alguns autores confundem a contribuição confederativa com a contribuição assistencial. Há até entendimentos no sentido de que a referida contribuição confederativa teria substituído a contribuição assistencial.

Tem respaldo a contribuição assistencial na alínea *e* do art. 513 da CLT, enquanto a contribuição confederativa está prevista no inciso IV do art. 8º da Constituição.

A natureza jurídica das duas contribuições é distinta. A contribuição confederativa serve para custear o sistema confederativo da representação sindical patronal ou profissional; já a contribuição assistencial é encontrada nas sentenças normativas, acordos e convenções coletivas, visando custear as atividades assistenciais do sindicato, principalmente pelo fato de o sindicato ter participado das negociações para obtenção de novas condições de trabalho para a categoria, e compensar a agremiação com os custos incorridos naquela negociação. Dessa forma, ambas as contribuições são cumuláveis, pois distintos suas destinações e seus objetivos. O objetivo da contribuição assistencial é a cobertura dos serviços assistenciais prestados pelo sindicato, inclusive por ter participado das negociações coletivas ou da propositura do dissídio coletivo, enquanto a contribuição confederativa diz respeito ao custeio do sistema confederativo como um todo. A contribuição assistencial não é dividida entre a federação e a confederação, enquanto a contribuição confederativa irá ser repartida nesse sentido, pois visa ao custeio não do sindicato, mas do sistema confederativo, que compreende o sindicato, a federação e a confederação. Não resulta a contribuição confederativa de acordo, convenção ou sentença normativa, mas das disposições da assembleia geral. A contribuição assistencial geralmente é paga apenas pelos empregados, enquanto a contribuição confederativa será paga não só pelos empregados, mas também pelos empregadores, visando ao custeio do sistema confederativo.

Assim, a contribuição confederativa não absorveu a contribuição assistencial, pois, inclusive, suas finalidades são distintas, podendo ser cobrada cumulativamente com esta última.

Diferencia-se, porém, a contribuição assistencial da contribuição de solidariedade ou taxa de reversão. Estas são devidas apenas pelos não associados que foram beneficiados pelos reajustes previstos na norma coletiva, do dever do não associado de verter cotizações para o sindicato, pois o associado já paga contribuições ao último; enquanto a primeira é devida tanto por associados como por não associados ao sindicato.

A contribuição assistencial não tem natureza tributária, pois não é destinada ao Estado, nem é exercida atividade administrativa plenamente vinculada (art. 3º do CTN), por meio dos lançamentos visando a sua cobrança.

É um desconto de natureza convencional, facultativo, estipulado pelas partes e não compulsório, que seria proveniente de lei. A contribuição assistencial decorre da autonomia da vontade dos contratantes ao pactuarem o desconto pertinente na norma coletiva, embora a referida contribuição também possa ser estabelecida em sentença normativa.

Délio Maranhão entende que, se a contribuição assistencial for autorizada pelo empregado, corresponderá à doação (1978:200). Isso se justifica pelo fato de que a contribuição não tem natureza compulsória, nem o não associado tem obrigação de contribuir, fazendo-o por vontade própria; daí se falar em doação.

A contribuição assistencial é exigida com fundamento na alínea *e* do art. 513 da CLT, sendo encontrada nas sentenças normativas, acordos e convenções coletivas, visando custear a participação do sindicato nas negociações coletivas para obtenção de novas condições de trabalho para a categoria e também na prestação de assistência jurídica, médica, dentária etc. A fonte, por conseguinte, da contribuição assistencial é a norma coletiva, seja ela o acordo, a convenção coletiva ou a sentença normativa.

Há autores que entendem não haver fundamento legal para a exigência da contribuição assistencial. O art. 548 da CLT seria taxativo quanto à exigência de contribuições pelo sindicato. Entretanto, a lei não é precisa. Na verdade, tal comando legal não é taxativo sobre as contribuições que o sindicato pode exigir, pois trata do patrimônio sindical, num sentido genérico.

A alínea *e* do art. 513 da CLT determina que o sindicato pode impor contribuições aos membros da categoria. Tal mandamento legal não foi, porém, elevado ao âmbito de dispositivo constitucional no inciso IV do art. 8º da Lei Maior, pois se refere à contribuição assistencial, visto que, ao atribuir a imposição de contribuições, faz referência a categorias econômicas ou profissionais ou das profissões liberais, dando margem à existência da contribuição sindical e da assistencial, que são as contribuições exigidas em relação às categorias econômicas e profissionais. Já o inciso IV do art. 8º da Constituição não mencionou expressamente a hipótese de imposição de contribuição a categorias econômicas ou profissionais, mas estabeleceu a possibilidade de a assembleia geral do sindicato fixar a contribuição para o custeio do sistema confederativo da representação respectiva, que é completamente distinta e nova em relação à anterior, que era a assistencial.

O constituinte não quis usar a expressão "contribuição assistencial" porque esta já existia e estava sendo cobrada, não podendo utilizar a mesma nomenclatura para disciplinar situações distintas. As finalidades da contribuição assistencial e da confederativa são diversas: uma tem o objetivo de custear o sistema confederativo; a outra, atender a necessidades assistenciais do sindicato, inclusive pelo fato de que este participou das negociações coletivas. Não há, portanto, a absorção da contribuição assistencial pela contribuição confederativa, porque os objetivos são diversos.

Pode-se dizer também que não é mais possível ao sindicato impor contribuições, como está escrito na alínea *e* do art. 513 da CLT, que decorria do art. 138 da Constituição de 1937, pois o sindicato não tem soberania como o Estado. Este, sim, pode impor contribuições, decorrentes de seu poder de império, que decorre da lei. O sindicato pode *arrecadar* as contribuições que lhe são pertinentes. O Poder Público delegou-lhe a possibilidade de arrecadar contribuições, como se verificava do § 1º do art. 159 da Constituição de 1967, que mencionava que, "entre as funções delegadas de poder público, compreende-se a de arrecadar, na forma da lei, contribuições para o custeio da atividade dos órgãos sindicais e profissionais e para a execução de programas de interesse das categorias por eles representadas". O § 1º do art. 166 da Emenda Constitucional nº 1, de 1969, apenas repete o dispositivo da Constituição de 1967 já citado. Assim, entende-se que foi modificado o sentido da alínea *e* do art. 513 da CLT, quando usa a expressão "impor contribuições", pois agora a acepção correta diz respeito à permissão conferida ao sindicato para arrecadar as contribuições que lhe são pertinentes, como pessoa jurídica de direito privado. Ressalte-se que o próprio art. 7º e seu § 3º do CTN admitem a possibilidade de que a função de arrecadar ou fiscalizar tributos seja feita por outras pessoas, mas nunca a competência tributária, que é indelegável.

Assim, com base na alínea *e* do art. 513 da CLT, passa o sindicato a arrecadar contribuições. Usa-se a expressão "contribuição" no sentido genérico, e não específico, que seria correspondente à espécie do gênero tributo. A CLT emprega, ainda, a expressão "contribuições", no plural, permitindo, assim, a exigência da contribuição assistencial, que é uma espécie do gênero "contribuições sindicais". Refere-se, ainda, o citado dispositivo à categoria, e não a associados, o que mostra que as contribuições sindicais são devidas por todos os membros da categoria. A alínea *e* do art. 513 da CLT não dá respaldo apenas à exigência de contribuição estatutária ou associativa, mas também à de outras contribuições, como a assistencial.

Permite o art. 462 da CLT descontos no salário do empregado, desde que decorrentes de contrato coletivo (leia-se: acordo e convenção coletiva).

Autoriza o art. 545 da CLT descontos salariais de contribuições devidas ao sindicato, desde que haja permissão do obreiro, salvo em relação à contribuição sindical, que, por ser compulsória, independe da vontade do empregado de contribuir.

Assim, pode-se dizer que existe previsão em nossa legislação para a cobrança da contribuição assistencial.

José Alberto Couto Maciel entende que o desconto da contribuição assistencial não pode ser determinado em dissídio coletivo, pelo fato de que "uma simples expectativa de impugnação do empregado possa transformar em constitucional a referida cláusula", nem seria condição de trabalho (1986:170). Poder-se-ia afirmar, ainda, que tal desconto não estaria inserido no poder normativo que os tribunais têm de estabelecer normas e condições de trabalho, justamente porque o desconto de contribuição assistencial não diz respeito a condições de trabalho a serem exercidas na empresa.

Entretanto, se há previsão legal no art. 462, na alínea *e* do art. 513 e no art. 545, todos da CLT, quanto a contribuições devidas ao sindicato, nada impede a complementação da matéria em dissídio coletivo, pois será uma forma de exercício do poder normativo da Justiça do Trabalho. Como menciona Pedro Vidal, o poder normativo compreende a efetivação do Direito vigente (1982:150) e, digo eu, sua complementação.

O STF, na vigência da Constituição anterior, entendeu que "não contraria a Constituição cláusula, em dissídio coletivo, de desconto, a favor do sindicato, na folha de pagamento dos empregados, de percentagem do aumento referente ao primeiro mês, desde que não haja oposição do empregado, até certo prazo antes desse pagamento" (Pleno, RE 88.022-SP, j. 16-11-1977, Rel. Min. Moreira Alves, *LTr* 43/1.146).

A Súmula 190 do TST esclarece não ser possível criar ou homologar condições de trabalho em dissídio coletivo que o STF julgue iterativamente inconstitucionais. Assim, se o STF entende que a contribuição assistencial pode ser incluída como cláusula em dissídio coletivo, nada impede o TST de julgar ou homologar cláusula nesse sentido ao proferir a sentença normativa.

Pode-se dizer, também, que a cláusula pertinente à contribuição assistencial tem reflexos no contrato de trabalho, inclusive no que diz respeito ao seu desconto, daí haver a necessidade de ser disciplinada na sentença normativa.

Não é inconstitucional, portanto, a previsão do desconto assistencial em dissídio coletivo.

Em relação ao desconto assistencial previsto em acordo ou convenção coletiva, há também que se argumentar com a autonomia privada coletiva das partes de inserirem na norma coletiva aquilo que desejarem, já que se trata de negócio jurídico privado. De outro modo, o inciso XXVI do art. 7º da Constituição reconhece as convenções e os acordos coletivos e, por conseguinte, seu conteúdo.

Discute-se se o empregado pode opor-se ao desconto da contribuição assistencial. O sindicato quer exigir a contribuição assistencial com o fundamento de que a empresa estava representada pelo seu sindicato patronal na negociação da norma coletiva e não pode deixar de descontar do empregado a referida exigência, ainda que haja oposição do obreiro, pois fica sujeito à multa prevista na norma coletiva. O empregador, se atender à orientação do sindicato, fazendo o desconto, poderá ficar sujeito a ser acionado na Justiça do Trabalho pelo empregado que entender inexistir sua autorização para o desconto, razão pela qual não poderia ser este realizado a sua revelia. Afinal, quem tem razão?

O empregado não associado pode opor-se ao desconto, por não ser membro do sindicato, pois do contrário haveria violação do princípio da liberdade sindical. Já o associado terá de pagar a contribuição, justamente em razão da sua condição de sindicalizado.

Não se permitindo que o trabalhador se oponha ao desconto da contribuição assistencial, há uma forma indireta de obrigar o obreiro a se filiar ao sindicato quando o inciso V do art. 8º da Lei Maior dispõe que "ninguém será obrigado a filiar-se ou a manter-se filiado a sindicato". O Verbete 227 do Comitê de Liberdade Sindical da OIT entende que não contraria o princípio da liberdade sindical a cobrança de contribuições previstas em normas coletivas, desde que o empregado também possa a ela se opor. Esses fundamentos mostram também a natureza facultativa do desconto da contribuição assistencial.

O Precedente 119 da SDC do TST entende que a contribuição assistencial só pode ser cobrada do associado ao sindicato, pois fere o direito de livre sindicalização (art. 8º, V, da Constituição).

Há necessidade, portanto, de que os obreiros concordem com o desconto, que dependeria da vontade do operário de contribuir. Deve o trabalhador opor-se ao desconto da contribuição nos 10 dias anteriores ao primeiro pagamento salarial reajustado, com fundamento analógico no parágrafo único do art. 545 da CLT, que contém o prazo de 10 dias para o recolhimento das contribuições descontadas pelo empregador do empregado. Esta orientação passou a ser adotada em dissídios coletivos, culminando com o Precedente 74 do TST em dissídios coletivos, que especificava: "Subordina-se o desconto assistencial sindical à não oposição do trabalhador, manifestada perante a empresa até 10 (dez) dias antes do primeiro pagamento reajustado".

Parece que a orientação do Precedente 74 da SDC do TST fica prejudicada pelo Precedente 119. Não há mais que se falar em oposição para o desconto, mas em autorização do empregado, pois o desconto só poderá ser feito para o trabalhador filiado ao sindicato.

Pouco importa se existe ou não cláusula na norma coletiva prevendo a autorização do empregado para que o desconto seja efetuado, pois tal determinação já está contida na lei, no art. 545 da CLT, não precisando constar da norma coletiva. Logo, o fato de não haver previsão na cláusula da norma coletiva sobre a possibilidade de oposição do trabalhador à cobrança da contribuição assistencial não impede que o empregado a ela se oponha, desde que nos 10 dias anteriores ao pagamento do salário reajustado, pois o direito de oposição decorre do princípio da intangibilidade salarial e da proteção legal. Para cada novo desconto deverá haver nova oposição, pois uma única não será suficiente, já que se trata de ato continuativo.

O STF entende que o desconto da contribuição assistencial não pode ser feito em relação ao não associado ao Sindicato (ARE 1.018.459, Rel. Min. Gilmar Mendes, *DJe* 10-3-2017).

A autorização deve ser dada de forma individual pelo trabalhador, e não de forma coletiva. O inciso XXVI do art. 611-A da CLT exige expressa e prévia anuência do trabalhador.

Será vedado ao sindicato impor, v.g., contribuição assistencial de 5% para os associados e de 10% para os não associados, pois o *caput* do art. 5º da Lei Maior prescreve que todos são iguais perante a lei, sem distinção de qualquer natureza. Destaque-se o fato de que, se houver a imposição de uma contribuição maior para os não associados em relação aos associados, isto implica maneira compulsória de fazer os primeiros se associarem ao sindicato, o que é defeso pelo inciso V do art. 8º do Estatuto Supremo.

O TST tem entendido que a contribuição assistencial pode ser feita num único pagamento, por ano, no importe de 50% do salário equivalente a um dia de trabalho reajustado em relação aos associados (TST, RO 1002390-22.2015.5.02.0000, SDC, Rel. Min. Mauricio Godinho Delgado, *DJe* 24-2-2017).

Se a contribuição assistencial for prevista em sentença normativa em dissídio coletivo, a competência será da Justiça do Trabalho para examinar a questão, por se tratar de cumprimento de decisão coletiva da citada Justiça especializada.

A Lei nº 8.984, de 7-2-1995, estabeleceu que "compete à Justiça do Trabalho conciliar e julgar os dissídios que tenham origem no cumprimento de Convenções Coletivas de Trabalho ou Acordos Coletivos de Trabalho, mesmo quando ocorram entre sindicatos ou entre sindicato de trabalhadores e empregador" (art. 1º). O STF tem entendido que a Lei nº 8.984/95 não se atrita com a Constituição, pois é a lei de que trata a Lei Maior para regular as outras controvérsias decorrentes da relação de trabalho (STF, RE 143.722-7-SP, ac. da 1ª T., j. 28-4-1995, Rel. Min. Ilmar Galvão, *LTr* 59-11/1.519.) Assim, é possível que o sindicato de empregados ingresse com ação na Justiça do Trabalho postulando do empregador os descontos não efetuados a título da contribuição assistencial.

O prazo de prescrição para a cobrança da contribuição assistencial é de 10 anos (art. 205 do Código Civil), pelo fato de que a natureza da contribuição é privada.

21.4 Mensalidade sindical

A mensalidade sindical é paga apenas pelos associados ao sindicato, sendo prevista pelo estatuto de cada entidade sindical. Assim, apenas os filiados ao sindicato é que pagam a mensalidade sindical (art. 548, *b*, da CLT), pois beneficiam-se dos serviços prestados pelo sindicato, como atendimento médico, dentário, assistência judiciária etc. É, portanto, a contribuição associativa ou mensalidade sindical decorrente da previsão do estatuto do sindicato. Dois são os requisitos necessários ao pagamento da mensalidade sindical: a pessoa ser filiada ao sindicato e o estatuto da entidade sindical prever seu pagamento.

O prazo de prescrição para ser exigida a mensalidade sindical é de 10 anos (art. 205 do Código Civil), por ter natureza privada.

Questões

1. O que é sindicato?
2. Qual sua natureza jurídica?
3. Quais as funções do sindicato?
4. Quais as entidades sindicais de grau superior?
5. Quantos membros contém a diretoria do sindicato?
6. Qual a natureza jurídica da contribuição sindical?
7. A contribuição confederativa se confunde com a contribuição assistencial?
8. Qual a natureza jurídica da contribuição confederativa?

Capítulo 44

REPRESENTAÇÃO DOS TRABALHADORES NAS EMPRESAS

1 REPRESENTAÇÃO

Os sistemas de representação dos trabalhadores podem compreender: (a) questões relativas a salário e condições de trabalho; (b) filiação dos trabalhadores ao sindicato; (c) cobrança de contribuições sindicais dos trabalhadores; (d) comunicação entre o sindicato e os associados ou os membros da categoria.

1.1 Histórico

Em 1906, na Itália, existiam comissões internas, para a representação dos trabalhadores, decorrentes de um acordo entre a Federação Italiana Operária Metalúrgica e a fábrica de automóveis Itália, de Torino. Tais comissões foram posteriormente suprimidas, mas restabelecidas em 1943, por meio de convenções coletivas no âmbito das empresas.

Na Alemanha, a representatividade dos empregados na empresa sempre existiu, desde 1891, com exceção do período do nacional-socialismo. Na Espanha, surgiu em 1922, com os Conselhos de Cooperação Industrial.

Na maioria dos países europeus sempre se verificou a existência da representação sindical e dos trabalhadores na empresa, inclusive por meio da cogestão.

Prevê o art. 621 da CLT que os acordos e as convenções coletivas poderão incluir entre suas cláusulas determinação no sentido da constituição e funcionamento de comissões mistas de consulta e colaboração. Estas disposições mencionarão a forma de constituição, o modo de funcionamento e as atribuições das comissões. Na prática, não constam cláusulas da maioria das convenções e acordos coletivos sobre comissões mistas de consulta e colaboração.

Estabeleceu a Constituição, no art. 11, que, "nas empresas de mais de duzentos empregados, é assegurada a eleição de um representante destes com a finalidade exclusiva de promover-lhes o entendimento direto com os empregadores". Entendimento direto significa que não há a participação dos sindicatos de empregados e de empregadores.

Os sindicatos não têm manifestado, na prática, grande interesse em relação à implementação do art. 11 da Constituição, pois podem entender que o representante deveria necessariamente ser membro do sindicato, visto que poderia ficar à margem da orientação sindical, além de sofrer influência do empregador.

A matéria foi regulamentada nos arts. 510-A a 510-D da CLT.

1.2 OIT

A Convenção nº 135 da OIT, de 1971, foi aprovada pelo Decreto Legislativo nº 86, de 14-12-1989, sendo promulgada pelo Decreto nº 131, de 22-5-1991. Trata-se de norma que tem hierarquia de lei ordinária federal em nosso país, já que foi ratificada pelo Brasil. Foi complementada a referida convenção pela Recomendação nº 143, de 1971. O objetivo era que o representante dos trabalhadores não fosse prejudicado pelo empregador ou despedido em razão de sua participação nas atividades sindicais, visando poder desempenhar suas atribuições.

A Convenção nº 135 menciona duas modalidades de representação:

a) delegados ou representantes sindicais, "nomeados ou eleitos pelos sindicatos ou por seus associados" para representar a categoria na empresa;
b) representantes de pessoal, eleitos livremente pelos trabalhadores da empresa, de conformidade com as disposições da legislação nacional ou dos contratos coletivos, cujas funções não se estendem a atividades que sejam reconhecidas no país como prerrogativas exclusivas dos sindicatos.

Determina a Convenção nº 135 da OIT que os representantes dos trabalhadores devem dispor de proteção eficaz contra todas as medidas que possam causar-lhes prejuízo, inclusive a dispensa, em razão do exercício de sua atividade, de sua filiação sindical ou sua participação em atividades sindicais. O empregador deve conceder facilidades para o exercício eficaz e rápido de suas funções. Tais garantias são tanto dos representantes sindicais quanto dos representantes eleitos pelo pessoal (art. 3º). Nota-se, portanto, que a Convenção nº 135 da OIT trata de duas categorias distintas de representantes dos trabalhadores na mesma empresa: os sindicais e os de pessoal. Os representantes sindicais são os nomeados ou eleitos por sindicatos ou pelos membros de sindicatos. Os representantes de pessoal são os eleitos livremente pelos trabalhadores da empresa, conforme as disposições da legislação nacional ou de convenções coletivas, e cujas funções não se estendam a atividades que sejam reconhecidas, nos países interessados, como dependendo das prerrogativas exclusivas dos sindicatos.

A Recomendação nº 143 estabelece que deve haver indicação dos motivos que podem justificar a despedida, mediante consulta a um organismo independente, e a possibilidade de recurso por parte do empregado. Caso a dispensa seja injusta, o empregado terá direito à reintegração no emprego, com o pagamento dos salários vencidos. O ônus da prova será do empregador. Deve haver prioridade na conservação do emprego dos representantes dos trabalhadores em caso de redução do pessoal. O representante deverá gozar de facilidades para o exercício das suas funções.

O § 10 dispõe que o empregador deverá conceder tempo livre necessário ao desempenho de tarefas de representação na empresa, sem perda de salário ou de qualquer outra vantagem social.

Prevê o § 11 a possibilidade de o representante ausentar-se da empresa, mediante tempo livre para participação de reuniões, cursos de formação, seminários, congressos e conferências sindicais; o comparecimento a tais reuniões dar-se-á sem a perda do salário, nem a de qualquer outra vantagem social.

Permite o § 12, ao representante dos trabalhadores, o direito de acesso aos locais de trabalho, quando necessário, com vistas ao desempenho de suas funções de representação. Os representantes devem ter acesso à direção da empresa, na medida necessária ao eficiente desempenho de suas atribuições (§ 13). Terão permissão para arrecadar as contribuições sindicais sempre que não houver outros procedimentos previstos para esse fim (§ 14). Serão permitidas aos representantes a colocação de cartazes e a difusão de publicações sindicais (§ 15).

A empresa deverá proporcionar aos representantes dos trabalhadores as facilidades materiais e as informações necessárias ao exercício de suas funções (§ 16). Os representantes que não trabalharem na empresa, mas cujo sindicato tenha associados empregados ali trabalhando, devem ser autorizados a ingressar na empresa (§ 17).

A Recomendação nº 130, adotada em 29-6-1987, propõe às empresas providências com vistas à solução interna de reclamações dos trabalhadores.

1.3 Direito comparado

No Reino Unido os conselhos de empresa não são estabelecidos por lei, mas por convênios coletivos nacionais. O delegado sindical (*shop steward*) representa os trabalhadores nas empresas. O regime sindical é de unidade consentida pelas próprias partes e não imposta pelo empregador, sendo que a negociação coletiva ocorre por empresa.

Na Alemanha os representantes do pessoal são eleitos pelos próprios trabalhadores, de forma direta, não sendo delegados sindicais. São formados conselhos de estabelecimentos. A negociação coletiva não é por empresa, mas por ramos da economia.

Na França tanto há representação eleita pelos próprios trabalhadores como representação sindical na empresa. Há, ainda, a possibilidade de os próprios trabalhadores se entenderem direta e coletivamente com os empregadores, conforme uma das leis *Auroux*, de 1982.

O Estatuto dos Trabalhadores da Espanha, nos arts. 62 e s., trata da representação dos trabalhadores na empresa. São eleitos os representantes por sufrágio direto e secreto. Nas empresas com mais de 50 delegados fixos, a representação tem o nome de comitê de empresa. São encarregados de receber informações trimestrais, pelo menos sobre a evolução geral do setor econômico a que pertence a empresa, sobre a situação da produção e vendas da entidade, sobre seu programa de produção e evolução provável do emprego na empresa. Os representantes conhecerão o balanço, a conta de resultados, o relatório e outros documentos necessários. Manifestam-se previamente sobre decisões adotadas pelo empresário sobre redução da jornada de trabalho, transferência do total ou parte das instalações. Devem ser informados sobre todas as sanções impostas por faltas muito graves, assim como ter conhecimento trimestralmente dos índices de acidente do trabalho e enfermidades profissionais e suas consequências, absenteísmo e suas causas, sinistros, estudos de ambiente de trabalho.

Em Portugal, a Constituição de 2-4-1976 assegura, no art. 54,1 o "direito dos trabalhadores criarem comissões de trabalhadores para defesa dos seus interesses e intervenção democrática na vida da empresa". Qualquer empresa pode ter tais comissões, mediante eleição secreta e direta.

1.4 Conceito

Representação dos trabalhadores é o conjunto de meios destinados a promover os interesses dos trabalhadores com os empregadores sobre condições de trabalho.

Pode-se dizer que a Norma Ápice instituiu oficialmente o que já existia de fato em algumas empresas: o representante de pessoal. Vem a ser este uma pessoa que necessariamente não precisa ser sindicalizada, mas que é eleita pelos empregados para representá-los perante a empresa na discussão de interesses dos trabalhadores com aquela. O procedimento adotado pela Lei Maior vem a se constituir numa forma democrática de participação dos trabalhadores na empresa.

1.5 Distinção

Não se confunde a representação dos trabalhadores na empresa com a cogestão. O representante dos trabalhadores previsto no art. 11 da Constituição não interfere na gestão da empresa, nem a referida representação dos trabalhadores se confunde com a cogestão. Não tem o representante qualquer poder de gestão, apenas serve para manter contato direto com o empregador nas questões de interesse dos empregados na empresa, mas não para cogerir esta.

O representante dos trabalhadores eleito para discutir os interesses dos operários da empresa não se confunde com o dirigente sindical. O representante sindical vem a ser a pessoa escolhida mediante eleição na Assembleia Geral no âmbito do sindicato para representar a categoria e ser dirigente do sindicato. Não precisa o representante dos trabalhadores na empresa ser sindicalizado, apenas deve ser eleito para discutir os interesses dos trabalhadores perante o empregador, pertencendo aos quadros deste, enquanto o representante sindical pode pertencer a qualquer outra empresa. O representante dos trabalhadores na empresa é eleito apenas pelos empregados dela, tendo por finalidade exclusiva a promoção de interesses diretamente com o empregador e não os da categoria. Não representa, portanto, a categoria, mas apenas os trabalhadores da empresa.

Diferencia-se o representante dos trabalhadores do cipeiro. O representante tem por função representar os empregados perante o empregador para efeito de reivindicar condições de trabalho. O cipeiro irá verificar as condições da empresa quanto à prevenção de acidente do trabalho.

Distingue-se, ainda, o representante dos trabalhadores do delegado sindical na empresa. Este normalmente foi eleito para esse fim pela categoria, representando-a na empresa. Costumeiramente, é o delegado indicado pelo sindicato entre os empregados da empresa, sendo apenas um representante da agremiação perante o empregador, de modo a verificar se este cumpre as determinações trabalhistas e as normas coletivas da categoria. Geralmente, o delegado é um trabalhador sindicalizado. O representante dos trabalhadores pode não ser dirigente sindical, assim como pode não ser sindicalizado.

É possível, portanto, dizer que a Constituição assegura uma tríplice forma de representação dos trabalhadores: (a) a sindical, com previsão nos incisos VI e VIII do art. 8º; (b) a cogestão (art. 7º, XI); (c) a de empresa (art. 11).

1.6 Natureza jurídica

A natureza jurídica da representação dos trabalhadores poderia compreender a representação de vontades e a representação de interesses. Não há representação de vontades, mas representação de interesses coletivos dos trabalhadores. Assim, enquadra-se no Direito Coletivo do Trabalho.

1.7 Classificação

No sistema brasileiro, o tema pode ser classificado da seguinte forma: (a) representação sindical (art. 8º, VI e VIII, da Constituição); (b) cogestão; (c) representação de empresa (art. 11 da Constituição); (d) Comissão de Conciliação Prévia (arts. 625-A a 625-H da CLT); (e) Comissão de fábrica, comitê de empresa, conselho de empresa.

A representação pode ser: (a) externa, que é a feita pelo sindicato; (b) interna, que é a realizada no local de trabalho. Pode ser a representação realizada por um colegiado (conselho, como na Alemanha, em que na prática existe a cogestão) ou ser singular (delegado sindical). Quanto à participação, pode ser: (a) paritária, tendo representantes de empregados e empregadores; (b) não sindical, em que não há a participação de representantes sindicais; (c) mista, em que há representantes sindicais e não sindicais.

1.8 Objetivo

A ideia principal da instituição dos representantes dos trabalhadores perante o empregador foi a de que certos conflitos existentes no próprio âmbito da empresa fossem nela resolvidos, reduzindo, com isso, o número de processos a serem ajuizados na Justiça do Trabalho. Há, também, uma forma de o próprio representante exercer a fiscalização trabalhista na empresa quanto ao cumprimento da legislação e das normas coletivas da categoria, inclusive quanto a normas de segurança e medicina do trabalho. Existe, ainda, a possibilidade da negociação direta dos trabalhadores com a empresa, por meio do representante, quanto a melhores condições de trabalho e salariais, prestigiando a negociação direta entre as partes, que melhores resultados alcança, principalmente no que diz respeito à análise estrutural e financeira da empresa para a concessão de novas vantagens aos trabalhadores.

1.9 Autoaplicabilidade

É autoaplicável o art. 11 da Lei Maior, pois ela não faz referência à necessidade de a lei regular a representação dos trabalhadores nas empresas. Ao contrário de outros comandos constitucionais, o art. 11 da Lei Magna não dispõe que a representação dos trabalhadores nas empresas será feita "na forma da lei". Entretanto, apesar de o mandamento constitucional ser norma de eficácia plena, necessita ser complementado no que diz respeito, por exemplo, à duração do mandato, à estabilidade, às facilidades para cumprimento do mister constitucional confiado, ao número de representantes em empresas que tenham muitos empregados, como mais de 1.000, à possibilidade de reeleição etc.

1.10 Procedimentos

Nas empresas com mais de 200 empregados será assegurada a eleição do representante dos trabalhadores, porém nas empresas com número de funcionários inferior não será obrigatória essa eleição. É o que se depreende da análise do preceito constitucional. Nada impediria que a legislação ou a norma coletiva complementassem o dispositivo constitucional quanto a uma forma de representação dos trabalhadores nas empresas que tivessem menos de 200 empregados, pois a Constituição apenas assegura um direito, genérico, que pode ser complementado ou melhorado pela lei ordinária ou pelas próprias partes interessadas. Na verdade, a Lei Maior apenas assegura a obrigatoriedade de que nas empresas com mais de 200 empregados haja a eleição de um representante dos empregados para entendimento direto com o empregador. É uma forma democrática de escolha.

O art. 11 da Constituição estabelece que o representante dos trabalhadores será eleito nas empresas de mais de 200 empregados. Isso quer dizer que a representação é por empresa, não por estabelecimento da empresa. Nada impede, porém, que a lei ordinária estabeleça questão pertinente à representação nos estabelecimentos ou filiais da empresa, pois a Lei Maior apenas dispõe sobre direitos mínimos dos trabalhadores, permitindo que a lei ordinária ou a negociação coletiva estabeleçam outros direitos. Em relação às empresas que têm mais de um estabelecimento, com mais de 200 empregados cada um, seria recomendável que houvesse pelo menos um representante dos trabalhadores por estabelecimento. Nas empresas que tivessem mais de um estabelecimento, porém menos de 200 empregados em cada um deles, poderia ser eleito apenas um representante dos trabalhadores em relação a todos os estabelecimentos da empresa. O ideal, contudo, seria que houvesse um representante por estabelecimento.

Cada empresa do grupo econômico que tenha mais de 200 empregados, por ter personalidade jurídica própria, deverá ter um representante dos trabalhadores.

A escolha dos representantes dos trabalhadores será feita por eles próprios e não pela categoria, mediante eleição direta, entre todos os empregados da empresa.

Nas empresas com mais de duzentos empregados, é assegurada a eleição de uma comissão para representá-los, com a finalidade de promover-lhes o entendimento direto com os empregadores (art. 510-A da CLT).

A comissão será composta: "I – nas empresas com mais de duzentos e até três mil empregados, por três membros; II – nas empresas com mais de três mil e até cinco mil empregados, por cinco membros; III – nas empresas com mais de cinco mil empregados, por sete membros". Foi estabelecida uma espécie de proporcionalidade na empresa em razão do número de empregados que ela tiver. Nas empresas que tiverem menos de 200 empregados, não haverá representantes de trabalhadores para tratar dos interesses deles diretamente com o empregador.

No caso de a empresa possuir empregados em vários Estados da Federação e no Distrito Federal, será assegurada a eleição de uma comissão de representantes dos empregados por Estado ou no Distrito Federal.

O art. 510-A da CLT não repete a palavra *exclusiva* contida no art. 11 da CLT, que diz respeito à finalidade de promover o interesse dos empregados diretamente com os empregadores.

Se a empresa tem empregados em vários Estados da Federação e no Distrito Federal, será assegurada a eleição de uma comissão de representantes dos empregados por Estado ou no Distrito Federal, na mesma forma estabelecida no § 1º do art. 510-A da CLT. Parece que o número de empregados da empresa será em cada Estado e no Distrito Federal, de acordo com a previsão do § 2º do art. 510-A da CLT.

A comissão de representantes dos empregados terá as seguintes atribuições: "I – representar os empregados perante a administração da empresa; II – aprimorar o relacionamento entre a empresa e seus empregados com base nos princípios da boa-fé e do respeito mútuo; III – promover o diálogo e o entendimento no ambiente de trabalho com o fim de prevenir conflitos; IV – buscar soluções para os conflitos decorrentes da relação de trabalho, de forma rápida e eficaz, visando à efetiva aplicação das normas legais e contratuais; V – assegurar tratamento justo e imparcial aos empregados, impedindo qualquer forma de discriminação por motivo de sexo, idade, religião, opinião política ou atuação sindical; VI – encaminhar reivindicações específicas dos empregados de seu âmbito de representação; VII – acompanhar o cumprimento das leis trabalhistas, previdenciárias e das convenções coletivas e acordos coletivos de trabalho" (art. 510-B da CLT).

Uma das principais funções da comissão é prevenir os conflitos internos na empresa e também tentar conciliá-los internamente. Isso pode refletir a paz social dentro da empresa, que permite desenvolver melhor o trabalho. Para tanto, as partes devem estar imbuídas de boa-fé e deve haver respeito mútuo para que possa haver harmonia de capital e trabalho na empresa.

O diálogo entre as partes é uma forma de prevenir os conflitos.

Os conflitos trabalhistas poderão ser solucionados no âmbito da própria empresa.

A comissão poderá evitar discriminações por motivo de sexo, idade, religião, opinião política ou atuação sindical, evitando que sejam propostas ações de indenização por dano moral por tais motivos.

A comissão poderá enviar reivindicações dos trabalhadores ao empregador. Isso facilita o diálogo, especialmente pelo fato de que a postulação não é de um trabalhador, mas dos trabalhadores da empresa.

O cumprimento pelo empregador das leis trabalhistas, previdenciárias e das convenções e acordos coletivos de trabalho deverá ser acompanhado pela comissão.

As decisões da comissão de representantes dos empregados serão sempre colegiadas, observada a maioria simples.

A comissão organizará sua atuação de forma independente.

A efetiva eficácia das comissões vai depender do maior ou menor grau de entendimento entre as partes, especialmente se houver diálogo e respeito mútuo entre empregados e empregador.

As decisões da comissão de representantes dos empregados serão sempre tomadas por meio de um colegiado. As votações observarão a maioria simples, isto é, metade mais um dos presentes, e não a maioria absoluta.

A comissão deverá atuar de forma independente em relação aos interesses do empregador.

A eleição será convocada, com antecedência mínima de 30 dias, contados do término do mandato anterior, por meio de edital que deverá ser fixado na empresa, com ampla publicidade, para inscrição de candidatura (art. 510-C da CLT).

Será formada comissão eleitoral, integrada por cinco empregados, não candidatos, para a organização e o acompanhamento do processo eleitoral, vedada a interferência da empresa e do sindicato da categoria.

Os empregados da empresa poderão candidatar-se, exceto aqueles com contrato de trabalho por prazo determinado, com contrato suspenso ou que estejam em período de aviso-prévio, ainda que indenizado.

Serão eleitos membros da comissão de representantes dos empregados os candidatos mais votados, em votação secreta, vedado o voto por representação.

A comissão tomará posse no primeiro dia útil seguinte à eleição ou ao término do mandato anterior.

Se não houver candidatos suficientes, a comissão de representantes dos empregados poderá ser formada com número de membros inferior ao previsto no art. 510-A da CLT.

Se não houver registro de candidatura, será lavrada ata e convocada nova eleição no prazo de um ano.

Os empregados da empresa contratados por prazo determinado, com contrato suspenso (aposentadoria por invalidez, auxílio-doença de mais de 15 dias) ou que estejam em período de aviso-prévio, mesmo indenizado, não poderão concorrer.

Serão eleitos os candidatos mais votados. A votação será secreta. Não é possível se falar em voto por representação.

Se não houver o número de candidatos previsto no art. 510-A da CLT, a comissão poderá ser formada com número inferior.

Caso não haja nenhuma candidatura, será lavrada ata nesse sentido e convocada nova eleição no prazo de um ano.

O mandato dos membros da comissão de representantes dos empregados será de um ano (art. 510-D da CLT). É o mesmo mandato dos membros da CIPA (§ 3º do art. 164 da CLT).

O membro que houver exercido a função de representante dos empregados na comissão não poderá ser candidato nos dois períodos subsequentes.

O mandato de membro de comissão de representantes dos empregados não implica suspensão ou interrupção do contrato de trabalho, devendo o empregado permanecer no exercício de suas funções.

Os documentos referentes ao processo eleitoral devem ser emitidos em duas vias, as quais permanecerão sob a guarda dos empregados e da empresa pelo prazo de cinco anos, à disposição para consulta de qualquer trabalhador interessado, do Ministério Público do Trabalho e do Ministério do Trabalho.

O empregado representante dos trabalhadores terá garantia de emprego desde o registro da candidatura até um ano após o final do seu mandato.

O exercício do mandato dos representantes de trabalhadores deve trabalhar normalmente no período em que não está exercendo a função de representação dos trabalhadores. Seu contrato de trabalho não está suspenso ou interrompido em razão do exercício do mandato.

Tanto os empregados como os empregadores terão uma via dos documentos do processo eleitoral que elegeu os representantes dos trabalhadores na empresa. Esses documentos servirão de prova perante o Ministério do Trabalho e o Ministério Público do Trabalho.

O representante dos trabalhadores poderia conciliar internamente o interesse dos empregados com o empregador, de modo até a evitar o ajuizamento de ações perante a Justiça do Trabalho.

Irá manter o representante dos trabalhadores contatos com as chefias ou os dirigentes da empresa, tratando de condições de trabalho, inclusive condições técnicas referentes ao trabalho dos empregados. Não poderá o representante celebrar convenção ou acordo coletivo de trabalho, pois esta legitimidade é do sindicato (art. 8º, VI, da Constituição). Não é, portanto, o representante um delegado sindical, mas um representante dos trabalhadores na empresa. Não se trata a representação de negociação coletiva, compreendendo o sindicato, pois nesse caso aplica-se o inciso VI do art. 8º da Lei Magna, mas de negociação individual ou do grupo de empregados dentro da empresa. O resultado não é um acordo ou convenção coletiva, mas o entendimento necessário para as tratativas diretas com o empregador. O representante não terá interesse de falar com o empregador apenas de questões do dia a dia, de qualidade de matéria-prima, de máquinas e equipamentos etc., mas também de condições de trabalho.

A comissão de representantes dos empregados não substituirá a função do sindicato de defender os direitos e os interesses coletivos ou individuais da categoria, inclusive em questões judiciais ou administrativas (art. 8º, III, da Constituição).

1.11 Conclusão

O art. 11 da Constituição não deveria estar incluído no bojo da Lei Maior, mas em lei ordinária. Trata-se de dispositivo constitucional autoaplicável, porém necessita ser lapidado pela lei ordinária, para melhor estabelecer seus contornos, pois a Lei Magna não regula inteiramente a matéria, nem deveria, por não ser esta a sua função.

2 COGESTÃO

2.1 Histórico

A participação na gestão das empresas surge sob um aspecto político de acordo com os ideais da Revolução Francesa de 1789. Na época, já havia um interesse do povo de participar da vida política e do poder, de modo a encerrar os períodos monarquistas.

Em 1846, na França, Godin estabeleceu um conselho de empresa com os representantes de cada seção em sua fábrica. Em 1917, também foi promovida a criação de delegados nas fábricas de armamento por Albert Thomas.

A Igreja também se preocupou com o assunto, entendendo que se tratava de um direito fundamental do trabalhador.

"A justiça só pode ser observada por cada um isoladamente se todos concordarem em praticá-la em conjunto" (Pio XI).

O papa João XXIII, na Encíclica *Mater et Magistra*, pretendeu o reconhecimento do direito dos trabalhadores a "uma participação ativa nos negócios da empresa em que trabalham", não tendo apenas como parâmetro o lucro, pois "a justiça há de respeitar-se, não só na distribuição da riqueza, mas também na estrutura das empresas em que se exerce a atividade produtiva", não ficando o trabalhador apenas como um simples executor de ordens. Seria uma forma de atenuação das lutas sociais. Entendia-se que o trabalhador deveria tomar parte na vida da empresa, porém esclareceu que deveriam ser formuladas regras precisas e definidas para tanto, em razão das características peculiares de cada empresa. A orientação da Igreja era, portanto, no sentido de que o trabalhador não ficasse apenas executando ordens, silenciosamente, mas que tivesse condições de participar ativamente da empresa.

A Encíclica *Quadragesimo Anno* afirma que "mais apropriado às condições atuais de vida social temperar, na medida do possível, o contrato de trabalho por elementos extraídos do contrato de sociedade", convocando "operários e empregados a participar de alguma forma da propriedade da empresa, de sua direção ou dos lucros que ela aufere".

O II Congresso Brasileiro de Direito Social de 1946, tendo por base a doutrina da Igreja, entendeu que a participação na gestão da empresa é um ideal a ser atingido por etapas. Seria uma forma de preparação educacional dos trabalhadores, integrando-os gradativamente à administração da empresa.

Na Constituição Pastoral *Gaudiam et Spes*, promulgada pelo Vaticano II, em 7 de dezembro de 1965, verificava-se também a necessidade da "participação ativa de todos na gestão da empresa". O Código Social de Malines, representando o ponto de vista da Igreja Católica, mostra a conveniência da participação nos lucros, sob a forma de "ações de trabalho", evidenciando a cogestão do empreendimento por meio do acionariado obreiro (arts. 115 e 142).

A Encíclica *Laborem Exercens* do Papa João Paulo II assegura o primado ao trabalho na estrutura dinâmica de todo o processo econômico, mencionando o respeito à copropriedade dos meios de trabalho e à participação dos trabalhadores na gestão e/ou nos lucros das empresas. A Igreja, entretanto, não prescreve a participação na gestão de forma obrigatória ou impositiva.

A Constituição de Weimar, de 1919, previa que "os operários e empregados são chamados a colaborar, em pé de igualdade com os patrões, na regulamentação dos salários e das condições de trabalho, bem como no desenvolvimento das forças produtivas" (art. 165).

2.2 Evolução legislativa no Brasil

Uma forma indireta de participação na gestão surge com o Decreto-Lei nº 7.036, de 10-11-1944, ao criar regras pertinentes as comissões internas de acidentes do trabalho, sendo que houve nesse aspecto uma participação do empregado na empresa, de modo a diminuir os acidentes do trabalho, e, de certa forma, cogestão.

A participação nos lucros surgiu com a Constituição de 1946 (art. 157, IV), porém nada se mencionou a respeito da participação na gestão ou de formas de cogestão. A redação da referida norma era a seguinte: "participação obrigatória e direta do trabalhador nos lucros da empresa, nos termos e pela forma que a lei determinar".

Na verdade, a primeira Constituição que tratou do tema foi a de 1967, no inciso V do art. 158, ao versar sobre a integração do trabalhador na vida e no desenvolvimento da empresa, com participação nos lucros e, excepcionalmente, na gestão, nos casos e condições que fossem estabelecidos. Era uma regra dirigida ao legislador ordinário. Este, contudo, nunca regulou a questão.

O Decreto-Lei nº 229/67 alterou a redação do art. 621 da CLT, estabelecendo que "as Convenções e os Acordos poderão incluir, entre suas cláusulas, disposição sobre a constituição e funcionamento de comissões mistas de consulta e colaboração no plano da empresa e sobre participação nos lucros. Estas disposições mencionarão a forma de constituição, o modo de funcionamento e as atribuições das comissões, assim como o plano de participação, quando for o caso".

A Emenda Constitucional nº 1, de 1969, versou, no inciso V do art. 165, o mesmo tema, com pequena mudança de redação: "Integração na vida e no desenvolvimento da empresa, com participação nos lucros e, excepcionalmente, na gestão, segundo for estabelecido em lei". Não se falava mais em casos e condições que fossem estabelecidos; apenas segundo os critérios definidos em lei. Entretanto, a participação na gestão continuava sendo de natureza excepcional.

No Estado de São Paulo, a Lei estadual nº 3.742, de 20-5-1983, com nova redação determinada pela Lei nº 4.096, de 15-7-1984, estabelece que nas sociedades anônimas controladas majoritariamente pelo Estado é obrigatória a instituição de um Conselho de Participação e Representação de Pessoal, composto de 30 membros, que elege um diretor para representar os empregados na empresa. Com a Lei nº 4.096/84, os próprios trabalhadores é que passaram a eleger seu representante.

Na Assembleia Nacional Constituinte, o tema não foi tratado na Subcomissão dos Direitos dos Trabalhadores e na Comissão da Ordem Social. Na Comissão de Sistematização, surgiu a redação "participação nos lucros, desvinculada da remuneração, e na gestão da empresa, conforme definido em lei ou em negociação coletiva". O inciso XI do art. 7º da Constituição de 1988 estabeleceu que haveria "participação nos lucros, ou resultados, desvinculada da remuneração, e, excepcionalmente, participação na gestão da empresa, conforme definido em lei". Verifica-se que a participação na gestão continua sendo determinada de maneira excepcional, dependente, porém, da lei ordinária que irá regular o assunto. Nota-se, contudo, do referido dispositivo constitucional, que inexiste sua autoaplicabilidade, por ser dependente de lei ordinária.

2.3 Etimologia

Participação vem do latim *participatio* (*onis*), com o significado de tomar parte. Normalmente, é alguém que vai tomar parte, de forma excepcional e não de forma comum, ordinária, de alguma coisa.

2.4 Denominação

Em outros países, verifica-se a utilização das seguintes expressões: *consigli d'impresa, conseil d'entreprise, comité d'entreprise, comité d'établissement, comissioni interne d'azienda, consigli di gestione, Betriebsrat, Betriebsvertretung*.

O tema pode ser denominado participação na gestão ou de cogestão. Tem o significado de o empregado poder participar da gestão da empresa juntamente com o empregador, tomando decisões.

2.5 Conceito

Empresa tem um conceito econômico. É a atividade organizada para a produção de bens e serviços ao mercado com finalidade de lucro.

Participação na gestão é o modo excepcional em que o empregado toma parte na gestão da empresa.

2.6 Distinção

A participação na gestão não se confunde com a participação nos lucros. Nesta, o objetivo é o de que, se houver lucro, parte seja distribuída entre os empregados.

Naquela, a participação não será no resultado positivo obtido pela empresa, mas na direção da própria empresa, em seu destino. Não deixa de ser, porém, a participação nos lucros, uma forma indireta de cogestão, de fazer com que o trabalhador participe da empresa, obtendo resultados positivos e se beneficiando da distribuição dos lucros. A participação nos lucros tem natureza de complementação à remuneração. A cogestão, necessariamente, não tem a ver com a remuneração do empregado, mas uma forma de gerir a empresa. Na participação nos lucros, participa-se do resultado positivo, e não da gestão.

A cogestão é distinta da participação no capital. A participação no capital irá dizer quem é o proprietário da empresa, enquanto na primeira o empregado pode participar da gestão da empresa, mas não necessariamente de seu capital.

Difere a cogestão da autogestão, pois a primeira compreende a comunhão de decisões entre empregados e empregadores na empresa. Já, na segunda, a direção da empresa é feita somente pelos empregados. Cogestão envolve a participação dos empregados com os donos do empreendimento no desenvolvimento das atividades da empresa. Autogestão ocorre quando os próprios funcionários assumem a empresa, que não mais tem donos, como acontece quando há a falência do empregador.

O representante de que trata o art. 11 da Constituição não se confunde com a pessoa que participa da gestão, pois o primeiro é aquele que irá ser eleito com a finalidade exclusiva de promover o interesse dos empregados diretamente com o empregador.

2.7 Classificação

A participação na gestão está incluída no Direito Coletivo, pois o interesse a ser discutido é o coletivo, de toda a empresa e da comunidade de pessoas que nela prestam serviços. Não se trata, portanto, de aspecto individual, que diria respeito ao contrato individual de trabalho, referindo-se, sim, à coletividade da empresa, incluindo os empregados.

A participação na gestão pode ser classificada em informação, colaboração, controle e cogestão.[1]

O direito de informação do trabalhador quer dizer que o empregador deve fornecer informações quanto aos destinos da empresa. Entretanto, deve ser resguardado o sigilo das informações, de acordo com a confiança que o empregador

---

1 ROMITA, Arion Sayão. Representação dos trabalhadores na empresa. *Revista LTr* 52-11/1333-1334, nov. 1988.

tem no empregado, de forma que as questões internas na empresa não sejam divulgadas para os concorrentes.

O art. 6º da Diretiva nº 2002/14/CE do Parlamento Europeu, de 23 de março de 2002, estabelece que "os Estados-membros devem estabelecer que, nas condições e nos limites fixados na legislação nacional, os representantes dos trabalhadores, bem como os peritos que eventualmente os assistam, não sejam autorizados a revelar aos trabalhadores, nem a terceiros, informações que, no interesse legítimo da empresa ou do estabelecimento, lhes tenham sido expressamente comunicadas a título confidencial". A norma, porém, é dependente das condições e dos limites fixados na legislação nacional.

Amauri Mascaro Nascimento afirma que devem ser disponibilizadas apenas as informações "necessárias para a elucidação dos pontos de controvérsia para a superação do impasse".[2]

A colaboração pode ser entendida como uma forma moderna de democracia na empresa, em que o trabalhador não vai apenas trabalhar, mas colaborar com o empregador para que a empresa produza adequadamente e se insira no seu mercado. O trabalhador passa a ser um parceiro do empregador nos destinos do empreendimento.

No controle, os trabalhadores passam a fiscalizar as atividades da empresa, não só no que diz respeito ao trabalho, como na Comissão Interna de Prevenção de Acidentes (CIPA), mas também sobre as decisões empresariais.

Implica a cogestão que os trabalhadores irão participar da administração da empresa, que será feita de forma conjunta por empregador e empregados.

A cogestão pode ter a participação do sindicato dos trabalhadores ou apenas destes.

Classifica-se a cogestão como de empresa ou de estabelecimento. A cogestão no estabelecimento não compreende toda a empresa, apenas o estabelecimento. Já a cogestão de empresa importa, inclusive, delegação de poderes de direção ao empregado e de deliberação, que irão compreender a empresa toda, não apenas um estabelecimento. A cogestão estabelecida na Constituição é a de empresa, pois fala-se em participação na gestão da empresa, e não do estabelecimento.

Normalmente, a cogestão é questionada em razão de que seria uma forma de violar o direito de propriedade do empregador. Entretanto, o trabalhador não é um sócio do empregador, apenas passa a fazer parte dos destinos da empresa. O

---

2 NASCIMENTO, Amauri Mascaro. *Direito do trabalho na Constituição de 1988*. 2. ed. São Paulo: Saraiva, 1991. p. 156.

empregado, porém, não pode em hipótese alguma ser responsabilizado em seu salário pelos riscos do empreendimento, que são do empregador, segundo o art. 2º da CLT.

Na participação na propriedade, ocorre um misto entre contrato de trabalho e contrato de sociedade. Os trabalhadores são ao mesmo tempo empregados e sócios.

A participação acionária pode ser feita individualmente, em relação a cada trabalhador, ou coletivamente, por meio de um grupo de trabalhadores.

Cogestão simples envolve apenas poderes básicos para os empregados.

Cogestão plena diz respeito a qualquer ato que exige participação do conselho, incluindo os representantes dos empregados.

2.8 Autoaplicabilidade

O inciso XI do art. 7º da Constituição não é uma norma autoaplicável, pois depende da lei ordinária para lhe dar eficácia plena. A determinação "conforme definido em lei" diz respeito também à participação na gestão, que depende da previsão legal para ser implementada.

Entendo, entretanto, que todo o inciso XI do art. 7º da Constituição depende de regulamentação infraconstitucional e não apenas uma parte dele.

Nota-se, contudo, do referido dispositivo constitucional que ele não é autoaplicável, por ser dependente de lei ordinária.

A cogestão, da forma como está regulada na Constituição, é norma meramente programática, necessitando de lei ordinária para traçar-lhe os seus contornos, isto é, é uma norma de eficácia limitada.

2.9 Objetivos

Um dos objetivos principais da instituição da participação na gestão foi reformular a estrutura social, no sentido de acabar com os desnivelamentos sociais existentes em relação ao trabalhador. Há a ideia da participação na gestão como forma de democracia dentro da empresa e do exercício do pluralismo jurídico, que de certa forma já é verificado no inciso V do art. 1º da Constituição. Tem por base, também, a reformulação das estruturas da empresa, de modo que o trabalhador possa participar, inclusive em sua direção. É, portanto, forma de valorização do trabalho ao lado do capital, de integração entre capital e trabalho. Tem, além disso, um fundamento econômico, de aumento de produção, quando o trabalhador passa a participar das decisões na empresa. É uma forma de gestão compartilhada entre empregados e empresários.

No âmbito da Administração de Empresas, o trabalhador passa a ser considerado como colaborador, como participante do processo da empresa.

A participação na gestão também não deixa de ser uma forma de democracia dentro da empresa, de harmonização entre o capital e o trabalho. É uma maneira de adaptação do processo produtivo.

Essa participação pode trazer um índice menor de conflitos na empresa, diante do fato de que o empregado também participa na gestão do empreendimento. Existirá um número de divergências entre empregado e empregador. O trabalhador também terá por objetivo fazer a empresa crescer e se desenvolver, melhorando as condições de trabalho.

A cogestão, a partir do momento em que é estabelecida, deve ser feita de forma definitiva e habitual e não para um outro caso em que exista, por exemplo, conflito entre empregado e empregador.

Mantém a subordinação do empregado, que não passa a ser empresário.

2.10 Vantagens e desvantagens

As razões favoráveis seriam várias. Há uma razão ética, no sentido do desenvolvimento da personalidade humana, com o objetivo de acabar com a exploração do homem pelo homem. A segunda razão seria político-social, no sentido da democratização da empresa e da melhoria do relacionamento com o pessoal, podendo gerar paz no local de trabalho. A terceira razão diria respeito ao crescimento da empresa pela diminuição da conflituosidade, ou seja, uma espécie de cláusula de paz existente na empresa. A quarta posição seria jurídica, no sentido da insuficiência do contrato de trabalho como técnica de captação das relações de trabalho. A cogestão poderia, também, ser um fator de aumento de produção na empresa. A quinta posição mostra que a cogestão pode trazer mais eficiência no local de trabalho, pois o trabalhador estará mais apto a aceitar mudanças no trabalho, pois pode participar do processo de decisão. Haverá assim, maior colaboração. A cogestão também seria uma forma de flexibilizar a relação do trabalho, pois o empregado passa a participar das decisões da empresa.

Os pontos de vista contrários seriam também diversos. O primeiro diria respeito ao prejuízo à unidade necessária na direção da empresa, mormente porque o empregador é o proprietário da empresa, tendo direito de organizá-la da maneira como o desejar. O segundo, o prejuízo à independência do movimento sindical, prejudicando as reivindicações trabalhistas, e a ameaça ao monopólio sindical de negociação, havendo a perda de sua identidade como classe; mesmo nas greves, aqueles empregados que participam da cogestão apenas iriam ficar adstritos a sua empresa, e não à categoria, podendo gerar desagregação. O terceiro, a inadequada formação dos trabalhadores que, por natureza, não têm tino administrativo e para a direção; na empresa bem administrada não seria necessária a cogestão. Quarto, a interiorização do conflito da empresa. Quinto, o envolvimento do empregado contra o empregador.

Nos países em que o sindicalismo é conflitual, o sistema normalmente não funciona muito bem, pois na cogestão deve haver sua voluntária aceitação pelos interessados, prestigiando o diálogo dentro da própria empresa. Quando não há a obrigatoriedade de se discutir o conflito dentro da empresa, a possibilidade de surgir a divergência é muito maior, o que ocorrerá fora do âmbito da empresa. A cogestão, portanto, contribui para melhor harmonia entre as partes. Na Alemanha, por exemplo, o número de greves diminuiu com a efetivação da cogestão, justamente pela possibilidade de o conflito ser resolvido dentro da empresa e da existência de diálogo.

Pode a participação na gestão ser uma das formas de incrementar a produção, pelo fato de o empregado ter interesse na maior produção como benefício geral que lhe pode trazer na empresa, com interesse na gestão do empreendimento.

Os empregadores não se opõem quanto à participação dos trabalhadores na empresa em órgãos que não sejam deliberativos, compreendendo, v.g., questões trabalhistas; porém, geralmente, não o permitem naqueles em que as decisões tomadas tragam resultados para toda a empresa. Alguns sindicatos entendem válida a criação de conselhos de empresa, comissões internas ou de fábricas, com o objetivo de colaboração entre o capital e o trabalho; entretanto, outros entendem que o sindicato não pode ter nenhum fator que o comprometa em sua atividade negociadora.

O ideal, é claro, seria que os comitês não se intrometessem nas prerrogativas dos sindicatos, como na de negociação, o que se depreende ser a orientação da Recomendação nº 94 da OIT, de 1952.

A cogestão pode reduzir os conflitos, que são solucionados na própria fonte, dentro da empresa, havendo maior harmonia entre as partes e paz social.

Os sindicatos menores ou de pouca atuação terão na cogestão uma forma de participação das questões trabalhistas dentro da empresa.

A fiscalização da lei trabalhista será feita pelos próprios interessados e na própria fonte.

A cogestão implica que a subordinação na empresa ou o poder diretivo do empregador passam a ser examinados também sobre outro ângulo. Talvez, um ângulo mais tênue do que o normal.

No sistema de cogestão, o regulamento de empresa será elaborado com a participação dos trabalhadores e não imposto pelo empregador. O regulamento de empresa passa por órgãos como conselhos de empresa ou delegação de pessoal antes de ser definitivamente aprovado.

2.11 Implantação

As Constituições de Portugal (1976), Equador (1978), Peru (1979) e Noruega (1980) passaram a conter dispositivo sobre o direito de participação dos trabalhadores nas empresas.

A Constituição da antiga URSS, no art. 8º, dispunha: Os coletivos de trabalhadores participam na discussão e na resolução dos assuntos do Estado e da sociedade, na planificação da produção e do desenvolvimento social, na preparação e distribuição dos quadros, na discussão e resolução dos problemas da gestão das empresas e instituições, na melhoria das condições de trabalho e de vida, na utilização dos recursos destinados quer ao fomento da produção, quer a medidas sociais e culturais e ao estímulo material.

A Lei nº 12.353, de 28-12-2010, versa sobre a participação de representante dos empregados no Conselho de Administração de empresas públicas e sociedades de economia mista. O representante dos trabalhadores será escolhido entre os empregados pelo voto direto de seus pares. Não se aplica a empresas que têm menos de 200 empregados.

A participação na gestão é feita por intermédio de conselhos ou de comitês eleitos pelos trabalhadores. Os poderes outorgados aos empregados dependem do que foi estatuído, podendo funcionar, inclusive, como órgão de deliberação ou de tomada de decisões na empresa. A composição dos conselhos é feita mediante eleição, exigindo-se certos requisitos, como idade, tempo de casa etc.

Nos países que possuem cogestão, verifica-se que a forma de instituição é mediante lei ou norma coletiva.

O art. 621 da CLT permite que empregados e empregador, por meio de acordo ou convenção coletiva, estabeleçam nesses dispositivos cláusulas sobre comissões mistas de consulta e colaboração, no plano da empresa. As cláusulas deverão conter o modo de funcionamento e as atribuições das comissões. Na prática, foram muito poucas as normas coletivas que trataram do tema, mas seria uma boa forma de, inclusive, resolver o problema da participação nos lucros. Esse seria realmente o melhor sistema, pois teria condições de melhor adaptar a cogestão às peculiaridades de cada empresa, além de a solução ser negociada, e não imposta pela lei. O ideal seria que a lei traçasse apenas os contornos básicos do sistema, deixando para a negociação coletiva as demais determinações.

2.12 Direito internacional e estrangeiro

As Constituições de Portugal (1976), Equador (1978), Peru (1979) e Noruega (1980) passaram a conter dispositivo sobre o direito de participação dos trabalhadores nas empresas. A Constituição italiana apenas menciona, no art. 3º, o direito de efetiva participação de todos os trabalhadores na organização política, econômica e social do país.

A Constituição da antiga URSS, no art. 8º, dispunha: Os coletivos de trabalhadores participam na discussão e na resolução dos assuntos do Estado e da sociedade, na planificação da produção e do desenvolvimento social, na preparação e distribuição dos quadros, na discussão e resolução dos problemas da gestão das empresas e instituições, na melhoria das condições de trabalho e de vida, na utilização dos recursos destinados quer ao fomento da produção, quer a medidas sociais e culturais e ao estímulo material.

A Alemanha tem o sistema mais aperfeiçoado de cogestão. Já em 1891, o Código Industrial previa a criação facultativa de comitês de fábrica. Na Assembleia Nacional Constituinte, em 1848, foi debatido o anteprojeto de Código de Profissões Industriais, Comerciais e Artesanais, que previa a formação de comissões de fábricas. Em 1916, a Lei sobre o Serviço de Socorro à Pátria estabeleceu que os comitês de fábrica eram obrigatórios nas empresas com mais de 50 operários, sendo seus representantes eleitos pelos próprios empregados, com direito de consulta e informação. Em 1919, a Constituição de Weimar estabeleceu a criação de conselhos de trabalhadores nas empresas, nos distritos e no Reich. Posteriormente, foi adotada a Lei de cogestão na Mineração e Indústrias do Ferro e Aço (1951), em que as empresas de mineração e metalúrgicas que tivessem mais de 1.000 empregados teriam cogestão paritária. Nas empresas que tivessem mais de 500 empregados, a comissão seria não paritária. A Lei de Constituições de Empresas (1952) ampliou o sistema, instituindo vários órgãos de trabalhadores ou tendo sua representação. A Lei de Cogestão dos Assalariados (1976) também tratou do tema. O sistema começa com conselhos ou comissões de trabalhadores na empresa, com representantes dos trabalhadores na direção, com cargos de diretores de trabalho e no Conselho Fiscal. Os representantes dos trabalhadores não podem ser dispensados arbitrariamente. Instituiu-se um organismo paritário na empresa, que tem o poder de conhecer as divergências que surgem entre os trabalhadores e o empregador. Nas sociedades anônimas com mais de 2.000 empregados, há a representação paritária de trabalhadores e acionistas nos conselhos de superintendência.

Em Portugal, a Constituição de 2 de abril de 1976 assegura, no art. 55, o "direito dos trabalhadores criarem comissões de trabalhadores para defesa dos seus interesses e intervenção democrática na vida das empresas, visando o reforço da unidade dos trabalhadores e a sua mobilização para o processo revolucionário de construção do poder democrático dos trabalhadores". c. Dispõe o art. 56 que as comissões têm o direito de "participar na elaboração da legislação do trabalho e dos planos econômico-sociais que contemplem o respectivo setor". O art. 54 da Constituição da República Portuguesa determina que constituem direitos das comissões de trabalhadores: "b) exercer o controle de gestão das empresas; c) intervir na reorganização das unidades produtivas". A Lei nº 46, de 12 de setembro de 1979, estabelece as comissões de trabalhadores, que recebem as informações necessárias ao exercício de sua atividade, intervindo na organização da atividade produtiva, participando na elaboração da legislação trabalhista e dos planos econômicos e sociais, que sejam aplicáveis ao setor e na sua elaboração.

Na França, houve regulamentação do tema em 1945, sendo incluídas tais regras na Carta de Trabalho de 1941. A Constituição de 1958, que se reporta ao "Preâmbulo" da Constituição de 1946, traz a ideia de que "todo trabalhador participa, por intermédio dos seus delegados, da determinação coletiva das condições de trabalho e da gestão das empresas". A Lei de 1966 estendeu esse sistema à agricultura. A participação na gestão é feita pelo comitê da empresa. As empresas que têm mais de 50 empregados são obrigadas a ter uma dessas comissões. O dirigente da empresa e o delegado sindical integram a referida comissão. É destinada à comissão uma subvenção anual do empregador de 0,20% da folha bruta de salários.

O conselho de empresa é competente para negociar, concluir e revisar as convenções e os acordos de empresa ou de estabelecimento (art. L 2321-1 do Código de Trabalho). Pode ser instituído o Conselho de Empresa por acordo empresarial concluído nas condições previstas no art. L 2232-12. Este acordo é de prazo indeterminado. Ele pode igualmente ser constituído por acordo feito pelas empresas desprovidas de delegado sindical. O acordo precisa as modalidades segundo as quais as negociações se desenvolvem ao nível de estabelecimento (art. L 2321-2 do Código do Trabalho).

Na Espanha, a comissão fiscaliza o cumprimento das regras trabalhistas e da seguridade social, sendo que a aplicabilidade de tais normas depende das providências da comissão e das autoridades competentes.

No âmbito da OIT, não existe norma específica sobre o tema, apenas orientações gerais. A Recomendação nº 94, de 1952, fala sobre a consulta e a colaboração que deve haver na empresa, propondo a instituição de comissões paritárias de consulta e colaboração no seio das empresas, desde que as questões não estejam compreendidas no campo de ação dos organismos de negociação coletiva. A

Recomendação nº 129, de 1967, trata das comunicações que deve haver entre a direção e os trabalhadores da empresa. A Recomendação nº 130, de 1969, versa sobre a análise e solução das reclamações feitas na empresa. A Recomendação nº 137, de 1977, especifica sobre pessoal de enfermagem, havendo uma seção sobre participação dos enfermeiros nas decisões pertinentes à vida profissional. A Convenção nº 148, de 1977, trata da proteção dos trabalhadores contra ruídos, prevendo a comunicação e a consulta dos representantes dos trabalhadores nos órgãos de prevenção e inspeção, como ocorre também em relação à Convenção nº 155, de 1981. A Convenção nº 158, de 1982, estabelece que é obrigatória a consulta dos representantes dos trabalhadores quando existam despedidas coletivas determinadas por causas econômicas, tecnológicas, estruturais ou análogas (art. 13).

2.13 Conclusões

O inciso XI do art. 7º da Constituição não é uma norma autoaplicável, pois depende da lei ordinária para lhe dar eficácia plena.

Arnaldo Süssekind (1990, v. 1:406) preconiza que a cogestão corresponda a: "(a) funções meramente consultivas, consubstanciadas nas atribuições conferidas ao representante do pessoal ou a órgãos integrados por empregados, em representação exclusiva ou paritária; (b) inclusão de empregados em comitês ou comissões internas, geralmente paritárias, encarregadas de velar pela prevenção dos infortúnios do trabalho, promover a conciliação dos litígios individuais de caráter trabalhista ou gerir obras sociais, culturais, desportivas, programas de aprendizagem etc.; (c) integração de representantes dos empregados, em paridade com os acionistas ou, minoritariamente, em órgãos com poder de decidir (codecisão)".

A cogestão pode tender para um sistema de autogestão da empresa, mas não se confunde com esta, pois na cogestão não há a gerência apenas pelos empregados, mas em sua parceria com o empregador.

A participação na gestão não quer dizer que o empregado participará obrigatoriamente de órgãos de decisão da empresa. O direito de participação pode compreender a colaboração, inspeção, administração de certos setores da empresa, decisões em setores não tão importantes, como nos órgãos de cúpula desta. Esse direito abrange, contudo, o poder de fazer sugestões. A empresa deverá fornecer informações aos empregados, de maneira inclusive atualizada, sobre as questões objeto da análise na participação na empresa. O certo é que a participação na gestão importa transparência nas negociações e nas informações passadas pelo empregador ao empregado. Não se pode negar o fato de que a cogestão implica cooperação, substituindo a oposição do empregado ao empregador, e a igualdade entre tais pessoas, apesar da existência da subordinação, valorizando a relação entre capital e trabalho.

Poder-se-ia dizer que, diante da redação do inciso XI do art. 7º da Constituição, a participação nos lucros seria a regra e a cogestão seria a exceção, dado o uso da palavra "excepcionalmente". Entretanto, isso não é bem assim, pois tanto uma como a outra dependem da legislação ordinária tratar do tema. Poder-se-ia entender, também, que a participação excepcional na gestão mencionada pela Constituição diz respeito ao tamanho da empresa ou a certo setor da economia, porém a lei é que irá regular a referida situação. O certo é que a cogestão geralmente não é reivindicada pelos sindicatos.

Pela forma como está previsto na Constituição, a participação na gestão é uma matéria bastante complexa, sendo que o constituinte entendeu que ela só poderia ser feita excepcionalmente. Isso mostra que, pelo dispositivo constitucional, a participação na gestão de forma habitual não é a recomendada pelo constituinte, o que não parece ser acertado. Deveria ficar a cargo de cada um determinar a referida participação ou deixá-la para ser debatida mediante negociação coletiva, por meio de acordo ou convenção coletiva, como já prevê o art. 621 da CLT.

A melhor forma de cogestão seria adotada por acordo coletivo, que teria condições de melhor verificar as dificuldades e qualidades da empresa. A convenção coletiva é para a categoria, prevendo um sistema genérico, que não atenderia as peculiaridades de cada empresa.

A cogestão deveria ser implantada a partir de um certo número de empregados na empresa. Nas empresas muito pequenas, não há como se falar em cogestão pois, normalmente, são microempresas ou empresas familiares, que não têm interesse em deixar o empregado participar da gestão da empresa.

A lei que viesse a instituir a cogestão deveria estabelecer as seguintes situações: o conselho seria obrigatório nas empresas que tenham um número mínimo de empregador, como, por exemplo, a partir de 100 empregados. Não determinando a lei as observações que fizemos, o conselho de empresa poderia ser formado por pessoas neutras à empresa, que seriam os atuais juízes classistas na Justiça do Trabalho, sendo que o Estado não mais pagaria qualquer remuneração a essas pessoas.

A cogestão é uma forma democrática de participação do empregado na direção da empresa. Trata-se de uma situação excepcional, ao contrário da participação nos lucros. Ao contrário, a participação nos lucros tem característica normal e não excepcional.

A adoção da cogestão seria uma das formas de reduzir o antagonismo existente nos conflitos do trabalho.

A cogestão necessita que o empregado tenha uma certa estabilidade na empresa, pois, do contrário, prejudica o próprio processo de cogestão, pois o trabalhador pode ser dispensado a qualquer momento e sem justificativa.

O Estado tem participação primordial nas relações de trabalho, visando assegurar regras tutelares. Entretanto, a autonomia privada coletiva e a participação mostram que o Estado não é o único a editar normas e o único interlocutor social, mas também os próprios interessados.

Questões

1. O que vem a ser representante dos trabalhadores na empresa? Confunde-se o referido representante sindical e o delegado sindical?
2. Qual a condição para o representante dos trabalhadores ser eleito na empresa?
3. Como se dá a eleição nas empresas com mais de um estabelecimento?
4. Há estabilidade para o representante dos trabalhadores na empresa?
5. O que é cogestão?
6. A cogestão prevista na Constituição é autoaplicável?
7. O que quer dizer o vocábulo "excepcionalmente" contido no inciso XI do art. 7º da Constituição?

Capítulo 45

CONFLITOS COLETIVOS DE TRABALHO

1 CONCEITO

Conflito, do latim *conflictus*, tem o significado de combater, lutar, designando posições antagônicas. Analisando-se o conflito dentro de um contexto sociológico, pode-se dizer que as controvérsias são inerentes à vida, sendo uma forma de desenvolvimento histórico e cultural da humanidade. Exemplo é a guerra, em que são desenvolvidas novas tecnologias ou armas, e em que foi criada até a bomba atômica. Muitos dos conflitos são gerados por questões sociais ou problemas econômicos, decorrentes da desigual distribuição de riquezas.

Do ponto de vista trabalhista, os conflitos são também denominados controvérsias ou dissídios, tendo sido utilizados, na prática, com o mesmo significado. Conflito, entretanto, tem sentido amplo e geral, correspondente à divergência de interesses, como ocorreria na greve e no *lockout*. A controvérsia diz respeito a um conflito em fase de ser solucionado, como no caso da greve e do *lockout* quando submetidos à mediação ou à arbitragem. Já o dissídio seria o conflito submetido à apreciação do Poder Judiciário, podendo ser individual ou coletivo, como na reclamação trabalhista do empregado contra a empresa ou no julgamento da greve pela Justiça do Trabalho.

Os conflitos coletivos do trabalho podem ser econômicos ou de interesse e jurídicos ou de direito. Os conflitos econômicos ocorrem quando os trabalhadores reivindicam novas condições de trabalho ou melhores salários. Já nos conflitos jurídicos tem-se por objeto apenas a declaração da existência ou inexistência de relação jurídica controvertida, como ocorre na decisão em dissídio coletivo em que se declara a legalidade ou ilegalidade da greve.

2 FORMAS DE SOLUÇÃO

Amauri Mascaro Nascimento (1992:8) classifica as formas de solução dos conflitos trabalhistas da seguinte forma: autodefesa, autocomposição e heterocomposição. Octávio Bueno Magano (1993:213) faz classificação diversa: tutela ou jurisdição, autocomposição e autodefesa.

2.1 Autodefesa

Na autodefesa, as próprias partes fazem a defesa de seus interesses. Uma parte impõe a solução do conflito à outra. O Direito Penal autoriza a legítima defesa e o estado de necessidade, que são meios excludentes da ilicitude do ato (art. 23 do CP). No entanto, não se admite o exercício arbitrário das próprias razões para a solução dos conflitos entre as partes envolvidas. Como exemplos de autodefesa, no âmbito trabalhista, temos a greve e o *lockout*.

2.2 Autocomposição

A autocomposição é a forma de solução dos conflitos trabalhistas realizada pelas próprias partes. Há transação, concessões recíprocas entre as partes. Elas mesmas chegam à solução de suas controvérsias, sem a intervenção de um terceiro. Este é, realmente, o melhor meio de solução dos conflitos, pois ninguém melhor do que as próprias partes para solucionar suas pendências, porque conhecem os problemas existentes em suas categorias. Pode-se dividir a autocomposição em unilateral e bilateral. A unilateral é caracterizada pela renúncia de uma das partes a sua pretensão. A bilateral ocorre quando cada uma das partes faz concessões recíprocas, ao que se denomina transação. Exemplos de formas autocompositivas de solução dos conflitos trabalhistas são os acordos e as convenções coletivas. Os acordos coletivos são realizados entre o sindicato de empregados e uma ou mais empresas. A convenção coletiva é celebrada entre o sindicato de trabalhadores e o de empregadores.

Seria possível entender, como faz Octavio Bueno Magano (1993:214), que a mediação ou arbitragem são formas de autocomposição, tomando-se por base o fato de que as próprias partes irão escolher uma pessoa para dirimir seus conflitos. Todavia, se se entender que a preponderância é da existência de um terceiro para solucionar o conflito, como nos parece mais correto, irei examiná-la como forma de heterocomposição.

2.3 Heterocomposição

A heterocomposição se verifica quando a solução dos conflitos trabalhistas é determinada por um terceiro. Exemplos de heterocomposição são a mediação, a arbitragem e a tutela ou jurisdição.

2.3.1 Mediação

A mediação ocorre quando um terceiro, chamado pelas partes, vem a solucionar o conflito, mediante proposta aos interessados. O mediador pode ser qualquer pessoa, como até mesmo um padre, não necessitando de conhecimentos jurídicos. O que interessa é que a pessoa venha a mediar o conflito, ouvindo as partes e fazendo propostas, para que se chegue ao seu termo. As partes não estarão obrigadas a aceitar as propostas, mas poderá haver a composição mediante o acordo de vontades.

O mediador não tem poder de coação ou de coerção sobre as partes tomando qualquer decisão ou medida; apenas serve de intermediário entre elas.

Na anterior Lei de Greve (Lei nº 4.330/64), a mediação era procedimento obrigatório e realizado pela Delegacia Regional do Trabalho (arts. 11 e 17), antes de se fazer a greve.

O § 1º do art. 616 da CLT dispõe que o Delegado Regional do Trabalho pode ser mediador dos conflitos coletivos, tendo o poder de convocar as partes, a fim de que compareçam à mesa-redonda para tentativa de negociação e possibilidade de acordo. Essa mediação não é obrigatória para a propositura do dissídio coletivo. Obrigatória é a tentativa de conciliação.

O Decreto nº 1.572, de 28-7-1995, estabelece regras sobre a mediação na negociação coletiva de natureza trabalhista. O art. 2º declina que o mediador poderá ser escolhido pelas partes. Quando não houver a escolha, as partes poderão solicitar ao Ministério do Trabalho a designação de mediador (§ 1º do art. 2º do Decreto nº 1.572/95). A parte que se considerar sem as condições adequadas para, em situação de equilíbrio, participar de negociação direta poderá, desde logo, solicitar ao Ministério do Trabalho a designação do mediador. O mediador poderá ser pessoa cadastrada no Ministério do Trabalho, desde que as partes concordem quanto ao pagamento dos honorários do referido profissional, ou servidor do quadro do Ministério do Trabalho, caso em que não haverá ônus para as partes. A indicação do mediador será feita pelo Delegado Regional do Trabalho, quando se tratar de negociação de âmbito local ou regional, ou pelo Secretário de Relações do Trabalho do Ministério do Trabalho, na hipótese de a negociação ser de âmbito nacional. A inscrição do mediador do Ministério do Trabalho será feita desde que o interessado comprove experiência na solução dos conflitos trabalhistas e conhecimentos técnicos relativos às questões de natureza trabalhista. O credenciamento terá validade de três anos, contados da publicação no *Diário Oficial*. O mediador designado terá o prazo máximo de 30 dias para a conclusão do processo de negociação, salvo acordo expresso com as partes interessadas. Havendo questões de ordem pública, o Delegado Regional do Trabalho poderá solicitar redução no prazo de negociação. Não alcançado o entendimento entre as partes na negociação direta ou por intermédio de mediador, lavrar-se-á termo contendo as causas motivadoras do conflito e as reivindicações de natureza econômica.

Estabeleceu a Portaria nº 818, de 30-8-1995, do Ministro do Trabalho critério para o credenciamento de mediador perante as Delegacias Regionais do Trabalho: (a) a experiência na composição dos conflitos de natureza trabalhista será comprovada com a apresentação de cópia autenticada das atas de reuniões de negociação coletiva de que tenha participado, na qual conste o seu nome; (b) os conhecimentos técnicos relativos às questões de natureza trabalhista serão comprovados pela atuação em uma das seguintes áreas: 1ª advocacia trabalhista; 2ª de recursos humanos; 3ª de relações sindicais.

É ilegal e inconstitucional o art. 4º do Decreto nº 1.572/95, que prevê o critério de que o mediador tem de ser necessariamente cadastrado pelo Ministério do Trabalho, pois o inciso XIII do art. 5º da Constituição dispõe que "é livre o exercício de qualquer trabalho, ofício ou profissão, atendidas as qualificações profissionais que a lei estabelecer", porque a Lei nº 10.192 não determina que o mediador tenha de ser cadastrado no Ministério do Trabalho e o referido decreto vai além do disposto na lei, sendo, portanto, nulo. Ressalte-se que o mediador nem mesmo precisa ter comprovada experiência na composição dos conflitos de natureza trabalhista; basta que tenha bom senso para resolver o conflito.

A Lei nº 10.101 prevê a mediação como forma de solucionar divergências sobre participação nos lucros ou resultados (art. 4º, I).

A Lei nº 13.140, de 26-6-2015, dispõe sobre a mediação entre particulares como meio de solução de controvérsias. Considera-se mediação a atividade técnica exercida por terceiro imparcial sem poder decisório, que, escolhido ou aceito pelas partes, as auxilia e estimula a identificar ou desenvolver soluções consensuais para a controvérsia (parágrafo único do art. 1º da Lei nº 13.140/2015).

2.3.1.1 Comissões de Conciliação Prévia

A Lei nº 9.958, de 12 de janeiro de 2000, acrescentou os arts. 625-A a 625-H à CLT, estabelecendo regras sobre as Comissões de Conciliação Prévia.

As empresas e os sindicatos podem instituir Comissões de Conciliação, de composição paritária, com representantes dos empregados e dos empregadores, com a atribuição de tentar conciliar os conflitos individuais do trabalho (art. 625-A da CLT).

A lei não obriga a constituição das comissões, pois emprega o verbo *poder*. Isso quer dizer que a instituição das Comissões é facultativa.

As Comissões citadas poderão ser constituídas por grupos de empresas ou ter caráter intersindical.

Determina o art. 625-A da CLT que as Comissões têm composição paritária. Isso quer dizer que terá representantes de empregados e empregadores.

Será a Comissão composta de, no mínimo, dois e, no máximo, 10 membros (art. 625-B da CLT).

Haverá na Comissão tantos suplentes quantos forem os representantes titulares.

O mandato de seus membros, titulares e suplentes é de um ano, permitida uma recondução.

A Comissão instituída no âmbito do sindicato terá sua constituição e suas normas de funcionamento definidas em convenção ou em acordo coletivo (art. 625-C da CLT).

Aplicam-se aos Núcleos Intersindicais de Conciliação Trabalhista em funcionamento ou que vierem a ser criados, no que couber, as disposições previstas nos arts. 625-A a 625-H da CLT, desde que observados os princípios da paridade e da negociação coletiva em sua constituição (art. 625-H da CLT).

Prevê o art. 625-D da CLT que qualquer demanda de natureza trabalhista será submetida à Comissão de Conciliação Prévia, caso essa tenha sido criada na empresa ou em negociação coletiva com o sindicato. O § 2º do mesmo artigo declara que o empregado "deverá" juntar à eventual reclamação trabalhista cópia da declaração fornecida pela Comissão da tentativa de conciliação frustrada. O STF entende que não há necessidade de passar pela Comissão antes de ser ajuizada a ação (ADin 2.160-5 – *DJ*, j. 13-5-00, Rel. Min. Marco Aurélio).

Em caso de motivo relevante é que será indicado por que não foi utilizada a Comissão para solucionar as questões trabalhistas (§ 3º do art. 625-D da CLT).

A demanda será formulada por escrito ou reduzida a termo por qualquer dos membros da Comissão, sendo entregue cópia datada e assinada pelo membro dos interessados (§ 1º do art. 625-D da CLT).

Não prosperando a conciliação, será fornecida ao empregado e ao empregador declaração da tentativa de conciliação frustrada com a descrição de seu objeto, firmada pelos membros da Comissão, que deverá ser juntada à eventual reclamação trabalhista (§ 2º do art. 625-D da CLT).

Em caso de motivo relevante que impossibilite a observância do procedimento previsto no art. 625-D da CLT, será a circunstância declarada na petição inicial da ação intentada perante a Justiça do Trabalho (§ 3º do art. 625-D da CLT).

Caso exista, na mesma localidade e para a mesma categoria, Comissão de empresa e Comissão sindical, o interessado optará por uma delas para submeter a sua demanda, sendo competente aquela que primeiro conhecer do pedido (§ 4º do art. 625-D da CLT).

As Comissões de Conciliação Prévia têm prazo de 10 dias para a realização da sessão de tentativa de conciliação, a partir da provocação do interessado (art. 625-F da CLT).

Esgotado o lapso temporal sem a realização da sessão, será fornecida, no último dia do prazo, a declaração de tentativa frustrada de conciliação, a que se refere o § 2º do art. 625-D.

Aceita a conciliação, será lavrado termo assinado pelo empregado, pelo empregador ou seu preposto e pelos membros da Comissão, sendo fornecida cópia às partes (art. 625-E da CLT).

O termo de conciliação é título executivo extrajudicial e terá eficácia liberatória geral, exceto quanto às parcelas expressamente ressalvadas (parágrafo único do art. 625-E da CLT).

A eficácia liberatória geral só pode dizer respeito ao que foi pago e não ao contrato de trabalho, salvo se assim for descrito no termo.

Prevê o art. 320 do Código Civil que a quitação designará o valor e a espécie da dívida quitada, o nome do devedor, ou quem por este pagou, o tempo e o lugar do pagamento, com a assinatura do credor ou de seu representante. Não haverá eficácia liberatória daquilo que não foi pago.

Assim, a quitação compreende apenas as parcelas e os valores pagos e não os títulos. Se não houve o pagamento integral, o empregado poderá reclamar eventuais diferenças ou até mesmo verbas que não foram pagas e que, portanto, não foram quitadas.

É claro que o empregado poderá fazer ressalvas expressas em relação àquilo que não foi quitado. O fato de a lei fazer referência à ressalva expressa em nada modifica a questão, pois, mesmo que a ressalva não seja feita, não haverá quitação quanto à verba não paga ou paga em valor inferior ao devido.

O prazo prescricional será suspenso a partir da provocação da Comissão de Conciliação Prévia, recomeçando a fluir, pelo que lhe resta, a partir da tentativa frustrada de conciliação ou do esgotamento do prazo de 10 dias para a realização da sessão de tentativa de conciliação (art. 625-G da CLT).

2.3.2 Arbitragem

Na arbitragem, uma terceira pessoa ou órgão, escolhido pelas partes, vem a decidir a controvérsia, impondo a solução aos litigantes. A pessoa designada chama-se árbitro. Sua decisão denomina-se sentença arbitral.

2.3.2.1 História

As raízes da arbitragem são encontradas nas Ordenações do Reino de Portugal, do século XVII, em que se distinguia entre juízes árbitros e arbitradores. Os juízes árbitros deveriam conhecer não somente das coisas e razões, mas do Direito. Os arbitradores somente conheciam das coisas, sendo que se houvesse alguma alegação de Direito deveriam remetê-la aos juízes da terra.

O art. 194 do Código Comercial já falava em arbitradores: "O preço de venda pode ser incerto, e deixado na estimação de terceiros; se este não puder ou não quiser fazer a estimação, será o preço determinado por arbitradores". Outros artigos do Código Comercial ainda tratam dos arbitradores, como os arts. 749, 750 e 776, no que toca a avaliações, estimações de prejuízos ou arbitramento de indenização por parte daqueles. Pelo que se verificava do art. 189 do Regulamento nº 737, de 25-11-1850, os arbitradores eram equiparados aos atuais peritos judiciais, que fazem exames técnicos de cujos conhecimentos o juiz é carecedor.

A Constituição de 1891, em seu art. 34, nº 11, dispunha que era de competência privativa do Congresso Nacional autorizar o governo a declarar guerra, se não tivesse lugar ou malograsse o recurso da arbitragem, porém era usada a palavra *arbitramento*, com o significado de arbitragem.

O Decreto-Lei nº 2.065/83 criou o Sistema Nacional de Relações de Trabalho. Logo em seguida o Executivo baixou o Decreto nº 88.984, criando o Serviço Nacional de Arbitragem, com membros integrantes do governo, dos trabalhadores e dos empregadores. Esse sistema, na prática, nunca chegou a ser utilizado.

A Lei nº 9.307, de 23-9-1996, dispõe sobre a arbitragem, tendo revogado os arts. 1.037 a 1.048 do Código Civil de 1916 e 1.072 a 1.102 do Código de Processo Civil.

2.3.2.2 Direito comparado e internacional

No Direito comparado, verifica-se a divisão da arbitragem, principalmente, sob o ângulo de ser facultativa ou voluntária (*voluntary arbitration*), em que as próprias partes a escolhem livremente como forma de solucionar seus conflitos, e obrigatória (*compulsory arbitration*), imposta pela respectiva legislação.

A OIT preconiza o sistema de negociação coletiva, por meio da Convenção nº 154, de 19-6-1981. O art. 6º da referida norma prescreve que não violam as disposições do referido convênio os sistemas de relações de trabalho em que a negociação coletiva tenha lugar de acordo com mecanismos ou de instituições de conciliação ou de arbitragem, ou de ambas de uma vez, em que as partes participem voluntariamente das negociações coletivas.

2.3.2.3 Denominação

Arbitragem e arbitramento muitas vezes se confundem. As palavras são derivadas da mesma raiz etimológica, do latim *arbiter*, que tem o significado de juiz louvado e árbitro.

O nome dado ao instituto em estudo é arbitragem e não arbitramento. O arbitramento é uma forma de liquidação de sentença (art. 879 da CLT), sendo que é feita quando: (a) determinada pela sentença ou convencionada pelas partes; (b) o exigir a natureza do objeto da liquidação (art. 509, I, do CPC).

2.3.2.4 Definição

A arbitragem é uma forma de solução de um conflito, feita por um terceiro estranho à relação das partes, que é escolhido por estas. É uma forma voluntária de terminar o conflito, o que importa dizer que não é obrigatória.

As partes interessadas podem submeter a solução de seus litígios ao juízo arbitral mediante convenção de arbitragem, assim entendidos a cláusula compromissória e o compromisso arbitral (art. 3º da Lei nº 9.307/96).

Cláusula compromissória é a convenção por meio da qual as partes em um contrato comprometem-se a submeter à arbitragem os litígios que possam vir a surgir relativamente a tal contrato (art. 4º da Lei nº 9.307/96).

Compromisso arbitral é a convenção por meio da qual as partes submetem um litígio à arbitragem de uma ou mais pessoas, podendo ser judicial ou extrajudicial (art. 9º da Lei nº 9.307/96).

2.3.2.5 Distinção

Distingue-se a arbitragem da mediação, pois nesta o mediador apenas faz propostas para a solução do conflito, enquanto o árbitro decide, impõe a solução ao caso que lhe é submetido.

Difere a arbitragem da jurisdição, pois nesta o juiz está investido de jurisdição como órgão do Estado, podendo dizer o direito nas hipóteses concretas que lhe são submetidas, tendo força coercitiva sua decisão, que, se não cumprida, pode ser executada. Na arbitragem, o árbitro é um particular, não tendo relação alguma com o Estado, sendo escolhido pelas partes para a solução do conflito e tendo o poder de decidir as questões que lhe foram apresentadas, porém não pode impor sanções.

Não se confunde a arbitragem com a transação. A transação é negócio jurídico bilateral em que as partes extinguem suas obrigações mediante concessões recíprocas. Na arbitragem as partes não estão interessadas na concessão de mútuas vantagens. A questão principal é que na arbitragem não existem concessões mútuas, mas a solução do litígio pelo árbitro, que irá dizer quem tem razão.

A arbitragem pode ser nacional e internacional. Na arbitragem nacional os conflitos são analisados com base nas normas de um único sistema jurídico, em que não haja nenhum conflito de jurisdição, seja interno ou internacional. Na arbitragem internacional, cada elemento será regido por uma lei diversa, como da capacidade das partes, da competência dos árbitros, do procedimento arbitral ou da lei material, que será aplicável à solução do litígio. Entretanto, a arbitragem, mesmo a internacional, não serve para resolver apenas os litígios decorrentes do comércio, mas também de outros ramos. A arbitragem internacional pode ser entendida como aquela que serve para resolver questões exteriores e que terão por objeto produzir efeitos principalmente no exterior, em razão de que as partes litigantes pertencem a Estados diversos ou a matéria debatida tenha que se desenvolver no território de Estados distintos.

2.3.2.6 Natureza jurídica

Tem a arbitragem natureza de justiça privada, pois o árbitro não é funcionário do Estado, nem está investido por este de jurisdição, como acontece com o juiz. É uma forma de heterocomposição, pois não são as próprias partes que resolvem o conflito, como ocorre na autocomposição, mas um terceiro é chamado para decidir o litígio. Poderia ser enquadrada como forma de autocomposição se fosse entendido que as próprias partes escolhem um terceiro para solucionar o conflito, sem se socorrer do Judiciário.

Na verdade, a natureza jurídica da arbitragem é mista, compreendendo o contrato e a jurisdição, em que as partes contratam com um terceiro para dizer quem deles tem o direito.

2.3.2.7 Compromisso

A cláusula compromissória distingue-se do compromisso. A primeira encerra a possibilidade de um conflito eventual ou futuro ser resolvido por meio de arbitragem, conflito, este, que pode ou não ocorrer. Ela estaria incluída nos acordos, convenções ou contratos coletivos. Já o compromisso diz respeito à solução por meio da arbitragem de um litígio atual, existente, surgindo no momento da controvérsia, em que as partes preferem não se socorrer de mecanismos de autodefesa.

2.3.2.8 Admissibilidade

A arbitragem não impede o acesso aos tribunais, pois a lei não poderá excluir da apreciação do Judiciário qualquer lesão ou ameaça de direito (art. 5º, XXXV, da Constituição). Ressalte-se que o controle jurisdicional pode ser feito quanto à execução do laudo arbitral. O árbitro, entretanto, não se constitui em tribunal ou juízo de exceção, sendo que não se irá atrair a hipótese contida no inciso XXXVII do art. 5º da Lei Maior.

É preciso, ainda, se fazer interpretação sistemática da Lei Fundamental, pois esta admite expressamente a arbitragem para a solução dos conflitos coletivos, pois, frustrada a negociação coletiva, as partes poderão eleger árbitros (§ 1º do art. 114). Recusando-se as partes à negociação coletiva ou à arbitragem, é facultado o ajuizamento do dissídio coletivo (§ 2º do art. 114). A arbitragem é, porém, facultativa e alternativa para a solução de conflitos coletivos trabalhistas. É alternativa, pois a norma constitucional prevê como condição para o ajuizamento do dissídio coletivo a necessidade de negociação coletiva ou de arbitragem.

Só é admitida a arbitragem quanto a direitos patrimoniais disponíveis (art. 1º da Lei nº 9.307/96). No que diz respeito ao conflito coletivo, é a Constituição que determina uma forma alternativa para a solução da citada divergência por meio da arbitragem. Lembre-se até mesmo que a Lei Maior também permite a flexibilização de direitos trabalhistas, com a assistência do sindicato dos trabalhadores, o que ocorre para a redução de salários (art. 7º, VI), para compensação e redução da jornada de trabalho (art. 7º, XIII) e para o aumento da jornada de trabalho nos turnos ininterruptos de revezamento (art. 7º, XIV), sempre mediante acordo ou convenção coletiva (art. 7º, XXVI).

Nos contratos individuais de trabalho cuja remuneração seja superior a duas vezes o limite máximo estabelecido para os benefícios do Regime Geral de Previdência Social, poderá ser pactuada cláusula compromissória de arbitragem, desde que por iniciativa do empregado ou mediante a sua concordância expressa, nos termos previstos na Lei nº 9.307/96 (art. 507-A da CLT). O valor estabelecido é relativo, pois o empregado pode ou não ter discernimento a respeito do que é a arbitragem. Talvez fosse melhor incluir que o empregado tivesse alguma escolaridade, como grau superior, para se admitir a arbitragem.

Algumas leis ordinárias já admitem a arbitragem. A Lei nº 12.815/2013, que trata dos portos, estabeleceu que deve ser instituída comissão paritária, no âmbito do órgão gestor de mão de obra, para a solução dos litígios do trabalhador avulso, e que, em caso de impasse, as partes deverão recorrer à arbitragem de ofertas finais (§ 1º do art. 37). A Lei nº 10.101/2000 prevê a arbitragem de ofertas finais para a solução da controvérsia sobre participação nos lucros ou resultados (art. 4º, II). A Lei de Greve (arts. 3º e 7º da Lei nº 7.783/89) permite a solução do conflito por arbitragem.

2.3.2.9 Procedimentos

O árbitro é juiz de fato e de direito.

A arbitragem poderá ser de direito ou de equidade (art. 2º da Lei nº 9.307/96). A arbitragem que julgará por equidade será realizada no sentido de fazer justiça. Poderão as partes escolher livremente as regras de Direito que serão aplicadas na arbitragem, desde que não haja violação aos bons costumes e à ordem pública.

Poderão as partes convencionar que a arbitragem se realize com base nos princípios gerais de direito, nos usos e costumes e nas regras internacionais de comércio.

A sentença arbitral não fica sujeita a recursos ou a homologação pelo Poder Judiciário (art. 18 da Lei nº 9.307/96).

Tem a sentença arbitral eficácia de título executivo judicial (art. 515, VII, do CPC), podendo, assim, ser executada, se não cumprida.

2.3.3 Jurisdição

A jurisdição ou tutela é a forma de solucionar os conflitos por meio da interveniência do Estado, gerando o processo judicial. O Estado diz o direito no caso concreto submetido ao Judiciário, impondo às partes a solução do litígio.

A Justiça do Trabalho fica incumbida de solucionar os conflitos trabalhistas. Nas Varas do Trabalho processam-se os dissídios individuais. Nos Tribunais Regionais do Trabalho e no Tribunal Superior do Trabalho são ajuizados os dissídios coletivos.

2.3.3.1 Dissídios coletivos

Serão dadas apenas algumas breves noções sobre dissídio coletivo.

Nos dissídios coletivos, o que se discute é a criação de novas normas ou condições de trabalho para a categoria, ou a interpretação de certa norma jurídica.

O § 2º do art. 114 da Constituição dá competência à Justiça do Trabalho, por meio dos Tribunais Regionais do Trabalho ou do TST, para decidir os dissídios coletivos.

O poder normativo da Justiça do Trabalho consiste justamente na possibilidade de criar essas novas condições de trabalho.

O dissídio coletivo se instaura mediante petição inicial, na qual são expostas as reivindicações. Têm legitimidade para a instauração do dissídio os sindicatos, as federações ou confederações, além das empresas e das comissões de trabalhadores, nas categorias não organizadas em sindicato. O Ministério Público do Trabalho poderá instaurar, de ofício, o dissídio coletivo, em caso de greve em atividades essenciais. É designada audiência de conciliação pelo Presidente do Tribunal em 10 dias. Havendo acordo na audiência, submete-se à homologação do Tribunal. Inexistindo acordo, é determinado o julgamento.

As decisões dos tribunais trabalhistas são chamadas de sentenças normativas, em que são fixadas as novas normas e condições de trabalho que serão aplicáveis aos contratos individuais de trabalho dos membros da categoria, utilizando-se de cláusulas para tanto.

As decisões dos tribunais trabalhistas em dissídio coletivo sobre novas condições de trabalho poderão ser estendidas aos demais empregados da empresa que forem da mesma profissão, desde que figure apenas uma fração de empregados de uma empresa no referido dissídio (art. 868 da CLT). A extensão é feita na própria decisão, se o tribunal julgar justo e conveniente. Poderá também haver extensão a todos os empregados da mesma categoria profissional: (a) por solicitação de um ou mais empregadores, ou de qualquer sindicato destes; (b) por solicitação de um ou mais sindicatos de empregados; (c) de ofício, pelo Tribunal que houver proferido a decisão; (d) por solicitação da Procuradoria da Justiça do Trabalho.

A sentença normativa poderá ser revista, se decorrido mais de um ano de sua vigência, quando tiverem sido alteradas as circunstâncias que a influenciaram, em razão de terem se tornado injustas ou inaplicáveis às condições de trabalho (art. 873 da CLT). A revisão poderá ser promovida pelo próprio tribunal prolator da decisão, pela Procuradoria da Justiça do Trabalho ou pelas associações sindicais de empregados e empregadores.

A decisão normativa não é executada no próprio tribunal, mas cumprida. Para tanto, é ajuizada uma ação, denominada ação de cumprimento, perante as Varas do Trabalho, em que se procurará cobrar as vantagens disciplinadas na norma coletiva, quando não forem observadas pelo empregador (art. 872 da CLT).

Para mais detalhes sobre o capítulo, consulte o meu livro *Direito processual do trabalho* (São Paulo: Saraiva, 2019).

Questões

1. O que é conflito coletivo?
2. O que é conflito econômico e de interesse?
3. Quais são as formas de solução dos conflitos trabalhistas?
4. O que é mediação?
5. O que é arbitragem?
6. O que é jurisdição?
7. Quais as diferenças entre essas três últimas hipóteses?
8. O que é dissídio coletivo?
9. Como se verifica o dissídio de extensão e de revisão?
10. O que é ação de cumprimento?

Capítulo 46

AUTONOMIA PRIVADA COLETIVA

1 HISTÓRICO

A autonomia privada individual surge no Iluminismo, que forneceu a base filosófica para a Revolução Francesa romper com o Feudalismo. É encontrada no século XVIII, na primeira Revolução Industrial.

A partir da Revolução Francesa, o contrato passou a ser o principal instrumento de regulação das relações jurídicas entre os particulares. O contrato era a corporificação da autonomia privada.

Num primeiro momento, o Estado não reconhecia o poder do sindicato de editar normas a serem aplicadas a seus membros, pois nem mesmo as aceitava.

Nos sistemas corporativos, o sindicato exercia atividade delegada de interesse público. Pertencia o sindicato ao Estado. Daí por que havia afirmações de que as normas emitidas pelos sindicatos eram de Direito Público. Foi o que ocorreu na Itália, no período corporativo. O Estado, porém, vigiava e tutelava o sindicato, como na hipótese de só reconhecer um único sindicato em dada base territorial. Há nesse sistema uma completa ingerência do Estado na atividade do sindicato. É o que acontece nos regimes de unicidade sindical, como ainda ocorre no Brasil.

Nos regimes em que prevalece a liberdade sindical, o sindicato tem plena liberdade para ser criado, podendo editar as normas que desejar, devendo apenas observar as normas de ordem pública estabelecidas pelo Estado ou as normas mínimas por ele prescritas.

2 DENOMINAÇÃO

São encontradas as denominações *autonomia sindical*, *autonomia coletiva sindical* e *autonomia privada coletiva*.

Autonomia sindical diz respeito à autonomia do sindicato, quanto à sua criação, elaboração de seus estatutos, registro sindical, desnecessidade de intervenção ou interferência estatal. Tem um sentido bastante amplo, que também compreende a possibilidade de o sindicato estabelecer normas.

A expressão mais usada é *autonomia privada coletiva*, que se contrapõe à *autonomia privada individual*, sendo originária do Direito trabalhista italiano, com fundamento inicial no Direito Civil.

3 CONCEITO

Autonomia significa dar leis a si mesmo (*auto*: próprio; *nomia*: normas, leis).

A autonomia pode ser pública ou privada.

Autonomia pública é o poder derivado do Estado como ente soberano. O Estado atribui a outro ente a possibilidade de editar normas do próprio ordenamento, que constituem o ordenamento geral do Estado.[1]

Karl Larenz afirma que a autonomia privada é "a possibilidade, oferecida e assegurada pelos particulares, de regularem suas relações mútuas dentro de determinados limites por meio de negócios jurídicos, em especial mediante contratos".[2]

Autonomia privada é o poder de criar normas jurídicas pelos próprios interessados. É a manifestação de um poder de criar normas jurídicas,[3] diversas das previstas pelo Estado e, em certos casos, complementando as normas editadas por aquele. É o poder de regular os próprios interesses.[4]

As normas que são criadas em decorrência da autonomia privada coletiva têm conteúdo próprio, que é determinado negativamente pelo Estado,[5] isto é, do

1 BALLETTI, Bruno. *Contributo alla teoria della autonomia sindacale*. Milão: Giuffrè, 1963. p. 35.

2 LARENZ, Karl. *Derecho civil*: parte general. Madri: Derecho Reunidas, 1978. p. 44 e s.

3 FERRI, Luigi. *L'autonomia privata*. Milão: Giuffrè, 1959. p. 5.

4 SANTORO-PASSARELLI, Francesco. *Saggi di diritto civile*. Nápoles: Eugenio Jovene, 1961. p. 255.

5 FERRI, Luigi. *La autonomía privada*. Madri: Revista de Derecho Privado, 1969. p. 19.

que não pode ser feito. Especifica o Estado certas áreas em que só ele pode operar, deixando outras em que pode haver a atuação das partes.

4 DISTINÇÃO

Diferencia-se a autonomia privada coletiva da soberania. Esta é inerente ao Estado, decorrente de seu poder de império. Soberania, conforme Miguel Reale, "é o poder que tem uma nação de organizar-se juridicamente e de fazer valer, dentro de seu território, a universalidade de suas decisões, nos limites dos fins éticos de convivência".[6] Não reconhece a soberania do Estado poder igual, superior ou concorrente na ordem interna, muito menos poder superior na ordem internacional. Representa a soberania um poder: incondicionado, absoluto, sem qualquer limite, pois seus limites são traçados pelo próprio Estado; originário, em razão de não ser derivado de qualquer outro, nascendo com o próprio Estado; e exclusivo, porque só o Estado o possui e pode exercê-lo.[7] É una a soberania, não se admitindo que um mesmo Estado tenha duas soberanias, sendo um poder superior aos demais, não permitindo a convivência de dois poderes iguais no mesmo âmbito. É indivisível, pelo fato de que não admite a separação das partes autônomas da mesma soberania.[8] Pode o Estado soberano autodeterminar-se, autogovernar-se, autolimitar-se, isto é, estabelecer seu ordenamento jurídico, sendo, contudo, autônomo para decidir sobre o referido sistema.[9] Possui, assim, o Estado um poder superior aos demais. O mesmo não ocorre com a autonomia privada coletiva, dependente inclusive do que dispõe a legislação determinada pelo Estado. A soberania é um dos fundamentos da República Federativa do Brasil (art. 1º, I, da Constituição). É exercida a soberania popular por meio do sufrágio universal e pelo voto direto e secreto, com valor igual para todos, conforme o art. 14 da Lei Fundamental. Autonomia é poder de autorregulamentação, compreendido na soberania.

Difere a autonomia pública da privada. A autonomia pública visa satisfazer a interesses públicos. De modo geral, a autonomia privada é concretizada por intermédio de negócios jurídicos bilaterais, como no contrato. A autonomia pública expressa-se geralmente por atos unilaterais da Administração Pública, pois o Estado tem supremacia.[10]

---

6 REALE, Miguel. *Teoria do direito e do Estado*. 2. ed. São Paulo: Martins, 1960. p. 161.

7 ZANZUCCHI, Marco Tullio. *Instituzioni di diritto publico*. Milão: Giuffrè, 1948. p. 21.

8 DALLARI, Dalmo de Abreu. *Elementos de teoria geral do estado*. 19. ed. São Paulo: Saraiva, 1995. p. 69.

9 MORAES, Bernardo Ribeiro de. *Compêndio de direito tributário*. Rio de Janeiro: Forense, 1984. p. 118-119.

10 ZANOBINI, Guido. *Autonomia pubblica e privata*: scritti vari di diritto pubblico. Milão: Giuffrè, 1955. p. 392.

Distingue-se a autonomia privada individual da coletiva. Na autonomia privada individual, as pessoas em relação às quais será aplicada a norma são determinadas, como ocorre quanto ao empregado e empregador, que, por exemplo, estabelecem entre si um contrato. Na autonomia privada coletiva, as pessoas beneficiadas são indeterminadas, pois podem ser os membros de uma categoria profissional e econômica ou então os empregados de determinada empresa ou empresas. Há, portanto, o interesse coletivo: do grupo.

O interesse coletivo é o fundamento da autonomia privada coletiva. O sindicato acaba defendendo um interesse comum das pessoas. São criadas, modificadas e extintas condições de trabalho.

Não se confunde o interesse coletivo com o interesse público. O Estado é detentor do interesse público e não os particulares. É ele que vai regular as normas jurídicas para esse fim. Francesco Santoro-Passarelli afirma que o interesse coletivo "é o de uma pluralidade de pessoas por um bem idôneo apto a satisfazer uma necessidade comum. Não é a soma dos interesses individuais, mas a sua combinação. É indivisível, pois se satisfaz, não por muitos bens, aptos a satisfazerem as necessidades individuais, mas por um único bem apto a satisfazer a necessidade da coletividade".[11] No interesse coletivo há o interesse comum de um grupo de pessoas e não de toda a coletividade.

5 NATUREZA JURÍDICA

A natureza jurídica da autonomia coletiva é analisada sob dois ângulos: público e privado.

A autonomia coletiva terá natureza pública nos regimes em que o Estado controla totalmente o sindicato ou então este exerce atividade delegada de interesse público, como os regimes corporativistas e, no Brasil, até a vigência da Emenda Constitucional nº 1, de 1969.

Nos verdadeiros regimes democráticos e pluralistas, a autonomia coletiva é privada. Onde exista plena liberdade sindical, a autonomia coletiva será privada. No Brasil, a autonomia coletiva também é privada a partir da Constituição de 1988, pois o Estado não interfere ou intervém no sindicato e este não mais exerce atividade estatal delegada de interesse público, embora ainda exista a unicidade sindical.

---

11 SANTORO-PASSARELLI, Francesco. *Noções de direito do trabalho*. São Paulo: Revista dos Tribunais, 1973. p. 11.

6 CLASSIFICAÇÃO

Pode ser individual ou coletiva a autonomia privada.

A autonomia privada individual diz respeito ao estabelecimento de regras jurídicas para as próprias partes interessadas, como ocorre no contrato. As pessoas beneficiadas são as partes no contrato, como ocorre num contrato de Direito Civil ou de Direito Comercial. No Direito do Trabalho é representada pelo contrato de trabalho, tendo aplicação entre empregado e empregador.

Prevê o art. 444 da CLT que as relações contratuais de trabalho podem ser objeto de livre estipulação das partes interessadas em tudo quanto não contravenha às disposições de proteção ao trabalho, aos contratos coletivos que lhes sejam aplicáveis e às decisões das autoridades competentes. Isso significa que existem limites à autonomia privada individual na contratação, isto é, os ajustes entre empregado e empregador estão limitados pela norma coletiva, pela autonomia privada coletiva.

Na autonomia privada coletiva, há a possibilidade da criação de normas jurídicas trabalhistas pelos sindicatos, que serão aplicáveis às relações de trabalho. É manifestada pelos contratos, convenções e acordos coletivos, que terão incidência sobre os contratos de trabalho, como se fosse a lei das partes.

A autonomia privada coletiva buscará o interesse do grupo. Os interesses envolvidos não são considerados *uti singuli*, mas *uti universi*. Há uma prevalência do interesse coletivo sobre o individual.

O interesse é o do grupo profissional. Esse interesse fica situado numa linha intermediária entre o interesse coletivo, representado pelo Estado, e o dos indivíduos.[12] O titular da autonomia é o sindicato ou o grupo.

Afirma Luigi Ferri que à autonomia privada deve corresponder uma função social, enquanto a atividade negocial deve perseguir finalidades socialmente apreciáveis.[13]

Na autonomia privada coletiva, o sindicato não vai criar direito estatal, mas normas jurídicas decorrentes de sua autonomia, que dirão respeito, por exemplo, a condições de trabalho aplicáveis à categoria de empregados e empregadores envolvida, a normas previstas no estatuto regulando o funcionamento do sindicato e a conduta dos associados. Na maioria das vezes são criadas normas não previstas em lei, que acabam complementando as segundas.

---

12 PALERMO, Antonio. *Interessi collettivi e diritto sindacale*: il diritto del lavoro. Roma: Diritto del Lavoro, 1964. v. 38, p. 110.

13 FERRI, Luigi. La autonomía privada. Madri: *Revista de Derecho Privado*, 1969. p. 11.

Tem a autonomia privada coletiva dois aspectos: o objetivo e o subjetivo. Do ponto de vista subjetivo, a autonomia privada coletiva diz respeito a uma coletividade de pessoas, que têm um mesmo interesse a ser defendido. O aspecto objetivo da autonomia privada coletiva é o próprio ordenamento sindical ou a particularidade desse ordenamento, que começa com o estatuto do sindicato, que é um ordenamento diferenciado em relação a outras entidades de fato, em que são fixadas as normas para a vida associativa.[14]

7 DIVISÃO

A autonomia privada coletiva é dividida na auto-organização, na autonomia negocial, na autotutela e na representação de interesses.[15]

Giuliano Mazzoni faz uma divisão um pouco diferente, mas chegando praticamente ao mesmo resultado em relação à autonomia sindical: (a) autonomia de organização; (b) autonomia negocial; (c) autonomia administrativa; (d) atividade de autotutela.[16]

A auto-organização decorre da liberdade sindical, de as pessoas constituírem quantos sindicatos desejarem, podendo neles ingressar, permanecer ou sair livremente. O sindicato segue as determinações previstas no estatuto, determinando as regras básicas para seu funcionamento. Compreende a autonomia administrativa a eleição dos dirigentes sindicais, de expedir atos administrativos internos, de filiar-se a federações, a confederações e até mesmo a organizações internacionais. O art. 3º da Convenção 87 da OIT bem indica a auto-organização do sindicato: "1. As organizações de trabalhadores e de empregadores têm o direito de redigir seus estatutos e regulamentos administrativos, o de escolher livremente seus representantes, o de organizar sua administração e suas atividades e o de formular seu programa de ação. 3. As autoridades públicas deverão abster-se de toda intervenção que tenda a limitar esse direito ou entorpecer seu exercício". O sindicato vai, ainda, definir sua área de atuação, sua base territorial.

Autonomia negocial é a possibilidade de o sindicato participar das negociações coletivas, em que o resultado é o estabelecimento da norma coletiva. A convenção e o acordo coletivo são instrumentos, por excelência, da autonomia negocial (art. 611 da CLT e seu § 1º).

---

14 MAZZONI, Giuliano. *Relações coletivas de trabalho*. São Paulo: Revista dos Tribunais, 1972. p. 66.
15 PEDREIRA, Luiz de Pinho. Os princípios do direito coletivo do trabalho. *Revista LTr* 63-02/154.
16 MAZZONI, Giuliano. Op. cit., p. 69.

Na autotutela, o ordenamento autônomo coletivo é autossuficiente, não necessitando recorrer ao ordenamento estatal para resolver os conflitos entre as partes. O exercício da autotutela não pode, porém, afastar a jurisdição do Estado, de dizer o direito no caso concreto a ele submetido. O grupo aplica sanções a quem viola suas normas, como ocorre, por exemplo, em relação às penalidades impostas ao associado, na exclusão do filiado dos quadros sindicais quando infringir o estatuto da associação, na multa pela violação da norma coletiva. Muitas vezes, há também uma ação direta do grupo a indicar a autotutela, como o *lockout*, a greve, o boicote etc.

A representação de interesses ocorre quando o sindicato representa a categoria em questões judiciais ou administrativas (art. 8º, III, da Constituição, e art. 513, *a*, da CLT). Assegura o art. 10 da Lei Maior a participação dos trabalhadores e empregadores nos colegiados dos órgãos públicos em que seus interesses profissionais ou previdenciários sejam objeto de discussão e deliberação. Havia também a composição da Justiça do Trabalho com os juízes classistas até sua extinção com a Emenda Constitucional nº 24/99.

8 SUJEITOS

Os sujeitos da autonomia privada coletiva são, geralmente, os sindicatos, de trabalhadores e de empregadores. Os empregados de uma ou mais empresas que decidirem celebrar acordo coletivo com as respectivas empresas darão ciência de sua resolução, por escrito, ao sindicato representativo da categoria profissional, que terá o prazo de oito dias para assumir a direção da negociação, devendo igual procedimento ser observado pelas empresas interessadas com relação ao sindicato da respectiva categoria econômica (art. 617 da CLT). Expirado o prazo de oito dias sem que o sindicato tenha-se desincumbido do encargo, poderão os interessados dar conhecimento do fato à federação a que estiver vinculado o sindicato e, na falta desta, à correspondente confederação, para que, no mesmo prazo, assuma a direção dos entendimentos. Esgotado esse prazo, poderão os interessados prosseguir diretamente na negociação coletiva até o final (§ 1º do art. 617 da CLT).

Na Europa, começa a surgir o neocorporativismo. É a regulação das relações sociais por meio de um procedimento negocial, no qual o Estado é parte, inserindo-se em um contexto de concessões recíprocas. Existe uma relação triangular que compreende o Estado, o sindicato de trabalhadores e o sindicato de empregadores, havendo troca política entre eles. Há um consenso sobre as decisões político-econômicas do Estado que compensa a perda de sua autoridade com a adesão dos membros dos grupos organizados à linha de atuação aprovada.[17] No neocorporativismo, os sindicatos não pertencem à estrutura do Estado, mas participam em um mesmo plano de igualdade das decisões políticas.

9 LIMITES

Em certos casos, a norma foi sendo estabelecida, mesmo contra a vontade do Estado. Mario de La Cueva assevera que o direito autônomo ou extraestatal é produzido pelos trabalhadores e empregadores ou suas organizações "sem intervenção e mesmo contra a vontade do Estado".[18] Há, porém, limites a observar.

Luigi Ferri afirma que a fonte de validade da autonomia privada está nas normas estatais, que especificam e delimitam o espaço de sua atuação. O Estado determina negativamente o conteúdo das normas extraestatais, deixando certas matérias reservadas para sua própria atividade normativa.[19] Deve haver boa-fé (art. 422 do Código Civil) na negociação.

Só não será observada a autonomia privada coletiva quando incide norma de ordem pública e de ordem geral, pois nesse caso não há campo de atuação para a autonomia privada. É o que ocorre com regras relativas a salário mínimo, férias, repouso semanal remunerado, intervalos, segurança e medicina do trabalho. A maioria das hipóteses é de regras pertinentes ao Direito Tutelar do Trabalho. É o que ocorreria com disposição de convenção coletiva que determinasse a inobservância da hora noturna reduzida, pois nenhum valor teria. Nesses casos, há limitações à autonomia privada coletiva, que são impostas pelo Estado, como direito mínimo a ser observado.

Nos sistemas em que há uma determinação rígida da norma estatal, pouco espaço é deixado para a autonomia privada coletiva, que apenas poderá operar no vazio deixado pela regra estatal.

Nos países em que vigora a plena liberdade sindical, o Estado não limita a autonomia privada coletiva. É o que ocorre no Uruguai, em que a Convenção nº 87 da OIT foi ratificada e não há interferência ou intervenção do Estado nas atividades do sindicato.

---

17 CESSARI, Aldo. Pluralismo, neocorporativismo, neocontratualismo. In: CESSARI, Aldo; TAMAJO, Raffaele de Luca. *Dal garantismo al controllo*. Milão: Giuffrè, 1987. p. 210.

18 CUEVA, Mario de la. *El nuevo derecho mexicano del trabajo*. México: Porrúa, 1977. p. 29.

19 FERRI, Luigi. *L'autonomia privata*. Milão: Giuffrè, 1959. p. 7.

Na Itália, a autonomia privada coletiva desenvolveu-se de acordo com o princípio da liberdade e da democracia, em oposição às determinações corporativas, na qual havia excessiva interferência do Estado nas relações coletivas de trabalho. É uma função típica da organização sindical, porém não é exclusiva. Entende Giuliano Mazzoni que não poderia ser feita limitação por meio de lei, salvo em casos excepcionais de falta de sindicatos, em que a autonomia sindical não funciona.[20] Esclarece o art. 2.068 do Código Civil que "não podem ser reguladas, por contrato coletivo, as relações de trabalho desde que disciplinadas pela autoridade pública de conformidade com a lei. São também excluídas da disciplina do contrato coletivo as relações de trabalho relativas a prestações de caráter pessoal ou doméstico".

Nos Estados Unidos não existem normas sobre contratação coletiva, apenas a "obrigação de contratar", nada mais.

A autonomia é originária do grupo e não uma delegação do Estado.

Questões

1. O que é autonomia privada coletiva?
2. Quais são os sujeitos da autonomia privada coletiva?
3. Quais são os limites da autonomia privada coletiva?

---

[20] MAZZONI, Giuliano. *Relações coletivas de trabalho*. São Paulo: Revista dos Tribunais, 1972. p. 77-78.

Capítulo 47

NEGOCIAÇÃO COLETIVA

1 CONCEITO

A Convenção nº 154 da OIT esclarece que a negociação coletiva compreende todas as negociações que tenham lugar entre, de uma parte, um empregador, um grupo de empregadores ou uma organização ou várias organizações de empregadores e, de outra parte, uma ou várias organizações de trabalhadores, visando: (a) fixar as condições de trabalho e emprego; (b) regular as relações entre empregadores e trabalhadores; (c) disciplinar as relações entre empregadores ou suas organizações e uma ou várias organizações de trabalhadores ou alcançar todos esses objetivos de uma só vez.

A negociação coletiva é uma forma de ajuste de interesses entre as partes, que acertam os diferentes entendimentos existentes, visando encontrar uma solução capaz de compor suas posições.

Envolve a negociação coletiva um processo que objetiva a realização da convenção ou do acordo coletivo de trabalho. Qualifica-se, assim, pelo resultado. As partes acabam conciliando seus interesses, de modo a resolver o conflito.

A Recomendação nº 91 da OIT, de 1951, define a convenção coletiva como "todo acordo escrito relativo a condições de trabalho e de emprego, celebrado entre um empregador, um grupo de empregadores ou uma ou várias organizações de empregadores, de um lado, e, de outro lado, uma ou várias organizações representativas de trabalhadores ou, na ausência de tais organizações, por representantes dos trabalhadores interessados, devidamente eleitos e autorizados pelos últimos, de acordo com a legislação nacional".

É mais difundida a negociação nos sistemas políticos liberais do que naqueles em que há um sistema centralizado no Estado, sendo mais encontrada nos modelos abstencionistas (desregulamentados) do que nos regulamentados.

2 DISTINÇÃO

Distingue-se a negociação coletiva da convenção e do acordo coletivo. A negociação é um procedimento que visa superar as divergências entre as partes. O resultado desse procedimento é a convenção ou o acordo coletivo. Caso a negociação coletiva resulte frustrada, não haverá a produção da norma coletiva. Estes são os instrumentos. A negociação coletiva é obrigatória no sistema brasileiro. A convenção e o acordo coletivo são facultativos. Frustrada a negociação coletiva ou a arbitragem, é facultado às partes ajuizar o dissídio coletivo (§ 2º do art. 114 da Lei Magna).

3 ESPÉCIES

Há várias espécies de negociação coletiva. A primeira ocorre em relação a qualquer direito trabalhista, porém depende da existência de sindicatos fortes para sua implementação, pois, do contrário, o empregado é prejudicado. A segunda só permite a negociação coletiva com a existência de uma legislação mínima, como ocorre na França. A terceira só admite negociação coletiva para certos direitos e não para todos, como para redução de salários e da jornada de trabalho.

É mais disseminada a negociação coletiva nos sistemas políticos liberais do que naqueles em que há um sistema centralizado no Estado. É mais encontrada nos modelos abstencionistas (desregulamentados) do que nos regulamentados.

Negociação coletiva típica é a realizada entre o Sindicato de empregados e o Sindicato de empregadores. Negociação atípica é aquela feita pelo empregador e por representantes dos trabalhadores, mas não por intermédio do Sindicato de trabalhadores.

4 CAUSAS

Os trabalhadores passaram a organizar-se. A partir do momento em que o direito de coalizão foi permitido, são negociadas condições de trabalho. Como o Estado inicialmente não cuidava de estabelecer um sistema de proteção aos trabalhadores, os próprios interessados passaram a reunir-se e a criar as normas de trabalho.

Desde que o Estado passou a intervir na relação laboral, a negociação coletiva acabou suprindo as lacunas da legislação estatal.

5 FUNÇÕES

Possui várias funções a negociação coletiva: I – jurídicas: (a) normativa, criando normas aplicáveis às relações individuais de trabalho, até mesmo para pior, como nas crises econômicas. São estabelecidas regras diversas das previstas em lei. Atua a negociação coletiva no espaço em branco deixado pela lei; (b) obrigacional, determinando obrigações e direitos para as partes, como, por exemplo, penalidades pelo descumprimento de suas cláusulas; (c) compositiva, como forma de superação dos conflitos entre as partes, em virtude dos interesses antagônicos delas, visando ao equilíbrio e à paz social entre o capital e o trabalho, mediante um instrumento negociado; II – políticas, de incentivar o diálogo, devendo as partes resolver suas divergências entre si; III – econômicas, de distribuição de riquezas. Luisa Riva Sanseverino entende que também existe função econômica nos casos em que o empregador disciplina a concorrência;[1] IV – ordenadora, quando ocorrem crises, ou de recomposição de salários; V – social, ao garantir aos trabalhadores participação nas decisões empresariais.

O direito de negociar livremente constitui elemento essencial da liberdade sindical. A negociação deve ser feita não só pelos sindicatos, como pelas federações e confederações, ou, ainda, por entidades sindicais registradas ou não registradas. As autoridades públicas, entretanto, não poderão restringir o direito de negociação, assim como não se deve exigir a dependência de homologação pela autoridade pública, pois a negociação concretizada se constitui em lei entre as partes.

A Constituição de 1988 adotou também a concentração da negociação em nível de categoria, permitida a negociação entre sindicatos e empresas, ampliando a eficácia geral das cláusulas das normas coletivas.

Algumas diferenças se fazem sentir entre a negociação e a convenção coletiva e o acordo coletivo.

A negociação visa a um procedimento de discussões sobre divergências entre as partes, procurando um resultado. A convenção e o acordo coletivo são o resultado

---

1 SANSEVERINO, Luisa Riva. Intervenção. *Atti del III Congresso Nazionale di Diritto del Lavoro*. Milão: A. Giuffrè, 1968. p. 125.

desse procedimento. Se a negociação for frustrada, não haverá a norma coletiva. A negociação é, atualmente, obrigatória; já a convenção e o acordo coletivo são facultativos. A negociação é o meio que vai conduzir à norma coletiva, sendo uma das fases necessárias para a instauração do dissídio coletivo (art. 114 da Constituição), em que, se ela restar frustrada, as partes poderão eleger árbitros (art. 114, § 1º). Recusando-se qualquer das partes à negociação coletiva ou à arbitragem, é facultado às partes (§ 2º do art. 114 da Lei Maior) ou empresas (§ 2º do art. 616 da CLT) ajuizar o dissídio coletivo. A tentativa de mediação da DRT não é obrigatória, o que é obrigatório é a negociação coletiva. Caso essa reste frustrada é que as partes poderão ajuizar dissídio coletivo. Declara, ainda, o § 4º do art. 616 da CLT que nenhum processo de dissídio coletivo de natureza econômica será admitido sem antes se esgotarem as medidas tendentes à formalização de acordo ou convenção coletiva.

Os sindicatos devem participar obrigatoriamente das negociações coletivas de trabalho (art. 8º, VI, da Lei Magna), prestigiando a autonomia privada coletiva. O inciso XIV do art. 7º da Constituição também faz referência à negociação coletiva para fixar os turnos ininterruptos de revezamento.

A norma coletiva não é um contrato de execução, criando imediatamente um contrato individual de trabalho. Ela prescreve condições gerais de trabalho, encerrando cláusulas que irão regular os contratos individuais de trabalho em curso ou futuros.

Anteriormente, os acordos estabelecidos entre os grupos profissionais e empregadores determinavam obrigações puramente morais, de vez que não existiam, então, agrupamentos permanentes ou reconhecidos para lhes assegurar o cumprimento, além do que, agora, existe a estipulação de penalidades para as partes que descumprirem o acordado, com disposição expressa na lei.

A finalidade da negociação é a obtenção da paz social entre as partes. A negociação coletiva tem natureza mais democrática.

As negociações devem ser feitas com transparência. O empregador deve exigir documentos para que o sindicato de empregados possa decidir. É a garantia de acesso a informações.

6 VALIDADE

O fundamento da validade da negociação coletiva é a lei estatal ou então a tolerância do Estado.

No Brasil, o inciso XXVI do art. 7º da Lei Magna reconhece as convenções ou acordos coletivos. Foi, assim, reconhecido indiretamente o conteúdo dessas normas.

A negociação coletiva só não terá validade se for expressamente proibida pela legislação estatal.

7 CONDIÇÕES

Para chegar ao resultado final da negociação, que culmina com a norma coletiva, é preciso o atendimento de certas regras: (a) de garantia de segurança aos negociadores, para que, com liberdade, possam expor suas ideias; (b) deve haver disciplina e respeito; (c) as partes devem agir com lealdade e boa-fé, como se deve proceder em qualquer contrato. Em Direito, mormente nos contratos, a boa-fé é um dever, que não pode ser mera enunciação programática, mas autêntica obrigação jurídica.

Funda-se a negociação na teoria da autonomia privada coletiva, visando suprir a insuficiência do contrato individual do trabalho. Tem um procedimento mais simplificado, mais rápido, com trâmites mínimos se comparados com os da elaboração da lei. É descentralizada, atendendo a peculiaridades das partes envolvidas, passando a ser específica. Há uma periodicidade menor nas modificações e, em alguns países, é um processo contínuo e ininterrupto. Demonstra ser um instrumento ágil, adequado, maleável, flexível, voluntário, sendo possível sua aceitação plena pelos interessados. O Brasil adota um método contratual de negociação e, concluído este, as partes somente voltam a negociar depois de decorrido certo período, que usualmente é de um ano.

Os sindicatos das categorias econômicas ou profissionais e as empresas, mesmo as que não tenham representação sindical, não poderão se recusar à negociação coletiva (art. 616 da CLT).

A legitimidade para celebrar convenções e acordos coletivos é do sindicato ou da empresa, mas não da associação, que não é sindicato.

Os interesses individuais da categoria são os interesses individuais homogêneos da categoria.

8 OBRIGATORIEDADE

Na maioria dos países, a negociação coletiva é obrigatória por força de lei.

No Brasil, os sindicatos das categorias econômicas ou profissionais e as empresas, mesmo as que não tenham representação sindical, quando provocados, não podem recusar-se à negociação coletiva (art. 616 da CLT). Não há, porém, obrigação de concluir o referido acordo.

9 NÍVEIS

O nível de negociação geralmente é feito por categoria, pois a Constituição reconhece a existência das categorias (art. 8º, II, III e IV).

As federações podem negociar quando as categorias não são organizadas em sindicato.

Deve o conteúdo das normas coletivas ser livre, ficando a cargo dos interessados determinar suas regras.

10 LEGITIMAÇÃO PARA NEGOCIAR

É estabelecido que o sindicato tem legitimidade para negociar.

11 NECESSIDADE DE HOMOLOGAÇÃO

Muitas vezes, a lei dispõe sobre a necessidade de homologação da norma coletiva para efeito de controlar sua legalidade e oportunidade.

A CLT não mais exige que as convenções e os acordos coletivos sejam homologados para terem validade; apenas é feito o arquivamento no Ministério do Trabalho para que a norma coletiva entre em vigor no prazo de três dias (§ 1º do art. 614 da CLT).

12 GENERALIDADES

Tem por base a negociação coletiva a teoria da autonomia privada coletiva, visando suprir a insuficiência do contrato individual do trabalho. Possui procedimento mais simplificado, mais rápido, com trâmites mínimos, se comparados com os da elaboração da lei. É descentralizada, atendendo a peculiaridades das partes envolvidas, passando a ser específica. Há uma periodicidade menor nas modificações, e, em alguns países, é um processo contínuo e ininterrupto. Demonstra ser um instrumento ágil, adequado, maleável, flexível, voluntário, sendo possível sua aceitação plena pelos interessados. Utiliza o Brasil um método contratual de negociação, e, concluído este, as partes somente voltam a negociar depois de decorrido certo período, que geralmente é de um ano.

O direito de negociar livremente constitui elemento essencial da liberdade sindical. A negociação deve ser feita não só pelos sindicatos, como também pelas federações e confederações, ou, ainda, por entidades sindicais registradas ou não registradas. As autoridades públicas, entretanto, não podem restringir o direito de negociação, assim como não se deve exigir a dependência de homologação pela autoridade pública, pois a negociação concretizada representa lei entre as partes.

Estimula a OIT a prática da negociação coletiva, incentivando-a entusiasticamente, tal é sua importância. Há duas convenções fundamentais sobre o tema. Assegura a Convenção nº 98 o direito de sindicalização e de negociação coletiva. Versa a Convenção nº 154 sobre o fomento à negociação coletiva, prevendo que esta deve ser possibilitada a todos os empregadores e a todas as categorias de trabalhadores dos ramos de atividades (art. 5º, 2, *a*). O Comitê de Liberdade Sindical considera o direito de negociar elemento essencial ao exercício da plena liberdade sindical, cabendo às partes definir o nível de negociação. Nos casos em que o Estado é intervencionista, a autonomia privada coletiva não tem pleno desenvolvimento. Ao contrário, no Estado democrático pluralista reconhece-se a autonomia coletiva plenamente. Esclarece a Recomendação nº 163 da OIT que o direito de negociação deve ser amplo, assegurado a todas as organizações, em qualquer nível, compreendendo o da empresa, do estabelecimento, de atividade, do bairro, da região, do Estado.

A Convenção nº 151 da OIT, ratificada pelo Decreto Legislativo nº 206, de 7-4-2010 e promulgada pelo Decreto nº 7.944, de 6-3-2013, estabelece que as condições de trabalho no Poder Público deverão ser adequadas às condições nacionais, por meio de negociação entre as partes interessadas (art. 8º).

Indica o art. 4º da Convenção nº 98 da OIT o fomento da negociação voluntária entre empregadores ou organizações de empregadores e organizações de trabalhadores com o objetivo de regular, por meio de convenções, os termos e condições de emprego.

Reza o inciso VI do art. 8º da Lei Maior que os sindicatos devem participar obrigatoriamente das negociações coletivas de trabalho, prestigiando a autonomia privada coletiva. Haveria, assim, a participação obrigatória do sindicato patronal nos acordos coletivos. A interpretação sistemática da Lei Magna leva, porém, o intérprete a verificar que o sindicato dos trabalhadores é que deve participar obrigatoriamente das negociações coletivas, pois nos acordos coletivos só ele toma parte juntamente com as empresas, e não o sindicato da categoria econômica. Em alguns dispositivos, a Constituição reconhece os acordos coletivos (art. 7º, VI e XXVI). Nos referidos acordos participa somente o sindicato da categoria dos trabalhadores, juntamente com uma ou mais empresas (§ 1º do art. 611 da CLT), e não o sindicato da categoria econômica.

A negociação é o meio que vai conduzir à norma coletiva, sendo uma das fases necessárias para a instauração do dissídio coletivo, em que, se ela restar frustrada, as partes poderão eleger árbitros (§ 1º, art. 114). Recusando-se qualquer das partes à negociação coletiva ou à arbitragem, é facultado às partes (§ 2º do art. 114) ou empresas (§ 2º do art. 616 da CLT) ajuizar o dissídio coletivo. A tentativa de mediação da DRT não é obrigatória. Obrigatória é a negociação coletiva. Na hipótese de esta restar frustrada é que as partes poderão ajuizar dissídio coletivo. Dispõe ainda o § 4º do art. 616 da CLT que nenhum processo de dissídio coletivo de natureza econômica será admitido sem antes se esgotarem as medidas tendentes à formalização de acordo ou convenção coletiva.

A norma coletiva prescreve condições gerais de trabalho, com cláusulas que irão regular os contratos individuais de trabalho em curso ou futuros.

Inicialmente, os acordos celebrados entre os grupos profissionais e empregadores determinavam obrigações puramente morais, pelo fato de que inexistiam agrupamentos permanentes ou reconhecidos para lhes assegurar o cumprimento. Hoje, são estipuladas penalidades para as partes que descumprirem o acordado, com disposição expressa na lei (art. 613, VIII, da CLT).

As normas oriundas do sindicato são de coordenação, pois não podem contrariar o ordenamento do Estado. Apesar da existência de uma pluralidade de normas trabalhistas, elas estão inseridas num sistema, cuja validade deriva do reconhecimento do Estado, estando a ele subordinadas.

Questões

1. O que é negociação coletiva?
2. Qual a distinção da negociação coletiva em relação à convenção e ao acordo coletivo?
3. Quais são as funções da negociação coletiva?
4. Quais são os fundamentos de validade da negociação coletiva?
5. Quais são os níveis de negociação coletiva?

Capítulo 48

CONTRATO COLETIVO DE TRABALHO

1 INTRODUÇÃO

Já disse Amauri Mascaro Nascimento (*LTr* 57-02/194) que o contrato coletivo é um corpo sem rosto, por já previsto na Lei Salarial e na Lei dos Portuários, contudo ainda não definido, nem mesmo se sabendo sua finalidade.

Seria possível dizer que o contrato coletivo de trabalho estaria ligado aos mecanismos de autocomposição, que prevaleceriam sobre os de tutela, na solução dos conflitos coletivos de trabalho, ou que seria uma forma de contratação em âmbito nacional, que iria passando aos níveis inferiores visando à solução das controvérsias coletivas de trabalho.

2 HISTÓRIA

O contrato coletivo de trabalho começa a surgir após a Segunda Guerra Mundial. Não deixa o contrato coletivo de trabalho de restringir a autonomia de empresários e trabalhadores no tocante às relações de trabalho, pois os empregadores passaram a ter certas restrições previstas na norma coletiva para o ato do despedimento, além de terem que obedecer a certas regras quanto à remuneração.

A partir da segunda metade do século XX, verifica-se que o contrato coletivo passa a ser mais aplicado em países que tiveram crescimento acelerado e inflação e desemprego reduzidos. A contratação muitas vezes é centralizada e articulada, passando de um nível nacional e renegociada em níveis inferiores.

Num primeiro momento, a contratação coletiva era mais rígida e de prazos mais longos. Hoje, há uma tendência de contratos mais flexíveis e de curta duração.

Com a revolução tecnológica e o aumento da competição, os contratos coletivos passaram a ter por base muito mais os resultados do que o tempo trabalhado. Além disso, a contratação passou a ser descentralizada e no âmbito de empresa. Verifica-se, nos dias atuais, que o contrato coletivo é praticado como forma de flexibilização das condições de trabalho para se enfrentar a competitividade internacional e a necessidade de maior produção.

3 ÂMBITO INTERNACIONAL

Antes de analisar o contrato coletivo de trabalho no Brasil, mister se faz a verificação de como os outros países vêm tratando o tema.

Nos países que adotam sistema de Direito germano-românico, há predomínio da lei. Já nos países anglo-saxônicos, predomina a convenção coletiva, em que o Estado apenas proíbe as práticas desleais (*unfair labour practices*).

Na maioria dos países, o contrato coletivo começou a ser regulado no Código Civil, como ocorreu na Holanda, em 1909. A contratação coletiva foi ganhando força tanto na Europa como nos Estados Unidos, principalmente após a Segunda Guerra Mundial, onde a economia estava em fase de crescimento. Utilizou-se da expressão *contrato coletivo de trabalho* para designar pactos interprofissionais ou profissionais, tendo os mais variados alcances: de observância nacional, regional, municipal ou até mesmo empresarial.

A declaração III da *Carta del Lavoro*, da Itália, previa a possibilidade de as associações sindicais ou profissionais reconhecidas pelo Estado, que representavam a categoria de empregadores e trabalhadores, estipularem contratos coletivos de trabalho obrigatórios para todos os pertencentes à categoria. Como se verifica, o contrato coletivo já era obrigatório para toda a categoria, não apenas para os associados.

A Lei italiana nº 563, de 1º-7-1926, em seu art. 10, definiu o contrato coletivo de trabalho. Mesmo no Código Civil de 1942 continuou sendo adotada a expressão "contrato coletivo de trabalho" (arts. 2.067 a 2.077), estando inserido na categoria de "normas corporativas" (art. 5º das "Disposições Preliminares" do CC), sendo considerado como fonte de Direito (art. 1º das "Disposições Preliminares" do CC). É colocado em posição hierarquicamente subordinada à lei e aos regulamentos, não podendo anular as disposições imperativas das leis e dos regulamentos (art. 7º das "Disposições Preliminares" do CC). Os contratos coletivos, nessa época, eram, em sua maioria, corporativos e de âmbito nacional, determinados para um setor produtivo específico. Mesmo após o término do período corporativo o contrato coletivo continua a ter valor de norma mínima.

O art. 39 da Constituição italiana passou a prever o contrato coletivo, sendo que o § 4º desse artigo estabeleceu que os sindicatos registrados e dotados de personalidade jurídica podem "estipular contratos coletivos de trabalho com eficácia obrigatória a todos da categoria à qual o contrato se refere".

O sistema do contrato coletivo foi, entretanto, se desenvolvendo independentemente de qualquer procedimento legislativo, porém a contratação poderia ser feita em todos os níveis, normalmente sendo realizada por ramo de atividade/categoria, com prazo de vigência de três anos, até que outro contrato substituísse o anterior. As centrais sindicais têm grande participação nas negociações, principalmente a Confederação dos Trabalhadores Italianos, a Confederação Italiana dos Sindicatos de Trabalhadores e a União Italiana dos Trabalhadores, sendo organizadas por categoria e intercategoria, de âmbito nacional. O conteúdo do contrato coletivo é bastante amplo, incluindo questões salariais, segurança, produtividade, organização do trabalho, qualidade, novas tecnologias. As questões mais amplas são negociadas pelas centrais interconfederais. As próprias partes é que fiscalizam a aplicação do contrato coletivo, cabendo ao Estado o papel de apenas organizar e estimular a negociação. Nos serviços públicos o acordo é submetido ao Parlamento. Os conflitos coletivos são resolvidos mediante greve, conciliação, mediação, com pequena aplicação da arbitragem privada e grande mediação dos Poderes Públicos. Os conflitos individuais são resolvidos no próprio local de trabalho, por meio de comissão de fábrica.

Havia a contratação articulada, de âmbito nacional, em que o instrumento normativo de maior hierarquia abrangia o de menor hierarquia, inclusive por ramo de atividade ou compreendendo todas as atividades econômicas existentes no país. São tratadas condições gerais de trabalho, podendo em níveis inferiores ser tratadas outras questões, primeiro em âmbito de categoria, depois em âmbito de empresa. De acordo com a situação, as condições poderiam ser renegociadas em níveis inferiores, descentralizando o processo de contratação. Pode-se dizer que havia, de certa forma, a adoção de um sistema de contratação permanente.

A negociação articulada, todavia, não produzia os resultados desejados, pois era comum haver uma renegociação em níveis inferiores, mesmo de cláusulas que já haviam sido estabelecidas nos níveis superiores. O processo inflacionário foi agravado por esse motivo, levando as partes e o governo italiano a celebrar um pacto social para reverter a situação (22-1-1983), em que ficou acordado que não seria possível a renegociação do que já havia sido negociado em nível superior.

Na Itália, tem-se utilizado ultimamente um contrato individual de trabalho flexível.

Em 22-7-1993, foi firmado o Protocolo sobre política de renda e de ocupação, sistema contratual, política de trabalho e sustento do sistema produtivo. Trata-se de um acordo tripartite, firmado por governo, empresários e trabalhadores. Houve a substituição da escala móvel, que previa diversos componentes da remuneração e a repartição do que poderia ser contratado em outros níveis, pela contratação coletiva atrelada à taxa de inflação programada. A contratação passou a ser praticada em diversos níveis. O contrato nacional de categoria passa a ter duração de quatro anos em relação às cláusulas normativas. Em relação às cláusulas econômicas o período de vigência passa a ser de dois anos. Os níveis regionais e de empresa não poderão tratar de matéria já veiculada no contrato nacional, sendo que os aumentos salariais serão fixados de acordo com produtividade e qualidade, acertados pelas partes convenientes.

Observa-se que o contrato coletivo na Itália mais se aproxima da nossa convenção coletiva, pois tem âmbito de categoria profissional e econômica. Como relatam F. del Giudice e F. Mariani (1991:174), o contrato coletivo na Itália teve diversas fases: acordos interconfederativos, contratação por categoria, contratação articulada, contratação não vinculada, contratação triangular, contrato coletivo de empresa. Nota-se que o contrato coletivo italiano trata de questões ligadas à empresa, mas sem atingir interesses gerais do trabalhador.

No âmbito da OIT, a Convenção nº 154, aprovada pelo Decreto Legislativo nº 22, de 12-5-1992, trata da negociação coletiva. Explicita que a negociação coletiva compreende todas as negociações que tenham lugar entre, de uma parte, um empregador, um grupo de empregadores ou uma organização ou várias organizações de empregadores e, de outra parte, uma ou várias organizações de trabalhadores, com o objetivo de fixar condições de trabalho e de emprego, regular as relações entre empregadores e trabalhadores, regular as relações entre os empregadores ou suas organizações e uma ou várias organizações de trabalhadores, ou alcançar todos estes objetivos de uma só vez (art. 2º). O art. 4º dá a entender que a negociação coletiva deve ser feita por meio de contratos coletivos ou de laudos arbitrais, sendo que, na hipótese de não haver uma solução negociada, pode-se aplicar a referida Convenção mediante determinações da legislação nacional.

4 EVOLUÇÃO NO BRASIL

No Brasil, a primeira denominação dada ao pacto coletivo de trabalho foi *convenção coletiva*, surgindo com o Decreto nº 21.761, de 23-8-1932, baseado na lei francesa de 1919. Era definido no art. 1º como "o ajuste relativo às condições de trabalho, concluído entre um ou vários empregadores e seus empregados, ou entre sindicatos ou qualquer outro agrupamento de empregadores e sindicatos ou qualquer outro agrupamento de empregados". Esses pactos já tinham efeitos normativos (art. 5º), valendo para toda a categoria profissional e econômica. Estavam legitimados a participar da norma coletiva os sindicatos, federações ou associações (§ 1º do art. 1º).

A primeira Constituição a reconhecer as convenções coletivas foi a de 1934 (art. 121, I, § 1º, *j*). Utilizava-se do termo *convenção coletiva* para evidenciar o ajuste coletivo, dando respaldo a futuros contratos individuais de trabalho. A convenção coletiva tinha por escopo estabelecer condições mínimas de trabalho para os contratos de trabalho.

A Carta Magna de 1937 passou a adotar a expressão *contrato coletivo* (art. 137, *a* e *b*). Somente as associações legalmente reconhecidas pelo Estado é que poderiam negociar. Sua aplicação seria para empregadores, trabalhadores, artistas e especialistas. Essas associações profissionais tinham o poder de estipular contratos coletivos de trabalho obrigatórios para todos seus associados (art. 138). Tal orientação é baseada na Declaração III da *Carta del Lavoro*, que é copiada quase literalmente pelo art. 138 da Carta Magna de 1937. Como se verifica, inicialmente a Lei Maior especificava que o contrato coletivo era obrigatório apenas para os associados do sindicato, e não para toda a categoria, ao contrário da *Carta del Lavoro*, que já dizia que os contratos coletivos tinham aplicação a toda a categoria. Poderiam ser estipuladas cláusulas de duração, modalidades de salário, disciplina interior e horário de trabalho. Os pactos tinham caráter obrigatório. Ao se aprovar a CLT (Decreto-Lei nº 5.452/43) foi mantido o nome contrato coletivo (art. 611). Entendia-se por contrato coletivo de trabalho o convênio de caráter normativo em que dois ou mais sindicatos representantes das categorias econômicas e profissionais estabeleciam condições para reger as relações individuais de trabalho, no âmbito de suas representações. Os efeitos do contrato coletivo davam-se entre os associados dos sindicatos convenentes, podendo ser estendido a todos os membros das respectivas categorias por ato do Ministro do Trabalho, Indústria e Comércio (art. 612). Esse sistema foi adotado no governo de Getúlio Vargas, inspirado no regime fascista italiano, de cunho eminentemente corporativista. Ao se utilizar da expressão "contrato", já se notava a natureza contratual do instituto, daí se falar, num primeiro plano, da sua aplicação apenas aos associados, nada impedindo que, por ato do Ministério do Trabalho, houvesse a extensão a toda a categoria, incluindo os não associados do sindicato. Posteriormente é que se adotou o termo "convenção", justamente para retirar a característica civilista da obrigação, o que só ocorreu em 1967.

A Constituição de 1946 repete a Constituição de 1934, reconhecendo novamente as convenções coletivas de trabalho (art. 157, XIII). Com a edição do Decreto-Lei nº 229, de 28-2-1967, foi dada nova redação aos arts. 611 a 625 da CLT, eliminando a expressão contrato coletivo. O *caput* do art. 611 da CLT estabelece que convenção é o acordo de caráter normativo entre sindicatos de empregados e empregadores a respeito de condições de trabalho. O § 1º do art. 611 da CLT criou o acordo coletivo, que é o pacto firmado entre o sindicato de categoria profissional e uma ou mais empresas, a respeito de condições de trabalho. Não havia mais necessidade de extensão das cláusulas das normas coletivas pelo Ministério do Trabalho, pois seus efeitos eram *erga omnes*: valiam para toda a categoria. Esse ainda é o sistema vigente. Ocorre que alguns artigos da CLT não foram atualizados pelo Decreto-Lei nº 229/67. É o que se observa no § 1º do art. 59, que trata de jornada de trabalho e a forma de compensá-la ou prorrogá-la, que pode ser feita mediante acordo ou contrato coletivo (leia-se convenção coletiva); no § 1º do art. 61, que permite que a jornada de trabalho exceda o limite legal, que poderia ser exigido independentemente de acordo ou contrato coletivo; no art. 71, que permite que o intervalo intrajornada seja superior a duas horas, mediante acordo escrito ou contrato coletivo; no art. 235, que trata dos operadores cinematográficos, prevendo que poderá ser feito trabalho diurno extraordinário, para quem trabalhe à noite, mediante contrato coletivo; no art. 239, segundo o qual a prorrogação do trabalho do ferroviário pertencente à categoria independe de acordo ou contrato coletivo; no art. 295, em que os mineiros poderão trabalhar oito horas diárias ou 48 horas semanais, por meio de contrato coletivo; no parágrafo único do art. 391, quando menciona que não é possível ser feita restrição ao direito da mulher no emprego por meio de contrato coletivo; no art. 444, que versa sobre as relações contratuais de trabalho que podem ser objeto de livre estipulação entre as partes, desde que não contrariem, entre outros, o contrato coletivo; no art. 462, que especifica a impossibilidade de desconto no salário do empregado, a não ser diante de adiantamentos (vales), da lei ou de contrato coletivo; na alínea *b* do art. 513, em que se estabelece que é prerrogativa dos sindicatos celebrar contratos coletivos de trabalho. Quando se verifica em tais dispositivos legais a expressão "contrato coletivo", deve-se entender acordo ou convenção coletiva, por força da modificação efetuada pelo Decreto-Lei nº 229/67, que, porém, não corrigiu os citados preceitos.

O art. 158, XIV, da Constituição de 1967, e o art. 165, XIV, da Emenda Constitucional nº 1, de 1969, mencionam novamente o reconhecimento das convenções coletivas de trabalho. Em fevereiro de 1988 surge, no âmbito da CUT, a apresentação à Fiesp de uma pauta de reivindicações, estabelecendo novas regras a respeito da negociação, com a possibilidade de ajustes por níveis, tanto no setor econômico, regional ou da instalação fabril, assim como as formas de composição dos conflitos coletivos, prazos de vigência, conteúdo e renúncia bilateral do poder normativo da Justiça do Trabalho. A essas regras deu-se o nome de contrato coletivo de trabalho.

As leis salariais passaram a fazer menção ao contrato coletivo a partir da Lei nº 8.222, de 5-5-1991 (art. 6º). O mesmo se verificou no parágrafo único do art. 1º da Lei nº 8.419, de 7-5-1992, e no § 2º do art. 1º da Lei nº 8.542, de 23-12-1992. A Lei nº 12.815/2013, que regula as atividades nos portos, também passou a se referir ao contrato coletivo (arts. 32, 33, 36, 42). A Lei nº 8.880/94 estabelece, no § 5º do art. 27, a possibilidade de os contratos coletivos tratarem de reajustes superiores aos assegurados pela antiga Lei nº 8.700/93, já na vigência da URV. O art. 41 da mesma lei dava nova redação ao art. 872 da CLT, prevendo a possibilidade de que a ação de cumprimento pudesse cobrar determinações estipuladas em contrato coletivo; porém, tal comando legal foi vetado pelo Presidente da República. O inciso IV do art. 83 da Lei Complementar nº 75/93 permite ao Ministério Público do Trabalho propor ação para declaração de nulidade de contrato coletivo.

5 DENOMINAÇÃO

Comumente usa-se a denominação "contrato coletivo", embora algumas legislações estrangeiras utilizem também as expressões "convenção coletiva", "contratação coletiva" ou "convênio coletivo" (Espanha). O convênio coletivo, entretanto, está mais próximo da nossa convenção coletiva.

O contrato seria coletivo e não individual, pois seria aplicável a uma série de pessoas, geralmente certa categoria. Distingue-se do contrato comum ou de direito privado, pois neste são reguladas situações apenas dos interessados, e não da categoria.

No âmbito internacional verifica-se o uso da expressão *Tarifvertrag*, pela lei alemã de 1969. *Tarif* tem o significado de tarifa, sendo considerada o salário fixado pela negociação coletiva, não se podendo dizer que se trata de tarifa no sentido de preço público, como é empregado no Brasil.

No Direito inglês ou americano usa-se a expressão *collective bargaining*, no sentido de barganha, de negociação coletiva.

A crítica que se poderia fazer à expressão *contrato coletivo* é que ela tem um cunho civilista ao falar em contrato, sendo que voltaria ao uso da expressão que foi empregada na Constituição de 1937, podendo dar ensejo à natureza estritamente contratual do instituto, como se dizia na época. Na verdade, o contrato coletivo não vai ter um conteúdo estritamente contratual, mas normativo e obrigacional, assim como ocorre com o acordo e a convenção coletiva, tratando de regras gerais, obrigatórias para certa categoria, em certo período, a respeito de condições de trabalho.

6 CONCEITO

No Direito Romano havia a distinção entre contrato, convenção e pacto. O contrato era o gênero, sendo suas espécies o pacto e a convenção, que, de certa forma, não tinham força vinculante. Octávio Bueno Magano (1992:80) define o contrato como o "negócio jurídico celebrado para o fim de adquirir, resguardar, modificar ou extinguir direitos". Pelo fato de as próprias partes poderem regular seus interesses é que se falaria na autonomia privada dos pactuantes, que incluiria o negócio jurídico.

No âmbito internacional, contrato coletivo de trabalho é o gênero.

Dispõe a Recomendação nº 31, de 1951, da OIT que contrato coletivo é "todo acordo escrito relativo às condições de trabalho e de emprego, celebrado entre um empregador, um grupo de empregadores ou uma ou várias organizações de empregadores, de um lado, e, de outro, uma ou várias organizações representativas de trabalhadores, ou, na falta dessas organizações, representantes dos trabalhadores interessados, por eles devidamente eleitos e credenciados, de acordo com a legislação nacional".

Estabelece a Recomendação nº 91 da OIT que contrato coletivo é todo acordo escrito relativo a condições de trabalho e emprego, celebrado entre um empregador, um grupo de empregadores ou uma ou várias organizações de empregadores, por uma parte, e uma ou várias organizações representativas de trabalhadores.

O Ministério do Trabalho tem orientação no sentido de que o contrato coletivo de trabalho, "é resultado da negociação coletiva direta e voluntária entre empregados e empregadores, com força de lei, sobre todos os aspectos da relação de trabalho, dos mais simples aos mais complexos. Para que isso possa ocorrer, torna-se necessário criar um novo modelo de relações, que patrocine e estimule a negociação coletiva, assegure proteção para o empregado e proporcione às empresas a flexibilidade que lhes permita responder aos desafios da produtividade e da competitividade. E que conduza ao redimensionamento do papel do Estado nas relações do trabalho, transformando-o de repressor e intervencionista num organizador e articulador do processo, além de viabilizar efetivamente a liberdade e a autonomia sindical".[1]

O contrato coletivo seria, portanto, "um documento negociado entre representantes das entidades de empregados e empregadores estabelecendo direitos e deveres de lado a lado, abrangendo o maior número possível de aspectos em torno das relações trabalhistas".[2] Não se pode entender, entretanto, o contrato coletivo como documento, mas como resultado da concretização da negociação coletiva, como um negócio jurídico.

Teria o contrato coletivo por objetivo o estabelecimento de novas condições de trabalho. Seria, portanto, o negócio jurídico que tem por objeto estabelecer condições de trabalho, criando, modificando e extinguindo condições de trabalho.

Sendo o contrato coletivo todo negócio jurídico de caráter normativo a respeito de condições de trabalho, não haveria necessidade de subdivisão de conceitos para justificá-lo em outros níveis, como o realizado entre sindicatos ou entre o sindicato profissional e uma ou mais empresas. O contrato coletivo compreenderia toda a negociação coletiva. Alguns países adotam essa denominação genérica, sem distinguir os últimos pactos.

Em nosso sistema, o contrato coletivo seria mais um nível de negociação coletiva, além dos já existentes, pois não se confundiria com a convenção e o acordo coletivo (art. 611 e seu § 1º da CLT), que são coisas distintas. O § 2º do art. 1º da Lei nº 8.542/92 mostrava a existência distinta de três normas coletivas que são negociadas: o acordo coletivo, a convenção coletiva e o contrato coletivo. Logo, havendo três nomes diferentes, conclui-se que são três institutos distintos, embora um deles possa ter um nível maior de hierarquia que os demais ou uma abrangência para todo o território nacional. Assim, o contrato coletivo não se confunde com a convenção e o acordo coletivo, possuindo cada um conceitos distintos. Poder-se-ia entender o contrato coletivo como a negociação de âmbito nacional ou interprofissional, que daria regras básicas para os demais pactos coletivos, ou uma forma de rompimento com o sistema corporativo para se adotar um novo regime sindical, prestigiando a autonomia privada coletiva; porém seria necessária a mudança, inclusive, da Constituição. O contrato coletivo iria substituir a lei, que prevaleceria apenas em questões de ordem pública ou de natureza constitucional.

---

1 MINISTÉRIO DO TRABALHO. *Trabalho e cidadania*, 1, p. 1, fev. 1993.

2 MINISTÉRIO DO TRABALHO. Op. cit., p. 3.

Assim, o contrato coletivo é o negócio jurídico de caráter normativo e natureza coletiva, de modo a regulamentar, criar ou estipular condições de trabalho. O contrato coletivo irá regulamentar temporariamente o conflito coletivo entre as partes, sob a forma de resolução pacífica do conflito pelas próprias pessoas interessadas, mas não deixa de ser um instrumento destinado a auto-organizar a autonomia coletiva sindical.

O contrato coletivo, porém, não deixa de ser fonte do Direito do Trabalho, pois nele são criadas normas e condições de trabalho aplicáveis ao contrato de trabalho.

7 DISTINÇÃO

Distingue-se o contrato coletivo da contratação coletiva. Esta é o conjunto de procedimentos que ocorrem nas negociações, mostrando a intensidade das negociações que foram realizadas. As medidas tomadas durante as tratativas é que correspondem à contratação coletiva. A contratação coletiva vai compreender não só as tratativas iniciais, antes da formalização do contrato coletivo, como as posteriores, ao término da redação do contrato coletivo. Seria uma forma de negociação permanente, que abrangeria as discussões iniciais, da redação da norma coletiva e da manutenção das negociações, mesmo após ter sido redigido o contrato coletivo.

O contrato coletivo não se confunde com o pacto social, que também é chamado de concertação social em países de língua espanhola. Concertação social é o procedimento para se chegar ao pacto. O pacto social é o resultado, o instrumento. No pacto social não se estipulam condições de trabalho, mas apenas se estabelecem regras para o combate à inflação e ao desemprego em épocas de crises econômicas, sendo que entre essas poderá haver matéria trabalhista, como política salarial, inclusive quanto ao incentivo à negociação coletiva. Nele existem regras de caráter tributário, previdenciário, visando à adoção de uma política econômica e social, enquanto no contrato coletivo pretende-se estabelecer novas condições de trabalho. O objetivo do pacto social é regular condições gerais a serem aplicadas no âmbito da sociedade. As partes no pacto social não são apenas empregados e empregadores, mas existe a intervenção do governo e até mesmo dos partidos políticos. Os pactos são dotados apenas de sanção política, mas não jurídica, não tendo efeitos normativos. Pode, entretanto, o pacto social conter diretrizes que poderão ser pormenorizadas mediante acordos, convenções ou contratos coletivos. O contrato coletivo, entretanto, apesar de ter efeito normativo, visa regular condições de trabalho, mas não interesses gerais da sociedade como um todo.

Diferencia-se também o contrato coletivo da convenção e do acordo coletivo. O contrato coletivo poderia ser considerado como de âmbito nacional ou de natureza interprofissional. A convenção coletiva, porém, é intersindical, ou seja, a relação forma-se entre sindicatos dos empregados e empregadores. Já o acordo é realizado para o âmbito da empresa, com a participação desta e do sindicato da categoria profissional. Trata-se, portanto, de uma terceira modalidade de norma coletiva, negociada pelas próprias partes envolvidas no litígio.

8 LEGITIMIDADE PARA A NEGOCIAÇÃO

Nossa legislação não dispõe quem seria parte para as negociações visando à edição do contrato coletivo de trabalho.

De acordo com nosso atual sistema sindical, estariam aptos à negociação para futura determinação pelo contrato coletivo de trabalho os sindicatos, as federações, num segundo grau ou em âmbito estadual, e as confederações, num terceiro grau ou em âmbito nacional.

Não há previsão para que as centrais sindicais façam parte das negociações, pois elas não fazem parte do nosso sistema confederativo, como se verifica do art. 8º da Constituição e da legislação ordinária prevista na CLT. O paralelismo simétrico, porém, imporia no decorrer dos tempos a criação natural de centrais sindicais de empregadores, já que para os sindicatos de empregados existem os de empregadores, para as federações ou confederações de empregados foram criadas as de empregadores, para as reivindicações por meio de imposição de uma parte a outra os empregados fazem greve e os empregadores fazem *lockout*, que é proibido pelo art. 17 da Lei nº 7.783/89. Hoje, caso as centrais sindicais assinassem um contrato coletivo, este não teria qualquer validade jurídica, pois elas são partes ilegítimas para firmá-lo. Não há dúvida, porém, de que as centrais sindicais representam interesses coletivos de certas classes de trabalhadores. Daí a advertência de Arion Sayão Romita de que "deve entender-se que a mera filiação de um sindicato a dada central configura automática credencial, para que esta negocie em nome daquele".[3]

Deveria, entretanto, haver a possibilidade da negociação coletiva em todos os níveis, inclusive pelas centrais sindicais que poderiam ser consideradas como órgãos da cúpula sindical. Para tanto, necessário seria modificar nosso sistema sindical previsto

---

[3] ROMITA, Arion Sayão. Contrato coletivo de trabalho. *Revista de Direito do Trabalho*, 82/31.

na Constituição, adotando de vez a pluralidade sindical e ratificando a Convenção nº 87 da OIT. Haveria, portanto, a necessidade de se estabelecer que as negociações fossem feitas inclusive em níveis maiores, mais amplos. A Recomendação nº 163 da OIT, que complementa a Convenção nº 154 sobre negociação coletiva, dispõe que as negociações devem ser desenvolvidas em todos os níveis, não apenas nas bases, inclusive na empresa (II, 4, 1). Como se verifica do sistema atual, a negociação coletiva é feita praticamente nas bases pelos sindicatos, por meio dos acordos e convenções coletivas atuais. Tal fato abriria a possibilidade de a negociação se desenvolver também nas cúpulas, até mesmo nas centrais sindicais, que desenvolveriam uma negociação mais geral inclusive de âmbito nacional. A negociação do contrato coletivo seria feita entre entidades representativas de grau superior, como as federações, as confederações e até mesmo as centrais sindicais. Há, portanto, necessidade de se ampliar os sujeitos que podem participar das negociações, já que, hoje, há uma limitação dessa legitimidade.

Os níveis de negociação poderiam ser intersetoriais, mas em âmbito nacional; nacionais, porém específicos para determinado setor; estaduais; regionais; municipais; distritais; por regiões dentro do Município; por empresa; articulados, em que seriam estabelecidas garantias gerais em âmbito nacional, descendo a detalhes nos níveis inferiores.

9 ESCOPO

Visa o contrato coletivo a criar novas e melhores condições de trabalho, regulamentando-as. O objetivo é, portanto, aperfeiçoar a relação de trabalho. O contrato coletivo, assim como outras normas coletivas, tem por fulcro aumentar, ou melhorar as condições de trabalho, que muitas vezes são estabelecidas de maneira mínima na legislação: aviso-prévio de pelo menos 30 dias (art. 7º, XXI, da Constituição), adicional de horas extras de pelo menos 50% (art. 7º, XVI, da Lei Maior) etc. As negociações do contrato coletivo, como de qualquer norma coletiva, são feitas pelos sindicatos, evitando o desgaste que o trabalhador ou trabalhadores teriam de negociar diretamente com o empregador, que poderia dispensá-los. Além disso o sindicato, no conjunto, tem maior poder de barganha e pressão nas negociações, quando o operário, individualmente, ou um grupo de operários, não o teria. Há, também, a possibilidade de mudanças mais rápidas no contrato coletivo, em virtude de modificações de situações conjunturais, econômicas, tecnológicas, que ocorrem no transcurso do pacto, o que não é possível de se fazer muitas vezes pela modificação das leis, que têm um processo de elaboração mais rígido a ser observado, como quórum de votações etc.

Pode-se dizer que, se malogradas as negociações coletivas que visavam à edição de um contrato coletivo, há a possibilidade de as partes ajuizarem o competente dissídio coletivo, tal qual se observa do § 2º do art. 114 da Constituição. A exigência da Constituição é a de que a negociação coletiva fique malograda; aí, poderão as partes pedir a intervenção da Justiça do Trabalho para solucionar sua contenda. O impasse se daria quando houvesse necessidade de ser regulada uma situação de nível superior ao da competência do Tribunal Regional do Trabalho da respectiva Região e não fosse de competência do Tribunal Superior do Trabalho. A solução talvez seria o dissídio coletivo de âmbito nacional proposto pela confederação de trabalhadores contra a confederação de empregadores.

10 CONTEÚDO

O contrato coletivo não é inconstitucional, apesar de não ser reconhecido no inciso XXVI do art. 7º da Constituição. Nem o poderia ser, pois na época da Assembleia Nacional Constituinte não se cogitava de contrato coletivo. É claro que aquilo que não é proibido, é permitido. Assim, é possível que a legislação ordinária ou as próprias partes tratem do contrato coletivo.

Deverá o contrato coletivo ter necessariamente uma parte normativa, em que se estabeleçam as condições de trabalho, e uma parte obrigacional. Nesta são previstas, principalmente, regras em caso do descumprimento do que foi estipulado. São previstas regras na maioria das vezes mais favoráveis aos trabalhadores, inclusive do que aquelas estabelecidas pela lei. O que ocorre é que condições estabelecidas em normas coletivas posteriormente são objeto de disposições legais, confirmando o bom resultado que obtiveram no âmbito negocial. Há melhor adaptação das determinações do contrato coletivo em relação aos próprios interessados, pois foram objeto de consenso entre as partes, que se amoldam melhor à realidade fática laboral e à mudança das estruturas sociais, inclusive quanto ao sistema de produção da empresa.

As leis salariais passaram a tratar do contrato coletivo. O art. 6º da Lei nº 8.222, de 5-9-1991, estabeleceu o conteúdo do que haveria de estar no contrato coletivo de trabalho: "As cláusulas salariais, inclusive os aumentos reais, ganhos de produtividade do trabalho e pisos salariais proporcionais à extensão e à complexidade do trabalho, assim como as demais condições de trabalho serão fixados em contratos, convenções e acordos coletivos de trabalho, laudos arbitrais e sentenças normativas, observadas, entre outros fatores, a produtividade e a lucratividade do setor ou da empresa".

Verifica-se, assim, que o conteúdo do contrato coletivo de trabalho passa a ser de aumentos reais, ganhos de produtividade do trabalho, pisos salariais proporcionais à extensão e à complexidade do trabalho, assim como outras condições. A disposição da Lei nº 8.222/91 foi repetida no parágrafo único do art. 1º da Lei nº 8.419, de 7-5-1992, com uma redação um pouco diferente, mas com conteúdo semelhante: "As condições de trabalho, bem como as cláusulas salariais, inclusive os aumentos reais, ganhos de produtividade do trabalho e pisos salariais proporcionais à extensão e à complexidade do trabalho, serão fixados em contrato, convenção ou acordo coletivo de trabalho, laudo arbitral ou sentença normativa, observadas, dentre outros fatores, a produtividade e a lucratividade do setor ou da empresa".

O § 2º do art. 1º da Lei nº 8.542, de 23-12-1992, dispunha da mesma forma que a lei anterior: "As condições de trabalho, bem como as cláusulas salariais, inclusive os aumentos reais, ganhos de produtividade do trabalho e pisos salariais proporcionais à extensão e à complexidade do trabalho, serão fixados em contrato, convenção ou acordo coletivo do trabalho, laudo arbitral ou sentença normativa, observadas, entre outros fatores, a produtividade e a lucratividade do setor ou da empresa".

Pelo menos a partir da edição das referidas leis já é possível saber qual seria o conteúdo do contrato coletivo de trabalho, apesar de não se saber ao certo o que vem a ser tal negócio jurídico.

A Lei nº 12.815/2013 estabelece alguns procedimentos que estarão contidos no contrato coletivo nos portos. O parágrafo único do art. 32 especifica que, caso celebrado contrato, acordo ou convenção coletiva precederá o órgão gestor de mão de obra, dispensada sua intervenção nas relações entre capital e trabalho no porto. O inciso I do art. 33 determina que as normas disciplinares estabelecidas no contrato coletivo serão aplicadas pelo órgão gestor de mão de obra. O art. 36 observa que a gestão da mão de obra do trabalhador portuário deve observar as regras do contrato, acordo ou convenção coletiva de trabalho.

O § 5º do art. 27 da Lei nº 8.880/94, estabelece que os trabalhadores que forem amparados por contratos coletivos que prevejam reajustes superiores aos da antiga Lei nº 8.700/93 terão seus salários corrigidos de acordo com as cláusulas do respectivo instrumento na respectiva data-base de cada categoria, após 1º de julho de 1994, inclusive, quanto às reposições de perdas salariais.

Lembra Amauri Mascaro Nascimento que o contrato coletivo poderia ter conteúdo organizativo, "como base jurídica de normas de organização, podendo criar comissões numa empresa ou numa categoria, com vistas a necessidade contínua de discussão dos problemas e forma de integração entre o capital e o trabalho. Lembro-me do contrato coletivo da Toyota de 1993, que instituiu diversas comissões: comissão de direito individual, de relações coletivas, de segurança, de medicina etc., e que funcionam seguidamente de modo a discutir e solucionar os problemas da empresa".[4]

Entendendo-se que o contrato coletivo teria âmbito nacional, poderia substituir a lei em certos aspectos, ou regular situações para certas profissões que hoje são reguladas pela lei. Assim, o contrato coletivo teria um conteúdo genérico, de interesse interprofissional ou intercategorial, não se limitando a certa categoria ou a certos trabalhadores de determinados setores. Poder-se-ia dizer que seria uma regra mínima a ser observada em âmbito nacional pelas demais normas coletivas, substituindo a lei. Ao contrato coletivo poderia ser determinada certa e específica matéria, reservando-se outras matérias mais regionalizadas ou particularizadas para as convenções e os acordos coletivos.

O conteúdo das situações de trabalho a serem reguladas poderia ser de âmbito nacional, como já ocorreu em relação aos bancários, ou poderia ocorrer em relação à regulação de condições uniformes ao nível da indústria automobilística nacional.

Poderia, também, haver previsão da mediação, arbitragem ou de comissões de conciliação, com o objetivo de dirimir eventuais controvérsias decorrentes de seu cumprimento. O contrato coletivo poderia ser uma forma de implantar efetivamente as comissões de fábrica. Ter-se-ia como objetivo uma forma de contratação permanente, de modo que houvesse negociações sucessivas, mesmo antes do advento do seu termo de vigência.

No contrato coletivo não deveria haver cláusulas sobre política social, saúde, previdência social e tributos, que deveriam ser incluídas no âmbito de um pacto social. A matéria veiculada no contrato coletivo deveria ser, portanto, apenas de natureza trabalhista.

Não se pode negar, porém, que o conteúdo do contrato coletivo de trabalho serve para demonstrar a modernização das negociações coletivas e também a flexibilização das relações de trabalho.

11 ÂMBITO

O âmbito do contrato coletivo de trabalho ainda não está perfeitamente delineado. O que se observa é que sua aplicação deveria ser para o âmbito nacional, interprofissional ou supracategorial.

[4] NASCIMENTO, Amauri Mascaro. O direito coletivo no atual momento brasileiro. *LTr* 57-12/1.429.

O contrato coletivo não é exatamente nacional. Pode ser nacional. Pode abranger negociação entre várias categorias.

Não poderia ser observado no âmbito de sindicato profissional e empresa, pois para tal fato já existe o acordo coletivo. De certa forma, não poderia ser realizado entre sindicatos da categoria profissional e econômica, pois já há a convenção coletiva, que cumpre esse papel.

Não se pode dizer exatamente que contrato coletivo é o gênero e convenção e acordo coletivo são espécies. São usadas palavras diferenciadas, indicando que o conteúdo é diferente entre cada um deles.

Assim, seu âmbito pode ser nacional, ditando regras gerais, que irão ser particularizadas por região ou por empresas, ou interprofissional, aplicável a mais de uma profissão. A crítica que se faz a um dispositivo coletivo de âmbito nacional é que ele se equipararia à lei, porém a vantagem é que teria sido obtida mediante negociação, prestigiando a autonomia privada coletiva das partes envolvidas e a autocomposição, sem a necessidade de interveniência da Justiça do Trabalho.

Sua abrangência poderia também ser supracategorial, pois para serem aplicadas nas categorias já há as convenções coletivas de trabalho. Daí, se poderia falar até mesmo num ajuste interprofissional ou abrangendo mais de um setor econômico, que seria pactuado até mesmo com relação a várias profissões.

12 HIERARQUIA

No momento não seria possível dizer qual a hierarquia que haveria entre o contrato coletivo e outras normas, pela inexistência de disposição a respeito. Contudo, poder-se-ia dizer que a norma que tivesse conteúdo mais amplo iria ter maior hierarquia do que a que tivesse conteúdo mais restrito, sendo que a de menor hierarquia iria complementar a primeira. Na verdade, a norma inferior iria ser mais favorável do que a hierarquicamente superior, trazendo condições mais favoráveis aos empregados.

O contrato coletivo poderia estabelecer condições de trabalho mais benéficas, que seriam observadas em relação à lei, pois são distintas as fontes de elaboração: a Constituição ou a lei são elaboradas pelo Congresso Nacional e o contrato coletivo seria elaborado pelas próprias partes interessadas. Não se pode dizer, porém, que o contrato coletivo seria superior hierarquicamente à lei. A lei ou a Constituição só seriam observadas quando houvesse conflito com o contrato coletivo na hipótese de o dispositivo ser de ordem pública absoluta, que não poderia ser derrogado ou deixado de cumprir pelas partes. Não se tratando desse caso, o contrato coletivo teria prevalência sobre a lei, não por ser hierarquicamente superior a esta última, mas em razão de criar regras mais benéficas ao empregado, ou seja, da aplicação do princípio da norma mais favorável ao trabalhador. Poderiam até mesmo ser criadas condições de trabalho *in peius*, como já se verifica na Constituição (art. 7º, VI, XIII e XIV), decorrentes da flexibilização das condições de trabalho estabelecidas no contrato coletivo, e que poderiam ser aplicadas num momento de transição, logicamente que mediante a negociação com o sindicato (art. 8º, VI, da Lei Fundamental). É claro que, se a norma legal viesse a prever regras de Direito Econômico ou de política salarial do governo, o contrato coletivo não poderia contrariá-las, como se verifica da determinação do art. 623 da CLT. A lei deveria assegurar apenas condições mínimas e tutelares do trabalhador; o mais seria objeto de negociação coletiva. Na verdade, a norma coletiva não poderia se sobrepor à lei, pois, caso contrário, as partes estariam legislando em causa própria com interesse geral, esquecendo que o Poder Legislativo é que tem o poder de legislar sobre questões gerais. O contrato coletivo iria ocupar o espaço que a lei não previu ou substituí-la, regulando certas situações individuais ou gerais que não são passíveis de regulação uniforme.

Talvez o maior problema seria da hierarquia entre o contrato coletivo e outras normas coletivas, principalmente em relação ao acordo e à convenção coletiva. As condições de trabalho estabelecidas em acordo coletivo prevalecem sobre as previstas em convenção coletiva em qualquer caso (art. 620 da CLT).

Não haveria hierarquia entre o contrato, a convenção e o acordo coletivo. Todos estão no mesmo nível de hierarquia. Ocorreria hierarquia entre as referidas normas se o processo de criação de uma norma dependesse do de outra, o que não é o caso. O que ocorre é que cada um tem campo distinto de atuação, ou são elaborados por sujeitos diversos, a não ser que se entenda que o acordo e a convenção coletiva devam respeitar as disposições do contrato coletivo de trabalho, que teria âmbito nacional. No mais, poder-se-ia dizer que o conflito de normas coletivas seria resolvido pela preponderância da aplicação da regra mais favorável ao empregado.

13 FORMA

A forma do contrato coletivo deverá ser necessariamente por escrito (aplicando-se por analogia o parágrafo único do art. 613 da CLT), porque não se poderia admitir contrato coletivo verbal, diante da dificuldade de saber o que realmente teria sido contratado. Deverão os contratos coletivos ser elaborados sem emendas ou rasuras, em tantas vias quantas forem as partes, além de uma destinada a registro e publicidade no órgão do Ministério do Trabalho.

No mais, deveria ser seguido o art. 613 da CLT, devendo o contrato coletivo conter designação das partes contratantes, prazo de vigência, categorias ou classes envolvidas, condições ajustadas para reger as relações individuais de trabalho durante sua vigência, normas para a conciliação das divergências surgidas entre os convenentes por motivo da aplicação de seus dispositivos, disposições sobre o processo de sua prorrogação e de revisão total ou parcial de seus dispositivos, direitos e deveres dos convenentes, penalidades para as partes que não cumprirem seus dispositivos.

Deveria, ainda, o contrato coletivo conter cláusula de paz social e, se possível, as partes deveriam determinar uma forma de negociação permanente, de modo a manter o espírito de negociação, e que a solução do conflito possa ser conseguida de maneira pacífica.

14 VIGÊNCIA

A vigência do contrato coletivo poderia ser fixada por prazo determinado ou até mesmo indeterminado, sendo que algumas cláusulas poderiam ter certo prazo e outras, outro. Poder-se-ia seguir a regra das convenções e acordos coletivos de trabalho, em que se estabelece um prazo máximo de vigência de dois anos (§ 3º do art. 614 da CLT), sendo que, na prática, têm sido esses pactos celebrados por prazo de um ano, em razão das constantes modificações econômicas e sociais, que trazem um critério de flexibilização ao sistema.

Seria possível também estabelecer um prazo máximo de vigência de quatro anos, como se observa em relação aos dissídios coletivos (parágrafo único do art. 868 da CLT). No entanto, esse prazo não é ideal, diante da constante modificação das estruturas sociais e econômicas de nosso país, a não ser que se estabelecesse um sistema de revisão periódica em períodos de um ano ou inferiores a esse prazo.

O ideal seria que os contratos coletivos tivessem um prazo de vigência de aproximadamente um ano, de modo a verificar as modificações da conjuntura econômica que ocorressem no período, que nem seria um período muito curto, nem muito longo.

15 INCORPORAÇÃO DAS CLÁUSULAS NORMATIVAS AOS CONTRATOS DE TRABALHO

Finda a vigência da norma coletiva, deveriam cessar seus efeitos, salvo havendo estipulação em sentido contrário. Discutir-se-ia, assim, a respeito da incorporação das regras das normas coletivas aos contratos individuais do trabalho.

Posteriormente, a lei passou a dizer sobre a incorporação das regras dos acordos e das convenções coletivas nos contratos de trabalho. O parágrafo único do art. 1º da Lei nº 7.788, de 3-7-1989, estabeleceu pela primeira vez que "as vantagens salariais asseguradas aos trabalhadores nas convenções ou nos acordos coletivos só poderão ser reduzidas ou suprimidas por convenções ou acordos coletivos posteriores". Essa regra, porém, nada falava sobre o contrato coletivo, mas apenas da incorporação das regras das convenções ou dos acordos coletivos nos contratos de trabalho. Tal norma foi revogada expressamente pelo art. 14 da Lei nº 8.030, de 12-4-1990, que era o chamado Plano Collor.

O § 1º do art. 1º da Lei nº 8.542/92 determinava que "as cláusulas dos acordos, convenções ou contratos coletivos de trabalho integram os contratos individuais de trabalho e somente poderão ser reduzidas ou suprimidas por posterior acordo, convenção ou contrato coletivo de trabalho". O § 1º do art. 1º da Lei nº 8.542/92 foi revogado pelo art. 18 da Lei nº 10.192. Não é possível a incorporação das cláusulas da norma coletiva ao contrato de trabalho (§ 3º do art. 614 da CLT).

16 FATORES INIBIDORES

Vários fatores poderiam ser indicados como inibidores do contrato coletivo de trabalho: a unicidade sindical, a categoria, o sistema confederativo, as datas-bases, o poder normativo da Justiça do Trabalho etc.

A unicidade sindical é um dos empecilhos ao contrato coletivo, pois não permite a contratação totalmente ampla, inclusive estabelecendo-se sindicatos em nível de empresa.

As datas-bases também prejudicam a contratação, visto que apenas os sindicatos mais fortes têm o poder de conseguir novas regras de trabalho fora da negociação anual; muitas vezes só se consegue a negociação fora da data-base em razão de mudanças substanciais das condições que anteriormente foram pactuadas ou quando os sindicatos mais fortes conseguem discutir seus interesses por meio de greve, para posteriormente se obter a solução negociada ou imposta pelo poder normativo da Justiça do Trabalho. Nos sindicatos mais fracos é impossível a negociação fora da data-base.

Em grandes empresas é muito mais fácil justificar perante a Assembleia Geral ou a Diretoria que houve imposição da Justiça do Trabalho, por meio de seu poder normativo, que determinou as regras a serem observadas, do que por intermédio da negociação coletiva, que pode trazer prejuízos que poderiam ser evitados.

Não se pode dizer, porém, que a arbitragem seria um dos fatores impeditivos da negociação coletiva, pois, segundo o § 1º do art. 114 da Constituição, a arbitragem é uma forma autocompositiva, em que as próprias partes resolvem seus problemas trabalhistas. De acordo com o citado dispositivo constitucional e com o § 2º do mesmo artigo, a arbitragem é uma forma alternativa de se resolver o conflito coletivo de trabalho. Não se trata, portanto, de forma inibidora da negociação coletiva. Quando as partes decidem pela arbitragem há um consenso nesse sentido, pois irão estabelecer os limites em que o árbitro deverá decidir, devendo posteriormente acatar sua decisão.

No momento, o contrato coletivo depende de como o legislador ordinário ou constitucional irá defini-lo, inclusive quanto a seu conteúdo. O que deveria ser feito realmente é a reformulação do atual sistema sindical, acabando com o sistema corporativo, oriundo de Getúlio Vargas, proporcionando menor interferência do Estado nas relações trabalhistas, mormente sindicais. Assim, o objetivo seria valorizar a negociação coletiva, cabendo ao Estado apenas a fiscalização e o incentivo à negociação, diminuindo o número de leis sobre o tema, principalmente quanto a profissões.

O contrato coletivo também poderia ser uma forma de piso mínimo de direitos ou de recomendação em nível nacional, que seria particularizado em cada Estado ou empresa. O objetivo seria, assim, a flexibilização das regras trabalhistas, já que cada região tem características próprias relativas ao desenvolvimento, clima, situações geográficas, ocupação populacional etc.

No âmbito empresarial, não se pode esquecer também a dificuldade de grandes empresas, que tendo filiais em várias localidades, têm que administrar salários e condições de trabalho diferentes em cada uma delas. Se adotasse uma única norma coletiva, haveria simplificação desses procedimentos e até mesmo uniformização.

17 CONCLUSÕES

O estabelecimento do contrato coletivo em âmbito nacional não trará resultados, como ocorreu na Itália, mormente num país continental como o nosso, heterogêneo, onde existem regiões desigualmente desenvolvidas e condições climáticas diversas, além de inibir a flexibilização das relações de trabalho, que podem ser particularizadas em níveis menores ou de empresa. O melhor seria falar numa contratação regional, setorial ou até mesmo em nível de empresa, pois cada empresa tem suas peculiaridades, que variam em razão de seu tamanho, setor etc., o que valorizaria também a flexibilização das regras trabalhistas. Só se poderia falar de contrato coletivo nacional se fosse para estabelecer regras gerais para serem observadas em níveis inferiores pelas convenções e acordos coletivos.

O que é preciso fazer é acabar com o sistema corporativo, com regulações minuciosas e excessivas, deixando que as próprias partes passem a resolver seus problemas, inclusive por meio da arbitragem privada. Deveria ser ratificada a Convenção nº 87 da OIT, estabelecendo-se ampla liberdade sindical, acabando com a unicidade sindical e o poder normativo da Justiça do Trabalho. Esta apenas resolveria as controvérsias coletivas quando as partes não chegassem a um consenso, porém não para estabelecer normas e condições de trabalho, que ficariam a cargo das próprias partes interessadas, abandonando, assim, o sistema tutelar, de imposição pelo Estado de normas e condições de trabalho nos dissídios coletivos. Deveria haver a livre criação de sindicatos, de acordo com os interesses das partes, principalmente verificando-se aquele que é mais representativo, independentemente de categoria. O sindicato deve sobreviver mediante a arrecadação das cotizações entre seus associados, para tanto prestando bons serviços a eles e, por consequência, conseguindo novos filiados.

O contrato coletivo também não poderia implicar a ditadura dos órgãos de cúpula, como as centrais sindicais, pois, caso contrário, os sindicatos poderiam desaparecer. Deve haver, portanto, um sistema de harmonia entre os vários atores sindicais para a consecução do processo de negociação coletiva. O ideal seria que o contrato coletivo viesse resolver questões passíveis de soluções uniformes ou de se estabelecer regras gerais. As questões diferenciadas seriam dirimidas pelos acordos e convenções coletivas de trabalho, conforme as peculiaridades de cada região ou da empresa.

É mister encontrar uma forma equilibrada para estabelecer o contrato coletivo, possibilitando que não só os sindicatos, federações e confederações negociem, mas também as centrais sindicais, de modo a que essas entidades convivam e estabeleçam regras de maneira harmônica para a solução dos conflitos coletivos de trabalho.

O contrato coletivo de trabalho também deveria visar à flexibilização das condições de trabalho, estabelecendo tanto normas mais benéficas, como até mesmo a *reformatio in peius*, dependendo da conjuntura econômica, como se observa dos incisos VI (redução de salários), XIII (redução e compensação da jornada de trabalho) e XIV (aumento da jornada nos turnos ininterruptos de revezamento) do art. 7º da Constituição, em que se admitem modificações no contrato de trabalho por meio de acordo ou convenção coletiva.

Visaria o contrato coletivo resolver questões insuscetíveis de regulação uniforme, permitindo, justamente, a flexibilização de direitos, de acordo com cada região, Município ou empresa, adaptável aos problemas sociais existentes em certo setor.

A hierarquia entre o contrato coletivo e a lei dependeria da aplicação de condições mais benéficas, a não ser em se tratando de normas legais de ordem pública, ou de garantia de direitos mínimos ou da observância de dispositivos constitucionais.

Não deixa o contrato coletivo de ser um meio para se obter a reforma da legislação sindical, eliminando também o sistema corporativista existente atualmente, prestigiando a negociação e a autonomia privada coletiva, com maior espaço para os próprios interessados discutirem seus interesses.

O contrato coletivo não vai, porém, resolver todos os problemas dos trabalhadores, principalmente no Brasil, em que se prefere muitas vezes o sistema tutelar, de imposição da solução pelo Estado, do que o sistema negociado.

É preciso um sistema menos intervencionista por parte do Estado, prestigiando muito mais a negociação coletiva para resolver os problemas das partes, que conhecem melhor suas próprias situações.

O exame do Direito comparado revela que o contrato coletivo tem-se amoldado ao sistema de flexibilização das relações de trabalho, da possibilidade de adaptação às novas tecnologias e como forma de obter maior produtividade e competitividade em relação a outros países. A melhor forma de se obter esse resultado é por meio da contratação em nível de empresa, que se adapta a essas circunstâncias, prestigiando a descentralização das negociações. Os contratos coletivos de prazo determinado têm sido considerados como os ideais, de modo a que possam ser utilizados nos momentos de recessão e desemprego, trazendo a possibilidade de negociação de concessões em seu próprio bojo. Não poderiam os contratos coletivos tratar apenas de mecanismos de estabilidade no emprego, pois a dificuldade que é posta na saída do emprego implica também a dificuldade na contratação de novos empregados.

Questões

1. O que é contrato coletivo de trabalho?
2. Qual seu conteúdo?
3. As centrais sindicais podem negociar o contrato coletivo?
4. Qual a distinção entre contrato coletivo e contratação coletiva?
5. Qual é o escopo do contrato coletivo?
6. Qual o âmbito do contrato coletivo?
7. Existe hierarquia entre o contrato coletivo e outras normas coletivas?
8. Qual a forma do contrato coletivo?
9. As cláusulas do contrato coletivo se incorporam ao contrato de trabalho?
10. Quais são os fatores inibidores à implantação do contrato coletivo?

Capítulo 49

CONVENÇÕES E ACORDOS COLETIVOS DE TRABALHO

1 INTRODUÇÃO

As convenções coletivas de trabalho nasceram e desenvolveram-se, principalmente, na Europa Ocidental e nos Estados Unidos, difundindo-se pelos países industrializados.

Desde sua origem já existiam vantagens para os convenentes: (a) para o empregador, era uma forma de negociação pacífica, sem perigo da ocorrência de greves; (b) para o empregado, era o reconhecimento, pelo empregador, da legitimidade e representatividade do sindicato nas negociações, com a consequente conquista de novos direitos para os trabalhadores; (c) para o Estado, era uma forma de não interferência, em que as próprias partes buscavam a solução de seus conflitos, culminando com um instrumento de paz social.

Nas nações industrializadas as convenções coletivas foram surgindo dos fatos para as normas, ou seja, de baixo para cima, ao passo que nos países subdesenvolvidos o fenômeno foi inverso. As normas foram elaboradas pelo legislador e impostas aos sindicatos, com as consequentes sanções pelo descumprimento. Nestes países as convenções coletivas não chegaram a ter grande importância, a não ser a partir do momento do início da industrialização. Nas nações totalitárias o sindicato é comandado pelo Estado, sob o controle do partido governamental, sendo, na verdade, o instrumento das vontades estatais, mas existem convenções coletivas, que são aplicadas aos seus pactuantes.

2 HISTÓRICO

Na Inglaterra, em 1824, com a revogação da lei sobre delito de coalisão, as associações de trabalhadores passaram a convencionar com os empregados condições de trabalho a serem observadas na relação de emprego.

No Brasil, a expressão *convenção coletiva* surgiu com o Decreto nº 21.761, de 23-8-1932, tendo por base a Lei francesa de 1919. O seu art. 1º a definia como "o ajuste relativo às condições de trabalho, concluído entre um ou vários empregadores e seus empregados, ou entre sindicatos ou qualquer outro agrupamento de empregadores e sindicatos ou qualquer outro agrupamento de empregadores e sindicatos". Estabeleceu que a convenção coletiva de trabalho tinha um ano de vigência, admitindo-se sua prorrogação tácita.

Tinha efeito normativo (art. 5º), valendo para toda a categoria profissional e econômica.

A Constituição de 1934 reconheceu pela primeira vez em âmbito constitucional as convenções coletivas de trabalho (art. 121, § 1º, *j*). Não havia menção aos acordos coletivos.

A Lei Maior de 1937 mudou a redação, pois passou a tratar do contrato coletivo: "os contratos coletivos de trabalho concluídos pelas associações, legalmente reconhecidas, de empregadores, trabalhadores, artistas e especialistas, serão aplicados a todos os empregados, trabalhadores, artistas e especialistas que elas representam" (art. 137, *a*). A regra tratava de sujeitos, de extensão subjetiva; "os contratos coletivos de trabalho deverão estipular obrigatoriamente a sua duração, a importância e as modalidades do salário, a disciplina interior e o horário do trabalho" (art. 137, *b*). Esta última regra era objetiva.

Em 1943, os arts. 611 a 625 da CLT faziam referência a contrato coletivo de trabalho, em oposição ao contrato individual de trabalho. Adotava o sistema corporativista italiano do contrato coletivo. Essa regra estava de acordo com a Constituição de 1937. O art. 612 explicitava que as normas coletivas eram aplicáveis apenas aos sócios do sindicato, podendo ser estendidas a todos os membros da categoria por meio de decisão do Ministro do Trabalho.

A Constituição de 1946 voltou a reconhecer as convenções coletivas de trabalho: "reconhecimento das convenções coletivas de trabalho" (art. 157, XIII).

Talvez essa Constituição tenha disposto desta forma em razão de ser uma norma constitucional democrática e de pretender romper com certos aspectos do corporativismo. A legislação ordinária (CLT) ainda se utilizava da denominação *contrato coletivo*.

A Carta Magna de 1967 mencionava o "reconhecimento das convenções coletivas de trabalho (art. 158, XIV).

O Decreto-Lei nº 229, de 28 de fevereiro de 1967, modificou a expressão *contrato coletivo de trabalho* contida na CLT para convenção e acordo coletivo (arts. 611 a 625 da CLT). A origem seria da legislação francesa, que faz referência a *convention*. A referida norma adequa a denominação convenção coletiva prevista desde a Constituição de 1946 e também na Lei Maior de 1967.

Tais pactos têm efeito normativo, aplicados a todos os membros da categoria.

A Emenda Constitucional nº 1, de 1969, manteve a redação da norma constitucional anterior "reconhecimento das convenções coletivas de trabalho" (art. 165, XIV).

A Constituição de 1988 estabeleceu o "reconhecimento das convenções e acordos coletivos de trabalho" (art. 7º, XXVI). Reconheceu, portanto, não só as convenções coletivas, mas também os acordos coletivos e também o seu conteúdo. Dispõe o inciso VI do art. 7º: "irredutibilidade do salário, salvo o disposto em convenção ou acordo coletivo". É, assim, permitida a redução de salários por meio de convenção e acordo coletivo. Estabeleceu o inciso XIII do art. 7º: "duração do trabalho normal não superior a oito horas diárias e quarenta e quatro semanais, facultada a compensação de horários e a redução da jornada, mediante acordo ou convenção coletiva de trabalho". Foi, portanto, invertida a expressão. O inciso XIV do mesmo artigo estabeleceu "jornada de seis horas para o trabalho realizado em turnos ininterruptos de revezamento, salvo negociação coletiva". A negociação coletiva importa um ajuste de interesses, tratativas. É procedimento e um antecedente à convenção coletiva. A convenção e o acordo coletivo são o resultante, a consequência da negociação coletiva. São os instrumentos que são resultantes da negociação coletiva.

Nos sistemas constitucionais anteriores reconheciam-se apenas as convenções coletivas, só que, na prática, o acordo coletivo já existia desde a edição do Decreto-Lei nº 229/67. A Constituição de 1988 apenas corrigiu o referido defeito, reconhecendo também os acordos coletivos de trabalho.

Se a norma coletiva não fosse reconhecida na Constituição, não teria valor? Não, pois seria uma espécie de "contrato" entre as partes, como ocorre com o contrato de trabalho, que não é exatamente previsto na Lei Maior.

O reconhecimento das convenções e dos acordos coletivos não pode ser considerado um favor. Há o direito de celebrar a convenção coletiva e o acordo coletivo e de estipular condições de trabalho, que, geralmente, terão condições melhores.

Talvez a ideia do constituinte tenha sido de que o "reconhecimento" deveria estar na Constituição para ser assim reconhecido pelo Estado. Não é que não seriam reconhecidos o acordo coletivo e a convenção coletiva.

Se não fosse previsto na Constituição, não teria natureza de norma constitucional, nem haveria delegação estatal. A questão, na verdade, é de autonomia privada coletiva, de as próprias partes elaborarem normas, que serão aplicáveis à categoria ou às empresas.

É uma forma de garantir o respeito à norma coletiva. Seria o Estado estar obrigado constitucionalmente a reconhecer a convenção e o acordo coletivo. É uma realidade constitucional.

A Constituição reconhece o que é natural ao sindicato, que é celebrar as convenções e os acordos coletivos.

A convenção e o acordo coletivo são formas de melhorar as condições sociais dos trabalhadores, de estabelecer novos direitos.

A convenção coletiva ou o acordo coletivo são leis para as partes, como espécie de contrato. O contrato é lei entre as partes.

A convenção e o acordo coletivo apanham situações peculiares em cada localidade, que não podem ser tratadas na lei, que é geral. É muito melhor a norma negociada pelas partes, que pode ser espontaneamente cumprida, do que a imposta de cima para baixo pelo Estado. Ela é mais aceita pelas partes.

O fato de o reconhecimento das convenções e dos acordos coletivos estar na Constituição mostra o direito fundamental ao trabalho quanto à negociação coletiva.

O direito de celebrar convenção coletiva é o reconhecimento de um direito natural dos sindicatos inerente a eles.

3 DIREITO INTERNACIONAL E ESTRANGEIRO

No âmbito da OIT, a Recomendação nº 91, de 1951, define os contratos coletivos como "todo acordo escrito relativo às condições de trabalho ou emprego, celebrado entre um empregador, um grupo de empregadores ou uma ou várias organizações de empregadores, por um lado, e, por outro, uma ou várias organizações representativas de trabalhadores ou, na falta delas, por representantes dos trabalhadores interessados, devidamente eleitos e autorizados por eles, de acordo com a legislação do respectivo país".

Estabelece, ainda, normas para as negociações coletivas, não disciplinando, no entanto, sanções pelo descumprimento das convenções coletivas, que ficarão a critério de cada país que as adotar. O item III da referida Recomendação trata dos efeitos das normas coletivas. Os signatários deveriam estar obrigados às normas coletivas, não podendo estipular nos contratos de trabalho disposições diversas. As determinações contrárias às normas coletivas deveriam ser consideradas nulas. As regras dos contratos individuais não deveriam ser consideradas nulas em relação às normas coletivas, em razão de serem mais benéficas. As determinações coletivas seriam aplicadas a todos os trabalhadores das categorias interessadas que fossem abrangidas pelas normas coletivas, a menos que a norma coletiva tratasse de modo contrário. O controle de aplicação das normas coletivas deveria ser garantido pelos sindicatos de empregados e de empregadores. A legislação de cada país poderia obrigar os empregados à divulgação das normas coletivas aplicáveis em suas empresas.

A Convenção nº 154 da OIT propõe a existência de negociação em todos os ramos da atividade econômica, até mesmo no setor público. Define a negociação como um procedimento destinado à elaboração de contratos coletivos de trabalho. A Recomendação nº 163 esclarece que o direito de negociação deve ser amplo, livre e independente, devendo as soluções dos conflitos ser encontradas pelas próprias partes. O Informe nº 614 da OIT menciona que o governo não poderá impor obrigatoriamente um sistema de negociações coletivas. O Informe nº 615 impede o governo de obrigar às negociações coletivas.

Nos Estados Unidos, o processo comum de determinação das relações de trabalho é feito pelas convenções coletivas. A convenção é geralmente realizada para o âmbito da empresa, sendo raras as de aplicação nacional. Na convenção já estão estatuídas todas as regras que serão observadas pelos contratos individuais, restando ao empregador apenas o ato de contratação. Não existe processo de extensão das convenções coletivas; os empregados é que elegem o sindicato que irá representá-los na negociação, que pode ser qualquer um, até mesmo diverso do da categoria profissional, ficando o empregador obrigado a aceitar a representação. Ensina Amauri Mascaro Nascimento (1989:267) que "o cumprimento (*enforcement of the agreement*) resulta de um sistema não contido em lei, como no Brasil, mas decorrente de mecanismos previstos no próprio acordo; a solução se faz pelo procedimento denominado *grievance*. Trata-se de uma sequência de níveis de entendimento na empresa visando a uma solução, inicialmente em esferas menores, depois em esferas maiores, variando em cada acordo. Geralmente, o entendimento inicial se faz entre o empregado e seu chefe imediato; depois entre o *steward* (representante sindical) e, pela empresa, o superior ao chefe do empregado; não resolvida a questão passa ao chefe dos *stewards*, ou um conselho e o diretor da empresa". O Estado não interfere em qualquer hipótese, inclusive quando há o descumprimento da norma coletiva. Apenas encoraja as negociações e dá cumprimento à observância do ajustamento espontâneo entre as partes, consubstanciado geralmente num contrato, embora nem sempre o seja.

Na generalidade das nações, a inobservância de cláusula normativa acarreta o seguinte: (a) há uma sobreposição das cláusulas da convenção sobre as do contrato individual. Na hipótese de divergência entre elas, declara-se a nulidade da cláusula do contrato individual. A inobservância da convenção implica o descumprimento da lei. A nulidade pressupõe como não escrita a citada cláusula, orientação que prevalece no Direito ocidental e até ocorria no soviético; (b) se o descumprimento é feito pelo empregador, aplicam-se sanções administrativas; (c) a ação judicial da parte que se julgar prejudicada não fica excluída pela aplicação de sanções administrativas. A convenção coletiva preenche o vazio que ocorre com a declaração da nulidade da cláusula do contrato individual de trabalho. O legislador poderia estipular as sanções que seriam aplicáveis ao inadimplente; todavia, dando-se maior amplitude à negociação, não há essa interferência, ajustando-se melhor a sanção ao fato. As próprias partes avaliam qual a sanção mais conveniente e qual o grau de sua intensidade (Russomano, 1975:186/7).

4 DENOMINAÇÃO

A expressão *convenção coletiva* é hoje a mais utilizada nas legislações. Na França emprega-se o termo convenção coletiva, porém as expressões mais usuais são *acordo* ou *protocolo de acordo*, sendo uma forma de negociação à margem da legislação. Na Bélgica e em Luxemburgo, o termo utilizado é *convenção coletiva de trabalho*. Na Argentina também se usa a expressão *convenção coletiva*. A Itália utiliza a expressão *contrato coletivo*, embora também sejam encontrados os termos *concordato di tarifa, regolamento corporativo* e *trattato intersindacale*. A Alemanha emprega a denominação *Tarifvertrag* (contrato de salários), que é utilizada nos países de língua alemã. Utiliza-se, ainda, a expressão *Betriebsvereibarung*, traduzida por *acordo de estabelecimento*, que é pactuado entre o empresário e o pessoal da empresa. Nos países de língua inglesa, utiliza-se o termo *collective bargaining*, que foi usado pela primeira vez em 1891, por Sydney Webb. Na Espanha, utiliza-se o termo *convênio coletivo*. Outras legislações empregam as expressões *contratos de tarifa, acordo intersindical, pacto social, acordo-marco* etc.

5 DEFINIÇÕES

Convenção coletiva de trabalho "é o acordo de caráter normativo, pelo qual dois ou mais sindicatos representativos de categorias econômicas e profissionais estipulam condições de trabalho aplicáveis, no âmbito das respectivas representações, às relações individuais de trabalho" (art. 611 da CLT). É o que se chama de efeito *erga omnes*.

Convenção coletiva de trabalho é o negócio jurídico entre sindicato de empregados e sindicato de empregadores sobre condições de trabalho. Tem aplicação para a categoria.

> "É facultado aos Sindicatos representativos de categorias profissionais celebrar acordos coletivos com uma ou mais empresas da correspondente categoria econômica, que estipulem condições de trabalho, aplicáveis no âmbito da empresa ou das empresas acordantes às respectivas relações do trabalho" (§ 1º do art. 611 da CLT).

Acordo coletivo de trabalho é o negócio jurídico entre o sindicato da categoria profissional e uma ou mais empresas pertencentes à categoria econômica sobre condições de trabalho. É aplicável aos empregados dessa empresa ou empresas que acordaram com o sindicato dos empregados.

O ponto em comum da convenção e do acordo coletivo é que neles são estipuladas condições de trabalho que serão aplicadas aos contratos individuais dos trabalhadores, tendo, portanto, efeito normativo. A diferença entre as figuras em comentário parte dos sujeitos envolvidos, consistindo em que o acordo coletivo é feito entre uma ou mais empresas e o sindicato da categoria profissional, sendo que na convenção coletiva o pacto é realizado entre sindicato da categoria profissional, de um lado, e sindicato da categoria econômica, de outro. A convenção coletiva é aplicável à categoria. O acordo coletivo é aplicável aos empregados da empresa ou empresas acordantes.

O acordo coletivo é uma espécie de convenção coletiva de trabalho.

O acordo coletivo atende a peculiaridades e situações particulares da empresa. Atinge a paz social entre as partes. Tem maior flexibilidade, pois pode ser modificado ou atualizado mais facilmente do que a lei.

Na verdade, existe apenas uma convenção coletiva, porém nossa legislação procurou diferenciar a convenção coletiva, que é pactuada entre sindicatos, do acordo coletivo, que é realizado entre sindicato profissional e empresa ou empresas. Outras legislações não fazem essa distinção.

As federações ou as confederações, na falta das primeiras, poderão celebrar convenções coletivas de trabalho para reger as relações das categorias a elas vinculadas, desde que inorganizadas em sindicatos, no âmbito de suas representações.

Distingue-se a convenção coletiva dos pactos sociais. Os pactos são trilaterais (Estados, empregados e empregadores). A convenção coletiva é bilateral. Concertação social é o procedimento. Pacto social é o instrumento resultado da negociação.

6 ACORDO DOS TRABALHADORES E EMPREGADORES

O art. 617 da CLT permite que os empregados de uma ou mais empresas que decidirem celebrar acordo coletivo de trabalho com suas empresas darão ciência de sua resolução, por escrito, ao sindicato representativo da categoria profissional, que terá o prazo de oito dias para assumir a direção das negociações. O mesmo procedimento deverá ser observado pelas empresas interessadas com relação ao sindicato da respectiva categoria econômica. Terminado o prazo de oito dias sem que o sindicato tenha iniciado a negociação, poderão os interessados dar conhecimento do fato à federação a que estiver vinculado o sindicato e, na falta daquela, à correspondente confederação, para que, no mesmo prazo, assuma a direção dos entendimentos. Esgotado o referido prazo, poderão os interessados prosseguir diretamente na negociação coletiva até o final.

O acordo mencionado supra dependerá de assembleia geral, convocada pela entidade sindical ou pelos trabalhadores, se aquela não assumir a negociação, em que poderão votar tanto os empregados sindicalizados como os não associados, observando-se o *quorum* previsto no art. 612 da CLT. A assembleia poderá ser realizada em qualquer local, se a entidade sindical não assumir a negociação, inclusive no próprio local de trabalho.

Apesar de a participação do sindicato dos empregados ser obrigatória nas negociações coletivas de trabalho (art. 8º, VI, da Constituição), os dispositivos elencados não foram revogados pela Constituição, pois se o sindicato não tem interesse na negociação, os interessados não poderão ficar esperando indefinidamente, daí por que podem promover diretamente as negociações.

As empresas e instituições que não estiverem incluídas no enquadramento sindical do art. 577 da CLT poderão celebrar acordos coletivos de trabalho com os sindicatos representativos dos respectivos empregados (art. 618 da CLT).

7 NATUREZA JURÍDICA

A natureza jurídica da convenção coletiva é controvertida. Carnelutti afirmava que o contrato coletivo era "um híbrido, que tem corpo de contrato e alma de lei".[1] É possível dividir as teorias que tratam do tema em três: (a) teorias contratualistas ou civilistas; (b) teorias normativas ou regulamentares; (c) teorias mistas.

A teoria contratualista ou civilista procura justificar a natureza jurídica da convenção coletiva de acordo com certos contratos civis: (a) do mandato; (b) da estipulação em favor de terceiros; (c) da gestão de negócios; (d) do contrato inominado.

A teoria do mandato prescreve que o sindicato é o mandatário dos associados, representando seus interesses individuais. Mais tarde, a mesma teoria entendeu que o sindicato representava também os interesses coletivos, podendo fazê-lo em juízo. Entendia-se que o mandante podia estipular condições diversas da norma coletiva no contrato de trabalho, revogando a primeira. A referida teoria entrava em choque, porém, com a liberdade sindical, decorrente da autonomia privada coletiva do sindicato, de representar não só os associados, mas também os não associados, e com a possibilidade de serem estabelecidas normas coletivas mais favoráveis ao empregado, inclusive no contrato individual de trabalho. Ressalte-se que o contrato de mandato só seria aplicável ao mandante e ao mandatário, o não associado ao sindicato não outorga a este qualquer poder. A convenção coletiva, porém, por ter efeito normativo, vai se aplicar não só aos sócios do sindicato, mas também aos não sócios.

A teoria da estipulação em favor de terceiros dá a ideia de que o sindicato estipularia as condições de trabalho em favor de terceiros, que seriam os representados. Verifica-se, entretanto, que os associados do sindicato não poderiam ser considerados como terceiros, pois eram a própria coletividade para quem se estipulavam as condições de trabalho. A convenção coletiva criava, todavia, direitos e obrigações para as partes convenentes, enquanto a estipulação era apenas a favor de um terceiro. Na estipulação, os terceiros deveriam declarar que tinham interesse em se beneficiar do pacto, enquanto a convenção coletiva, por ter efeito normativo, irá vincular os sócios e não sócios do sindicato, valendo para toda a categoria.

A teoria da gestão de negócios demonstra que uma pessoa (gerente) vai gerir, tomar conta dos negócios de outra (gerido). O gestor, contudo, deve assumir o negócio de maneira voluntária e espontânea, enquanto na convenção coletiva já existe uma delegação expressa ou tácita para o sindicato agir em nome da categoria. O negócio não diz respeito a outrem, mas à categoria como um todo. Na gestão ainda haveria a possibilidade de os donos do negócio não ratificarem certo ato praticado pelo gerente, quando contrário a seus interesses, enquanto na convenção

[1] CARNELUTTI. *Teoria del regolamento colletivo dei rapporti di lavoro. Pádua: Cedam, 1936.* p. 117.

coletiva o sindicato já tem, com a assembleia geral, o poder de negociar as condições, que podem ser boas ou más e que, posteriormente, não precisarão ser ratificadas pela categoria. Na convenção coletiva não existe empreendimento a ser gerido.

Na teoria da solidariedade necessária, a vontade individual estaria subordinada à vontade da maioria. A vontade coletiva pode não ser a vontade da maioria. Não existe subordinação dos interesses individuais ao interesse da maioria. A subordinação diz respeito a interesses coletivos, que podem não coincidir com interesses da maioria.

Por último, poder-se-ia enumerar, ainda, a teoria do contrato inominado, ou seja, a convenção coletiva seria um contrato ainda não devidamente nominado. Essa teoria seria incorreta, pois fala apenas em contrato, esquecendo-se do aspecto normativo que é encontrado na convenção coletiva.

Verifica-se que as teorias contratualistas procuram explicar a natureza jurídica da convenção coletiva como um contrato, decorrente de ajuste entre as partes. São teorias de direito privado, retratando a autonomia privada das partes nos ajustes, o que revela um negócio jurídico.

A teoria normativa procura explicar a natureza jurídica da convenção coletiva não como um contrato, mas de acordo com seu efeito, que será normativo, valendo para toda a categoria e não apenas para os associados do sindicato, sendo extensível imediatamente a todas as pessoas que estejam representadas pelo sindicato. Tal teoria tem um aspecto publicístico, proveniente do corporativismo italiano. Seriam exemplos da teoria normativa: a teoria regulamentar, da instituição corporativa e da lei delegada. O art. 611 da CLT define a convenção coletiva como acordo de caráter normativo.

Consiste a teoria da instituição corporativa na expressão da vontade corporativa do sindicato, que era por ele promulgada. A convenção não deveria depender de homologação da autoridade administrativa. No caso do Brasil, o art. 614 da CLT reza que a convenção coletiva deve ser depositada no órgão do Ministério do Trabalho para efeito de sua vigência.

Importa a teoria regulamentar em disciplinar, pela convenção coletiva, as condições de trabalho. Isso quer dizer que a convenção coletiva seria um regulamento interno da profissão, de direito público, como ocorre com a lei, que é feita para a sociedade. Entretanto, não se pode dizer que a convenção coletiva esteja no âmbito do direito público, pois é feita para e pelos particulares, estando compreendida no direito privado.

A teoria da lei delegada tem por base o fato de o Estado delegar a associações por ele reconhecidas, como representantes das categorias profissionais e econômicas, o direito de promulgar leis a serem aplicáveis a suas profissões. Hoje, o sindicato não mais exerce função delegada de poder público, como ocorria nas Constituições anteriores à de 1988.

O sindicato é, atualmente, uma entidade privada, não pertencendo ao Estado, não sendo órgão deste. A convenção coletiva, porém, nasceu no âmbito do direito privado, tratando de relações entre particulares, não se podendo falar também em delegação pelo Estado. A convenção coletiva não é uma lei delegada pelo Estado, pois o sindicato não pode elaborar leis, que são de competência do Poder Legislativo. Ressalte-se que as leis delegadas são elaboradas pelo Presidente da República, mediante delegação do Congresso Nacional (art. 68 da Constituição).

É claro que, na teoria jurídica moderna, não é a norma decorrente apenas de um ato jurídico estatal. O contrato particular também contém normas, assim como ocorre com a convenção coletiva, mostrando que a elaboração das normas também pode ter um conteúdo não estatal.

A teoria mista procura mesclar as teorias contratualistas com as teorias normativas, mostrando que a convenção coletiva tem dupla natureza. A convenção coletiva seria contratual, quando de sua elaboração, pois há um acordo de vontades entre os pactuantes decorrente de negociação, mas também seus efeitos são normativos, valendo para toda a categoria, tanto para os sócios como para os não sócios do sindicato.

Há também um duplo efeito: contratual e normativo. Contratual porque existem cláusulas obrigacionais que só vinculam os pactuantes; normativo, pois as cláusulas normativas irão ser aplicadas a toda a categoria nos contratos individuais dos trabalhadores.

A teoria mista parece que é a que melhor explica a natureza jurídica da convenção coletiva, sem se ater apenas ao caráter contratual ou normativo, mas misturando as duas características. Como já disse Carnelutti: teria a convenção coletiva corpo de contrato e alma de lei.

8 APLICAÇÃO

A lei é hierarquicamente superior à convenção coletiva, salvo se esta for mais benéfica para o empregado, quando, então, será aplicada.

Não existe hierarquia entre convenção e acordo coletivo, que estão num mesmo plano. Há campos de atuação distintos. A convenção coletiva vale para a categoria, enquanto o acordo coletivo diz respeito à empresa ou empresas acordantes.

Sob o ponto de vista de sua aplicação, a convenção coletiva poderia ser dividida em: de eficácia limitada, aplicável unicamente aos convenentes e, portanto, aos associados do sindicato; e de eficácia geral, observada em relação a toda categoria, que é o modelo vigente no Brasil.

As cláusulas das normas coletivas são aplicáveis no âmbito das categorias (profissional e econômica) convenentes, sendo observadas em relação a todos os seus membros, sócios ou não dos sindicatos. O efeito normativo atribuído às convenções e acordos coletivos implica, portanto, a aplicação a todos os empregados da empresa, indistintamente. Os trabalhadores, mesmo que não filiados ao sindicato, serão beneficiários das disposições coletivas. As empresas, igualmente, estarão obrigadas a cumprir o pactuado. Aí, portanto, se verifica o efeito *erga omnes*, que não se restringe apenas aos sócios do sindicato, mas também aos não sócios.

Inicialmente, deve-se colocar o princípio ontológico regente da interpretação das convenções coletivas: sempre se aplicará a condição mais favorável ao trabalhador. O particular, por ser específico, deve primar sobre o geral, a não ser que se trate de norma de ordem pública.

As condições de trabalho previstas em acordo coletivo sempre prevalecerão sobre as previstas em convenção coletiva (art. 620 da CLT). O legislador adota a ideia de que o acordo coletivo tem regras especiais, que devem ser observadas na empresa em vez das regras estabelecidas para a categoria previstas em convenção coletiva.

A aplicação das normas coletivas compreende duas teorias: da acumulação e do conglobamento. A teoria da acumulação compreende a aplicação de cláusulas de convenções coletivas diferentes ao mesmo tempo, ou seja, é possível aplicar a cláusula primeira da convenção A ou a cláusula segunda da convenção *B*, utilizando-se da norma mais favorável ao trabalhador. A teoria do conglobamento diz respeito a se utilizar da convenção coletiva em seu conjunto, globalmente. Assim, havendo duas normas coletivas, aplica-se a que for mais favorável ao trabalhador em seu conjunto, e não cláusula por cláusula, isoladamente. De acordo com as circunstâncias, poder-se-á optar pela aplicação global de determinada convenção ou pela acumulação de cláusulas mais favoráveis oriundas de convenções diversas, quando em cada caso concreto, esta ou aquela condição for mais favorável ao trabalhador. O mais correto é a aplicação da norma coletiva que, em sua globalidade, seja mais favorável ao empregado, pois é impossível que se fique pinçando cláusulas de várias normas coletivas ao mesmo tempo; daí por que se falar na aplicação da norma coletiva que for mais favorável em sua globalidade em relação a outra norma coletiva.

A interpretação deve ser feita com base na vontade das partes à época da elaboração da norma coletiva. Nas declarações de vontade se atenderá mais a sua intenção que ao sentido literal da linguagem (art. 112 do Código Civil). As cláusulas benéficas devem ser interpretadas restritivamente (art. 114 do Código Civil).

As normas coletivas sindicais são territoriais. Devem ser observadas de acordo com a base territorial dos sindicatos respectivos. Dificilmente haverá um sindicato que tem base territorial nacional, como, por exemplo, o Sindicato dos Aeronautas. Os sindicatos podem ter base territorial estadual, mas é mais comum terem base territorial no Município ou em alguns Municípios de certa região.

O enquadramento sindical é feito de acordo com a atividade preponderante da empresa. Dispõe o § 1º do art. 581 da CLT que "quando a empresa realizar diversas atividades econômicas, sem que nenhuma delas seja preponderante, cada uma dessas atividades será incorporada à respectiva categoria econômica, sendo a contribuição sindical devida à entidade sindical representativa da mesma categoria, procedendo-se, em relação às correspondentes sucursais, agências ou filiais, na forma do presente artigo". Se a empresa tem mais de uma atividade, deve ser verificada a atividade preponderante para efeito de se fazer o enquadramento sindical. Exemplo é o de uma concessionária de veículos. Ela tem uma parte que vende os veículos e outra parte que presta serviços de assistência técnica nos veículos. Sua atividade preponderante é o comércio. Seus empregados estão enquadrados no Sindicato dos Empregados do Comércio e não no Sindicato dos empregados das empresas prestadoras de serviços de assistência técnica.

Um empregado de uma empresa comercial com filial em Belo Horizonte não pode ter aplicada a norma coletiva dos comerciários de São Paulo, em razão de a matriz ser nesta cidade, pois o Sindicato de São Paulo não tem base territorial na primeira cidade. O piso salarial tem de ser dos comerciários de Belo Horizonte, assim como os demais direitos previstos na norma coletiva, como participação nos lucros, cesta básica etc.

Empregado integrante de categoria profissional diferenciada não tem o direito de haver de seu empregador vantagens previstas em instrumento coletivo no qual a empresa não foi representada por órgão de classe de sua categoria (S. 374 do TST). Para que o empregado de categoria diferenciada (secretária, motorista, desenhista etc.) possa aplicar a norma coletiva do seu sindicato há necessidade de a sua empresa ter participado da negociação sindical, por intermédio do sindicato da categoria econômica, ou tenha participado do dissídio coletivo do sindicato da categoria diferenciada. Da mesma forma, a norma coletiva de sindicato de categoria diferenciada é territorial. Só se aplica no referido território e não em outro.

9 EFICÁCIA

Para a eficácia da convenção coletiva é mister que haja legitimidade, aplicabilidade efetiva, além da correta interpretação de suas normas.

A legitimidade da convenção coletiva depende da observância dos requisitos formais e essenciais exigidos pela lei, como a capacidade do sindicato de celebrá-la. Todas as cláusulas da convenção coletiva devem incidir sobre fatos, pessoas ou relações jurídicas, de maneira a tornar efetiva sua aplicação. Sua interpretação deve ser feita de acordo com a vontade dos convenentes na época em que a celebraram.

As cláusulas podem ter eficácia limitada, obrigando apenas os sujeitos convenentes e seus respectivos associados, ou eficácia geral, *erga omnes*, que obrigam não apenas os estipulantes, mas também pessoas estranhas aos quadros de associados. No Brasil este é o modelo adotado.

A vigência de cláusula de aumento ou reajuste salarial, que importe elevação de tarifas ou preços sujeitos à fixação por autoridade pública ou repartição governamental, dependerá de prévia audiência dessa autoridade ou repartição e sua expressa declaração no que diz respeito à possibilidade de elevação da tarifa ou do preço e quanto ao valor dessa elevação (art. 624 da CLT).

A convenção coletiva não é nula se exceder de dois anos, apenas não tem mais vigência.

10 CONTEÚDO

O conteúdo das convenções e dos acordos coletivos está disciplinado no art. 613 da CLT. Nos pactos em comentário deverão constar obrigatoriamente: (a) designação dos sindicatos convenentes ou dos sindicatos e empresas acordantes; (b) prazo de vigência; (c) categorias ou classes de trabalhadores abrangidas pelas suas normas; (d) condições ajustadas para reger as relações individuais de trabalho durante sua vigência; (e) normas para a conciliação das divergências surgidas entre os convenentes por motivos da aplicação de seus dispositivos (mediação, arbitragem, comissão de conciliação); (f) disposições sobre o processo de sua prorrogação e de revisão total ou parcial de seus preceitos; (g) direitos e deveres dos empregados e empresas; (h) penalidades para os sindicatos convenentes, os empregados e as empresas em caso de violação de suas prescrições.

As convenções e os acordos coletivos poderão incluir nas suas cláusulas disposição sobre a constituição e funcionamento de comissões mistas de consulta e colaboração no plano da empresa. As determinações daquelas normas coletivas deverão mencionar a forma de constituição, o modo de funcionamento e as atribuições das comissões, assim como o plano de participação. Seria uma forma bastante válida de aproximação do capital e do trabalho, mas na prática tem sido pouco utilizada essa orientação. Há também a possibilidade de que seja incluída naquelas normas a participação nos lucros (art. 621 da CLT).

A norma coletiva estabelece melhores condições de trabalho, suprindo as deficiências do contrato de trabalho.

11 CLÁUSULAS OBRIGACIONAIS E DE CONTEÚDO NORMATIVO

As cláusulas das normas coletivas podem ser divididas em: (a) obrigacionais; (b) normativas.

O conteúdo obrigacional é constituído das cláusulas que tratam de matérias que compreendem os sindicatos pactuantes. Versa o conteúdo normativo sobre matéria que atinge os representados, pelos sindicatos e que irá ter reflexos em seus contratos de trabalho. São as condições de trabalho a serem observadas aos trabalhadores.

Conforme Hueck e Nipperdey (1963:301-302) "a parte normativa é a soma das regras que determinam e afetam diretamente, de acordo com a vontade dos convenentes, o conteúdo, celebração e extinção de relações privadas de trabalho dependente, assim como regulam questões da empresa, de sua organização social, questões que têm por objeto instituições conjuntas das partes do convênio".

Constituem parcelas obrigacionais do convênio coletivo as disposições criadoras de direitos e deveres laborais entre as partes. A regulação das relações jurídicas normativas só pode resultar em estatuir deveres e direitos correspondentes aos estipulantes do convênio coletivo (Hueck e Nipperdey, 1963:315).

Uma cláusula prevendo multa para o sindicato que descumprir a convenção tem caráter obrigacional, pois possui a característica de uma obrigação assumida pelo sindicato como pessoa jurídica. Já uma cláusula que assegura aumento salarial para toda a categoria tem natureza normativa. Não há a criação de uma obrigação para o sindicato como pessoa jurídica, mas para os empregadores do setor, e um benefício correlato para os empregados.

12 CLASSIFICAÇÃO DAS CLÁUSULAS

As cláusulas obrigacionais podem ser divididas em típicas e atípicas. As primeiras correspondem aos deveres de paz e de influência. As atípicas tratam de mecanismos de administração da convenção coletiva, como a instituição de comissão encarregada de dirimir controvérsias dela emergentes.

Nas cláusulas típicas instituidoras de dever de paz, uma infração clara seria a infringência desta por meio de greve desencadeada por instigação do sindicato.

Existem, ainda, deveres próprios, que são os que somente pelas convenções podem ser executados, incumbindo às próprias partes e não a terceiros. Há também deveres de influência, que são aqueles que devem ser exercidos junto aos membros do sindicato, para que levem a cabo uma conduta conforme o convênio, buscando sempre um dever de paz (Hueck e Nipperdey, 1963:315).

O dever de paz é a renúncia do sindicato de fazer novas exigências durante a vigência da norma coletiva, como seria de não fazer greve estando em vigor a norma coletiva. O dever de influência corresponde ao esforço feito pelo sindicato visando convencer seus representados a não descumprir o dever de paz.

O dever de paz não pode ser absoluto, pois implicaria renúncia ao direito de greve. Haveria, portanto, um dever de paz relativo.

13 INCORPORAÇÃO DAS CLÁUSULAS NORMATIVAS NOS CONTRATOS DE TRABALHO

Os autores empregam as seguintes denominações: teoria da incorporação, tese da incorporação, incorporação das cláusulas normativas, princípio da aderência contratual, sobrevigência das cláusulas normativas, ultravigência, sobrevivência das normas coletivas, princípio de manutenção das regalias adquiridas, ultra-atividade.

Mostra o Código do Trabalho português que vigência tem o sentido de delimitar o tempo de duração da convenção coletiva (art. 499). Sobrevigência diz respeito às hipóteses de prorrogação de vigência e de eficácia ultratemporal (art. 501). Sucessão de convenções coletivas compreende a ultra-atividade das cláusulas da norma coletiva, no que diz respeito à incorporação ou não das vantagens previstas em norma coletiva anterior (art. 503). Antonio Menezes Cordeiro afirma que concurso temporal é a sucessão de normas coletivas no tempo.[2]

Ultra-atividade parece denominação mais apropriada. *Ultra* quer dizer excesso, além de, acima de, fora de. *Atividade* significa a soma de ações, de atribuições, de encargos ou de serviços desempenhados.[3]

Ultra-atividade é a aderência de forma definitiva das cláusulas normativas da norma coletiva nos contratos individuais de trabalho por período superior à sua vigência.

---

[2] CORDEIRO, Antonio Menezes. *Manual de direito do trabalho*. Coimbra: Almedina, 1991. p. 298.

[3] SILVA, De Plácido e. *Vocabulário jurídico*. 26. ed. Rio de Janeiro: Forense, 2005. p. 1440.

A sentença normativa vigorará: (a) a partir da data de sua publicação, quando ajuizado o dissídio após o prazo do § 3º do art. 616 (60 dias anteriores ao termo final), ou, quando não existir acordo, convenção ou sentença normativa em vigor, da data do ajuizamento; (b) a partir do dia imediato ao termo final de vigência do acordo, convenção ou sentença normativa, quando ajuizado o dissídio no prazo do § 3º do art. 616 (parágrafo único do art. 867 da CLT).

O prazo de vigência da sentença normativa nunca poderá ser superior a quatro anos (parágrafo único do art. 868 da CLT). A revisão poderá ser pedida depois de um ano de vigência.

As condições de trabalho estabelecidas na sentença normativa têm validade no seu prazo de vigência.

A redação original do § 2º do art. 114 da Lei Maior de 1988 mandava observar nos dissídios coletivos as disposições convencionais e legais mínimas de proteção ao trabalho.

O § 2º do art. 114 da Constituição, de acordo com a Emenda Constitucional nº 45/2003, determina que nos dissídios coletivos devem-se observar as disposições mínimas legais de proteção ao trabalho, bem como as convencionadas anteriormente, mas não as previstas anteriormente em dissídios coletivos.

A incorporação das condições de trabalho previstas em normas coletivas implica inibir novas negociações coletivas e fazer com que o empregador dispense trabalhadores que têm cláusulas incorporadas em seus contratos de trabalho, visando admitir novos trabalhadores com benefícios inferiores. Pode aumentar o número de dissídios coletivos.

As cláusulas obrigacionais extinguem-se com o término da vigência da norma coletiva. A dúvida ocorre justamente quanto às cláusulas normativas. Questiona-se se estas têm ultra-atividade e se ficam incorporadas aos contratos de trabalho, mesmo após o término do prazo de vigência. Havendo condições resolutivas previstas nas normas coletivas, mesmo que normativas, elas se extinguirão no termo prefixado, cessando seus efeitos jurídicos nesta oportunidade, pois, realizada a condição, inexiste sobrevivência daquelas determinações.

Na doutrina existem correntes a analisar o tema: uma justificando a incorporação das cláusulas normativas no contrato de trabalho e a outra ponderando pela não incorporação.

A primeira corrente é defendida por vários ilustres juristas, como: Délio Maranhão, Orlando Teixeira da Costa, Mozart Victor Russomano, José Segadas Vianna, José Martins Catharino, entre outros. Alegam que as novas condições de trabalho não podem vir a prejudicar o empregado, tendo respaldo no art. 468 da CLT; que a convenção coletiva tem caráter normativo (*caput* do art. 611 da CLT); que as disposições do contrato individual de trabalho não podem contrariar convenção ou acordo coletivo de trabalho (art. 619 da CLT). Considera-se que as vantagens habitualmente concedidas ao empregado não são suscetíveis de supressão, pois os ajustes tácitos, derivados da habitualidade, devem integrar o contrato de trabalho do empregado (S. 45, 60, 63, 172, 241 do TST). Obtemperam que as normas coletivas findas produzem direito adquirido para os trabalhadores (art. 5º, XXXVI, da Constituição), com a imediata incorporação das vantagens ali deferidas aos contratos de trabalho, porque as cláusulas normativas incrustam-se nos contratos de trabalho dos empregados antigos. Consubstancia-se tal entendimento ao se utilizar por analogia da Súmula 51 do TST, dispondo que "as cláusulas regulamentares, que revoguem ou alterem vantagens deferidas anteriormente, só atingirão os trabalhadores admitidos após a revogação ou alteração do regulamento" (I). Assim, para os empregados admitidos após o término de vigência da norma coletiva não haveria incorporação, aplicando-se a nova norma coletiva aos recém-contratados. Quanto aos empregados antigos, haveria a incorporação das cláusulas normativas em seus contratos de trabalho.

A segunda corrente é esposada por não menos insignes juristas: Wilson de Souza Campos Batalha, Antonio Álvares da Silva. Sustentam os partidários da referida corrente que as normas coletivas têm prazo certo de vigência (art. 613, II, e art. 614, § 3º), sendo que as condições ajustadas valem para o respectivo prazo de vigência (art. 613, IV, da CLT).

A terceira corrente afirma que a incorporação ocorre apenas até que norma coletiva posterior venha a regular as condições de trabalho. É o que ocorre em alguns países da Europa e que tecnicamente é mais correta (Maurício Godinho Delgado).

O art. 86.1 do Estatuto dos Trabalhadores da Espanha prescreve que cabe às partes negociadoras fixar a duração dos convênios coletivos. Eles se prorrogam de ano em ano, se não houver denúncia expressa de qualquer das partes, salvo disposição em contrário (art. 86, 2). Denunciado o convênio, perdem vigência as cláusulas obrigacionais, mantendo-se em vigor as cláusulas normativas, até que seja celebrado novo convênio que substitua o denunciado (art. 86, 3).

Na França, ensina Gérard Couturier (1993:476-477) que as vantagens individuais são as que estão diretamente relacionadas ao empregado, distinguindo-se das vantagens coletivas, dirigidas à representação eleita dos trabalhadores na empresa. Leciona Javillier que "em caso de nova convenção, não há juridicamente a manutenção das vantagens adquiridas pela convenção coletiva de trabalho anterior. O assalariado não pode se beneficiar das normas da antiga convenção, que poderiam lhe ser mais favoráveis, sem que exista uma cláusula de manutenção das vantagens adquiridas. Na falta de tal cláusula, as disposições da antiga convenção são inaplicáveis.[4]

Na Itália, a jurisprudência entende que, na sucessão de normas coletivas, a mais recente substitui por inteiro a anterior, mesmo que suas cláusulas não sejam mais favoráveis ao trabalhador.[5] Gino Giugni afirma que "a cláusula contratual individual, conformada segundo a norma coletiva, segue naturalmente a sorte desta última, ficando permanentemente exposta ao efeito integrativo da parte dela: é por isso inevitável que uma modificação surgida na esfera da autonomia coletiva reflita-se nos conteúdos dos contratos anteriormente disciplinados por ela".[6] Ghezzi e Romagnoli afirmam que a jurisprudência tem entendido que, na sucessão de diversas regulamentações coletivas, a nova substitui por inteiro a anterior, mesmo que suas cláusulas não sejam mais favoráveis ao trabalhador.[7]

Em Portugal, a convenção coletiva posterior revoga integralmente a convenção anterior, salvo nas matérias expressamente ressalvadas pelas partes (art. 503, 1, do Código do Trabalho). Os direitos decorrentes de convenção coletiva só podem ser reduzidos por nova convenção de cujo texto conste, em termos expressos, o seu caráter globalmente mais favorável (art. 503, 3, do Código do Trabalho). A nova convenção prejudica os direitos de convenção anterior, salvo se, na nova convenção, forem expressamente ressalvados pelas partes (art. 503, 4, do Código do Trabalho). Monteiro Fernandes afirma que "um direito conferido pela 1ª convenção e, como tal recebido nos contratos de trabalho que ela abranja, passando assim à titularidade de cada trabalhador sujeito de um desses contratos, pode ser retirado do conteúdo dos mesmos contratos e da aludida titularidade, pela recepção de uma cláusula revogatória constante da 2ª convenção. Ou seja: consagração do mecanismo da recepção automática também para cláusulas convencionais coletivas de conteúdo menos favorável do que a dos contratos individuais".[8]

Com a promulgação da Lei nº 7.788/89 houve pelo menos uma luz no fim do túnel, em virtude do surgimento de norma regendo o tema. O parágrafo único do art. 1º do referido mandamento legal deixou claro que "as vantagens salariais asseguradas aos trabalhadores nas convenções ou acordos coletivos só poderão ser reduzidas

---

4 JAVILLIER, Jean Claude. *Manual de direito do trabalho*. São Paulo: LTr, 1988. p. 243.

5 GHEZZI, Giorgio; ROMAGNOLI, Umberto. *Il diritto sindicale*. Bolonha: Zanichelli, 1982. p. 200-201.

6 GIUGNI, Gino. *Diritto sindicale*. Bari: Caccucci, 1980. p. 173.

7 GHEZZI, Giorgio; ROMAGNOLI, Umberto. *Il diritto sindicale*. Bolonha: Zanichelli, 1982. p. 200-201.

8 FERNANDES, Antonio de Lemos Monteiro. *Noções fundamentais do direito do trabalho*. 2. ed. Coimbra: Almedina, 1985. v. 2, p. 171.

ou suprimidas por convenções ou acordos posteriores". Dessa forma, estava patente que as vantagens salariais asseguradas aos trabalhadores por normas coletivas findas somente poderiam ser reduzidas ou suprimidas por convenções ou acordos posteriores. Não existindo acordos ou convenções coletivas modificando as condições anteriores asseguradas, haveria incorporação destas ao contrato de trabalho.

A Lei nº 7.788/89, contudo, foi revogada pela Lei nº 8.030/90 (Plano Collor), em seu art. 14. O parágrafo único do art. 1º da Lei nº 8.222/91, que tratava do tema, foi vetado pelo Presidente da República. Volta-se, então, à estaca zero, ao continuar a não ter um dispositivo legal regulando a matéria.

Algumas observações devem ser feitas quanto ao que foi exposto. O art. 468 da CLT não serve como argumento sobre a inalterabilidade das disposições previstas na norma coletiva finda, pois tal artigo está no capítulo da CLT que versa sobre Direito Individual do Trabalho e não no concernente ao Direito Coletivo do Trabalho. Este não possui mandamento semelhante ao art. 468 da CLT. Não é o empregador que está alterando o contrato de trabalho, mas não mais existe norma coletiva a respaldar o direito estabelecido. A aplicação analógica da Súmula 51 do TST também não é válida para a hipótese vertente, visto que o regulamento, ao contrário da norma coletiva, normalmente não tem prazo de validade. Alinho um último argumento, o de que as propostas para a celebração das normas coletivas são feitas em assembleia sindical (art. 612 da CLT), na qual os interessados devem comparecer para a discussão de seus interesses. Lá não comparecendo, não terão como debatê-los, nada impedindo que em outra convenção coletiva sejam declaradas novas e melhores condições de trabalho ao empregado.

Há alegação de a alteração violar direito adquirido. Não se pode dizer que há direito adquirido à manutenção da condição do contrato de trabalho estabelecida pela norma coletiva anterior, pois o inciso XXXV do art. 5º da Lei Maior estabelece que "a lei não prejudicará o direito adquirido". Não é a convenção ou o acordo coletivo que não prejudicarão o direito adquirido, mas a lei. O direito adquirido é exercitado em qualquer tempo, independentemente do arbítrio de outrem (art. 6º da Lei de Introdução). Isso significa que não se pode falar em direito adquirido quando há prazo de vigência da norma coletiva. Assim, em decorrência do prazo determinado de vigência da norma coletiva, não se pode falar em incorporação de suas cláusulas no contrato de trabalho. As pessoas que são admitidas na vigência da norma coletiva não podem reivindicar condições previstas na norma coletiva anterior.

Examinando as determinações do Estatuto Supremo de 1988, percebe-se que este consagrou algumas regras de flexibilização de condições de trabalho, principalmente por meio de convenção ou acordo coletivo. O salário pode ser reduzido por convenção ou acordo coletivo (art. 7º, VI); a jornada de trabalho pode ser compensada ou reduzida, mediante acordo ou convenção coletiva de trabalho (art. 7º, XIII); a jornada em turnos ininterruptos de revezamento pode ser superior a seis horas, por intermédio de negociação coletiva (art. 7º, XIV). Logo, está evidenciado que a Lei Maior prevê a alteração *in peius* das condições de trabalho, com fulcro na negociação coletiva entre as partes interessadas, mormente pelo reconhecimento do conteúdo das convenções e acordos coletivos (art. 7º, XXVI), prestigiando a autonomia privada coletiva dos convenentes.

A convenção coletiva pode, portanto, ter tanto regras para melhorar as condições de trabalho como condições *in peius*. Assim, se as partes não quiseram a incorporação, esta não ocorrerá, pois há barganha para obtenção de novas condições de trabalho, implicando concessões recíprocas. A negociação entre as partes é feita no sentido de estabelecer concessões recíprocas para a outorga de outros benefícios. Se foi suprimido determinado benefício, pode ter ocorrido de, no conjunto, terem atribuído melhores benefícios aos trabalhadores.

Prevê o inciso II do art. 613 da CLT que as convenções e os acordos coletivos terão obrigatoriamente prazo de vigência. Isso quer dizer indiretamente que as normas coletivas têm validade apenas no período de vigência, pois não se incorporam ao contrato de trabalho. O prazo máximo de vigência das convenções e dos acordos coletivos é de dois anos (§ 3º do art. 614 da CLT). Isso se justifica em razão de mudanças das condições negociadas pela Economia e também das possibilidades ou necessidades das partes envolvidas, que podem ser adequadas mediante nova negociação coletiva.

Poder-se-ia estabelecer a sobrevigência do conteúdo normativo da norma coletiva até que surja outra norma, substituindo a anterior, como ocorre na Alemanha e na Espanha. Na convenção coletiva também poderia ser prevista uma cláusula mantendo-se as vantagens adquiridas, como ocorre na França (Javillier, 1988:243).

A função principal da norma coletiva deve ser a de flexibilizar as normas de Direito do Trabalho, inclusive adaptá-las para pior, se for o caso, e se as partes assim pactuarem. Nesse sentido, temos os incisos VI e XIV do art. 7º da Constituição. Essa é a posição adotada na França (Lyon-Caen, 1987:339), utilizada principalmente nas épocas de crise econômica.

O § 1º do art. 1º da Lei nº 8.542/92 disciplinou que as cláusulas dos acordos, contratos e convenções coletivas de trabalho integram os contratos individuais de trabalho e somente poderão ser reduzidas ou suprimidas em posterior acordo, convenção ou contrato coletivo de trabalho. Não se diga que tal dispositivo, por estar contido numa lei de política salarial, não se aplica ao contrato de trabalho, pois ele mesmo dispõe que há a integração das cláusulas da norma coletiva no contrato individual de trabalho. Pouco importa que tal lei seja norma de política salarial, pois as leis podem tratar de vários temas ao mesmo tempo, e não de um único.

A tese da incorporação das cláusulas da norma coletiva traz desestímulo à negociação coletiva, em razão de que o empregador não irá querer a integração no contrato de trabalho de algo que será permanente e não mais poderá ser negociado. O empregado não irá querer negociar, pois a cláusula já está incorporada ao contrato de trabalho.

A Lei nº 10.192 estabelece que os salários e demais condições referentes ao trabalho continuam a ser fixados e revistos na respectiva data-base anual, por intermédio de livre negociação coletiva (art. 10). Isso mostra que as cláusulas das normas coletivas passam a não mais se incorporar ao contrato de trabalho depois da perda de sua vigência, pois podem também ser modificadas na data-base anual.

O art. 18 da Lei nº 10.192 revoga o § 1º do art. 1º da Lei nº 8.542/92. Assim, pode-se dizer, agora, que as cláusulas da norma coletiva não se incorporam ao contrato de trabalho, pois o único dispositivo que assim dispunha expressamente foi revogado.

As cláusulas das normas coletivas incorporam-se ao contrato de trabalho desde 24 de dezembro de 1992, quando foi publicada a Lei nº 8.542, até 30 de junho de 1995, pois em 1º de julho de 1995 entrou em vigor a Medida Provisória nº 1.053, que foi reeditada várias vezes. A Medida Provisória nº 2.074-72, de 27 de dezembro de 2000, foi convertida na Lei nº 10.192.

O § 2º do art. 114 da Constituição leva o intérprete a entender que a Justiça do Trabalho pode estabelecer normas e condições em dissídios coletivos de natureza econômica, respeitadas as disposições mínimas legais de proteção ao trabalho, bem como as convencionadas anteriormente. O TST entende que norma mínima inclui também acordo homologado em dissídio coletivo. As condições legais mínimas são as previstas na Constituição e na legislação ordinária, como, por exemplo, adicional de horas extras de 50%, aviso-prévio de 30 dias etc. Já que as disposições convencionais não podem ser modificadas pela Justiça Obreira, há a incorporação das convenções ou acordos coletivos aos contratos de trabalho, havendo, assim, o entendimento de que as cláusulas da convenção ou acordo anteriores ao julgamento, por serem garantias mínimas dos trabalhadores, irão se incorporar ao contrato de trabalho. O Poder Judiciário não pode eliminá-las, o que ficará a cargo das próprias partes interessadas, em razão da autonomia privada coletiva que possuem, o que poderá ser feito em novo acordo ou convenção coletiva, mas não por meio de dissídio coletivo.

Ao contrário, as disposições dos dissídios coletivos não integrariam o contrato de trabalho, pois a Lei Maior não se refere a tal ponto. As cláusulas se incorporam no contrato de trabalho até que sejam revogadas por outra norma convencional. A convenção coletiva pode tanto prever as mesmas condições da norma coletiva que se expirou (como acontece na prática), como disciplinar novas condições globais que se mostrem mais favoráveis do que as previstas anteriormente, nada impedindo a existência de condições menos favoráveis aos trabalhadores.

A interpretação está sendo feita a partir da Constituição. Não se interpreta a Lei Maior a partir da lei ordinária. É uma forma de vedação ao retrocesso.

As normas convencionais são as existentes antes do julgamento do dissídio coletivo.

Haverá, contudo, a possibilidade de redução ou supressão em posterior acordo, convenção ou contrato coletivo de trabalho, mas não por dissídio coletivo.

As cláusulas de piso salarial ou reajuste salarial se incorporam ao contrato de trabalho, pois, uma vez recebido o salário, não poderia ser reduzido.

Esclarece a Orientação Jurisprudencial 41 da SBDI-1 do TST que, preenchidos todos os pressupostos para a aquisição de estabilidade decorrente de acidente ou doença profissional, ainda durante a vigência do instrumento normativo, goza o empregado de estabilidade mesmo após o término da vigência do referido instrumento.

A incorporação das condições previstas na norma coletiva no contrato de trabalho irá ocorrer se assim for a vontade das partes, pela incorporação tácita, pois o empregador continua cumprindo as condições ou porque a norma coletiva assim determinou. Seria uma condição mais benéfica, que deveria ser respeitada.

Em maio de 2011, o Pleno do TST aprovou o Precedente Normativo 120 da Seção de Dissídios Coletivos: "A sentença normativa vigora, desde seu termo inicial até que sentença normativa, convenção coletiva de trabalho ou acordo coletivo de trabalho superveniente produza sua revogação, expressa ou tácita, respeitado, porém, o prazo máximo legal de quatro anos de vigência". Este parece ser o fundamento de precedentes coletivos no TST.

O posicionamento final que prevaleceu foi o da Súmula 277 do TST, no sentido de que: "As cláusulas normativas dos acordos coletivos ou convenções coletivas integram os contratos individuais de trabalho e somente poderão ser modificadas ou suprimidas mediante negociação coletiva de trabalho".

Agora, o empregador é que vai ter interesse em negociar com os empregados para que as cláusulas da norma coletiva não fiquem incorporadas ao contrato de trabalho.

O Min. Gilmar Mendes, em liminar, entendeu que a S. 277 do TST foi firmada sem base legal ou constitucional. Determinou a suspensão de todos os processos em curso e dos efeitos de decisões judiciais proferidas pela Justiça do Trabalho que versem sobre a aplicação da ultratividade de acordos e de convenções coletivas (ADPF 323-DF, 14-10-2016, na ação proposta pela Confederação dos Estabelecimentos de Ensino).

Estabelece expressamente o § 3º do art. 614 da CLT que não existe ultratividade das convenções e acordos coletivos de trabalho, que têm vigência de dois anos. Se o STF entender que não existe ultratividade, o parágrafo citado é constitucional. Caso a Corte Suprema entenda que a ultratividade está no § 2º do art. 114 da Constituição, o § 3º do art. 614 da CLT é inconstitucional.

14 PREVALÊNCIA DO NEGOCIADO SOBRE O LEGISLADO

A Lei nº 13.467/2017 adotou a orientação da prevalência do negociado sobre o legislado ao acrescentar à CLT os arts. 611-A e 611-B.

A convenção coletiva e o acordo coletivo de trabalho têm prevalência sobre a lei (art. 611-A da CLT).

O artigo trata da prevalência do negociado sobre o legislado. Não versa sobre o que não pode ser negociado, que está no art. 611-B da CLT.

As situações descritas no art. 611-A da CLT são exemplificativas, pois o artigo usa a expressão entre outros.

I – pacto quanto à jornada de trabalho, observados os limites constitucionais;

Os limites constitucionais são que os turnos de revezamento são de 6 horas, a duração do trabalho normal é de 8 horas diárias e 44 semanais.

II – banco de horas anual;

O banco de horas seria anual e não semanal, quinzenal ou mensal.

III – Intervalo;

A convenção ou o acordo coletivo poderão estabelecer intervalo de 30 minutos para jornadas superiores a 6 horas (art. 611-A da CLT). Isso acabará com a discussão se o intervalo pode ser reduzido por convenção ou acordo coletivo. O empregado muitas vezes prefere fazer intervalo de 30 minutos para poder sair mais cedo e não pegar a condução no horário de pico.

O intervalo de 30 minutos só poderá ser estabelecido para quem trabalhar em jornada superior a 6 horas. Se trabalhar 6 horas, o intervalo é de 15 minutos (art. 71 da CLT).

IV – adesão ao Programa Seguro-Emprego (PSE), de que trata a Lei nº 13.189, de 19 de novembro de 2015;

A referida norma permite que a adesão do Programa seja feita por convenção ou acordo coletivo.

V – plano de cargos, salários e funções compatíveis com a condição pessoal do empregado, bem como identificação dos cargos que se enquadram como funções de confiança;

O plano de cargos e salários pode ser negociado e não imposto pelo empregador, como vinha ocorrendo.

VI – regulamento empresarial;

Normalmente, o regulamento de empresa tem sido estabelecido unilateralmente pelo empregador. Poderá ser estabelecido mediante negociação coletiva.

VII – representante dos trabalhadores no local de trabalho; [art. 11 da Constituição]

A questão da representação dos trabalhadores também poderá ser estabelecida por norma coletiva.

VIII – teletrabalho, regime de sobreaviso, e trabalho intermitente;

Teletrabalho é o trabalho à distância com o uso de tecnologia. Sobreaviso é quando o empregado permanece na sua própria casa, aguardando a qualquer momento o chamado ao serviço (§ 2º do art. 244 da CLT).

IX – remuneração por produtividade, incluídas as gorjetas percebidas pelo empregado, e remuneração por desempenho individual;

Gorjeta não é exatamente remuneração por produtividade, mas pagamento pelo fato de que o cliente (terceiro) está reconhecido com o trabalho do empregado, por ter sido bem servido.

X – modalidade de registro de jornada de trabalho;

O registro da jornada de trabalho tem previsão no art. 74 da CLT. Modalidade de registro poderá ser por livro de ponto, cartão de ponto, ponto eletrônico etc.

XI – troca do dia de feriado;

É a hipótese de a norma coletiva estabelecer dias ponte entre o feriado e o fim de semana, em que normalmente as pessoas não querem trabalhar. Isso pode ser negociado em convenção ou acordo coletivo.

XII – enquadramento do grau de insalubridade;

Enquadramento em grau de insalubridade é matéria de ordem pública e não de norma coletiva. A redução dos riscos inerentes ao trabalho por meio de normas de saúde, higiene e segurança parece que deve ser feita preponderantemente por lei (art. 7º, XXII, da Constituição) e não por norma coletiva. O adicional de remuneração para o trabalho em atividades penosas depende da previsão de lei (art. 7º, XXIII, da Constituição). Parece inconstitucional essa disposição, pois as partes podem negociar condições inferiores às mínimas de insalubridade previstas em lei.

XIII – prorrogação de jornada em locais insalubres, sem licença prévia das autoridades competentes do Ministério do Trabalho;

A prorrogação da jornada em ambiente insalubre não deveria ser objeto de negociação coletiva, por se tratar de questão de saúde do empregado. De qualquer forma, deve haver o respeito às normas de segurança e medicina do trabalho.

XIV – prêmios de incentivo em bens ou serviços, eventualmente concedidos em programas de incentivo;

XV – participação nos lucros ou resultados da empresa.

A Lei nº 10.101 permite que convenção e acordo coletivo estabeleçam a participação nos lucros ou resultados (art. 2º, II).

No exame da convenção coletiva ou do acordo coletivo de trabalho, a Justiça do Trabalho analisará exclusivamente a conformidade dos elementos essenciais do negócio jurídico, respeitado o disposto no art. 104 do Código Civil, e balizará sua atuação pelo princípio da intervenção mínima na autonomia da vontade coletiva (§ 3º do art. 8º da CLT).

O exame será feito apenas em relação à conformidade dos elementos essenciais ao negócio jurídico.

A validade do negócio jurídico requer agente capaz, objeto lícito, possível, determinado ou determinável, forma prescrita ou não defesa em lei (art. 104 do Código Civil).

O § 3º do art. 8º da CLT mostra a necessidade de se observar a autonomia coletiva, que é a forma de se aplicar o inciso XXVI do art. 7º da Constituição.

Entretanto, a norma coletiva não pode dispor contra a lei ou estabelecer aquilo que só pode ser criado ou alterado por lei, como em caso de tributo.

A intervenção da Justiça do Trabalho nas normas coletivas deve ser mínima e não máxima.

A inexistência de expressa indicação de contrapartidas recíprocas em convenção coletiva ou acordo coletivo de trabalho não ensejará sua nulidade por não caracterizar um vício do negócio jurídico (§ 2º do art. 611-A da CLT). Costuma-se dizer que a norma coletiva importa concessões recíprocas e contrapartidas para o que foi estabelecido. O parágrafo passa a dizer que mesmo que não existam as contrapartidas, não será fundamento para declarar a nulidade do negócio jurídico por vício.

Se for pactuada cláusula que reduza o salário ou a jornada, a convenção coletiva ou o acordo coletivo de trabalho deverão prever a proteção dos empregados contra dispensa imotivada durante o prazo de vigência do instrumento coletivo (§ 3º do art. 611-A da CLT). Nos casos em que se reduz o salário ou a jornada, como acontece em crises econômicas, a norma coletiva deverá prever cláusula sobre garantia de emprego até o final da vigência do instrumento coletivo.

Na hipótese de procedência de ação anulatória de cláusula de convenção coletiva ou de acordo coletivo de trabalho, quando houver a cláusula compensatória, esta deverá ser igualmente anulada, sem repetição do indébito (§ 4º do art. 611-A da CLT). O parágrafo mostra que se for anulada uma cláusula, será anulada também a cláusula compensatória. Não haverá repetição do que foi pago.

Constituem objeto ilícito de convenção coletiva ou de acordo coletivo de trabalho, exclusivamente, a supressão ou a redução dos seguintes direitos (art. 611-B da CLT).

O artigo trata do que não pode ser negociado na norma coletiva.

A convenção ou acordo coletivo não poderão reduzir ou suprimir os direitos elencados nos incisos. Caso o fizerem, a cláusula será considerada nula e não toda a norma coletiva. Não se tratando de redução ou supressão, mas de melhoria de condições de trabalho, poderá a norma coletiva tratar.

Somente as hipóteses contidas nos incisos do artigo serão consideradas nulas, pois o *caput* do artigo usa o advérbio *exclusivamente*. Outras, portanto, não serão consideradas nulas. As hipóteses seriam exaustivas e não meramente exemplificativas.

A maioria dos incisos do art. 611-B da CLT tem previsão nos incisos do art. 7º e dos arts. 8º e 9º da Constituição.

I – normas de identificação profissional, inclusive as anotações na Carteira de Trabalho e Previdência Social;

Essas normas são de ordem pública e não devem ser objeto de convenção ou acordo coletivo.

II – seguro-desemprego, em caso de desemprego involuntário;

O seguro-desemprego é previsto em lei e tem o seu custeio feito pelo PIS-Pasep. Não podem as partes na norma coletiva dispor de forma diversa da lei.

III – valor dos depósitos mensais e da indenização rescisória do Fundo de Garantia do Tempo de Serviço (FGTS);

O FGTS tem natureza de tributo, de contribuição social (art. 149 da Constituição). Só pode ser alterado por lei e não por norma coletiva.

IV – salário mínimo;

O salário mínimo tem previsão no inciso IV do art. 7º da Constituição;

Não pode ser reduzido, pois já tem valor insuficiente e mínimo. Menos que isso não se pode ganhar. Pode ser aumentado pela vontade das partes.

V – valor nominal do décimo terceiro salário;

O valor nominal do 13º salário depende da remuneração da pessoa. Em épocas de crise, por exemplo, não será possível reduzir o 13º salário por meio de convenção ou acordo coletivo.

VI – remuneração do trabalho noturno superior à do diurno;

Essa regra tem previsão no inciso IX do art. 7º da Constituição. Remete à lei ordinária, ao art. 73 da CLT. Quem trabalha à noite deve ter salário superior ao de quem trabalha durante o dia, em razão de o trabalho noturno ser mais desgastante.

VII – proteção do salário na forma da lei, constituindo crime sua retenção dolosa;

Tem previsão a regra no inciso X do art. 7º da Constituição. A proteção do salário ainda não foi regulada em lei, nem o crime pela sua retenção dolosa.

VIII – salário-família;

O salário-família é um benefício previdenciário e depende da previsão da lei (art. 201 da Constituição). Não podem as partes na negociação coletiva modificá-lo.

IX – repouso semanal remunerado;

O repouso semanal é remunerado desde a Constituição de 1946. Está previsto no inciso XV do art. 7º da Constituição. Não poderá ser estabelecido repouso semanal sem remuneração ou parcialmente remunerado na norma coletiva.

X – remuneração do serviço extraordinário superior, no mínimo, em 50% (cinquenta por cento) à do normal;

Essa regra tem previsão no inciso XVI do art. 7º da Constituição. Trata-se de porcentual mínimo. Não pode ser o adicional de horas extras fixado em valor inferior a 50%, mas pode ser superior a 50%.

XI – número de dias de férias devidas ao empregado;

A Constituição não estabelece o número de dias de férias. Este número é fixado no art. 132 da CLT, em 30 dias. Não pode, portanto, haver a redução ou supressão do número de dias de férias, pois seria um mínimo.

XII – gozo de férias anuais remuneradas com, pelo menos, um terço a mais do que o salário normal;

Essa regra está prevista no inciso XVII do art. 7º da Constituição. Não pode ser alterada por norma coletiva.

XIII – licença-maternidade com a duração mínima de cento e vinte dias;

O inciso XIX do art. 7º da Constituição trata da licença à gestante, especificando a duração mínima de 120. Não pode a norma coletiva estabelecer licença-maternidade inferior a 120 dias.

XIV – licença-paternidade nos termos fixados em lei;

A licença paternidade é fixada em lei. Não pode ser alterada por norma coletiva.

XV – proteção do mercado de trabalho da mulher, mediante incentivos específicos, nos termos da lei;

A proteção do mercado de trabalho da mulher tem previsão no inciso XX do art. 7º da Constituição. Tanto a proteção como os incentivos específicos dependem da previsão da lei ordinária.

XVI – aviso-prévio proporcional ao tempo de serviço, sendo no mínimo de trinta dias, nos termos da lei;

O aviso-prévio tem previsão da mesma forma no inciso XXI do art. 7º da Constituição. O mínimo é de 30 dias. A norma coletiva não pode fixar aviso-prévio inferior. A proporcionalidade foi definida na Lei nº 12.506/2011 e não pode ser objeto de negociação coletiva, salvo se for para melhorar o que já está previsto.

XVII – normas de saúde, higiene e segurança do trabalho previstas em lei ou em normas regulamentadoras do Ministério do Trabalho;

Essas normas são de ordem pública e não podem ser modificadas pela vontade das partes. Exigem questões técnicas, que são estudas pelo Ministério do Trabalho, o que é feito na Portaria nº 3.214/78.

XVIII – adicional de remuneração para as atividades penosas, insalubres ou perigosas;

A regra tem previsão no inciso XXIII do art. 7º da Constituição e depende da previsão da lei. Adicional para atividades penosas não tem ainda previsão em lei. O adicional de insalubridade é previsto no art. 192 da CLT. O adicional de periculosidade é descrito no art. 193 da CLT.

XIX – aposentadoria;

Aposentadoria é um benefício previdenciário.

Depende da previsão da lei, por força do art. 201 da Constituição. Não pode ser estabelecida pela norma coletiva, a não ser para complementá-la e para criar uma condição mais vantajosa paga pelo empregador.

XX – seguro contra acidentes de trabalho, a cargo do empregador;

O inciso XXVIII do art. 7º da Constituição já dispõe nesse sentido. A norma coletiva não pode dispor que parte do custeio será feito pelo empregado, até porque o acidente é causado nas dependências do empregador ou por meio de equipamentos do empregador;

XXI – ação, quanto aos créditos resultantes das relações de trabalho, com prazo prescricional de cinco anos para os trabalhadores urbanos e rurais, até o limite de dois anos após a extinção do contrato de trabalho;

Essa regra tem previsão no inciso XXIX do art. 7º da Constituição. Não pode ser modificada pela norma coletiva.

XXII – proibição de qualquer discriminação no tocante a salário e critérios de admissão do trabalhador com deficiência.

Essa regra tem previsão no inciso XXXI do art. 7º da Constituição. Não pode ser piorada pela norma coletiva.

XXIII – proibição de trabalho noturno, perigoso ou insalubre a menores de dezoito anos e de qualquer trabalho a menores de dezesseis anos, salvo na condição de aprendiz, a partir de quatorze anos;

Essa regra é de ordem pública e tem previsão no inciso XXXIII do art. 7º da Constituição. A norma coletiva não pode dispor que o menor pode trabalhar a partir de 14 anos, mas em função diversa de aprendiz, nem determinar que menores de 18 anos façam trabalho noturno, perigoso ou insalubre.

XXIV – medidas de proteção legal de crianças e adolescentes;

São regras de ordem pública, que não podem ser dispostas pela norma coletiva, salvo se forem mais favoráveis.

XXV – igualdade de direitos entre o trabalhador com vínculo empregatício permanente e o trabalhador avulso;

Essa regra tem previsão no inciso XXXIV do art. 7º da Constituição. Os direitos do empregado e do trabalhador avulso, que não é empregado, são os mesmos. A norma coletiva não poderá dispor de forma contrária.

XXVI – liberdade de associação profissional ou sindical do trabalhador, inclusive o direito de não sofrer, sem sua expressa e prévia anuência, qualquer cobrança ou desconto salarial estabelecidos em convenção coletiva ou acordo coletivo de trabalho;

O inciso V do art. 8º da Constituição prevê a liberdade de se associar ao sindicato e o inciso XX do art. 5º da Constituição, a liberdade de se associar a uma associação. Não é possível fazer descontos no salário do empregado em decorrência de convenção ou acordo coletivo, sem que haja expressa anuência do empregado. É o que ocorre em previsão de norma coletiva de desconto de contribuição assistencial, negocial ou outra.

XXVII – direito de greve, competindo aos trabalhadores decidir sobre a oportunidade de exercê-lo e sobre os interesses que devam por meio dele defender;

A regra tem previsão no art. 9º da Constituição. Não pode ser alterada para pior em norma coletiva.

XXVIII – definição legal sobre os serviços ou atividades essenciais e disposições legais sobre o atendimento das necessidades inadiáveis da comunidade em caso de greve;

Essa regra tem previsão no § 1º do art. 9º da Constituição e depende da determinação da lei ordinária, que é a Lei nº 7.783/89.

XXIX – tributos e outros créditos de terceiros;

Tributo é uma prestação pecuniária que decorre do princípio da legalidade tributária. Somente por lei pode ser criado, alterado ou majorado (art. 150, I, da Constituição). Não pode ser modificado por norma coletiva.

Contribuições de terceiros são as do SESC, SENAC, SESI, SENAI, SENAR, SESCOOP, SEBRAE, que dependem de previsão legal e não podem ser alteradas por norma coletiva.

XXX – as disposições previstas nos arts. 373-A, 390, 392, 392-A, 394, 394-A, 395, 396 e 400 desta Consolidação.

São normas que dizem respeito ao trabalho da mulher. São de ordem pública e não podem ser alteradas para pior por norma coletiva.

Regras sobre duração do trabalho e intervalos não são consideradas como normas de saúde, higiene e segurança do trabalho para os fins do disposto neste artigo. Duração do trabalho é uma norma de saúde, higiene e segurança do trabalho, pois jornada excessiva prejudica a saúde do empregado e causa acidentes. Regras de duração do trabalho sobre redução ou compensação da jornada podem ser alteradas por acordo ou convenção coletiva, segundo o inciso XIII do art. 7º da Constituição. A duração do trabalho de 8 horas diárias e 44 semanais não pode ser alterada por norma coletiva, salvo se for para estabelecer condição mais benéfica para o empregado ou para ser feita redução ou compensação da jornada.

Intervalo não será considerado norma de saúde, higiene e segurança do trabalho, pois não tem previsão no art. 7º da Constituição e pode ser reduzido, conforme o inciso III do art. 611-A da CLT.

15 CONDIÇÕES DE VALIDADE

A convenção coletiva deve ser necessariamente escrita, sendo, portanto, impossível que venha a ser feita verbalmente, como ocorre com o contrato de trabalho, o que dificultaria sua aplicação e seu entendimento. Não sendo a norma coletiva estabelecida por escrito será nula. Trata-se a convenção coletiva, portanto, de um ato formal e não meramente consensual como ocorre com o contrato de trabalho. Não deverá haver emendas nem rasuras. Será feita a norma coletiva em tantas vias quantas forem as partes convenentes, além de uma que será destinada a registro (parágrafo único do art. 613 da CLT). É, assim, a convenção coletiva um ato formal.

Para aplicação da convenção coletiva é mister que haja publicidade, de modo que toda a categoria dela possa tomar conhecimento. Não há, entretanto, necessidade de homologação da convenção coletiva para que ela tenha validade, como ocorria no sistema anterior ao do Decreto-Lei nº 229/67. Os sindicatos convenentes ou as empresas acordantes deverão promover, dentro de oito dias da assinatura da convenção ou do acordo, o depósito de uma via, apenas para fins de registro e arquivo, na Delegacia do Trabalho. As convenções e os acordos coletivos entrarão em vigor três dias a contar da data da entrega na Delegacia do Trabalho (§ 1º do art. 614 da CLT). A não observância do depósito na DRT implica que a convenção coletiva não entrará em vigor. Cópias autênticas das normas coletivas deverão ser afixadas nas sedes dos sindicatos e nos estabelecimentos das empresas, dentro de cinco dias da data do depósito na Delegacia do Trabalho.

O § 1º do art. 614 da CLT não foi revogado pela Constituição. O depósito representa apenas publicidade da norma coletiva. Não há intervenção ou interferência do Estado no sindicato (art. 8º, I, da Constituição). Trata-se apenas da observância do princípio da legalidade (art. 5º, II, da Lei Maior). A DRT não vai examinar o conteúdo da norma coletiva para lhe dar validade.

O prazo máximo de validade das convenções e dos acordos coletivos é de dois anos (§ 3º do art. 614 da CLT). Normalmente, as normas coletivas têm sido fixadas para viger no prazo de um ano. A constante mutação das condições econômicas exige um prazo mais curto, havendo a possibilidade da flexibilização dos direitos trabalhistas nas normas coletivas.

É inválida, naquilo que ultrapassa o prazo total de dois anos, a cláusula de termo aditivo que prorroga a vigência do instrumento coletivo originário por prazo indeterminado (OJ 322 da SBDI-1 do TST).

A norma coletiva, entretanto, para ter validade, deve ser precedida de assembleia geral no sindicato, que será especialmente convocada com essa finalidade, de acordo com as determinações de seus estatutos. O *quorum* para as deliberações da assembleia continua a ser o previsto na CLT e não o dos estatutos dos sindicatos, mesmo na vigência da atual Constituição, pois o que é vedado é a interferência e a intervenção do Poder Executivo no sindicato, e não a disciplina por lei sobre o *quorum* da assembleia. Na primeira convocação devem comparecer 2/3 dos associados da entidade, se se tratar de convenção, e dos interessados, no caso de acordo. Na segunda convocação deverão comparecer 1/3 dos membros (art. 612 da CLT). O *quorum* de comparecimento e votação será de 1/8 dos associados em segunda convocação nas entidades sindicais que tenham mais de 5.000 associados (parágrafo único do art. 612 da CLT). Na sistemática anterior à do Decreto-Lei nº 229/67 havia necessidade de uma assembleia geral para a deliberação do contrato coletivo e outra para o ratificar. Hoje é realizada apenas uma única assembleia, podendo o sindicato incluir outros itens na negociação que não foram objeto da referida assembleia.

O processo de prorrogação, revisão, denúncia ou revogação total ou parcial de convenção ou acordo coletivo dependerá de aprovação, em assembleia geral, dos sindicatos convenentes ou acordantes (art. 615 da CLT).

Consiste a prorrogação na manutenção das condições previstas na norma coletiva que está por se findar.

A revisão é a adaptação da norma coletiva às novas situações fáticas existentes num dado momento. De acordo com o parágrafo único do art. 14 da Lei nº 7.783/89 (Lei de Greve) há a possibilidade de, na vigência de acordo ou convenção coletiva, se postular novas condições de trabalho em razão da superveniência de fato novo ou acontecimento imprevisto que modifique substancialmente as condições de trabalho.

A denúncia é o ato de uma parte contratante notificar a outra do término da norma coletiva existente entre ambas. Tem por objetivo principal o fato de se evitar a prorrogação automática da norma coletiva finda, o que não ocorre em nossa legislação, pois a norma coletiva tem prazo determinado para viger.

Chama-se revogação o ato das partes de terminarem a vigência da norma coletiva antes do seu termo final.

O instrumento de prorrogação, revisão, denúncia ou revogação da norma coletiva será depositado, para fins de registro e arquivamento, na mesma repartição onde a norma coletiva original foi arquivada. As modificações determinadas por convenção ou acordo coletivo em razão de revisão ou revogação parcial de suas cláusulas passarão a vigorar três dias depois do depósito na Delegacia do Trabalho.

Havendo convenção, acordo ou sentença normativa em vigor, o dissídio coletivo deverá ser instaurado dentro dos 60 dias anteriores ao respectivo termo final, visando a que o novo instrumento possa ter vigência no dia imediato a esse termo (§ 3º do art. 616 da CLT).

A convenção coletiva não pode limitar direitos indisponíveis dos trabalhadores, considerados individualmente.

16 SANÇÕES PELO DESCUMPRIMENTO DAS CONVENÇÕES COLETIVAS

Carnelutti fala em sanções de restituição e de pena, que são as demais espécies fundamentais do gênero sanção. Havendo violação da norma coletiva, o valor desta se restitui automaticamente, daí a ideia de restituição. A pena é a multa que se aplica complementarmente.

Para Russomano (1975:187), as sanções se classificam em duas categorias: (a) legais, quando provêm da lei; (b) convencionais, quando estipuladas pelas partes convenentes. Já Charles Capeau (p. 32 e 35) as classifica em penais, civis e sindicais.

17 DESCUMPRIMENTO DAS NORMAS COLETIVAS

No Brasil, as cláusulas da convenção coletiva do trabalho são aplicáveis no âmbito das categorias convenentes, a profissional e a econômica, incidindo sobre todos os seus membros, sócios ou não dos sindicatos estipulantes. É uma decorrência do efeito normativo atribuído pela lei às convenções coletivas (art. 611 da CLT). Assim, os trabalhadores, mesmo não filiados ao sindicato da categoria, serão beneficiados, assim como as empresas serão obrigadas ao cumprimento do convencionado. Melhor explicando, o efeito das cláusulas é *erga omnes*, geral, abrangente, não restrito aos sócios dos sindicatos.

Inicialmente, o Decreto-Lei nº 21.761/32, foi a única sanção existente para a inexecução de convenções coletivas. A convenção deveria fixar multas por infração das cláusulas ajustadas. Normalmente, os empregadores pagavam as multas e não davam cumprimento ao pactuado, ficando a convenção coletiva sem qualquer eficácia.

Com a edição do Decreto-Lei nº 229, de 28-2-1967, houve a alteração de todo o capítulo da CLT que tratava sobre a convenção coletiva. O art. 613, em seu inciso VIII, determinou as penalidades aplicáveis, que podem ser desde a multa ao empregador, ao sindicato e ao trabalhador, até mesmo a suspensão dos direitos sindicais deste.

A convenção coletiva pode conter, ainda, cláusulas condicionando o ingresso em juízo, para a solução de pendência entre empregado e empregador, à prévia apreciação de comissão paritária de conciliação, por ela instituída.

Além das cláusulas da convenção coletiva (art. 613 da CLT), "poderão ser incluídas outras atinentes às normas para a solução pacífica das divergências surgidas entre os convenentes ou a quaisquer outros assuntos de seu interesse". No caso da imposição das condições de trabalho nas convenções coletivas e em suas cláusulas, haveria uma transformação da convenção em regulamento legislativo, daí a preferência pelas próprias partes resolverem suas pendências (Gomes e Gottschalk, 1991:679-680).

O empregado, quando infringe uma norma convencional, o faz, geralmente, por necessidade. Ao contrário, o empregador procede, normalmente, com dolo, visando ao não pagamento de salários ou de vantagens concedidas pelas convenções. No primeiro caso, a multa que for imposta ao empregado não pode exceder da metade daquela que, nas mesmas condições, seja estipulada para a empresa (parágrafo único do art. 622 da CLT).

Caso o empregador e o empregado celebrem contrato individual de trabalho contrário às disposições de convenção coletiva ou acordo coletivo, estarão passíveis de multa nesta fixada (art. 622 da CLT). Esta é uma hipótese de sanção complementar. Quem vai se beneficiar da multa é a parte que puder imputar a infração à outra. "É preciso, porém, que haja prefixação dessa multa no convênio violado através de contrato individual (até o limite máximo previsto no parágrafo único) e que o convênio violado seja, efetivamente, aplicável ao trabalhador" (Russomano, 1990:717).

O nosso ordenamento jurídico adotou a forma das nulidades para a parte que descumprir a convenção coletiva, em determinados casos. O art. 444 da CLT dispõe que as partes podem convencionar tudo o que não contravenha às normas do Direito Tutelar do Trabalho, às convenções coletivas e às decisões das autoridades competentes. O art. 468 da CLT determina que não poderá haver alteração do contrato de trabalho que venha a causar prejuízo ao empregado, sendo nulos os atos praticados visando fraudar, impedir, desvirtuar as disposições consolidadas (art. 9º da CLT).

Havendo infringência de fundo ou de forma da convenção coletiva ou do acordo coletivo, existirá nulidade. Será nula a disposição de convenção ou acordo que, direta ou indiretamente, contrarie produção ou norma disciplinadora da política econômico-financeira do governo ou concernente à política salarial vigente, não produzindo quaisquer efeitos perante autoridades e repartições públicas, inclusive para fins de revisão de preços e tarifas de mercadorias e serviços (art. 623 da CLT). Nesse caso, a nulidade será declarada, de ofício ou mediante representação, pelo Ministro do Trabalho ou pela Justiça do Trabalho (parágrafo único do art. 623

da CLT). Da mesma forma, a determinação do contrato individual de trabalho que contrarie cláusula de convenção ou acordo coletivo será nula (art. 619 da CLT).

Algumas normas coletivas já dispunham sobre sanções pelo seu descumprimento, como a que dizia respeito a prazo para homologação do pagamento de verbas rescisórias, ficando obrigada a empresa ao pagamento de multa caso não observasse tal regra. Essa orientação passou a ser estabelecida no § 6º do art. 477 da CLT, que especifica os prazos para pagamento das verbas rescisórias, e no § 8º do mesmo artigo, que trata da multa pelo não pagamento na época apropriada.

Normalmente, não é possível que o Estado legisle sobre tudo relacionado ao contrato individual de trabalho, cabendo às partes, que melhor conhecem suas divergências, dirimir suas próprias dúvidas. É o que se faz mediante as normas coletivas. O Direito é muito rígido. Devem as partes flexibilizá-lo, preenchendo as lacunas da lei e adaptando-o às necessidades dos convenentes, por meio das normas coletivas de trabalho, que são uma fonte de produção do Direito positivo.

Nossa legislação evoluiu no tocante às penas impostas pelo descumprimento das normas coletivas. Contudo, a melhor sanção continua sendo a aplicada e convencionada pelas próprias partes.

18 LIMITE DA MULTA DA NORMA COLETIVA

Em relação às multas previstas nas normas coletivas, deve-se verificar se, no caso de descumprimento de suas cláusulas, há um limite a ser observado, pois muitas vezes pode ocorrer de ser determinado o pagamento da mencionada multa na sentença e, até que esta transite em julgado, a multa continua sendo devida, diariamente, o que importa suplantar o valor do principal pleiteado no dissídio individual.

A CLT não contém comando legal versando sobre a limitação da multa prevista na norma coletiva. Pergunta-se se poderia ser aplicado o art. 412 do Código Civil que reza que "o valor da cominação imposta na cláusula penal não pode exceder o da obrigação principal". Há argumentos de que a multa tem natureza trabalhista e não civil, e as cominações foram previstas por mútuo consentimento das partes no instrumento coletivo, não sendo o caso de se aplicar o citado artigo do Código Civil.

Inexiste, entretanto, na CLT, disposição sobre a limitação da multa prevista na norma coletiva. O inciso VIII do art. 613 da CLT não prevê a limitação da penalidade estabelecida pelas partes. Sendo omissa a CLT sobre o assunto, "o direito comum será fonte subsidiária do Direito do Trabalho". Não há, contudo, incompatibilidade entre as normas e princípios de Direito do Trabalho para aplicação do Código Civil, havendo, sim, lacuna na CLT.

Na verdade, a multa prevista no instrumento normativo não é um direito trabalhista, mas uma verdadeira cláusula penal. O inadimplemento no decorrer do tempo de determinada cláusula da norma coletiva pode ensejar o pagamento de um valor até três vezes maior em relação ao principal, porque a multa geralmente é diária, excedendo o que seria devido a título de principal ao empregado. Torna, assim, extremamente injusta a compensação pelo inadimplemento, causando um enriquecimento injusto do empregado em detrimento do empregador.

O limite do art. 412 do Código Civil é uma forma de restrição à liberdade das partes, não tutelando exageradamente o interesse dos particulares. No dizer autorizado de Clóvis Beviláqua (1917, v. IV:70), o preceito contido no art. 412 do Código Civil "é uma disposição de ordem pública". Independentemente da solicitação da parte interessada, é dever do juiz reduzir a pena ao valor da obrigação, mesmo que o devedor não o requeira (Miranda Jr., 1983:325; Santos 1937, v. XI:362; Lopes, 1989, v. II:146).

Como adverte Carvalho Santos (1937:362), "se a cláusula penal excede o valor da obrigação, não há propriamente nulidade nem da obrigação principal, nem tampouco da cláusula penal. A nulidade é apenas do excesso, o que não prejudica a validade da convenção por isso que o juiz *ex vi legis* tem o dever de fazer a redução. A convenção em si, portanto, subsiste válida. Somente quando se trata de executá-la, quando se exige o pagamento da cláusula penal, é que a ordem pública, como interessada, reage por intermédio do juiz, não consentindo o abuso".

Caso assim não se proceda, estaria desvirtuada a finalidade da cláusula penal, que nada mais representa do que um reforço da obrigação principal. Logo, a cláusula penal não pode ser superior à obrigação principal e, se cumprida em parte a obrigação, poderá ser a pena reduzida proporcionalmente pelo juiz, em caso de mora ou de inadimplemento (art. 413 do Código Civil), porém o credor não necessitará alegar prejuízo para a exigência da pena convencional (art. 416 do Código Civil).

Despiciendo o argumento de que as penalidades contidas na norma coletiva hão de ser interpretadas sistematicamente em consonância com o art. 8º do Decreto nº 22.626, de 7-4-1933 ("Lei de Usura"), porque, no caso, a multa ou cláusula penal, prevista na norma coletiva, não foi estabelecida para atender a despesas judiciais e honorários de advogado (estes praticamente inexistentes na Justiça do Trabalho, visto que há necessidade de assistência do sindicato ao obreiro, e que este perceba menos de dois salários, conforme o art. 14 e seus parágrafos da Lei nº 5.584/70 e as S. 219 e 329 do TST). A multa prevista na norma coletiva é pactuada visando justamente ao pleno cumprimento daquela norma e não outra coisa.

Além disso o Supremo Tribunal Federal já decidiu que o Decreto nº 22.626/33 só é aplicável a contratos de mútuo (*RT* 157/311 e S. 596), não sendo o caso de se discutir o descumprimento de norma coletiva.

Ensina Silvio Rodrigues (1980, v. 2:97) que o intuito da cláusula penal "é indenizar danos resultantes do inadimplemento; como a indenização não deve ultrapassar o montante do prejuízo; como, em tese, o prejuízo não excede o montante da prestação sonegada, o preceito se inspira em preocupação justa". Assim, deve também ser aplicado o art. 412 do Código Civil para limitar o valor da multa ao da obrigação principal decorrente da violação da norma coletiva, pois a multa nela prevista também tem natureza indenizatória e de cláusula penal. Mesmo a norma coletiva não impondo limitação à multa pela inobservância de suas disposições, deve ser utilizado o comando contido no art. 412 do Código Civil, em razão do preceito de ordem pública nele encerrado. A multa prevista na norma coletiva é uma indenização convencionada entre as partes convenentes. O mesmo ocorre quando locador e locatário fixam uma multa no contrato pelo atraso no pagamento dos aluguéis, que normalmente é estipulada em três vezes o valor do aluguel, sendo que os magistrados da Justiça Comum limitam tal multa ao valor de um aluguel, com base na regra do art. 412 do Código Civil, em caso de descumprimento do acordo locatício. Nada impede, por conseguinte, a aplicação de tal preceito do Código Civil no Direito do Trabalho.

O argumento de que a limitação da multa não pode ser aplicada em ação de cumprimento não colhe, ao se afirmar que é vedado questionar sobre matéria de fato e de direito já apreciada na decisão do dissídio coletivo (parágrafo único do art. 872 da CLT). Ao contrário, não sendo a limitação do valor da multa objeto da decisão, é possível, na ação de cumprimento, discutir seu limite em valor não superior ao do principal.

Inacolhível também a ponderação de que se a multa não excedeu o previsto no art. 412 do Código Civil, na norma coletiva, não pode ser aplicada na ação de cumprimento. Acontece que na norma coletiva a previsão de multa é genérica e somente vai ser realmente observada na ação de cumprimento; nesta é que se irá limitá-la em valor não superior ao da obrigação principal, sob pena de infringir preceito de ordem pública (o valor do acessório (multa) não pode ser superior ao do principal), objeto da pretensão no dissídio individual.

Se a limitação da multa não foi estabelecida na sentença, em que o juiz cumpre e acaba seu ofício jurisdicional, e ocorrendo a coisa julgada, a decisão terá força de lei nos limites da lide e da questão principal expressamente decidida (art. 503 do CPC), não podendo, pois, ser aplicada na execução do julgado. Nos embargos, o devedor não poderá invocar, pela primeira vez, o disposto no art. 412 do Código Civil para limitar o alcance da multa da norma coletiva, porque naqueles a matéria ventilada está restrita ao cumprimento da decisão ou acordo, quitação ou prescrição da dívida (§ 1º do art. 884 da CLT). Logo, não pedida a aplicação do art. 412 do Código Civil na defesa, ou não aplicado tal dispositivo pelo juiz na sentença, é vedado discuti-lo na execução.

É, portanto, plenamente aplicável o art. 412 do Código Civil para limitar o valor da multa prevista na norma coletiva ao valor da obrigação principal, por ser o Direito Civil fonte subsidiária do Direito do Trabalho, mormente pela inexistência de qualquer incompatibilidade com os princípios do último (§ 1º do art. 8º da CLT). No mesmo sentido, o entendimento da Orientação Jurisprudencial 54 da SDI do TST.

19 SUPERVENIÊNCIA DE ACORDO OU CONVENÇÃO COLETIVA NORMATIVA – PREVALÊNCIA

A questão que irei examinar diz respeito, por exemplo, à existência de condições de trabalho previstas em sentença normativa. Posteriormente, surge a criação de novas determinações sobre condições de trabalho, na vigência do dissídio coletivo, por intermédio de acordo ou convenção coletiva. Qual a norma coletiva a ser aplicada? O dissídio coletivo, que ainda está em vigor e vale para toda a categoria, ou a convenção coletiva ou o acordo coletivo, que trazem novas condições de trabalho para a categoria ou para empregados de certa empresa?

As normas coletivas são inferiores hierarquicamente à lei. A lei, que é editada pelo Poder Legislativo, é superior hierarquicamente à norma coletiva, que pode ser fruto da composição das partes ou de imposição pelo Poder Judiciário nos dissídios coletivos. A norma coletiva também é inferior hierarquicamente à Constituição, não podendo contrariá-la, assim como à lei, mormente se o preceito encerrado nestas últimas é de ordem pública. As normas coletivas, como o acordo coletivo, a convenção coletiva e o dissídio coletivo, têm a mesma hierarquia, sendo que a diferença entre elas diz respeito apenas à fonte de produção. Enquanto as duas primeiras são estabelecidas pelos próprios interessados, na última há a intervenção do Poder Judiciário trabalhista para solucionar o conflito coletivo.

São as normas coletivas editadas, porém, por tempo determinado, geralmente por um ano, justamente em razão de mudanças que podem ocorrer durante sua vigência e que podem tornar parte de suas disposições inaplicável em razão de terem sido modificadas as situações que lhes deram origem.

Toda sentença normativa tem vigência até que outra norma coletiva com a mesma abrangência a modifique ou revogue, aplicando-se por analogia o art. 2º da

Lei de Introdução às Normas do Direito Brasileiro (Decreto-Lei nº 4.657/42), que estabelece que a lei terá vigência até que outra norma a modifique ou revogue. Seria possível afirmar que a norma coletiva posterior altera a anterior, por ser mais recente, principalmente quando é contrária à anterior ou regule inteiramente a matéria, aplicando-se por analogia o § 1º do art. 2º do Decreto-Lei nº 4.657/42. É o caso do acordo coletivo ou convenção coletiva superveniente ao dissídio coletivo, que tem prevalência sobre este último.

O dissídio coletivo importa uma situação jurídica continuativa. As mudanças sociais e econômicas alteram substancialmente os pressupostos daquela norma coletiva. É o caso de se aplicar a regra do inciso I do art. 505 do CPC, pois "se, tratando-se de relação jurídica de trato continuativa, sobreveio modificação no estado de fato ou de direito, caso em que poderá a parte pedir a revisão do que foi estatuído na sentença". O mesmo se dá no dissídio coletivo, em razão da natureza continuativa da relação jurídica decidida, sujeita a mutações decorrentes da economia. A nova disposição de acordo ou convenção coletiva superveniente ao dissídio coletivo apenas ajusta os anseios da categoria ou de certa empresa à realidade das novas negociações, não havendo que se falar em coisa julgada.

A cláusula *rebus sic stantibus*, que pressupõe a teoria da imprevisão, quer dizer que o contrato será cumprido se as coisas (*rebus*) permanecerem desta maneira (*sic*), no estado preexistente (*stantibus*) em que foram estipuladas, desde que não haja mudanças substanciais. Ao contrário, havendo modificação na situação de fato, não há como observar a regra anterior, pois as coisas não mais estão como estavam. Há a superveniência de condições imprevistas e imprevisíveis que não ocorreram na celebração do pacto coletivo, causando profundo desequilíbrio naquilo que foi ajustado, proporcionando o enriquecimento desmesurado de uma parte em detrimento da parte contrária, o que demonstra a perda do sentido daquilo que houvera sido anteriormente contratado. A cláusula *rebus sic stantibus* tem de ser interpretada em razão das novas condições previstas no acordo coletivo, fruto da negociação das partes. Deve-se prestigiar as formas de autocomposição sobre a tutela do Estado, quando este impõe regras em dissídio coletivo. O dissídio coletivo deve obedecer à cláusula *rebus sic stantibus*, sujeito a revisões periódicas, como ocorre em relação a qualquer norma coletiva. O acordo ou a convenção coletiva são formas de revisão periódica do dissídio, pois há uma mutação das condições sociais e econômicas, que não podem ficar sob o manto da coisa julgada. A eficácia da sentença normativa em razão da coisa julgada é limitada no tempo: até que seja substituída por outra norma coletiva de igual nível e abrangência ou pelo decurso do prazo de sua vigência. A sentença normativa não tem prazo de vigência indeterminado, justamente pela mudança das condições sociais que levaram a sua edição, determinando a periodicidade de sua revisão ou alteração.

A Lei nº 7.783/89 mostra que na vigência de acordo, convenção ou sentença normativa não constitui abuso do exercício do direito de greve a paralisação que seja motivada pela superveniência de fato novo ou acontecimento imprevisto que modifique substancialmente a relação de trabalho (art. 14, II). Tal fato evidencia a teoria da imprevisão, ou seja, as normas coletivas podem ser modificadas se houver a superveniência de fato novo ou acontecimento imprevisível que venha a modificar sobremaneira a regra de trabalho anteriormente prevista, o que confirma a possibilidade de serem reivindicadas novas condições de trabalho, não importando na abusividade do movimento paredista.

Não há que se falar em direito adquirido à incorporação das regras previstas em dissídio coletivo nos contratos individuais de trabalho, dada a possibilidade de serem alterados aqueles preceitos normativos, inclusive com efeitos derrogatórios de vantagens já concedidas (*in peius*), por meio de convenção e acordo coletivo, de acordo com o que se depreende dos incisos VI, XIII e XIV do art. 7º da Lei Maior.

Poder-se-ia argumentar que haveria a incorporação da cláusula do dissídio coletivo no contrato individual de trabalho até que outra norma a modificasse. Entretanto, o § 1º do art. 1º da Lei nº 8.542/92 não dispunha que as cláusulas de dissídio coletivo se incorporavam ao contrato de trabalho, mas apenas "as cláusulas dos acordos, convenções ou contratos coletivos de trabalho", que só podem "ser reduzidas ou suprimidas por posterior acordo, convenção ou contrato coletivo de trabalho". Logo, é possível haver a modificação das condições de trabalho por meio de acordo ou convenção coletiva posterior a dissídio coletivo em vigor.

O § 2º do art. 114 da Constituição estabelece certas restrições à sentença normativa, do respeito às disposições legais mínimas de proteção ao trabalho, bem como as convencionadas anteriormente, mas não que o acordo e a convenção coletiva têm de respeitar as regras do dissídio coletivo anterior, pois as partes convenentes têm autonomia privada de modificar as condições anteriores, não só *in mellius* como também *in peius*, como se observa da possibilidade de redução de salários (art. 7º, VI, da Lei Maior), do aumento da jornada nos turnos ininterruptos de revezamento para mais de seis horas diárias (art. 7º, XIV, da Lei Fundamental).

A ideia de que o acordo ou a convenção coletiva podem modificar as condições de trabalho está em harmonia com a possibilidade de serem instituídas regras inclusive menos favoráveis aos trabalhadores. Na conformidade do art. 444 da CLT, é possível serem estabelecidas quaisquer condições de trabalho, desde que não contrariem norma de ordem pública, os acordos e convenções coletivas e as decisões das autoridades competentes. O acordo ou a convenção coletiva não vão, entretanto, retroagir à data de vigência do dissídio coletivo, mas vão ter validade a partir da data em que foram pactuados, sendo que no período anterior vale o dissídio coletivo.

Pelo princípio da especialização, prevalece a norma particular sobre a geral, no caso do conflito entre normas coletivas de trabalho. O acordo coletivo deve ser observado se superveniente às determinações genéricas do dissídio coletivo, por conter normas específicas, que tomam por base as condições particulares existentes em cada empresa ou empresas acordantes.

A observância do princípio da aplicação da norma mais favorável ao trabalhador depende, muitas vezes, de lei, porém não poderá ser utilizado em colidência com norma de ordem pública e somente deveria ser aplicado em casos de normas de igual hierarquia.

Pode-se dizer que, no conjunto, há melhores condições de trabalho previstas no acordo coletivo ou convenção coletiva do que na sentença normativa, fruto da negociação das partes que cederam mutuamente em certos aspectos, que é a melhor forma de solução para o conflito coletivo. Por esse motivo, pode-se dizer que há o trânsito em julgado da sentença normativa do dissídio coletivo até que exista uma situação que modifique a anterior, devendo prevalecer o entendimento direto das partes sobre a vontade imperativa do Estado.

Se é possível reduzir até mesmo o salário por meio de convenção ou acordo coletivo, será possível também modificar as determinações do dissídio coletivo por aquelas normas, inclusive o será a redução ou exclusão de garantia de emprego prevista em dissídio coletivo por acordo ou convenção coletiva posterior. Deve-se, portanto, admitir a validade do acordo coletivo que disponha contrariamente à determinação de sentença normativa, restando esta norma revogada pelo acordo. Será válido o acordo coletivo que é celebrado supervenientemente a dissídio coletivo, ao estabelecer novas condições de trabalho a serem aplicadas no âmbito da empresa, tornando sem eficácia certa cláusula do dissídio coletivo, em razão da obtenção de novas ou de outras vantagens como um todo, pois as partes alcançaram o resultado que pretendiam com a nova norma coletiva. Por uma questão de lógica, as partes tiveram que ceder em alguns pontos na negociação, alcançando melhor resultado decorrente do consenso, porém beneficiando-se em seu conteúdo global, apesar de poderem existir regras menos favoráveis ao trabalhador. A sentença normativa é uma forma de imposição da tutela do Estado às partes, devendo, porém, prevalecer os instrumentos autocompositivos sobre a decisão estatal, a via negocial. Há na nova norma coletiva a livre manifestação das partes, compatível com a realidade fática, inclusive com a participação do sindicato nas negociações coletivas, como se verifica nos incisos III e VI do art. 8º da Constituição. A sentença normativa tem caráter geral e indiscriminado, ao contrário do acordo coletivo, que é particular e atenta às peculiaridades de cada empresa e às diferentes situações nelas encontradas, prestigiando a conciliação entre as partes, que deve prevalecer sobre a determinação judicial. As condições do acordo ou da convenção coletiva não poderão ser apenas *contra legem*. Pode-se dizer que até mesmo a Constituição de 1988 indica este caminho de prevalência do acordo ou da convenção coletiva sobre a imposição estatal na solução do dissídio coletivo, como se verifica nos incisos VI, XIII e XIV do art. 7º, inclusive pelo próprio reconhecimento dos acordos e convenções coletivas no inciso XXVI do art. 7º.

O acordo ou convenção coletiva superveniente ao dissídio coletivo da categoria deve prevalecer sobre este último, por ser norma específica que se sobrepõe à norma genérica, além de privilegiar o sistema de autocomposição entre as partes, que tiveram que fazer concessões recíprocas para alcançarem o resultado desejado, em detrimento do sistema de solução dos conflitos coletivos de trabalho por meio do Poder Judiciário como órgão investido de jurisdição pelo Estado.

20 CONVENÇÃO COLETIVA NO SETOR PÚBLICO

A Convenção nº 98 da OIT não trata da situação dos funcionários públicos, como se verifica de seu art. 6º. A Convenção nº 151, de 1978, sobre negociação coletiva no serviço público, foi aprovada pelo Decreto Legislativo nº 206, de 7-4-2010, e promulgada pelo Decreto nº 7.944, de 6-3-2013. Seu art. 7º recomenda a utilização mais ampla possível da negociação sobre condições de emprego entre a Administração Pública e as organizações dos servidores públicos.

O art. 37, VI, da Constituição garante ao servidor público o direito à livre associação sindical. Apenas o militar não tem direito à sindicalização (art. 142, § 3º, IV, da Constituição). O § 3º do art. 39 da Lei Fundamental, contudo, menciona uma série de dispositivos do art. 7º da mesma norma que seriam aplicáveis aos servidores públicos. Entre eles não está, porém, o inciso XXVI do art. 7º, que reconhece as convenções e os acordos coletivos de trabalho. A alínea *a* do inciso II do § 1º do art. 61 da Norma Ápice ainda mostra a impossibilidade da concessão de aumento salarial por negociação coletiva, pois "a criação de cargos, funções ou empregos públicos na Administração direta e autárquica ou aumento de sua remuneração" só podem ser feitos mediante lei de iniciativa do Presidente da

República. Tais determinações revelam, portanto, que o servidor público tem direito à sindicalização, mas não pode negociar mediante acordo ou convenção coletiva de trabalho, em razão do princípio da legalidade que norteia a Administração Pública (art. 37 da Constituição).

Nada impede, porém, que a Administração Pública e o Sindicato dos Servidores Públicos façam negociação coletiva. A Administração Pública não pode celebrar convenção ou acordo coletivo, pois só pode observar o previsto em lei (art. 37 da Constituição). Entretanto, para que o resultado da negociação coletiva tenha validade, é preciso que ele seja transformado em lei, pois a Administração Pública só pode observar o que for previsto em lei.

Esclarece a Súmula 679 do STF que a fixação de vencimentos dos servidores públicos não pode ser objeto de convenção coletiva.

No âmbito das empresas públicas, sociedades de economia mista e outras entidades que explorem atividade econômica há a possibilidade da utilização de acordos e de convenções coletivas, pois tais empresas devem cumprir o regime das empresas privadas, inclusive quanto às obrigações trabalhistas.

O Decreto nº 908/93 fixa diretrizes para as negociações coletivas de trabalho de que participam as empresas públicas, as sociedades de economia mista e suas subsidiárias e controladas.

21 CONTROVÉRSIAS RESULTANTES DOS ACORDOS E CONVENÇÕES COLETIVAS

Dispõe o art. 625 da CLT que as controvérsias decorrentes da aplicação das convenções e dos acordos coletivos serão dirimidas pela Justiça do Trabalho.

Estabelece o inciso III do art. 114 da Constituição que a Justiça do Trabalho tem competência para julgar as ações de representação sindical, entre sindicatos, entre sindicatos e trabalhadores e entre sindicatos e empregadores.

A Lei nº 8.984/95 dispõe que "compete à Justiça do Trabalho conciliar e julgar os dissídios que tenham origem no cumprimento de convenções coletivas de trabalho ou acordos coletivos de trabalho, mesmo quando ocorram entre sindicatos ou entre sindicato de trabalhadores e empregador" (art. 1º).

Questões

1. O que é convenção coletiva?
2. O que é acordo coletivo de trabalho?

3. O que é negociação coletiva?
4. Como se orienta o intérprete na hipótese de existir um acordo e uma convenção coletiva que devem ser aplicados a certa categoria?
5. Há incorporação das cláusulas da norma coletiva ao contrato de trabalho?
6. Existe limitação para a multa prevista na norma coletiva?
7. Qual a natureza jurídica da convenção coletiva?
8. Qual o prazo máximo de vigência da norma coletiva?
9. Há a possibilidade de negociar no setor público mediante convenção coletivo?
10. A partir de que momento a norma coletiva tem validade?

Capítulo 50

GREVE

1 HISTÓRIA

1.1 Nos demais países

A primeira greve talvez tenha ocorrido durante a construção das pirâmides, no reino de Ramsés III, em que os trabalhadores egípcios protestaram pela irregularidade no fornecimento de salários *in natura* e contra a forma pela qual eram tratados no canteiro de obras.

Havia uma praça em Paris onde os operários faziam suas reuniões quando estavam descontentes com as condições de trabalho ou na hipótese da paralisação dos serviços. Os empregadores também iam a esse local quando necessitavam de mão de obra. Naquela localidade acumulavam-se gravetos trazidos pelas enchentes do rio Sena (daí surgiu o nome greve, originário de graveto).

Na história mundial da greve, verifica-se que ela foi cronologicamente considerada um delito, principalmente no sistema corporativo, depois passou a liberdade, no Estado liberal, e, posteriormente, a direito, nos regimes democráticos.

No Direito Romano e na Antiguidade, a greve era considerada como delito em relação aos trabalhadores livres, não se permitindo a reunião dos obreiros, nem sua associação.

A Lei Le Chapellier, de 1791, vedava qualquer forma de agrupamento profissional para defesa de interesses coletivos. O Código Penal de Napoleão, de 1810, punia com prisão e multa a greve de trabalhadores.

Na Inglaterra, o *Combination Act*, de 1799 e 1800, considerava crime de conspiração contra a Coroa a coalizão dos trabalhadores para, por meio de pressão coletiva, conseguir aumento de salários ou melhores condições de trabalho.

Em 1825, na Inglaterra, e em 1864, na França, a legislação descriminalizou a simples coalizão.

Na Itália, em 1947, passa-se a reconhecer a greve como um direito.

Na Espanha, a greve era tipificada como delito nos Códigos Penais de 1848 e 1870. A Lei de Greve e coligações de 27 de abril de 1909 descriminalizou a greve, considerando-a apenas como falta de cumprimento do contrato. A Constituição da Espanha de 1978 reconhece o "direito de greve dos trabalhadores para defender seus interesses. A lei que regule o exercício do referido direito estabelecerá as garantias precisas para assegurar a manutenção dos serviços essenciais da comunidade" (art. 28.2).

1.2 No Brasil

No Brasil, a greve não é encontrada numa sucessão cronológica de delito, liberdade e direito. Inicialmente, tivemos o conceito de greve como liberdade, depois delito e, posteriormente, direito.

Em 1890, o Código Penal proibia a greve, até que houve a derrogação dessa orientação com o Decreto nº 1.162, de 12-12-1890. A Lei nº 38, de 4-4-1932, que tratava da segurança nacional, a conceituou como delito.

A greve de 1917 em São Paulo tinha por reivindicação jornada de 8 horas e proibição do trabalho noturno para mulheres e menores.

A Constituição de 1937 considerava a greve e o *lockout* recursos antissociais, nocivos ao trabalho e ao capital e incompatíveis com os superiores interesses da produção nacional (art. 139, 2ª parte).

O Decreto-Lei nº 431, de 18-5-1938, que versava sobre segurança nacional, também tipificou a greve como crime, quanto a incitamento dos funcionários públicos à paralisação coletiva dos serviços; induzimento de empregados à cessação ou suspensão do trabalho e à paralisação coletiva por parte dos funcionários públicos.

O Decreto-Lei nº 1.237, de 2-5-1939, ao instituir a Justiça do Trabalho, esclareceu que a greve seria passível de punições, que variavam de suspensão e despedida até a prisão. O Código Penal, de 7-12-1940, nos arts. 200 e 201, considerava crime a paralisação do trabalho, se houvesse perturbação da ordem pública ou se fosse contrária aos interesses públicos.

O art. 201 do Código Penal de 1940, na sua redação original, previa como crime a participação em greves em serviços de interesse coletivo ou que interrompessem obras públicas.

Em 1943, ao ser promulgada a CLT, estabelecia-se pena de suspensão ou dispensa do emprego, perda do cargo do representante profissional que estivesse em gozo de mandato sindical, suspensão pelo prazo de dois a cinco anos do direito de ser eleito como representante sindical, nos casos de suspensão coletiva do trabalho sem prévia autorização do tribunal trabalhista (art. 723). O art. 724 da CLT ainda previa multa para o sindicato que ordenasse a suspensão do serviço, além de cancelamento do registro da associação ou perda do cargo, se o ato fosse exclusivo dos administradores do sindicato.

O Decreto-Lei nº 9.070, de 15-3-46, admitiu a greve nas atividades acessórias, apesar de ainda haver a proibição da Constituição de 1937, vedando-a nas atividades fundamentais. Tal fato se deu em razão de que o Brasil subscreveu integralmente a Ata de Chapultec, de 8-3-1945, após o término da Segunda Guerra Mundial. O objetivo da norma era dificultar na prática a greve, em razão da exigência de procedimentos que inviabilizam a greve.

A Constituição de 1946 muda radicalmente a orientação da Norma Ápice anterior, reconhecendo o direito de greve, que seria regulado em lei (art. 158). Já se verifica que a greve passava a ser um direito do trabalhador, porém sua regulamentação ficaria a cargo da lei ordinária. O STF entendeu que não havia sido revogado o Decreto-Lei nº 9.070/46, pois não era incompatível com a Lei Fundamental de 1946, que determinava que a greve deveria ser regulada por lei ordinária, inclusive quanto às suas restrições.

A anterior Lei de Greve, Lei nº 4.330, de 1º-6-1964, determinava que seria considerado ilegal o movimento paredista quando:

a) não atendidos os prazos e condições estabelecidos na referida lei;
b) tivesse por objeto reivindicações rejeitadas pela Justiça do Trabalho, em decisão definitiva, há menos de um ano;
c) fosse deflagrado por motivos políticos, partidários, religiosos, morais, de solidariedade, sem quaisquer pretensões relacionadas com a própria categoria;
d) tivesse por fim rever norma coletiva, salvo se as condições pactuadas tivessem sido substancialmente modificadas. Ela dificultava a greve.

Considerava, ainda, o parágrafo único do art. 20 da Lei nº 4.330/64 que "a greve suspende o contrato de trabalho, assegurando aos grevistas o pagamento dos salários durante o período da sua duração e o cômputo do tempo de paralisação como de trabalho efetivo, se deferidas, pelo empregador ou pela Justiça do Trabalho, as reivindicações formuladas pelos empregados, total ou parcialmente".

A greve lícita não rescindia o contrato de trabalho, nem eram extintos os direitos e obrigações dele resultantes (art. 20 da Lei nº 4.330). Só se mandava pagar os salários dos dias parados e se computava o tempo de serviço se o empregador ou a Justiça do Trabalho deferissem, total ou parcialmente, as reivindicações formuladas pelos grevistas. Em caso contrário, não haveria pagamento de salários ou contagem do tempo de serviço durante a greve, considerando-se que o contrato de trabalho estava suspenso. Proibia-se a greve política e selvagem aos trabalhadores autônomos e profissionais liberais, aos funcionários e servidores públicos.

A Constituição de 1967 outorgava o direito de greve aos trabalhadores (art. 158, XXI), não sendo permitida a greve nos serviços públicos e atividades essenciais, que seriam definidas em lei (§ 7º do art. 157).

A Emenda Constitucional nº 1, de 1969, mantém a mesma orientação, assegurando o direito de greve aos trabalhadores (art. 165, XXI), exceto nos serviços públicos e atividades essenciais, definidas em lei (art. 162).

Para tratar da proibição da greve em serviços públicos e atividades essenciais, foi editado o Decreto-Lei nº 1.632, de 4-8-1978. Houve a enumeração de quais seriam essas atividades, como serviços de água e esgoto, energia elétrica, petróleo, gás e outros combustíveis, bancos, transportes e comunicações, hospitais, ambulatórios, farmácias e drogarias. O Ministério do Trabalho ficava incumbido de declarar a ilegalidade da greve nas hipóteses mencionadas.

A Lei nº 6.620, de 17-12-1978, que definia os crimes contra a segurança nacional, estabelecia punição ao incitamento à paralisação de serviços públicos e à cessação coletiva do trabalho pelos funcionários públicos.

A Constituição de 1988 assegura o direito de greve, devendo os trabalhadores decidir sobre a oportunidade de exercê-lo e sobre os interesses que devam por meio dele defender (art. 9º). A lei irá determinar as atividades essenciais e disporá sobre o atendimento das necessidades inadiáveis da comunidade (§ 1º). Os abusos cometidos irão sujeitar os responsáveis às determinações da lei (§ 2º). Os servidores públicos podem exercer o direito de greve, nos termos e nos limites definidos em lei específica (art. 37, VII). O militar ficou afastado do direito de sindicalização e de greve (art. 142, § 3º, IV).

A Medida Provisória nº 50, de 1989, regulou o direito de greve em razão das constantes paralisações que vinham ocorrendo em atividades essenciais. A referida norma, entretanto, não foi convertida em lei. Editou-se nova Medida Provisória, de nº 59, que veio a se converter na Lei nº 7.783, de 28-6-1989.

A Lei nº 7.783/89 dispôs sobre o exercício do direito de greve, definindo as atividades essenciais e regulando o atendimento das necessidades inadiáveis da comunidade. A atual lei não versa sobre o pagamento dos dias parados, nem sobre a contagem do tempo de serviço durante a greve. Não trata da legalidade ou ilegalidade da greve, mas usa o termo *abuso de direito* pelo não cumprimento de suas prescrições. O art. 18 da Lei nº 7.783/89 revogou a Lei nº 4.330 e o Decreto-Lei nº 1.632.

2 DIREITO ESTRANGEIRO E INTERNACIONAL

Na Argentina, o art. 14-*bis* da Constituição garante apenas o direito de greve aos sindicatos. O Decreto nº 2.184/90 determina as atividades essenciais em que há limitação de greve. Há necessidade de comunicação da realização de greve com antecedência de cinco dias à autoridade do Ministério do Trabalho, devendo haver convenção entre as partes sobre a prestação de serviços mínimos à comunidade no transcorrer do movimento paredista.

Na Espanha, o art. 28 da Constituição assegura a greve como direito fundamental dos trabalhadores, visando à defesa dos seus interesses, cabendo à legislação ordinária regular seu exercício e estabelecer garantias para a manutenção dos serviços essenciais. Os funcionários públicos têm direito à greve, porém ela é proibida para os membros das Forças Armadas e dos corpos de segurança (Lei nº 2, de 13-3-1986).

Na França, a Constituição de 1946 faz menção ao direito de greve em seu preâmbulo, devendo ser exercido nos termos das leis e seus regulamentos. Seus contornos são estabelecidos pela jurisprudência. No setor público a Lei de 31-7-1963 limita o direito de greve ao pessoal civil, empresas públicas ou privadas encarregadas de serviço público. Há necessidade de aviso-prévio de cinco dias. O governo poderá requisitar trabalhadores para prestar serviços durante a greve. Proíbe-se a greve nas Forças Armadas, na magistratura e na polícia.

Na Itália, a Constituição de 1948 estabelece o direito de greve, remetendo-o à legislação ordinária. A Lei nº 146, de 14-6-1990, trata da greve nos serviços públicos. Exige-se aviso-prévio de no mínimo 10 dias.

No México, o art. 123 da Constituição de 1917 assegura o direito de greve e *lockout*, sendo que este depende de autorização prévia do Estado. Admite-se a greve no serviço público, necessitando-se de aviso-prévio de 10 dias à Junta de Conciliação e Arbitragem.

No Uruguai a greve é entendida como direito sindical. A Lei nº 13.720 delega ao Ministério do Trabalho a possibilidade de determinar os serviços essenciais que deverão ser assegurados durante a greve.

Nos Estados Unidos, a Constituição não trata de greve, nem de nenhum direito dos trabalhadores. Os funcionários públicos são proibidos de fazer greve, pois caso contrário serão dispensados. O *Wagner Act* e a Lei Taft-Hartley (1947) traçam os contornos gerais da greve, sendo que a última define as responsabilidades dos sindicatos, inclusive em greve em atividades essenciais. A greve é exercitada pelo sindicato que congregar o maior número de trabalhadores da empresa ou de sua atividade. Foram criadas as *injunctions*, que são ordens proibitivas de greves, por meio de pronunciamentos judiciais.

Em Portugal, o art. 58 de sua Constituição reconhece o direito de greve, competindo aos trabalhadores definir os interesses que serão defendidos e seu âmbito. Proíbe-se o *lockout*. A decretação da greve é prerrogativa dos sindicatos. Não se define a greve ou se a restringe, não se proibindo, inclusive, a greve de solidariedade. Admite-se a greve no serviço público. Nas atividades essenciais, há necessidade de se atender a certos serviços mínimos. Garante-se a manutenção e segurança de equipamentos e instalações.

No âmbito da OIT, não há nenhuma convenção ou recomendação tratando do tema. Existe apenas orientação no sentido de que as limitações ao exercício do direito de greve sejam razoáveis, relativamente a serviços essenciais e à função pública. A Convenção nº 105 se refere, indiretamente, à greve, como na hipótese de que, de forma alguma, o trabalho forçado pode ser empregado como maneira de punição pela participação em greves. A Recomendação nº 92, em seus arts. 4º e 6º, indica às partes para se absterem da utilização dos recursos da greve e do *lockout*, quando haja processo de negociação voluntária em curso e enquanto perdurar o referido processo. O art. 13 da Convenção nº 155 da OIT permite ao empregado interromper uma situação de trabalho por considerar, por motivos pessoais, que ela envolve um perigo iminente e grave para a sua vida ou a sua saúde.

A Declaração Universal dos Direitos do Homem de 1948 prevê o direito de greve, "exercido de conformidade com as leis de cada país".

3 DENOMINAÇÃO

Grève em francês quer dizer cascalho, areal. Antes da canalização do rio Sena, em Paris, as cheias do rio depositavam pedras e gravetos numa praça, a qual se denominou de *Place de Grève*. Nesse lugar se reuniam os trabalhadores à procura de emprego. Com o surgimento das paralisações do trabalho, os trabalhadores passaram a reunir-se na mesma praça em que faziam greve. Daí passou-se a usar em francês o nome *grève* para denominar as paralisações dos trabalhadores.

Em português, emprega-se a palavra *greve*. Em italiano, *sciopero*. Em inglês, *strike* significa chocar, bater. Em espanhol, *huelga*; significa folga, descanso, é proveniente da palavra *huelgo*, que quer dizer fôlego. Em alemão, *streik* (litígio, conflito).

4 CONCEITO

A greve pode ser considerada antes de tudo um fato social, estudado também pela Sociologia. Seria um fato social que não estaria sujeito à regulamentação jurídica. A greve de fome é um comportamento individual que não tem relação com o trabalho. Ocorre que da greve resultam efeitos que vão ser irradiados nas relações jurídicas, havendo, assim, necessidade de estudo por parte do Direito.

Num conceito amplo, a greve é um risco a que o trabalhador se sujeita.

O conceito de greve, entretanto, dependerá de cada legislação, se a entender como direito ou liberdade, no caso de a admitir, ou como delito, na hipótese de a proibir. A greve representa uma forma de pressão dos trabalhadores sobre o empregador para atender suas reivindicações.

Os autores estabelecem diferentes conceitos de greve.

Para Niceto Alcalá-Zamora y Castillo a greve é uma das técnicas de autocomposição para a solução dos conflitos.[1]

Calamandrei afirma que a greve ou se considera como fato socialmente danoso ou socialmente indiferente, ou socialmente útil, o que implica a sua concepção ou como delito, ou como liberdade, ou como direito.[2]

Não se pode dizer que a greve é o direito de causar prejuízo ao empregador. Se uma pessoa causa prejuízo a outra, comete ato ilícito (art. 186 do Código Civil).

A greve é considerada, em nossa legislação, como suspensão coletiva (art. 2º da Lei nº 7.783/89). Greve é a paralisação coletiva. Suspensão é uma das suas características.

Greve é, portanto, a suspensão coletiva temporária e pacífica, total ou parcial, de prestação pessoal de serviços a empregador.

---

1 ALCALÁ-ZAMORA Y CASTILLO, Niceto. *Proceso, autocomposición y autodefensa*. México: Unam, 1970.

2 CALAMANDREI, Piero. Significato costituzionale del diritto di sciopero, in *Il Diritto sindacale*. Bologna: Mulino, 1971. p. 337.

O exercício do direito de greve é assegurado apenas ao trabalhador subordinado, não podendo ser exercido pelo trabalhador autônomo, mas poderá ser exercido pelo trabalhador avulso, pois este tem igualdade de direitos em relação ao trabalhador com vínculo empregatício permanente (art. 7º, XXXIV, da Constituição).

A greve deverá, contudo, ser feita contra o empregador, que poderá atender às reivindicações, o que mostra a vedação da greve realizada contra terceiros que não aquele.

Trata-se de suspensão coletiva, pois a suspensão do trabalho por apenas uma pessoa não irá constituir greve, mas poderá dar ensejo a dispensa por justa causa. A greve é, portanto, um direito coletivo e não de uma única pessoa. Só o grupo, que é o titular do direito, é que irá fazer greve. Deve haver, portanto, paralisação dos serviços, pois, de acordo com a lei, se inexistir a suspensão do trabalho não há greve. Isso mostra que a greve de zelo, em que os empregados cumprem à risca as determinações e regulamentos da empresa, esmerando-se na prestação dos serviços para provocar demora na produção, ou a "operação tartaruga", em que os trabalhadores fazem o serviço com extremo vagar não podem ser consideradas como greve diante de nossa legislação, pois não há a suspensão do trabalho.

A suspensão do trabalho deve ser temporária e não definitiva, visto que se for por prazo indeterminado poderá acarretar a cessação do contrato de trabalho. A paralisação definitiva do trabalho dá ensejo ao abandono de emprego, que caracteriza a justa causa (art. 482, *i*, da CLT).

A paralisação deverá ser feita de maneira pacífica (art. 6º, I, da Lei nº 7.783/89), sendo vedado o emprego de violência. As reivindicações deverão ser feitas com ordem, sem qualquer violência a pessoas ou coisas.

A paralisação do trabalho poderá ser de maneira total ou parcial, podendo abranger toda a empresa ou apenas alguns setores ou seções desta. É possível, portanto, que apenas os mensalistas na empresa venham a paralisar a prestação de serviços, continuando o trabalho os empregados horistas, não havendo, assim, a descaracterização da greve, que será parcial.

A greve, entretanto, não se confunde com o boicote. Este tem o significado de obstaculizar ou impedir o exercício da atividade do empregador, deixando de haver a cooperação com ele, mas sem causar danos materiais ou pessoais. A boicotagem remonta a 1880, quando o capitão James Boycott, administrador das propriedades de Lorde Mayo, enfrentou uma oposição dos trabalhadores irlandeses, que para ele não trabalhavam, não compravam seus produtos, nem os vendiam, tendo aquela pessoa que abandonar a cidade. Trata-se, portanto, de uma represália ou de uma guerra econômica por parte dos trabalhadores contra o patrão.

5 NATUREZA JURÍDICA

Enquadra-se inicialmente a greve como liberdade, decorrente do exercício de uma determinação lícita. Sob o ponto de vista da pessoa, do indivíduo, é possível considerá-la como uma liberdade pública, pois o Estado deve garantir seu exercício. No que diz respeito à coletividade, seria um poder. Não pode ser liberdade pública porque não pode ser feita contra o Estado, mas contra o empregador.

Há entendimentos de que a greve seria um direito potestativo, de que ninguém a ele poderia se opor. A parte contrária terá de se sujeitar ao exercício desse direito.

Alguns autores entendem que a greve poderia ser considerada como uma forma de autodefesa, em que uma parte imporia a solução do conflito à outra. Todavia, essa teoria sofre a crítica de que a autodefesa seria uma maneira de resposta a uma agressão.

A greve tem a característica de ser um direito individual do trabalhador, pois ele que vai decidir em fazer a greve ou não, mas tem dimensão coletiva, em razão de que não existe greve de uma única pessoa.

Pode-se analisar a natureza jurídica da greve sob os efeitos que provoca no contrato de trabalho: suspensão ou interrupção. Há suspensão se não ocorre o pagamento de salários e nem a contagem do tempo de serviço, e interrupção quando computa-se normalmente o tempo de serviço e há pagamento de salários. O art. 7º da Lei nº 7.783/89 estabelece que há suspensão dos efeitos do contrato de trabalho, se observadas as condições previstas na referida lei.

Compreende a greve um fato jurídico. Não é uma declaração de vontade, mas um comportamento do trabalhador. Compreende um direito subjetivo.

A greve é, assim, um direito de coerção visando à solução do conflito coletivo. Mostra o art. 9º da Constituição que a greve é um direito do trabalhador, um direito social, tratando-se de uma garantia fundamental, por estar no Título II, "Dos Direitos e Garantias Fundamentais", da Lei Maior.

A lei de greve consagra o interesse da classe reivindicante, mas também o da sociedade, como, por exemplo, no aviso-prévio de greve.

6 CLASSIFICAÇÃO DAS GREVES

Várias classificações podem ser feitas quanto à greve: greves lícitas, nas quais são atendidas as determinações legais; greves ilícitas, em que as prescrições legais não são observadas; greves abusivas, durante as quais são cometidos abusos, indo além das determinações legais; greves não abusivas, exercidas dentro das previsões da legislação e quando não são cometidos excessos.

Existem greves que são consideradas quanto a sua extensão, em que temos: greves globais, atingindo várias empresas; greves parciais, que podem alcançar algumas empresas ou certos setores destas; e greves de empresa, que só ocorrem nas imediações desta.

A greve também pode ser considerada quanto ao seu exercício: greve contínua, intermitente rotativa ou branca. Greve rotativa é a praticada por vários grupos, alternadamente. Greve intermitente é a que vai e volta. Às vezes os empregados trabalham, outras vezes, não. Às vezes chegam cedo, outras vezes chegam tarde etc. A greve branca é greve, pois apesar de os trabalhadores pararem de trabalhar e ficarem em seus postos de trabalho, há cessação da prestação dos serviços. Entretanto, a "operação tartaruga", ou greve de rendimento, em que os empregados fazem seus serviços com extremo vagar, ou a greve de zelo, na qual os trabalhadores se esmeram na produção ou acabamento do serviço, não podem ser consideradas como greve, pois não há a paralisação da prestação de serviço. A greve de zelo pode ser comparada ao trabalho feito de forma negligente. Dentro desse quadro seria lembrada, ainda, a greve intermitente, de curta duração e que pode ser repetida várias vezes em várias etapas.

Há greves por objetivos, que podem ser políticos e de solidariedade. Políticas são as em que há reivindicações ligadas a um aspecto macroeconômico, dizendo respeito a solicitações feitas de maneira genérica, inerentes ao governo. As greves de solidariedade são aquelas em que os trabalhadores se solidarizam com outros para fazer suas reivindicações.

Greve estratégica é a que diz respeito à atividade principal da empresa, mais importante, chave para o desenvolvimento dos trabalhos.

Greve de braços caídos ocorre quando o trabalhador fica no local de trabalho e não presta serviços.

Greve surpresa é a realizada sem que tenha sido concedido aviso-prévio ou dado conhecimento ao empregador.

Greve geral atinge todos os setores da empresa. Greve parcial atinge certos setores da empresa, mas não todos.

Greve ambiental é para proteger e preservar o meio ambiente de trabalho.

7 LIMITAÇÕES AO DIREITO DE GREVE

A greve não é um direito absoluto. Só por se tratar de um direito já existem limitações.

O Estado deve regular o direito de greve, mas não no sentido de restringi-lo ou impedi-lo.

É possível dividir as limitações ao direito de greve sob o aspecto objetivo, da previsão da lei, e sob o aspecto subjetivo, dos abusos cometidos.

As limitações ao direito de greve estão previstas na própria Constituição.

Verifica-se de modo genérico que o inciso VII do art. 4º da Constituição adota nas relações internacionais a solução pacífica dos conflitos. É claro que, indiretamente, essa regra deve ser empregada internamente, tanto que o próprio art. 2º da Lei nº 7.783/89 esclarece que a greve deve ser pacífica, vedando, portanto, greves violentas, inclusive por meios violentos, de tortura ou de tratamento desumano ou degradante (art. 5º, III, da Constituição).

O art. 5º, *caput*, da Lei Maior assegura o direito à vida, à liberdade, à segurança e à propriedade. Greves que venham a violar esses direitos já estarão excedendo os limites constitucionais. O inciso XXII do art. 5º da mesma norma ainda determina o direito de propriedade, não sendo possível que a greve venha a danificar bens ou coisas. O § 3º do art. 6º da Lei nº 7.783/89 é claro nesse sentido, ao determinar que os atos empregados pelos grevistas não poderão causar ameaça ou dano à propriedade ou pessoa.

O inciso IV do art. 5º da Lei Magna prescreve o direito à livre manifestação do pensamento, vedando apenas o anonimato. Haverá liberdade de pensamento quanto à greve em relação aos que são contrários a ela.

Ainda dentro da liberdade de pensamento, deve-se respeitar na greve as convicções políticas, filosóficas e as crenças religiosas das pessoas (art. 5º, VIII, da Lei Maior).

Os danos causados à moral, à imagem da pessoa ou danos de caráter material terão que ser indenizados pelos responsáveis (art. 5º, V, da Constituição). Com isso também se quer dizer que a greve deverá respeitar a moral e a imagem das pessoas e suas coisas materiais.

Assegura-se o direito à vida privada (art. 5º, X), bem como o direito de livre locomoção (art. 5º, XV, da Constituição).

O § 1º do art. 6º da Lei nº 7.783/89 é claro no sentido de que em nenhuma hipótese os meios adotados por empregados e empregadores poderão violar ou constranger os direitos e garantias fundamentais previstos na Constituição.

Existem limitações totais ao direito de greve, como em relação aos militares, que estão proibidos de fazer greve (art. 142, § 3º, IV, da Constituição). Já os servidores públicos poderão fazê-la, porém nos termos e limites definidos em lei específica (art. 37, VII, da Lei Maior).

8 LEGITIMIDADE

Não há dúvida de que a titularidade do direito de greve é dos trabalhadores, pois a eles compete decidir sobre a oportunidade e os interesses a serem defendidos por meio da greve (art. 2º Lei nº 7.783/89).

A legitimidade, porém, para a instauração da greve pertence à organização sindical dos trabalhadores, visto que se trata de um direito coletivo. O inciso VI do art. 8º da Lei Fundamental estabelece que nas negociações coletivas deve haver a participação obrigatória do sindicato profissional, levando ao entendimento de que a legitimidade para a instauração do movimento paredista é do sindicato de trabalhadores.

9 OPORTUNIDADE DO EXERCÍCIO

Aos trabalhadores é que compete decidir sobre a oportunidade do exercício do direito de greve (art. 1º da Lei nº 7.783/89). Eles é que irão julgar qual o momento conveniente em que a greve irá ser deflagrada.

A greve, contudo, não poderá ser deflagrada quando haja acordo, convenção coletiva ou sentença normativa em vigor (art. 14 da Lei nº 7.783/89), a não ser que tenham sido modificadas as condições que vigiam. Daí, a melhor orientação é de que o termo *oportunidade* quer dizer conveniência, diante das situações concretas que forem encontradas.

10 INTERESSES A DEFENDER

Cabe, também, aos trabalhadores dizer quais os interesses que serão defendidos por meio da greve.

Num primeiro momento poder-se-ia dizer que o interesse a ser defendido por meio de greve seria ilimitado, porém não é isso que ocorre. Os limites desse interesse podem ser encontrados na própria Constituição, ao analisá-la sistematicamente. Se o direito de greve está inserido no Capítulo II, dos Direitos Sociais, do Título I, já é possível dizer que os limites desse interesse são sociais, dizendo respeito às condições de trabalho, à melhoria das condições sociais, inclusive salariais. Esses interesses, entretanto, vão dizer respeito àqueles que possam ser atendidos pelo empregador, pois é contra este que a greve é deflagrada.

Se a greve é um direito, necessariamente ela terá limites na lei, que irá regulamentar esse direito. Não se trata, portanto, de direito absoluto, mas de direito limitado. Só por ser um direito, há limites a observar.

A Lei nº 4.330/64 proibia a greve política e de solidariedade, o que não ocorre com a Lei nº 7.783/89, que não trata expressamente do tema. Não será possível a greve política, pois nada poderá ser reivindicado do empregador, apenas em relação ao governo.

Quanto à greve de solidariedade, em que os trabalhadores passam a apoiar outros trabalhadores, entendo que ela poderá ocorrer, desde que as reivindicações digam respeito a seus contratos de trabalho, podendo ser feitas em relação ao empregador. Nem sempre, porém, a greve depende da existência de outra greve. É o caso da greve de solidariedade a um empregado dispensado pelo empregador. Quem irá decidir os interesses que devam ser defendidos na greve serão os trabalhadores. Assim, pode existir a greve de solidariedade.

A greve é uma forma de se estabelecer o equilíbrio na relação laboral em razão da força econômica do capital.

11 NEGOCIAÇÃO COLETIVA

Antes de se deliberar sobre a greve, deverá haver negociação coletiva para a tentativa de solução do conflito coletivo. É possível se afirmar, então, que a negociação coletiva é uma fase antecedente e necessária da greve, ou seja: é uma condição para o exercício do direito de greve. As partes também poderão eleger árbitros para solucionar a pendência entre elas. Frustrada a negociação coletiva ou verificada a impossibilidade da arbitragem, será facultada a cessação coletiva do trabalho (art. 3º da Lei nº 7.783/89). A exigência da negociação ou da arbitragem como procedimento obrigatório ou como etapa preliminar pode ser realçada com o exame do § 2º do art. 114 da Lei Maior, ao mencionar que, se as partes se recusarem à negociação ou à arbitragem, será facultada a instauração do dissídio coletivo.

A arbitragem vem a ser, aqui, um procedimento alternativo de tentar solucionar o conflito coletivo. Frustrada a tentativa de arbitragem, em que já se verifica que a outra parte não tem interesse na negociação, já é possível a paralisação coletiva.

Poderá a Delegacia Regional do Trabalho convocar as partes para mesa-redonda com o objetivo de resolver o conflito. A mesa-redonda convocada pela DRT não vem a se configurar numa interferência ou intervenção do Estado no sindicato, apenas uma forma de cumprir as determinações da lei, que exige a negociação, tanto que a intervenção da DRT não é obrigatória para efeito de negociação (§ 1º do art. 616 da CLT). O objetivo da DRT é apenas fazer mediação ou servir de mediador para solucionar a controvérsia coletiva, aproximando as partes. Não se trata, assim, de imposição. Inexistindo acordo, mesmo com a mediação da DRT, é faculdade das partes a instauração do dissídio coletivo.

O que precisa haver é a negociação frustrada para ser instaurado o dissídio coletivo, não importa onde ela seja realizada (§ 2º do art. 114 da Constituição).

12 ASSEMBLEIA GERAL

A entidade sindical dos empregados deverá convocar assembleia geral que irá definir as reivindicações da categoria, deliberando sobre a paralisação coletiva (art. 4º da Lei nº 7.783/89). A assembleia geral será convocada nos termos dos estatutos do sindicato.

O estatuto do sindicato deverá tratar das formalidades para a convocação da greve, como edital etc., assim como o *quorum* para a deliberação, tanto da deflagração quanto da cessação da greve. A lei não indica o *quorum* de votação, que fica adstrito às especificações do estatuto do sindicato.

Como já foi dito, o titular do direito de greve é o trabalhador. A legitimação para a instauração da greve é, contudo, do sindicato. A este cabe a defesa dos direitos coletivos e individuais da categoria, inclusive em questões judiciais e administrativas (art. 8º, III, da Constituição). Cabe ao sindicato a participação obrigatória nas negociações coletivas (art. 8º, VI, da Constituição). Logo, não há nenhuma incompatibilidade entre a Constituição e a Lei nº 7.783/89, quando determina que a entidade sindical dos empregados irá convocar a assembleia geral para definir as reivindicações e a paralisação.

O art. 6º da Lei nº 4.330/64 estabelecia que a entidade sindical deveria publicar editais com antecedência mínima de 10 dias, contendo local, dia e hora da realização da assembleia geral, designação da ordem do dia, em que se iriam verificar as reivindicações, além do que a votação era feita por cédulas em que se observavam as expressões *sim* e *não*. O *quorum* das deliberações era feito por 2/3 dos associados, em primeira convocação, ou 1/3, em segunda convocação (art. 5º). A presidência da mesa apuradora era feita por membro do Ministério Público do Trabalho, devendo a ata ser enviada ao Ministério do Trabalho (art. 7º). A Lei nº 7.783/89 não reproduziu as determinações da lei anterior, o que foi melhor, justamente para se evitarem as discussões a respeito de intromissão nos assuntos internos do sindicato, além do que as determinações mencionadas na Lei nº 4.330/64 não eram cumpridas, pois, por exemplo, as assembleias eram e são realizadas em campos de futebol, praças, portas de fábrica etc., o que torna difícil a verificação da votação. Assim, o estatuto da entidade sindical irá determinar quais são os requisitos a serem observados, como o *quorum* das deliberações, mostrando que a atual lei é bastante informal quanto a tais aspectos.

Verifica-se, portanto, que o *quorum* da assembleia sindical em caso de greve fica remetido aos estatutos do sindicato (§ 1º do art. 4º da Lei nº 7.783/89). Nesse ponto não é de se aplicar o art. 612 da CLT, ao especificar o *quorum* em assembleias sindicais, que não foi revogado expressa ou tacitamente pela Lei nº 7.783/89, valendo apenas para acordos ou convenções coletivas. Deveria haver uma modificação no art. 612 da CLT, para que se evitasse a existência de duas assembleias: uma para greve, disciplinada pelos estatutos da entidade sindical, outra para acordos e convenções coletivas, prevista no dispositivo consolidado. Da assembleia sindical poderá participar qualquer membro da categoria, visto que não há qualquer previsão na Lei nº 7.783/89 sobre o assunto, mesmo não sendo o interessado associado ao sindicato, ao contrário do art. 612 da CLT, que prevê essa condição, prestigiando, assim, a liberdade da pessoa de ingressar ou não no sindicato (art. 8º, V, da Constituição).

Na falta de sindicato, a assembleia geral será convocada pela federação e, na ausência desta, pela confederação. Assim, os estatutos das federações e confederações deverão também tratar da assembleia geral para efeito de greve.

Não havendo entidade sindical, inclusive de grau superior, a assembleia geral dos trabalhadores interessados deliberará sobre as reivindicações e sobre a paralisação coletiva. Nota-se aqui a formação da comissão de negociação no caso de inexistir a entidade sindical. É possível também afirmar que, se o sindicato ou a entidade de grau superior não se interessarem pelas reivindicações ou pela paralisação, os interessados também poderão constituir a comissão de negociação, pois caso contrário ficariam alijados de qualquer poder para a solução do conflito coletivo. Essa comissão não terá personalidade jurídica ou sindical, apenas irá participar da negociação.

A entidade sindical ou comissão especialmente eleita representará os interesses dos trabalhadores nas negociações ou na Justiça do Trabalho (art. 5º da Lei nº 7.783/89). A Lei nº 7.783/89 concede, portanto, a possibilidade de a comissão dos trabalhadores não organizados em sindicato instaurar dissídio coletivo. Não se conflita tal norma com o § 2º do art. 114 da Constituição, visto que esta determina apenas que é "faculdade" das partes instaurar o dissídio coletivo, permitindo, assim, o ajuizamento por empresa e até mesmo pela comissão de trabalhadores inorganizados em sindicato.

A comissão prevista no art. 5º da Lei nº 7.783/89 não é incompatível com a regra do art. 8º, VI da Constituição, pois onde houver sindicato ou esse não se manifestar, o direito de greve não poderia ser exercido. Não seria, portanto, razoável entendimento em contrário, que inviabilizaria o direito de greve.

13 AVISO-PRÉVIO DE GREVE

O aviso-prévio de greve deverá ser fornecido com antecedência mínima de 48 horas ao sindicato patronal ou aos empregadores (parágrafo único do art. 3º da Lei nº 7.783/89).

Em serviços ou atividades essenciais, o sindicato profissional ou os trabalhadores deverão fazer a comunicação da paralisação aos empregadores e aos usuários com antecedência mínima de 72 horas (art. 13 da Lei nº 7.783/89).

Anteriormente, o art. 10 da Lei nº 4.330/64 previa que o aviso-prévio de greve era de cinco dias, nas atividades acessórias, e de 10 dias, nas atividades fundamentais. Verifica-se, portanto, que a Lei nº 7.783/89 veio a encurtar os prazos de aviso-prévio de greve.

A OIT já se pronunciou no sentido de que o aviso-prévio de greve não vem a prejudicar a liberdade sindical, pois cumpre um aspecto de comunicação da existência da greve. Um dos objetivos principais do aviso-prévio é de que seja evitada a greve que é deflagrada repentinamente, de surpresa, sem que o empregador ou a sociedade possa tomar as medidas de precaução necessárias.

A Lei nº 4.330/64 previa a concessão do aviso-prévio por escrito (art. 10). A Lei nº 7.783/89 apenas menciona a existência do aviso-prévio, não dizendo que ele deva ser por escrito, quando seria melhor se assim tivesse dito, para evitar quaisquer dúvidas. O aviso-prévio, assim, poderá ser feito de qualquer forma, pelo jornal, pelo rádio, pela televisão, por notificação por carta à parte contrária etc. O que interessa é que seja feita a prova de que a outra parte tinha conhecimento de que iria haver greve, com a antecedência mínima prevista na lei.

A contagem do prazo do aviso-prévio deve observar o art. 132 do Código Civil, pois a Lei de Greve não traz nenhuma determinação sobre o assunto. A contagem será feita em horas, como menciona a Lei nº 7.783/89, computando-se minuto a minuto (§ 4º do art. 132 do Código Civil), porém exclui-se o dia do começo e inclui-se o do vencimento. Se o prazo de vencimento cair em dia feriado, considera-se prorrogado até o dia útil seguinte (§ 1º do art. 132 do Código Civil). O prazo de 48 horas ou de 72 horas deve ser entre a comunicação e a deflagração do movimento.

Não há necessidade de intimação obrigatória do Ministério do Trabalho, como se verificava do § 1º do art. 10 da Lei nº 4.330/64. A única observância deve ser a do § 1º do art. 616 da CLT, que não foi revogado pela Lei nº 7.783/89, de apenas se dar ciência ao órgão do Ministério do Trabalho para que este possa convocar as partes para mesa-redonda, que importa apenas mediação do conflito por parte da DRT e não de qualquer interferência ou intervenção no sindicato.

14 ATIVIDADES ESSENCIAIS

A Emenda Constitucional nº 1, de 1969, não permitia a greve nos serviços públicos e atividades essenciais, definidas em lei (art. 162). O art. 1º do Decreto-Lei nº 1.632/78 definia as atividades essenciais, que eram as seguintes: água e esgoto, energia elétrica, petróleo, gás e outros combustíveis, bancos, transportes, comunicações, carga e descarga, hospitais, ambulatórios, maternidade, farmácias e drogarias e as indústrias definidas por decreto do Presidente da República. Consideravam-se, ainda, atividades essenciais e de interesse da segurança nacional os serviços públicos federais, estaduais e municipais, de execução direta, indireta, delegada ou concedida, inclusive os do Distrito Federal (§ 2º do art. 1º).

O § 1º do art. 9º da Constituição de 1988 não proíbe a greve em atividades essenciais, apenas determina que a lei irá definir os serviços ou as atividades essenciais, o que foi feito pelo art. 10 da Lei nº 7.783/89.

A OIT considera essenciais os serviços cuja interrupção pode pôr em perigo a vida, a segurança ou a saúde da pessoa em toda ou parte da população.[3]

Consideram-se serviços ou atividades essenciais: (a) tratamento e abastecimento de água; produção e distribuição de energia elétrica, gás e combustíveis; (b) assistência médica e hospitalar; (c) distribuição e comercialização de medicamentos e alimentos; (d) funerários; (e) transporte coletivo, como metrô, ônibus; (f) captação e tratamento de esgoto e lixo, por questão de saúde; (g) telecomunicações; (h) guarda, uso e controle de substâncias radioativas, equipamentos e materiais nucleares; (i) controle de tráfego aéreo (segurança); (j) compensação bancária; (k) controle de tráfego aéreo e navegação aérea; (l) atividades médico-periciais relacionadas com o regime geral de previdência social e assistência social; (m) atividades médico-periciais relacionadas com a caracterização do impedimento físico, mental, intelectual ou sensorial da pessoa com deficiência, por meio da integração de equipes multidisciplinares e interdisciplinares, para fins de reconhecimento e direitos previstos em lei, em especial na Lei nº 13.146/2015; (n) outras prestações médico-periciais de carreira de perito médico federal, indispensáveis ao atendimento das

---

3 ORGANIZAÇÃO INTERNACIONAL DO TRABALHO. *Recopilacíon la liberdad sindical*. 3. ed. Genebra, verbete 387.

necessidades inadiáveis da comunidade; (o) atividades portuárias (art. 10 da Lei nº 7.783). São taxativas tais situações e não meramente exemplificativas.

Não mais são consideradas atividades essenciais: serviços de banco, exceto a compensação bancária; serviços de comunicação, salvo os de telecomunicações; carga e descarga; escolas e correio.

O Comitê de Liberdade Sindical da OIT afirma que não são atentatórias à liberdade sindical as proibições de greve que coloquem em risco a vida, saúde ou segurança das pessoas ou de parte da população.

15 ATENDIMENTO DAS NECESSIDADES INADIÁVEIS

Determinou o § 1º do art. 9º da Lei Maior que o atendimento das necessidades inadiáveis da comunidade fosse disciplinado pela lei ordinária.

O art. 11 da Lei nº 7.783/89 esclareceu que nos serviços ou nas atividades essenciais, os sindicatos, os empregadores e os trabalhadores ficam obrigados, de comum acordo, a garantir, durante a paralisação, a prestação de serviços indispensáveis ao atendimento das necessidades inadiáveis da comunidade.

Consideram-se necessidades inadiáveis da comunidade as que, se não atendidas, possam colocar em perigo iminente a sobrevivência, a saúde ou a segurança da população (parágrafo único do art. 11 da Lei nº 7.783/89). Seriam, por exemplo, as atividades de assistência médica e de hospitais em serviços como os que importem na sobrevivência ou na saúde da pessoa, como os ligados à unidade de terapia intensiva (UTI), que não poderiam deixar de ser prestados durante a greve de hospitais. O mesmo pode ocorrer na distribuição de remédios durante greve que ocorresse nas farmácias.

Se as pessoas anteriormente mencionadas não assegurarem o atendimento das necessidades inadiáveis da comunidade, o Poder Público providenciará a prestação de serviços indispensáveis (art. 12 da Lei nº 7.783/89). A lei, porém, não indicou como isso será feito, se por meio de requisição civil, como ocorre em Portugal e que era a proposta que foi rejeitada pelo Congresso Nacional.

16 MANUTENÇÃO DE BENS

No decorrer da greve, o sindicato ou a comissão de negociação, por intermédio de acordo com a entidade patronal ou diretamente com o empregador, manterá em atividade equipes de empregados com o objetivo de assegurar os serviços cuja paralisação resulte em prejuízo irreparável, pela deterioração irreversível de bens, máquinas e equipamentos, bem como a manutenção daqueles essenciais à retomada das atividades da empresa quando da cessação do movimento (art. 9º da

Lei nº 7.783/89). Seria possível lembrar, como exemplo, a necessidade do funcionamento de altos fornos de siderúrgicas, como os da Cosipa, que não podem ficar paralisados por muito tempo, sob pena de se perder completamente o equipamento.

Não havendo acordo, é permitido ao empregador, enquanto perdurar a paralisação, o direito de contratar diretamente os serviços necessários à manutenção de bens e equipamentos e dos bens necessários à retomada das atividades da empresa quando da cessação do movimento (parágrafo único do art. 9º da Lei nº 7.783/89). A possibilidade da contratação de serviços se dá enquanto perdurar a greve. Os serviços poderão ser contratados em relação a pessoas jurídicas especializadas, a empresas de trabalho temporário (Lei nº 6.019/74), ou até mesmo mediante contrato de trabalho por prazo determinado, pois existem serviços especificados e acontecimento suscetível de previsão aproximada (§ 1º do art. 443 da CLT).

17 DIREITOS E DEVERES DOS ENVOLVIDOS NA GREVE

O art. 6º da Lei nº 7.783 é claro ao determinar que os grevistas têm os seguintes direitos, entre outros: (a) o emprego de meios pacíficos tendentes a persuadir ou a aliciar os trabalhadores a aderirem à greve; (b) a arrecadação de fundos e a livre divulgação do movimento.

O inciso II do art. 19 da Lei nº 4.330/64 já assegurava a coleta de donativos para a manutenção do movimento paredista. O inciso II do art. 6º da Lei nº 7.783/89 menciona agora a expressão *coleta de fundos*, que serão destinados aos gastos decorrentes da greve, como de publicidade, faixas, cartazes e até mesmo para a manutenção dos salários dos trabalhadores. A expressão anterior *coleta de donativos* tinha um aspecto de benemerência, de assistência social, enquanto a atual expressão é mais ampla e correta, porque não compreende apenas bens, mas também numerário.

A livre divulgação do movimento visa assegurar a comunicação e informação sobre a greve, para que ela possa ser propagada. Há a possibilidade da divulgação por meio de panfletos, de cartazes de propaganda, desde que não sejam ofensivos à pessoa do empregador, assim como o uso de megafone ou veículo com sonorização na porta da fábrica.

Os grevistas terão o dever de observar os direitos e garantias fundamentais de outrem, no exercício do direito de greve. São, por exemplo, o direito à vida, à liberdade, à segurança e à propriedade (art. 5º da Constituição), o respeito às convicções políticas, filosóficas e crenças religiosas (art. 5º, VIII, da Constituição), o direito de liberdade de trabalho, de livre manifestação do pensamento (art. 5º, IV, da Constituição) etc. Não podem, portanto, violar ou constranger esses direitos. As manifestações e atos de persuasão utilizados pelos grevistas não poderão impedir o acesso ao trabalho nem causar ameaça ou dano à propriedade ou pessoa. Logo, os trabalhadores que entenderem que devem trabalhar não poderão ser impedidos pelos demais.

O empregador não poderá adotar meios para constranger o empregado ao comparecimento ao trabalho, bem como capazes de frustrar a divulgação do movimento. Assim, o empregador não poderá adotar qualquer forma que venha a obrigar, a coagir o trabalhador grevista à prestação de serviços ou a impedir a publicidade da greve.

O piquete consiste numa forma de pressão dos trabalhadores sobre aqueles obreiros que não se interessam pela paralisação, preferindo continuar a trabalhar, e também para a manutenção do movimento. Serão, portanto, os piquetes permitidos, desde que não ofendam as pessoas ou se cometam estragos em bens, ou seja, o piquete pacífico será permitido como modo de persuasão e aliciamento da greve. Não serão admitidos piquetes que venham a impedir o trabalhador de ingressar no serviço.

Já a sabotagem, porém, não será permitida. A palavra sabotagem se origina do francês *sabotage*, de *saboter*, pisar, e de *sabot*, tamanco. Os operários das fábricas empregavam os calçados utilizados na empresa – os tamancos – para inutilizar as máquinas de produção, de modo a protestar diante do empregador. Daí vem o significado atual de sabotagem, que seria o emprego de meios violentos, de modo a causar danos ou destruição a bens: às máquinas do empregador. Como a greve deve ser feita de maneira pacífica, os atos de sabotagem não são tolerados pela Lei nº 7.783/89. Sabotagem é um ato de violência contra coisas. É um ato comissivo. Greve é um ato omissivo, de não trabalhar.

O parágrafo único do art. 7º da Lei nº 7.783/89 proíbe a contratação de trabalhadores substitutos para os grevistas. Não é, portanto, possível a contratação de trabalhadores temporários para esse fim. Isso poderia importar em frustrar o movimento de greve ou impedir o sucesso dela. A greve perderia a sua força de pressão. A contratação de trabalhadores substitutos poderia implicar o esvaziamento da greve. Os trabalhadores em greve também não querem que outras pessoas ocupem seus postos de trabalho. É uma forma de defender os trabalhadores que estão em greve. Poderiam existir conflitos entre os grevistas e as pessoas que foram contratadas para trabalhar, atrapalhando a reivindicação feita por meio da greve. Os novos trabalhadores não teriam a mesma experiência dos anteriores e poderiam atrapalhar a produção do empregador. Nada impede, portanto, a contratação de empresa especializada para fazer os serviços de trabalhadores grevistas, pois não há proibição na lei nesse sentido. A contratação também poderá ser feita por terceirização, pois não há proibição na lei.

Faz remissão o parágrafo único do art. 7º da Lei nº 7.783/89 aos arts. 9º e 14 da mesma lei.

O art. 9º da Lei nº 7.783/89 permite o trabalho durante a greve, tendo por objetivo a manutenção de equipamentos que poderiam ficar danificados em razão da greve. Como ocorre com os altos-fornos em siderúrgicas, que têm que ficar ligados para não se estragarem. Como há referência ao citado artigo, é permitida a contratação de trabalhadores para efeito de manutenção de equipamentos que poderiam ficar danificados em razão do exercício do direito de greve.

O art. 14 da Lei nº 7.783/89 estabelece que constitui abuso do direito de greve a inobservância das normas contidas na presente lei, bem como a manutenção da paralisação após a celebração de acordo, convenção ou decisão da Justiça do Trabalho. Poderá haver, portanto, a contratação de trabalhadores em razão da manutenção da paralisação dos trabalhadores após a celebração de acordo, convenção ou decisão da Justiça do Trabalho.

Na França, o exercício do direito de greve não pode justificar a ruptura do contrato de trabalho, salvo falta grave imputável ao empregado. Toda dispensa, salvo por falta grave, é considerada nula (art. L2511-1 do Código de Trabalho). É proibida a contratação de trabalhador para substituir um outro em que o contrato de trabalho está suspenso em seguida a um conflito coletivo de trabalho (art. L1242-6, 1º, do Código de Trabalho), como ocorre na greve. Não há proibição na legislação para o empregador fazer mudanças na empresa ou recrutar novos empregados por meio de contrato de trabalho por prazo determinado (Soc. 12 de janeiro de 1983). É possível fazer a substituição por trabalhadores interinos, que tenham sido colocados à disposição de uma área onde se requeira as mesmas qualificações que na sua atividade anterior, mas antes do desencadear do conflito. É possível ser feita a subcontratação de trabalhadores.[4]

Em Portugal, o empregador não pode, durante a greve, substituir os grevistas por pessoas que, à data do aviso-prévio, não trabalhavam no respectivo estabelecimento ou serviço nem pode, desde essa data, admitir trabalhadores para aquele fim (art. 535, 1, do Código do Trabalho). A tarefa a cargo de trabalhador em greve não pode, durante esta, ser realizada por empresa contratada para esse fim, salvo em caso de incumprimento dos serviços mínimos necessários à satisfação das necessidades sociais impreteríveis ou à segurança e manutenção de equipamento e instalações e na estrita medida necessária à prestação desses serviços (2). Constitui contraordenação muito grave a violação do disposto nos números anteriores (3). O art. 535 do Código do Trabalho não proíbe a contratação de serviços alternativos.[5] Um recurso no Direito português é a requisição civil para cobertura de serviços mínimos.[6]

---

4 JAVILLIER, Jean-Claude. *Manual de direito do trabalho*. São Paulo: LTr, 1988. p. 224-225.

5 MARTINEZ, Pedro Romano. *Direito do trabalho*. 5. ed. Coimbra: Almedina, 2010. p. 1.319.

6 CORDEIRO, Antonio Menezes. *Direito do trabalho*. 5. ed. Coimbra: Almedina, 2010. p. 985.

A Comissão de Peritos da OIT afirmou que "cria-se um problema especial quando a legislação ou a prática permite que as empresas contratem outros trabalhadores para substituírem seus próprios empregados enquanto fazem greve ilegal. Esse problema é particularmente grave se, por força de disposições legais ou da jurisprudência, os grevistas não têm garantido, de direito, sua reincorporação ao emprego depois de terminado o conflito. A Comissão considera que esse tipo de disposições ou práticas prejudica gravemente o direito de greve e repercute no livre exercício dos direitos sindicais".[7]

18 ABUSO DO DIREITO DE GREVE

Esclarece o § 2º do art. 9º da Constituição que os abusos cometidos sujeitam os responsáveis às penas da lei.

O inciso I do art. 188 do Código Civil declara que não constituem atos ilícitos os praticados em legítima defesa ou no exercício regular de um direito reconhecido. Ao contrário, são atos ilícitos os não praticados em legítima defesa ou que não decorram de exercício regular de um direito reconhecido, que alguns consideram como uma forma de abuso de direito. Haverá, portanto, uso abusivo do direito se ele não for exercitado na conformidade da lei.

A Lei nº 7.783/89, ao regulamentar o preceito constitucional, estabelece que a inobservância de suas determinações, bem como a manutenção da paralisação após a celebração de acordo, convenção ou decisão da Justiça do Trabalho, são caracterizadas como abuso de direito de greve (art. 14).

Na ilegalidade, há o descumprimento dos requisitos formais contidos na lei, como não cumprir aviso-prévio de greve, deflagrar a greve sem fazer assembleia sindical.

Abusividade da greve é exceder o contido na lei, como fazer piquetes violentos. O abuso de direito dá ensejo à responsabilidade, que pode ser trabalhista, civil ou penal. O § 2º do art. 9º da Constituição faz referência a abusos na forma da lei. Os abusos são os excessos, como de depredar propriedade, sujeitando os responsáveis às penas da lei, por crimes, responsabilidade civil ou justa causa (art. 482 da CLT). A previsão de abusos está na Constituição.

Representa o abuso de direito o gênero, incluindo a ilegalidade. Será formal o abuso de direito se não forem observadas as formalidades previstas na Lei nº 7.783/89, como a não concessão de aviso-prévio de greve. Haveria abuso de direito material se a greve se realizasse em atividades proibidas.

---

7 OIT, 1994, § 175.

Na vigência de acordo, convenção ou sentença normativa não constitui abuso do exercício do direito de greve a paralisação com o objetivo de exigir o cumprimento de cláusula ou condição. O mesmo ocorrerá na hipótese de superveniência de fato novo ou acontecimento imprevisto que modifique substancialmente a relação de trabalho. É a aplicação da teoria da imprevisão ou da cláusula *rebus sic stantibus*, ou "enquanto as coisas permanecerem como estão". Exemplifica-se com a realização de greve em virtude de acentuada inflação que venha a corroer as formas de correção salarial previstas na legislação salarial e na norma coletiva da categoria, que não fora prevista inicialmente.

19 EFEITOS SOBRE O CONTRATO DE TRABALHO

Desde que observadas as determinações da Lei nº 7.783/89, a participação em greve suspende o contrato de trabalho, devendo as relações obrigacionais durante o período ser regidas por acordo, convenção, laudo arbitral ou decisão da Justiça do Trabalho (art. 7º). Ao contrário, se forem desrespeitadas as disposições da Lei nº 7.783/89, não haverá suspensão do contrato de trabalho.

Durante a greve, o empregador não poderá rescindir o contrato de trabalho dos empregados, nem admitir trabalhadores substitutos (parágrafo único do art. 7º da Lei nº 7.783/89), a não ser para contratar os serviços necessários para a manutenção de máquinas e equipamentos durante a greve (parágrafo único do art. 9º da Lei nº 7.783/89), ou na hipótese da continuidade da paralisação após a celebração de norma coletiva (art. 14 da Lei nº 7.783/89). Os trabalhadores que, entretanto, excederem-se em suas manifestações, configurando abuso de direito, poderão ser dispensados por justa causa. A simples adesão à greve não constitui, porém, falta grave, como já decidiu o STF (S. 316).

20 PAGAMENTO DOS DIAS PARADOS

A anterior Lei de Greve, Lei nº 4.330, de 1º de junho de 1964, determinava que seria considerado ilegal o movimento paredista quando:

a) não atendidos os prazos e condições estabelecidos na referida lei;
b) tivesse por objetivo reivindicações rejeitadas pela Justiça do Trabalho, em decisão definitiva, há menos de um ano;
c) fosse deflagrado por motivos políticos, partidários, religiosos, morais, de solidariedade, sem quaisquer pretensões relacionadas com a própria categoria;
d) tivesse por fim rever norma coletiva, salvo se as condições pactuadas tivessem sido substancialmente modificadas.

Considerava, ainda, o parágrafo único do art. 20 da Lei nº 4.330/64 que "a greve suspende o contrato de trabalho, assegurando aos grevistas o pagamento dos salários durante o período da sua duração e o cômputo do tempo de paralisação como de trabalho efetivo, se deferidas, pelo empregador ou pela Justiça do Trabalho, as reivindicações formuladas pelos empregados, total ou parcialmente". A greve lícita não rescindia o contrato de trabalho, nem eram extintos os direitos e obrigações dele resultantes (art. 20 da Lei nº 4.330). Só se mandava pagar os salários dos dias parados e se computava o tempo de serviço se o empregador ou a Justiça do Trabalho deferissem, total ou parcialmente, as reivindicações formuladas pelos grevistas. Em caso contrário, não haveria pagamento de salários ou contagem do tempo de serviço durante a greve, considerando-se que os efeitos do contrato de trabalho estavam suspensos.

Observadas as condições previstas na Lei nº 7.783, "a participação em greve suspende o contrato de trabalho, devendo as relações obrigacionais durante o período ser regidas pelo acordo, convenção, laudo arbitral ou decisão da Justiça do Trabalho" (art. 7º).

É sabido que a suspensão do contrato de trabalho implica o não pagamento dos salários e não ser computado o tempo de serviço. Ao contrário, na interrupção do contrato de trabalho são pagos os salários e o tempo de serviço é normalmente contado.

A palavra *suspender* contida no art. 7º da Lei nº 7.783 não pode ser interpretada como interromper, pois está escrito na norma suspender e não interromper os efeitos do contrato de trabalho.

O parágrafo único do art. 20 da Lei nº 4.330/64 determinava que "a greve suspende o contrato de trabalho, assegurando aos grevistas o pagamento dos salários durante o período da sua duração e o cômputo do tempo de paralisação como de trabalho efetivo, se deferidas, pelo empregador ou pela Justiça do Trabalho, as reivindicações formuladas pelos empregados, total ou parcialmente".

No tocante ao não pagamento dos dias parados, caso a greve seja considerada abusiva, os salários não devem ser pagos, pois as reivindicações não foram atendidas, nem houve trabalho no período. Não há suspensão do contrato de trabalho se a greve é exercida de maneira abusiva. Por conseguinte, inexiste direito ao pagamento de salários. É de se lembrar, também, que não há pagamento de salários sem que haja prestação de serviços (*Kein Arbeit, Kein Lohn*).

Na suspensão do contrato de trabalho não há pagamento de salários. A greve é considerada como hipótese de suspensão do contrato de trabalho, desde que observadas as condições previstas na Lei nº 7.783/89 (art. 7º). Logo, atendidas as condições da Lei nº 7.783/89, há suspensão do contrato de trabalho, e, se há suspensão, é indevido o pagamento de salários.

Nos contratos bilaterais, nenhum dos contraentes, antes de cumprida a sua obrigação, pode exigir o implemento da obrigação do outro (art. 476 do Código Civil). Ninguém pode exigir o cumprimento de uma obrigação antes de fazer a sua parte. Se o empregado não presta serviço, não pode exigir o pagamento do salário pelo empregador. O empregador não é obrigado a pagar o salário, se não existe prestação de serviço. O empregado exerce um direito na greve: o direito de greve. O empregador, em razão da falta de prestação de serviços, também tem o direito de não pagar o salário, pois o serviço não foi prestado.

A vontade de não trabalhar dos grevistas deve respeitar o direito daqueles que entendem que devem comparecer ao serviço para trabalhar. Assim, não poderiam os primeiros ter direito ao salário se não trabalharam e os segundos, mesmo trabalhando, também receber salário. Seria uma injustiça com os últimos, que trabalharam, determinar o pagamento de salários àqueles que não prestaram serviços. Como regra, não há pagamento de salário sem a devida contraprestação de serviços. Serviço feito é salário devido. Não havendo prestação de serviço, não há direito ao salário. O empregador não é obrigado a pagar salário se o empregado não trabalha.

O contrato de trabalho comporta direitos e obrigações. O empregado assume riscos em razão da greve, justamente de não receber os salários.

A todo direito corresponde um dever e também um ônus. O direito de fazer greve está caracterizado na Constituição (art. 9º), porém o ônus é justamente o de que, não havendo trabalho, inexiste remuneração. Um dos componentes do risco de participar da greve é justamente o não pagamento dos salários relativos aos dias parados. Mandar pagar os dias parados seria premiar e incentivar a greve. Seria espécie de férias ou de licença remunerada. As consequências da greve devem ser suportadas por ambas as partes: pelo empregador, que perde a prestação de serviços durante certos dias e, em consequência, deixa de pagar os dias não trabalhados pelos obreiros; pelo empregado, que participa da greve, ficando sem trabalhar, mas perde o direito ao salário dos dias em que não prestou serviços.

O inciso II do art. 6º da Lei nº 7.783/89 permite aos trabalhadores angariarem fundos em razão da greve, justamente porque não vão receber salários durante ela.

Caso se determinasse o pagamento de salários sem trabalho, além de se estar determinando uma iniquidade, também haveria o intuito de não retornar ao trabalho por parte dos grevistas, pois estariam ganhando sem trabalhar, ficando apenas a empresa a suportar os efeitos da paralisação. O pagamento dos dias parados pode gerar o estímulo à deflagração de movimentos grevistas com espírito totalmente divorciado das reivindicações, o que não é recomendável.

Entender que o empregado tem de receber salário durante a greve abusiva é como lhe conceder férias ou licença remunerada.

O direito de receber o salário em caso de greve abusiva não é um direito fundamental, por não ter previsão na Constituição, especialmente nos arts. 7º a 9º. O salário é um direito essencial do trabalhador, para poder sobreviver, mas depende da obrigação de o obreiro trabalhar para recebê-lo.

A greve, só por ser um direito, deve respeitar também o direito dos outros. A paralisação não é um direito absoluto, pois tem limites na Constituição e na lei. Também não é um direito irrestrito e ilimitado, mas deve observar os limites constitucionais, a razoabilidade, a proporcionalidade e o bom senso.

Não há discriminação quanto ao não pagamento do salário aos grevistas, justamente porque estes não querem trabalhar. Quem trabalha recebe salário. Quem não presta serviço em razão da greve, deixa de receber o salário. Logo, o empregador não tem obrigação de pagar salários durante a greve.

Em uma hipótese, realmente deveria ser determinado o pagamento dos dias parados: quando a paralisação fosse feita pelo empregador, com o intuito de pressionar o governo para aumento de preços. Nesse exemplo, o empregado nada reivindica, sendo que os riscos do empreendimento devem ficar por conta do empregador (art. 2º da CLT). Logo, os salários do período deveriam ser pagos ao obreiro, que não deu causa à não prestação de serviços.

Caso a greve seja considerada não abusiva, os salários são devidos, pois o empregador não cumpriu com as regras da Lei nº 7.783/89.

Se as partes ajustarem o pagamento de salários durante a greve, por acordo ou convenção coletiva, ou até por determinação da Justiça do Trabalho, haverá interrupção do contrato de trabalho e não sua suspensão.

O art. 7º da Lei nº 7.783/89, ao contrário do parágrafo único do art. 20 da Lei nº 4.330/64, não tratou do pagamento dos salários referentes aos dias de greve. Essa matéria passou para o âmbito negocial das partes. Se as partes ajustarem o pagamento dos dias parados, sendo atendidas ou não as reivindicações do movimento paredista, será perfeitamente lícito o pactuado.

De outro modo, inexistindo acordo entre as partes, a Justiça do Trabalho decidirá sobre o não pagamento dos dias parados.

A Orientação Jurisprudencial 10 da SDC do TST menciona que "é incompatível com a declaração de abusividade de movimento grevista o estabelecimento de quaisquer vantagens ou garantias a seus partícipes, que assumiram os riscos inerentes à utilização do instrumento de pressão máximo". Isso significa que não há direito a nenhuma vantagem ou garantia na greve abusiva, sendo indevidos, portanto, os salários aos empregados que não trabalharam.

O Supremo Tribunal Federal (STF) entendeu que "os salários dos dias de paralisação não deverão ser pagos, salvo no caso em que a greve tenha sido provocada justamente por atraso no pagamento aos servidores públicos civis, ou por outras situações excepcionais que justifiquem o afastamento da premissa da suspensão do contrato de trabalho (art. 7º da Lei nº 7.783/89, *in fine*)" (RE 456.530/SC, j. 13-5-2010, Rel. Min. Joaquim Barbosa).

Em outra decisão, o STF entendeu que "A Administração Pública deve proceder ao desconto dos dias de paralisação decorrentes do exercício do direito de greve pelos servidores público, em virtude da suspensão do vínculo funcional que dela decorre, permitida a compensação em caso de acordo. O desconto será, contudo, incabível se ficar demonstrado que a greve foi provocada por conduta ilícita do Poder Público" (RE 693.456-RJ, Rel. Min. Dias Toffoli, j. 27-10-2016, *DJe* 19-10-2017).

A OIT não tem uma convenção sobre greve. A Convenção nº 87 da OIT não trata de greve, mas de liberdade sindical. O Comitê de Liberdade Sindical da OIT declarou não haver nenhuma objeção à dedução dos salários dos dias de greve.[8]

O Código de Trabalho do Chile afirma que a greve suspende o contrato de trabalho e o empregador não tem de pagar remuneração ao empregado (art. 377).

O Código de Trabalho de Portugal prevê que a "a greve suspende o contrato de trabalho de trabalhador e aderente, incluindo o direito à retribuição" (art. 536º, 1).

No julgamento em caso decorrente da greve na Fundação de Apoio à Escola Técnica do Estado do Rio de Janeiro (Faetec), o STF entendeu que é possível fazer o desconto no salário dos grevistas (RE 693.456). O Tribunal de Justiça do Rio de Janeiro tinha impedido tal desconto. É permitida a compensação em caso de acordo. O desconto será, contudo, incabível se ficar demonstrado que a greve foi provocada por conduta ilícita do Poder Público.

21 DISSÍDIO COLETIVO

A requerimento das partes ou do Ministério Público, a Justiça do Trabalho decidirá sobre o acolhimento, total ou parcial, ou a rejeição das reivindicações.

---

8 BIT, Genève. *La liberté syndicale*. Ementa nº 654. p. 137.

A comissão de trabalhadores também poderá requerer a instauração do dissídio coletivo quando não houver entidade sindical que a represente.

O tribunal trabalhista poderá apreciar a legalidade ou ilegalidade do movimento e os abusos de direito que forem cometidos.

No ajuizamento do dissídio coletivo, as partes deverão apresentar, fundamentadamente, suas propostas finais, que serão objeto de conciliação ou deliberação do Tribunal, na sentença normativa (art. 12 da Lei nº 10.192/2001).

A sentença normativa deverá ser publicada no prazo de 15 dias da decisão do Tribunal (§ 2º do art. 12 da Lei nº 10.192/2001). Derrogado está o art. 8º da Lei de Greve, que mencionava que a decisão deveria ser publicada de imediato.

22 RESPONSABILIDADE

Será apurada a responsabilidade pelos atos praticados durante a greve ou os ilícitos ou crimes cometidos de acordo com a legislação trabalhista, civil ou penal (art. 15 da Lei nº 7.783/89).

A responsabilidade é tanto do trabalhador, como do sindicato. Em Campinas, o sindicato profissional foi condenado por abuso cometido durante a greve dos transportes coletivos daquela cidade, devendo pagar as passagens durante alguns dias às empresas de ônibus, que concederiam, em contrapartida, transporte gratuito para a população. A responsabilidade civil de ter causado prejuízo ao empregador, por exemplo, poderá ser indenizada pelo sindicato ou pelo trabalhador, dependendo de quem foi o culpado.

Não se pode afastar a responsabilidade do sindicato pela greve abusiva, com o argumento de que a greve foi decidida pela assembleia de trabalhadores. É o que ocorreria também com as sociedades anônimas, em que quem decide é a assembleia geral, não se podendo admitir irresponsabilidade pelo fato de a decisão ser daquela.

Os usuários de serviços que fossem prejudicados com a greve poderiam cobrar seus prejuízos do sindicato. O empregador poderia fazer o mesmo.

Os atos abusivos praticados pelos obreiros poderão ser capitulados no art. 482 da CLT, com a consequente dispensa por justa causa. Seria o caso de o trabalhador impedir os colegas de trabalharem, de empregar violência com os colegas durante a greve, de causar dano à propriedade do empregador etc. A justa causa na greve tem de ser analisada em relação a cada grevista.

Os trabalhadores poderão ser responsabilizados penalmente por crime de dano à coisa, de lesão corporal, de homicídio, nos termos do Código Penal. A responsabilidade penal diz respeito à pessoa física que praticou o ato tipificado na lei como crime.

Havendo indício de prática de delito, o Ministério Público deverá, de ofício, requisitar a abertura de inquérito e oferecer denúncia (parágrafo único do art. 15 da Lei nº 7.783/89).

23 GREVE NO SETOR PÚBLICO

A Constituição de 1967 (§ 7º do art. 157) e a Emenda Constitucional nº 1º, de 1969 (art. 162) vedavam a greve no serviço público.

A Convenção nº 151 da OIT, ratificada pelo Decreto Legislativo nº 206, de 7-4-2010 e promulgada pelo Decreto nº 7.944, de 6-3-2013, determina a institucionalização de meios voltados à composição dos conflitos de natureza coletiva surgidos entre o Poder Público e seus servidores (art. 8º).

O Pacto Internacional dos Direitos Econômicos, Sociais e Culturais (art. 8º, *c* e *d*) dispõe que a Administração Pública pode e deve estipular restrições ou limitações "no interesse da segurança nacional ou da ordem pública, ou para proteção dos direitos e liberdades de outrem".

A Lei nº 7.783/89 é aplicável inclusive às empresas públicas, sociedades de economia mista e outras entidades que explorem atividade econômica, pois sujeitam-se ao regime jurídico das empresas privadas, inclusive quanto às obrigações trabalhistas (§ 1º do art. 173 da Constituição).

O direito de greve do servidor público será exercido nos termos e limites definidos em lei específica (art. 37, VII, da Lei Maior). O militar não tem direito a greve (art. 142, § 3º, IV, da Constituição). A Lei nº 7.783/89 é, porém, lei ordinária e não específica, sendo inaplicável aos funcionários públicos, sendo observada apenas no setor privado.

O STF entendeu que os servidores públicos civis não podem exercer o direito de greve antes da edição da lei complementar mencionada pelo inciso VII do art. 37 da Constituição (MI. 20-4-DF, Rel. Min. Celso de Mello, j. 19-5-1994, *LTr* 58-06/647), como era a redação original do citado dispositivo. Assim, foi consagrado que a regra contida no inciso VII do art. 37 da Lei Maior é norma de eficácia limitada, dependendo de lei complementar para poder ser exercitada. Hoje, exige-se apenas lei específica.

Lei específica não é lei complementar, pois do contrário o constituinte teria sido enfático. Lei específica só pode ser a ordinária da União, Estados e Municípios.

A lei específica que previr a greve no setor público não poderá, contudo, tentar inviabilizá-la ou impedi-la, pois se trata de um direito constitucional do servidor público.

A Lei nº 7.783 não é a lei específica de que trata a Constituição, pois foi editada antes da Emenda Constitucional nº 19, quando a Lei Maior exigia lei complementar para dar eficácia plena ao inciso VII do art. 37 da Constituição.

O STF entende que, enquanto não for editada a lei específica, deve ser observada a Lei nº 7.783 quanto aos limites de greve no serviço público.

24 *LOCKOUT*

A denominação correta é *lockout*. *To lock* em inglês quer dizer trancar, fechar, travar. Em português, a expressão *lockout* tem o sentido de o empregador fechar suas portas para dificultar ou impedir reivindicações dos empregados. É uma espécie de meio de defesa do empregador ou de resistência contra as pretensões dos empregados. A palavra foi trazida para o português como locaute. Não se trata, portanto, de *blackout* ou de *knockout*.

Em italiano é usada a palavra *serrata* ou a expressão *serrata di ritorsione*. Em espanhol usa-se *cierre patronal*. Em francês, *fermeture*, mas também se usa *lock-out*. Antigamente, na França, falava-se em greve patronal.

Parece que a palavra foi usada pela primeira vez no século XIX, em Hamburgo, depois das festas de 1º de maio.

A única Constituição que tratou do *lockout* foi a de 1937, proibindo-o, por considerá-lo recurso antissocial, nocivo ao trabalho e ao capital e incompatível com os superiores interesses da produção nacional (art. 139, 2ª parte).

O art. 17 da Lei nº 7.783/89 define o *lockout* como a paralisação realizada pelo empregador, com o objetivo de exercer pressões sobre os trabalhadores, visando a frustrar negociação coletiva ou dificultar o atendimento de reivindicações. Proíbe-se expressamente o *lockout* no mesmo dispositivo legal.

O fechamento da empresa determinado por falência ou por ato de autoridade governamental não é *lockout*.

No Direito francês, não existe dispositivo sobre *lockout* no Código de Trabalho. Ele é, em princípio, proibido, salvo se decorrente de força maior ou da cláusula *exceptio non adimpleti contractus*. É considerada uma violação contratual, pois o empregador deve proporcionar trabalho aos empregados. O fechamento da empresa pode ser decorrente de atos de violência ou de depredação.

Portugal proíbe o *lockout*, como se verifica no art. 57, nº 4, da Constituição. Considera-se *lockout* qualquer paralisação total ou parcial da empresa ou a interdição do acesso a locais de trabalho a alguns ou à totalidade dos trabalhadores e, ainda, na recusa em fornecer trabalho, condições e instrumentos de trabalho que determine ou possa determinar a paralisação de todos ou alguns setores da empresa desde que, em qualquer caso, vise atingir finalidades alheias à normal atividade da empresa, por decisão unilateral do empregador (art. 544, 1, do Código do Trabalho). O *lockout* é uma decisão unilateral do empregador, mas tem que ser decorrente de um conflito laboral. Em certos casos, o empregador não pode fornecer trabalho aos empregados, pois outros estão em greve e os primeiros não podem trabalhar. O tribunal constitucional não considerou que há incompatibilidade entre a proibição do locaute e o princípio da igualdade, pois a desigualdade de armas é condição da igualdade material (TC, nº 480/89). O *lockout* é considerado contraordenação muito grave (art. 544, 3).

No Canadá, a lei de Ontário considera ilegal o fechamento quando é usado para compelir ou induzir os empregados a renunciar a direitos garantidos pelo *Labour Relations Act*.

A Constituição do México estabelece o direito à greve e ao *lockout* por parte dos empregadores (art. 123, XVII, *a*). A Lei Federal do Trabalho o previa como "suspensão temporária, parcial ou total do trabalho como resultado de uma coalizão patronal (art. 277) e sempre para manutenção dos preços em níveis aceitáveis (art. 278).

No Direito alemão, o *lockout* deve ser entendido como igualdade de armas entre o capital e o trabalho.

A Carta Social europeia o admite indiretamente, ao afirmar que "o direito dos trabalhadores e empresários a ações coletivas em casos de conflitos de interesses" (§ 4º do art. 6º).

A OIT não tem uma convenção ou recomendação sobre o tema.

Normalmente, o *lockout* é provisório, caracterizando-se como um ato voluntário do empregador.

Às vezes, o *lockout* é dirigido para os não grevistas, pois se sentiriam intimidados com o fechamento da empresa e pressionariam os grevistas a voltar ao trabalho.

Nas legislações da Bolívia e da Costa Rica se exige que o *lockout* atinja mais de um empregador.

Pode-se dizer que na greve a paralisação se dá pelos trabalhadores e no *lockout* a paralisação seria dos empregadores. Há que se ressaltar que o *lockout* disciplinado pela Lei nº 7.783/89 diz respeito à interrupção do trabalho pelo empregador com o objetivo de frustrar as negociações trabalhistas, mas não trata da paralisação do empregador que visa a protestar em qualquer outro sentido, inclusive contra o governo.

A greve permite que os trabalhadores possam exercer pressão sobre o empregador, pois não têm a mesma capacidade de forças que ele. O *lockout* seria uma forma abusiva ou excessiva do poder do empregador, pois ele já o possui.

O *lockout* pode ser ofensivo, para aceitar uma alteração das condições de trabalho de forma favorável ao empregador, e defensivo, no sentido de o empregador o utilizar para se defender ou obter a desistência dos trabalhadores da pretensão postulada. O *lockout* poderia ser dirigido tanto aos empregados como ao Estado, como forma de pressionar este último.

No *lockout* não se considera que há suspensão do contrato de trabalho, tanto que a lei proíbe expressamente essa forma de paralisação do empregador, sendo assim devidos os salários caso dessa forma proceda, pois o empregador assume os riscos da sua atividade econômica (art. 2º CLT). Considera-se, portanto, que o *lockout* vem a ser uma hipótese de interrupção do contrato de trabalho, podendo, inclusive, levar à rescisão indireta do contrato de trabalho se o empregador não proporcionar serviços ao empregado.

No Chile, é estabelecido um prazo máximo de 30 dias. Em outros países, não há limite.

Questões

1. O que é greve?
2. Como era tratada a greve na Constituição de 1937?
3. Qual a natureza jurídica da greve?
4. Como podemos classificar as greves?
5. Quais seriam as limitações ao direito de greve?
6. Quem tem a titularidade e a legitimidade para a greve?
7. Quais são os interesses que serão defendidos por meio da greve?
8. Qual o *quorum* a ser observado na assembleia geral para a deflagração da greve?
9. Qual o prazo do aviso-prévio de greve?
10. Quais são os efeitos da greve no contrato de trabalho?
11. O que é *lockout*?
12. É permitida a greve de solidariedade? Por quê?
13. É possível fazer greve de zelo? Por quê?

MODELOS E TABELAS

CONTRATO DE EXPERIÊNCIA

Entre partes, tendo de um lado ...., com sede nesta Capital de São Paulo à Rua .... nº ......, inscrita no CGC sob o nº .... doravante denominado simplesmente EMPREGADOR, e de outro lado o Sr.(a) ...., portador(a) da CTPS nº .... série ...., doravante denominado simplesmente EMPREGADO, ajustam este CONTRATO DE EXPERIÊNCIA, mediante as cláusulas a seguir aduzidas:

CLÁUSULA I – O EMPREGADO obriga-se a prestar serviços no cargo de .... mediante salário de $ ...., pago mensalmente, sujeito aos descontos legais, pelo prazo determinado de .... (........................) dias, a começar no dia ..../......./......., para terminar em ..../......./......., quando então o presente contrato será considerado findo, independentemente de comunicação de qualquer das partes.

Parágrafo único – O presente contrato poderá ser prorrogado por uma única vez, findo o qual, passará a vigorar por prazo indeterminado.

CLÁUSULA II – O EMPREGADO aceita como condição deste acordo fazer sua prestação de serviços em qualquer seção ou estabelecimento do EMPREGADOR, concordando desde já em fazer sua prestação de serviços em qualquer localidade onde o EMPREGADOR mantiver filiais ou necessitar do EMPREGADO, ou em outras empresas daquele.

CLÁUSULA III – O EMPREGADO obriga-se a fazer sua prestação de serviços em horário noturno ou diurno, prorrogando ou compensando, segundo as necessidades do EMPREGADOR, observados os preceitos reguladores desses horários, inclusive indicar e alterar livremente os períodos de descanso durante a jornada.

CLÁUSULA IV – O EMPREGADO obriga-se ainda a ressarcir ao EMPREGADOR todos os danos ou prejuízos que causar, ainda que por culpa ou dolo.

CLÁUSULA V – O EMPREGADOR fica com direito de designar outras funções nas quais o EMPREGADO prestará serviços, garantida a irredutibilidade salarial.

CLÁUSULA VI – O EMPREGADO se obriga a fornecer fiança ou a fazer seguro da fidelidade, quando isso for exigido pelo EMPREGADOR e a favor de quem ele indicar.

CLÁUSULA VII – O EMPREGADO, sempre que a função exija, será obrigado a usar uniforme que lhe for determinado.

CLÁUSULA VIII – O EMPREGADO se obriga a respeitar o regulamento do EMPREGADOR e as normas de serviços de caráter genérico, que ficam fazendo parte integrante deste contrato, dos quais toma conhecimento neste ato.

CLÁUSULA IX – Os casos omissos serão regulados pela legislação trabalhista em vigor, aplicando-se a este contrato as disposições da CLT combinadas com aquelas do FGTS.

E assim, por estarem justos e contratados, assinam o citado contrato, na presença de duas testemunhas, para que possa produzir seus efeitos legais.

São Paulo, ... de .... 20 ......

____________________ Responsável p/ menor

____________________ EMPREGADO

Testemunhas:

1ª ____________________

2ª ____________________

____________________ EMPREGADOR

CONTRATO DE APRENDIZAGEM PARA MENORES

Entre a firma ...., estabelecida nesta .... à Rua .... nº ...., aqui denominada EMPREGADORA, e o(a) menor ...., aqui denominado(a) EMPREGADO(a) devidamente assistido(a), neste ato, por seu responsável legal, Sr.(a) ...., fica justo e combinado o presente contrato de trabalho, o qual se regerá pelas cláusulas seguintes:

1º – A EMPREGADORA admite o(a) EMPREGADO(a) acima citado(a) aos seus serviços, obrigando-se a submetê-lo(a) a formação profissional metódica na função de.................................., ..., mediante o pagamento de.. ....

2º – A aprendizagem será ministrada no local de trabalho à Rua .... nº ...., sede da EMPREGADORA, e não ultrapassará o prazo de dois anos.

3º – A existência do presente contrato será anotada na sua CTPS.

4º – O(a) EMPREGADO(a) se obriga a cumprir com exatidão o horário de trabalho, a executar com lealdade suas funções, obedecendo às instruções e normas internas da EMPREGADORA, comprometendo-se, principalmente, a seguir o regime de aprendizagem que for estabelecido, buscando o máximo de aproveitamento.

5º – São justas causas para a rescisão do presente contrato as previstas nos arts. 482 e 483 da Consolidação das Leis do Trabalho, bem como o desrespeito a qualquer das cláusulas do presente contrato.

E, por estarem assim de pleno acordo, assinam o presente contrato em 4 vias de igual teor, na presença de duas testemunhas, abaixo assinadas.

..............................., ... de .... de 20........

....

Assinatura do empregador

....

Assinatura do(a) empregado(a)

....

Assinatura do responsável legal pelo(a) menor

TESTEMUNHAS:

Nome ....

Endereço ....

Nome ....

Endereço ....

TABELA DE INCIDÊNCIAS (INSS, FGTS E IRF)

Rubricas	Incidências		
	INSS	FGTS	IR
Abono • de qualquer natureza, salvo o de férias	não art. 28, § 9º, *z*, Lei nº 8.212	não art. 15 da Lei nº 8.036	sim arts. 3º e 7º da Lei nº 7.713
• pecuniário de férias até 20 dias	não arts. 28, § 9º, *e*, 6 da Lei nº 8.212	não art. 144 da CLT	sim arts. 3º e 7º da Lei nº 7.713
Adicionais insalubridade, periculosidade, noturno, de função e tempo de serviço, de transferência, horas extras	sim art. 28, I, da Lei nº 8.212, S. 688 do STF	sim art. 15 da Lei nº 8.036, S. 60 e 63 do TST	sim arts. 3º e 7º da Lei nº 7.713
Ajuda de custo **Até 50%**	não art. 28, § 9º, *g*, da Lei nº 8.212 e § 2º, art. 457, CLT	não art. 15 da Lei nº 8.036	somente não incide em relação à destinada a atender despesas de transporte e locomoção (art. 6º, XX, da Lei nº 7.713)
Auxílio-doença (apenas incide sobre os 15 primeiros dias pagos pela empresa)	sim art. 28, I, Lei nº 8.212	sim art. 15 da Lei nº 8.036	sim arts. 3º e 7º da Lei nº 7.713
Aviso-prévio • indenizado	não	sim art. 15 da Lei nº 8.036, S. 305 do TST	não art. 6º, V, Lei nº 7.713
• trabalhado	sim art. 28, I, Lei nº 8.212	sim art. 15 da Lei nº 8.036	sim arts. 3º e 7º da Lei nº 7.713
Comissões	sim art. 28, I, Lei nº 8.212	sim art. 15 da Lei nº 8.036	sim arts. 3º e 7º da Lei nº 7.713

13º salário • 1ª parcela	não art. 214, § 6º, do RPS	sim art. 15 da Lei nº 8.036	não art. 26 da Lei nº 7.713
• 2ª parcela proporcional não incide INSS sobre a parcela do 13º salário correspondente ao aviso-prévio indenizado	sim art. 28, § 7º, Lei nº 8.212, S. 688 do STF	sim art. 15 da Lei nº 8.036	sim art. 5º da Lei nº 7.959 art. 16, II, da Lei nº 8.134/90
Demissão voluntária incentivada	não art. 28, § 9º, *e*, 5, da Lei nº 8.212	não art. 15, § 6º, Lei nº 8.036	não S. 215 do STJ
Diárias	não art. 28, § 9º, *h*, Lei nº 8.212	não art. 15 da Lei nº 8.036	não incide em relação às destinadas ao pagamento de despesas de alimentação e pousada, por serviço eventual realizado em município diferente do da sede de trabalho, inclusive no exterior
Estagiários	não art. 28, § 9º, *i*, Lei nº 8.212	não art. 15 da Lei nº 8.036	sim arts. 3º e 7º da Lei nº 7.713
Férias • indenizadas + 1/3 ou proporcional	não art. 28, § 9º, *d*, Lei nº 8.212	não art. 15 da Lei nº 8.036	não S. 386 do STJ
• normais (inclusive coletivas) + 1/3	sim art. 28, I, Lei nº 8.212	sim art. 15 da Lei nº 8.036	sim arts. 3º e 7º da Lei nº 7.713
Férias • dobra	não art. 28, § 9º, *d*, Lei nº 8.212	não art. 15 da Lei nº 8.036	sim arts. 3º e 7º da Lei nº 7.713
Fretes e carretos pagos a PJ	não	não art. 15 da Lei nº 8.036	não art. 3º, Decreto-Lei nº 1.625/78
Fretes e carretos pagos a PF	sim art. 22, III, Lei nº 8.212	não art. 15 da Lei nº 8.036	sim arts. 3º e 7º da Lei nº 7.713

Gorjetas	sim art. 28, I, Lei nº 8.212	sim art. 15 da Lei nº 8.036	sim arts. 3º e 7º da Lei nº 7.713
Gratificação legal	sim art. 28, Lei nº 8.212	sim art. 15 da Lei nº 8.036	sim arts. 3º e 7º da Lei nº 7.713
Horas extras	sim art. 28, I, Lei nº 8.212	sim art. 15 da Lei nº 8.036	sim arts. 3º e 7º da Lei nº 7.713
Indenização em geral (por tempo de serviço, art. 479 da CLT)	não art. 28, § 9º, Lei nº 8.212	não art. 15 da Lei nº 8.036	não art. 6º, V, da Lei nº 7.713
Indenização adicional (art. 9º da Lei nº 7.238/84)	não art. 28, § 9º, *e*, 9, Lei nº 8.212	não art. 15 da Lei nº 8.036	não art. 6º, V, Lei nº 7.713
Menor assistido (programa do bom menino)	não art. 13, parágrafo único, Decreto nº 94.338/87	não art. 13, parágrafo único, Decreto nº 94.338/87	sim arts. 3º e 7º da Lei nº 7.713
Multa § 8º do art. 477 da CLT	não art. 28, § 9º, X, Lei nº 8.212	não art. 15 da Lei nº 8.036	não
Participação nos lucros (quando for promulgada a lei específica não haverá qualquer incidência)	não art. 28, § 9º, *j*, Lei nº 8.212 art. 20, Lei nº 9.711/98	não art. 3º da Lei nº 10.101	sim arts. 3º e 7º da Lei nº 7.713; art. 3º e § 5º, Lei nº 10.101
Percentagens	sim art. 28, I, Lei nº 8.212	sim art. 15 da Lei nº 8.036	sim arts. 3º e 7º da Lei nº 7.713
Prêmios (pgto. de até 2 vezes no ano)	não art. 28, § 9º, z, Lei nº 8.212	não art. 15 da Lei nº 8.036	sim arts. 3º e 7º da Lei nº 7.713
Quebra de caixa	sim art. 28, I, Lei nº 8.212	não art. 15 da Lei nº 8.036	sim art. 7º, § 1º, Lei nº 7.713
Retiradas de diretores empregados	sim art. 28, I, Lei nº 8.212	sim art. 15 da Lei nº 8.036	sim arts. 3º e 7º da Lei nº 7.713

Retiradas de diretores proprietários	sim art. 22, III, Lei nº 8.212	é facultativo art. 16 da Lei nº 8.036	sim arts. 3º e 7º da Lei nº 7.713
Retiradas de titulares de firma individual	sim art. 22, III, Lei nº 8.212	é facultativo art. 16 da Lei nº 8.036	sim arts. 3º e 7º da Lei nº 7.713
Salário	sim art. 28, I, Lei nº 8.212	sim art. 15 da Lei nº 8.036	sim arts. 3º e 7º da Lei nº 7.713
Salário-família	não art. 28, § 9º, *a*, Lei nº 8.212	não art. 15 da Lei nº 8.036	não art. 25 da Lei nº 8.218
Salário-maternidade	sim art. 28, § 2º, Lei nº 8.212	sim art. 28, IV, RFGTS	sim arts. 3º e 7º da Lei nº 7.713
Serviços de autônomos	sim art. 22, III, Lei nº 8.212	não art. 15 da Lei nº 8.036	sim arts. 3º e 7º da Lei nº 7.713
Vale-transporte	não art. 28, § 9º, *f*, Lei nº 8.212	não art. 2º, *b*, da Lei nº 7.418	não art. 6º, I, Lei nº 7.713

SALÁRIO MÍNIMO

Fundamento	Período	Valor (NCz$/Cr$/CR$/R$)
Decreto nº 97.915/89	4-7-1989 a 31-7-1989	149,80
Decreto nº 98.003/89	1º-8-1989 a 30-8-1989	192,88
Decreto nº 98.108/89	1º-9-1989 a 30-9-1989	49,48
Decreto nº 98.211/89	1º-10-1989 a 31-10-1989	381,73
Decreto nº 98.346/89	1º-11-1989 a 30-11-1989	557,33
Decreto nº 98.456/89	1º-12-1989 a 31-12-1989	788,18
Decreto nº 98.783/89	1º-1-1990 a 31-1-1990	1.283,95
Decreto nº 98.900/90	1º-2-1990 a 28-2-1990	2.004,37
Decreto nº 98.985/90	1º-3-1990 a 31-5-1990	3.674,06
Portaria nº 3.387/90	1º-6-1990 a 30-6-1990	3.857,76
Portaria nº 3.501/90	1º-7-1990 a 31-7-1990	4.904,76
Portaria nº 3.557/90	1º-8-1990 a 31-8-1990	5.203,46
Portaria nº 3.588/90	1º-9-1990 a 30-9-1990	6.056,31
Portaria nº 3.628/90	1º-10-1990 a 31-10-1990	6.425,14
Portaria nº 3.719/90	1º-11-1990 a 30-11-1990	8.329,55
Portaria nº 3.787/90	1º-12-1990 a 31-12-1990	8.836,82
Portaria nº 3.828/90	1º-1-1991 a 31-1-1991	12.325,60
MP nº 295/91 e Lei nº 8.178/91	1º-2-1991 a 28-2-1991	15.895,46
Lei nº 8.178/91	1º-3-1991 a 31-8-1991	17.000,00
Lei nº 8.222/91	10-9-1991 a 31-12-1991	42.000,00
Portaria nº 42/92	1º-1-1991 a 30-4-1992	96.037,33
Lei nº 8.419/92	1º-5-1992 a 31-8-1992	230.000,00
Portaria nº 601/92	1º-9-1992 a 31-12-1992	522.186,94
Lei nº 8.542/92	1º-1-1993 a 28-2-1993	1.250.700,00
Portaria Intermin. nº 04/93	1º-3-1993 a 30-4-1993	1.709.400,00
Portaria Intermin. nº 07/93	1º-5-1993 a 30-6-1993	3.303.300,00
Portaria Intermin. nº 11/93	1º-7-1993 a 31-7-1993	4.639.800,00
Portaria Intermin. nº 12/93	1º-8-1993 a 31-8-1993	5.534,00
Portaria Intermin. nº 14/93	1º-9-1993 a 30-9-1993	9.606,00
Portaria Intermin. nº 15/93	1º-10-1993 a 31-10-1993	12.024,00
Portaria Intermin. nº 17/93	1º-11-1993 a 30-11-1993	15.021,00
Portaria Intermin. nº 19/93	1º-12-1993 a 31-12-1993	18.760,00
Portaria Intermin. nº 20/93	1º-1-1994 a 31-1-1994	32.882,00
Portaria Intermin. nº 02/94	1º-2-1994 a 28-2-1994	42.829,00
Portaria Intermin. nº 04/94	1º-3-1994 a 30-6-1994	64,79 URV
	1º-7-1994 a 31-8-1994	R$ 64,79
Lei nº 9.063, de 14-6-1996	1º-9-1994 a 30-4-1995	R$ 70,00
Lei nº 9.032, de 28-4-1996	1º-5-1995 a 30-4-1996	R$ 100,00
Lei nº 9.971, de 18-5-2000	1º-5-1996 a 30-4-1997	R$ 112,00
Lei nº 9.971, de 18-5-2000	1º-5-1997 a 30-4-1998	R$ 120,00
Lei nº 9.971, de 18-5-2000	1º-5-1998 a 30-4-1999	R$ 130,00
Lei nº 9.971, de 18-5-2000	1º-5-1999 a 2-4-2000	R$ 136,00
Lei nº 9.971, de 18-5-2000	3-4-2000 a 31-3-2001	R$ 151,00
MP nº 2.194/2001	1º-4-2001	R$ 180,00
Lei nº 10.525, de 6-8-2002	1º-4-2002	R$ 200,00
Lei nº 10.699, de 9-7-2003	1º-4-2003	R$ 240,00
Lei nº 10.888, de 24-6-2004	1º-5-2004	R$ 260,00
Lei nº 11.164, de 18-8-2005	1º-5-2005	R$ 300,00
Lei nº 11.321, de 7-7-2006	1º-4-2006	R$ 350,00
Lei nº 11.498, de 28-6-2007	1º-4-2007	R$ 380,00
Lei nº 11.709, de 19-6-2008	1º-3-2008	R$ 415,00
Lei nº 11.944, de 28-5-2009	1º-2-2009	R$ 465,00
Lei nº 12.255, de 15-6-2010	1º-1-2010	R$ 510,00
Lei nº 12.382, de 25-2-2011	1º-1-2011	R$ 545,00
Decreto nº 7.655/2011	1º-1-2012	R$ 622,00
Decreto nº 7.872, de 26-12-2012	1º-1-2013	R$ 678,00
Decreto nº 8.166, de 23-12-2013	1º-1-2014	R$ 724,00
Decreto nº 8.381, de 29-12-2014	1º-1-2015	R$ 788,00
Decreto nº 8.618, de 29-12-2015	1º-1-2016	R$ 880,00
Decreto nº 8.948, de 29-12-2016	1º-1-2017	R$ 937,00
Decreto nº 9.255, de 29-12-2017	1º-1-2018	R$ 954,00
Decreto nº 9.661, de 1-1-2019	1º-1-2019	R$ 998,00
Lei nº 14.013, de 10-6-2020	1º-1-2020	R$ 1.039,00
Lei nº 14.013, de 10-6-2020	1º-2-2020	R$ 1.045,00

Notas

1ª A partir de 16-3-1990, a moeda corrente no País passou a denominar-se Cruzeiro (Cr$), correspondendo 1 (um) Cruzeiro a 1 (um) Cruzado Novo (NCz$).

2ª A partir de 1º-8-1993, vige nova moeda: o Cruzeiro Real (CR$), correspondendo 1.000 (mil) Cruzeiros a 1 (um) Cruzeiro Real.

3ª A partir de 1º-3-1994, o salário mínimo foi expresso em URV.

4ª A partir de 1º-7-1994, a moeda corrente no País passou a denominar-se Real (R$), correspondendo 1 (um) Real à UVR do dia 30 de junho de 1994 (CR$ 2.750,00).

TABELAS DE DESCONTOS DE PARCELAS *IN NATURA*

UNIDADES DA FEDERAÇÃO	Percentagem do salário mínimo para efeito de desconto até a ocorrência de 70% de que trata o art. 82 da Consolidação das Leis do Trabalho, aprovada pelo Decreto-Lei nº 5.452, de 1º de maio de 1943				
Regiões	Percentuais (%)				
	Alimentação	Habitação	Vestuário	Higiene	Transporte
1ª REGIÃO: Estado do Acre	50	29	11	9	1
2ª REGIÃO: Estados do Amazonas, Rondônia e Roraima	43	23	23	5	6
3ª REGIÃO: Estados do Pará e Amapá	51	24	16	5	4
4ª REGIÃO: Estado do Maranhão	49	29	16	5	1
5ª REGIÃO: Estado do Piauí	53	26	13	6	2
6ª REGIÃO: Estado do Ceará	51	30	11	5	3
7ª REGIÃO: Estado do Rio Grande do Norte	55	27	11	6	1
8ª REGIÃO: Estado da Paraíba	55	27	12	5	1
9ª REGIÃO: Estados de Pernambuco e Fernando de Noronha	55	27	8	5	5
10ª REGIÃO: Estado de Alagoas	56	27	10	6	1
11ª REGIÃO: Estado de Sergipe	53	34	8	4	1
12ª REGIÃO: Estado da Bahia	54	30	10	5	1
13ª REGIÃO: Estado de Minas Gerais	54	28	11	6	1
14ª REGIÃO: Estado do Espírito Santo	51	31	12	5	1
15ª REGIÃO: Estado do Rio de Janeiro	50	25	13	6	6
16ª REGIÃO: Estado de São Paulo	43	33	14	6	4
17ª REGIÃO: Estado do Paraná	55	24	14	6	1
18ª REGIÃO: Estado de Santa Catarina	57	24	13	5	1
19ª REGIÃO: Estado do Rio Grande do Sul	44	24	22	7	3
20ª REGIÃO: Estados do Mato Grosso e Mato Grosso do Sul	49	29	15	7	–
21ª REGIÃO: Estado de Goiás	51	22	21	6	–
22ª REGIÃO: Distrito Federal	50	25	13	6	6

RESCISÃO DO CONTRATO DE TRABALHO – DIREITOS

Causa do afastamento	Saldo de salário	Aviso-prévio	13º salário	Férias vencidas	Férias proporcionais	Adicional de férias	FGTS mês anterior	FGTS da rescisão	Multa do FGTS	Indenização adicional Lei nº 7.238/84 art. 9º	Indenização art. 479 CLT	Salário-família
Rescisão por pedido de demissão (menos de 1 ano)	Sim	Não	Sim	Não	Sim	Não	Não	Não	Não	Não	Não	Sim
Rescisão por pedido de demissão (mais de 1 ano)	Sim	Não	Sim	Sim	Sim	Sim	Não	Não	Não	Não	Não	Sim
Rescisão por dispensa sem justa causa (menos de 1 ano)	Sim	Sim	Sim	Não	Sim	Sim	Sim	Sim	Sim	Sim	Não	Sim
Rescisão por dispensa sem justa causa (mais de 1 ano)	Sim	Sim	Sim	Sim	Sim	Sim	Sim	Sim	Sim	Sim	Não	Sim
Rescisão por dispensa com justa causa (menos de 1 ano)	Sim	Não	Não	Não	Não	Não	Não	Não	Não	Não	Não	Sim

Rescisão por dispensa com justa causa (mais de 1 ano)	Sim	Não	Não	Sim	Não	Sim	Não	Não	Não	Não	Não	Sim
Rescisão de contrato de experiência (extinção automática)	Sim	Não	Sim	Não	Sim	Sim	Sim	Sim	Não	Não	Não	Sim
Rescisão antecipada do contrato de experiência por iniciativa do empregador	Sim	Não	Sim	Não	Sim	Sim	Sim	Sim	Sim	Sim	Sim	Sim
Rescisão antecipada do contrato de experiência por iniciativa do empregado	Sim	Não	Sim	Não	Não	Não	Não	Não	Não	Não	Não	Sim
Rescisão por dispensa indireta (menos de 1 ano)	Sim	Sim	Sim	Não	Sim	Sim	Sim	Sim	Sim	Sim	Não	Sim

Rescisão por dispensa indireta (mais de 1 ano)	Sim	Sim	Sim	Sim	Sim	Sim	Sim	Sim	Sim	Sim	Não	Sim
Rescisão por culpa recíproca (menos de 1 ano)	Sim	Não	Não	Não	Não	Não	Sim	Sim	Sim	Não	Não	Sim
Rescisão por culpa recíproca (mais de 1 ano)	Sim	Não	Não	Sim	Não	Não	Sim	Sim	Sim	Não	Não	Sim
Rescisão por falecimento (menos de 1 ano)	Sim	Não	Sim	Não	Não	Não	Sim	Sim	Não	Não	Não	Sim
Rescisão por falecimento (mais de 1 ano)	Sim	Não	Sim	Sim	Sim	Sim	Sim	Sim	Não	Não	Não	Sim
Aposentadoria (mais de 1 ano)	Sim	Não	Sim	Sim	Sim	Sim	Sim	Sim	Não	Não	Não	Sim
Aposentadoria (menos de 1 ano)	Sim	Não	Sim	Não	Não	Não	Sim	Sim	Não	Não	Não	Sim

REFERÊNCIAS

ALCALÁ-ZAMORA Y CASTILLO, Niceto. *Proceso, autocomposición y autodefensa*. México: Unam, 1970.

ALMEIDA, Napoleão Mendes. *Gramática metódica da língua portuguesa*. São Paulo: Saraiva, 1967.

ALVIM, Agostinho. *Comentários ao código civil*. São Paulo: Universitária, 1968. v. 1.

ANDRADE, Everaldo Gaspar Lopes de. *Curso de direito sindical*. São Paulo: LTr, 1991.

______. *Curso de direito do trabalho*. 2. ed. São Paulo: Saraiva, 1992.

ASCENSÃO, José de Oliveira. *O direito*: introdução e teoria geral. Lisboa: Fundação Calouste Gulbenkian, 1978.

BARASSI, Lodovico. *Il diritto del lavoro*. Milão: Giuffrè, 1949.

BARRETO, Amaro. *Teoria e prática de FGTS*. Rio de Janeiro: Trabalhistas, 1974.

BARRETO FILHO, Oscar. Formas jurídicas da empresa pública. *Revista da Faculdade de Direito da Universidade de São Paulo*, LXXII/400.

BARROS JR., Cassio Mesquita. *Transferência de empregados urbanos e rurais*. São Paulo: LTr, 1980.

BARROS, Alice Monteiro de. *Curso de direito do trabalho*. São Paulo: LTr, 2005.

______. *A mulher e o direito do trabalho*. São Paulo: LTr, 1995.

______. *Proteção à intimidade do empregado*. São Paulo: LTr, 1997.

______. *Contratos e regulamentações especiais de trabalho*. São Paulo: LTr, 2002.

______. *As relações de trabalho no espetáculo.* São Paulo: LTr, 2003.

BASTOS, Celso; MARTINS, Ives Gandra da Silva. *Comentários à constituição do Brasil.* São Paulo: Saraiva, 1989. v. 2.

BERNARDES, Hugo Gueiros. *Direito do trabalho.* São Paulo: LTr, 1989. v. 1.

BEVILACQUA, Clóvis. *Código civil dos Estados Unidos do Brasil.* Rio de Janeiro: Francisco Alves, 1917. 4. v.

BONFIN, Vólia. *Direito do trabalho.* Rio de Janeiro: Impetus, 2013.

BORGIOLI, Alessandro. *I direttori generali di società per azioni.* Milão: Giuffrè, 1975.

BRUN, André; GALLAND, Henri. *Droit du travail.* Paris: Sirey, 1978. t. 1.

CABANELLAS, Guilhermo. *Compendio de derecho laboral.* Buenos Aires: Omeba, 1968.

CALAMANDREI, Piero. Significato costituzionale del diritto di sciopero, *in Il Diritto sindacale.* Bologna: Mulino, 1971.

CAPEAU, Charles. *La convention collective de travail.* Paris: Sirey.

CARDONE, Marly. *Advocacia trabalhista.* 13. ed. São Paulo: Saraiva, 1994.

______. *Viajantes e pracistas no direito do trabalho.* 3. ed. São Paulo: LTr, 1990.

CARRION, Valentin. *Comentários à consolidação das leis do trabalho.* 22. ed. São Paulo: Saraiva, 1997; 18. ed. São Paulo: Revista dos Tribunais, 1994; 17. ed. 1993; 11. ed. 1989.

CASTRO, Amílcar de. *O direito internacional privado.* Rio de Janeiro: Forense, 1995.

CATHARINO, José Martins. *Compêndio de direito do trabalho.* São Paulo: Saraiva, 1981.

______. *Compêndio de direito do trabalho.* 3. ed. São Paulo: Saraiva, 1982. v. 1.

______. *Tratado jurídico do salário.* São Paulo: Freitas Bastos, 1951. Reedição facsimilada, LTr, 1994.

CAVALCANTI, Themístocles Brandão. *Princípios gerais de direito público.* São Paulo: Atlas, 1946.

CESARINO JR., A. F. *Direito social.* São Paulo: LTr, 1980.

______. *Direito social.* São Paulo: Saraiva, 1957. v. 1.

CHIARELLI, Carlos Alberto Gomes. *Trabalho na Constituição*: direito individual. São Paulo: LTr, 1989. v. 1.

______. *Trabalho na constituição*: direito coletivo. São Paulo: LTr, 1990. v. 2.

COSTA, José de Ribamar. *Noções do direito de trabalho.* 4. ed. São Paulo: LTr, 1989.

COTRIM NETO, Abílio B. *Contrato e relação de emprego.* São Paulo: Max Limonad, 1944.

COUTURIER, Gérard. *Droit du travail, les rélations collectives de travail.* 2. ed. Paris: Presses Universitaires de France, 1993.

COVIELLO, *Manual di diritto civile italiano*, parte geral, § 142.

CUNHA, Celso. *Gramática moderna.* Belo Horizonte: Bernardo Álvares, 1970.

DAMASCENO, Fernando A. V. *Equiparação salarial.* São Paulo: LTr, 1980.

DAÜBLER, Wolfgang. *Derecho del trabajo.* Madri: Ministerio de Trabajo y Seguridade Social, 1994.

DE FERRARI. *Derecho del trabajo*. Buenos Aires: Depalma, 1969. v. 2.

DELGADO, Maurício Godinho. 4. ed. *Curso de direito do trabalho*. São Paulo: LTr, 2005.

______. *Salário*. Teoria e prática. Belo Horizonte: Del Rey, 1997.

______. *Princípios de direito individual e coletivo do trabalho*. 2. ed. São Paulo: LTr, 2004.

______. *Direito coletivo do trabalho*. 2. ed. São Paulo: LTr, 2003.

______. *O poder empregatício*. São Paulo: LTr, 1996.

DEVEALI, Mario L. *Lineamientos de derecho del trabajo*. 3. ed. Buenos Aires: Argentina, 1948.

DE LA CUEVA, Mario. *Derecho del trabajo*. México: Porrúa, 1954.

DESPAX, Michel. *Le droit du travail*. Paris: Presses Universitaires de France, 1970.

DOLINGER, Jacob. *Direito internacional privado*: parte geral. Rio de Janeiro: Renovar, 1994.

DUARTE NETO, Bento Herculano. *Direito de greve*. São Paulo: LTr, 1993.

DUGUIT, Leon. *Leçons de droit public genéral*. Paris: Boccard, 1926.

ERMIDA URIARTE, Oscar. *A proteção contra os atos antissindicais*. São Paulo: LTr, 1989.

ESPÍNOLA, Eduardo; ESPÍNOLA FILHO, Eduardo. *Tratado de direito civil brasileiro*. Rio de Janeiro: Freitas Bastos, 1939. v. 2.

FERNANDES, Antonio de Lemos Monteiro. *Direito do trabalho*. 8. ed. Coimbra: Almedina, 1992.

______. *Direito do trabalho*: relações colectivas de trabalho. 3. ed. Coimbra: Almedina, 1991.

______. *Noções fundamentais de direito do trabalho*. Coimbra: Almedina, 1976.

FERRARO, Giuseppe. *I contratti di lavoro*. Pádua: Cedam, 1991.

FERRAZ, Sérgio. *Duração do trabalho e repouso remunerado*. São Paulo: Revista dos Tribunais, 1977.

FERREIRA, Pinto. *Comentários à Constituição brasileira*. São Paulo: Saraiva, 1989. v. 1.

FERREIRA, Waldemar. *História do direito brasileiro*. São Paulo: Saraiva, 1962.

FERRI, Luigi. La autonomía privada. Madri: *Revista de Derecho Privado*, 1969.

FRANÇA, Rubens Limongi. *A irretroatividade das leis e o direito adquirido*. 3. ed. São Paulo: Revista dos Tribunais, 1982.

FRANCO FILHO, Geogenor de Sousa. *Liberdade sindical e direito de greve no direito comparado*: lineamentos. São Paulo: LTr, 1992.

FREITAS JR., Antonio Rodrigues. *Conteúdo dos pactos sociais*. São Paulo: LTr, 1993.

GABBA. *Teoria della retroattività delle leggi*. 3. ed. Milão-Roma-Nápolis, 1891. v. 1.

GALLART FOLCH, Alejandro. *Derecho español del trabajo*. Barcelona: Labor, 1936.

GARCIA, Gustavo Filipe Barbosa. *Curso de direito do trabalho*. 8. ed. Rio de Janeiro: Forense, 2014.

GIGLIO, Wagner. *Justa causa*. 3. ed. São Paulo: LTr, 1992.

GIUDICE, F. del; MARIANI, F. *Diritto sindacale*. 6. ed. Nápoles: Esselibri, 1991.

GIUGNI, Gino. *Direito sindical*. São Paulo: LTr, 1991.

GOLDSCHIMIDT, Beatriz Brun. Jornada de trabalho e compensação de horário. *Suplemento Trabalhista LTr*, nº 121/93, p. 769.

GOMES, Orlando. *Contratos*. Rio de Janeiro: Forense, 1966.

______. *O salário no direito brasileiro*. São Paulo: LTr, 1996.

______; GOTTSCHALK, Elson. *Curso de direito do trabalho*. 12. ed. Rio de Janeiro: Forense, 1991.

______. ______. 4. ed. 1995.

GONÇALES, Odonel Urbano. *Manual de jurisprudência trabalhista*. São Paulo: Atlas, 1993.

______. *Manual de direito do trabalho*. 2. ed. São Paulo: Atlas, 1999.

GONÇALVES, Emílio. *Carteira de trabalho e previdência social*. 2. ed. São Paulo: LTr, 1992.

______. *O contrato de trabalho nas súmulas do TST*. São Paulo: Atlas, 1979.

______. *O magistério particular e as leis trabalhistas*. 2. ed. São Paulo: LTr, 1975.

______. *O poder regulamentar do empregador*. São Paulo: LTr, 1985.

______. *Vigias e vigilantes no direito do trabalho*. 2. ed. São Paulo: LTr, 1992.

______; GONÇALVES, Emílio Carlos Garcia. *Direitos sociais dos empregados domésticos*. 2. ed. São Paulo: LTr, 1991.

GORAN, Hans. *The hard way from a centralized to a descentralized industrial relations system*. Stockolm, Swedish Employers Confederation, 1991.

GRAU, Eros. *Direito*: conceitos e normas jurídicas. São Paulo: Revista dos Tribunais, 1988.

GRONDA, Ramírez. *El contrato de trabajo*. Buenos Aires: La Ley, 1945.

GUERREIRO, Euquerio. *Manual de derecho del trabajo*. 9. ed. México: Porrúa, 1977.

GURVITCH, Georges. *Le temps présent et L'idée du droit social*. Paris: J. Vrin, 1931.

HAURIOU, Maurice. La théorie de l'institution et de la fondation. *Cahiers de La Nouvelle Journée*, nº 4, 1925.

HOUAISS, Antônio. *Pequeno dicionário enciclopédico Koogan Larousse*. Rio de Janeiro: Larousse do Brasil, 1990.

HUECK, Alfred; NIPPERDEY, H. C. *Compendio de derecho del trabajo*. Madri: Editorial Revista de Derecho Privado, 1963.

JAVILLIER, Jean Claude. *Manual de direito do trabalho*. São Paulo: LTr, 1988.

JORGE NETO, Francisco Ferreira; CAVALCANTE, Jouberto de Quadros Pessoa. *Manual de direito do trabalho*. Rio de Janeiro: Lumen Juris, 2003.

LACERDA, Dorval. *Direito individual do trabalho*. Rio de Janeiro: A Noite, 1949.

LAMARCA, Antonio. *Manual das justas causas*. 2. ed. São Paulo: Revista dos Tribunais, 1983.

______. *Contrato individual do trabalho*. São Paulo: Revista dos Tribunais, 1969.

LAPA, Rodrigues. *Estilística da língua portuguesa*. Coimbra: Coimbra Editora, 1984.

LEPLAT, Jacques; CUNY, Xavier. *Introdução à psicologia do trabalho*. Lisboa: Fundação Calouste Gulbenkian, 1983. p. 29.

LOPES, Serpa. *Curso de direito civil*. 5. ed. Rio de Janeiro: Freitas Bastos, 1989, v. 2.

LUCA, Carlos Moreira de. *Convenção coletiva do trabalho*. São Paulo: LTr, 1991.

LYON-CAEN, Gérard. *Manuel de droit social*. Paris: LGDJ, 1987.

MACIEL, José Alberto Couto. "A irredutibilidade do salário assegurada pela Constituição Federal, artigo 7º, VI, é a nominal, ou jurídica, e não a real ou econômica", *LTr* 55-01/34.

______. Problema de desconto salarial em favor da entidade sindical. *Sindicalismo*. São Paulo: LTr, 1986.

MAGANO, Octávio Bueno. *Manual de direito do trabalho*: parte geral. 4. ed. São Paulo: LTr, 1991.

______. *Manual de direito de trabalho*: direito individual do trabalho. 3. ed. São Paulo: LTr, 1992*a*, v. 2; 4. ed., 1993.

______. *Manual de direito de trabalho*: direito coletivo do trabalho. 3. ed. São Paulo: LTr, 1993. v. 3.

______. *Manual de direito de trabalho*: direito tutelar do trabalho. 2. ed. São Paulo: LTr, 1992.b v. 4.

______. *Política do trabalho*. São Paulo: LTr, 1992*c*.

______. *Contrato de prazo determinado*. São Paulo: Saraiva, 1984.

______. *Do poder diretivo na empresa*. São Paulo: Saraiva, 1982*a*.

______. *Os grupos de empresas no direito do trabalho*. São Paulo: Revista dos Tribunais, 1979.

______. *Organização sindical brasileira*. São Paulo: Revista dos Tribunais, 1982b.

______. *Convenção coletiva de trabalho*. São Paulo: LTr, 1972.

______. Relações entre o estado e o sindicato. *LTr* 55-02/144.

______. Redução da Jornada. *LTr* 53-4/394.

______; MALLET, Estevão. *O direito do trabalho na Constituição de 1988*. Rio de Janeiro: Forense, 1993a.

MALTA, Christóvão Piragibe Toste. *Comentários a CLT*. 6. ed. São Paulo: LTr, 1993.

MANNRICH, Nelson. *Inspeção do trabalho*. São Paulo: LTr, 1991.

MANUS, Pedro Paulo Teixeira. *CLT Universitária*. 3. ed. São Paulo: Atlas, 1993.

______. *Direito do trabalho*. 7. ed. São Paulo: Atlas, 2002.

______. *Direito do trabalho na nova Constituição*. São Paulo: Atlas, 1989.

______. *Os créditos trabalhistas na insolvência do empregador*. São Paulo: LTr, 1986.

MARANHÃO, Délio. *Direito do trabalho*. 6. ed. Rio de Janeiro: Fundação Getulio Vargas, 1978.

______, CARVALHO, Luiz Inácio B. *Direito do trabalho*. 16. ed. Rio de Janeiro: Fundação Getúlio Vargas, 1992.

MARTINEZ, Pedro Romano. *Direito do trabalho*. 5. ed. Coimbra: Almedina, 2010.

MARTINEZ, Wladimir Novaes. *O salário de contribuição na lei básica da previdência social*. São Paulo: LTr, 1993.

MARTINS, Ildélio. *Curso de direito do trabalho*. São Paulo: Saraiva, 1985.

MARTINS, Milton. *Sindicalismo e relações trabalhistas*. 3. ed. São Paulo: LTr, 1991.

MARTINS, Nei F. Cano. O sindicato na Constituição de 1988 – Exegese do art. 8º da Constituição Federal. *LTr* 55-01/32.

______. *Estabilidade provisória no emprego*. São Paulo: LTr, 1995.

MARTINS, Sergio Pinto. *Direito da seguridade social*. 39. ed. São Paulo: Saraiva, 2020.

______. *Direito processual do trabalho*. 42. ed. São Paulo: Saraiva, 2020.

______. *Curso de direito do trabalho*. 13. ed. São Paulo: Saraiva, 2020.

______. *Participação dos empregados nos lucros das empresas*. 4. ed. São Paulo: Atlas, 2015.

______. *A terceirização e o direito de trabalho*. 15. ed. São Paulo: Saraiva, 2018.

______. *Manual do FGTS*. 5. ed. São Paulo: Saraiva, 2017.

______. *Manual do trabalho doméstico*. 14. ed. São Paulo: Saraiva, 2018.

______. *Greve do servidor público*. 2. ed. São Paulo: Saraiva, 2017.

______. *A continuidade do contrato de trabalho*. 2. ed. São Paulo: Saraiva, 2019.

______. *O pluralismo do direito do trabalho*. 2. ed. São Paulo: Saraiva, 2016.

______. *Flexibilização das condições de trabalho*. 5. ed. São Paulo: Atlas, 2015.

______. *Cooperativas de trabalho*. 6. ed. São Paulo: Atlas, 2015.

______. *Manual da justa causa*. 7. ed. São Paulo: Saraiva, 2018.

______. *Contribuições sindicais*. 5. ed. São Paulo: Atlas, 2009.

______. *Contrato de trabalho de prazo determinado e banco de horas*. 4. ed. São Paulo: Atlas, 2002.

______. *Direito do trabalho*. 21. ed. São Paulo: Saraiva, 2020. Série Fundamentos.

______. *Dano moral decorrente do contrato de trabalho*. 5. ed. São Paulo: Saraiva, 2018.

______. *Assédio moral no emprego*. 5. ed. São Paulo: Saraiva, 2017.

______. *Prática trabalhista*. 10. ed. São Paulo: Saraiva, 2020.

______. *Estágio e relação de emprego*. 5. ed. São Paulo: Saraiva, 2019.

MAXIMILIANO, Carlos. *Hermenêutica e aplicação do direito*. 8. ed. Rio de Janeiro: Freitas Bastos, 1965.

MÁYNES, Eduardo Garcia. *Introducción al estudio del derecho*. México: Porruá, 1968.

MAZZONI, Giuliano. *Relações coletivas de trabalho*. São Paulo: Revista dos Tribunais, 1972.

______. *Manual di diritto del lavoro*. Milão: Giuffrè, 1977. v. 1.

MEIRELLES, Hely Lopes. *Direito administrativo brasileiro*. 22. ed. 24. ed. São Paulo: Malheiros, 1997, 1999.

MESQUITA, Luiz José de. *Direito disciplinar do trabalho*. 2. ed. São Paulo: LTr, 1991.

MIRANDA JR., Darcy de Arruda. *Anotações ao código civil brasileiro*. São Paulo: Saraiva, 1983.

MOLITOR, E. *Das Wesen der Arbeisvertages*. Leipzig, 1925.

MONTOYA MELGAR, Alfredo. *Derecho del trabajo*. Madri: Tecnos, 1978.

MORAES, Bernardo Ribeiro de. *Compêndio de direito tributário*. Rio de Janeiro: Forense, 1993.

MORAES, Evaristo. *Apontamentos de direito operário*. 3. ed. São Paulo: LTr, 1986.

MORAES FILHO, Evaristo de. *A ordem social num novo texto constitucional*. São Paulo: LTr, 1986.

______. *Do contrato de trabalho como elemento da empresa*. São Paulo: LTr, 1993.

______. *Pareceres de direito do trabalho*. São Paulo: LTr, 1976.

______; MORAES, Antonio Carlos Flores de. *Introdução ao direito de trabalho*. São Paulo: LTr, 1991.

NASCIMENTO, Amauri Mascaro. *Iniciação ao direito do trabalho*. 18. ed. São Paulo: LTr, 1992*a*; 25. ed., 1999; 27. ed., 2001.

______. *Direito sindical*. 2. ed. São Paulo: Saraiva, 1991.

______. *Curso de direito de trabalho*. 10. ed. São Paulo: Saraiva, 1992*b*.

______. *Comentários à lei de greve*. São Paulo: LTr, 1989.

______. *Direito do trabalho na Constituição de 1988*. São Paulo: Saraiva, 1989.

______. *Direito do trabalho na Constituição de 1988*. 2. ed. São Paulo: Saraiva, 1991.

______. *Curso de direito processual do trabalho*. 13. ed. São Paulo: Saraiva, 1992*c*.

______. *Manual do salário*. São Paulo: LTr, 1984.

______. *Teoria jurídica do salário*. São Paulo: LTr, 1994.

NASSAR, Rosita de Nazaré Sidrim. *Flexibilização do direito do trabalho*. São Paulo: LTr, 1991.

NETO, Abílio. *Contrato de trabalho*. Lisboa: Petroni, 1980.

NUNES, Sá. *Língua vernácula*. Porto Alegre: Globo, 1938.

OLIVEIRA, Fábio Leopoldo de. *Curso expositivo de direito do trabalho*. São Paulo: LTr, 1991.

OLIVEIRA, Francisco Antonio de. *Comentários aos enunciados do TST*. 2. ed. São Paulo: Revista dos Tribunais, 1993.

______. *Direito do trabalho em sintonia com a nova Constituição*. São Paulo: Revista dos Tribunais, 1993.

OIT. *La participatión dans l'entreprise*. Genebra, 1986.

PASQUIER, Claude du. *Introduction à la théorie générale et la philosophie du droit*. Paris: Delachoux e Nestlé, 1978.

PASSARELI, F. Santoro. *Noções do direito do trabalho*. São Paulo: Revista dos Tribunais, 1973.

PASSOS, Nicanor Sena. *Abandono de emprego*. São Paulo: LTr, 1993.

PAULA, Carlos Alberto Reis de. *O aviso-prévio*. São Paulo: LTr, 1988.

PELLEGRINO, Antenor. *Trabalho rural*. 5. ed. São Paulo: Atlas, 1991.

PIPPI, Felix. *De la notion de salarie social*. Paris: LGDJ, 1966.

PLÁ RODRIGUEZ, Américo. *Los princípios del derecho del trabajo*. 2. ed. Buenos Aires: Depalma, 1990.

______. *Curso de derecho laboral*. Montevideo: Acali Editorial, 1976.

______. *El salário en el Uruguay*. Montevideo: Facultad de derecho, 1956.

PONT, Juarez Varallo. *Política salarial no processo trabalhista*. São Paulo: LTr, 1993.

______. *Política salarial no processo comentada*. 3. ed. São Paulo: LTr, 1992.

PRADO, Roberto Barreto. *Curso de direito coletivo do trabalho*. 2. ed. São Paulo: LTr, 1991.

______. *Curso de direito sindical*. 3. ed. São Paulo: LTr, 1991.

______. *Tratado de direito do trabalho*. São Paulo: Revista dos Tribunais, 1971. v. 1.

PRUNES, José Luiz Ferreira. *As gorjetas no direito do trabalho*. São Paulo: LTr, 1982.

______. *Cargos de confiança no direito brasileiro do trabalho*. São Paulo: LTr, 1975.

REALE, Miguel. *Lições preliminares de direito*. 4. ed. São Paulo, 1977; 23. ed. 1996.

______. *O direito como experiência*. 2. ed. São Paulo: Saraiva, 1999.

RENARD, Georges. *La théorie de l'institution*. Paris: Sirey, 1930.

REIS, Nélio. *Contrato especial de trabalho*. 2. ed. Rio de Janeiro: São Paulo, 1961.

ROBORTELLA, Luiz Carlos A. Organização sindical e justiça do trabalho na experiência da Constituição brasileira de 1988. *Suplemento Trabalhista LTr*, nº 24, p. 135, 1990.

ROCCO, Alfredo. *Principii di diritto comerciale*. Turim: Utet, 1928.

______. *La sentenza civile*. Milão: Giuffrè, 1962.

RODRIGUES, Silvio. *Direito civil*. 10. ed. São Paulo: Saraiva, 1980. v. 2.

ROMITA, Arion Sayão. *Sindicalismo. Economia. Estado Democrático. Estudos*. São Paulo: LTr, 1993.

______. *Curso de direito do trabalho*. São Paulo: Saraiva, 1985.

______. *Direitos sociais na constituição e outros estudos*. São Paulo: LTr, 1991.

______. Representação dos trabalhadores na empresa. *Revista LTr* 52-11, p. 1333-4, nov. 1988.

______. Regulamento da empresa. *Repertório IOB de Jurisprudência* nº 8/93, texto 2/7438.

RUSSOMANO, Gilda. *Os conflitos espaciais de lei no plano das relações trabalhistas*. Rio de Janeiro: José Konfino, 1964.

RUSSOMANO, Mozart Victor. *Comentários à CLT*. 13. ed. Rio de Janeiro: Forense, 1990. v. 1 e 2.

______. *Curso de direito do trabalho*. 4. ed. Curitiba: Juruá, 1991.

______. *Direito sindical*. Rio de Janeiro: José Konfino, 1975.

______. *O empregado e o empregador no direito brasileiro*. São Paulo: LTr, 1986.

______. *Princípios gerais de direito sindical*. 2. ed. Rio de Janeiro: Forense, 1995.

SAAD, Eduardo Gabriel. *Consolidação das leis do trabalho comentada*. 23. ed. São Paulo: LTr, 1990.

______. *Comentários à lei do FGTS*. São Paulo: LTr, 1991.

______. *Constituição e direito do trabalho*. São Paulo: LTr, 1989.

SAMPAIO, Aluysio Mendonça. *Contrato individual do trabalho e sua vigência*. São Paulo: Revista dos Tribunais, 1982.

______. Equivalência salarial na legislação trabalhista. *Revista de Direito do Trabalho* nº 28. São Paulo, nov./dez. 1980.

______. *Contratos de trabalho por prazo determinado*. São Paulo: Revista dos Tribunais, 1973.

SANSEVERINO, Luisa Riva. *Diritto del lavoro*. Pádua: Cedam, 1967.

SANTOS, Carvalho. *Código civil brasileiro interpretado*. 2. ed. Rio de Janeiro: Freitas Bastos, 1937. v. 12.

SAVATIER, René. *Les métamorphoses économiques et sociales, du droit civil d'aujoud'hui*. Paris. Dalloz, 1948.

SAVIGNY. *Sistema del derecho romano*. Madri: Gongora, IV, § 237.

SCELLE, Georges. *Le droit ouvrier*. Paris: Armand Colin, 1922.

______. *Précis élémentaire de législation industrielle*. Paris: Sirey, 1927.

SERSON, José. *Curso de rotinas trabalhistas*. 32. ed. São Paulo: Revista dos Tribunais, 1992.

SILVA, A. M. de Souza e. *Dificuldades sintáticas e flexionais*. Rio de Janeiro: Simões, 1958.

SILVA, Antonio Álvares da. *Convenção coletiva do trabalho perante o direito alemão*. Rio de Janeiro: Forense, 1981.

______. *Pluralismo sindical na nova constituição*. Belo Horizonte: Livraria Del Rey, 1990.

______. *Proteção contra a dispensa na nova constituição*. 2. ed. São Paulo: LTr, 1992.

______. *Cogestão no estabelecimento e na empresa*. São Paulo: LTr, 1991.

SILVA, Carlos Alberto Barata. *Compêndio de direito de trabalho*. 2. ed. São Paulo: LTr, 1978.

______. Jornada de trabalho – Acordo de compensação. *Suplemento Trabalhista LTr* 83/92, p. 538/40.

SILVA, De Plácito e. *Vocabulário jurídico*. 2. ed. Rio de Janeiro: Forense, 1990.

SILVA, Floriano Corrêa Vaz da. A estabilidade dos membros da CIPA e a Constituição de 1988. *Repertório IOB de jurisprudência*, nº 7/90, texto 2/3650.

______. *Direito constitucional de trabalho*. São Paulo: LTr, 1977.

SILVA, José Afonso da. *Curso de direito constitucional positivo*. 5. ed. São Paulo: Revista dos Tribunais, 1989.

SILVA, José Afonso da. *Aplicabilidade das normas constitucionais*. São Paulo: Revista dos Tribunais, 1968.

SILVA, José Ajuricaba da Costa e. Proteção constitucional do salário. *LTr* 55-02/140.

SIQUEIRA NETO, José Francisco. *Contrato coletivo do trabalho*. São Paulo: LTr, 1991.

SOUZA, Ronald Amorim e. *Manual de legislação social*. 2. ed. São Paulo: LTr, 1992.

SOUZA, Rubens Gomes de. Natureza jurídica da contribuição para o FGTS. *Revista de direito público* 17/317, jul. 1971.

SÜSSEKIND, Arnaldo Lopes. *Comentários à consolidação das leis do trabalho e à legislação complementar*. Rio de Janeiro: Freitas Bastos, 1964. v. 3.

______. *Direito internacional do trabalho*. 2. ed. São Paulo: LTr, 1987.

______. *Duração do trabalho e repousos remunerados*. Rio de Janeiro: Freitas Bastos, 1950.

______. Irredutibilidade do salário. *LTr* 55-02/138.

SÜSSEKIND, Arnaldo Lopes et al. *Comentários à constituição*. Rio de Janeiro: Freitas Bastos, 1991. v. 2.

______; MARANHÃO, Délio; VIANNA, José de Segadas. *Instituições de direito do trabalho*. 14. ed. São Paulo: LTr, 1993.

______; MARANHÃO, Délio. *Pareceres sobre direito de trabalho e previdência social*. São Paulo: LTr, 1976. v. 1.

______; CARVALHO, Luiz Ignácio Barbosa; MARANHÃO, Délio. *Pareceres sobre direito de trabalho e previdência social*. São Paulo: LTr, 1992. v. 7.

SÜSSEKIND, Arnaldo Lopes e outros. *Comentários à constituição*. Rio de Janeiro: Freitas Bastos, 1990. v. 1.

TOVOLARO, Agostinho Toffoli. *Participação dos empregados nos lucros das empresas*. São Paulo: LTr, 1991.

VALADÃO, Haroldo. *Direito internacional privado*: introdução e parte geral. 3. ed. Rio de Janeiro: Freitas Bastos, 1971.

VALVERDE, Trajano de Miranda. *Sociedades por ações*. Rio de Janeiro: Forense, 1953. v. 2.

VERDIER, Jean Maurice. *Traité de droit du travail*. Paris: Dalloz, 1966.

VIDAL, Pedro. *Do poder normativo na justiça do trabalho*. São Paulo: Ed. do Autor, 1982.

VILHENA, Paulo Emílio Ribeiro de. *Relação de emprego*. São Paulo: Saraiva, 1975.

ZAINAGHI, Domingos Sávio. *Justa causa no direito de trabalho*. São Paulo: Malheiros, 1996.

______. *Curso de legislação social*. 9. ed. São Paulo: Atlas, 2004.

ÍNDICE REMISSIVO

ANEXO: CORONAVÍRUS E TRABALHO

1 INTRODUÇÃO

O vírus covid-19 tem causado pânico em todo o mundo. Virou pandemia. A propagação do vírus chega ao Brasil e traz reflexos trabalhistas.

2 MEDIDAS PROVISÓRIAS

O STF entende que relevância e urgência são critérios de certa forma subjetivos que ficam a cargo do presidente da República para editar medidas provisórias.

"Esta Suprema Corte somente admite o exame jurisdicional do mérito dos requisitos de relevância e urgência na edição de medida provisória em casos excepcionalíssimos, em que a ausência desses pressupostos seja evidente" (ADI 2.527-MC, Rel. Min. Ellen Gracie, j. 16-8-2007, P, *DJ*, 23-11-2007).

A situação atual é relevante e urgente para se editar medida provisória. É relevante, importante, indispensável, fundamental, essencial, diante da pandemia do coronavírus. É urgente, de emergência, em razão da propagação da doença e das mortes que poderão ocorrer. Não pode ser feita mais para frente, sob pena de se infectarem muitas pessoas e morrerem também muitas pessoas caso não sejam suspendidas as atividades de determinadas empresas, como comércio. Atendem as Medidas Provisórias nº 927 e 936/2020 aos requisitos de urgência e relevância contidos no art. 62 da Constituição. Aliás, não parece que existe situação mais relevante e urgente do que esta para se utilizar de medida provisória, que é a pandemia do covid-19. Questão que compreende a saúde e a vida das pessoas. A medida é, portanto, formalmente constitucional.

O art. 18 da Medida Provisória nº 927 foi revogado pela Medida Provisória nº 928.

O STF julgou: "Já se firmou a jurisprudência desta Corte (assim, nas ADI 1.204-MC, 1.370-MC e 1.636-MC) no sentido de que, quando medida provisória ainda pendente de apreciação pelo Congresso Nacional é revogada por outra, fica suspensa a eficácia da que foi objeto de revogação até que haja pronunciamento do Poder Legislativo sobre a medida provisória revogadora, a qual, se convertida em lei, tornará definitiva a revogação; se não o for, retomará os seus efeitos a medida provisória revogada pelo período que ainda lhe restava para vigorar" (ADIn 1.665 MC, Rel. Min. Moreira Alves, j. 27-11-1997, *DJ*, 8-5-1998).

A revogação do art. 18 da Medida Provisória nº 927/2020 traz a consequência de se considerar a suspensão da Medida Provisória nº 927/2020, segundo o julgamento do STF. Traz, assim, insegurança jurídica a revogação do art. 18 da Medida Provisória nº 927/2020 pela Medida Provisória nº 928, segundo o entendimento do STF.

A Medida Provisória nº 946, de 7-4-2020, extingue o fundo PIS/PASEP e o transfere para o FGTS. Perdeu vigência em 4-8-2020. Não foi votada no Senado.

3 TELETRABALHO

Talvez o teletrabalho seja a tendência daqui em diante, de se trabalhar mais em casa. Isso pode diminuir o custo de aluguel de escritórios, com água, luz, deslocamentos etc. O empregado pode perder um número menor de horas no trânsito, pois não precisará ir à empresa.

Durante o estado de calamidade pública o empregador poderá, a seu critério, alterar o regime de trabalho presencial para o teletrabalho, o trabalho remoto ou outro tipo de trabalho a distância e determinar o retorno ao regime de trabalho presencial, independentemente da existência de acordos individuais ou coletivos, dispensado o registro prévio da alteração no contrato individual de trabalho.

O objetivo do teletrabalho agora é evitar que as pessoas fiquem circulando nas ruas e também das dispensas por parte do empregador, pois em certas atividades o empregado pode trabalhar em casa.

Depois do estado de calamidade, o teletrabalho deve constar do contrato individual de trabalho, que especificará quais as atividades a serem desenvolvidas pelo empregado (art. 73-C da CLT). Deverá ser formalizado por escrito.

4 REDUÇÃO DE JORNADA E SALÁRIO

Prescreve o art. 2º da Lei nº 4.923/65: "A empresa que, em face de conjuntura econômica, devidamente comprovada, se encontrar em condições que recomendem, transitoriamente, a redução da jornada normal ou do número de dias do trabalho, poderá fazê-lo, mediante prévio acordo com a entidade sindical representativa dos seus empregados, homologado pela Delegacia Regional do Trabalho, por prazo certo, não excedente de 3 (três) meses, prorrogável, nas mesmas condições, se ainda indispensável, e sempre de modo que a redução do salário mensal resultante não seja superior a 25% (vinte e cinco por cento) do salário contratual, respeitado o salário mínimo regional e reduzidas proporcionalmente a remuneração e as gratificações de gerentes e diretores".

A situação que se desenvolve nos dias de hoje também diz respeito à conjuntura econômica, em virtude da recessão que se inicia.

Entretanto, a redução da jornada e salário só pode ser feita por acordo coletivo, celebrado entre a empresa e o sindicato dos empregados. Não pode ser feito por acordo individual. Na Lei nº 4.923 não pode ser feito por convenção coletiva, pois trata de situação de empresa. É claro o inciso VI do art. 7º da Constituição no sentido de que o salário é irredutível, salvo mediante convenção ou acordo coletivo. Está claro também que se pode reduzir salários por acordo coletivo. O acordo é necessariamente coletivo. Não pode ser feita a redução por acordo individual.

A Lei nº 4.923 dispõe que o salário não pode ser reduzido mais do que 25%, devendo ser respeitado o salário mínimo, pois não se pode pagar menos de um salário mínimo para qualquer empregado. Entendo que a redução pode ser superior a 25% desde que estabelecida no acordo coletivo, pois o inciso VI do art. 7º da Constituição não traz esse limite.[1] O § 3º do art. 611-A da CLT mostra que se for pactuada cláusula que reduza o salário ou a jornada, a convenção coletiva ou o acordo coletivo de trabalho deverão prever a proteção dos empregados contra dispensa imotivada durante o prazo de vigência do instrumento coletivo.

A redução por três meses dos salários e jornada também não foi recepcionada pela Constituição, pois os incisos VI e XIII do art. 7º da Lei Maior não estabeleceram o número de meses, mas o que for previsto na norma coletiva pelo período necessário.

A redução do salário não é considerada alteração unilateral do contrato individual de trabalho para os efeitos do disposto no art. 468 da CLT (§ 3º do art. 2º da Lei nº 4.923/65).

As empresas que tiverem autorização para redução de tempo de trabalho não poderão, até seis meses depois da cessação desse regime, admitir novos empregados, antes de readmitirem os que tenham sido dispensados pelos motivos que hajam justificado a citada redução ou comprovarem que não atenderam, no prazo de oito dias, ao chamado para a readmissão (art. 3º da Lei nº 4.923/65).

---

1 MARTINS, Sergio Pinto. *Flexibilização de condições de trabalho*. 5. ed. São Paulo: Atlas, 2015, p. 127.

O trabalho em horas extras é vedado (art. 4º da Lei nº 4.923/64). Se há redução da jornada para evitar dispensas, não tem sentido fazer horas extras. É possível, porém, fazer horas extras em caso de necessidade imperiosa (art. 61 e §§ 1º e 2º).

Determina o inciso VIII do art. 50 da Lei nº 11.101 (Lei de Falências) que constituem meios de recuperação judicial, observada a legislação pertinente a cada caso, redução salarial, compensação de horários e redução da jornada, mediante acordo ou convenção coletiva.

Indica o § 3º do art. 611-A da CLT que se for pactuada cláusula que reduza o salário ou a jornada, a convenção coletiva ou o acordo coletivo de trabalho deverão prever a proteção dos empregados contra dispensa imotivada durante o prazo de vigência do instrumento coletivo.

Reza o art. 503 da CLT que é lícita, em caso de força maior ou prejuízos devidamente comprovados, a redução geral dos salários dos empregados da empresa, proporcionalmente aos salários de cada um, não podendo, entretanto, ser superior a 25%, respeitado, em qualquer caso, o salário mínimo da região. O referido artigo foi revogado pelo inciso VI do art. 7º da Constituição, pois a redução de salários não pode ser feita mediante acordo individual e não há limites para a redução do salário no inciso do art. 7º da Lei Maior. Somente por convenção ou acordo coletivo. Mesmo havendo prejuízos ou motivo de força maior, o salário não poderá ser reduzido unilateralmente pelo empregador.[2] Cessados os efeitos decorrentes do motivo de força maior, é garantido o restabelecimento dos salários reduzidos.

A redução proporcional da jornada de trabalho e do salário foi estabelecida no art. 7º da Lei nº 14.020/2020. Durante o estado de calamidade pública a que se refere o art. 1º, o empregador poderá acordar a redução proporcional da jornada de trabalho e de salário de seus empregados, por até 90 dias, observados os seguintes requisitos: I – preservação do valor do salário-hora de trabalho. O empregado deve continuar ganhando o mesmo salário-hora. Apenas não trabalhará mais 8 horas, havendo a redução proporcional no salário; II – pactuação por acordo individual escrito entre empregador e empregado, que será encaminhado ao empregado com antecedência de, no mínimo, dois dias corridos. Não pode ser feito, portanto, acordo tácito; e III – redução da jornada de trabalho e de salário, exclusivamente, nos seguintes percentuais: a) 25%; b) 50%; ou c) 70%.

A crítica que se faz é que a redução de salário só pode ser feita por convenção ou acordo coletivo (art. 7º, VI, da Constituição) e não por acordo individual. É, portanto, inconstitucional tal disposição. Da mesma forma a redução da jornada precisa ser feita por convenção ou acordo coletivo (art. 7º, XIII, da Constituição),

---

2 MARTINS, Sergio Pinto. *Comentários à CLT*. 22. ed. São Paulo: Saraiva, 2019, p. 652.

como melhor será explicado adiante. Pouco importa que a situação é excepcional, pois o inciso VI do art. 7º da Constituição não faz distinção para acordo individual, mas apenas acordo coletivo. Não estabelece nenhuma exceção, inclusive no caso de doença. Ao se admitir exceção no caso do coronavírus, também haverá necessidade de estabelecer exceção para outras situações de dificuldade.

A jornada de trabalho e o salário pago anteriormente serão restabelecidos no prazo de dois dias corridos, contado: I – da cessação do estado de calamidade pública; II – da data estabelecida no acordo individual como termo de encerramento do período e redução pactuado; ou III – da data de comunicação do empregador que informe ao empregado sobre a sua decisão de antecipar o fim do período de redução pactuado (§ 1º do art. 7º da Lei nº 14.020/2020).

O tempo máximo de redução proporcional de jornada e de salário, ainda que sucessivos, não poderá ser superior a 90 dias (art. 16 da Lei nº 14.020/2020).

As medidas de redução de jornada de trabalho e de salário ou de suspensão temporária de contrato de trabalho poderão ser celebradas por meio de negociação coletiva (art. 11 da Lei nº 14.020/2020). A convenção ou o acordo coletivo de trabalho poderão estabelecer porcentuais de redução de jornada de trabalho e de salário diversos dos previstos no inciso III do *caput* do art. 7º.

O STF entendeu que a redução da jornada e do salário pode ser feita nesse período de pandemia por acordo individual.

5 FÉRIAS COLETIVAS

As empresas poderão conceder férias coletivas aos empregados.

6 SUSPENSÃO

As partes do contrato de trabalho poderiam estabelecer a suspensão dos seus efeitos no período de contágio do vírus. O empregador não pagaria salário. Valeria o que fosse acordado entre as partes. Essa hipótese não parece que vai ocorrer. O empregado não pode ficar sem receber nada, pois vive com seu salário e também tem compromissos a pagar e sua remuneração impulsiona o comércio.

7 SUSPENSÃO PARA QUALIFICAÇÃO PROFISSIONAL

Durante o estado de calamidade pública, o curso ou o programa de qualificação profissional de que trata o art. 476-A da CLT poderá ser oferecido pelo empregador exclusivamente na modalidade não presencial, e terá duração não inferior a um mês e nem superior a três meses (art. 17, I, da Lei nº 14.020/2020).

No período do estado de calamidade pública, o empregador poderá acordar a suspensão temporária do contrato de trabalho de seus empregados, pelo prazo máximo de 60 dias, que poderá ser fracionado em até dois períodos de 30 dias (art. 8º da Lei nº 14.020/2020). A suspensão não precisa ser para qualificação profissional. Não poderá ser feito por mais de 60 dias a suspensão, com base na Medida Provisória nº 936/2020. Aqui há permissão para a suspensão temporária do contrato de trabalho ser pactuada por acordo individual escrito entre empregador e empregado, que será encaminhado ao empregado com antecedência de, no mínimo, dois dias corridos (§ 1º do art. 8º da Lei nº 14.020/2020). Não há necessidade de convenção ou acordo coletivo, mas acordo individual escrito. Não pode o acordo ser tácito.

Durante o período de suspensão temporária do contrato, o empregado: I – fará jus a todos os benefícios concedidos pelo empregador aos seus empregados; e II – ficará autorizado a recolher para o Regime Geral de Previdência Social na qualidade de segurado facultativo.

O contrato de trabalho será restabelecido no prazo de dois dias corridos, contado da: I – cessação do estado de calamidade pública; II – data estabelecida no acordo individual como termo de encerramento do período e suspensão pactuado; ou III – data de comunicação do empregador que informe ao empregado sobre a sua decisão de antecipar o fim do período de suspensão pactuado (§ 3º do art. 8º da Lei nº 14.020/2020).

Se durante o período de suspensão temporária do contrato de trabalho o empregado mantiver as atividades de trabalho, ainda que parcialmente, por meio de teletrabalho, trabalho remoto ou trabalho a distância, ficará descaracterizada a suspensão temporária do contrato de trabalho, e o empregador estará sujeito: I – ao pagamento imediato da remuneração e dos encargos sociais referentes a todo o período; II – às penalidades previstas na legislação em vigor; e III – às sanções previstas em convenção ou em acordo coletivo.

A empresa que tiver auferido, no ano-calendário de 2019, receita bruta superior a R$ 4.800.000,00 somente poderá suspender o contrato de trabalho de seus empregados mediante o pagamento de ajuda compensatória mensal no valor de 30% do valor do salário do empregado, durante o período da suspensão temporária de trabalho pactuado (§ 5º do art. 8º da Lei nº 14.020/2020). O faturamento máximo anual para ser empresa de pequeno porte é R$ 4.800.000,00.

8 QUARENTENA

Se houver necessidade de quarentena e isolamento, as faltas serão consideradas justificadas ao serviço público ou à atividade laboral privada no período de ausência decorrente das referidas medidas (§ 3º do art. 3º da Lei nº 13.979/2020). São faltas legais justificadas. São faltas previstas em lei como justificadas, como as previstas no art. 473 da CLT (doação de sangue, prestação de vestibular etc.).

Entretanto, a lei não dispõe que se são faltas justificadas, mas não dispõe que deve haver o pagamento do salário. O art. 473 da CLT é claro no sentido de que o empregado pode deixar de comparecer ao serviço, "sem prejuízo ao salário". Quer dizer: o empregado pode faltar e tem direito a receber o salário. No caso da quarentena, está absolutamente claro que a falta é justificada, mas não que deve haver o pagamento do salário. O ideal é que deve haver o pagamento do salário, mas não está claro na lei.

9 DOENÇA

Caso o empregado fique doente com o coronavírus e tenha de ficar afastado, o empregador deve pagar os 15 primeiros dias de trabalho (§ 3º do art. 60 da Lei nº 8.213/91). Será um período de interrupção dos efeitos do contrato de trabalho.

A partir do 16º dia de afastamento em razão da instalação da gripe do coronavírus, haverá concessão de auxílio-doença comum (art. 60 da Lei nº 8.213/91). Será um período de suspensão dos efeitos do contrato de trabalho.

Talvez seria possível liberar o FGTS em razão da doença ter se tornado calamidade pública (art. 20, XVI, *a*, da Lei nº 8.036/90).

10 FATO DO PRÍNCIPE

O art. 29 da Lei nº 14.020/2020 não considera a paralisação ou suspensão de atividades empresariais determinada por ato de autoridade municipal, estadual ou federal para o enfrentamento do estado de calamidade pública reconhecido pelo Decreto Legislativo nº 6, de 20 de março de 2020, e da emergência de saúde pública de importância internacional decorrente do coronavírus, hipótese fato do príncipe, não se aplicando o art. 486 da CLT.

11 FORÇA MAIOR

O parágrafo único do art. 1º da Medida Provisória nº 927 reconhecia que a hipótese de calamidade pública decorrente do covid-19 é de força maior. Essa medida provisória não foi convertida em lei.

No âmbito trabalhista, força maior é definida como todo o acontecimento inevitável, em relação à vontade do empregador, e para a realização do qual este não concorreu, direta ou indiretamente (art. 501 da CLT). O dispositivo se preocupou com a força maior em sentido amplo. Não fez distinção. Preocupou-se com os efeitos. O acontecimento precisa ser inevitável. Não precisa ser imprevisível. Pode, portanto, ser previsível, como ocorreu com o coronavírus, de que daqui a tanto tempo haverá necessidade de se fazer o isolamento social. O caso é de força maior, pois a doença se propagou rapidamente de forma que não houve como evitar e de forma imprevisível em relação a qual o empregador não concorreu, havendo necessidade de muitas pessoas ficarem em casa. O empregador não concorreu direta ou indiretamente para o fechamento das suas atividades, mas por determinação do Poder Público. O empregador não poderia evitar ou impedir a parada das suas atividades em virtude do fechamento de certos segmentos (comércio, *shoppings*, cinemas, escolas etc.) para evitar a propagação da doença. Existe interesse público para justificar o fechamento em razão da quarentena, por causa da propagação da doença.

O art. 501 da CLT não fez distinção entre fortuito interno ou externo. Fortuito externo seria algo que vem de fora da relação. Fortuito interno poderia ser considerado o risco do empreendimento, como a falta de manutenção do prédio, que faz desmoronar uma parede, o telhado etc.

Entretanto, na força maior a indenização de 40% na dispensa é devida pela metade, desde que reconhecida pela Justiça do Trabalho (§ 2º do art. 18 da Lei nº 8.036/90), assim como eventual indenização do art. 478 da CLT, que será metade da simples.

Havendo dispensa sem justa causa, sem justo motivo (art. 487 da CLT), é devido o aviso-prévio. A existência de força maior não torna o aviso-prévio devido pela metade, nem as demais verbas rescisórias, que deverão ser pagas de forma integral. Não se trata de um justo motivo para a dispensa, mas risco do empreendimento.

Agora já estão sendo feitas dispensas de trabalhadores.

12 CONCLUSÃO

A experiência da indústria automobilística parece ser importante nesse momento. Antes de dispensar o empregado deve-se conceder férias coletivas, reduzir jornada e salário mediante negociação coletiva, estabelecer suspensão dos efeitos para qualificação profissional.

Há, contudo, notícias de sindicatos que estão se negando a negociar condições de trabalho. Alguns pedem o pagamento de contribuições ao sindicato. A solução é a aplicação do § 1º do art. 617 da CLT. Se o sindicato de empregados for intimado e não fizer a negociação em oito dias, os interessados poderão dar ciência à Federação e, na falta desta, à Confederação, para assumirem a direção da negociação. Esgotado o prazo, poderão os interessados prosseguir diretamente na negociação coletiva até o final.

Por decreto do presidente da República pode ser estendido o período de redução de jornada e salário para atender ao número de meses em que haverá o isolamento social.

Pode haver uma quebradeira de empresas, principalmente de pequenas empresas.